Analysen und Dokumente
Wissenschaftliche Reihe des Bundesbeauftragten

Band 14

# Analysen und Dokumente

Wissenschaftliche Reihe
des Bundesbeauftragten für die Unterlagen des Staatssicherheitsdienstes
der ehemaligen Deutschen Demokratischen Republik

Herausgegeben von der Abteilung Bildung und Forschung

Redaktion:
Siegfried Suckut, Ehrhart Neubert, Walter Süß, Roger Engelmann

Sonja Süß
# Politisch mißbraucht?
Psychiatrie und Staatssicherheit in der DDR

Ch. Links Verlag, Berlin

Die Meinungen, die in dieser Publikationsreihe geäußert werden,
geben ausschließlich die Auffassungen der Autoren wieder.

Die deutsche Bibliothek – CIP-Einheitsaufnahme

**Süß, Sonja :**
Politisch mißbraucht? : Psychiatrie und Staatssicherheit in der DDR /
Sonja Süß. – Berlin : Links, 1998
(Wissenschaftliche Reihe des Bundesbeauftragten für die Unterlagen des
Staatssicherheitsdienstes der Ehemaligen Deutschen Demokratischen Republik ; 14)
ISBN 3-86153-173-9

1. Auflage, September 1998
© Christoph Links Verlag – LinksDruck GmbH
Zehdenicker Str. 1, 10119 Berlin, Tel.: (030) 44 02 32-0
Umschlaggestaltung: KahaneDesign, Berlin
Satz: Kerstin Ortscheid, Germering
Druck- und Bindearbeiten: WB-Druck, Rieden am Forggensee

ISBN 3-86153-173-9

*Gewidmet
der Bürgerrechtlerin und Nervenärztin
Dr. med. Erika Drees*

# Inhalt

| | | |
|---|---|---|
| **Einleitung** | | 11 |
| **1.** | **Psychiatrie und Politik** | 18 |
| 1.1. | Der politische Mißbrauch der Psychiatrie in der Sowjetunion | 18 |
| 1.2. | Diskussionen zur Psychiatrie im Westen | 27 |
| 1.2.1. | Westliche Diskussionen zum sowjetischen Psychiatriemißbrauch | 27 |
| 1.2.2. | „Antipsychiatrie" und Psychiatriereform im Westen | 32 |
| 1.3. | Forschungsstand zur Psychiatrie in der DDR | 44 |
| 1.3.1. | Informationsstand bis 1990 | 44 |
| 1.3.2. | Meldungen und Berichte über das psychiatrische Krankenhaus Waldheim | 46 |
| 1.3.3. | Nachklänge zur Waldheim-Story | 55 |
| 1.3.4. | Die Geschichte von Pfarrer Heinz Eggert | 58 |
| 1.3.5. | Ernst Klee zur DDR-Psychiatrie | 69 |
| 1.3.6. | Kolportage von Stereotypen | 84 |
| 1.3.7. | Psychiatrie-Untersuchungskommissionen der östlichen Bundesländer | 100 |
| 1.4. | Definition des Untersuchungsgegenstandes | 115 |
| **2.** | **MfS und Gesundheitswesen in der DDR** | 121 |
| 2.1. | Anfänge der Überwachung | 122 |
| 2.1.1. | MfS und DDR-Gesundheitswesen | 122 |
| 2.1.2. | MfS und Hochschulbereich Medizin | 135 |
| 2.2. | Der Ausbau des Überwachungsapparates | 142 |
| 2.2.1. | Veränderungen nach dem Mauerbau 1961 | 142 |
| 2.2.2. | Erneute „Republikflucht"-Bewegung von Medizinern | 151 |
| 2.2.3. | Reaktionen des MfS | 157 |
| 2.3. | Der Überwachungsapparat in den achtziger Jahren | 168 |
| 2.3.1. | Die zentrale Ebene: MfS-Hauptabteilung XX/1/II | 170 |
| 2.3.2. | Abteilung XX/1 der Bezirksverwaltung für Staatssicherheit Berlin | 185 |
| 2.3.3. | Abteilung XX/3 der Bezirksverwaltung für Staatssicherheit Berlin | 197 |
| 2.3.4. | MfS-Kreisdienststellen | 217 |
| 2.3.5. | SED und MfS am Ende | 233 |
| 2.4. | Zusammenfassung und Bewertung | 242 |

| | | |
|---|---|---|
| 3. | **Inoffizielle Mitarbeiter im Gesundheitswesen** | 244 |
| 3.1. | Zur Zahl der IM | 244 |
| 3.1.1. | IM-Anteil unter Mitarbeitern des Gesundheitswesens | 245 |
| 3.1.2. | Mißlungene Anwerbungsversuche des MfS | 253 |
| 3.2. | Verletzung beruflicher Pflichten durch IM im Gesundheitswesen | 257 |
| 3.2.1. | Zur rechtlichen Bewertung der beruflichen Schweigepflicht in der DDR | 257 |
| 3.2.2. | Zum Umgang des MfS mit der gesetzlichen Schweigepflicht | 263 |
| 3.2.3. | Analyse von 170 IM-Akten | 270 |
| 3.2.4. | Verletzung der beruflichen Schweigepflicht durch IM im Gesundheitswesen | 273 |
| 3.2.5. | Über Schweigepflichtverletzungen hinausgehende Aktivitäten von IM-Ärzten | 282 |
| 3.2.6. | Konsequenzen der Schweigepflichtverletzungen für die Betroffenen | 286 |
| 3.2.7. | Zur Frage von IM-Aktivitäten im psychiatrisch-psychotherapeutischen Bereich als Teil politischer Verfolgung | 296 |
| 3.2.8. | Inoffizielle Mitarbeiter im Bereich Psychotherapie | 302 |
| 3.2.9. | Inoffizielle MfS-Aktivitäten im Bereich Psychiatrie | 321 |
| 3.3. | Zusammenfassung und Bewertung | 340 |
| 4. | **Strafrechtliche und strafprozessuale Psychiatrieeinweisungen in der DDR** | 343 |
| 4.1. | Rechtsgrundlagen strafrechtlicher und strafprozessualer Psychiatrieeinweisungen in der DDR | 349 |
| 4.2. | Forschungsstand zur forensischen Psychiatrie in der DDR | 353 |
| 4.2.1. | Forschungsstand zur Abteilung Waldheim der Nervenklinik Hochweitzschen | 355 |
| 4.2.2. | Forschungsstand zu anderen forensisch-psychiatrischen Institutionen | 361 |
| 4.3. | Erkenntnisse zu den forensisch-psychiatrischen Einrichtungen in Waldheim aus MfS-Unterlagen | 372 |
| 4.3.1. | Der Chefarzt des Krankenhauses für Psychiatrie Waldheim in den fünfziger und sechziger Jahren | 372 |
| 4.3.2. | Zum Regime im Krankenhaus für Psychiatrie in den fünfziger Jahren | 381 |
| 4.3.3. | Forensische Psychiatrie in Waldheim in den sechziger Jahren | 393 |
| 4.3.4. | Zum psychiatrischen Haftkrankenhaus Waldheim | 405 |
| 4.3.5. | Zur Abteilung Waldheim der Nervenklinik Hochweitzschen in den siebziger Jahren | 409 |
| 4.3.6. | Zur Abteilung Waldheim der Nervenklinik Hochweitzschen in den achtziger Jahren | 421 |

| | | |
|---|---|---|
| 4.4. | Zur forensischen Psychiatrie in der DDR außerhalb von Waldheim | 435 |
| 4.4.1. | Sektion Kriminalistik und MfS-Haftkrankenhaus in Ostberlin | 438 |
| 4.4.2. | Dr. med. Dr. jur. Horst Böttger | 445 |
| 4.4.3. | Sonstige forensisch-psychiatrische Einrichtungen | 453 |
| 4.5. | Zusammenfassung und Bewertung | 458 |
| **5.** | **Polizeirechtliche Psychiatrieeinweisungen in der DDR** | **462** |
| 5.1. | Rechtsgrundlagen polizeirechtlicher Psychiatrieeinweisungen in der DDR | 463 |
| 5.2. | Forschungsstand zur Praxis polizeirechtlicher Psychiatrieeinweisungen | 474 |
| 5.2.1. | Berichte der Psychiatrie-Untersuchungskommissionen | 474 |
| 5.2.2. | Andere Publikationen über fragwürdige polizeirechtliche Einweisungen | 481 |
| 5.3. | Polizeirechtliche Psychiatrieeinweisungen nach den MfS-Unterlagen | 494 |
| 5.3.1. | Suchweg über Opferakten | 494 |
| 5.3.2. | Suchweg über systematische Sachrecherchen | 504 |
| 5.3.3. | Ein besonderer Fall | 514 |
| 5.3.4. | Die „Sicherung" der X. Weltfestspiele 1973 | 523 |
| 5.3.5. | Zur polizeilichen Erfassung psychisch Kranker | 535 |
| 5.3.6. | Zentrale Weisungen – periphere Auswirkungen | 542 |
| 5.3.7. | Suchweg über IM-Akten von Psychiatern | 553 |
| 5.3.8. | Der Fall des Antiquitätenhändlers M. | 564 |
| 5.3.9. | Polizeirechtliche Psychiatrieeinweisungen am Ende der achtziger Jahre | 571 |
| 5.4. | Zusammenfassung und Bewertung | 580 |
| **6.** | **Politische Hintergründe des Verhaltens von Fachvertretern der Ostblockländer im Weltverband für Psychiatrie 1971–1989** | **583** |
| 6.1. | Der V. Weltkongreß für Psychiatrie 1971 in Mexiko | 584 |
| 6.2. | Im Vorfeld des VI. Weltkongresses für Psychiatrie 1977 in Honolulu | 592 |
| 6.3. | Nach dem VI. Weltkongreß für Psychiatrie 1977 | 607 |
| 6.4. | Im Vorfeld des VII. Weltkongresses für Psychiatrie 1983 in Wien | 621 |
| 6.5. | Der VII. Weltkongreß für Psychiatrie 1983 in Wien | 635 |
| 6.6. | Die „operative Bearbeitung" eines „Feindobjektes" in München und sowjetischer Bürgerrechtler 1978–1983 | 638 |
| 6.7. | Zwei Vizepräsidenten aus dem Ostblock im Weltverband für Psychiatrie | 648 |

| | | |
|---|---|---|
| 6.8. | Im Vorfeld des VIII. Weltkongresses für Psychiatrie 1989 – Finale | 659 |
| 6.9. | Zusammenfassung | 670 |

**7. Psychologie und Psychiatrie innerhalb des MfS**    672
7.1.    Die „Operative Psychologie" des MfS    673
7.2.    Die Psychiatrie des MfS    688
7.2.1.    Der Beginn einer MfS-eigenen Neuropsychiatrie    688
7.2.2.    Der Ausbau der MfS-eigenen Neuropsychiatrie    693
7.2.3.    Organisation der medizinisch-psychologischen Versorgung    700
7.2.4.    Arbeitsfelder der MfS-eigenen Neuropsychiatrie    712
7.2.4.1.    Tschekistische Neurosen    713
7.2.4.2.    Zur Suizidproblematik im MfS    724
7.2.4.3.    Zum Alkoholismus im MfS    726
7.2.4.4.    Psychotherapie und Psychodiagnostik im MfS    731
7.3.    Zusammenfassung und Bewertung    734

**Schlußbemerkungen**    736

**Anhang**    743
    Literatur    743
    Abkürzungsverzeichnis    761
    Personenregister    765
    Ortsregister    770
    Angaben zu der Autorin    773

# Einleitung

Seit dem Frühjahr 1990 wird die Frage kontrovers diskutiert, ob es in der DDR einen politischen Mißbrauch der Psychiatrie gegeben hat. Auslöser dafür war eine Pressemeldung über „Psychofolter" an Patienten, die „gefangen in der Stasiklinik" Waldheim gewesen seien.[1] Unter der Überschrift „Wo die Stasi foltern ließ" beschrieb die Journalistin Uta König, was „hinter den Mauern der Nervenklinik Waldheim geschah" und bezog sich dabei ausdrücklich auf jene Länder und Ereignisse, die in der westlichen Welt allgemein mit der Vorstellung eines „politischen Mißbrauchs der Psychiatrie" verknüpft sind: „Bisher war es im Ostblock nur aus der Sowjetunion und Rumänien bekannt: Oppositionelle, politisch Unbequeme verschwanden in psychiatrischen Anstalten. Der „Stern" entdeckte: Der Staatssicherheitsdienst ließ DDR-Bürger, die er mundtot machen und erpressen wollte, in der Nervenklinik Waldheim einsperren."[2]

Diese gravierende Anschuldigung wurde in den folgenden Jahren durch verschiedene Medien auch gegen andere psychiatrische Einrichtungen der DDR erhoben. Zur Klärung der Vorwürfe wurden in vier der fünf ostdeutschen Bundesländer regionale Untersuchungskommissionen eingesetzt und juristische Ermittlungen zu mehreren Einzelpersonen eingeleitet.

In der vorliegenden Monographie wird die Frage nach einem politischen Mißbrauch der DDR-Psychiatrie durch den Staatssicherheitsdienst erstmalig umfassend erörtert. Ausgehend von den bisherigen Publikationen zum Thema, zu denen außer Presse-, Fernseh- und Buchbeiträgen vor allem die Ergebnisse der verschiedenen Untersuchungskommissionen gehören, wurden – dem zu klärenden Vorwurf entsprechend – hauptsächlich Unterlagen des Ministeriums für Staatssicherheit (MfS) der DDR ausgewertet. Ergänzend wurden Archivalien anderer Provenienz, vor allem der Abteilung Gesundheitspolitik des Zentralkomitees (ZK) der SED, ferner des Ministeriums für Gesundheitswesen der DDR und einige andere Akten hinzugezogen.

Da subjektive Dispositionen die Interpretation empirischer Daten beeinflussen, will ich außer meinen Informationsquellen auch darlegen, was mich bewogen hat, einige Jahre lang auf klinische Tätigkeit zu verzichten und mich diesem schwierigen Thema zeitgeschichtlicher Forschung zu widmen.

Als im Frühjahr 1990 die Enthüllungsstory über die „Stasi-Folterklinik" Waldheim erschien, ging mich das persönlich an. Erstens kamen mir Zwei-

---

1 Dreiteilige Serie im Stern vom 26.4., 3.5. und 10.5.1990.
2 Stern vom 26.4.1990, S. 26.

fel an der Verläßlichkeit meiner eigenen Wahrnehmungen. Ich mußte mich fragen, wieso ich in den mehr als dreißig Jahren meines Lebens in der DDR, von denen ich doch zumindest die zweite Hälfte politisch wach erlebt hatte, niemals etwas von derart haarsträubenden Machenschaften des Staatssicherheitsdienstes wie den nun aus Waldheim gemeldeten gehört hatte. In unserem kleinen Land sprach sich doch sonst alles herum, was sich vom ansonsten eher langweiligen Alltag abhob. Wir wußten natürlich, daß es entgegen den offiziellen Behauptungen politische Gefangene und inhumane Verhältnisse in den Gefängnissen gab, kannten Zeugen und erschütternde Erlebnisschilderungen. Von Folter politisch Andersdenkender in psychiatrischen Einrichtungen der DDR hingegen hatte in meinem relativ großen Bekanntenkreis noch nie jemand etwas gehört.

Zweitens fühlte ich mich erleichtert, denn zweifellos hatten meine Freunde und ich zu den politisch Unbequemen in der DDR gehört, und waren offenbar gerade einer schrecklichen Gefahr entronnen, von deren Existenz wir keine Ahnung gehabt hatten. Drittens jedoch fühlte ich mich persönlich verunsichert, da ich mich während der achtziger Jahre in der DDR nicht nur politisch oppositionell engagiert, sondern vor allem meine psychiatrisch-neurologische Facharztausbildung absolviert hatte und damit einer plötzlich verdächtig gewordenen Berufsgruppe des Landes angehörte. Mein professionelles Engagement und meine bürgerrechtlichen Aktivitäten hatten mein Leben in den achtziger Jahren gleichermaßen bestimmt und gehören in meiner Erinnerung an diese schwierige Zeit untrennbar zusammen. Am meisten irritierte mich die Tatsache, daß ich von diesem politischen Mißbrauch meines Fachgebietes nichts bemerkt hatte.

So lag mir viel an einer gründlichen Klärung der Angelegenheit. Ich bekam bald Gelegenheit, mich daran zu beteiligen. Als Leipziger Psychiaterin und Vertreterin der Bürgerbewegung „Demokratie jetzt" wurde ich im Juni 1990 in die Arbeit der Waldheim-Untersuchungskommission des DDR-Gesundheitsministers und einige Wochen später in die des entsprechenden Sonderausschusses der ersten frei gewählten und zugleich letzten Volkskammer der DDR einbezogen. In dessen Auftrag und mit Genehmigung von Joachim Gauck, dem Leiter des anderen Volkskammer-Sonderausschusses „zur Kontrolle der Auflösung des MfS/AfNS", erhielt ich im September 1990 in Leipzig erstmalig Einblick in MfS-Unterlagen.

Das war im Herbst 1990 noch ein abenteuerliches Unterfangen. Die Akten der MfS-Kreisdienststellen des Bezirkes Leipzig waren bei deren Auflösung in Kisten und Koffern verpackt in die vormalige MfS-Untersuchungshaftanstalt Leipzig geschafft worden. Hier wurde das Material gegen etwaige Versuche der Aktenvernichtung oder anderen unbefugten Zugriff mehrfach gesichert. Im Rahmen der Ende 1989 pragmatisch vereinbarten Sicherheitspartnerschaft war für die äußere Bewachung der vergitterten Burg die Volkspolizei zuständig, während das Leipziger Bürgerkomitee zur Stasi-Auflösung die Siegelkontroll- und Schlüsselgewalt im Inneren der Gefängnisflure hatte.

Dort begann auf improvisierte Weise die später institutionalisierte Forschungstätigkeit anhand von MfS-Unterlagen. Das lief damals so ab, daß sich jeweils einige Personen mit Aktenzugangserlaubnis beim Bürgerkomitee zusammenfanden. Die kleine Gruppe von meist zwei bis fünf Personen ließ sich dann von der Volkspolizei in den Trakt der vormaligen MfS-Untersuchungshaftanstalt einschließen, in dem die Stasiakten gelagert waren. Da es von innen keine Telefonverbindung zur Außenwache gab, mußte zu Beginn immer eine Aufschließzeit vereinbart werden – diese lag nicht selten spät am Abend oder mitten in der Nacht. Wir brachten Papier und Schreibgeräte, Essen und Trinken von draußen mit. Einzelne Möbel sowie Waschbecken und Toiletten gab es in den Haftzellen. Ich richtete mir einen provisorischen Arbeitsplatz mit Tisch und Stuhl in einer Einzelzelle der früheren Frauenabteilung ein. Während der Arbeit stellte ich mir oft meine Vorgängerinnen in dieser Zelle vor, die als Verhaftete des Staatssicherheitsdienstes ungewisse Tage, Wochen oder Monate auf diesen wenigen Quadratmetern hatten verbringen müssen, vielleicht, weil sie sich mit dem „Prager Frühling" solidarisch erklärt, die Republikfluchtpläne eines guten Freundes nicht angezeigt oder Handzettel mit der Erklärung der Menschenrechte verteilt hatten. Das räumliche Ambiente des Kerkers und die zeitliche Nähe der alten Macht beflügelten unsere Neugier herauszufinden, was sich hinter den geheimdienstlichen Kulissen abgespielt hatte.

Da mein Interesse der Psychiatrie und mein Auftrag einer Untersuchung der geschlossenen Einrichtung in Waldheim galt, suchte ich zuerst die Behälter der Kreisdienststelle (KD) Döbeln.[3] Mit Hilfe der Freunde vom Bürgerkomitee hievten wir die Kisten mit der Kreideaufschrift „KD Döbeln" aus den Stapeln verschiedener Zellen hervor und versuchten gleichzeitig dafür zu sorgen, daß möglichst alle Bestände jeweils einer Kreisdienststelle zusammenblieben oder überhaupt erst wieder zusammenkamen. Ich sah alle herausgefundenen Koffer und Kästen der MfS-Kreisdienststelle Döbeln durch und schleppte alle Akten, in denen die Kleinstadt Waldheim erwähnt war, in „mein Büro".

In der engen Zelle stapelten sich bald mehr als hundert zum Teil mehrbändige Aktenvorgänge, davon viele Akten mit den Berichten inoffizieller Mitarbeiter des Staatssicherheitsdienstes. Sehr viele dieser Akten befaßten sich mit der „Sicherung der Volkswirtschaft" in den Waldheimer Industriebetrieben sowie im „Volkseigenen Betrieb Kraftverkehr Waldheim". In einer beträchtlichen Menge der Akten ging es um die große Waldheimer Strafvollzugsanstalt, wo es offenbar ein regelrechtes Netz inoffizieller Stasi-Mitarbeiter gegeben hat. Zur außerhalb des Strafvollzuges gelegenen Waldheimer Psychiatrie hingegen fand ich trotz intensiver Suche nur einen einzigen Vorgang: die IM-Akte von Dr. Wilhelm Poppe, der bis zu seiner Beurlau-

---

3  Das Städtchen Waldheim liegt im sächsischen Kreis Döbeln, in einem Dreieck zwischen Dresden, Chemnitz und Leipzig, und gehörte zum DDR-Bezirk Leipzig.

bung nach Erscheinen des „Stern"-Artikels Chefarzt des psychiatrischen Krankenhauses Waldheim gewesen war. Ansonsten ließ sich kein Hinweis auf die Psychiatrie, weder auf Patienten, noch auf Pfleger, Schwestern oder Sachvorgänge im oder um das forensisch-psychiatrische Krankenhaus in den sonst so reichlich vorhandenen Unterlagen finden.

Hatte ich nur die richtige Kiste noch nicht gefunden in den unübersichtlichen Stapeln? Oder hatten sich so schlimme Dinge in der „Stasi-Folterklinik" Waldheim zugetragen, daß deren Opfer- und Täter-Akten getrennt von den „normalen" Stasiakten aufbewahrt worden sind? Vielleicht hatte das in der sächsischen Provinz gelegene Waldheimer Krankenhaus dem MfS als eine zentrale Einrichtung gedient, in der das Regime psychisch kranke Spione und/oder politisch unliebsame Bürger hatte unauffällig verschwinden lassen? Und vielleicht war deshalb der Geheimhaltungsgrad so hoch, daß das MfS keine schriftlichen Unterlagen dazu im Bezirk Leipzig hinterlassen hatte? Möglicherweise waren dort Experimente mit Psychopharmaka, Gehirnwäschen oder vergleichbare Menschenversuche unternommen worden? Eine Chance zur Klärung dieser Fragen schien mir nur mit Hilfe der überregionalen Unterlagen des zentralen MfS-Archivs in Berlin möglich zu sein.

Das Zentralarchiv wurde nach der Verabschiedung des Stasi-Unterlagen-Gesetzes durch den Deutschen Bundestag am 20. Dezember 1991 für die Öffentlichkeit zugänglich. In Berlin wurde 1992 beim Bundesbeauftragten für die Stasi-Unterlagen eine Abteilung für die politische und historische Aufarbeitung der MfS-Vergangenheit eingerichtet. In dieser Forschungsabteilung hatte ich von 1993 bis 1997 Gelegenheit, viele Hundert Akten[4] des Staatssicherheitsdienstes aus allen Jahrzehnten und Bezirken der DDR zu studieren.

Die Auswahl der Unterlagen aus dem auf insgesamt ungefähr 180 km geschätzten MfS-Materialbestand[5] erfolgte auf verschiedenen Wegen. Einerseits recherchierte ich mit Hilfe der personenbezogen sortierten Karteien des MfS gezielt nach Unterlagen zu den Psychiatriebetroffenen, die sich beschwerdeführend an eine der Untersuchungskommissionen oder an mich persönlich gewandt hatten. Ebenso suchte ich nach Akten zu Psychiatern der DDR, die mir durch ihre Publikationen oder später durch Querverweise in MfS-Unterlagen bekannt geworden waren oder die mir ihre Personendaten und bestimmte Hinweise selbst gegeben hatten. Nachdem ich die ersten MfS-Unterlagen über Personen, die in der Psychiatrie tätig waren, eingesehen hatte, ergaben sich daraus – aufgrund der bekannten Informationssammelwut des MfS – die meisten weiterführenden Hinweise. Ein anderer Rechercheweg führte mich in Kenntnis des Auftrags bestimmter Dienstein-

---

4  Insgesamt habe ich 943 Aktenvorgänge aus dem Zentralarchiv (ZA) und den Außenstellen (ASt) der Behörde des Bundesbeauftragten für die Unterlagen des Staatssicherheitsdienstes der ehemaligen Deutschen Demokratischen Republik (BStU) eingesehen, wobei ein Vorgang oft aus mehreren Einzelakten zusammengesetzt ist.
5  Vgl. Zweiter Tätigkeitsbericht des BStU, Berlin 1995, S. 39.

heiten des MfS zur Überwachung des Gesundheitswesens gezielt zu bestimmten Aktenbeständen.

Auf ein 1993 bzw. 1994 innerhalb der Behörde versandtes Rundschreiben mit der Bitte um Mitteilung aller für mein Forschungsthema interessanten Fundstellen in den archivalischen Hinterlassenschaften des MfS reagierten nach und nach insgesamt neunzehn Behördenmitarbeiterinnen. Ihnen verdanke ich einige wertvolle Dokumente, die meine MfS-Materialbasis zur Psychiatrie bereichert haben. Darüber hinaus bestärkte mich der Meinungsaustausch mit Mitarbeiterinnen des Auskunftsbereiches der Behörde darin, daß unsere Funde in den MfS-Unterlagen nicht zufällig waren. Meine aus den Akten gewonnenen Erkenntnisse entsprechen – oder widersprechen jedenfalls nicht – den Eindrücken derer, die durch ihre ständigen Recherchen und Vorbereitungen von MfS-Unterlagen für die persönliche Akteneinsicht von Betroffenen und für Ermittlungen der Justiz die umfassendsten Einblicke in diese Materie gewonnen haben. Es war mir besonders wichtig, meinen eigenen Recherche- und Forschungsstand mit den empirischen Erkenntnissen dieser Mitarbeiterinnen abzugleichen und in einigen Fällen zu ergänzen, da angesichts der unvollständigen Erschließung der MfS-Hinterlassenschaft alle Bewertungen zwangsläufig mit noch offenen Fragen behaftet sind.

Um die Unsicherheiten möglichst einzugrenzen, habe ich zusätzlich zu den MfS-Unterlagen in den eingangs erwähnten Archivalien anderer Provenienz recherchiert und im Rahmen verschiedener Untersuchungskommissionen die Vorwürfe von Psychiatriebetroffenen aufgenommen und geprüft. Zur Einordnung der Fülle von Einzelinformationen in den politischen, zeitgeschichtlichen und fachlichen Kontext habe ich außerdem Zeitzeugen, ärztliche Kollegen, Juristen und Zeithistoriker konsultiert sowie die einschlägigen Veröffentlichungen vor allem der psychiatrischen Fachliteratur zum Thema hinzugezogen.

Insofern geht das vorliegende Buch zur DDR-Psychiatrie über eine Wiedergabe dessen hinaus, was das MfS in seinen Unterlagen festgehalten und hinterlassen hat. Der Titel bezieht sich in erster Linie auf die Fragestellung der Hauptkapitel, in denen ich mich eng an die MfS-Akten halte und einige Dokumente ausführlich zitiere. Auf diese Weise möchte ich den Abgleich meiner Interpretationen und Schlußfolgerungen mit den Originaltexten ermöglichen. Außerdem wird so ein unmittelbarer Eindruck der spezifischen Sprache des MfS vermittelt. Diese ist unnachahmlicher Ausdruck der im Staatssicherheitsdienst der DDR vorherrschend gewesenen Denkweisen, in denen sich kommunistische Ideologie, ein streng normiertes Menschenbild mit stereotypen Freund-Feind-Bildern, der strikte Autoritarismus eines militärischen Apparates, ein repressiver politischer Eliteanspruch, männlich-infantile Indianerspiele und eine heroisierende Klassenkampfromantik auf merkwürdige Weise mischten.

Für den eigenen Sprachgebrauch im vorliegenden Buch habe ich mich der Einfachheit halber entschieden, bei Personenbezeichnungen im Plural durchgehend die männlichen Formen zu verwenden, auch wenn Frauen zu der bezeichneten Gruppe gehören.

Last but not least möchte ich ein Problem ansprechen, mit dem ich im Verlauf meiner Arbeit wiederholt konfrontiert war. Die Art und Weise, in der Anfang der neunziger Jahre durch verschiedene Medienbeiträge die unheimliche Macht der Stasi und ihrer ärztlichen Helfer in der DDR weniger aufge- als vielmehr dämonisch verklärt wurde, hat bei vielen ohnedies verunsicherten oder psychisch kranken Menschen irrationale Ängste mobilisiert. Eine einzige Sensationsmeldung kann exemplarisch verdeutlichen, wovon die Rede ist: „Charité Berlin. Die Horrorklinik. Herzen von gesunden Regime-Gegnern rausgeschnitten für Stasi-Bonzen". So titelte die Bild-Zeitung am 29. August 1991 und fügte hinzu: „Gesunde Regime-Gegner der Ex-DDR verschwanden zunächst als krankhafte Querulanten in Anstalten. Angeblich in ihrem eigenen Interesse unterzog man sie Hirnoperationen – um sie mundtot zu machen. Dann wurden sie wieder operiert und als Organ-'Spender' ausgeschlachtet."

Solche Sensationsmeldungen ohne jeglichen Realitätsbezug schufen einen fruchtbaren Nährboden für die von Psychiatern in den östlichen Bundesländern beobachtete „Tatsache, daß offensichtlich Stasi-Verfolgungsideen *nach* der Wende nicht abgenommen, sondern noch erheblich sich zugespitzt, generalisiert und ausgeweitet haben."[6]

Diese Problematik gab meiner Forschungstätigkeit einen zusätzlichen Akzent. Während meine Bemühungen um Aufklärung des inoffiziellen Wirkens des Staatssicherheitsdienstes in der DDR zunächst bürgerrechtlich motiviert waren, sehe ich es inzwischen auch als eine ärztliche Aufgabe an, möglichst sachlich über die Stasi-Aktivitäten im DDR-Gesundheitswesen zu informieren und einer irrationalen Legendenbildung durch die Vermittlung intersubjektiv nachvollziehbarer Tatsachen entgegenzuwirken.

Es war für mich eine schmerzliche Erfahrung, daß gerade dieses Bemühen um ein von Vorurteilen freies, an den objektiven Tatsachen orientiertes Urteil bei manchen Menschen Unmut auslöste. Anläßlich der Veröffentlichung von Teilergebnissen meiner Arbeit kam Widerspruch erwartungsgemäß zuerst als „Affekt gegen die Wahrheit" von seiten derer, die lieber einen schnellen Schlußstrich unter die Vergangenheit gezogen hätten. Im Laufe der Zeit jedoch sah ich mich auch zunehmend damit konfrontiert, daß meine differenzierende Betrachtung politisch mißdeutet wurde. Da manche meiner Ergebnisse bisherigen stereotypen Vorstellungen über die Psychiatrie in der DDR oder über den Staatssicherheitsdienst widersprechen, rief ihre Präsentation mitunter eine stark affektiv unterlegte Abwehr hervor. Angesichts der erfahrenen Vorwürfe lege ich Wert auf die Feststellung, daß ich mich bei meinen nachfolgenden Ausführungen ausschließlich vom Bemühen um eine möglichst genaue Annäherung an die historische Wahrheit leiten lasse.

---

6   Vgl. Friedemann Ficker: „Wahn – hier und heute". Vortrag im Rahmen einer Fachtagung über „Psychiatrie und Staatssicherheit" am 5.10.1996 im St.-Marien-Krankenhaus Dresden.

Mein Dank für freundliche Unterstützung und Begleitung meiner Arbeit gilt vielen Menschen, von denen ich nur einige stellvertretend hervorheben möchte. Für die Hilfe des Bürgerkomitees Leipzig im Jahre 1990 und stellvertretend für die spätere gute Kooperation mit einigen Außenstellen der Behörde danke ich Tobias Hollitzer von der Außenstelle Leipzig. Besonders danke ich den von politischer Verfolgung durch den Staatssicherheitsdienst Betroffenen, die mir erlaubten, ihre Geschichte darzustellen und aus ihren Akten zu zitieren, wobei ich stellvertretend den früheren Studentenpfarrer von Jena, Ulrich Kasparick, nenne. Als Vertreter von Opferberatungsstellen, deren Erfahrungen mir bei der Bewertung der insbesondere in den ersten Jahren zahlreich an mich herangetragenen Erlebnisberichte von Betroffenen halfen, seien der Diplompsychologe Norbert Gurris vom Berliner Behandlungszentrum für Folteropfer und Herr Kitzig von der Opferberatungsstelle beim Berliner Landesbeauftragten für die Stasi-Unterlagen hervorgehoben. Für sachliche Auskünfte und Ratschläge habe ich Vertretern verschiedener Berufsgruppen zu danken. Ich nenne stellvertretend für andere Dr. Herbert Loos als psychiatrischen Fachkollegen mit langer klinischer Berufspraxis und eigener Stasi-Verfolgungserfahrung in der DDR, Dr. Anna-Sabine Ernst als Politologin und mit einem verwandten Thema vertraute Zeithistorikerin, sowie Dr. Jörn Kühl als einen im Psychiatrierecht bewanderten Juristen. Professor Ochernal danke ich für seine erschöpfenden Auskünfte über die forensische Psychiatrie in der DDR. Von den Untersuchungsgremien, in denen ich mitgearbeitet habe, möchte ich stellvertretend für andere Mitarbeiter den Vorsitzenden der Potsdamer Untersuchungskommission, Dr. Wolf-Dieter Lerch, dankend hervorheben. Für den bereichernden Erfahrungsaustausch mit der sächsischen Untersuchungskommission danke ich deren Vorsitzenden, dem leitenden Oberstaatsanwalt a. D. aus Hechingen, Herrn Uhlig, sowie der Geschäftsführerin in Dresden, Frau Overmann. In der Forschungsabteilung der Behörde des Bundesbeauftragten danke ich dem Abteilungsleiter Dr. Siegfried Suckut für seine Unterstützung meines Projektes. Dr. Roger Engelmann gilt besonderer Dank für die kompetente wissenschaftliche Beratung, eine Vielzahl redaktioneller Vorschläge und seine freundliche menschliche Begleitung meiner Arbeit. Weiterhin möchte ich Frau Weber für ihre engagierte Recherchetätigkeit und den Mitarbeitern des Publikationssachgebietes für ihre aufmerksame redaktionelle Arbeit an meinem Manuskript danken. Meinem Chefarzt in der Schlosspark-Klinik, Professor Hans Stoffels, danke ich sehr dafür, daß er mir durch eine Freistellung von der klinischen Arbeit im Frühjahr 1998 ermöglicht hat, mein Buchmanuskript abzuschließen. Nicht zuletzt danke ich meinem Mann herzlich für seine unermüdliche Geduld und Liebe, mit der er mich in den vergangenen fünfeinhalb Jahren beschenkt und meine Forschungsarbeit begleitet hat. Darüber hinaus haben mir unsere politischen und zeitgeschichtlichen Diskussionen wichtige Lernprozesse und ein Verständnis der westlichen Demokratie ermöglicht, das dem vorliegenden Buch zugute gekommen ist.

# 1. Psychiatrie und Politik

„Psychiatrie" läßt sich kurz als „Seelenheilkunde" übersetzen. Mit diesem Begriff wird seit dem 19. Jahrhundert eine Fachrichtung der Medizin bezeichnet, die alle Maßnahmen und Institutionen zur Diagnostik, nichtoperativen Therapie, Prävention, Rehabilitation und Begutachtung bei Patienten mit psychischen Störungen umfaßt.

Unter einem „politischen Mißbrauch der Psychiatrie" wird im allgemeinen Sprachgebrauch der westlichen Welt vor allem die in der früheren Sowjetunion als staatliches Repressionsinstrument angewandte Praxis der psychiatrischen Etikettierung, Internierung und Zwangsbehandlung von psychisch nicht kranken Regimekritikern verstanden.

## 1.1. Der politische Mißbrauch der Psychiatrie in der Sowjetunion

Um das seit der Chruschtschow-Ära[1] gegen einen kleinen Teil der Dissidenten in der UdSSR praktizierte Vorgehen zu illustrieren, soll hier einer der im Westen gut dokumentierten Fälle referiert werden, an dessen Beispiel auch die Rolle der wichtigsten beteiligten Personen und Institutionen deutlich wird.[2]

---

1 Nikita Sergejewitsch Chruschtschow (1894–1971) wurde nach Stalins Tod 1953 Erster ZK-Sekretär und 1958 auch Ministerpräsident der UdSSR, er betrieb innenpolitisch eine „Entstalinisierung" und versuchte auch außenpolitisch neue Wege, wurde 1964 als Partei- und Regierungschef gestürzt. Vgl. Harenbergs Personenlexikon 20. Jahrhundert, Dortmund 1992, S. 235.

2 Quelle aller Zitate des Referates zum Fall Grigorenko ist das Standardwerk zum Thema von Sidney Bloch und Peter Reddaway: Dissident oder geisteskrank? Mißbrauch der Psychiatrie in der Sowjetunion, München 1978. Ferner wurden hinzugezogen: Jean-Jacques Marie (Hrsg.): Opposition. Eine neue Geisteskrankheit in der Sowjetunion? Eine Dokumentation von Wladimir Bukowskij, München 1973. George Saunders: Samizdat: Voices of the Soviet Opposition, New York 1974. Tania Mathon und Jean-Jacques Marie (Hrsg.): Die Affäre Pljuschtsch. Der Psychoterror in der Sowjetunion, Wien, München und Zürich 1976. Rundbriefe der Deutschen Vereinigung gegen politischen Mißbrauch der Psychiatrie e. V., München 1977 ff. Pjotr Grigorenko: Erinnerungen, München 1981. Jurij Nowikow: Politische Psychiatrie in der UdSSR, Gastvortrag und Diskussion am Psychologischen Institut der Freien Universität Berlin 1981, Informationen aus Lehre und Forschung 2/1981 der FU Berlin. Amnesty International (Hrsg.): Politische Gefangene in der UdSSR, Frankfurt/Main 1980. Amnesty International, Sektion Bundesrepublik Deutschland e. V., Arbeitskreis Medizin-Psychologie (Hrsg.): Zum politischen Mißbrauch der Psychiatrie in der UdSSR, Bonn 1982. Sydney Bloch und Peter Reddaway: Soviet Psych-

Pjotr Grigorenko[3] kritisierte 1961 auf einer Parteikonferenz die Vorrechte der Funktionäre in der Sowjetunion und warnte vor einer Neuauflage des stalinistischen Personenkultes. Daraufhin wurde der General von der kommunistischen Partei streng gerügt, seines Postens als Lehrstuhlinhaber für Kybernetik an der Frunse-Militärakademie in Moskau enthoben, später degradiert und in den Fernen Osten versetzt. Grigorenko empfand seine Bestrafung als ungerechten Willkürakt, kritisierte nun erst recht Chruschtschows Führungsstil, thematisierte zunehmend die Mißachtung der Menschenrechte in der Sowjetunion und gründete 1963 eine kleine Dissidentengruppe mit dem erklärten Ziel einer Wiedereinführung der „ursprünglichen revolutionären Regierungsprinzipien". Bei der Verteilung von Flugblättern wurde Grigorenko Anfang 1964 verhaftet, der „antisowjetischen Agitation" beschuldigt und nach einigen Wochen im Moskauer Lubjanka-Gefängnis in das Serbski-Institut für Gerichtspsychiatrie[4] überwiesen. Nach fünf Wochen trafen die dortigen Psychiater die Feststellung, Grigorenko leide an einer „Geisteskrankheit in Form einer paranoiden Persönlichkeitsentwicklung mit Wahnvorstellungen", begründeten diese Diagnose im wesentlichen mit seinen „Reformideen, insbesondere über die Umgestaltung des Staatsapparates", erklärten ihn für unzurechnungsfähig und der Zwangsbehandlung in einer psychiatrischen Spezialklinik[5] bedürftig. Das Militärkolleg des Obersten Gerichtshofes der UdSSR folgte der Empfehlung und wies Grigorenko in die Leningrader Spezialklinik ein. Entgegen den sowjetischen Gesetzen, die für geisteskranke Offiziere die Zahlung einer rangabhängigen Pension und die Aussetzung der Parteimitgliedschaft bis zur Wiederherstellung vorschrieben, wurde Grigorenko zwei Wochen nach seiner Klinikeinweisung aus der Partei ausgeschlossen, zum einfachen

---

iatric Abuse. The Shadow over World Psychiatry, London 1984. André Koppers: Biographical Dictionary on the political abuse of psychiatry in the Soviet Union, Amsterdam 1990.

3 Pjotr Grigorjewitsch Grigorenko (Jg. 1907) war aus kommunistischer Überzeugung als erster seines ukrainischen Dorfes 1927 dem Komsomol und der Partei beigetreten, hatte akademisch und militärisch eine glänzende Karriere gemacht und genoß aufgrund seiner fachlichen und menschlichen Leistungen hohes Ansehen bei seinen Kameraden. 1959 wurde er zum Generalmajor der Sowjetarmee befördert und 1961 zum Brigadegeneral ernannt.

4 Das 1920 gegründete Serbski-Institut diente als Hauptzentrum der sowjetischen gerichtspsychiatrischen Forschung und Lehre, dort wurden forensisch-psychiatrische Fälle aus allen Teilen der UdSSR begutachtet. Eine diagnostische Sonderabteilung für die Begutachtung politischer Straftäter erlangte dadurch traurige Berühmtheit, daß dort seit ungefähr Ende der fünfziger Jahre geistig normale Sowjetbürger, die „antisowjetischer" Vergehen beschuldigt waren, als geistesgestört und einer psychiatrischen Zwangsbehandlung bedürftig erklärt wurden.

5 Psychiatrische Spezialkliniken sind gefängnisartig gesicherte Einrichtungen zur Zwangsverwahrung von Personen, die schwere Verbrechen wie Mord oder Totschlag, Vergewaltigung, Brandstiftung oder andere Gewaltverbrechen begangen haben, dann aber aufgrund einer Geisteskrankheit für unzurechnungsfähig erklärt wurden. Solche speziellen Einrichtungen zum Schutz der Gesellschaft vor gefährlichen psychisch kranken Rechtsbrechern gibt es in jedem Land (in der Bundesrepublik als Maßregelvollzug), das heißt, ihre Existenz an sich hat mit dem hier besprochenen politischen Psychiatriemißbrauch nichts zu tun.

Soldaten degradiert und seines ihm gesetzlich zustehenden Ruhegeldes beraubt.

Nach seiner Klinikentlassung im April 1965 kämpfte Grigorenko zunächst um seine Pension, die ihm nach langen Wartezeiten und allerlei Schikanen schließlich auch gezahlt wurde. Allerdings drohte man ihm die Streichung an, sobald er wieder systemkritisch aktiv würde. Grigorenko ließ sich jedoch nicht einschüchtern, kritisierte weiter Menschenrechtsverletzungen in der Sowjetunion, ermutigte namentlich die Krimtartaren zum Kampf für das Recht auf Rückkehr in ihre Heimat, schrieb Briefe an Regierungsfunktionäre, verfaßte Kommentare und hielt feurige Reden. 1968 protestierte er vor dem Moskauer Gerichtsgebäude gegen die Verurteilung von sowjetischen Demonstranten, die gegen die militärische Intervention in der ČSSR protestiert hatten. Im Mai 1969 lockte das KGB[6] Grigorenko in eine Falle, um ihm in Taschkent den Prozeß zu machen, weit entfernt von seinen vielen Moskauer Freunden und Anhängern, die vor dem Gericht hätten demonstrieren können. Das KGB ordnete nach einem Hungerstreik Grigorenkos im Gefängnis dessen psychiatrische Untersuchung an. Sie wurde von einer Kommission unter Leitung von Professor Fjodor Detengow[7] vorgenommen und traf die gutachterliche Feststellung, „daß Grigorenko gegenwärtig ebensowenig Symptome einer Geisteskrankheit zeigt wie zur Zeit der ihm zur Last gelegten Vergehen". Weiter hieß es in dem ersten psychiatrischen Gutachten:

„Er war sich damals seiner Handlungen durchaus bewußt und imstande, sie zu steuern, d. h. er war für seine Taten verantwortlich. Sein ganzes Vorgehen war zielgerichtet, es kreiste um konkrete Ereignisse und Fakten, erwuchs aus seiner persönlichen Überzeugung, die in vielen Fällen von seinen Gesinnungsgenossen geteilt wurde, und wies keinerlei krankhafte [...] Symptome auf. Vom neuropsychologischen Standpunkt aus hat sich Grigorenko zeitlebens normal entwickelt,[8] auch wenn er von jeher bestimmte Charaktereigenarten wie Hartnäckigkeit in der Verfolgung eines Zieles [und] eine gewisse Neigung zur Selbstüberschätzung [...] an den Tag legte. Ein spürbarer Bruch oder Wandel in seiner Persönlichkeit konnte nicht beobachtet werden.[9] [...] Zweifel an

---

6   KGB: Komitet Gossudarstwennoj Besopasnosti (Komitee für Staatssicherheit) – seit 1954 der Name des sowjetischen Geheimdienstes.
7   Fjodor Detengow (1898–1973) war einer der angesehensten Psychiatrie-Professoren in der Sowjetunion und langjähriger Chefpsychiater der Usbekischen Unionsrepublik. Nach seinem nicht im Sinne des KGB über Grigorenko verfaßten Gutachten wurde er bald darauf vorzeitig in den Ruhestand geschickt.
8   Wichtig für die Seriosität der fachlichen Beurteilung ist die Distanz zur Macht, die sich hier im Selbstverständnis als eine nach eigenen Kriterien, „vom neuropsychologischen Standpunkt aus" urteilende Instanz äußert.
9   Es gehört zur Eigenart der Erkrankungen des schizophrenen Formenkreises (der Kerngruppe der sogenannten Geisteskrankheiten), daß der Erkrankte seiner Umgebung zunächst oft durch eine allgemeine Wesensänderung, durch für ihn bis dahin untypisches Verhalten auffällt. Umgekehrt ist im katamnestischen Rückblick auf den Verlauf einer

Grigorenkos geistiger Gesundheit sind im Verlaufe der ambulanten Untersuchung nicht aufgekommen. Eine stationäre Untersuchung zum gegenwärtigen Zeitpunkt würde unser Verständnis für seinen Fall nicht erhöhen, sondern im Gegenteil in Anbetracht seines Alters, seiner betont negativen Einstellung zur Internierung in psychiatrischen Kliniken und seiner gesteigerten Empfindlichkeit die Diagnose nur erschweren."[10]

Entgegen dieser expliziten Empfehlung der Fachkommission unter Leitung eines angesehenen Sowjetpsychiaters ordnete das KGB eine stationäre Untersuchung an und wies Grigorenko wieder in das Moskauer Serbski-Institut ein. Die dortige Kommission, der Georgij Morosow[11] und Daniil Lunz[12] angehörten, kam zu einer Einschätzung, welche der nur drei Monate zuvor in Taschkent getroffenen diametral entgegengesetzt war:

„Grigorenko leidet an einer Geisteskrankheit in Form einer pathologischen, paranoiden Persönlichkeitsentwicklung, gepaart mit Reformideen und psychopathischen Charakterzügen.[13] [...] Als Beweis hierfür kann die psychotische Verfassung gelten, die sich [...] im Jahr 1964 bei ihm [...] in stark emotional eingefärbten Reformideen und Verfolgungswahn[14] äußerte. [...] Die [...] krankhafte Geistesverfassung schließt die Möglichkeit, daß er für sein Tun verantwortlich war und es hätte kontrollieren können, aus; folglich muß der Patient als unzurechnungsfähig gelten. [...] In Anbetracht seines Geisteszustandes bedarf Grigorenko der Zwangsbehandlung in einer psychiatrischen

---

schizophrenen Psychose häufig so etwas wie ein Knick in der Lebenslinie des Betroffenen erkennbar. Indem die Gutachter hier einen solchen „Bruch" oder eine Persönlichkeitswandlung im Rückblick auf Grigorenkos Biographie verneinen, vervollständigen sie ihre Aussage, die das Vorliegen einer Geisteskrankheit aufgrund des aktuellen ambulant erhobenen Befundes verneint.

10 Zitiert nach Bloch/Reddaway: Dissident oder geisteskrank?, S. 93.
11 Georgij Wasiljewitsch Morosow (Jg. 1920) war seit 1957 Direktor des Serbski-Institutes, seit 1974 Präsidiumsvorsitzender des Neurologen- und Psychiaterverbandes aller Unionsrepubliken und Mitherausgeber des offiziellen sowjetischen Lehrbuches für forensische Psychiatrie und damit eine Schlüsselfigur der gerichtspsychiatrischen Praxis in der gesamten UdSSR. Er wirkte bei der Begutachtung zahlreicher Dissidenten maßgeblich mit.
12 Daniil Romanowitsch Lunz (1911–1977) war 1966–77 Chef der für die Begutachtung politischer Täter zuständigen diagnostischen Sonderabteilung des Serbski-Institutes und hatte in Dissidentenkreisen einen üblen Ruf wegen seiner engen Beziehungen zum KGB und der Art seiner Unzurechnungsfähigkeitserklärungen.
13 Der krasse Unterschied zum Vorgutachten wird schon stilistisch deutlich: durch die Vermischung von psychiatrischen Fachtermini mit politischen und moralischen (Ab-)Wertungen. Dieselben „Charaktereigenarten", die im Taschkenter Gutachten sachlich beschrieben wurden, werden in Moskau abschätzig als „psychopathisch" bewertet.
14 Ein Wahn ist eine objektiv falsche, aus krankhafter Ursache entstehende Überzeugung, die trotz vernünftiger Gegengründe aufrecht erhalten wird. Grigorenko, seine Angehörigen und Besucher wurden vom KGB rund um die Uhr beobachtet, sein Telefon wurde abgehört, seine Post kontrolliert und wiederholt Briefe konfisziert, er wurde immer wieder zu Vernehmungen vorgeladen, in denen man ihn bedrohte und einzuschüchtern versuchte. Die adäquate Widerspiegelung dieser Verfolgungsrealität psychiatrisch als „Wahn" zu etikettieren, wirkt als besonders perfider Teil eben dieser Verfolgung.

Spezialklinik, da die [...] paranoiden Reformideen den Charakter von Zwangsvorstellungen tragen und das Verhalten des Patienten bestimmen."[15]

Die gegensätzlichen gutachterlichen Aussagen der Taschkenter und der Moskauer Psychiater machen deutlich, daß die sowjetische Psychiatrie in dieser Zeit keinesfalls „gleichgeschaltet" war. Vielmehr lieferte die sich auf die Lehren von Professor Sneschnewskij[16] berufende „Moskauer Schule" die theoretischen Grundlagen für eine von internationalen Gepflogenheiten abweichende psychiatrische Diagnostik, die von Psychiatern des Serbski-Institutes gegen andere Auffassungen und Psychiater in der Sowjetunion politisch durchgesetzt wurde.

Grigorenkos Prozeß fand im Februar 1970 in Taschkent statt. Die Anklage lautete auf die Verbreitung wissentlicher Lügen zur Verleumdung des Sowjetsystems. Das Gericht verwarf die Einschätzung der Taschkenter Kommission und folgte der Empfehlung des Serbski-Institutes. Grigorenko wurde in die psychiatrische Spezialklinik von Tschernjachowsk[17] eingewiesen, wo er dreieinhalb Jahre lang unter entwürdigenden Bedingungen in einem völlig rechtlosen Zustand festgehalten wurde.[18]

Es gab viel Protest gegen diese Vorgehensweise, zuerst innerhalb der Sowjetunion, später auch im Ausland. Die Verteidigerin Grigorenkos hatte schon vor Verhandlungsbeginn eine erneute gründliche Untersuchung ihres Mandanten auf seinen Geisteszustand beantragt, weil die beiden Vorgutachten sich diametral widersprachen, das Gericht nach der usbekischen Strafprozeßordnung jedoch beide gleichwertig berücksichtigen und ihrem Mandanten die Benennung psychiatrischer Experten eigener Wahl[19] für eine dritte Kommission gestatten müsse. Alle Anträge der Verteidigung wurden jedoch vom Gericht abgelehnt, was einen Verstoß gegen strafprozeßrechtliche Bestimmungen darstellte.

Wichtig erscheint mir die Erwähnung eines Protestes aus sowjetischen

---

15 Zitiert nach Bloch/Reddaway: Dissident oder geisteskrank?, S. 93 f.
16 Andrej Wladimirowitsch Sneschnewskij (1904–1987), 1950–51 Direktor des Serbski-Institutes, 1952–62 Chef der psychiatrischen Zentralinstitutes für ärztliche Fortbildung der UdSSR, 1962–87 Direktor des Institutes für Psychiatrie der Akademie der Medizinischen Wissenschaften der UdSSR. S. war der führende Exponent der sowjetischen Theorie der „schleichenden Schizophrenie".
17 1965 im Gebäude eines früheren deutschen Zuchthauses eingerichtete Spezialklinik in der schwer erreichbaren Gegend von Kaliningrad.
18 Besuche der Ehefrau wurden beispielsweise willkürlich erlaubt oder abgelehnt, man ließ sie bis zu acht Stunden warten, um dann zeitbegrenzte Gespräche unter Aufsicht eines Wärters zu gestatten; andere Schikanen bestanden in wiederholter Einzelhaft längerer Dauer, regelmäßigem Entzug jeglicher Beschäftigungs-, Arbeits- oder Schreibmöglichkeit usw.
19 Grigorenko schlug den Chefpsychiater der Sowjetarmee Professor Timofejew, Professor Schternberg vom Institut für Psychiatrie der Akademie der medizinischen Wissenschaften und Professor Rochlin vom psychiatrischen Institut des Gesundheitsministeriums der Russischen Sowjetrepublik vor.

Psychiaterkreisen. Semjon Glusman[20] und zwei weitere Fachkollegen untersuchten die Schriften von Grigorenko, verglichen die beiden Gutachten der Taschkenter und der Serbski-Kommission über den General und bezogen ihrerseits gutachterlich Stellung.[21] Nach einer nüchternen und sehr sorgfältigen Analyse kamen die drei Psychiater zu dem Schluß, daß die Sachverständigen des Serbski-Institutes, die Grigorenko für unzurechnungsfähig erklärt hatten, entweder fachlich unqualifiziert sein oder absichtlich falsche Aussagen gemacht haben müßten:

„Wir betrachten unsere Untersuchung nicht nur als Versuch, die Wahrheit im Falle P. G. Grigorenkos zu rekonstruieren, sondern auch als professionellen Protest gegen das System, das in solchen Fällen generell angewandt wird. [...] Die Psychiatrie ist ein Zweig der Medizin und nicht des Strafrechts. Die Praxis, politische Dissidenten ohne öffentliches Verfahren durch Einweisung in psychiatrische Kliniken zu isolieren, darf nicht fortgeführt werden [...]".[22]

Der damals 26jährige Glusman wurde 1972 verhaftet. Zu seiner Gerichtsverhandlung wurden Freunde und Angehörige nicht zugelassen. Der junge Arzt, der sich standhaft weigerte, die Namen seiner anonym gebliebenen Kollegen preiszugeben, wurde wegen Lesens und Verbreitens von Samisdatmaterial[23] angeklagt, wobei sich die Anklage vor allem darauf stützte, daß er jemandem Solschenizyns Roman „Krebsstation"[24] geliehen hätte. Die selbst für sowjetische Verhältnisse unerwartet harte Verurteilung zu sieben Jahren Arbeitslager unter strengem Regime und drei Jahren Verbannung waren die staatliche Vergeltung für die unverblümte Kritik des Psychiaters an der politischen Manipulation der Serbski-Gutachter. Aus der sowjeti-

---

20 Semjon Glusman (Jg. 1946) arbeitete nach Abschluß seines Medizinstudiums 1969 zu seiner psychiatrischen Ausbildung zwei Jahre lang in ukrainischen Kreiskrankenhäusern. Dann wurde ihm eine Stelle im Psychiatrischen Spezialkrankenhaus Dnjepropetrowsk angeboten, die er ablehnte, weil er wußte, daß dort auch Dissidenten interniert waren und er es vermeiden wollte, unmoralisch handeln zu müssen.
21 „Ein in absentia erstelltes gerichtspsychiatrisches Gutachten über P. G. Grigorenko" erschien 1971 im Samisdat, wurde auch an Andrej Sacharow als den führenden Vertreter des 1970 gegründeten Menschenrechtskomitees geschickt. Vollständiger Text abgedruckt in: Semyon Gluzman: On Soviet Totalitarian Psychiatry, Amsterdam 1989, S. 54–69, Publikation der International Association on the Political Use of Psychiatry.
22 Zitiert nach: ebenda, S. 55 und 69.
23 Samisdat heißt soviel wie Selbstverlag und bezeichnet die seit den sechziger Jahren in der Sowjetunion üblich gewordene Praxis der illegalen Verbreitung hand- oder maschinengeschriebener Texte. Auf diese Weise wurde die behördliche Zensur umgangen und entwickelte sich außerhalb der offiziellen Institutionen und Doktrin ein lebendiger geistiger Austausch über politische, wissenschaftliche und künstlerische Themen.
24 Alexander Issajewitsch Solschenizyn (Jg. 1918) hatte 1967 in einem Brief an den vierten sowjetischen Schriftstellerkongreß vergeblich die Aufhebung der Zensur und die Freigabe seiner autobiographischen Romane „Der erste Kreis der Hölle" und „Krebsstation" gefordert, die nur im Samisdat erscheinen konnten. 1970 erhielt S. den Nobelpreis für Literatur. 1974 wurde er, nachdem er den ersten Teil der berühmten Dokumentation über die sowjetischen Straflager „Archipel Gulag" herausgebracht hatte, aus der Sowjetunion ausgewiesen. S. kehrte erst 1994 in seine russische Heimat zurück.

schen Menschenrechtsbewegung kamen sofort Proteste gegen Glusmans Verurteilung. Andrej Sacharow[25] forderte die Psychiater im Ausland auf, ihrem Kollegen Beistand zu leisten, der „für seine berufliche Integrität" bestraft werde. Nach Protestschreiben ausländischer Psychiater an Kollegen und an die Regierung der UdSSR bekam Glusman im Lager Besuch von einem KGB-Funktionär aus Moskau, der ihm erhebliche Erleichterungen seiner Notlage anbot, wenn er „die Lügen" des Westens über die Psychiatrisierung gesunder Personen in der Sowjetunion zurückweisen würde. Wenn es noch eines Beweises für den wahren Inhaftierungsgrund bedurft hätte, so war er damit erbracht.[26] Semjon Glusman verweigerte jedoch den Widerruf und wurde erst 1982 aus dem Straflager entlassen.

Während der zehnjährigen Haftzeit Glusmans war in der UdSSR die Bürgerrechtsbewegung gegen den politischen Psychiatriemißbrauch gewachsen. 1976 hatte eine kleine Dissidentengruppe in Moskau eine eigene „Arbeitskommission zur Untersuchung des Einsatzes der Psychiatrie zu politischen Zwecken" gebildet. Die Gruppe, der auch zwei Psychiater angehörten, versuchte, die Mechanismen des politischen Psychiatriemißbrauchs zu untersuchen, Fälle von Opfern und Tätern zu dokumentieren und Öffentlichkeit herzustellen. Trotz verschiedener behördlicher Schikanen gegen Mitglieder der Gruppe, Hausdurchsuchungen und Verhaftungen gelang es 1977, ein umfangreiches Manuskript von Alexander Podrabinek[27] in den Westen zu schmuggeln.[28] Diese Dokumentation wurde zur Grundlage verschiedener internationaler Proteste gegen die Praxis des politischen Mißbrauchs der Psychiatrie in der Sowjetunion.

Die politische Psychiatrisierung in der Sowjetunion und die Repression gegen protestierende Bürgerrechtler wurden dennoch jahrelang fortgesetzt.

---

25 Andrej Dmitrijewitsch Sacharow (1921–1989) war als Physiker führend an der Entwicklung der sowjetischen Wasserstoffbombe beteiligt, engagierte sich später in der Friedens- und Menschenrechtsbewegung der Sowjetunion, erhielt 1975 den Friedensnobelpreis. 1980 wurde S. in Moskau aus der Akademie der Wissenschaften ausgeschlossen und bis 1986 nach Gorki verbannt, 1988 wurde er als Akademiemitglied wieder aufgenommen und 1989 Volksdeputierter.
26 Persönliche Mitteilung Glusmans an die Autorin bei einem von der Geneva Initiative on Psychiatry organisierten Treffen mit reformbemühten Psychiatern aus Osteuropa im September 1993 in Bratislava.
27 Alexander Podrabinek (Jg. 1952) war als medizinische Hilfskraft in einer Moskauer Ambulanz tätig. Er hatte drei Jahre lang an einer Monographie über den politischen Mißbrauch der Psychiatrie in der Sowjetunion gearbeitet. Eine Kartei mit den Namen von mehr als 200 politischen Häftlingen in psychiatrischen Spezialkrankenhäusern und andere Unterlagen waren bei einer Wohnungsdurchsuchung im März 1977 vom KGB beschlagnahmt worden, es gelangten nur Teile der Dokumentation in den Westen. Auf deren Veröffentlichung hin wurde Podrabinek am 17.8.1978 wegen angeblicher „Verleumdung der Sowjetunion" zu fünf Jahren Verbannung verurteilt.
28 „Karatelnaja Medizina" (Strafmedizin) erschien zunächst in russischer Sprache in New York und wurde später übersetzt. Eine englische Kurzfassung von Amnesty International fand weltweite Verbreitung. Die Deutsche Vereinigung gegen politischen Mißbrauch der Psychiatrie e. V. veröffentlichte einen Auszug in deutscher Sprache: „Strafmedizin", München 1978.

Alle Mitglieder der erwähnten illegalen „Arbeitskommission zur Untersuchung der Verwendung der Psychiatrie zu politischen Zwecken" in Moskau wurden nacheinander inhaftiert: Alexander Podrabinek wurde über die Verhaftung seines Bruders Kyrill[29] unter Druck gesetzt, ließ sich jedoch nicht einschüchtern. Er wurde im August 1978 zu fünf Jahren Verbannung verurteilt, in der Verbannung erneut verhaftet und Ende 1980 zu drei Jahren, sechs Monaten und dreizehn Tagen Lagerhaft verurteilt. Alexander Podrabinek schwebte infolge der körperlichen Entbehrungen und Mißhandlungen im Straflager mehrmals in Lebensgefahr[30] und wurde Anfang 1984 als ein gezeichneter Mann entlassen. Als letztes Mitglied der „Arbeitskommission" kam im Februar 1981 der Psychiater Dr. med. Anatolij Korjagin[31] in Haft, nachdem er seine Anonymität aufgegeben und im Rahmen einer Pressekonferenz in Moskau öffentlich angeprangert hatte, daß ein von ihm als psychisch gesund diagnostizierter Menschenrechtsaktivist in eine psychiatrische Spezialklinik zwangseingewiesen worden war. Der Arzt wurde wegen „antisowjetischer Agitation und Propaganda" zu sieben Jahren Lagerhaft und fünf Jahren Verbannung verurteilt, das war die höchstmögliche Strafe und auch das höchste Strafmaß für ein Mitglied der „Arbeitskommission". Korjagin wurde sofort nach der Verurteilung in ein Straflager für politische Gefangene bei Perm verbracht. Es gelang ihm, einen Brief aus dem Lager zu schmuggeln, in dem er seine Fachkollegen im Ausland zum Boykott der Sowjetpsychiatrie aufrief. Sofort nach dessen Veröffentlichung im Westen wurde Korjagin für sechs Monate in eine besondere „Strafbaracke" gesteckt. Während der gesamten sechs Jahre, die er in Haft bleiben und schlimme Behandlung erdulden mußte, gab Korjagin nicht auf. Er protestierte unerschrocken gegen die katastrophalen Lebensbedingungen im Lager, die Mißhandlung von Mithäftlingen und die Unterlassung medizinischer Hilfeleistungen für kranke oder mißhandelte Häftlinge. Insgesamt zwei Jahre befand er sich im Hungerstreik. Selbst Schläge und die Inhaftierung seines sechzehnjährigen Sohnes konnten seine Persönlichkeit nicht brechen.[32] Im Fe-

---

29 Kyrill Podrabinek (Jg. 1951) ist Physiker. Er wurde 1977 anstelle seines Bruders Alexander, der nach Veröffentlichung des Manuskriptes im Westen zu bekannt war, unter dem konstruierten Vorwand illegalen Waffenbesitzes vom KGB verhaftet. Beide Brüder wurden unter Druck gesetzt, gemeinsam das Land zu verlassen. Kyrill stimmte zu, Alexander lehnte die zwangsweise Ausbürgerung ab. Daraufhin wurde Kyrill im April 1978 zu zweieinhalb Jahren Gefängnis verurteilt und erst Ende Juni 1983 in einem schlechten Gesundheitszustand – mit einer Tuberkulose – entlassen.
30 Vgl. u. a. Pressekommuniqué der Deutschen Vereinigung gegen politischen Mißbrauch der Psychiatrie e. V. vom 3.3.1978 sowie Robert van Voren (International Podrabinek Fund, Amsterdam) und Friedrich Weinberger (Deutsche Vereinigung gegen politischen Mißbrauch der Psychiatrie, München): „Alexander Podrabinek in Lebensgefahr", Presseerklärung vom August 1982.
31 Anatolij Korjagin (Jg. 1938) war vor seiner Verhaftung als Berater am Psychiatrischen Bezirkskrankenhaus Charkow tätig.
32 Vgl. Claus-Einar Langen: Erhalten Korjagin und seine Familie eine Ausreiseerlaubnis? Verlegung nach Charkow. Der bekannteste sowjetische Gefangene, in: Frankfurter Allgemeine Zeitung vom 2.2.1987; ders.: Ungewißheit über das Schicksal Korjagins. Soll

bruar 1987 wurde der Psychiater überraschend entlassen, ein Monat später auch sein Sohn. Die Familie konnte ausreisen und sich in der Schweiz niederlassen.[33] Diese Entlassung war sicherlich eine Folge der Gorbatschowschen Reformpolitik, denn vorher hatte sich der Staat von den internationalen Würdigungen Korjagins und den Protesten gegen seine Inhaftierung nicht beeindrucken lassen: Wegen seines Einsatzes für die Ethik der Medizin war Anatolij Korjagin während seiner Haftzeit 1983 zum Ehrenmitglied des Weltverbandes für Psychiatrie ernannt worden und hatte 1985 den alternativen Nobelpreis zugesprochen bekommen.[34]

Der politische Mißbrauch der Psychiatrie in der Sowjetunion wurde erst Ende der achtziger Jahre allmählich beendet, zwangspsychiatrisierte Dissidenten nach und nach freigelassen und die Spezialkrankenhäuser unter Leitung des Innenministeriums in normale psychiatrische Krankenhäuser im Verwaltungsbereich des Gesundheitsministeriums umgewandelt.[35] Amnesty International berichtete, daß die sowjetische Presse seit 1987 den politischen Mißbrauch der Psychiatrie des Landes kritisiert habe[36] und seitdem gewaltlose politische Gefangene nicht nur aus Lagern und Haftanstalten, sondern auch aus psychiatrischen Kliniken entlassen worden seien. Aus der Psychiatrie waren demnach 1987 mindestens 32 Gewissensgefangene freigelassen worden,[37] 1988 waren es 14[38] und im darauffolgenden Jahr „16, die gegen ihren Willen für Zeiträume von bis zu 21 Jahren in psychiatrische Kliniken eingewiesen worden waren."[39] Zugleich aber habe es erneut politisch motivierte Einweisungen in psychiatrische Kliniken gegeben. 1989 habe das beispielsweise „vermutlich acht Personen" betroffen, unter ihnen vier Männer, „die gegen die offiziellen Kandidaten zur Volksdeputiertenkammer kandidiert hatten." Letztere seien nach kurzer Zeit wieder freigelassen worden. Außerdem lagen Amnesty International Informationen über acht weitere Personen vor, die vor 1989 aus politischen Gründen in psychiatrische Kliniken eingewiesen worden seien und Ende 1989 „vermutlich noch immer in-

---

seine Ausreise verhindert werden? Der Mißbrauch der sowjetischen Psychiatrie, in: Frankfurter Allgemeine Zeitung vom 9.2.1987.
33 Vgl. Claus-Einar Langen: Korjagin glaubt nicht an ein Ende des Psychiatrie-Terrors. Die Nachbarn baten um Vergebung, in: Frankfurter Allgemeine Zeitung vom 29.4.1987.
34 Dr. Korjagin kehrte im Oktober 1995 endgültig aus dem Schweizer Asyl nach Rußland zurück und lebt mit seiner Familie in einer kleinen Stadt bei Moskau. Vgl. Rundbriefe der Deutschen Vereinigung gegen politischen Mißbrauch der Psychiatrie e. V. Nr. 1/88, S. 53 und Nr. 1/95, S. 19.
35 Claus-Einar Langen: Auch in hohen Ämtern wird nichts mehr beschönigt. Neue Bestimmungen zur Behandlung psychisch Kranker und ihrer Rechte in der Sowjetunion, in: Frankfurter Allgemeine Zeitung vom 6.4.1988.
36 Amnesty International: Jahresbericht 1988 (Berichtszeitraum 1987), Frankfurt/Main 1988, S. 448 f.
37 Ebenda, S. 450.
38 Amnesty International: Jahresbericht 1989 (Berichtszeitraum 1988), Frankfurt/Main 1989, S. 490.
39 Amnesty International: Jahresbericht 1990 (Berichtszeitraum 1989), Frankfurt/Main 1990, S. 485.

terniert" waren.[40] Eine über Jahrzehnte eingeschliffene Denkweise und Praxis wie die der Instrumentalisierung psychiatrischer Methoden und Institutionen für Zwecke politischer Machtausübung konnte in der Sowjetunion offenkundig nicht abrupt durch demokratisch-rechtsstaatliche Verfahrensweisen ersetzt werden.[41]

## 1.2. Diskussionen zur Psychiatrie im Westen

### 1.2.1. Westliche Diskussionen zum sowjetischen Psychiatriemißbrauch

Seit Mitte der sechziger Jahre waren, zunächst vereinzelt und seit 1970 häufiger, Informationen über konkrete Mißbrauchsfälle der sowjetischen Psychiatrie nach Westeuropa und Nordamerika gelangt.[42] Die Reaktionen auf solche Nachrichten fielen sehr unterschiedlich aus. Einerseits gab es Schlagzeilen in den führenden westlichen Zeitungen, versuchten alarmierte Personen in internationalen Gremien Druck auf die sowjetischen Verantwortlichen auszuüben und den Opfern beizustehen. Andererseits war man insbesondere in westlichen Psychiaterkreisen skeptisch, wieweit die Berichte aus der Sowjetunion der Wahrheit entsprachen, zumal führende sowjetische Psychiater, wie zum Beispiel Professor Wartanjan,[43] internationalen Fachverbänden angehörten und die Vorwürfe kategorisch bestritten.

Dabei waren die Reaktionen auf die sowjetische Praxis des politischen Psychiatriemißbrauchs im westlichen Ausland für die Beteiligten in der UdSSR nicht unbedeutend. Auf internationaler Ebene geübte Kritik hatte mitunter sogar bemerkenswerte Rückwirkungen auf das Geschehen in der Sowjetunion. So war der international geschätzte Biologe Schores Medwedjew,[44]

---

40 Ebenda, S. 487–488.
41 Vgl. Robert van Voren (Hrsg.): Soviet Psychiatric Abuse in the Gorbachev Era, Amsterdam 1989.
42 Der erste authentische Bericht, der eine breitere Öffentlichkeit erreichte, erschien 1965 als Fortsetzungsfolge in der Londoner Presse unter dem Titel „Ward 7" – eine Anspielung auf die 1892 von Anton Tschechow veröffentlichte Erzählung „Krankensaal 6" – es handelte sich um die als Roman getarnte Autobiographie von Walerij Tarsis, der aufgrund „antisowjetischer" literarischer Aktivitäten von August 1962 bis Februar 1963 in einem der großen Moskauer psychiatrischen Krankenhäuser interniert worden war.
43 Marat Enochowitsch Wartanjan war langjähriger Direktor des Forschungsinstitutes für psychische Gesundheit der UdSSR in Moskau, der Hauptkonkurrent G. W. Morosows im Führungsanspruch über die sowjetische Psychiatrie und ein ausgesprochener Apologet des sowjetischen Psychiatriemißbrauchs. 1971–77 war W. Leitungsmitglied des Weltverbandes für Psychiatrie und 1977–83 sogar Mitglied des Ethik-Komitees des Weltverbandes.
44 Schores Medwedjew (Jg. 1925) kritisierte die bürokratischen Beschränkungen des sowjetischen Wissenschaftsbetriebes, die Isolation der Wissenschaftler vom internationalen Gedankenaustausch und insbesondere den „Lyssenkoismus", die bis in die sechziger Jahre zum Dogma erhobene Vererbungslehre des Agrarbiologen und Moskauer Institutsleiters für Genetik Trofim Denissowitsch Lyssenko, derzufolge auch erworbene Eigenschaften vererbbar seien.

der 1970 gewaltsam in der Psychiatrie in Kaluga interniert worden war, aufgrund eines Proteststurmes, den seine Psychiatrisierung im In- und Ausland ausgelöst hatte, nach neunzehn Tagen freigelassen worden.[45]

Auch die Auseinandersetzungen innerhalb der psychiatrischen Fachwelt, insbesondere im Weltverband für Psychiatrie, hatten Einfluß auf das Verhalten der Verantwortlichen in der Sowjetunion.[46] Diese reagierten beispielsweise auf die ersten vor der internationalen Fachöffentlichkeit geäußerten Kritiken im Umfeld des 5. Weltkongresses für Psychiatrie 1971 in Mexico City mit der Entlassung von mehreren politischen Häftlingen aus dem psychiatrischen Spezialkrankenhaus Kasan[47] und vermieden in der nachfolgenden Zeit die Psychiatrisierung zumindest von prominenten Dissidenten. Als jedoch der Weltkongreß trotz der von Wladimir Bukowskij[48] vorgelegten Beweismaterialien und heftiger Diskussionen darüber das Thema des sowjetischen Psychiatriemißbrauchs mit offiziellem Schweigen überging, wurde Bukowskij wegen „antisowjetischer Agitation und Propaganda"[49] gemäß Artikel 70 des Strafgesetzbuches der RSFSR zu zwei Jahren Gefängnis, fünf Jahren Arbeitslager und fünf Jahren Verbannung verurteilt.[50] Die von ihm aus der UdSSR herausgeschmuggelte Dokumentation,

---

45 Vgl. Roy und Schores Medwedjew: Sie sind ein psychiatrischer Fall, Genosse, München 1972.
46 Die 1961 gegründete World Psychiatric Association (WPA) war als einziges repräsentatives internationales Organ, das sich ausschließlich um die Belange der Psychiatrie kümmert, auch für die Sowjets eine wichtige Institution. Die Stellungnahmen der WPA zum Vorwurf eines politischen Mißbrauchs des Fachgebietes waren entscheidend für die öffentliche Beurteilung solcher Vorgänge und damit auch für das internationale Ansehen des jeweiligen Landes.
47 Die prominenteste im Vorfeld des WPA-Kongresses 1971 aus der Psychiatrie entlassene Dissidentin war wohl Natalja Gorbanewskaja (Jg. 1936), die 1968/69 wegen Beteiligung an der Moskauer Demonstration gegen die sowjetische Militärintervention in der ČSSR und Samisdatveröffentlichungen zweimal verhaftet und wegen angeblicher Psychopathie und „schleichender Schizophrenie" im Serbski-Institut für unzurechnungsfähig erklärt worden war.
48 Wladimir Bukowskij (Jg. 1942) war 1961 wegen Veröffentlichung von Gedichten im Samisdat aus dem Komsomol und von der Moskauer Universität ausgeschlossen und 1963 wegen „antisowjetischer Hetze" verhaftet worden. Nach einigen Monaten Haft wurde er im Serbski-Institut für geistesgestört und unzurechnungsfähig erklärt und ein Jahr lang in der Leningrader Spezialklinik interniert. Nach seiner Entlassung befaßte er sich wieder mit Menschenrechtsfragen und wurde nach ein paar Monaten wegen Mitwirkung an der Vorbereitung einer Demonstration erneut festgenommen und monatelang psychiatrisch interniert. Nach einem Gespräch eines Vertreters von Amnesty International mit dem Leiter des Serbski-Institutes Georgij Morosow ließ man die gegen B. erhobenen Beschuldigungen ohne Begründung fallen und den jungen Mann frei. Ein Jahr später allerdings wurde B. erneut verhaftet und wegen „Staatsverleumdung" zu drei Jahren Besserungsarbeitslager verurteilt.
49 Der zentrale Punkt der Anklage war die angeblich unzutreffende Behauptung Bukowskijs, „in der UdSSR würden geistig normale Personen in Nervenkliniken untergebracht und dort einer unmenschlichen Behandlung unterzogen". Der Antrag der Verteidigung auf Zuziehung von Zeugen wurde mit der Begründung abgelehnt, daß es sich bei den vorgeschlagenen Personen, z. B. Frau Grigorenko, „um Geistesgestörte handelt, deren Aussage ohnedies rechtsungültig wäre".
50 Diese insgesamt 12 Jahre Freiheitsentzug entsprachen der gesetzlich zulässigen Höchststrafe. Vgl. Cornelia I. Gerstenmaier (Hrsg.): Wladimir Bukowskij. Der unbequeme Zeuge, Stuttgart-Degerloch 1972.

die Abschriften der gerichtspsychiatrischen Gutachten über sechs sowjetische Dissidenten enthielt, blieb jedoch in westlichen Fachkreisen nicht ohne Wirkung, zumal die Echtheit dieser den politischen Mißbrauch der Psychiatrie belegenden Dokumente von den sowjetischen Behörden nie in Abrede gestellt und von sowjetischen Psychiatern gegenüber dem Generalsekretär des Weltverbandes für Psychiatrie sogar bestätigt worden war. Das erhöhte die Glaubwürdigkeit der Dissidenten in der Sowjetunion entscheidend und bewirkte eine schärfere Wahrnehmung des politischen Psychiatriemißbrauchs in der internationalen Fachwelt.

Sechs Jahre nach dem Treffen 1971 in Mexico City traf sich der Weltverband für Psychiatrie in Honolulu, der Hauptstadt des US-Bundesstaates Hawaii, zu seinem 6. Weltkongreß, auf dem eine offene Diskussion über die Problematik auf die Tagesordnung gesetzt wurde. Er verabschiedete Ende August 1977 einstimmig einen Kodex der ethischen Prinzipien in der Psychiatrie, der als „Deklaration von Hawaii" bekannt wurde. Aus dieser Erklärung wird nachfolgend ausführlich zitiert, da sie die seit 1977 international als verbindlich anerkannten Prinzipien enthält, an der sich die psychiatrische Praxis in allen Ländern der Erde messen lassen muß:

„1. Aufgabe der Psychiatrie ist die Pflege der seelischen Gesundheit, die Förderung der persönlichen Entwicklung des Menschen mit dem Ziel der Selbstverantwortung und Selbstbestimmung in Freiheit. [...]

3. Die therapeutische Beziehung zwischen dem Patienten und seinem Psychiater beruht auf einer beidseitigen verpflichtenden Vereinbarung, die Zutrauen und Vertraulichkeit, Offenheit und Zusammenarbeit sowie gemeinsame Verantwortlichkeit erfordert. [...] Das Verhältnis des Psychiaters zu einem Patienten, der – wie in der forensischen Psychiatrie – nicht zum Zweck der Behandlung zu ihm kommt, muß rechtlich geregelt sein und dem Betroffenen hinreichend erklärt werden. [...]

5. Gegen den erklärten Willen oder ohne die Zustimmung des Patienten sind keine ärztlichen Maßnahmen durchzuführen; es sei denn, der Patient verfügt nicht – infolge seiner psychischen Erkrankung oder Behinderung – über die erforderliche Freiheit der Willensentschließung, er vermag nicht zu erkennen, was in seinem wohlverstandenen eigenen Interesse erforderlich ist, oder aber er befindet sich in einem Zustand erheblicher Selbst- oder Gemeingefährlichkeit. In diesen Fällen muß die Möglichkeit der Zwangsunterbringung und -behandlung bestehen. Zwangsmaßnahmen sind stets nur im wohlverstandenen Interesse des Patienten und immer nur so lange wie unbedingt erforderlich anzuwenden.[...]

7. Der Psychiater darf sein berufliches Wissen und Können niemals zur Mißhandlung von Einzelpersonen oder Gruppen benutzen. [...] Der Psychiater darf sich nicht an einer Zwangsbehandlung beteiligen, die nicht aufgrund des Krankheitszustandes erforderlich ist. Wenn vom Patienten oder von dritter Seite Maßnahmen verlangt werden, die gegen wissen-

schaftliche oder ethische Prinzipien verstoßen, muß der Psychiater seine Mitwirkung verweigern."[51]

Außer diesem Katalog allgemeiner ethischer Prinzipien für die Psychiatrie verabschiedete der 6. Weltkongreß auf Antrag der britischen und australischen Fachgesellschaften mit 90 zu 88 Stimmen eine Resolution, die speziell den politischen Mißbrauch der Psychiatrie verurteilte und dabei explizit die Sowjetunion für ihren „systematischen Mißbrauch der Psychiatrie für politische Zwecke" anprangerte:

„Der Weltverband für Psychiatrie darf den Mißbrauch der Psychiatrie zu politischen Zwecken nicht mit Stillschweigen übergehen, sondern muß besagte Praktiken in allen Ländern, in denen sie geübt werden, verurteilen und die jeweils zuständigen psychiatrischen Berufsorganisationen auffordern, diese Praktiken aufzugeben und sich in ihren Ländern für ihre Abschaffung einzusetzen. Darüber hinaus aber soll die WPA [World Psychiatric Association] diese Resolution in erster Linie im Hinblick auf das umfangreiche Beweismaterial über den systematischen Mißbrauch der Psychiatrie für politische Zwecke in der UdSSR realisieren."[52]

Die Verabschiedung dieser Sätze erfolgte gegen den erbitterten Widerstand der sowjetischen Delegierten, denen die meisten Ostblockstaaten und einige Länder der Dritten Welt Beistand leisteten. Professor Babajan[53] forderte von westlichen Psychiatern unter anderem beglaubigte Schriftstücke, die bestätigen sollten, daß die vormals in sowjetischen Spezialkliniken internierten und zwischenzeitlich emigrierten Dissidenten tatsächlich psychisch gesund seien. Da es nicht üblich ist, psychische Gesundheit zu bescheinigen, und die verlangten Zertifikate in Honolulu nicht unmittelbar beigebracht werden konnten, ließ Babajan sein eigenes Dossier mit den kurzgefaßten Fallgeschichten von rund 100 zwangspsychiatrisierten Dissidenten verteilen. Seine Darstellung enthielt grobe Verdrehungen der Wirklichkeit und zeichnete sich insbesondere durch Weglassen von wichtigen Tatsachen aus: Im Fall Grigorenko beispielsweise wurde das Taschkenter Gutachten einfach verschwiegen. Weitere Beispiele unlauterer Versuche zur Beeinflussung der öffentlichen Meinung und der internationalen Fachwelt durch die sowjetischen Psychiatrieverantwortlichen ließen sich anführen. So konnte das vom Weltverband für Psychiatrie 1977 in Hawaii gegründete Komitee zur Prüfung des

---

51 Deutsches Ärzteblatt 74 (1977) 48, S. 2872 f.
52 Zitiert nach Bloch/Reddaway: Dissident oder geisteskrank?, S. 290.
53 Eduard Armenakowitsch Babajan war seit 1977 Professor, 1977–89 Mitglied des Präsidiums der Psychiatrischen Allunionsgesellschaft und hatte hohe Funktionen im sowjetischen Gesundheitsministerium inne.

Mißbrauchs der Psychiatrie, das konkrete Einzelfallvorwürfe prüfen sollte, seiner Aufgabe nicht nachkommen. Die sowjetischen Psychiatrievertreter lehnten das Komitee mit der Behauptung ab, dessen Auftrag führe zu Eingriffen in die Souveränität und die inneren Angelegenheiten ihres Landes und verstoße damit gegen internationales Recht.

Die Abwehrhaltung der sowjetischen Fachvertreter gegen konkrete Einzelfallprüfungen verstärkte im Westen den Eindruck, daß die Psychiatrie in der Sowjetunion als Mittel politischer Unterdrückung eingesetzt wurde. In einzelnen Ländern begannen beunruhigte Fachvertreter, sich in Organisationen zusammenzuschließen, um sich speziell Fragen des politischen Mißbrauchs der Psychiatrie zu widmen. So wurde auch in der Bundesrepublik 1977 eine „Deutsche Vereinigung gegen politischen Mißbrauch der Psychiatrie e.V." gegründet, deren erklärter Zweck „die Förderung der Fürsorge für die politisch Verfolgten [ist], die Opfer des Mißbrauchs der Psychiatrie zu politischen Zwecken geworden sind oder die wegen ihres Widerstandes gegen solchen Mißbrauch politische Verfolgung erleiden". Geschehen sollte dies in erster Linie durch „Prüfung, Diskussion und Dokumentation von Nachrichten bezüglich politischen Mißbrauchs der Psychiatrie, wo immer er in Erscheinung tritt".[54] In den Rundbriefen der deutschen Vereinigung wurde überwiegend, aber nicht ausschließlich über das Geschehen in der Sowjetunion informiert. Fälle politischen Psychiatriemißbrauchs wurden auch aus Südafrika und Rumänien, ferner aus Argentinien und Uruguay, Chile und Kuba sowie aus Jugoslawien berichtet.

Mit den sowjetischen Psychiatrierepräsentanten, gegen die sich der Hauptvorwurf der internationalen Fachwelt richtete, kam es vor dem 7. Weltkongreß für Psychiatrie 1983 in Wien zum Bruch. Das British Royal College of Psychiatrists, das sich am konsequentesten auf die Seite der Opfer des Psychiatriemißbrauchs gestellt und die in der Sowjetunion inhaftierten Berufskollegen Dr. Glusman und Dr. Korjagin zu ihren Ehrenmitgliedern ernannt hatte, kündigte im Vorfeld des Wiener Weltkongresses einen Antrag auf Ausschluß der sowjetischen Psychiater aus dem Weltverband aufgrund des anhaltenden Psychiatriemißbrauchs und der brutalen Verfolgung von dessen Kritikern an.[55] Um ihrem Ausschluß zuvorzukommen, trat die Sowjetunion 1983 aus dem Weltverband für Psychiatrie aus. Erst im Rahmen des 8. Weltkongresses für Psychiatrie 1989 in Athen, nach Einleitung des Demokratisierungsprozesses und der allmählichen Beendigung des Psychiatriemißbrauchs in der UdSSR unter Gorbatschow,[56]

---

54 Paragraph 1 der Satzung der Deutschen Vereinigung gegen politischen Mißbrauch der Psychiatrie e. V., eingetragen beim Amtsgericht München/Registergericht unter der Nummer V R 9114.
55 Vgl. Claus-Einar Langen: Das Royal College läßt nicht locker. Den sowjetischen Psychiatern droht internationale Ächtung, in: Frankfurter Allgemeine Zeitung vom 3.7.1981.
56 Vgl. Rundbrief 1/88 der Deutschen Vereinigung gegen politischen Mißbrauch der Psychiatrie e. V., München 1988 sowie „Dem Ende des Mißbrauchs entgegen" und Semjon Glusman: Offener Brief an die Kollegen im Westen, in: Rundbrief 2/89 der Deutschen Vereinigung gegen politischen Mißbrauch der Psychiatrie e. V., München 1989, S. 4–12.

wurden die sowjetischen Psychiater wieder in die internationale Vereinigung aufgenommen.[57]

## 1.2.2. „Antipsychiatrie" und Psychiatriereform im Westen

Die im Westen vorherrschende Skepsis, die eine realistische Wahrnehmung des sowjetischen Psychiatriemißbrauchs lange Zeit behinderte, ist ein Phänomen, das sich mit unzureichender Information allein nicht erklären läßt. Sicherlich war das Geschehen hinter dem Eisernen Vorhang vom Westen aus schwer zu beurteilen, aber immerhin brachten glaubwürdige Zeugen aus der Sowjetunion eindeutige Informationen mit und berichtete Amnesty International als eine über den Verdacht tendenziöser Darstellung erhabene Menschenrechtsorganisation regelmäßig über die sowjetische Praxis des politischen Psychiatriemißbrauchs. Bei der zeitgeschichtlichen Beschäftigung mit dem Thema und der Befragung von Zeitzeugen im Westen entsteht der Eindruck, daß das Thema besonders in den siebziger Jahren ein Projektionsfeld ideologischer Auseinandersetzungen war, auf dem politische Glaubensstreitigkeiten ausgetragen wurden. Das ging offenbar so weit, daß sich die eine Seite dem sowjetischen Vorwurf einer antikommunistischen Hetzkampagne anschloß, während die Gegenseite den Verteidigern apologetische Schönfärberei infolge prokommunistischer Befangenheit anlastete.

Manches weist darauf hin, daß die von politischen Grabenkämpfen überformten Reflexionen zum sowjetischen Psychiatriemißbrauch im Westen zusätzlich von der zeitweiligen Dominanz „antipsychiatrischer" Positionen überlagert worden sind, die im Zusammenhang mit der 1968er Studentenbewegung in Westeuropa und in den USA erhebliche Popularität gewannen und eine Krise im Selbstverständnis der Psychiatrie bewirkten. Einige Vorstellungen der bekanntesten Exponenten der Antipsychiatrie werden nachfolgend erörtert. Das mag als Abschweifung erscheinen, ist aber für das Thema aus zwei Gründen wichtig: Erstens haben solche Vorstellungen bis heute Einfluß auf die Darstellung der Psychiatrie in den Medien.[58] Und zweitens geht es um die theoretische Basis, von der aus der Tenor mancher Veröffentlichungen zur DDR-Psychiatrie überhaupt erst verständlich wird. Meine These ist, daß antipsychiatrische Denk- und Argumentationsmuster, die im Westen längst wissenschaftlich überholt waren, bei der Auseinandersetzung mit der DDR-Psychiatrie zu Beginn der neunziger Jahre als unterschwellig wirksame Stereotype revitalisiert wurden.

---

57 Vgl. Claus-Einar Langen: Wenn Ärzte ihre Macht mißbrauchen. Neue Hoffnung für sowjetische Psychiatrie-Patienten, in: Frankfurter Allgemeine Zeitung vom 27.11.1990.
58 „Das durch Presse, Fernsehen und Spielfilm vermittelte Bild spricht dafür, daß antipsychiatrisches Gedankengut nach wie vor in der öffentlichen Meinung fortwirkt und sich dieses im übrigen laufend subkulturell neu formiert." Hermes Andreas Kick: Antipsychiatrie und die Krise im Selbstverständnis der Psychiatrie, in: Fortschritte der Neurologie Psychiatrie 58 (1990), S. 367–374, hier 368.

Ausgangspunkte berechtigter Kritik an der Psychiatrie waren die bedrükkenden Zustände, die in den fünfziger und sechziger Jahren noch überall in den psychiatrischen Anstalten herrschten,[59] eine weitgehende Beschränkung tradierter ärztlicher Grundmuster auf naturwissenschaftlichen Objektivismus sowie eine Überbetonung biologischer Krankheitsmodelle und Behandlungsverfahren. Die kritischen Impulse gegen diese Mißstände und Einseitigkeiten waren zuerst aus der Psychiatrie selbst gekommen. Es gab sowohl wissenschaftstheoretische, beispielsweise die „Kritische Theorie" aufgreifende Überlegungen,[60] wie auch praktische Forderungen nach Verbesserungen des psychiatrischen Versorgungssystems.[61] Erst jedoch als einige junge Psychiater in den sechziger Jahren mit gesellschaftskritischen Ideen und Versuchen radikal über innerpsychiatrische Reformversuche hinausgingen, fand das eine breitere Resonanz, insbesondere bei den ohnedies gerade rebellierenden Studenten. Die antipsychiatrischen Autoren mit der größten Popularität in der linken Studentenbewegung Westeuropas waren die Briten Ronald Laing[62] und David Cooper,[63] der Amerikaner Thomas S. Szasz[64] und der Italiener Franco Basaglia.[65]

Laing und Cooper hatten unter Berufung vor allem auf Karl Marx und Jean-Paul Sartre Geisteskrankheit zu einem Produkt des krankhaften Cha-

---

59 Vgl. Erving Goffman: Asyle. Über die soziale Situation psychiatrischer Patienten und anderer Insassen, Frankfurt/Main 1973.
60 Vgl. Kick: Antipsychiatrie und die Krise, S. 369, über Reformansätze im Vorfeld der Antipsychiatrie.
61 Diese waren vielfältig und reichen bis in das 19. Jahrhundert zurück. Vgl. Ulrike Hoffmann-Richter, Helmut Haselbeck und Renate Engfer (Hrsg.): Sozialpsychiatrie vor der Enquête, Bonn 1997.
62 Ronald D. Laing (1927–1989), arbeitete 1951–53 als Psychiater in der britischen Armee, 1956 lehrte er Psychologie an der Universität seiner Geburtsstadt Glasgow, 1962–65 als Direktor der Langham-Klinik für Psychotherapie in London. Vgl. Vorangestellte Kurzbiographie zu Ronald D. Laing: Phänomenologie der Erfahrung, 2. Aufl., Frankfurt/Main 1975 sowie Thomas Rechlin und Josef Vliegen: Die Psychiatrie in der Kritik. Die antipsychiatrische Szene und ihre Bedeutung für die klinische Psychiatrie heute, Berlin und Heidelberg 1995, S. 11.
63 David G. Cooper (Jg. 1931), studierte in seiner Geburtsstadt Kapstadt (Südafrika) Medizin und ging 1955 nach England, wo er als Psychiater in verschiedenen Krankenhäusern arbeitete. – Vgl. Kurzbiographien in David Cooper: Der Tod der Familie, Reinbek 1972 sowie David G. Cooper und Ronald D. Laing: Vernunft und Gewalt. Drei Kommentare zu Sartres Philosophie 1950–1960, Frankfurt/Main 1973.
64 Thomas Stephen Szasz (Jg. 1920), geboren in Budapest, emigrierte 1938 in die USA, studierte Medizin und Psychiatrie, erhielt eine psychoanalytische Ausbildung in Chicago, eröffnete 1948 eine psychoanalytische Praxis, 1955 bis zu seiner Emeritierung Professor für Psychiatrie an der State University of New York in Syracuse. Vgl. Kurzbiographie in: Thomas Szasz: Grausames Mitleid, Frankfurt/Main 1997.
65 Franco Basaglia (1924–1980), 1961–69 Leiter der psychiatrischen Klinik in Gorizia (Görz), danach der psychiatrischen Klinik von Colorno (Parma), ab 1971 Leiter der psychiatrischen Dienste in Triest, ab 1979 Berater der Region Lazio. B. gilt als Inspirator der Gruppe Istituzione negata, der italienischen Psychiatrie-Reformbewegung. – Vgl. Kurzbiographie in Franco Basaglia und Franca Basaglia Ongaro: Die abweichende Mehrheit. Die Ideologie der totalen sozialen Kontrolle, Frankfurt/Main 1972 sowie Uwe Henrik Peters: Wörterbuch der Psychiatrie und medizinischen Psychologie, München, Wien und Baltimore 1984, S. 63.

rakters von Familie, Gesellschaft und kapitalistischem Staat erklärt. Cooper, der sich selbst als „Anti-Psychiater" bezeichnete und diese Bezeichnung ausdrücklich als ideologischen Kampfbegriff einführte, rechnete die klinische Psychiatrie zu den Ordnungsinstrumenten des repressiven Staates (wie Justiz, Armee und Polizei). Die Antipsychiatrie sei ein wichtiger Faktor im Kampf gegen die kapitalistische Gesellschaft und ihre krankmachenden Beziehungsstrukturen.[66] Notwendig sei nicht eine Reformierung der sozialen Institutionen, sondern eine radikale Revolution des Bewußtseins und der Gesellschaft.[67] Mit der Auflösung der Unterdrückungssysteme würden schizophrene Psychosen von allein verschwinden. Während Laing und Cooper einerseits Entfremdungsmechanismen in Familie und Gesellschaft als krankmachende Ursache aller psychischen Störungen ansahen, beschrieben sie Schizophrenie andererseits als eine positive Daseinsveränderung. Im Wahnsinn komme die Vision einer neuen Welt zum Vorschein. Laing meinte, Geisteskranke seien „Reisende", die man nicht stören dürfe, und „Wissende", die den anderen einen Weg aus der allgemeinen Entfremdung hin zu einer humaneren Gesellschaftsform aufzeigen könnten. Da Gott im Zeitalter perfektionierter Technik im durchschnittlichen Leben nicht mehr erfahrbar sei, sollten sich Ärzte und Priester um die Vermittlung des Transzendenten mittels psychotischer Erfahrungen bemühen.[68]

Der amerikanische Psychiater Thomas S. Szasz warf den britischen Antipsychiatern vor, daß sie überhaupt am Konzept der Schizophrenien festhielten, und bezeichnete Laing in diesem Zusammenhang als „religiösen Eiferer" und „üblen Demagogen", der nur die Begriffe Wahnsinn und Gesundheit vertauscht habe.[69] Szasz meinte im Gegensatz zu ihnen, psychische Krankheiten seien eine bloße Erfindung, die dazu dienen, abweichendes Verhalten mit psychiatrischen Mitteln zu verfolgen.[70] Der Begriff „Schizophrenie" sei ein Mythos und so vage, daß er auf fast jede Art von abweichendem Verhalten angewandt werden könne und der „rechtmäßige Nachfolger religiöser Mythen" und des „Hexenglaubens" sei. Die moderne Psychiatrie setze die Inquisition fort, ihre institutionellen Praktiken seien menschenunwürdig, da sie dem Patienten die persönliche Verantwortung absprechen. Szasz forderte die Abschaffung der unfreiwilligen psychiatrischen Hospitalisierung und sämtlicher psychiatrischer Verwahranstalten. Geisteskranke sollten ihre bürgerlichen Rechte behalten und es sollte keine Schuldunfähigkeit wegen Geisteskrankheit geben.

Trotz ihrer unterschiedlichen Akzentsetzungen stimmten Laing, Cooper und Szasz in dem Vorwurf überein, die Psychiatrie als repressive Institution

---

66 Vgl. David Cooper: Der Tod der Familie, Reinbek 1972.
67 Vgl. auch David Cooper: Psychiatrie und Antipsychiatrie, Frankfurt/Main 1971.
68 Ronald D. Laing: Das geteilte Selbst, Reinbek 1976.
69 Zitiert nach Rechlin/Vliegen: Psychiatrie in der Kritik, S. 39.
70 Vgl. Thomas S. Szasz: Geisteskrankheit – ein moderner Mythos? Olten und Freiburg im Breisgau 1972.

der modernen Gesellschaft erzeuge die „Krankheiten" selbst, die sie zu behandeln vorgebe und beraube Menschen nur zur Unterdrückung von sozial abweichendem Verhalten ihrer Freiheit. Merkwürdigerweise machten sie ihre Kritik an der Psychiatrie ausschließlich am Krankheitsbild der Schizophrenie fest, obwohl in der Psychiatrie eine Fülle anderer psychischer Erkrankungen behandelt werden, für deren Entstehung soziale Bedingungen eine viel eindeutigere Rolle spielen, wie bei den Neurosen oder Suchtkrankheiten. Ausgerechnet die Schizophrenie hingegen ist eine ubiquitär in allen Völkern und Gesellschaftsschichten verbreitete Erkrankung, für die eine erbliche Disposition und hirnbiologische Veränderungen als genauso sicher gelten wie psychosoziale Einflüsse als krankheitsgestaltende Faktoren.[71] Psychosen des schizophrenen Formenkreises kommen in den verschiedensten Kulturen der Welt einschließlich fernab der modernen Zivilisation gelegener traditioneller Gesellschaften vor. Psychiatrische Untersucher fanden in den verschiedensten Kulturen Europas, Amerikas, Asiens und Afrikas, trotz soziokultureller Unterschiede beispielsweise bei den Wahninhalten, überraschend gleichförmige Krankheitsbilder.[72] Schon allein diese empirischen Ergebnisse der transkulturellen Psychiatrie widerlegen die erwähnte antipsychiatrische Interpretation schizophrener Krankheitsbilder als Produkte der spätkapitalistischen Gesellschaft.

Allerdings beachteten die Vertreter der Antipsychiatrie weder dieses noch andere stichhaltige Argumente gegen ihre Behauptungen, da es ihnen wohl gar nicht um eine Auseinandersetzung mit der von ihnen unter Generalverdacht gestellten psychiatrischen Wissenschaft ging. Die Kritiker der Antipsychiatrie meinten, die Antipsychiater hätten ein „Bild von der Psychiatrie" kritisiert, „das schon Ende der fünfziger Jahre mit der Wirklichkeit nur noch wenig gemein"[73] gehabt habe. Tatsächlich ließen antipsychiatrische Autoren beispielsweise die daseinsanalytisch-anthropologischen und tiefenpsychologischen Betrachtungsweisen der Psychiatrie völlig außer acht[74] und unterstellten der klinischen Psychiatrie statt dessen ein in Wirklichkeit so nicht existierendes „Negativmodell" psychischer Krankheit,[75] um es dann moralisch zu geißeln.

Die große Popularität solcher fundamentalen Angriffe auf die Psychiatrie erklärten ihre Kritiker unter anderem mit der „Unkenntnis des wissenschaftlichen Entwicklungsstandes der attackierten Disziplin", aber auch „als Teil

---

71 Vgl. Johann Glatzel und Hans Jörg Weitbrecht: Psychiatrie im Grundriß, 4. Aufl., Berlin, Heidelberg und New York 1979, S. 278f.
72 Vgl. Wolfgang M. Pfeiffer: Transkulturelle Psychiatrie. Ergebnisse und Probleme, 2. Aufl., Stuttgart und New York 1994, S. 23–26.
73 Johann Glatzel: Antipsychiatrie, in: Raymond Battegay, Johann Glatzel, Walter Pöldinger und Udo Rauchfleisch (Hrsg.): Handwörterbuch der Psychiatrie, Stuttgart 1992, S. 63–66.
74 Vgl. auch die gründliche Auseinandersetzung mit der Monographie von Johann Glatzel: Die Antipsychiatrie. Psychiatrie in der Kritik, Stuttgart 1975.
75 Vgl. Uwe Henrik Peters: Laings Negativmodell des Irreseins, in: Nervenarzt 48 (1977), S. 478–482.

eines allgemeinen und weit verbreiteten gesellschaftlichen Unbehagens, das die Psychiatrie erreichte" und dem es „um die bedingungslose Parteinahme für alle unterprivilegierten, randständigen und mißachteten Minderheiten" gegangen sei.[76] Daß die antipsychiatrischen Provokationen in der ersten Zeit besonders viele junge Psychiatriemitarbeiter ansprachen und von diesen begeistert aufgegriffen wurden, spricht auch dafür, daß in der praktischen Wirklichkeit der Psychiatrie Westeuropas selbst Ende der sechziger und Anfang der siebziger Jahre noch gewisse Entsprechungen zum attackierten Bild vorhanden waren.

Die Kritik Franco Basaglias setzte konkret an den katastrophalen Zuständen in den psychiatrischen Großkrankenhäusern Italiens an. Basaglia wird nur teilweise zu den Antipsychiatern gezählt, weil er weder die Existenz psychischer Krankheiten, noch die Notwendigkeit psychiatrischer Hilfe für psychisch Kranke in Frage stellte, sondern radikal anti-institutionalistisch argumentierte.[77] Basaglia sah in den Geisteskranken vor allem die aus der Gesellschaft Ausgeschlossenen, deren „Status der Unfreiheit" durch den Verwahrcharakter der „Irrenanstalten" nur noch befördert würde. Unter dem Motto „Freiheit heilt" forderte er als ersten therapeutisch sinnvollen Schritt die Öffnung der geschlossenen Abteilungen. Psychiatrische Tätigkeit sollte nach Basaglias Auffassung politische Aktion sein. Psychiatrische Krankenhäuser als Institutionen der Gewalt, mit denen das spätkapitalistische System seine Herrschaft sichere, sollten nicht reformiert, sondern aufgelöst werden. Die „Freisetzung" der Anstaltsinsassen durch die Psychiater sollte grundlegende gesellschaftliche Veränderungen bewirken. So gutgemeint der Versuch war, die Zustände zu ändern, die bei vielen langzeitig in Anstalten verwahrten Patienten tatsächlich zur Chronifizierung ihrer Krankheiten und zusätzlichen Hospitalisierungsschäden führten, wurde jedoch mit der radikalen „Freisetzung" der Psychiatriepatienten in Italien gewissermaßen das Kind mit dem Bade ausgeschüttet. Viele psychisch Kranke verloren mit den Anstalten zugleich einen für sie selbst und ihre Familien notwendigen Schutzraum, ihre durch die Krankheit und nicht durch das Krankenhaus bedingte „Unfreiheit" erlaubte ihnen vielfach nicht, die äußere Freiheit positiv für sich zu nutzen.[78] Aufgrund seiner praktischen Erfahrungen distanzierte

---

76 Glatzel: Antipsychiatrie, in: Handwörterbuch der Psychiatrie, 1992, S. 66.
77 Franco Basaglia: Die negierte Institution oder die Gemeinschaft der Ausgeschlossenen, Frankfurt/Main 1971.
78 Am 13.5.1978 beschloß das italienische Parlament das „Gesetz 180", mit dem das Zwangseinweisungsgesetz von 1904 aufgehoben wurde, das zu Mißbrauch und Mißständen geführt hatte, außerdem wurde die Abschaffung der psychiatrischen Anstalten und die Streichung des Wortes „geisteskrank" aus dem Strafgesetzbuch angeordnet, sowie der Neubau psychiatrischer Krankenhäuser und die Nutzung psychiatrischer Fachabteilungen an Allgemeinkrankenhäusern verboten. Psychisch Kranke durften in Italien nur – außer bei Gemeingefährlichkeit – auch zu Hause nur noch mit ihrer ausdrücklichen Zustimmung behandelt werden. Vom Gesetz ausgenommen wurden private Anstalten sowie die gerichtspsychiatrischen Abteilungen in Gefängnissen. Vor allem die damit den Familien aufgebürdete Last, die psychiatrische Hilfen des öffentlichen Gesundheitswesens für un-

Basaglia sich bereits Anfang der siebziger Jahre, als sein Buch „Die negierte Institution" in der Bundesrepublik erstmalig erschien, von seinen ursprünglich formulierten Thesen. Nachdem 1968 ein aus der Reform-Modellklinik Görz beurlaubter Patient während eines Wochenendurlaubs seine Frau mit einer Axt erschlagen hatte, verlangte Basaglia „schärfere Restriktionen gegen die Patienten", „wollte die Türen der Anstalt wieder schließen" und versuchen, „Görz den Psychiatern wiederzugeben".[79] Basaglia faßte seinen veränderten Standpunkt wie folgt zusammen:

> „Man neigt dazu, bei der Antipsychiatrie und bei der Bewegung, die von diesem Konzept ausgeht, nur an den ideologischen Aspekt zu denken und ganz zu vergessen, daß sie auch eine praktische Seite hat. Ich will damit sagen, daß es viele Menschen gibt, die jetzt Bücher über Antipsychiatrie schreiben, nur um den Bestand an Ideologien um eine weitere zu vermehren. Sie befassen sich überhaupt nicht mit dem praktischen Problem, die Psychiatrie umzugestalten. In diesem Sinne lehne ich für meinen Teil die Bezeichnung Antipsychiatrie kategorisch ab. [...] Ich bin als Arzt auf einem Sektor des Gemeinwohls und in staatlichen Institutionen beschäftigt. Diesen Status akzeptiere ich. Das hat aber beileibe nichts mit dem Konformismus des opportunistischen Intellektuellen zu tun. [...] Vielmehr bin ich der Überzeugung, daß ich als Fachmann meine Position als Psychiater dazu zu nutzen habe, um mich in den Dienst der Öffentlichkeit und des Wohls der in den Anstalten untergebrachten Menschen zu stellen."[80]

Tatsächlich scheinen sich die Erfolge der Antipsychiatrie auf hohe Verkaufszahlen der essayistischen Produktionen einiger schreibgewandter Autoren beschränkt zu haben, während ihre praktischen Unternehmungen ohne Ausnahme nach kurzer Zeit scheiterten. Die „therapeutischen Wohngemeinschaften" in London sollen bereits um 1970 zerfallen sein. Das Vorbild dieser „Households" und gewissermaßen die Kultstätte der Antipsychiatrie war Kingsley Hall, ein altes Gebäude in einem Londoner Abbruchviertel. Darin haben von 1965 bis 1969 mehr als hundert akademisch vorgebildete junge Menschen im Hippie-Stil zusammengelebt, darunter Drogenabhängige und andere Outsider, auch einige anstaltsentlassene Psychosekranke. Auch

---

zulässig erklärte, führte zum Scheitern der Reformabsichten. Vgl. Peters: Wörterbuch der Psychiatrie, S. 217f.
79 Unter den italienischen Psychiatrie-Reformern kam es zu einem „Kampf zweier Linien". Während Basaglia, der mit der Kommunistischen Partei Italiens sympathisierte, eher moderate Veränderungen und Verantwortungsbewußtsein für die Probleme der psychiatrischen Patienten forderte, warfen ihm einige Mitarbeiter in Görz, unter ihnen Pirella und Jervis als Vertreter der radikaleren außerparlamentarischen Linken, Opportunismus vor. Im Laufe der italienischen Psychiatrie-Reform setzte sich die gemäßigtere Haltung der KPI zunehmend durch. Referiert und zitiert nach Rechlin/Vliegen: Psychiatrie in der Kritik, S. 27.
80 Ebenda, S. 32.

Laing und zwei andere Ärzte lebten jeweils mehrere Monate in Kingsley Hall. Die Wohngemeinschaften scheiterten offenbar, weil immer weniger Leute bereit gewesen seien, so zu leben. Die privat praktizierenden Psychiater, auf die das Unternehmen in London zurückging, hätten sich relativ schnell davon zurückgezogen. Kisker beschrieb Ende der siebziger Jahre die „Demontage der AP [Anti-Psychiatrie]-Scene" am Beispiel der gewandelten Positionen von Laing:

> „1975 lehnte er den Begriff AP für sein Werk ab, desgleichen einlinige Kausalverknüpfungen zwischen Schizophrenie und sozialpolitischen bzw. mikrosoziologischen Umständen. Effekte kapitalistischer Persönlichkeitsdeformation bilden nach Laings später Einsicht allenfalls einen Teilaspekt seelischer Gestörtheit. Er befürwortet jetzt mit aller Welt einen multidisziplinären Ansatz, der genetische, biochemische und kommunikative Aspekte zusammenschaut, und hält den AP-Reduktionismus für ebenso verfehlt wie den biologischen. [...] Schizophren zu sein, sei ein Übel. Schwer schizophrene Menschen seien kommunikationsunfähig, und man könne mit ihnen nichts sozial Nützliches anfangen, weder im Blick auf Alltagsfreuden, noch auf Revolutionen."[81]

Im Gegensatz zu solchen Korrekturen früherer Auffassungen und anscheinend ungeachtet der vielfältigen Veränderungen der psychiatrischen Wissenschaft und Praxis verfaßte Thomas S. Szasz weiterhin antipsychiatrische Schriften,[82] während „in der von ihm geleiteten psychiatrischen Abteilung der Syracuse-Universität" Neurosen und Psychosen „höchst konventionell"[83] behandelt worden seien. Der eklatante Widerspruch zwischen seiner psychiatrischen Berufstätigkeit bis zur inzwischen erfolgten Emeritierung und seiner zeitgleich fortgesetzten polemischen Anklage der Psychiatrie als Freizeitautor läßt ernste Zweifel an der Glaubwürdigkeit der von Szasz vertretenen antipsychiatrischen Thesen aufkommen.

Daß es neben den bisher erörterten antipsychiatrischen Überlegungen und Versuchen, die vor allem dem linksradikalen politischen Spektrum zuzuordnen sind, auch andere antipsychiatrische Gruppierungen gab und gibt, soll an dieser Stelle nur erwähnt werden. Zu den inzwischen bekanntesten Gruppen gehört die „Kommission für Verstöße der Psychiatrie gegen Menschen-

---

81 Referiert und zitiert nach Karl Peter Kisker: Antipsychiatrie (AP), in: Karl Peter Kisker, Hans Lauter, Joachim Ernst Meyer, Christian Müller und Erik Strömgen (Hrsg.): Psychiatrie der Gegenwart, Bd. 1, Teil 1: Grundlagen und Methoden der Psychiatrie, 2. Aufl., Berlin und Heidelberg 1979, S. 811–825, hier 814–816.
82 Thomas S. Szasz: Ideology and Insanity. Essays on the Psychiatric Dehumanization of Man, New York 1970; ders.: Psychiatrie – die verschleierte Macht, Zürich 1975; ders.: Fabrikation des Wahnsinns, Frankfurt/Main 1976; ders.: Recht, Freiheit und Psychiatrie, Wien 1978; ders.: Schizophrenie – das heilige Symbol der Psychiatrie, Wien 1979; ders.: Theologie der Medizin, Wien, München und Zürich 1980; ders.: Grausames Mitleid. Über die Aussonderung unerwünschter Menschen, Frankfurt/Main 1997.
83 Kisker: Antipsychiatrie (AP), in: Psychiatrie der Gegenwart, Bd. 1, Teil 1, 1979, S. 820.

rechte e.V.", ein Ableger der Scientology Church.[84] Wahrscheinlich sollte man treffender von einer Tarnorganisation sprechen, da Scientology sich als Dachorganisation dieser und anderer Gruppierungen meist nicht klar zu erkennen gibt.[85]

Unabhängig davon, daß sich die wesentlichen theoretischen Annahmen der Antipsychiatrie als Irrtümer und ihre praktischen Versuche als Fehlschläge erwiesen haben, gestehen ihre Kritiker den Impulsen der Studentenbewegung der späten sechziger und frühen siebziger Jahre auch positive Seiten zu. So habe die antipsychiatrische Bewegung in den westlichen Ländern eine „heilsame Unruhe" bewirkt und „manch positive Entwicklung" der Psychiatrie „gleichsam ungewollt vorangetrieben".[86] Die Studentenbewegung hat eine Veränderung des gesellschaftlichen Klimas begünstigt, die es erst ermöglichte, daß psychiatriereformerische Bemühungen von der fachinternen auf die gesundheitspolitische Ebene übergriffen. In der Bundesrepublik ist dies ausgewiesen durch die 1971 vom Deutschen Bundestag in Auftrag gegebene Enquête über die Lage der Psychiatrie. Sie wurde zum Ausgangspunkt eines umfassenden Reformprozesses, der die psychiatrischen Versorgungsstrukturen entscheidend zugunsten der psychisch Kranken verändert hat.[87]

Das mit der Studentenbewegung geweckte Interesse für die „Kritische Theorie" der Frankfurter Schule hatte darüber hinaus eine katalysatorische Wirkung auf die theoretischen Diskussionen in der Psychiatrie. Das bezog sich sowohl auf die Krankheitsmodelle der Psychiatrie als auch auf Überlegungen zu Sinn und Formen psychiatrischen Handelns.[88] Nicht zuletzt die in

---

84 In Bayern wird diese „Kommission", die „mit großem Getöse Psychiater und ihre Behandlungsverfahren bekämpft" sowie „eine vermeintliche Weltverschwörung der Psychiater aufdecken soll", von der Scientologin Rosemarie Mundl dirigiert. Vgl. Liane von Billerbeck und Frank Nordhausen: Der Sektenkonzern. Scientology auf dem Vormarsch, 5. Aufl., Berlin 1994, S. 94, 123, 175 f. und 297.
85 So sind die 1979 in der Schweiz gegründete „Kommission zum Schutz vor Verstößen der Psychiatrie gegen Menschenrechte" und die „Österreichische Gesellschaft zum Schutz vor Verstößen der Psychiatrie gegen Menschenrechte" nur deshalb als Teile der scientologischen Sekte erkennbar, weil sie sich im Vorwort einer ihrer Publikationen als „Schwestervereinigungen" der „Kommission für Verstöße der Psychiatrie gegen Menschenrechte e. V." in (West)Deutschland bezeichnen. Vgl. Kommission zum Schutz vor Verstößen der Psychiatrie gegen Menschenrechte (Hrsg.): Gefahren eines Psychiatrischen Holocaust. Phantasie oder schon Realität?, Zürich 1979.
86 Johann Glatzel: Die Antipsychiatrie. Psychiatrie in der Kritik, Stuttgart 1975. Hier zitiert nach Rechlin/Vliegen: Psychiatrie in der Kritik, Berlin und Heidelberg 1995, S. 9.
87 Empfehlungen der Expertenkommission der Bundesregierung zur Reform der Versorgung im psychiatrischen und psychotherapeutisch/psychosomatischen Bereich auf der Grundlage des Modellprogramms Psychiatrie der Bundesregierung, Zusammenfassung vom 11.11.1988, 65 Seiten. Christian Müller: Wandlungen der psychiatrischen Institutionen, in: Psychiatrie der Gegenwart, Bd. 9: Brennpunkte der Psychiatrie, 3. Aufl., Berlin und Heidelberg 1989, S. 339–368.
88 Vgl. Klaus Dörner: Psychiatrie und Gesellschaftstheorien, in: Karl Peter Kisker, Hans Lauter, Joachim Ernst Meyer, Christian Müller und Erik Strömgen (Hrsg.): Psychiatrie der Gegenwart, Bd. 1: Grundlagen und Methoden der Psychiatrie, 2. Aufl., Berlin, Heidelberg und New York 1979, S. 771–809.

breiterer Öffentlichkeit geführten Diskussionen darüber haben „den zeitgenössischen Psychiater dafür sensibilisiert, die sein Denken und Handeln bestimmenden Konzepte und Werte differenzierter zu bedenken".[89] Die Autonomie des Patienten wurde in der psychiatrischen Forschung und Lehre zu einem wichtigen Thema. Der Begründungszwang für zuvor nicht hinterfragte, tradierte Normen war so groß geworden, daß die Diskussion von ethischen Fragen der Psychiatrie seit den siebziger Jahren eine immer stärkere Rolle spielte. Helmchen spricht von einer „Wandlung des Zeitgeistes", zu deren Begründung er „die prononcierte Entwicklung jener aus der Aufklärung stammenden ethischen Leitlinie der westlich-nordatlantischen Welt, die sich im 'mündigen Bürger' artikuliert", anführt: „Die Idee einer rational begründeten Autonomie des Individuums. Sie drückt sich aus in verstärkter Forderung nach Selbstverfügbarkeit."[90] Da der „Leitidee der persönlichen Freiheit" nun größerer Wert beigemessen werde, ergäben sich ethische Probleme der Psychiatrie vielfach daraus, „daß psychische Krankheit diese persönliche Freiheit mehr oder weniger einschränken kann. Denn krankheitsbedingter Freiheitsverlust konfrontiert den Psychiater mit dem Problem der Übernahme von Verantwortung für den psychisch Kranken" und macht mitunter äußeren Freiheitsentzug notwendig zum Schutz vor den Folgen des krankheitsbedingten Verlustes der inneren Freiheit.[91] Zugleich wird darauf hingewiesen, daß die in den siebziger Jahren in den USA entwickelte Lehre vom „informed consent", das heißt der Einwilligung des Patienten nach Aufklärung, bei psychisch Kranken mit eingeschränkter Verständnis- und Einwilligungsfähigkeit auf Grenzen stößt. Die ärztliche Entscheidung sei in jedem Einzelfall vom Maß der noch vorhandenen Autonomie des Kranken abhängig zu machen, eine schwierige Entscheidung mit der Gefahr zu schaden durch unnötige Hospitalisierung oder anderseits durch Annahme einer in Wirklichkeit nicht vorhandenen Autonomie, was zur Selbst- oder Fremdbeschädigung durch den Kranken führen könne.[92] Die Einführung der Patientenautonomie als konkurrierender Wert zum vorher dominierenden fürsorglichen Paternalismus habe das Entscheidungsdilemma des Psychiaters zwischen individuellem Heilauftrag und dem gesellschaftlichen Auftrag der Schadensverhütung schwieriger gemacht, stelle aber eine wichtige Anregung zur ständigen Selbstüberprüfung des eingreifenden Handelns dar. Denn „ethische Probleme bleiben definitionsgemäß stets ungelöst. Durch diese Eigenschaft der Unlösbarkeit erzeugen sie beim praktizierenden

---

89 Hanfried Helmchen: Ethische Fragen in der Psychiatrie, in: Karl Peter Kisker, Hans Lauter, Joachim Ernst Meyer, Christian Müller und Erik Strömgen (Hrsg.): Psychiatrie der Gegenwart, Bd. 2: Krisenintervention-Suizid-Konsiliarpsychiatrie, 3. Aufl., Berlin, Heidelberg und New York 1986, S. 309–368, hier 311.
90 Ebenda, S. 311.
91 Ebenda, S. 329.
92 Ebenda, S. 330.

Psychiater eine ständige Angst und verbinden damit ein Verlangen zu suchen, sich zu widersetzen, zu denken und zu forschen."[93]

Die Schwerpunktverlagerung von der paternalistischen Fürsorge für psychisch Kranke hin zu einer stärkeren Bewertung der Patientenautonomie kennzeichnete die Entwicklung der Psychiatrie seit den siebziger Jahren in allen westlichen Industriestaaten. In Westdeutschland enthielt die Psychiatriekritik im Rahmen der linken Studentenbewegung noch eine Besonderheit. Kritiker weisen zwar darauf hin, daß es in der (west)deutschen antipsychiatrischen Szene keine so herausragenden Persönlichkeiten wie Cooper, Laing, Szasz oder Basaglia und keine originellen Thesen gegeben habe, vielmehr deren Schriften Anfang der siebziger Jahre in Westdeutschland eifrig gelesen und vielfach kompiliert oder abgeschrieben worden seien.[94] Diese Einschätzung läßt jedoch ein wichtiges Verdienst der westdeutschen Achtundsechziger – einschließlich ihrer antipsychiatrischen Attitüde – außer acht:

„Im Rahmen der Studentenbewegung stellten sich viele junge Deutsche erstmals bewußt und öffentlich der deutschen nationalsozialistischen Vergangenheit. Die Adenauer-Ära, in der nicht nur viele Altnazis wichtige Posten bekleideten, sondern auch die Atmosphäre des Wirtschaftswunders jede historische Selbstreflexion zu verhindern gewußt hatte, wurde zur Zielscheibe öffentlicher Anklage. Empörung wurde laut über die 'Wir-haben-von-nichts-gewußt'-Haltung in der deutschen Gesellschaft."[95]

Zu den lange verdrängten Kapiteln der deutschen Vergangenheit, die nun öffentlich thematisiert wurden, gehörten auch die NS-Verbrechen gegen psychisch Kranke und geistig Behinderte. Begonnen hatten sie mit der Zwangssterilisierung von insgesamt mehr als 350.000 Menschen in den Jahren 1934 bis 1939, die durch staatliche Institutionen wie Erbgesundheitsgerichte, Amtsärzte, Psychiater, Chirurgen, zum Teil auch mit Hilfe polizeilicher Gewalt in die grausige Tat umgesetzt worden waren und sich auf ein 1933 erlassenes Gesetz berufen hatten.[96] Mit Beginn des Zweiten Weltkrieges war die im Laufe der dreißiger Jahre zunehmend „rassenhygienisch"

---

93 Victor Bernal Y Del Rio: Psychiatrische Ethik, in: Alfred M. Freedman, Harold I. Kaplan, J. Benjamin Sadock und Uwe H. Peters (Hrsg.): Psychiatrie in Praxis und Klinik, Bd. 5: Psychiatrische Probleme der Gegenwart I, Stuttgart und New York 1990, S. 328–343.
94 Vgl. Rechlin/Vliegen: Psychiatrie in der Kritik, S. 44 ff. sowie Kisker: Antipsychiatrie (AP), S. 814 – Kisker bezeichnet Keupp [Vgl. Heiner Keupp (Hrsg.): Der Krankheitsmythos in der Psychopathologie, München 1972] als einen der gescheitesten Ghostwriter von Szasz.
95 Susann Heenen: Deutsche Linke, linke Juden und der Zionismus, in: Dietrich Wetzel (Hrsg.): Die Verlängerung von Geschichte, Frankfurt/Main 1983, S. 103–112, hier 108.
96 Sogenanntes „Gesetz zur Verhütung erbkranken Nachwuchses" vom 14.7.1933.

radikalisierte Gesundheits-, Sozial- und Bevölkerungspolitik der Nationalsozialisten umgeschlagen in die systematische physische Vernichtung von Menschen. Das hatte mit Massenerschießungen polnischer Psychiatriepatienten unmittelbar nach dem deutschen Überfall auf Polen begonnen, denen bis Ende Oktober 1939 bereits mehrere Tausend Kranke zum Opfer gefallen waren. Innerhalb des Deutschen Reiches sind in der als „Geheime Reichssache" staatlich organisierten „Aktion T 4" von 1940 bis August 1941 über 70.000 Patienten deutscher Heil- und Pflegeanstalten mit Gas getötet worden.[97] Auch nach dem sogenannten „Euthanasie"-Stop-Befehl Hitlers, der im August 1941 nur als taktische Reaktion auf eine zunehmende Unruhe in der deutschen Bevölkerung und insbesondere auf kirchliche Proteste gegen die Krankenmorde erfolgte, sind Tausende psychiatrischer Patienten eines gewaltsamen Todes gestorben. Dabei ist in der sogenannten zweiten Phase der NS-„Euthanasie"-Aktion[98] bis 1945 nur die Tötungsmethode unauffälliger gewählt worden, indem Kranke durch gezielte Unterernährung und Verabreichung von Medikamenten in giftig wirkenden Dosierungen getötet wurden. Insgesamt schätzt man, daß während des zweiten Weltkrieges mindestens 145.000 Kranke in Deutschland und den überfallenen östlichen Nachbarländern ermordet worden sind.[99] Ein Teil der 1940 und 1941 in den psychiatrischen Tötungsanstalten[100] „erprobten" Angestellten und Vergasungsanlagen sind anschließend zum Aufbau der Vernichtungslager Belzec, Sobibor und Treblinka im besetzten Polen weiterverwendet worden. So gab es personelle, technologische und administrativ-organisatorische Kontinuitäten zwischen den Krankentötungen in Deutschland und dem Völkermord an den europäischen Juden.[101]

Viele Täter blieben unbestraft, es gab sogar skandalöse gerichtliche Absolutionen für erwiesene Krankenmörder und beachtliche Karrieren von Belasteten.[102] Eine kritische Aufarbeitung dieses verdrängten Kapitels der eigenen Geschichte begann – abgesehen von einigen, zumeist noch von den

---

97 Ernst Klee (Hrsg.): Dokumente zur „Euthanasie", Frankfurt/Main 1985, S. 232.
98 Unter „Euthanasie" (griechisch: guter Tod) versteht man eigentlich Sterbehilfe im Sinne einer vom Sterbenden gewünschten menschlichen Begleitung und eventuell Gabe schmerzlindernder Mittel zur Erleichterung und eventuell auch Abkürzung eines qualvollen Sterbeprozesses. Im Hinblick auf die NS-Krankenmordaktion ist die (von den Tätern selbst eingeführte) Verwendung des Wortes irreführend und zynisch, da weder die Mordopfer sterben wollten, noch der Tod leicht, sondern im Gegenteil meist ausgesprochen qualvoll war.
99 Vgl. Übersichtsartikel von Joachim Ernst Meyer und Ralf Seidel: Die psychiatrischen Patienten im Nationalsozialismus, in: Psychiatrie der Gegenwart, Bd. 9: Brennpunkte der Psychiatrie, Berlin und Heidelberg 1989, S. 369–396.
100 Grafeneck (Württemberg), Brandenburg/Havel und Bernburg/Saale, Hartheim bei Linz (Österreich), Pirna-Sonnenstein (Sachsen), Hadamar (Hessen).
101 Vgl. Raul Hilberg: Die Vernichtung der europäischen Juden. Die Gesamtgeschichte des Holocaust, Berlin 1982, S. 590 ff.
102 Vgl. Ernst Klee: Was sie taten – was sie wurden. Ärzte, Juristen und andere Beteiligte am Kranken- oder Judenmord, Frankfurt/Main 1990.

Alliierten geförderten Publikationen der ersten Nachkriegsjahre[103] erst in den sechziger Jahren,[104] eine Beschäftigung breiterer gesellschaftlicher Kreise mit dem Thema und vielfältige Veröffentlichungen sogar erst in den achtziger Jahren.

Das Entsetzen über die mörderische Vergangenheit der deutschen Psychiatrie, die Empörung über den ignoranten Umgang der deutschen Nachkriegsgesellschaft damit, die NS-Täter-Opfer-Konstellationen beispielsweise in Begutachtungssituationen nicht selten reproduzierte, und das erstmals öffentlich artikulierte Mißtrauen gegen die deutsche Psychiatrie als Ganzes, waren Faktoren, die die Psychiatriekritik im Umfeld der westdeutschen Studentenbewegung mitbestimmten. An dieser Feststellung ändert auch die Tatsache nichts, daß die berechtigte Kritik mit zum Teil abstrusen Konstrukten antipsychiatrischer Ideologie vermischt wurde und es in einem Fall zu einer selbstzerstörerischen und terroristischen Radikalisierung eines antipsychiatrischen Unternehmens kam, des sogenannten Sozialistischen Patientenkollektivs (SPK) in Heidelberg,[105] das sich mit Sprengstoffanschlägen auf das psychiatrische Landeskrankenhaus Wiesloch und andere öffentliche Einrichtungen zu einem Vorläufer der Rote-Armee-Fraktion (RAF) entwickelte.[106] Die Erinnerung an den Krankenmord und das Bestreben, sich durch

---

103 Vgl. Alexander Mitscherlich und Fred Mielke: Das Diktat der Menschenverachtung. Der Nürnberger Ärzteprozeß und seine Quellen, Heidelberg 1947; Robert Poitrot: Die Ermordeten waren schuldig. Dokumente der Direction de la Santé Publique der französischen Militärregierung, Baden-Baden 1947; Alice Platen-Hallermund: Die Tötung Geisteskranker in Deutschland. Aus der deutschen Ärztekommission beim amerikanischen Militärgericht, Frankfurt/Main 1948; Viktor von Weizsäcker: „Euthanasie" und Menschenversuche, in: Psyche 1 (1947), S. 68–102.
104 Vgl. Gerhard Schmidt: Selektion in der Heilanstalt 1939–1945, Frankfurt/Main 1965; H. Ehrhardt: Euthanasie und Vernichtung „lebensunwerten" Lebens, Stuttgart 1965; Klaus Dörner: Nationalsozialismus und Lebensvernichtung, in: Vierteljahrshefte für Zeitgeschichte 15 (1967), S. 121–151.
105 Das „Sozialistische Patientenkollektiv (SPK)" war aus einem Kreis von Ärzten und Studenten an der psychiatrischen Klinik der Universität Heidelberg hervorgegangen, der sich ursprünglich zu gruppenpsychotherapeutischer Beratung zusammengefunden hatte, dann aber eine radikale sozialistische Theorie entwickelte. Kapitalismus sei eine Krankheit, die durch eine Revolution geheilt werden müsse, welche nur durch psychisch Kranke in Gang gebracht werden könne. Ein engerer Kreis um den Arzt Wolfgang Huber verließ die ursprünglich therapeutischen Absichten ganz, erklärte die Patienten zur revolutionären Masse und begann 1970 einen militanten Untergrundkampf. Im Juli 1971 löste sich das SPK auf, bei der „Stadtguerillagruppe um SPK-Arzt Dr. H." fand die Polizei Waffen und Sprengstoff, Einbruchswerkzeuge, Fälschereinrichtungen und maoistisches Propagandamaterial zum Volkskrieg. Vgl. die informative Übersicht von Horst Eberhard Richter über den destruktiven Entwicklungsprozeß des SPK: Die Gruppe. Hoffnung auf einen neuen Weg, sich selbst und andere zu befreien, 10. Aufl., Reinbek 1978, S. 328–342: „Das Sozialistische Patientenkollektiv Heidelberg" als „Beispiel eines Scheiterns".
106 1971 wurden Dr. Wolfgang Huber, seine Ehefrau Ursula, die den „Arbeitskreis Sprengtechnik" ins Leben gerufen hatte, sowie acht weitere Mitglieder des SPK nach einer Schießerei mit der Polizei verhaftet. Sieben andere Aktivisten tauchten unter und stießen später zur RAF, ein weiteres Mitglied der SPK beteiligte sich in der „Bewegung 2. Juni" an einem Mord und einer Entführung. Hans Josef Horchem: Die verlorene Revolution. Terrorismus in Deutschland, Herford 1988, S. 41f.

therapeutischen Einsatz für psychisch kranke Menschen von den NS-Verbrechen zu distanzieren, ist bis heute eine starke Antriebskraft in der Arbeit und den fortgesetzten Reformbemühungen vieler Psychiatriemitarbeiter[107] – auch in Deutschland.[108]

## 1.3. Forschungsstand zur Psychiatrie in der DDR

Es gibt bisher keine Monographie zur Frage politischen Mißbrauchs der Psychiatrie in der DDR. Abgesehen von vereinzelten Pressemeldungen, die auf Angaben von einzelnen DDR-Flüchtlingen beruhten und damals nicht nachprüfbar waren,[109] ist aus der Zeit vor 1990 kein Schriftgut zum Thema auffindbar. Im Frühjahr 1990 erschien die eingangs erwähnte Zeitschriftenserie mit den schweren Vorwürfen gegen die „Stasi-Folterklinik Waldheim". Zwei bis drei Jahre lang wurden ähnliche Anschuldigungen in den Medien gegen die gesamte DDR-Psychiatrie wiederholt. Bis 1995 erschienen im Rahmen von Sammelbänden einige Beiträge zum Thema. Mittlerweile liegen alle Abschlußberichte der regionalen Kommissionen zur Untersuchung der DDR-Psychiatrie vor. Die genannten Publikationen werden nachfolgend in ihren Grundzügen besprochen und in ihren Aussagen ergänzt durch andere Publikationen zu kritisch beurteilten Teilbereichen der Psychiatrie in der DDR.

### 1.3.1. Informationsstand bis 1990

Die wohl wichtigste Menschenrechtsorganisation, die den politischen Mißbrauch der Psychiatrie in der Sowjetunion frühzeitig und konsequent angeprangert hat und im Ostblock dementsprechend als „Feindorganisation" eingeordnet und behandelt wurde, war Amnesty International[110]. Über die

---

107 Vgl. Maria Orwid: Die Bedeutung eigener Nazi-Okkupationserfahrungen für das Interesse an psychosozialen Problemen [und die psychiatrische Berufswahl], in: Klaus Dörner (Hrsg.): Im wohlverstandenen eigenen Interesse ... . Psychiatrisches Handeln gestern und heute – ethisch begründet. 40. Gütersloher Fortbildungswoche 1988 und zugleich erste deutsch-polnische Psychiatrietagung nach dem Kriege, Gütersloh 1989, S. 30–33 sowie Franz-Werner Kesting, Karl Teppe und Bernd Walter: Nach Hadamar. Zum Verhältnis von Psychiatrie und Gesellschaft im 20. Jahrhundert, Protokollband einer psychiatriehistorischen Tagung des westfälischen Instituts für Regionalgeschichte, Paderborn 1993.
108 Vgl. Ursula Plog: „Euthanasie"-Geschehen damals – psychiatrisches Handeln heute, in: Ralf Seidel und Wolfgang Franz Werner (Hrsg.): Psychiatrie am Abgrund. Spurensuche und Standortbestimmung nach den NS-Psychiatrie-Verbrechen, Köln 1991, S. 139–143.
109 Vgl. z. B. „Auch Ostberlin schiebt Kritiker des Regimes in Nervenkliniken ab", in: Die Welt vom 29.6.1976.
110 Vgl. Roland Brauckmann: Amnesty International als Feindobjekt der DDR (Schriftenreihe des Berliner Landesbeauftragten für die Unterlagen des ehemaligen Staatssicherheitsdienstes, Bd. 3), Berlin 1996.

DDR-Psychiatrie hat die Organisation nie etwas Derartiges festgestellt. In ihrem im Februar 1989 erschienenen Report über Menschenrechtsverletzungen in der DDR wird die strafrechtlich sanktionierte Einschränkung der Meinungs-, Versammlungs- und Vereinigungsfreiheit sowie des Rechtes, das eigene Land zu verlassen, kritisiert. Die Inhaftierung gewaltloser politischer Opponenten, schlechte Haftbedingungen und die Mißhandlung von Gefangenen werden mit Beispielen belegt und, ebenso wie die erst 1987 abgeschaffte Todesstrafe, als Menschenrechtsverletzungen angeprangert. Die Psychiatrie der DDR hingegen wird mit keinem Wort erwähnt.[111]

Eine andere Stelle, von der umfassende Kenntnisse über Menschenrechtsverletzungen in der DDR erwartet werden dürfen, ist die Zentrale Erfassungsstelle der Landesjustizverwaltungen in Salzgitter, da ihre Aufgabe über Jahrzehnte darin bestand, Informationen über politische Gewaltakte in der DDR zu sammeln. Diese nach dem Mauerbau 1961 eingerichtete und mehrmals erweiterte Stelle hat „alle seit 1963 von der Bundesregierung freigekauften etwa 33.000 politischen Häftlinge befragt" und Informationen aus vielen verschiedenen Quellen systematisch ausgewertet: Presseberichte, persönliche Mitteilungen durch Geschädigte und Zeugen, Mitteilungen von Landes- und Bundesbehörden, Befragungsprotokolle aus dem Zentralen Notaufnahmelager für DDR-Flüchtlinge und Übersiedler in Gießen sowie Befragungsprotokolle von Überläufern. In dem nach dem Ende der DDR herausgegebenen Report über die in Salzgitter erfaßten politischen „Verbrechen im SED-Staat" werden die Grenzsicherungsanlagen der DDR und der Schießbefehl, Tötungshandlungen, politische Verurteilungen, Mißhandlungen im Gewahrsam des Staatssicherheitsdienstes und der Vollzugsanstalten sowie politische Verdächtigungen beschrieben.[112] Die Psychiatrie und ihr etwaiger Mißbrauch zu politischen Zwecken in der DDR kommen auch im Salzgitter-Report nicht vor.

Eine dritte wichtige Quelle sind die Veröffentlichungen der speziell zum Thema engagierten Vereinigungen, zu denen mehrere in den siebziger Jahren gegründete nationale Organisationen und die 1980 gegründete International Association on the Political Use of Psychiatry (IAPUP)[113] gehören. Von der Deutschen Vereinigung gegen politischen Mißbrauch der Psychiatrie (DVpMP) mit Sitz in München, also in direkter geographischer Nachbarschaft zur gleichsprachigen DDR, mit vielfältigen Möglichkeiten der Befragung von Übersiedlern und Besuchern aus der DDR, waren Erkenntnisse

---

111 Vgl. Amnesty International: Deutsche Demokratische Republik. Rechtsprechung hinter verschlossenen Türen, Bonn 1989, S. 1–125.
112 Heiner Sauer und Hans-Otto Plumeyer: Der Salzgitter-Report. Die Zentrale Erfassungsstelle berichtet über Verbrechen im SED-Staat, Esslingen und München 1991.
113 Aus der IAPUP ging Anfang der neunziger Jahre die Geneva Initiative on Psychiatry mit Sitz in Amsterdam bzw. Hilversum, Niederlande, hervor, die nach dem Zusammenbruch des Ostblocks das Schwergewicht ihrer Arbeit auf Hilfe zur psychiatriereformerischen Selbsthilfe in Osteuropa verlagerte, in deren Rahmen es aber bis heute eine „international foundation for the abolition and prevention of political psychiatry" gibt.

über Fälle von Psychiatriemißbrauch zum Zweck politischer Verfolgung am ehesten zu erwarten. Der in der Satzung erklärte Zweck der DVpMP sieht vor allem „die Förderung der Fürsorge für die politischen Verfolgten, die Opfer des Mißbrauchs der Psychiatrie zu politischen Zwecken geworden sind oder die wegen ihres Widerstandes gegen solchen Mißbrauch politische Verfolgung erleiden" vor. Als „Mittel zur Erreichung des Zweckes" wurden unter anderem die „Prüfung, Diskussion, Dokumentation von Nachrichten bezüglich politischen Mißbrauchs der Psychiatrie, wo immer auf der Welt er in Erscheinung tritt" sowie die „Bekanntmachung und Verurteilung solch ungesetzlicher und ethisch nicht zu rechtfertigender Methoden" genannt.[114] Weder in den seit 1977 ein bis vier Mal jährlich erscheinenden Rundbriefen der DVpMP, noch in den Dokumenten der IAPUP oder den seit 1980 unregelmäßig erscheinenden Bulletins der Geneva Initiative on Psychiatry wurde vor 1990 jemals ein Fall politischen Psychiatriemißbrauchs in der DDR erwähnt.[115]

### 1.3.2. Meldungen und Berichte über das psychiatrische Krankenhaus Waldheim

Der Serie der Illustrierten „Stern" über die „Stasi-Folterklinik" in Waldheim vom April und Mai 1990 und ihre Wirkung als Auslöser für die Frage, was wirklich in Waldheim geschah und ob es einen politischen Mißbrauch der Psychiatrie in der DDR gegeben hat, wurde bereits eingangs erwähnt.

Der nach den Wahlsieg der CDU am 18. März 1990 in der DDR eingesetzte Gesundheitsminister Professor Kleditzsch reagierte darauf, indem er eine Sachverständigenkommission mit der „Prüfung der von der Illustrierten 'Stern' erhobenen Vorwürfe und Anschuldigungen gegen die Nervenklinik Waldheim bzw. gegen Dr. Poppe" beauftragte. In diese Kommission wurden Professor Ehrig Lange, Lehrstuhlinhaber und Direktor der Akademie-Nervenklinik Dresden, der Jurist und leitende Psychiater der Bezirksnervenklinik Brandenburg Dr. Siegfried Schirmer, sowie Dr. Michael Seidel, psychiatrischer Oberarzt an der Charité-Nervenklinik Berlin und Vertreter des Reformflügels der Ost-CDU berufen. Die beiden Erstgenannten waren renommierte Fachexperten der forensischen Psychiatrie in der DDR, was ihre Berufung zur Beurteilung des überwiegend forensisch-psychiatrischen Krankenhauses Waldheim einerseits verständlich machte, andererseits den Verdacht einer Vertuschungsabsicht erregte, zumal Professor Lange, der zeitweilige klinische Lehrer von Dr. Wilhelm Poppe und Dr. Schirmer, sogar dessen Duz-Freund war.

---

114 Satzung der Deutschen Vereinigung gegen politischen Mißbrauch der Psychiatrie e. V., 11 Seiten, hier S. 2.
115 Vgl. Bulletins der IAPUP und Rundbriefe der DVpMP. Der Vorsitzende der Deutschen Vereinigung gegen politischen Mißbrauch der Psychiatrie e. V., Dr. med. Friedrich Weinberger, bestätigte auf Anfrage das noch einmal mit Brief vom 24.5.1996.

Wohl vor allem aus diesem Grunde wurde ein vierter Fachexperte aus dem Westen, Professor Wilfried Rasch, der Leiter des Institutes für forensische Psychiatrie der Freien Universität Berlin, als international anerkannter Gutachter zeitweilig hinzugezogen. Außerdem wurden, zur politischen Kontrolle der Experten, zwei Volkskammerabgeordnete[116] und eine Vertreterin der Bürgerbewegung[117] zur Kommissionstätigkeit teilweise hinzugezogen.

Die Kommission arbeitete von Ende Mai bis Ende Juni 1990. Zu ihrer Tätigkeit gehörten einige Ortstermine im Krankenhaus für Psychiatrie Waldheim, relativ umfangreiche Aktensichtungen und mehrere Anhörungen, bei denen mehr das Personal als die Patienten des Krankenhauses angehört wurden. Im Abschlußbericht der Kommission[118] ist die Rede von einem absolut autoritären Leitungsstil des ärztlichen Leiters, von menschenunwürdigen Unterbringungs- und Betreuungsbedingungen für die psychisch Kranken in baulich und sanitär stark vernachlässigten Gebäuden, von einem antitherapeutischen Klima, von machtmißbräuchlichen Übergriffen des weitgehend allein gelassenen Pflegepersonals gegenüber den Patienten und anderen typischen Merkmalen einer totalen Institution.[119] In einem Fall wurde Psychiatriemißbrauch festgestellt, insgesamt jedoch die Behauptung widerlegt, es habe sich bei der Waldheimer Einrichtung um eine „Stasi-Folterklinik" gehandelt. Eine ausführliche Erörterung dieses Berichtes erfolgt im Kapitel zur forensischen Psychiatrie.

Der DDR-Gesundheitsminister erhielt Ende Juni 1990 einen mündlichen und Anfang Juli einen schriftlichen Bericht der Waldheim-Kommission. Als der Minister die ihm vorgelegten Untersuchungsergebnisse nicht umgehend veröffentlichte und die drängenden Fragen von Volkskammerabgeordneten danach nur verschwommen beantwortete, setzte die erste frei gewählte und zugleich letzte DDR-Volkskammer kurzerhand einen „parlamentarischen Sonderausschuß zur Untersuchung der Vorgänge um die psychiatrische Klinik in Waldheim sowie ähnlich gelagerter Fälle"[120] unter Leitung des FDP-Abgeordneten Dr. Bernhard Opitz ein. Die Arbeitszeit der Volkskammer bis zum 3. Oktober 1990 war so knapp bemessen, daß der Ausschuß zu wenig mehr kam, als die Untersuchungsergebnisse der Waldheim-Kommission des

---

116 Die zeitweilig hinzugezogenen Volkskammerabgeordneten waren Frau Tamm (CDU), Oberin am Kreiskrankenhaus Hagenow in Mecklenburg und Dr. med. Bernd Donaubauer (SPD), Internist aus Oschatz in Sachsen.
117 Die Autorin, unter ihrem damaligen Namen Sonja Schröter, als Psychiaterin und Vertreterin von „Demokratie Jetzt" aus Leipzig.
118 Bericht der Sachverständigenkommission des DDR-Gesundheitsministeriums zur Prüfung der von der Illustrierten Stern erhobenen Vorwürfe und Anschuldigungen gegen die Nervenklinik Waldheim bzw. Dr. Poppe, Tätigkeitszeitraum vom 22.5. bis 27.6.1990, unveröffentlichtes Manuskript, mit Anlagen 73 Seiten.
119 Vgl. Erving Goffman: Asyle. Über die soziale Situation psychiatrischer Patienten und anderer Insassen, Frankfurt/Main 1973.
120 Antrag aller Fraktionen der Volkskammer der DDR vom 5.7.1990, Beschluß zur Einsetzung des Sonderausschusses am 6.7.1990.

Gesundheitsministers nachzurecherchieren und zu bestätigen.[121] Die einzige wirklich neue Erkenntnis konnte in Zusammenarbeit mit dem Sonderausschuß der Volkskammer zur Auflösung des MfS/AfNS gewonnen werden. Sie bestand in dem anhand der MfS-Akten in Leipzig geführten Nachweis, daß Dr. Poppe inoffizieller Mitarbeiter der MfS-Kreisdienststelle Döbeln gewesen war.[122]

Da über Waldheim hinaus die Frage eines politischen Mißbrauchs der Psychiatrie in der DDR nicht hatte geklärt werden können, forderte die Volkskammer den Bundestag auf, „die Arbeit des Parlamentarischen Untersuchungsausschusses der Volkskammer zum Thema politischer Mißbrauch der Psychiatrie fortzusetzen und einen neuen Untersuchungsausschuß einzusetzen". Zweitens wurde der Bundestag „aufgefordert, eine Enquête-Kommission zur Lage der Psychiatrie in den Ländern der ehemaligen DDR einzusetzen, die einen Bericht nach dem Vorbild des Kommissionsberichts des Jahres 1975 vorlegen möge."[123]

Die geforderte „Bestandsaufnahme zur Lage der Psychiatrie in der ehemaligen DDR" wurde bereits Ende Mai 1991 mit Empfehlungen vorgelegt.[124] Hingegen wurden die Untersuchungen zur Frage eines politischen Mißbrauchs der Psychiatrie vom Bundestag an die neu gebildeten ostdeutschen Länder verwiesen, wo sie erst einmal hinter die drängenden Probleme des Aufbaus neuer Verwaltungen zurückgestellt werden mußten. Schließlich wurden in Sachsen-Anhalt, Thüringen, Berlin, Brandenburg und Sachsen regionale Untersuchungskommissionen eingesetzt, auf deren inzwischen vollständig vorliegende Ergebnisse noch eingegangen wird.

Zuvor ist noch ein gravierendes Problem aus dem psychiatrischen Krankenhaus Waldheim zu erörtern, auf das nicht die „Stern"-Journalistin, sondern die Psychiater der Untersuchungskommission des DDR-Gesundheitsministers hingewiesen hatten. Aufmerksam gemacht durch den Staatsanwalt des Bezirkes Leipzig und Professor Klaus Weise von der Psychiatrischen Universitätsklinik Leipzig, fanden die Kommissionsmitglieder in einigen Krankenakten Hinweise auf absolut außergewöhnliche Behandlungsmethoden des Waldheimer Chefarztes. Dr. Wilhelm Poppe hatte an mehreren Waldheimer Patienten Hirnoperationen und Kastrationen vornehmen lassen. Die Kommission empfahl in ihrem Abschlußbericht, „diese Angelegenheit durch eine spezielle Fachkommission bearbeiten zu lassen".[125]

Der Gesundheitsminister setzte daraufhin eine Sachverständigenkommis-

---

121 Vgl. Protokoll der 37. Tagung der Volkskammer der DDR am 28.9.1990, Bericht des parlamentarischen Sonderausschusses S. 1849–1853, Publikation in gekürzter Fassung, in: Frankfurter Rundschau vom 18.10.1990, S. 16.
122 Vgl. Bericht des parlamentarischen Sonderausschusses, Protokoll der 37. Tagung der Volkskammer der DDR am 28.9.1990, S. 1850.
123 Ebenda, S. 1853.
124 Bundesminister für Gesundheit (Auftraggeber): Zur Lage der Psychiatrie in der ehemaligen DDR – Bestandsaufnahme und Empfehlungen –, vom 30.5.1991.
125 Bericht der ersten Waldheim-Untersuchungskommission 1990, S. 53.

sion ein, die sich vom 16. August bis 26. September 1990 speziell mit den an Waldheimer Patienten vorgenommenen hirnchirurgischen und radiologischen Eingriffen befaßte.[126] Diese Spezial-Kommission wurde von dem Neurochirurgen der Charité Berlin, Professor Rudolf Unger, geleitet. Außerdem gehörten ihr als radiologische und gynäkologische Fachexperten die Professoren Riesbeck und Lau sowie als Jurist und Arzt Dr. Siegfried Schirmer an.[127] Der Abschlußbericht dieser Kommission ist zum Teil verwirrend und läßt viele Fragen offen. Schon die Bezeichnung „Bericht der Sachverständigenkommission zu den Vorwürfen und Anschuldigungen gegen die Nervenklinik Waldheim und gegen den OMR Dr. sc. med. W. Poppe" ist dem Titel des Berichtes der vorhergehenden „Sachverständigenkommission zur Prüfung der von der Illustrierten 'Stern' erhobenen Vorwürfe und Anschuldigungen gegen die Nervenklinik Waldheim bzw. Dr. Poppe", die ebenfalls vom DDR-Gesundheitsminister eingesetzt war, zum Verwechseln ähnlich und läßt den speziellen Auftrag, die an Waldheimer Patienten vorgenommenen Eingriffe aufzuklären, nicht erkennen.[128] Die Auflistung einer Reihe von Personen, die in der Kommission „zeitweilig tätig bzw. zugezogen" gewesen seien, ist noch irritierender. Professor Heinz Schulze und Dr. Michael Seidel werden zwar als Kommissionsmitglieder, aber am Ende nicht als Unterzeichner des Berichtes aufgeführt. Unter der Bezeichnung „zeitweilig tätig bzw. zugezogen" werden – ohne Unterscheidung ihrer Funktion in der Kommission – dreizehn Personen genannt, zu denen der Neurochirurg Professor Gert Dieckmann aus Göttingen als einziger bundesdeutscher Experte, ein Jurist der Rechtsabteilung des DDR-Gesundheitsministeriums, Staatsanwalt Jacob von der Bezirksstaatsanwaltschaft Leipzig, noch einmal Dr. Seidel aus der vorhergehenden Sachverständigenkommission des Gesundheitsminister, fünf Mitglieder bzw. Mitarbeiter des Volkskammerausschusses, der beschuldigte Dr. Poppe und seine Ehefrau, Professor Goldhahn als ausführender Neurochirurg eines Teils der zu untersuchenden hirnchirurgischen Eingriffe und Dr. Seifert als ausführender Radiologe der zu untersuchenden Strahlenkastrationen, gehören.[129] Wie dem Protokoll des Gesundheitsministeriums über eine Sitzung der Kommission am 21. September 1990 zu ent-

---

126 Eine zusammenfassende Information der Untersuchungsergebnisse gab die Autorin des vorliegenden Buches bereits im Dezember 1990 in einem Zeitschriftenartikel. Vgl. Sonja Schröter: „Das Krankhafte eindämmen". Hirnoperationen und Kastrationen in einer psychiatrischen Klinik, in: Dr. med. Mabuse 15 (1990) 69, S. 54f.
127 Diese vier Ärzte, die Professoren Unger, Riesbeck und Lau sowie Dr. Schirmer, sind als Unterzeichner des Berichtes der speziellen Kommission zur Untersuchung der Eingriffe aufgeführt, unterzeichnet haben den Bericht jedoch nur Professor Unger und Dr. Schirmer.
128 Vgl. Bericht der Sachverständigenkommission des DDR-Gesundheitsministers zur Prüfung und Bewertung der an Waldheimer Patienten vorgenommenen Hirnoperationen und Strahlenkastrationen, Tätigkeitszeitraum 16.8. bis 26.9.1990, unveröffentlichtes Manuskript, 18 Seiten, nachfolgend als Bericht der speziellen Kommission zur Aufklärung von Hirnoperationen und Kastrationen an Waldheimer Patienten bezeichnet.
129 Vgl. Bericht der speziellen Kommission zur Aufklärung von Hirnoperationen und Kastrationen an Waldheimer Patienten, S. 1.

nehmen ist, handelte es sich bei dem im Abschlußbericht genannten Personenkreis um die geladenen Teilnehmer einer Anhörung, die am 21. September 1990 im Ministerium für Gesundheitswesen der DDR stattfand. Im Rahmen dieser im Protokoll als „Beratung" bezeichneten Zusammenkunft kam es zu einer kontroversen Diskussion der Problematik, die sich im Sitzungsprotokoll des Gesundheitsministeriums leicht verkürzt[130] und im Abschlußbericht der Kommission gar nicht wiederfindet. Es ist nicht klar, ob dies Folge einer gezielten Verschleierung oder der allgemeinen Konfusion kurz vor Auflösung des Ministeriums für Gesundheitswesen durch den Beitritt der DDR zur Bundesrepublik am 3. Oktober 1990 war. Zumindest ein Teil der verwirrenden Unklarheiten des Kommissionsberichtes war Folge der Rollenkonfusion, die durch Einladung der aktiv an den zu untersuchenden Eingriffen beteiligten Ärzte Dr. Poppe, Dr. Seifert und Professor Goldhahn zur Beratung der Expertenkommission am 21. September zustandegekommen war. Die Genannten verteidigten sich verständlicherweise und beanspruchten zugleich den Status von Fachexperten in der Kommission, was dazu führte, daß das eindeutige Votum der als neutrale Experten berufenen Kommissionsmitglieder im Abschlußbericht verwischt wurde. Aus diesem Grunde werden nachfolgend ergänzend zum Referat des Kommissionsberichtes die Äußerungen der berufenen Experten aus dem Protokoll der Sitzung am 21. September 1990 zitiert.

Der Bericht der Sachverständigenkommission stützte sich auf einen Arbeitsbesuch im Waldheimer Krankenhaus am 22. August 1990, Kommissionsberatungen am 21. und 25. September 1990, ein Informationsgespräch mit dem Direktor der Abteilung für Funktionelle Neurochirurgie der Karl-August-Universität in Göttingen, Professor Dieckmann, am 12. und 13. September 1990, sowie auf das Studium der Krankenunterlagen in Waldheim, Chemnitz und Leipzig und das Literaturstudium zur Problematik. Fachärztliche Nachuntersuchungen zumindest eines Teils der betroffenen Patienten wurden eingangs im Kommissionsbericht als Informationsquelle nicht genannt, aber offenkundig von der Kommission veranlaßt, da in den kasuistischen Referaten des Berichtes auf die Ergebnisse von Nachuntersuchungen Bezug genommen wird.

Zu bewerten waren die Kastration von drei Frauen durch Telekobaltbestrahlung ihrer Eierstöcke in den Jahren 1982, 1986 und 1988 sowie die an sechs Waldheimer Patienten vorgenommenen insgesamt neun Hirnoperationen. Die Indikationen zu diesen Eingriffen waren jeweils durch Dr. Wilhelm Poppe in Waldheim gestellt worden. Ausgeführt wurden die Bestrahlungen im Zentralinstitut für Radiologie des Bezirkskrankenhauses in Chemnitz und die Hirnoperationen in der Neurochirurgischen Universitätsklinik in Leipzig. In keinem Fall fand sich in den Waldheimer Kran-

---

130 Vgl. Protokoll des Gesundheitsministeriums über die am 21.9.1990 in Berlin durchgeführte Beratung einer Expertenkommission, 14 Seiten.

kenunterlagen eine Dokumentation darüber, daß die Patienten oder ihre gesetzlichen Vertreter über die Eingriffe aufgeklärt worden wären und in keinem Fall lag eine Einwilligungserklärung der Patienten oder ihrer gesetzlichen Vertreter vor.

Bei den drei im Alter von 26, 31 und 34 Jahren bestrahlten Patientinnen handelte es sich diagnostisch um schwerere Grade von Oligophrenie[131] mit aggressiven Unruhe- und Erregungszuständen. Die Diagnose wurde von der Kommission in keinem Fall bezweifelt, wobei nur eine der Frauen fachärztlich nachuntersucht worden ist und die Bestätigung der Diagnose bei den anderen beiden Frauen anscheinend auf dem Studium der Krankenakten und dem Eindruck beim Arbeitsbesuch in Waldheim beruhte. Die Idee zur Zerstörung der Eierstöcke der jungen Frauen durch Bestrahlung war Dr. Poppe gekommen, weil er meinte beobachtet zu haben, daß sich die aggressiven Verhaltensstörungen der Patientinnen in ihrer prämenstruellen und menstruellen Zyklusphase verstärken würden. In den Krankenunterlagen fand sich keine Dokumentation einer solchen Beobachtung, so daß noch nicht einmal der behauptete zeitliche Zusammenhang belegt war. Poppe glaubte, durch eine Menolyse, das heißt einen vorzeitig künstlich herbeigeführten Abbruch der hormonellen Eierstockfunktion, eine Beruhigung im Verhalten der Frauen bewirken zu können. Dies gelang jedoch bei keiner der drei Patientinnen. Bei zwei Frauen sei infolge der Bestrahlung gar keine Besserung und bei einer Patientin „eine gewisse Veränderung" des Verhaltens eingetreten.

Zur Frage der Zulässigkeit strahlentherapeutischer Eingriffe bei Psychiatriepatienten in der DDR verwiesen Dr. Poppe und Dr. Seifert auf eine Notiz der Sektion Strahlentherapie in der DDR-Fachgesellschaft für Radiologie vom 28. November 1985, die auf persönliche Anfrage von Dr. Poppe zustande gekommen war:

„Kernpunkt der Anfrage ist die Nutzung der Radio-Menolyse zur Therapie schwerster Erregungszustände psychiatrischer Patienten. Dieses Indikation ist unüblich. Zunächst sollen endokrinologische Möglichkeiten [der Behandlung mit Hormonen] genutzt werden. In Einzelfällen kann die Bestrahlung gegebenenfalls möglich sein."[132]

Die Kommission kam zu dem Schluß, daß die Radiomenolyse zwar nicht ausdrücklich verboten sei, es jedoch wegen der gravierenden Komplikationen heute im allgemeinen keine Anwendungsberechtigung mehr für diese Methode gebe. Sie bewirkt im frühen Lebensalter nicht nur vorzeitige Unfruchtbarkeit, sondern auch eine hormonelle Umstimmung des Körpers mit gravierenden organischen Risiken wie dem Auftreten einer massiven Osteo-

---

131 Oligophrenie: sogenannter Schwachsinn, allgemeine Bezeichnung für angeborene oder frühzeitig erworbene Intelligenzdefekte unterschiedlicher Ätiologie.
132 Bericht der speziellen Kommission zur Aufklärung von Hirnoperationen und Kastrationen an Waldheimer Patienten, S. 5.

porose und eines Karzinoms der Gebärmutterschleimhaut. Vor Anwendung einer Strahlenmenolyse müßten erst alle anderen therapeutischen Möglichkeiten, insbesondere die einer medikamentös-hormonellen Therapie ausgeschöpft werden, was bei den Waldheimer Patientinnen nicht erfolgt sei.[133]

Ein für die Bewertung der Eingriffe entscheidender Punkt ist im Kommissionsbericht nicht klar herausgestellt, obwohl die Aussagen der Experten dazu in der Diskussion am 21. September 1990 eindeutig waren. Der radiologische Experte, Professor Riesbeck, sagte, die Radiomenolyse werde „international abgelehnt". In ausgewählten Fällen werde das Verfahren heute noch ausnahmsweise zur Behandlung von Karzinomen angewandt. Es gebe jedoch „in der neueren Zeit keine Anwendung in der Psychiatrie" und er selbst habe auch niemals einen Antrag auf Radiomenolyse von psychiatrischer Seite erhalten. Der gynäkologische Experte, Professor Lau, bestätigte, daß die Anwendung der Radiomenolyse nur noch ausnahmsweise bei Karzinompatientinnen erfolge und wegen der gravierenden unerwünschten Nebenwirkungen „auf ein Minimum begrenzt" sei. Er selbst habe ein einziges Mal eine Patientin überwiesen bekommen, bei der aus psychiatrischer Sicht eine Menolyse gewünscht worden sei, zu der er aber keine Indikation gesehen habe.[134] Der neurologisch-psychiatrische Experte, Professor Schulze, erklärte, die Frage einer Indikation zur Radiomenolyse sei in seiner dreißigjährigen Berufstätigkeit[135] „nicht aufgekommen".[136] Weder sei die Menolyse in der psychiatrischen Literatur bekannt, noch sei das Verfahren in der DDR-Fachgesellschaft für Psychiatrie und Neurologie als eine mögliche Behandlungsmethode erörtert worden. Letztere Aussage wurde durch Dr. Schirmer dahingehend konkretisiert, daß sich Dr. Poppe einmal mit der Frage der Menolyse bei psychiatrischen Patientinnen an den Vorstand der Sektion Psychiatrie der Fachgesellschaft gewandt hätte, wobei der Vorstand „einhellig eine Indikation abgelehnt und es Poppe bedeutet" habe.[137] Aus den Statements der Experten der Radiologie, Gynäkologie und Neurologie/Psychiatrie, die zugleich als Repräsentanten dieser Fachgebiete in der DDR galten, geht zusammenfassend hervor, daß die Strahlenmenolyse aus psychiatrischer Indikation kein in der DDR gebräuchliches Behandlungsverfahren war. Vielmehr handelte es sich um ein aller Wahrscheinlichkeit nach ausschließlich von Dr. Wilhelm Poppe bei drei Waldheimer Patientinnen veranlaßtes Vorgehen, das der Vorstand der Sektion Psychiatrie der DDR-Fachgesellschaft auf Poppes Anfrage hin sogar ausdrücklich abgelehnt hatte.

---

133 Ebenda, S. 4–6.
134 Protokoll des Gesundheitsministeriums vom 21.9.1990, S. 2.
135 Professor H. A. F. Schulze war Direktor der Charité-Nervenklinik der Humboldt-Universität Berlin, Vorsitzender der Gesellschaft für Psychiatrie und Neurologie der DDR sowie Chefredakteur der einzigen Fachzeitschrift der DDR zu den Fachgebieten „Psychiatrie, Neurologie und medizinische Psychologie", und somit über viele Jahre ein führender Repräsentant des Fachgebietes in der DDR.
136 Protokoll des Gesundheitsministeriums vom 21.9.1990, S. 2.
137 Ebenda, S. 3.

Bei den an sechs Waldheimer Patienten vorgenommenen Hirnoperationen ging es um drei Lobotomien[138] und sechs stereotaktische Operationen.[139] Die verschiedenen psychiatrischen Diagnosen der operierten Waldheimer Patienten wurden von der Kommission nicht bezweifelt, aber die Indikation zu den psychochirurgischen Eingriffen in Frage gestellt, zumal keine der Lobotomien und nur der kleinere Teil der stereotaktischen Operationen das Zielsymptom aggressiver Erregungszustände überhaupt beeinflußte. Erschwerend kam hinzu, daß die Methode der Lobotomie mit dem Risiko schwerer Persönlichkeitsveränderungen und völligen Initiativverlustes behaftet ist und in den achtziger Jahren anderenorts in Deutschland nicht mehr angewandt wurde. Die Stereotaxie ist ein schonenderes hirnchirurgisches Verfahren, das international gesicherte neurologische Indikationen hat, dessen Anwendung mit psychiatrischer Zielrichtung jedoch im Westen schon lange umstritten ist.[140]

Zusammenfassend äußerte die Kommission den Verdacht der Körperverletzung wegen gravierender Verletzung der Sorgfaltspflicht, insbesondere

---

138 Unter einer Lobotomie (synonym Leukotomie) versteht man die operative Durchtrennung der Verbindungsbahnen zwischen dem Stirnhirn und dem übrigen Gehirn. Die psychochirurgische Operationsmethode ist 1935 durch den Portugiesen Egas Moniz eingeführt worden, der dafür den Nobelpreis erhielt. In den vierziger und fünfziger Jahre ist der Eingriff bei psychisch Kranken vor allem in den USA tausendfach ausgeführt worden. Wegen seiner irreversiblen persönlichkeitsverändernden Wirkung ist das Verfahren dann zunehmend durch die Anwendung von Psychopharmaka verdrängt worden, auch in der Fachliteratur wurde kaum noch über Leukotomien berichtet. Die Behandlungszahlen gingen allgemein stark zurück, beispielsweise in Großbritannien von 70 Lobotomien im Jahre 1979 auf 15 solcher Operationen im Jahre 1986. Vgl. W. Dehnen: Psychopathologische Erfahrungen bei ein- und beidseitigen psychochirurgischen Eingriffen, in: Fortschritte der Neurologie/Psychiatrie 29 (1961) 7, S. 353–422 sowie A. Poynton, P.K. Bridges und J.R. Barlett: Psychochirurgy in Britain now, in: British Journal of Neurosurgery 2 (1988), S. 297–306.
139 Die Technik der stereotaktischen Operationen wurde 1947 durch Spiegel und Wycis in den USA eingeführt und verdrängte bald die Technik der Leukotomie. Bei der Stereotaxie wird ein Gerät an den Kopf angeschraubt, das die genaue Berechnung eines Zielpunktes in der Tiefe des Gehirns ermöglicht, der dann mit feinen Sonden unter Schonung der darübergelegenen Hirnteile erreicht werden kann. Mit Hilfe der Sonden können selektiv kubikmillimeterkleine Hirngewebsareale ausgeschaltet werden. Dafür gibt es international anerkannte neurologische Indikationen, so kann beispielsweise die Linderung chronischer Schmerzzustände oder die Behandlung der Epilepsie erfolgen. Früher dienten stereotaktische Eingriffe häufig zur Linderung bestimmter Symptome der Parkinsonschen Krankheit, heute vor allem zur Entnahme von Gewebsproben und zur Einführung kleiner Strahlenquellen bei tiefergelegenen Hirntumoren. Psychiatrische Indikationen für hirnchirurgische Eingriffe, z. B. bestimmte Zwangserkrankungen und Sexualstörungen, sind international umstritten. Es gibt keine sichere Indikation und ein psychochirurgischer Eingriff kann höchstens als ultima ratio erfolgen. Vgl. Pschyrembel Klinisches Wörterbuch, Berlin, New York, 255. Aufl. 1986, S. 1382, 256. Aufl. 1990, S. 1377; Michael Schirmer: Einführung in die Neurochirurgie, München, Wien, Baltimore 1979, S. 248 und 251 sowie Joachim Gerlach: Grundriß der Neurochirurgie, Darmstadt 1981, S. 126 f.
140 Vgl. z. B. die kritische Übersicht von A. Spengler: Stereotaktische Hirnoperationen bei psychisch Kranken, in: Sozialpsychiatrische Informationen 6 (1976) 35/36, S. 121–140 sowie Offener Brief der Deutschen Gesellschaft für Soziale Psychiatrie an den Bundesgesundheitsminister zur Frage des Mißbrauchs stereotaktischer Hirnoperationen vom November 1976, in: ebenda, S. 141–146.

wegen fehlender Aufklärung und Einwilligung sowie wegen mangelhafter prä- und postoperativer Betreuung der Patienten. Es wurde empfohlen, „die zuständigen Rechtspflegeorgane mit der Abklärung der strafrechtlichen Relevanz zu beauftragen". Eine politisch mißbräuchliche Anwendung der genannten Verfahren schloß die Kommission aus.[141]

Im Frühjahr 1993 meldete die Staatsanwaltschaft Leipzig, daß die Ermittlungen wegen strafbarer Handlungen an Patienten im psychiatrischen Krankenhaus Waldheim in den achtziger Jahren abgeschlossen seien. Gegen den ehemaligen ärztlichen Direktor, Dr. Wilhelm Poppe, werde Anklage wegen schwerer Körperverletzung und Freiheitsberaubung erhoben. Poppe werde beschuldigt, mehrmals Hirnoperationen und Strahlensterilisationen (sic!) bei Patienten veranlaßt zu haben, ohne daß die Eingriffe medizinisch notwendig waren oder von den Betroffenen eine Einwilligung vorlag. In diesem Zusammenhang werde gegen vier weitere Ärzte ebenfalls Anklage erhoben. Der Vorwurf der Freiheitsberaubung beziehe sich auf Isolierungen von Waldheimer Patienten unter menschenunwürdigen Umständen, die Poppe angeordnet habe.[142]

Zweieinhalb Jahre später gab das Landgericht Leipzig bekannt, daß kein Strafverfahren gegen den angeschuldigten Dr. Poppe eröffnet werde.[143] Entgegen der Ansicht der Staatsanwaltschaft handle es sich bei den an Waldheimer Patienten vorgenommenen Operationen nicht um Körperverletzung, weil der Angeschuldigte damit einen Heilzweck verfolgt und in Heilungsabsicht gehandelt habe. Beweise für das Gegenteil habe die Staatsanwaltschaft nicht vorgelegt.[144] Die in Waldheim geübte Praxis der Isolierung von Patienten habe Dr. Poppe für erlaubt gehalten, ihm sei auch dabei keine Straftat nachzuweisen.[145] Auf Beschwerde der Leipziger Staatsanwaltschaft gegen diesen Beschluß des Landgerichtes vom 29. September 1995 hin hob der 1. Strafsenat beim Oberlandesgericht Dresden diese Entscheidung am 5. Dezember 1996 teilweise wieder auf. Schließlich wurde wegen elf der in der Anklage vom 26. Februar 1993 enthaltenen Vorwürfe der Freiheitsberaubung gemäß § 131 StGB-DDR das Hauptverfahren vor dem Leipziger Landgericht eröffnet.[146] Das Verfahren war bei Abschluß des Manuskripts im Juni 1998 noch nicht abgeschlossen.

---

141 Bericht der speziellen Kommission zur Aufklärung von Hirnoperationen und Kastrationen an Waldheimer Patienten, S. 17.
142 Vgl. Anklage gegen Waldheimer Psychiatrie-Direktor, in: Süddeutsche Zeitung vom 4.3.1993, S. 7; sowie Di Pol Leipzig: Krankenhaus Waldheim: Anklage erhoben, in: Deutsches Ärzteblatt 90 (1993) Heft 15 vom 16.4.1993, A2-1123.
143 Vgl. S. Kreuz: Kein Prozeß gegen Waldheimer Psychiatrie-Chef, in: Leipziger Volkszeitung vom 7./ 8. 10.1995, S. 13.
144 Vgl. Beschluß der 6. Strafkammer des Landgerichts Leipzig vom 29.9.1995, Az 6 Kls 20 Js 1008/92, 41 Seiten, hier S. 34.
145 Ebenda, S. 40.
146 Schriftliche Auskunft des Vorsitzenden Richters beim Oberlandesgericht Dresden vom 13.6.1997; sowie Beschluß des 1. Strafsenats beim Oberlandesgericht Dresden vom 5.12.1996, Az 1 Ws 184/96, 19 Seiten.

Abschließend muß zu den Waldheim betreffenden Untersuchungen noch eine Kommission „Krankenhaus für Psychiatrie Waldheim" des Freistaates Sachsen aus dem Jahre 1991 erwähnt werden, in die forensische Psychiater und Juristen aus Westdeutschland sowie Abgeordnete des Sächsischen Landtages berufen worden waren. Diese Kommission befaßte sich vorrangig mit der Frage, wie die in Waldheim verbliebenen Patienten weiter zu betreuen, welche kurzfristigen Veränderungen in Waldheim zu veranlassen waren und wie die forensische Psychiatrie im Freistaat Sachsen weiter zu gestalten war.[147] Da sich die Mehrzahl der Fachvertreter in der Kommission für die Errichtung neuer dezentraler Einrichtungen des Maßregelvollzuges aussprach, veranlaßte der sächsische Staatsminister für Soziales, Gesundheit und Familie, Dr. Hans Geisler, die Schließung des Krankenhauses für Psychiatrie im März 1992. Die Frage, ob es bei den Patienten, die sich von Oktober 1989 bis Dezember 1990 noch in der Waldheimer Einrichtung befunden haben, noch Einweisungen aus politischen Motiven gegeben hat, wurde zur Klärung an die später gebildete Kommission zur Untersuchung von Mißbrauch der Psychiatrie im sächsischen Gebiet der ehemaligen DDR übergeben.[148]

### 1.3.3. Nachklänge zur Waldheim-Story

Unabhängig von den hinsichtlich der Beschuldigung des Waldheimer Krankenhauses als „Stasi-Folterklinik" ernüchternden Feststellungen der Untersuchungsgremien häuften sich in der zweiten Jahreshälfte 1990 Medienmeldungen über angebliche oder tatsächliche Fälle von politischem Mißbrauch der DDR-Psychiatrie. Dabei kam es zu einer schwer entwirrbaren Vermischung von berechtigten Beschwerden ehemaliger Psychiatriepatienten über Betreuungsmißstände mit teilweise irrationalen Vermutungen über den DDR-Staatssicherheitsdienst als angenommenem Urheber des erlittenen Schicksals.

Die Psychiatrie-Betroffenen einer Basisgruppe des Neuen Forum in Leipzig genossen die ungewohnte Redefreiheit und die ihnen zuteil werdende Beachtung. In Hörsälen der Karl-Marx-Universität wurden Lebens- und Krankengeschichten öffentlich dargelegt und wilde politische Beschuldigungen gegen Ärzte und Krankenhäuser ausgesprochen.[149]

In der Boulevard-Presse wurde die Behauptung einer „Folter-Psychiatrie" im politischen Dienst der Staatssicherheit kolportiert. Hier offenbarte die im

---

147 Vgl. Top 14 des Kabinettsprotokolls vom 11.12.1990 mit dem Beschluß zur Bildung des Untersuchungsausschusses Krankenhaus für Psychiatrie Waldheim.
148 Vgl. Abschlußbericht der Untersuchungskommission Krankenhaus für Psychiatrie Waldheim des Freistaates Sachsen vom 5. November 1992 mit ergänzenden und präzisierenden Anlagen aus dem Jahre 1993.
149 Die Autorin war 1990 Teilnehmerin einer Reihe von Veranstaltungen der Psychiatrie-Betroffenen-Gruppe des Neuen Forum in Leipzig.

Herbst 1989 in der DDR errungene Pressefreiheit widersprüchliche Wirkungen. Einerseits wirkte es befreiend, daß die Psychiatrie als ein bis dahin der öffentlichen Kontrolle verschlossener gesellschaftlicher Bereich endlich in das kritische Licht der Öffentlichkeit gerückt wurde. Andererseits waren die meisten Medienberichte als Sensationsmeldungen angelegt und mit unreflektierten Vorurteilen angereichert, so daß sie wenig geeignet waren, zur Lösung der Probleme von psychisch kranken Menschen beizutragen. Zusätzlich zu dieser im Westen seit langem bekannten Problematik[150] gab es eine Reihe von Mißverständnissen, die aus der unterschiedlichen Ost-West-Sozialisation resultierten. Die Bewohner der DDR im allgemeinen und psychisch Kranke in besonderen standen der für sie ungewohnten Reizüberflutung, an der die Regenbogenpresse wesentlich beteiligt war, ohne adäquate Verarbeitungsraster gegenüber. Sie ahnten im Jahr 1990 bei ihren ersten Kontakten mit westlichen Reportern noch nichts von den Möglichkeiten einer kommerziellen Ausbeutung allgemeiner Stimmungen und persönlicher Schicksale in den Medien und äußerten sich ungeschützt über intime Belange einschließlich ihrer Krankheits- und Krankenhauserfahrungen. Auf der anderen Seite war für die meisten Journalisten aus dem Westen die DDR Neuland, in dem sie die unwahrscheinlichsten Dinge für möglich hielten und subjektive, zum Teil auch krankheitsbedingte Fehlwahrnehmungen für bare Münze nahmen. Auch antipsychiatrische Klischees, die zwanzig Jahre zuvor zum ideologischen Inventar der linken Studentenbewegung gehört hatten, flossen mit in die Berichterstattung ein.

Beispielhaft sei der im Rahmen einer Panorama-Sendung des Norddeutschen Rundfunks am 27. August 1991 ausgestrahlte Beitrag genannt, der sich vorgeblich mit der „DDR-Psychiatrie" beschäftigte. In der Anmoderation wurden die Zuschauer folgendermaßen eingestimmt:

„Fast jede Woche Schreckensmeldungen über die Verbrechen der Stasi, gewissenlose Richter oder menschenunwürdige Knäste. Unvorstellbare Zustände auch in der Psychiatrie. Dort wurden gesunde, aber unliebsame Bürger eingeschüchtert und mundtot gemacht – oder umgekehrt: mit Medikamenten zu Geständnissen oder Verrat verleitet. Über bisher unbekannte medizinische Exzesse einiger furchtbarer DDR-Psychiater berichten Matthias Lehnhart, Christoph Lütgert und Jana Wutke."[151]

Es folgte eine Darstellung der Mißstände in der Waldheimer Psychiatrie, wobei der Schwerpunkt auf die an dort untergebrachten Patienten vorge-

---

150 Vgl. Hans J. Bochnik, Carlo Nässig und Wolfgang Pittrich: Psychiatrie und Öffentlichkeit. Psychiatrie und öffentliche Medien. Anstöße zur notwendigen Zusammenarbeit, in: Manfred Bergener (Hrsg.): Psychiatrie und Rechtsstaat, Darmstadt 1981, S. 216–241.
151 DDR-Psychiatrie. Manuskript der Panorama-Sendung Nr. 472 vom 27.8.1990, zur Verfügung gestellt vom NDR, 9 Seiten, hier S. 1.

nommenen Hirnoperationen und Strahlenkastrationen gelegt wurde. Die grell aufgemachte „Enthüllung" verknüpfte in unzutreffender Weise Tatsachen, die für sich genommen zweifelsfrei nachweisbar waren, und erzeugte dadurch ein falsches Gesamtbild. Das Ergebnis läßt sich in der Presse aus den Wochen nach der Panorama-Sendung nachlesen.

Daraufhin nahmen der Leipziger Neurochirurg, Professor Goldhahn, und die Chemnitzer Radiologen Albrecht und Seifert im sächsischen Ärzteblatt Stellung zu den neun in den achtziger Jahren an Waldheimer Patienten vorgenommenen Hirnoperationen[152] und den drei an Waldheimer Patientinnen vorgenommenen Strahlenkastrationen.[153] Die Mediziner wiesen noch einmal darauf hin, daß bei den Eingriffen „nicht der geringste Zusammenhang mit staatlich-ideologischen, gar von der Staatssicherheit gesteuerten Motiven" vorgelegen, es sich „vielmehr um rein medizinisch indizierte Maßnahmen" gehandelt habe,[154] was sicherlich zutreffend ist. Daß die Eingriffe an den Waldheimer Patienten trotz dieser Feststellung aus psychiatrisch-ethischer Sicht höchst fragwürdig waren, wiesen die sächsischen Psychiatrie-Professoren Klaus Weise und Otto Bach in einer Stellungnahme zu den genannten Beiträgen im sächsischen Ärzteblatt nach.[155]

Ungeachtet der auf die Fachpresse beschränkten Klarstellungen blieb die Öffentlichkeit in Ost und West verunsichert darüber, was sich tatsächlich in der Psychiatrie der DDR abgespielt hat. Christina Wilkening, eine Fernsehjournalistin aus der DDR, widmete ihrem vergeblichen Versuch, darüber Klarheit zu gewinnen, ein 262 Seiten umfassendes Buch. Anhand ihrer Tagebuchaufzeichnungen vom 9. Februar 1990 bis 1. Oktober 1991 schildert sie anschaulich das Scheitern ihrer Recherchen. Sie konnte in dieser Zeit trotz intensiver Bemühungen die Rolle des Staatssicherheitsdienstes in der Psychiatrie der DDR nicht aufklären. Es spricht für die Autorin, daß sie die eigene Verwirrung angesichts vieler sich widersprechender Eindrücke und Informationen nicht verhehlte.[156] Das Tagebuch dokumentiert die Unmöglichkeit, ohne Aktenzugang oder andere objektive Anhaltspunkte gesicherte Erkenntnisse zu gewinnen.

---

152 Vgl. W.-E. Goldhahn: Zum Thema: Stereotaktische Operationen bei psychiatrischen Indikationen, in: Ärzteblatt Sachsen 3 (1992), S. 222 und 225.
153 Vgl. M. Albrecht und G. Seifert: Zum Thema: Röntgenkastrationen an psychiatrischen Patienten, in: Ärzteblatt Sachsen 3 (1992), S. 225 und 228.
154 Ebenda, S. 225.
155 Vgl. Otto Bach und Klaus Weise: Zu ethischen Aspekten der Indikationsstellung zu psychochirurgischen Eingriffen aus psychiatrischer Sicht: Stellungnahme zu den Beiträgen von Prof. Dr. Goldhahn zu psychochirurgischen Eingriffen und von Dr. Albrecht und Dr. Seifert zur Strahlenkastration, in: Ärzteblatt Sachsen 3 (1992), S. 228 und 231f.
156 Christina Wilkening: Ich wollte Klarheit. Tagebuch einer Recherche, Berlin 1992.

### 1.3.4. Die Geschichte von Pfarrer Heinz Eggert

Am 8. Januar 1992 erschütterte der damalige sächsische Innenminister Heinz Eggert Millionen Fernsehzuschauer, indem er die Geschichte seiner Verfolgung durch den DDR-Staatssicherheitsdienst erzählte, wie sie sich ihm unmittelbar nach der ersten Lektüre seiner Stasiakten darstellte.[157] Eggert war als Gemeindepfarrer im südostsächsischen Oybin und zusätzlich als Studentenpfarrer in Zittau tätig gewesen. Seine politisch unbequemen Predigten, sein Engagement für Wehrdienstverweigerer und die seelsorgerische Betreuung von Ausreiseantragstellern hatten den Pfarrer in das Visier des MfS gebracht. Eggert stand, während er im Fernsehstudio über seine jahrelange umfassende „Bearbeitung" durch den Staatssicherheitsdienst berichtete, noch deutlich unter dem schockierenden Eindruck der Erkenntnisse, die er am selben Tag aus den umfangreichen MfS-Akten zu seiner Person gewonnen hatte. 1982 habe der Leiter der Staatssicherheit im Bezirk Dresden, Generalmajor Böhm, den Befehl gegeben, „operative Maßnahmen im Zuge eines Zersetzungsprozesses" gegen ihn einzuleiten. Man habe nicht nur ihn selbst, seine Familie, seine Freunde und Besucher umfassend bespitzelt, seine Post und jeden Schritt kontrolliert, sondern das MfS habe vor allem versucht, ihn durch eine „Rufmordkampagne" moralisch „zu demontieren". Zehn Jahre lang habe das MfS „versucht herauszubekommen, ob man mich an irgendeiner Stelle packen kann", man habe „versucht, da man offiziell nicht an mich herankam, mich auf eine Art und Weise in ein System einzuweben, daß irgendwo teuflisch konzipiert war."[158]

In solch einem Kontext mußte eine psychiatrische Behandlung eine besonders heikle Angelegenheit sein. So wundert es nicht, daß bei der Aktenlektüre festgestellte Unregelmäßigkeiten im Zusammenhang mit einer psychiatrischen Behandlung Eggerts zu den Dingen gehörten, die den Betroffenen „im Nachhinein am meisten erschreckt" haben. Die Vorgeschichte begann mit einem Camping-Urlaub der Familie Eggert im Sommer 1983 an der Ostsee. Minister Eggert hatte seiner Akte entnehmen müssen, daß dort vor seiner Ankunft am Urlaubsort bereits inoffizielle Mitarbeiter des Staatssicherheitsdienstes plaziert waren, „die den Auftrag hatten, zu überblicken, mit wem ich Kontakt habe, was ich sage, mit wem ich rede, am FKK-Strand zu fotografieren, die Familie gleichermaßen, meinen Postein- und -ausgang auf dem Campingplatz zu kontrollieren". Während dieses Ostsee-Urlaubs sei Pfarrer Eggert als einziger von seinen Bekannten „schwer an der Ruhr erkrankt" und habe seine ganze Familie angesteckt. Seine Tochter habe dann „auf Leben und Tod im Görlitzer Krankenhaus" gelegen, das sei „schon sehr dramatisch" gewesen. Heinz Eggert schilderte seine aus der besonderen

---

157 „Brennpunkt"-Sendung des ARD am 8.1.1992.
158 Alle nachfolgenden Eggert-Zitate sind der Abschrift einer Tonaufnahme der „Brennpunkt"-Sendung des ARD vom 8.1.1992 entnommen.

Belastungssituation resultierende Gesundheitskrise in der Fernsehsendung mit folgenden Worten:

> „[Ich] habe dann später, [...] als Nachwirkung dieser Ruhr Depressionen gehabt, mich in eine ärztliche Behandlung begeben müssen und erfahre jetzt aus meiner Akte, daß ich regelrecht von einem Arzt weggeleitet [und] zugeleitet wurde dem Chefarzt [...] in Großschweidnitz, der Männerabteilung, Dr. Wolf, der den Decknamen 'Manfred' hatte und der im Grunde der Staatssicherheit über alles Informationen gegeben hat. Ich bin damals sechs Wochen auf einer geschlossenen Krankenstation gewesen, wobei ich sag', ich bin krank gewesen, das ist also nicht so, daß ich nicht krank war."[159]

Demnach sagte Heinz Eggert selbst über die Umstände seiner Aufnahme in das psychiatrische Krankenhaus Großschweidnitz nicht etwa, daß er aus politischen Gründen zwangseingewiesen worden wäre, sondern daß er an einer Depression erkrankt gewesen sei und sich deshalb in ärztliche Behandlung begeben habe. Mißverständlich war möglicherweise, daß er von einem sechswöchigen Aufenthalt in einer *geschlossenen* Krankenstation und davon sprach, daß er innerhalb der Klinik von einem Arzt weg und einem anderen zugeleitet worden sei, der sich dann auch noch als inoffizieller Mitarbeiter des MfS erwies und „über alles Informationen" weitergegeben habe.

Auf die Frage des Moderators Jürgen Engert, ob er den „Verdacht" habe, „daß die Ruhrbazillen nicht zufällig" gerade ihn infiziert hätten, antwortete Eggert, daß die Verwunderung eines Professors in Erlangen über den Typ des Bazillus ihn „doch sehr nachdenklich gemacht" habe und er der Sache „jetzt noch genau nachforschen will". Weiter sagte Eggert in der „Brennpunkt"-Sendung am 8. Januar 1992:

> „Ich bin also in dieser Krankenanstalt gewesen, mit Medikamenten vollgestopft gewesen, in der Zeit sind über alle Berichte geschrieben worden, die mich besucht haben in diesem Krankenhaus, ich war im Grunde unter totaler Bewachung dort. Es ist in dieser Zeit schon verbreitet worden, es ist mir in allen Sitzungen eingeredet worden, daß ich nie wieder gesund werde, daß es im Grunde irreparabel ist [...] von dem Dr. Wolf und auch von einem anderen Arzt, wo ich aber noch nicht genau weiß, wie hier die Zusammenhänge sind."[160]

Auf die eingeworfene Frage des Moderators Jürgen Engert, ob Dr. Wolf auch an die Staatssicherheit über ihn berichtet habe, antwortete Heinz Eggert:

> „Er hat über mich berichtet und auch der Chefarzt dieser Einrichtung, Dr. Oertel, hat sich mit Stasi-Angehörigen getroffen und hat mit ihnen abgesprochen,

---

159 Transkriptionsprotokoll der „Brennpunkt"-Sendung vom 8.1.1992.
160 Ebenda.

wie man [...] am besten vorgehen kann. Man hat also damals gesagt, ich werde nur noch zu 30 Prozent arbeitsfähig sein können, was mir auch völlig klar war, weil ich total am Ende war. Es ist dem Superintendenten gesagt worden [...], der sich damals sehr um mich gekümmert hat, auch meinen Kollegen, es ist meiner Frau gesagt worden. Ich bin dann entlassen worden mit einem Haufen an Medikamenten, die ich mein Leben lang im Grund immer weiter nehmen müßte, damit es nicht zu einem Rückfall kommt, zu Selbstmordversuchen, und ich sollte vor allem keine Studentengemeindearbeit mehr machen, weil mich das einfach zu sehr belasten würde. Ich lese in meinen Akten, daß man daraufhin immer, in allen Aktivitäten, versucht hat herauszubekommen, ob ich mich weiter, als ich wieder zu Hause war, um Studenten kümmere. Und wahrscheinlich hat mir nur eines geholfen, daß ich damals alle Medikamente in den Mülleimer geschmissen habe und nichts mehr genommen habe, sonst wäre ich wahrscheinlich heute ein seelisches Wrack."[161]

Ohne daß der Minister es explizit gesagt hätte, entstand durch diese Darstellung der Eindruck, auch die ihn belastende psychopharmakologische Behandlung sei Teil des Konzeptes der Staatssicherheitsdienstes gewesen, ihn als politisch unliebsamen Studentenpfarrer auszuschalten. Eggert selbst faßte das, was er nach seiner Akteneinsichtnahme als „Zersetzung" des MfS verstand, jedoch anders zusammen:

„Darf ich noch eins dazu sagen zu dem, was Zersetzung ist. An dem Tag, als ich eingeliefert wurde in die geschlossene Krankenanstalt, war dieses IM-Ehepaar, beide waren von der Staatssicherheit, [...] bei meiner Frau, die natürlich noch völlig verwirrt war, wir haben vier Kinder, das jüngste war, glaube ich 2 Jahre [...], um sie im Grunde auszuhorchen, was der Grund sein könnte für diese Nervenkrise. Und alles, was sie erfahren haben, was meine Frau ihnen auch erzählt hat, weil sie zum Bekannten- fast Freundeskreis gehörten, steht in dieser Akte. Das ist Zersetzung. Zersetzung ist, daß meine Freunde, alle, mit denen ich befreundet bin, beobachtet wurden, daß man sogar auf ihre berufliche Laufbahn versucht hat, Einfluß zu nehmen."[162]

Für die Bewertung später zutage tretender Mißverständnisse ist es wichtig festzuhalten, daß Heinz Eggert den MfS-Terminus „Zersetzung", den er seiner MfS-Akte als Bezeichnung für gezielt auf ihn gerichtete Destruktionsbestrebungen des MfS entnehmen mußte, nicht in Verbindung mit seiner Psychiatrieaufnahme und -behandlung brachte, sondern als genau das wahrnahm und erläuterte, als was es vom Staatssicherheitsdienst angelegt war: Die Summe der um den Pfarrer selbst, seine Familie und seinen gesamten Freundeskreis ausgelegten Schlingen, die selbst in einer gesundheitlichen

---

161 Ebenda.
162 Ebenda.

Krisensituation erbarmungslos weitergehende Rundumbespitzelung, die Vortäuschung von mitmenschlicher Anteilnahme falscher Freunde zum bloßen Zweck des Aushorchens, und so weiter und so fort.

Die erstmalige Konfrontation einer breiten Öffentlichkeit mit einem solchen in der Tat „teuflisch konzipierten" System der staatssicherheitsdienstlichen Einkreisung eines Menschen hatte weitreichende Folgen. Diese richteten sich merkwürdigerweise nicht gegen die MfS-Offiziere, die den „Zersetzungsprozeß" gegen Eggert so perfide geplant und inszeniert hatten, sondern fast ausschließlich gegen drei inoffizielle Mitarbeiter, die in dem umfassenden Arrangement eher Nebenrollen gespielt hatten. Am Tag nach der Ausstrahlung der ARD-„Brennpunkt"-Sendung überbrachte ein amtlicher Bote des sächsischen Sozialministeriums dem Psychiater Dr. Reinhard Wolf in Großschweidnitz ein Schreiben, in dem ihm seine sofortige Suspendierung vom Dienst mitgeteilt wurde. Am 10. Januar 1992 suchte Minister Eggert den Nervenarzt zu Hause auf, konnte jedoch kaum mit ihm reden, da er angesichts der öffentlich gegen ihn erhobenen Vorwürfe psychisch dekompensiert war.[163]

Die kommissarisch eingesetzten ärztlichen Leiter der Nervenklinik Großschweidnitz Dr. Sabine Hiekisch und Dr. Wilfried Frömel sahen sich in diesen Tagen mit einer Flut von Fragen durch Medienvertreter konfrontiert. Sie beriefen sich den Journalisten gegenüber auf ihre ärztliche Schweigepflicht:

„Über die Krankheit und die Umstände der Behandlung des jetzigen Innenministers erfahren Sie von uns nichts. [...] Eins können wir Ihnen nur sagen: Der Chefarzt Reinhard Wolf, den der Sozialminister jetzt vom Dienst suspendierte, hat Herrn Eggert überhaupt nicht behandelt. Das war sein Oberarzt Hubertus Lantsch, der – wie bei uns üblich – alle Behandlungen mit seinen Kollegen besprach. Und Lantsch war ein Regimegegner, wie der Pastor Eggert."[164]

Tatsächlich war der damalige Stationsarzt Dr. Lantsch „schon als Schüler und Student manchen Repressalien ausgesetzt" gewesen, war 1973 und 1974 wegen „staatsfeindlicher Verbindungsaufnahme" 18 Monate inhaftiert und „danach noch lange in seiner beruflichen Entwicklung behindert" worden.[165]

Nachdem Minister Eggert über seine erschreckenden ersten Eindrücke aus der Lektüre seiner Stasi-Akte im Fernsehen gesprochen hatte und seine persönliche Geschichte zu einem öffentlichen Thema geworden war, worüber der frühere Pfarrer selbst eher erschrocken als erfreut schien, stellte er sich den betroffenen Mitarbeitern der Nervenklinik Großschweidnitz zur Klä-

---

163 Vgl. Hans-Harald Bräutigam: „Ich will bestraft werden". Der Nervenarzt Reinhard Wolf und die Stasi-Aktion gegen Heinz Eggert, in: Die Zeit vom 17.1.1992.
164 Ebenda.
165 Manfred Brendel: Das falsche Bild vom Helden im Talar und dem Ungeheuer im Kittel, in: Tagesspiegel vom 13.1.1992, S. 3.

rung der Angelegenheit zur Verfügung. In einer wohl nur in der ehemaligen DDR kurz nach der „Wende" möglichen Offenheit wurden die Vorwürfe des früheren Patienten Eggert am Ort des Geschehens vor den erstaunten Medienvertretern mit und von den Beteiligten erörtert. Am Sonnabendvormittag, dem 11. Januar 1992, kamen im Versammlungssaal der Nervenklinik Großschweidnitz der sächsische Innenminister Heinz Eggert, der sächsische Sozialminister Dr. Hans Geisler, die ärztliche Leitung und die dienstfreien Mitarbeiter der Klinik sowie eine beachtliche Schar von Journalisten zwei „spannungsgeladene" Stunden lang zusammen.

Die von den Beteiligten der Versammlung am 11. Januar gemeinsam vorgenommene Rekonstruktion der tatsächlichen Abläufe der psychiatrischen Behandlung Eggerts im Jahre 1984 in Großschweidnitz räumte einige der zunächst durch die Stasiakten-Lektüre vermittelten Befürchtungen aus. Wie die seriöse Presse berichtete, stellte sich die Geschichte nach den Korrekturen, die anhand der Krankenakten und mit Hilfe mehrerer Zeugen möglich wurden, nun wie folgt dar: Pfarrer Eggert habe sich freiwillig in die Nervenklinik begeben, „um sich bei dem aus kirchlichen Kreisen als besonders vertrauenswürdig empfohlenen Chefarzt Wolf ein paar Medikamente zu holen".[166] In Umkehrung der Tatsachen sei ihm der Verdacht zugetragen worden, Dr. Lantsch arbeite womöglich mit der Staatssicherheit zusammen. Minister Eggert habe sich bei seinem damaligen Stationsarzt für den falschen Verdacht entschuldigt.[167]

Der nun unverdächtige Arzt schilderte und belegte anhand der Patientenakte, daß er Pfarrer Eggert auf telefonische Ankündigung von Chefarzt Wolf hin auf seiner Station aufgenommen habe:

„Er sei ohne jegliche Unterlagen in einem 'aufgeregten, verstörten Zustand' eingeliefert worden. Und so habe er zunächst das getan – so schildert es Lantsch detailliert – was unter den gegebenen Umständen allgemein üblich und risikolos war: ein Schlafmittel injiziert. [...]
In nachfolgenden gründlichen Gesprächen befand er Heinz Eggert als eine 'akzentuierte Persönlichkeit', die sich unter anderem durch überdurchschnittliche Belastungsfähigkeit, hohes Engagement und große Risikobereitschaft für seine Ideale auszeichne. Zu einem Zusammenbruch sei es gekommen, weil Heinz Eggert damals die Belastungsgrenzen überschritten hatte: die Tätigkeit als Gemeindepfarrer in Oybin und als Studentenpfarrer in Zittau, sein zumeist nächtliches Engagement für ratsuchende Ausreisewillige – auch einige Stasi-Spitzel gaben sich dafür aus – der psychische Dauerstreß pausenloser Überwachung und die mysteriöse Ruhrerkrankung [...].
Auf diese Diagnose baute er auch die medikamentöse Behandlung mit einem Neuroleptikum in einer niedrigen Dosierung auf; sie sei freilich mit unange-

---

166 Ebenda.
167 Bräutigam, in: Die Zeit vom 17.1.1992.

nehmen Nebenwirkungen [...] verbunden. In seiner Abschlußdiagnose – auch das ist in der Krankengeschichte nachzulesen – hat Lantsch bestätigt, daß die 'depressive Reaktion in einer aktuellen Konfliktsituation' durchaus kein Dauerzustand sei. Ein Anlaß für weitere medikamentöse Behandlung sei demzufolge nicht gegeben."[168]

Unklar sei geblieben, wieso Pfarrer Eggert in die Klinik ging, um sich Medikamente zu holen, und bei dieser Gelegenheit „gegen seinen Widerstand", wie Eggert sagte, stationär untergebracht wurde.[169]

Im Verlauf seines Psychiatrieaufenthaltes habe sich verhängnisvoll ausgewirkt, daß Eggert seinem behandelnden Arzt Dr. Lantsch „verschwieg, was ihm der nicht an der Behandlung beteiligte, aber auf ihn angesetzte Arzt Dr. Wolf suggerierte, zu dem er – auch auf Empfehlung kirchlicher Kreise – Vertrauen faßte". Dieser habe Eggert in Gesprächen wiederholt zu verstehen gegeben, „er könne nie mehr ganz gesund werden, nicht mehr voll arbeiten und bleibe auf die Medikamente" angewiesen.[170] Solch eine Entmutigung sei ganz im Sinne der Zersetzungsstrategie des Staatssicherheitsdienstes gewesen. Auch die Übergabe der Krankengeschichte Eggerts „mit entsprechenden Erläuterungen" durch den damaligen ärztlichen Direktor Dr. Manfred Oertel an den Staatssicherheitsdienst war ein gravierender Verstoß gegen die ärztliche Ethik, zumal der Patientenbericht als Grundlage der angestrebten Rufmordkampagne gegen den Pfarrer verwendet werden konnte.

Bei dem Klinikbesuch am 11. Januar 1992 in Großschweidnitz bat Minister Eggert um Schonung für Dr. Wolf. Diesen habe er am Tag zuvor „fix und fertig" vorgefunden. Man müsse ihm Zeit lassen, mit sich ins reine zu kommen. Er wolle nicht auf jemanden einschlagen, der schon am Boden liege.[171]

„Hier der Held im Talar und dort das Ungeheuer im weißen Kittel – das stimmt so nicht. Wirkliche Aufarbeitung der Vergangenheit verlangt differenziertere Betrachtung. [...] Ich kann meine Geschichte nicht erzählen, ohne Namen zu nennen, denn ich will damit auch jene entlasten, die es nicht waren, damit das allgemeine Mißtrauen mal ein Ende findet."[172]

Moderate Sätze, die späteren Behauptungen widersprechen, Eggert habe es auf die „Existenzvernichtung" der IM-Ärzte angelegt. Minister Eggert stellte auch keine Strafanzeige.

168 Brendel, in: Tagesspiegel vom 13.1.1992.
169 Vgl. Brigitte Düring: Der Stasi-Fall Eggert: Ein Arzt allein kann es nicht gewesen sein, in: Ärztezeitung, Hamburg, vom 13.1.1992.
170 Ebenda.
171 DPA/Reuter – Meldung vom 11.1.1992, entnommen aus: Tagesspiegel vom 12.1.1992: „Eggert will Überprüfung auch übergesiedelter Ärzte. Innenminister nimmt suspendierten Chefarzt Reinhard Wolf in Schutz".
172 Brendel, in: Tagesspiegel vom 13.1.1992.

Die Staatsanwaltschaft des Landgerichts Dresden nahm „von Amts wegen" Ermittlungen auf gegen den Chefarzt der psychiatrischen Männerabteilung, Dr. Wolf, und den ärztlichen Direktor des psychiatrischen Landeskrankenhauses Großschweidnitz, Dr. Oertel, wegen „des Verdachts der schweren Körperverletzung, der Nötigung und Freiheitsberaubung".[173] Am 17. Januar 1992 meldete DPA „erste Geständnisse", die der Dresdner Staatsanwaltschaft vorlägen:

> „Der ehemalige Chefarzt der Männerpsychiatrie in der sächsischen Klinik Großschweidnitz, Wolf, und der Dresdner Notar Wünsche haben zugegeben, langjährige Mitarbeiter des Ministeriums für Staatssicherheit gewesen zu sein, wie Staatsanwalt Meinerzhagen am Freitag in Dresden sagte. Der frühere Klinikleiter Oertel habe die Aussage verweigert. [...]
> Wolf räumte ein, auch seinen Decknamen 'Manfred' gekannt zu haben. Er sei beim Aufenthalt Eggerts in der Klinik 'von der Stasi kontaktiert' worden, um den schwerkranken Pfarrer als behandelnder Arzt auszuhorchen. Wolf habe aber abgestritten, diesem Ansinnen nachgekommen zu sein. Auch habe er sich gegen Eggerts Vorwurf gewehrt, ihn mit Psychopharmaka 'vollgepumpt' zu haben. Nach den Worten von Meinerzhagen könne die Aktenlage diese Aussage gegenwärtig nicht widerlegen."[174]

Offenkundig hatte die Staatsanwaltschaft ihre Ermittlungen auf die „Brennpunkt"-Sendung am 8. Januar hin eingeleitet und zwischenzeitlich noch nicht den aktuellen Erkenntnisstand mit Minister Eggert abgeglichen, denn dieser hatte sich ja mittlerweile am 11. Januar in Großschweidnitz davon überzeugen können, daß sein behandelnder Arzt nicht Dr. Wolf, sondern Dr. Lantsch gewesen war, und daß die unangenehmen Nebenwirkungen der Medikamente nicht Teil seiner Verfolgung durch das MfS gewesen waren.

In den anderen, nicht die Psychiatrie betreffenden Punkten bestätigte die Staatsanwaltschaft die in der „Brennpunkt"-Sendung am 8. Januar 1992 berichteten MfS-Aktivitäten:

> „Die Einsichtnahme der Staatsanwaltschaft in die Stasiakten hat Aussagen Eggerts bestätigt, daß jahrzehntelang seine Telefonate abgehört und seine Post eingesehen wurde. Ganze Aktenbände enthielten Protokolle abgehörter Telefonate und Kopien ein- und abgehender Briefe. 'Nach ersten Beobachtungen im Jahre 1968 hat sich das MfS ununterbrochen mit Eggert beschäftigt', sagte der Staatsanwalt. Besonderes Interesse habe die Mielke-Behörde an ihm gehabt, seit er als Pfarrer in Oybin und Studentenpfarrer in Zittau tätig

---

173 dpa-Meldung vom 17.1.1992, entnommen aus: Tagesspiegel vom 18.1.1992: „Dresdner Notar Wünsche gibt Bespitzelung Eggerts zu. Ehemaliger Psychiatrie-Chefarzt Wolf bestreitet Vorwürfe des Ministers".
174 Ebenda.

war. 'Ausdrückliches Ziel war es, Eggert in seiner beruflichen Tätigkeit einzuschränken und in seiner Umgebung zu diskreditieren.'"[175]

Im Rahmen des Ermittlungsverfahrens gegen die leitenden Psychiater Reinhard Wolf und Manfred Oertel beauftragte die Staatsanwaltschaft des Landgerichts Dresden den Psychiater Achim Mechler aus Baden-Württemberg als Sachverständigen. Der Arzt hörte die Aussagen eines sachverständigen Tatzeugen an, studierte die Patientenakte von Eggert sowie vergleichsweise 150 anonymisierte Krankengeschichten von Patienten der psychiatrischen Männerabteilung der Nervenklinik Großschweidnitz, um herauszufinden, ob die medikamentöse oder sonstige Behandlung Eggerts von der sonst im Krankenhaus üblichen abgewichen sei. Er habe im Vergleich nichts Ungewöhnliches in der Therapie Eggerts feststellen können. Die in Großschweidnitz praktizierte Kombinationsbehandlung eines „reaktiven Versagenszustandes" mit Neuroleptika und einer Reihe antidepressiv wirkender Medikamente sei zwar nicht überall üblich, aber sie sei auch nicht als Kunstfehler zu bewerten. Der Gutachter habe keine Hinweise darauf gefunden, daß bei der Behandlung des kranken Pfarrers etwas nicht mit rechten Dingen zugegangen sei.[176].

Das Ermittlungsverfahren (Aktenzeichen 87 Js 653/92) wurde am 22. Dezember 1992 in den wesentlichen Punkten eingestellt. Der Vorwurf der „Freiheitsberaubung, der Nötigung und der Giftbeibringung" sei nicht mit der erforderlichen Eindeutigkeit zu beweisen gewesen. Weiter werde wegen der Verletzung der ärztlichen Schweigepflicht durch die beiden leitenden Psychiater des Fachkrankenhauses ermittelt. Zeitungen verschiedener politischer Richtungen berichteten übereinstimmend davon. Das „Neue Deutschland" gab – abgesehen von der dem Inhalt des Artikels widersprechenden Überschrift – die Verlautbarungen der Staatsanwaltschaft zunächst korrekt wieder: In dem von 1969 bis zur Stasi-Auflösung laufenden Operativ-Vorgang gegen den früheren Pfarrer seien bis zu 50 inoffizielle Mitarbeiter auf diesen angesetzt gewesen. Ziel der Stasi sei die Ausschaltung der Wirkung des Geistlichen gewesen, da sie in Eggert einen gefährlichen Gegner gesehen habe. Auch in Einrichtungen des Gesundheitswesens habe sich die Stasi inoffizieller Mitarbeiter bedient, die unter Bruch ihrer ärztlichen Schweigepflicht Patienten ausgehorcht und die so erlangten Informationen an das MfS weitergegeben hätten. In solch einer Weise seien auch die Psychiater Wolf und Oertel im Frühjahr 1984 im Fachkrankenhaus Großschweidnitz tätig gewesen. Der Verdacht auf andere Rechtsverletzungen hingegen habe sich nicht bestätigt:

---

175 Ebenda.
176 Hans-Harald Bräutigam: „Vielleicht etwas voreilig", in: Die Zeit vom 29.1.1993.

„Den Ärzten habe – trotz verbleibender Verdachtsmomente – 'eine vom MfS gesteuerte, gezielte und auf die Zerrüttung der körperlichen und geistigen Gesundheit Eggerts gerichtete Fehlbehandlung nicht nachgewiesen' werden können. Es sei auch nicht nachweisbar, daß Eggert gegen seinen erklärten Willen in stationäre Behandlung aufgenommen oder zur weiteren Behandlung rechtswidrig genötigt worden wäre sowie bewußt über die Diagnose getäuscht worden sei."[177]

Auch die „Frankfurter Allgemeine Zeitung" schrieb, daß Eggert „sich 1984 zunächst auf eigenen Wunsch in psychiatrischer Behandlung befunden" habe. „Im Auftrag der Stasi sollte er seinen Angaben zufolge aber mit Medikamenten 'geistig zersetzt' werden."[178] Diese Formulierung hat Eggert allen Veröffentlichungen zufolge nie verwendet. Vielleicht liegt in dem falschen Zitat der Schlüssel zu einem Mißverständnis, das der ganzen Geschichte anhaftet und das in einer irreführenden Verknüpfung der vom MfS erklärtermaßen angestrebten „Zersetzung", das hieß der Desavouierung und gezielten Verunsicherung des Pfarrers auf der einen Seite sowie der psychiatrischen Behandlung auf der anderen Seite bestand.

Das Repertoire der „bewährten Maßnahmen der Zersetzung" des DDR-Staatssicherheitsdienstes gehörte im Jahre 1992 noch nicht zum Allgemeinwissen, auch wenn nach 1989 schon vereinzelt darüber berichtet worden war.[179] Inzwischen kann sich jeder, der sich dafür interessiert, leicht informieren.[180] Besonders die entscheidende Richtlinie 1/76 des MfS „zur Entwicklung und Bearbeitung Operativer Vorgänge (OV)" ist mittlerweile vielfach veröffentlicht worden. Darin heißt es:

„Maßnahmen der Zersetzung sind auf das Hervorrufen sowie die Ausnutzung und Verstärkung solcher Widersprüche bzw. Differenzen zwischen feindlich-negativen Kräften zu richten, durch die sie zersplittert, gelähmt, desorganisiert und isoliert und ihre feindlich-negativen Handlungen einschließlich deren Auswirkungen vorbeugend verhindert, wesentlich eingeschränkt oder gänzlich unterbunden werden."[181]

Das also war im Klartext die Zielstellung des MfS gegen Pfarrer Eggert und andere als „feindlich-negativ" diffamierte, politisch unbequeme Menschen

177 Dresden (dpa/ND): Staatsanwaltschaft stellte Ärzte-Verfahren ein. Eggerts Stasi-Stories nicht nachweisbar, in: Neues Deutschland vom 24.12.1992, S. 1.
178 Dresden (Reuter): Staatsanwaltschaft stellt Ermittlungsverfahren gegen Ärzte ein, in: Frankfurter Allgemeine Zeitung vom 24.12.1992, S. 1.
179 Vgl. Walter Süß: DDR-Staatssicherheit gegen Bürgerrechtler. „Rückgewinnung, Umprofilierung und Zersetzung", in: Das Parlament vom 4.1.1991, S. 6.
180 Jürgen Fuchs: Politisch-operatives Zusammenwirken und aktive Maßnahmen, in: Aus der Veranstaltungsreihe des Bundesbeauftragten. Bearbeiten – Zersetzen – Liquidieren; Die inoffiziellen Mitarbeiter; „Freiheit für meine Akte", BStU, Berlin 1993, S. 13–24.
181 Zitiert nach Jürgen Fuchs: Unter Nutzung der Angst. Die „leise Form" des Terrors – Zersetzungsmaßnahmen des MfS, BStU, Berlin 1994, S. 8.

in der DDR: Sie sollten „zersplittert, gelähmt, desorganisiert und isoliert" werden. Auch wie das im einzelnen geschehen sollte, schrieb das MfS in die Richtlinie aus dem Jahre 1976:

> „Bewährte anzuwendende Formen der Zersetzung sind:
> systematische Diskreditierung des öffentlichen Rufes, des Ansehens und des Prestiges auf der Grundlage miteinander verbundener wahrer, überprüfbarer und diskreditierender sowie unwahrer, glaubhafter, nicht widerlegbarer und damit ebenfalls diskreditierender Angaben;
> systematische Organisierung beruflicher und gesellschaftlicher Mißerfolge zur Untergrabung des Selbstvertrauens einzelner Personen;
> zielstrebige Untergrabung von Überzeugungen im Zusammenhang mit bestimmten Idealen, Vorbildern usw. und die Erzeugung von Zweifeln an der persönlichen Perspektive;
> Erzeugen von Mißtrauen und gegenseitigen Verdächtigungen innerhalb von Gruppen [...] und Organisationen;
> Erzeugen bzw. Ausnutzen und Verstärken von Rivalitäten innerhalb von Gruppen [...] durch zielgerichtete Ausnutzung persönlicher Schwächen einzelner Mitglieder; [...]
> örtliches und zeitliches Unterbinden bzw. Einschränken der gegenseitigen Beziehungen der Mitglieder einer Gruppe [...] auf der Grundlage geltender gesetzlicher Bestimmungen, z. B. durch Arbeitsplatzbindungen, Zuweisung örtlich entfernt liegender Arbeitsplätze usw."[182]

Psychiatrische Zwangsmaßnahmen gehörten nicht zu den aufgelisteten staatssicherheitsdienstlichen Gemeinheiten und waren im Fall Eggert auch nicht erfolgt.

„Und noch etwas haben die Dresdner Staatsanwälte festgestellt, was Eggerts Vermutung, die Stasi habe seine Psychiatrisierung betrieben, in einem anderen Licht erscheinen läßt: Der Chefarzt und IM Reinhard Wolf hat nämlich erst zehn Tage nach 'Behandlungsbeginn' seinem Führungsoffizier bei der Staatssicherheit von seinem neuen Patienten berichtet. Es sieht danach so aus, als ob die Spitzelorganisation weder mit der Aufnahme des Patienten Eggert, noch mit der medikamentösen Therapie etwas zu tun hatte.
Gegenüber der ZEIT räumt Heinz Eggert ein, daß seine öffentliche Anschuldigung gegen Reinhard Wolf vielleicht etwas voreilig war. 'Aus der Stasi-Akte habe ich erfahren, daß mein behandelnder Arzt ein Spitzel war. Da mußte ich doch mit Recht annehmen, daß seine Behandlung nicht richtig war', rechtfertigt er sich."[183]

---

182 Ebenda, S. 9 f.
183 Bräutigam, in: Die Zeit vom 29.1.1993.

Genau da liegt in der Tat das Problem. Der Patient traut dem Arzt, dem er sich sozusagen mit Leib und Seele anvertraut hatte, plötzlich alles Schlechte zu, auch wenn dieser als inoffizieller Mitarbeiter des MfS „nur" die ärztliche Schweigepflicht verletzt hat. Wie ein „Fluch der bösen Tat" wirkt die Erschütterung des Vertrauens des Patienten in seinen Arzt weiter und kann durch die Erkenntnis der eigenen jahrelangen Umzingelung mit inoffiziellen Mitarbeitern nur noch gesteigert werden.

Wenn Eggert gegenüber der Deutschen Presse-Agentur einräumte, seine Geschichte „sicher überpointiert" zu haben,[184] war das eine adäquate Einschätzung. Denn was war geschehen? Eggert hatte, nachdem er anhand seiner MfS-Akte erkennen mußte, daß der Arzt, dem er am meisten vertraut hatte, ihn getäuscht und mit denen kooperiert hatte, die ihn und seine Arbeitskraft erklärtermaßen „zersetzen" wollten, es für möglich gehalten, daß derselbe Arzt auch an den belastenden Nebenwirkungen der Medikamente schuld sei, daß er willkürlich zu hoch dosiert habe oder sogar den eigenen schwer erträglichen Krankheitszustand durch bösartige Zwangsmaßnahmen befördert und verlängert haben könnte.

Insofern ist die Häme, mit der das „Neue Deutschland" die Einstellung des Ermittlungsverfahrens kommentierte, deplaziert. Das ND schrieb, die Öffnung der Stasiakten sei Eggert gerade recht gekommen, um durch seine „heldenhafte Zwangsjackenstory" Rückenwind für seinen Aufstieg zum stellvertretenden CDU-Bundesvorsitzenden zu erhalten. ND-Mitarbeiter Marcel Braumann unterstellte Heinz Eggert eine politisch berechnend eingesetzte „Märtyrer-Pose" und versuchte ihn als „immer noch Patient" der Psychiatrie, „der sich in Wahnvorstellungen hineinsteigere",[185] verächtlich zu machen. Damit diffamierte das Blatt den sächsischen CDU-Minister aus durchsichtigen politischen Gründen erneut und in einer Weise, die der früher vom Staatssicherheitsdienst gegen Pfarrer Eggert eingesetzten nicht unähnlich war.

Als eine für das Thema dieses Buches entscheidende Quintessenz der Angelegenheit bleibt festzuhalten, daß es den veröffentlichten staatsanwaltschaftlichen Ermittlungen zufolge in diesem Fall zwar Verletzungen der ärztlichen Schweigepflicht durch leitende Psychiater, die IM des MfS waren, gab, die Befürchtungen einer Einflußnahme des MfS auf die Einweisung und Behandlung des politisch unliebsamen Studentenpfarrers im psychiatrischen Krankenhaus sich hingegen nicht nur nicht bestätigt haben, sondern anhand der Akten widerlegt worden sind. Auf das Bild, das sich bei Lektüre der einschlägigen MfS-Akten ergibt, wird an späterer Stelle zurückzukommen sein.[186]

---

184 Vgl. „Die ganze Sache enorm hochgespielt", in: Deutsches Ärzteblatt 90 (1993) 6, S. A-415.
185 Marcel Braumann: Sachsens Innenminister droht Klage – verleumdeter Arzt nach seiner Rehabilitierung: „Eggert ist für mich immer noch Patient", in: Neues Deutschland vom 29.12.1992, S. 5.
186 Siehe Kapitel 5.3.1.

Unabhängig von der Feststellung, daß hier kein politischer Mißbrauch der Psychiatrie im vermuteten Sinne vorlag, hat der Fall Heinz Eggert deutlich gemacht, welche fatalen Folgen es haben kann, wenn ein vom MfS verfolgter Mensch unter den Ärzten eines Krankenhauses, an das er sich in einer Notlage hilfesuchend gewandt hat, Kollaborateure mit seinen Verfolgern erkennen muß.

### 1.3.5. Ernst Klee zur DDR-Psychiatrie

Der Journalist Ernst Klee behauptet in seinem 1993 veröffentlichten Buch „Irrsinn Ost – Irrsinn West",[187] der sächsische Innenminister sei „der prominenteste Fall von Mißbrauch" der DDR-Psychiatrie durch den Staatssicherheitsdienst gewesen. Klee referiert die Geschichte so, als sei die Psychiatrie Teil der gegen den Pfarrer inszenierten „Zersetzungsmaßnahmen" des MfS gewesen, wobei er die Erklärungen Heinz Eggerts und der Staatsanwaltschaft Dresden dazu entweder ignoriert oder mißversteht.[188] Über diese zum Zeitpunkt des Erscheinens des Buches bereits widerlegte Behauptung hinaus erhebt der Autor eine Reihe von schwerwiegenden Beschuldigungen gegen Ärzte in der DDR, für die er keine Belege außer dem anführt, daß er selbst oder andere Leute dieser Meinung seien. So schreibt Klee beispielsweise, er habe „in vielen Gesprächen" gehört, daß „die Kreisärzte" in der DDR „Teil des Staatsapparates und in die Weisungsstruktur eingebunden" gewesen seien. „Und das rangierte immer vor dem Arztsein", habe ihm ein Gesprächspartner gesagt, „jedenfalls bei denen, die ich kennengelernt habe." Daraus schlußfolgert Klee in bezug auf kreisärztlich angeordnete Psychiatrieeinweisungen in der DDR kühn: „Die Kreisärzte besorgten im Zweifel das Geschäft der Stasi."[189] An einer anderen Stelle stellt er kategorisch fest: „Politische Abweichler und 'Staatsverräter' standen jederzeit in der Gefahr, psychiatrisiert zu werden."[190] Seine Gewißheit für diese Ungeheuerlichkeit begründet Klee mit nichts anderem als mit Äußerungen, die die „Stern"-Journalistin Uta König 1991 Professor Ochernal in den Mund gelegt hatte. Klee erwähnte keine Bestätigung seiner Annahme durch einen betroffenen „politischer Abweichler" aus der DDR, dabei hätten sich doch in den DDR-Oppositionsgruppen viele Zeugen für solche Psychiatrisierungen finden lassen müssen, wenn diese Gefahr tatsächlich „jederzeit" bestanden hätte. Gezielte Nachfragen in den bekannten Gruppen der DDR-Bürgerbewegung ergaben, daß keiner der Befragten eine aus politischen Gründen vollzogene

---

187 Ernst Klee: Irrsinn Ost – Irrsinn West. Psychiatrie in Deutschland, Frankfurt/Main 1993, S. 101–127 über die „Psychiatrie in der DDR", davon S. 120–127 „Politischer Mißbrauch".
188 Klee: Irrsinn, S. 121f.
189 Ebenda, S. 121.
190 Ebenda, S. 124.

psychiatrische Zwangsmaßnahme gegen sich in der DDR zu beklagen hat und daß sich auch keiner an das Gefühl einer solchen „Gefahr" erinnern kann.[191]

Ernst Klee beschränkt seine Kritik weder auf die Frage eines politischen Psychiatriemißbrauchs noch auf die DDR-Psychiatrie überhaupt, sondern unternimmt einen antipsychiatrischen Rundumschlag gegen die deutsche Psychiatrie in Ost und West, der in der Behauptung gipfelt, das „Dritte Reich" sei keine „Zeit der Unterdrückung", sondern „die schönste Zeit der Psychiatrie" gewesen.[192] Die Psychiater hätten „die Allmacht, jedermann jederzeit erfassen und selektieren zu können", als einmalige Gelegenheit voll ausgenutzt.[193] Nicht erst in der Nazi-Zeit habe sich die Psychiatrie „als eine Disziplin offenbart, die ihre Patienten verteufelt und gnadenlos verfolgt",[194] und bis heute sei die Psychiatrie „eine Geschichte von Allmacht und Ohnmacht".[195] An anderer Stelle meint Klee, die Patienten hätten es seit 1945 zu büßen, daß die Allmacht der Psychiater nun dahin sei.[196]

Mit derart bösen Verdächtigungen demontierte Klee weniger die Psychiatrie als vielmehr seinen guten Ruf als Autor, den er sich vor allem mit der Rekonstruktion der NS-Verbrechen gegen psychisch kranke und behinderte Menschen und seinen engagierten Plädoyers für die Betroffenen erworben hat.[197] An den in der bisherigen Weltgeschichte beispiellosen Verbrechen und der aktiven Beteiligung maßgeblicher deutscher Psychiater gibt es nichts zu beschönigen. Der von den Tätern euphemistisch als „Euthanasie" bezeichnete Mord an wehrlosen Patienten bleibt für die deutsche Psychiatrie eine furchtbare Hypothek.[198] Die NS-Zeit als „die schönste Zeit der Psychiatrie" zu bezeichnen, erscheint hingegen zynisch.

Trotz der Jahrzehnte dauernden deutsch-deutschen Manifestation einer besonderen „Unfähigkeit zu trauern",[199] trotz einiger auch psychiatrieimmanenter Vorbedingungen für den Krankenmord und trotz der langen

---

191 Befragt wurden Personen, die 1989/90 als Vertreter des Neuen Forum, des Demokratischen Aufbruch und von Demokratie Jetzt bekannt geworden sind.
192 Klee: Irrsinn, S. 199.
193 Ebenda, S. 201.
194 Ebenda, S. 206.
195 Ebenda, S. 205.
196 Ebenda, S. 206.
197 Vgl. Ernst Klee: „Euthanasie" im NS-Staat. „Die Vernichtung lebensunwerten Lebens", Frankfurt/Main 1983. Dies war die erste auf umfassenden Archivstudien beruhende Arbeit zu diesem Thema überhaupt, die sich durch akribischen Quellennachweis auszeichnete. Inzwischen kehrte der Autor zu Gegenstand und Methoden früherer Untersuchungen zurück und publizierte erneut ein sehr verdienstvolles Buch, das mit dem Geschwister-Scholl-Preis 1997 ausgezeichnet wurde. Vgl. Ernst Klee: Auschwitz, die NS-Medizin und ihre Opfer, Berlin 1997.
198 Vgl. Klaus Dörner, Christiane Haerlin, Veronika Rau, Renate Schernus und Arnd Schwendy: Der Krieg gegen die psychisch Kranken. Nach „Holocaust": Erkennen – Trauern – Begegnen. Gewidmet den im „Dritten Reich" getöteten psychisch, geistig und körperlich behinderten Bürgern und ihren Familien, Frankfurt/Main und Bonn 1989.
199 Vgl. Alexander und Margarete Mitscherlich: Die Unfähigkeit zu trauern. Grundlagen kollektiven Verhaltens, München 1967.

Schatten, die dieser nach 1945 warf, ist die deutsche Psychiatrie nicht gleichzusetzen mit ihrem finstersten Kapitel. Solange es Psychiatrie gibt, haben in ihr negative Kräfte zur Ausgrenzung und Unterdrückung mit positiven Bemühungen um Fürsorge und Schutz für psychisch Kranke miteinander gerungen. Wenn Ernst Klee die negativsten Seiten der Psychiatrie als ihren eigentlichen Charakter deklariert und ihre Hilfsfunktion für psychisch kranke Menschen ignoriert, ist dies weder eine wahrheitsgemäße Information der Öffentlichkeit, noch ein geeigneter Beitrag zur Verbesserung der Lage der Betroffenen.

Klee hat darin Recht, daß die Strafverfolgung der schuldhaft in den NS-Krankenmord verstrickten Ärzte und die „Entnazifizierung" auch bei den Medizinern im Osten Deutschlands nicht so konsequent war, wie dies lange Zeit – als DDR-Vorzug gegenüber der „kalten Amnestie" in der Bundesrepublik – behauptet wurde.[200] Neuere Studien über Ärzte in der sowjetischen Besatzungszone (SBZ) und in der frühen DDR belegen, daß die Entnazifizierungsmaßnahmen bei den Medizinern im Vergleich zu Juristen und Lehrern „nur eine geringe Eingriffstiefe" hatten. Das Interesse an medizinischem Fachpersonal hatte in Anbetracht der gesundheitlichen Probleme der Nachkriegszeit vor politischer Prinzipientreue rangiert.[201] Daß auch im Osten keinesfalls „alle Euthanasieverbrecher bestraft"[202] worden sind, beweist Klee anhand einer Reihe von Ärzten, die während der NS-Zeit als junge Ärzte in „Euthanasie"-Einrichtungen gearbeitet hatten und in der DDR unbehelligt geblieben waren oder sogar Karriere gemacht hatten. Andererseits erwähnt Klee einige in der SBZ bzw. DDR angestrengte Prozesse gegen Beteiligte am Krankenmord, mehrere vollstreckte Todesurteile, eine lebenslang und einige langjährig verbüßte Haftstrafen,[203] die zeigen, daß es im Osten Deutschlands nach 1945 jedenfalls in der Psychiatrie keine bruchlose Kontinuität gab. Dennoch ist nicht zu übersehen, daß die erste Veröffentlichung über den NS-Krankenmord auch in der DDR bemerkenswert spät erschien[204] und es auch hier erst in den achtziger Jahren zu einer breiteren publizistischen Beschäftigung mit dem Thema kam.[205]

200 Klee: Irrsinn, S. 103–109, hier 105.
201 Anna-Sabine Ernst: „Die beste Prophylaxe ist der Sozialismus". Ärzte und medizinische Hochschullehrer in der SBZ/DDR 1945–1961, Sozialwissenschaftliche Dissertation, Berlin 1996, Kapitel 3: „Die Entnazifizierung der Mediziner – Kurzfristige Brüche – langfristige Kontinuität", S. 165–253, hier 251.
202 Klee: Irrsinn, S. 105.
203 Ebenda, Fußnote 20, S. 228. Vgl. ergänzend Joachim S. Hohmann: Der „Euthanasie"-Prozeß in Dresden 1947: eine zeitgeschichtliche Dokumentation, Frankfurt/Main 1993; Sonja Schröter: Psychiatrie in Waldheim/ Sachsen (1716–1946), Frankfurt/Main 1994; Joachim S. Hohmann und Günther Wieland: MfS-Operativvorgang „Teufel". „Euthanasie"-Arzt Otto Hebold vor Gericht, Berlin 1996.
204 1973 erschien in Ostberlin erstmalig das Buch des Juristen Friedrich Karl Kaul: Aktion T 4.
205 Den Auftakt dazu gab ein Artikel von Helmut F. Späte und Achim Thom: Psychiatrie im Faschismus – Bilanz der historischen Analyse, in: Zeitschrift für die gesamte Hygiene 26 (1980), S. 553–560. Von dieser Zeit an entstanden am Karl-Sudhoff-Institut für Ge-

Welche zumindest zwiespältigen Wirkungen Klees selektive Berichterstattung über negative Sensationen in der Psychiatrie hat, läßt sich am Beispiel seines am 14. April 1993 im ersten deutschen Fernsehprogramm ausgestrahlten Dokumentarfilms „Die Hölle von Ueckermünde" zeigen, dessen Inhalt der Autor in seinem Buch „Irrsinn Ost – Irrsinn West" noch einmal referiert.[206] Klee schildert den Bereich des psychiatrischen Krankenhauses Ueckermünde, in dem schwerbehinderte Patienten unter menschenunwürdigen Bedingungen verwahrt werden. Es mangelt an Pflegepersonal und menschlicher Zuwendung, die Patienten leben jahrzehntelang ohne Außenkontakte und ohne Förderung, ohne Bewegung an der frischen Luft und ohne therapeutische Anregung, ohne Intimsphäre und ohne Privatbesitz in großen, kahlen Räumen und Schlafsälen. Viele Patienten zeigen zusätzlich zu ihren angeborenen oder frühkindlich erworbenen Behinderungen schwere Symptome von „Hospitalismus", das heißt körperliche und geistig emotionale Störungen, die durch den langen Krankenhausaufenthalt und die Anstaltsbedingungen hervorgerufen werden und sich in Apathie und Abstumpfung, Reduzierung oder Rückzug von jeder Kommunikation, in körperlichen Entwicklungsstörungen und Deformationen, bizarren Verrenkungen und stereotypen Schaukelbewegungen äußern. Nach Jahrzehnten läßt sich oft nicht mehr unterscheiden, welche Behinderungen biologisch bedingt und welche zusätzlich sozial erworben sind. Klees Dokumentation zeigt die behinderten Patienten in Ueckermünde, wie sie auf dem Boden liegen, kriechen oder sich wälzen, wie sie „abgefüttert" werden, wie sie sich alle, Frauen und Männer gemeinsam, ausziehen, wie sie in einem großen Raum ohne Zwischenwände nackt auf Nachttöpfen sitzen und nacheinander, gewissermaßen im Fließbandverfahren, mit einem einzigen Lappen abgewaschen und mit einem einzigen Handtuch abgetrocknet werden.

Der Film löste große Aufregung, widersprüchliche Emotionen und viel Abwehr aus. Eine Woche nach seiner Ausstrahlung trat der Sozialausschuß des Landtages von Mecklenburg-Vorpommern zu einer Sondersitzung zusammen. Die Parlamentarier stellten „in einer großen Koalition von CDU bis PDS" fest, daß „die Darstellung der Behinderten im Film [...] entwürdigend" sei und „an Nazi-Filme" erinnere.[207] Diese Assoziation ist insofern nachvollziehbar, als die NS-Propaganda sich ähnlicher Bilder bediente, um die öffentliche Meinung dahingehend zu beeinflussen, daß es sich bei den

---

schichte der Medizin und der Naturwissenschaften in Leipzig unter der Leitung von Professor Thom eine Vielzahl von Dissertationen und anderen wissenschaftlichen Arbeiten zum Thema der NS-Euthanasie und Zwangssterilisationen. Vgl. Sabine Fahrenbach: Wissenschaftshistorische Habilitationen und Dissertationen aus dem Karl-Sudhoff-Institut der Universität Leipzig 1945 bis 1995 und Achim Thom: Auswahlbibliographie wissenschaftlicher Publikationen aus dem Karl-Sudhoff-Institut für die Jahre 1980–1995, in: Achim Thom und Ortrun Riha (Hrsg.): 90 Jahre Karl-Sudhoff-Institut an der Universität Leipzig, 1996, S. 90–117 und S. 118–175.
206 Vgl. Klee: Irrsinn, erstes Kapitel: „Die Hölle von Ueckermünde", S. 10–19, sowie Bericht über die Psychiatrie in Arnsdorf, S. 114–119.
207 Klee: Irrsinn, S. 18.

Behinderten um „lebensunwertes Leben" handle, dem der „Gnadentod" zu gewähren sei.[208] Klee selbst hat diesen problematischen Aspekt seines Films, in dem die Patienten als ungefragte Objekte in ihrer würdelosen Situation vorgeführt werden, nicht reflektiert. Er hat ihn wohl eher als Nebeneffekt in Kauf genommen, während seine eigentliche Absicht darin bestand, das psychiatrische Krankenhaus wegen der entwürdigenden Lebensumstände der Behinderten anzuprangern. Dabei konnte Ernst Klee nichts filmen, was nicht tatsächlich vorhanden war – seine Bilder sind traurig, aber wahr.

Anders verhält es sich mit Klees Kommentaren. Schon der Untertitel des Films „Die Hölle von Ueckermünde – Psychiatrie in der DDR" suggeriert den falschen Eindruck, daß der gezeigte Schwerbehindertenbereich des Krankenhauses Ueckermünde den typischen Zustand der gesamten Psychiatrie in der DDR widerspiegele. In Wirklichkeit jedoch befanden sich die psychiatrischen Einrichtungen in der DDR in höchst unterschiedlicher Verfassung. Die Qualitätspalette der psychiatrischen Patientenbetreuung reichte von bemerkenswerten Reformerfolgen wie in Leipzig[209] bis hin zu solchen negativen Beispielen alter Verwahrpsychiatrie wie die Waldheimer Forensik und die Behindertenabteilung in Ueckermünde.

Eine Arbeitsgruppe des Bundesgesundheitsministers stellte 1991 dazu fest, daß „die psychiatrische Versorgung in der ehemaligen DDR [...] trotz zentralstaatlicher Organisation in allen ihren Bereichen in hohem Maße von den örtlichen Bedingungen, den jeweils verfügbaren baulichen und sonstigen Mitteln und vor allem von Einsatzbereitschaft, Engagement, Durchsetzungsfähigkeit und Interessenlage der vor Ort tätigen Personen abhängig [war], wobei hier die zentralistische Struktur insofern durchschlug, als [...] gemeinhin die Person des (ärztlichen) Direktors bzw. seiner maßgeblichen Partner in der staatlichen und Parteibürokratie ausschlaggebend war."[210]

Angesichts dieser Feststellung ist jedes generalisierende Urteil über die Psychiatrie der DDR falsch. Während Ernst Klee der psychiatrischen Publizistik der DDR nicht ganz zu Unrecht Weißmalerei vorwirft,[211] ist seiner eigenen Darstellung eine noch krassere Schwarzmalerei vorzuwerfen. Um beim Bild zu bleiben, war die Wirklichkeit der Psychiatrie in der DDR eher grau mit verschiedenen Helligkeitsabstufungen, die stellenweise bis ins Weiße und an anderen Stellen bis ins Schwarze reichten. Das allzu positive Bild, das man allein aus den Darstellungen der DDR-Fachliteratur ge-

---

208 Vgl. Karl-Heinz Roth: Filmpropaganda für die Vernichtung der Geisteskranken und Behinderten im „Dritten Reich", in: Beiträge zur nationalsozialistischen Gesundheits- und Sozialpolitik, Bd. 2: Reform und Gewissen. „Euthanasie" im Dienst des Fortschritts, Berlin 1985, S. 125–193.
209 Vgl. Klaus Weise: Die Psychiatrie-Reform in der DDR – am Beispiel der sektorisierten Betreuung eines Leipziger Stadtbezirkes, in: Manfred Bauer, Renate Engfer und Jörg Rappl (Hrsg.): Psychiatrie-Reform in Europa, Bonn 1991, S. 59–87.
210 Gutachten im Auftrag des Bundesministers für Gesundheit vom 30.5.1991: Zur Lage der Psychiatrie in der ehemaligen DDR – Bestandsaufnahme und Empfehlungen, 201 Seiten, hier 169.
211 Vgl. z. B. Klee: Irrsinn, S. 96 und 120.

winnt,[212] ist dabei nur zum Teil der politischen Zensur geschuldet, die eine kritische Analyse von Mißständen und ihren Ursachen innerhalb der DDR nur eingeschränkt und in verschlüsselter Form zuließ. Ein anderer Grund lag darin, daß insbesondere diejenigen Fachvertreter publizierten, die sich für die Verbesserung der vorgefundenen Verhältnisse engagierten. Diese hatten einerseits tatsächliche Erfolge ihrer Reformbemühungen zu beschreiben und folgten andererseits wohl der Vorstellung, daß die optimistische Schilderung positiver Vorbilder zur Nachahmung ermutigt, während die Betonung verbreiteter Mißstände eher deprimierend wirkt. Aus ehrlicher Überzeugung und/oder aus taktischer Berechnung bedienten sich die Autoren dabei nicht selten einer mehr oder weniger dick aufgetragenen ideologischen Rhetorik. Was blieb schließlich SED-Funktionären anderes übrig, als die Bemühungen von Psychiatern um die Verbesserung der Situation ihrer Patienten zu unterstützen, wenn ihnen dieses Anliegen mit einem Satz wie dem folgenden präsentiert wurde: „Die humane Grundhaltung des sozialistischen Lebensstils muß darin zum Ausdruck kommen, daß alles vermieden wird, was geeignet ist, psychisch Kranke in der Öffentlichkeit zu diffamieren und sie außerhalb der Gesellschaft zu stellen."

Dieser Satz ist den „Rodewischer Thesen"[213] entnommen, die von Klee sehr zu Unrecht als bloße Mittel zur „Selbstberuhigung" und zum Vorzeigen im Ausland geschmäht werden.[214] In Wahrheit handelt es sich um ein bemerkenswertes Reformprogramm, das im Mai 1963 im sächsischen Rodewisch von einigen enthusiastischen Psychiatern[215] formuliert worden war. In zehn Thesen zur „Rehabilitation psychisch akut und chronisch Kranker" und acht Thesen über die „Grundsätze moderner psychiatrischer Arbeitstherapie" war die Öffnung der geschlossenen Anstalten, die Ablösung des Prinzips der sichernden Verwahrung durch das einer heilenden Fürsorge, die Schaffung von beschützenden Werkstätten, Tages- und Nachtkliniken, die Minimierung von Vorurteilen und Zwangsmaßnahmen gegenüber psychisch Kranken, die Angleichung der Versorgung von psychisch Kranken an die von körperlich Kranken, die Koordinierung der Arbeit von Hochschulnervenkliniken und Fachkrankenhäusern und die Einrichtung ambulanter Dispensaires gefordert worden. Vom Staat hatten die Ärzte verlangt, daß die psychiatrischen Krankenhäuser „personell, materiell und institutionell in die

---

212 Die einzige psychiatrische Fachzeitschrift der DDR war Psychiatrie, Neurologie und medizinische Psychologie. Sie fungierte als Mitteilungsorgan der Gesellschaft für Psychiatrie und Neurologie in der DDR und – seit deren Gründung im Jahre 1960 – der Gesellschaft für Ärztliche Psychotherapie in der DDR. Sie erschien monatlich vom 1. Jahrgang (1949) bis März des 42. Jahrgangs (1990) in Leipzig, dann wurde sie eingestellt.
213 Rodewischer Thesen, in: Zeitschrift für die gesamte Hygiene 11 (1965), S. 61–65 sowie in: Helmut F. Späte, Achim Thom und Klaus Weise: Theorie, Geschichte und aktuelle Tendenzen in der Psychiatrie, Jena 1982, S. 166–170.
214 Klee: Irrsinn, S. 113.
215 Zu nennen sind vor allem die Hochschulprofessoren Ehrig Lange (Dresden) und Klaus Weise (Leipzig) sowie der Direktor des psychiatrischen Großkrankenhauses Rodewisch, Dr. Rolf Walther.

Lage versetzt werden, allen Anforderungen der modernen komplexen psychiatrischen Therapie zu entsprechen." Unter „komplexer Therapie" verstanden die Rodewischer Reformpsychiater eine „umfassende Rehabilitationsbehandlung" psychisch Kranker, die „in undogmatisch kombinierter Anwendung von den neuroleptischen Psychopharmacis über vielfältige Methoden der Arbeitstherapie bis zu den gruppenpsychotherapeutischen Verfahren" reichen sollte. Die Arbeitstherapie hätte nicht primär ökonomischen Zielen zu dienen, „sondern dem psychisch kranken Menschen bei der Stärkung bzw. Integrierung seines Selbstbewußtseins und Kontaktstrebens zu helfen. Der Akzent liegt nicht auf der Quantität und Qualität der Produktion, sondern auf dem individuellen Erlebnis, wieder tätig zu sein und etwas zu schaffen". Dazu wurden genaue Ausführungen gemacht, zum Beispiel, daß Arbeitstherapie grundsätzlich zu belohnen sei, daß Aufträge von Betrieben „nicht an Produktionsauflagen und Termine gebunden sein" dürfen, und daß ein angemessener Teil der Vergütung von arbeitstherapeutischen Leistungen „für Zwecke der Patientenbetreuung unmittelbar zur Verfügung gestellt werden" muß.

In den darauffolgenden Jahren ist in der DDR-Fachliteratur über vielfache Bemühungen und Probleme, die 1963 in Rodewisch formulierten Ziele einzulösen, berichtet worden.[216] So ist 1974 in den „Brandenburger Thesen" noch einmal das kustodiale Verwahrprinzip der alten Psychiatrie kritisiert und sind neue Orientierungen zur Verbesserung des therapeutischen Milieus im psychiatrischen Krankenhaus formuliert worden.[217] Nach den von Maxwell Jones formulierten Prinzipien der therapeutischen Gemeinschaft sollten die menschlichen Beziehungen zwischen Patienten und Krankenhausmitarbeitern sowie der verschiedenen Berufsvertreter im Krankenhaus untereinander so verändert werden, daß der Weg „vom häufig hemmenden, streng hierarchisch gegliederten System der Anordnung und Unterordnung zur demokratischen Leitung mit einem weiten Spielraum der Mitsprache aller Mitarbeiter und Patienten" führt.[218] Daß dabei der sozialistischen Gesellschaftsordnung die besten Voraussetzungen für den angestrebten Demokratisierungsprozeß innerhalb der Psychiatrie zugesprochen worden sind,[219] machte die Propagierung der aus den USA stammenden Idee in der DDR überhaupt erst möglich.

Die psychiatrischen Reformbemühungen in der DDR erschöpften sich

---

216 Eine Übersicht geben Klaus Weise und Matthias Uhle: Entwicklungsformen und derzeitige Wirkungsbedingungen der Psychiatrie in der Deutschen Demokratischen Republik, in: Achim Thom und Erich Wulff (Hrsg.): Psychiatrie im Wandel. Erfahrungen und Perspektiven in Ost und West, Bonn 1990, S. 440–461.
217 Helmut F. Späte, Siegfried Schirmer und Karl Müller: Auf dem Wege zur therapeutischen Gemeinschaft, in: Psychiatrie, Neurologie und medizinische Psychologie 26 (1974), S. 591–598.
218 Maxwell Jones: The Therapeutic Comunity, New York 1955.
219 Vgl. Siegfried Schirmer, Karl Müller, Helmut F. Späte: Brandenburger Thesen zur Therapeutischen Gemeinschaft, in: Psychiatrie, Neurologie und medizinische Psychologie 28 (1976), S. 21–25, hier 22 f.

nicht in Absichtserklärungen. Welche Alltagsmühen viele Psychiatriemitarbeiter jahrzehntelang in die Umgestaltung der alten Anstaltspsychiatrie in eine patientenfreundlichere Disziplin einschließlich sozial- und psychotherapeutischer Elemente investierten, läßt sich in den beruflichen Lebenserinnerungen eines alten Arztes nachlesen.[220] Die Anstrengungen waren nicht nur vergeblich. 1976 gelang erstmalig für die DDR in Leipzig die Einführung des organisatorischen Prinzips der Sektorisierung, das heißt der Bildung funktionaler Einheiten psychiatrischer Betreuungseinrichtungen für überschaubare Territorien mit etwa 80.000 bis 300.000 Einwohnern, wobei die psychiatrische Klinik der Leipziger Universität die psychiatrische Vollversorgung eines Großstadtbezirkes übernahm.[221] Das war ein großer Fortschritt zum einen in Richtung gemeindenaher Psychiatrie und zum anderen ein Ausgleich der Differenz zwischen elitär theoretisierenden Hochschulkliniken und großen Fachkrankenhäusern, die die Hauptlast der psychiatrischen Versorgung zu tragen hatten. Es gab noch einige andere partielle Reformerfolge, wie eine zumindest teilweise gelungene Schwerpunktverlagerung von stationären auf ambulante[222] und teilstationäre[223] Behandlungsformen, die Einrichtung von geschützten Werkstätten, geschützten Abteilungen in Betrieben, geschützten Einzelarbeitsplätzen und einigen anderen Formen der Rehabilitation durch Arbeit unter geschützten Bedingungen.[224]

Insgesamt jedoch stagnierte die Reformbewegung Ende der siebziger Jahre, als ihre Ziele erst in einigen Modellkrankenhäusern durchgesetzt waren. In einer „Konzeption zur Verbesserung der Betreuung psychisch Kranker nach 1980" schätzte das DDR-Gesundheitsministerium ein, daß die Betreuung immer noch „zu sehr auf die psychiatrischen Großkrankenhäuser zentriert" sei und wegen deren von den Wohngebieten der Patienten entfernten Lage „die Gefahr der Langzeithospitalisierung und der Chronifizierung psychischer Erkrankungen" bestehe. Es gebe kaum Tageskliniken und andere extramurale Betreuungsangebote, zu wenig geschützte Wohnmöglichkeiten und therapeutische Klubs.[225] Die in der Konzeption vorgeschlagenen

---

220 Friedrich Rudolf Groß: Jenseits des Limes. 40 Jahre Psychiater in der DDR, Bonn 1996.
221 Vgl. Bernhard Schwarz, Klaus Weise, Otto Bach und Klaus Bach: Über die strukturelle und funktionelle Konzeption der stationären und ambulanten psychiatrischen Versorgung in Leipzig, in: Psychiatrie, Neurologie und medizinische Psychologie 28 (1976), S. 307–313.
222 Vgl. Michael Kreyßig: Theoretische und praktische Aspekte von Stellung und Funktion der Ambulanz im sektorisierten psychiatrischen Versorgungssystem, in: Psychiatrie, Neurologie und medizinische Psychologie 31 (1979), S. 705–715.
223 Vgl. z. B. Holger Mäthner, Ulrich Fischer, Michael Gillner und Walburg Weiske: Die sozialpsychiatrische Nachtstation der Universitätsnervenklinik Halle, in: Psychiatrie, Neurologie und medizinische Psychologie 32 (1980), S. 65–69; Friedemann Ficker und Mathias Barth: Einweisung in eine psychiatrische Tagesklinik – Abgrenzung und Indikation, in: Psychiatrie, Neurologie und medizinische Psychologie 33 (1981), S. 558–564.
224 Vgl. Helmut F. Späte: Arbeit und Beschäftigung für psychisch Kranke und geistig Behinderte in der DDR, in: Thom/Wulff (Hrsg.): Psychiatrie im Wandel, Bonn 1990, S. 321–332.
225 Vgl. Diether-Rudolf Burian, Peter Hagemann und Klaus Weise: Situation und Entwicklungstendenzen der psychiatrischen Versorgung in der DDR und deren Erprobung an aus-

Schritte zur breiten praktischen Durchsetzung von gemeindenäheren und patientenfreundlicheren Angeboten der Psychiatrie kamen in den achtziger Jahren, die bekanntlich von einem rasanten wirtschaftlichen Niedergang der DDR gekennzeichnet waren,[226] nicht mehr zum Tragen. Im Gegenteil schritt im letzten DDR-Jahrzehnt der Verfall der Gebäude, Flucht und Ausreise qualifizierten Personals und damit die Aushöhlung selbst zuvor erreichter Verbesserungen der Patientenbetreuung fort.

Am Ende der DDR mußte festgestellt werden, daß die psychiatrischen „Reformbemühungen zwar in verschiedenen Bereichen, vor allem in der ambulanten Versorgung und der beruflichen Rehabilitation bewahrenswerte Problemlösungen hervorbrachten, im Hinblick auf eine allgemeine Verbesserung der Situation der psychisch Kranken jedoch eher bescheiden waren".[227] Der desolate bauliche Zustand vieler stationärer Einrichtungen, ihre krasse personelle Unterbesetzung, ihre mangelhafte sanitäre und sonstige Ausstattung zeugten von verantwortungsloser staatlicher Vernachlässigung des Fachgebietes Psychiatrie, die das unterste Ende der Rangskala des insgesamt unterprivilegierten Gesundheitswesens der DDR bildete. Die schon erwähnte Arbeitsgruppe des Bundesgesundheitsministers stellte 1991 in ihrer Bestandsaufnahme der ostdeutschen Psychiatrie „viele Defizite und zum Teil katastrophale und menschenunwürdige Verhältnisse" in der Patientenbetreuung fest.[228] Allerdings lasteten die Untersucher diese Umstände nicht den in der Psychiatrie Tätigen an, wie das Ernst Klee durch seine Art, die Schwestern und Pflegerinnen in Ueckermünde zu schildern, tat. Im Bericht „zur Lage der Psychiatrie in der ehemaligen DDR" wird in diesem Zusammenhang nachdrücklich vor ungerechten Schuldzuweisungen gewarnt:

„In der Bestandsaufnahme werden viele Defizite und zum Teil katastrophale und menschenunwürdige Verhältnisse beschrieben. Dies darf nicht als Vorwurf an die Mitarbeiter in den Einrichtungen und Diensten mißverstanden werden. Die in der konkreten Alltagsarbeit mit den Patienten stehenden Mitarbeiter haben am wenigsten die Bedingungen zu verantworten, unter denen sie arbeiten müssen. Trotz beklemmender Verhältnisse ist vielerorts immer wieder eine hohe Motivation und Einsatzbereitschaft der Mitarbeiter aufgefallen."[229]

Insgesamt schätzten die vom Bundesgesundheitsministerium eingesetzten Experten die Psychiatrie in der DDR ein als „das Ergebnis vielfältiger und widersprüchlicher Zusammenhänge und Entwicklungstrends".[230] Die ent-

---

gewählten Modellen, in: Psychiatrie, Neurologie und medizinische Psychologie 32 (1982), S. 1–6, hier 2f.
226 Vgl. Maria Haendcke-Hoppe-Arndt: Wer wußte was? Der ökonomische Niedergang der DDR, in: Deutschland Archiv 28 (1995), S. 588–602.
227 Vgl. Bestandsaufnahme DDR-Psychiatrie vom 30.5.1991, S 4.
228 Ebenda, S. 4.
229 Ebenda, S. 7.
230 Ebenda, S. 3.

scheidenden Impulse zur Verbesserung der Patientenbetreuung gingen in aller Regel von den in der Psychiatrie Tätigen aus. Die oft zähen Kämpfe mündeten nicht selten in Resignation und dem Verlassen der DDR durch vorher engagierte Ärzte, während sich unter glücklicheren Umständen, bei mehr Frustrationstoleranz und Beharrungsvermögen in anderen Fällen zumindest Teilerfolge einstellten.

Das führte nicht nur zu den erwähnten regionalen Unterschieden in der psychiatrischen Betreuung, sondern selbst innerhalb ein- und derselben Einrichtung zu mitunter erheblichen Unterschieden in der Qualität der Betreuung verschiedener Patientengruppen. Die Situation im psychiatrischen Krankenhaus Ueckermünde ist dafür ein typisches Beispiel. Die von Klee gefilmte „Hölle von Ueckermünde" zeigt nur einen bestimmten Ausschnitt dieses Krankenhauses, die Abteilung für geistig behinderte Patienten. Die von ihm nicht erwähnte Betreuung der psychisch Kranken hingegen war in Ueckermünde relativ gut. Sie war es erst zu Beginn der achtziger Jahre durch eine „Roßkur" geworden, die ihr Dr. Hans Eichhorn verordnete, nachdem er 1981 die Leitung des Fachkrankenhauses übernommen hatte. Eichhorn schilderte die noch bis 1980 in Ueckermünde herrschenden katastrophalen Zustände, die er dort vorgefunden hatte:

„Das Ueckermünder Krankenhaus [...] ist eine typische Heil- und Pflegeanstalt alten Stils, die in den Jahren 1870–1875 erbaut wurde [... und] die die Wesensmerkmale des kustodialen Psychiatrieprinzips verkörperte. [...] Auf den durchweg geschlossenen Stationen herrschte eine drückende, gespannte Atmosphäre mit vielen aggressiven Durchbrüchen und vergeblichen Versuchen zu 'schlichten' (z. B. durch Einbinden [der Patienten] in das 'Netz'). 18,6 Prozent aller neuaufgenommenen Patienten entwichen aus den geschlossenen Stationen mindestens einmal und 15,5 Prozent waren in Zwischenfälle mit Personen- und/oder Sachschaden verwickelt. Die Zahl der Suizide und Suizidversuche war hoch, leider liegen keine Zahlen mehr vor. Einzelne Mitarbeiter, die sich gegen diese Zustände auflehnten, wurden disziplinarisch wegen 'Verleumdung' bestraft, wobei das mit Billigung des Bezirksarztes geschah. [...]

Zwischenfällen jedweder Art (Entweichungen, Suizidversuche, Verletzungen u. a. [von Patienten]) wurden mit Disziplinarmaßnahmen seitens des Direktors begegnet. Reichten die Netze zur 'Befriedung' nicht aus, dann kamen Käfige zur Anwendung. [...] Dem Erfahrenen wird diese Darstellung genügen, um die desolate Gesamtsituation erfassen zu können. Was indessen an individuellem Leid, an individueller Ent-Menschlichung geschah, kann mit Worten nicht dargestellt werden."[231]

---

231 Hans Eichhorn: Abschied von der Klapper? Überlegungen zum psychiatrischen Krankenhaus, in: Thom/Wulff (Hrsg.): Psychiatrie im Wandel, Bonn 1990, S. 166–179, hier 171 und 174.

Eichhorn habe sofort nach Übernahme der Krankenhausleitung dafür gesorgt, daß „hier innerhalb weniger Monate ein Sprung von der asylierenden Praxis zum therapeutisch orientierten Krankenhaus ohne wesentliche Zwischenetappe stattfand".[232] „Angesichts der vorgefundenen Zustände" seien „bedächtige Reformen nicht angebracht" gewesen. Er habe noch im Juli 1981 „rund 150 Kinder, die entweder nicht pflegebedürftig waren und/oder Familienkontakte hatten, nach Hause entlassen."[233] Daraufhin hätte sich „in der Öffentlichkeit, insbesondere bei den gesundheitspolitischen und staatlichen Instanzen" Unruhe breitgemacht. Seinerzeit wurde in der psychiatrischen Fachwelt der DDR darüber heftig diskutiert, weil die prinzipiell sinnvolle Entlassung der Kinder ohne Vorbereitung der Familien erfolgt und die Unruhe vor allem durch zahlreiche Eingaben von empörten und überforderten Eltern ausgelöst worden war. Für Eichhorn „war diese Entlassungsaktion nicht mehr betreuungsbedürftiger Kinder der Beginn eines Maßnahmebündels, das schließlich zu folgendem Betreuungsprofil am Beginn des Jahres 1983 führte":

„Alle Stationen sind geöffnet und mit beiden Geschlechtern belegt; Netze, Elektrokrampftherapie und sonstige Restriktionen sind abgeschafft; alle Stationen führen regelmäßig Vollversammlungen durch und haben gewählte Patientenräte; eine neue Arbeits- und Pflegeordnung mit sozialpsychiatrisch-psychotherapeutischer Orientierung ist in Kraft getreten; alle gesetzlichen Bestimmungen (z. B. Einweisungsgesetz) werden korrekt beachtet. [...] Versuche einer Evaluation des neuen Programms ergaben (Eichhorn 1986): Die Zahl der Entweichungen und von Zwischenfällen mit Sach- und Personenschaden ging systematisch zurück [...]. Ebenso sank der Medikamentenverbrauch [...]. Die inzwischen akzeptablen atmosphärischen Bedingungen auf den Stationen haben eindrückliche Wirkung auf alle am Betreuungsprozeß Beteiligten und auf Besucher."[234]

Tatsächlich öffnete Eichhorn viele Stationen der vorher geschlossenen Anstalt Ueckermünde, schaffte die dort noch 1980 gebräuchlichen altertümlichen Zwangsmittel endlich ab, führte die Psychotherapie in das psychiatrische Krankenhaus ein[235] und setzte sozialpsychiatrische Arbeitsprinzipien in der Behandlung der psychisch Kranken in Ueckermünde durch, beschaffte große Geldsummen für den einzigen Neubau eines psychiatrischen Bettenhauses in der DDR in den achtziger Jahren und für die Gestaltung menschenwürdiger Bedingungen in diesem Krankenhaus.

---

232 Ebenda, S. 170.
233 Ebenda, S. 174.
234 Ebenda, S. 175.
235 Vgl. Hans Eichhorn und Klaus Ernst (Hrsg.): Arbeitsmaterialien des Symposiums „Erfahrungen und Ergebnisse der Psychotherapie in der Psychiatrie", Neubrandenburg/Ueckermünde 28.–30.3.1985.

Dennoch stimmt etwas nicht in der positiven Bilanz von Eichhorns „Ueckermünder Modell". Nicht alle Stationen wurden geöffnet. Für die geistig behinderten Patienten in Ueckermünde bedeutete das Niederreißen aller Mauern um die Gebäude der Anstalt sogar eine Verschlechterung ihrer Lage. Während sie sich, solange die Mauern standen, bei schönem Wetter im Garten um das Haus aufhalten konnten, waren sie seit Wegfall der Außenmauern gänzlich ins Innere des Hauses verbannt. Es betraf die Patienten, die Ernst Klee 1992 filmte. Ende der siebziger Jahre war ihre Lage von einem Besucher folgendermaßen beschrieben worden:

„Die Kliniken sollen der Gesellschaft nicht das Problem verstecken helfen! Wird das Leid geringer, wenn man es hinter eine Tür sperrt? Wie hinter diese Tür, durch die ich mit der Oberschwester ging. Man tritt in einen kleinen Vorraum, zwei Meter breit, dann eine niedrige Mauer, ohne Putz, etwa einen Meter hoch, mit einer kleinen Tür, alle Türen immer verschlossen. Dahinter in der Bucht liegen, stehen oder krauchen Kinder umher, zum Teil nackt mit ausgerissenen Haaren. Ich nehme an, die Kinder werden zwischen acht und fünfzehn Jahren alt sein. Das ist schwer zu schätzen. Manche drehen sich unaufhörlich im Kreis, stoßen Laute aus. Es riecht fürchterlich nach Exkrementen und nach Desinfektionsmitteln."[236]

Auch Eichhorn erwähnt in seiner Schilderung der Ausgangslage, die er 1980 vorfand, daß „die Situation der immerhin fünfhundert geistig Behinderten aller Schweregrade" in Ueckermünde „besonders dramatisch" gewesen sei:

„Diese Menschen waren nicht nur weitgehend nackt, sondern auch durch Fehlernährung, mangelnde Bewegung u. a. durch Osteoporose gefährdet, so daß multiple Frakturen [Knochenbrüche] ihre Lebenssituation weiter verschlechterten und zu bizarren Körperhaltungen führten. Die einseitige körpermedizinische Orientierung führte zur Unterbindung bzw. maximalen Einschränkung von Besuchen und Besuchszeiten sowie zu sonstigen Unterlassungen bei der Schaffung von Kommunikationsmöglichkeiten, wie sie aus sozialpsychiatrisch orientierten Kliniken bekannt sind."[237]

Obwohl Eichhorn einhundertfünfzig geistig behinderte Kinder nach Hause schickte, Käfige und Netze abschaffte sowie für Bekleidung, bessere Ernährung und Pflege der Behinderten im Krankenhaus sorgte, wurden die Behinderten weiterhin ohne qualifizierte therapeutische Zuwendung geschlossen verwahrt.

---

236 Volker Kessling: Aus dem Tagebuch eines Erziehers, Berlin (Ost) 1980, zitiert nach Eichhorn: Abschied von der Klapper, S. 172.
237 Eichhorn in: Thom/Wulff (Hrsg.): Psychiatrie im Wandel, Bonn 1990, S. 172 f.

In einer 1986 veröffentlichten Polemik hatte Eichhorn zwar die Hypothese vertreten, „daß keine Notwendigkeit für geschlossene Stationen im psychiatrischen Krankenhaus besteht", dabei jedoch folgende Einschränkung gemacht:

„Schwierigkeiten bei der Gewährleistung einer von der Öffentlichkeit erwarteten und vom Psychiater zu gewährleistenden Ordnung und Sicherheit gibt es nach unserer Erfahrung bei folgenden Patientengruppen:
– Zur Kommunikation und zwischenmenschlichen Kooperation unfähige Patienten (z. B. schwere geistige Behinderungen, schwere psychoorganische Syndrome u. a.).
– Zur Kommunikation und zwischenmenschlichen Kooperation nicht willige Patienten (z. B. vermindert zurechnungsfähige Straftäter mit der Merkmalskombination leichte geistige Behinderung – dissoziale Lebensweise – Alkoholmißbrauch).
Während die Probleme ersterer (Umherirren durch Desorientiertheit u. ä.) bei entsprechender Personaldichte relativ leicht beherrschbar sind, sollten die Patienten der zweiten Kategorie nicht auf geschlossenen Stationen (wegen deren Wirkungslosigkeit!) sondern in sogenannten 'festen' Häusern betreut werden. Es handelt sich dabei um einen sehr kleinen Personenkreis, der überdies laut Beschlußvorlage des MfGe [Ministeriums für Gesundheitswesen] [...] aus dem psychiatrischen Krankenhaus herauszulösen ist."[238]

Damit waren zwei traditionell in psychiatrischen Krankenhäusern untergebrachte Patientengruppen genannt, deren Betreuung besonders schwierig ist, eigentlich nicht zu den selbstverständlichen Aufgaben der Psychiatrie gehört und vor allem aus diesen beiden Gründen vielfach zu besonderen Unzulänglichkeiten und Mißständen in ihrer Betreuung führt. Helmut F. Späte und Achim Thom hatten 1984 in ihrer Grundlegung einer ethischen Pflichtenlehre für die DDR-Psychiatrie dazu geschrieben:

„In ihrem Selbstverständnis ist die Psychiatrie eine medizinische Disziplin [...]. Gegenstand der Bemühungen des Psychiaters ist der psychisch kranke Mensch. Die moralische Pflicht gebietet jedoch dem Psychiater mit seiner Fachkompetenz auch in jenen Grenzbereichen psychiatrischer Unzulänglichkeiten des Menschen, die nicht als krankhaft bezeichnet werden können, beratend und helfend wirksam zu werden. Dies betrifft z. B. die Mitwirkung in [...] Expertenkommissionen zur Betreuung kriminell gefährdeter Bürger oder die fachbezogene Mitbetreuung [...] nicht zu rehabilitierender Schwachsinniger und nicht mehr therapierbarer Alkoholiker. Die Probleme dieser Gruppen

---

238 Hans Eichhorn: „Braucht die Psychiatrie geschlossene Stationen?" Bemerkungen zu „Ethische Prinzipien und moralische Normen des psychiatrischen Handelns ...", in: Psychiatrie, Neurologie und medizinische Psychologie 38 (1986), S. 39–42.

von Bürgern dürfen jedoch nicht mit der Deklaration als 'psychiatrische Fälle' in ihrer sozialen Spezifik vereinfacht und der Therapiekompetenz der Psychiatrie zugeordnet werden. Moralisch verboten ist es dem Psychiater, hilfesuchende Menschen, die im Selbstverständnis der Psychiatrie nicht krank sind, ohne Rat und Hilfe abzuweisen, Bürger, die durch eigenes Verschulden in eine bedrohliche Situation geraten sind (z. B. in einen schweren Alkoholrausch), in der hilflosen Situation zu belassen, die Mitarbeit bei der Lösung derartiger gesamtgesellschaftlicher Probleme mit dem Hinweis auf Nichtzuständigkeit zu verweigern."[239]

Das Dilemma in Ueckermünde bestand darin, daß die gesundheits- und sozialpolitisch Verantwortlichen die geistig Behinderten dem Krankenhaus als angeblich „psychiatrische Fälle" bei gleichzeitiger Verweigerung jeglicher Unterstützung zugeschoben hatten und Eichhorn in seinem Selbstverständnis als Arzt mit den Behinderten nicht viel anzufangen wußte, da sie keiner medizinisch-psychotherapeutische Behandlung, sondern pflegerischer Zuwendung und heilpädagogischer Förderung bedurften. So blieben die behinderten Patienten in Ueckermünde mit jenem „Hinweis auf Nichtzuständigkeit" von weitergehenden Reformen, mit denen die Behandlung der psychisch Kranken entscheidend verbessert wurde, ausgeschlossen. Ernst Klee deckte mit seinem Film nicht die Verhältnisse der „Psychiatrie in der DDR", sondern eine im reformierten psychiatrischen Krankenhaus Ueckermünde sorgfältig versteckte „Altlast" auf.

Allerdings war die Lage der geistig Behinderten nicht nur in Ueckermünde schlecht. Rangierte das DDR-Gesundheitswesen in der Hierarchie der staatlichen Zuwendung schon insgesamt auf einem unteren Platz, so war innerhalb des medizinischen Bereiches das psychiatrische Fachgebiet noch einmal besonders weit unten angesiedelt und innerhalb der Psychiatrie die Versorgung der akut psychisch Kranken meist immer noch besser als die der chronisch psychisch Kranken und geistig Behinderten. Trotzdem ist Ernst Klees Pauschalisierung falsch, daß „die Schwerstbehinderten, die am meisten Zuwendung und Förderung brauchten", „in der DDR ohne Hilfe" geblieben seien.[240] Nach einer drastischen Problemanalyse der Situation geistig behinderter Bürger in der DDR hatte der Ministerrat 1969 umfassende „Maßnahmen zur Förderung, Beschulung und Betreuung geschädigter Kinder und Jugendlicher sowie psychisch behinderter Erwachsener" beschlossen. Alle Bezirke der DDR waren verpflichtet worden, „entsprechend ihren regionalen Notwendigkeiten und Bedingungen eine eigene Rehabilitationskette aufzubauen und ständig weiter zu differenzieren". Diese Auflage wurde wiederum regional sehr unterschiedlich durchgesetzt. In einigen Städten

---

239 Helmut F. Späte und Achim Thom: Ethische Prinzipien und moralische Normen des psychiatrischen Handelns in der sozialistischen Gesellschaft, in: Psychiatrie, Neurologie und medizinische Psychologie 36 (1984), S. 385–394.
240 Klee: Irrsinn, S. 119.

wurde eine gemeindenahe Dispensairebetreuung mit kinder- und jugendpsychiatrischen Beratungsstellen, rehabilitationspädagogischen Tagesstätten und Rehabilitationswerkstätten,[241] in anderen hingegen nur einzelne Glieder der Rehabilitationskette und in wieder anderen, wie anscheinend im Bezirk Neubrandenburg bzw. Kreis Ueckermünde, kaum etwas Derartiges aufgebaut. Gerda Jun kritisierte 1989, daß in der DDR „insgesamt noch zuviele Oligophrene in psychiatrischen Krankenhäusern 'untergebracht'" seien, „insbesondere im Erwachsenenalter":

„Trotz vorhandener positiver Ansätze in einzelnen Kreisen mit einer gemeindeintegrierten verlängerten Rehabilitationskette für alle Lebensalter der geistig Behinderten ist aber, besonders im Bereich des geschützten Wohnens, die zeitliche Nahtstelle nach dem 18. Lebensjahr gegenwärtig noch als sorgenvoller Schwachpunkt im Betreuungssystem zu charakterisieren."[242]

Das hieß im Klartext, daß die bis dahin relativ gute Betreuung der Behinderten in vielen Fällen mit der Vollendung des 18. Lebensjahres abrupt endete und dann entweder von den Familien getragen werden mußte, oder, wenn diese das nicht (mehr) leisten konnten, nicht selten zu sinnwidrigen Aufnahmen der Behinderten in psychiatrische Krankenhäuser führte. Die glücklichere Lösung war die Unterbringung in einer der kirchlichen Pflegeeinrichtungen, die dank westlicher Unterstützung meist wesentlich bessere äußere Bedingungen als die staatlichen Anstalten und dank des Gebotes der christlichen Nächstenliebe meist auch bewohnerfreundlichere innere Bedingungen hatten. Die Plätze in diesen Einrichtungen waren jedoch begrenzt.

Die Unterbringung Behinderter in psychiatrischen Krankenhäusern mangels alternativer Angebote war zweifellos ein bedrückender Mißstand für viele der Betroffenen, für ihre Familien und letztendlich auch für die psychiatrischen Einrichtungen. Doch weder dieser Mißstand noch andere Mängel in der Betreuung rechtfertigen einen Satz wie den folgenden von Ernst Klee: „Die DDR hat viele Strukturen aus der Nazi-Zeit übernommen, dazu zählt auch, daß Behinderte als bildungsfähige und -unfähige, als 'sozial brauchbare' und 'sozial unbrauchbare' selektiert und entsprechend behandelt wurden."[243] Mit diesem Satz beschließt Klee sein Kapitel über „Psychiatrie in der DDR", Unterkapitel „Politischer Mißbrauch". Im nationalsozialistischen Deutschland folgte der Selektion die Ermordung der „sozial Unbrauchbaren". Was suggeriert Klee mit der Formulierung, die DDR habe dies, wie auch vieles andere „aus der NS-Zeit übernommen" und die als „sozial unbrauchbar" selektierten Menschen „entsprechend behandelt"?

---

241 Vgl. Gerda Jun: Das Leben mit geistig Behinderten, in: Thom/Wulff (Hrsg.): Psychiatrie im Wandel, Bonn 1990, S. 255–272.
242 Ebenda, S. 263.
243 Klee: Irrsinn, S. 127.

## 1.3.6. Kolportage von Stereotypen

Ähnlich, wenn auch in anderer Richtung irreführend wie Klees gleichsetzende Abhandlung der NS-Verbrechen und der deutschen Psychiatrie der Gegenwart in „Irrsinn Ost – Irrsinn West" wirkt die gemeinsame Besprechung eines Mißbrauchs von „Psychologie, Psychotherapie und Psychiatrie in der DDR" in dem 1995 erschienenen Buch „Zersetzung der Seele". Mit folgenden aufeinanderfolgenden Sätzen im Klappentext des Sammelbandes werden verschiedene Zeiten, Diktaturen, Fachgebiete und Sachverhalte in einen Topf geworfen:

> „Die Terrorregime Stalins und der Nazis haben den systematischen Mißbrauch von Medizin, Psychiatrie und Psychologie als erste vorexerziert. Mit Hilfe der psychologischen Kriegführung im Innern, deren Repertoire auch die Zwangseinweisung von Andersdenkenden in psychiatrische Kliniken umfaßt, soll der Kampf um die Seele gewonnen werden. Das Ministerium für Staatssicherheit (MfS) der DDR bildete da keine Ausnahme und nahm Ärzte, Psychologen, Psychotherapeuten und Krankenhauspersonal für seine Zwecke in Dienst."[244]

In den Beiträgen des Sammelbandes sucht man vergeblich nach Belegen für die implizierte „Zwangseinweisung von Andersdenkenden in psychiatrische Kliniken" als Teil „der psychologischen Kriegführung im Innern" der DDR. Das Buch stellt in Wahrheit das erweiterte Protokoll einer Tagung über die „Operative Psychologie" des MfS im Dezember 1993 dar, in dem es schwerpunktmäßig um die Instrumentalisierung von psychologischem Fachwissen für die Bekämpfung politischer Gegner durch den DDR-Staatssicherheitsdienst ging.

Auch im zweiten Teil des Buches über die „Psychotherapie und Psychiatrie im totalitären Staat" ist nichts zu finden, was die oben zitierten Sätze rechtfertigen würde. Den ersten von sechs Beiträgen zu diesem Teil verfaßte Herbert Loos, der seit 1962 als Psychiater in der DDR tätig und selbst jahrelang vom MfS überwacht und „operativ bearbeitet" worden war.[245] Der Arzt erwähnt in seiner differenzierten Reflexion über den „Januskopf der Psychiatrie" unter anderem seine Tätigkeit in der Untersuchungskommission zu Fragen des Mißbrauchs der Ostberliner Psychiatrie im Jahre 1990. Als die Kommissionsmitarbeiter ihre Untersuchungsergebnisse mit „Hinweisen auf Mißbrauchsmechanismen im psychiatrischen Alltag vieler Patienten vortrugen, aber die Erwartungen auf spektakuläre Einzelfälle in Psychiatrisierung von Gesunden (wie in Waldheim) enttäuschten", hätten sie „schwere Vor-

---

[244] Klaus Behnke und Jürgen Fuchs (Hrsg.): Zersetzung der Seele. Psychologie und Psychiatrie im Dienste der Stasi, Hamburg 1995.
[245] Herbert Loos: Der Januskopf der Psychiatrie, in: ebenda S. 228–241.

würfe" getroffen, sie hätten als „getarnte Täter bewußt weggesehen oder seien als Mitarbeiter des Systems Opfer unseres 'blinden Flecks' geworden".[246] Der Psychiater gibt einen kritischen Rückblick auf seine Erfahrungen in der DDR einschließlich eigener „blinder Flecken" der Wahrnehmung, seine Entwicklung zum „Andersdenkenden" und seine Bespitzelung durch inoffizielle Mitarbeiter des MfS. In dieselbe Richtung gehen die Ausführungen der Psychologin Annette Simon „Über die Blindheit im Beruf", in denen die Verdrängung der eigenen Angst im Mittelpunkt steht.[247] Auch sie war in einem psychiatrischen Großkrankenhaus in Ostberlin tätig, auch sie wurde als Dissidentin vom MfS umfassend bespitzelt, und auch sie erwähnt mit keiner Silbe eine „Zwangseinweisung von Andersdenkenden in psychiatrische Kliniken" als Methode „der psychologischen Kriegführung" in der DDR. Der dritte Beitrag des Psychiatriekapitels stammt von der Autorin des vorliegenden Buches. Unter dem Titel „Psychiater im Dienste des MfS" wird das in der Psychiatrie besonders gravierende Problem der Schweigepflichtverletzung durch inoffizielle Mitarbeiter des MfS sowie die MfS-eigene Psychiatrie dargestellt, jedoch ebenfalls keine „Zwangseinweisungen von Andersdenkenden" behauptet.[248]

Im vierten Beitrag schildert die Psychologin Ursula Plog ihre ersten Eindrücke aus der Arbeit der damals erst einige Monate lang tätigen Kommission zur Untersuchung von Mißbrauch in der Ostberliner Psychiatrie, die sie auf sozial- und tiefenpsychologischer Ebene reflektiert.[249] Darin werden zwar einige düstere Ahnungen „über den Mißbrauch der Psychiatrie durch den Staatssicherheitsdienst der DDR" angedeutet, aber ebenfalls kein konkreter Anhaltspunkt für die Behauptung des Klappentextes gegeben. Im fünften Beitrag erzählt die Pastorin Karin Elmer ihre schlimme Erfahrung mit einer Psychologin in der DDR, die sich als IM im Auftrag des MfS in ihr Vertrauen geschlichen, sie ausgehorcht und dem MfS das in der psychologischen Beratungssituation Anvertraute weitergegeben hatte. Die Psychiatrie wird in dieser eindrucksvollen Schilderung nicht erwähnt.[250] Der sechste und letzte Beitrag des Kapitels stammt von Christian Pross, dem leitenden Arzt des Behandlungszentrums für Folteropfer in Berlin. Es geht darin um „gesundheitliche Folgen politischer Repression in der DDR", wobei in erster Linie Folgen politischer Haft erörtert werden.[251] Politischer Psychiatriemißbrauch wird zwar erwähnt, jedoch ausschließlich aus Rumänien und der Sowjetunion. Als etwaige Form politischer Repression in der DDR wird die Psychiatrie nicht genannt.

---

246 Ebenda, S. 228 f.
247 Annette Simon: Über die Blindheit im Beruf, in: ebenda, S. 242–254.
248 Sonja Süß: Psychiater im Dienste des MfS, in: ebenda, S. 255–283.
249 Ursula Plog: Vertrauen ist gut. Über den Mißbrauch der Psychiatrie durch den Staatssicherheitsdienst der DDR, in: ebenda, S. 284–295.
250 Karin Elmer: Ein Vertrauensverhältnis ist zu schaffen, in: ebenda, S. 296–302.
251 Christian Pross: „Wir sind unsere eigenen Gespenster". Gesundheitliche Folgen politischer Repression in der DDR, in: ebenda, S. 303–315.

Zusammenfassend ist festzustellen, daß den Beiträgen des Sammelbandes „Zersetzung der Seele" ein falsches Etikett aufgeklebt worden ist, das den nachgewiesenen Mißbrauch psychologischen Fachwissens durch den Staatssicherheitsdienst in irreführender Weise mit der nicht belegten Annahme eines ähnlichen Mißbrauchs psychiatrischer und psychotherapeutischer Institutionen in der DDR verknüpft.

Ein weiteres Beispiel für die Produktion eines falschen Gesamtbildes durch eine irrige Zusammenstellung an sich richtiger Einzelinformationen bietet ein Kapitel über „Mißbrauch der Psychiatrie" in dem ebenfalls 1995 erschienenen Buch „Wendestress" von Michael Schmitz.[252] Der Autor bedient sich darin desselben apodiktischen Stils wie Ernst Klee in „Irrsinn Ost – Irrsinn West", indem er vorgefaßte Meinungen kolportiert, als handle es sich um bewiesene Tatsachen.[253] Allerdings argumentiert Schmitz nicht so fundamentalistisch und antipsychiatrisch generalisierend wie Klee, sondern hebt mehr auf den Unterschied zwischen der von ihm offenkundig prinzipiell akzeptierten westlichen Psychiatrie und der Psychiatrie im Osten ab, die auf der ganzen Linie versagt habe. Um seine Meinung zu belegen, nimmt Schmitz eine Gleichsetzung der Psychiatrie in der DDR mit der sowjetischen vor. Er begründet seine willkürliche Übertragung von Aussagen über die Sowjetunion auf die Verhältnisse in der DDR, indem er eingangs die Meinung einer Westberliner Psychologin zitiert, daß „die offizielle Orientierung für psychiatrische Behandlung [...] in Ostdeutschland nicht anders als in der Sowjetunion" gewesen sei.[254] Dann mischt der Autor Zitate aus Publikationen über Probleme der sowjetischen Psychiatrie in sein DDR-Kapitel und wechselt zwischen Angaben über die sowjetische und die DDR-Psychiatrie bis zur Unkenntlichkeit der jeweiligen Zuordnung hin und her. Diese unseriöse Methode kulminiert in einer Passage seines Textes, die sich eindeutig auf die DDR bezieht:

„Achim Thom, über Jahrzehnte einer der führenden Theoretiker der Psychiatrie in der DDR, [...], gibt heute zu, daß bis zum Zusammenbruch des Regimes 'sehr rigide Vorstellungen von psychischer Normalität, unscharfe Krankheitsbegriffe wie von der »schleichenden Schizophrenie« und eine problematische obrigkeitsstaatliche Gesinnung zusammengewirkt haben dürften'. Die rigide Vorstellung von 'psychischer Normalität' repräsentiert das rigide Denken der Psychiater. Ihre Krankheitsbegriffe waren nicht 'unscharf', weil über Ursachen und Symptome grundsätzlich nur Hypothesen aufzustellen sind, sondern weil diese Nachlässigkeit politisch nützlich war. Sie erleichterte die Denunzierung unliebsamer Bürger als seelisch gestört."[255]

---

252 Michael Schmitz: Wendestress. Die psychosozialen Kosten der deutschen Einheit. Berlin 1995, S. 111–125 über den „Mißbrauch der Psychiatrie".
253 Zum Teil berufen sich Klee und Schmitz auf dieselben Quellen, wie beispielsweise das Interview, das die Stern-Reporterin Uta König mit Professor Manfred Ochernal führte.
254 Schmitz: Wendestress, S. 111.
255 Ebenda, S. 120f.

Liest man das von Michael Schmitz aus dem Aufsatz von Achim Thom über „Ethische Werte und moralische Normen sozialpsychiatrischen Handelns" herausgeklaubte Zitat im Original, erfährt man, daß Thom gerade das Gegenteil dessen geschrieben hat, was Schmitz ihm unterstellt. Die Feststellungen über „sehr rigide Vorstellungen von psychischer Normalität, unscharfe Krankheitsbegriffe wie [der] von der 'schleichenden Schizophrenie'" und dergleichen, welche Schmitz mit verschärfenden Zusätzen auf die DDR-Psychiater münzt, bezog Thom unmißverständlich auf die Sowjetunion, deren „Psychiater und psychiatrische Institutionen [...] wegen einzelner Fälle der fragwürdig scheinenden Aufnahme von Regimekritikern bzw. sogenannten Dissidenten in psychiatrische Behandlung massiv kritisiert worden" seien, „was schließlich auch zum Austritt der Psychiatervereinigung des Landes aus dem Weltverband für Psychiatrie geführt hat".[256] Die Veränderung, die Thom 1990 gegenüber früheren DDR-Sichtweisen auf die Sowjetunion einräumt, beschränkt sich auf die Feststellung, daß „inzwischen nicht mehr bezweifelt werden" könne, „daß solche Praktiken, an die Fachvertreter in den anderen sozialistischen Ländern und auch in der DDR nicht glauben wollten, vorgekommen und ethisch verurteilenswert sind". Die DDR-Psychiater hätten sich jedoch von der Möglichkeit solchen Mißbrauchs in ihrem eigenen Lande nachdrücklich distanziert:

„Unter den Fachvertretern der DDR gab es seit dem Ende der siebziger Jahre im Gefolge der massiven Kritik an relevanten Vorkommnissen durch den Weltverband einen weitgehenden Konsens der Distanzierung von solchen Praktiken und der Abwehr von ähnlichen Ansinnen durch Vertreter der staatlichen Organe. Eine Verständigung dazu erfolgte auch 1982 bei einem damals in Leipzig durchgeführten Treffen der Psychiater sozialistischer Länder, bei dem in einer Arbeitsgruppe 'Psychiatrische Deontologie' Thesen zu ethischen Prinzipien und moralischen Normen diskutiert wurden, in denen u. a. gefordert wurde, die Inanspruchnahme der Psychiatrie zur Lösung spezieller sozialer Konflikte staatlicher Instanzen mit psychisch nicht kranken Bürgern nicht zuzulassen. Da überdies das geltende Einweisungsgesetz eine Handhabe bot, Forderungen nach der Aufnahme von Bürgern ohne nachgewiesene medizinische Indikation abzuweisen, dürfte eine willfährige Mitwirkung bei ungesetzlichen Zwangseinweisungen die Ausnahme geblieben sein."[257]

Angesichts der Unmißverständlichkeit dieser Beschreibung drängt sich die Frage auf, was Schmitz dazu bewegt haben könnte, Thom eine diametral gegensätzliche Aussage unterzuschieben. Wenn dem keine demagogische Absicht zugrunde lag, kann es sich nur um das Resultat eines unbewußten

---

256 Achim Thom: Ethische Werte und moralische Normen sozialpsychiatrischen Handelns, in: Thom/Wulff (Hrsg.): Psychiatrie im Wandel, Bonn 1990, S. 115–132, hier 129.
257 Ebenda S. 129 f.

Prozesses selektiver Fehlwahrnehmung handeln. Das heißt, Schmitz hätte genau das wahrgenommen, was dem Stereotyp einer einheitlichen Ostblock-Psychiatrie entspricht, und – ohne es zu merken – alle Tatsachen aus seiner Wahrnehmung ausgeblendet, die seiner Überzeugung zuwiderliefen.

Derselbe Fehler durchzieht das gesamte Kapitel. Unter der Überschrift „Der Mißbrauch der Psychiatrie" subsumiert der Autor verschiedene Probleme der Psychiatrie und der Gesellschaft, wobei er vorzugsweise kritische und selbstkritische Bemerkungen von Psychiatern und Psychologen aus anderen Zusammenhängen herausnimmt, um sie als Zeugnisse für seine These von der mißbrauchten DDR-Psychiatrie zu zitieren. Wie irreführend dieses Vorgehen ist, wird nachfolgend anhand von drei ausgewählten Beispielen demonstriert: Schmitz' Darstellungen des Umgangs mit Alkoholismus und Selbsttötung (Suizid) sowie zur Psychotherapie in der DDR.

Den Umgang mit dem Problem des Alkoholismus im Ostblock beschreibt der Autor folgendermaßen:

„Ein weiteres Versagen der Psychiatrie in kommunistischen Ländern zeigt sich in der weitgehenden Ignoranz gegenüber Alkoholmißbrauch und Alkoholismus. Besonders verbreitet war diese Haltung in der Sowjetunion. Die DDR eröffnete Mitte der 70er Jahre spezielle Kliniken für Alkoholkranke und stationäre Ambulatorien. Eine offene Diskussion über Alkoholismus fand jedoch auch dort nicht statt. Nach der herrschenden Ideologie galt die Krankheit als 'Überrest des Kapitalismus' und 'dem Sozialismus wesensfremd'. Nur wenige Ärzte beschäftigten sich ernsthaft mit diesem Problem. Der Ausbildung zum Suchttherapeuten, notiert die Ostberliner Psychologin Ilona Stoiber, wurde 'kaum Aufmerksamkeit gewidmet'; es mangelte an Fachliteratur, sie galt als 'Kostbarkeit'. [...]
Allerdings versuchte das SED-Regime, die sozialen Probleme des Alkoholgebrauchs totzuschweigen. Alkoholismus mußte als genetisch bedingte Krankheit betrachtet werden. Für Alkoholmißbrauch 'als nichtkrankhafte Erscheinung' fühlte sich das Gesundheitswesen gar nicht erst verantwortlich."[258]

Schmitz widerspricht sich mehrfach selbst. Einerseits behauptet er eine weitgehende Ignoranz gegenüber dem Alkoholproblem als Teil des Versagens der Psychiatrie in den Ländern des Ostblocks, andererseits räumt er ein, daß es in der DDR spezielle Kliniken für Alkoholkranke gegeben habe. Auf der einen Seite wirft er den Ärzten in der DDR vor, nur wenige hätten sich ernsthaft mit dem Problem beschäftigt, auf der anderen Seite hätte die knappe Fachliteratur als „Kostbarkeit" gegolten, was immerhin ein breiteres Interesse am Thema voraussetzt. Insgesamt subsumiert Schmitz diese Polemik unter „Mißbrauch der Psychiatrie", kritisiert dann aber, daß sich das

---

258 Schmitz: Wendestress, S. 123.

Gesundheitswesen für nichtkrankhafte Formen des Alkoholmißbrauchs „gar nicht erst verantwortlich" gefühlt habe.

Die Widersprüchlichkeit seiner Argumentation liegt darin begründet, daß Schmitz einzelne Facetten des Problems zwar zutreffend benennt, jedoch die verschiedenen, einander widerstreitenden Kräfte dahinter nicht erkennt. Deshalb adressiert er seine Kritik falsch, nämlich an Strukturen, die als homogen betrachtet werden, wie die „Psychiatrie in kommunistischen Ländern", „die DDR", „das SED-Regime", „das Gesundheitswesen", die „Psychiater" oder die „DDR-Wissenschaftler". In Wirklichkeit jedoch ist es nicht der Psychiatrie, den Ärzten oder dem Gesundheitswesen der DDR anzulasten, daß SED-Politiker aus ideologischen Gründen wichtige Entwicklungen wie die angemessener Reaktionen auf den wachsenden Alkoholismus blockiert, unterdrückt oder verzögert haben. Vielmehr waren es gerade Vertreter der geschmähten Psychiatrie, die immer wieder pragmatische Handlungskonzepte durchzusetzen versuchten, waren sie es doch, die in ihrer täglichen Arbeit mit hilfesuchenden Patienten direkt mit den realen Problemen konfrontiert wurden.

Zutreffend ist allerdings, daß der Alkoholkonsum der Bevölkerung in der DDR, wie in fast allen Ländern Europas, in der zweiten Hälfte unseres Jahrhunderts stetig zugenommen hatte.[259] Alarmierend dabei war nicht nur der statistische Reinalkoholverbrauch, sondern die Tatsache, daß der Alkohol in der DDR mehr als in anderen Ländern mit ähnlich hohem Reinalkoholverbrauch in Form hochprozentiger Spirituosen konsumiert wurde.[260] Schmitz hat auch damit Recht, daß das sprunghaft wachsende gesellschaftliche Problem des chronischen Alkoholmißbrauchs von den politisch Verantwortlichen in der DDR lange Zeit tabuisiert wurde, weil es dem Ideal der sozialistischen Lebensweise widersprach. Mit stetig steigendem Alkoholkonsum der Bevölkerung nahmen jedoch die dadurch bedingten gesundheitlichen und volkswirtschaftlichen Schäden derart drängende Ausmaße an,[261] daß den Initiativen engagierter Ärzte und Psychologen zur Bekämpfung des Alkoholismus zwar halbherzig-zögerlich, aber doch allmählich zunehmend praktische Gestaltungsmöglichkeiten eingeräumt wurden.[262] So wurde ab Mitte

---

259 1961 lag der jährliche Pro-Kopf-Verbrauch reinen Alkohols in der DDR noch bei 4,4 Litern, während er 1988 rund 11 Liter betrug. Diese Zunahme des Alkoholkonsums verlief in der DDR vor allem in den siebziger Jahren dramatischer als in anderen Ländern. Während die DDR im internationalen Vergleich beim Reinalkoholverbrauch pro Kopf 1970 mit 6,1 Litern noch auf Platz 21 lag, kletterte sie bis 1988 auf Platz sechs. Im Vergleich dazu lag die BRD 1970 mit einem Reinalkoholverbrauch pro Kopf von 11,4 auf Platz fünf und 1988 mit 11,9 Litern auf Platz drei des Ländervergleichs – wenigstens im Alkoholverbrauch hatte die DDR am Ende die Bundesrepublik eingeholt.
260 Beim Spirituosenkonsum lag die DDR im internationalen Vergleich seit 1987 an erster Stelle. Vgl. Erik Winter: Alkoholismus im Sozialismus der Deutschen Demokratischen Republik – Versuch eines Rückblicks, in: Sucht 37 (1991), S. 71–85.
261 Vgl. Gundula Barsch: Ist der Alkoholkonsum in der DDR ein soziales Problem?, in: Informationen zur soziologischen Forschung in der Deutschen Demokratischen Republik 25 (1989), S. 11–25.
262 Eine Übersicht über diesen Prozeß gab neben Erik Winter auch Margit Ribbschlaeger: Alkoholismus in Ostdeutschland, in: Berliner Ärzte, Heft 11/1991, S. 11–17.

der siebziger Jahre die von Schmitz erwähnte Einrichtung von speziellen Kliniken für Alkoholkranke in psychiatrischen Krankenhäusern möglich. 1990 gab es 57 solcher Einrichtungen in der DDR.[263] Etwas später entstanden ambulante Betreuungs- und Beratungsstellen.[264] Angestrebt wurde eine Schwerpunktverlagerung der Suchtkrankenversorgung vom stationären auf den ambulanten Bereich. Am Ende der DDR gab es circa 400 Beratungs- und Behandlungsstellen, etwa ein Viertel davon in nichtstaatlicher, vor allem konfessioneller Trägerschaft.[265]

Auch in der Suchttherapie gab es in Abhängigkeit vom Engagement, dem Durchsetzungsvermögen und der fachlichen Kompetenz der Beteiligten große regionale Unterschiede, mancherorts vorbildliche Betreuungsnetze und andernorts empfindliche Versorgungslücken. Ende der siebziger Jahre begannen sich Suchttherapeuten in der DDR zusammenzuschließen[266] und schließlich sogar die besonders mißtrauisch beobachteten Formen von Selbsthilfe abstinenter Alkoholiker,[267] Präventionssysteme[268] sowie Fortbildungs- und Aufklärungsveranstaltungen zu organisieren. In den achtziger Jahren, die auch deshalb als „Phase der Öffnung"[269] mit den „kleinen Freiheiten des Zerfalls"[270] apostrophiert werden, konnten Fragen des Alkoholismus in der medizinisch-wissenschaftlichen und allgemeinen Publizistik der DDR kompakt und explizit behandelt werden.[271]

263 Wilfried Bertram: Zusammenbruch der Suchtkrankenversorgung in den neuen Ländern: Welche Strukturen und Arbeitsformen in der ehemaligen DDR haben sich bewährt?, in: Bernhard Jagoda, Heinrich Kunze und Aktion psychisch Kranke (Hrsg.): Gemeindepsychiatrische Suchtkrankenversorgung – Regionale Vernetzung medizinischer und psychosozialer Versorgungsstrukturen. Tagungsbericht Bonn 4.–5.5.1993, Köln 1994, S. 79–92, hier 81.
264 Vgl. Hubertus Windischmann: Das Therapiemodell der Klinik für Suchtkranke innerhalb der Bezirksnervenklinik Brandenburg, in: Suchtgefahren 36 (1990), S. 279–286.
265 Unter den konfessionellen Betreuungsangeboten für Suchtkranke in der DDR sind vor allem die der evangelischen Arbeitsgemeinschaft zur Abwehr der Suchtgefahren (AGAS) und anderer Einrichtungen des Diakonischen Werkes sowie der Caritas hervorzuheben. Vgl. Bertram: Suchtkrankenversorgung, S. 79–81.
266 Vgl. Ilona Stoiber: Suchttherapie und Möglichkeiten der Therapeuten in der DDR sowie Hugo von Keyserlingk: Von der Arbeitsgemeinschaft Suchtkrankheiten zur Gesellschaft gegen Alkohol- und Drogengefahren (GAD), in: Sucht 37 (1991), S. 86–89 sowie S. 90–92.
267 So organisierten Chefarzt Windischmann und seine Mitarbeiter 1979, 1981, 1983, 1986 und 1988 sogenannte Abstinententreffen in der Nervenklinik Brandenburg, wobei sie zähe Widerstände aus dem Gesundheitsministerium zu überwinden hatten – vgl. Erik Winter: Alkoholismus im Sozialismus der DDR, S. 78.
268 Beispielsweise seit 1985 in Leipzig – vgl. Roland Weise: Über das Konzept des Regionalen Präventionssystems gegen Alkohol- und Drogengefahren in Leipzig und Hans-Jürgen Leonhardt: Zum dynamisch-befürsorgten Wohnen – erste Erfahrungen mit neuen Formen der Bildung von Selbsthilfegruppen, in: Sucht 37 (1991), S. 102–108 und S. 109–113.
269 Erik Winter: Alkoholismus im Sozialismus der DDR.
270 Vgl. Herbert Loos: 40 Jahre Psychiatrie in der DDR – Versuch einer Periodisierung. Vortrag im Rahmen des Symposiums „Rückblick auf die Psychiatrie in der DDR" am 19.9.1996 beim Kongreß der Deutschen Gesellschaft für Psychiatrie, Psychotherapie und Nervenheilkunde (DGPPN) in Düsseldorf.
271 Vgl. Hans Szewczyk (Hrsg.): Der Alkoholiker. Alkoholmißbrauch und Alkoholkriminalität, Berlin 1986; Klaus Schmitz, Siegfried Döttger und Klaus Ernst: Betreuung Alko-

Wie den Umgang mit Suchtkrankheiten in der DDR faßt Michael Schmitz auch die politische Tabuisierung des Problems der Selbstmorde (Suizide) unter „Psychiatriemißbrauch" und lastet sie den Psychiatern an.[272] Tatsächlich war das Suizidproblem ähnlich bedrückend wie der wachsende Alkoholmißbrauch, hatte doch die DDR eine der höchsten Selbstmordraten der Welt. Und getreu dem Grundsatz, daß nicht sein kann was nicht sein darf, belegte die SED-Führung auch diese traurige Tatsache mit einem „diktierten Tabu".[273] Der Zeitraum, in dem keine Suizidzahlen veröffentlicht werden durften, wird unterschiedlich angegeben. Während Felber und Lange schreiben,[274] daß Veröffentlichungen darüber 1961 verboten worden seien,[275] meinen andere Autoren, daß zwischen 1975 und 1986 keine epidemiologischen Zahlen über Suizide (jährliche Selbsttötungen pro 100.000 Einwohner) veröffentlicht werden durften.[276] Fest steht jedenfalls, daß es in der DDR ein von der Staatspartei diktiertes Veröffentlichungsverbot zum Suizidproblem gab, das sich nicht nur auf die epidemiologischen Zahlen bezog, sondern auch auf wissenschaftliche Arbeiten, die „im Räderwerk eines diffizil abgestuften Systems der Geheimhaltung (nur für den Dienstgebrauch, vertrauliche Dienstsache, Verschlußsache, geheime Verschlußsache u. a.) und durch Verwahrung in bibliothekarischen Sonderkatalogen verschwanden."[277] Unter den in der Suizidforschung und -bekämpfung engagierten Psychiatern habe es verschiedentlich „Hoffnungen zur Aufhebung des diktierten Tabus" gegeben, „zumal Karl Seidel, einst Lehrstuhlinhaber für Psychiatrie an der Berliner Charité, seit 1976 in die SED-Gesundheitspolitik

---

holkranker, Berlin 1986; Erik Winter, Ilona Stoiber und Hasso Engel: Schicksal Abhängigkeit? Alkohol – Probleme – Auswege, Berlin 1987; Wilhelm-Pieck-Universität Rostock (Hrsg.): Alkohol – das chronische Zuviel und seine Komplikationen, Rostock 1988; Hugo von Keyserlingk, Volker Kielstein und Jürgen Rogge: Diagnostik und Therapie Suchtkranker, bzw. Behandlungsstrategien bei Alkoholmißbrauch und Alkoholabhängigkeit. Ergebnisse der ersten und zweiten Tagung der Arbeitsgruppe „Suchtkrankheiten" im Oktober 1987 bzw. 1988 in Wustrow, Berlin 1988 und 1989; Hubertus Windischmann: Ein Gläschen in Ehren ... , Berlin 1989; Bernd Nickel und Georgij Morosov (Hrsg.): Alkoholbedingte Krankheiten. Grundlagen und Klinik, Berlin 1989.
272 Dies geschieht implizit durch aneinandergereihte Aussagen über dieses Tabu und die „Agonie" des psychiatrischen Fachgebietes. Vgl. Schmitz: Wendestress, S. 119.
273 Vgl. Werner Felber: Suizid und Öffentlichkeit im Wandel – Psychiatrische Impressionen nach der Wende, in: Otto Bach und Werner Felber (Hrsg.): Psychiatria Dresdensis (Schriftenreihe der Medizinischen Akademie Dresden, Bd. 26), 1992, S. 98–105, hier 98.
274 Werner Felber und Ehrig Lange: Der restriktive Umgang mit dem Suizidphänomen im totalitären System, in: „Pro et contra tempora praeterita" (Schriftenreihe der Medizinischen Akademie Dresden, Bd. 27), Dresden 1993, S. 140–145 hier 141.
275 Das scheint insofern fraglich, als es Anfang der sechziger Jahre dazu auch in DDR-Fachzeitschriften noch Publikationen gab. Vgl. A. Lengwinat: Vergleichende Untersuchungen über die Selbstmordhäufigkeit in beiden deutschen Staaten, in: Deutsches Gesundheitswesen 16 (1961), S. 873–878 sowie R. Cordes: Die Selbstmorde in der DDR im gesamtdeutschen und internationalen Vergleich, in: Zeitschrift für ärztliche Fortbildung 58 (1964), S. 985–992.
276 Waltraut Casper, Kristina Fritz und Frank-Dietrich Müller: Selbstmordsterblichkeit in der DDR zwischen 1961 und 1988, in: Suizidprophylaxe 17 (1990), S. 227–236.
277 Felber/Lange: Der restriktive Umgang mit dem Suizidphänomen, S. 142.

eingestiegen war und bald ihr oberster Repräsentant als Leiter der Abteilung Gesundheitspolitik beim Zentralkomitee der SED wurde."

„Seidel, ehemaliger Oberarzt der Dresdner Klinik für Psychiatrie und Neurologie, hatte sich hier selbst mit einer Arbeit über den 'Suizid im höheren Lebensalter unter sozialpsychiatrischem Aspekt' [...] habilitiert.[278] Daraus genährte Erwartungen, zu einem vernünftigen Umgang mit dem sensiblen gesellschaftlich-medizinischen Thema Suizid zurückzufinden, blieben aber immer wieder unerfüllt; Öffentlichkeitsarbeit, Telefondienste, Problembewußtsein, Suizidprophylaxe, Selbsthilfegruppen konnten sich nicht entfalten."[279]

Warum Professor Seidel als Mitglied der SED-Führung seine fachlichen Einsichten nicht in eine vernünftigere Parteipolitik umzusetzen vermochte, ist eine noch ungeklärte Frage. Daß die von dem diktierten Tabu der SED betroffenen Wissenschaftler selbst nicht begeistert waren über die ihnen aufoktroyierten Geheimhaltungsvorschriften,[280] ist evident. Für die Blockadehaltung der SED dürfte eine Rolle gespielt haben, daß die Suizidraten in der DDR stets deutlich höher als die in der Bundesrepublik lagen und dies nach den marxistischen Vorstellungen der sozialen Determiniertheit menschlichen Verhaltens kein gutes Licht auf die Verhältnisse in der DDR zu werfen schien.

Dabei streiten sich die Gelehrten darüber, inwieweit politische Faktoren für die statistische Suizidsterblichkeit einer Bevölkerung überhaupt eine Rolle spielen. Es gibt typische regionale Verteilungsmuster der Häufigkeit von Selbsttötungen in Europa, die über viele Jahrzehnte, unabhängig vom jeweiligen politischen System, eine erstaunliche Kontinuität aufweisen.[281] Seitdem im vorigen Jahrhundert amtliche Mortalitätsstatistiken erhoben werden, ist eine gegenüber den meisten anderen deutschen Regionen deutlich höhere Selbsttötungsrate in den traditionell protestantischen Gebieten

---

278 Karl Seidel: Der Suizid im höheren Lebensalter unter sozialpsychiatrischem Aspekt. Habilitationsschrift, Dresden 1967.
279 Felber/Lange: Der restriktive Umgang mit dem Suizidphänomen, S. 142.
280 Felber schildert beispielsweise, daß er die Habilitationsschrift eines seiner Vorgänger in der Betreuungsstelle für Suizidgefährdete an der Dresdner Nervenklinik (Helmut Kulawik: Der Suizidversuch – zur Psychopathologie und Therapie der Suizidalität, Berlin 1975) nicht lesen konnte, da der Autor einige unveröffentlichte Suizidziffern eingearbeitet hatte und die Arbeit deshalb zur „Vertraulichen Dienstsache (VD)", also zu einem Schubladenprodukt erklärt worden war. Felber hätte eine Sondergenehmigung beantragen müssen, um Zugang zu dieser für seine ärztliche Tätigkeit wichtige Arbeit zu bekommen. Hätte er die Sondergenehmigung erhalten, wäre automatisch seine eigene Habilitationsschrift zur VD-Angelegenheit geworden. – Vgl. Felber/ Lange: Der restriktive Umgang mit dem Suizidphänomen, S. 143.
281 Die Existenz statistisch relevanter systemimmanter Selbstmordmotivationen im Ostblock wurde von verschiedenen Untersuchern vor allem unter Hinweis darauf verneint, daß die Gebiete der DDR, der ČSSR und VR Ungarn bereits in vorsozialistischer Zeit dieselben hohen Selbstmordraten aufwiesen. Vgl. z. B. Wolf Oschlies: Selbstmorde in der DDR und in Osteuropa, in: Deutschland Archiv 9 (1976), S. 38–55.

von Sachsen,[282] Sachsen-Anhalt und Thüringen nachgewiesen worden.[283] Die vor allem durch diese Gebiete bedingten traditionellen Unterschiede in den Suizidraten zwischen Ost- und Westdeutschland[284] haben sich zwischen 1961 und 1989 kaum verändert, wobei die Bewegungsrichtungen des Suizidgeschehens in diesem Zeitraum in beiden deutschen Staaten weitgehend synchron verliefen, mit einem hohen Niveau in den siebziger und abfallender Tendenz in den achtziger Jahren.[285] Ende der achtziger Jahre lag die DDR im internationalen Vergleich der Suizidsterblichkeit an dritter Stelle, bei den Männern nach Ungarn und Finnland und gefolgt von Österreich und Dänemark, bei den Frauen nach Ungarn und Dänemark und gefolgt von Island und Österreich. Die Weltspitze der Suizidzahlen teilten sich also Länder des realsozialistischen mit solchen des kapitalistischen Systems. Unter Hinweis vor allem auf diese Feststellungen warnen Suizidforscher vor „überlastigen sozialen und ideologischen Interpretationen" von Suiziddaten.[286]

Der Ahnherr der soziologischen Suizidologie, Émile Durkheim, meinte zum Zusammenhang von Politik und Selbsttötungen, daß politische Krisensituationen die Selbstmordneigung in einer Bevölkerung nicht steigern, sondern ganz im Gegenteil meßbar senken würden. In dieser Weise würden alle größeren Erschütterungen wie Krieg oder Aufruhr wirken, wenn sie nur „die Leidenschaften aufrühren" und „die Gemüter der Massen" erhitzen.[287] Für diese Annahme spricht, daß in der ersten Hälfte der neunziger Jahre sowohl in Ost- als auch in Westdeutschland die niedrigsten Selbstmordraten seit Jahrzehnten registriert wurden. Durkheims These blieb jedoch nicht unwidersprochen. So wies Werner Felber darauf hin, daß es unabhängig vom traditionellen Ost-West-Gefälle in der DDR stärkere Ausschläge bei den Suizidzahlen gegeben habe. So sei ein Anstieg der Suizidhäufigkeit nach dem

---

282 Vgl. Erich Müller und Otto Bach: Suizidfrequenz und Suizidarten in Sachsen in der Zeit von 1830–1990, in: Psychiatrische Praxis 21 (1994), S. 184–186.
283 Durkheim beschrieb in seinem Klassiker der empirischen Soziologie „Le Suicide" bereits 1897 die große Konstanz regionaler Selbstmordraten, wobei er hervorhob, daß in Regionen mit überwiegend protestantischer Bevölkerung hohe und in überwiegend katholischen Gebieten niedrige Suizidquoten festzustellen sind, wobei dies nur ein, wenn auch besonders wichtiger sozialer Faktor mit Einfluß auf die Suizidhäufigkeit in der Bevölkerung ist.
284 Armin Schmidtke und Bettina Weinacker: Suizidalität in der Bundesrepublik und in den einzelnen Bundesländern: Situation und Trends, in: Suizidprophylaxe 21 (1994), S. 4–16.
285 Vgl. G. Wiesner und Waldtraut Casper: Zur Entwicklung der Suizidmortalität in Deutschland, in: Gesundheitswesen 55 (1993), S. 367–371.
286 Vgl. Repliken von Kirsch und Wegener: Suizidalität in Ost und West: Daten vorschnell interpretiert?, in: Münchner Medizinische Wochenschrift 133 (1991) 5, S. 18–20, und 13, S. 21–24; auf die apodiktische Feststellung, die Unterschiede zwischen den Suizidraten in den beiden deutschen Staaten „müssen in erster Linie als Ausdruck sozialer Ungleichheit interpretiert werden", von H. Hoffmeister, G. Wiesner, B. Junge, M. Kant: Selbstmordsterblichkeit in der DDR und in der Bundesrepublik Deutschland, in: Münchner Medizinische Wochenschrift 132 (1990) 39, S. 603–609.
287 Vgl. Émile Durkheim: Der Selbstmord, Neuwied und Berlin 1973, S. 229.

Mauerbau und nach der Niederschlagung des Prager Frühlings feststellbar gewesen.[288] Ähnlich argumentiert auf der anderen Seite Gerd Grözinger, der einen signifikanten Anstieg der Suizidalität bei jüngeren Menschen in der Bundesrepublik unmittelbar nach den Terroranschlägen der RAF und der darauffolgenden politischen Verhärtung im „deutschen Herbst" 1977 nachwies.[289] Analog wurde die unverhältnismäßig hohe Suizidsterblichkeit bei alten Menschen in der DDR als Folge eines Defizits in den Gestaltungsmöglichkeiten des Lebensabends in der DDR interpretiert,[290] während eine dieser Logik folgende Erklärung der in der Bundesrepublik gegenüber der DDR höheren Suizidziffern bei Jugendlichen beiderlei Geschlechts[291] bislang fehlt.

Insgesamt herrscht weitgehender Konsens darüber, daß es für suizidales Handeln keine eindimensionalen Erklärungen gibt, seien sie soziologisch, biologisch, psychologisch oder philosophisch.[292] Gesichert ist auch die individualpsychologische Beobachtung, daß Suizide oder Suizidversuche meist Impuls- und selten abgewogene Handlungen sind. Den meisten suizidalen Handlungen geht eine Entwicklung mit zunehmender psychischer und sozialer Einengung, Wendung der Aggression gegen das eigene Ich und Realitätsflucht voraus, die eine freie Entscheidung des Betroffenen von irgendeinem Zeitpunkt an nicht mehr zuläßt, weil die psychische Dynamik in einen krankheitswertigen Ausnahmezustand der Selbstzerstörung eingemündet ist. Nach nichtgelungenen Suizidversuchen, auch wenn sie sehr ernst angelegt waren, klingt die Suizidalität, der selbstzerstörerische Affekt, meist schnell wieder ab und die Geretteten gewinnen mit Hilfe anderer oft neue Lebensperspektiven.[293]

Unstrittig ist deshalb – und war auch in der DDR – die ärztliche Pflicht zur Hilfeleistung im individuellen Fall eines Suizidversuches,[294] die Zuständigkeit von Psychotherapeuten und Psychiatern für die Betreuung von Suizidgefährdeten[295] und die Verpflichtung des öffentlichen Gesundheitswe-

---

288 Vgl. Interview mit Werner Felber, in: Süddeutsche Zeitung vom 25.10.1996, S. 9.
289 Vgl. Gerd Grözinger: Deutschland im Winter. 15 Jahre danach als (auch) suizidologisches Problem, in: Suizidprophylaxe 19 (1992), S. 193–205.
290 Vgl. Casper/Fritz/Müller: Selbstmordsterblichkeit in der DDR zwischen 1961 und 1988, in: Suizidprophylaxe (1990), hier 231 sowie Kapitel über Selbsttötungen, in: Ministerium für Arbeit, Soziales, Gesundheit und Frauen des Landes Brandenburg (Hrsg.): Gesundheitswesen im Umbruch. Gesundheitsreport des Landes Brandenburg, Potsdam 1994, S. 34–39, hier 37.
291 Vgl. Hoffmeister/Wiesner/Junge/Kant: Selbstmordsterblichkeit in der DDR und in der Bundesrepublik Deutschland, in: Münchner Medizinische Wochenschrift 132 (1990) 39, S. 605.
292 Vgl. Thomas Bronisch: Die Vielschichtigkeit der Entstehungsbedingungen suizidalen Handelns, in: Suizidprophylaxe 22 (1995), S. 104–107.
293 Vgl. Thomas Bronisch: Der Suizid. Ursachen-Warnsignale-Prävention, München 1995.
294 Vgl. Hans Hinderer: Über die Pflicht zur ärztlichen Hilfeleistung im Zusammenhang mit einem Suizidversuch, in: Psychiatrie, Neurologie, medizinische Psychologie 25 (1973), S. 529–534.
295 Vgl. z. B. Ehrig Lange und Helmut Kulawik: Die ambulante Behandlung des Suizidgefährdeten unter besonderer Berücksichtigung der Psychopharmakatherapie sowie Karl Seidel

sens, an der Suizidprophylaxe zumindest mitzuwirken.[296] Der Bereitschaft von seiten politischer Verantwortungsträger, den medizinischen und psychologischen Therapeuten bei der Wahrnehmung dieser Aufgaben entgegenzukommen, war gering ausgeprägt, handelte es sich doch um ein Problem, mit dem zwar die Ärzte in Ambulanzen und Kliniken häufig konfrontiert waren, das es aber nach offizieller Lesart gar nicht in nennenswertem Ausmaß geben durfte. Dennoch richteten sich die Rettungsstellen der Allgemeinkrankenhäuser sowie ärztliche, psychologische und seelsorgerliche Beratungs- und Krisenintervenionsstellen pragmatisch auf Hilfe für Suizidpatienten ein, wurde in mehreren Großstädten das „Telefon des Vertrauens" und eine „Telefonseelsorge" eingerichtet und gelang an anderen Stellen der Aufbau von Strukturen für die Suizidprophylaxe[297] und einzelner spezieller Betreuungsstellen für Suizidgefährdete.[298] Daß diese Bemühungen angesichts der besonderen Neigung der sächsisch-thüringischen Bevölkerung zu suizidalem Verhalten unter den Bedingungen des staatsparteilich verordneten Tabus unzureichend blieben, war eine der beklagenswerten Folgen der politischen Beschränkung psychiatrischer Bemühungen im SED-Staat. Mit Psychiatriemißbrauch – im hier besprochenen Sinn der Verwendung psychiatrischer Institutionen zur Verfolgung politisch Andersdenkender – hat dies allerdings nichts zu tun.

Das dritte aus Schmitz' Text ausgewählte Beispiel für die Fehlinterpretation eines psychiatrischen Teilbereiches und seiner Probleme als „Mißbrauch der Psychiatrie" ist seine Darstellung der Psychotherapie in der DDR:

„Die Psychotherapie blendete (ebenso wie die Psychiatrie) die gesellschaftliche Wirklichkeit der Patienten weitgehend aus, d. h., Alltagserfahrungen wurden nicht reflektiert, Arbeitsbedingungen, Wohnsituationen und Familienverhältnisse vernachlässigt, sobald die daraus erwachsenden Probleme die gesellschaftliche Struktur des Sozialismus berührten. So gab auch die Psychotherapie ihre Ansprüche weitgehend auf, Patienten in ihrem sozialen Umfeld zu verstehen und Persönlichkeitsentwicklungen zu unterstützen. In aller Regel erfüllte sie eine ähnliche Funktion wie die Psychiatrie. Sie hatte dafür zu sorgen, daß Menschen mit Problemen ruhiggestellt wurden und sich der gesellschaftlichen Kontrolle nicht entzogen."[299]

---

und Helmut Kulawik: Über die Notwendigkeit des Aufbaues von psychiatrischen Beratungsstellen für Suizidgefährdete, in: Deutsches Gesundheitswesen 25 (1970), S. 121–125.
296 Vgl. z. B. Helmut Kulawik: Die Bedeutung der Suizidforschung für die Praxis der Suizidverhütung, in: Zeitschrift für ärztliche Fortbildung 67 (1973), S. 401–403.
297 So gab es seit 1970 eine Beratungsstelle für Suizidgefährdete bei der Bezirksnervenklinik Brandenburg. Vgl. Helmut F. Späte, Ulrich Fichte und Werner Poser: Suizidprophylaxe in Brandenburg, in: Psychiatrie, Neurologie, medizinische Psychologie 25 (1973), S. 223–233.
298 Vgl. Ehrig Lange: 20 Jahre Betreuungsstelle für Suizidgefährdete Dresden, in: Werner Felber und Christian Reimer (Hrsg.): Klinische Suizidologie. Praxis und Forschung, Berlin und Heidelberg 1991, S. 3 f.
299 Schmitz: Wendestress, S. 120.

Der Mühe, diese Behauptungen irgendwie zu belegen, hat sich der Autor nicht unterzogen. Vielmehr konterkariert Schmitz seine eigene Feststellungen, indem er die Ostberliner Psychiaterin Heike Berger mit der Aussage zitiert, „das Regime habe nichts mehr gefürchtet 'als den wirklich leistungsfähigen, sprich kreativen, eigenständigen, durchsetzungsfähigen Menschen'":

> „Autonomie, soziale Kompetenz, Spontaneität, Eigenwilligkeit waren, sofern sie als Therapieziele formuliert wurden, unter diesem Verständnis natürlich suspekt. Es bestand durchaus die Tendenz, einer solchen Art von Genesung entgegenzuwirken und die so Gesundenden wieder zu depotenzieren oder ihnen verschiedenartigste Sanktionen aufzuerlegen."[300]

Was Schmitz mißverstanden hat, ist ein weiteres Mal der Gegenstand der Kritik der zitierten Autorin, der jedoch auch in diesem Fall aus dem Kontext des Zitates unmißverständlich hervorgeht.[301] Heike Berger kritisiert nicht die Psychotherapie in der DDR, deren Ziele ihrer Darstellung zufolge durchaus als „Autonomie, soziale Kompetenz, Spontaneität, [und] Eigenwilligkeit" formuliert werden konnten, sondern das solchen Potenzen entgegenwirkende politische Regime, dem eine solche Therapieziele formulierende Psychotherapie suspekt war. Die wesentliche Aussage des Bergerschen Artikels, aus dem Schmitz zwei Sätze herausgenommen und in einen konträren Sinnzusammenhang gestellt hat, hebt auf die positiven Seiten der psychiatrischen Polikliniken und Beratungsstellen ab, die sich in den siebziger und achtziger Jahren in allen Ostberliner Stadtbezirken und vielen anderen Städten der DDR herausgebildet hatten und die Anfang der neunziger Jahre durch eine hastig praktizierte Angleichung des Gesundheitssystems an das bundesrepublikanische Vorbild verloren zu gehen drohten. Ohne zu verkennen, daß die „undemokratische Praxis" und die bis zur „unwürdigen Entmündigung" der Bürger gehende „Überfürsorglichkeit" des realen Sozialismus sein Scheitern wesentlich mitbedingte, meinte Heike Berger, daß die Fürsorglichkeit des sozialen und gesundheitlichen Versorgungssystems der DDR den „chronisch psychisch kranken, sozial desintegrierten, isolierten, störenden, schwierigsten, nicht selten krankheits- und/oder behandlungsuneinsichtigen Patienten" relativ „gute Chancen nicht nur einer ausreichenden sozialen Sicherstellung, sondern einer befriedigenden Integration zumindest in der beruflichen Welt" geboten habe.[302] Für niedergelassene

---

300 Heike Berger, zitiert nach Schmitz: Wendestress, S. 119.
301 Heike Berger: Die ambulante Versorgung psychisch Kranker und Behinderter durch polikliniche Einrichtungen und psychiatrische Beratungsstellen in der ehemaligen DDR, in: Walter Picard und Fritz Reimer (Hrsg.): Grundlagen und Gestaltungsmöglichkeiten der Versorgung psychisch Kranker und Behinderter in der Bundesrepublik und auf dem Gebiet der ehemaligen DDR, Bericht einer Tagung vom 29.11.bis 1.12. 1990 in Berlin, Köln 1992, S. 108–115, hier 110.
302 Ebenda, S. 111f.

Nervenärzte im westlichen Versorgungssystem seien solche Patienten nicht attraktiv und mit ihrer eingeschränkten „Wartezimmerfähigkeit" sogar „geschäftsschädigend". Die Angestellten der psychiatrischen Beratungsstellen dagegen seien als Gehaltsempfänger finanziell unabhängig und könnten niedrigschwellige ambulante Angebote ohne Einschränkung der „Zugänglichkeit gegenüber Auffälligen, Aggressiven, Schwierigen, Alten, Sozial-Schwachen, unheilbaren, eventuell unästhetischen etc. Patienten" garantieren. Multiprofessionelle Teams aus „Nervenärzten, Psychologen, Fürsorgern und Schwestern bzw. Pflegern" gewährleisteten „eine ganzheitliche Sicht des Patienten" und „die permanente Berücksichtigung biologischer, psychologischer und sozialer Aspekte in allen Phasen der Betreuung". Als wichtig hebt Berger auch die „nachgehende, das heißt aktiv-aufsuchende Betreuung, zum Beispiel in Form einer umfangreichen Hausbesuchstätigkeit" und eine „quasi bedingungslos annehmende, geduldige konstante, zuverlässige, schützende, empathische Zuwendung durch ein möglichst gleichbleibendes Betreuerteam" hervor. Dieses Angebot der psychiatrischen Beratungsstellen sei auf langfristige Beziehungen zu den Patienten angelegt, und es seien gerade diese kontinuierlichen Beziehungen im Rahmen der sektorisierten Pflichtversorgung, die bis dahin die gegenüber den Westberliner Stadtbezirken erheblich niedrigere Zahl von Zwangseinweisungen und anderen Inanspruchnahmen psychiatrischer Betten in Ostberlin ermöglicht hätten.[303]

Dieser Aspekt der DDR-Psychiatrie, daß die „nachgehende Fürsorge", die für gesunde Menschen eher die Bedeutung von unzulässigen Eingriffen in ihre persönliche Freiheit hätte, für chronisch psychisch Kranke eine ihren krankheitsbedingten Einschränkungen angemessene Form der Hilfe gewesen sein könnte, wird von verschiedenen Autoren thematisiert. So schrieb der Chefarzt eines konfessionellen psychiatrischen Krankenhauses in Dresden, der auf eine lange Berufspraxis in der DDR zurückblicken kann und zur SED stets ein distanziertes Verhältnis hatte, Mitte der neunziger Jahre:

„Die DDR-Psychiatrie in den Polikliniken war relativ aktiv-therapeutisch und sozial-rehabilitativ orientiert, tendierte zu aktiv-aufsuchend-nachgehender Fürsorge, rang um Integration des Erkrankten in Familien-, Arbeits- und Wohnbereich und setzte die Forderung nach Einhaltung gesellschaftlicher Regeln und Normen mit Druck, Autorität und Gesetzeskraft durch. Trotz dieser Einengung blieben aber Psychiater die Anwälte der Bedürfnisse und Ansprüche ihrer Patienten. Man erlebt heute mit anderen gesetzlichen Grundlagen eher eine Überdehnung der Forderungen nach Freiheit und Selbstbestimmung des Patienten. Im Gegensatz zur repressiv-imponierenden Praxis der DDR-Vergangenheit droht jetzt das andere Extrem, eine Über-

---

303 Ebenda, S. 112–114.

schätzung [der Fähigkeit] des Kranken zum sinnvollen, verantwortlichen Gebrauch seiner Freiheit, eine Verharmlosung der Psychose und der in ihr manifest werdenden selbstzerstörerischen Anteile des Menschen."[304]

Kehren wir zu der Behauptung von Michael Schmitz zurück, die Psychotherapie der DDR hätte „(ebenso wie die Psychiatrie) die gesellschaftliche Wirklichkeit der Patienten weitgehend" ausgeblendet, Alltagserfahrungen „nicht reflektiert, Arbeitsbedingungen, Wohnsituationen und Familienverhältnisse vernachlässigt, sobald die daraus erwachsenden Verhältnisse die gesellschaftliche Struktur des Sozialismus berührten". So habe „auch die Psychotherapie ihre Ansprüche weitgehend" aufgegeben, „Patienten in ihrem sozialen Umfeld zu verstehen und Persönlichkeitsentwicklungen zu unterstützen."[305] Andere Autoren beurteilen diesen Punkt nicht nur hinsichtlich der Psychiatrie, sondern auch der Psychotherapie in der DDR genau entgegengesetzt. In verschiedenen Darstellungen wird der emanzipatorische Ansatz psychotherapeutischer Bemühungen in der DDR und das daraus resultierende Mißtrauen der politischen Autoritäten gegenüber der Psychotherapie sogar besonders hervorgehoben.[306] Hans Joachim Koraus stellt „eine Orientierung an mehr sozial-kommunikativ ausgerichteten [...] Theorien mit besonderer Betonung handlungs- und tätigkeitsorientierter Konzepte" und die aktivere, „die äußere Realität stärker einbeziehende Haltung der meisten DDR-Psychotherapeuten" sogar als typisches Merkmal der „Orientierung an der Individualgenese" und „der mehr geschehenlassenden, wartenden und im wesentlichen auf den analytischen Raum bezogenen therapeutischen Intention" der westlichen Psychoanalytiker gegenüber.[307] Zwar gibt er zu bedenken, daß das seit den siebziger Jahren in der DDR dominierende Psychotherapieverfahren der dynamisch intendierten Gruppentherapie „mit ihrer Favorisierung des Kollektivs, ihrer Überbetonung des Asservativen, der Betonung des Hier und Jetzt unter weitgehender Außerachtlassung des

---

304 Friedemann Ficker: Psychiatrie im Osten. Schon besser als ihr Ruf?, in: TW Neurologie Psychiatrie 10 (1996), S. 169–177 hier 175. Der Autor verwies dabei besonders auf Klaus Weise: Perspektiven einer sozialen Psychiatrie – Erfahrungen aus der Sicht der ostdeutschen Psychiatrie-Reform, in: Sozialpsychiatrische Informationen 23 (1993) 4, S. 18–21.
305 Schmitz: Wendestress, S. 120.
306 Vgl. Rosemarie Stein: Eine subversive Disziplin – Zur Lage der Psychotherapie und der Medizinischen Psychologie in der DDR, in: psychomed 2 (1990) 2, 74–76. Jürgen Ott: Die Lage der Psychotherapie in der DDR. Ein kritischer Rückblick, Vortrag im Rahmen des Symposiums „Rückblick auf die Psychiatrie in der DDR" am 19.9.1996 beim Kongreß der Deutschen Gesellschaft für Psychiatrie, Psychotherapie und Nervenheilkunde (DGPPN) in Düsseldorf.
307 Hans-Joachim Koraus: Wie macht man aus der Not eine Tugend? – Überlegungen zur Entwicklung der Psychotherapie in der DDR, in: Kommission West-Ost der Deutschen Psychoanalytischen Vereinigung (Hrsg.): Psychoanalyse und Psychotherapie. Klinische Erfahrungen in Ost und West, Protokollband des vierten Symposiums in der Burgklinik Stadtlengsfeld vom 13.–15.9.1996, S. 39–53, hier 53.

Historischen [...] deutliche Momente der herrschenden gesellschaftswissenschaftlichen Theorien aufnahm und widerspiegelte."[308] Koraus weist jedoch darauf hin, daß in der DDR auch andere Psychotherapieformen wie die Gesprächspsychotherapie,[309] das katathyme Bilderleben und „das relativ große und breitgefächerte Angebot westlicher Therapierichtungen [...], welches unter dem Dach kirchlicher Einrichtungen angeboten wurde",[310] praktiziert worden seien. Allerdings sind der alte Professor Karl Leonhardt an der Berliner Charité und der etwas jüngere Professor Harro Wendt in Uchtspringe lange Zeit die einzigen Psychotherapeuten in der DDR gewesen, die sich intensiv der Einzeltherapie zugewandt hätten. Nachdem die psychoanalytische Ausbildungs- und Behandlungstradition im Osten Deutschlands abgebrochen war, und die paradoxerweise vor allem von den früheren Psychoanalytikern Alexander Mette[311] und Dietfried Müller-Hegemann[312] vertretene Schule in den fünfziger Jahren versucht hatte, die Psychotherapie an Pawlows Lehre der höheren Nerventätigkeit zu orientieren, hat sich Harro Wendt seit Anfang der sechziger Jahre mit psychoanalytischer Einzeltherapie beschäftigt. Wendt vermittelte seine Kenntnisse in damals DDR-weit berühmten Fallbesprechungsseminaren an viele Ärzte und Psychologen.[313]

Zusammenfassend ist festzustellen, daß die von Michael Schmitz unter dem Stichwort „Mißbrauch der Psychiatrie" aufgestellten Behauptungen tendenziös sind, weil sie politisch bedingte Defizite verabsolutieren, ohne die Bemühungen um adäquate Problemlösungen von seiten der Psychiatrie und Psychotherapie und ihre teilweise durchaus vorzeigbaren Erfolge zu berücksichtigen. Selbst wenn man der Sichtweise von Schmitz folgen würde, geht es bei den kritisierten Sachverhalten nicht um politischen Mißbrauch der Psychiatrie im Sinne der Untersuchungshypothese, also Psychiatrisierung von psychisch gesunden politischen Gegnern.

---

308 Ebenda, S. 51.
309 Vgl. Johannes Helm: Gesprächspsychotherapie. Forschung, Praxis, Ausbildung, Berlin 1978 sowie Hannelore und Klaus Weise: Möglichkeiten der Gesprächspsychotherapie in der Versorgung psychisch Kranker, in: Psychiatrie, Neurologie und medizinische Psychologie 33 (1981), S. 674–680.
310 Koraus: Aus der Not eine Tugend, S. 50.
311 Alexander Mette: Sigmund Freud. Mit einem Anhang: Von Freud zu Pawlow, Berlin 1958 sowie die Beschreibung von Mettes Metamorphose von Freud zu Pawlow durch Norman Elrod: Identifizierung mit den Unterdrückten. Die Psychoanalyse in Beziehung zur kulturhistorischen Schule und Befreiungstheologie, in: Psychoanalyse im Rahmen der demokratischen Psychiatrie, Bd. IV, Zürich 1989, S. 764–789.
312 Vgl. Dietfried Müller Hegemann: Die Psychotherapie bei schizophrenen Prozessen. Erfahrungen und Probleme. Leipzig 1952 sowie ders.: Psychotherapie. Ein Leitfaden für Ärzte und Studierende, Berlin 1961.
313 Koraus: Aus der Not eine Tugend, S. 46 und 48.

## 1.3.7. Psychiatrie-Untersuchungskommissionen der östlichen Bundesländer

Zur empirischen Untersuchung der Frage, wie es sich mit einer Indienstnahme der DDR-Psychiatrie für politische Zwecke denn nun wirklich verhielt, wurden zwischen 1991 und 1993 in allen östlichen Bundesländern außer Mecklenburg-Vorpommern Untersuchungsgremien eingesetzt. Die Tätigkeit dieser Kommissionen und ihre Ergebnisse werden nachfolgend in zusammenfassender Form nachgezeichnet.

Im Bundesland Sachsen-Anhalt war im Auftrag des Ministeriums für Arbeit und Soziales von Ende September 1991 bis Ende März 1992 eine „Gutachterkommission zu Verstößen in der Psychiatrie in den Landeskrankenhäusern des Landes Sachsen-Anhalt" unter der Leitung von Dr. med. Jürgen Lotze, dem ärztlichen Direktor des Niedersächsischen Landeskrankenhauses Göttingen, tätig. In der Kommission arbeiteten weitere vier Psychiater, Psychotherapeuten bzw. Psychologen überwiegend westdeutscher Herkunft mit. Anlaß für die Einsetzung der Kommission war der Beitrag mit dem Titel „DDR-Psychiatrie" in der Panorama-Sendung am 27. August 1991. Die in dieser Sendung erhobenen schweren Vorwürfe gegen das psychiatrische Krankenhaus Waldheim, die ohne detaillierte Begründung auf andere psychiatrische Einrichtungen der DDR übertragen worden seien, sollten für die psychiatrischen Landeskrankenhäuser in Sachsen-Anhalt geprüft werden. Vor allem sollten die Gutachter zu der Frage Stellung nehmen, „ob auch in diesen Krankenhäusern unkritisch wesensverändernde Hirnoperationen und unberechtigt operative oder radiologische Kastrationen an Patienten durchgeführt bzw. initiiert worden" seien.[314]

Eine zunächst geplante Durchsicht von Krankenakten nach Stichproben und entsprechenden Hinweisen durch die Gutachter wurde fallengelassen, weil die ärztliche Schweigepflicht eine generelle Einsichtnahme verbot. Um auszuschließen, daß Krankenakten fehlen, wurde jedoch die Vollständigkeit der Archive anhand der Aufnahmebücher stichprobenartig geprüft. In allen drei untersuchten Landeskrankenhäusern in Bernburg, Haldensleben und Uchtspringe seien die Aufnahmebücher vollständig vorhanden gewesen und alle stichprobenartig geforderten Akten seien vorgelegt worden. Die Kommission hatte sich dann an Mitarbeiter und Patienten der drei Landeskrankenhäuser mit der Bitte gewandt, über Verdachtsmomente für entsprechende Verstöße zu informieren. Alle drei Einrichtungen seien ein oder zwei Mal besucht und jeweils sei mit dem ärztlichen Leiter, dem Pflegedienstleiter, dem Personalratsvorsitzenden, einigen anderen Mitarbeitern sowie Patienten gesprochen worden. Parallel wurde die örtliche Presse über das Vorgehen informiert, verbunden mit einem Aufruf, sich zu melden, falls man von

---

314 Bericht der Gutachterkommission zu Verstößen der Psychiatrie in den Landeskrankenhäusern des Landes Sachsen-Anhalt vom April 1992, 10 Seiten, hier zum Gutachterauftrag, S. 2.

irgendwelchen schwerwiegenden Verstößen in den früheren Bezirkskrankenhäusern Kenntnis habe.

Aus keinem der Landeskrankenhäuser – so der von der Kommission vorgelegte Bericht – habe sich ein Mitarbeiter oder ein Patient direkt oder indirekt von sich aus mit einem der Kommissionsmitglieder in Verbindung gesetzt. Es habe nirgends einen Hinweis auf psychochirurgische Eingriffe, operative oder röntgenologische Kastrationen gegeben, vielmehr seien die Durchführung und Initiierung in den besuchten Einrichtungen durchgehend verneint worden. Von Bernburg aus seien bis Anfang der siebziger Jahre Parkinson-Kranke zu stereotaktischen Operationen in die Universitätsklinik Halle geschickt worden, wobei es sich aber ausschließlich um neurologische Indikationen gehandelt habe, die dem damaligen internationalen Standard der Parkinson-Behandlung entsprachen.

Aus dem Bezirksfachkrankenhaus Bernburg seien laut Kommissionsbericht im Laufe der Jahre fünf und aus Haldensleben acht Patienten in das Krankenhaus Waldheim verlegt worden. Es habe sich ausschließlich um sehr schwierige fremd- oder autoaggressive Patienten gehandelt. Politische Gründe hätten bei der Verlegung in keinem Fall eine Rolle gespielt. Erkenntnisse, daß die Patienten in Waldheim operiert oder anderweitig geschädigt worden seien, hätten nicht vorgelegen. Unabhängig davon bearbeitete die Kommission 39 Beschwerden von Patienten bzw. von Angehörigen, die in anonymisierter Form vorgestellt wurden, aus denen sich jedoch keine eindeutigen Hinweise auf eine systematische Fehlanwendung von Behandlungsmaßnahmen in den drei Landeskrankenhäusern ergeben hätten. Dieses Ergebnis wurde als vorläufig bezeichnet, da weitere Beschwerden in der Zeit nach dem Untersuchungszeitraum für möglich gehalten wurden.[315]

In allen drei Landeskrankenhäusern des Landes Sachsen-Anhalt sei es von den Mitarbeitern für wahrscheinlich gehalten worden, daß die ärztliche und für andere Berufsgruppen geltende Schweigepflicht gegenüber der Staatssicherheit verletzt worden ist. In Haldensleben habe ein Chefarzt offensichtlich für die Staatssicherheit gearbeitet. Er habe sich deswegen bei einer Mitarbeiterin des Krankenhauses persönlich entschuldigt. Ein offizieller Mitarbeiter der Staatssicherheit habe regelmäßig das Krankenhaus aufgesucht und dort mit den Mitarbeitern Gespräche geführt. Die Verbindung zur Staatssicherheit habe jedoch niemals dazu geführt, daß Patienten aus politischen Gründen zur stationären Behandlung aufgenommen worden seien. Auch habe keine irgendwie geartete politische Einflußnahme auf die Therapien stattgefunden. In Bernburg habe eine Ärztin über drei ihrer Meinung nach aus politischen Gründen eingewiesene Patienten berichtet. Der damalige ärztliche Direktor habe sich gegen diese Einweisungen gewehrt und seine Mitarbeiter zu einem korrekten ärztlichen Vorgehen angehalten. Die betreffenden Patienten seien unverzüglich wieder entlassen worden. In

---

315 Ebenda, S. 5–9.

Uchtspringe sei von allen Befragten übereinstimmend betont worden, daß der politische Einfluß der SED dort eher gering gewesen sei. Es sei praktisch nie ernsthaft versucht worden, die Klinik für politische Zwecke zu mißbrauchen.[316]

Insgesamt betonte die Gutachterkommission, der übrigens keine MfS-Unterlagen zur Überprüfung der Verdachtsmomente hinsichtlich Verletzungen der ärztlichen Schweigepflicht zur Verfügung standen, die Beschränkung ihrer Untersuchungen auf die Landeskrankenhäuser Bernburg, Haldensleben und Uchtspringe und den Untersuchungszeitraum von einem halben Jahr. Sie verneinte jedoch mit relativer Sicherheit die Durchführung oder Initiierung von Hirnoperationen und Kastrationen an Patienten der genannten Krankenhäuser. Für das weitere Vorgehen wurde dringend empfohlen, „den Zusammenhang von gesellschaftlichen Bedingungen im Sozialismus in der DDR und der psychiatrischen Versorgung zu untersuchen". Dazu hob die Gutachterkommission vier Fragen als „überprüfenswert" hervor. So sollte der Empfehlung zufolge unter anderem geklärt werden, „wie und mit welchem Ziel [...] die fachliche Arbeit in den Krankenhäusern überprüft und kontrolliert" worden war und „wie weit Einweisungen in die psychiatrischen Landeskrankenhäuser tatsächlich durch medizinisch-ärztliche Gesichtspunkte gesteuert" worden seien oder wie weit „andere Gründe dabei eine Rolle" gespielt hätten.[317]

Für Thüringen war im Auftrag der Landesärztekammer ein „Ausschuß Vergangenheitsbewältigung" unter Leitung der Psychotherapeutin Dr. med. Gerlinde Schulz von Ende 1991 bis zum Herbst 1994 in Jena tätig.[318] In dem Ausschuß arbeiteten sieben Ärzte verschiedener Fachrichtungen und ein bei der thüringischen Landesärztekammer angestellter Jurist aus Westdeutschland mit. Ihr Auftrag war nicht speziell auf die Psychiatrie, sondern auf das gesamte Gesundheitswesen des Landes Thüringen zu DDR-Zeiten bezogen. Der Ausschuß habe zum einen zu klären versucht, wie die staatlichen Machtsysteme im medizinischen Bereich organisiert waren, in welcher Form sich Ärzte an der Ausübung der Macht beteiligten oder sich ihr widersetzten. In erster Linie habe sich das Gremium jedoch als Anlaufpunkt für Menschen verstanden, die Konflikte mit der Staatsmacht und im Zusammenhang damit „Nachteile, Verfolgung und Beschädigung"[319] zu beklagen hatten, besonders, wenn ihnen Unrecht durch Verletzungen des ärztlichen Berufsethos widerfahren war.

Auf zwei entsprechende Annoncen in der Thüringer Allgemeinen Zeitung meldeten sich insgesamt etwa 80 Betroffene. Die häufigsten Beschwerden – so der Bericht – seien von Patienten mit Psychiatrieerfahrungen gekommen,

---

316 Ebenda, S. 4 f.
317 Ebenda, S. 8–10.
318 Kurzbericht der Jenaer Kommission für das Land Thüringen, Manuskript für den mündlichen Vortrag einer Zusammenfassung der Ergebnisse in der Ärztekammer, 2 Seiten.
319 Ebenda, S. 1.

die „diffus eine falsche oder unzureichende Behandlung" beklagt hätten, die „in Zusammenhang mit Beeinflussung durch das MfS gebracht" worden sei. Der Ausschuß habe einen solchen Zusammenhang in keinem Fall „direkt bestätigen" können. Allerdings habe des Thüringer Gremium selbst keinen Einblick in die Unterlagen des Staatssicherheitsdienstes oder der SED nehmen können. Die Ausschußmitglieder hätten den Betroffenen zu helfen versucht, indem sie ihnen Wege zur Klärung ihrer Fragen aufzeigten, sie „ermutigten, Einsicht in ihre Krankenunterlagen zu nehmen, dies selbst taten und die Patienten darüber informierten, oder die Patienten ermutigten, Einsicht in die Unterlagen bei der Gauck-Behörde zu beantragen und sich an die Geschäftsstelle für Rehabilitation in Hildburghausen zu wenden."[320]

Die zweite Personengruppe, mit der sich der Thüringer Ausschuß beschäftigte, waren Ärzte, „die entweder von Patienten oder von Kollegen beschuldigt wurden, Informationen an das MfS weitergegeben zu haben".[321] Es sei auffallend gewesen, daß mit einer einzigen Ausnahme keiner dieser Ärzte ein Unrechtsbewußtsein zu erkennen gegeben habe. Die als inoffizielle Mitarbeiter der Staatssicherheit Beschuldigten hätten im Gegenteil das Aufklärungsanliegen der Ausschußmitglieder in Frage gestellt. Zum Teil sei die inoffizielle Zusammenarbeit mit dem MfS „als unwahr abgewiesen" worden. Manche der Beschuldigten seien mit ihren Rechtsanwälten zu den Aussprachen erschienen. Oft habe die Kommission den bekannten Ausspruch „ich habe keinem bewußt geschadet" zu hören bekommen. Trotz der erklärten Absicht, nachforschende und nicht verfolgende Instanz zu sein, sei es dem Ausschuß nicht gelungen, durch Befragung ehemals an der Macht Beteiligter Transparenz in die früheren Machtstrukturen zu gewinnen. Als Motivationen zur Zusammenarbeit mit dem MfS oder für den Eintritt in die SED seien Abhängigkeiten oder Karrierewünsche angegeben worden, nicht aber eigene bewußte Entscheidungen. „Eine stabile Identifizierung mit den 'Idealen der DDR' konnten wir nur selten beobachten, kritische gedankliche Auseinandersetzung noch weniger."[322]

Insgesamt schätzte der Ausschuß seine Arbeit als ein Forum ein, bei dem viele Menschen zu Wort gekommen seien. Allerdings seien Fragen ungeklärt geblieben. Deshalb wurde der Landesärztekammer Thüringen vorgeschlagen, im Rahmen eines Forschungsprojektes eine Auswertung der Unterlagen des MfS und der SED über das Gesundheitswesen der DDR-Bezirke Erfurt, Gera und Suhl vorzunehmen.[323]

In Berlin arbeitete noch vor der Einheit, vom Sommer bis zum Herbst 1990, eine erste „Kommission zur Untersuchung von Mißbrauch in der Ostberliner Psychiatrie", die der Stadtrat für Gesundheit mit Zustimmung der Ostberliner Stadtverordnetenversammlung einberufen hatte. Außer dem

---

320 Ebenda.
321 Ebenda, S. 2.
322 Ebenda.
323 Ebenda.

Vorsitzenden Dr. med. Herbert Loos, Chefarzt im Krankenhaus für Neurologie und Psychiatrie Berlin-Lichtenberg, arbeiteten eine Psychologin, eine Psychiaterin und zwei Psychiater aus Ostberlin in der Kommission mit. Die Kommission konzentrierte sich auf den zivilen Bereich der stationären Psychiatrie in Ostberlin. Dazu gehörten das Fachkrankenhaus für Neurologie und Psychiatrie Berlin-Lichtenberg Herzberge, das Wilhelm-Griesinger-Krankenhaus in Berlin-Biesdorf, die gerichtspsychiatrische Abteilung im Städtischen Klinikum Buch Haus 213, die Charité-Nervenklinik der Humboldt-Universität zu Berlin und die einzige konfessionelle Einrichtung zur stationären Behandlung akut-psychiatrisch Erkrankter in der DDR, das St.-Joseph-Krankenhaus in Weißensee. Nicht berücksichtigt wurden die psychiatrischen Abteilungen im Krankenhaus der Volkspolizei und im Krankenhaus des Ministeriums für Staatssicherheit. Als wichtigste Form „des Mißbrauchs der Psychiatrie" hatte die Kommission an erster Stelle die eventuelle „zwangsweise Unterbringung von Bürgern, insbesondere politisch mißliebiger, in psychiatrischen Kliniken, ohne daß eine psychische Erkrankung vorlag", zu prüfen.[324] Dazu wurden „Hinweisen und Vorwürfen in der Presse und aus Kontakten mit Journalisten" nachgegangen sowie Hinweise und Anträge von Betroffenen bearbeitet, „die spontan und nach einer Presseinformation über die Existenz der Kommission eingingen". Außerdem wurden leitende Mitarbeiter des Gesundheitswesens und speziell des psychiatrischen Fachgebietes sowie ehemalige hauptamtliche Mitarbeiter des MfS befragt sowie exemplarisch eine Analyse der Zwangseinweisungen nach § 6 des DDR-Einweisungsgesetzes für psychisch Kranke in eines der Ostberliner psychiatrischen Großkrankenhäuser einbezogen. Die Kommission hatte keinen Einblick in Unterlagen und Dokumente übergeordneter Dienststellen des Gesundheitswesens und der SED-Kreis- bzw. Bezirksleitungen sowie des Ministeriums für Staatssicherheit.[325]

Trotzdem fand die erste Berliner Untersuchungskommission bereits Belege dafür, daß MfS-Mitarbeiter psychiatrische Institutionen „infiltriert" hatten. So sei ein MfS-Mitarbeiter bei einer Besprechung im Vorfeld der geplanten Einführung einer anonymen psychiatrischen Sprechstunde am Fachkrankenhaus Herzberge anwesend gewesen, um das „Sicherheitsrisiko abzuschätzen, das eintreten könnte, wenn Patienten diese Sprechstunde ohne Nennung ihres Namens beanspruchen. Außerdem wurden Belege dafür gefunden, daß „Mitarbeitern der Staatssicherheit ohne Wissen der behandelnden Ärzte Einblick in psychiatrische Krankengeschichten gewährt" worden sei.[326] Zwei leitende Psychiater, die sich beide suizidierten, hätten „mit an Sicherheit grenzender Wahrscheinlichkeit mit dem MfS" kooperiert. Der eine der beiden Chefärzte habe einen Videorecorder des Krankenhauses, der die Aufzeichnung von Explorationen und Gruppengesprächen erlaubte, mit

---

324 Abschlußbericht der ersten Berliner Kommission 1990, 26 Seiten, hier S. 3.
325 Ebenda, S. 4f.
326 Ebenda, S. 9.

Hilfe des MfS besorgt. Die Kommission habe jedoch keinen Hinweis dafür gefunden und hielt es in Kenntnis der Binnenstruktur für unwahrscheinlich, daß im psychiatrischen Krankenhaus Videoaufnahmen von Patienten aus dem Krankenhaus oder von außerhalb im Auftrag der Staatssicherheit hätten angefertigt werden können, ohne daß das Personal der Stationen dies bemerkt hätte.[327]

Als gravierend beurteilte die erste Berliner Kommission die Tatsache, daß in den psychiatrischen Fachkrankenhäusern Herzberge und „Wilhelm Griesinger" hauptamtliche MfS-Mitarbeiter ihre Facharztausbildung für Psychiatrie und Neurologie absolvierten:

„Die Weiterbildung von Ärzten mit einem hauptamtlichen Dienstverhältnis mit dem MfS zu Fachärzten für Neurologie und Psychiatrie in zivilen Gesundheitseinrichtungen – und damit die Beteiligung dieser Ärzte an der territorialen zivilen medizinischen Betreuung – ist nach Meinung der Kommission nur auf den ersten Blick unproblematisch. Tatsächlich stellt dieser Sachverhalt hingegen eine schwerwiegende Verletzung des Vertrauens der Patienten und damit eine fundamentale Aushöhlung des Arzt-Patienten-Verhältnisses dar. [...]
Entscheidend für die nachhaltig kritische Bewertung ist, daß gerade ein psychiatrischer Patient in spezifischen Maße intime und damit schutzwürdige Selbstauskünfte gibt. Dabei darf er sich im allgemeinen vom Vertrauen auf eine ausschließlich ärztliche Berufsidentität seines Gegenübers leiten lassen. Es kann darum davon ausgegangen werden, daß ein Patient sich hinsichtlich gegebener Selbstauskünfte oder gar Auskünfte über Dritte anders verhalten hätte, wenn er von der MfS-Zugehörigkeit des Arztes gewußt hätte. [...] Im Endergebnis läuft die bezeichnete Praxis auf eine subtile Form der Mißachtung des Selbstbestimmungsrechtes des psychiatrischen Patienten hinaus."[328]

Die Feststellungen der ersten Berliner Untersuchungskommission hinsichtlich strafrechtlicher bzw. strafprozessualer und polizeirechtlicher Psychiatrieeinweisungen einschließlich der dabei konstatierten Unregelmäßigkeiten werden später in den entsprechenden Kapiteln referiert. Die entscheidende Frage ihres Untersuchungsauftrages beantwortete die Kommission wie folgt:

„Für eine Zwangsunterbringung politisch dissidenter Personen ohne psychiatrische Erkrankungen, die im Widerspruch zum Einweisungsgesetz gestanden hätten, konnte die Kommission innerhalb Berlins keine Hinweise finden. Die Mitglieder der Kommission vertreten im übrigen die Auffassung, daß das psychiatrische Versorgungssystem innerhalb der DDR-Gesellschaft mit seinen zahlreichen Außeneinflüssen einen solchen Mißbrauch zwar nicht aus-

---

327 Ebenda, S. 10f.
328 Ebenda, S. 11–13.

schließt, daß jedoch gerade innerhalb Berlins die Beschaffenheit der zivilen stationären Einrichtungen einen solchen eklatanten Psychiatriemißbrauch sehr erschwert hätte."[329]

Als trotz dieser Verneinung eines politischen Mißbrauchs der Ostberliner Psychiatrie 1991 in den Medien fortgesetzte Vorwürfe gegen die DDR-Psychiatrie erhoben wurden und Anfang Januar 1992 die Geschichte des sächsischen Innenministers Eggert die Öffentlichkeit erregte, setzten die Berliner Senatoren für Gesundheit sowie Wissenschaft und Bildung in Abstimmung mit dem Präsidenten der Berliner Ärztekammer im Februar 1992 eine „Unabhängige Kommission zur Aufklärung eines politischen Mißbrauchs der Psychiatrie in Berlin (Ost)" ein, die unter Leitung der Psychologin Dr. phil. Ursula Plog, Leiterin der Tageskliniken Reinickendorf in Westberlin, bis Mitte 1995 tätig war. In diese Kommission wurden außerdem ein aus Westdeutschland stammender Jurist, zwei psychiatrische Chefärzte westlicher, ein Psychiater östlicher Herkunft und die Autorin berufen.[330]

Als Untersuchungsgegenstand wurde „das Eingreifen politischer, das heißt fachfremder, in der Regel parteilicher oder staatlicher Instanzen in das als gesellschaftliches Subsystem nach eigenen Regeln funktionierende Fachgebiet" der Psychiatrie formuliert. Die Kommission veröffentlichte zu Beginn und während ihrer Tätigkeit in mehreren Berliner Zeitungen Mitteilungen über ihren Auftrag mit dem Aufruf, zweckdienliche Hinweise zu geben. Außerdem wurden die psychiatrischen Krankenhäuser Herzberge in Berlin-Lichtenberg, „Wilhelm Griesinger" in Berlin-Biesdorf, Haus 213 im Städtischen Klinikum Berlin-Buch sowie das katholische St.-Joseph-Krankenhaus in Berlin-Weißensee besucht und Kontakt mit den Mitarbeitern der genannten Häuser aufgenommen. Neben dem Bericht der Vorgängerkommission und Veröffentlichungen zum Thema in den Medien wurden stichprobenartig ermittelte Unterlagen des ehemaligen zentralen SED-Archivs und eine umfassende Auswahl von Unterlagen des Staatssicherheitsdienstes ausgewertet.

Auf die Zeitungsannoncen meldeten sich ungefähr 120 Betroffene bzw. Angehörige von Betroffenen, mit denen zum Teil mehrere Gespräche geführt wurden. Auf Wunsch der Betroffenen wurden in etwa 40 Fällen Krankenakten herbeigezogen und in elf Fällen nach MfS-Unterlagen recherchiert. Die Kommission faßte die Ergebnisse der Gespräche und Aktenrecherchen wie folgt zusammen:

„Meistens nutzten die Betroffenen die Möglichkeit, um über die Behandlung in der Psychiatrie zu klagen. Sie beschrieben Mißstände wie fehlende Medikamente, zu wenig Personal oder die schlechte Ausstattung in psychiatrischen Einrichtungen, ohne Anhaltspunkte für einen Mißbrauch der Psychiatrie

---
329 Ebenda, S. 14.
330 Vgl. Abschlußbericht der zweiten Berliner Untersuchungskommssion 1995, 51 Seiten.

durch das MfS zu nennen. In den Fällen, in denen die Kommission Einsicht in Krankengeschichten oder MfS-Akten nahm, ergaben sich keine Hinweise auf einen politischen Mißbrauch der Psychiatrie. Die Betroffenen selbst meinten oft, in den Akten müßten sich Hinweise auf operative Maßnahmen des MfS finden. Dies war jedoch nicht der Fall."[331]

Die zweite Berliner Untersuchungskommission bestätigte die Ergebnisse der ersten in allen Punkten und traf einige zusätzliche Aussagen, die vor allem auf der nach Verabschiedung des Stasi-Unterlagen-Gesetzes (StUG) am 20. Dezember 1991 möglich gewordenen Einsichtnahme in MfS-Unterlagen beruhten. Von der Behörde des Bundesbeauftragten wurden der Kommission 168 zum Teil mehrbändige Aktenvorgänge vorgelegt und insgesamt 11.780 Blatt Kopien daraus zur Verfügung gestellt.[332] Die im Abschlußbericht der Kommission dargelegten Erkenntnisse zur forensischen und zivilen Psychiatrie der DDR und zur Psychiatrie innerhalb des MfS werden später in den entsprechenden Kapiteln referiert.

Die Kommission nahm Einblick in mehrere von MfS-Dienststellen über Ostberliner Psychiater geführte Akten, in denen eine über Jahre reichende inoffizielle Zusammenarbeit der betreffenden Ärzte mit MfS-Offizieren dokumentiert ist. Die in den IM-Akten enthaltenen Berichte über Patienten beweisen die von der Vorgängerkommission vermuteten Verletzungen der ärztlichen Schweigepflicht durch die IM-Ärzte. Anhand der MfS-Akten war außerdem nachweisbar, daß in den achtziger Jahren in jedem größeren Krankenhaus mindestens ein Arzt inoffiziell mit dem MfS kooperierte und vor allem über seine Kollegen berichtete. Der Anteil von IM unter den Ärzten und anderen Krankenhausmitarbeitern nahm mit der Stellung in der Hierarchie des Gesundheitswesens zu. Die Kommission referiert die aus den MfS-Akten gewonnenen Erkenntnisse darüber, welche Aufgaben ein früherer Berliner Bezirksarzt für die Berliner Bezirksverwaltung für Staatssicherheit erfüllte und welche Verbindungen es zwischen dem Leiter der Abteilung Gesundheitspolitik im ZK der SED und der MfS-Hauptabteilung XX/1 gab. Außerdem prüfte die Kommission bestimmte Pressemeldungen anhand der MfS-Unterlagen. Die Vermutung der Vorgängerkommission, daß zwei leitende Psychiater eines Ostberliner Großkrankenhauses, die sich in den achtziger Jahren beide das Leben genommen hatten, zuvor inoffiziell mit MfS-Dienststellen kooperiert hatten, wurde bestätigt. Der Vermutung einer Illustrierten hingegen, die beiden Ärzte seien vom Staatssicherheitsdienst ermordet worden, als sie „aussteigen" wollten, erklärte die Kommission für unwahrscheinlich. Vielmehr spreche die MfS-Aktenlage dafür, daß sich die Betreffenden suizidierten.

Dem Kommissionsbericht zufolge hat die Auswertung einer Reihe von

---

331 Ebenda, S. 4.
332 Ebenda, S. 7.

Schriften der MfS-eigenen Hochschule zur Psychologie „einen erschüttern-den Mißbrauch psychologischen Fachwissens zur Unterwerfung und Ausbeutung von Menschen" ergeben. Inhaltlich und sprachlich käme darin eine lebensfeindliche Wirkungsweise des MfS zum Ausdruck. „Die eigentlich zur Befreiung des Menschen von Krankheitssymptomen erarbeitete Theorie und Praxis der Psychologie" sei vom MfS „rein strategisch eingesetzt und in ihrer ursprünglich emanzipatorischen Zielrichtung umgekehrt" worden.[333]

Im Gegensatz zu dieser Feststellung zum Mißbrauch der Psychologie durch den Staatssicherheitsdienst verneinte auch die zweite Berliner Untersuchungskommission einen politischen Mißbrauch der Psychiatrie in Ostberlin und bot dafür folgende Erklärung an:

„Als erstes und sicher hervorragendes Ergebnis ist festzuhalten, daß ein Abschieben von politisch unliebsamen gesunden Menschen in die Psychiatrie, ähnlich wie es einem Teil der Dissidenten in der Sowjetunion ergangen ist, für den Bereich Ostberlin, ehemalige Hauptstadt der DDR, nicht nachweisbar ist. [...] Diese Erkenntnis ist einerseits erleichternd, andererseits ist daran zu erinnern, daß die DDR mit der Ausreise- bzw. der Abschiebungsmöglichkeit in die Bundesrepublik Deutschland eine für den Staat viel leichtere Möglichkeit hatte, sich unbequemer Personen zu entledigen, als dies in der Sowjetunion der Fall war."[334]

Die von der Ministerin für Arbeit, Soziales, Gesundheit und Familie des Landes Brandenburg eingesetzte „Unabhängige Kommission zur Aufarbeitung der DDR-Vergangenheit in der Psychiatrie des Landes Brandenburg", die von August 1992 bis August 1996 tätig war, ging ähnlich wie die Berliner Untersuchungskommissionen vor und kam auch zu ähnlichen Ergebnissen. Die Kommission wählte Dr. med. Wolf Dieter Lerch, Chefarzt der psychiatrischen Klinik im Klinikum „Ernst von Bergmann" in Potsdam, zu ihrem Vorsitzenden. Neben ihm arbeiteten ein Jurist, ein Professor für forensische Psychiatrie und ein Senatsdirektor a. D. aus Westberlin sowie eine leitende Krankenschwester aus dem konfessionellen St.-Joseph-Krankenhaus für Psychiatrie in Berlin-Weißensee und die Autorin in der Kommission mit.

Als Ausgangshypothesen hatte die Kommission mehrere Fragen formuliert. Zu klären war, ob es „eine systematische politische Einflußnahme der DDR-Staatsmacht auf die Psychiatrie, auch unter Ausschaltung des geltenden DDR-Rechts" gegeben hat.[335] Im einzelnen sollte beantwortet werden, ob „politisch unliebsame DDR-Bürger(innen) mit den Mitteln der Psychia-

---

333 Ebenda, S. 27.
334 Ebenda, S. 9.
335 Bericht der unabhängigen Kommission zur Aufarbeitung der Vergangenheit der Psychiatrie im Land Brandenburg für die Zeit des Bestehens der DDR vom Oktober 1996, hrsg. vom Ministerium für Arbeit, Frauen, Soziales und Gesundheit des Landes Brandenburg, Potsdam 1996, S. 4, nachfolgend kurz: Bericht der Potsdamer Kommission.

trie", zum Beispiel über Begutachtungen, Unterbringungen oder Zwangsbehandlungen „unschädlich gemacht" wurden; welche inoffizielle Rolle das MfS in psychiatrischen Kliniken gespielt hat und ob das MfS oder andere Instanzen des politischen Machtapparates sich „Methoden der Psychiatrie zum Zweck der Beeinflussung mißliebiger Menschen und Gruppen (Psychopharmaka, Kenntnis psychodynamischer Zusammenhänge)" bedient haben.[336]

Über verschiedene Zeitungsannoncen wurde die Öffentlichkeit landesweit über das Anliegen der Kommission informiert und wurden insbesondere frühere Psychiatriebetroffene aufgefordert, Hinweise zum Untersuchungsgegenstand zu geben. Zusammen mit den Eingaben, die bereits vor der Anzeige der Kommissionstätigkeit im Sozialministerium vorlagen, gab es 33 schriftliche und eine nicht genau registrierte Vielzahl telefonischer bzw. persönlicher Meldungen, die sich auf frühere Psychiatrieerfahrungen bezogen. Die Kommission hat jede einzelne Beschwerde sorgfältig geprüft. Ein beträchtlicher Teil von ihnen hatte nichts mit dem Untersuchungsgegenstand zu tun, sondern betraf andere als politisch bedingte Unzufriedenheiten mit der Psychiatrie oder bezog sich auf den Zeitraum nach dem 3. Oktober 1990. In Fällen von Verdacht auf politischen Psychiatriemißbrauch wurden Gespräche mit den Betroffenen geführt, auf ihren Wunsch auch in einigen Fällen Krankenunterlagen herangezogen oder in den MfS-Unterlagen recherchiert. Politischer Mißbrauch der Psychiatrie war in keinem der Fälle festzustellen.

Zum Teil wiederholte Besuche und Sprechstundenangebote von Kommissionsmitgliedern in den psychiatrischen Landeskrankenhäusern Brandenburg, Eberswalde, Teupitz, Neuruppin und Lübben sowie im Pflegeheim für psychisch Kranke Wittstock, in der psychiatrischen Abteilung des Carl-Thiem-Klinikums Cottbus und in der psychiatrischen Klinik des Klinikums Frankfurt/Oder erbrachten ebenfalls keine Feststellungen eines politischen Psychiatriemißbrauchs.

Ein ehemaliger Wehrpflichtiger der DDR hatte der Kommission Mitteilung von seinen Erfahrungen als Patient der Psychiatrie im Zentralen Armeelazarett der NVA in Bad Saarow gemacht, die den Verdacht eines politischen Mißbrauchs nahelegten. Von der Annahme ausgehend, „daß psychiatrische Maßnahmen möglicherweise als Mittel zur Disziplinierung von Armeeangehörigen eingesetzt" worden sein könnten,[337] stellte das Bundesministerium der Verteidigung eine Zufallsauswahl von 200 psychiatrischen Krankenakten des früheren Zentralen Armeelazaretts aus den Jahren 1972 bis 1989 zur Einsichtnahme durch den Kommissionsvorsitzenden zur Verfügung. Die Kommission stellte jedoch fest, daß die „eingehende Durchsicht dieser Krankengeschichten" eine zeitgemäße Dokumentation der zur jeweiligen Zeit üblichen Diagnostik und Therapie auf einem durchschnittlichen fachlichen Niveau und die in psychiatrischen Einrichtungen

---

336 Ebenda, S. 5.
337 Ebenda, S. 10.

üblichen Krankheitsdiagnosen gezeigt habe, ohne daß sich Anhaltspunkte für einen politischen Mißbrauch der Psychiatrie ergeben hätten.[338] Die Äußerungen der Kommission zur forensisch-psychiatrischen Begutachtungspraxis in der DDR werden im Kapitel zur forensischen Psychiatrie referiert.

Ein wichtiger Teil der Untersuchung bestand in der Einsichtnahme in Unterlagen des MfS gemäß § 32 des Stasi-Unterlagen-Gesetzes vom 20. Dezember 1991 in der Behörde des Bundesbeauftragten für die Stasi-Unterlagen. „Eine stichprobenartige Recherche nach MfS-Akten über leitende Mitarbeiter psychiatrischer Landeskrankenhäuser in Brandenburg ergab, daß einige dieser Personen staatssicherheitsdienstlich 'operativ' bearbeitet worden sind und mehrere Personen als inoffizielle Mitarbeiter (IM) mit dem MfS kooperierten."[339] Die Kommission stellte fest, daß die IM unter den Psychiatern dem MfS „in erster Linie über die eigenen Kollegen, aber auch über Patienten" berichtet hätten und wies dezidiert darauf hin, daß es sich dabei um Verletzungen der ärztlichen Schweigepflicht, einen Straftatbestand auch nach DDR-Recht, gehandelt habe.[340] Die Kommission kritisierte „die schleppende Überprüfung lediglich ausgewählter Mitarbeiter der Landeskliniken durch die Landesregierung" und den Umgang mit Ergebnissen der Überprüfung auf eine frühere inoffizielle Zusammenarbeit mit MfS-Dienststellen in mindestens einem Fall, in dem „einem Verdacht auf gravierende Verletzungen der ärztlichen Schweigepflicht nicht Rechnung"[341] getragen worden sei.

Vom Lehrstuhl für „Operative Psychologie" der Hochschule des MfS in Potsdam lagen der Kommission 7.041 Blatt Kopien Lehr- und Studienmaterial vor, deren Inhalte „von Vernehmungstechniken bis hin zur Vermittlung individual- und gruppenpsychologischer Kenntnisse für das konspirative Unterwandern von Gruppierungen Andersdenkender bzw. die gezielte Beeinflussung einzelner Menschen" reichten. Die Kommission hielt es für erwiesen, „daß psychologisches Fachwissen in dieser Weise zur politischen Repression mißbraucht wurde" und empfahl, „sich am Ort der früheren MfS-Hochschule und heutigen Universität [Potsdam] kritisch mit diesem Kapitel der jüngsten Vergangenheit auseinanderzusetzen."[342]

Zusammenfassend beantwortete auch die Potsdamer Kommission die Frage nach einem „politischen Mißbrauch der Psychiatrie im Sinne der Psychiatrisierung psychisch gesunder politischer Gegner" verneinend. Nachgewiesen wurden Verletzungen der ärztlichen Schweigepflicht und die Zwangspsychiatrisierung von psychisch auffälligen potentiellen „Störern" anläßlich politischer Höhepunkte. Solche verwerflichen Handlungen seien jedoch nicht die Regel gewesen. „Wesen und Alltag der Psychiatrie der DDR im Land Brandenburg" sei „durch therapeutische Bemühungen unterschiedli-

---

338 Ebenda, S. 11.
339 Ebenda, S. 14.
340 Ebenda, S. 13 und 17.
341 Ebenda, S. 22 f.
342 Ebenda, S. 21.

cher Qualität" bestimmt gewesen und behindert worden „durch wirtschaftliche Zwänge und die nicht nur in einem kommunistischen System geübte Ausgrenzung psychisch Kranker". „Menschliche Zuwendung, immer wieder auch in den Akten zu erkennen, war die Regel trotz schwieriger Bedingungen [...]. Im Gegensatz zu anderslautenden Befürchtungen stellte sich wiederholt heraus, daß kritische und couragierte, ihrem ärztlichen Ethos verpflichtete Psychiater den Versuchen, politisch mißliebige Personen ohne ausreichende medizinische Indikation zu psychiatrisieren, erfolgreich entgegentraten."[343]

Den umfassendsten Bericht von allen Untersuchungsgremien zur DDR-Psychiatrie legte Anfang 1997 die „Kommission zur Untersuchung von Mißbrauch der Psychiatrie im sächsischen Gebiet der ehemaligen DDR" vor, die von Juni 1993 bis Ende 1996 im Auftrag des Sächsischen Staatsministers für Soziales, Gesundheit und Familie, Dr. Hans Geisler, tätig war.[344] Vorläufer der sächsischen Kommission war ein zeitweiliger Untersuchungsausschuß der Stadtverordnetenversammlung Leipzig, der auf Informationen und Initiativen von Leipziger Selbsthilfegruppen wie der Basisgruppe „Psychiatrie-Betroffene" des Neuen Forums, dem Bund Stalinistisch Verfolgter (BSV) und der Internationalen Gesellschaft für Menschenrechte (IGfM) zurückzuführen war. Die im Oktober 1990 aufgenommene Arbeit des Leipziger Untersuchungsausschusses habe sich „infolge der Komplexität der Sachverhalte, der nur langwierig beizuziehenden Unterlagen, der zeitlichen Belastung der Mitglieder des Untersuchungsausschusses im Beruf und im gesellschaftlichen Wirken, aber auch wegen der durchaus verständlichen Emotionalität der Betroffenen schwierig" gestaltet.[345] Wegen der angedeuteten Schwierigkeiten und der Vermutung, daß sich die Beschwerden von Psychiatriebetroffenen nicht auf den Leipziger Raum beschränken, befaßte sich 1991 der Sächsische Landtag mit der Angelegenheit und beschloß am 6. März 1992 die Bildung der Kommission zur Untersuchung von Mißbrauch der Psychiatrie im sächsischen Gebiet der ehemaligen DDR.[346]

Die Sächsische Staatsregierung stellte umfassende Mittel zur Verfügung und schuf günstigere Voraussetzungen für die Arbeit, als die anderen Untersuchungsgremien zur DDR-Psychiatrie sie hatten, die allein auf die ehrenamtliche Tätigkeit ihrer Mitglieder angewiesen waren. Die sächsische Untersuchungskommission hatte eine Geschäftsordnung[347] und eine Geschäftsstelle, in der eine Geschäftsführerin und eine Mitarbeiterin über mehrere Jahre voll

---

343 Ebenda, S. 22.
344 Sächsisches Staatsministerium für Soziales, Gesundheit und Familie (Hrsg.): Abschlußbericht der Kommission zur Untersuchung von Mißbrauch der Psychiatrie im sächsischen Gebiet der ehemaligen DDR vom Dezember 1996, hrsg. vom Sächsischen Staatsministerium für Soziales, Gesundheit und Familie, mit 5 Anhängen und 11 Anlagen, 161 Seiten, nachfolgend kurz: Abschlußbericht der sächsischen Kommission.
345 Ebenda, S. 8.
346 Vgl. ebenda, Anlage 2, S. 133–135.
347 Vgl. ebenda, S. 61–64.

beschäftigt waren. Als Vorsitzender der Kommission wurde Eberhard Uhlig, Leitender Oberstaatsanwalt a. D. aus Hechingen, berufen. Berufene Mitglieder der Kommission waren Vertreterinnen und Vertreter des Sächsischen Landtages, der Sächsischen Staatsministerien der Justiz, für Wissenschaft und Kultur, sowie für Soziales, Gesundheit und Familie; drei Vertreterinnen von Betroffenenorganisationen, je ein Vertreter der großen Konfessionen, ein Vertreter der sächsischen Landesärztekammer und zwei Vertreter der Aktion Psychisch Kranke. Hinzu kamen zwölf Psychiater und Psychiaterinnen aus Ost und West sowie fünf leitende bzw. vormals leitende Juristen aus Westdeutschland, die in fünf Arbeitsgruppen tätig waren.[348]

Die Kommission bearbeitete insgesamt 216 registrierte Anträge bzw. Hinweise von Betroffenen, Angehörigen oder Dritten. Außerdem wurden 477 im Archiv des Haftkrankenhauses Waldheim vorgefundene forensisch-psychiatrische Gutachten durchgesehen, von denen 26 Fälle von der Kommission begutachtet wurden. Weiterhin wurden 243 Gutachten des Krankenhauses für Psychiatrie Waldheim durchgesehen, von denen acht durch die Kommission überprüft wurden. In insgesamt 342 Fällen wurden Recherchen nach MfS-Unterlagen in der Behörde des Bundesbeauftragten für die Stasi-Unterlagen ausgelöst. Die Psychiater der Arbeitsgruppen führten mit 87 Betroffenen bzw. deren Angehörigen zum Teil mehrere Gespräche. Hinzu kamen zahlreiche Gespräche des Kommissionsvorsitzenden und der Mitarbeiterinnen in der Geschäftsstelle mit Antragstellern bzw. Betroffenen, die statistisch nicht erfaßt wurden. Insgesamt erarbeitete die Kommission 127 psychiatrische und 122 juristische Vorgutachten, in 126 Fällen wurden Endgutachten erarbeitet.[349] Die Ergebnisse der Untersuchungen werden im einzelnen in den Kapiteln zur forensischen und zur zivilen Psychiatrie in der DDR referiert.

An dieser Stelle wird zunächst nur aus der Zusammenfassung der Untersuchungsergebnisse zitiert. Die sächsische Untersuchungskommission stellte in ihrer „Schlußbemerkung" fest:

„Einen systematischen Mißbrauch der Psychiatrie gegenüber politischen Gegnern, Andersdenkenden und Mißliebigen (wie er aus der Sowjetunion berichtet wird) hat es nicht gegeben. Dies hat sowohl die Untersuchung von Einzelfällen als auch die Prüfung forensisch-psychiatrischer Gutachten ergeben. [...] Zum Abschluß ist zu sagen, daß die Kommission im Rahmen ihrer Möglichkeiten und ihres Auftrages ermittelt hat, welche Formen von Mißbrauch oder Rechtsverletzungen es gegeben hat. Nur durch die aufwendige Überprüfung von Einzelfällen konnte die Grundlage für zuverlässige Bewertungen erarbeitet werden."[350]

---

348 Ebenda, S. 12–14.
349 Ebenda, S. 17–20.
350 Ebenda, S. 51f.

Zusammenfassend ist festzuhalten, daß alle zur Untersuchung der DDR-Psychiatrie in den östlichen Bundesländern eingesetzten Kommissionen übereinstimmend bestimmte Rechtsverletzungen und Formen von Psychiatriemißbrauch im Umgang mit psychisch kranken Menschen in der DDR festgestellt, jedoch eine systematische politische Absicht hinter den Einzelfällen und insbesondere die sowjetische Form des politischen Psychiatriemißbrauchs durch Zwangspsychiatrisierung psychisch gesunder Dissidenten verneint haben.

Die Untersuchungskommissionen stellten ihre Abschlußberichte meist im Rahmen von Pressekonferenzen der Öffentlichkeit vor. In der Tagespresse wurden die Ergebnisse mit unterschiedlichen Akzentuierungen, aber im wesentlichen zutreffend wiedergegeben.[351] In der Fachpresse wurden einige der Berichte auszugsweise dokumentiert oder zusammenfassend referiert.[352] Vereinzelt wurde den Feststellungen der Untersuchungskommission auch widersprochen, so in den Rundbriefen der Deutschen Vereinigung gegen politischen Mißbrauch der Psychiatrie e.V. in München.[353] Die dort als Gegenbeispiele gegen die Grundaussage der Untersuchungskommissionen aufgeführten Einzelfälle sollen noch in den Kapiteln zur forensischen und zivilen Psychiatrie zur Sprache kommen. Die Kritik des Vereinsvorsitzenden, Dr. med. Friedrich Weinberger, ist allerdings so pauschal, daß eine konkrete Auseinandersetzung damit kaum möglich ist.[354]

Erwähnt werden soll abschließend nur eine irreführende Wiedergabe der

---

351 Vgl. z. B. Rosemarie Stein: Mißbrauch der Psychiatrie in Ostberlin untersucht. Kommission: Zwangsunterbringung aus politischen Gründen nicht nachweisbar, in: Frankfurter Allgemeine Zeitung vom 12.10.1995, S. 10. Matthias Krauß: Mißbrauch der Psychiatrie nicht erwiesen. Untersuchungskommission deckt aber Verletzung der ärztlichen Schweigepflicht zu DDR-Zeiten auf, in: Berliner Zeitung vom 6.11.1996, S. 23.
352 Vgl. A. Wohlfahrt: Politischer Mißbrauch der Psychiatrie in der ehemaligen DDR? Ein Beitrag zum Abschlußbericht der Kommission zur Aufklärung von Mißbrauch in der Ostberliner Psychiatrie, in: Krankenhauspsychiatrie 7 (1996), S. 68–71. Dokumentation Abschlußbericht der Kommission zur Aufklärung von Mißbrauch in der Ostberliner Psychiatrie (Auszüge), in: Dr. med. Mabuse 21 (1996) Heft 100 von März–April 1996, S. 78–81; Wolf-Dieter Lerch: Brandenburgische Untersuchungskommission. Kein schwerwiegender Mißbrauch der Psychiatrie, in: Deutsches Ärzteblatt 94 (1997) 22, S. C-1095 f.
353 Vgl. Rundbriefe 1/96 und 1/97 der Deutschen Vereinigung gegen politischen Mißbrauch der Psychiatrie e. V. (DVpMP). Der Vereinsvorsitzende, Dr. Weinberger, war offenkundig darüber gekränkt, daß er in keine der Kommissionen geladen worden ist und zieht von daher die Seriosität der Kommissionen und ihrer Ergebnisse in Zweifel. Vgl. Rundbrief der DVpMP 1/97, S. 4 f.
354 So verdächtigt Weinberger nicht nur sämtliche Psychiatriekommissionen und ihre Auftraggeber, „die Verbrechen des Psychiatrie-Mißbrauchs" herunterzuspielen und zu leugnen, sondern unterstellt dies auch seinem früheren Mitstreiter, Dr. Bieber, und der Internationalen Organisation gegen politischen Psychiatriemißbrauch, der Geneva Initiative on Psychiatry (GIP). Damit nicht genug, auch die „großen Weltorganisationen", die Menschenrechtsorganisation der Vereinten Nationen, die WHO, die UNESCO, der Welt-Ärztebund, der Weltverband für Psychiatrie bzw. deren Vertreter werden von Weinberger als Anwälte einer „Neuen Weltordnung" dargestellt, die „ihr Möglichstes", um den Psychiatriemißbrauch vor Kritik zu schützen, da sie als „World Controllers" eine „'sanfte', schön-neu-weltliche Diktatur" anstreben würden, die „klar auf Huxleys 'Schöne Neue Welt'" hinauslaufen würde. Vgl. Rundbrief der DVpMP 1/97, S. 27–31.

Ergebnisse der Untersuchungskommissionen zur DDR-Psychiatrie durch ein Vorstandsmitglied des Münchner Vereins, Dr. med. Steffen Haas, der in der sächsischen Kommission tätig war und es von daher besser wissen müßte. Haas bezeichnete in einem beim 10. Weltkongreß für Psychiatrie in Madrid gehaltenen Vortrag als übereinstimmendes Hauptergebnis aller Untersuchungen, daß „ohne jeden Zweifel Hinweise auf eine politische Einflußnahme und in Einzelfällen auch auf einen politischen Mißbrauch innerhalb der Psychiatrie" festgestellt worden seien.[355] Haas subsumierte unter „politische Mißachtung gegenüber psychisch Kranken" bzw. unter „politischen Mißbrauch" der Psychiatrie, der aktenkundig geworden sei, den „inadäquate[n] Einsatz von hochdosierten Psychopharmaka, die Anwendung von Elektrokrampftherapie sowie von stereotaktischen Hirnoperationen bei psychisch kranken Untergebrachten ohne ausreichende ärztliche Indikation sowie wohl nur in Einzelfällen durchgeführte röntgenologische oder operative Kastration".[356] Daß Hirnoperationen und Strahlenkastrationen Gegenstand von ausschließlich neun Waldheimer Patienten betreffenden Untersuchungen waren, in deren Ergebnis ein politischer Zusammenhang verneint wurde, ist bereits dargelegt worden. Die möglicherweise inadäquat hohe Dosierung von Psychopharmaka[357] und die Anwendung der Elektrokrampftherapie[358] in der Psychiatrie der DDR wurden von einigen Kommissionen explizit, von allen anderen zumindest implizit von der Untersuchung ausgenommen, weil es sich dabei um medizinische und nicht um politische Sachverhalte handelt, die mit einer versuchten Einflußnahme der SED oder des Staatssicherheitsdienstes auf die Psychiatrie nichts zu tun haben. Haas' Darstellung blieb wiederum nicht ohne Widerspruch,[359] weist aber darauf hin, daß bereits vorliegende Ergebnisse nicht unbedingt vor neuerlicher Verwirrung schützen.

---

355 Steffen Haas: Gibt es Hinweise für einen politischen Mißbrauch der Psychiatrie in der ehemaligen DDR? Vortrag zum 10. Weltkongreß für Psychiatrie, Madrid, Symposium 188 „Psychiatry in Post-Totalitarian Countries", in: Rundbrief der DVpMP 1/96, S. 15–17, hier 15.
356 Ebenda, S. 16 f.
357 Bei der Bewertung der Dosierung von Psychopharmaka in der DDR ist zu beachten, daß beispielsweise Neuroleptika früher auch im Westen wesentlich höher dosiert wurden als heute. Erst Anfang der neunziger Jahre setzten sich niedrigere Dosierungen als neues Behandlungsprinzip durch. Vgl. Neuroleptika: Niedrigere Dosen sind angesagt, in: Münchner medizinische Wochenschrift 133 (1991) 35, Beilage 123: „Aktuelle Trends in der Schizophreniebehandlung", S. 2 f. sowie Akuttherapie in der Schizophrenie. Für Neuroleptika gilt: „weniger ist mehr", in: Deutsches Ärzteblatt 90 (1993) 47, S. A-3172.
358 Elektrokrampftherapie ist ein Verfahren, das nicht nur in der DDR, sondern auch in westlichen Ländern wie Großbritannien und in skandinavischen Ländern häufiger als in der Bundesrepublik angewandt wurde und wird. Vgl. E. Wolpert und F. Lolas: Zur klinischen Bewährung und technischen Durchführung der unilateralen Elektroschocktherapie, in: Nervenarzt 48 (1977), S. 293–297; H. Sauer, E. Laschka, H. P. Stillmunkes und H. Lauter: Elektrokrampftherapie in der Bundesrepublik Deutschland, in: Nervenarzt 58 (1987), S. 519–522.
359 Haas' Vortrag wurde unter der Überschrift „Politische Psychiatrie" auch abgedruckt in: neuro date 5 (1997), S. 19 f. und 23; eine Erwiderung darauf schrieb Dr. med. J. Piskorz, Chefarzt der Abteilung für Psychotherapie und Psychosomatik im St.-Elisabeth-Krankenhaus Halle, in: neuro date 3 (1998), S. 63 f. und 67.

## 1.4. Definition des Untersuchungsgegenstandes

Die kritische Besprechung einiger zum „Mißbrauch der DDR-Psychiatrie" erschienener Publikationen hat gezeigt, wie wichtig gerade bei diesem Thema eine möglichst genaue Eingrenzung des Untersuchungsgegenstandes ist, um nicht unterschiedliche Sachverhalte bis zur Unkenntlichkeit miteinander zu vermischen. Die Psychiatrie hat immer sowohl heilkundliche wie ordnungsstaatliche Aufgaben, wobei im Laufe ihrer Entwicklung die heilkundliche Aufgabe, die das Wohl der Patienten in den Mittelpunkt stellt, zum bestimmenden Element geworden ist. In der Bundesrepublik etwa hat in dieser Beziehung die Psychiatriereform der siebziger Jahre ganz erhebliche Fortschritte gebracht. Umgekehrt dominiert in Diktaturen häufig die ordnungsstaatliche Seite als Teil des Versuches, den öffentlichen Raum unter Kontrolle zu halten, auch indem psychisch auffällige Menschen aus ihm entfernt und in Anstalten verwahrt werden. Wo dies unter Verstoß gegen den anerkannten Erkenntnisstand der Psychiatrie als medizinischer Heilkunde geschieht, kann man es als ordnungsstaatlichen Mißbrauch der Psychiatrie bezeichnen. Der seit den siebziger Jahren, bezogen besonders auf die Sowjetunion, in die Debatte gekommene Begriff des „politischen Mißbrauchs der Psychiatrie" meint jedoch mehr: Die mit dem Ziel politischer Machtausübung staatlich organisierte Instrumentalisierung psychiatrischer Methoden und Institutionen gegen psychisch gesunde Menschen.

Völlig anderen Charakter hatte die während des zweiten Weltkrieges vom NS-Regime organisierte Ermordung von Psychiatriepatienten, die „Aktion T 4". Es macht keinen Sinn, sie mit dem „politischen Mißbrauch der Psychiatrie" in der Sowjetunion unter den gleichen Begriff zu subsumieren: Erstens ging es in der Sowjetunion nicht um die physische Vernichtung, sondern um eine politische Verfolgung von Menschen mit Mitteln sozialer Isolierung und psychischer Manipulation. Zweitens entwickelte sich das Geschehen in der Sowjetunion in einem anderen gesellschaftlichen Kontext, nämlich nicht – analog zu Hitlers Terrorregime – unter Stalins Gewaltherrschaft, die Millionen Menschen das Leben kostete, jedoch die Insassen psychiatrischer Krankenhäuser in Ruhe ließ, sondern in der anschließenden innenpolitischen „Tauwetterperiode". Drittens waren die jeweiligen Zielgruppen andere. Die NS-"Aktion T 4" richtete sich gegen Menschen, die tatsächlich psychisch krank, geistig oder körperlich behindert und auf medizinische bzw. soziale Hilfe angewiesen waren, die oft schon seit Jahren in Heil- und Pflegeanstalten, Fürsorge- und Altenheimen oder ähnlichen Institutionen untergebracht waren und als ökonomische „Ballastexistenzen" den Vernichtungsstrategen des NS-Systems zum Opfer fielen. Der sowjetische Psychiatriemißbrauch hingegen zielte auf Bürger, die sich politisch oppositionell betätigten und deshalb als psychisch krank deklariert wurden, um sie als ernstzunehmende Gegner zu desavouieren, ihnen durch den Status der erklärten Unzurechnungsfähigkeit staatsbürgerliche Rechte absprechen, sie in psychiatrischen Institutionen willkürlich lange internieren und zwangsbehandeln zu können. Ein Unterschied besteht viertens in der Zahl der unmittelbar Betroffenen: Während in der NS-Vernichtungsaktion zwischen 100.000 und 200.000 Menschen ermordet wurden,[360] liegen die verschiedenen Schätzungen der Zahl der in der UdSSR aus politischen Gründen zwangspsychiatrisierten Dissidenten trotz zum Teil beträchtlicher Divergenzen doch immer im Bereich von einigen Hundert Personen.[361]

Dennoch lassen sich auch eine Reihe von Gemeinsamkeiten zwischen dem NS-staatlichen Krankenmord und dem politischen Mißbrauch der Psychiatrie in der Sowjetunion benennen: Zum einen wirkten in beiden Fällen maßgebliche Fachvertreter der Psychiatrie in unheilvoller Weise mit den politischen Machthabern zusammen. Es gab keine politisch und ideologisch unabhängige, allein nach heilkundlichen Kriterien im Sinne ihrer Patienten urteilende Instanz, die stark genug gewesen wäre, die Indienstnahme der Methoden und Institutionen des Fachgebietes durch die im Windschatten der diktatorischen Staatsmacht destruktiv agierenden Fachvertreter zu verhindern. Denn in beiden Diktaturen war nicht nur die rechtsstaatliche Gewaltenteilung, sondern auch das relativ unabhängige Funktionieren gesellschaftlicher Subsysteme aufgehoben bzw. soweit eingeschränkt, daß eine monopolistisch herrschende Parteiclique sich der Legislative, Exekutive und Judikative ebenso bedienen konnte wie aller sozialen Subsysteme, einschließlich des medizinischen Bereiches. Darüber hinaus fehlte die Kontrolle des immer und überall besonders mißbrauchsanfälligen Geschehens der Psychiatrie durch eine kritische Öffentlichkeit, da diese in beiden Regimes mit Aufhebung der politischen Grundrechte ausgeschaltet war. Unabhängig von diesen Parallelen ist der NS-Krankenmord jedoch ein Vorgang von weltgeschichtlicher Einzigartigkeit, der den begrifflichen Rahmen des politischen Mißbrauchs der Psychiatrie sprengt.

Nach der anderen Seite hin ist der Begriff des „politischen Mißbrauchs der Psychiatrie" abzugrenzen von anderen Formen des Psychiatriemißbrauchs, die nur eine Teilmenge dessen bilden, was der Begriff hinsichtlich der sowjetischen Praxis meint. Das läßt sich anhand einer Publikation über „Psychiatrie und Herrschaft" von Erich Wulff erörtern. Der Psychiatrie-Professor bemerkte, „daß der Mißbrauch der Psychiatrie zu außerpsychiatrischen Zwecken auf Kosten der Betroffenen ein weltweit anzutreffendes Phänomen ist. Ermöglicht wird es durch eine von den Psychiatern selbst

---

360 Götz Aly: „Aktion T4" – Modell des Massenmordes, in: ders. (Hrsg.): Aktion T 4 1939–1945. Die „Euthanasie"-Zentrale in der Tiergartenstraße 4, Berlin 1987, S. 11–20.
361 Bloch/Reddaway: Dissident oder geistig krank, S. 217–220. Vgl. auch Weinberger, Friedrich: Psychiatriemißbrauch als Phänomen einer „Wissenschaft im Totalitarismus", in: Rundbrief 2/92 der DVpMP, S. 25–31, hier 26: „Wie vielen Menschen solche Behandlung widerfuhr, ist auch heute noch schwer abzuschätzen. Groß ist in jedem Fall die Dunkelziffer. Dokumentiert wurden über 500 Fälle offensichtlich aus nicht-medizinischen, politischen Gründen erfolgter Psychiatrisierungen."

meist verleugnete Unschärfe ihres Krankheitsbegriffes. Interesse an einem solchen Mißbrauch können staatliche Instanzen haben, aber auch private Mächte, die genügend gesellschaftlichen Einfluß ausüben."[362] Das ist zweifellos eine treffende Formulierung für die besondere Mißbrauchsgefährdung der Psychiatrie. Erich Wulff bestätigte die Tatsache politischer Indienstnahme der Psychiatrie in der Sowjetunion durch eigene Nachuntersuchungen emigrierter Dissidenten und kritisierte die sowjetische Praxis des Psychiatriemißbrauchs. Der durch den Untertitel seiner Publikation – „Politische Indienstnahme der Psychiatrie in West und Ost" – nahegelegten Sichtweise, es handle sich bei dem Psychiatriemißbrauch in der Sowjetunion gar nicht um eine politische Entgleisung besonderer Art, muß allerdings nachdrücklich widersprochen werden.

Wulff referiert mehrere Beispiele aus der westlichen Welt. Aus den USA gibt Wulff die allerdings eindrucksvollen Fälle wieder, die Thomas S. Szasz in seiner 1971 in New York erschienenen antipsychiatrischen Polemik „Psychiatric Justice" beschrieb. In einem Fall ging es um einen Mann, der zwei Monate vor Ablauf seines Mietvertrages von einer großen Baugesellschaft aus der seit zehn Jahren von ihm betriebenen Tankstelle vertrieben werden sollte. Er habe sich zu wehren versucht, sei nach Abgabe eines Warnschusses während einer Auseinandersetzung verhaftet und aus psychiatrischen Gründen für verhandlungsunfähig erklärt und in eine gerichtspsychiatrische Sonderabteilung gebracht worden. Der psychiatrische Gutachter habe „das Offenstehen des obersten Hemdknopfes, gelegentliches Augenzwinkern, 'ausweichende' Antworten auf Fragen des Gutachters, 'überlegenes' Auftreten usw. als Schizophrenie-Symptome" ausgelegt. „Auf die Frage des Verteidigers, welches Verhalten er denn von einem normalen Menschen in einem psychiatrischen Krankenhaus erwarte", habe der Gutachter erwidert: „Es gibt keine normalen Menschen in psychiatrischen Einrichtungen." Alle Versuche, einen Prozeß zu erzwingen, in dem die Hintergründe der „Tat" hätten beleuchtet werden müssen, seien gescheitert. Zehn Jahre nach seiner Festnahme habe der Betroffene, von dem keinerlei psychiatrische Vorgeschichte bekannt gewesen sei, immer noch im psychiatrischen Asyl gesessen. Den Vorteil hätte die Baugesellschaft gehabt, die gleich nach der Festnahme die Tankstelle habe abreißen lassen.[363] Dieser Fall und mehrere andere aus den USA berichtete Fälle illustrieren eine „Komplizenschaft der gutachtenden Psychiater mit der Staatsanwaltschaft, der Staatsraison, aber auch mit mächtigen Privatinteressen". Szasz habe keine Angaben zur Häufigkeit des Psychiatriemißbrauchs in den USA machen können, aber eine hohe Dunkelziffer ihm unbekannter Mißbrauchsfälle angenommen. Festzustehen scheint zumindest in den von Szasz untersuchten und von Wulff referierten Fällen, daß es sich um Psychiatriemißbrauch mit zu Unrecht er-

---

362 Erich Wulff: Psychiatrie und Herrschaft, Berlin 1979, S. 38.
363 Ebenda, S. 8 f.

folgter und zum Teil jahrelang fortgesetzter psychiatrischer Asylierung handelt, wobei aufgrund des Zusammenwirkens von Justiz und psychiatrischen Gutachtern zum Nachteil der Betroffenen und zum Vorteil mächtiger Interessen auch von einem politischen Mißbrauch gesprochen werden muß. Dennoch liegen die aus den USA berichteten Fälle insofern anders als die sowjetischen, als ihnen das systematische Element zentralstaatlicher und geheimdienstlicher Steuerung fehlt.

Ein Beispiel für „Psychiatrisierungsversuche von Angeklagten bei politischen Prozessen in der BRD" bezieht sich auf „Dr. Weigand, der den Selbstmord eines CDU-Honoratioren 1961 nicht ruhen lassen und eine Untersuchung darüber erzwingen wollte". Er sei „als psychopathischer Querulant für unzurechnungsfähig erklärt" und in eine Anstalt gebracht worden; einer der Gutachter habe in seiner Klinik „einen netten und vernünftigen Menschen aus ihm machen" wollen. Im zweiten Beispiel geht es um Ulrike Meinhoff, die „gegen ihren Willen und denjenigen ihres Verteidigers – mit Zwangsmitteln bis hin zur Narkose einer neurologisch-psychiatrischen Untersuchung unterzogen werden [sollte], um ihre Zurechnungsfähigkeit zu überprüfen. Massive Proteste auch aus der fachlichen Öffentlichkeit" hätten dies verhindern können. Drittens zitierte Erich Wulff eine vom Landgericht Karlsruhe am 10. Mai 1972 im Prozeß gegen Dr. Wolfgang Huber vom „Sozialistischen Patientenkollektiv Heidelberg" an die psychiatrischen Gutachter gestellten Frage: „Unterstellt, jemand lehne die Rechts- und Wirtschaftsordnung der Bundesrepublik Deutschland ab und stelle sich in bewußten Gegensatz zu ihren Wirtschaftsstrukturen und begehe Straftaten, um sie zu verändern: Könnte nach den anerkannten Regeln der Psychiatrie darin allein schon ein ausreichender Hinweis darauf gefunden werden, daß ein solcher Beschuldigter an einer Bewußtseinsstörung, einer krankhaften Störung der Geistestätigkeit oder an einer Geistesschwäche leidet?" Die Antwort der Gutachter sei nicht bekannt, „aber schon die Fragestellung des Landgerichts Karlsruhe" lege „die Deutung nahe, daß dieses politische Opposition gegen die Staats- und Gesellschaftsordnung der BRD, wo diese Opposition gegen die geltenden Gesetze verstößt, bereits als solche möglicherweise für verrückt, zumindest aber für psychisch abnorm hält."[364]

Die von Erich Wulff angeführten Beispiele machen deutlich, daß es auch im Westen Ansätze gegeben hat, radikale Systemgegner als psychisch gestört und der psychiatrischen Unterbringung bedürftig zu betrachten. Allerdings beweisen zumindest die beiden letztgenannten Beispiele aus der Bundesrepublik geradezu das Gegenteil einer „politischen Indienstnahme" der Psychiatrie. Vielmehr zeugen sie von der Existenz einer unabhängig vom Staat und politischen Parteien funktionierenden Psychiatrie, deren Vertreter ihren eigenen fachlichen Maßstäben folgen und von außen kommende Mißbrauchszumutungen zurückweisen können. Die Etikettierung des bloßen

---

364 Ebenda, S. 7 f.

Ansinnens außenstehender Personen wie der Vertreter eines Landgerichts an die Psychiatrie mit demselben Begriff des „politischen Psychiatriemißbrauchs", mit dem die willkürlich vollzogene Zwangspsychiatrisierung von politisch Andersdenkenden in der UdSSR bezeichnet wird, stellt eine unzulässige Gleichsetzung höchst unterschiedlicher Sachverhalte dar.

Für die in diesem Buch zu klärende Frage nach einem politischen Psychiatriemißbrauch in der DDR erscheint die definitorische Klarstellung wichtig, daß das aus der Sowjetunion bekanntgewordene Geschehen zum Maßstab genommen wird. In erster Linie ist zu klären, ob psychisch gesunde politische Gegner in der DDR von Psychiatern im staatlichen Auftrag als psychisch krank fehldiagnostiziert wurden, ob sie auf der Grundlage solcher falschen Diagnosen zwangsweise in psychiatrische Krankenhäuser eingewiesen, willkürlich lange dort interniert und zwangsbehandelt wurden. Zweitens ist zu klären, welche Rolle der Staatssicherheitsdienst dabei spielte, ob er verdeckt in das psychiatrische Fachgebiet hineinwirkte, diagnostische Begriffe und therapeutische oder gutachterliche Entscheidungen der Psychiater zu kontrollieren, zu beeinflussen oder gar zu dirigieren versuchte, wie das vom KGB im Moskauer Serbski-Institut angenommen wird.

Drittens ist die Frage zu beantworten, wie sich die Vertreter des psychiatrischen Fachgebietes in der DDR gegenüber solchen Versuchen der Staatssicherheit verhalten haben, ob sie fachliche Entscheidungen unabhängig von politischen Vorgaben nach den international anerkannten Regeln der Kunst treffen konnten oder ob die fachimmanente Logik politischen Forderungen untergeordnet wurde, ob Psychiater als willfährige Instrumente der politischen Diktatur gegen ihre Patienten oder als Anwälte ihrer Patienten gegen politische Übergriffe wirkten. Da sich die Angehörigen einer Berufsgruppe niemals alle gleich verhalten, können sicherlich keine hundertprozentig generalisierenden Aussagen getroffen werden. Es müßte jedoch mit hinreichender Sicherheit zu beurteilen sein, welches das bestimmende Verhalten und welches die Ausnahmen vom Mainstream waren. So ist zu prüfen, ob die aus der DDR-Fachliteratur referierten offiziellen Statements patientenfreundlich engagierter Fachvertreter auch in der psychiatrischen Praxis maßgeblich waren oder ob die MfS-Unterlagen verbreitete Verstöße gegen ethische Pflichten und gesetzliche Vorschriften belegen, die inoffiziell geschahen und bisher verborgen geblieben sind. Dazu gehört auch die Frage, ob und gegebenenfalls wieweit das spezifische Vertrauensverhältnis zwischen Arzt und Patient vom Staatssicherheitsdienst für Zwecke der Informationsgewinnung mißbraucht wurde.

Die verschiedenen Kommissionen zur Untersuchung der Psychiatrie in der DDR haben – jede für sich – einzelne Fälle von ordnungsstaatlichen Übergriffen gegenüber psychisch Kranken, von zumindest fragwürdigen gutachterlichen Entscheidungen im Rahmen politischer Prozesse oder über die Fortdauer einer Unterbringung beschrieben, jedoch einen systematischen politischen Psychiatriemißbrauch in der DDR verneint. Diese Feststellung wurde insofern kritisiert, als ein massenhafter Mißbrauch der DDR-Psychiatrie niemals angenommen oder behauptet worden sei, es also nicht um die Quantität der nachgewiesenen Mißbrauchsfälle gehe. Vielmehr reiche auch eine sehr kleine Fallzahl aus, um die Existenz eines Psychiatriemißbrauchs zu beweisen, der sich aus dem politischen System der DDR ergeben habe, somit systemimmanent und also doch systematisch sei. Die vorliegende Untersuchung kann und will nicht über die kontroverse Bewertung des politischen Systems der DDR verhandeln, die an ideologische Glaubensfragen heranreicht, wie etwa die, ob es sich bei der DDR um ein „totalitäres Unrechtsregime" oder um eine „kommode Diktatur" gehandelt habe. Vielmehr geht es um eine empirische Untersuchung anhand der Unterlagen des Staatssicherheitsdienstes, ob es in der DDR eine Steuerung und Funktionalisierung psychiatrischer Entscheidungen durch das Ministerium für Staatssicherheit oder eine systematisierte politische Einflußnahme anderer Staatsorgane auf das Fachgebiet gegeben hat.

## 2. MfS und Gesundheitswesen in der DDR

Wenn man in den MfS-Unterlagen nach Beweisen für einen politischen Mißbrauch der Psychiatrie in der DDR sucht, gewinnt man recht bald den Eindruck, daß sich das MfS zwar mit dem medizinischen Bereich eingehend beschäftigt hat, jedoch in einer völlig anderen Weise, als das zunächst befürchtet wurde. In den meisten MfS-Dokumenten, in denen die Psychiatrie erwähnt wird, geht es nicht um Patienten oder psychiatrische Fachfragen, sondern um allgemein auf das Gesundheitswesen gerichtete Zielstellungen des MfS. Die Psychiatrie wird zumeist nur als ein medizinisches Fachgebiet unter anderen behandelt, Nervenkliniken in einer Reihe mit anderen Krankenhäusern genannt und Psychiater meistens nur als eine Gruppe von Ärzten neben Medizinern anderer Fachrichtungen erwähnt.

Da die Rolle des MfS im medizinischen Bereich der DDR bisher – von kleineren Veröffentlichungen zu Einzelaspekten abgesehen – weitgehend unbekannt ist, erscheint dessen Beschreibung zum Kontextverständnis für die späteren Ausführungen zur Psychiatrie unverzichtbar. Deshalb werden nachfolgend zunächst die Ursachen und Formen des Phänomens, daß die Beschäftigten des Gesundheitswesens und insbesondere die Ärzte in der DDR Objekte einer ganz besonderen staatssicherheitsdienstlichen Aufmerksamkeit waren, im zeitgeschichtlichen Prozeß chronologisch nachgezeichnet. Zugleich wird für den Bereich des Gesundheitswesens die Forschungshypothese geprüft, das historisch neuartige und charakteristische am Staatssicherheitsdienstes sei – zumindest während der siebziger und achtziger Jahre – dessen „umfassende verdeckte Manipulations- und Steuerungsfunktion" als ein „neues, verfeinertes Element totaler Herrschaftsausübung" gewesen.[1]

Die meisten der nachfolgend referierten Beispiele für MfS-Aktivitäten im DDR-Gesundheitswesen sind im psychiatrischen Bereich angesiedelt, ohne dafür spezifisch zu sein. Dies ist einerseits Folge der primär zur Psychiatrie angestellten Recherchen, also der größeren Materialfülle. Andererseits wurden bewußt Beispiele zur Illustration allgemeingültiger Aussagen aus dem psychiatrischen Bereich gewählt, da er im Mittelpunkt des Interesses steht. Die psychiatriespezifischen Fundstellen wurden aus der Fülle des Materials zum Gesundheitswesen herausgefiltert und werden in den späteren Kapiteln gesondert besprochen.

---

1 Vgl. Klaus-Dietmar Henke: Zu Nutzung und Auswertung der Unterlagen des Staatssicherheitsdienstes der ehemaligen DDR, in: Vierteljahrshefte für Zeitgeschichte 44 (1993) 4, S. 575–587, hier 586.

## 2.1. Anfänge der Überwachung

### 2.1.1. MfS und DDR-Gesundheitswesen

Das Ministerium für Staatssicherheit (MfS) wurde im Februar 1950, vier Monate nach der Deutschen Demokratischen Republik (DDR) gegründet. Eine nennenswerte Überlieferung von MfS-Unterlagen zum Gesundheitswesen der DDR beginnt erst in der zweiten Hälfte der fünfziger Jahre. Das ist mit einer Neuausrichtung der staatssicherheitsdienstlichen Tätigkeit nach internen Machtkämpfen zu erklären, die 1957 zugunsten von Erich Mielke entschieden wurden. Der vorherige Minister für Staatssicherheit Ernst Wollweber,[2] der im Einklang mit sowjetischen Beratern die Arbeit des MfS vorrangig nach außen, vor allem nach Westdeutschland und Westberlin ausgerichtet hatte, wurde entmachtet. Im Oktober 1957 trat Erich Mielke an Wollwebers Stelle und bewirkte unter Anleitung von Walter Ulbricht einen Kurswechsel in der Arbeit des MfS. Die staatssicherheitsdienstliche Aufmerksamkeit wurde nun betont auf das Landesinnere gerichtet.[3] Dem lag die Vorstellung zugrunde, der Klassenfeind würde eine „Aufweichung und Zersetzung" der sozialistischen Staatengemeinschaft durch psychologisch ausgeklügelte Beeinflussung der Bevölkerung strategisch planen und betreiben. Ende der fünfziger Jahre mündete diese verschwörungstheoretische Vorstellung in die Wortschöpfung einer „politisch-ideologischen Diversion", die 1960 in einem an der MfS-Hochschule gehaltenen Vortrag folgendermaßen erklärt wurde:

„Besonders eng ineinander verwebt und deshalb oft kaum zu unterscheiden sind die psychologische Kriegsführung und der ideologische Krieg, der wegen seiner modernen schleichenden Form und des verhältnismäßig plötzlichen, höchst gesellschaftsgefährlichen Ausbruchs seiner Folgen [...] als politisch-ideologische Diversion bezeichnet wird. Die ideologische Diversion ist darauf gerichtet, Zweifel an der Richtigkeit und am Erfolg der sozialistischen Entwicklung zu säen, um dann Feindschaft gegen den Sozialismus zu entfachen und die Ausbeutergesellschaft als vorbildlich oder doch wenigstens verhältnismäßig ‚frei', ‚demokratisch' und ‚menschlich' und somit des Erhaltens oder Restaurierens wert erscheinen zu lassen."[4]

2   Ernst Wollweber (1898–1967): Juli 1953–November 1955 Staatssekretär und 1955–57 Minister für Staatssicherheit der DDR, Amtsnachfolger von Wilhelm Zaisser (1893–1958).
3   Ein wichtiges Dokument, in dem sich diese neue Orientierung der geheimdienstlichen Aufmerksamkeit nach innen niederschlug, war die „Richtlinie 1/58 für die Arbeit mit inoffiziellen Mitarbeitern im Gebiet der Deutschen Demokratischen Republik" vom 1.10.1958, MfS GVS 1336/58, in: Helmut Müller-Enbergs (Hrsg.): Inoffizielle Mitarbeiter des Ministeriums für Staatssicherheit. Richtlinien und Durchführungsbestimmungen, Berlin 1996, S. 195–239.
4   Vortrag vor einem Lehrgang der Kreisparteischule in Potsdam-Eiche am 4.11.1960: „Die psychologische Kriegsführung und die politisch-ideologische Diversion als Hauptmethoden zur Vorbereitung eines 3. Weltkrieges", MfS JHS 784/60, 58 Seiten; BStU, ZA, JHS 23228.

„Politisch-ideologische Diversion" ist ein Schlüsselbegriff, in dem sich die Perzeption und Tätigkeit des MfS fokussieren und der in den MfS-Akten bis zum Ende 1989 immer wieder erscheint.[5] Jegliches Denken und Handeln, das von den politischen Plänen und Normvorstellungen der SED-Führung abwich, wurde von 1957 an grundsätzlich in den Kontext „imperialistischer Feindtätigkeit" eingeordnet und somit zum Ziel der konspirativen „Abwehr" durch das MfS gemacht.

Im Zuge seines Generalangriffs gegen Ernst Wollweber hatte Walter Ulbricht am 26. April 1957 eine Dienstkonferenz der leitenden Funktionäre des MfS anberaumt, um seine politische Wegweisung zu den „Aufgaben des Ministeriums für Staatssicherheit" zu geben. In seiner langen Rede hatte er am Rande auch das Gesundheitswesen erwähnt:

„Wozu muß denn der Apparat der Staatssicherheit alle Einzelheiten des Gesundheitswesens, was ich also auf dem Weg des Apparates des Ministeriums bekommen kann, warum müssen Mitarbeiter der Staatssicherheit das abschreiben und das extra an Staatssicherheit schicken? Das kann sich ja der Minister geben lassen, Genosse Wollweber, vom Minister für Gesundheitswesen. Da bekommt er genau dasselbe. Wenn irgendwo Sabotageakte oder feindliche Tätigkeit in Krankenhäusern sind, bitte, das untersucht, das wollen wir wissen. Aber Ihr habt doch nicht die Aufgabe, eine Analyse über das Gesundheitswesen zu machen. Erstens seid ihr keine Spezialisten, und zweitens sind dafür andere Organe da. [...] Ihr sollt Informationen über die gegnerische Tätigkeit sammeln, um die feindlichen Stützpunkte zu finden und zu liquidieren, und statt dessen schreibt ihr Berichte ab, die man auf staatlichem Wege ebenso bekommen kann. [...]
Also offenkundig muß man diese Arbeit ändern. Hier wurde viel von geheimen Informatoren gesprochen. Aber Genossen, geheime Informatoren werden nur dann wirklich, ihre Arbeit wird nur zu gutem Resultat führen, auf dem Gebiet der Wirtschaft z. B., wenn ich in den leitenden Stellen drinsitze. Aber Genossen, euer Apparat in der Staatssicherheit ist doch anders organisiert. Ihr organisiert doch die Arbeit in den Wirtschaftsorganen von außen. Aus dem Ministerium oder aus der Bezirksverwaltung. Eure Hauptleute sitzen doch nicht in den betreffenden Organen drin."[6]

Ulbrichts Bemerkungen verweisen darauf, daß sich die auf das Gesundheitswesen bezogene Aktivität des MfS bis dahin auf das Abschreiben der

---

5   Vgl. Roger Engelmann und Silke Schumann: Der Ausbau des Überwachungsstaates. Der Konflikt Ulbricht–Wollweber und die Neuausrichtung des Staatssicherheitsdienstes der DDR 1957, in: Vierteljahrshefte für Zeitgeschichte 43 (1995), S. 341–378. Zur Begriffsgeschichte der „politisch-ideologischen Diversion" vgl. insbesondere S. 354 f.
6   Zitiert nach Dierk Hoffmann, Karl-Heinz Schmidt und Peter Skyba (Hrsg.): Die DDR vor dem Mauerbau. Dokumente zur Geschichte des anderen deutschen Staates 1949–1969, München und Zürich 1993, S. 290 f.

Einschätzungen offizieller Verwaltungsstellen beschränkt und das MfS noch kaum „geheime Informatoren" im Gesundheitswesen der DDR hatte. Die frühesten überlieferten Berichte des MfS zum Gesundheitswesen, die vom Vorläufer der Zentralen Auswertungs- und Informationsgruppe (ZAIG) des MfS,[7] der damaligen Informationsgruppe, an die Partei- und Staatsführung gingen,[8] schildern eine bedenkliche Situation:

> „Der hauptsächlich durch die vielen Republikfluchten entstandene Mangel an Ärzten und Pflegepersonal und die dadurch hervorgerufene Überlastung der noch vorhandenen ist zur Zeit das Hauptproblem im Gesundheitswesen der DDR. [...] Nach Meldungen der HVdVP [Hauptverwaltung der Volkspolizei] flüchteten im Jahre 1957 insgesamt 425 Ärzte, Zahnärzte, Schwestern u. a. medizinisches Personal. Diesen Zahlen stehen im I. Halbjahr 1958 bereits 517 Republikfluchten aus diesen Personenkreisen gegenüber. [...] Der Mangel an Ärzten und die teilweise recht starke Überalterung [...] führt dazu, daß die vorhandenen Kräfte [...] in nicht zu vertretender Weise überbeansprucht werden. Entsprechend der Anweisung des Ministeriums für Gesundheitswesen soll ein Arzt täglich 35 Patienten behandeln. Auf Grund der Situation müssen die Ärzte aber täglich weit über die doppelte Anzahl von Patienten abfertigen, so daß eine individuelle Behandlung und gründliche Untersuchung völlig unmöglich ist. [...] Diese Situation hat erhebliche Auswirkungen auf die Stimmung der Bevölkerung [...]. Auch bei den Ärzten selbst kommt es darüber zu Unzufriedenheit und Mißstimmung und in einigen Fällen hat diese Überbeanspruchung dazu beigetragen, daß Ärzte aus Furcht vor der Verantwortung republikflüchtig wurden."[9]

Als weitere „Gründe der Republikfluchten" von Ärzten und Zahnärzten ermittelte das MfS unter anderen die „Verweigerung des Studiums ihrer Kinder an Oberschulen und Universitäten in der DDR, das Drängen zur Teilnahme ihrer Kinder an der Jugendweihe, schlechte Behandlung durch Behörden, die Annahme der Ergänzung des Paßgesetzes und dessen Durchführung. Besonders letzte Tatsache wird verstärkt als Grund für die hohen Zahlen der Republikflucht angegeben. Große Teile der Ärzte und Zahnärzte unterliegen in dieser Frage offensichtlich der Argumentation des Gegners, was auch in ihren Stellungnahmen von der 'Beschränkung der persönlichen Freiheit' zum Ausdruck kommt".[10]

---

7 ZAIG: Dem Minister für Staatssicherheit direkt unterstellte zentrale Diensteinheit in Berlin, in der alle wesentlichen dem MfS zur Verfügung stehenden Informationen erfaßt, ausgewertet und analysiert sowie zusammenfassende Lageeinschätzungen und Berichte für die Partei- und Staatsführung erarbeitet wurden.
8 Vgl. z. B. BStU, ZA, ZAIG 32: Information 43/57 vom 1.3.1957, Bericht über die Lage im Gesundheitswesen der DDR und ZAIG 97: Information 8.4.1958, Betr. Illegales Verlassen der DDR durch Ärzte, Zahnärzte und medizinisches Pflegepersonal.
9 ZAIG-Bericht 121/58 vom 29.8.1958 „Bericht über die Lage im Gesundheitswesen der DDR"; BStU, ZA, ZAIG 122, Bl. 1, 3 und 15 f.
10 Ebenda, Bl. 6.

Es lag anscheinend außerhalb des Vorstellungshorizonts der proletarischen Staatslenker, daß die Einschränkung bürgerlicher Rechte wie das der Meinungs- und Reisefreiheit, des Zugangs zur höheren Bildung der Kinder oder der ärztlichen Niederlassungsfreiheit einen Lebensnerv von bürgerlichen Gruppen wie der der Mediziner traf und es ihnen keinesfalls lediglich um materielle Besserstellung ging. Schon 1955 war in einer „Analyse der Hauptabteilung V über die Gründe der Republikfluchten" von Jugendlichen, Studenten und Oberschülern, Professoren, Dozenten und Lehrern sowie von Ärzten das fundamentale Unverständnis für die Bildungsbürger im Arbeiter- und-Bauern-Staat zum Ausdruck gekommen:

„Am schwierigsten zu erklären sind die Ursachen, die zur ständigen Republikflucht eines Teils der Ärzte führen, wenn man bedenkt, daß die Ärzte in Westberlin und ganz besonders in Westdeutschland ein weit niedrigeres Gehalt in den Krankenhäusern und medizinischen Instituten, sowie auch die praktischen Ärzte weit weniger Einkünfte erzielen, als die praktischen Ärzte in dem Gebiet der DDR. So ist es keine Seltenheit, daß ausgebildete Ärzte und Ärztinnen, die schon viele Jahre in ihrem Beruf tätig sind, für 250 bzw. 300 Westmark, ganz besonders in Westberlin, ihre Tätigkeit durchführen und dabei noch froh sind, überhaupt Arbeit zu besitzen. Es gibt in Westdeutschland und Westberlin eine verhältnismäßig große Zahl von Ärzten und Spezialisten auf medizinischem Gebiet, die schon seit Jahren arbeitslos sind und sich besonders in den Krankenhäusern im Westen unter den Ärzten Tragödien abspielen, um sich in ihren Posten zu behaupten. [...] Zur Einschätzung der hauptsächlichen Gründe der Republikflucht ist zu sagen, daß es [...] bisher nicht gelungen ist, das Bewußtsein und Vertrauen zur DDR in genügendem Maße zu festigen. [...] Aus diesen Gründen ist es notwendig, unsere ideologische Arbeit und andere Maßnahmen so durchzuführen, daß diese Kreise der Bevölkerung in geduldiger und beharrlicher Arbeit zur wirklichen Mitarbeit in der DDR herangezogen werden und das Vertrauen zu unserem Staat gefestigt wird."[11]

Drei Jahre später hatten die ideologischen Erziehungsmaßnahmen offenbar noch wenig bewirkt. Ein MfS-Bericht vom 29. August 1958 konstatierte das weitere Abwandern von Fachkräften und stellte resigniert fest, daß „die Lage im Gesundheitswesen der DDR [...] in erster Linie durch die noch vorherrschenden bürgerlichen und kleinbürgerlichen Anschauungen der auf diesem Gebiet Beschäftigten, vor allem der Ärzte und Schwestern gekennzeichnet" sei.[12]
Am 16. September 1958 beriet das Politbüro[13] „zu Fragen des Gesund-

---

11 Analyse der HA V vom 27.6.1955; BStU, ZA, AS 182/56, Bl. 128 und 139.
12 ZAIG-Bericht 121/58, Bl. 1.
13 Politbüro des ZK der SED: das höchste Parteigremium.

heitswesens und der medizinischen Intelligenz" und gab dazu ein Kommuniqué heraus, in dem der Klassenfeind für diese Situation verantwortlich gemacht wurde:

„Im Rahmen ihrer psychologischen Kriegsführung sind die skrupellosen imperialistischen Politiker [...] bestrebt, die Ärzte für die NATO einzuspannen. Es geht ihnen [...] um die Organisierung des kalten Krieges gegen die Deutsche Demokratische Republik und den Mißbrauch der medizinischen Intelligenz für die verhängnisvolle aggressive Politik der westdeutschen Imperialisten und Militaristen. Durch Abwerbung und Organisierung der Republikflucht wollen sie Ärzte zur Mißachtung ihrer ethischen Pflichten verleiten, die gesundheitliche Betreuung der Bevölkerung der Deutschen Demokratischen Republik stören und die medizinische Intelligenz von der aktiven Mitarbeit am Wohl des Volkes abhalten. Hierin offenbart sich der verwerfliche und unmenschliche Charakter der Bonner NATO-Politiker."[14]

Neben der gewohnten Feindbeschimpfung beinhaltet dieses erste sogenannte „Ärzte-Kommuniqué" des Politbüros jedoch auch eine geharnischte Kritik an den eigenen Funktionären, geradeso, als würden nicht die politischen Weichenstellungen der Parteispitze, sondern nur deren falsche Umsetzung die Menschen außer Landes treiben:

„Das Politbüro [...] anerkennt die aufopferungsvolle Arbeit von Tausenden von Ärzten, Mitarbeitern des Gesundheitswesens und Vertretern der medizinischen Wissenschaft [...]. Es fordert zugleich die Genossen im Ministerium für Gesundheitswesen und im Staatssekretariat für das Hoch- und Fachschulwesen auf, einen konsequenten Kampf gegen bürokratische Behandlung von Anfragen und Beschwerden der medizinischen Intelligenz und aus der Bevölkerung zu führen, eine enge Verbindung und ein enges Vertrauensverhältnis mit der medizinischen Intelligenz herzustellen, aktiv zur weiteren Verbesserung ihrer Arbeitsbedingungen beizutragen und besonders die Möglichkeiten der wissenschaftlichen Arbeit und wissenschaftlicher Tagungen auf dem Gebiet der Medizin ständig zu erweitern."[15]

Das Politbüro schob die Verantwortung für die Folgen der eigenen restriktiven Vorgaben seinen untergeordneten Funktionären zu, indem es mißbilligte, daß diese der Förderung der medizinischen Wissenschaft zu wenig Aufmerksamkeit gewidmet hätten. Sie wurden nun plötzlich verpflichtet, „der ärztlichen Fortbildung größte Beachtung zu schenken. [...] Die Entsendung von Ärzten zu wissenschaftlichen Kongressen sowie wissenschaftlich wertvollen Veranstaltungen im Ausland und in Westdeutschland muß gewährlei-

---

14 Dokumente der SED, Bd. VII, Berlin 1961, S. 349.
15 Ebenda, S. 350.

stet sein". Die oberste Parteileitung der DDR war in ihrem Bemühen um die scharenweise davonlaufenden Mediziner sogar noch zu weitergehenden Konzessionen bereit:

> „Das Politbüro weist darauf hin, daß die Ausübung des Arztberufes und der wissenschaftlichen Tätigkeit in der Deutschen Demokratischen Republik von den fachlichen Kenntnissen und Fähigkeiten abhängt und keiner Verpflichtung für den dialektischen Materialismus unterliegt. Ärzte und Wissenschaftler, die sich zu einer anderen Weltanschauung bekennen, haben die Möglichkeit zu ungehinderter schöpferischer Arbeit."[16]

In den darauffolgenden Monaten berichtete das MfS mehrmals darüber, welche Reaktionen die Ärzteschaft auf diese neuen Töne aus dem Politbüro zeigte:

> „Vom größten Teil dieses Personenkreises wurde und wird das Kommuniqué begrüßt, insbesondere die darin konkret angesprochenen Maßnahmen. Ein großer Teil vertritt allerdings die Meinung, daß es sich um einen 'Rückzug der Partei', um eine durch die Republikflucht der Ärzte erzwungene 'Maßnahme' handelt, die aber – wenn auch sehr spät beschlossen – in Ordnung sei und ganz bestimmt positive Auswirkungen, besonders hinsichtlich der Republikflucht zeigen wird. Für einen großen Teil war und ist aber auch noch ihre abwartende und zweifelnde Haltung typisch. Sie wollen sich erst überzeugen, ob und wie eine Veränderung erfolgt. Ein Teil davon spricht offen aus, daß sie kein Vertrauen zur Politik von Partei und Regierung – zumindest der medizinischen Intelligenz gegenüber – haben."[17]

Es folgt eine siebzehnseitige Aufzählung von Meinungsäußerungen einzelner Ärzte, von denen hier nur einige zitiert werden können, die die Stimmung besonders treffend charakterisieren:

> „Die Professoren J[...] und D[...] (Halle) und Dr. F[...] (Dresden) bestätigten in Gesprächen, daß noch eine weitgehende Skepsis und Abwarten bestehen. Dozent S[...] (Leipzig) erklärte auf einer Oberarzt-Versammlung, daß 'die Politik von Intelligenzpakten' (1953 neuer Kurs, 1956 und jetzt) ein Zick-Zack-Kurs' wäre. Er stellte die Frage nach 'Garantien für eine Konstanz der Entwicklung'. Ihnen fehle das Vertrauen."

---

16 Ebenda, S. 351.
17 BStU, ZA, ZAIG 166: „2. Bericht über die Reaktion von Angehörigen der medizinischen Intelligenz auf das Kommuniqué des Politbüros der SED vom 18.9.1958 über die Republikfluchten und Überspitzungen auf diesem Gebiet" vom 8.1.1959, namentlich an: 1. Walter Ulbricht (1. Sekretär, Parteichef des ZK der SED), 2. Kurt Hager (ZK-Sekretär für Wissenschaft), 3. Erich Honecker (ZK-Sekretär für Sicherheit) und 4. Alfred Neumann (ZK-Sekretär und Mitglied des Politbüros der SED).

Die Bezeichnung „Zick-Zack-Kurs" kennzeichnet sehr treffend die Politik der SED gegenüber dem Bildungsbürgertum in der DDR, die bis zum Bau der Mauer ständig zwischen Diskriminierung und taktischer Rücksicht auf die noch nicht ersetzbaren hochqualifizierten Fachkräfte hin- und herschwankte. Dabei spielte die bei der Ärzteschaft – im Gegensatz zu ideologienäheren bürgerlichen Berufsgruppen wie Lehrern und Richtern – bis 1961 in der DDR ungebrochene Elitenkontinuität eine besondere Rolle.[18]

Eine MfS-Einschätzung der Lage im Gesundheitswesen Mitte 1958 beschreibt das von den politischen Machtverhältnissen in der DDR noch weitgehend unangetastete Weiterbestehen der herkömmlichen Hierarchien im medizinischen Bereich:

„Der überwiegende Teil der Ärzte und Chefärzte in den Krankenhäusern und Kliniken ist parteilos und hat eine indifferente Einstellung zu unserem Staat. Vorherrschend in diesen Kreisen ist die bürgerliche Ideologie und teilweise ist es so, [...], daß in den Krankenhäusern, Sanatorien und Kliniken nicht die Partei führt, sondern die leitenden Ärzte die Entwicklung und das Verhalten in diesen Einrichtungen bestimmen."[19]

Das war angesichts des erklärten Anspruchs auf „die führende Rolle der Partei der Arbeiterklasse" in der DDR eigentlich unerhört. Andererseits hatten die SED-Genossen der medizinischen Kompetenz, der Meinungsführerschaft und den fachlich begründeten Argumenten der Mediziner wenig entgegenzusetzen:

„Vielfach versuchen die Ärzte, die politische Arbeit in den Krankenhäusern dadurch zu hemmen, indem sie sich dagegen wenden, daß Wandzeitungen, Losungen und dergleichen in den Krankenhäusern angebracht werden. Sie begründen ihre Haltung damit, daß dies für die Genesung der Patienten nicht förderlich wäre. Dabei zeigt sich selbst dort keine Belebung der politischen Arbeit, wo besondere Kulturfunktionäre eingesetzt wurden, weil die Ärzte auch diesen gegenüber ihren Einfluß durchsetzen. Diesem Wirken kommt weitgehend entgegen, daß die Parteiorganisationen sich [...] versöhnlerisch gegenüber den Ärzten verhalten und sehr schwach sind. [...] Die Haltung der Ärzte in einem Krankenhaus ist [...] ausschlaggebend für die politische Haltung der übrigen Beschäftigten, da sie sich die Ärzte zum Vorbild nehmen."[20]

Das Ressentiment in diesen Sätzen ist nicht zu überhören. Tatsächlich fühlten sich die Vertreter der politischen Macht in der schwächeren Position ge-

---

18 Vgl. Christoph Kleßmann: Relikte des Bildungsbürgertums in der DDR, in: Hartmut Kaelble, Jürgen Kocka und Hartmut Zwahr (Hrsg.): Sozialgeschichte der DDR, Stuttgart 1994, S. 257–262, insbesondere Absatz über Ärzte, S. 254–270.
19 ZAIG-Bericht 121/58 vom 29.8.1958, Bl. 20.
20 Ebenda, Bl. 22–24.

genüber einer ihnen politisch unberechenbar und verdächtig erscheinenden, aber zugleich aufgrund ihrer Qualifikation unverzichtbaren Gruppe.

„Die meisten Ärzte und Schwestern beziehen eine Position der 'Nur-Fachleute', messen der politischen Tätigkeit keine Bedeutung bei oder lehnen sie ab. Entsprechend reserviert und undurchsichtig ist auch ihre Grundhaltung zur DDR. Sie reagieren besonders stark und kritisch-ablehnend auf alle Maßnahmen und Äußerungen, bei denen sie ihre 'Tradition einer privilegierten Schicht' gefährdet glauben."[21]

Angesichts des Versprechens, die kosten- und unterschiedslose medizinische Versorgung der Bevölkerung in der DDR sei eine der Errungenschaften, mit der das sozialistische System seine Überlegenheit gegenüber der „kapitalistischen Ausbeutergesellschaft" beweisen würde, stellte die massenhafte Abwanderung medizinischer Fachkräfte in den Westen am Ende der fünfziger Jahre die Legitimation des zweiten deutschen Staates in Frage. Die SED sah sich weiter zu Zugeständnissen gegenüber den Ärzten genötigt. 1960 gab das Politbüro der Partei ein zweites Kommuniqué heraus, in dem Ärzten eine Perspektive in der DDR und noch weitergehende Maßnahmen zur Förderung, insbesondere von Medizinern in eigener Praxis[22], angeboten wurde, um ihnen den Verbleib im Lande schmackhaft zu machen. Wiederum widmeten SED[23] und MfS den Reaktionen der Ärzteschaft große Beachtung.

Innerhalb des MfS begann man sich außerdem Gedanken zu machen, wie man auf geheimdienstliche Weise Informationen aus dem Gesundheitswesen und über dessen fluchtgefährdete Mitarbeiter gewinnen könnte. Dafür gab es Ende der fünfziger Jahre noch keine Struktur, obwohl sowjetische Berater die SED-Führung bereits in Auswertung der Ereignisse des 17. Juni 1953 auf eine mangelnde Durchdringung der DDR-Intelligenz mit Informanten des Staatssicherheitsdienstes hingewiesen hatten:

„Der Genosse Chefberater gab eine Einschätzung der Situation (der Tätigkeit der Organe der Staatssicherheit) anhand der Überprüfungen unserer sowjetischen Freunde. [...] Er teilte mit, daß die Organe ungenügend mit Informatoren arbeiten, weder Augen noch Ohren haben. [...] Besondere Schwierigkeiten bei der Arbeit mit den Informatoren und Werbung von solchen bildet die außerordentlich niedrige Qualifikation der Sachbearbeiter der Kreisdienststellen. Weil sie ein sehr niedriges Bildungsniveau haben, wagen sie es nicht,

21 Ebenda, Bl. 1.
22 Kommuniqué des Politbüros des ZK über Maßnahmen zur weiteren Entwicklung des Gesundheitswesens und zur Förderung der Arbeit der medizinischen Intelligenz vom 16.12.1960, in: Dokumente der SED, Bd. VIII, Berlin 1962, S. 303–306.
23 Vgl. Hinweis auf zahlreiche im zentralen Parteiarchiv gesammelte SED-Berichte über die Reaktionen der Ärzte auf die beiden sogenannten Ärztekommuniqués des Politbüros von 1958 und 1960, in: Klaus-Dieter Müller: Zwischen Hippokrates und Lenin, Köln 1994, S. 57.

Gespräche mit Intelligenzlern und anderen Schichten der Bevölkerung zu führen und wählen deshalb ihre Informatoren nur unter Arbeitern und einfachen Leuten. In den Schwerpunktbereichen der Arbeit [...] fehlen deshalb die Informatoren, oder es sind nur solche Informatoren vorhanden, die keinen Überblick über die Situation haben."[24]

Trotz einzelner Bemühungen[25] ließ sich dieser mit tradierten Gesellschaftsstrukturen verknüpfte Mangel in der staatssicherheitsdienstlichen Arbeit nicht so schnell beheben. Das generelle Problem der Distanz des MfS zu allen Bereichen der Gesellschaft, in denen ein höheres Bildungsniveau ausschlaggebend war, bestand gegenüber Ärzten mit ihrem exklusiven Sozialprestige in einem besonderen Maße.

Eine Organisationsstruktur des Staatssicherheitsdienstes aus dem Jahre 1955 sah zwar in dem 1953 gegründeten Referat 1 der Hauptabteilung V[26] bereits ein „Hauptsachgebiet Gesundheitswesen" vor, allerdings bestand dieses – bei drei vorhandenen Planstellen – damals nur aus einem Mitarbeiter.[27] Dieser eine hauptamtliche Mitarbeiter im Rang eines Unterleutnants war zuständig für die Überwachung des Ministeriums für Gesundheitswesen, des Instituts für Sozial- und Gewerbehygiene, des Serumwerkes, einer zentralen Einrichtung für Krankenhausbedarf und des Deutschen Roten Kreuzes.[28] Der eine Vertreter des „Hauptsachgebietes Gesundheitswesen" in der Berliner Zentrale der Staatssicherheit dürfte nicht viel ausgerichtet haben. Auf Bezirks- und Kreisebene existierte 1955 noch keine analoge Zuordnung hauptamtlicher Mitarbeiter zum Gesundheitswesen.

Erst am 15. Juli 1959 gab der Minister für Staatssicherheit, Erich Mielke, die MfS-interne Anweisung, in jedem Bezirk der DDR „je nach Größe und Umfang der Einrichtungen des Gesundheitswesens [...] ein bis zwei Mitarbeiter der Abteilung V zur Bearbeitung auf der Linie Gesundheitswesen einzusetzen."[29]

Diese Dienstanweisung 4/59 kann als die Geburtsurkunde des Bemühens um eine systematische Überwachung des medizinischen Bereiches durch das MfS betrachtet werden. Mielkes Begründung dazu klingt wie eine Ant-

---

24 Aktennotiz 9.1.1954, Abteilung für Sicherheitsfragen des ZK der SED, „Betr.: Besprechung beim Genossen Walter Ulbricht am 8.1.1954"; SAPMO-BA, DY 30, IV 2/12/119, S. 6 f.
25 Vgl. z. B. Direktive 48/55 „für die Zusammenarbeit mit Angehörigen der technisch-wissenschaftlichen Intelligenz" vom 30.11.1955, in: Die Inoffiziellen Mitarbeiter. Richtlinien, Befehle, Direktiven, Bd. 1, BStU, Berlin 1992, S. 77–85.
26 Die HA V/1 als Vorläufer der späteren HA XX/1 wurde durch MfS-Befehl 371/53 am 25.11.1953 gegründet.
27 „Soll: 1:2" und „Ist: 0:1". Vgl. Strukturplan der HA V in der Anlage zum Schreiben des Leiters der HA V, Oberst Bruno Beater, an die Abt. V der BV Berlin vom 3.1.1955; BStU, ZA, DSt 101101.
28 Die genannten Einrichtungen wurden zu drei Sachgebieten des Hauptsachgebietes Gesundheitswesen in der Abt. V/1/I zusammengefaßt. Vgl. ebenda.
29 Dienstanweisung 4/59 des Ministers für Staatssicherheit vom 15.7.1959; BStU, ZA, DSt 101012.

wort auf Walter Ulbrichts eingangs zitierte Forderung, das MfS solle sich nicht mit abgeschriebenen allgemeinen Situationsanalysen, sondern gezielt mit der Untersuchung feindlicher Sabotagearbeit befassen:

„Die Lage im Gesundheitswesen der Deutschen Demokratischen Republik zeigt, daß alle Agentenzentralen in Westdeutschland und Westberlin, alle staatlichen Institutionen in Bonn und die verschiedensten Konzerne eine verstärkte feindliche Tätigkeit unter der medizinischen Intelligenz und dem gesamten Personal des Gesundheitswesens durchführen. Durch Zersetzung, organisierte Abwerbung und Republikflucht soll dem Gesundheitswesen der Deutschen Demokratischen Republik ernsthafter Schaden zugefügt werden. Die Feinde wollen durch Schwächung des medizinischen Dienstes eine Auswirkung auf die Planerfüllung, die Steigerung der Arbeitsproduktivität und den Aufbau des Sozialismus erreichen. Diese Machenschaften der Imperialisten wurden in der bisherigen operativen Arbeit nicht genügend beachtet."[30]

Die erste Dienstanweisung zum Einsatz spezieller MfS-Mitarbeiter „auf der Linie Gesundheitswesen" erfolgte demnach, um „eine systematische und zielstrebige Arbeit in der Aufdeckung und Verhütung der feindlichen Ziele und Pläne auf dem Gebiet des Gesundheitswesens", in erster Linie der Abwerbung medizinischer Fachkräfte in den Westen, zu erreichen. Interessant sind die Anforderungen, die an die für das Gesundheitswesen vorgesehenen MfS-Mitarbeiter gestellt wurden:

„Zur Voraussetzung einer erfolgreichen Arbeit ist es erforderlich, daß die dazu bestimmten Mitarbeiter die entsprechende Menschenkenntnis, die notwendige Lebenserfahrung, eine gute politische Bildung, umfangreiche operative Erfahrungen sowie gute Umgangsformen besitzen."[31]

Diese explizite Formulierung besonderer Anforderungen ist Ausdruck eines tiefen Sozialisationsgrabens, der Ende der fünfziger Jahre noch zwischen den Mitarbeitern des MfS, die zu über 90 Prozent aus Arbeiterfamilien stammten,[32] und den im Gesundheitswesen Tätigen, bei denen bürgerliche Herkunft und Prägung überwogen, bestand.

Einer der ersten Mediziner, die nach Mielkes Dienstanweisung 4/59 geheime Mitarbeiter „zur Bearbeitung auf der Linie Gesundheitswesen einzusetzen", in Berlin angeworben wurden, war ein damals 39jähriger Arzt. Im MfS war man durch den Spitzelbericht eines seiner Patienten auf den Arzt aufmerksam geworden, „in dem der Kandidat als Bürger geschildert wird, der erkannt hat, daß der Feind durch seine Abwerbungen von Angehörigen

---

30 Ebenda, S. 1.
31 Ebenda, S. 2.
32 Vgl. Jens Gieseke: Die Hauptamtlichen 1962. Zur Personalstruktur des Ministeriums für Staatssicherheit, BStU, Berlin 1994.

der medizinischen Intelligenz der DDR großen Schaden zufügen will. Da der Kandidat auf einem Schwerpunktgebiet (Gesundheitswesen) tätig ist und gute Informatoren für dieses Gebiet dringend benötigt werden, wird er für eine Anwerbung vorgesehen."[33]

Einige Seiten weiter folgt eine Beschreibung, welche Aufgaben das MfS dem Arzt als „Geheimen Informator"[34] zugedacht hatte:

> „Der Kandidat besitzt aufgrund seiner Tätigkeit in der eigenen Praxis, in der Charité und im Haus der Gesundheit einen großen Kreis von bekannten Ärzten, über die er uns berichten kann und die von ihm aufgeklärt werden können für eine eventuelle Werbung unsererseits. Er ist in der Lage, uns umfassend über die Lage im Gesundheitswesen [...], über die Stimmung unter den Angehörigen der medizinischen Intelligenz sowie über Mängel und Schwierigkeiten auf dem Gebiet der Versorgung mit Medikamenten und ärztlichen Instrumenten zu berichten. Darüber hinaus kann er für uns aufklärend tätig sein beim Besuch westdeutscher Kongresse (Feststellung von Abwerbungen, Verleiten der Ärzte zur Republikflucht). In der Perspektive kann er herangezogen werden, wenn es gilt, aus operativen Gründen inoffizielle Mitarbeiter krank zu schreiben (Abdeckung)."[35]

Diese Sätze umreißen fast alle wesentlichen Aufgaben, vor die MfS-Mitarbeiter in späteren Jahren immer wieder ihre GI- bzw. IM-Kandidaten aus dem ärztlichen Bereich stellten und die später mehr oder weniger erwartungsgemäß erfüllt wurden. Am Anfang jedoch stand das vorsichtige Herantasten der MfS-Männer an das ihnen fremde Milieu. Der Plan der Anwerbung des genannten Arztes bezeugt eine Unsicherheit des MfS-Mitarbeiters, die nicht nur in sprachlicher Ungeschicklichkeit begründet war:

> „Die Werbung soll am 19.6.1959 in der Wohnung des Kandidaten erfolgen. Zu diesem Zweck soll der Kandidat vor der Sprechstunde aufgesucht werden zwecks Festlegung eines Termins nach der Sprechstunde. Da auf Grund des Patientenkreises ein Aufsuchen des Arztes unverdächtig ist, wird diese Art nicht dekonspirierend sein. [...] Ob eine schriftliche Verpflichtung abgenommen wird, soll die gegebene Situation entscheiden, da andererseits auf Grund der Mentalität Schwierigkeiten entstehen können."[36]

---

33 „Vorschlag zur Werbung eines GI" vom 17.6.1959, GI-Akte „Oder"; BStU, ZA, AIM 53847/66, Teil P, Bl. 11 und 35.
34 GI: Geheimer Informator, ältere Bezeichnung des MfS für Inoffizieller Mitarbeiter (IM). Definition vgl. Richtlinie 1/58 vom 1.10.1958 für die Arbeit mit inoffiziellen Mitarbeitern im Gebiet der Deutschen Demokratischen Republik, in: Helmut Müller-Enbergs (Hrsg.): Inoffizielle Mitarbeiter des Ministeriums für Staatssicherheit. Richtlinien und Durchführungsbestimmungen, Berlin 1996, S. 195–239, besonders 199 f.
35 GI-Akte „Oder", Teil P, Bl. 39.
36 Ebenda, Bl. 40.

Der Autor dieser Zeilen war ein damals 22jähriger MfS-Leutnant Wallner,[37] der nach dem Besuch der achtjährigen Volksschule Maschinenschlosser gelernt und sechs Jahre lang bei der Volkspolizei in Leipzig diente. Bevor er Ende 1955 als operativer Mitarbeiter in das MfS eingestellt worden war, hatte er einen mittleren Verwaltungsposten im Ostberliner Kulturministerium innegehabt. An Qualifikationen besaß er seinen Facharbeiterbrief, und nach dem Krieg erwarb er einen Abschluß als „Sprachkundiger" in Russisch. Außerdem besuchte er jeweils für einige Monate eine Polizeischule für den allgemeinen Polizeidienst, eine Betriebsfunktionärsschule des FDGB und die Kreisparteischule in Leipzig. So gerüstet, versuchte der vermutlich stark sächselnde Leutnant des MfS nun, den sieben Jahre älteren Doktor der Medizin, der aus einer kleinbürgerlichen Familie in Nordostdeutschland stammte, seit 1946 in verschiedenen Berliner Praxis- und Klinikstellen ärztlich tätig war und schon wissenschaftlich publiziert hatte,[38] als „Geheimen Informator" zu werben. In einem „Bericht über die Anwerbung eines GI" vom 19. Juni 1959 beschrieb Wallner in ungelenkem Deutsch eine Situation, die von seinem „GI-Kandidaten" wohl nur als ein Gespräch ohne verpflichtende Konsequenzen wahrgenommen worden ist:

„Auf Grund dessen, daß jedoch noch eine 3/4 Stunde bis zur Abhaltung der Sprechstunde Zeit war, wurde das Werbungsgespräch sofort geführt. Der Unterzeichnete ging eingangs darauf hinaus, daß er sich als verantwortlicher Mitarbeiter des Ministeriums für Staatssicherheit für das Gebiet des Gesundheitswesens bekannt machte. Das löste zwar zunächst eine abwartende Haltung bei dem Kandidaten aus, die aber nach einer kurzen Gesprächsführung und vor allen Dingen durch die gewählte Variante beseitigt werden konnte. Als Variante für die Gesprächseinleitung wurde folgende benutzt: Es ist ihm sicher bekannt, daß im Bezirk Potsdam eine größere Zahl von Darmerkrankungen vorgekommen ist, die ein bisher ungewöhnliches Ausmaß angenommen haben. Uns interessiert bei diesem Problem, ob [...] das System der Meldung dieser Erkrankungen nicht eventuell verbesserungsbedürftig ist [...]. Diese Variante war, wie man den Ausführungen des Kandidaten hierzu entnehmen konnte, nicht verdächtig."[39]

---

37 Rolf Wallner (Jg. 1927), Arbeitersohn aus Leipzig, 1934–42 Volksschule in Leipzig, 1942–44 Lehre als Maschinenschlosser in Leipzig, 1945 in MfS-Biographie ausgespart, 1946–51 Angehöriger der Volkspolizei in Leipzig, bis 1955 Oberreferent und stellvertretender Kaderleiter im Ministerium für Kultur, November 1955 Einstellung im MfS, HA V, als operativer Mitarbeiter im Rang eines Unterleutnants, spätere Karriere bis zum KD-Leiter in Oschatz (1965–71) und Abteilungsleiter in der BVfS Leipzig (1971–89), letzter Dienstrang 1989 Oberst, SED-Mitglied seit 1946, vgl. MfS-Kaderkarteikarte Rolf Wallner; BStU, ZA, ohne Signatur.
38 Zur Biographie des Arztes vgl. GI-Akte „Oder", Teil P, Bl. 36.
39 Ebenda, Bl. 47 f.

Verdächtig worauf, auf eine geheimdienstliche Anwerbung? Sollte der Eindruck dessen, was eigentlich beabsichtigt war, vermieden werden? Die abschließenden Sätze des Berichtes über die angebliche „Anwerbung eines GI" scheinen das zu bestätigen:

„Er wurde mit Handschlag verpflichtet.[40] [...] Mit ihm wurde festgelegt, daß der Unterzeichnete ihn in gewissen Abständen aufsucht zur Klärung bestimmter Probleme. [...] Zum Abschluß des Gespräches wurde der Kandidat auf die Vertraulichkeit unseres Gespräches hingewiesen und wird Stillschweigen bewahren."[41]

Am aufschlußreichsten ist ein Nachtrag zum Bericht des Leutnants für seinen Vorgesetzten:

„Es wird vorgeschlagen, dem GI zunächst den Decknamen 'Oder' zu geben. Im weiteren Verlauf der Zusammenarbeit wird bei dem Kandidaten auf diesen Namen hingearbeitet. Entsprechend der Mentalität dieser Ärztekreise wurde Abstand genommen, gleich zu Beginn mit auf die Frage eines Decknamens einzugehen."[42]

Obwohl der Arzt ein staatsbewußter DDR-Bürger war, wollte er sich auf eine konspirative Zusammenarbeit nicht einlassen, wie folgende Einschätzungen des MfS zeigen:

„Der GI hat die Maßnahmen unserer Regierung vom 13. August 1961 aus ganzem Herzen begrüßt. [...] In seiner Funktion als Bezirksarzt von Groß-Berlin hat der GI unmittelbar nach Bekanntwerden der Sicherungsmaßnahmen seinen Urlaub unterbrochen und ist nach Berlin zurückgekehrt, um hier die ersten Maßnahmen zur Aufrechterhaltung einer normalen medizinischen Versorgung der Bevölkerung zu treffen. [...] Besonders hervorzuheben ist bei dem GI, daß er [...] auch gegenüber anderen Ärzten in Diskussionen seine Meinung konsequent vertritt. Die Zusammenarbeit mit dem GI beschränkt sich fast nur auf offizielle Zusammenarbeit, der GI muß noch zu einer besseren konspirativen Zusammenarbeit erzogen werden."[43]

Anstelle einer Erziehung zur konspirativen Arbeit beobachtete das MfS den angeblichen „GI" in den darauffolgenden Jahren mißtrauisch, immer in Erwartung seiner Republikflucht, als sei von einem Arzt prinzipiell nichts an-

---

40 Die nicht nachprüfbare angebliche „Verpflichtung mit Handschlag" erfolgte anstelle einer schriftlichen Verpflichtungserklärung.
41 GI-Akte „Oder", Teil P, Bl. 51.
42 Ebenda.
43 Ebenda, Bl. 71. Einschätzung des GI „Oder" durch Unterleutnant Rambaum (Abt. V/1 der BVfS Berlin, an die der GI zwischenzeitlich von der HA V/1 übergeben worden war) vom 19.12.1961.

deres zu erwarten. 1966 wurde der GI-Vorgang mit einem Schlußbericht, in dem die nicht gelungene Überbrückung der fremden Mentalitäten zum Ausdruck kommt, dann endlich eingestellt:

> „Obwohl 'Oder' sich mit einer inoffiziellen Zusammenarbeit einverstanden erklärte, stand er von Anfang an dieser Zusammenarbeit sehr skeptisch gegenüber. Hinzu kam, daß 'Oder' die Ansicht vertrat, daß er nicht mit so jungen operativen Mitarbeitern wie denen, mit denen er es zu tun hatte, zusammenarbeiten könnte. [...] Im Jahre 1963 brach die Verbindung zu 'Oder' ab."[44]

Eine tatsächliche Zusammenarbeit von MfS-Mitarbeitern und unter Ärzten vermeintlich geworbenen „Geheimen Informatoren" stieß offenbar in jener Zeit auf damals noch ausgeprägte Unterschiede der sozialen Milieus beider Gruppen.

## 2.1.2. MfS und Hochschulbereich Medizin

Dem medizinischen Bereich der Hochschulen in der DDR wandte sich das MfS etwas früher zu als dem allgemeinen Gesundheitswesen. Das hing damit zusammen, daß die medizinischen Fakultäten politisch besonders konservativ waren und an einigen Universitäten sogar oppositionelle Unruheherde bildeten.[45]

So war es im März 1955 im Zusammenhang mit der Gründung einer Militärmedizinischen Sektion an der Universität Greifswald zu Studentenunruhen gekommen. Die Medizinstudenten protestierten mit einem Vorlesungsstreik gegen die ihnen gerüchteweise bekannt gewordene Entscheidung, das zivile Medizinstudium an der Universität zugunsten einer Militärakademie zu verdrängen. Das Staatssekretariat für Staatssicherheit (SfS)[46] in Berlin wurde in erhöhte Alarmbereitschaft versetzt, wie folgendes Schreiben von Erich Mielke, damals noch Stellvertreter des Staatssekretärs für Staatssicherheit, zeigt:

> „Wie bereits im chiffrierten Fernschreiben vom 31.3.55 bekanntgegeben wurde, kam es an der medizinischen Fakultät in Greifswald zu Diskussionen und

---

44 Ebenda, Bl. 147. Schlußbericht von Leutnant Rambaum (Abt. XX/1 der BVfS Berlin) vom 14.4.1966.
45 Vgl. Klaus-Dieter Müller: Konservative Bastionen an den Hochschulen? Die SED und die medizinischen Fakultäten/Medizinischen Akademien in der DDR, in: Hochschule Ost 6 (1997) 2, S. 39–51.
46 Nach dem 17.6.1953 war das Ministerium für Staatssicherheit zur Strafe dafür, daß es den Volksaufstand nicht vorhergesehen und durch rechtzeitige Warnung verhindert hatte, für die Dauer von zwei Jahren zu einem „Staatssekretariat für Staatssicherheit (SfS)" im Ministerium des Innern degradiert.

Auseinandersetzungen über eine vom Genossen Staatssekretär Prof. Dr. Harig angeordnete Maßnahme. In der Dienstbesprechung am 22.3.1955 mit den Chefs der Bezirksverwaltungen und in der Dienstanweisung vom 25.3.55, Tgb.-Nr. 19/55, wurden die Möglichkeiten von Provokationen durch die Feindzentralen auf dem Gebiet der DDR aufgezeigt. Es kann damit gerechnet werden, daß der Gegner versuchen wird, diesen Vorfall in Greifswald auf andere Universitäten, Hochschulen und Oberschulen, besonders die medizinischen Fakultäten, auszudehnen. [...]
Die Universitäten, Hoch- und Oberschulen sind besonders unter Kontrolle zu halten. An den Universitäten ist hauptsächlich auf die medizinischen Fakultäten zu achten. [...]
Festnahmen in den Objekten der Universitäten, Hoch- und Oberschulen sind in jedem Falle mit der Hauptabteilung V abzusprechen."[47]

Der Aufruhr in Greifswald endete mit kurzzeitigen Massenverhaftungen von Studenten, denen jahrelange Inhaftierungen einiger „Rädelsführer" folgten.[48] Weitere Unruhen, an denen die Studenten der medizinischen Fakultäten in Berlin und Leipzig wesentlichen Anteil hatten, entwickelten sich im Herbst 1956, nachdem Chruschtschow mit seiner berühmten „Entstalinisierungs-Rede" auf dem XX. Parteitag der KPdSU Hoffnungen auf politisches „Tauwetter" geweckt und dann die Sowjets den ungarischen Aufstand blutig niedergeschlagen hatten. Die relativ bescheidenen Forderungen der ostdeutschen Medizinstudenten bestanden in der Abschaffung des obligatorischen Russischunterrichts und in einer Modifizierung des gesellschaftswissenschaftlichen Grundstudiums.[49]

Die Nachwehen solcher Auflehnungsversuche waren noch lange zu spüren. Auf dem 5. Parteitag der SED im Juli 1958 berichtete ein Genosse Matthies[50] von der Medizinischen Akademie Magdeburg[51] folgendes:

„Vor einigen Wochen wurde an unserer Akademie durch die Sicherheitsorgane eine staatsfeindliche Gruppe von Studenten aufgedeckt. Vier Studenten wurden verhaftet und sehen einer Gerichtsverhandlung entgegen. Drei entzo-

---

47 Schreiben von Generalleutnant Mielke an den Leiter der BV Groß-Berlin des SfS vom 31.3.1955, S. 1f., SfS GVS 845/55; BStU, ZA, DSt 101558.
48 Vgl. Waldemar Krönig und Klaus-Dieter Müller: Anpassung Widerstand Verfolgung. Hochschule und Studenten in der SBZ und DDR 1945–1961, Köln 1994, S. 283–291.
49 Ebenda, S. 291–295.
50 Zur politischen Rolle des Pharmakologie-Professors Hansjürgen Matthies an der Medizinischen Akademie Magdeburg vgl. Anna-Sabine Ernst: „Die beste Prophylaxe ist der Sozialismus". Ärzte und medizinische Hochschullehrer in der SBZ/DDR 1945–1961, Münster, New York, München und Berlin 1997, S. 304 f.
51 Zur Entlastung der medizinischen Ausbildung an den Universitäten der DDR wurden 1954 Medizinische Akademien in Dresden, Erfurt und Magdeburg gegründet. An diesen Hochschulklinika konnte außerhalb der Universitäten der klinische Teil des Medizinstudiums (aufbauend auf dem Physikum bis zur ärztlichen Approbation) absolviert werden. Vgl. auch Anna-Sabine Ernst: Ärzte und medizinische Hochschullehrer in der SBZ/DDR 1945–1961, S. 212–216.

gen sich der Verantwortung durch Republikflucht, und gegen neun weitere ist Disziplinarverfahren von seiten der Hochschule eingeleitet worden. Was für eine Gruppe war das? Kurz gesagt, ihre ideologische Konzeption war die Restaurierung des Kapitalismus in der DDR. Ihre Tätigkeit kam auf die verschiedenste Art und Weise zum Ausdruck. Sie sammelten unter den Studenten Geld für die Konterrevolution in Ungarn und lieferten es in Westberlin ab. Sie schleusten ihre Angehörigen in die FDJ-Leitungen ein und versuchten, auf diese Art und Weise die FDJ-Arbeit lahmzulegen [...] sie taten es, indem sie bewußt die Losung des Rias verbreiteten: Seid passiv, betätigt euch nicht gesellschaftlich, haltet euch von allem fern und entschuldigt euch mit fachlicher Arbeit. Das ist eine Linie, die unser Feind sehr weitgehend an unseren Hochschulen und Universitäten durchzusetzen versucht.
Es handelt sich bei dieser Gruppe ausnahmslos um ehemalige Greifswalder Studenten. [...] Die Organisatoren dieser Gruppe stammen durchweg aus dem Kleinbürgertum. Aber unter den Mitgliedern dieser Gruppe waren auch einige Arbeiterkinder, und das ist eine erschreckende Tatsache. Diese Tatsache zeigt uns, welche verhängnisvollen Folgen ein kleinbürgerliches Milieu auch auf unsere Arbeiterkinder haben kann, wenn sich nicht die Partei und die Jugendorganisation ständig in der Offensive [...] befinden."[52]

Die SED reagierte gnadenlos. Vier der vormaligen Greifswalder Medizinstudenten wurden zu mehrjährigen Zuchthausstrafen verurteilt. Für Mielke dürfte die am Magdeburger Beispiel geschilderte Situation der Anlaß dafür gewesen sein, in seiner Dienstanweisung vom Juli 1959, in jedem DDR-Bezirk ein bis zwei hauptamtliche Mitarbeiter des MfS „zur Bearbeitung auf der Linie Gesundheitswesen einzusetzen" und sofort „mit einer zielstrebigen operativen Arbeit zu beginnen", folgende Schwerpunkte zu setzen:

„Eine besondere Beachtung in der operativen Bearbeitung ist den medizinischen Akademien, Universitätskliniken und Fachschulen in den Bezirken Leipzig, Halle, Dresden, Erfurt, Gera, Rostock und Magdeburg zu schenken. Diese Objekte sind in engem Zusammenhang mit den Objekten Gesundheitswesen zu sehen und sind von großer Bedeutung in der Ausbildung von Nachwuchskadern."[53]

In der Aufzählung der medizinischen Ausbildungsstätten, deren operativer Bearbeitung besondere Beachtung geschenkt werden sollte, fällt das Fehlen der Berliner Universität auf. Das ist damit zu erklären, daß die Berliner Abteilung V der Bezirksverwaltung für Staatssicherheit bereits Anfang 1955

---

52 Hansjürgen Matthies: „Wir setzen alle Kraft ein, um der Arbeiter-und-Bauern-Macht treu ergebene Ärzte heranzubilden", in: „Für den Sieg der sozialistischen Revolution auf dem Gebiet der Ideologie und Kultur", Berlin 1958.
53 Dienstanweisung 4/59 vom 15.7.1959; BStU, ZA, DSt 101012.

für die Überwachung der dortigen Universität verantwortlich gemacht worden war.[54]

Trotz dieser früheren strukturellen Zuordnung war das MfS auch an der Charité, der medizinischen Fakultät der Berliner Universität, Ende der fünfziger Jahren noch schwach vertreten. In einem „Vorschlag zur Kontaktaufnahme" mit einem Arzt der Charité-Nervenklinik hieß es Ende Mai 1957 beispielsweise, daß in die Nervenklinik „noch keine inoffizielle Verbindung" bestehe.[55] Bei dem als „Geheimer Informator" anvisierten Stationsarzt handelte es sich um einen Mitte der fünfziger Jahre aus Westdeutschland in die DDR übergesiedelten Mann, der bereits Kandidat der SED geworden war und bereitwillig auf die inoffizielle Zusammenarbeit mit dem MfS einging. Offenkundig versprach er sich davon eine Beförderung seiner Karriere, jedenfalls spricht die Art seiner Berichte dafür. Die Enttäuschung über seinen nicht erwartungsgemäß verlaufenden Aufstieg war eindeutig sein Hauptmotiv, sich einige Jahre später aus der inoffiziellen Arbeit für das MfS zurückzuziehen. Ende der fünfziger und Anfang der sechziger Jahre besaß die Abteilung V der Bezirksverwaltung für Staatssicherheit Berlin in ihm jedoch eine ergiebig sprudelnde Quelle, die viele persönliche Einschätzungen insbesondere von nervenärztlichen Kollegen sowie andere mündliche und schriftliche Berichte gab, so über Probleme und die allgemeine Stimmung in der Parteigruppe und in den Kliniken. Dann wurde der Arzt als Geheimer Informator immer unzuverlässiger, bis die Zusammenarbeit von seiten des MfS schließlich aufgegeben und die GI-Akten archiviert wurden.[56]

Um die Häufigkeit inoffizieller Zusammenarbeit von qualifizierten Mitarbeitern medizinischer Hochschulen mit MfS-Dienststellen vor dem Mauerbau abschätzen zu können, wurde in den Karteien des MfS zu allen 260 Ordinarien an den medizinischen Fakultäten der DDR bis 1961 recherchiert. Dabei stellte sich heraus, daß immerhin neun der 260 Ordinarien, also 3,5 Prozent, in den Jahren bis 1961 zeitweilig von MfS-Dienststellen als „Geheime Informatoren" geführt worden sind. Unter den neun Professoren mit zeitweiliger GI-Verpflichtung war kein Psychiater, hingegen zwei Chirurgen, zwei Pädiater, ein Urologe, ein Orthopäde, ein Pharmakologe,[57] ein Dermatologe[58] und ein Hygieniker. Die geheimen Informationen der neun inoffiziellen Mitarbeiter waren unterschiedlicher Art, bezogen sich jedoch in keinem Fall auf Patienten. Vielmehr ging es in der Regel um Fakultätsangelegenheiten und um Belange der Forschung, wobei nicht etwa

---

54 Schreiben von Oberst Beater, Leiter der HA V des SfS, an die BVfS Berlin vom 3.1.1955, SfS GVS 39/55, Anlage S. 1.
55 Vorschlag zur Kontaktaufnahme mit dem Arzt Dr. M. von Oberfeldwebel Wild, Abt. V/1, vom 27.5.1957, GI-Akte „Mertens"; BStU, ZA, AIM 6892/62, Teil P, Bl. 27.
56 GI-Akte „Mertens", Teil P, Bd. 1, Bl. 1–242, Teil A, Bd. 1, Bl. 1–227 und Bd. 2, Bl. 1–217.
57 Es handelt sich um den bereits erwähnten und zitierten Pharmakologie-Professor Hansjürgen Matthies, Medizinische Akademie Magdeburg. Vgl. Anna-Sabine Ernst: Ärzte und medizinische Hochschullehrer in der SBZ/DDR 1945–1961, S. 304f.
58 Zur IM-Tätigkeit von Dermatologie-Professor Karl Linser in Berlin vgl. ebenda, S. 276.

fachliche Inhalte interessierten, sondern Fragen nach Westkontakten und nach den politischen Kräfteverhältnissen der Universitätsangestellten. Der Leipziger Ordinarius für Pädiatrie erklärte sich im Dezember 1959 unter anderem deshalb zur geheimen Lieferung von Informationen bereit, weil er an der Aufklärung einer eventuellen aktiven Beteiligung eines seiner Mitarbeiter an der Kinder-„Euthanasie", mit der die NS-Krankenmordaktion 1939 in der Leipziger Kinderklinik begonnen hatte,[59] interessiert war.[60] Im wesentlichen blieb die inoffizielle Zusammenarbeit, die bei einem Teil der neun Ordinarien nach wenigen Jahren wegen Unergiebigkeit von MfS-Seite eingestellt wurde, auf die Weitergabe von Informationen beschränkt.[61]

Die in der zweiten Hälfte der fünfziger Jahre nachweisbaren MfS-Akten über Anwerbungen Geheimer Informatoren an den medizinischen Ausbildungsstätten unterhalb der Professorenebene lassen erkennen, daß sich die Männer des Staatssicherheitsdienstes bevorzugt an Personen aus dem ihnen vertrauten sozialen bzw. politischen Milieu wandten. Zwei Beispiele für die Anwerbung „Geheimer Informatoren" an der medizinischen Fakultät der Universität Halle und an der Medizinischen Akademie Erfurt sollen das illustrieren.

Im ersten Beispiel wurde der Arbeitersohn Ernst L., der im Jahre 1955 als wissenschaftlicher Assistent am Institut für Gesellschaftswissenschaften der Universität Halle angestellt war, vom Staatssicherheitsdienst als GI „Bethune" angeworben. L. hatte schon an der Oberschule 1949 eine FDJ-Gruppe gegründet und diese bis zum Abitur geleitet. Anfang der fünfziger Jahre studierte er Pädagogik, war der SED beigetreten und hatte nach dem Lehrerexamen an der Universität bleiben können. Zwei Jahre nach seiner Werbung wurde der GI „Bethune" in der Abteilung V der Bezirksverwaltung für Staatssicherheit Halle zum „Geheimen Hauptinformator" (GHI)[62] umregistriert, der nun seinerseits andere GI anzuleiten hatte. Eine Einschätzung seines Führungsoffiziers vom 28. Oktober 1958 beschreibt, wie die inoffizielle Tätigkeit des GHI „Bethune" an der Universität Halle ablief:

„Die Zusammenarbeit mit seinen (vier) GI kann als gut bezeichnet werden. Er führt mit ihnen regelmäßige Treffs durch, die GI erscheinen pünktlich und werden vom GHI geschult. Seine eigene Aufklärungsarbeit an der medizinischen Fakultät ist ebenfalls gut. Er besitzt Verbindungen zu Vertretern der

---

59 Vgl. Ernst Klee: „Euthanasie" im NS-Staat. Die „Vernichtung lebensunwerten Lebens", Frankfurt/Main 1983, S. 1977.
60 Vgl. GI-Akte „Schmitts"; BStU, ZA, AIM 19794/63.
61 Mitteilung von Anna-Sabine Ernst, die im Rahmen ihrer Dissertation die Recherche beim BStU veranlaßte und auswertete.
62 GHI: „Geheime Hauptinformatoren sind Personen, die in der Regel in der bisherigen Zusammenarbeit mit dem MfS als inoffizielle Mitarbeiter ihre besondere Qualifikation und ihre unbedingte Zuverlässigkeit bereits bewiesen haben und auf Grund ihrer beruflichen und politischen Stellung in der Lage sind, konspirative Verbindungen zu mehreren Geheimen Informatoren aufrechtzuerhalten und diese im Auftrage des operativen Mitarbeiters anzuleiten und zu erziehen." In: Müller-Enbergs: Inoffizielle Mitarbeiter, S. 200.

Ärzteschaft und erfährt daher Dinge, die in diesen Kreisen besprochen werden. Als Mitglied der Parteileitung der Fakultät leistet er gute politische Arbeit. Da er gleichzeitig als Gewi-Assistent [Gesellschaftswissenschaften] an der medizinischen Fakultät arbeitet, ist er in der Lage, [...] mit seiner GI-Gruppe [...] die Studenten der medizinischen Fakultät aufzuklären, weiterhin in die ESG[63] einzudringen [und] innerhalb des Lehrkörpers der medizinischen Fakultät Aufklärungsarbeit zu leisten."[64]

Aus dieser Schilderung geht hervor, daß keiner der vier von „Bethune" geführten „Geheimen Informatoren" Mediziner war. Die von dem „Geheimen Hauptinformator" gelieferten Berichte beinhalten zum größten Teil die Wiedergabe von mehr oder weniger politischen Meinungsäußerungen von Studenten und Professoren der medizinischen Fakultät, mitunter auch Verhaltenseinschätzungen zu diesen Personenkreisen. Da „Bethune" offiziell als Parteifunktionär und Lehrer für Marxismus-Leninismus an der Universität, also seine politische Gesinnung und Staatsloyalität bekannt war, dürfte sich der Tiefgang der von ihm erarbeiteten Informationen in Grenzen gehalten haben.

Im zweiten Beispiel geht es um einen Medizinstudenten in Erfurt. Ein „Bericht über [die] durchgeführte Werbung" des aus einer Arbeiterfamilie stammenden Studenten durch zwei Mitarbeiter der Bezirksverwaltung für Staatssicherheit Erfurt kann eine Vorstellung davon vermitteln, wie solche Annäherungsversuche konkret abliefen bzw. darüber, wie solche Vorgänge von den Geheimpolizisten beschrieben wurden:

„Am 14.5.1958 wurde [...] mit dem S[...], Klaus eine Aussprache durchgeführt. S[...] wurde für 12.15 Uhr in das FDJ-Zimmer des Prorektorats der Medizinischen Akademie [...] bestellt. [...] Einleitend unterhielten wir uns über die persönlichen Belange des Kandidaten. [...] Im weiteren Verlauf unseres Gespräches kamen wir auf die Zusammenarbeit mit dem MfS zu sprechen. Hierbei wurden seine falschen Ansichten über die Arbeit des MfS revidiert und erläuterten ihm, daß es seine Aufgabe ist, uns über Mängel und Mißstände zu informieren, da dieses für eine genaue Einschätzung der Lage an der Medizinischen Akademie von Wichtigkeit ist. In der weiteren Unterhaltung wurde der Kandidat auf seine Schweigepflicht hingewiesen. Während der ganzen Unterhaltung war der Kandidat aufgeschlossen und gab korrekt über die an ihn gestellten Fragen Auskunft. Die Verpflichtung unterschrieb der Kandidat ohne zu zögern. Er wählte sich den Decknamen 'Horst'."[65]

---

63 ESG: Evangelische Studentengemeinde.
64 Einschätzung des GHI „Bethune" durch Unterleutnant Prosche, Abt. V, Referat 6, der BVfS Halle vom 28.10.1958, GHI-Akte „Bethune"; BStU, ASt Halle, AIM 2724/75, Teil I, Bd. 1, Bl. 75.
65 Bericht über durchgeführte Werbung von Unterleutnant Robst, Abt. V/5 der BVfS Erfurt, vom 16.5.1958, GI-Akte „Horst"; BStU, ASt Erfurt, AIM 1316/66, Teil P, Bl. 22.

Die ein halbes Jahr später datierte „Beurteilung über den GI 'Horst'" enthält eine Beschreibung des weiteren Verlaufs der geheimen Zusammenarbeit durch einen Oberfeldwebel der Abteilung V der Erfurter Bezirksverwaltung für Staatssicherheit:

> „In der ersten durchgeführten Aussprache [...] brachten die Genossen dem Kandidaten gegenüber zum Ausdruck, daß er die Aufgabe hat, Agenten unter den Studenten zu fangen. Erst im Werbungsgespräch [...] und bei den nachfolgenden Treffs wurde der GI von den Aufgaben unseres Organs in Kenntnis gesetzt. Es wurde ihm erläutert, daß das MfS neben der Liquidierung feindlicher Elemente besonders die Aufgabe hat, unsere Partei und Regierung über die Stimmung der Bevölkerung zu verschiedenen Maßnahmen zu informieren. Unter diesen ihm erläuterten Bedingungen erklärte sich der GI bereit, das MfS zu unterstützen. [...] Der GI erschien zu den vereinbarten Treffs regelmäßig und pünktlich. Er gab schon gute operative Hinweise und Stimmungsberichte. [...] Er hat die Möglichkeit, in der HOG 'Penne'[66] zu verkehren, wo viele Studenten der Medizinischen Akademie und Priester vom Seminar Erfurt[67] ein- und ausgehen."[68]

Die Aufgaben des „Geheimen Informators" konzentrierten sich auf die Bespitzelung von Medizin- und Theologiestudenten. Der GI-Akte zufolge berichtete „Horst" tatsächlich fast ausschließlich über seine Kommilitonen. Nach dem ärztlichen Staatsexamen verweigerte er sich zunehmend den Wünschen seines Führungsoffiziers, bis dieser schließlich die Versuche zur Fortsetzung der Zusammenarbeit abbrach und die GI-Akte archiviert wurde.[69]

Die Beispiele belegen, daß es dem DDR-Staatssicherheitsdienst seit Mitte der fünfziger Jahre gelang, inoffizielle Mitarbeiter zur Informationsgewinnung an den medizinischen Fakultäten anzuwerben. Neun von insgesamt 260, also 3,5 Prozent der Ordinarien an den medizinischen Fakultäten der DDR bis 1961 wurden zeitweilig von MfS-Dienststellen als „Geheime Informatoren" geführt. Die an den medizinischen Ausbildungsstätten unterhalb der Professorenebene geworbenen GI scheinen überwiegend aus dem den MfS-Männern vertrauten Arbeitermilieu gekommen zu sein. Unter Studenten funktionierte die Spitzelei anscheinend schon etwas systematischer und könnte auch Folgen für die betroffenen Kommilitonen gehabt haben. Informationen über Patienten waren in den GI-Akte aus der Zeit bis 1961 nicht festzustellen.

---

66 HOG: Handelsorganisations-Gaststätte. Die „Penne" ist ein in Erfurt stadtbekanntes Lokal, in dem sich Pennäler, Studenten, Künstler u. a. trafen.
67 In Erfurt befand sich die einzige Ausbildungsstätte für katholische Priester in der DDR.
68 Beurteilung über den GI „Horst" von Oberfeldwebel Nüchter, Abt. V/6 der BVfS Erfurt, vom 3.12.1958, GI-Akte „Horst"; BStU, ASt Erfurt, AIM 1316/66, Teil P, Bl. 24.
69 Abschlußbericht zum GI-Vorgang „Horst" von Leutnant Wagner, Abt. XX/3 der BVfS Erfurt, vom 11.8.1966, GI-Akte „Horst"; ebenda, Bl. 57–59, hier 58.

## 2.2. Der Ausbau des Überwachungsapparates

### 2.2.1. Veränderungen nach dem Mauerbau 1961

Bis unmittelbar vor dem Mauerbau blieb die anhaltende Abwanderung medizinischer Fachkräfte in den Westen das Grundthema der zentralen Berichte des MfS an die SED-Führung, die sich mit Problemen des Gesundheitswesens befaßten.[70] Nach der Grenzschließung zu den westlichen Sektoren am 13. August 1961 in Berlin begann sich das zu ändern. Drei Tage nach der Abriegelung Ostberlins schickte das MfS einen „Bericht über die Situation im Berliner Gesundheitswesen bei möglichem Ausfall der Westberliner Ärzte" an die SED-Führung:

> „Nach vorliegenden Hinweisen ergäbe sich bei vollem Ausfall der Westberliner Ärzte im Gesundheitswesen des demokratischen Berlin folgende Situation: Insgesamt würden 143 Ärzte, 19 Zahnärzte und 40 Apotheker ausfallen. [...] Zur Sicherung des reibungslosen Ablaufes der ärztlichen Versorgung der Bevölkerung des demokratischen Berlin wurde beim Magistrat von Großberlin ein Operativstab 'Berliner Gesundheitswesen' [...] gebildet. [...] Von diesem Operativstab wurden bereits verschiedene Bezirksärzte in der DDR angewiesen, bestimmte Ärzte für den Einsatz im demokratischen Berlin vorzubereiten, in dem Falle, wo Westberliner ihre Arbeit nicht mehr aufnehmen. Diese Ärzte müssen ab 17.8.1961, 12 Uhr, abrufbereit sein. [...] Insgesamt werden im Bedarfsfalle aus der DDR 23 Ärzte für die stationäre Behandlung in Krankenhäusern und 15 Ärzte für die ambulante Versorgung abgezogen."[71]

Noch während des Mauerbaus verbuchte das MfS Verluste an medizinischen Fachkräften für die DDR:

> „Seit Sonntag, den 13.8.1961 (bis 18.8.), sind nach vorliegenden Berichten folgende Republikfluchten erfolgt: 26 Ärzte Charité, 16 Ärzte [...], sechs Zahnärzte, [...] zwei Schwestern staatliches Gesundheitswesen. Bei den Ärzten der Charité handelt es sich vorwiegend um junge Ärzte, die an Universitäten der DDR studiert haben, im Besitze von Passierscheinen für Westberlin waren bzw. in dieser Zeit zu Besuchen in Westdeutschland weilten."[72]

---

70 Zum Beispiel „Bericht über einige Erscheinungen feindlicher Tätigkeit auf dem Gebiete des Gesundheitswesens der DDR" vom 12.2.1960; BStU, ZA, ZAIG 249 oder „Information über die Ausnutzung des 10. Kongresses für ärztliche Fortbildung in Westberlin zur Abwerbung" vom 19.6.1961; BStU, ZA, ZAIG 431.
71 ZAIG-Bericht vom 18.8.1961; BStU, ZA, ZAIG 455, S. 1 und 4.
72 Ebenda, S. 6.

Ende Dezember 1961 gab es noch einmal eine „Information über die Republikflucht einiger Angehöriger der medizinischen Intelligenz", in der über die Flucht von vier leitenden Berliner Ärzten gerätselt wurde:

„Bei diesen Personen konnten die unmittelbaren Anlässe und der Fluchtweg noch nicht genau ermittelt werden. Es gibt jedoch Hinweise, die den begründeten Verdacht aufkommen lassen, daß die Flucht mittels ausländischer Pässe und mit Hilfe des Gegners organisiert und bewerkstelligt wurde."[73]

In den folgenden Jahren tauchte die Republikflucht von Medizinern als systematisches Problem in den ZAIG-Berichten nicht mehr auf. Die in den MfS-Dokumenten behandelten gesellschaftlichen Probleme der DDR wirken nach 1961 geringfügiger als in den Jahren zuvor. Gleichzeitig wird erkennbar, daß die staatlichen Kontrollnetze immer dichter geknüpft und die wissenschaftlichen Kommunikationsmöglichkeiten immer weiter eingeschränkt wurden. So heißt es beispielsweise in einer „Information über unkontrollierte Westkontakte im Bereich des staatlichen Gesundheitswesens" vom Februar 1964:

„Dem MfS wurde bekannt, daß durch das [...] Staatliche Institut für Serum- und Impfstoffprüfung, Berlin-Pankow, Wollankstr. 16 seit einiger Zeit Kontakte nach Westdeutschland unterhalten werden. Diese Kontakte zu Institutionen und Einzelpersonen aus Westdeutschland stehen fachlich und politisch außerhalb jeder Kontrolle durch das Ministerium für Gesundheitswesen. Nach bisherigen Feststellungen werden die bestehenden Kontakte von westdeutschen Instituten dazu ausgenutzt, in den Besitz von in der DDR erarbeiteten wissenschaftlichen [...] Forschungsergebnissen zu gelangen. [...] Es wäre weiterhin notwendig, seitens des Ministeriums für Gesundheitswesen generell alle Westkontakte der Institute zu erfassen und unter Kontrolle zu bringen."[74]

Im Laufe der Jahre bewirkte die andauernde Situation der geschlossenen Grenzen eine allmähliche Änderung im Verhalten der Ärzteschaft in der DDR. Ein Bericht der Abteilung Gesundheitspolitik des ZK der SED vom 8. September 1967 beschrieb die Tendenz dieses Wandels folgendermaßen:

„Zusammengefaßt ergibt sich, daß die mit dem 13. August 1961 eingeleitete Umorientierung im Denken der Mehrheit der Ärzte [...] weitere sichtbare Fortschritte gemacht hat. Das zeigt sich im offenen positiven Bekenntnis von einem größeren Teil insbesondere älterer Ärzte, die früher in ihren Stellungnahmen vorsichtiger oder abwartend waren, insbesondere in der gestiegenen Bereitschaft zur Übernahme von ehrenamtlichen Funktionen [...] bei den

---

73 ZAIG-Information vom 13.12.1961; BStU, ZA, ZAIG 518.
74 ZAIG-Information vom 19.2.1964; BStU, ZA, ZAIG 849, S. 1 und 4.

Wahlen zu den örtlichen Volksvertretungen [...] und in der ehrenamtlichen Mitarbeit bei den Kollegien und wissenschaftlichen Räten der Bezirke, Kreise sowie in der aktiven Teilnahme in zahlreichen Problemkommissionen des Ministeriums für Gesundheitswesen."[75]

Man arrangierte sich mit den unabänderlichen Realitäten und begann sich in den neuen gesellschaftlichen Bedingungen einzurichten. Bei den Ärzten äußerte sich das unter anderem darin, daß sie sich auf kommunaler und regionaler Ebene fachlich beratend und mitgestaltend zu engagieren begannen. Einige der Veränderungen waren auch durch den sich in den sechziger Jahren vollziehenden Generationswechsel in der Ärzteschaft bedingt:

„In den letzten Jahren hat sich die soziale und altersmäßige Zusammensetzung der medizinischen Intelligenz wesentlich geändert. Ein ständig im Wachsen begriffener Teil der Absolventen unserer medizinischen Ausbildungsstätten – Genossen wie Parteilose – ist fest mit der Arbeiterklasse und unserer Gesellschaft verbunden und bestimmt in Zusammenarbeit mit progressiven älteren Wissenschaftlern und Ärzten in zunehmendem Maße stärker die Haltung der medizinischen Intelligenz."[76]

Ungeachtet solcher Veränderungen fiel die politisch-ideologische Einschätzung der Mediziner durch die SED nach wie vor eher skeptisch aus:

„Der größte Teil der medizinischen Intelligenz interessiert sich zwar für aktuelle politische Fragen, aber hat noch kein festes sozialistisches weltanschauliches Fundament [...]. Deshalb gibt es viele Fragen und Unklarheiten zur internationalen und nationalen Situation [...]. Aus zahlreichen Informationen geht hervor, daß Ansichten, die mit der Politik und der Durchführung der Politik von Partei und Regierung nicht übereinstimmen, nur sehr vorsichtig oder überhaupt nicht geäußert werden. In der Haltung der medizinischen Intelligenz sind uns bisher keine besonderen Anzeichen für eine offene gegnerische Haltung bekannt geworden [...]."[77]

Nach dem Einmarsch der Warschauer-Pakt-Armeen in die ČSSR im August 1968 schlug die politische Vorsicht vielfach um in eine mehr oder weniger offen geäußerte Empörung gegen die gewaltsame Niederschlagung der friedlichen Reformbestrebungen des „Prager Frühlings".

Wiederum wurden politische Unruhen besonders an den Hochschulen registriert. Eine Lageanalyse der MfS-Hauptabteilung XX für das zweite Halbjahr 1968, in der die Hochschulangehörigen mit einer „strafrechtlich er-

---

75 „Information über politisch-ideologische Probleme der medizinischen Intelligenz", Bericht der Abt. Gesundheitspolitik vom 8.9.1967; BStU, ZA, HA XX 479, Bl. 562.
76 Ebenda.
77 Ebenda, Bl. 563.

faßbaren Feindtätigkeit" nach ihrer Zugehörigkeit zu den Wissenschaftsbereichen aufgeschlüsselt wurden, belegt, daß Naturwissenschaftler und Mediziner einen besonders hohen Anteil an den Protesten hatten: Von den insgesamt ermittelten 92 Angehörigen des Lehrkörpers gehörten 39 (42,4 Prozent) den Naturwissenschaftsbereichen und 29 (31,5 Prozent) der Medizin an, gefolgt von sechs Personen (6,5 Prozent) des Bereiches Veterinärmedizin und jeweils fünf Personen (5,4 Prozent) der Bereiche Pädagogik und Gesellschaftswissenschaften. Bei den Studenten kamen mit 35 von 89 Personen wiederum die meisten der politisch „angefallenen" Personen aus den Naturwissenschaften (39,3 Prozent), während hier die Medizin- und Theologiestudenten mit jeweils zwölf Personen (13,5 Prozent) an zweiter bzw. dritter Stelle lagen.[78] In dieser Lageanalyse wurden unter den strafrechtlich erfaßten „Methoden der Feindtätigkeit" zum Beispiel die „Anfertigung und Vorbereitung von Hetzschriften, die [...] gegen die Maßnahmen der fünf Bruderarmeen in der ČSSR gerichtet waren", das „Anschmieren von Hetzlosungen", die „Aufforderung zu Demonstrationen und Protesterklärungen gegen die Maßnahmen der sozialistischen Bruderländer in der ČSSR"[79] genannt.

Unterhalb der strafrechtlichen Ebene wurden vom MfS zahllose „operative Materialien" über medizinische Hochschullehrer angelegt. Einige in der Jahresanalyse 1968 der Hauptabteilung XX genannte Beispiele sollen eine Vorstellung vermitteln, was die Genossen des MfS alles registrierten:

„Prof. G[...], Direktor des Instituts für Pathologische Physiologie, tritt für eine 'Liberalisierung' in der ČSSR ein, begrüßt diese Entwicklung. [...] F[...], wissenschaftlicher Mitarbeiter am Anatomischen Institut, unterstellt unserer Partei eine bewußte Verfälschung der Entwicklung in der ČSSR und bezeichnet unsere Parteiführung als Stalinisten, die in der ČSSR beseitigt worden wären. [...] Prof. Dr. B[...], Direktor des Instituts für Arbeitshygiene, bezeichnet die Auseinandersetzung mit negativen Ansichten in Verbindung mit der ČSSR als 'Gesinnungsschnüffelei'."[80]

Derlei „negative" politische Äußerungen wurden registriert und konnten sich unter Umständen noch Jahre später als Hindernis beispielsweise für die Genehmigung einer Reise in das westliche Ausland auswirken.

Auch Versuche, unter den Bedingungen des kalten Krieges normale akademische Kontakte zu westlichen Kollegen herzustellen oder aufrechtzuerhalten, gaben dem MfS Anlaß zu mißtrauischer Beobachtung:

---

78 Vgl. Jahresanalyse der HA XX des MfS für das Jahr 1968, Anlage 1: „Einschätzung der politisch-operativen Lage im Hoch- und Fachschulwesen der DDR" vom 24.1.1969; BStU, ZA, HA XX, AKG 804, Bl. 103 f.
79 Ebenda, Bl. 104 f.
80 Ebenda, Bl. 126 f.

„Prof. Dr. S[...], Direktor der Universitätsaugenklinik, Prof. Dr. H[...], Direktor des Pathologischen Instituts, und Oberarzt Dr. T[...], Universitätskinderklinik, treten für die Aufrechterhaltung der Mitgliedschaft in sogenannten gesamtdeutschen wissenschaftlichen Gesellschaften in WD [Westdeutschland] ein – Austritt bedeute 'wissenschaftliche Isolierung, geringe Informationsmöglichkeit und Erfahrungsaustausche'. [...] Prof. Dr. G[...], Leiter Fachbereich Mikrobengenetik, Vertreter der Theorie 'Gesamtdeutscher Wissenschaft', Einstellung 'Westniveau gleich Weltniveau', lädt Wissenschaftler aus nichtsozialistischem Ausland ein, versucht Arbeitsergebnisse zusammen mit Prof. W[...] aus Frankfurt/Main in amerikanischer wissenschaftlicher Zeitschrift zu veröffentlichen. [...] Dr. S[...], Oberassistent der Universitäts-Frauenklinik, verherrlicht wd [westdeutsche] Wissenschaft, 'Möglichkeiten' und 'Erfolge'. Nutze internationalen Gynäkologen-Kongreß Mai/Juni 68 aus, wd Wissenschaftler zu sich einzuladen (Wohnung). Prof. Dr. D[...], Direktor der HNO-Klinik, nutzt Kontakte nach WD, um mit wd Vertretern vertrauliche Forschungs- und Perspektivpläne der HNO-Medizin zu besprechen."

Das Mißtrauen der Staatssicherheitsdienstler gegenüber der notwendig kommunikativen Welt der Wissenschaft nahm mitunter geradezu groteske Züge an. In einer „Übersicht über wissenschaftliche Institutionen und Verlagsanstalten in Westdeutschland, die im Jahre 1968 versuchten, Angaben über Universitäten und Hochschulen, Forschungsergebnisse sowie über Wissenschaftler der DDR in Erfahrung zu bringen", ist beispielsweise zu lesen:

„[Der] Verlag Walter de Gruyter, Herausgeber des 'Kürschners' Gelehrten-Kalender Westberlin [...] versandte an die Mehrzahl der Universitäten und Hochschulen der DDR Fragebogen mit dem Ziel, Angaben über eine große Anzahl von Wissenschaftlern der DDR sowie über deren Lebenslauf in Erfahrung zu bringen, um diese angeblich in 'Kürschners' Gelehrten-Kalender zu veröffentlichen. [...] [Die] 'Zentrale Stelle' für gesamtdeutsche Hochschulfragen Westberlin[:] – In einem Schreiben an alle Universitäten der DDR fordert diese zentrale Stelle die Übersendung von Vorlesungsverzeichnissen und anderen wissenschaftlichen Druckerzeugnissen mit dem Ziel, auf sogenanntem legalen Wege Kontakte zu den Universitäten anzuknüpfen und wissenschaftliche Ergebnisse in der angeführten Form abzuschöpfen."[81]

Diese feindselige Auslegung normaler universitärer Gepflogenheiten war keine Marotte einiger Randfiguren, sondern SED-Staatsdoktrin. Bis zum Ende der DDR gab es nun keine öffentlich zugänglichen Hochschullehrer- und Vorlesungsverzeichnisse mehr. Solche Einschränkungen ordneten sich in einen „Trend zu abnehmender Berufsautonomie und wachsender Außensteuerung nach wissenschaftsfremden Kriterien" ein, der nach der Schlie-

---

81 Ebenda, Bl. 147.

ßung des gesamtdeutschen akademischen Arbeitsmarktes durch den Mauerbau den bis dahin verzögerten Prozeß der „Entbürgerlichung" nun auch bei den ostdeutschen Professoren der Naturwissenschaften und der Medizin vorantrieb.[82]

Obwohl jedoch die Mauer nun eine weitere Abwanderung medizinischer Fachkräfte verhinderte und damit das bisherige Hauptproblem des DDR-Gesundheitswesens gelöst schien, gab es auch in den sechziger Jahren Schwierigkeiten in der medizinischen Versorgung der Bevölkerung. Ende 1970 kamen in einer zentralen Information des MfS an die SED-Spitze zum ersten Mal „einige Probleme im Bereich des Gesundheitswesens der DDR" zur Sprache, die nun eindeutig hausgemacht waren und nicht den angeblichen Abwerbemanövern des „Klassenfeindes" angelastet werden konnten:

„In den letzten Monaten mehren sich in allen Bezirken und Kreisen unzufriedene Diskussionen seitens des medizinischen Personals sowie der Bevölkerung über die medizinische Versorgung. Unzufriedenheit besteht besonders in Kreisstädten und Landkreisen, aber auch in ökonomischen Ballungsgebieten. Sie resultiert u. a. aus ernsten Mängeln in der ambulanten Betreuung der Bevölkerung, die z. B. wie folgt sichtbar werden: Lange Wartezeiten [...], keine ausreichende ambulante Betreuung durch Fachärzte [...], keine sofortige Krankenhausaufnahme bei erforderlicher stationärer Behandlung [...]. Weitere Mängel werden durch die instabile Versorgung mit Arzneimitteln, Verbandsmitteln und Erzeugnissen der Medizintechnik genannt. [...] Als Hauptursache für die unbefriedigende Situation im Gesundheitswesen wird in vielen Fällen die mangelhafte staatliche Leitungstätigkeit genannt. Das betrifft alle Ebenen von den örtlichen Staatsorganen bis zum Ministerium für Gesundheitswesen. Dabei müsse als ein Hauptproblem die ungenügende Sicherung einer proportionalen Entwicklung des Gesundheitswesens in den Bezirken und Kreisen gesehen werden."[83]

Die Information des MfS ging über die Sammlung von Unmutsäußerungen aus der Bevölkerung hinaus, indem sie eine mit statistischen Daten unterlegte Situationsanalyse an die Parteiführung weitergab, die vor allem auf Mängel im baulich-technischen Bereich und auf die fehlende Wirtschaftskraft zu deren Überwindung hinwiesen:

„Der Zustand der materiell-technischen Basis im Gesundheitswesen sei u. a. durch folgende Besonderheiten gekennzeichnet: 61% der Gesundheitseinrichtungen wurden vor 1900 gebaut, [...] steigende Aufwendungen für die Erhaltung der Betriebsfähigkeit der überalterten wirtschaftlich-technischen Berei-

---

82 Vgl. Ralph Jessen: Die „Entbürgerlichung" der Hochschullehrer in der DDR – Elitewechsel mit Hindernissen, in: Hochschule Ost 4 (1995) 3, S. 61–72, hier 69.
83 MfS-Information vom 5.11.1970; BStU, ZA, ZAIG 1852, Bl. 1–11, hier 1f.

che (Küche, Heizung, Wäscherei, Energieversorgung usw.) zu Lasten von notwendigen Maßnahmen für die bessere medizinische Betreuung der Patienten, der Ausrüstungsgrad beträgt durchschnittlich nur ca. 60% des gültigen Richtwertes, der bereits erheblich unter vergleichbaren Werten liegt. Offensichtlich würden die Schwierigkeiten auf materiell-technischem Gebiet im Gesundheitswesen durch die örtlichen Organe [...] nicht in genügendem Maße beachtet. Das zeige sich mehrfach in der Kürzung von Investitionen für dringende Werterhaltungsarbeiten oder Neubauten."

Bei dieser zentralen Information von der MfS- an die SED-Führung handelt es sich offenkundig um eine „Verdichtung" von inoffiziell gewonnenen Informationen aus verschiedenen Ebenen der medizinischen bzw. administrativen Hierarchie des DDR-Gesundheitswesens. Es gibt viele ähnliche Dokumente wie diesen Bericht von 1970, die Informationssammlungen zu allgemeinen Problemen und Mißständen in der medizinischen Betreuung der Bevölkerung darstellen, welche im MfS aufbereitet und an die SED-Führung weitergeleitet wurden. Das MfS merkte an: „Zu diesen und damit zusammenhängenden Problemen liegen dem MfS vielfältige Hinweise vor, die [...] in zusammengefaßter Form wiedergegeben werden. Die Hinweise erheben keinen Anspruch auf Vollständigkeit. Sie sollen zur Gesamteinschätzung auf diesem Gebiet beitragen."[84]

Da die IM gegenüber ihren MfS-Führungsoffizieren nicht dem ansonsten herrschenden Zwang zu schöngefärbten Meldungen über die angeblichen Erfolge in ihrem beruflichen Verantwortungsbereich unterlagen, diente der inoffizielle Weg über das MfS an die Partei- und Staatsführung als eine Art Transmissionsriemen für wirklichkeitsgetreuere Informationen und Bedarfsmeldungen von der Basis an die Spitze, als die auf den offiziellen Kommunikationswegen dieses Staates transportierten Meldungen es üblicherweise waren:

„Die Arbeitskräftesituation im Gesundheitswesen ist seit Jahren mit steigenden Schwierigkeiten verbunden. Das Fehlen mittleren medizinischen Personals und medizinischer Hilfskräfte wirkt sich [...] ungünstig auf die Betreuung der Patienten aus. Durch eine Anzahl örtlich wirksamer Faktoren ([...] Wohnraumschwierigkeiten, [...]) verlassen auch junge Fachärzte die Einrichtungen. [...] Die Fluktuation innerhalb der Bezirke, aber auch z. T. mit Abwanderungsbestreben in die Hauptstadt, wird als erheblich eingeschätzt. In Potsdam verließ ein Drittel aller ausgebildeten Fachärzte in den Jahren 1965–69 den Bezirk. [...] Die gegenwärtige Situation bei den [...] mittleren medizinischen Kadern und [...] sonstigen Kadern (Wirtschafts- und Verwaltungspersonal) ist gekennzeichnet durch die Abwanderung [...] in die Industrie oder andere Einrichtungen der Volkswirtschaft, da sie dort als ungelernte Kräfte angeblich

---

84 Ebenda, Bl. 2.

bessere Verdienstmöglichkeiten haben. [...] Die Situation hat zur Folge, daß einige stationäre Einrichtungen gezwungen waren, aus Personalmangel Bettenstationen zu schließen. [...]"[85]

Die SED reagierte auf die problematische Situation, indem sie auf ihrem VIII. Parteitag im Juni 1971 ein sozialpolitisches Programm beschloß, aus dem Verbesserungen auf dem Gebiet des Gesundheitswesens als staatliche Aufgabe in die Volkswirtschaftspläne eingingen. Darüber hinaus faßten das Politbüro des ZK der SED, der DDR-Ministerrat und der Bundesvorstand des FDGB am 25. September 1973 einen gemeinsamen Beschluß zur Verbesserung der medizinischen Betreuung der Bevölkerung sowie der Arbeits- und Lebensbedingungen der Mitarbeiter des Gesundheits- und Sozialwesens.

Die beschlossenen Maßnahmen vermochten jedoch die angestauten Probleme nicht zu lösen, wie folgende vom MfS gesammelte Meinungsäußerungen aus dem Jahre 1976 zeigen:

„Es gibt unter den im medizinischen Bereich Beschäftigten solche Auffassungen, daß dieser Beschluß seit langem erforderlich war, jedoch nur ein Beginn weiterer tiefgreifender Maßnahmen und Verbesserungen auf dem Gebiet des Gesundheitswesens sein könne; nur auf dem Papier stehe, echte Verbesserungen es nach wie vor nicht gebe; für Ärzte wenig nutzbringend sei, da er keine erwartete finanzielle Verbesserung bewirke [...]."[86]

Die zitierte Unzufriedenheit rührte nicht von einer überzogenen Anspruchshaltung der Ärzte her, sondern war auf staatlich verursachte Mängel in der Patientenversorgung und die mitunter höchst unerfreulichen Arbeits- und Lebensbedingungen der Mitarbeiter des Gesundheitswesens zurückzuführen, wie einige drastische Beispiele aus der Information zeigen:

„Festgelegte Bau- und Rekonstruktionsmaßnahmen wurden gestrichen bzw. durch fehlerhafte Leitungsentscheidungen und ungenügende materielle Sicherstellung unwirksam. Für das Bezirkskrankenhaus Görlitz (Bezirk Dresden) war für 1974 der Bau einer neuen Heizungsanlage geplant worden, da die bisherige eine solche niedrige Zimmertemperatur schafft, daß bei frischoperierten Patienten Komplikationsgefahren bestehen. Wegen fehlender Baukapazität wurde dieses Vorhaben wieder fallengelassen. [...] In vielen medizinischen Einrichtungen [sind] z. T. noch unzumutbare Arbeitsbedingungen vorherrschend. [...] Im OP-Trakt des Krankenhauses St. Georg Leipzig steht 50 Ärzten und Schwestern eine gemeinsame Toilette zur Verfügung. Es wur-

---

85 Ebenda, Bl. 6.
86 MfS-Information 572/76 über „Information über Erkenntnisse zur Situation im Bereich Medizin der DDR – Staatliches Gesundheitswesen, Hoch- und Fachschulwesen, Pharmazie- und Medizintechnik"; BStU, ZA, ZAIG 2543, Bl. 61f.

de mehrfach berichtet, daß wegen unzureichenden Wäschereikapazitäten in schmutziger Kleidung gearbeitet werden mußte. Am Bezirkskrankenhaus Dresden wird z. T. in verschmutzter Notwäsche operiert. In zahlreichen medizinischen Einrichtungen wird wegen fehlender Reinigungskräfte die Sauberhaltung der Behandlungsräume von Krankenschwestern durchgeführt, die dadurch von den eigentlichen Aufgaben zur Patientenbetreuung freigestellt werden müssen. [...] Wegen Mangel an Wohnraum ist in einigen territorialen Bereichen der DDR eine [...] starke Abwanderung von Fachärzten und Krankenschwestern zu verzeichnen. [...] In der Medizinischen Akademie Magdeburg liegen z. Zt. 491 Wohnungsanträge vor, darunter von 40 Ärzten bzw. Professoren, die als Klinik- und Institutsdirektoren beschäftigt sind. 60 Krankenschwestern wohnen in Klinikräumen. [...] Der einzigen im Kreis Apolda tätigen Frauenärztin wurde der seit Jahren versprochene Wohnraum nicht zugewiesen, was 1975 deren Kündigung und Abwanderung zur Folge hatte. [...] Von Angehörigen des mittleren medizinischen Personals wird die Vergütung der Bereitschaftsstunden in Höhe von 0,35 M bis 0,55 M als ungenügend eingeschätzt. [...] Im Vergleich zu anderen Berufsgruppen sind Angehörige der medizinischen Intelligenz z. T. benachteiligt. Ein Oberarzt in der Chirurgie Karl-Marx-Stadt erhält das gleiche Gehalt wie ein Klempner einer PGH [Produktionsgenossenschaft des Handwerks]."[87]

Der Gebäudeverfall, die zum Teil katastrophalen sanitären Bedingungen, eine hohe Fluktuation von Mitarbeitern wegen fehlenden Wohnraums und Unterbezahlung bei gleichzeitiger permanenter Überlastung aufgrund des Arbeitskräftemangels blieben bis zum Ende der DDR zermürbende Dauerprobleme des Gesundheitswesen, die ihren Niederschlag in zahllosen IM-Berichten aus dem medizinischen Bereich fanden.

Waren Ende der fünfziger, Anfang der sechziger Jahre Mediziner noch so rar gewesen, daß man sie bei der Vergabe von knappen Gütern wie Wohnungen, Pkw oder Telefonanschlüssen zuerst bedacht und ihnen vorteilhafte Zusatzverträge eingeräumt hatte, war 1970 bereits soviel ärztlicher Nachwuchs ausgebildet,[88] daß das staatliche Motiv für solche Bevorzugungen entfiel. Im Rahmen der gesellschaftlichen Entwicklung der DDR, in der Korruption und Schattenwirtschaft um sich zu greifen begannen, hatte die Aufhebung früherer Vorzugsbedingungen für Ärzte einen kontinuierlich sinkenden Lebensstandard zur Folge. Aufgrund ihrer besonderen ethischen Berufsverpflichtung konnten Ärzte im Gegensatz zu anderen Berufsgruppen weniger ungehemmt am direkten Warenaustausch teilnehmen. Auf der ande-

---

87 Ebenda, Bl. 62–69.
88 Während die DDR 1961 insgesamt 14.592 Ärzte hatte, das waren 8,5 Ärzte auf 10.000 Einwohner bzw. umgekehrt 1.170 Einwohner je Arzt, stieg die Zahl der Mediziner in den Jahren nach dem Mauerbau sprunghaft an auf 27.255 Ärzte im Jahre 1970, das waren 16 Ärzte auf 10.000 Einwohner bzw. 626 Einwohner je Arzt. Vgl. Statistisches Jahrbuch der DDR 1976, Berlin 1976, S. 379.

ren Seite lockten die guten Verdienstmöglichkeiten für Ärzte in der Bundesrepublik. Angesichts dieses zunehmenden Gefälles zwischen Ost- und Westdeutschland war das erneute Einsetzen einer Abwanderungsbewegung aus der DDR nur eine Frage der Gelegenheit.

### 2.2.2. Erneute „Republikflucht"-Bewegung von Medizinern

Während die Zahl der von Bundesbehörden registrierten Flüchtlinge aus der DDR allein im Monat August 1961 mit 47.433 Flüchtlingen einen Höhepunkt erreicht hatte, war in den verbleibenden Monaten nur noch insgesamt 51.624 Menschen die Flucht von Ost nach West gelungen; 1962 waren es nur noch 16.741 und 1965 immerhin noch 11.886 Flüchtlinge, während die Zahl in den darauffolgenden Jahren stets deutlich unter 10.000 Flüchtlingen, in der Regel um 4.000 pro Jahr lag.[89]

Statistische Analysen über den Anteil einzelner Berufsgruppen und insbesondere der Mediziner an diesen Flüchtlingszahlen fanden sich in den Unterlagen der MfS-Hauptabteilung XX aus dem Jahrzehnt nach dem Mauerbau nicht. Nur vereinzelt wurden sogenannte „Grenzdelikte" von Medizinern erwähnt, die Ende der sechziger Jahre im Rahmen der zunehmenden Reisemöglichkeiten in andere Ostblockstaaten festgestellt wurden. So hatten die wachsamen Genossen ermittelt, daß im Jahre 1968 „Touristen- und Dienstreisen nach der ČSSR, Jugoslawien und zum geringen Teil nach Ungarn und Bulgarien zum illegalen Verlassen der DDR" bzw. für „Versuchs- und Vorbereitungshandlungen" ausgenutzt worden waren und daß Kontakte „zu diplomatischen Einrichtungen nichtsozialistischer Staaten in der ČSSR zur Vorbereitung von Republikfluchten"[90] eine besondere Rolle gespielt hätten.

Als jedoch mit Beginn der Ära Honecker Anfang der siebziger Jahre der „Eiserne Vorhang" zwischen den beiden deutschen Staaten infolge der Entspannungspolitik durchlässiger wurde und nach Inkrafttreten des Grundlagenvertrages zwischen der BRD und der DDR am 20. März 1973 der Ost-West-Reiseverkehr sprunghaft anstieg,[91] tauchten in den zentralen Dokumenten des MfS wieder regelmäßig Statistiken über „republikflüchtige" Mitarbeiter des DDR-Gesundheitswesens auf:

„Im Zeitraum vom 1.1.1974 bis 31.7.1976 haben nach vorliegenden Angaben 404 Beschäftigte des Bereiches Medizin einschließlich Medizinstudenten [...]

---

89 Vgl. Statistik des Bundesausgleichamtes von 1984 über jährliche Zahl der DDR-Flüchtlinge, Stichwort „Flüchtlinge", in: Bundesministerium für innerdeutsche Beziehungen (Hrsg.): DDR-Handbuch, 3. Auflage, Köln 1985.
90 Jahresanalyse der HA XX des MfS für das Jahr 1968, Anlage 1: „Einschätzung der politisch-operativen Lage im Hoch- und Fachschulwesen der DDR" vom 24.1.1969; BStU, ZA, HA XX, AKG 804, Bl. 105.
91 Vgl. Peter Bender: Neue Ostpolitik. Vom Mauerbau bis zum Moskauer Vertrag, München 1986.

die DDR ungesetzlich verlassen. [...] Von den insgesamt 404 Personen wurden nachweislich überwiegend durch kriminelle Menschenhändlerbanden ausgeschleust: 100 Ärzte, darunter 20 Zahnärzte, drei Angehörige der nichtmedizinischen Intelligenz, die im medizinischen Bereich tätig waren, [...] 24 mittlere medizinische Personale."[92]

Das bis zum Mauerbau drängende Problem der „Republikflucht" medizinischer Fachkräfte in den Westen war wieder aktuell geworden. Neu hingegen war die Methode der „Ausschleusung" durch Fluchthilfeorganisationen. Solche Unternehmungen riskierten Anfang der siebziger Jahre immer mehr Menschen, obwohl der Staat ein lebensgefährliches Grenzregime etabliert hatte, um seine Bürger am Davonlaufen zu hindern, und darüber hinaus „Republikfluchtversuche" mit drastischen Strafen bedroht waren. Der entsprechende Paragraph 213 des Strafgesetzbuches der DDR lautete:

(1) „Wer widerrechtlich die Staatsgrenze der Deutschen Demokratischen Republik passiert [...] wird mit Freiheitsstrafe bis zu zwei Jahren oder mit Verurteilung auf Bewährung, Haftstrafe oder mit Geldstrafe bestraft. [...]
(3) In schweren Fällen wird der Täter mit Freiheitsstrafe von einem Jahr bis zu acht Jahren bestraft. Ein schwerer Fall liegt insbesondere vor, wenn 1. die Tat Leben oder Gesundheit von Menschen gefährdet, 2. die Tat unter Mitführung von Waffen [...] erfolgt, 3. die Tat mit besonderer Intensität durchgeführt wird, 4. die Tat durch Urkundenfälschung [...] oder unter Ausnutzung eines Verstecks erfolgt, 5. die Tat zusammen mit anderen begangen wird, 6. der Täter wegen ungesetzlichen Grenzübertritts bereits bestraft ist.
(4) Vorbereitung und Versuch sind strafbar."[93]

Unter gemäß § 213 des Strafgesetzbuches der DDR straffällig gewordenen DDR-Bürgern befand sich stets ein nennenswerter Anteil von Mitarbeitern des Gesundheitswesens, die in den entsprechenden Statistiken an vorderer Stelle aufgeführt wurden. Die nachfolgenden Feststellungen beziehen sich auf den Zeitraum von Anfang 1974 bis Mitte 1976:

„Durch die Organe des MfS wurde – nach bisher vorliegenden Angaben – im Zusammenwirken mit den Organen der DVP [Deutschen Volkspolizei] und gesellschaftlichen Kräften das versuchte, vorbereitete bzw. beabsichtigte ungesetzliche Verlassen der DDR im genannten Zeitraum von insgesamt 267 Beschäftigten des Bereiches Medizin einschließlich Medizinstudenten [...] vorbeugend verhindert. Gegen 91 Angehörige der medizinischen Intelligenz

---

92 MfS-Information 572/76 über „Gesamtentwicklung des ungesetzlichen Verlassens der DDR durch im Bereich Medizin beschäftigte Personen und Medizinstudenten und damit zusammenhängende Probleme", Anlage 2; BStU, ZA, ZAIG 2543, Bl. 74 f.
93 Strafgesetzbuch der DDR vom 12.1.1968 in der Neufassung vom 19.12.1974.

mußten Ermittlungsverfahren mit Haft eingeleitet werden, da sie die Vorbereitung bzw. den Versuch des ungesetzlichen Verlassens der DDR mit hoher Intensität betrieben und eine ausgeprägte feindlich negative Grundhaltung zur sozialistischen Staats- und Gesellschaftsordnung der DDR offenbarten."[94]

Das MfS analysierte die „ideologischen, motivbildenden und entschlußfördernden" Faktoren, die bei Ärzten zu auffällig gehäuften Fluchtversuchen geführt hatten und stellte die Ergebnisse in einer Information zusammen, deren ausführliche Fassung mit 57 Seiten sowie zwei Anlagen für die „Genossen Hager, Hering und Mecklinger"[95] bestimmt war. Im folgenden wird aus der neunseitigen Kurzfassung dieser Information zitiert:

„Ca. 20 % der wegen ungesetzlichen Grenzübertritts strafrechtlich zur Verantwortung gezogenen Mediziner handelten auf der Basis einer feindlichen bzw. negativen Einstellung zur sozialistischen Staats- und Gesellschaftsordnung der DDR. [...] Bei einem größeren Teil straffällig gewordener Mediziner war ein kaum ausgeprägter bzw. ein ungefestigter politischer Standpunkt festzustellen. [...] Der überwiegende Teil dieser Mediziner verneinte nachdrücklich das Erfordernis gesellschaftlicher Aktivität des Arztes. [...] Konkreter Ausdruck dessen waren solche Auffassungen, daß ein Arzt auch ohne marxistisches Wissen ein hochqualifizierter Fachmann sein kann, vom Arzt eine unpolitische Haltung eingenommen werden müsse, da er verpflichtet sei, kranke Menschen unabhängig von deren politischen Positionen zu behandeln, die für die gesellschaftliche Arbeit verbrauchte Zeit nutzbringender zur Erfüllung fachlicher Aufgaben und zur persönlichen Weiterqualifizierung verwendet werden könne."[96]

Motivationsbildung ist bekanntlich ein sehr komplexes Geschehen, bei dem sich persönliche, berufliche und politische Faktoren schwer voneinander abgrenzen lassen, zumal, wenn sie sich in einer so ideologisierten Gesellschaft wie der in der DDR vollzog. In dem MfS-Papier wurden aus dem Motivationsgefüge für die Flucht folgende Prioritäten hervorgehoben:

„Bei vielen straffällig gewordenen Medizinern spielte die Erwartung einer günstigeren beruflichen und persönlichen Perspektive nach einem ungesetzlichen Verlassen der DDR als Motiv eine dominierende Rolle. Das Niveau des Gesundheitswesens kapitalistischer Länder wurde [...] überbewertet und die Auffassung von der 'Krisenunabhängigkeit' des ärztlichen Berufes vertreten [...].

---

94 MfS-Information 572/76, Anlage 2; BStU, ZAIG 2543, Bl. 78.
95 Prof. Dr. phil. Kurt Hager (Jg. 1912) war seit 1952 Leiter der Abt. Wissenschaft und Hochschulen beim ZK der SED, Dr. jur. Werner Hering (Jg. 1930) war 1969–81 Leiter der Abt. Gesundheitspolitik beim ZK der SED, Prof. Dr. sc. med. Ludwig Mecklinger (Jg. 1919) war 1964–71 Stellvertreter und 1971–89 Gesundheitsminister der DDR.
96 MfS-Information 572/76; BStU, ZA, ZAIG 2543, Bl. 4.

Durch Kenntnis der relativ hohen Arztgehälter und Vermutungen über 'Starthilfen' und sonstige 'Förderung' von DDR-Ärzten, insbesondere durch die Behörden der BRD und Westberlins, waren diese Ärzte fest davon überzeugt, nach dem ungesetzlichen Verlassen der DDR ohne nennenswerte Schwierigkeiten Fuß fassen zu können. Eine bedeutende Rolle im Motivationsgefüge spielten auch Vorstellungen über uneingeschränkte Reisemöglichkeiten, höheren Lebensstandard und mehr 'persönliche Freiheit'. [...] Als weitere [...] motivbildende und tatentschlußfördernde Faktoren traten darüber hinaus eine Reihe persönlicher Probleme und Umstände in Erscheinung, wie Befürchtungen hinsichtlich einer ungehinderten Entwicklung der eigenen Kinder auf Grund deren sozialen Herkunft, Wohnraumprobleme, [...], Probleme der Partnerwahl und intensive Beeinflussung durch Verwandte und Bekannte in der BRD und in Westberlin."[97]

Interessant ist auch eine Feststellung der MfS-Information über das Meinungsbild flüchtender Ärzte zum DDR-Gesundheitswesen, wobei allerdings offen bleiben muß, wieweit die Äußerungen der Drucksituation geschuldet waren, in der sich die Verhafteten befanden:

„Das sozialistische Gesundheitswesen der DDR wurde nur von einem kleinen Teil der wegen versuchten ungesetzlichen Verlassens der DDR angefallenen Ärzte grundsätzlich negiert. Die Mehrzahl erkannte bestimmte Vorzüge und auch die seit dem VIII. Parteitag der SED erzielten positiven Veränderungen in diesem Gesellschaftsbereich an, überbewertete jedoch bestimmte Unzulänglichkeiten bezüglich der materiell-technischen Sicherstellung, der äußeren Arbeitsbedingungen, der materiell-finanziellen Lebensbedingungen, der Überlastung des ärztlichen Personals, der Ausbildung, Qualifizierung und Weiterentwicklung und der Organisation, Lenkung und Leitung des Gesundheitswesens."[98]

Daß die berechtigte Klage der Betroffenen über all diese Mißstände als eine falsche, nämlich Über-Bewertung abqualifiziert wurde, kann nur mit der ideologisch gestützten Arroganz der Mächtigen erklärt werden. Individuelle Bedürfnisse wurden einfach als verächtlich dargestellt, wie folgender Satz aus der ausführlichen Fassung der MfS-Information zeigt:

„Das überspitzte subjektive Herangehen eines Teils dieser Angehörigen der medizinischen Intelligenz bei der Einschätzung und Bewertung gesellschaftlicher Vorgänge und politisch notwendiger Maßnahmen wird auch beispielhaft deutlich in solchen Verhaltensweisen wie [...] fehlende Einsicht in die Notwendigkeit, zur Gewährleistung der staatlichen Sicherheit Westkontakte ent-

---

97 Ebenda, Bl. 5 f.
98 Ebenda.

sprechend den staatlichen Weisungen abzubrechen bzw. [...] Nichtabfinden mit den Konsequenzen, die sich aus Straftaten (z. B. ungesetzliches Verlassen der DDR) naher Verwandter ergeben."[99]

Eine mangelnde Legitimation der politischen Führung erscheint nach solchen Sätzen nur noch logisch. Die vom MfS geschilderten, wenn auch durch Klassenkampfrhetorik verfremdeten Meinungen der inhaftierten Ärzte geben das wieder:

„Ausgehend von einer feindlich-negativen Position sprachen ca. ein Viertel der o. g. Ärzte dem Staat das Recht ab, den ungesetzlichen Grenzübertritt bzw. den staatsfeindlichen Menschenhandel mit Strafe zu belegen [...]. Andere beriefen sich auf allgemeine Prinzipien der Menschenrechte, die UNO-Charta bzw. die Verfassung der DDR und betrachteten ihr Handeln als 'nicht strafwürdig' oder als 'eigentlich keine richtige Straftat'. Da ihnen angeblich der Staat das Recht der freien Wahl des Wohn- und Arbeitsplatzes verweigere, hätten sie 'ein Recht' darauf, auf illegalem Wege diesen Staat zu verlassen. Ein Teil der Personen spekulierte von Anbeginn darauf, im Zuge des Strafverfahrens aus der Staatsbürgerschaft entlassen und in die BRD ausgewiesen zu werden. Sie betrachteten die Inhaftierung als einen 'sicheren Umweg in die BRD'. Das mit ihrem Vorhaben verbundene Risiko der Bestrafung wurde als durchaus vertretbar empfunden."[100]

Der offenbar in den meisten Fällen irreversible Verlust dieser Ärzte war für die DDR durchaus ernst, denn selbst das MfS mußte einräumen, daß die „Mehrheit der im Zusammenhang mit vorbereitetem oder versuchtem ungesetzlichen Verlassens der DDR in Erscheinung getretenen Angehörigen der medizinischen Intelligenz [...] über ein hohes fachliches Wissen und Können" verfügen würde. Ihnen wäre „Einsatzbereitschaft, Ansehen im Kollegenkreis und bei den Patienten sowie Interesse an der beruflichen Weiterentwicklung und Qualifizierung bescheinigt" worden.[101]
Angesichts der erneuten Abwanderungsbewegung von qualifizierten medizinischen Fachkräften muß sich die Parteiführung wieder einmal zu taktischer Rücksichtnahme gezwungen gefühlt haben, denn sie gab Order zu einer differenzierten Anwendung des § 213 StGB gegenüber Medizinern, wie aus folgender ZAIG-Meldung des MfS hervorgeht:

„Zur Zeit befinden sich 15 Ärzte und 7 mittlere medizinische Personale in Untersuchungshaft und 89 Ärzte sowie 38 mittlere medizinische Personale zur Verbüßung ihrer Strafe in Strafvollzugseinrichtungen. Bei allen durch die

---

99 Ebenda, Bl. 32.
100 Ebenda, Bl. 35.
101 Ebenda, Bl. 16.

Untersuchungsorgane des MfS in Bearbeitung genommenen Angehörigen der medizinischen Intelligenz wurde entsprechend einem Beschluß des Politbüros des ZK der SED über die strafrechtliche Verfolgung und Wiedereingliederung der wegen versuchten ungesetzlichen Verlassens der DDR angefallenen Mediziner geprüft, ob eine hohe Bestrafung zu erfolgen hat oder die Möglichkeit einer Haftentlassung, Verurteilung auf Bewährung oder Strafaussetzung auf Bewährung besteht. Seit dem 1.1.1974 wurden Ermittlungsverfahren gegen insgesamt 108 Angehörige der medizinischen Intelligenz, die beabsichtigten, ungesetzlich die DDR zu verlassen, in Bearbeitung genommen. Wiedereingliederungsmaßnahmen erfolgten im gleichen Zeitraum bei insgesamt 40 Ärzten."[102]

Man griff bei den Medizinern nach jeder Möglichkeit, um ihre qualifizierte Arbeitskraft für die DDR zurückzugewinnen:

„Anknüpfungspunkte für die Entscheidung zur Wiedereingliederung bildeten u. a. die enge Verbundenheit mit der beruflichen Tätigkeit und das Interesse an deren Fortführung einschließlich der Aufnahme oder Weiterführung von Qualifizierungsmaßnahmen, die Elemente positiver, bejahender Haltung gegenüber der sozialistischen Ordnung und die Möglichkeit, dementsprechend oberflächlich bejahende Einstellungen der Ordnung in der BRD zurückzudrängen, bereits vorhanden gewesene Schwankungen in der Entschlossenheit zur Verwirklichung der Straftat und die dafür maßgeblichen Faktoren, das Bestehen enger persönlicher Bindungen zu Personen in der DDR (Kinder, Eltern). Im wesentlichen hat die Entwicklung der wiedereingegliederten Ärzte die Richtigkeit der ihnen gegenüber getroffenen Entscheidung bestätigt."[103]

Es ist nicht bekannt, wie viele Ärzte, die bei Fluchtversuchen erwischt worden sind, sich in die DDR „wiedereingliedern" ließen. Allerdings scheint der Anteil gering gewesen zu sein, sonst wäre die Zahl sicher propagandistisch genutzt worden.

Nachdem im Sommer 1975 in Helsinki die KSZE-Schlußakte von der DDR mitunterzeichnet worden war, entwickelte sich ein neuer Trend in der Art, die DDR zu verlassen:

„Seit dem Abschluß der Konferenz für Sicherheit und Zusammenarbeit in Europa erhöhte sich die Zahl der Personen aus dem Bereich Medizin der DDR, die um Entlassung aus der Staatsbürgerschaft und um Übersiedlung in nichtsozialistische Staaten und nach Westberlin nachsuchten. Anfang des Jahres 1976 befanden sich über 1.000 Anträge dieses Personenkreises in Überprüfung und Bearbeitung der zuständigen staatlichen Organe. Allein 1975

---

102  BStU, ZA, ZAIG 5152, Bl. 24.
103  Ebenda, Bl. 25.

übersiedelten mit Genehmigung der staatlichen Organe der DDR 55 Ärzte und 3 Zahnärzte in die BRD."[104]

Die Zahl der DDR-Bürger, die einen Antrag auf ständige Ausreise in den Westen an die Behörden richteten, wurde nach den genehmigten Übersiedlungen nicht kleiner, sondern wuchs kontinuierlich weiter. Der im SED-Jargon zwar als „ungesetzlich" bezeichnete, jedoch von den Behörden in undurchschaubarer Willkür irgendwann doch immer genehmigte Weg in den Westen brachte den Antragstellern zwar oft jahrelange und durch diverse Schikanen erschwerte Wartezeiten, war aber weniger riskant als eine illegale „Ausschleusung" über die martialisch bewachte Systemgrenze.

Die Statistik zeigt für die folgenden Jahren eine permanent steigende Tendenz der Anträge auf ständige Ausreise aus der DDR, während die Zahl der versuchten und gelungenen „Ausschleusungen" aus der DDR umgekehrt proportional dazu abnahm.[105]

Unabhängig von dieser Veränderung erschienen die aus den ZAIG-Berichten zitierten Einschätzungen des MfS über die Bestrebungen von Medizinern, die DDR zu verlassen, in den folgenden Jahren immer wieder, zum Teil im selben Wortlaut.[106] Das Problem blieb dasselbe, nur wuchs sein Umfang stetig.

### 2.2.3. Reaktionen des MfS

Im Ministerium für Staatssicherheit begnügte man sich nicht damit, die erneut in Gang gekommene Fluchtbewegung bei den Medizinern lediglich zu registrieren. Minister Mielke verlangte Ende September 1973 eine gezielte Aufklärung der Lage im Gesundheitswesen:

„In der letzten Zeit haben sich die gegnerischen Angriffe gegen den Bereich des Gesundheitswesens der DDR wesentlich verstärkt, besonders zur Organisierung der Abwerbung und des ungesetzlichen Verlassens der DDR durch Angehörige der medizinischen Intelligenz und des medizinischen Personals. [...] Im Interesse einer [...] wirksamen Unterstützung der Tätigkeit der Partei- und Staatsorgane ist es notwendig, [...] die politisch-operative Lage im Bereich des Gesundheitswesens der DDR (staatliches Gesundheitswesen, medizini-

---

104 Ebenda, Bl. 25 f.
105 Vgl. Bernd Eisenfeld: Die Zentrale Koordinierungsgruppe. Bekämpfung von Flucht und Übersiedlung, BStU, Berlin 1995. Insbesondere Kapitel 3.2.1. Vom Schwerpunkt „Republikflucht" zum Schwerpunkt „Ausreise", S. 18 ff. sowie Tabelle 2: Fluchtfälle (Personen) 1976–1989, S. 49.
106 Vgl. z. B. „Information über einige Erkenntnisse und Hinweise zu Problemen im Bereich Medizin – Staatliches Gesundheitswesen, Hoch- und Fachschulwesen", Nr. 381/78 vom 12.7.1978; BStU, ZA, ZAIG 2824, Bl. 1–22.

sche Einrichtungen und Ausbildungsstätten im Bereich des Hochschulwesens, Medizinische Akademien und Fachschulen, Hygieneeinrichtungen, medizinische Einrichtungen in den Betrieben, im Verkehrswesen einschließlich medizinische Dienste des MdI und der NVA) konkret aufzuklären und zu analysieren. [...] Die Leiter der Diensteinheiten haben zu sichern, daß alle [...] Möglichkeiten erschlossen und [...] zielstrebig genutzt werden. [...] Sie müssen mit dazu beitragen, [...] Voraussetzungen für den schwerpunktmäßigen Einsatz der operativen Kräfte und [...] Ansatzpunkte für eine Verbreiterung der operativen Basis zu schaffen."[107]

Dieser Anordnung einer gezielten Aufklärung des medizinischen Bereiches ließ der Minister detaillierte Angaben zum „Informationsbedarf" folgen. Aus seiner neun Seiten umfassenden Bedarfsliste sollen nur einige Schwerpunkte herausgegriffen werden:

1.1. „Feindliche Pläne, Absichten, Maßnahmen, Mittel und Methoden gegen das Gesundheitswesen der DDR, gegen Angehörige der medizinischen Intelligenz und das medizinische Personal, dabei in Erscheinung getretene Organisationen, Einrichtungen und Einzelpersonen, vor allem Geheimdienste und staatliche Einrichtungen der BRD und Westberlins, westliche Konzerne der pharmazeutischen Industrie und Medizin-Technik, 'Hartmann-Bund' und seine Stiftung 'Ärzte helfen Ärzten', sogenannte Aufnahmelager in der BRD und Westberlin, Menschenhändlerbanden, [...] medizinische Gesellschaften, Organisationen und Publikationen.
1.2. Hinweise, Fakten und Erkenntnisse zu Abwerbungen, Ausschleusungen und zum ungesetzlichen Verlassen der DDR durch Angehörige der medizinischen Intelligenz und des medizinischen Personals: [...]
1.3. Einschätzung der Wirksamkeit der politisch-ideologischen Diversion unter den Angehörigen der medizinischen Intelligenz und dem medizinischen Personal, [...]."[108]

Allein für die zuletzt zitierte „Einschätzung der Wirksamkeit der politisch-ideologischen Diversion unter den Angehörigen der medizinischen Intelligenz und dem medizinischen Personal" sollten die MfS-Mitarbeiter unter anderen folgende Punkte beachten:

„Mittel und Methoden zur ideologischen Beeinflussung bei Tagungen, Kongressen und Messen, durch medizinische Vereinigungen und Gesellschaften [...], durch Herstellung und Aufrechterhalten von persönlichen Kontakten,

---

107 Schreiben von Mielke an die Leiter der HA und BV des MfS vom 27.9.1973: „Aufklärung und Analyse der politisch-operativen Lage im Bereich des Gesundheitswesens der DDR", Bl. 1f., MfS VVS 814/73; BStU, ZA, DSt 101993.
108 Ebenda, Anlage Bl. 1–9.

Erkenntnisse über die Entwicklung der feindlichen Kontakttätigkeit unter Ausnutzung der neuen Lagebedingungen (besonders im Zusammenhang mit Einreiseverkehr, Reisen in dringenden Familienangelegenheiten),
Erkenntnisse über die ungesetzliche Einschleusung und Verbreitung medizinischer Fachzeitschriften und Fachliteratur, konkrete Angaben zu Absendeinstitutionen und Personen,
konkrete Hinweise auf Zielstellungen, Erscheinungsformen, Mittel, Methoden und Wirksamkeit klerikaler Einrichtungen und Organisationen (Akademiker-Kreise, ESG, KSG[109]),
Erscheinungsformen der feindlichen und negativen Gruppenbildung sowie der staatsfeindlichen Hetze unter Angehörigen der medizinischen Intelligenz und des medizinischen Personals,
Hinweise auf illegale Einfuhr und Verwendung von Westmedikamenten sowie deren ungesetzliche Erprobung bzw. Begutachtung, [...]"[110] usw.

Wenn man hinter jeder Regung, angefangen von persönlichen Kontakten bei Kongressen über Einreisen in dringenden Familienangelegenheiten, Sendungen medizinischer Fachliteratur, christlichen oder anderen Akademikerkreisen bis hin zur Verwendung westlicher Medikamente immer nur den bitterbösen Klassenfeind vermutet, zieht das ein ziemlich uferloses Überwachungsprogramm nach sich.

Dem standen zielgenauere Versuche des MfS gegenüber, Fluchthilfeorganisationen zu bekämpfen. Im November 1973 wurden die Referatsleiter der Hauptabteilung XX/5, die von 1962 bis 1975 im MfS die Federführung bei der „Bekämpfung des staatsfeindlichen Menschenhandels" hatten,[111] zur „Verstärkung der politisch-operativen Abwehrarbeit im Bereich Gesundheitswesen" darauf hingewiesen, ihre „auf der Linie Gesundheitswesen tätigen inoffiziellen Mitarbeiter" zielgerichtet einzusetzen. „Besonderer Wert" sollte „dabei auf auswertbare politisch-operative Informationen über geplante Schleusungen von Ärzten und medizinisch-technischem Personal sowie generell alle Erscheinungen und Probleme im Bereich Gesundheitswesen" gelegt werden, „die als begünstigende Faktoren im Zusammenhang der Republikflucht anzusehen sind."[112] Als „begünstigende Faktoren im Zusammenhang der Republikflucht" galten nun allerdings alle als „negative Erscheinungen" bezeichneten Mißstände im Gesundheitswesen, womit wiederum ein weites Feld für staatssicherheitsdienstliche Ermittlungen eröffnet war.

Das Bestreben, die durchlässiger gewordene Staatsgrenze gen Westen zu

---

109 ESG und KSG: Evangelische und Katholische Studentengemeinde.
110 Schreiben Mielkes vom 27.9.1973, Anlage, S. 3.
111 Vgl. MfS-Befehl 506/62 vom 27.8.1962; BStU, ZA, DSt 100366 und MfS-Befehl 373/64 vom 6.5.1964 (Umbenennung der HA V/5 in XX/5); BStU, ZA, DSt 100417. Vgl. außerdem Thomas Auerbach: Die HA XX/5, unveröffentlichtes Manuskript, 22 Seiten.
112 Schreiben von Oberstleutnant Willmann, HA XX/5, an die Leiter der Referate IV, III und II, vom 6.11.1973; BStU, ZA, HA XX, Bündel 9 (unerschlossenes Material).

überwinden, hatten natürlich nicht nur Mitarbeiter des Gesundheitswesens der DDR. Aber es war auch nicht gleichmäßig in der Bevölkerung verteilt, sondern in Abhängigkeit von den Chancen zur Flucht und für einen neuen Start im Westen gestaffelt. In seinem Befehl 1/75 ordnete Minister Mielke an, die Bemühungen des MfS zur „Vorbeugung, Aufklärung und Verhinderung des ungesetzlichen Verlassens der DDR und Bekämpfung des staatsfeindlichen Menschenhandels" auf bestimmte Personengruppen zu konzentrieren:

„Bei der verstärkten Sicherung der politisch-operativen Schwerpunktbereiche ist die vorbeugende Arbeit vorrangig auf Personen mit wichtigen Spezialkenntnissen, Geheimnisträger und im Blickpunkt der Öffentlichkeit stehende Personen auszurichten, wie Angehörige der wissenschaftlichen, wissenschaftlich-technischen und medizinischen Intelligenz; Fachkräfte aus (bestimmten) ökonomischen Bereichen, [...]; Mitarbeiter des Außenhandels; Reisekader [...]; Angehörige und ehemalige Angehörige der bewaffneten Organe; Personen, deren politisch-operative Sicherung besonders im Interesse der Verhinderung ihrer Ausnutzung zur politischen Diskreditierung der DDR erforderlich ist, wie Kunst- und Kulturschaffende, Sportfunktionäre und Leistungssportler, Mitarbeiter der Volksbildung, [...]; Angehörige diplomatischer und anderer Vetretungen der DDR im Ausland."[113]

Ärzte verfügen über eine wichtige Qualifikation und stehen durch ihre Patienten im Blickpunkt der Öffentlichkeit. Daher wundert es nicht, daß die medizinische neben der „wissenschaftlichen und wissenschaftlich-technischen Intelligenz" zu jener Personengruppe gehörte, auf die sich die vorbeugende Arbeit des MfS konzentrieren sollte. Ein Hinweis darauf, daß Mielke den Mitarbeitern des Gesundheitswesens auch im Vergleich zu anderen exponierten Gruppen besondere Aufmerksamkeit widmete, ist ihre Erwähnung an zweiter Stelle der im Befehl 1/75 genannten Aufgaben, auf die sich das MfS konzentrieren sollte:

„Vorrangige Durchführung aller erforderlichen Maßnahmen zur Abwehr der auf das Gesundheits- und Sozialwesen gerichteten Angriffe des Gegners, der durch die Abwerbung von Ärzten, von mittlerem medizinischen Personal, von Studenten medizinischer Ausbildungseinrichtungen sowie von medizinischem Hilfs- und Verwaltungspersonal die Arbeitsfähigkeit medizinischer Einrichtungen zu stören und ärztliche Versorgung und medizinische Betreuung der Patienten zu gefährden versucht."[114]

---

113 „Befehl 1/75 zur Vorbeugung, Aufklärung und Verhinderung des ungesetzlichen Verlassens der DDR und des staatsfeindlichen Menschenhandels" vom 15.12.1974, 29 Seiten, hier S. 9 f., MfS VVS 008–1118/75; BStU, ZA, DSt 102092.
114 Ebenda, S. 10.

Wie fieberhaft man sich im MfS gerade mit der „Ausschleusung" von Ärzten aus der DDR beschäftigte, zeigen auch einige an der Hochschule des MfS erstellte Diplomarbeiten aus den Jahren 1974 und 1975.[115]

In diesen Jahren hatte das Problem der „Republikflucht" wieder derart bedrängende Ausmaße angenommen, daß die Organisationstruktur innerhalb des MfS daraufhin verändert wurde. Die bisherige Federführung der Hauptabteilung XX/5 für die koordinierte Bekämpfung der „Republikflucht" durch verschiedene Diensteinheiten ging 1975 an eine neugegründete „Zentrale Koordinierungsgruppe" (ZKG) im MfS über. Deren Arbeit war vor allem auf die „Aufklärung unbekannter Flucht- und Schleusungswege", die „Erfassung von Rückverbindungen in die DDR" sowie die Bekämpfung der „Auftraggeber, Aufkäufer, Werber, Kuriere und Stützpunkte" von „kriminellen Menschenhändlerbanden (KMHB)" gerichtet.[116]

Fluchthilfeorganisationen wurden im MfS-Jargon allgemein als „kriminelle Menschenhändlerbanden" bezeichnet. Die organisierte Ausschleusung von medizinischen Fachkräften aus der DDR bewertete man im SED-Staat jedoch nicht nur als kriminell, sondern als politisches Verbrechen von besonderer Gemeingefährlichkeit. Das geht aus einem „Gutachten über die Folgen und Auswirkungen der von den Beschuldigten B[...] und S[...] organisierten Ausschleusungen von Ärzten, Zahnärzten und Krankenschwestern für das Gesundheitswesen der Deutschen Demokratischen Republik"[117] hervor, das eine Kommission des DDR-Gesundheitsministeriums am 18. März 1975 vorlegte. In dem 56 Seiten und etliche Anlagen umfassenden Gutachten kamen die Verfasser zu einer die beschuldigten Fluchthelfer schwer belastenden Einschätzung:

---

115 Vgl. MfS-Diplomarbeiten: Hauptmann Kurt Schröder (BVfS Schwerin, Abt. XX) und Oberleutnant Hans-J. Seidel (BVfS Rostock, Abt. XX): „Die Klärung der Ursachen des ungesetzlichen Verlassens bzw. der Ausschleusung von Angehörigen der medizinischen Intelligenz in einem bestimmten Bereich sowie die Bestimmung des Einsatzes der IM zur vorbeugenden Verhinderung dieser Feindangriffe", 126 Seiten, Abschluß 9.7.1974, MfS JHS MF VVS 160–304/74. Hauptmann Friedrich Bohlig (BVfS Suhl, Abt. XX): „Der Einsatz von IM/GMS im medizinischen Bereich zur Aufdeckung operativ relevanter Kontakte zu Personen und Einrichtungen in das nichtsozialistische Ausland mit dem Ziel der Vorbeugung und Bekämpfung des ungesetzlichen Grenzübertritts (einschließlich Ausschleusungen)", 66 Seiten, Abschluß November 1974, MfS JHS MF VVS 001–352/74. Hauptmann Lothar Jaeckel (HA XX/5): „Die Feststellung und Beseitigung begünstigender Bedingungen für ungesetzliche Grenzübertritte (Begehungsweisen gemäß §§ 105 und 213 StGB) im Bereich der medizinischen Intelligenz", 114 Seiten, Abschluß 7.2.1975, MfS JHS MF VVS 001–239/75. Oberleutnant Ralf Büntig (BVfS Halle, Abt. XX): „Die Voraussetzungen und Anforderungen an Vorbeugungsgespräche als wirksame Methode zur Verhinderung ungesetzlicher Grenzübertritte durch Angehörige des medizinischen Personals", 90 Seiten, Abschluß 20.6.1975, MfS JHS MF VVS 001–287/75.
116 Vgl. Bernd Eisenfeld: Die Zentrale Koordinierungsgruppe. Bekämpfung von Flucht und Übersiedlung, BStU, Berlin 1995, S. 17.
117 Gutachten der Kommission des Gesundheitsministeriums vom 18.3.1975, 6 Bde., hier Beiakten Bd. 2, Bl. 3–6; BStU, ZA, AU 11853/75, S. 54 f.

„Die Ermittlungsergebnisse bestätigen eindeutig, daß die Beschuldigten B[...] und S[...] ihre Tätigkeit gezielt auf eine Durchkreuzung der planmäßigen Entwicklung und auf eine schwere Schädigung des sozialistischen Gesundheitswesens der DDR richteten, wobei sie das weitgesteckte Ziel verfolgten, insbesondere über eine massenweise Ausschleusung von Ärzten, Zahnärzten und Krankenschwestern die medizinische Betreuung spürbar zu verschlechtern, auf diese Weise Unruhe unter der Bevölkerung auszulösen, die schließlich in konterrevolutionäre Aktionen gegen den sozialistischen Staat und die Partei der Arbeiterklasse einmünden sollten.

Die Durchkreuzung staatlich beschlossener gesundheitspolitischer Aufgaben von unmittelbarer Bedeutung für das körperliche und psychische Wohlergehen der Bürger der DDR durch die von den Beschuldigten B[...] und S[...] durchgeführten Ausschleusungen von 21 Ärzten, vier Zahnärzten und drei weiteren medizinischen Kadern ist erwiesen durch:
die herbeigeführte abrupte Unterbrechung ärztlicher Betreuungsmaßnahmen, verbunden mit ernsthafter Gefährdung größerer Gruppen von Patienten und Herbeiführung von Unruhe und Unzufriedenheit bei vielen Angehörigen [...]."[118]

Dieser weitreichenden Bewertung entsprechend wurden die Beschuldigten B. und S. „wegen staatsfeindlichen Menschenhandels teilweise in Tateinheit mit Sabotage im besonders schweren Fall" zu lebenslänglichen Freiheitsstrafen verurteilt.[119]

Im Vorfeld der strafrechtlichen Verfolgung gab es eine Vielzahl verdeckter, sogenannter „politisch-operativer" Ermittlungen und gezielter Irritationsversuche gegenüber Menschen, die verdächtigt wurden, eventuell aus der DDR flüchten oder bei Fluchtaktionen helfen zu wollen. Solche „politisch-operativen" Aktivitäten waren das eigentliche Betätigungsfeld der Diensteinheiten des MfS, die für die Überwachung der Mitarbeiter des Gesundheitswesens in der DDR zuständig waren. In einer an der Hochschule des MfS verfaßten Diplomarbeit wurden beispielsweise zehn bereits 1971 gegen Ärzte und Krankenschwestern geführte „Operative Vorgänge (OV)" allein im Bezirk Potsdam genannt.[120] In den Unterlagen der Bezirksverwaltung für Staatssicherheit Potsdam finden sich viele solcher Vorgänge. Dort gab es in den siebziger Jahren eine auffallende Häufung der „Republikflucht" insbe-

---

118 Ebenda.
119 Urteil des Strafsenats 1 c beim „Stadtgericht von Groß-Berlin" nach nichtöffentlicher Hauptverhandlung am 8., 9., 10. und 14.4.1975, Strafakte des Stadtgerichts von Groß-Berlin, S. 2204–2206; ebenda.
120 MfS-Diplomarbeit von Leutnant Horst Päthe (Abt. XX der BVfS Potsdam): „Die politisch-ideologische Diversion des Gegners gegen die medizinische Intelligenz des Bezirkes Potsdam und die sich daraus ergebenden politisch-operativen Schlußfolgerungen", MfS JHS VVS 183/71, 7 Seiten, hier S. 63–67: „Die Anlage X enthält eine Übersicht Operativ-Vorgänge der Linie XX der BV Potsdam, in denen Personen der medizinischen Intelligenz und des mittleren medizinischen Personals wegen Verbindungen zu staatsfeindlichen Organisationen und des staatsfeindlichen Menschenhandels operativ bearbeitet wurden."

sondere leitender Ärzte: Bereits 1970 war der stellvertretende ärztliche Direktor der Nervenklinik Neuruppin aus der DDR ausgeschleust worden, ohne daß das MfS die genaueren Umstände der Flucht hatte klären können[121]. Ihm folgten innerhalb weniger Jahre auf verschiedenen Wegen zehn weitere hochqualifizierte Ärzte desselben Kreises.[122] Von 1977 bis 1981 wurde ein OV über sieben Personen eines Gesprächskreises der evangelischen Kirche in Neuruppin geführt, zu dem zwei Nervenärzte der Nervenklinik Neuruppin und drei Ärzte anderer Fachrichtungen gehörten[123]. Der sogenannte OV „Metro" war zuerst Anfang September 1977 von der MfS-Kreisdienststelle Neuruppin wegen des Verdachts „einer politischen Untergrundtätigkeit gemäß §§ 106 und 107"[124] angelegt worden. Nachdem 1978 im Januar eine Psychiaterin der Nervenklinik Neuruppin einen Antrag auf Ausreise aus der DDR gestellt, im Juni der stellvertretende ärztliche Leiter und im Oktober ein Psychologe derselben Klinik die DDR mit ihren Familien „ungesetzlich verlassen" hatten, ging es im OV „Metro" fast nur noch um die Ärzte der Nervenklinik unter dem Verdacht auf Straftaten gemäß § 100 („Staatsverräterische Agententätigkeit") und § 213 StGB-DDR („Ungesetzlicher Grenzübertritt"). 1979 wurde in der MfS-Kreisdienststelle Neuruppin eigens eine „Arbeitsgruppe Gesundheitswesen" „zur Aufklärung und Abwehr des Feindangriffes im Schwerpunktbereich Gesundheitswesen des Kreises Neuruppin" unter Leitung eines Major Böhm gebildet. Aus dessen „Einschätzung der politisch-operativen Wirksamkeit" dieser Arbeitsgruppe ist zu erfahren, daß ihre Mitarbeiter im ersten Halbjahr 1980 neun Operative Vorgänge mit 39 Personen sowie acht Operative Personenkontrollen bearbeiteten, wobei die Überwachung der „medizinischen Intelligenz" in den Neuruppiner Gesundheitseinrichtungen, insbesondere der Nervenklinik und des Bezirkskrankenhauses, im Mittelpunkt stand.[125]

Neuruppin war kein Einzelfall, bei dem insbesondere Nervenärzte vom MfS „operativ bearbeitet" wurden. Ein weiteres Beispiel aus dem Bezirk Potsdam ist der Zentrale Operative Vorgang (ZOV) „Alias", der 27 Bände umfaßt und sich Ende der siebziger und Anfang der achtziger Jahre „operativ" mit mehr als 20 Medizinern befaßte. Hier hatte das MfS festgestellt, daß nach der „Republikflucht" eines Arztes der Nervenklinik Brandenburg im Mai 1975 innerhalb von zwei Jahren mehrere Personen aus der DDR „ausgeschleust" worden waren, die als „direkte Rückverbindungen" des Psychiaters identifiziert wurden. Das waren überwiegend frühere Kollegen und Bekannte aus der beruflichen Zusammenarbeit. Das MfS stellte die

---

121 OV „Blender"; BStU, ASt Potsdam, AOP 132/73, 2 Bde.
122 BStU, ASt Potsdam, AKG 1071, Bl. 14f.
123 OV „Metro"; BStU, ASt Potsdam, AOP 290/81, 11 Bde.
124 Paragraph 106 StGB: „Staatsfeindliche Hetze", Paragraph 107 StGB: „Verfassungsfeindlicher Zusammenschluß".
125 Einschätzung der AG Gesundheitswesen der KD Neuruppin vom 28.7.1980; BStU, ASt Potsdam, AKG 1071, Bl. 16–35.

Sachlage im Abschlußbericht zum ZOV vom 23. März 1984 folgendermaßen dar:

„Den territorialen Schwerpunkt der Angriffe der KMHB [kriminellen Menschenhändlerbande] T[...] bildete das Gesundheitswesen des Bezirkes Potsdam und hier insbesondere die Bezirksnervenklinik Brandenburg. Weitere 'Schleusungskandidaten' unterhielten enge Verbindungen zu Angestellten der Bezirksnervenklinik Brandenburg auf Grund früherer gemeinsamer Tätigkeit (Arbeit/Studium) bzw. im privaten Bereich und waren zum Zeitpunkt der realisierten bzw. geplanten Ausschleusung in anderen medizinischen Einrichtungen des Bezirkes Potsdam [...] bzw. in den Bezirken Dresden, Frankfurt/O., Leipzig und der Hauptstadt der DDR, Berlin, tätig."[126]

Die „operative Bearbeitung" der vermeintlich oder tatsächlich Beteiligten war entsprechend breit auf verschiedene Diensteinheiten des MfS verteilt. Die bloße Aufzählung einiger Teilvorgänge (TV) mit den bearbeitenden Diensteinheiten des MfS vermittelt eine Ahnung vom Umfang der Aktivitäten, die allein im Rahmen des von der MfS-Bezirksverwaltung Potsdam koordinierten ZOV „Alias" inszeniert wurden: Fünf Ärzte der Bezirksnervenklinik Brandenburg wurden in einem TV „Achse" und zehn weitere Mitarbeiter derselben Klinik in einem Operativen Vorgang (OV) „Schwalbe" durch die MfS-Kreisdienststelle Brandenburg[127] „bearbeitet". Des weiteren wurde die Schwester eines Psychiaters im TV „Bremse" von der Abteilung XX der MfS-Bezirksverwaltung Berlin, einige Freunde vom gemeinsamen Medizinstudium her in einem TV „Conus" bzw. in einer Operativen Personenkontrolle (OPK) „Medizin" der MfS-Kreisdienststelle Anklam,[128] andere Ärzte in einer OPK „Partner" der MfS-Kreisdienststelle Gransee, einer OPK „Nadel" der MfS-Kreisdienststelle Staßfurt, einem OV „Golf" der MfS-Kreisdienststelle Königs Wusterhausen, einem OV „Mezger" der MfS-Kreisdienststelle Zossen, einem OV „Arzt" der MfS-Kreisdienststelle Halberstadt sowie in einem OV „Prag" der MfS-Kreisdienststelle Potsdam[129] bearbeitet. Das MfS schätzte die Vorgangsbearbeitung 1984 als erfolgreich ein. Konkret seien „fünf Schleusungsaktionen mit insgesamt zehn Festnahmen liquidiert" worden. Gegen die Aktivisten der Schleusungen, unter ihnen drei zuvor selbst aus der DDR ausgeschleuste Psychiater, wurden – vor allem mit Hilfe inoffizieller Mitarbeiter – „Zersetzungsmaßnahmen" eingeleitet, die als „schleusungswillig" eingeschätzten Ärzte in der DDR eingeschüchtert. Am 6. April 1984 wurde der ZOV „Alias" mit folgender Begründung archiviert:

---

126 Abschlußbericht ZOV „Alias"; BStU, ASt Potsdam, AZOP 1191/84, Bd. 2, Bl. 370–396, hier 372.
127 OV „Schwalbe"; BStU, ASt Potsdam, AOP 1727/78, 13 Bde.
128 OPK „Medizin"; BStU, ASt Neubrandenburg, AOPK III 369/83.
129 Zu den operativen Vorgängen bzw. Personenkontrollen, bei denen keine Archivsignaturen angegeben wurden vgl. ZOV „Alias", Abschlußbericht, bzw. ZOV „Alias", Bd. 20.

„Die MHB [Menschenhändlerbande] T[...] existiert im Ergebnis der operativen Bearbeitung nicht mehr als eigenständige MHB. [...] Innerhalb der MHB, ihrer Inspiratoren und schleusungswilligen Rückverbindungen wurde ein hohes Maß an Zersetzung, Desinformation und Verunsicherung durch die zurückliegende Bearbeitung erreicht."[130]

Über andere Krankenhäuser lassen sich ähnliche Materialien finden. Zum Abschluß der Beispiele aus dem Bezirk Potsdam sei noch ein Chefarzt der Nervenklinik Teupitz genannt, der wegen des Verdachts der „landesverräterischen Agententätigkeit" (§ 100 StGB-DDR) und des „ungesetzlichen Grenzübertritts" (§ 213 StGB-DDR) in einem OV bearbeitet[131] und darüber hinaus nach entsprechenden Untersuchungen zu zwei Jahren Freiheitsentzug auf Bewährung verurteilt wurde, weil er es unterlassen hatte, die beabsichtigte Schleusung einer anderen Person aus der DDR anzuzeigen (§ 225 (1) 2 StGB-DDR).[132]

Die Auflistung solcher Vorgänge der „operativen" Bearbeitung von Mitarbeitern des Gesundheitswesens im Bezirk Potsdam kann sicherlich nur eine oberflächliche Vorstellung von den Aktivitäten des MfS vermitteln. Was im einzelnen an Spitzeleien und Observationen, Postkontrollen und Telefonüberwachungen, Vorladungen und Verhören, Einschüchterungs-, Disziplinierungs- und Beeinflussungsversuchen, vereinzelt auch Verhaftungen und Haftschikanen geschehen ist, kann hier nicht dargestellt werden.

Wenden wir uns am Ende des Kapitels noch den inoffiziellen Mitarbeitern (IM) des MfS zu, die der Minister für Staatssicherheit regelmäßig als „Hauptwaffe" im Kampf an der unsichtbaren Front bezeichnete und ohne die die „politisch-operative Arbeit" des MfS undenkbar gewesen wäre. 1971 hatte ein Leutnant der Abteilung XX der BVfS Potsdam in seiner an der MfS-Hochschule verfaßten Diplomarbeit den „hohe[n] Anteil an Straftaten des staatsfeindlichen Menschenhandels und der Grenzdelikte innerhalb der medizinischen Intelligenz" beklagt und die Forderung gestellt, „IM-Systeme zu entwickeln, die über eine solche Qualität verfügen, die äußerst raffinierten und hinterhältigen Methoden des Gegners zu erkennen, in das Verbindungssystem einzudringen und zur Aufklärung geplanter Maßnahmen und Absichten des Feindes im Operationsgebiet wirksam zu werden."[133] Der Diplomand formulierte besondere Anforderungen, die an die Qualität von inoffiziellen Mitarbeitern im Gesundheitswesen zu stellen seien und legte entsprechende Pläne vor. So sollte „bei der Werbung von Personen der medizinischen Intelligenz [...] der Schwerpunkt auf entwicklungsfähige junge

---

130 Beschluß über die Archivierung des ZOV „Alias", Bd. 2, Bl. 398.
131 OV „Röntgen"; BStU, ASt Potsdam, AOP 1571/81, 1 Bd.
132 Untersuchungsvorgang; BStU, ASt Potsdam, AU 535/81.
133 MfS-Diplomarbeit von Leutnant Horst Päthe (Abt. XX der BVfS Potsdam): „Die politisch-ideologische Diversion des Gegners gegen die medizinische Intelligenz des Bezirkes Potsdam und die sich daraus ergebenden politisch-operativen Schlußfolgerungen", MfS VVS 183/71, 77 Seiten, hier S. 30 f.

Ärzte" gelegt werden, „um sie in der Zusammenarbeit an unser Organ zu binden und bei Eignung in einflußreiche Positionen zu lancieren." Sogar „entwicklungsfähige EOS-Schüler", also Gymnasiasten, „die das Bestreben haben, ein Medizinstudium aufzunehmen", sollten kontaktiert und langfristig „auf den späteren Einsatz" als IM vorbereitet werden. Diese IM sollten „während der Zeit des Studiums systematisch an das MfS gebunden werden", um nach dem Staatsexamen „diese bereits hochqualifizierten IM an politisch-operativen Schwerpunkten unter der medizinischen Intelligenz einzusetzen". Außerdem sollten inoffizielle Mitarbeiter unter den medizinischen „Reisekadern" und solchen Ärzten geworben werden, „die über persönliche oder 'wissenschaftliche' Kontakte zu den verschiedenen medizinischen Einrichtungen der BRD, welche eine aktive Rolle im Rahmen der politisch-ideologischen Diversion spielen, verfügen." In die „operative Arbeit" einbezogen werden sollten ferner „IM anderer Berufskategorien wie Künstler, Wissenschaftler usw., die in ihrem Freizeitbereich enge Verbindungen zur medizinischen Intelligenz unterhalten" und inoffizielle Zuträger unter dem medizinisch-technischen Personal.[134] Demnach befand sich die systematische Anwerbung inoffizieller Mitarbeiter zur Überwachung und „Durchdringung" des DDR-Gesundheitswesens 1971 noch im Planungsstadium.

Die einzelnen MfS-Akten von Ärzten, die in den frühen siebziger Jahren als IM geführt wurden, konzentrieren sich vor allem auf Einsätze zur Verhinderung der Westflucht von Mitarbeitern des Gesundheitswesens. Diese sahen recht unterschiedlich aus. Ein Arzt, der von der Abteilung XX/1 der Bezirksverwaltung für Staatssicherheit als IMV „Rex Feuerfisch" geführt wurde, war beispielsweise dezidiert „auf der Linie des staatsfeindlichen Menschenhandels" eingesetzt. Er nahm zwischen 1966 und 1973 im Auftrag des MfS wiederholt Kontakt zu Organisationen auf, die sich auf die Ausschleusung von Personen aus der DDR spezialisiert hatten. „Rex Feuerfisch" wurde vom MfS mit Geldprämien und einer „Verdienstmedaille" ausgezeichnet, weil er „operativ außerordentlich erfolgreich" gearbeitet hätte. Er habe es dem MfS ermöglicht, Schleusungsorganisationen „aufzuklären und zu liquidieren", wozu unter anderem die Verhaftung mehrerer Personen gehörte.[135]

Daß der Einsatz von IM im DDR-Gesundheitswesen meist weniger kriminalfilmreif war, kann das Beispiel eines leitenden Chirurgen in einem Krankenhaus im Bezirk Halle illustrieren. Über den besagten Chirurgen war 1974 zunächst eine IM-Vorlauf-Akte unter dem Decknamen „Blinddarm" angelegt worden. In seiner schriftlichen Verpflichtung zur inoffiziellen Zusammenarbeit mit dem MfS im Januar 1975 hatte der Arzt sich dann selbst den verblüffenden Decknamen „Hippokrates" gewählt:

---

134 Ebenda, S. 31f.
135 Vgl. IM-Akte „Rex Feuerfisch", MfS-Registriernummer XV/2372/66; BStU, ZA, AIM 3167/72.

„Die Werbung wurde notwendig, um eine Ärztin im Krankenhaus [...] operativ zu kontrollieren, weil der Verdacht des illegalen Verlassens der DDR bestand. Die von dem IMV erarbeiteten Informationen waren hierzu objektiv und dienten der Einleitung vorbeugender Maßnahmen von zentraler Stelle, in deren Ergebnis die Ärztin eine ihren Vorstellungen entsprechende Tätigkeit in der Hauptstadt Berlin aufnahm. Bei der Lösung dieser Aufgabe und der Erarbeitung anderer Informationen zeigte der IMV Initiative und unterbreitete konstruktive Vorschläge zur Lösung bestimmter Fragen."[136]

Soweit sich das Tun dieses IM anhand der MfS-Akte rekonstruieren läßt, hat er seinem selbstgewählten Decknamen zumindest insofern *nicht* widersprochen, als er den hippokratischen Eid durch eine Patienten betreffende Verletzung der ärztlichen Schweigepflicht nicht gebrochen hat. Seine dem MfS gegebenen Informationen betrafen stets Angehörige des medizinischen Personals, und dabei meist Fragen wie die, ob man es riskieren könne, dieser oder jenem eine Reise in den Westen zu gestatten, oder ob etwa mit einer Nichtrückkehr der Betreffenden gerechnet werden müsse. Anläßlich solcher Erwägungen, die wohl jeder Chef in der DDR von Zeit zu Zeit treffen mußte, kam es bei „Hippokrates" schon mal zu einem unappetitlich wirkenden Auftrag wie dem der „Abschöpfung von Ärzten zur Person Dr. B[...] hinsichtlich ihres Persönlichkeitsbildes und (ihrer) Familienstruktur". Dennoch war die IM-Tätigkeit dieses Chirurgen rollenkonform zu seinen Aufgaben als Leiter im staatlichen Gesundheitswesen der DDR.

Abgesehen von Einzelbeispielen wie den referierten hatte die forcierte Anwerbung inoffizieller Mitarbeiter im DDR-Gesundheitswesen bis Mitte der siebziger Jahre noch nicht zu einem IM-Netz geführt, das in irgendeiner Weise die Bezeichnung „flächendeckend" verdient hätte. Im Gegenteil, es gab noch große Lücken in der MfS-Überwachung, wie einer Rede zu entnehmen ist, die Erich Mielke am 22. Januar 1975 vor MfS-Offizieren hielt und in der er mehrmals auf das Gesundheitswesen einging:

„Zum Teil ist die inoffizielle Basis, vor allem unter den gefährdeten Personenkreisen, noch zu schwach, um Angriffe des Gegners gegen bestimmte Zielbereiche und Zielgruppen rechtzeitig erkennen und wirksam unterbinden zu können. So reichen die gegenwärtig vorhandenen IM/GMS [verschiedene Kategorien inoffizieller Mitarbeiter] von der Qualität und Anzahl her vor allem in den Bereichen des Gesundheitswesens, des Hoch- und Fachschulwesens und der Volksbildung nicht aus. Es gibt ganze Bereiche im Gesundheitswesen, bedeutende Krankenhäuser, Ausbildungseinrichtungen, Seminargruppen u. a., wo wir inoffiziell nicht verankert sind."[137]

---

136 Beurteilung des IMV „Hippokrates" vom 1.12.1975; BStU, ASt Halle, MfS-Registriernummer IV/1699/74, Teil I, Bd. 1, Bl. 127.
137 Referat Mielkes für die Dienstkonferenz zur zentralen Planvorgabe 1975 vom 22.1.1975, S. 104; BStU, ZA, DSt 102227.

Der Minister für Staatssicherheit forderte strukturelle Konsequenzen im MfS zur Behebung der Anfang 1975 noch erheblichen Überwachungslücken im DDR-Gesundheitswesen:

„Besondere Anstrengungen sind notwendig, um die Wirksamkeit der politisch-operativen Arbeit, insbesondere im Bereich Gesundheitswesen, zielstrebig weiter zu verstärken. Die Leiter der Diensteinheiten haben den in diesem Bereich tätigen operativen Mitarbeitern eine qualifiziertere Hilfe und unmittelbare Unterstützung zu geben. Durch die Vervollkommnung ihrer politisch-operativen Kenntnisse und Erfahrungen sind sie schneller zu befähigen, unter den uns bekannten *komplizierten Bedingungen* im Gesundheitswesen eine den Erfordernissen entsprechende qualifizierte politisch-operative Arbeit zu leisten. [...] Bei notwendigen personellen Veränderungen gilt es zu gewährleisten, daß für die politisch-operative Arbeit im Bereich Gesundheitswesen besonders befähigte und erfahrene operative Mitarbeiter zum Einsatz gebracht werden. Gleichfalls erforderlich ist es, die vorhandene operative Organisations- und Leitungsstruktur zur Sicherung aller Bereiche des Gesundheitswesens zu prüfen und entsprechend den Möglichkeiten die dazu vorhandenen operativen Kräfte zusammenzufassen und diese unter eine einheitliche operative Leitung zu stellen."[138]

Der zitierten Weichenstellung Mielkes entsprechend taucht „die politisch-operative Sicherung des Gesundheitswesens" in allen MfS-Arbeitsplänen der folgenden Jahre an prominenter Stelle auf, wie zum Beispiel in der zentralen Planvorgabe für die zweite Hälfte der siebziger Jahre, in der das Gesundheitswesen als einer der Schwerpunkte in der Arbeit des MfS, an zweiter Stelle nach den Bereichen Kunst und Kultur und noch vor den „jugendlichen Personenkreisen" genannt wurde.[139]

## 2.3. Der Überwachungsapparat in den achtziger Jahren

Der in den siebziger Jahren systematisch betriebene Ausbau der staatssicherheitsdienstlichen Überwachung des Gesundheitswesens mündete schließlich in differenzierte Strukturen, deren Kenntnis zum Verständnis der Wirkungsweise des MfS unerläßlich ist.

Für die „Absicherung" des DDR-Gesundheitswesens war die „Linie XX/1" des Staatssicherheitsdienstes verantwortlich, deren Aufbau im MfS analog zur zentralistischen Hierarchie der Partei und den staatlichen Verwal-

---

138 Ebenda, S. 105 f. Hervorhebung im Original.
139 Vgl. „Zentrale Planvorgabe für 1976 und den Perspektivplanzeitraum bis 1980", S. 75–78, MfS GVS 1130/75; BStU, ZA, DSt 102260.

tungsstrukturen organisiert war: Auf zentraler (Republik-) Ebene war als Parteiinstanz die Abteilung Gesundheitspolitik des Zentralkomitees der SED, als staatliches Gremium das Ministerium für Gesundheitswesen und im MfS die Hauptabteilung XX, Abteilung 1, Referat II (vereinfachend Hauptabteilung XX/1/II) federführend. Auf Bezirksebene wurde die politische Macht von den Bezirksleitungen der SED und die staatliche von den Bezirksärzten und ihren Fachabteilungen in den Räten der 15 DDR-Bezirke[140] repräsentiert, während die auf Bezirksebene angesiedelten Gesundheitseinrichtungen von den Referaten 1 der Abteilungen XX der Bezirksverwaltungen für Staatssicherheit (vereinfachend Abteilungen XX/1 der Bezirksverwaltung für Staatssicherheit) überwacht wurden. In den Kreisen schließlich stellten die SED-Kreisleitungen die politischen und die Kreisärzte mit den entsprechenden Fachabteilungen in den Räten der Kreise die staatlichen Führungsgremien dar, während für die „Absicherung" der Krankenhäuser und Polikliniken in den einzelnen Kreisen bzw. analog in den Ostberliner Stadtbezirken die regionalen Kreisdienststellen (KD) des MfS zuständig waren.

Nach dem Prinzip des angeblich demokratischen, in Wirklichkeit jedoch bürokratischen Zentralismus verliefen die Weisungsstränge in Partei, Staat und Staatssicherheitsdienst strikt von oben nach unten. Wie das Zentralkomitee der SED den Bezirksparteileitungen und diese den Kreisleitungen der SED gegenüber weisungsbefugt waren, so war der Ministerrat der DDR den Räten der Bezirke und diese den Räten der Kreise, das Gesundheitsministerium den Bezirksärzten und diese den Kreisärzten, sowie analog das Ministerium für Staatssicherheit den Bezirksverwaltungen und diese den Kreisdienststellen weisungsbefugt übergeordnet.

In der Hierarchie des MfS ist allerdings ein „Linienprinzip" von einem „Territorialprinzip" zu unterscheiden. Nach dem „Linienprinzip" hatte die Hauptabteilung XX/1 im Ministerium gewisse Anleitungs-, Kontroll- und Koordinierungsfunktionen gegenüber den Abteilungen XX/1 der MfS-Bezirksverwaltungen und diese wiederum gegenüber den mit analogen Aufgaben befaßten Mitarbeiter der MfS-Kreisdienststellen. Dabei waren die jeweils übergeordneten „operativen Diensteinheiten auf Linie" vor allem für ein arbeitsteilig aufeinander abgestimmtes operatives Vorgehen der verschiedenen MfS-Diensteinheiten einer „Linie" verantwortlich, hatten jedoch keine disziplinarische Befehlsgewalt. Diese lag nach dem „Territoralprinzip" beim jeweiligen Leiter der Diensteinheit vor Ort, also bei den Leitern der MfS-Bezirksverwaltungen und -Kreisdienststellen bzw. deren Stellvertretern.

Noch komplizierter ist die Frage, wer wem was zu sagen hatte hinsicht-

---

140 Berlin (Ost), Cottbus, Dresden, Erfurt, Frankfurt/Oder, Gera, Halle, Karl-Marx-Stadt, Leipzig, Magdeburg, Neubrandenburg, Potsdam, Rostock, Schwerin und Suhl.

lich des Verhältnisses zwischen den Vertretern der SED und des MfS auf Bezirks- und Kreisebene. Das MfS verstand sich als „Schild und Schwert der Partei" und ordnete seine Arbeit den politischen Vorgaben der SED unter. Das Führungsprimat der SED war jedoch nur an der Spitze auch persönlich eindeutig festgelegt, wo der Staats- und Parteichef der DDR dem Minister für Staatssicherheit Anweisungen gab. Auf den nachgeordneten Ebenen konnten die 1. Sekretäre der SED-Bezirks- oder Kreisleitungen den Leitern der entsprechenden MfS-Bezirksverwaltungen oder -Kreisdienststellen keinesfalls einfach Befehle erteilen. Erstens herrschte innerhalb des MfS eine eindeutige militärische Befehlsstruktur, die von den regionalen Parteiinstanzen nicht einfach außer Kraft gesetzt werden konnte, und zweitens hielt das MfS auch der SED gegenüber seine internen Strukturen, konspirativen Mittel, operativen Methoden und seine inoffiziellen Mitarbeiter geheim. Das in den fünfziger Jahren lange umstrittene Verhältnis zwischen den regionalen SED- und MfS-Leitungen war 1957 schließlich per Dienstanweisung dahingehend geregelt worden, daß die Leiter der MfS-Bezirksverwaltungen und -Kreisdienststellen ihre „Arbeitspläne" mit den 1. Sekretären der SED Bezirks- bzw. Kreisleitungen abstimmen müßten. Das war keine eindeutige Festlegung für konkrete Entscheidungssituationen.[141]

Nach diesen grundlegenden Bemerkungen wird nun erläutert, wie die Überwachung des DDR-Gesundheitswesens durch die zuständige „Linie XX/1" des MfS auf den drei Ebenen – Republik, Bezirke und Kreise – in den achtziger Jahren funktioniert hat.

## 2.3.1. Die zentrale Ebene: MfS-Hauptabteilung XX/1/II

Die Hauptabteilung XX/1 der MfS-Zentrale hatte nicht nur anleitende und kontrollierende Funktionen gegenüber den Abteilungen XX/1 der Bezirksverwaltungen, sondern führte auch selbst inoffizielle Mitarbeiter. Dabei war das Referat 2 der Hauptabteilung XX/1[142] für das Ministerium für Gesundheitswesen und die zentralen medizinisch-wissenschaftlichen Einrichtungen

---

141 Vgl. Walter Süß: „Schild und Schwert" – Das Ministerium für Staatssicherheit und die SED, in: Klaus-Dietmar Henke und Roger Engelmann (Hrsg.): Aktenlage. Die Bedeutung der Unterlagen des Staatssicherheitsdienstes für die Zeitgeschichtsforschung, Berlin 1995, S. 83–97, insbesondere S. 90–94 sowie Roger Engelmann: Diener zweier Herren. Das Verhältnis der Staatssicherheit zur SED und den sowjetischen Beratern 1950–1957, in: Siegfried Suckut und Walter Süß (Hrsg.): Staatspartei und Staatssicherheit. Zum Verhältnis von SED und MfS, Berlin 1997, S. 51–72.

142 Referat 2 der HA XX/1 des MfS war für das DDR-Gesundheitswesen, Referat 1 für den zentralen Staatsapparat der DDR und Referat 3 für „die befreundeten Parteien und Massenorganisationen" zuständig.

der DDR zuständig.[143] Im Jahre 1986 waren elf von 28 Mitarbeitern der Hauptabteilung XX/1 im Referat II angesiedelt.[144]

Aus den Jahresplänen der Hauptabteilung XX/1/II für die achtziger Jahre heben sich vier zentrale Zielstellungen der MfS-Arbeit durch ihre ständige Wiederholung hervor. Erstens sollten mit allen zur Verfügung stehenden Mitteln die Bestrebungen von Medizinern, die DDR legal oder illegal zu verlassen, bekämpft werden. Zweitens ging es um die Sicherung bestimmter Schwerpunkte der medizinischen Forschung, drittens um die innere Systemsicherung durch permanente Kontrolle der Beschäftigten und viertens wurde in den Plänen der achtziger Jahre immer häufiger den offenbar zunehmenden oppositionellen Aktivitäten von Angestellten des medizinischen Bereiches, im MfS-Jargon als „politische Untergrundtätigkeit (PUT)" bezeichnet, der Kampf angesagt. Die geplanten Maßnahmen zur Realisierung dieser Ziele waren jeweils breit gefächert.

Zum ersten Schwerpunkt, der „Zurückdrängung ungesetzlicher Grenzübertritte [UGÜ] und Übersiedlungsersuchen [ÜSE] von Ärzten", war in den Plänen stets ein besonders umfangreiches Programm ausgeführt. Hier ist eine kleine Auswahl davon:

„Das Netz der IM ist auf die weitere Aufklärung der ideologischen Situation im Gesundheitswesen insbesondere von Ursachen, Motiven und begünstigenden Bedingungen für UGÜ und ÜE von Ärzten und ihrer Beseitigung auszurichten. [...]
Durch Einwirkung auf die staatliche Leitung des MfGe [Ministeriums für Gesundheitswesen] ist eine wirksame Inspektionstätigkeit in Schwerpunkten des Gesundheitswesens zu organisieren zur Aufklärung und Beseitigung von Ursachen und begünstigenden Bedingungen für UGÜ und ÜE. Erarbeitung eines halbjährigen Einsatzplanes in Abstimmung mit dem Staatssekretär im MfGe. [...]
In Zusammenarbeit mit den Diensteinheiten auf Linie und der ZKG[145] sind geeignete Ansatzpunkte zur Rückgewinnung bedeutsamer Personen, die übersiedelt sind bzw. die DDR ungesetzlich verlassen haben, [...] durch konzentrierten Einsatz operativer Mittel und Kräfte zu bearbeiten. [...]
Zur offensiven propagandistischen Auswertung ist ein Beispiel der Rück-

---

143 Wie einem Objektverzeichnis der HA XX/1 aus den achtziger Jahren (unerschlossenes Material der HA XX/1, Bündel 1020) zu entnehmen ist, zählten dazu 33 Institutionen, z. B. das Regierungskrankenhaus II, die Poliklinische Sonderabteilung des Ministerrates der DDR und die Betriebspoliklinik im Haus der Ministerien, die Akademie für Ärztliche Fortbildung der DDR, die Zentralstelle für Ärztliches Begutachtungswesen, das Zentralinstitut für Arbeitsmedizin (ZAM) der DDR, das Institut für Arzneimittelwesen der DDR und der Zentralvorstand der Gewerkschaft Gesundheitswesen.
144 Vgl. „Stellenplan für den Verteidigungszustand", Angaben Ist-Zustand Frieden, Stand 30.5. bzw. 20.9.1986, MfS GVS 750/83; BStU; ZA, HA XX/AGL, Bündel 25 (unerschlossenes Material).
145 ZKG: Zentrale Koordinierungsgruppe zur Bekämpfung der „Republikflucht" und Ausreisebewegung aus der DDR durch alle Diensteinheiten des MfS, gegründet 1976.

gewinnung eines Arztes nach dem UGÜ durch Nutzung eines zuverlässigen IM zu schaffen. [...]"[146]

Der Auftrag der „Aufdeckung und Verhinderung begünstigender Umstände" für die weitere Abwanderung medizinischer Fachkräfte aus der DDR in den Westen und die Versuche seiner Erfüllung wiederholen sich in den MfS-Unterlagen zum Gesundheitswesen sehr oft, häufig ist sogar verkürzend nur noch von „begünstigenden Bedingungen" die Rede.

Bei der „Aufklärung" im Westen und der „Rückgewinnung" von aus der DDR geflüchteten Ärzten sollten den Plänen zufolge „geeignete IM unter Reisekadern des Gesundheitswesens" eine besondere Rolle spielen. Diese inoffiziellen Mitarbeiter mit Westreiseerlaubnis sollten eingesetzt werden zur „Aufklärung von feindlichen Ausgangspunkten im Operationsgebiet, die gegen den Sicherungsbereich Medizin wirken; zur Feststellung von relevanten Verhaltensweisen von Ärzten, die ungesetzlich die DDR verlassen haben oder übersiedelt sind; zur Feststellung von Ärzten, die in der BRD Probleme [...] bei der Eingliederung haben und Ansatzpunkte für eine erfolgversprechende Rückgewinnung bieten". Den Reisekader-IM waren auch besondere Aufgaben bei der politischen Überwachung der deutsch-deutschen und internationalen Wissenschaftskontakte zugedacht. In den Jahresarbeitsplänen der Hauptabteilung XX/1/II der achtziger Jahre fehlen selten Aufgabenstellungen wie diese:

„Zur Aufklärung feindlicher Nutzung des Wissenschaftsverkehrs mit dem NSW, insbesondere mit der BRD, sind folgende Maßnahmen durchzuführen: Die vorhandenen Reisekader-IM, die in internationalen medizinischen Gesellschaften verankert sind, sind zur Aufklärung feindlicher Pläne und Maßnahmen gegen die DDR und die sozialistischen Staaten sowie gegen Reisekader der DDR zielgerichtet und offensiv einzusetzen. [...]
Durch den Einsatz von IM und operativen Kräften des Generalsekretariates der medizinisch-wissenschaftlichen Gesellschaften sind ausgewählte Kongresse und Tagungen medizinischer Gesellschaften mit internationaler Beteiligung in Zusammenarbeit mit den zuständigen Fachabteilungen der Bezirksverwaltungen operativ zu sichern."[147]

Das dritte zentrale Arbeitsziel der Hauptabteilung XX/1/II, die weitere Absicherung „von Ordnung und Sicherheit sowie Geheimnisschutz in Schwerpunkten des Sicherungsbereiches", bezog sich auf bestimmte zentrale Einrichtungen des Gesundheitswesens der DDR. Der Arbeitsplan für das Jahr 1982 sah beispielsweise vor:

---

146 Arbeitsplan der HA XX/1 für das Jahr 1987, MfS GVS 0011–791/86, 37 Seiten; BStU, ZA, HA XX 421, S. 17–19.
147 Arbeitsplan der HA XX/1 für das Jahr 1982, MfS GVS 2013/81, 31 Seiten, hier S. 14 f.; BStU, ZA, HA XX 421, Bl. 37 f.

„In den Objekten des Sicherungsbereiches Medizin [...] in den festgelegten Schwerpunktbereichen [...] sind folgende operative Hauptaufgaben zu lösen:
- Fortführung des operativen Klärungsprozesses 'wer ist wer' mit dem Ziel der Herausarbeitung operativer Schwerpunkte und ihrer weiteren operativen Bearbeitung.
- Gründliche politisch-operative Überprüfung der Reisekadervorschläge und ständige Klärung der Frage 'wer ist wer' unter Reisekadern.
- Ständige Präzisierung und operative Einschätzung der Bedeutsamkeit medizinischer Forschungsvorhaben und Ergebnisse zur Einleitung operativer Absicherungsmaßnahmen. Gewährleistung hoher Ordnung, Sicherheit und Geheimhaltung in der Arbeit des Rates für medizinische Wissenschaften.
- [...] Auf der Grundlage der erarbeiteten operativen Maßnahmepläne sind die OPK [Operativen Personenkontrollen] [...] gegen leitende Mitarbeiter des MfGe [Ministerium für Gesundheitswesen] bzw. des ZAM [Zentralinstitut für Arbeitsmedizin] zur Klärung ihrer politischen Zuverlässigkeit weiter zu bearbeiten."[148]

Die drei in den Arbeitsplänen der Hauptabteilung XX/1/II erstgenannten Aufgaben finden sich, nebenbei bemerkt, ganz ähnlich in den Zielbeschreibungen der MfS-Hauptabteilung Personenschutz, die für die Sicherheitsüberwachung des Personals der DDR-Regierungskrankenhäuser,[149] sowie der MfS-Hauptabteilung VII/7, die für die Sicherung der Beschäftigten am Krankenhaus der Volkspolizei in Ostberlin zuständig waren.[150] Das MfS ließ selbst die Angestellten dieser Krankenhäuser inoffiziell überwachen, weil viele von ihnen Westkontakte hatten, die sie trotz Meldepflicht nicht meldeten, und andere politische „Unsicherheiten" zeigten.[151]

Die Ausführungen zum vierten Aufgabenkomplex der MfS-Hauptabteilung XX/1/II, der Bekämpfung der „politischen Untergrundtätigkeit (PUT)"

---

148 Ebenda, Bl. 40 f.
149 Vgl. MfS-Diplomarbeit von MfS-Hauptmann Hans-Jürgen Wegener (HA PS/IX): „Anforderungen an die Erarbeitung einer Sicherungskonzeption für den Bereich der Spezialklinik des Regierungskrankenhauses zur weiteren Qualifizierung der politisch-operativen Abwehrarbeit", Abschluß Dezember 1978, MfS JHS MF GVS 001–70/78, 43 Seiten.
150 Vgl. MfS-Diplomarbeit von Hauptmann Dietrich Nagel (HA VII/7): Die Anforderungen an die vorbeugende politisch-operative Sicherung des Krankenhauses der Volkspolizei als medizinische Leiteinrichtung des MdI zur zuverlässigen Abwehr der subversiven Angriffe des Gegners", Abschluß 5.12.1979, MfS JHS MF VVS 001–311/79, 74 Seiten.
151 So hätten zwischen 1953 und 1968 insgesamt 47 Mitarbeiter des Volkspolizei-Krankenhauses die DDR illegal verlassen, darunter sechs leitende Ärzte, fünf Klinikärzte und 36 Mitarbeiter des medizinischen Personals. Vgl. MfS-Diplomarbeit Dietrich Nagel, S. 17. Unter den Angestellten der Spezialklinik des Regierungskrankenhauses, also des inneren Sicherheitsbereiches, seien zwar 90% des Heilpersonals, aber nur 50% des Heilhilfspersonals und 45% des sonstigen Personals Mitglieder oder Kandidaten der SED; und die nebenamtlich als Konsiliaren hinzugezogenen Ärzte seien bisher „vorrangig nach fachlich-medizinischen Erfordernissen auf Grund ihrer Qualifikation und ihres fachlichen Rufes" ausgewählt worden, während „Fragen der politischen Zuverlässigkeit" oft „eine sekundäre Rolle" gespielt hätten. Vgl. MfS-Diplomarbeit Wegener 1978, S. 9 und 12.

im medizinischen Bereich, bezogen sich hingegen nur auf Angestellte im Bereich des zivilen Sektors des DDR-Gesundheitswesens. Sie nahmen in den Jahresarbeitsplänen der achtziger Jahre einen immer größeren Raum ein. Dabei wurde die Anleitungs- und Kontrollfunktion der Hauptabteilung XX/1 „auf Linie", also gegenüber den Bezirksverwaltungen (BV) und den Kreisdienststellen besonders betont, wie folgende Beispiele demonstrieren:

„Die auf der Linie vorhandenen Schwerpunkt-OV, in denen negative Ärztegruppierungen bearbeitet werden, sind verstärkt in die operative Anleitungs- und Kontrolltätigkeit einzubeziehen und eine Koordinierung mit den federführenden Diensteinheiten zu gewährleisten. BV Schwerin OV 'Fanal', BV Potsdam/Jüterbog OV 'Plattform' [...]."[152]

„In Zusammenarbeit mit den Diensteinheiten auf Linie ist zu gewährleisten, daß negativ-feindliche Bestrebungen zur Bildung negativer Zusammenschlüsse unter Verfälschung der politischen Ziele IPPNW [International Physicians for the Prevention of Nuclear War] vorbeugend erkannt und verhindert werden. Die negativ-feindliche Ärztegruppierung „Christliche Mediziner in sozialer Verantwortung" in Halle ist in Koordinierung mit der BV Halle, Abteilung XX, mit dem Ziel der Zersetzung und der Einschränkung der politischen Wirksamkeit weiterzubearbeiten."[153]

„Zur einheitlichen Bearbeitung negativer Zusammenschlüsse von Ärzten unter dem Tarnmantel des Kampfes für den Frieden ist eine Konzeption zu erarbeiten und auf ihrer Grundlage mit den Diensteinheiten Maßnahmen der Bearbeitung der Organisatoren [...] festzulegen.
In Zusammenarbeit mit der BV Berlin, Abteilung XX, ist der Arbeitskreis 'Ärzte für den Frieden – Berlin' zu bearbeiten, mit dem Ziel der Verhinderung der weiteren Politisierung seines Charakters, der Verfestigung seiner Struktur und der Erweiterung seines Einflusses auf die Bildung weiterer Gruppierungen in der DDR."[154]

„Negativ" oder gar „feindlich" waren aus Sicht des MfS alle pazifistischen, antimilitaristischen, ökologischen und basisdemokratischen Impulse, die von den Ärztegruppen ausgingen und die zwangsläufig in Opposition zur ideologischen Doktrin der SED und den Tendenzen zur Militarisierung der Gesellschaft in der DDR standen.[155] Da die als „feindlich-negativ" eingestuften Gruppen in den achtziger Jahren vermehrt versuchten, ihre Aktivitäten mit

---

152 Arbeitsplan der HA XX/1 für das Jahr 1983, MfS GVS 721/82, 37 Seiten, hier S. 17; BStU, ZA, HA XX 421, Bl. 72.
153 Arbeitsplan der HA XX/1 für das Jahr 1985, MfS GVS 741/84, 40 Seiten, hier S. 24; BStU, ZA, HA XX 421, Bl. 150.
154 Arbeitsplan der HA XX/1 für das Jahr 1987, MfS GVS 0011–791/86, 37 Seiten, hier S. 21f.; BStU, ZA, HA XX/1 1048, Bl. 231.
155 Über die Rolle solcher meist christlicher Ärztegruppen in der DDR, ihre politische Verfolgung durch die SED und das MfS und die Funktion dieser Gruppen als eine der Keimzellen der Bürgerbewegung des Herbstes 1989 ist eine eigene Publikation in Arbeit.

denen Gleichgesinnter in der DDR und im Ausland zu vernetzen, reagierte das MfS zur „Gewährleistung einer objektiven Lageeinschätzung und abgestimmten politisch-operativen Bearbeitung" mit einer verstärkten Koordinierung seiner verschiedenen Diensteinheiten und Organisationsebenen. Allein für die „politisch-operative Bearbeitung" alternativer Ärzte-Friedensgruppen koordinierte die Hauptabteilung XX/1[156] die Tätigkeit ihres Referates 2, der Abteilungen XX/1 der MfS-Bezirksverwaltungen Berlin,[157] Halle,[158] Erfurt[159] und Suhl,[160] mehrere Berliner Kreisdienststellen des MfS[161] sowie die MfS-Kreisdienststellen Halle,[162] Stendal,[163] Görlitz,[164] Brandenburg,[165] und einiger anderer Diensteinheiten. Da die Friedensarbeit der Ärztegruppen unter dem Schutz der evangelischen Kirche – personifiziert durch engagierte Pastoren – stand und blockübergreifend angelegt war, mußte das MfS zugleich die Verfolgung der betreffenden Pfarrer durch die „Linie XX/4"[166]

---

156 Mehr als andere betraf das einen Internisten (OV „Falke"; BStU, ZA, MfS-Registriernummer 5553/85) und einen im Gesundheitswesen tätigen Physiker (OV „Reaktor"; BStU, ZA, MfS-Registriernummer 3467/87).
157 Besonders betroffen war ein (Zahn-)Arztehepaar (OV „Kreuzfahrer"; BStU, ASt Berlin, AOP 5914/91).
158 Das richtete sich gegen mehrere Ärzte (OV „Ring"; BStU, ASt Halle, AOP 459/84; und OPK „Arzt"; BStU, ASt Halle, MfS-Registriernummer 1814/88), besonders intensiv gegen einen Kinderpsychiater (OV „Emotion"; BStU, ASt Halle, MfS-Registriernummer 1681/84) und gegen einen Kinderarzt (OV „Gewissen"; BStU, ASt Halle, MfS-Registriernummer 685/87).
159 Hier waren mehrere Ärzte verschiedener Fachrichtungen betroffen, in erster Linie mehrere Nervenärztinnen (OPK „Nerven"; BStU, ASt Erfurt, AOPK 820/89).
160 Betroffen waren mehrere Ärzte, besonders zu nennen ist ein Anästhesist (OV „Spalter"; BStU, ASt Suhl, MfS-Registriernummer 198/88).
161 Das betraf z. B. einen Psychiater und eine Psychiaterin (OPK „Ärzte" der MfS-KD Lichtenberg; BStU, ASt Berlin, AOPK 4353/91) und eine Internistin (OPK „Amazone" der KD Berlin-Friedrichshain; BStU, ASt Berlin, AOPK 16807/85).
162 Unter anderen wurden hier ein Internist (OV „Viper"; BStU, ASt Halle, MfS-Registriernummer 583/83), eine Internistin (OV „Wanderer"; BStU, ASt Halle, AOP 321/86), ein Assistenzarzt (OV „Cobra"; BStU, ASt Halle, AOP 3511/88) und eine Psychologin (OPK „Schlange"; BStU, ASt Halle, AOPK 589/87 und OPK „Vikar"; BStU, ASt Halle, MfS-Registriernummer 993/89), ein Psychiater (OPK „Neurologe"; BStU, ASt Halle, AOPK 3336/84 und OPK „Strick"; BStU, ASt Halle, MfS-Registriernummer 711/89) und ein Allgemeinmediziner (OPK „Fuchs"; BStU, ASt Halle, MfS-Registriernummer 494/86) „operativ bearbeitet".
163 Die „operative Bearbeitung" einer Psychiaterin, z. T. gemeinsam mit ihrem ebenfalls nervenärztlich tätigen Ehemann, schlug sich hier in 17 MfS-Aktenbänden nieder! (OV „Neurologe"; BStU, ASt Magdeburg, MfS-Registriernummer 1976/81).
164 Hier waren vor allem ein HNO-Arzt (OPK „Aktivität"; BStU, ASt Dresden, AOPK 3572/91), ein Kinderarzt (OPK „Grün"; BStU, ASt Dresden, AOPK 3395/87) und ein ambulant tätiger Arzt (OPK „Ambulanz"; BStU, ASt Dresden, MfS-Registriernummer 2067/86) betroffen.
165 Dies betraf u. a. einen Internisten (OPK „Kumpan"; BStU, ASt Potsdam, Brb 502/91), einen Radiologen (OPK „Radiologe"; BStU, ASt Potsdam, Brb 503), eine Zahnärztin (OPK „Zahn"; BStU, ASt Potsdam, Brb 484) sowie eine zeitweilig in der Nervenklinik Brandenburg tätige Psychiaterin (OPK „Außenseiter"; BStU, ASt Berlin, AOPK 4486/91).
166 Zum Beispiel OPK „Eminenz"; BStU, ASt Berlin, AOPK 2332/86 und OV „Trend"; BStU, ASt Halle, AOP 4103/86.

und die Überwachung der ärztlichen Kooperationspartner im Westen über die Hauptabteilung XX/1[167] koordinieren.

Im Zusammenhang mit der Untersuchung der DDR-Psychiatrie ist die Feststellung wichtig, daß Psychiater unter den in den achtziger Jahren in Bürgerrechtsgruppen engagierten Ärzten, die vom MfS „operativ bearbeitet" wurden, erkennbar überrepräsentiert waren.[168] In einer MfS-Diplomarbeit über die geheimpolizeiliche Bekämpfung des Hallenser Ärztekreises „Christliche Mediziner in sozialer Verantwortung" wird eigens darauf hingewiesen, daß „die Konzentration medizinischer Psychologen und in der Psychiatrie tätiger Ärzte" unter „den Mitgliedern des Führungskerns" des Ärztekreises „operativ zu beachten" sei.[169]

Die vier erörterten Aufgaben der Hauptabteilung XX/1/II finden sich in den Arbeitsresultaten ihrer hauptamtlichen Mitarbeiter und in den Beschreibungen ihrer „offiziellen" und inoffiziellen Kooperationsbeziehungen mit Angestellten des Gesundheitsministeriums und dessen unmittelbar nachgeordneten Einrichtungen wieder.

Die hochkarätigsten Beziehungen pflegte der Leiter der Hauptabteilung XX/1, Eberhard Jaekel,[170] zu den Führungskräften des DDR-Gesundheitswesens. Jaekel war seit 1955 hauptamtlicher Mitarbeiter des MfS und seit 1969 mit der Referatsleitung der „Linie Gesundheitswesen" in der Hauptabteilung XX/1 beauftragt.[171] Er kann gewissermaßen als der Vorreiter des MfS für die verdeckte Zusammenarbeit mit Medizinern gelten. Seine Spezialisierung schlug sich in einer Diplomarbeit nieder, mit der Jaekel 1978 sein Fernstudium an der MfS-Hochschule in Potsdam abschloß. Diese Arbeit, die mit dem Prädikat „sehr gut" bewertet wurde und Major Jaekel „den akademischen Grad Diplomjurist"[172] einbrachte, beschäftigt sich mit „Beson-

---

167 Unter anderen OPK „Pelikan"; BStU, ZA, AOPK 16901/89 und OPK „Professor"; BStU, ZA, AOPK 16902/89.
168 Dr. med. Erika Drees, der dieses Buch gewidmet ist, arbeitete jahrzehntelang als Psychiaterin zum Wohl ihrer Patienten und engagierte sich gleichzeitig für Bürgerrechte, Abrüstung und Umweltschutz. Sie ließ sich durch permanente politische Verfolgung einschließlich Haft (10 Monate Gefängnis 1958–59 im „Roten Ochsen" Halle - vgl. BStU, ASt Halle, AU 134/59, 7 Bände; danach bis 1989 „operative Bearbeitung" in den OV „Abwasser", OV „Revisionist", OV und ZOV „Dissident", OV „Neurologe" und ZOV „Widerstand") weder von ihrem beruflichen noch von ihrem pazifistischen Engagement abbringen, blieb in der DDR und gehörte im Spätsommer 1989 zu den Gründern des Neuen Forum.
169 MfS-Diplomarbeit von Major Stefan Lindner (Abt. XX der BVfS Halle): „Erfahrungen bei der Beeinflussung feindlich-negativer, im Sinne politischer Untergrundtätigkeit wirkender Kräfte und Zusammenschlüsse mittels geeigneter und qualifizierter IM", Abschluß 10.4.1988, BStU, ZA, JHS MF VVS 001–391/88; BStU, ZA, JHS 21257, 69 Seiten, hier S. 24, vgl. auch S. 38.
170 Eberhard Jaekel (Jg. 1937), Arbeitersohn aus Ostpreußen, 1953–55 Lehre als Industriekaufmann, 1955–90 operativer Mitarbeiter des SfS bzw. MfS, 1971–89 Abteilungsleiter der HA XX/1, letzter MfS-Dienstgrad Oberstleutnant, SED-Mitglied seit 1958. Vgl. MfS-Kaderkarteikarte Eberhard Jaekel; BStU, ZA, ohne Signatur.
171 Vgl. MfS-Kaderakte Eberhard Jaekel; BStU, ZA, KS 4572/90, Bl. 75.
172 Zeugnis über den MfS-Hochschulabschluß und Diplom vgl. MfS-Kaderakte Eberhard Jaekel, Bl. 93–96.

derheiten in der Zusammenarbeit mit inoffiziellen Mitarbeitern aus der medizinischen Intelligenz".[173] Jaekel war bereits 1967 in einer Beurteilung die Fähigkeit bescheinigt worden, „Werbungen auch mit höherem Schwierigkeitsgrad vorzubereiten und durchzuführen".[174] Tatsächlich pflegte Jaekel zu mehreren hochrangigen Medizinern langjährige und enge Beziehungen. Einige seiner Kooperationspartner waren inoffizielle Mitarbeiter, mit anderen, besonders in den obersten Etagen des Gesundheitswesens, liefen die regelmäßigen Kontakte „offiziell". Das MfS bezeichnete seine mit Nomenklaturkadern gepflegten Beziehungen generell als „offiziell", weil hauptamtliche Kader im Partei- und ab einer bestimmten Ebene auch im Staatsapparat nicht als IM geführt werden durften. Wenn jemand zuvor inoffiziell mit dem MfS zusammengearbeitet hatte, wurden die kaum veränderten Kontakte vom MfS von dem Moment an als offiziell bezeichnet, in dem der vormalige IM in die Kadernomenklatur[175] aufgenommen wurde. Für die zeitgeschichtliche Forschung ist der Wechsel von inoffiziellen zu „offiziellen" Beziehungen insofern nachteilig, als das MfS über IM-Tätigkeiten genaue Akten mit Protokollen über jedes Treffen und jeden IM-Bericht führte, während sich über jahrelange intensive „offizielle" Kooperationen oft nur spärliche Aktenvermerke oder indirekte Hinweise finden lassen.

Eine der wichtigsten „offiziellen" Beziehungen Jaekels war die zum langjährigen Gesundheitsminister der DDR, Professor Ludwig Mecklinger.[176] Bereits Mitte der sechziger Jahre, als Jaekel noch Oberleutnant und Mecklinger stellvertretender Gesundheitsminister war, gab es regelmäßige Kontakte zwischen den beiden. Jaekels Protokolle über die im Laufe der Jahrzehnte mit Professor Mecklinger geführten Gespräche liegen relativ vollständig vor.[177] Darin nehmen Kaderfragen im Ministerium und im Gesundheitswesen, die Besetzung von Leitungspositionen und Reisedelegationen, einen prominenten Platz ein. Ferner ging es um Versorgungs- und andere Probleme des DDR-Gesundheitswesens, nicht zuletzt im Zusammenhang mit dem

---

173 MfS-Diplomarbeit von Major Eberhard Jaekel (HA XX/1): „Zu einigen zu beachtenden Besonderheiten in der Zusammenarbeit mit inoffiziellen Mitarbeitern aus der medizinischen Intelligenz zur Erhöhung der Wirksamkeit ihres Einsatzes im Kampf gegen die subversiven Angriffe des Feindes", 82 Seiten, Abschluß März 1978, MfS JHS MF VVS 0001–295/78.
174 Beurteilung vom 11.11.1967, MfS-Kaderakte Eberhard Jaekel, Bl. 72–74, hier 73.
175 „Kadernomenklatur" war abgeleitet von dem sowjetischen Begriff der „Nomenklatura", eine Sammelbezeichnung für wichtige Führungspositionen.
176 Ludwig Mecklinger (1919–94), Prof. Dr. sc. med., Sohn eines Glasers aus Bayern, 1937 Abitur, 1938 Reichsarbeitsdienst, 1939–45 Wehrmacht und Medizinstudium, Mai–Juli 1945 amerikanische Gefangenschaft, danach verschiedene leitende ärztliche Tätigkeiten u. a. in der Seuchenbekämpfung, 1951–54 Jura-Fernstudium an der Akademie für Staats- und Rechtswissenschaften Potsdam, 1955–64 Oberst des medizinischen Dienstes der KVP/NVA, 1956–64 Leiter der Militärmedizinischen Sektion der Universität Greifswald, 1964–69 stellvertretender Minister, 1969–71 Staatssekretär und 1. stellvertretender Minister, 1971–89 Minister für Gesundheitswesen der DDR, SPD/SED-Mitglied seit 1945, Mitglied des ZK der SED 1986–89. Vgl. Akte der HA XX/1 über Professor Ludwig Mecklinger; BStU, ZA, AP 35651/92.
177 Vgl. BStU, ZA, HA XX 527, Bl. 1–774.

bekannten West-Trend der Mediziner. Darüber hinaus traf Jaekel mit dem DDR-Gesundheitsminister spezielle „Absprachen" hinsichtlich besonderer Beschränkungen der Bewegungsfreiheit von psychisch Kranken in der DDR anläßlich sogenannter politischer Höhepunkte, worauf später noch einzugehen sein wird.

Interessant ist, daß solche „Absprachen" auf höchster Ebene zwischen dem Leiter der Hauptabteilung XX/1 des MfS und dem Gesundheitsminister geführt wurden, obwohl es im Gesundheitsministerium einen Facharzt für Neurologie und Psychiatrie gab, der als Abteilungsleiter in der Hauptabteilung Medizinische Betreuung von der Sache her zuständig gewesen wäre.[178] Dr. Barleben hatte zwar im Laufe der Jahre auch mehrmals Kontakt zum MfS, den Unterlagen zufolge allerdings nur zu einem Jaekel untergeordneten MfS-Offizier.[179] Bei den wenigen in den Akten belegten Kontakten ging es immer um konkret personenbezogene Fragen, die einzelne Ärzte, jedoch nicht die Psychiatrie des Landes betrafen. Das und die Tatsache, daß sich der MfS-Vertreter zur „Abstimmung" von Freiheitsbeschränkungen gegenüber psychisch Kranken anläßlich „politischer Höhepunkte" nicht an den für die psychiatrische Betreuung Zuständigen, sondern an seinen langjährigen Kontaktmann Mecklinger wandte, deutet darauf hin, daß sich das MfS für Fragen der psychiatrischen Betreuung in der DDR nicht interessierte, sich über die Interna des Fachgebietes auf zentraler Ebene nicht informieren ließ und wohl erst recht keinen Einfluß darauf zu nehmen versuchte.

An anderen Fachbereichen des Gesundheitsministeriums zeigte das MfS ein durchaus größeres Interesse. So wurde der Leiter der Hauptabteilung Forschung im DDR-Gesundheitsministerium, Dr. Schönheit,[180] 1978 gelobt, weil er „das MfS in vorbildlicher Weise bei der Lösung vorbeugender Aufgaben der Sicherung der medizinischen Forschung" unterstützt habe.[181]

---

178 Bodo Barleben (Jg. 1939), Dr. med., Tischlersohn aus Berlin, 1957 Abitur an der ABF II in Halle, 1957–63 Medizinstudium an der Humboldt-Universität Berlin, 1963–65 Pflichtassistenz und allgemeinärztliches Jahr am Volkspolizei-Krankenhaus Berlin, 1965–68 Facharztausbildung für Neurologie und Psychiatrie sowie 1969–71 Oberarzt am Fachkrankenhaus Berlin-Lichtenberg, 1970 Promotion mit einer Dissertation über „Die sogenannten paranoid-halluzinatorischen Psychosen in einer differenzierten Diagnostik", 1972 ff. erst wissenschaftlicher Mitarbeiter, dann Abteilungsleiter in der HA Medizinische Betreuung des DDR-Ministeriums für Gesundheitswesen, SED seit 1957. Vgl. Akte der HA XX/1 über Dr. Bodo Barleben; BStU, ZA, AP 30726/92.
179 Bernd Kretzschmar (Jg. 1945), Arbeitersohn aus Wurzen/Sachsen, gelernter Kfz-Schlosser, 1965–67 Unteroffizier bei den DDR-Grenztruppen, 1967–69 Wachmann und 1969–89 operativer Mitarbeiter des MfS, seit 1974 der HA XX/1 des MfS, letzter MfS-Dienstgrad Hauptmann, SED-Mitglied seit 1966. Vgl. MfS-Kaderkarteikarte Bernd Kretzschmar; BStU, ZA, ohne Signatur.
180 Bodo Schönheit (Jg. 1938), Prof. Dr. sc. med., Arbeitersohn aus Halle, 1958–63 Medizinstudium, 1963–70 Tätigkeit am Anatomischen Institut der Charité Berlin, 1970 ff. im Ministerium für Gesundheitswesen, SED-Mitglied, 1974 ff. als Leiter der HA Forschung, SED-Mitglied. Vgl. Akte der HA XX/1 über Dr. Bodo Schönheit; BStU, ZA, HA XX, AP 35733/92.
181 Vorschlag der HA XX/1 vom 22.6.1978 zur Auszeichnung des Genossen Dr. Schönheit mit der Medaille für Waffenbrüderschaft in Bronze, MfS-Personenakte Dr. Schönheit; BStU, ZA, HA XX, AP 35733/92, Bl. 93.

1988 schlug MfS-Oberst Jaekel sogar vor, den zwischenzeitlich zum stellvertretenden Gesundheitsminister aufgestiegenen Professor Schönheit, zu dem „durch die HA XX/1 stabile kontinuierliche offizielle Verbindungen" bestünden, anläßlich seines 50. Geburtstages mit einem wertvollen Geschenk auszuzeichnen. Professor Schönheit habe für das MfS „operativ bedeutsame Informationen aus dem Bereich der Forschung" des Gesundheitsministeriums geliefert, „Sachverhalte fachlich unter Berücksichtigung der zentralen Interessen bewertet" und „unter Einhaltung der Konspiration die sicherheitspolitischen Interessen des MfS durchgesetzt", wozu unter anderem die „Abdeckung von Reisekader-Einsätzen" gehört hätte.[182] Schönheit war wie Mecklinger zu keiner Zeit IM. Beider Beziehungen zum MfS waren stets „offiziell", was jedoch, zumindest teilweise, ebenfalls konspirativen Charakter hatte.

NVA-Oberst Dr. Mecklinger war bereits 1962 eine vorbildliche Zusammenarbeit mit dem MfS bescheinigt worden, als er noch Kommandeur der Militärmedizinischen Sektion Greifswald gewesen ist.[183] Anläßlich seines 65. Geburtstages im Jahre 1984 wußte man im MfS gar nicht recht, mit welchem Orden man „die bedingungslose Unterstützung der Anliegen und Aufgaben des MfS durch den Minister für Gesundheitswesen" würdigen sollte, da er die üblicherweise vom MfS verliehenen „Verdienstmedaillen der NVA" in Bronze (1959), Silber (1961) und Gold (1964) bereits alle und 1974 sogar schon den „Kampforden für Verdienste um Volk und Vaterland in Gold" bekommen hatte. Das Ministerium für Nationale Verteidigung sollte schließlich, „bei Zustimmung durch das MfS", den Vorschlag beim ZK der SED einreichen, den Genossen Minister Mecklinger mit dem „Scharnhorst-Orden" auszuzeichnen.[184] An den Vorbereitungen auf den Geburtstag des Gesundheitsministers beteiligten sich die ranghöchsten Vertreter verschiedener Führungsgruppen der DDR, zu denen neben der SED-Führung die Generalität der Volksarmee und die des Staatssicherheitsdienstes gehörten. Dies weist darauf hin, daß Mecklinger selbst die Verquickung verschiedener Führungsgruppen der DDR verkörperte: Zum ersten war er Mitglied der führenden Partei seit deren Gründung. Zweitens war er Oberst der NVA und maßgeblich am Aufbau der Militärmedizinischen Sektion der Universität Greifswald beteiligt, der dort 1955 zu einer Studentenrevolte geführt hatte. Drittens war er ein zuverlässiger Kooperationspartner des MfS und schließlich war er Gesundheitsminister der DDR. Angesichts dieser Personalunion erscheint es schwierig, konkrete Funktionen und Verantwortlichkeiten auseinanderzuhalten.

Das bis zur unkenntlichen Vermischung enge Zusammenwirken verschiedener Instanzen des Staates, der Partei, der Armee und des Geheim-

---

182 Vorschlag des Leiters der HA XX/1 vom 11.8.1988, 1 Seite; BStU, ZA, HA XX/1, Bündel 983 (unerschlossenes Material).
183 Ebenda, Einschätzung von NVA-Oberst Dr. Mecklinger durch die HA I des MfS vom 28.12.1962; BStU, ZA, HA XX 527, Bl. 451.
184 Vgl. Schreiben vom 17.8.und 3.9.1984; ebenda, Bl. 88–92.

dienstes war systemtypisch und nicht auf die Person Mecklingers beschränkt. Eine ähnliche Machtkonzentration gab es im sogenannten „Generalsekretariat der medizinisch-wissenschaftlichen Gesellschaften". Es war einerseits Teil des Ministeriums für Gesundheitswesen, andererseits jedoch die Schaltstelle, von der aus die SED mit Hilfe des MfS die politische Kontrolle des medizinischen Wissenschaftsverkehrs ausübte. Die wichtigste „operative Kraft" des MfS an dieser Stelle, der Leiter des „Generalsekretariats", hatte bereits seit den sechziger Jahren als Kontaktperson (KP) „Roland"[185] eng mit dem MfS zusammengearbeitet und schon frühzeitig politischen Einfluß auf Personalentscheidungen im Bereich der medizinischen Wissenschaften genommen, wie ein Auskunftsbericht der MfS-Hauptabteilung XX/1 vom 21. September 1966 belegt:

„Mit Eintritt in das MfG [Ministerium für Gesundheitswesen] wurde er in die Parteileitung gewählt [...]. Durch den Besuch der Parteihochschule eignete sich die KP [Kontaktperson] umfangreiche politisch-ideologische Kenntnisse an, die er in seiner Tätigkeit als verantwortlicher Sektorleiter für das Aufgabengebiet Medizinische Gesellschaften und Kongresse weitgehendst anwendet. [...] So nahm die KP Einfluß auf die qualitätsmäßig verbesserte Zusammensetzung der Vorstände der medizinisch-wissenschaftlichen Gesellschaften, den Beginn der ideologischen Arbeit unter den Mitgliedern, besonders in den Beziehungen zu westdeutschen Medizinischen Gesellschaften und deren Mitgliedern, die kadermäßige Zusammensetzung und Instruierung der Delegationen zur Teilnahme an medizinischen Kongressen im westlichen Ausland und Westdeutschland sowie deren Auswertungen."[186]

Das MfS wollte die „Schlüsselposition" Dr. Rohland ursprünglich inoffiziell nutzen. 1973 wurde in einem Auskunftsbericht der Hauptabteilung XX/1 beschrieben, warum das nicht und was statt dessen geschah. Es handelt sich um eine der eingangs erwähnten Begründungen für die Aufnahme „offizieller" Beziehungen:

„Dr. R. war zur Werbung als IMS vorgesehen. Von dieser Werbung wurde Abstand genommen, da mit ihm auf Grund seiner Funktion als Direktor des Generalsekretariats der medizinisch-wissenschaftlichen Gesellschaften offi-

---

185 Lothar Rohland (Jg. 1929), Dr. phil., Arbeitersohn aus Leipzig, 1945–48 Tischlerlehre, 1948–50 Abitur an der ABF Leipzig, 1950–53 Student an der TU Dresden, 1953–54 hauptamtlicher Parteisekretär an der TU Dresden, 1954–58 hauptamtlicher Parteisekretär an der Karl-Marx-Universität Leipzig, 1958–61 Studium an der Parteihochschule „Karl Marx" des ZK der SED mit Abschluß als Diplom-Gesellschaftswissenschaftler, 1961–69 „Sektorenleiter" im DDR-Ministerium für Gesundheitswesen, 1969 Promotion, 1969–89 „Direktor des Generalsekretariats der medizinisch-wissenschaftlichen Gesellschaften beim Minsterium für Gesundheitswesen" der DDR, SED-Mitglied seit 1947. Vgl. Akte des MfS über Dr. Lothar Rohland; BStU, ZA, AP 40728/92, 1 Bd.
186 Auskunftsbericht der HA XX/1 über Lothar Roland vom 21.9.1966, MfS-Personenakte Lothar Rohland, Bl. 2–6, hier 3.

ziell zusammengearbeitet wird. Genosse Rohland ist zu jeder Zeit bereit, das MfS in seiner Arbeit zu unterstützen. Er konnte durch das MfS schon mehrmals ausgezeichnet werden. Sein Handeln entspricht stets den Zielen von Partei und Regierung."[187]

Der Unterschied zwischen inoffizieller und offizieller Zusammenarbeit mit dem MfS dürfte sich auch in diesem Fall auf die Bezeichnung und die Art der Aktenführung beschränkt haben. Obwohl es darüber keine kontinuierlichen Belege gibt, ist anzunehmen, daß die „offizielle" Kooperation Dr. Rohlands mit dem MfS intensiver war, als es eine inoffizielle Zusammenarbeit üblicherweise zu sein pflegte. Die „Einsatzmöglichkeiten", die 1966 für die ursprünglich geplante IM-Werbung formuliert wurden, vermitteln eine Vorstellung davon, was Dr. Rohland dann bis 1989 „offiziell", aber doch mehr hinter den Kulissen tat. Zur „Aufklärung und Absicherung" der medizinisch-wissenschaftlichen Gesellschaften der DDR war eine „Einflußnahme bei Besetzung von Funktionen in Vorständen und Kommissionen" und die „Herauslösung negativ in Erscheinung getretener Ärzte und Wissenschaftler vorgesehen, ohne daß unser Organ [das MfS] in Erscheinung tritt". Eine politische „Einflußnahme" sollte auch auf die „inneren Auseinandersetzungen" in den Fachgesellschaften erfolgen. Außerdem sollten die „Verbindungen von medizinisch-wissenschaftlichen Gesellschaften und Mitgliedern zu westdeutschen medizinischen Gesellschaften, Organisationen, Instituten und Einzelpersonen" kontrolliert und Einfluß auf „Verhandlungen zwischen Gesellschaften der DDR und Westdeutschland" genommen werden. Auch die Einflußnahme auf medizinisch-wissenschaftliche Kongresse war 1966 programmatisch formuliert worden, wobei es bei Kongressen in der DDR zum Beispiel um die Festlegung der Referenten und die Überwachung der Teilnehmer ging.

Wie Dr. Rohland all diese politischen Kontroll- und Manipulationsaufgaben im DDR-Gesundheitswesen erfüllte, kommt in einer 1975 vom MfS getroffenen Einschätzung zum Ausdruck: Er sei „politisch zuverlässig und unterliegt keinen Schwankungen. Bei den Angehörigen der medizinischen Intelligenz" sei „bekannt, daß er keinerlei politische Unklarheiten in seiner Arbeit" zuließe. „Im Verlaufe der offiziellen Zusammenarbeit" habe sich gezeigt, „daß er sich stets für die Belange unseres Staates und auch des MfS einsetzt."[188] Persönliche Erinnerungen von Ärzten aus der DDR, die ohne Zustimmung des „Generalsekretariates" zu keinem Fachkongreß ins Ausland reisen durften, bestätigen diese Einschätzung des mit seiner untersetzten Statur etwas bullig wirkenden Dr. Rohland.

---

187 Auskunftsbericht der HA XX/1 über Dr. Lothar Rohland vom 3.5.1973, MfS-Personenakte Lothar Rohland, Bl. 30–34, hier 34.
188 Einschätzung des Genossen Dr. Rohland anläßlich seiner Befürwortung als Parteisekretär des Ministeriums für Gesundheitswesen durch Oberstleutnant Nagel, Leiter der HA XX/1, vom 20.10.1975, MfS-Personenakte Lothar Rohland, Bl. 46.

Flexibler, viel mächtiger und in personalpolitischen Fragen des DDR-Gesundheitswesens maßgeblicher als Dr. Rohland war Professor Karl Seidel[189] als Leiter der Abteilung Gesundheitspolitik des ZK der SED. Soweit aus den Akten erkennbar, hatte den qualifizierten Mediziner weniger ideologische Besessenheit als vielmehr ein ausgeprägter Wille zur Macht in diese hauptamtliche Parteifunktion geführt. Frühere Klinikmitarbeiter unterschiedlicher politischer Couleur schildern Karl Seidel übereinstimmend als einen hochintelligenten, energiegeladenen und schaffensfrohen Mann, an dessen fachlichen Qualitäten es keinen Zweifel gegeben habe. Er habe sehr gute Vorlesungen gehalten und über einen gewissen Charme verfügt, was ihn bei Studenten und Mitarbeitern durchaus beliebt gemacht habe. Mit einer feinen Witterung für machtpolitische Möglichkeiten habe er allerdings raffiniert taktiert, habe bestimmte „Zöglinge" auffällig gefördert, anderen Leuten in Notsituationen weniger auffällig geholfen und wieder andere fallengelassen, wenn er blitzschnell erkannt habe, daß sie sich nicht halten lassen würden. Bei alledem hätte er in einer Weise von seinen Einflußmöglichkeiten Gebrauch gemacht, die der Klinik und einzelnen durchaus zugute gekommen seien. Insgesamt scheinen seinem Karrierestreben weniger bestimmte politische oder fachliche Vorstellungen zugrunde gelegen zu haben, als vielmehr die Freude am eigenen Durchsetzungsvermögen. Dieses Naturell muß es gewesen sein, das Professor Karl Seidel in die Lage versetzte, vom Zentralkomitee der monopolistisch führenden Partei aus die personalpolitischen Fäden des DDR-Gesundheitswesens und insbesondere seines Fachgebietes, der Psychiatrie und Neurologie, zu ziehen. Dabei wurde besonders deutlich, daß Kaderpolitik eine SED-Domäne war, während Einflußnahmen des MfS auf Personalentscheidungen nur sehr begrenzt in einem der SED nachgeordneten Feld stattfanden.

Als Karl Seidel 1971 aus Dresden nach Berlin wechselte, um Professor an der Charité-Nervenklinik zu werden, wurde seine IM-Akte von der Abteilung XX der Bezirksverwaltung für Staatssicherheit Dresden an die Hauptabteilung XX/1 des MfS übergeben. Professor Seidel alias IMS „Fritz Steiner" bekam als neuen Führungsoffizier keinen anderen als den Leiter der MfS-Hauptabteilung XX/1, Major Jaekel.[190] In den regelmäßigen inoffiziellen Gesprächen wurden nicht selten Kaderfragen erörtert. Bei einem inoffiziellen Treffen im November 1977, bei dem Seidel seinen beruflichen Wechsel zur Abteilung Gesundheitspolitik des ZK der SED ankündigte,

---

189 Karl Seidel (Jg. 1930), Prof. Dr. sc. med., Arztsohn, 1949 Abitur in Döbeln/Sachsen, 1950–56 Medizinstudium in Leipzig, 1957–61 Facharztausbildung Neurologie/Psychiatrie und 1961–63 Oberarzt an der Universitätsnervenklinik in Leipzig, 1963–71 Oberarzt an der Akademie-Nervenklinik in Dresden, 1971–78 Direktor der Charité-Nervenklinik in Berlin, 1967–78 als IMS „Fritz Steiner" erst für die Abt. XX/1 der BVfS Dresden, dann für die HA XX/1 des MfS tätig, 1978–81 stellvertretender Leiter und 1981–89 Leiter der Abteilung Gesundheitspolitik des ZK der SED, SED-Mitglied seit 1947. Vgl. IM-Akte „Fritz Steiner"; BStU, ZA, AIM 13788/83, Teil I, 1 Bd.
190 IM-Akte „Fritz Steiner", Teil II, Bd. 1, Bl. 148.

stellte er Überlegungen über einen geeigneten Nachfolger für die Leitung der Charité-Nervenklinik an. Jaekel notierte dazu:

„Der IM plant ernsthaft, den IM 'Ernst Lache' kurzfristig so weit zu entwikkeln, daß von ihm die Funktion des 1. Oberarztes der Klinik übernommen wird, d. h. die Klinik von ihm praktisch geleitet wird. Dazu soll 'Ernst Lache' bis Mitte 1978 seine Habilitation (Dr. med. sc.) durchführen, wozu ihm durch IM 'Fritz Steiner' alle Wege geebnet werden. Ferner soll er einige wissenschaftliche Arbeiten veröffentlichen. Der IM 'Fritz Steiner' wird diese Maßnahme [...] in der Abt. Gesundheitspolitik absichern sowie auch seine Oberärzte in der Klinik vorbereiten."[191]

Major Jaekel, der als IMS „Ernst Lache" einen Arzt namens Rudolf Müller führte,[192] verwendete hier regelwidrig den Decknamen anstelle des von Seidel sicherlich verwendeten Klarnamens. Dr. Rudolf Müller[193] war schon einige Jahre früher als Karl Seidel als IM des MfS aktiv gewesen. Er war bereits Anfang der sechziger Jahre als „Geheimer Informator" geworben worden und arbeitete jahrzehntelang inoffiziell für das MfS.[194] Seine berufliche Laufbahn hatte ihn 1969 vom sportmedizinischen Dienst zu einer Zweitfacharztausbildung an die Charité-Nervenklinik geführt. Er war also noch keine zehn Jahre im Fach, als Professor Seidel ihn für befähigt hielt, die Charité-Nervenklinik zu leiten[195]. Der Hauptgrund war wohl, daß ihm Rudolf Müller als „ein zuverlässiger, handfester Genosse" galt.[196]

---

191 Bericht Major Jaekels vom 7.11.1977 über ein Treffen mit dem IMS „Fritz Steiner" am 27.11.1977, IM-Akte „Fritz Steiner", Teil II, Bd. 2, Bl. 136 f.
192 Die Aktenlage ist im Fall des IMS „Ernst Lache" lückenhaft. Die MfS-Personalakte (Teil I) fehlt, von den Arbeitsakten (Teil II) sind nur die Bde. 1 bis 4 vorhanden. Die Identität von Dr. Rudolf Müller mit dem IMS „Ernst Lache" und die Tatsache, daß dieser durch den MfS-Offizier Jaekel von der HA XX/1 geführt wurde, ist jedoch zweifelsfrei belegt durch Querverweise in anderen MfS-Akten, entsprechende Karteieintragungen, zahlreiche Hinweise in den Berichten des IMS „Ernst Lache" aus den sechziger und vom Beginn der siebziger Jahre sowie Eintragungen im Vorgangsheft seines Führungsoffiziers.
193 Rudolf Müller (Jg. 1933), Arbeitersohn aus Hannover, nach der Mittelschule 1948–51 Zahntechnikerlehre, 1952 Tätigkeit in diesem Beruf, 1952–54 Abitur an der ABF in Halle, 1954–57 Medizinstudium in Leningrad und 1957–59 in Berlin, 1959–63 Assistenzarzt im Regierungskrankenhaus der DDR, 1963–64 im Krankenhaus Berlin-Friedrichshain, 1964–69 Sportarzt und stellvertretender Chefarzt im Sportmedizinischen Dienst der DDR, 1969–73 zweite Facharztausbildung (Neurologie/Psychiatrie) an der Charité, 1973–80 Oberarzt der Poliklinischen Sonderabteilung des Ministerrates, 1980–89 Leiter der HA Internationale Beziehungen im Ministerium für Gesundheitswesen der DDR, SED-Mitglied seit 1954. Vgl. Akte des MfS über Dr. Rudolf Müller; BStU, ZA, AP 56889/92.
194 Bd. 1 der Berichtsakte des IMS „Ernst Lache" beginnt mit einem Treffbericht vom 23.9.1963, Bd. 4 endet elf Jahre später. Vgl. BStU, ZA, MfS-Registriernummer 4844/60, Teilablage A-479/61.
195 Bericht Jaekels über Treff mit IM „Fritz Steiner" am 7.11.1977, IM-Akte „Fritz Steiner", Teil II, Bd. 2, Bl. 137.
196 MfS-Information vom 12.1.1977; BStU, ZA, HA XX 498, Bl. 546.

Das Förderungsvorhaben verdeutlicht die Dominanz des Gesichtspunktes der politischen Zuverlässigkeit bei personalpolitischen Entscheidungen zur Besetzung von klinischen Spitzenpositionen und zugleich die Rückwirkung der politischen Förderung auf die fachliche Qualifizierung: Dr. Müller erfuhr aufgrund seiner politischen Zuverlässigkeit eine außergewöhnliche fachliche Förderung. Diese Protektion für sich genommen wäre weniger kritikwürdig, wenn nicht zur selben Zeit ebenso begabte, aber als politisch weniger zuverlässig eingeordnete Kollegen in ihrer wissenschaftlichen Entwicklung behindert worden wären, indem sie beispielsweise nicht ins Ausland fahren durften und ihnen auch sonst Steine in den Weg gelegt wurden.

Dr. Rudolf Müller habilitierte sich nicht schnell genug und konnte wohl deshalb die vorgesehene Nachfolge von Professor Karl Seidel als Leiter der Charité-Nervenklinik nicht antreten. Er machte statt dessen etwas später Karriere im Gesundheitsministerium. In seiner Eigenschaft als einer der Stellvertreter des DDR-Gesundheitsministers nahm er in den achtziger Jahren seinerseits politischen Einfluß, zum Beispiel auf die Zusammensetzung von Auslandsdelegationen, und pflegte bis Ende der achtziger Jahre nachweisbar vertrauensvolle „offizielle" Kontakte mit dem Leiter der MfS-Hauptabteilung XX/1, Oberst Jaekel.[197]

Zum Abschluß des Kapitels zur Tätigkeit der MfS-Hauptabteilung XX/1/II soll noch einmal an die Aufgabe dieser Diensteinheit erinnert werden, die Abteilungen XX/1 der ihr nachgeordneten 15 Bezirksverwaltungen „fachlich" anzuleiten. In der MfS-Zentrale war in den achtziger Jahren ein Offizier[198] speziell mit der „Wahrnehmung der Linienverantwortung der Hauptabteilung XX/1 zu Problemen des Gesundheitswesens, einschließlich der Erscheinungsformen politischer Untergrundtätigkeit im Bereich Medizin gegenüber den Fachabteilungen der Bezirksverwaltungen"[199] beauftragt. Am Ende jedes Jahresarbeitsplanes der Hauptabteilung XX/1 wurden Schwerpunkte zur „Qualifizierung der Anleitungs- und Kontrolltätigkeit" sowie der „Zusammenarbeit mit den Abteilungen XX der Bezirksverwaltungen" zusammengefaßt.

---

197 Vgl. z. B. Vermerk von Oberst Jaekel, HA XX/1, vom 26.10.1988, über ein Gespräch mit Genossen Prof. Müller, MfGe (Ministerium für Gesundheitswesen); BStU, ZA, HA XX 499, Bl. 177 f.
198 Klaus-Dieter Busching (Jg. 1948), Arbeitersohn aus Guben, gelernter Dreher, 1974–83 operativer Mitarbeiter der Abt. XX/1 der BVfS Erfurt – zuständig „für die politisch-operative Absicherung der Medizinischen Akademie Erfurt" bzw. des Gesundheitswesens, 1983–89 Hauptsachbearbeiter der HA XX/1/II des MfS, letzter MfS-Dienstgrad Hauptmann, SED-Mitglied seit 1971. Vgl. MfS-Kaderkarteikarte Klaus-Dieter Busching; BStU, ZA, ohne Signatur.
199 Beurteilung von Hauptmann Busching durch den Leiter der HA XX/1, Oberst Jaekel, vom 1.2.1988, MfS-Kaderakte Klaus-Dieter Busching; BStU, ZA, KS 3665/90, Bl. 93–95, hier 93.

## 2.3.2. Abteilung XX/1 der Bezirksverwaltung für Staatssicherheit Berlin

Die Organisation der Überwachung des Gesundheitswesens auf Bezirksebene soll exemplarisch am Beispiel der Bezirksverwaltung für Staatssicherheit (BVfS) Berlin erörtert werden.

Aus einem Mitarbeiterverzeichnis der Abteilung XX der BVfS Berlin vom 1. November 1988 geht hervor, daß zu diesem Zeitpunkt fünf von insgesamt acht[200] hauptamtlichen Mitarbeitern des Referates XX/1 für das Berliner Gesundheitswesen[201] auf Bezirksebene zuständig waren.[202] Angesichts dieser geringen Anzahl der in der BVfS dem medizinischen Bereich zugeordneten MfS-Offiziere sei darauf hingewiesen, daß der größere Teil der Einrichtungen des Gesundheitswesens in den Ostberliner Stadtbezirken von den Kreisdienststellen (KD) des MfS aus überwacht wurden.

Dem Leiter des Referates XX/1 der Bezirksverwaltung für Staatssicherheit Berlin, Major Hans Gerischer,[203] war der Berliner Bezirksarzt, dessen Stellvertreter und das Bezirksbegutachtungswesen zugeordnet. Das Beispiel eines langjährigen Bezirksarztes in Ostberlin, der von 1975 bis 1986 durch Gerischer als inoffizieller Mitarbeiter geführt wurde, ist typisch für die Art inoffizieller Kooperationsbeziehungen auf dieser Ebene. Bereits im November 1974 hatte man im Referat XX/1 der Berliner BVfS eine engere Form der Zusammenarbeit mit dem Mediziner, der damals noch stellvertretender Bezirksarzt war,[204] ins Auge gefaßt:

---

200 Die übrigen drei hauptamtlichen Mitarbeiter des Referates XX/1 der BVfS Berlin waren für die Bereiche Justiz, Wohnungswesen und „befreundete Parteien" auf Berliner Bezirksebene zuständig.
201 Auf weitere sechs MfS-Offiziere, die zum Referat XX/3 der BVfS Berlin gehörten und ausschließlich für die Charité zuständig waren, wird im Kapitel über den medizinischen Hochschulbereich eingegangen.
202 Vgl. Verzeichnis der Mitarbeiter der Abt. XX der BVfS Berlin, Stand 1.11.1988, 5 Seiten, hier S. 2; BStU, ASt Berlin, A 97 xx 88.
203 Hans Gerischer (Jg. 1934), Arbeitersohn aus Schönheide/Erzgebirge, 1948–51 kaufmännische Wirtschaftslehre, 1951–55 Verwaltungsangestellter beim Rat der Gemeinde Schönheide, 1955–90 operativer Mitarbeiter des MfS (zuvor SfS) Berlin, 1978–90 Leiter des Referates XX/1 der BVfS Berlin, letzter MfS-Dienstgrad Major, SED-Mitglied seit 1955. Vgl. MfS-Kaderkarteikarte Hans Gerischer; BStU, ASt Berlin, ohne Signatur. Die Arbeitsverhältnisse Gerischers und die seiner nachfolgend genannten Mitarbeiter mit der MfS-Nachfolgeorganisation „Amt für Nationale Sicherheit" (AfNS) wurden Ende Februar 1990 beendet.
204 Gerhard Jacob (Jg. 1928), Arbeitersohn aus Kötzschenbroda, 1942–44 Lehre als Maschinenschlosser, 1945–50 Landarbeiter, 1950–53 ABF, 1953–58 Medizinstudium an der Humboldt-Universität Berlin, 1959–60 Parteisekretär an der Charité, 1960–64 Ausbildung zum Facharzt für Sozialhygiene, 1965–74 Amtsarzt im Stadtbezirk Berlin-Treptow, 1974–75 Stellvertretender Bezirksarzt und 1975–86 Bezirksarzt von Ostberlin, 1982 Verdienter Arzt des Volkes, SED-Mitglied seit 1951. Vgl. GMS-Akte „Gerhard"; BStU, ASt Berlin, AGMS 6143/91 sowie Kadervorschlag von Oberst Häbler, Abt. XX/1 der BVfS Berlin; BStU, ASt Berlin, A 121.

„Genosse Dr. Jacob hat als Stellvertreter des Bezirksarztes eine Schlüsselposition inne, die für unsere operative Arbeit sehr wertvoll ist. In der relativ kurzen Zeit war es uns möglich, Genossen Dr. Jacob etwas näher kennenzulernen. Besonders in der Aktion 'Jubiläum' arbeitete Unterzeichner dieses Vorschlages im Rahmen des Operativstabes Gesundheitswesen der Hauptstadt sehr eng zusammen. Dabei zeigte sich, daß Genosse Dr. Jacob an einem guten Verhältnis zum MfS interessiert ist und unsere Interessen konspirativ durchsetzt. Des weiteren gab es eine Reihe operativer Probleme zu lösen, wo uns Dr. Jacob unkompliziert und schnell unterstützte.

Da für die zukünftige operative Arbeit auf der Linie Gesundheitswesen der Hauptstadt die Verbindung zu Genossen Dr. Jacob eine wichtige Rolle spielt, wird vorgeschlagen, Genossen Dr. Jacob als – GMS – zu berufen."[205]

„GMS" ist die Abkürzung des MfS für „Gesellschaftliche Mitarbeiter Sicherheit", eine besondere Kategorie inoffizieller Mitarbeiter des MfS, die 1968 eingeführt worden war. Der IM-Richtlinie zufolge waren GMS „staatsbewußte Bürger, die sich [...] zu einer zeitweiligen oder ständigen Zusammenarbeit mit dem Ministerium für Staatssicherheit bereit erklären und an der Lösung politisch-operativer Aufgaben beteiligt werden." Von anderen IM wurden sie in der zitierten Richtlinie 1/68 durch bestimmte Merkmale unterschieden, hauptsächlich durch einen geringeren „Grad der Einbeziehung in konspirative Methoden", durch „den vorrangigen Einsatz für Sicherungsaufgaben im [...] Arbeits-, Wohn- und Interessenbereich", durch „ihr in der Regel mögliches offensives Auftreten in ihrem Wirkungsbereich zur Beseitigung und Überwindung von Mängeln und Mißständen" sowie durch „ihr in der Regel progressives Auftreten in der Öffentlichkeit."[206] Die Einführung von „GMS" als einer neuen Kategorie inoffizieller Zusammenarbeit war der formale Ausdruck einer sich seit den sechziger Jahren abzeichnenden Tendenz des MfS, inoffizielle Mitarbeiter in „Schlüsselpositionen" der DDR-Gesellschaft zu gewinnen. Solche leitenden Angestellten mit einer öffentlich bekannten positiven Einstellung zur Partei- und Staatsführung waren zwar ungeeignet, konspirativ Informationen über „den politischen Untergrund" zu gewinnen, da sie dazu keinen Zugang hatten. GMS konnten jedoch ihre „Schlüsselpositionen" als Führungskräfte zum Beispiel im staatlichen Gesundheitswesen der DDR für die Durchsetzung der Gesundheits-, Kader- und Sicherheitspolitik der SED in ihrem Arbeitsbereich nutzen. Dabei waren die vom MfS erteilten Aufträge oft rollenkonform zu den Aufgaben, die die GMS als SED-Genossen und staatliche Lei-

---

205 Schreiben des stellvertretenden Abteilungsleiters XX/1 der BVfS Berlin, Hauptmann Gerischer, vom 14.11.1974, GMS-Akte „Gerhard"; BStU, ASt Berlin, AIM 6143/91, Bl. 9f.
206 Richtlinie 1/68 vom Januar 1968 für die Zusammenarbeit mit Gesellschaftlichen Mitarbeitern für Sicherheit und Inoffiziellen Mitarbeitern im Gesamtsystem der Sicherung der Deutschen Demokratischen Republik, in: Müller-Enbergs: Inoffizielle Mitarbeiter, S. 242–282, hier 248 f.

ter ohnedies zu erfüllen hatten. Mitunter hatten die MfS-Offiziere jedoch noch zusätzliche Wünsche, wie wir gleich am konkreten Beispiel sehen werden.

Im Frühjahr 1975 schrieb der Leiter des Referates XX/1 der Bezirksverwaltung für Staatssicherheit Berlin, Hauptmann Gerischer, über seine Verbindung zu Dr. Jacob in dessen Akte, daß die Berufung des stellvertretenden Berliner Bezirksarztes zum GMS „nach langjähriger offizieller Zusammenarbeit mit Handschlag bekräftigt" worden sei.[207] MfS-Hauptmann Gerischer schätzte ein, „daß GMS 'Gerhard' für uns eine sehr wertvolle Schlüsselposition ist, durch die wir wertvolle Informationen erhalten werden und über die wir komplizierte politisch-operative Probleme auf dem Sektor Gesundheitswesen regeln können".

Diese Erwartung wurde nicht enttäuscht. Dr. Jacob rückte vom Stellvertreter zum Bezirksarzt auf und arbeitete nach Aktenlage jahrelang, bis er sich Ende 1986 auf eigenen Wunsch aus seiner Funktion abberufen ließ, neben dem Amt inoffiziell mit dem MfS zusammen. Die inoffiziellen Leistungen des Bezirksarztes wurden im Mai 1986 vom MfS mit einer „Verdienstmedaille der NVA in Gold" honoriert:

„In der Zusammenarbeit mit dem Ministerium für Staatssicherheit zeigt Genosse Dr. Jacob großes Vertrauen, bedingungslose Treue und Unterstützung. Auch bei sehr komplizierten politisch-operativen Problemen sucht und findet er eine positive Lösung für uns. [...]
Genosse Dr. Jacob ist ehrlich, zuverlässig und parteiverbunden. Als Stadtrat, Stadtverordneter und Bezirksarzt vertritt er offensiv die Linie unserer Partei. Dafür spricht auch seine Entwicklung vom Schlosser zum Landarbeiter und über die ABF [Arbeiter-und-Bauern-Fakultät] zum Arzt und Kommunalpolitiker. Er führte bisher konsequent alle Aufträge der Partei durch."[208]

An dieser Lobeshymne fällt auf, daß die Erfüllung von Aufträgen des MfS mit solchen der Partei praktisch gleichgesetzt wird. Sieht man sich die inoffiziell für das MfS erbrachten Leistungen des Bezirksarztes an, die in der Begründung zur Auszeichnung aufgelistet wurden, lassen sich drei Aufgabenkomplexe unterscheiden.

Einerseits habe Dr. Jacob dem MfS Unterstützung „bei der Lösung politisch-operativer Aufgaben hinsichtlich der medizinischen Betreuung und hygienischen Absicherung politischer Großveranstaltungen in der Hauptstadt" gegeben. Das deckte sich mit den organisatorischen Aufgaben, die der Kommunalpolitiker auch ohne MfS zu lösen gehabt hätte. Weiterge-

---

207 Eine weitere Besonderheit von GMS gegenüber anderen IM-Kategorien bestand darin, daß GMS „berufen" und nicht wie andere IM geworben und möglichst schriftlich verpflichtet wurden. Berufung zum GMS am 10.6.1975, GMS-Akte „Gerhard", Bl. 11.
208 Begründung für den Vorschlag zur Auszeichnung des GMS „Gerhard" aus Anlaß des 37. Jahrestages der Gründung der DDR am 7.10.86, GMS-Akte „Gerhard", Bl. 20.

hend, aber ebenfalls noch rollenkonform zu seinen Aufgaben als staatlicher Leiter war die „Durchsetzung politischer Grundsätze in Fragen von Ordnung und Sicherheit und der Gewährleistung des Geheimnisschutzes durch Einleitung kaderpolitischer Veränderungen".[209] Dies bestätigt einmal mehr die bereits festgestellte Einflußnahme des MfS auf bestimmte Personalentscheidungen.

In einer zweiten Gruppe lassen sich Aufgaben zusammenfassen, bei denen der Bezirksarzt seine Entscheidungsbefugnisse in der Gesundheitsverwaltung ausnutzte, um MfS-Mitarbeitern und deren Familien bevorzugt knappe Ausbildungs-, Pflegeheim- und Krippenplätze zu beschaffen. So lobte das MfS Dr. Jacob für seine Unterstützung „bei der Beschaffung zusätzlicher Ausbildungsstellen für Facharztkandidaten in der Hauptstadt, wo die Ehepartner eine Tätigkeit im MfS aufnahmen oder im Auftrag der HV A im Operationsgebiet zum Einsatz kamen" sowie „bei der bevorzugten Unterbringung von Veteranen unseres Organs, Eltern von Mitarbeitern und von Patrioten in Feierabend- und Pflegeheimen" sowie „bei der Beschaffung von Krippenplätzen für junge Mitarbeiterinnen unseres Organs".[210]

Eine dritte Gruppe von Aufgaben, die Dr. Jacob laut der Begründung zu seiner Auszeichnung erfüllte, beinhaltet eindeutig ärztliche Pflichtverletzungen. Dem GMS-Arzt wurde bescheinigt, er habe das MfS „bei der politisch-operativ erforderlichen Einweisung bzw. Unterbringung psychisch Erkrankter" und „bei der Beschaffung vertraulichster medizinischer Unterlagen zur Einschätzung operativ interessanter Personen" unterstützt.[211] Letzteres stellte eine Verletzung der ärztlichen Schweigepflicht und damit einen Straftatsbestand gemäß § 136 StGB-DDR dar. Diese Problematik wird an späterer Stelle noch detailliert beschrieben. Die „politisch-operativ erforderliche Einweisung bzw. Unterbringung psychisch Erkrankter" wurde direkt anschließend an die oben genannte Aufgabe der „Absicherung politischer Großveranstaltungen in der Hauptstadt" genannt. Auf Einweisungen psychisch Kranker in psychiatrische Kliniken aus der sachfremden Erwägung, „Ordnung und Sicherheit" während politischer Großveranstaltungen zu garantieren, und auf die Rolle des MfS sowie der Kreis- und Bezirksärzte dabei wird später noch ausführlich einzugehen sein.

Ausweitung und strukturelle Differenzierung des MfS-Apparates zur Überwachung des Berliner Bezirksgesundheitswesens erfolgten Ende der siebziger bis Anfang der achtziger Jahre. Das wird deutlich, wenn man die Tätigkeitsbeschreibungen des Referatsleiters XX/1 der Bezirksverwaltung für Staatssicherheit Berlin aus den Jahren 1974 und 1985 vergleicht. 1974 lautete diese:

---

209 Ebenda.
210 Ebenda.
211 Ebenda.

„Hauptmann Gerischer ist verantwortlich für die politisch-operative Absicherung wesentlicher Teilbereiche des Gesundheitswesens der Hauptstadt der DDR, Berlin. Er steuert qualifizierte inoffizielle Verbindungen aus dem Bereich der medizinischen Intelligenz [...] und hat durch qualifizierten Einsatz von IM wesentlichen Anteil am erfolgreichen Abschluß von Operativvorgängen zur Bekämpfung des staatsfeindlichen Menschenhandels krimineller Menschenhändlerbanden."[212]

Mitte der achtziger Jahre, also elf Jahre später, hatte der Berliner Referatsleiter XX/1 hingegen einen ganzen Stab von Mitarbeitern anzuleiten:

„Genosse Major Gerischer [...] hat sich zu einem Spezialisten bei der politisch-operativen Sicherung des Berliner Gesundheitswesens vor feindlichen Angriffen entwickelt. Das von ihm geleitete Referat umfaßt eine Stärke von 1 : 8 operativen Mitarbeitern, davon gehören fünf Offiziere in seinen unmittelbaren Anleitungsbereich. Diese Genossen sind verantwortlich für politisch-operative Sicherung des Klinikums Buch und weiterer ausgewählter Objekte des Gesundheitswesens. [...] In den Jahren 1984 und 1985 wurde Genosse Major Gerischer durch den Leiter der Abteilung XX veranlaßt, sein umfangreiches eigenes IM-System spürbar zu reduzieren, um verstärkt seiner anleitenden Tätigkeit nachkommen zu können."[213]

Der Aufbau dieses Mitarbeiterstabes ging schrittweise vor sich, wobei jeweils die dienstälteren Offiziere die jüngeren einarbeiteten. So betreute beispielsweise Hauptmann Hempel,[214] der 1975 „aus operativer Notwendigkeit" als Unterleutnant in das „Referat XX/1, Arbeitsgruppe Medizin" versetzt worden war, fünf Jahre später die Einarbeitung des neueingestellten Leutnants Schachtschneider[215] im Klinikum Berlin-Buch. Ende 1982 kehrte der gelernte Postfachmann Hempel innerhalb der Berliner Abteilung XX in gewisser Weise zurück zu seinem Leisten: Er wurde Leiter des Referates

---

212 Begründung für den Vorschlag zur Auszeichnung vom 26.9.1974, MfS-Kaderakte Hans Gerischer; BStU, ASt Berlin, KS II 613/91, Bl. 95.
213 Beurteilung vom 27.7.1985; ebenda, Bl. 120.
214 Wilfried Hempel (Jg. 1943), Arbeitersohn aus Berlin, 1949–57 Grundschule, 1957–60 Postfacharbeiterlehre, 1964–66 Grenztruppen der NVA, 1967–68 10-Klassen-Abschluß an der Volkshochschule nachgeholt, 1968–73 Studium mit Abschluß als Ingenieurökonom des Postwesens, anschließend „Bearbeiter für Zollangelegenheiten" der Berliner Post-Bezirksdirektion, 1973–90 operativer Mitarbeiter der Abt. XX für BVfS Berlin, letzter MfS-Dienstgrad Major, SED-Mitglied seit 1972. Vgl. MfS-Kaderkarteikarte Wilfried Hempel; BStU, ZA, ohne Signatur.
215 Günter Schachtschneider (Jg. 1954), Funktionärssohn aus Fürstenberg, 1972 Abitur, 1972–74 Grenztruppen der DDR, 1974–79 Studium der Geschichte an der Humboldt-Universität Berlin mit Abschluß als Diplomhistoriker, 1973–1979 inoffizielle Tätigkeit für das MfS als IM „Marion", 1979–90 operativer Mitarbeiter des Referates XX/1 der BVfS Berlin, letzter MfS-Dienstgrad Hauptmann, SED-Miglied seit 1979. Vgl. MfS-Kaderkarteikarte Günter Schachtschneider; BStU, ASt Berlin, ohne Signatur.

XX/6, das zuständig war für die Überwachung des Berliner Post- und Fernmeldewesens.[216]

Bei den zur „Sicherung" des Gesundheitswesens eingesetzten MfS-Offizieren gab es keine solche fachspezifische Vorbildung. Günter Schachtschneider beispielsweise hatte Geschichte studiert. Die „operative" Tätigkeit des Diplomhistorikers und mittlerweile zum Hauptmann des MfS beförderten Schachtscheider wurde Ende 1986 folgendermaßen beschrieben:

> „Sein operativer Verantwortungsbereich umfaßt die Leitung des Klinikums Berlin-Buch sowie medizinische Bereiche und die medizinische Fachschule dieser größten Berliner Gesundheitseinrichtung. Aufgrund langjähriger kontinuierlicher Arbeit hat Genosse Hauptmann Schachtschneider gute offizielle und inoffizielle Verbindungen im gesamten Verantwortungsbereich. Von diesen Verbindungen, die überwiegend der medizinischen und wissenschaftlichen Intelligenz angehören, wird er anerkannt und respektiert. [...]
> Bis zum September 1986 steuerte Genosse Hauptmann Schachtscheider einen hFIM [hauptamtlichen Führungs-IM] mit einem eigenen anspruchsvollen IM-Netz. [...] Da sich die Zusammenarbeit mit dem hFIM jedoch insgesamt komplizierte, wurde entschieden, die hauptamtliche Tätigkeit per 30.9.1986 zu beenden. [...] Durch die Beendigung der Tätigkeit des hFIM erweiterte sich das durch Genossen Hauptmann Schachtschneider gesteuerte IM-System erheblich."[217]

Die Anzahl der bis Ende September 1986 im Klinikum Buch von Hauptmann Schachtschneider geführten IM wurde an einer anderen Stelle seiner Kaderakte[218] mit 14 beziffert. Die inoffiziellen Verbindungen, die Schachtschneider von seinem zuvor als hFIM „Michael Graf" geführten Helfer im Herbst 1986 zusätzlich übernahm, waren umfangreich:

> „Es kann [...] eingeschätzt werden, daß der hFIM 'Michael Graf' mit über 20 IM, Vorlauf-IM und offiziellen Verbindungen eine kontinuierliche und erfolgreiche Arbeit leistet. Er ist aktiv in die Suche, Auswahl, Aufklärung und Gewinnung jugendlicher IM-Kandidaten an der Medizinischen Fachschule Berlin-Buch einbezogen."[219]

Trotz der vielen im Klinikum Buch geführten inoffiziellen Mitarbeiter waren die Genossen des Berliner Referates XX/1 dort mit ihrem Überwachungsauftrag überfordert. Mit welchen Problemen sie sich allein bei der Ausbil-

---

216 Vgl. MfS-Kaderakte Wilfried Hempel; BStU, ASt Berlin, KS II 616/91.
217 Beurteilung vom 10.11.1986, MfS-Kaderakte Günter Schachtschneider; BStU, ASt Berlin, KS II 1490/91, Bl. 82f.
218 Begründung eines Vorschlages zur Bestätigung in der Vergütungsstufe X vom 1.10.1986, MfS-Kaderakte Günter Schachtschneider, Bl. 86.
219 Begründung des Vorschlages von Führungsoffizier Schachtschneider zur Prämierung des hFIM „Michael Graf" mit 500 M vom 16.1.1986, hFIM-Akte „Michael Graf"; BStU, ASt Berlin, AIM 6266/91, Teil I, Bd. 2, Bl. 47.

dung von Krankenschwestern und -pflegern konfrontiert sahen, wird in einer „Sicherungskonzeption" der Abteilung XX/1 der Bezirksverwaltung für Staatssicherheit Berlin „zur politisch-operativen Absicherung" der erwähnten Fachschule in Berlin-Buch geschildert, die wegen ihrer Multiplikatorenfunktion als Überwachungsschwerpunkt angesehen wurde:

> „Die Medizinische Fachschule hat die Aufgabe, qualifiziertes mittleres medizinisches Personal, Krankenschwestern, Kinderkrankenschwestern und Sprechstundenschwestern für das staatliche Gesundheitswesen in fachlicher und gesellschaftlicher Hinsicht heranzubilden. Derzeit werden 1.400 Studentinnen von 60 Pädagogen und 25 Ärzten, die fachspezifischen Unterricht erteilen, für 39 Einrichtungen des Gesundheitswesens ausgebildet."[220]

Angesichts einer solchen Verantwortung wurde der „politisch-ideologische Zustand des Lehrkörpers" als bedenklich parteifern beschrieben:

> „Von den Pädagogen der Medizinischen Fachschule gehören 55 % der SED an. Die an der Fachschule unterrichtenden Ärzte sind überwiegend parteilos. Ein großer Teil des Lehrpersonals der Fachschule unterhält aktive Verbindungen in das NSW [Nichtsozialistische Wirtschaftsgebiet] in postalischer und persönlicher Form. Diese Kontakte entfallen in etwa zu gleichen Teilen auf Parteilose und auf Mitglieder der SED. Obwohl ein großer Teil von Lehrern der SED angehört, ist der politisch-ideologische Gesamtzustand des Lehrkörpers unbefriedigend."[221]

Noch bedenklicher wurde die Gesinnungslage und das politische Verhalten der Schülerinnen von der Berliner Bezirksverwaltung des MfS eingeschätzt:

> „Bedingt dadurch, daß sich die Zusammensetzung der Studenten der Fachschule durch Beendigung und Beginn der Ausbildung jährlich ändert, ist auch der politisch-ideologische Zustand der Studierenden bestimmten Schwankungen unterworfen. Generell kann jedoch eingeschätzt werden, daß ein sehr großer Teil dieser hauptsächlich weiblichen Studenten sich insbesondere in Hinblick auf Mode und Freizeitgestaltung stark westlich orientiert. Daraus ergibt sich auch eine politisch labile Haltung eines nicht unbeträchtlichen Teils dieser Studentinnen. [...] Der überwiegende Teil der Studentinnen unterhält Kontakte persönlicher und familiärer Art nach Westberlin, der BRD und dem anderen nichtsozialistischen Ausland. Darunter befindet sich eine erhebliche Anzahl von Intimkontakten zu Ausländern und Kontakte zu

---

220 „Sicherungskonzeption zur politisch-operativen Absicherung der Medizinischen Fachschule 'Dr. Georg Benjamin', 1115 Berlin-Buch, Karower Str. 11 für den Zeitraum 1981–1985" der BVfS Berlin, Abt. XX/1 vom 7.5.1981, 7 Seiten, hier S. 1; BStU, ASt Berlin, A 121, Hefter „Med. FS – Objektakte".
221 Ebenda, S. 1f.

Jugendlichen in der BRD und in Westberlin. Diese Kontakte und die politisch-ideologische Labilität führten seit 1976 jährlich zu ungesetzlichen Grenzübertritten von Studentinnen, an deren Durchführung und Organisierung zum Teil kriminelle Menschenhändlerbanden beteiligt waren. Dabei ist operativ bedeutsam, daß diese Kontakte und teilweise auch das Ziel, die DDR ungesetzlich zu verlassen, jeweils einer größeren Gruppe von Studentinnen bekannt war."[222]

Daß die Fluchtpläne der angehenden Krankenschwestern einem größeren Kreis ihrer Mitschülerinnen bekannt gewesen waren, ohne daß eine von ihnen dieses offiziell als „Staatsverbrechen" gebrandmarkte Vorhaben verraten hätte, ist ein starkes Indiz dafür, daß die Aufgabe des MfS unerfüllbar war, die sich über die Systemgrenze hinweg liebenden jungen Menschen voneinander fernzuhalten. Der Eindruck der Vergeblichkeit solcher Bemühungen verstärkt sich, wenn man weiter liest, wie dünn „die inoffizielle Basis" des MfS an der medizinischen Fachschule war:

„Zur inoffiziellen Absicherung und Aufklärung der Medizinischen Fachschule sind derzeit zwei IMS in Schlüsselpositionen und ein IMS unter den Studentinnen vorhanden. [...] Die Wirksamkeit der IMS ist etwas eingeschränkt, da sie nur dort inoffiziell eingesetzt werden konnten, wo sie auch ihre beruflichen Aufgaben zu erfüllen hatten, [...] ist die Zahl der für die Absicherung der Medizinischen Fachschule zur Verfügung stehenden IM/GMS zu gering. [...] Ausgehend von der Gesamtzahl von 1.400 Studenten und 60 Pädagogen erscheint es erforderlich, die inoffizielle Basis um mindestens vier IM/GMS zu verstärken."[223]

Daß drei IM für die Überwachung von 1.460 Menschen nicht ausreichen, leuchtet unmittelbar ein, zumal die Kontrolle des Liebeslebens einiger hundert junger Frauen für nötig gehalten wurde. Ob das Berliner Referat XX/1 allerdings seinen „ständig wachsenden Informationsbedarf" decken konnte, indem es durch die Gewinnung weiterer vier Informanten den IM-Anteil an der Fachschule von 0,2 auf 0,5 Prozent steigerte, erscheint sehr zweifelhaft. Denn der „Informationsbedarf", allein nur zur „Verhinderung ungesetzlicher Grenzübertritte und rechtswidriger Antragstellungen auf Übersiedlung in die BRD", war beträchtlich:

„Der Schwerpunkt der Informationserarbeitung muß dabei auf der Aufklärung der Westkontakte dieser Studentinnen liegen, um die operativ bedeutsamen Kontakte (Intimkontakte zu Ausländern, Kontakte in die BRD, Kontakte auf

---

222 Ebenda, S. 2.
223 Ebenda, S. 4–6.

der Basis von Annoncen aus Zeitschriften aus der BRD) festzustellen und diese dann in die zielgerichtete operative Arbeit einzubeziehen."[224]

Hinzu kam neben der „Absicherung des Lehrkörpers" und einem „allgemeinen Informationsbedarf zu Studenten der Fachschule", womit „Kaderermittlungen, Personeneinschätzungen und Auskunftsberichte zu Kadern für das Regierungskrankenhaus, Krankenhaus des MfS und zu Verwandten von Angehörigen des MfS" gemeint waren, noch ein besonderer Punkt. Dieser bestand in der „Aufklärung der männlichen Studenten der Fachschule":

„Die männlichen Studenten der Medizinischen Fachschule stellen ca. 1% der Gesamtzahl der Studenten. Trotz des geringen Umfangs ist diese Personengruppe operativ bedeutsam, da es sich bei diesen männlichen Jugendlichen hauptsächlich um kirchlich gebundene Personen handelt, die einen medizinischen Beruf aus einer pseudohumanitären Einstellung heraus ergreifen. Ein großer Teil dieser Studenten hat eine negative Einstellung zum Wehrdienst und versucht, sich durch das Hervorheben gesundheitlicher Probleme dem Wehrdienst zu entziehen. Gleichzeitig streben diese Personen jedoch ein Medizinstudium an."[225]

Es ist offensichtlich, daß das Referat XX/1 der Bezirksverwaltung für Staatssicherheit Berlin beim Krankenschwestern- und Pflegernachwuchs mit weit mehr Gegenspielern und überwachungsbedürftigen Personen als mit Verbündeten konfrontiert war und die angestrebten Kontroll- und Überwachungsziele mit seinen dort vorhandenen Mitarbeitern nicht lösen konnte.

Die Situation dürfte sich weiter zuungunsten des MfS entwickelt haben, nachdem der zuvor von Hauptmann Schachtschneider im Städtischen Klinikum Berlin-Buch gesteuerte hauptamtliche Führungs-IM „Michael Graf" im Herbst 1986 dort ausschied. Über seinen weiteren Verbleib gibt eine „Vereinbarung zur Beendigung der hauptamtlichen inoffiziellen Tätigkeit" mit dem MfS Auskunft:

„Genosse Börno nimmt mit Unterstützung des MfS ab 1.10.1986 ein Arbeitsrechtsverhältnis in der Abteilung Gesundheits- und Sozialwesen des Magistrats von Berlin – Hauptstadt der DDR – als Inspektionsbeauftragter auf. [...] Die inoffizielle Zusammenarbeit mit dem Genossen Börno wird durch das MfS auf ehrenamtlicher Basis weitergeführt. [...] Seitens des MfS wird für Genossen Börno der Genosse Blümel, Bert, als verantwortlicher Mitarbeiter eingesetzt."[226]

---

[224] Ebenda, S. 5.
[225] Ebenda.
[226] Vereinbarung vom 30.9.1986, hFIM-Akte „Michael Graf", Teil I, Bd. 4, Bl. 30–33.

Der Genosse Blümel[227] war drei Jahre nach Schachtschneider zur Abteilung XX/1 der BVfS Berlin gekommen und von Major Gerischer eingearbeitet worden. Gerischer stellte ihm eine sehr gute Beurteilung aus:

„Der Beurteilungszeitraum umfaßt die erste Etappe des Einarbeitungsprozesses vom 16.12.1982 bis 12.10.1983. Wie festgelegt, kam Genosse Oberfeldwebel Blümel im Hauptsachgebiet Gesundheitswesen zum Einsatz. [...] Am 24.2.1983 begann Genosse Oberfeldwebel Blümel den politisch-operativen Grundlehrgang. [...] Das Selbststudium nimmt er sehr ernst und seine Mitarbeit in den Seminaren wird als sehr gut eingeschätzt.
Die ihm nach und nach übertragenen Verantwortungsbereiche werden von ihm schon selbständig abgesichert. Die Einführungen in diese Gesundheitseinrichtungen verlief positiv. Durch sein selbstsicheres Auftreten und sein schnelles Begreifen der anstehenden Aufgaben fand er bei den Direktoren und Leitern dieser Institutionen schnell Kontakt. Trotz seiner Jugend genießt er bei ihnen Achtung und Anerkennung. Mit den ihm übergebenen IM und GMS arbeitet er nach wenigen gemeinsamen Treffs mit dem übergebenden operativen Mitarbeiter selbständig zusammen."[228]

Diese komplikationslose Einarbeitung war um so erstaunlicher, als Blümel im Alter von Anfang zwanzig Jahren neben der Abteilung Gesundheits- und Sozialwesen des Berliner Magistrats für die Überwachung einer ganzen Reihe von Berliner Bezirksgesundheitseinrichtungen verantwortlich zeichnete, zu denen das Bezirkshygiene-Institut, das Bezirksinstitut für Blutspende- und Transfusionswesen, die Apotheken-Inspektion des Bezirkes, die „Poliklinik der Bauarbeiter, des Magistrats und des sozialistischen Handels" und die Zentralstelle für Diabetes sowie der Volkseigene Betrieb Orthopädie-Technik Berlin zählten.
Ein inhaltlicher Schwerpunkt der „politisch-operativen" Tätigkeit Blümels war die „Aufklärung von Auslands- und Reisekadern des Gesundheitswesens"[229]. Darüber hinaus wirkte das Referat XX/1 der Bezirksverwaltung für Staatssicherheit Berlin an personalpolitischen Entscheidungen bei der Besetzung von Leitungspositionen im Gesundheits- und Sozialwesen mit. Hinweise auf die Art dieser Mitwirkung finden sich im Protokoll einer Beratung zwischen Personalchefs der staatlichen Verwaltung und MfS-Mitarbeitern, wobei aufgrund der Fundstelle des Dokumentes zusammen mit Unterlagen der Abteilung Gesundheits- und Sozialwesen des Berliner Magi-

---

227 Bert Blümel (Jg. 1959), Angestelltensohn aus Berlin, 1978 Abitur, 1978–81 Justizangestellter (Leiter der Protokollabteilung) Stadtbezirksgericht Berlin-Marzahn, 1982–90 operativer Mitarbeiter des Referates XX/1 der BVfS Berlin, letzter MfS-Dienstgrad Oberleutnant, SED-Mitglied seit 1978. Vgl. MfS-Kaderkarteikarte; BStU, ASt Berlin, ohne Signatur.
228 Beurteilung vom 14.10.1983 durch Major Gerischer, MfS-Kaderakte Bert Blümel; BStU, ASt Berlin, KS II 1924/91, Bl. 67.
229 Ebenda.

strats anzunehmen ist, daß die darin getroffenen Festlegungen auch im Bereich des Gesundheits- und Sozialwesens angewendet worden sind:

„Die Notwendigkeit des engen und kameradschaftlichen Zusammenwirkens zwischen den Fachorganen des Magistrats, den Räten der Stadtbezirke und den zuständigen Genossen des MfS bei der Auswahl und dem Einsatz von Kadern in Nomenklaturfunktionen, als Mitarbeiter der örtlichen Staatsorgane der Hauptstadt, als Reise- und Auslandskader, als Geheimnisträger, für Touristenreisen in die SFR Jugoslawien, die Republik Kuba und die SR Vietnam sowie für private Reisen von ehemaligen Mitarbeitern der örtlichen Staatsorgane.
Erst nach Abstimmung mit den Genossen des MfS kann mit den Einsatzvorbereitungen begonnen werden."[230]

Im Anhang zum zitierten Dokument werden unter der Überschrift „Stadtrat und Bezirksarzt" siebzehn „Nomenklaturfunktionen"[231] und sechs „Kontrollnomenklaturfunktionen"[232] aufgezählt. Bevor jemand diese Funktionen übernehmen konnte, als „Auslands- und Reisekader" anerkannt oder als „Geheimnisträger" eingestuft wurde, nahm das MfS eine „Sicherheitsüberprüfung"[233] der Anwärter vor. Zu diesem Zweck mußten bestimmte „kaderpolitische Unterlagen [...] an die Genossen des MfS" übergeben werden, zu denen neben einem „Prüfungsauftrag (Vordruck)" die Personalakte, ein „Personalbogen mit Verwandtenaufstellung", eine Beurteilung und ein „Aktenvermerk über Erkenntnisse zum Kader" gehörten. Die Erkenntnisse sollten aus „Rücksprachen mit dem Parteisekretär und der Kaderabteilung des Betriebes, wo der Kader bisher tätig war", und aus „der Auswertung des Personalbogens" gewonnen werden. In jedem Fall wollte das MfS informiert werden über „offene Zeiträume, Arbeitsstellen außerhalb der DDR, Grund

---

230 Information der Abteilung Kader des Berliner Magistrats vom 17.5.1983 über die Beratung am 6.5.1983 mit den Kaderbeauftragten der Fachorgane des Magistrats, den Leitern der Abteilungen Kader der Räte der Stadtbezirke und den politischen Mitarbeitern der Abteilungen Kader über die sicherheitspolitischen Anforderungen an die Tätigkeit der örtlichen Staatsorgane der Hauptstadt der DDR bei der Auswahl, dem Einsatz und der Erziehung der Kader; BStU, ASt Berlin, A 98 (xx 89).
231 Als „Nomenklaturfunktionen" wurden genannt: 9 Stadtbezirksärzte, der 1. Stellvertreter des Bezirksarztes, die Ärztlichen Direktoren des Städtischen Klinikums Berlin-Buch, des Städtischen Krankenhauses Friedrichshain und der Zentralen Poliklinik der Bauarbeiter, die Direktoren des Bezirkshygiene-Institutes und der Schnellen Medizinischen Hilfe, der Direktor des Zentrums für Pharmazie- und Medizintechnik und Bezirksapotheker, sowie der Leiter der Bezirks-Arbeitshygiene-Inspektion.
232 Als „Kontrollnomenklaturfunktionen" wurden die Direktoren des Instituts für Blutspende- und Transfusionswesen, der medizinischen Fachschulen Berlin-Buch und Berlin-Friedrichshain, der Bezirksakademie für Gesundheits- und Sozialwesen, des Büros für Sozialhygiene und der Betriebsschule des Gesundheitswesens genannt.
233 Vgl. „Ordnung über die Erfassung von Personen in der Abteilung XII auf der Grundlage von Sicherungsvorgängen" vom 1.6.1976, MfS VVS 506/76, 7 Seiten; BStU, ZA, DSt 102168 sowie Richtlinie 1/82 des Ministers für Staatssicherheit vom 17.11.1982 zur Durchführung von Sicherheitsüberprüfungen, MfS GVS 14/82; BStU, ZA, DSt 102900.

des Arbeitsplatzwechsels usw.", zu „vorhandener Westverwandtschaft bzw. ehemaligen oder gegenwärtigen Kontakten", über „Verhaltensweisen in besonderen politischen Situationen", über die „charakterlich-moralischen Eigenschaften", über die „gesellschaftlichen Aktivitäten", über die „Ehe- und Familiensituation", zur „Mitwirkung in der Landesverteidigung" und „anderen wichtigen Hinweisen". Da die Bearbeitungsfristen[234] des MfS genau angegeben sind, scheint das Einholen der Zustimmung des MfS vor der Besetzung bestimmter Leitungsfunktionen und bei bestimmten Reisegenehmigungen für Mitarbeiter des Gesundheitswesens in den achtziger Jahren eine reguläre Praxis gewesen zu sein.[235]

Es entsteht insgesamt der Eindruck, daß die Mitarbeiter der Abteilung XX/1 der Bezirksverwaltung für Staatssicherheit Berlin mit derartigen Kontrollen des Gesundheits- und Sozialwesens auf Berliner Bezirksebene weitgehend ausgelastet waren, während ihnen eine tiefergehende Überwachung der großen Mehrheit der Beschäftigten kaum möglich war, wie das Beispiel der Krankenpflegeschule illustriert. An dieser Begrenztheit der staatssicherheitsdienstlichen Kontrollmöglichkeiten dürfte auch der zusätzliche Einsatz von zwei jungen Unteroffizieren im Städtischen Klinikum Berlin-Buch in der zweiten Hälfte der achtziger Jahre nichts mehr geändert haben. Zur Ergänzung der Tätigkeit von Hauptmann Günter Schachtschneider, der dort insbesondere die Leitungsebene und den Medizinischen Bereich II abzudecken hatte, hatte sich seit 1985 Oberleutnant Matthias Weigel[236] um die Medizinischen Bereiche I, III, IV und V und seit 1987 Oberfeldwebel Martin Tschernig[237] um die Medizinische Fachschule sowie das Rehabilitations- und das Pharmazeutische Zentrum des Bucher Klinikums zu kümmern.

Anfang 1989 erfolgte dann auch noch eine personalsparende Umstrukturierung der Abteilung XX der Bezirksverwaltung für Staatssicherheit Berlin, in deren Zug die für das Gesundheitswesen zuständigen Mitarbeiter des Referates 1 mit den für das Universitätsklinikum Charité zuständigen Mitarbeitern des Referates 3 zu einem Referat 6 zusammengefaßt wurden: Major

---

234 Die Bearbeitungsfristen des MfS lagen zwischen 4 – 6 Wochen bei Einstellungen in die örtlichen Staatsorgane, 3 Monaten bei der Bestätigung von Reise- und 5 Monaten bei der von Auslandskadern.
235 Dafür sprechen auch die Berge von Sivos (Sicherungsvorgängen), die in den Archiven des MfS aufgefunden wurden und, da sie meist bloße Informationssammlungen zu Funktionsträgern in Wirtschaft, Gesundheitswesen und anderen Bereichen der DDR darstellen, meist bis jetzt unerschlossen geblieben sind.
236 Matthias Weigel (Jg. 1956), Lehrersohn aus Stollberg im Erzgebirge, 1973–75 Ausbildung als Instandhaltungsmechaniker, 1975–79 Kraftfahrer beim MfS, 1980–84 operativer Mitarbeiter des ZMD des MfS, 1985–90 operativer Mitarbeiter des Referates XX/1 der BVfS Berlin, letzter MfS-Dienstgrad Hauptmann, SED-Mitglied seit 1976. Vgl. MfS-Kaderkarteikarte Matthias Weigel; BStU, ASt Berlin, ohne Signatur.
237 Martin Tschernig (Jg. 1964), Funktionärssohn aus Bützow, aufgewachsen in Berlin, 1980–82 Ausbildung als Orthopädiemechaniker, 1983–87 Wachdienst der BVfS Berlin, 1987–90 operativer Mitarbeiter des Referates XX/1 der BVfS Berlin, letzter MfS-Dienstgrad Oberfeldwebel, SED-Mitglied seit 1983. Vgl. MfS-Kaderkarteikarte Martin Tschernig; BStU, ASt Berlin, ohne Signatur.

Gerischer blieb Leiter des Referates 1 und fiel damit für die Bearbeitung des Gesundheitswesens aus.[238] Oberleutnant Bert Blümel wechselte in das für die Bearbeitung der evangelischen Kirche zuständige Referat und wurde dort für die Diakonischen Werke zuständig. Als sein Nachfolger für die Bearbeitung der zahlreichen Berliner Gesundheitseinrichtungen wurde Oberfeldwebel Martin Tschernig benannt, der jedoch bis zum Ende des MfS kaum noch wirksam wurde. Leiter des Anfang 1989 gebildeten Referates 6 wurde Hauptmann Hans-Joachim Knobloch, der bis dahin als Mitarbeiter des Referates 3 den studentischen Bereich der Charité zu überwachen hatte, nun für die Leitung der Charité zuständig wurde und außerdem von Major Gerischer die Verbindung zum Stadtrat für Gesundheitswesen übernahm. Hauptmann Schachtschneider, der sich im Laufe der achtziger Jahre zum zweitwichtigsten Mann des Berliner Referates 1 auf der „Linie Gesundheitswesen" nach Gerischer entwickelte hatte, wurde zum stellvertretenden Leiter des Referats 6 ernannt und bekam zusätzlich zu seinem Verantwortungsbereich im Klinikum Berlin-Buch die vorher von Blümel geführten Verbindungen und Vorgänge der Abteilung Gesundheitswesen des Berliner Magistrats.[239]

Die Referatsumbildung Anfang 1989 ging also mit einer Zusammenlegung zuvor differenzierter verteilter Zuständigkeitsbereiche und einer Personalreduzierung der für das Berliner Gesundheitswesen zuständigen hauptamtlichen MfS-Mitarbeiter auf Bezirksebene einher.

### 2.3.3. Abteilung XX/3 der Bezirksverwaltung für Staatssicherheit Berlin

Der medizinische Hochschulbereich stellte aufgrund der früheren Erfahrungen mit den medizinischen Fakultäten der DDR-Universitäten, ihrer Bildungs- und Multiplikatorenfunktion, ihrer internationalen Forschungsbeziehungen sowie aufgrund der besonderen Brisanz von Verlusten hochqualifizierter medizinischer Wissenschaftler an den Westen auch in den achtziger Jahren einen besonders hervorgehobenen Schwerpunkt dar. Es war kein Zufall, daß sich die meisten der 1976 von Mielke erhobenen Forderungen nach einer systematischen Beteiligung des MfS an der SED-Kaderpolitik[240] im DDR-Gesundheitswesen auf den medizinischen Hochschulbereich bezogen:

---

238 Vgl. Aufzeichnungsbuch Gerischer, Eintrag vom 25.1.1989, S. 36: Gerischer konnte sich entscheiden, ob er mit drei Mitarbeitern beim Referat XX/1 der BVfS Berlin bleiben oder zum Referat XX/6 wechseln wollte. Gerischer blieb und wurde verantwortlich für die Überwachung der „befreundeten Parteien", während sich seine drei Mitarbeiter die Zuständigkeit für „Staatsapparat" und „Justiz" teilten. BStU, ASt Berlin, A 907/908.
239 Diese Veränderungen sind aus einem Vergleich der Mitarbeiter-Verzeichnisse (mit Zuständigkeitsbereichen) der Abt. XX der BVfS Berlin vom 1.11.1988 und vom 21.9.1989 ersichtlich; BStU, ASt Berlin, A 97 xx 88.
240 Vgl. Hartmut Zimmermann: Überlegungen zur Geschichte der Kader und der Kaderpolitik in der SBZ/DDR, in: Hartmut Kaelble, Jürgen Kocka und Hartmut Zwahr (Hrsg.): Sozialgeschichte der DDR, Stuttgart 1994, S. 322–356.

„Durch geeignete politisch-operative Maßnahmen ist systematisch zur Verbesserung der Kadersituation im Bereich Medizin beizutragen, insbesondere durch
Einflußnahme auf die Auswahl der Studienbewerber in der Fachrichtung Medizin, Veranlassung einer den Ergebnissen der politisch-operativen Aufklärung/Bearbeitung Rechnung tragenden Absolventenlenkung der Medizinstudenten,
rechtzeitige Aufklärung von Nachwuchskadern für leitende Funktionen im Bereich Medizin sowie für Einsätze als Reisekader in nichtsozialistischen Staaten und Westberlin,
Überprüfung der im Ausbildungsprozeß der medizinischen Kader tätigen Lehrkräfte auf ihre politische Eignung und Einleitung geeigneter politischer und operativer Maßnahmen zur schrittweisen Veränderung."[241]

Die Frage, wie weitgehend die 1976 als Planvorgabe formulierte Einflußnahme des MfS auf die Personalpolitik im Hochschulbereich in die Tat umgesetzt wurde, soll am Beispiel der medizinischen Fakultät der Ostberliner Humboldt-Universität in den achtziger Jahren untersucht werden. Die Bedeutung des sogenannten Bereichs Medizin (Charité) der Humboldt-Universität zu Berlin (HUB) wurde 1986 vom MfS hoch angesetzt:

„Die Charité als künftiges medizinisches Zentrum der DDR ist [ein] wichtiges Objekt der gesundheitlichen Betreuung der Berliner Bevölkerung (60 %) und der sonstigen DDR-Bevölkerung (40 %). Weiterhin bedeutsam in der medizinischen Forschung (20 % des Forschungspotentials medizinische Forschung der DDR) und der Lehre (jeder 4. Medizinstudent der DDR erhält seine Ausbildung an der Charité)."[242]

Die der Charité zugewandte Aufmerksamkeit des MfS war entsprechend groß. Das läßt sich an der Zahl der für die Charité zuständigen hauptamtlichen Mitarbeiter der Berliner Bezirksverwaltung für Staatssicherheit (BVfS) ablesen. Ende der achtziger Jahre waren sechs von siebzehn „operativen" Mitarbeitern des für die Humboldt-Universität insgesamt zuständigen Referates XX/3[243] der BVfS Berlin auf die Charité angesetzt. Die Tätigkeit der

---

241 MfS-Information 572/76, Anlage 1; BStU, ZA, ZAIG 2543, Bl. 71.
242 „Auskunftsbericht über geplante Maßnahmen zur inneren bzw. abwehrmäßigen Sicherung [...] des Objektes [...] (Charité) Stand 30.4.1986", erarbeitet von Major Lucas, Stellvertretender Referatsleiter XX/3 der BVfS Berlin, bestätigt von Oberst Häbler, Leiter der Abt. XX der BVfS Berlin, Bln-GVS 165/86; BStU, ASt Berlin, A 0033/2, Hefter (Sachakte Charité), S. 5.
243 Wie bereits erwähnt, wurde Anfang 1989 im Zuge einer Umstrukturierung der Abt. XX der BVfS Berlin das Referat XX/6 mit acht operativen Mitarbeitern gebildet: Vier dieser Mitarbeiter gehörten vorher zum Referat XX/1, sie waren und blieben für die bezirksgeleiteten Gesundheitseinrichtungen Ostberlins zuständig. Die anderen vier gehörten vorher zum Referat XX/3, das für die Humboldt-Universität zuständig war, diese waren und blieben für die „Absicherung" der Charité verantwortlich.

sechs Stasi-Männer in definierten Zuständigkeitsbereichen[244] war das Ergebnis eines längeren Infiltrierungsprozesses des MfS in die medizinische Fakultät.

Die Weichen dafür waren schon Mitte der siebziger Jahre gestellt, wie eine Beurteilung des wichtigsten MfS-Mitarbeiters an der Charité aus dem Jahre 1976 zeigt:

„Im Laufe seiner fast zwanzigjährigen Tätigkeit im MfS erwarb sich Genosse Hauptmann Lucas umfangreiche operative Kenntnisse und Erfahrungen, speziell bei der Sicherung des Hochschul- und Gesundheitswesens [...].
In der politisch-operativen Arbeit ist er seit 1962 fast ausschließlich auf dem Hauptsachgebiet I Medizin (Charité) eingesetzt und seit September 1975 Hauptsachbearbeiter m.b.V. und Leiter der zeitweiligen Arbeitsgruppe Medizin (Charité). [...]
Genosse Hauptmann Lucas hat es verstanden, durch eine sehr gute offizielle Zusammenarbeit mit der Partei- und staatlichen Leitung des Bereiches Medizin (Charité) politisch-operative Interessen unseres Organs durchzusetzen und gleichzeitig im Zusammenwirken mit der Parteileitung des Objektes bei der Klärung politisch-ideologischer Probleme und staatlicher Maßnahmen zu helfen."[245]

Diese Darstellung bestätigt die bereits beschriebenen „Beziehungen zwischen Staatssicherheit, SED und akademischen Leitungsgremien an der Humboldt-Universität zu Berlin",[246] die sich analog im Teilbereich Charité wiederholen: Während Major Simonis[247] die offiziellen Kontakte des MfS zur ersten Leitungsebene (Rektor und Prorektoren sowie nachgeordnete Direktorate, SED-Kreisleitung und Beauftragter für Sicherheit und Geheimnisschutz) der gesamten Universität pflegte, war Major Lucas[248] für die „offi-

---

244 1989 war die Zuständigkeit der MfS-Mitarbeiter (BVfS Berlin) an der Charité folgendermaßen verteilt: Major Heinz Lucas (Jg. 1937) für die offiziellen MfS-Kontakte zur sog. „1. Leitungsebene" der Charité und für die Anleitung und Kontrolle der vier nachfolgend Genannten, Major Werner Dewitz (Jg. 1939) für die Forschung, Hauptmann Günter Engelmann (Jg. 1951) für die Klinik-Angestellten, Hauptmann Hans-Joachim Knobloch (Jg. 1954) für die Studenten, Hauptmann Herbert Ramser (Jg. 1954) für den Lehrkörper, die Wissenschaftler sowie für die Kampfgruppen und die Zivilverteidigung und Hauptmann Werner Zöllner (Jg. 1932) für Ermittlungen und für die Aktenbeschaffung.
245 Beurteilung vom 29.12.1976, MfS-Kaderakte Heinz Lucas; BStU, ASt Berlin, KS II 732/91, Bl. 97 f.
246 Vgl. Hanna Labrenz-Weiß: Beziehungen zwischen Staatssicherheit, SED und den akademischen Leitungsgremien an der Humboldt-Universität zu Berlin, in: German Studies Review, Special Issue, Totalitäre Herrschaft – totalitäres Erbe, 1994, S. 131–145, hier 132.
247 Uwe Simonis (Jg. 1945), seit 1968 MfS-Mitarbeiter, 1983–89 stellvertretender Referatsleiter XX/3 der BVfS Berlin. Vgl. MfS-Kaderkarteikarte Uwe Simonis; BStU, ZA, ohne Signatur.
248 Heinz Lucas (Jg. 1937), Sohn eines Briefträgers aus Forst/Lausitz, 1944–52 Volksschule, 1952–54 Lehre als Maschinenschlosser, 1954–57 ABF Berlin mit Abitur, seit 1957 MfS-Mitarbeiter, 1957–59 MfS-Hochschule in Potsdam, 1965–70 Fernstudium Humboldt-Universität mit Abschluß als Diplomhistoriker, zugleich seit 1959 operativer Mit-

ziellen" MfS-Verbindungen zur ersten Leitungsebene der medizinischen Fakultät (Prorektor für Medizin und Direktorate, alle Klinik- und Institutsdirektoren, SED-Parteisekretäre und den Beauftragten für Sicherheit und Geheimnisschutz) der Charité zuständig.

Für die Bewertung des Zusammenwirkens von MfS, SED und akademischen Leitungsgremien muß an den Grundsatz erinnert werden, daß die SED die politische Linie vorgab und das MfS als „Schild und Schwert der Partei" die Aufgabe hatte, bei der Durchsetzung der Parteilinie und staatlicher Maßnahmen zu „helfen". An dieser grundsätzlichen Feststellung ändert sich auch dadurch nichts, daß das MfS im Zuge seiner Zuarbeiten mitunter auch „politisch-operative" Eigeninteressen entwickelte und durchsetzte.

Neben der „sehr guten offiziellen Zusammenarbeit mit der Partei- und der staatlichen Leitung" hatte das MfS auch zahlreiche „inoffizielle Verbindungen" an der Charité. In einem Auskunftsbericht der Abteilung XX/3 der BVfS Berlin über die Charité ist festgehalten, daß die fünf IM-führenden MfS-Offiziere dort im Frühjahr 1986 insgesamt 80 inoffizielle Mitarbeiter einschließlich GMS und Inhaber konspirativer Wohnungen führten.

Setzt man die Zahl von 80 inoffiziellen Mitarbeitern ins Verhältnis zur ebenfalls in dem Auskunftsbericht angegebenen Anzahl der zu dieser Zeit 8.630 Beschäftigten der Charité [249], kommt man auf einen IM-Anteil von 0,9 Prozent. Der wirkliche IM-Anteil dürfte um einiges höher gewesen sein, da es über die 80 von der Abteilung XX/3 der BVfS Berlin geführten inoffiziellen Mitarbeiter hinaus noch etliche durch andere Diensteinheiten des MfS geführte IM und zahlreiche Kontakte zu anderen Diensteinheiten gegeben hat. Die Anzahl der MfS-Diensteinheiten, die Wissenschaftler der gesamten Humboldt-Universität führten, wird auf über 40 geschätzt.[250] Allerdings hatten andere Diensteinheiten auch andere Aufgaben, so daß die Zahl der zur „inneren Absicherung" der Charité eingesetzten IM im Jahre 1986 ungefähr den vom Berliner Referat XX/3 angegebenen 80 aktiven IM entsprochen haben dürfte.

Worin bestand nun das Interesse des Staatssicherheitsdienstes an der Charité? Im „Auskunftsbericht über geplante Maßnahmen zur inneren bzw. abwehrmäßigen Sicherung" der Charité von 1986 wurde unter der Überschrift „Besonderheiten und Gefahrenschwerpunkte" an erster Stelle die Tatsache vermerkt, daß das Gelände des Klinikums „teilweise unmittelbar durch die Staatsgrenze nach Westberlin" begrenzt wird. Dem folgt eine Aufzählung von „Gefahrenschwerpunkten", die technischen Havariegefahrenstellen wie das Gasheizhaus, das Sauerstofflager und das Apothekenlager für Giftstoffe

---

arbeiter der Abt. V (ab 1964 Abt. XX) der BVfS Berlin, 1979–89 Stellvertretender Referatsleiter XX/3 der BVfS Berlin, letzter MfS-Dienstgrad Major, SED-Mitglied seit 1957. Vgl. MfS-Karteikarte; BStU, ZA, ohne Signatur.

249 Von den (Anfang 1986) 8.630 an der Charité Beschäftigten waren 80 Professoren, 1.060 Ärzte, 2.390 Schwestern, Pfleger und medizinisch-technischen Assistent(inn)en, 1.200 Personen „sonstiges Personal" und 3.900 Student(inn)en.

250 Hanna Labrenz-Weiß: Beziehungen, S. 132.

und Säuren, sowie den Operationstrakt umfaßten. Hinzu kamen die Telefonzentrale, die Zentrale Datenverarbeitungsanlage und die Patientenkartei, deren gefährlicher Charakter dem gewöhnlichen Menschen weniger offensichtlich ist und die man sich eher vor dem Geheimdienst als von ihm geschützt wünscht. Neben dem Brand- und Katastrophenschutz spielte die Sicherung von Neubau und Rekonstruktion der Charité eine erhebliche Rolle. Im Oktober 1982 wurde im Klinikum sogar ein OibE[251] des MfS „eingebaut", der als „Beauftragter für technische Sicherheit" fungierte. Wie für den industriellen Sektor der DDR bereits nachgewiesen wurde,[252] gehörte auch im Gesundheitswesen die technische Sicherheit zu den zunehmend wichtigen Aufgabenbereichen der Staatssicherheit.

Allerdings kamen an der Charité eine Vielzahl anderer Sicherheitsaufgaben hinzu. So war beispielsweise jeweils ein hauptamtlicher MfS-Mann als „politischer Mitarbeiter für Sicherheitsfragen" bei der SED-Kreisleitung der Humboldt-Universität zuständig für die Überwachung der Kampfgruppen[253] der Universität.

Was aber wurde aus dem vom MfS angestrebten Beitrag zur „Verbesserung der Kadersituation im Bereich Medizin"? Ende der siebziger und Anfang der achtziger Jahre informierte das MfS die Staats- und Parteiführung mehrmals schriftlich über „Probleme der staatlichen Leitungstätigkeit" an der Charité.[254] Dabei ging es neben einem Absinken des Niveaus der Forschung und der medizinischen Betreuung in einigen Kliniken vor allem um ungelöste „Kaderfragen". Das MfS wies auf unfähige Leiter, unklare Karriereperspektiven für den wissenschaftlichen Nachwuchs und eine bedenkliche Personalfluktuation hin. Über die teilweise namentliche, zum anderen Teil statistisch oder verbal verallgemeinerte Problembeschreibung hinaus lassen die Informationen keine Mitwirkung des MfS an Personalentscheidungen erkennen. Statt dessen enden die Informationen stets mit einem Satz wie diesem:

251 OibE: Offizier (des MfS) im besonderen Einsatz, hier handelt es sich um den Hauptmann des MfS Norbert Pawlak (Jg. 1947), der 1968 als gelernter Flugzeugmechaniker in das MfS eingestellt und an die Ingenieurschule für Eisenbahnwesen delegiert worden war. Sein „besonderer Einsatz" erfolgte zunächst im Flugwesen, dann als technischer Sicherheitsbeauftragter an der Charité.
252 Vgl. Hans-Hermann Hertle und Franz-Otto Gilles: Stasi in die Produktion – Die „Sicherung der Volkswirtschaft" am Beispiel der Struktur und Arbeitsweise von Objektdienststellen des MfS in den Chemiekombinaten, in: Klaus-Dietmar Henke und Roger Engelmann (Hrsg.): Aktenlage, Berlin 1995, S. 118–137.
253 Paramilitärische (nebenberufliche) Freiwilligen-Einheiten aus Mitarbeitern des jeweiligen Betriebes unter dem Befehl der SED.
254 MfS-Information 406/78 vom 20.7.1978 „über vorliegende Hinweise zu einigen Problemen der staatlichen Leitungstätigkeit im Bereich Medizin der Humboldt-Universität Berlin (Charité)", 6 Seiten und 2 Seiten Anlage; BStU, ZA, ZAIG 2828; MfS-Information 547/79 vom 12.9.1979 „über einige noch ungelöste Probleme [...]", 6 Seiten und 2 Seiten Anlage; BStU, ZA, ZAIG 2986; MfS-Information 278/80 vom 13.6.1980 „über einige aktuelle Probleme der Entwicklung des Bereiches Medizin der Humboldt-Universität Berlin (Charité) zum führenden Zentrum der Medizin der DDR", 8 Seiten; BStU, ZA, ZAIG 3047. MfS-Information 181/81 vom 10.4.1981 (Titel wie ebenda), 8 Seiten; BStU, ZA, DSt 001207.

„Es wird empfohlen, die in dieser Information nur problemhaft genannten Hinweise zur Situation im Bereich Medizin der Humboldt-Universität seitens zuständiger zentraler Organe (Ministerium für Hoch- und Fachschulwesen und Ministerium für Gesundheitswesen) in geeigneter Form gründlich zu überprüfen und entsprechende Maßnahmen zur Beseitigung festgestellter Mängel einzuleiten."[255]

In den Informationen des MfS wird zwar anhaltend über „Schwächen in der politisch-ideologischen Arbeit mit Studenten" sowie Anzeichen einer politischen und gesellschaftlichen Passivität"[256] bei den Lehrkräften im Bereich Medizin geklagt. Jedoch fand sich in den MfS-Unterlagen kein expliziter Hinweis auf die praktische Umsetzung der 1976 anvisierten „Überprüfung der im Ausbildungsprozeß der medizinischen Kader tätigen Lehrkräfte auf ihre politische Eignung und Einleitung geeigneter politischer und operativer Maßnahmen zur schrittweisen Veränderung". Vielleicht würde eine systematische Analyse der Akten aus Sicherungsvorgängen, die es zu den meisten Hochschullehrern gibt,[257] solche Hinweise ergeben, allerdings wäre der Aufwand für eine solche Untersuchung unangemessen hoch gewesen.

Besser sieht die Quellenlage hinsichtlich der ebenfalls 1976 vom MfS ins Auge gefaßten „Einflußnahme auf die Auswahl der Studienbewerber in der Fachrichtung Medizin" aus. Zu dieser Frage gab eine Zeitzeugin, die in den achtziger Jahren in der Studienverwaltung der Charité angestellt war, 1992 in einem Interview die Auskunft, es habe seit Ende der siebziger Jahre einen sogenannten „Medizinerbeschluß" gegeben, „der besagte, daß die Partei die Entscheidung über die Zulassung zum Medizinstudium hatte." Weder sehr gute Beurteilungen der fachlichen Leistungen noch andere Eignungsempfehlungen der Lehrer hätten einen Bewerber zum Medizinstudium bringen können, wenn der Parteiorganisator der Schule die Bewerbung aus politischen Gründen nicht befürwortet habe. Dieses letzte Entscheidungsrecht der Schulparteileitung sei offiziell nicht bekannt gewesen. Die Universität, die die Zulassung oder Nichtzulassung der Bewerber aussprechen mußte, habe sich dann „verlogene Gründe ausdenken und den eigentlichen völlig verheimlichen" müssen.[258] Tatsächlich fand sich im zentralen SED-Parteiarchiv ein Beschluß des Sekretariats des Politbüros des ZK der SED vom 22. Oktober 1975, der eine entsprechende Weisung enthält:

„Um eine weitere politisch-moralische Festigung der künftigen Ärztegeneration zu sichern, nehmen die Sekretariate der Kreisleitungen der SED in Zu-

255 MfS-Information 406/78, S. 6.
256 MfS-Information 547/79, S. 5.
257 In den früheren Bezirksverwaltungen des MfS liegen Tausende solcher Akten, die wegen ihrer relativ geringen Bedeutung teilweise noch nicht erschlossen sind.
258 Vgl. Edeltraud Boremski: „Die Studentenakten wurden regelmäßig von der Stasi abgeholt", Gespräch am 13.1.1992, in: Rosemarie Stein: Die Charité 1945–1992. Ein Mythos von innen, Berlin 1992, S. 106–112, hier 110.

sammenarbeit mit den Schulparteiorganisatoren gezielt Einfluß auf die qualifiziertere Auswahl der Bewerber für das Medizin- und Zahnmedizinstudium."259

In der vierseitigen „Begründung" des „Medizinerbeschlusses" gab die oberste Parteiführung detaillierte Auswahlkriterien vor, so zum Beispiel:

„Im Interesse der weiteren politisch-moralischen Festigung der künftigen Ärztegeneration nehmen die Kreisleitungen der SED in Zusammenarbeit mit den Schulparteiorganisationen gezielt Einfluß auf die Auswahl solcher Mädchen und Jungen für das Medizin- und Zahnmedizinstudium, die aus Familien kommen, die die Politik von Partei und Regierung aktiv unterstützen."260

Dieser Beschluß der Parteispitze belegt anschaulich die Art und Weise, wie die SED hinter den Kulissen die Fäden zog und Schicksal in beruflichen Lebensläufen spielte. Die im Protokoll festgehaltenen Wege zur Durchsetzung des „Medizinerbeschlusses" erhellen das Funktionsgefüge der Macht in der DDR. Das Sekretariat des Politbüros beauftragte das Präsidium des Ministerrates, „die erforderlichen Maßnahmen zu treffen." Außerdem wurde festgelegt, den Beschluß und seine Begründung „den Bezirksleitungen der SED zur Information und Auswertung" zu übergeben und ihn „auf einer Beratung der Parteiaktivisten der medizinischen Hochschuleinrichtungen" auszuwerten. Für die Durchführung wurden der Vorsitzende des Ministerrates, der Minister für Hoch- und Fachschulwesen und der Minister für Gesundheitswesen verantwortlich gemacht. Die Kontrolle übernahmen die Abteilungen Gesundheitspolitik und Wissenschaft des ZK der SED.[261]

Auch das MfS, das im Politbüro-Protokoll nicht erwähnt wird, hatte die SED bei der Durchsetzung des „Medizinerbeschlusses" zu unterstützen. Dafür fanden sich in den MfS-Unterlagen zwei Belegstellen. Zum einen heißt es im Arbeitsplan der Abteilung XX/1 des MfS für das Jahr 1981, „in Zusammenarbeit mit den Diensteinheiten auf Linie" sei „zu gewährleisten, daß in Realisierung des Beschlusses des Sekretariats des ZK vom [Leerzeichen anstelle eines Datums] die Studienbewerber für das Medizinstudium langfristig überprüft und bestätigt werden."[262]

In einer MfS-Fachschularbeit über „Aufbau, Einsatz und Qualifizierung der inoffiziellen Basis im Schwerpunktbereich Medizin der Karl-Marx-Universität Leipzig" wurde erläutert, daß das MfS bei der Umsetzung des

---

259 „Weitere Maßnahmen zur Auswahl von Bewerbern für das Medizinstudium sowie zur Qualifizierung der Ausbildung und Erziehung der Medizinstudenten", Reinschriften-Protokoll 121 der Sitzung des Sekretariats des ZK am 22.10.1975, SAPMO-BA, DY 30/ J IV 2/3 – 2377, S. 1–13 hier 7.
260 Ebenda, S. 11.
261 Ebenda, S. 2.
262 Arbeitsplan der HA XX/1 für das Jahr 1981, MfS GVS 011–1856/80, 22 Seiten, hier S. 12; BStU, ZA, HA XX 421, Bl. 11.

Auftrags der SED zugleich sein eigenes Interesse der IM-Werbung nicht vergaß:

„Die Aufgabenstellung der perspektivischen Werbungen soll [...] sichern, daß mit auserwählten [...] IM in der Perspektive wichtige Schlüsselpositionen im Bereich Gesundheitswesen [...] besetzt werden. [...].
Für unseren Verantwortungsbereich und die verantwortlichen Mitarbeiter der Kreisdienststellen bedeutet dies, daß bereits an den Erweiterten Oberschulen entsprechend dem *Beschluß des Sekretariats des Politbüros des Zentralkomitees der Sozialistischen Einheitspartei Deutschlands vom 22.10.1975 über 'Weitere Maßnahmen zur Auswahl von Bewerbern für das Medizinstudium ...'* im Prozeß der erforderlichen Überprüfungen bei Zustimmung zum Medizinstudium und entsprechender Eignung als IM geworben werden sollten. Die Realisierung dieser Forderung in der erforderlichen Qualität bringt gleichzeitig mit sich, daß die inoffizielle Basis unter jugendlichen Personenkreisen und mit Aufnahme des Studiums unter Studenten erweitert wird. Hier muß der Grundstein gelegt werden, um die IM auf lange Sicht an das Ministerium für Staatssicherheit zu binden. Es muß ihr Vertrauen gewonnen werden, um sie zu befähigen, im weiteren Prozeß des Lernens, dem Studium und auch als Arzt die ihnen als IM gestellten Aufgaben zur Zerschlagung der Feinde unseres Staates zu erfüllen. Personen im Studienprozeß und insbesondere nach Abschluß des Studiums aus dem Kreis der medizinischen Intelligenz und zum Teil in exponierter Stellung sind nur schwer für eine inoffizielle Arbeit zu gewinnen. Als günstiger und erfolgreicher insgesamt erweist sich also bereits in einem früheren Stadium ihrer Berufsausbildung und Entwicklungsphase als Persönlichkeit, als IM auszuwählen, zu überprüfen und zu gewinnen, so daß sie als IM in die Zielgruppe des Feindes 'hineinwachsen' können."[263]

Der Entscheidungsanteil des MfS an der Zulassung zum Medizinstudium ist aus dieser MfS-Fachschularbeit nicht ersichtlich. Allem Anschein nach arbeitete das MfS der SED durch eine inoffizielle Überprüfung der Bewerber zu. Vielleicht ergab sich aus diesen Ermittlungen im Einzelfall auch eine Art Vetorecht. Sicher erscheint hingegen, daß nach der fachlichen Vorauswahl durch die Schule die politische Entscheidung von der SED getroffen wurde. Demnach hatte auch die Partei keine positive Auswahl zu treffen, das heißt sie konnte keine fachlich schlechten Schüler zum Medizinstudium bringen, aber sie konnte die politisch unliebsamen unter den fachlich guten Bewerbern verhindern.

Interessant ist der in der MfS-Fachschulabschlußarbeit gemachte Vor-

---

263 Fachschulabschlußarbeit von Oberleutnant Gerhard Stur (BVfS Leipzig, Abt. XX/1): „Der Aufbau, Einsatz und die Qualifizierung der inoffiziellen Basis im Schwerpunktbereich Medizin der Karl-Marx-Universität Leipzig als wesentliche Methode der weiteren Effektivierung der politisch-operativen Arbeit", MfS JHS MF GVS 125/83, 45 Seiten, hier S. 21–23; BStU, ZA.

schlag, „im Prozeß der erforderlichen Überprüfungen bei Zustimmung zum Medizinstudium und entsprechender Eignung als IM" zukünftige Medizinstudenten als inoffizielle Mitarbeiter anzuwerben und so gleich mehrere Fliegen mit einer Klappe zu schlagen, nämlich Spitzel unter der beargwöhnten studentischen Jugend zu etablieren und perspektivisch „Geheime" für spätere Elitepositionen heranzuziehen.

Trotz des besonderen Engagements von SED und MfS, trotz des Aufwandes zur politischen Überprüfung jedes einzelnen Medizinstudenten wuchsen immer wieder politisch unzuverlässige Ärzte nach. Die Vergeblichkeit ihrer Bemühungen erklärte das MfS in einem Schreiben an die Staats- und Parteiführung:[264]

„Mit dem Ziel, die Zulassung für ein Medizin- oder Zahnmedizinstudium zu erreichen, werden während des Besuches der Erweiterten Oberschule bewußt positive politische Haltungen vorgetäuscht und zweckdienliche gesellschaftliche Aktivitäten entwickelt. Dieses Zweckverhalten ist während des Zulassungsverfahrens und auch im Verlaufe des Studiums durch die Hochschullehrer schwer einschätzbar und nachzuweisen und wird erst nach dem Studium durch entsprechende Verhaltensweisen sichtbar. In diesem Zusammenhang ist einzuschätzen, daß bei zahlreichen jungen Ärzten marxistisch-leninistische Grundpositionen nicht ausgeprägt [...] waren [...]. Von diesen Ärzten wird auch die Meinung vertreten, daß es unerheblich sei, unter welchen gesellschaftlichen Verhältnissen sie als Arzt ihre humanistische Pflicht erfüllen. [...] Sie betrachten deshalb das ungesetzliche Verlassen der DDR auch nicht als Verrat der sozialistischen Gesellschaft."[265]

Allem Anschein nach hatte – angepaßt an die erstarrten gesellschaftlichen Verhältnisse in der späten DDR – das sich früher in Revolten äußernde studentische Aufbegehren einer zähen Passivität Platz gemacht. Dahinter verbarg sich eine politische Verweigerungshaltung, die meist erst später im aktiven Berufsleben manifest wurde. Ein Teil der Studenten ließ jedoch schon vor der ärztlichen Approbation Positionen erkennen, die sich mit den ideologischen Vorgaben nicht vertrugen. Die Beschreibung der Medizinstudenten als einer Gruppe, bei der das MfS Ende der achtziger Jahre „das Fortbestehen ideeller Relikte der alten kapitalistischen Ausbeutergesellschaft, wie zum Beispiel Auffassungen von einem 'unpolitischen Arzttum'" beklagte,[266] er-

---

264 Exemplare der 20seitigen Information des MfS gingen an Erich Honecker, Kurt Hager, Karl Seidel, DDR-Gesundheitsminister Mecklinger und sieben verschiedene Stellen innerhalb des MfS.
265 „Information über einige aktuelle Aspekte des Verlassens der DDR – ungesetzliche Grenzübertritte und Übersiedlungsversuche – durch Ärzte/Zahnärzte der DDR und damit zusammenhängende Fragen", Nr. 441/86 vom 16.10.1986, 20 Seiten; BStU, ZA, ZAIG 3548, S. 3f.
266 MfS-Diplomarbeit des Offiziersschülers Heiko Pietzsch (HA XX/1): „Einige Faktoren und begünstigende Bedingungen für das Wirksamwerden der politisch-ideologischen Di-

innert an den beschriebenen Sozialisationsgraben zwischen den Arbeitersöhnen im MfS und den bürgerlich geprägten Medizinern in den fünfziger Jahren, als hätte es zwischenzeitlich keine gesellschaftlichen Umbauprozesse in der DDR gegeben.

In der zweiten Hälfte der achtziger Jahre hielt das MfS erneut eine kritische Überprüfung des bisherigen Auswahlverfahrens von Medizinstudenten für angezeigt, wie ein Arbeitsplan der Hauptabteilung XX/1 für das Jahr 1987 zeigt:

„Im Zusammenhang mit der Zulassungspraxis des MHF [Ministeriums für Hoch- und Fachschulwesen] und der Universitäten für das Medizin- und Zahnmedizinstudium 1987 sind Mängel und negative Faktoren, die das Entstehen einer politisch zuverlässigen Ärztegeneration behindern, herauszuarbeiten und in einer Parteiinformation zu verdichten."[267]

Die für die SED-Führung verdichtete Information des MfS enthielt auch Handlungsvorschläge:

„Es wird vorgeschlagen, auf der Grundlage und in Durchsetzung des Beschlusses des Politbüros des ZK der SED vom 16. Dezember 1986 zu Fragen des Gesundheitswesens sowie unter Berücksichtigung der [...] Empfehlungen
– die tatsächliche Wirksamkeit der politischen Bildungs- und Erziehungsarbeit an den Hochschulen bei der Ausbildung von Ärzten und Zahnärzten sowie ihrer Weiterbildung im Verantwortungsbereich des Ministeriums für Gesundheitswesen zu untersuchen und gegebenenfalls geeignete Maßnahmen zur Veränderung festzulegen,
– die Zulassungspraxis für das Medizinstudium zu überprüfen, um den notwendigen Anteil der Bewerber aus der Arbeiterklasse und der Klasse der Genossenschaftsbauern zu sichern sowie die Auswahl der Studienbewerber in den EOS stärker nach politischen Gesichtspunkten vorzunehmen [...]"[268]

Doch da war es bereits zu spät. In den MfS-Unterlagen vom Ende der achtziger Jahre häufen sich Hinweise auf Erscheinungen, die die Politik der SED konterkarierten. So wird in einer Tätigkeitsbeschreibung des für die Medizin- und Stomatologiestudenten an der Charité zuständigen MfS-Offiziers aus dem Jahre 1988 eine Tendenz unter Medizinstudenten erkennbar, die DDR zu verlassen:

<small>version im Ausbildungsprozeß von Medizinstudenten an Universitäten der DDR und Erfordernisse der vorbeugenden Bekämpfung der Auswirkungen der politisch-ideologischen Diversion in diesem Bereich", MfS VVS JHS 269/88, 34 Seiten; Abschluß der Arbeit 31.5.1988; BStU, ZA, JHS 21148, S. 13 f.
267 Arbeitsplan der HA XX/1 für das Jahr 1987, MfS GVS 0011-791/86, 37 Seiten; BStU, ZA, HA XX 421, Bl. 227.
268 MfS-Information 205/87 „über einige weitere aktuelle Probleme der Motivbildung und Entschlußfassung von Ärzten/ Zahnärzten zum Verlassen der DDR und damit zusammenhängende Fragen", 16 Seiten; BStU, ZA, ZAIG 3592, S. 16.</small>

„Genosse Hauptmann Knobloch ist [...] seit 1982 [...] in der Abteilung XX/3 für die Sicherung des studentischen Bereiches Medizin der HUB verantwortlich. [...] Genosse Hauptmann Knobloch bearbeitet zur Zeit einen OV gemäß § 213 StGB, OPK in dieser Richtung und mehrere OPK und KK-Materialien speziell zur Bearbeitung und Zurückdrängung von Übersiedlungsersuchen."[269]

Ein „Übersiedlungsersuchen", das Stellen eines Ausreiseantrages in den Westen, war gleichbedeutend mit einer offen bekannten Abwendung von den politischen Verhältnissen in der DDR. Wenn das bei Studenten, die vor Abschluß ihrer Ausbildung noch in einem klaren Abhängigkeitsverhältnis zur Universitätsleitung standen, ohne sofortige Exmatrikulation möglich war, spricht dies nachdrücklich gegen die Effizienz der politischen Kontroll- und Disziplinierungsmöglichkeiten von Medizinstudenten durch SED und MfS in der zweiten Hälfte der achtziger Jahre.

In einem der Medizin verwandten Numerus-clausus-Fach,[270] der klinischen Psychologie, scheint die „politisch-ideologische Situation" unter den Studenten an der Humboldt-Universität aus der Sicht der Herrschenden noch dramatischer gewesen zu sein. Die Schilderung der Rolle eines späteren MfS-Mitarbeiters unter den Psychologiestudenten[271] wirft ein Schlaglicht auf das dort bereits Anfang der achtziger Jahre herrschende, für SED und MfS wenig günstige politische Kräfteverhältnis. In einer Aussprache mit dem MfS-Kaderoffizier im April 1982 beschrieb der damalige MfS-Kandidat seine „Diskussionen mit christlichen" bzw. mit den Christen sympathisierenden Psychologiestudenten, die „offen und verdeckt" versuchen würden, „die bürgerliche Idee 'Frieden schaffen ohne Waffen' zu verbreiten". Wie der MfS-Kaderoffizier im Gesprächsprotokoll festhielt, habe sich der junge Genosse offen mit diesen Kommilitonen auseinandergesetzt und erreicht, daß ein von ihnen entworfenes Kulturprogramm „abgesetzt" worden sei. Das schien allerdings eher durch die Staats- und Parteimacht im Rücken als durch eine Meinungsänderung der anderen Studenten gelungen zu sein, denn politische Verbündete hatte der Genosse Gust kaum. „Zum Freundeskreis des Kandidaten gehören die Delegierungsstudenten des MfS [...] – dem Kandidaten als MdI-Studenten bekannt – Der Kandidat und die beiden oben genannten Delegierungsstudenten sind die einzigen Genossen von 37 Studenten der Sektion Psychologie."[272]

---

269 Beurteilung vom 19.7.1988, MfS-Kaderakte Hans-Joachim Knobloch; BStU, ASt Berlin, KS II 1889, Bl. 109.
270 Der Terminus „Numerus clausus" war in der DDR nicht gebräuchlich, jedoch die Praxis der Zulassungsbeschränkung von Studienbewerbern zu bestimmten Fächern an der Universität, zu denen Medizin und Psychologie gehörten.
271 Peter Gust (Jg. 1959) studierte 1980–85 klinische Psychologie an der HUB, wurde dann zunächst Untersuchungsführer in der HA IX des MfS und ab 1.7.1987 im Haftkrankenhaus des MfS als forensischer Psychologe eingesetzt.
272 Ausspracheberichte der MfS-Abt. Kader mit dem Kandidaten Gust vom 26.4.1982, MfS-Kaderakte Peter Gust; BStU, ZA, KS 21051/90, Bl. 116–118, hier 116.

Drei Jahre später wurde die politische Atmosphäre unter den Psychologiestudenten an der Humboldt-Universität aus MfS-Sicht als keinesfalls günstiger dargestellt:

„Innerhalb der Seminargruppe gehört Genosse Gust zu den gesellschaftlich aktivsten Studenten. [...] Seine Parteiarbeit, seine diesbezüglichen Aktivitäten werden jedoch durch die Tatsache erschwert, daß die Sektion Psychologie einen politisch-ideologischen Schwerpunkt an der Humboldt-Universität Berlin bildet, christliche und pazifistische Auffassungen weit verbreitet sind und ein Teil der Studenten dem Sozialismus entgegenstehende Meinungen vertreten. Die notwendigen politisch-ideologischen Auseinandersetzungen wurden vom Genosse Gust richtig erkannt und werden von ihm in starkem Maße getragen. [...] Dabei arbeitet er eng mit seiner Parteileitung zusammen und informiert über negative Tendenzen und das Verhalten einzelner Studenten. [...] Gemessen an der Tatsache, daß [...] er im Bereich klinische Psychologie das einzige Parteimitglied ist, bewies Genosse Gust ein hohes Maß an Prinzipienfestigkeit und politischer Standhaftigkeit."[273]

Das heißt, daß es im Frühjahr 1982 im Bereich klinische Psychologie der Humboldt-Universität unter 37 Studenten drei SED-Mitglieder (8 Prozent) gegeben hat, bei denen es sich in Personalunion um die vom MfS zum Psychologiestudium delegierten späteren MfS-Mitarbeiter handelte, während im Sommer 1985 nur noch ein einziger Genosse unter den Psychologiestudenten war. Anscheinend hatten zwei der drei MfS-Studenten bis 1985 das Studium beendet oder waren vorzeitig ausgeschieden, während unter den verbliebenen und neu hinzukommenden Psychologiestudenten keine SED-Mitglieder waren – eine Entwicklung, die eher für ein Abbröckeln als für eine Perfektionierung der SED-MfS-Herrschaft in diesem Bereich in den achtziger Jahren spricht.

Auch fehlen Hinweise auf inoffizielle Mitarbeiter des Bereiches Klinische Psychologie der Humboldt-Universität in den MfS-Unterlagen. Lediglich zwei von mehr als zwanzig inoffiziellen Verbindungen des Ende der achtziger Jahre für die „Sektionen Philosophie, Psychologie, Ästhetik/Kunstwissenschaften, das Institut für Soziologie und [den] 'Zentralen Arbeitskreis Friedensforschung der HUB'" zuständigen MfS-Oberleutnants Hannawald[274] waren der Sektion Psychologie zugeordnet, und diese bei-

---

273 Einstellungsvorschlag der Abt. Kader des MfS vom 22.7.1985, MfS-Kaderakte Peter Gust, Bl. 18–28, hier 24 f.
274 Jörg Hannawald (Jg. 1959), Arbeitersohn aus Güstrow, 1977 Abitur, 1977–80 Wehrdienst bei den Grenztruppen der NVA, 1980–84 Jurastudium und IM-Tätigkeit an der Humboldt-Universität Berlin, 1984–90 operativer Mitarbeiter der Abt. XX der BVfS Berlin, 1986 Übernahme eines großen IM-Systems zur Überwachung der gesellschaftswissenschaftlichen Fakultäten der HUB, letzter MfS-Dienstgrad Oberleutnant, SED-Mitglied seit 1978. Vgl. MfS-Kaderkarteikarte Jörg Hannawald; BStU, ZA, ohne Signatur.

den[275] dienten speziell der „Forschungssicherung" des Bereiches wissenschaftliche Psychologie.[276]

Die weitere Beschreibung der „operativen Situation" im Charité-Auskunftsbericht der Abteilung XX/3 der Bezirksverwaltung für Staatssicherheit Berlin von 1986 kann nach dem Gesagten kaum noch überraschen. Das MfS sah „Angriffe des Gegners" von allen Seiten:

> „Schwerpunkt im medizinischen Bereich sind die Angriffe des Gegners zur Abwerbung von medizinischen Fachkadern (durch Ausschleusung, Nichtrückkehr von NSW-Reisen[277], Antragstellungen auf Übersiedlung ins NSW);
> – ständige Zunahme der Reise in dringenden Familienangelegenheiten und damit verbundene Kontaktpolitik[278] und Kontakttätigkeit sowie mögliche gegnerische Angriffe;
> – hohe Zahl von Reisekadern ins NSW zu Kongressen, Studienaufenthalten u. a.; [...] dienstliche NSW-Verbindungen, [...] Service- und Kooperationsverbindungen von Firmen aus dem NSW [...]."[279]

Aus diesen „erkannten und vermuteten Angriffsrichtungen des Gegners" wurden die Aufgaben der „abwehrmäßigen Sicherung" der Charité durch das MfS abgeleitet, zu denen die „verstärkte Aufklärung und inoffizielle Absicherung [der] Reisekader", die „Absicherung der Forschung auf dem Gebiet der Medizin" und die „Bekämpfung der Kontaktpolitik des Gegners" gehörten.[280]

An dieser Stelle taucht in dem wiederholt zitierten MfS-Auskunftsbericht zur Charité von 1986 zum ersten und einzigen Mal eines der 1976 formulierten Ziele des MfS „zur Verbesserung der Kadersituation im Bereich Medizin" auf: Es ging um die rechtzeitige „Aufklärung von Nachwuchskadern [...] für Einsätze als Reisekader in nichtsozialistische Staaten und Westberlin". Wie bereits erwähnt, hat diese Aufgabe in der praktischen Arbeit des

---

275 IMS „Präsident", hinter dem sich laut Kartei der Leiter der Macinter- [Man and Computer Interaction] Forschung an der Sektion Psychologie, Professor Friedhart Klix, verbarg, sowie IM(e) IMS „Karin".
276 Vgl. Arbeitsplan 1989 der Abt. XX/3 der BVfS vom 15.11.1988, „Vermerk zur Macinter-Forschung an der Sektion Psychologie der HUB" vom 8.6.1988, „Information zum Stand der Forschungskooperation zwischen der Sektion Psychologie der HUB und BRD-Einrichtungen" vom 2.3.1989 und andere Unterlagen der Abt. XX/3 der BVfS Berlin; BStU, ASt Berlin, A 119–122 sowie A 0033/2.
277 NSW: „nichtsozialistisches Wirtschaftsgebiet".
278 „Kontaktpolitik, gegnerische: Bestandteil der Politik der Regierungen imperialistischer Länder, insbesondere der 'neuen Ostpolitik' der BRD gegenüber der DDR und den anderen sozialistischen Ländern. [...] Die K. verfolgt das Ziel, die sozialistische Gesellschaftsordnung aufzuweichen und zu zersetzen, Widerstand gegen die Politik der kommunistischen Parteien und der sozialistischen Staatsmacht hervorzurufen [...]" usw. Vgl. Wörterbuch der Staatssicherheit, S. 224.
279 MfS-Auskunftsbericht Charité 1986, S. 10; BStU, ASt Berlin, A 0033/2, Hefter (Sachakte Charité).
280 Ebenda, S. 10 f.

MfS tatsächlich einen breiten Raum eingenommen. Darauf deuten nicht nur Dienstanweisungen und ähnliche Dokumente hin,[281] sondern auch zahlreiche personenbezogene Unterlagen[282] in den Hinterlassenschaften des MfS.

Die Tätigkeit des MfS-Offiziers aus der Abteilung XX/3 der BVfS Berlin, der von 1974 bis 1989 speziell für die „Sicherung" der Forschung und der Wissenschaftler an der Charité eingesetzt war und bereits 1975 seine Diplomarbeit darüber verfaßt hatte,[283] wurde im Jahre 1986 als besonders umfangreich beschrieben:

> „Genosse Major Dewitz ist für die politisch-operative Sicherung des Lehrkörpers und der wissenschaftlichen Mitarbeiter des Bereiches Medizin der HUB (Charité) verantwortlich. Schwerpunktmäßig ist sein umfangreiches, qualifiziertes und seit Jahren sehr stabiles IM-Netz (34 IM davon 1 IMB) zur politisch-operativen Sicherung von Forschungsschwerpunkten sowie zur vorbeugenden Verhinderung von feindlichen Abwerbungsversuchen von Wissenschaftlern eingesetzt."[284]

Bei der Reisekader-Überwachung und der „Absicherung" der medizinischen Forschung kooperierte die Abteilung XX/3 der BVfS Berlin nicht nur mit der Hauptabteilung XX/1 der MfS-Zentrale, sondern mit vielen anderen Diensteinheiten des MfS. Im Zusammenhang mit Wissenschaft und Technik, mit internationalen Beziehungen und auslandsreisenden Forschern zeigte beispielsweise auch die für die Auslandsspionage zuständige „Hauptverwaltung Aufklärung" (HV A) Interesse an Informationen aus der Charité. Wie aus der folgenden Begründung für eine Geldprämie hervorgeht, konnte die HV A von den „langjährigen vertrauensvollen Beziehungen" der Abteilung XX/3 der BVfS Berlin zur Charité profitieren:

---

281 Zum Beispiel Anordnung des Ministerrates der DDR vom 13.1.1982 über die Auswahl, Bestätigung und Vorbereitung von Reise- und Auslandskadern und die Durchführung ihrer dienstlichen Reisen (VVS B 2 – 1034/81); Schreiben von Mielke an die Leiter der Diensteinheiten des MfS vom 6.7.1982 über „Politisch-operative Aufgaben bei der Auswahl, Überprüfung und Bestätigung von Reise und Auslandskadern und der Durchführung ihrer dienstlichen Reisen, MfS VVS 16/82, 6 Seiten; BStU, ZA, DSt 102659; MfS-Dissertation Dr. Günter Klein, Manfred Linthe und Gerd Schulze: „Die politisch-operative Sicherung der Reise- und Auslandskader für nichtsozialistische Staaten und Westberlin", MfS JHS VVS 0001–242/85, 255 Seiten; BStU, ZA, JHS 21977.
282 In der früheren BVfS Berlin fand sich beispielsweise eine umfangreiche Reisekader- (RK) und Auslandskader (AK)-Kartei aus dem medizinischen Bereich Ostberlins mit dem Vermerk: „Magistratskartei übernommen 27.11.86". Zu jeder der auf den Karteikarten erfaßten Personen war mindestens ein sogenannter „Sicherungsvorgang" angelegt worden, der die Ergebnisse der gemäß Richtlinie 1/82 bei Reisekadern vorgeschriebenen „Sicherheitsüberprüfungen" enthielt.
283 MfS-Diplomarbeit von Oberleutnant Werner Dewitz: „Probleme der Instruierung von inoffiziellen Mitarbeitern aus Kreisen leitender Wissenschaftler", 63 Seiten, Abschluß April 1975, MfS JHS VVS 264/75.
284 Einschätzung vom 6.10.1986, MfS-Kaderakte Werner Dewitz; BStU, ASt Berlin, KS II 738/91, Bl. 122.

„Genosse Major Lucas leistet seit einigen Jahren einen aktiven Beitrag zur Lösung wichtiger politisch-operativer Aufgabenstellungen der HV A. [...] Die von ihm übergebenen IM-Vorgänge, KP sowie politisch-operative als auch SWT-Informationen[285] trugen wesentlich dazu bei, gestellte Schwerpunktaufgaben der HV A abzusichern.
Des weiteren konnten aus dem Verantwortungsbereich des Genossen Major Lucas mehrere Hinweise über profilierte und operativ nutzbare Wissenschaftler erarbeitet und verdichtet werden, in deren Ergebnis bisher drei NSW-Reisekader nach erfolgreicher Kontaktaufnahme durch die Linie Aufklärung übernommen wurden."[286]

Auf weitere Ausführungen zu den an der Charité ausgeprägten MfS-Interessenfeldern Forschung und Reisekader kann an dieser Stelle verzichtet und auf eine bereits vorliegende Veröffentlichung verwiesen werden.[287]
Das andere zentrale Thema hingegen, das für das MfS an der Charité eine mindestens genauso wichtige Rolle spielte wie die Überwachung von Wissenschaftsbeziehungen und Reisekadern, ist bisher wenig beachtet worden und soll deshalb hier erörtert werden: die Westreise- und Übersiedlungsbestrebungen zahlreicher Charité-Mitarbeiter. In den achtziger Jahren scheinen die MfS-Mitarbeiter mit ihrem Auftrag, die vielfältigen familiären und dienstlichen Kontakte von Charité-Mitarbeitern nach Westberlin und in die Bundesrepublik zu kontrollieren, sehr beschäftigt und sogar weitgehend ausgelastet gewesen zu sein. Auf offen bekundete oder vermutete Bestrebungen, die DDR gen Westen zu verlassen, reagierte das MfS immer wieder mit der „operativen Bearbeitung" der betreffenden Personen:

„OV und OPK[288] wurden in der zurückliegenden Zeit fast ausschließlich gemäß § 213 StGB bzw. zur operativen Kontrolle von Übersiedlungsersuchenden bearbeitet und abgeschlossen. Gegenwärtig werden zwei OV gemäß § 97 StGB und drei OV gemäß § 213, 100 StGB (vollendet bzw. Verdacht der Vorbereitung) bearbeitet. Eine OPK wird gemäß § 106 StGB bearbeitet[289], vier OPK zu Übersiedlungsersuchenden. Neuanlagen sind für die nächste Zeit vier OPK zu Übersiedlungsersuchenden geplant."[290]

---

285 KP: „Kontaktperson(en)" des MfS; SWT: „Sektor Wissenschaft und Technik".
286 Stellvertreter Aufklärung der BVfS Berlin, 6.1.1987, MfS-Kaderakte Heinz Lucas, Bl. 135; BStU, ASt Berlin, KS II 732/91.
287 Vgl. Stein: Charité, S. 219–268.
288 OV und OPK: „Operative Vorgänge" und „Operative Personenkontrollen", Formen der Überwachung und ggf. Einflußnahme des MfS auf politisch unliebsame oder „verdächtige" Personen.
289 DDR-StGB: § 213 – „Ungesetzlicher Grenzübertritt", § 97 – „Spionage", § 100 – „Landesverräterische Agententätigkeit", § 106 – „Staatsfeindliche Hetze".
290 MfS-Auskunftsbericht Charité 1986, S. 12.

Mit Ausnahme eines jungen Mannes, gegen den als „Nachwuchsschriftsteller" unter dem Verdacht der „staatsfeindlichen Hetze" gemäß § 106 StGB der DDR „operativ" ermittelt wurde, standen die vermuteten oder tatsächlichen Anlässe zur „operativen Bearbeitung" immer in irgendeinem Zusammenhang mit dem anderen deutschen Staat: Es ging um Ausreiseanträge in den Westen, versuchte oder gelungene „Republikflucht" in den Westen bzw. in zwei Fällen um den Verdacht der Spionage für den Westen.

Die in der Charité-Nervenklinik Tätigen stellten dabei keine Ausnahme dar. In der zitierten Aufzählung von 1986 ist beispielsweise ein OV nicht enthalten, weil er bereits 1985 abgeschlossen worden war, in dem ein leitender Arzt der gerichtspsychiatrischen Abteilung unter dem Verdacht von Straftaten gemäß §§ 213, 100 und 105[291] StGB-DDR bearbeitet wurde.[292] Seine Frau, die ebenfalls Psychiaterin an der Charité gewesen war, hatte Ende 1983 eine Zwischenlandung in Kanada auf dem Rückflug von Kuba genutzt, um nicht in die DDR, sondern in die Bundesrepublik weiterzufliegen. Der in der DDR zurückgebliebene Mann stellte daraufhin einen Antrag auf legale Übersiedlung, da er zu seiner Frau wollte. Er wurde fast zwei Jahre lang mit den üblichen Überwachungsmaßnahmen inklusive Telefon- und Postkontrolle sowie IM-Bespitzelung „operativ" bearbeitet, bis die MfS-Offiziere einsahen, daß er nicht „rückgewinnbar" sei. Da er statt dessen eher „einen politischen Unsicherheitsfaktor" darzustellen schien, ließ man den Psychiater Ende 1985 schließlich ausreisen.[293]

Die Wahrnehmung der in den achtziger Jahren ständig wachsenden Zahl von „übersiedlungsersuchenden" Angestellten des DDR-Gesundheitswesens in den Westen als zunehmend ernstes Problem spiegelt sich in mehreren Abschlußarbeiten der Hoch- und Fachschule des MfS wider.[294] Einige dieser Arbeiten befassen sich konkret mit bestimmten medizinischen Hochschuleinrichtungen der DDR,[295] an denen die Ausreiseproblematik besonders brisant war. Auch über die Charité gibt es ein solches Werk, das ein Oberleutnant Günter Engelmann[296] zum Abschluß seines Fachschulfern-

---

291 Vgl. § 105 StGB-DDR: „Staatsfeindlicher Menschenhandel".
292 OV „Kuba"; BStU, ZA, AOP 17676/85, 1 Bd.
293 Vgl. Schlußbericht vom 19.11.1985 zur Ablage OV „Kuba", Bl. 448–453.
294 Zum Beispiel MfS-Diplomarbeit des Offiziersschülers Sven Böcke (HA XX/1) über „Operative Erkenntnisse und Erfahrungen über Wege und Möglichkeiten der Unterstützung und des Zusammenwirkens mit staatlichen und gesellschaftlichen Kräften bei der Unterbindung und Zurückdrängung von Antragstellungen auf ständige Ausreise unter Angehörigen der medizinischen Intelligenz", Abschluß 31.3.1989, MfS VVS JHS 314/89, 44 Seiten; BStU, ZA, JHS 21474.
295 Zum Beispiel MfS-Diplomarbeit von Oberleutnant Wolf-Dietrich Wagner (Abt. XX der BVfS Dresden): „Möglichkeiten der Qualifizierung des Einsatzes gesellschaftlicher Kräfte im Prozeß der Zurückdrängung von Antragstellungen auf ständige Ausreise aus der DDR aus dem Bereich der Medizinischen Akademie Dresden", Abschluß 22.5.1989, MfS JHS MF VVS 0001–358/89, 94 Seiten; BStU, ZA, JHS 21511.
296 Günter Engelmann (Jg. 1951), Arbeitersohn aus Lautawerk (Kreis Hoyerswerda), Berufsausbildung als Maschinist und Baggerfahrer, seit 1973 MfS-Mitarbeiter, 1985–89 operativer Mitarbeiter der Abt. XX/3 der BVfS Berlin, letzter MfS-Dienstgrad Hauptmann,

lehrganges unter dem Titel: „Operative Erkenntnisse aus der Arbeit mit Übersiedlungsversuchenden[297] der Humboldt-Universität zu Berlin, Bereich Medizin (Charité), durch die BVfS Berlin, Abteilung XX, im Untersuchungszeitraum 1984 bis 1986" verfaßte.[298]

Aus dieser Arbeit erfährt man interessante Einzelheiten über die Beteiligung des MfS an der „Kaderpolitik" der Charité, die allerdings Mitte der achtziger Jahre viel defensiver gewesen zu sein scheint, als Mielke es 1976 geplant hatte. 1979 war „beim Prorektor Medizin der Charité eine Kommission geschaffen" worden, „die sich aufgrund der angestiegenen Zahl von Übersiedlungsversuchenden im Bereich Medizin mit dem Ziel konstituierte, wirksame Maßnahmen zur Unterbindung und Zurückdrängung von Versuchen der Übersiedlung festzulegen und im geeigneten Rahmen durchzusetzen". Der Kommission gehörten der Direktor für Medizinische Betreuung, der Direktor für Kader und Weiterbildung, jeweils ein Vertreter der SED-Grundorganisationsleitung und der Bereichsgewerkschaftsleitung der Charité sowie der Beauftragte für Sicherheit und Geheimnisschutz an. Die „Teilnahme eines Mitarbeiters des Hauptsachgebietes Medizin der B[ezirks-]V[erwaltung] Berlin, Abt[eilung] XX/3, an den regelmäßigen Beratungen dieser Kommission" sollte nicht etwa der Steuerung des Gremiums dienen, sondern „den ständigen Informationsfluß über den aktuellen Stand der Übersiedlungsversuchenden und die eingeleiteten Maßnahmen und Ergebnisse im Rahmen der Unterbindung und Zurückdrängung" gewährleisten.

„Die politischen Schwerpunkte dieser Kommission [...] bestehen darin, durch ein einheitliches und abgestimmtes Vorgehen [...]
– Maßnahmen nach dem unmittelbaren Bekanntwerden von Übersiedlungsersuchenden über den jeweiligen staatlichen Leiter und den Partei- und Gewerkschaftsfunktionären in Form von Erstgesprächen festzulegen und zu kontrollieren,
– offensive Maßnahmen mit dem Ziel einzuleiten, die Übersiedlungsversuchenden durch eine differenzierte und überzeugende politisch-ideologische Argumentation zurückzugewinnen und an die sozialistische Gesellschaft zu binden,
– sofort Maßnahmen zur Beseitigung erkannter begünstigender Bedingungen [...] einzuleiten,
– die Prinzipien der sozialistischen Kaderpolitik konsequent durchzusetzen, um eine Konzentration von Übersiedlungsversuchenden und potentiell gefährdeten Personen vorbeugend zu verhindern,

SED-Mitglied seit 1970. Vgl. MfS-Kaderkarteikarte Günter Engelmann; BStU, ASt Berlin, ohne Signatur.
297 Es scheint eine persönliche Note von Oberleutnant Engelmann gewesen zu sein, die sonst in den Unterlagen des MfS als „Übersiedlungsersuchende (ÜSE)" bezeichneten Antragsteller auf ständige Ausreise aus der DDR als Übersiedlungsversuchende zu bezeichnen.
298 MfS-Fachschulabschlußarbeit Günter Engelmann, Abschluß 2.6.1986, MfS VVS JHS 644/86, 57 Seiten; BStU, ZA, JHS 20678.

– die arbeitsrechtlichen Konsequenzen, wie Ablösungen von Übersiedlungsversuchenden aus leitenden Funktionen und Vertrauensstellungen usw. [...] abzustimmen."[299]

In Abstimmung der Partei- und Gewerkschaftsleitung mit dem „zuständigen" MfS-Offizier wurden darüber hinaus sogenannte „gesellschaftliche Betreuer" für die „Rückgewinnung" der „Übersiedlungsersuchenden" ausgewählt, die möglichst politisch zuverlässig und im selben Arbeitsbereich tätig sein sollten.

Das MfS versuchte auch seine inoffiziellen Mitarbeiter einzusetzen, stieß dabei jedoch auf Schwierigkeiten. Interessant ist die von Engelmann dazu gegebene Erklärung, besonders im Hinblick auf die quantitativ schwer ermittelbaren Dichte der an der Charité wirksamen IM:

„Der unmittelbare Einsatz von IM/GMS zur inoffiziellen politisch-operativen Bearbeitung und Kontrolle von Übersiedlungsversuchenden konnte jedoch nur in einigen Materialien erreicht werden. Aufgrund objektiver Gegebenheiten war inoffizielles Wirken nur peripher zur Erarbeitung von Personeneinschätzungen, Bewegungsabläufen und Kontrollaufgaben im Arbeitsbereich möglich. Diese Einschränkungen waren darin begründet, daß nicht in jeder Klinik, jedem Institut oder den Abteilungen und Bereichen eine inoffizielle Basis vorhanden ist [...]."[300]

Der Anteil der Ausreiseantragsteller an der Charité wurde für den Untersuchungszeitraum der Fachschularbeit mit 2,4 Prozent des Gesamtpersonalbestandes angegeben[301] und lag damit deutlich höher als der im selben Zeitraum innerhalb der Charité wirksame IM-Anteil von 0,9 Prozent. Die Situationsbeschreibung, daß die „inoffizielle Basis" des MfS in der Charité zu dünn war, um auch nur die Ausreiseantragsteller kontrollieren zu können, bestärkt noch einmal die Annahme, daß 1986 kaum mehr als die im Auskunftsbericht angegebenen 80 IM der Abteilung XX/3 der Bezirksverwaltung für Staatssicherheit Berlin zur Überwachung der Charité-Beschäftigten eingesetzt waren.

Nun könnte man meinen, daß 2,4 Prozent Ausreiseantragsteller unter den Beschäftigten der Charité noch keine bedrohliche Größe für die medizinische Versorgung und das Herrschaftsgefüge der SED waren. Die nachfolgende Passage aus der Fachschulabschlußarbeit von Oberleutnant Günter Engelmann belehrt uns da jedoch insofern eines anderen, als das Ausreisebegehren der Minderheit offenkundig destabilisierend auf die staatsbürgerliche Moral der Mehrheit wirkte:

---

299 MfS-Fachschulabschlußarbeit Günter Engelmann 1986, S. 33 f.
300 Ebenda, S. 26.
301 Die Angabe bezieht sich auf 121 im Untersuchungszeitraum vom 1.1.1984 bis 20.5.1986 gestellten Ausreiseanträge im Verhältnis zu einer Gesamtmitarbeiterzahl der Charité von 4.980 (ohne Studenten). Vgl. ebenda, S. 9.

„Nachteilig wirken sich im Rückgewinnungsprozeß aus, [...] daß den Übersiedlungsversuchenden durch die staatlichen Leiter, Mitarbeiter und auch die eingesetzten Betreuer zu wenig politische Überzeugung, Argumentationen und Emotionen entgegengesetzt werden. Somit entsteht ein 'stilles Dulden' bis hin zur indirekten Förderung der Situation unter Übersiedlungsversuchenden. Gleiches ist in Arbeitskollektiven zu erkennen, wo keine klare politische Atmosphäre herrscht, Übersiedlungsversuchende aufgrund ihrer jetzigen Situation 'bedauert' werden und das in Einzelfällen bis zur kollektiven Unterstützung der Übersiedlungsversuchenden geht. Solche emotionalen Regungen waren insbesondere in den Kollektiven zu erkennen, wo Übersiedlungsversuchende auf der Grundlage von Eheschließungen mit nachfolgender Wohnsitzänderung in Erscheinung traten. Hier wurde der politische Charakter des Anliegens nicht erkannt. Eheschließungen, egal mit wem und mit welchen Absichten, werden nach den gewonnenen Erfahrungen politisch wertungsfrei in die private Sphäre eingeordnet, die verbreitet als losgelöst von allen anderen gesellschaftlichen Bereichen angesehen werden.
In der Aufklärung und Kontrolle dieser Personen mußte mehrmals festgestellt werden, daß sich selbst staatliche Leiter der verschiedensten Ebenen, Mitglieder der SED, auch mit Leitungsfunktionen, mit dem 'humanen' Anliegen der Eheschließungen identifizierten. Die Teilnahme an sogenannten Abschiedsfeiern von Personen, die eine Genehmigung zur Übersiedlung erhielten, waren besonders Ausdruck für die falsche politische Haltung dieser Genossen."[302]

Erstaunlich erscheint auch die Angabe, daß dem MfS Mitte der achtziger Jahre nicht in jeder Abteilung und noch nicht einmal in jeder Klinik und in jedem Institut des zentralen Hochschulklinikums der DDR-Hauptstadt ein IM zur Verfügung gestanden hat. Das erscheint nach den bisherigen Vorstellungen einer Omnipräsenz des MfS in der späten DDR, zumal in einem zum „Schwerpunktbereich" der staatssicherheitsdienstlichen Aufmerksamkeit erklärten gesellschaftlichen Bereich schwer vorstellbar.

Für die Wirkungsweise der IM war ihre Position in der medizinischen – bzw. universitären – Hierarchie wichtiger als ihre absolute Zahl. Auch im Hochschulbereich warb das MfS seine inoffiziellen Mitarbeiter bevorzugt in den Chefetagen. Die Auskünfte in den Kaderakten der an der Charité tätigen MfS-Offiziere über die Positionen ihrer inoffiziellen Verbindungen gehen fast immer in dieselbe Richtung, zum Beispiel: „Genosse Oberleutnant Ramser ist für ein umfangreiches Netz von IM und GMS verantwortlich, bei denen es sich größtenteils um Ärzte oder Schlüsselpositionen handelt."[303]

Es liegt auf der Hand, daß solche IM für die „unmittelbare politisch-

---

302 Ebenda, S. 37.
303 Beurteilung vom 27.11.1986, MfS-Kaderakte Herbert Ramser; BStU, ASt Berlin, KS II 1643/91, Bl. 68.

operative Bearbeitung und Kontrolle" eines größeren Personenkreises nicht geeignet waren. Oberleutnant Engelmann beklagte das Versagen dieser IM gegenüber Ausreisewilligen aus dem Bereich des sogenannten mittleren medizinischen Personals, die Mitte der achtziger Jahre mit 52 von 121 immerhin einen Anteil von 43 Prozent der Antragsteller bildeten:

> „Die gewonnenen Erfahrungen zeigten weiterhin, daß ein Heranführen von IM in Schlüsselpositionen oder auch solche, die einen Ärztestatus innehaben, mit geringem Erfolg an Übersiedlungsversuchende aus dem mittleren medizinischen Bereich realisiert werden konnte."[304]

Die mangelnde Kontrolle der Basis war demnach eine Kehrseite der jahrelangen Konzentration des MfS auf die Leitungsebenen des Hochschulklinikums, auf „die medizinische Intelligenz" und auf Inhaber von „Schlüsselpositionen". Auf diese Weise konnten zwar zentrale Entscheidungen über Forschungsvorhaben, Auslandsreisekader oder auch bei der Berufung von Hochschullehrern kontrolliert werden, jedoch kaum das politische Wohlverhalten von einigen tausend Mitarbeitern.

Während in den fünfziger und sechziger Jahren der durch Massenflucht bedingte Ärztemangel ein Hauptproblem des DDR-Gesundheitswesens dargestellt hatte, rückte seit den siebziger Jahren der Mangel an qualifiziertem Pflegepersonal immer mehr in den Vordergrund. Je dringender Schwestern und Pfleger gesucht wurden, desto weniger waren sie, ähnlich wie die Ärzte bis zum Mauerbau bzw. bis zur Auffüllung der fluchtbedingten Lücken, politisch disziplinierbar.

Diese Feststellungen weisen, genau wie die vorhergehende Schilderung des politischen Verhaltens der Medizin- und Psychologiestudenten an der Universität und manches andere darauf hin, daß es seit ungefähr Mitte der achtziger Jahre eine – zunächst noch unterschwellige – Aufweichung der bisherigen gesellschaftlichen Machtverhältnisse in der DDR gab. Im Bereich Medizin der Humboldt-Universität hatte es das MfS zwar geschafft, mehrere hauptamtliche Offiziere zu installieren und Dutzende von inoffiziellen Mitarbeitern zu werben. Mehr als das beeindruckt jedoch die im Verhältnis zum betriebenen Aufwand eklatante Erfolglosigkeit der Bemühungen. Die politischen Kräfteverhältnisse an den medizinischen Ausbildungs- und Versorgungseinrichtungen der DDR waren am Ende der achtziger Jahre weit entfernt von einer „totalen" Kontrolle oder gar Steuerung durch SED und MfS. Kennzeichnend war vielmehr eine zunehmende Ohnmacht der nominell Mächtigen.

---

304 MfS-Fachschulabschlußarbeit Günter Engelmann 1986, S. 27.

## 2.3.4. MfS-Kreisdienststellen

Ein organisatorisches Bindeglied zwischen der Abteilung XX der Bezirksverwaltung für Staatssicherheit Berlin und den MfS-Kreisdienststellen in den Berliner Stadtbezirken bildeten sogenannte „Nichtstrukturelle Arbeitsgruppen (NAG)", die sich nicht an der Struktur der Diensteinheiten, sondern an inhaltlichen Schwerpunkten des MfS orientierten. Solche „nichtstrukturellen Arbeitsgruppen" existierten in den achtziger Jahren in Ostberlin für die Bereiche „Kontaktpolitik/Kontakttätigkeit", „Jugend", „Staatsapparat" und „Gesundheitswesen", wobei es für jede „NAG" gesonderte Arbeitspläne gab.[305] Die „NAG Gesundheitswesen" sollte der „Gewährleistung einer objektiven Lageeinschätzung und abgestimmten politisch-operativen Bearbeitung von Schwerpunkten im Gesundheitswesen der Hauptstadt" dienen. So wurden „in Wahrnehmung der Linienverantwortung der Abteilung XX",[306] unter Führung des Leiters des Referates 1 der Abteilung XX der Bezirksverwaltung für Staatssicherheit Berlin, die auf medizinische Einrichtungen gerichteten Aktivitäten der elf Berliner Kreisdienststellen[307] untereinander und mit denen der Abteilung XX/1 der Bezirksverwaltung koordiniert.

Das „Linienprinzip" des MfS drückte sich darin aus, daß die Überwachung des Ostberliner Gesundheitswesens von der Hauptabteilung XX/1/II der MfS-Zentrale über die Abteilung XX/1 der Berliner Bezirksverwaltung bis hinunter zu den mit medizinischen Einrichtungen befaßten Mitarbeitern der elf MfS-Kreisdienststellen in den Ostberliner Stadtbezirken hierarchisch organisiert war. Möglicherweise war die Zusammenarbeit zwischen den Vertretern der verschiedenen Ebenen der „Linie XX/1" in Ostberlin besonders eng, aber die Hauptabteilung XX/1/II hatte auch die Tätigkeit der Abteilungen XX/1 der übrigen 14 Bezirksverwaltungen des MfS in der DDR anzuleiten und zu kontrollieren, die ihrerseits wiederum Leitungsfunktionen für die entsprechende Tätigkeit in ihren regionalen Kreisdienststellen hatten.[308]

Die Zuordnung der MfS-Kreisdienststellen zu bestimmten medizinischen Institutionen erfolgte nach dem Territorialprinzip. Hinsichtlich der psychiatrischen Krankenhäuser im Ostberlin der achtziger Jahre sah das so aus, daß das St.-Joseph-Krankenhaus in Berlin-Weißensee durch die MfS-Kreis-

---

305 Vgl. Arbeitsplan der Abt. XX der BVfS Berlin für das Jahr 1985, MfS GVS Bln. 0004–207/84, 73 Seiten, hier S. 45 f.
306 Vgl. Arbeitsplan der Abt. XX der BVfS Berlin für das Jahr 1989, MfS GVS Bln. 0004–247/88, 60 Seiten, hier S. 19.
307 Es gab in jedem Ostberliner Stadtbezirk (Friedrichshain, Köpenick, Lichtenberg, Mitte, Pankow, Prenzlauer Berg, Treptow, Weißensee, Marzahn, Hohenschönhausen und Hellersdorf) eine KD des MfS. Vgl. Diensteinheitenschlüssel der HA KuSch vom August 1987, MfS GVS L 38/87; BStU, ZA, AGM 183, Bl. 107.
308 Vgl. z. B. Konzeption zur politisch-operativen Sicherung und Durchdringung des Bereiches Medizin und des staatlichen Gesundheitswesens der Abt. XX der BVfS Frankfurt/Oder vom 4.12.1986; BStU, ASt Frankfurt/Oder, MfS VVS 0020–112/86, S. 10 und 12 f.

dienststelle Weißensee überwacht wurde, das Fachkrankenhaus für Psychiatrie und Neurologie Berlin-Lichtenberg durch die MfS-Kreisdienststelle Lichtenberg, das Wilhelm-Griesinger-Krankenhaus in Berlin-Biesdorf[309] durch die MfS-Kreisdienststelle Marzahn, usw.

Analog verhielt es sich mit den ambulanten psychiatrischen und psychotherapeutischen Einrichtungen. So wurden beispielsweise das „Haus der Gesundheit" in Berlin-Mitte durch die MfS-Kreisdienststelle Mitte, die staatliche Arztpraxis für Neurologie und Psychiatrie nebst einer Beratungsstelle für Alkohol- und Drogenkranke in Berlin-Weißensee durch die MfS-Kreisdienststelle Weißensee und die Abteilung Gesundheits- und Sozialwesen beim Rat des Stadtbezirkes Berlin-Treptow einschließlich der dazugehörigen psychologischen Beratungsstellen von der MfS-Kreisdienststelle Treptow überwacht.

Außerhalb Berlins wurden die psychiatrischen und anderen Großkrankenhäuser ebenfalls von den territorialen Kreisdienststellen des MfS überwacht, auch wenn es von der Verwaltung des staatlichen Gesundheitswesens her bezirksgeleitete Einrichtungen waren. So wurden beispielsweise die in den jeweiligen Kreisgebieten gelegenen Bezirkskrankenhäuser Brandenburg und Neuruppin durch die MfS-Kreisdienststellen Brandenburg und Neuruppin und nicht durch die MfS-Bezirksverwaltung Potsdam überwacht. Die Interessen und die Arbeitsmethoden der MfS-Kreisdienststellen waren auch dort dieselben wie auf MfS-Bezirksverwaltungsebene beschrieben.[310]

In den achtziger Jahren waren – je nach Größe der medizinischen Einrichtungen im jeweiligen Kreisgebiet – ein bis drei hauptamtliche Mitarbeiter der MfS-Kreisdienststellen mit der Überwachung der territorialen Gesundheitseinrichtungen beauftragt. Demnach war die Tätigkeit von über zwanzig hauptamtlichen Mitarbeitern in den elf Ostberliner Kreisdienststellen des MfS mehr oder weniger auf medizinische Institutionen und deren Beschäftigte gerichtet, während mit den fünf Mitarbeitern der Abteilung XX/1 der BVfS Berlin und den sechs an der Charité eingesetzten Mitarbeitern der Abteilung XX/3 auf Berliner Bezirksebene höchstens halb so viele Hauptamtliche mit dem medizinischen Bereich befaßt waren.

Die Entwicklung stabiler Verbindungen zwischen den speziell beauftragten hauptamtlichen Mitarbeitern der MfS-Kreisdienststellen und neben-

---

309 Das Krankenhaus war 1893 als „Anstalt für Epileptische Wuhlgarten bei Biesdorf" gegründet worden. 1968, anläßlich der 75-Jahrfeier der Einrichtung und zum 100. Todestag des großen deutschen Psychiaters Wilhelm Griesinger, erhielt das Städtische Krankenhaus für Psychiatrie und Neurologie Wuhlgarten den Namen „Wilhelm-Griesinger-Krankenhaus Berlin". Vgl. Festschrift 100 Jahre Wuhlgarten 1893–1993, S. 11.
310 Vgl. z. B. MfS-Diplomarbeit von Hauptmann Holger Möller (KD Rostock) über „Erfahrungen und Erkenntnisse im zielgerichteten Einsatz von IM zur Erkennung und vorbeugenden Verhinderung von Absichten zur Stellung von Anträgen auf ständige Ausreise nach dem NSA [nichtsozialistischen Ausland] und zur Begehung von Straftaten des ungesetzlichen Grenzübertritts durch Angehörige der medizinischen Intelligenz und des mittleren medizinischen Personals", 94 Seiten, Abschluß 22.5.1989, MfS JHS MF VVS 0001–412/89; BStU, ZA, JHS 21511.

amtlich inoffiziellen Unterstützern in den medizinischen Einrichtungen war auch auf Kreisebene ein längerer Prozeß.

Im Stadtbezirk Berlin-Lichtenberg beispielsweise hatte das MfS zu Beginn der sechziger Jahre mit der Überwachung des Gesundheitswesens begonnen. Das geschah zunächst durch die Anwerbung des Verwaltungsdirektors eines Krankenhauses, die in der MfS-Personalakte des Betreffenden folgendermaßen beschrieben wurde:

„Durch die operative Bearbeitung des Krankenhauses Kaulsdorf durch die KD Lichtenberg wurde auf Grund der bestehenden Funktion des N. laufend mit diesem zusammengearbeitet [...]. Mit ihm werden sämtliche Probleme, die am Krankenhaus auftreten, durchgesprochen und beraten. [...] Es besteht seit Juni 1962 der offizielle Kontakt [...]. Seit dem 25. März 1963 wird mit ihm inoffiziell zusammengearbeitet. [...] Es ist beabsichtigt, den Genannten als Schlüsselposition für die operative Arbeit auszunutzen. Er hat einen guten Gesamtüberblick über das Geschehen am Krankenhaus und kann gleichzeitig auch Hinweise über bestimmte Vorkommnisse der Abt. Gesundheitswesen geben. [...] Weiterhin ist beabsichtigt, den negativen Personenkreis am Krankenhaus aufzuklären sowie auch Einblicke bei den leitenden Angestellten zu erhalten."[311]

Der Verwaltungsdirektor erschien aufgrund seiner Vorgeschichte für eine Zusammenarbeit mit dem MfS besonders geeignet: Geboren 1928, war Horst Nickel als vormaliges Mitglied der Hitlerjugend und des Volkssturms von 1945 bis 1948 im sowjetischen Internierungslager Buchenwald inhaftiert gewesen und hatte „aus seinen Fehlern gelernt". Das hieß, daß er sich nach Gründung der DDR zunächst als Arbeiter in der Gewerkschaft engagiert hatte, 1952 in die SED eingetreten war und sich während der folgenden zehn Jahre in langsam aufsteigenden Funktionen als zuverlässiger Genosse bewährt hatte.

Noch im Jahr seiner Anwerbung 1963 wurde der Geheime Informator (GI) „Steinert" zum Geheimen Hauptinformator (GHI) qualifiziert und führte dann vier andere GI, zu denen die Oberin des Krankenhauses Herzberge (GI „Petra" – geworben 1961), eine Laborantin des Krankenhauses Wuhlgarten (GI „Renate" – geworben 1963), eine Krankenschwester des Oskar-Ziethen-Krankenhauses (GI „Anker" – geworben 1961) sowie ein Lehrausbilder des Krankenhauses Buch (GI „Kessling" – geworben 1961) gehörten. Bis 1967 bestand das GHI-Netz „Steinert" nur aus ihm und den genannten vier Geheimen Informatoren, obwohl sein „Sicherungsobjekt" immerhin die gesamte „Abteilung Gesundheitswesen mit sämtlichen Krankenhäusern" umfaßte.[312]

---

311 BStU, ASt Berlin, AIM 4627/91, Teil I, Bd. 1, Bl. 56 und 58.
312 Vgl. Einschätzung des GHI-Netzes „Steinert" der KD Lichtenberg vom 26.2.1965, IM-Akte „Steinert", Teil I, Bd. 1, Bl. 121ff.

Als Schwerpunkte der Überwachungsarbeit galten erstens die sogenannte „politisch-ideologische Diversion in allen Einrichtungen des Gesundheitswesens" in Berlin-Lichtenberg, zweitens „Abwerbungen und eigene Bestrebungen zur RF [Republikflucht] in allen Einrichtungen", drittens das „Arztpersonal" im allgemeinen und viertens „Westberliner und ausländische Ärzte" im besonderen.[313]

Hervorgehoben wurden fünf „Schwerpunktobjekte". Ohne weiteren Kommentar wurden das Oskar-Ziethen-Krankenhaus und das Krankenhaus Kaulsdorf genannt. Bei den übrigen drei „Schwerpunktobjekten" waren Angaben hinzugefügt, warum das MfS es jeweils für wichtig hielt, sie besonders im Auge zu behalten. So wurde beim psychiatrischen Krankenhaus Wuhlgarten eine „Spionagegefahr für das angrenzende sowjetische Objekt" notiert. Das Krankenhaus Lindenhof hingegen zog die Aufmerksamkeit des MfS „wegen schlechter politischer Zusammensetzung" auf sich, es gebe dort „nur zwei Mitglieder der SED". Zum psychiatrischen Krankenhaus Herzberge schließlich vermerkte das MfS, hier sei „kirchlicher Einfluß gegeben".

Den „operativen" Schwerpunktsetzungen entsprechend wurden die Geheimen Informatoren meist damit beauftragt, über bestimmte, meist leitende Ärzte, über die allgemeine Stimmungslage bei den Mitarbeitern des Gesundheitswesens und deren Reaktionen auf politische Ereignisse zu berichten. Dazu gehörten immer wieder die Auswertung von Parteitagen und politischen Feiertagen sowie die „Meinungen und Stimmungen der Kollegen" zu sozialpolitischen Veränderungen wie beispielsweise „die 45-Stunden-Woche und der arbeitsfreie Sonnabend".[314]

Neben solchen eher belanglos wirkenden Berichtsanforderungen, deren Erfüllung große Teile der GI-Berichtsakten einnehmen, verliefen die Informationssammlungen über „operativ interessierende" Personen bereits in den sechziger Jahren keinesfalls immer harmlos. Nach Aktenlage gehörten neben der „Beschaffung der Kaderakten" für das MfS auch „Wohngebietsermittlungen" und andere umfassende Erkundigungen und Beobachtungen zum Routineprogramm der GHI-Tätigkeit.

Im Frühjahr 1967 wurde der GHI „Steinert" aus seiner Tätigkeit als Verwaltungsdirektor des Krankenhauses Kaulsdorf „durch ordnungsgemäße Kündigung herausgelöst" und begann einen konspirativen Job als „hauptamtlicher inoffizieller Mitarbeiter" (HIM) des MfS. Er übernahm zusätzlich zu seinen bis dahin geführten vier GI vierzehn weitere „inoffizielle Verbindungen", die das MfS in der Zwischenzeit im „Sachgebiet Gesundheitswesen Lichtenberg" angeworben hatte. „Steinert" war nun für achtzehn IM verantwortlich.

---

313 Ebenda, Bl. 124.
314 Aus einem Treffbericht von Leutnant Philipp, KD Lichtenberg, mit dem GHI „Steinert" vom 19.4.1966; BStU, ASt Berlin, Teilablage einer Arbeitsakte des GHI „Steinert", A 403/86, Bl. 137.

1975 bekam der 47jährige hauptamtliche Führungs-IM (hFIM) „Steinert" Verstärkung durch den 26jährigen MfS-Unterleutnant Thomas Geggel, der sogleich sein Vorgesetzter wurde. Geggel war bis 1971 Wachposten gewesen, dann schnell zu einem „zuverlässigen politisch-operativen Mitarbeiter entwickelt", Anfang 1975 zur Kreisdienststelle Lichtenberg versetzt und „mit der Absicherung des Gesundheitswesens im Stadtbezirk"[315] beauftragt worden. Dort war er bis 1982 als „Hauptsachbearbeiter zur politisch-operativen Sicherung des Gesundheitswesens tätig."[316] Diese Aufgabe übernahm in der MfS-Kreisdienststelle Lichtenberg zunächst von 1982 bis 1985 Unterleutnant Winfried Ickert[317] und anschließend der MfS-Unterleutnant Martin Schilling[318]. Somit wurde die inoffizielle staatssicherheitsdienstliche Überwachung des Gesundheitswesens im Ostberliner Stadtbezirk Lichtenberg von Mitte der siebziger bis Ende der achtziger Jahre von einem hauptamtlichen Führungs-IM in Zusammenarbeit mit jeweils einem speziell damit beauftragten hauptamtlichen MfS-Unteroffizier geleitet.

1979, nachdem im Osten Berlins große Neubaugebiete entstanden waren, übernahm die neueingerichtete MfS-Kreisdienststelle Marzahn[319] einen Teil der bis dahin von der Kreisdienststelle Lichtenberg aus überwachten Krankenhäuser und der dort geführten inoffiziellen Mitarbeiter. So wurde der stellvertretende ärztliche Direktor des Wilhelm-Griesinger-Krankenhauses, der 1978 von hFIM „Steinert" als GMS „Georg" angeworben worden war, 1979 von Unteroffizieren der neuen MfS-Kreisdienststelle Marzahn übernommen, zum IMS „Wilhelm" umregistriert und in den nachfolgenden Jahren dort geführt.[320] Auch in der Kreisdienststelle Marzahn scheinen zwei hauptamtliche MfS-Mitarbeiter mit der Überwachung der territorialen Gesundheitseinrichtungen beschäftigt gewesen zu sein.

Sieht man sich die inoffiziellen Verbindungen und operativen Ziele der jeweiligen „Hauptsachbearbeiter zur politisch-operativen Sicherung des Gesundheitswesens" an, findet man analog zur zentralen und zur Bezirksebene des MfS vor allem inoffizielle Mitarbeiter in „Schlüsselpositionen" des Gesundheitswesens und auch auf der anderen Seite vor allem Ärzte und Psychologen, die operativ bearbeitet wurden. So wurden von den erwähnten Führungsoffizieren der MfS-Kreisdienststelle Berlin-Lichtenberg im psychiatrischen Fachkrankenhaus Lichtenberg zwei ärztliche Direktoren[321], ein Oberarzt[322], eine Chefarztsekretärin[323] und eine andere leitende Angestell-

---

315 MfS-Kaderakte Thomas Geggel; BStU, ASt Berlin, KS II 885/91, Bl. 88.
316 Ebenda, Bl. 111.
317 Vgl. MfS-Kaderakte Winfried Ickert; BStU, ASt Berlin, KS 24815/90, Bl. 10 und 52.
318 Vgl. MfS-Kaderakte Martin Schilling; BStU, ASt Berlin, KS II 2167/91, Bl. 95f.
319 Vgl. MfS-Befehl 8/79 vom 1.2.1979, 2 Seiten; BStU, ZA, DSt 102567.
320 Abschlußbeurteilung des GMS durch hFIM „Steinert", KD Lichtenberg, vom Februar 1979; BStU, ASt Suhl, AIM 221/94, Teil I, Bd. 1, Bl. 105f. und Bl. 114ff.
321 IMK/A „Karl-Heinz" 1976–81; BStU, ZA, AIM 374/81 sowie GMS bzw. IME „Rudolf" 1981–87; BStU, ASt Berlin, AIM 1121/87.
322 IMB „Richard Heinze" 1976–89; BStU, ASt Berlin, AIM 4763/91.
323 IMS „Frieda Menz" 1978–89; BStU, ASt Berlin, AIM 4532/91.

te[324] als inoffizielle Mitarbeiter geführt. Auf der anderen Seite wurden ein Chefarzt[325] und eine Chefärztin[326], ein Oberarzt[327] und mehrere Psychologinnen[328] des psychiatrischen Fachkrankenhauses „operativ bearbeitet". Ohne darauf beschränkt zu bleiben, bestand auch hier eine der wichtigsten Aufgaben der inoffiziellen Mitarbeiter in der Überwachung ihrer Kollegen.

Um die beiden ärztlichen Direktoren des psychiatrischen Fachkrankenhauses Herzberge, die als inoffizielle Mitarbeiter der MfS-Kreisdienststelle Lichtenberg tätig waren, rankte sich eine gruselige Legende, die 1991 von einer Illustrierten in die Welt gesetzt worden war:

> „Zwei Psychiater gaben sich jahrelang dazu her, im Auftrag des Staatssicherheitsdienstes der DDR 'Staatsfeinde' mit Drogen zum Reden zu bringen. Eines Tages wollten sie nicht mehr mitmachen. [...] Der Psychiater Dr. Klaus Bach war am 5. Februar 1987 unter mysteriösen Umständen tot aufgefunden worden. Er war Chefarzt einer psychiatrischen Klinik und Nachfolger von Dr. Herbert Richter, der sich am 10. Februar 1980 das Leben genommen hatte. [...]
> Ein ehemaliger Stasi-Offizier gab sein Wissen nur unter der Zusicherung 'absoluter Anonymität' preis: 'Dr. Richter und Dr. Bach waren für die Stasi gefährlich geworden. Sie waren nicht nur Mittäter bei Verhören, sie waren auch Zeugen von Verbrechen. Sie starben, als sie aussteigen wollten'."[329]

Die wirklich merkwürdige Tatsache, daß zwei Chefärzte des Fachkrankenhauses für Psychiatrie im zeitlichen Abstand von sieben Jahren durch Suizid starben, hatte zur spekulativen Konstruktion einer Geschichte geführt, für die einige Indizien zu sprechen schienen, jedoch keinerlei Beweise oder auch nur nachvollziehbare Quellen genannt werden – sieht man einmal von dem „absolut anonym" gebliebenen Stasi-Offizier ab.

Tatsächlich hatten sich beide Chefärzte schriftlich verpflichtet, inoffiziell für das MfS zu arbeiten: Dr. Herbert Richter war von 1976 bis 1980 unter dem Decknamen „Karl-Heinz" und Dr. Klaus Bach von 1981 bis 1987 unter dem Decknamen „Rudolf" inoffiziell für die MfS-Kreisdienststelle Berlin-Lichtenberg tätig gewesen. Im Vorschlag zur IM-Werbung von Dr. Richter hatte sein späterer Führungsoffizier, der damalige MfS-Unterleutnant Geggel, am 22. November 1976 etwas beschrieben, das aufmerken läßt:

> „Zu dem Kandidaten besteht seit ca. einem Jahr offizieller Kontakt. Er wurde zur Informationsgewinnung über Patienten und Mitarbeiter genutzt. Der Kandidat schätzte Personen ein, machte Angaben über Diagnosen, Behandlungs-

---

324 IMS „Ilse Braun" 1974 ff.; BStU, ASt Berlin, MfS-Registriernummer 1522/74, Teilablage A 4/81 im Dezember 1980 an HV A.
325 BStU, ZA, AOPK 16407/81.
326 BStU, ZA, AOPK 12260/81.
327 BStU, ZA, AOPK 647/85 und BStU, ASt Berlin, AOPK 4353/91.
328 BStU, ZA, AOPK 15845/83 u. a.
329 Uta König: „Sie starben, als sie aussteigen wollten", in: Stern vom 8.5.1991, S. 88 ff.

methoden und Medikamente und führte, entsprechend seiner beruflichen Stellung, Maßnahmen für das MfS durch. [...] Die Zusammenkünfte mit dem Kandidaten wurden in seinem Arbeitszimmer im Krankenhaus durchgeführt."[330]

Von der an erster Stelle genannten „Informationsgewinnung über Patienten" war als Aufgabe ärztlicher IM bisher keine Rede. Zweifellos verletzte Dr. Richter mit seinen „Angaben über Diagnosen, Behandlungsmethoden und Medikamente" seine ärztliche Schweigepflicht. Noch erschreckender wirkt in diesem Zusammenhang die Bemerkung, daß der Leiter des psychiatrischen Krankenhauses „entsprechend seiner beruflichen Stellung Maßnahmen für das MfS" durchgeführt habe. Drei Seiten weiter in der IM-Akte folgt eine Erklärung, die das Erschrecken etwas relativiert:

„Im Fachkrankenhaus für Neurologie und Psychiatrie werden Mitarbeiter des MfS und anderer staatlicher und gesellschaftlicher Organe behandelt. In Behandlung befinden sich auch führende Persönlichkeiten bzw. deren Verwandte. Zur Abdeckung damit in Zusammenhang stehender Maßnahmen soll der IM [...] eingesetzt werden."[331]

Bei den Patienten, über deren Diagnosen und Behandlung der IM seinem Führungsoffizier Informationen gab, handelte es sich nicht per se um politisch Verfolgte, sondern wenigstens zum Teil um Mitarbeiter staatlicher Institutionen mit beruflichen Geheimnisverpflichtungen, für deren Einhaltung sich das MfS im Fall psychiatrischer Behandlungsbedürftigkeit der Geheimnisträger besonders interessierte.

Die in der IM-Akte Dr. Richters enthaltenen Berichte des hFIM „Steinert" aus den Jahren 1977 bis Januar 1980 beziehen sich überwiegend auf Krankenhausmitarbeiter. Allerdings berichtete der IM auch über mindestens zehn Patienten des psychiatrischen Krankenhauses, wobei in der MfS-Kreisdienststelle Lichtenberg aus seinen Informationen in einigen Fällen sogenannte „Ermittlungsberichte" für andere Diensteinheiten zusammengestellt wurden.[332] Auf Verletzungen der ärztlichen Schweigepflicht durch IM-Ärzte wird an späterer Stelle dieses Buches noch ausführlicher eingegangen. „Operative Maßnahmen" des MfS werden in der IM-Akte mehrmals in allgemeiner Form erwähnt. So wird in einer Beurteilung des IM „Karl-Heinz" vom 14. Januar 1977 festgestellt, daß der IM „zur Abdeckung operativer Maßnahmen eingesetzt" sei und diese „teilweise selbst" durchführe. Als Beleg für die dabei gezeigte „Eigeninitiative und Ausdauer" des IM wird angeführt, daß eine durch ihn „selbst erarbeitete Information zum ungesetzlichen Verlassen der DDR zur Festnahme dieser Person", wahrscheinlich einer Krankenschwester seines Arbeitsbereiches, geführt habe. Auch die in

---

330 IM-Akte „Karl-Heinz"; BStU, ZA, AIM 374/81, Teil I, Bd. 1, Bl. 59.
331 Ebenda, Bl. 62.
332 Ebenda, Bl. 236, 242, 244–247, 312–315 und 328.

der Zusammenarbeit mit dem MfS lobend hervorgehobene Ehrlichkeit und Zuverlässigkeit des IM wird ausschließlich auf seine Berichte, „die er im Zusammenhang mit operativen Maßnahmen gab", bezogen[333]. Konkrete „operative Maßnahmen", die über verdeckte Ermittlungen des MfS im psychiatrischen Krankenhaus und die Anstiftung zum Bruch der ärztlichen Schweigepflicht hinausgehen, werden nur an wenigen Stellen der IM-Akte angedeutet. So gibt es zu zwei Patienten eine Bemerkung, der jeweilige Patient werde in Zusammenarbeit mit der Hauptabteilung XX bzw. VII „unter Kontrolle gehalten". Der IM-Akte zufolge bestand die „Kontrolle" darin, daß die genannten Hauptabteilungen des MfS einen Ermittlungsauftrag zu den psychiatrischen Patienten an die MfS-Kreisdienststelle Lichtenberg schickten, diese ihren hFIM „Steinert" und dieser seinen IM „Karl-Heinz" mit der Erarbeitung von Informationen beauftragte und die Auskünfte des Chefarztes über hFIM und Kreisdienststelle an die MfS-Hauptabteilungen gegeben wurden.[334] An drei Stellen der IM-Akte finden sich Hinweise auf andere „operative Maßnahmen", bei denen Dr. Richter inoffiziell mit dem MfS kooperierte. Es geht dabei um die Urlaubssperre für Psychiatriepatienten bzw. die Vorbereitung von eventuellen amtsärztlichen Einweisungen in die Psychiatrie anläßlich staatlicher Feiertage,[335] was später noch ausführlich behandelt werden soll. Für die im „Stern" insinuierten Verbrechen findet sich in der IM-Akte „Karl-Heinz" kein Beleg.

Der Suizid des Psychiaters wurde auch von seiten des MfS mit Überraschung registriert.[336] Mitarbeiter des MfS stellten nach der Meldung des Todes durch die Ehefrau in der Wohnung Dr. Richters medizinische Unterlagen sicher, die sie durch einen MfS-eigenen Psychiater unter Gesichtspunkten der Geheimhaltung auch der inoffiziellen Tätigkeit des Verstorbenen durchsehen ließen, wie in der IM-Akte vermerkt ist.[337]

Analog ist die Aktenlage bei Dr. Klaus Bach. Auch er berichtete bei seinen Treffen mit MfS-Offizieren über Patienten und Mitarbeiter des von ihm geleiteten Fachkrankenhauses, wie das bei seiner Werbung Ende September 1981 vorgesehen war. Um einen Eindruck von der bürokratischen Banalität zu vermitteln, mit der der Verrat an Patienten und Kollegen vom MfS organisiert und in den Akten festhalten wurde, soll aus der unschön substantivistisch formulierten „Begründung der Notwendigkeit zur Gewinnung" des Chefarztes als IM zitiert werden:

„Entsprechend den Festlegungen im Jahresarbeitsplan macht sich zur wirksamen Ergänzung des Informationsaufkommens für die ständige und aktuelle Einschätzung der politisch-operativen Lage im Bereich des Fachkrankenhau-

---

333 Beurteilung im Auskunftsbericht zum IM vom 14.1.1977; ebenda, Bl. 354.
334 Ebenda, Bl. 244–249, 310 und 312–315.
335 Ebenda, Bl. 107, 251 und 263.
336 Abschlußvermerk von Oberleutnant Geggel vom 11.11.1980, ebenda, Bl. 360.
337 Ebenda, Bl. 103–105 und 360.

ses für Neurologie und Psychiatrie (FKH) und zur besseren Durchsetzung der vorbeugenden und schadensverhütenden Arbeit des MfS in diesem Bereich die Gewinnung eines GMS notwendig. Gleichzeitig soll der zu gewinnende GMS zur politisch-operativen Einflußnahme auf die offensive Durchsetzung der sicherheitspolitischen Erfordernisse, die auf die Erhöhung der Einhaltung der sozialistischen Gesetzlichkeit, Ordnung und Sicherheit sowie auf die vorbeugende Verhinderung feindlich-negativer Handlungen gerichtet sind, eingesetzt werden.
Im FKH [Fachkrankenhaus] gibt es eine Reihe von Personen mit operativ bedeutsamen Merkmalen, wie Personen mit RWÜ [„Rechtswidriges Ersuchen auf Übersiedlung" in den Westen], Personen mit operativ bedeutsamen Verbindungen innerhalb der DDR und ins NSA [„Nichtsozialistische Ausland"]. Zu diesen Personen müssen ständig Informationen über ihr Verhalten und Auftreten sowie über ihre Haltung und Auffassung im Arbeitsbereich erarbeitet werden. Zur Erarbeitung solcher Informationen, insbesondere zu den medizinischen Hochschulkadern, soll der Kandidat nach seiner Gewinnung eingesetzt werden. [...]
Weiterhin soll der GMS zur inoffiziellen Einschätzung medizinischer Unterlagen eingesetzt werden. Operativ bearbeitete und im Interesse des MfS stehende Personen, die sich im FKH in ambulanter oder stationärer Behandlung befanden oder befinden, müssen oft neurologisch [gemeint ist hier eindeutig: psychiatrisch] eingeschätzt werden. Der GMS soll solche inoffiziellen Einschätzungen erarbeiten."[338]

Zusätzlich zu diesen ursprünglich anvisierten Aufgaben nahmen im Laufe der IM-Tätigkeit von Dr. Bach Berichte über Tagungen und wissenschaftliche Fragen einigen Raum ein. Auch bei Klaus Bach zeigten sich die MfS-Mitarbeiter, mit denen er bis dahin inoffiziell kooperiert hatte, überrascht von seinem Suizid. Die vom MfS nachträglich angestellten Nachforschungen ergaben eine persönliche Situation des Verstorbenen, die retrospektiv eine Suizidalität durchaus denkbar macht. Die aus Datenschutzgründen nur angedeutete Aktenlage spricht jedenfalls gegen die Gruselgeschichte des „Stern" über die Verbrechen und die Ermordung der beiden IM-Ärzte.
Die MfS-Kreisdienststelle Lichtenberg hatte nicht nur im psychiatrischen Fachkrankenhaus Herzberge, sondern auch in der übergeordneten Leitungsebene ihre inoffiziellen Zuträger. So führte der hauptamtliche Führungs-IM „Steinert" die stellvertretende Stadtbezirksärztin für soziale Betreuung im Rat des Stadtbezirkes Berlin-Lichtenberg als „IME/Schlüsselposition"[339]. Dr. Karin Goworek war bis 1982 als Anatomin an der Charité tätig gewesen und war dort bereits den MfS-Mitarbeitern der Abteilung XX/3 der BVfS Berlin als „Genossin, die konsequent die Politik von Partei und Regierung

---

338 IM-Akte „Rudolf"; BStU, ASt Berlin, AIM 1121/87, Teil I, Bd. 1, Bl. 77 ff.
339 GMS bzw. IME „Angelika" 1980–89; BStU, ASt Berlin, AIM 7894/91.

vertritt", aufgefallen. Ihre Konsequenz sei derartig gewesen, daß sie „manchmal zu einem gewissen Radikalismus in der Auseinandersetzung mit politischen Fehlverhaltensweisen bei Studenten" geführt habe,[340] der selbst den Genossen vom MfS zu weit ging. „Angelika" habe jedoch seit 1974 aus politischer Überzeugung sehr gut mit dem MfS zusammengearbeitet. Kurz nach ihrem beruflichen Wechsel von der Charité in den Stadtbezirk Lichtenberg wurde ihr GMS-Akten-Vorgang von der BVfS Berlin an die MfS-Kreisdienststelle Lichtenberg übergeben. Dort wurde sie nach einiger Zeit vom GMS zum Experten-IM in Schlüsselposition umregistriert:

> „Die Notwendigkeit ergibt sich vor allem aus der zu realisierenden operativen Durchdringung des Rates des Stadtbezirkes Berlin-Lichtenberg, Abteilung Gesundheits- und Sozialwesen, und des Fachkrankenhauses für Neurologie und Psychiatrie, für welches die Kandidatin durch Weisung des Stadtbezirksarztes leitungsmäßig zuständig ist.
> Vor allem im Fachkrankenhaus für Neurologie und Psychiatrie sind durch unser Organ eine Reihe von operativen Problemen zu klären und zu bearbeiten. So gibt es seit vielen Jahren politisch-ideologische und operative Probleme mit dem Kreis der Psychologen. Diese resultieren zum Teil aus engen Beziehungen zur Kirche, zu negativen Kunst- und Kulturschaffenden. Die staatliche Leitung und die Parteiorganisation des Fachkrankenhauses ist nicht genügend gefestigt und ausgereift, um diese Probleme einer umfassenden und endgültigen Klärung zuzuführen."[341]

Der kirchliche Einfluß im psychiatrischen Krankenhaus Herzberge war bereits Mitte der sechziger Jahre als besondere Herausforderung an die inoffizielle Tätigkeit des damaligen GHI „Steinert" beschrieben worden – auch auf Kreisebene zeigen die MfS-Akten eine verblüffende thematische Konsistenz über Jahrzehnte. „Angelika" berichtete im Laufe der achtziger Jahre immer wieder über über die „politisch-ideologische" Situation in den Krankenhäusern des Stadtbezirkes Lichtenberg, über das Verhalten einzelner Ärzte und Psychologen, über ihre Probleme mit dem autoritären Chefarzt und beschaffte einmal einen „Überblick über die Behandlungen" von zwei Personen „durch das Lichtenberger Gesundheitswesen".[342]

Auch auf Kreisebene wurden bestimmte Kontakte von MfS-Mitarbeitern zu staatlichen Leitern als „offiziell" bezeichnet. Das MfS ging dabei offener vor als bei seiner konspirativen Zusammenarbeit mit IM, suchte die Führungskräfte beispielsweise mehr oder weniger regelmäßig in deren Diensträumen auf. Es ist keine gesetzliche Grundlage bekannt, die den Rahmen solcher Kontakte abgesteckt hätte. Vielmehr bewegten sie sich in einer

---

340 Einschätzung der politischen Einstellung von GMS „Angelika"; ebenda, Teil I, Bl. 85.
341 Vorschlag von Unterleutnant Ickert, KD Lichtenberg, zur Werbung des IME „Angelika" vom 10.6.1983; ebenda, Bl. 337–350, hier 343.
342 Ebenda, Teil II, 1 Bd., Bl. 168 f.

rechtlichen Grauzone. Die forcierte Kaderpolitik der SED hatte zur Folge, daß in den siebziger Jahren die Chefetagen auch im peripheren Gesundheitswesen fast ausnahmslos mit SED-Genossen besetzt wurden, die neben ihren fachlichen Aufgaben als staatliche Leiter der Parteidisziplin unterlagen und Forderungen von seiten eines SED-Hilfsorgans wie des MfS zumindest nicht grundsätzlich zurückweisen konnten. Gerade wegen der fehlenden Transparenz, in welchem gesetzlichen Rahmen MfS-Vertreter sich gegenüber staatlichen Leitern bewegten, was sie beispielsweise in Krankenhäusern eigentlich durften oder nicht durften, hing es sehr von Zufällen, Gewohnheitsrechten und letztendlich vom individuellen Verhalten der jeweiligen Leiter ab, wie sich die Beziehungen gestalteten und wieweit es Offizieren der MfS-Kreisdienststellen gelang, sich in Einrichtungen des Gesundheitswesens festzusetzen.

Zeitzeugen berichten übereinstimmend,[343] daß MfS-Vertreter zumindest in allen großen Krankenhäusern regelmäßig ein- und ausgingen und Kontakte vor allem in den Kaderabteilungen pflegten. Danach befragte ärztliche Leiter bestätigten, daß die MfS-Vertreter auf Verlangen ungehinderten Zugriff auf die Personalakten der Angestellten hatten. Als „gesetzliche Grundlage" dafür wurde ein Ministerratsbeschluß vom 22. August 1977 angeführt, dem zufolge neben Gerichten und anderen Dienststellen auch „staatliche Untersuchungsorgane" berechtigt waren, „in allen [...] Betrieben ohne Angabe von Gründen in Personalakten Einsicht zu nehmen oder ohne Begründung anzufordern".[344] Die Kenntnisnahme dieses Ministerratsbeschlusses habe jeder ärztliche Leiter unterschreiben und danach annehmen müssen, daß es sich um ein legales Vorgehen handelte, wenn MfS-Vertreter sich als solche auswiesen und ihnen daraufhin Einblick bzw. Zugriff auf sämtliche Personalakten der Krankenhausangestellten gewährt wurde. Daß es sich bei den Mitarbeitern der MfS-Kreisdienststellen keinesfalls um Vertreter der zu den staatlichen „Untersuchungsorganen" der DDR zählenden speziellen Untersuchungsabteilungen (IX) des MfS handelte,[345] war für Außenstehende und damit auch für die in die Struktur des MfS uneingeweihten Krankenhausleiter nicht erkennbar, da in den Dienstausweisen des MfS keine Diensteinheit angegeben war und es zu DDR-Zeiten kein Allgemeinwissen über die innere Struktur des Geheimdienstes gab. Somit war die Kooperation zwischen Kaderabteilungen und MfS-Kreisdienststellen nach DDR-Recht illegal, und die ohne gesetzliche Grundlage geführten Ermittlungen der MfS-Vertreter beruhten auf einer bewußten Täuschung der Krankenhausleiter,

---

343 Systematische Befragungen von Krankenschwestern, Pflegern, Ärzten und anderen Angestellten großer psychiatrischer Krankenhäuser ergaben übereinstimmend, daß zumindest vom Sehen bekannte MfS-Männer regelmäßig in die Einrichtungen, vor allem in die Verwaltungen kamen.
344 Vgl. „Ordnung zur Führung von Personalakten", Beschluß des Ministerrates der DDR vom 22.8.1977, „Nur für den Dienstgebrauch", S. 1–7, hier 6.
345 Vgl. § 88 der Strafprozeßordnung der DDR.

sofern sie nicht tatsächlich von Untersuchungsabteilungen des MfS mit Ermittlungsauftrag in bestimmten Strafsachen geführt wurden.

Die Unklarheit über den rechtlichen Rahmen ihres Handelns machten sich die hauptamtlichen Mitarbeiter der MfS-Kreisdienststellen auch bei ihren – ebenfalls prinzipiell unberechtigten – Versuchen zunutze, Anspruch auf eigene Räume in großen Krankenhäusern zu erheben. Es gibt Zeugenaussagen und Belege in den MfS-Akten für unterschiedliches Gelingen solcher Einnistungsversuche. So hat es in den Verwaltungsgebäuden der psychiatrischen Großkrankenhäuser Brandenburg und Neuruppin zeitweilig von den MfS-Kreisdienststellen-Vertretern genutzte „Kontaktzimmer"[346] gegeben, während die Etablierung eines solchen Raumes im Verwaltungsgebäude des Wilhelm-Griesinger-Krankenhauses in Berlin durch den ärztlichen Leiter verhindert wurde. Eine Übergangsvariante zwischen einem gewissermaßen „offiziellen" und gar keinem solchen Zimmer des MfS stellen sogenannte „konspirative Wohnungen" innerhalb von Großkrankenhäusern oder Klinika dar. So nutzten beispielsweise IM-führende Mitarbeiter der MfS-Kreisdienststelle Stadtroda zwischen 1972 und 1976 ein nur zeitweilig bewohntes Zimmer eines Angestellten im psychiatrischen Fachkrankenhaus Stadtroda, während der Mieter des Zimmers seine dienstfreie Zeit meist in Jena bei seiner Familie verbrachte.[347]

In den MfS-Akten sind auch sehr unterschiedliche Einschätzungen der offiziellen (und inoffiziellen) Beziehungen von hauptamtlichen MfS-Mitarbeitern zu leitenden Ärzten festgehalten, die ebenfalls deutlich zeigen, daß sich die MfS-Vertreter auf kein Recht berufen konnten, sondern davon abhängig waren, daß man ihnen entweder freiwillig entgegenkam oder es ihnen gelang, die Betreffenden zu überrumpeln bzw. einzuschüchtern. Zur Illustration werden nachfolgend einige Beispiele gegeben.

Im Berliner Stadtbezirk Weißensee arbeitete der Stadtbezirksarzt Dr. Werner Kasperski seit 1973 als IMV „Librium"[348] inoffiziell mit Offizieren der MfS-Kreisdienststelle Weißensee zusammen, wobei er nach Aktenlage ungefähr dieselben Aufträge erfüllte wie das für die Zusammenarbeit des Berliner Bezirksarztes mit dem Referatsleiter XX/1 der BVfS Berlin bereits ausführlich beschrieben wurde.[349] Die inoffizielle Kooperationsbeziehung hatte sich, wie das in den IM-Akten bestimmter leitender Ärzte übereinstimmend vermerkt ist, aus besonders gut funktionierenden „offiziellen" Kontakten entwickelt. In der IM-Akte des Stadtbezirksarztes von Berlin-Weißensee hieß es, der IM-Kandidat sei „dem Mitarbeiter durch die Tätigkeit desselben im Staatsapparat des Stadtbezirkes Weißensee bekannt" geworden. Er sei „bestrebt" gewesen, „die hergestellte Verbindung auf offizieller Ebene zu qualifizieren und auszubauen." Deshalb habe „die Arbeit auf inoffizieller

---

346 Vgl. z. B. BStU, ASt Potsdam; Vorlauf-AIM 1291/70, Bl. 22.
347 Vgl. IMK/KW „Franz Schulz"; BStU, ASt Gera, AIM 179/77.
348 „Librium" ist der Name eines antidepressiv wirkenden Psychopharmakons.
349 Vgl. IM-Akte „Librium"; BStU, ASt Berlin, AIM 543/91, Teil I und II, je 1 Bd.

Basis fortgeführt" werden können.[350] Entscheidend war also, daß der Stadtbezirksarzt selbst ein Interesse an der Verbindung mit dem MfS zeigte.

Ganz ähnlich wurde die Eignung und Bereitschaft zur inoffiziellen Zusammenarbeit bei dem Leipziger Kreisarzt Dr. Jürgen Gemkow[351] beschrieben, der 1967 von der Abteilung XX/1 der BVfS Leipzig als IMS „Dr. Schumann" geworben und 1970 von der Kreisdienststelle Leipzig-Stadt übernommen worden war. „Bereits vorher" habe „ein guter Kontakt durch offizielle Zusammenarbeit in der Funktion des Stadtrates für Gesundheitswesen der Stadt Leipzig"[352] bestanden. Der Test auf die Bereitschaft zur konspirativen Tätigkeit war nötig, weil der als IM geführte Kreisarzt für das MfS deutlich mehr und anderes tat, als er im Rahmen seines Amtes verpflichtet und befugt gewesen wäre. So seien mit dem IMS „Dr. Schumann" unter anderem „bestimmte grundsätzliche Kaderfragen in den einzelnen Einrichtungen im Sinn" des MfS realisiert worden, er sei in der Bearbeitung von operativen Vorgängen „mittelbar eingesetzt" worden, wobei er „wertvolle Unterstützung hinsichtlich des Aufbaus von Legenden, der legendierten Durchführung von Aussprachen, Befragungen, Untersuchungen und Gutachten" geleistet habe.[353]

Das ging nicht nur weit über die Aufgaben eines Kreisarztes, sondern auch deutlich über das hinaus, was im Rahmen der „offiziellen" Kontakte üblich war. In der Regel fanden in bestimmten Zeitabständen einseitige Besuche von „für die Sicherheit" zuständigen MfS-Mitarbeitern statt, die den jeweiligen Chef nach sicherheitsrelevanten Besonderheiten in der von ihm geleiteten Einrichtung befragten. Wie verschieden die Inhaber von Führungspositionen darauf reagierten, ist unter anderem daran ablesbar, daß bei weitem nicht jeder staatliche Leiter als inoffizieller Mitarbeiter des MfS geführt wurde, auch nicht jeder Kreisarzt.

Vielmehr gibt es sogar das umgekehrte Beispiel, bei dem ein Arzt, der früher inoffiziell mit dem MfS kooperiert hatte, einer weiteren IM-Tätigkeit genau in dem Moment auswich, in dem er Kreisarzt wurde. Der Leiter einer Betriebspoliklinik in Sachsen war Ende der siebziger Jahre zunächst bereit gewesen, sich als IMS „Wolfgang Richter" regelmäßig mit einem MfS-Offizier in einer konspirativen Wohnung zu treffen und mündlich sowie schriftlich über andere Ärzte zu berichten. Das dauerte keine zwei Jahre, dann fand der IM plötzlich keine Zeit mehr dafür:

„Ab 1980 erfolgte seine Berufung zum Kreisarzt. Seit diesem Zeitpunkt wurde die inoffizielle Zusammenarbeit stark vernachlässigt mit der Begründung, daß ihn die neue Tätigkeit voll ausfüllt. Es wurden seitens des IM nur auf

---

350 Ebenda, Teil I, Bl. 60.
351 Amtsärzte auf Kreisebene wurden in Ostberlin als Stadtbezirksärzte und in der übrigen DDR als Kreisärzte bezeichnet.
352 IM-Akte „Dr. Schumann"; BStU, ASt Leipzig, AIM 845/89, Teil I, Bd. 1, Bl. 81.
353 Ebenda.

mehrmaliges Drängen schriftliche Berichte gefertigt. Zusammenkünfte in einer IMK/KW wurden durch ihn strikt abgelehnt.
In der Folgezeit war in der Berichterstattung (mündlich) zu verzeichnen, daß der IM nicht ehrlich war und die anstehenden Probleme nicht offen ansprach, was mit anderen IM überprüft wurde. Der IM ist der Auffassung, wenn er Mißstände anspricht, so kann alles gegen ihn verwendet werden. Der IM hat auch derzeit enorme Probleme bei der Erfüllung der ihm übertragenen Aufgabe, so daß eine aktive inoffizielle Zusammenarbeit nicht gegeben ist."[354]

Es bleibt festzuhalten, daß es keinesfalls zu den regulären Aufgaben eines Kreisarztes in der DDR gehörte, inoffiziell mit dem MfS zusammenzuarbeiten. In einem IM-Bericht fand sich sogar der Hinweis, daß ein Kreisnervenarzt 1987 noch längere Zeit in seiner Funktion belassen wurde, nachdem er einen Antrag auf Übersiedlung in die Bundesrepublik gestellt hatte. Da nicht so schnell Ersatz für die Besetzung der Funktion des Kreisnervenarztes zu finden gewesen wäre, hätten sich der Kreisarzt und die Mitarbeiter unter Hinweis darauf, daß der Übersiedlungswunsch des Kreisnervenarztes mit einer größeren Erbschaft im Westen, also nicht politisch begründet worden war, bis zu seiner Ausreise so verhalten, als sei der Übersiedlungsantrag nicht gestellt worden.[355]

Auch innerhalb derselben Einrichtung konnten leitende Ärzte auf Verlangen von MfS-Mitarbeitern, die gewohnheitsmäßigen „offiziellen" Kontakte auf „inoffizielle" Verpflichtungen auszudehnen, höchst unterschiedlich reagieren. Die von Offizieren der MfS-Kreisdienststelle Berlin-Marzahn dokumentierten, sehr verschiedenen Reaktionen von zwei ärztlichen Leitern des psychiatrischen Großkrankenhauses „Wilhelm Griesinger" auf IM-Anwerbungsversuche zeigt die individuelle Entscheidungsmöglichkeit. Obwohl beide Chefärzte Mitglieder der SED waren, lehnte der ärztliche Direktor, Professor Nickel,[356] eine inoffizielle Kooperation ab, wurde beargwöhnt und sogar operativ bearbeitet.[357] Sein Stellvertreter hingegen, Dr. Klaus Hoffmann,[358] ging mehr als bereitwillig auf eine inoffizielle Zusammenar-

---

354 Begründung zur Ablage eines IMS einer KD des MfS vom 22.12.1981; BStU, ASt Dresden, AIM 180/82, Teil I, Bd. 1, Bl. 67.
355 Vgl. IM-Bericht des IMS „Bert" vom 11.2.1987, IM-Akte „Bert"; BStU, ASt Gera, IM-Registriernummer X 745/62, Teil II, Bd. 3, Bl. 120.
356 Bernd Nickel (Jg. 1940), Prof. Dr. sc. med., Medizinstudium 1960–62 in Bukarest und 1962–66 an der Humboldt-Universität Berlin, 1966–71 Facharztausbildung in Neurologie und Psychiatrie an der Charité-Nervenklinik, 1968 Promotion, 1974 Habilitation, 1974–77 Oberarzt an der Charité-Nervenklinik, seit 1977 ärztlicher Direktor des Wilhelm-Griesinger-Krankenhauses, SED-Mitglied seit 1972. Vgl. Akte der HA XX über Professor Nickel; BStU, ZA, AP 82955/92.
357 OPK „Psyche"; BStU, ASt Berlin, AOPK 5772/88.
358 Klaus Hoffmann (Jg. 1939), Dr. med., Vertretersohn aus Eisenach, 1957 Abitur in Eisenach, 1958–64 Medizinstudium in Jena, 1965–69 Facharztausbildung Neurologie und Psychiatrie in Mühlhausen/Thüringen, fachärztliche Tätigkeit in den Nervenkliniken Hildburghausen und Eberswalde, 1975–84 Chefarzt und stellvertretender ärztlicher Direktor im Wilhelm-Griesinger-Krankenhaus Berlin, 1984 ff. ärztlicher Direktor des Be-

beit mit dem MfS ein. Leutnant Geggel von der MfS-Kreisdienststelle Lichtenberg hielt am 21. April 1978 fest:

„Der Genosse Hoffmann soll nach erfolgter Verpflichtung als GMS zur Informationsgewinnung im Wilhelm-Griesinger-Krankenhaus eingesetzt werden. [...] Insbesondere bei der Beschaffung von Angaben über Patienten zeigte sich Genosse Hoffmann in der bisherigen Zusammenarbeit sehr aufgeschlossen. Er brachte zum Ausdruck, daß er bei der Unterstützung des MfS in erster Linie als Genosse handelt und nicht wie andere, auch leitende Mitarbeiter des Krankenhauses Bedenken durch die ärztliche Schweigepflicht sehe."[359]

Nach der hier mit seltener Deutlichkeit dokumentierten Bereitschaftserklärung sind die entsprechenden Pflichtverletzungen in der IM-Akte festgehalten. Dr. Hoffmann war von 1978 bis 1981 als GMS „Georg" und anschließend bis Ende Oktober 1989 als IMS „Wilhelm" für die Berliner Kreisdienststellen des MfS Lichtenberg und Marzahn sowie seit 1982, nachdem er Chef des thüringischen Bezirksfachkrankenhauses Hildburghausen geworden war, für die MfS-Kreisdienststelle Hildburghausen inoffiziell aktiv. Auf seine zahlreichen, unter Verletzung der ärztlichen Schweigepflicht an MfS-Offiziere gegebenen Berichte über Psychiatriepatienten, wird im nächsten Kapitel näher eingegangen.

Professor Nickel als der „andere, auch leitende Mitarbeiter des Krankenhauses", der im Gegensatz zu Dr. Hoffmann gegenüber dem MfS „Bedenken durch die ärztliche Schweigepflicht" sah, wurde als außergewöhnlich cleverer, karrierebewußter Mann und als eine „der profiliertesten Persönlichkeiten der DDR auf dem Gebiet der Neurologie und Psychiatrie" eingeschätzt.[360] Nickel war nicht nur bereits im Alter von 37 Jahren Hochschuldozent und ärztlicher Direktor des Wilhelm-Griesinger-Krankenhauses geworden, was für DDR-Verhältnisse ungewöhnlich war, sondern darüber hinaus bald Vorsitzender des zentralen DDR-Forschungsprojektes „Psychonervale Störungen", Vorsitzender der Psychiatrie-Problemkommission beim Ministerium für Gesundheitswesen, Mitglied des Rates der Medizinischen Wissenschaften der DDR, Beauftragter des Ministeriums für Gesundheitswesen bei der World Health Organisation (WHO), Mitglied des Vorstandes und Sekretär der Berliner Gesellschaft für Neurologie und Psychiatrie sowie ehrenamtlicher Mitarbeiter in der Inspektion Gesundheits- und Sozialwesen im Komitee der Arbeiter-und-Bauern-Inspektion (ABI). Schon die Fülle dieser Funktionen spricht für außerordentlichen Ehrgeiz, Leistungs- und Durchsetzungsvermögen. Obwohl das MfS keine „feindlich-negativen Akti-

---

zirksfachkrankenhauses für Psychiatrie und Neurologie Hildburghausen/Thüringen, SED-Mitglied 1969–89. Vgl. IM-Akte „Wilhelm"; BStU, ASt Suhl, AIM 221/94, Teil I, 1 Bd.
359 Ebenda, Bl. 70.
360 OPK „Psyche", Bl. 6.

vitäten" des „medizinischen Fachkaders"[361] feststellte und seine vielen Reisen durch die westliche Welt befürwortete, gab es bleibende Zweifel an der Motivation seiner SED-Mitgliedschaft und seiner politischen Zuverlässigkeit „in Konfliktsituationen".[362] Tatsächlich spricht die Aktenlage dafür, daß Professor Nickel seine Prioritäten genau anders herum setzte als sein zeitweiliger Stellvertreter Hoffmann. Während sich Dr. Hoffmann „in erster Linie als Genosse" verstand und daher auf Wunsch der Genossen vom MfS auch zu ärztlichen Schweigepflichtsverletzungen bereit war, dominierte bei Nickel offenkundig sein Selbstverständnis als Arzt. Auch mit den MfS-Offizieren, die Professor Nickel anläßlich der gelungenen Republikflucht ihm bekannter Personen, von Ausreisebegehren einzelner Klinikmitarbeiter und seiner Westreisen „offiziell" kontaktierten, war er bereit gewesen, sich „bis zu einem gewissen Grade zu arrangieren".[363] Das bezog sich auf eine Zusage, während einer unmittelbar bevorstehenden Studienreise in den USA auf geheimdienstliche Aktivitäten und Abwerbungsversuche zu achten. Professor Nickel habe dem MfS-Major erklärt, „daß er ohnehin verpflichtet sei, einen Dienstreisebericht zu erarbeiten, wo er unter dem politischen Abschnitt diese Dinge festhalten muß."[364] Das wesentliche Ergebnis des Gesprächs wurde später vom Leiter der MfS-Kreisdienststelle Berlin-Marzahn wie folgt zusammengefaßt:

„In Vorbereitung seiner sechswöchigen USA-Reise wurden mit dem N. durch die Abt. II/3 und die KD Marzahn im Februar 1984 Gespräche geführt. Unter anderem ging es um die Klärung einer inoffiziellen Zusammenarbeit. Dabei brachte er offen zum Ausdruck, daß er [auf] eine Zusammenarbeit mit dem MfS über den offiziellen Rahmen hinaus nicht eingehen werde. Diese Entscheidung begründete er mit den vielfältigen arbeitsmäßigen Belastungen sowohl als ärztlicher Direktor als auch als Vertreter der DDR in den verschiedenen Gremien und internationalen Organisationen."[365]

Das war eine klare Absage an jegliches Zusammenwirken mit dem MfS, das außerhalb der Verpflichtungen des medizinischen Betriebes lag oder gar ärztlichen Berufspflichten zuwiderlief.

Zusammenfassend ist festzustellen, daß aus keiner Führungsposition im DDR-Gesundheitswesen eine Verpflichtung zur inoffiziellen Zusammenarbeit mit dem MfS erwuchs. Zwar wurden staatliche Leiter auch im medizinischen Bereich regelmäßig von „für die Sicherheit" der jeweiligen Einrich-

---

361 Politisch-operative Einschätzung eines medizinischen Fachkaders vom 31.8.1988; ebenda, Bl. 122.
362 Vgl. Abschlußbericht zur OPK „Psyche" vom 23.9.1988; ebenda, Bl. 354–359, hier 359.
363 Bericht von Major Kollosche, Abt. II, über seinen Besuch bei Professor Nickel am 20.2.1984; ebenda, Bl. 296–298, hier 298.
364 Ebenda.
365 Auskunft über Professor Nickel an den Leiter der HA XX/10 von Major Janzen vom 18.12.1986; ebenda, Bl. 352 f., hier 353.

tung zuständigen MfS-Vertretern kontaktiert. Während jedoch solche „offiziellen" Gespräche mit allen staatlichen Leitern geführt wurden, kam es nur bei einigen von ihnen zu einer Verlagerung der Kontakte auf die inoffizielle Ebene. Wie deren IM-Akten zu entnehmen ist, bestand das Auswahlkriterium in der bei den „offiziellen" Kontakten gezeigten Bereitschaft der jeweiligen Leiter zur Verletzung der ihrem Beruf und ihrer Stellung immanenten Regeln zugunsten des MfS. Obwohl eine relative Häufung von inoffiziellen MfS-Mitarbeitern unter Ärzten in Leitungspositionen feststellbar ist, war die konspirative Kooperation mit dem MfS durch leitende Ärzte keinesfalls die Regel.

## 2.3.5. SED und MfS am Ende

Im Herbst 1989 kam es unter dem Druck der aufbegehrenden Bürger und vor einer gerade erst hergestellten, erstaunten Öffentlichkeit in der DDR zu gegenseitigen Schuldzuweisungen zwischen verschiedenen Herrschaftsinstitutionen. Die plötzlich sichtbar gewordenen Konflikte warfen ein interessantes Licht auf die bis dahin unter dem Mantel der „organisierten Verantwortungslosigkeit" verborgene Konkurrenz zwischen einzelnen Vertretern und Gruppen der Macht. Manche Zusammenhänge wurden erst dadurch verständlich, so beispielsweise die mehrschichtige Konstellation der Machtverteilung zwischen SED und MfS, zwischen Zentrale und Bezirken.

Als im Spätherbst das MfS in den Mittelpunkt der Kritik an den katastrophalen Zuständen im Lande rückte, verteidigten sich seine Mitarbeiter mit dem Hinweis auf die Verantwortung der Partei, die aus den vom MfS zugearbeiteten Informationen kaum Konsequenzen gezogen habe. Im nachfolgend referierten Beispiel für eine solche Auseinandersetzung wird zugleich eine Form staatssicherheitsdienstlicher Zuwendung zum Gesundheitswesen geschildert, die geradezu fürsorglich genannt werden muß und ohne die die uferlos ausgeweitete Tätigkeit des DDR-Staatssicherheitsdienstes in den achtziger Jahren unvollständig beschrieben wäre. Ein zentrales MfS-Dokument von 1976 enthielt folgende Richtungsweisung für die MfS-Tätigkeit im DDR-Gesundheitswesen, die selbst für diesen hypertrophiert nach innen gerichteten Geheimdienst merkwürdig anmutet:

„Seitens der zuständigen Diensteinheiten des MfS ist zu den Bezirks- und Kreisärzten sowie den Leitern und Parteisekretären der medizinischen Einrichtungen (auch der kleineren) ein vertrauensvoller, ständiger offizieller Kontakt herzustellen bzw. der bestehende Kontakt weiter zu festigen, insbesondere um

Hinweise auf vorhandene Unzufriedenheit, Ärgernisse und andere, das Arbeitsklima beeinträchtigende Faktoren mit dem Ziel ihrer unbürokratischen Beseitigung auszuwerten;

Informationen über die die Arbeits- und Lebensbedingungen im Bereich Medizin beeinträchtigenden Faktoren, die außerhalb dieses Bereiches liegen, entgegenzunehmen und deren Untersuchung/Beseitigung zu unterstützen, soweit eine Klärung auf normalem Wege nicht möglich ist;
gemeinsame Lösungswege zur Klärung von Konfliktsituationen bei Angehörigen der medizinischen Intelligenz und des medizinischen Personals zu suchen und einzuleiten;
konkrete, abgestimmte Festlegungen in Fragen der Wiedereingliederung, Vorbeugungsgespräche, Ausreiseanträge in dringenden Familienangelegenheiten; Dienstreisen in nichtsozialistische Staaten und nach Westberlin, Anträge auf Übersiedlung und anderen mit Problemen der Sicherheit verknüpften Kaderfragen zu treffen."[366]

Die MfS-Führung gab hier also ihren Mannen Order, sich den leitenden Ärzten als ständige vertrauliche Ansprechpartner für Probleme des Arbeitsalltages im Gesundheitswesen bis hin zu dialogischen Problemlösungsversuchen anzubieten. Diese Aufgabenstellung ist mit der landläufigen Vorstellung von den Zielen und der Arbeitsweise eines Geheimdienstes genauso schwer zu vereinbaren wie mit dem negativen Image, das das MfS im allgemeinen nicht zu Unrecht hat. Dennoch handelt es sich um eine Aufgabe, die Ende der siebziger und in den achtziger Jahren von vielen „operativen" MfS-Mitarbeitern routinemäßig erfüllt wurde. Das MfS sah sich dabei in einer Vermittlerposition, deren „Unterstützung" darin bestand, die von den Medizinern gehörten Probleme gebündelt und nach Dringlichkeit sortiert zur Lösung an die herrschende Partei heranzutragen. Unter einer „unbürokratischen" Klärung, die „auf normalem Wege" in den letzten Jahren der DDR immer weniger möglich war, hat man sich wohl in erster Linie eine Überbrückung der gestörten Kommunikation in der Gesellschaft vorzustellen:

„Die Parteiinformation, besonders auf der Ebene der 1. Bezirks- und Kreissekretäre der SED, ist als wichtiges Instrument zur Sichtbarmachung der Lage und Situation in den medizinischen Einrichtungen und unter den Beschäftigten weiter zu qualifizieren mit dem Ziel, begünstigende Bedingungen für feindliche und negative Aktivitäten sowie andere damit im Zusammenhang stehende Probleme systematisch zurückzudrängen und zu beseitigen."[367]

Die Rollenzuweisung an die MfS-Basis, gewissermaßen Kummerkasten für die von den Auswirkungen der Mißwirtschaft und den politischen Fehlern der SED-Führung betroffenen Mediziner spielen zu müssen, konnte zu der

---

366 MfS-Information 572/76 über „Möglichkeiten, die Arbeit der entsprechenden staatlichen Organe im Bereich Medizin noch wirkungsvoller zu unterstützen, wobei vorrangig Fragen der vorbeugenden Verhinderung des ungesetzlichen Verlassens der DDR stehen", Anlage 1; BStU, ZA, ZAIG 2543, Bl. 70.
367 Ebenda, Bl. 73.

absurd erscheinenden Konstellation führen, daß sich MfS-Mitarbeiter mit den Problemen der Mediziner identifizierten und ihrerseits in Konflikte mit den verantwortlichen SED-Funktionären gerieten.

So beklagte der Chef der BVfS Karl-Marx-Stadt, MfS-Generalleutnant Gehlert, im November 1989 die Vergeblichkeit seiner an die SED gegebenen Lageberichte. Aus dem Manuskript für einen Diskussionsbeitrag, den Gehlert für eine Sitzung der SED-Bezirksleitung Karl-Marx-Stadt am 11. November 1989 vorbereitet hatte, spricht eine bittere Bilanz. Er habe die MfS-Leitung in Berlin und die SED-Bezirksleitung „über alle Erkenntnisse in unserem gesellschaftlichen Leben im Bezirk Karl-Marx-Stadt schriftlich und mündlich laufend" informiert:

„Worüber habe ich informiert? Überwiegend über die Stimmung und Meinung der Arbeiterklasse und aller Werktätigen, über Unzufriedenheiten, über Unzulänglichkeiten im Bereich der Wirtschaft, des Verkehrs, der Wissenschaft und nicht zuletzt im Bereich des Gesundheitswesens, aber auch über Motive, Beweggründe all jener, die unserer Heimat den Rücken kehren.
Ich darf hier auch anfügen, daß nicht wenige unserer Informationen angezweifelt wurden, angezweifelt mitunter mit der Bemerkung: 'Wenn man eure Informationen liest, muß man zu der Meinung kommen, die Konterrevolution steht bevor.' Unsere Informationen sollten aber in erster Linie dazu dienen, auf den Vertrauensverlust unserer Partei, auf die heute eingetretene Situation mit Nachdruck zu verweisen, weil [...] der Hauptgegenstand unserer Arbeit darin besteht, subversive Tätigkeit vorbeugend zu verhindern, Schaden vorbeugend abzuwenden, ernsthafte Gefährdungen auszuräumen und nicht durch restriktive Maßnahmen die Bevölkerung zu verunsichern."[368]

Als Beispiel für seine vergeblichen Berichte an die SED nannte Generalleutnant Gehlert eine Information von Ende Dezember 1988 „über die von leitenden Ärzten des Bezirkskrankenhauses 'Friedrich Wolf' Karl-Marx-Stadt auf dem Gebiet des Gesundheitswesens, insbesondere in ihrer medizinischen Einrichtung, angesprochenen Probleme und Mißstände". Aus seinem fünfeinhalbseitigen dringlichen Bericht an die SED-Bezirksleitung kann nur ein kleiner Ausschnitt wiedergegeben werden:

„An die Bezirksverwaltung für Staatssicherheit Karl-Marx-Stadt wenden sich in letzter Zeit zunehmend Chefärzte und leitende Ärzte des Bezirkskrankenhauses 'Friedrich Wolf' Karl-Marx-Stadt, um sie bewegende ungeklärte Probleme und bestehende Mißstände, einschließlich persönliche Angelegenheiten, darzulegen. Sie beschweren sich ausnahmslos in der ihnen eigenen Art

---

[368] Auszug aus einem nicht gehaltenen Diskussionsbeitrag des Leiters der BVfS Karl-Marx-Stadt, Generalleutnant Gehlert, für die Sitzung der SED-Bezirksleitung Karl-Marx-Stadt am 11.11.1989, Aktentitel 71b/89 „Informationen an die SED-Bezirksleitung Karl-Marx-Stadt 1989"; BStU, ASt Chemnitz, AKG 417, Bl. 181f. und 184.

über zuwenig Unterstützung durch die staatlichen Organe und Einrichtungen. Übereinstimmend kritisieren sie dabei deren bürokratische und formale Arbeitsweise, die sie, wie sie betonen, wesentlich an ihrer eigentlichen Aufgabe, die gesundheitliche Betreuung der Bevölkerung weiter zu verbessern, hindert. Anhand einiger nachgenannter Beispiele muß man dieser Auffassung folgen. So wandte sich der Chefarzt der Chirurgie [...] mehrmals an unser Organ im Zusammenhang mit der Errichtung des neuen Operationstraktes. Dabei legte er dar: [...] Durch das Fehlen eines Notstromaggregates wird die Inbetriebnahme des Traktes verzögert. Für das Betreiben des technischen Bereiches im Operationstrakt fehlen gegenwärtig noch ein Elektroingenieur, ein BMSR-Techniker sowie ein Schlosser. Die Leitung des Bezirkskrankenhauses vertrete dazu die Auffassung, K[...] habe den OP-Trakt gewollt, nun soll er auch sehen, wie er damit zurechtkommt."[369]

Auf die durch Gleichgültigkeit und Mißmanagement der Verantwortlichen verursachte katastrophale Vergeudung der ohnedies knappen Resourcen hätte man in SED-Leitungsetagen in den siebziger Jahren vielleicht noch mit der Einleitung einer Untersuchung und einer Bestrafung der Verantwortlichen reagiert. Ende der achtziger Jahre hatte der allgemeine Ruin, der in den sächsischen Bezirken noch viel drastischer in Erscheinung trat als in der mit Bau- und Handwerkerkapazitäten bevorzugten Hauptstadt, derartig demoralisierende Ausmaße angenommen, daß die Parteiführung zu keiner vernünftigen Reaktion mehr in der Lage war. Professor Karl Seidel, der ranghöchste SED-Gesundheitspolitiker der DDR, reagierte auf die durch den MfS-Bezirkschef transportierten Notalarmsignale der Mediziner in Karl-Marx-Stadt (jetzt: Chemnitz), indem er sich weigerte, die schlechten Nachrichten zur Kenntnis zu nehmen. Gleichzeitig wurde ihr Überbringer getreu der Devise, daß nicht sein kann, was nicht sein darf, als unglaubwürdig hingestellt:

„Die Information wurde durch Mitarbeiter der Abteilung Gesundheitspolitik des ZK der SED in Zusammenarbeit mit der Bezirksleitung der SED Karl-Marx-Stadt überprüft. Genosse Professor Seidel teilte ergänzend [...] mit, daß sich verantwortliche Mitarbeiter der BL [Bezirksleitung] der SED Karl-Marx-Stadt verärgert zur Erarbeitung und Verbreitung derartiger unüberprüfter Informationen durch die BV [Bezirksverwaltung für Staatssicherheit] äußerten. Der Leiter der BV Karl-Marx-Stadt würde besonderes Interesse an der Entwicklung des Gesundheitswesens im Bezirk zeigen, leider jedoch unabgestimmte Gespräche mit leitenden Ärzten führen und deren subjektive Meinung stets anerkennen. Es wurde auch geäußert, daß der Leiter der BV auch leitenden Ärzten für Auslandsreisen Valutamittel zur Verfügung stellt, was von der BL der SED nicht positiv bewertet wird. Vertraulich äußerte Genosse

---

369 MfS-Parteiinformation Bezirk Karl-Marx-Stadt 5/89, S. 2; BStU, ASt Chemnitz, AKG 324, Bl. 77.

Seidel, daß Mitarbeiter der BL der SED äußerten, die Informationen der BV für Staatssicherheit wegen ihres Inhalts nicht immer ernst zu nehmen."[370]

Der Chef der BVfS Karl-Marx-Stadt, Generalleutnant Gehlert, der im übrigen eher als Hardliner galt, scheint wirklich besorgt um den miserable Zustand der Gesundheitsversorgung in seinem Bezirk gewesen zu sein, wenn er Chefärzten sein illegal erworbenes Westgeld zur Verfügung stellte und sich für die Belange des Gesundheitswesens mit der SED-Führung und der Berliner MfS-Zentrale herumstritt. Seine Information über die sich verschärfende Notlage im regionalen Gesundheitswesen wurde von Karl Seidel auch mit seinem MfS-Kontaktmann Jaekel erörtert, der MfS-intern vorschlug, die Zurückweisung der Klagen aus dem Karl-Marx-Städter Gesundheitswesen „dem Leiter der BV Karl-Marx-Stadt zu übersenden mit der Bitte, eine objektive Wertung und Überprüfung der Informationen zu veranlassen, die zur Lage im medizinischen Bereich erarbeitet worden sind." Am meisten dürfte Gehlert die durch den Leiter der Abteilung Gesundheitspolitik im ZK der SED verordnete Schönfärberei geärgert haben. Sie versetzte ihn paradoxerweise in eine ähnliche Lage, in der sich bisher die von ihm selbst „operativ bearbeiteten" Kritiker der Mißstände in der DDR befunden hatten:

„Genosse Seidel erklärte, daß die pessimistische Linie, die in dieser Information sichtbar ist, nicht weiterhilft. Entsprechend der Orientierung der Parteiführung muß auch im Gesundheitswesen stärker von den erreichten positiven Ergebnissen ausgegangen werden. Den Meinungen, daß es im Gesundheitswesen in den letzten Jahren nicht vorangegangen ist, muß entschieden entgegengetreten werden. Durch ungelöste Einzelprobleme darf die erfolgreiche Verwirklichung der Gesellschaftspolitik der Partei nicht verdeckt werden."[371]

Das war die typische Reaktion eines überforderten Funktionärs auf die Konfrontation mit der Realität, das hieß in diesem Fall mit untrüglichen Zeichen eines nicht mehr aufzuhaltenden Niedergangs. Daß selbst ein kompetenter und pragmatischer Manager wie Karl Seidel in dieses Rollenmuster fiel, war symptomatisch für das Ende der DDR. Es gab objektiv keine Lösung mehr für die angestauten Probleme im Gesundheitswesen, weil diese eine Folge der ökonomischen Insuffizienz des Systems waren.

Karl Seidel war jedoch nicht nur der zunehmend in die Defensive gedrängte oberste Gesundheitspolitiker der SED. Noch während er diese Rolle spielte, entwickelte er Vorstellungen zur Reprivatisierung von Arztpraxen in der DDR, die mit den bisherigen Grundsätzen der SED radikal brachen. Im Herbst 1989 arbeitete Professor Seidel dem Politbüro eine Beschlußvorlage

---

370 BStU, ASt Chemnitz, AKG 417, Bl. 184f. Identisch mit einem Vermerk der HA XX/1 über ein Gespräch von Karl Seidel mit Jaekel vom 27.2.1989; BStU, ZA, HA XX 41, Bl. 334.
371 Ebenda.

zu,[372] mit der er das oberste Parteigremium dazu bewegte, eine heilige Kuh der sozialistischen Ideologie zu schlachten, indem es die verstärkte Neuzulassung von Ärzten und Zahnärzten in eigener Praxis beschloß.[373] Kurt Hager trug das von Karl Seidel erarbeitete Referat mit interessanten Zahlen vor:

„In den fünfziger Jahren wurde die ambulante medizinische Betreuung vorwiegend von niedergelassenen Ärzten getragen. Mit dem Aufbau eines Netzes ambulanter staatlicher Gesundheitseinrichtungen (Polikliniken und Ambulatorien) wurden Maßnahmen eingeleitet, [...] die Niederlassungen zurückzudrängen. So ging die Zahl niedergelassener Ärzte allein von 1955 bis 1960 von 5.048 auf 3.252 [...] zurück. [...] Gegenwärtig arbeiten 22.000 Ärzte (über die Hälfte aller Ärzte der DDR) und 13.000 Zahnärzte in ambulanten staatlichen Gesundheitseinrichtungen. Demgegenüber ist die Zahl der niedergelassenen Ärzte auf 396 und die der niedergelassenen Zahnärzte auf 488 zurückgegangen. [...] Zwei Drittel befinden sich jetzt bereits im Rentenalter."[374]

Fast noch interessanter sind die Feststellungen Seidels über die Folgen dieser von Parteifunktionären wie ihm verordneten Entwicklung und die pragmatische Begründung einer politischen Kehrtwende zurück zu privaten Arztpraxen:

„Die Ursache dieser Entwicklung liegt in der Auffassung begründet, daß diese Form der medizinischen Betreuung im Widerspruch zur sozialistischen Entwicklung in der DDR stünde. Die Praxis zeigt jedoch, daß diese Auffassung falsch ist. Die Unentgeltlichkeit und allgemeine Zugänglichkeit für den versicherten Bürger sind in vollem Umfang gewährleistet. [...] Die von niedergelassenen Ärzten und Zahnärzten erbrachten Leistungen sind [...] in der Regel deutlich höher als bei vergleichbarer Tätigkeit in staatlichen Gesundheitseinrichtungen – bei gleichzeitiger hoher Patientenzufriedenheit. Niedergelassene Ärzte sind stark an hohen Leistungen interessiert, da ihr Einkommen unmittelbar davon abhängt. Trotz seit Jahren erfolgter großer Bemühungen gelingt es in einigen Territorien, insbesondere [...] industriellen Ballungsgebieten nicht, ausreichend Ärzte seßhaft zu machen. [...] Bei niedergelassenen Ärzten gibt es praktisch keine Fluktuation, da die Niederlassung immer für ein ganz konkretes Territorium erteilt wird."[375]

---

372 „Die Vorlage wurde ausgearbeitet von Genossen Seidel und Genossen Thielmann." Vgl. Arbeitsprotokoll der Politbürositzung vom 24.10.1989; SAPMO-BA, DY 30, J IV 2/2 A/3250.
373 Der Vorsitzende des Ministerrates wurde am 24.10.1989 vom Politbüro beauftragt, bis zum 1.12.1989 „die erforderlichen Regelungen zur Neuzulassung von Ärzten und Zahnärzten in eigener Praxis zu veranlassen." Vgl. Anlage 7 zum Protokoll 45 der Sitzung des Politbüros des ZK der SED vom 24.10.1989; SAPMO-BA, DY 30, J IV 2/2/2354, S. 72.
374 Information über Ärzte und Zahnärzte in eigener Niederlassung vom 16.10.1989; ebenda, S. 73–75, hier 73 f.
375 Ebenda, S. 75.

Karl Seidel schlug vor, „beginnend noch 1989, Neuzulassungen von Ärzten und Zahnärzten in eigener Niederlassung zu erteilen."[376] Mit ihrer Zustimmung zu diesem Vorschlag gestanden die Greise im Politbüro nichts weniger als das Scheitern des sozialistischen Modells im Gesundheitswesen der DDR ein.

Die innere Zerrüttung der DDR, ihrer Ideologie und ihrer Moral am Ende der achtziger Jahre ist am Ende der Karriere von Professor Karl Seidel als einem ihrer obersten Repräsentanten deutlich ablesbar. Der Gesundheitspolitiker hatte sich nicht erst 1989 und nicht nur von ideologischen Dogmen der SED verabschiedet, sondern war dem Anschein nach schon einige Jahre lang den Verlockungen der kapitalistischen Konsumgesellschaft erlegen: Er hatte seinen Status und seinen Reisepaß unter anderem dazu benutzt, in Westberlin regelmäßig technische Geräte einzukaufen und in der DDR mit Gewinn wieder zu verkaufen. Diese Spekulationsgeschäfte eines ihrer Parteispitzenfunktionäre waren den wachsamen Augen der Staatssicherheit nicht verborgen geblieben. Karl Seidel, der von 1967 bis 1978 als IMS „Fritz Steiner" für das MfS gearbeitet hatte und nach Beginn seiner hauptamtlichen Tätigkeit im Parteiapparat mit seinem früheren MfS-Führungsoffizier Jaekel von der Hauptabteilung XX/1 weiterhin beste Beziehungen pflegte, die jetzt nur nicht mehr „in-" sondern „offiziell" waren, wurde seit 1986 parallel dazu von einer anderen Diensteinheit des MfS operativ bearbeitet: Die Hauptabteilung II, die unter anderem der Spionageabwehr und der inneren Sicherheit des MfS diente und als einzige Diensteinheit des MfS berechtigt war, Nomenklaturkader der SED zu observieren, führte von 1986 bis 1989 einen sogenannten „Sonderoperativvorgang" (SOV) „Händler" über Professor Seidel. Die Überwachung ließ keine der üblichen Schikanen aus. So sind viele Abhörprotokolle von Telefongesprächen[377] sowie eine konspirative Durchsuchung und Überwachung des Landhauses von Karl Seidel[378] und vieles andere mehr dokumentiert. Der Leiter der MfS-Hauptabteilung II, Generalleutnant Kratsch, informierte den Minister für Staatssicherheit periodisch über die stetig wachsenden Erkenntnisse und die nicht minder wachsenden Gewinne aus dem Schwarzhandel des Genossen Professor.[379] Kratsch hatte Mielke bereits im Januar 1987 „eine Information [...] und Beweismittel [...] über den Verkauf von NSW-Computertechnik im Wert von 241.600 Mark durch das Mitglied des ZK der SED und Leiter der Abteilung Gesundheits-

---

376 Die eigene Niederlassung des vormaligen SED-Spitzenfunktionärs im Jahre 1990 als privat praktizierender Nervenarzt in Berlin war also keine ganz so abrupte Wendehalsaktion, wie das landläufig angenommen wird.
377 Zum Beispiel BStU, ZA, HA II/6 960, Bl. 57–64, 67–69, 91–95 und BStU, ZA, HA II/6 961, Bl. 39–63.
378 Dafür waren zwanzig als NVA-Soldaten getarnte Mitarbeiter der HA II des MfS im Sommer 1988 wochenlang rund um die Uhr im Einsatz. Vgl. BStU, ZA, HA II/6 962, Bl. 1–429.
379 Informationen und Vorlagen von Generalleutnant Kratsch an Mielke; BStU, ZA, HA II/6 963, Bl. 10–16 (Januar 1987), Bl. 17–32 (Juli 1987), Bl. 33–43 (August 1987), Bl. 50–62 (Oktober 1987) usw.

politik im ZK der SED, Genossen Prof. Dr. Karl Seidel" geschickt und vorgeschlagen, „die Angelegenheit [...] zur weiteren Klärung an die Zentrale Parteikontrollkommission zu übergeben", weil „weiterführende Recherchen" seiner Meinung nach „die Gefahr der Dekonspiration" der MfS-„Maßnahmen gegenüber Genossen Prof. Dr. Seidel in sich" bergen würden.[380]

Im August 1987 hatte sich der Wert der von Seidel verkauften Computertechnik auf 259.450 Mark erhöht. Kratsch teilte Mielke mit, er habe seine Information über Seidels Geschäftsaktivitäten „so abgefaßt, daß sie dem Generalsekretär des ZK der SED, Genossen Erich Honecker, vorgelegt werden kann."[381] Offensichtlich war Mielke im August 1987 dem Vorschlag Kratschs vom Januar noch nicht gefolgt. Das änderte sich auch in den darauffolgenden Jahren nicht, denn der SOV „Händler" war im Herbst 1989 noch immer nicht abgeschlossen.

In seinem letzten Bericht dazu an Mielke faßte Kratsch im Oktober 1989 noch einmal „in gestraffter Form die Darstellung bekannter Fakten über parteischädigende Handlungen des Genossen Prof. Dr. Karl Seidel" zusammen:

„Diese Handlungen und die latente Gefahr ihres Bekanntwerdens stellen in ihrer Gesamtheit eine hochgradige Gefahr für das Ansehen der Partei und ein erhebliches Sicherheitsrisiko für Partei und Staat dar. [...] Kontakte des Genossen Prof. Seidel zu imperialistischen Geheimdiensten, die die Herkunft der von ihm für private Zwecke verausgabten Valutamittel erklären könnten, wurden im Rahmen der bisherigen politisch-operativen Arbeit nicht festgestellt. Dabei muß allerdings Berücksichtigung finden, daß aufgrund des Absicherungsverhaltens von Genossen Prof. Seidel im Operationsgebiet [...] eine lückenlose Kontrolle nicht möglich war. Aus vorliegenden gesicherten Erkenntnissen zur Tätigkeit imperialistischer Geheimdienste können einige Aufklärungs- und Bearbeitungsinteressen Genossen Prof. Seidel zugeordnet werden[382]. Ich schlage vor, die zuständigen Genossen der Parteiführung über den Sachverhalt zu unterrichten mit dem Ziel, Genossen Professor Seidel aufgrund seiner parteischädigenden Aktivitäten sowie seiner Absicht, auf der nächsten ZK-Tagung aufzutreten und sich gegen Privilegien leitender Parteifunktionäre auszusprechen, schnellstmöglich aus seinen Parteifunktionen zu entbinden und zu berenten."[383]

---

380 Ebenda, Bl. 13.
381 Ebenda, Bl. 33.
382 So hatte die HA II beispielsweise im Frühjahr 1987 „aus dem Operationsgebiet Hinweise eines agentursteuernden BND-Mitarbeiters" erhalten, „denen zufolge der Bundesnachrichtendienst plante, in Luxemburg eine Werbeoperation gegen ein Mitglied des ZK der SED zu führen." Außer Professor Seidel, der im September 1987 anläßlich eines wissenschaftlichen Symposiums in Luxemburg weilte, habe sich kein Mitglied des ZK in Luxemburg aufgehalten. Vgl. BStU, ZA, HA II/6 963, Bl. 61.
383 Schreiben von Generalleutnant Kratsch an Mielke vom Oktober 1989 (ohne genaue Datumsangabe); BStU, ZA, HA II/6 963, Bl. 106–108.

Das klingt, als sollte die Berentung des knapp 59jährigen, offenbar äußerst vitalen Mannes den Greisen in der SED-Führung mit der Ankündigung nahegelegt werden, daß demnächst ungemütliche Attacken von ihm zu erwarten seien. Tatsächlich hatte Professor Seidel vor, sich politisch zu profilieren, indem er beim nächsten ZK-Plenum „brutal" die Frage nach den Privilegien der führenden Genossen aufwerfen wollte.[384] Das wäre schon eine dreister Schachzug des Machttaktikers gewesen, dessen eigene Privilegien sich hinter denen anderer „führender Genossen" kaum verstecken ließen.

Es ist aus den vorliegenden MfS-Unterlagen nicht ersichtlich, ob Erich Mielke oder Erich Honecker die Einleitung von Konsequenzen gegen Professor Seidel wegen seiner Spekulationsgeschäfte blockierten. Erst im Dezember 1989, nachdem beide Erichs entmachtet waren, wurden Maßnahmen eingeleitet. Die Hauptabteilung II des mittlerweile in „Amt für Nationale Sicherheit (AfNS)" umbenannten MfS schlug am 6. Dezember „in Abstimmung mit der Hauptabteilung IX" vor, Professor Seidel „zu den von ihm begangenen kriminellen Handlungen in ein Objekt der Hauptabteilung II zuzuführen und dort einer Befragung zu unterziehen." Nach der Befragung sollte darüber entschieden werden, „ob gegen Prof. Dr. Seidel sofortige strafprozessuale Maßnahmen einzuleiten sind [oder] die Kommission zur Untersuchung von Korruption und Amtsmißbrauch der Volkskammer der DDR in geeigneter Weise zu unterrichten ist."[385]

Man entschied sich für die erstgenannte Variante. Am 13. Dezember 1989 wurde „gegen den Beschuldigten Prof. Dr. sc. med. Seidel, Karl [...] durch das Stadtbezirksgericht Berlin-Mitte Haftbefehl erlassen und verkündet. Der Beschuldigte wurde in die UHA [Untersuchungshaftanstalt] II Berlin überstellt."[386]

Zum „Sachverhalt" meldete ein Abteilungsleiter des Generalstaatsanwaltes der DDR:

„Entsprechend dem Auftrag des Generalstaatsanwaltes der DDR wurde im Ergebnis der Anzeigenprüfung ein Ermittlungsverfahren mit Haft gegen Karl Seidel [...] eingeleitet. Die ersten Untersuchungen bestätigen, daß der Beschuldigte Seidel im Zeitraum von Ende 1985 bis Mitte 1989 wiederholt und gemeinschaftlich am Absatz von rechtswidrig eingeführter Computertechnik im Umfang von über 320.000 Mark/DDR mitgewirkt hat. Aus diesen zollhehlerischen Handlungen erlangte er einen Vorteil von über 130.000 Mark/DDR. Die Absatzhandlungen führte er [...] durch, wobei das An- und Verkaufsgeschäft Berlin, Brunnenstraße, und das Versteigerungshaus Leipzig genutzt wurden. Des weiteren führte der Beschuldigte Seidel unter Ausnutzung seines Status

---

384 Ebenda, Bl. 105.
385 Vorlage von Generalmajor Lohse, HA II des Amtes für Nationale Sicherheit (AfNS), vom 6.12.1989, zur Einleitung von Verdachtsprüfungshandlungen; BStU, ZA, HA II/6 1059, Bl. 1f.
386 Ergänzung zur Sofortmeldung Nr. 01-01-047-89 vom 13.12.1989; BStU, ZA, HA IX 742, Bl. 10.

selbst Waren, wie z. B. Unterhaltungselektronik sowie einen Personenkraftwagen Typ VW Passat, in einer Größenordnung von über 40.000 Mark/DDR rechtswidrig aus Berlin/West in die DDR ein."[387]

Professor Karl Seidel war kein Einzelfall von Amtsmißbrauch in der Spitze der SED, was angesichts der Unredlichkeit von Parteiführern, die dem Volk Wasser predigten und es vom Wein ausschlossen, den sie sich selbst beschafften, bei der Bevölkerung der DDR helle Empörung auslöste. Besonders beim obersten SED-Gesundheitspolitiker wog ein solches Verhalten schwer angesichts der gravierenden Mangelerscheinungen und Probleme im Gesundheitswesen der DDR und zumal er gleichzeitig besorgte Kritik an den Mißständen abbügelte.

Immerhin saß Professor Seidel von Dezember 1989 an ungefähr ein Vierteljahr lang in Untersuchungshaft. Am 21. März 1990 wurde vom Generalstaatsanwalt der DDR gegen ihn „Anklage wegen des Vorwurfs der Zollhehlerei und des Bannbruchs (Schmuggel) erhoben".[388] Am 8. Mai 1990 fand zwar bereits eine Hauptverhandlung in dieser Sache vor dem Stadtbezirksgericht Berlin-Lichtenberg statt. Dann wurde der Strafprozeß jedoch unter Hinweis auf noch zu führende Nachermittlungen ausgesetzt und erst am 25. Februar 1991, als die DDR als Staat nicht mehr existierte, vor dem Schöffengericht Tiergarten wieder eröffnet. Das Verfahren wurde am 8. April 1991 gemäß § 153a StPO gegen eine Auflage eingestellt.

## 2.4. Zusammenfassung und Bewertung

Das Gesundheitswesen der DDR war für das MfS seit Ende der fünfziger Jahre ein „Schwerpunktbereich". Hauptursache für die besondere staatssicherheitsdienstliche Aufmerksamkeit war die Fluchtbewegung qualifizierter medizinischer Fachkräfte in den Westen. Insbesondere die Ärzte, deren Ausbildung langwierig und teuer war, schienen dem MfS eine „Zielgruppe des Gegners" zu sein, die dieser ideologisch aufweichen und abwerben würde, um die medizinische Versorgung und auf diese Weise den inneren Frieden sowie die staatliche Sicherheit der DDR zu stören.

Deshalb begann das MfS schon in den fünfziger Jahren, zur Überwachung der politisch unsicheren „medizinischen Intelligenz" inoffizielle Mitarbeiter im Gesundheitswesen anzuwerben. Nach dem Mauerbau nahm die Bedeutung der Fluchtproblematik für anderthalb Jahrzehnte ab und das MfS konzentrierte sich den Medizinern gegenüber darauf, weiterbestehende per-

---

387 Sofortmeldung von Inspekteur Conrads, Leiter der Abt. II des Bereiches Fahndungswesen an den Operativstab der Zoll-Hauptverwaltung der DDR, vom 12.12.1989; ebenda, Bl. 11–13, hier 11f.
388 Neues Deutschland vom 16.2.1991: Termin gegen führenden Funktionär.

sönliche und wissenschaftliche Kontakte zwischen Ost und West nach Möglichkeit zu unterbinden. Als infolge des deutsch-deutschen Grundlagenvertrages 1972 und der KSZE-Konferenz in Helsinki 1975 die innerdeutsche Grenze wieder durchlässiger wurde, beschäftigte die „Republikflucht" von Medizinern das MfS erneut als Hauptproblem des Gesundheitswesens der DDR. Der Staatssicherheitsdienst baute vor allem in der zweiten Hälfte der siebziger Jahre ein regelrechtes Netz von hauptamtlichen und inoffiziellen Mitarbeitern zur Überwachung der Mitarbeiter des Gesundheitswesens auf. Es gab in den achtziger Jahren wohl kein größeres Krankenhaus und keine andere größere Einrichtung des Gesundheitswesens in der DDR, in der das MfS keinen inoffiziellen Mitarbeiter unter den Angestellten angeworben hatte.

Die Expansion des MfS erfolgte nicht ziellos, sondern richtete sich seit den sechziger und verstärkt seit den siebziger Jahren besonders auf Personen in „Schlüsselpositionen". Wichtigstes Ziel war dabei die möglichst effektive Durchsetzung der SED-Politik im Gesundheitswesen. Das geschah vor allem mit dem Instrument der „Kaderpolitik", die auch zur Förderung oder Verhinderung wissenschaftlicher Karrieren eingesetzt wurde. Das MfS hatte faktisch gewisse Mitentscheidungs- und Vetorechte bei der Besetzung von Führungspositionen, bei der Zulassung zum Medizinstudium und bei der Genehmigung von Auslandsreisen. Der Zugang zu Personalakten und anderen Personeninformationen, der dem MfS für seine Mitwirkung an solchen personalpolitischen Entscheidungen gewährt wurde, vollzog sich konspirativ und ohne rechtliche Grundlage.

Durch die Werbung von inoffiziellen Mitarbeitern in „Schlüsselpositionen", die personalpolitische Mitwirkung bei der Besetzung und die „offizielle Zusammenarbeit" mit den Inhabern leitender Stellungen im medizinischen Bereich war das MfS in der Lage, sich umfassend über Interna des Gesundheitswesens zu informieren, sich bevorzugt medizinische Fachleute und Versorgungskapazitäten für den eigenen Medizinischen Dienst zu sichern und in bestimmten Fällen disziplinierend auf politisch unbequeme Angestellte des Gesundheitswesens einzuwirken.

Diese Feststellungen betreffen alle medizinischen Fächer, die Psychiatrie bildete dabei keine Ausnahme. Allerdings besteht der Eindruck, daß Psychiater und Psychologen sowohl bei Versuchen der „Republikflucht" als auch bei der vom MfS sogenannten „politischen Untergrundtätigkeit" gegenüber ihren Kollegen aus anderen Fachgebieten überrepräsentiert waren.

Eine über die Mitwirkung bei der Besetzung von Leitungspositionen durch die SED, bei der Zulassung zum Medizinstudium und bei der Genehmigung von Westreisen hinausgehende soziale Kontrolle, Manipulation und Steuerung des MfS ist für den Bereich des Gesundheitswesens der DDR zu verneinen. Im Gegenteil ist aus den MfS-Unterlagen der achtziger Jahre angesichts des übermächtigen Problemstaus eine zunehmende Ratlosigkeit und Handlungsunfähigkeit der herrschenden Partei und ihrer hypertrophen Geheimpolizei zu erkennen.

# 3. Inoffizielle Mitarbeiter im Gesundheitswesen

## 3.1. Zur Zahl der IM

Die bisherigen Annahmen zur Gesamtzahl der inoffiziellen Mitarbeiter des Staatssicherheitsdienstes in den vier Jahrzehnten DDR beruhen auf Schätzungen.[1] Ende der sechziger Jahre lag die Zahl der vom MfS in der DDR aktiv erfaßten inoffiziellen Mitarbeiter bei etwa 100.000 und erreichte nach den verstärkten IM-Werbungen zu Beginn der siebziger dann in der zweiten Hälfte der siebziger Jahre mit wahrscheinlich 180.000 bis 200.000 IM einen absoluten Höhepunkt.[2] Nachdem die Qualitätsanforderungen an inoffizielle Mitarbeiter in der MfS-Richtlinie 1/79 neu festgelegt worden waren, sank die IM-Zahl bis zum Ende der DDR auf ungefähr 174.000 aktiv erfaßte inoffizielle Mitarbeiter,[3] das waren rund 1,3 Prozent der 13,5 Millionen erwachsenen DDR-Bürger.[4]

In den MfS-Unterlagen lassen sich kaum Aussagen über die Verteilung inoffizieller Mitarbeiter in einzelnen Berufsgruppen oder etwa darüber finden, wie häufig Werbungsversuche abgelehnt worden sind.[5] Daß solche statistischen Übersichten selbst in den vertraulichsten internen Verschlußsachen des MfS weitgehend fehlen, ist auf die am Einzelfall orientierte Arbeitsweise des Ministeriums zurückzuführen. Dem Auftrag der SED, Informationen zu sammeln und zur Verfügung zu stellen, kam das MfS primär durch Lieferung unzähliger Einzelinformationen nach. Eine echte analytische Aufbereitung erfolgte eher selten. Die geheimdienstlichen Methoden, mit denen das MfS den Auftrag der SED erfüllte, unterlagen dabei auch der Partei gegenüber der Geheimhaltung. Deshalb finden sich in den Berichten des MfS an die SED, in denen Erkenntnisse über bestimmte gesellschaftliche Bereiche thematisch zusammengefaßt wurden, keine Informationen über die inoffiziellen Kräfte des MfS.

---

1 Eine erste Übersicht bei Helmut Müller-Enbergs: IM-Statistik 1985–1989, BStU, Berlin 1993.
2 Helmut Müller-Enbergs (Hrsg.): Inoffizielle Mitarbeiter des Ministeriums für Staatssicherheit. Richtlinien und Durchführungsbestimmungen, Berlin 1996, S. 54.
3 Im Jahre 1989 gab es in der DDR rund 108.000 aktiv erfaßte IM, 33.000 aktiv erfaßte GMS und 33.000 aktiv genutzte konspirative Wohnungen. Vgl. Müller-Enbergs: Inoffizielle Mitarbeiter, S. 59.
4 Ende 1988 lebten in der DDR 10.831.372 Personen im arbeitsfähigen Alter (15 bis 60 bzw. 65 Jahre) und 2.675.196 Personen im Rentenalter. Vgl. Statistisches Jahrbuch der Deutschen Demokratischen Republik 1989, Berlin 1989, S. 356f.
5 Auch in den statistischen Hochrechnungen der bisherigen Publikationen fehlen Angaben über die Häufigkeit inoffizieller Mitarbeiter in bestimmten gesellschaftlichen Bereichen oder in einzelnen Berufsgruppen.

## 3.1.1. IM-Anteil unter Mitarbeitern des Gesundheitswesens

Für die Beantwortung der Frage nach dem Anteil und der berufsgruppenspezifischen Verteilung der inoffiziellen MfS-Mitarbeiter unter den Beschäftigten des Gesundheitswesens in der DDR waren aufwendige Recherchen erforderlich, um aus der Fülle der personenbezogenen Einzeldaten aussagekräftige statistische Schätzungen zu gewinnen. Die Zahlen und die Verteilung der IM unter den Mitarbeitern wurden für verschiedene Nervenkliniken in unterschiedlichen Regionen der DDR exemplarisch ermittelt und werden nachfolgend unter Beachtung des Datenschutzes vorgestellt.

Im Fall der Berliner Charité-Nervenklinik war ein Computerausdruck hilfreich, der die Daten aller 254 Personen enthielt, die am 20. Januar 1989 an der Hochschulnervenklinik angestellt waren.[6] Diese Datensammlung ermöglichte es, alle Angestellten dieser Klinik im Sinne einer Stichtagsanalyse auf ihre Erfassung durch das MfS zu untersuchen.

Von den Anfang 1989 insgesamt 254 Angestellten sind 83, das heißt knapp ein Drittel, überhaupt irgendwann in den Karteien des MfS erfaßt worden. Von diesen 83 Erfassungen waren Anfang 1989 nur 13 aktiv, das heißt im Januar 1989 noch nicht archiviert. Unter den 70 Personen, die zu diesem Zeitpunkt nicht mehr aktiv erfaßt waren, befinden sich 18 ehemals von Sicherungsvorgängen Betroffene und ungefähr genauso viele Sicherheitsüberprüfungen durch das MfS. Mindestens zwölf Personen hatten irgendwann einmal das MfS durch Vernehmungen oder operative Bearbeitung auf unangenehme Weise kennengelernt. Acht Personen waren KK-erfaßt gewesen, das heißt, sie waren „operativ angefallen", ohne systematisch überwacht zu werden. Ebenfalls acht Personen sind mit gescheiterten IM-Werbungen in die MfS-Unterlagen eingegangen und drei weitere als zeitweilige IM. Einige wenige Signaturen konnten – auch wegen nicht vorhandener Akten – nicht gedeutet werden.

Von den Anfang 1989 13 aktiven Erfassungen erfolgten vier aufgrund einer „operativen Bearbeitung" durch das MfS. Einer der Betroffenen, ein psychiatrischer Stationsarzt, wurde beobachtet, weil er „zum engen Verbindungskreis" eines Dissidenten gehörte, „aktiv an der Organisierung und Durchführung sogenannter Diskussionszusammenkünfte" mitwirkte, „zur Wahrung der Konspiration dieser Zusammenkünfte seine Wohnung zur Verfügung" stellte und „selbst bei solchen Zusammentreffen Vorträge" hielt.[7] Ein 1989 noch nicht 20jähriger Mann, vielleicht ein Pfleger oder Medizinstudent, wurde laut Karteiauskunft in einer operativen Personenkontrolle (OPK) bearbeitet, wobei die OPK-Akte nicht auffindbar ist.[8] Zwei Kranken-

---

6  Vgl. Unterlagen der Abt. XX der BV Berlin; BStU, ASt Berlin, A 97 (xx 88).
7  Erfassung 73 (der MfS-erfaßten Angestellten in alphabetischer Reihenfolge); BStU, ZA, HA XX, KK sowie AP 03961/92.
8  Erfassung 15, MfS-Registrierung erfolgte durch die HA I, MB III/4. MDS, OPK „Erlöser", Registriernummer 2.802/89.

schwestern der Charité-Nervenklinik saßen im Januar 1989 in Untersuchungshaft des MfS. Sie waren bereits seit 1987 vom Referat XX/3 der MfS-Bezirksverwaltung Berlin in der OPK „Schwestern" bearbeitet worden, nachdem sie 1986 einen Ausreiseantrag gestellt und dabei „eindeutig ihre prowestliche Einstellung zum Ausdruck" gebracht hatten.[9] Anfang Oktober 1988 wurden sie an einer Grenzübergangsstelle nach Westberlin aus dem Kofferraum eines Opel heraus verhaftet, in den sie auf einem Parkplatz der DDR-Transitautobahn eingestiegen waren, um zu ihren Freunden im Westen zu gelangen. Von der Charité-Nervenklinik erhielten die beiden inhaftierten jungen Frauen übrigens gute bis sehr gute Beurteilungen. Im Februar 1989 wurden beide „wegen landesverräterischer Agententätigkeit in Tateinheit mit Vorbereitung zum ungesetzlichen Grenzübertritt im schweren Fall" vor Gericht gestellt. Die eine Krankenschwester wurde zu drei Jahren und vier Monaten Freiheitsstrafe verurteilt, die andere zu drei Jahren.[10]

Die übrigen neun aktiv erfaßten Mitarbeiter der Charité-Nervenklinik haben hingegen mit dem MfS kooperiert. Einer von ihnen war Professor Karl Seidel, der schon seit Jahren hauptamtlicher Parteifunktionär im ZK der SED war, aber auf der Liste noch als Mitarbeiter der Charité-Nervenklinik geführt wurde. Die anderen acht wurden vom MfS als inoffizielle Mitarbeiter geführt. Ihre IM-Aufträge bezogen sich auf folgende Gebiete: Ein Krankenpfleger war auf kirchliche Friedenskreise angesetzt.[11] Ein Hilfspfleger berichtete seinem Führungsoffizier über die Gespräche in einer Homosexuellen-Selbsthilfegruppe.[12] Eine Kinderärztin gehörte offenkundig nur vorübergehend zur Charité-Nervenklinik, denn sie wohnte außerhalb Berlins und wurde ausschließlich an ihrem Wohnort als IM geführt.[13] Über eine Physiotherapeutin[14] und eine Röntgen-Assistentin[15] wurden in den Jahren 1988 und 1989 IM-Akten geführt, aus denen keine nennenswerte Erfüllung ihrer – außerhalb der Charité liegenden – IM-Aufträge erkennbar ist. Ein Psychotherapeut war zur inoffiziellen „Bearbeitung" einer Kollegin in einer Ausbildungsgruppe außerhalb der Charité eingesetzt.[16] Ein Psychiater war laut Karteiauskunft seit 1983 als IME „Jochen" für die Abteilung 10 des Zen-

9  Erfassungen 36 und 55; BStU, ASt Berlin, AOPK 1012/89.
10 BStU, ZA, AU 3286/89, 2 Bde.
11 Der Pfleger war von 1976 bis zum Herbst 1989 erst als IMS „Pille" und später als IMB „Paule" in einer Weise für das MfS aktiv, die den landläufigen Vorstellungen von einem üblen Denunzianten entspricht. Erfassung 61; BStU, ASt Berlin, AIM 4593/91, 6 Bde.
12 Der junge Mann war von 1986 bis 1989 in relativ harmloser Weise als IMS „Mark Hollies" für das MfS tätig. Erfassung 1; BStU, ASt Berlin, AIM 4030/89, 2 Bde.
13 Die Ärztin war seit 1976 als IMS „Birgit Köhler" im Bezirk Frankfurt/Oder zur Überwachung des medizinischen Personals eingesetzt. Erfassung 59; BStU, ASt Frankfurt/Oder, MfS-Registriernummer 414/76.
14 Das MfS versuchte, die als IMS „Veronika" geführte Frau auf ihren Westberliner Cousin anzusetzen, was anscheinend nie zustande kam. Später sollte sie in einem Jugendklub IM-Kandidaten für das MfS „tippen". Erfassung 28; BStU, ZA, AIM 17082/89, 2 Bde.
15 Sie war geworben worden, um bei der Überwachung von Aktivitäten in Westberlin lebender Araber in Ostberlin zu helfen. Erfassung 6; BStU, ZA, AIM 15480/89, 2 Bde.
16 Erfassung 70; BStU, ZA, AIM 14588/89, nur noch 1 Bd. von Teil I der IM-Akte vorhanden.

tralen Medizinischen Dienstes aktiv,[17] und ein leitender Arzt – ein Neuroradiologe, kein Psychiater – war von 1980 bis 1989 als IMS „Peter" aktiv.[18] Von den Anfang 1989 in der Charité-Nervenklinik aktiven IM wurde nur IMS „Peter" vom Referat XX/3 der Bezirksverwaltung Berlin geführt. Auf die IM-Tätigkeit des Arztes, dessen IM-Akte nicht aufzufinden ist, kann aus seinen IM-Berichten geschlossen werden, die sich in verschiedenen Akten von anderen Klinikmitarbeitern fanden: „Peter" wußte in den achtziger Jahren vor allem über seine ärztlichen Kollegen, ihre Pläne, Leistungen, Ansichten usw. zu berichten.

Der IME „Jochen" ist zwar nicht für das Berliner Referat XX/3, sondern für die Abteilung 10 des Zentralen Medizinischen Dienstes des MfS geführt worden. Seine IM-Aktivitäten dürften sich dennoch auf die Beschäftigten der Charité-Nervenklinik gerichtet haben. Aufgrund der ebenfalls fehlenden IM-Akte können nur Vermutungen angestellt werden. Am wahrscheinlichsten ist, daß die Abkürzung „IME" in diesem Fall als „Ermittler-IM" zu interpretieren ist und die IM-Tätigkeit des Psychiaters auf die Nachwuchsrekrutierung für den medizinischen Dienst des MfS gerichtet war. Für diese Interpretation spricht, daß bei sechs Krankenschwestern der Klinik in den MfS-Karteien „Ermittlungsberichte" der MfS-Kaderabteilung verzeichnet sind.[19] Die Annahme ist die, daß der inoffizielle Ermittler „Jochen" für die Kaderabteilung des MfS Berichte über Klinikmitarbeiter, die seines Erachtens für eine Tätigkeit im medizinischen Dienst des MfS in Frage kämen, geschrieben hat. Bei den genannten sechs Krankenschwestern ist allerdings kein Arbeitsstellenwechsel zum MfS zustande gekommen.

Zusammenfassend ist festzustellen, daß Anfang 1989 von den 254 Angestellten der Charité-Nervenklinik acht Angestellte (drei Prozent) als aktive IM des MfS erfaßt waren. Von diesen 1989 aktiven IM waren vier (mit Karl Seidel fünf) Ärzte, und nur vier gehörten der viel größeren Gruppe des mittleren medizinischen Personals an. Die Aufträge des MfS waren bei sechs dieser IM eindeutig auf Ziele und Personen außerhalb der Charité gerichtet. Nur zwei IM, das heißt 0,8 Prozent aller Angestellten, waren innerhalb der Nervenklinik aktiv. Dieser unter ein Prozent liegende Anteil von in der Klinik aktiven IM unterschreitet den aus den Angaben des MfS-Auskunftsberichtes zur gesamten Charité von 1986 errechneten Anteil von 0,9 Prozent aktiver IM des Referates XX/3 der BV Berlin unter den Charité-Beschäftigten. Insgesamt lag der IM-Anteil mit ungefähr drei Prozent der

---

17 Die IM-Akte wurde bisher nicht aufgefunden. Erfassung 78, MfS-Registriernummer 4948/83.
18 Das ist durch mehrfach wiederholte Karteiauskünfte und Hinweise in den Akten operativ bearbeiteter Klinikkollegen belegt, die IM-Akte selbst nicht auffindbar. Erfassung 60, MfS-Registriernummer war Berlin 5412/80.
19 In der Kartei des MfS ist das mit „EB 2/85, MfS HA KuS, K/Erm." angegeben, wobei nur die Zeitangabe (2/85, 9/85, 4/86, 9/86, 5/88 und 6/89) variiert. Die Abkürzungen sind zu übersetzen als: „Ermittlungsbericht vom [...] für das MfS, Hauptabteilung Kader und Schulung, Abteilung Kaderermittlung". Vgl. Erfassungen 52, 23, 5, 35, 18 und 42.

Klinik-Angestellten deutlich höher als der mit 1,3 Prozent der arbeitsfähigen DDR-Bürger für die erwachsene Gesamtbevölkerung errechnete.

Da sich die Aufträge der meisten IM unter den Klinikangestellten jedoch nicht auf ihren beruflichen Arbeitsbereich bezogen, ist diese höhere IM-Dichte wahrscheinlich mit der besonderen Situation in Ostberlin zu erklären. Der Sonderstatus der geteilten Stadt, deren Ostteil Hauptstadt der DDR mit allen zentralen Einrichtungen des ostdeutschen Staates war, führte zusammen mit der Anziehungskraft der großstädtischen Metropole zu einer Konzentration von Menschen und Angelegenheiten, die eine besondere Wachsamkeit der Staatssicherheit provozierten. Für diese Annahme sprechen auch die durchgehend niedrigeren IM-Zahlen unter Angestellten des Gesundheitswesens der DDR außerhalb Berlins, die in verschiedenen Kreisgebieten um ein Prozent lagen.

So wurde in einer Konzeption der MfS-Kreisdienststelle Neuruppin angegeben, daß im „zu sichernden Schwerpunktbereich" Gesundheitswesen des Kreises Neuruppin, zu dem ein Bezirkskrankenhaus mit angegliederter Poliklinik, einige staatliche Arztpraxen und die Bezirksnervenklinik mit insgesamt 2.154 Beschäftigten einschließlich 230 medizinischer Hochschulkader gehörten, Ende 1980 nur je elf IMS und GMS zur Verfügung stehen würden.[20] Der Anteil an inoffiziellen Mitarbeitern des MfS unter den Beschäftigten des Gesundheitswesens im Kreis Neuruppin hätte demnach 1980 bei einem Prozent gelegen.

Das entspricht ungefähr dem 1985 von einem MfS-Major beschriebenen IM-Anteil im medizinischen Bereich des ebenfalls im Bezirk Potsdam gelegenen Kreises Gransee: „Die politisch-operative Lage im Gesundheitswesen stellte sich 1983/84 wie folgt dar: Zum Gesundheitswesen des Kreises gehören 31 Einrichtungen mit insgesamt 882 Beschäftigten, davon 54 Ärzte. [...] Im Sicherungsbereich Gesundheitswesen werden 1984 drei OPK durchgeführt, und es sind insgesamt elf IM/GMS vorhanden, davon drei IMS unter den Ärzten."[21]

Aus diesen Angaben ergibt sich ein IM-Anteil von 1,2 Prozent unter den Beschäftigten des Kreis-Gesundheitswesens, während der IM-Anteil innerhalb der Ärzteschaft mit 5,5 Prozent deutlich höher lag.

Rechnet man den Arzt, um dessen Werbung sich die zitierte MfS-Arbeit dreht, noch hinzu, käme man sogar auf einen IM-Anteil von 7,4 Prozent unter den Ärzten des Kreises Gransee. Allerdings endet die Beschreibung der Werbung eines Arztes als IM mit dem Satz, diese sei „mit der abgegebenen

---

20 Konzeption zur politisch-operativen Sicherung des Schwerpunktbereiches Gesundheitswesen Neuruppin, AKG KD Neuruppin, 10.12.1980, 15 S.; BStU, ASt Potsdam, AKG 1071, Bl. 68–82, hier 69 und 73.
21 Abschlußarbeit im postgradualen Studium an der Hochschule des MfS von Major Lothar Strempel: „Die praktische Bewältigung wesentlicher Aufgaben bei der Suche, Auswahl und Gewinnung eines IM aus der Zielgruppe Medizin zur weiteren Erhöhung der sicherheitspolitischen Wirksamkeit der politisch-operativen Arbeit (Lesematerial)", Abschluß 15.8.1985, MfS JHS VVS-1220/85, 51 S.; BStU, ZA, JHS 20426, Bl. 6 und 9.

schriftlichen Verpflichtung, der Wahl des Decknamens und der gemeinsamen Beratung über seinen 1. Auftrag als IMS erfolgreich abgeschlossen."[22] Angaben über die Nachhaltigkeit des Werbungserfolges fehlen genauso wie Informationen über die Dauerhaftigkeit der IM-Aktivitäten der anderen drei IM-Ärzte im Kreisgebiet Gransee.

Das MfS strebte eine ständige Erneuerung seines IM-Bestandes in einem sogenannten „Wälzungsprozeß" an, bei dem jährlich ungefähr zehn Prozent der IM „abgeschrieben" und durch neu zu werbende IM ersetzt werden sollten – bei etwa konstanter Gesamtzahl der inoffiziellen Mitarbeiter.[23] Zwar hatte Minister Mielke 1982 beklagt, daß das MfS „Lücken im Aufkommen an operativ bedeutsamen Informationen" habe, weil mit jeder Rekrutierung eines IM „mindestens" eine IM-Abschreibung erfolgen würde. Spätestens seit 1986 überwogen tatsächlich die Abgänge die Zugänge im IM-Bestand des MfS.[24]

Sieht man sich die Anzahl der inoffiziellen MfS-Mitarbeiter und ihre Verteilung unter den Beschäftigten großer psychiatrischer Krankenhäuser in den achtziger Jahren an, so finden sich sowohl der Anteil von ungefähr einem Prozent aktiver IM unter den Beschäftigten des jeweiligen Krankenhauses als auch deren schwerpunktmäßige Verteilung auf die verschiedenen Berufsgruppen tendenziell überall wieder.

So gab es unter den mehr als tausend Beschäftigten der Nervenklinik Brandenburg in den achtziger Jahren elf aktive IM, das entspricht einem IM-Anteil von ungefähr einem Prozent. Die IM wurden von zwei hauptamtlichen MfS-Mitarbeitern[25] und einem hauptamtlichen Führungs-IM[26] der Kreisdienststelle Brandenburg geführt, die alle drei auch noch andere Einrichtungen zu „betreuen" hatten. Um eine Übersicht über die in den achtziger Jahren in der Nervenklinik eingesetzten IM zu gewinnen, wurden die Vorgangshefte der drei hauptamtlichen MfS-Mitarbeiter über die von ihnen geführten IM zum Ausgangspunkt genommen. Es stellte sich heraus, daß unter den IM in diesem Großkrankenhaus drei Chefärzte[27] und ein Stations-

---

22 Ebenda, Bl. 49.
23 Vgl. Müller-Enbergs: IM-Statistik, S. 8.
24 Vgl. Müller-Enbergs: Inoffizielle Mitarbeiter, S. 150 f.
25 Gerhard Hoffmann (Jg. 1940), Angestelltensohn aus Brandenburg, Ausbildung als Kfz-Schlosser, Ingenieur und Ingenieurpädagoge, MfS-Mitarbeiter 1975–89, letzter MfS-Dienstgrad Major, SED-Mitglied seit 1962. Vgl. MfS-Kaderkarteikarte Gerhard Hoffmann; BStU, ASt Potsdam, ohne Signatur. Martin Linnecke (Jg. 1950), Arbeitersohn aus Brandenburg, Facharbeiterausbildung im Stahlwerk Brandenburg, MfS-Mitarbeiter 1983–89, letzter MfS-Dienstgrad Oberleutnant, SED-Mitglied seit 1969. Vgl. MfS-Kaderkarteikarte Martin Linnecke; BStU, ASt Potsdam, ohne Signatur.
26 Alfred Emmrich (Jg. 1936), Arbeitersohn aus Dresden, Ausbildung als Schlosser, langjährige Tätigkeit als Arbeitsschutzinspektor beim FDGB-Bezirksvorstand Dresden, 1978–89 HFIM „Klaus Thalheim" der KD Brandenburg, zur Legendierung der HFIM-Tätigkeit Scheinarbeitsverhältnis bei der staatlichen Archivverwaltung Potsdam, SED-Mitglied seit 1962. Vgl. BStU, ASt Potsdam, BRB 45 (4 Bde.), insbesondere Bd. 1, Bl. 376–411.
27 IMS „Klaus" (1976–89); BStU, ASt Potsdam, BRB 122 (Teil I, Bd. 1 und Teil II, Bd. 2) sowie Vorl. Arch. 130/85 (Teil II, Bd. 1). IMS „Schubert" (1976–89); BStU, ASt Pots-

arzt waren.[28] Außer diesen Ärzten waren der Verwaltungsdirektor[29], die Oberin[30], eine Medizinpädagogin[31], zwei Pfleger[32], eine Musiktherapeutin[33] und der Klubhausleiter[34] der Nervenklinik inoffiziell für das MfS aktiv.

In einem nicht ganz so großen psychiatrischen Großkrankenhaus in Sachsen, der Nervenklinik Hochweitzschen, waren Ende der achtziger Jahre sechs von ungefähr 530 Beschäftigten als inoffizielle Mitarbeiter der MfS-Kreisdienststelle Döbeln aktiv, was ebenfalls einem IM-Anteil von rund einem Prozent entspricht. Die IM-Verteilung nach ihrer Berufszugehörigkeit und ihrer Funktion in der Nervenklinik sah so aus, daß der ärztliche Direktor[35], dessen Sekretärin[36], eine Sachbearbeiterin in der Kaderabteilung[37], eine Oberschwester[38], ein Stationspfleger[39] und ein Pflegeschüler[40] bis 1989 inoffiziell aktiv waren.[41]

Im Bezirksfachkrankenhaus für Psychiatrie des Bezirkes Karl-Marx-Stadt in Rodewisch/Vogtland waren zwölf von 491 überprüften Mitarbeitern irgendwann in ihrem Leben, zwei davon noch Ende 1989 als inoffizielle Mitarbeiter verschiedener MfS-Dienststellen erfaßt. Von den zeitweiligen IM waren zwei nur kurzfristig während ihrer Armeedienstzeit von MfS-Vertretern kontaktiert worden. Bei zwei Frauen haben sich die Kontakte ebenfalls auf einige Gespräche über einen Zeitraum von einigen Monaten beschränkt und waren dann wegen Unergiebigkeit eingestellt worden. Eine Frau hatte der MfS-Kreisdienststelle Auerbach 1987 und 1988 ein Zimmer des von ihr geleiteten Veteranenklubs als konspirativen Treffpunkt zur Verfügung gestellt und wurde am 1. Oktober 1988 als hauptamtliche MfS-Mitarbeiterin eingestellt, wobei sie den Dienstrang eines Unteroffiziers innehatte und als Raumpflegerin tätig war. Nur vier der zeitweilig als IM erfaßten Klinikangestellten (0,8 Prozent der Überprüften) waren im Krankenhaus

      dam, BRB 130 (Teil I, Bd. 1, Teil II, Bde. 1–3). IMS „Anton" (1977–89); BStU, ASt Potsdam, BRB 139 (Teil I, Bd. 1 und Teil II, Bd. 3) und Vorl. Arch. 39/82 (Teil II, Bde. 1 und 2).
28 IMS „Marius" (1988–89); BStU, ASt Potsdam, BRB 508 (Teil I, Bd. 1 und Teil II, Bd. 1).
29 GI „Heinz Mauter" (1960–69); BStU, ASt Potsdam, AIM 990/69 (Personalakte) sowie GMS „Heinz Mauter" (1970–81); BStU, ASt Potsdam, AGMS 752/81 (3 Bde.).
30 IMS „Helga" (1976–89); BStU, ASt Potsdam, BRB 128/91 (Teil I, Bd. 1 und Teil II, Bd. 2) sowie Vorl. Arch. 37/82 (Teil II, Bd. 1).
31 IMS „Karina" (1987–89); BStU, ASt Potsdam, BRB 421 (Teil I und II je 1 Bd.).
32 IMS „Hans" (1980–89); BStU, ASt Potsdam, BRB 204. IMS „Walter" (1971–84); BStU, ASt Potsdam, AIM 1624/84.
33 IMS „Ulrike" (1978–89); BStU, ASt Potsdam, BRB 171/91 (Teil I und II je 1 Bd.).
34 GMS „Kissel" (1980–89); BStU, ASt Potsdam, BRB 227 (1 Bd.).
35 IMS „Seidel" (1976–89); BStU, ASt Leipzig, AIM 1598/92 (2 Bde.).
36 IMS „Kerstin" (1986–89); BStU, ASt Leipzig, AIM 1927/92 (2 Bde.).
37 GMS „Silke" (1987–89); BStU, ASt Leipzig, AGMS 1999/92 (1 Bd.).
38 IMS „Christa" (1981–89); BStU, ASt Leipzig, AIM 1716/92 (2 Bde.).
39 IMS „Thiele" (1988–89); BStU, ASt Leipzig, AIM 2059/92 (2 Bde.).
40 IMS „Marko" (1986–89); BStU, ASt Leipzig, MfS-Registriernummer XIII 871/86 (2 Bde.)
41 Die Akten der KD Döbeln, die 1990 in der vormaligen Untersuchungshaftanstalt des MfS in Leipzig in Kisten konzentriert vorgefunden wurden, ermöglichten einen vollständigen Einblick in die bis 1989 geführten IM-Vorgänge in den psychiatrischen Einrichtungen des Kreises Döbeln, Hochweitzschen und Waldheim.

eingesetzt. Von diesen hatte eine Frau als IMV „Bärbel" 1979 bis 1985 über Ärzte und andere Klinikmitarbeiter und eine andere Frau hatte als IMS „Claudia Sommer" 1982 und 1983 über einen Ausreiseantragsteller sowie über betriebliche Probleme im Bezirkskrankenhaus Rodewisch berichtet.[42] Zwei der vier IM, die Überwachungsaufgaben in der Nervenklinik erfüllen sollten, waren bis Ende 1989 aktiv. In beiden Fällen handelte es sich um leitende Ärzte, wobei der eine Chefarzt der Abteilung für Männerpsychiatrie[43] und der andere, dessen IM-Tätigkeit sich auf das Jahr 1989 beschränkte, der ärztliche Direktor des Krankenhauses war.[44] Der Anteil der für 1989 ermittelten inoffiziellen Mitarbeiter lag mit nur zwei aktiven IM unter den 491 überprüften Angestellten im Bezirksfachkrankenhaus Rodewisch (0,4 Prozent) sehr niedrig, wobei nicht auszuschließen ist, daß andere vormalige IM zur Zeit der Überprüfung des öffentlichen Dienstes ab 1991 die Klinik bereits verlassen hatten.

Ein wahrscheinlich genauerer Überblick besteht über die IM-Verhältnisse im Fachkrankenhaus für Psychiatrie Großschweidnitz in Sachsen, das von der MfS-Kreisdienststelle Löbau überwacht worden ist. Es deutet einiges darauf hin, daß dort zu Beginn der Überprüfung des öffentlichen Dienstes, 1991, eher mehr als weniger frühere MfS-Mitarbeiter beschäftigt waren als 1989. Denn nach Auflösung des MfS wurden mindestens sechs hauptamtliche Mitarbeiter der MfS-Kreisdienststelle Löbau im psychiatrischen Fachkrankenhaus Großschweidnitz eingestellt, unter ihnen der vormalige Kreisdienststellenleiter im Rang eines MfS-Oberstleutnants sowie Major Günter Lehmann, der zuvor Führungsoffizier von drei IM im psychiatrischen Fachkrankenhaus gewesen war. Einer der bis Ende 1989 von Lehmann geführten IM war der ärztliche Direktor des Krankenhauses,[45] dem die vormaligen „Tschekisten" ihre neuen Jobs wohl im wesentlichen zu verdanken hatten. Dieser Vorgang spricht gegen eine Personalfluktuation vormaliger IM aus der Klinik zu Beginn der neunziger Jahre. Insgesamt waren elf der ungefähr 600 Krankenhausangestellten (1,8 Prozent) irgendwann in ihrem Leben als inoffizielle Mitarbeiter von MfS-Dienststellen erfaßt. Sieben dieser IM (1,2 Prozent aller Krankenhausmitarbeiter) waren – zumindest teilweise – innerhalb der Bezirksnervenklinik eingesetzt und noch bis Dezember 1989 aktiv. Fünf dieser IM waren zum Teil schon vor ihrer Tätigkeit im Fachkrankenhaus von anderen Diensteinheiten des MfS angeworben und von der Kreisdienststelle Löbau übernommen worden, als sie in der Nervenklinik Großschweidnitz zu arbeiten begonnen hatten. Ihre inoffiziellen Aufträge bezogen sich auf die Klinikangestellten und andere Personenkreise, jedoch in keinem Fall

---

42 Vgl. BStU, Überprüfungsvorgänge, Tagebuch-Nummern 013683/91 und 19480/93.
43 IME „Haber" (1979–89); BStU, ASt Chemnitz, MfS-Registriernummer XIV 395/79, Teil I und II je 1 Bd.
44 IME „Horst" (1989); BStU, ASt Chemnitz, MfS-Registriernummer XIV 50/89, Teil I und II je 1 Bd.
45 IMS „Bernd Richter" (1985–89); BStU, ASt Dresden, AIM 402/92, Teil I und II je 1 Bd.

auf Patienten.⁴⁶ Anders war dies beim Chefarzt der Männerpsychiatrie⁴⁷ und dem ärztlichen Direktor des Fachkrankenhauses, deren IM-Tätigkeit eng mit ihren beruflichen Aufgaben zusammenhing und auch Verletzungen der ärztlichen Schweigepflicht beinhaltete.⁴⁸

Ähnlich sah es im psychiatrischen Bezirkskrankenhaus Arnsdorf bei Dresden aus, wo von 649 überprüften Angestellten 13 irgendwann in ihrem Leben und davon sieben noch Ende 1989 aktiv als MfS-Mitarbeiter (1,1 Prozent) erfaßt waren.⁴⁹ Neben einem Handwerker, der außerhalb des Landkreises als IM geworben und unter Bausoldaten aktiv wurde,⁵⁰ weicht die MfS-Geschichte eines Krankenpflegers von der der übrigen ab. Der junge Mann war während seines Armeedienstes als IM angeworben und im Oktober 1977 durch die MfS-Kreisdienststelle Dresden-Land übernommen worden. Er war dann als Krankenpfleger im Bezirksfachkrankenhaus Arnsdorf und nebenbei als IMS „Medikus" tätig,⁵¹ bis er am 1. März 1986 hauptamtlicher Mitarbeiter der Kreisdienststelle Dresden-Land wurde. Bald darauf führte er ein Netz von 34 inoffiziellen Mitarbeitern „zur Sicherung des Bereiches Landwirtschaft".⁵² Das Ende seiner MfS-Laufbahn wird mit Ende Januar 1990 angegeben. Danach wurde der vormalige MfS-Leutnant wieder als Krankenpfleger im psychiatrischen Bezirkskrankenhaus Arnsdorf eingestellt. Zu den bis Ende 1989 aktiven IM zählten der ärztliche Direktor⁵³ und zwei weitere Chefärzte⁵⁴ des psychiatrischen Krankenhauses sowie zwei Lehrer der dortigen medizinischen Fachschule.⁵⁵

Die Reihe der Beispiele ließe sich fortsetzen, wegen der Ähnlichkeit der Ergebnisse kann jedoch darauf verzichtet werden. Im Überblick fällt auf, daß in allen untersuchten psychiatrischen Landeskrankenhäusern sowohl des heutigen Landes Brandenburg als auch des heutigen Freistaates Sachsen eine besondere IM-Dichte auf der Chefarztebene feststellbar ist. Es waren jedoch keinesfalls alle leitenden Ärzte inoffizielle MfS-Mitarbeiter. Vielmehr waren die IM-Ärzte in erster Linie auf ärztliche Kollegen angesetzt, die vom MfS „operativ bearbeitet" wurden. Das betraf auch Angehörige der Krankenhausleitungen. In der Nervenklinik Teupitz beispielsweise kooperierte der ärztliche Direktor inoffiziell mit der Kreisdienststelle Königs

---

46  Vgl. BStU, Überprüfungsvorgang, Tagebuch-Nummer 013725/91.
47  IMS „Manfred" (1971–89); BStU, ASt Dresden, Teil I und II je 1 Bd.
48  Vgl. Kapitel über den sächsischen Pfarrer und späteren Innenminister Heinz Eggert.
49  Vgl. BStU, Überprüfungsvorgang, Tagebuch-Nummer 12376/91.
50  IMS „Heinz Ritter" (1987–89); BStU, ASt Dresden, AIM 2719/90.
51  IMS „Medikus (1976–86); BStU, ASt Dresden, AIM 4906/86.
52  Vorschlag der KD Dresden-Land zur Bestätigung einer Vergütungsstufe vom 14.9.1987; BStU, ASt Dresden, Kaderakte 1102/90, Bl. 42.
53  GMS „Lautenbach" (1973–86); BStU, ASt Dresden, AGMS 728/90, 1 Bd.
54  IMS „Kurt Schneider" (1963–89); BStU, ASt Dresden, AIM 560/90, Teil I, 1 Bd., Teil II, 4 Bde. IMS „Brückner" (1987–89); BStU, ASt Dresden, AIM 2451/91, Teil I und II je 1 Bd.
55  IMS bzw. IMV „Gudrun Kadner" (1977–89); BStU, ASt Dresden, AIM 284/91. GMS „Schwaiger" (1970–89); BStU, ASt Dresden, AGMS 1107/90.

Wusterhausen,[56] während sein Stellvertreter zeitweilig vom MfS überwacht und verhört wurde.[57] In den Nervenkliniken Neuruppin und Brandenburg verhielt es sich hingegen umgekehrt. Dort wurden die ärztlichen Direktoren zeitweilig „operativ bearbeitet",[58] während einige ihrer Chefärzte vom MfS als inoffizielle Mitarbeiter geführt wurden.[59]

### 3.1.2. Mißlungene Anwerbungsversuche des MfS

Die MfS-Akten belegen nicht nur inoffizielle Zusammenarbeit zahlreicher IM, sondern bezeugen auch tapfere Versuche der Selbstbehauptung gegen konspirative Manipulations- und Anwerbungsversuche.[60] Es kann keine Aussage darüber getroffen werden, wie viele der vom MfS als IM-Kandidaten Auserkorenen eine inoffizielle Zusammenarbeit mit dem Geheimdienst ablehnten, da bei den Recherchen auf andere Gesichtspunkte geachtet und die entsprechenden Akten nicht extra erfaßt wurden. Unter den siebzig Anfang 1989 nicht mehr aktiven MfS-Erfassungen von Angestellten der Charité-Nervenklinik in Berlin hatten sich acht Vorgänge befunden, die wegen gescheiterter IM-Werbungsversuche archiviert worden waren. Das heißt, mindestens acht Mitarbeiter der Charité-Nervenklinik, ebenso viele wie die 1989 als aktive IM erfaßten, waren irgendwann in ihrem Leben von MfS-Männern mit dem Ansinnen einer IM-Tätigkeit konfrontiert worden und hatten abgelehnt.[61]

Insgesamt wurden mehrere Dutzend IM-Vorlauf-Akten eingesehen, in

---

56 GMS „Dieter" bzw. „Titel" (1974–89); BStU, ASt Potsdam, KWH 603, 1 Bd.
57 OV „Röntgen" und Untersuchungsvorgang (1980/81); BStU, ASt Potsdam, AOP 1571/81 und AU 535/81.
58 OV „Hohenzollern" (1979–82); BStU, ASt Potsdam, AOP 19/82, 4 Bde. und OPK „Redakteur" (1983–85); BStU, ASt Potsdam, AOPK 760/85, 1 Bd.
59 IMS „Cäsar" (1982–89); BStU, ASt Potsdam, AIM 3455/89, Teil I, 2 Bde., Teil II, 1 Bd. und 3 Brandenburger Chefärzte (IMS „Klaus", „Schubert" und „Anton", siehe Anm. 27).
60 Vgl. auch Andreas Schmidt: Gegenstrategien. Über die Möglichkeiten, sich zu verweigern, in: Klaus Behnke und Jürgen Fuchs (Hrsg.): Zersetzung der Seele. Psychologie und Psychiatrie im Dienste der Stasi, Hamburg 1995, S. 158–177.
61 Charité-Nervenklinik, Erfassung 3: Arzt, zwei vergebliche Werbungsversuche 1975 und 1984; BStU, ZA, AKK 370/75 und AP 3829/84. Charité-Nervenklinik, Erfassung 7: Psychologe, 1980 als ungeeignet für eine inoffizielle Zusammenarbeit eingeschätzt, weil er politisch „stark westlich fixiert" sei; BStU, AKK 22833/80. Charité-Nervenklinik, Erfassung 30: Ingenieur, zwei vergebliche Werbungsversuche 1965 und 1985; BStU, ZA, Vorlauf-AIM 6803/65 und ASt Berlin, Vorlauf-AIM 1991/86. Charité-Nervenklinik, Erfassung 39: Chemiker, weigerte sich 1964, seine Westverwandten zu bespitzeln; BStU, ZA, Vorlauf-AIM 1827/64. Charité-Nervenklinik, Erfassung 41: Psychiater, IM-Tätigkeit wurde 1979 „aus Gewissensgründen prinzipiell" abgelehnt; BStU, ZA, AIM 17095/79. Charité-Nervenklinik, Erfassung 47: Krankenschwester, hatte 1988 „Vorbehalte gegenüber dem MfS" und „war zur aktiven Unterstützung der Sicherheitsorgane nicht bereit"; BStU, ZA, AKK 2927/88. Charité-Nervenklinik, Erfassung 50: Psychiater; lehnte inoffizielle Zusammenarbeit mit dem MfS 1976 ab; BStU, ASt Potsdam, AKK 983/76. Charité-Nervenklinik, Erfassung 82: Physiker; Prüfung der „operativen Verwendbarkeit" 1978 eingestellt, weil Person „konfessionell gebunden ist"; BStU, ZA, AP 322/79.

denen vergebliche Anwerbungsversuche von MfS-Offizieren unter Angestellten des DDR-Gesundheitswesens dokumentiert sind. Darin fanden sich unterschiedlich gestaltete Versuche der „Kandidaten", sich dem Ansinnen einer konspirativen Zusammenarbeit zu entziehen. Obwohl die MfS-Offiziere ihre Absicht der Spitzelwerbung meist nicht klar aussprachen, sondern zunächst hinter wohlklingenden Umschreibungen verbargen, erfaßten die Angesprochenen offenkundig trotzdem, was man von ihnen wollte. Eine in den IM-Vorlauf-Akten häufiger beschriebene Reaktion der Betroffenen waren Versuche, sich aus der Situation herauszuwinden, ohne den Vorwurf einer politisch „negativen" Haltung zu riskieren.

Eine Ärztin beispielsweise zeigte ihre Ablehnung, nachdem sie in ihrem Dienstzimmer in der Nervenklinik Brandenburg zweimal von einem MfS-Offizier aufgesucht und dann von ihm in ein „Kontaktzimmer" im Verwaltungsgebäude des psychiatrischen Großkrankenhauses bestellt worden war, indem sie zu dem einseitig arrangierten „Rendezvous" einfach nicht erschien. Der versetzte MfS-Mann beschrieb seinen Mißerfolg mit folgenden Worten:

„Die Kandidatin erschien nicht zum vereinbarten Treff [...]. Spätere Ermittlungen ergaben, daß die Kandidatin zu diesem Zeitpunkt ihren freien Tag hatte. Es konnte auch ermittelt werden, daß sie zum Zeitpunkt der Verabredung des Treffs ihren freien Tag bereits geplant hatte. [...] Die Kandidatin verhielt sich bei den Kontaktgesprächen [...] derart abweisend, daß eine Werbung als IMS auf freiwilliger Grundlage nicht erfolgen konnte."[62]

Elf Jahre später scheiterte ein anderer MfS-Offizier der Kreisdienststelle Brandenburg bei dem Versuch der IM-Werbung einer leitenden Schwester desselben Krankenhauses:

„Zu dem Problem der Zusammenarbeit mit dem MfS wurde bei dem Gespräch keine Übereinstimmung erreicht. Die [...] ist zwar bereit, Informationen zu geben, aber so, daß sie offiziell durch die Klinik sanktioniert sind. Für eine Zusammenarbeit mit inoffiziellem Charakter ist sie nicht bereit, da sie dieses Problem innerlich nicht verkraften kann und sie außerdem beruflich und häuslich stark belastet ist."[63]

Andere „Kandidaten" verhielten sich etwas umgänglicher, ließen sich sogar auf Gespräche mit den MfS-Vertretern ein, in denen sie ihre Staatsloyalität bekundeten, jedoch gleichzeitig ihre Vorbehalte gegen konspirative Heim-

---

62 Aktenvermerk und Beschluß zum Einstellen eines IM-Vorlaufes der KD Brandenburg vom 17.10.1970; BStU, ASt Potsdam, Vorlauf-AIM 1291/70, Bl. 22 und 24.
63 Bericht von Oberleutnant Hoffmann über ein „Kontaktgespräch" am 25.8.1981 in einem Dienstzimmer der Bezirksnervenklinik Brandenburg; BStU, ASt Potsdam, AIM-Vorlauf 119/83, Bl. 38.

lichtuerei zum Ausdruck brachten. Es konnte durchaus passieren, daß eine solche Haltung von der MfS-Seite akzeptiert wurde, wie folgende Einschätzung einer Ärztin zeigt:

„Die Kandidatin lehnt einen inoffiziellen Kontakt zum MfS strikt ohne Begründung ab. Sie ist aber bereit, bei Notwendigkeit dem MfS offiziell Auskünfte zu erteilen. Aus genannten Gründen ist eine konspirative Kontakthaltung nicht möglich. Eine eventuelle inoffizielle Zusammenarbeit verliert deshalb die Perspektive. Die Grundhaltung der Genannten entspricht ihrer bürgerlich-humanistischen Erziehung und ist als progressiv zu bezeichnen."[64]

Nicht immer war es so leicht, Anwerber abzuschütteln, zumal wenn das MfS kompromittierendes Material gegen IM-Kandidaten in der Hand hatte oder diese sich bereits auf inoffizielle Gespräche eingelassen hatten, mit deren angedrohter Bekanntmachung sie erpreßt werden konnten. Mitunter zog sich ein verzweifelt zähes Ringen über Jahre hin. So wurde beispielsweise ein Arzt, der bei der Vorbereitung einer Flucht in den Westen beobachtet worden war, vom MfS unter einem Vorwand zum Wehrkreiskommando bestellt und dort zu einer IM-Tätigkeit „angeworben". Er schrieb am selben Tag eine „freiwillige" Verpflichtungserklärung zur Zusammenarbeit mit dem MfS. Anschließend fand sich der Arzt zwei Jahre lang hin und wieder zu Gesprächen mit MfS-Vertretern ein, wobei das jedoch offenkundig nur geschah, um einen Weg aus der ihm gestellten Falle zu finden. Im Abschlußbericht beschrieb ein MfS-Hauptmann den IM-Vorgang mit Sätzen, aus denen eine offenkundig erpreßte IM-Verpflichtung und eine nie zustandegekommene Zusammenarbeit erkennbar sind:

„Am 30.1.1975 wurde der obengenannte IMS aus einer OPK, Verdacht § 213 StGB, auf der Basis der Überzeugung unter Verwendung von operativen Hinweisen der Abt. VIII[65] angeworben. In der Folgezeit der Zusammenarbeit mußte festgestellt werden, daß der IMS alles unternahm, um einer Verbindung des MfS aus dem Wege zu gehen bzw. durch Äußerungen bei den Treffs ausdrücklich zum Ausdruck zu bringen, daß ihm an der Zusammenarbeit nichts mehr liegt. Besonders auf ideologischem Gebiet versuchte der IMS immer wieder Diskussionen aufzuzwingen. Daraus war zu ersehen, daß der IMS stark kirchlich gebunden ist, bürgerliche Auffassungen verbreitet sowie die Notwendigkeit der Zusammenarbeit nicht erkennen wollte. Teilweise trat der IM bewußt provokatorisch auf, wobei er immer wieder die führende Rolle der Partei in Frage stellte. Bei den Treffs stellte er immer wieder in den Mittelpunkt, daß ihn die Zusammenarbeit in Form konspirativer Treffs stark be-

---

64 Begründung für die Einstellung einer IM-Vorlaufakte der KD Neuruppin vom 6.11.1980; BStU, ASt Potsdam, Vorlauf-AIM 2139/80, Bl. 6.
65 Die Linie VIII im MfS war unter anderem zuständig für Personenobservationen, Überwachungstechnik und Durchsuchungen.

lastet, er diese mit seinem Gewissen nicht mehr vereinbaren kann [...] und er die Bitte ausspricht, daß er nicht mehr bestellt wird."[66]

Wahrscheinlich kannte dieser Arzt nicht das probate Mittel der „Dekonspiration", um die zudringlichen Werbungsversuche abzuschütteln, oder der Weg schien ihm durch seine abgegebene Verpflichtungserklärung verschlossen. Er hätte nur herumerzählen brauchen, was die Staatssicherheitsmänner da mit ihm veranstalteten, sie hätten wahrscheinlich schnell davon abgelassen. Denn Konspiration ist das Lebenselixier inoffizieller Beziehungen, und „Dekonspiration" war laut MfS-interner Richtlinie einer der Gründe zur „Beendigung der Zusammenarbeit" mit IM.[67] Es gibt in den MfS-Unterlagen viele Beispiele dafür, daß IM-Kandidaten sofort fallengelassen wurden, wenn sie sich „dekonspirierten", also dritten Personen ihre Gespräche oder Beziehungen mit MfS-Vertretern offenbarten.

Am Schluß soll das Beispiel einer eindeutigen und auch gegen Drohungen immune Ablehnungshaltung eines „IM-Kandidaten" stehen. Der Betreffende studierte noch Medizin, als die Abteilung XX/1 der Bezirksverwaltung Neubrandenburg Beweismaterial gegen ihn sammelte, mit dem sich der politische Straftatsbestand der „staatsfeindlichen Hetze" untermauern ließ. Der Student war im August 1968 in Prag Zeuge der militärischen Niederschlagung der Reformbewegung gewesen und hatte dort fotografiert. In Greifswald hatte er die Bilder der gegen die tschechische Bevölkerung intervenierenden Sowjetarmee einigen Studienfreunden gezeigt und mit ihnen über die in der DDR verbreiteten Lügen diskutiert. Als ihm das im Herbst 1971 von MfS-Offizieren vorgehalten wurde, leugnete er es nicht. Die Vernehmer meinten, die Situation nutzen zu können, den jungen Mann „auf der Basis der Wiedergutmachung als IM zu gewinnen." Dies habe er jedoch mit folgender Begründung abgelehnt:

„Ich sage Ihnen, daß meine ablehnende Haltung nicht nur in einer seelischen Belastung liegt, sondern ich sage offen, daß ich auch nicht will. Ich kann das mit meinem Gewissen nicht vereinbaren. Sie haben belastendes Material gegen mich. Ich habe das selbst schriftlich niedergelegt, und dann machen Sie mit mir, was Sie wollen, sperren Sie mich ein, das ist für mich dann noch besser, als auf eine Zusammenarbeit einzugehen."[68]

Auf diese klaren Worte hin brachen die MfS-Offiziere den IM-Werbungsversuch ab. Der couragierte Student wurde nicht eingesperrt. Er wurde Fach-

---

66 Abschlußbericht zum IMS „Wolf" der KD Oschatz vom 9.5.1977; BStU, ASt Leipzig, Bl. 245.
67 Vgl. Richtlinie 1/79 für die Arbeit mit Inoffiziellen Mitarbeitern (IM) und Gesellschaftlichen Mitarbeitern für Sicherheit (GMS), in: Müller-Enbergs: Inoffizielle Mitarbeiter, S. 305–373, hier 338.
68 Abschlußbericht zum OV „Foto" vom 17.11.1971; BStU, ASt Neubrandenburg, Bl. 162–168, hier 167.

arzt für Neurologie und Psychiatrie. Wie viele andere seiner Fachkollegen in der DDR wurde auch er in späteren Jahren wiederholt vom MfS „operativ bearbeitet". Ihn als IM anzuwerben, versuchten die Genossen hingegen nicht noch einmal.

## 3.2. Verletzung beruflicher Pflichten durch IM im Gesundheitswesen

Ein nennenswerter Teil der Akten von inoffiziellen Mitarbeitern im DDR-Gesundheitswesen enthält Hinweise auf Verletzungen der beruflichen Schweigepflicht durch Weitergabe von Informationen über Patienten, und in einem kleinen Teil der IM-Akten finden sich Beschreibungen von noch weitergehenden Verstößen gegen das in der DDR geltende Recht. Mit diesen Rechtsbrüchen befaßt sich das nachfolgende Kapitel, wobei zunächst die gesetzlichen Grundlagen erörtert und anschließend auf die aus den MfS-Akten gewonnenen Erkenntnisse eingegangen wird.

### 3.2.1. Zur rechtlichen Bewertung der beruflichen Schweigepflicht in der DDR

In der „Deklaration von Hawaii", die 1977 vom Weltverband für Psychiatrie im Rahmen ihres VI. Weltkongresses in Honolulu als verbindliche Übereinkunft für die Psychiatrie verabschiedet worden ist, heißt es zur ärztlichen Schweigepflicht:

„Was auch immer der Patient dem Psychiater mitteilt und anvertraut, was während der Untersuchung oder Behandlung aufgezeichnet wird, muß vertraulich bleiben. Es sei denn, der Patient entbindet den Psychiater von seiner Pflicht zur Verschwiegenheit, oder ein höheres Interesse, sei es der Allgemeinheit oder des Patienten, verlangt die Offenbarung des Geheimnisses. In diesen Fällen ist der Patient unverzüglich über den erforderlichen Bruch der Schweigepflicht zu informieren."[69]

Die gesetzliche Regelung der beruflichen Schweigepflicht in der DDR entsprach diesen international anerkannten Prinzipien. Anfangs waren die strafrechtlichen Konsequenzen bei „Verletzung des Berufsgeheimnisses" zunächst in beiden deutschen Staaten gleichermaßen durch § 300 des Strafgesetzbuches geregelt:

---

69 Deutsches Ärzteblatt 74 (1977) 48, S. 2872f.

„(1) Rechtsanwälte, Advokaten, Notare, Verteidiger in Strafsachen, Ärzte, Wundärzte, Hebammen, Apotheker sowie die Gehilfen dieser Personen werden, wenn sie unbefugt Privatgeheimnisse offenbaren, die ihnen kraft ihres Amtes, Standes oder Gewerbes anvertraut sind, mit Geldstrafe oder mit Gefängnis bis zu drei Monaten bestraft."[70]

In Vorbereitung des 1968 in der DDR novellierten Strafgesetzbuches diskutierten Anfang 1966 führende Mediziner und Juristen der DDR mit Gästen aus Marburg und Warschau bei einem in Ostberlin veranstalteten Symposium über die ärztliche Aufklärungs- und Schweigepflicht unter den Bedingungen der sozialistischen Gesellschaft. Im Jahr darauf wurden die Beiträge zur rechtlichen und praktischen Handhabung der Fragen des Arzt-Patienten-Verhältnisses in Buchform veröffentlicht.[71]

Der Vorsitzende des Zivilsenates des Obersten Gerichtes der DDR betonte auf diesem Symposium zusammenfassend, daß „die rechtliche Bedeutung der Schweigepflicht des Arztes infolge ihrer ausdrücklichen gesetzlichen Festlegung mindestens grundsätzlich in beiden Teilen Deutschlands feststeht und lediglich des Schutzes gegen unberechtigte einschränkende Auslegungsversuche bedarf".[72] In den meisten Beiträgen des Symposiums von 1966 ging es um die optimale Gestaltung eines solchen Schutzes. Der Direktor des Institutes für Strafrecht der Universität Halle wies insbesondere darauf hin, daß Anzeige- und Meldepflichten des Arztes, welche die Schweigepflicht einschränken, immer nur gegenüber einem eng definierten Personenkreis gelten würden, also beispielsweise die Anzeigepflicht für bestimmte schwere Verbrechen ausschließlich gegenüber der Staatsanwaltschaft und polizeilichen Ermittlungsbehörden oder die Meldepflicht für ansteckende Krankheiten ausschließlich gegenüber der Medizinalverwaltung. „Im übrigen besteht auch bei den gesetzlich geregelten Durchbrechungen die Geheimhaltungspflicht. Es würde dem Ethos des Arztes widersprechen, wenn man in irgendeiner Form leichtfertiges Reden über den Patienten dulden würde."[73]

Im neuen Strafgesetzbuch der DDR, das von 1968 bis 1990 galt, war die „Verletzung des Berufsgeheimnisses" dann im § 136 als Straftat definiert:

„Wer vorsätzlich als Rechtsanwalt, Notar, Arzt, Zahnarzt, Psychologe, Hebamme, Apotheker oder deren Mitarbeiter Tatsachen, die ihm in seiner beruflichen Tätigkeit anvertraut oder bekannt geworden sind und an deren Geheim-

---

70 Strafgesetzbuch und andere Strafgesetze, Textausgabe, Berlin 1960.
71 Helmut Kraatz und Hans Szewczyk (Hrsg.): Ärztliche Aufklärungs- und Schweigepflicht. Bericht über ein Symposium der Klasse für Medizin der Deutschen Akademie der Wissenschaften. (Schriftenreihe Medizinisch-Juristische Grenzfragen, Heft 10), Jena 1967.
72 Kurt Cohn: Schweigepflicht und Aufklärungspflicht des Arztes in der Deutschen Demokratischen Republik, in: ebenda, S. 53–62, hier 55.
73 Hans Hinderer: Die Aufgaben des Arztes in ihrer Bedeutung für die Differenzierung der Aufklärungs- und Schweigepflicht, in: ebenda, S. 63–69, hier 66.

haltung ein persönliches Interesse besteht, offenbart, ohne dazu gesetzlich verpflichtet oder von seiner Verpflichtung zur Verschwiegenheit befreit zu sein, wird mit Verurteilung auf Bewährung, Geldstrafe oder mit öffentlichem Tadel bestraft."[74]

Mit der Strafandrohung einer Verurteilung auf Bewährung, einer Geldstrafe oder eines öffentlichen Tadels blieb § 136 StGB-DDR hinter dem alten § 300 StGB zurück, der neben einer Geldstrafe noch Gefängnis bis zu drei Monaten vorgesehen hatte. Ähnliches gilt im Vergleich zum analogen § 203 des novellierten Strafgesetzes der Bundesrepublik, der eine Freiheitsstrafe bis zu einem Jahr oder eine Geldstrafe zur Ahndung beruflicher Schweigepflichtverletzungen vorsieht.[75] Abgesehen von diesen milderen Rechtsfolgen schützen § 136 StGB-DDR und § 203 StGB-BRD wie zuvor § 300 des gemeinsamen deutschen Strafgesetzes dasselbe Rechtsgut, nämlich die persönlichen Interessen der Bürger vor unbefugten Offenbarungen. Von der Verpflichtung zur Verschwiegenheit konnte den Arzt auch in der DDR nur der Patient selbst bzw. sein gesetzlicher Vertreter befreien.

Die Pflicht zur Wahrung des Berufsgeheimnisses schloß ein Aussageverweigerungsrecht vor Gericht gemäß § 27 der Strafprozeßordnung (StPO-DDR) ein:

„§ 27 (1) Zur Verweigerung der Aussage sind berechtigt:
1. Geistliche über das, was ihnen bei der Ausübung der Seelsorge anvertraut worden oder bekannt geworden ist,
2. Rechtsanwälte, Notare, Ärzte, Zahnärzte, Psychologen, Apotheker und Hebammen sowie deren Mitarbeiter über das, was ihnen bei der Ausübung ihres Berufes oder ihrer Tätigkeit anvertraut worden oder bekannt geworden ist.
Dieses Recht besteht nicht, soweit nach dem Strafgesetz Anzeige zu erstatten ist."[76]

Die gesetzliche Anzeigepflicht schloß in der DDR allerdings neben schweren Gewaltverbrechen auch politische Delikte wie den sogenannten „staatsfeindlichen Menschenhandel" (§ 105 StGB-DDR), schwerere Fälle von „staatsfeindlicher Hetze" (§ 106,2 StGB-DDR) und die planmäßige Vorbereitung eines „ungesetzlichen Grenzübertritts" (§ 213,3 StGB-DDR) ein. Gemäß

---

[74] Wortlaut des § 136 des StGB-DDR vom 12.1.1968 in seiner Neufassung vom 19.12.1974, Berlin 1979, S. 41.
[75] „§ 203. Verletzung von Privatgeheimnissen. (1) Wer unbefugt ein fremdes Geheimnis, namentlich ein zum persönlichen Lebensbereich gehörendes Geheimnis offenbart, das ihm als 1. Arzt [es folgen Angehörige anderer Berufsgruppen] anvertraut oder sonst bekannt geworden ist, wird mit Freiheitsstrafe bis zu 1 Jahr oder mit Geldstrafe bestraft [...]". Vgl. StGB-BRD in der Fassung der Bekanntmachung vom 10.3.1987, in: Strafgesetzbuch, München, 26. Auflage 1992, S. 100 f.
[76] Strafprozeßordnung der DDR, Textausgabe, Berlin 1981, S. 24.

§ 225 StGB-DDR drohten bei Anzeigeunterlassung des Vorhabens, der Vorbereitung und der Ausführung von „Verbrechen" vor deren Beendigung Freiheitsstrafen bis zu fünf bzw. im besonders schweren Fall bis zu zehn Jahren.

Abgesehen von den anzeigepflichtigen politischen Delikten entsprach die Einschränkung der ärztlichen Schweigepflicht gemäß § 225 StGB-DDR ungefähr der analogen Regelung gemäß § 138 StGB-BRD und die Regelung einer möglichen Straflosigkeit der Nichtanzeige geplanter Straftaten in § 226 StGB-DDR mit Einschränkungen der analogen Regelung gemäß § 139 StGB-BRD. Die Intention beider deutscher Strafgesetzparagraphen ist gegen die Nichtanzeige geplanter Straftaten gerichtet, solange deren Ausführung noch verhindert werden kann.[77] Persönliche Konfliktsituationen für Ärzte in der DDR sind nach den zitierten strafrechtlichen Bestimmungen am ehesten denkbar, wenn sie von Patienten in Pläne zur Flucht oder für gewaltfreien politischen Protest eingeweiht worden wären, da sie bei Unterlassung der Anzeige solcher Vorhaben mit Freiheitsstrafe bedroht waren.

Die Verpflichtung zur Anzeige einer wie weit auch immer gefaßten Liste von „Verbrechen" als gesetzlichen Aufhebungsgrund der ärztlichen Schweigepflicht in der DDR rechtfertige jedoch nicht die Verletzung dieser Schweigepflicht im Rahmen einer IM-Tätigkeit. Bei der „inoffiziellen" Weiterleitung von Informationen über Patienten wurde in jedem Fall das in der DDR geltende Recht konspirativ unterlaufen, zumal wenn es um Informationen über Diagnose, Therapie, Persönlichkeitsstruktur, soziale oder andere persönliche Probleme ging.

Die medizinische und juristische Fachliteratur der DDR enthält verschiedene Beiträge, in denen die Bedeutung der ärztlichen Schweigepflicht als geschütztes Rechtsgut hervorgehoben wurde.[78] Solche Publikationen waren allgemein zugänglich und geeignet, eine Aussageverweigerung über Patientengeheimnisse gegenüber staatlichen Stellen zu begründen.

Allerdings gab es zu DDR-Zeiten so gut wie keine richterlichen Entscheidungen zu Verstößen gegen die ärztliche Schweigepflicht.[79] Die Urteile, die wegen ärztlicher Schweigepflichtverletzungen in der DDR im nachhinein durch bundesdeutsche Gerichte ergangen sind, fielen unterschiedlich aus. In einigen Fällen wurden hohe Geldstrafen verhängt. So ver-

---

77 Vgl. Strafrecht der Deutschen Demokratischen Republik. Kommentar zum Strafgesetzbuch, Berlin 1984, §§ 225 und 226, S. 495–498 sowie Strafgesetzbuch, München 1992, §§ 138 und 139, S. 80f.
78 Vgl. z.B. Gerhard Hansen und Hans Vetterlein: Arzt und Recht in der Deutschen Demokratischen Republik, Leipzig 1959 und 1962; Hans Hinderer: Aufklärungs- und Schweigepflicht. Strafrechtliche Gesichtspunkte, Dresden 1975; Joachim Mandel und Hans Lange: Ärztliche Rechtspraxis. Ein juristischer Leitfaden für Mediziner, Berlin 1985, S. 109–113; Sozialistisches Gesundheitsrecht, hrsg. vom Ministerium für Gesundheitswesen, 2. Auflage, Berlin 1989, S. 145–148.
79 Vgl. Bernhard Opitz: Zahlreiche Verletzungen der Schweigepflicht, in: Deutsches Ärzteblatt 94 (1997) 34–35, A-2183–2190, hier A-2183. Der Autor bezieht sich auf eine mündliche Mitteilung des Hallenser Strafrechtlers Professor Hans Hinderer im April 1997.

urteilte das Amtsgericht Chemnitz am 29. August 1996 den früheren Chefarzt eines psychiatrischen Krankenhauses, Dr. med. Hans-Joachim D., wegen der Verletzung des Berufsgeheimnisses in elf Fällen zu einer Geldstrafe in Höhe von 120 Tagessätzen à 150 DM, also insgesamt 18.000 DM.[80] Zwei Wochen später verurteilte das Amtsgericht Zwickau den früheren Kreisgutachter Dr. med. Klaus B. wegen Verletzung der ärztlichen Schweigepflicht zu einer Geldstrafe in Höhe von 120 Tagessätzen à 300 DM, also insgesamt 36.000 DM.[81] Dabei wurde § 136 des DDR-Strafgesetzbuches zur Anwendung gebracht, weil dieser gegenüber der bundesdeutschen Regelung den milderen Strafrahmen vorsah. Verfolgungsverjährung der Schweigepflichtverletzungen verneinte das Gericht unter Hinweis auf Artikel 1 des Gesetzes über das Ruhen der Verjährung bei SED-Unrechtstaten (Verjährungsgesetz) vom 26. März 1993.[82] Danach habe die Verjährung für die Verfolgung von Taten bis Ablauf des 2. Oktober 1990 geruht, wenn die Taten während der SED-Herrschaft begangen wurden, aber entsprechend dem ausdrücklichen oder mutmaßlichen Willen der DDR-Staats- und Parteiführung aus politischen oder sonst mit wesentlichen Grundsätzen der rechtsstaatlichen Ordnung unvereinbaren Gründen nicht geahndet worden sind. Aufgrund des in der Staatspraxis der DDR wurzelnden quasigesetzlichen Verfolgungshindernisses könne gemäß § 315 a Absatz 2 Alt des Einführungsgesetzes zum Strafgesetzbuch frühestens mit Ablauf des 31. Dezember 1995 erfolgen.[83]

Der Generalstaatsanwalt des Landes Brandenburg vertritt hingegen die Auffassung, „daß in allen Fällen, in denen Stasi-Opfer erst nach der Wende von Straftaten gemäß § 136 StGB-DDR zu ihrem Nachteil Kenntnis erhalten haben, die vor dem 1. Juli 1989 begangen wurden, die Strafantragsfrist bereits mit dem 1. Januar 1990 abgelaufen" gewesen sei.[84] Die Auffassung wird damit begründet, daß gemäß § 136 Absatz 2 StGB-DDR in der Neufassung vom 14. Dezember 1988 eine Strafverfolgung nur auf Antrag des Geschädigten eintrat. Nach § 2 Absatz 2 StGB-DDR hätte solch ein Antrag „innerhalb von drei Monaten, nachdem der Geschädigte von der Straftat erfahren hat, spätestens aber sechs Monate nach der Begehung der Straftat gestellt werden" müssen. Damit sei klar geregelt gewesen, „daß das Antragsrecht sechs Monate nach Begehung der Tat auch dann erlosch, wenn der Berechtigte während dieser Zeit überhaupt keine Kenntnis von der Straftat erlangte."[85]

---

80 Vgl. Amtsgericht Chemnitz, Urteil vom 29.8.1996, Az 3 Ds 823 s 32114/95.
81 Vgl. Pressemeldungen in Freie Presse Chemnitz vom 10./11. sowie 30.8.1996, Chemnitzer Morgenpost vom 17.8.1996 und Dresdner Neueste Nachrichten vom 12.9.1996.
82 Bundesgesetzblatt 1993, Teil I, S. 392.
83 Vgl. Amtsgericht Chemnitz, Begründung des Urteils vom 29.8.1995, Az 3 Ds 823 Js 32114/95.
84 Vgl. Erardo Cristoforo Rautenberg: Zur Frage des Erlöschens des Strafantragsrechts bei in der DDR begangener Verletzung des Berufsgeheimnisses iSd § 136 StGB/DDR, in: Neue Justiz 51 (1997) 2, S. 94–96, hier 95.
85 Ebenda.

Nach der Auffassung des brandenburgischen Generalstaatsanwalts sind Urteile wie das des Amtsgerichts Chemnitz gegen Dr. D. wegen Verletzung des Berufsgeheimnisses in der DDR am 29. August 1996 ergangene „mit einem Rechtsfehler behaftet, dessen Vermeidung zum Freispruch des Angeklagten geführt hätte".[86] Dieser Auffassung entsprechend sind im Land Brandenburg zu DDR-Zeiten begangene Straftaten der Verletzung des Berufsgeheimnisses in keinem Falle bestraft und die Ermittlungsverfahren eingestellt worden, die zunächst gegen Ärzte wegen des Verdachts der Verletzung von Privatgeheimnissen im Rahmen einer inoffiziellen Zusammenarbeit mit MfS-Dienststellen eingeleitet worden waren.[87]

Die gerichtlichen Entscheidungen im Fall des früheren Chefarztes eines orthopädischen Fachkrankenhauses in Thüringen, Dr. Wolfgang B., führten zu ähnlichen Ergebnissen, wenn auch mit anderen Begründungen. Die Staatsanwaltschaft hatte Dr. B. in der Anklage zur Last gelegt, am 9. April 1986 sein Berufsgeheimnis als Arzt verletzt zu haben, indem er die Krankenunterlagen einer in der von ihm geleiteten Klinik behandelten Patientin an einen Mitarbeiter der MfS-Kreisdienststelle N. übergeben habe. Der MfS-Mitarbeiter war mit rechtskräftigem Strafbefehl vom 15.6.1995 wegen Anstiftung zur Verletzung des Berufsgeheimnisses zu einer Geldstrafe von 20 Tagessätzen zu je 10 DM verurteilt worden. Den angeklagten Arzt hingegen sprach das Amtsgericht Nordhausen am 22. August 1995 vom Vorwurf des Bruchs der ärztlichen Schweigepflicht frei.[88] Die Frau, deren Krankenakte der Chefarzt an das MfS weitergegeben hatte, sei bei ihm selbst nicht in Behandlung gewesen. Daher habe kein vertrauliches Arzt-Patienten-Verhältnis geherrscht, das die Voraussetzung sei, um einen Bruch der ärztlichen Schweigepflicht strafrechtlich ahnden zu können, hieß es zur Urteilsbegründung. Das Urteil rief in der Öffentlichkeit Befremden und Proteste hervor.[89] Auf Grund des § 136 StGB-DDR, dem zufolge bestraft werden sollte, „wer vorsätzlich als [...] Arzt [...] Tatsachen, die ihm in seiner beruflichen Tätigkeit anvertraut oder bekannt geworden sind und an deren Geheimhaltung ein persönliches Interesse besteht, offenbart, ohne dazu gesetzlich verpflichtet oder von seiner Verpflichtung zur Verschwiegenheit befreit zu sein", scheint der Freispruch in der Tat unverständlich. Denn zweifellos handelte es sich bei der Krankenakte der Patientin um ein dem Chefarzt des Krankenhauses in seiner beruflichen Tätigkeit anvertrautes Gut, an dessen Geheimhaltung die Betroffene insbesondere gegenüber ihren Verfolgern ein starkes persönliches Interesse hatte. Die Staatsanwaltschaft legte Revision beim Oberlandesgericht in Jena ein, das den Freispruch An-

---

86 Ebenda, S. 94.
87 Vgl. z. B. Ermittlungsverfahren der Staatsanwaltschaft Potsdam gegen den leitenden Arzt einer Nervenklinik, Az 40/3 AR 62/92, das an die Schwerpunktabteilung für Bezirkskriminalität und DDR-Justizunrecht der Staatsanwaltschaft Neuruppin abgegeben und gemäß § 170 II StPO eingestellt worden ist (Az 64 Js 417/94).
88 Amtsgericht Nordhausen, Urteil vom 22.8.1995, Az 1 Ss 295/95.
89 Nordhäuser Zeitung vom 11. und 22.8.1995.

fang 1997 bestätigte, allerdings mit einer anderen Begründung. Die höchsten Thüringer Richter sahen in dem Verhalten des Orthopäden wohl eine Verletzung der ärztlichen Schweigepflicht. Jedoch sei Verjährung der Strafverfolgung eingetreten, da es sich bei der in der DDR begangenen Verletzung des Berufsgeheimnisses im Sinne des § 136 StGB-DDR um einen Fall „minderer Kriminalität" handele. Das sei zum einen abstrakt an der geringen vom Gesetzgeber vorgesehene Strafandrohung für das Delikt ablesbar, aber auch die Umstände des Einzelfalls würden für diese Einschätzung sprechen. Dr. B. habe die Patientenakte unter Hinweis auf seine ärztliche Schweigepflicht zunächst verweigert und erst auf die nachdrückliche Forderung des MfS-Offiziers hin herausgegeben. Die Betroffene habe bereits 1987 in die Bundesrepublik ausreisen können und erst im laufenden Ermittlungsverfahren erfahren, daß ihre Krankenunterlagen 1986 an MfS-Mitarbeiter herausgegeben worden waren. Die Folgen für sie als Geschädigte seien demnach gering gewesen.[90]

Zwar würden nach Artikel 1 Absatz 2 des 2. Verjährungsgesetzes die in der DDR vor Ablauf des 2. Oktober 1990 begangenen und im Höchstmaß mit Freiheitsstrafen bis zu einem Jahr oder mit Geldstrafen bedrohten Taten frühestens mit Ablauf des 31. Dezember 1995 verjähren. Allerdings gelte dies nach Artikel 2 des Verjährungsgesetzes nicht für die Taten, deren Verfolgung bei Inkrafttreten des 2. Verjährungsgesetzes bereits verjährt waren. So aber liege der Fall hier. Da das 2. Verjährungsgesetz am 28. September 1993 in Kraft trat, die Verfolgungsverjährung aber bereits am 3. Oktober 1990 eingetreten gewesen sei, bleibe es bei der eingetretenen Verjährung. Das Verfahren gegen Dr. B. wurde daher gemäß § 260 Absatz 3 Strafprozeßordnung eingestellt.[91]

### 3.2.2. Zum Umgang des MfS mit der gesetzlichen Schweigepflicht

In keiner Rede des Ministers für Staatssicherheit, in keinem Befehl, keiner Dienstanweisung und keiner Richtlinie des MfS werden auf Patienten gerichtete Aufträge an inoffizielle Mitarbeiter des Gesundheitswesens erwähnt. Dies zeigt weniger fehlendes Interesse an solchen Informationen als vielmehr das im MfS vorhandene Bewußtsein für die Rechtswidrigkeit von inoffiziellen Erkundigungen über Patienten, die einer Anstiftung zum Bruch der gesetzlichen Schweigepflicht entsprachen.

---

90 Vgl. Rechtsprechung OLG Jena 16.1.1997 – 1 Ss 295/95. Kein Ruhen der Verjährung bei Fällen minderer Kriminalität, in: Deutsch-Deutsche Rechts-Zeitschrift 8 (1997) 10, S. 328–331.
91 Vgl. Zur Verjährung der Strafverfolgung bei Fällen minderer Kriminalität (hier: bei in der DDR begangener Verletzung des Berufsgeheimnisses iSd § 136 StGB/DDR). OLG Jena, Urteil vom 16.1.1997 – 1 Ss 295/95 (AG Nordhausen), in: Neue Justiz 51 (1997) 9, S. 267–269.

MfS-Major Eberhard Jaekel hatte 1978 in seiner Diplomarbeit über die „zu beachtenden Besonderheiten in der Zusammenarbeit mit inoffiziellen Mitarbeitern aus der medizinischen Intelligenz" das besondere Interesse von Arzt-IM an der Geheimhaltung ihrer inoffiziellen Zusammenarbeit mit dem MfS folgendermaßen begründet:

> „Dieses Interesse beruht vor allen Dingen darauf, daß der Arzt für seine berufliche Tätigkeit das Vertrauen seiner Patienten braucht, was im Falle der Dekonspiration der operativen Zusammenarbeit mit dem MfS ernsthaft gefährdet ist. Es ist in diesem Zusammenhang auch daran zu denken, daß in der inoffiziellen Zusammenarbeit mit Arzt-IM oft auch Fragen berührt werden, die unter die ärztliche Schweigepflicht fallen bzw. denen gegenüber der Arzt zur Geheimhaltung gesetzlich verpflichtet ist (§ 136 StGB). Der IM wird erst dann bereit sein, auch solche Informationen an den operativen Mitarbeiter [des MfS] zu übergeben, wenn das Vertrauensverhältnis die nötige Qualität erreicht hat."[92]

Mit der gleichen Feststellung, daß „der Arzt für seine berufliche Tätigkeit das Vertrauen seiner Patienten braucht", begründete ein junger Mediziner 1963 seine schriftliche Ablehnung einer inoffiziellen Zusammenarbeit mit dem MfS, zu der man ihn zu nötigen versuchte. Im Unterschied zu dem zitierten MfS-Offizier sah der junge Arzt seine Integrität jedoch nicht erst „im Falle der Dekonspiration der operativen Zusammenarbeit mit dem MfS ernsthaft gefährdet":

> „1. Ich fühle mich als Arzt meinem Gewissen gegenüber dazu verpflichtet, alles das, was Patienten mir gesagt haben, mit größter Vertraulichkeit und absoluter Schweigepflicht für mich zu behalten. [...]
> 3. Auch jenes, was nicht in direktem Zusammenhang mit einer [...] medizinischen Problematik steht und mir von Patienten und Mitarbeitern – deren Arzt ich bin – gesagt wurde, muß ich vertraulich behandeln. Das rechtfertige ich damit, daß Menschen dem Arzt ihres Vertrauens einfach mehr sagen als anderen Menschen. Dieses Vertrauen hat man aber nur, wenn man eben verschwiegen ist. Würde ich derartige Äußerungen heimlich tun – also ohne daß die betreffenden Menschen von einer solchen Weitergabe erfahren – so könnten diese Menschen zwar getäuscht werden und mir weiterhin ihr Vertrauen schenken. Ich aber würde dadurch vollkommen meine Unbefangenheit verlieren, ich würde mich solchen Menschen gegenüber zutiefst schuldig fühlen und somit jene seelische Kraft verlieren, die ich brauche, um als Arzt existieren zu können."[93]

---

92 MfS-Diplomarbeit von Major Eberhard Jaekel: Zu einigen zu beachtenden Besonderheiten in der Zusammenarbeit mit inoffiziellen Mitarbeitern aus der medizinischen Intelligenz zur Erhöhung der Wirksamkeit ihres Einsatzes im Kampf gegen die subversiven Angriffe des Feindes, MfS JHS MF o001-295/78, 82 Seiten, 1978, S. 28 f.
93 BStU, ASt Suhl, AIM 1012/63, Bl. 50 f.

Die MfS-Mitarbeiter, die den jungen Arzt zur inoffiziellen Zusammenarbeit zu nötigen versucht hatten, ließen sich nach dieser schriftlichen Ablehnung einer IM-Tätigkeit nicht wieder blicken. Der entscheidende Grund dafür dürfte nicht Rücksichtnahme auf die Seele des Arztes, sondern dessen Hinweis auf die eindeutige Rechtslage in der DDR gewesen sein:

„Es ist meine feste Überzeugung, daß diese meine Haltung dem in der DDR gültigen Recht entspricht und den Anforderungen nachkommt, die in einer sozialistischen Gesellschaft an einen Arzt gestellt werden.
Allgemein: Diese Haltung – der ärztlichen Schweigepflicht – ist bereits im Eid des Hippokrates begründet, ich darf diese Stelle zitieren: 'Was ich bei meiner ärztlichen Tätigkeit sehe oder wahrnehme, oder was ich sonsthin dabei Menschliches erfahre, das nicht weitergegeben werden soll, das werde ich in tiefstem Herzen bewahren und will es für unaussprechlich halten.'
Nach unserem Gesetz ist die Verletzung der ärztlichen Schweigepflicht sogar nach § 300 StGB unter Strafe gestellt. Bei der nun folgenden Auslegung des § 300 StGB folge ich der offiziellen Kommentierung (Literatur: Hansen/Vetterlein 'Arzt und Recht in der DDR'). Es wird darin betont, daß alle dem Arzt zur Kenntnis gelangten 'Dinge aus dem privaten und gesellschaftlichen Leben' nach dem Wortlaut des Gesetzes zu verschweigen sind. [...] Ich schließe mich dem Urteil von Hansen/Vetterlein an, wenn diese sagen, daß die Folgen einfach unabsehbar sind, wenn die ärztliche Schweigepflicht nicht mehr existiert."[94]

Es spricht für das Unrechtsbewußtsein operativer MfS-Mitarbeiter, daß sie sich bei IM-Werbungsversuchen im medizinischen Bereich wie dem genannten genau dann zurückzogen, wenn ihr Ansinnen unter Hinweis auf die gesetzlich verankerte berufliche Schweigepflicht in eindeutiger Form zurückgewiesen wurde.

Interessante Hinweise zum Umgang des MfS mit der gesetzlichen Schweigepflicht finden sich in einer sogenannten „Speichernutzungsordnung andere Organe" des MfS von 1983, deren revidierte Form von 1989 nachfolgend näher betrachtet wird. Minister Mielke hatte darin angeordnet, wie die operativen Diensteinheiten des MfS die im Jahre 1989 insgesamt 91 „Informationsspeicher" in der DDR – einschließlich die des staatlichen Gesundheits- und Sozialwesens – für personenbezogene Überprüfungen nutzen sollten[95]. Der Minister für Staatssicherheit legte fest, daß die „Informationsspeicher" vom MfS ausschließlich konspirativ, aber „zielstrebig zu nutzen" seien.

---

94 Ebenda.
95 Ordnung 9/83 vom 10.11.1983 bzw. Ordnung 4/89 vom 16.8.1989 „zur Nutzung ausgewählter Informationsspeicher staatlicher und wirtschaftsleitender Organe, Kombinate, Betriebe und Einrichtungen sowie gesellschaftlicher Organisationen durch die operativen Diensteinheiten des MfS – Speichernutzungsordnung andere Organe"; BStU, ZA, DSt 102991 bzw. 103620.

Auch das zeigt ein Bewußtsein für die Illegalität des angeordneten Vorgehens, denn legales Handeln hätte nicht verdeckt geschehen müssen. Als Aufgaben hatte Mielke die „Klärung der Frage 'Wer ist wer?' bei operativ interessanten und vorbeugend zu sichernden Personen" genannt und konkretisiert, daß das „vorrangig im Rahmen der Entwicklung und Bearbeitung Operativer Vorgänge", Operativer Personenkontrollen und Sicherheitsüberprüfungen „sowie im Zusammenhang mit der Klärung weiterer operativ bedeutsamer Hinweise zu Personen",[96] also ziemlich uferlos geschehen sollte.

Unter „F" waren acht Informationsspeicher „im Bereich des Gesundheits- und Sozialwesens" aufgeführt. Davon war der mit der Kennziffer „F 01" versehene „Informationsspeicher beim Institut für Wissenschaftsinformation beim Ministerium für Gesundheitswesen" noch der harmloseste. Daraus konnten die MfS-Diensteinheiten durch Vermittlung der Hauptabteilung XX/1 Veröffentlichungen aus medizinischen Fachzeitschriften des In- und Auslandes abfragen.[97] Das ist nur insofern ärgerlich, als wissenschaftlich tätigen Medizinern in der DDR diese Arbeitserleichterung nicht im selben Maße offenstand.

Weniger harmlos erscheint dagegen die Nutzung eines unter der Kennziffer „F 02" genannten Informationsspeichers „der staatlichen Krankenhäuser und Kliniken." Wenn ein Mitarbeiter einer operativen Diensteinheit des MfS Informationen aus diesem „Speicher" haben wollte, hatte er sich über seinen Leiter mit einem Auskunftsersuchen an den regionalen Kreisdienststellenleiter oder, im Verantwortungsbereich einer Bezirksverwaltung, an den Leiter der Abteilung XX zu wenden. Das Auskunftsersuchen hatte Namen, Vornamen, Geburtsdatum, Wohnanschrift, eventuelle Diagnose, die konkrete „Krankenhaus- oder Klinikbezeichnung, möglichst mit Angabe der Station" der Behandlung der interessierenden Person sowie Hinweise zu enthalten, „ob die zu überprüfende Person stationär oder ambulant behandelt wurde oder wird." Mitgeteilt würden daraufhin „Angaben zur Krankengeschichte, zur Behandlung des Patienten [und] zu verabreichten Medikamenten."[98]

Diese Daten waren in den Krankenhäusern und Kliniken der DDR nicht elektronisch verarbeitet, also nicht etwa einem Computer auf Knopfdruck hin zu entnehmen, wie man sich das heutzutage bei einem „Informationsspeicher" vorstellt. Sie waren nur durch Gespräche mit bestimmten, an der Patientenbehandlung beteiligten Personen oder durch Einsichtnahme in die Krankenakten in Erfahrung zu bringen. Die Auskünfte aus dem angeblichen „Informationsspeicher der staatlichen Krankenhäuser und Kliniken" der DDR konnten also von den MfS-Männern der Linie XX nur mit Hilfe ihrer IM in den medizinischen Einrichtungen gewonnen werden.

Dieses Vorgehen des MfS entspricht auch dem, was aus den IM-Akten

---

96 Ordnung 9/83, S. 2; BStU, ZA, DSt 102991.
97 Ordnung 4/89, Anlage 2, F 01; BStU, ZA, DSt 103620.
98 Ebenda, F 02.

von Ärzten ablesbar ist, die ihre Schweigepflicht verletzt haben. Die Führungsoffiziere dieser IM-Ärzte hatten sich im Auftrag anderer Diensteinheiten des MfS bei ihren IM über bestimmte Patienten erkundigt[99]. In den Operativ- oder anderen MfS-Akten der von Schweigepflichtverletzungen betroffenen Patienten sind, zumindest in einigen Fällen, die entsprechenden Aufträge an die für die jeweilige Gesundheitseinrichtung zuständigen MfS-Offiziere zur Befragung ihrer ärztlichen IM und mitunter auch die IM-Berichte zu finden.[100] Im nachfolgenden Kapitel wird dies noch anhand konkreter Beispiele erläutert.

Als eine der „Nutzungsbedingungen" dieses „Informationsspeichers" der besonderen Art hatte Mielke zu bedenken gegeben: „Bei der Nutzung ist unbedingt zu beachten, daß Auskünfte der ärztlichen Schweigepflicht unterliegen." Da die MfS-Mitarbeiter seiner operativen Diensteinheiten keine Ärzte waren, muß dem Minister für Staatssicherheit also bewußt gewesen sein, daß er an dieser Stelle Straftaten anordnete. Er riet deshalb zur Vorsicht beim Umgang mit den illegal erworbenen Informationen über Krankenhauspatienten. Die „Speichernutzungsordnung andere Organe" ist somit ein Dokument des MfS, welches eindeutig belegt, daß den Schweigepflichtverletzungen von IM im Gesundheitswesen keine eigenmächtigen Abweichungen einzelner Führungsoffiziere von zentralen Weisungen zugrundelagen, sondern eine ministerielle Anordnung. Das relativiert das eingangs konstatierte Fehlen einer erklärten Absicht oder einer zentralen Anweisung in den MfS-Unterlagen, den IM im medizinischen Bereich auf Patienten gerichtete Aufträge zu erteilen.

Daß sich auch die MfS-Offiziere unterhalb der Ministerebene der Illegalität ihres Tuns bewußt waren, wenn sie eine Verletzung der beruflichen Schweigepflicht von Ärzten oder anderen im medizinischen Bereich Tätigen forderten, ist an bestimmten Formulierungen in den MfS-Unterlagen ablesbar. So wurde beispielsweise der Leiter der Abteilung XX/1 der MfS-Bezirksverwaltung Berlin am 8. Mai 1986 vom Leiter der Abteilung VIII derselben Dienststelle gebeten, den Gesundheitszustand einer Frau „zu prüfen", deren Mann von der Abteilung VIII operativ bearbeitet würde. Oberstleutnant Gützlaff bat explizit um die „Erarbeitung einer inoffiziellen Einschätzung in bezug auf den gegenwärtigen und weiteren Gesundheitszustand" der Frau.[101] Oberst Häbler antwortete ihm einige Wochen später, es

---

99 Vgl. z. B. BStU, ASt Suhl, AIM 221/94, Teil II, Bd. 1, Bl. 52 f.
100 Im Rahmen eines „Operativ-Planes" soll eine „Rücksprache mit dem verantwortlichen Mitarbeiter der KD [...] für das [...] -Krankenhaus zur Prüfung, wieweit über die OV-Person aussagefähige Krankenunterlagen vorhanden sind", erfolgen; BStU, ZA, AOP 2327/83, Bd. 1, Bl. 66. In Bd. 2, Bl. 22 f. findet sich eine Information des Führungsoffiziers über die mündliche Einschätzung eines GMS-Arztes zur Patientin anhand ihrer Behandlungsunterlagen.
101 Schreiben von Oberstleutnant Gützlaff, Leiter der Abt. VIII der BV Berlin, an Oberst Häbler, Leiter der Abt. XX/1 der BV Berlin, vom 8.5.1986, Tgb.-Nr. 3049/86; BStU, ASt Berlin, A 122, Aktenordner „Zentrale Poliklinik der Bauarbeiter".

seien „entsprechend ihres Informationsbedarfes [...] in der Poliklinik der Bauarbeiter inoffizielle Ermittlungen geführt" worden, erörterte ausführlich das Krankheitsbild der Frau einschließlich der Behandlung und Prognose und fügte am Ende den Satz hinzu: „Diese Information wurde unter Umgehung der ärztlichen Schweigepflicht erarbeitet und unterliegt strengster Geheimhaltung."[102] Der Hinweis scheint sich auch hier auf die Nutzung der Informationen durch das MfS bezogen zu haben, durch die die schweigepflichtverletzenden IM-Ärzte nicht „dekonspiriert" werden sollten.

Angesichts der kategorischen Behauptung der „Speichernutzungsordnung", die operativen Mitarbeiter des MfS könnten auf dem Weg über die Abteilungen XX jederzeit und wie aus einem offenen Buch unter dem Titel „Informationsspeicher F 02" Patientendaten abfragen, erscheint der Anteil der in den IM-Akten gefundenen Schweigepflichtverletzungen eher niedrig. Wahrscheinlich war die 1983 und 1989 angeordnete „Nutzung" der „Informationsspeicher" des Gesundheits- und Sozialwesens der DDR durch das MfS in der Praxis nicht so weitgehend, wie das allein nach der „Speichernutzungsordnung" des MfS zu befürchten ist. Für die Interpretation des als Tatsache behaupteten Zugriffs auf Informationen über Krankenhauspatienten als Wunschdenken des MfS spricht auch die Feststellung, daß die IM einiger medizinischer Einrichtungen, wie beispielsweise der Bezirksnervenklinik Brandenburg, mit marginalen Ausnahmen nicht über Patienten befragt worden sind.[103]

In der „Speichernutzungsordnung andere Organe" des MfS wurden außer den beiden genannten noch sechs weitere „Informationsspeicher im Bereich des Gesundheits- und Sozialwesens" der DDR beschrieben. Unter den Kennziffern „F 03", „F 04" und „F 05" wurde jeweils wieder der Hinweis gegeben, daß „bei der Nutzung [...] unbedingt zu beachten" sei, „daß Auskünfte der ärztlichen Schweigepflicht unterliegen."

Mit der Kennziffer „F 04" war der „Informationsspeicher der Abteilung Gesundheits- und Sozialwesen beim Rat des Kreises" bezeichnet. Über ein an die Kreisdienststellen des MfS gerichtetes Auskunftsersuchen sollten daraus „Angaben zu Schwerbeschädigten (Unfall- und Krankengeschichte), zu pflegebedürftigen Personen (einschließlich psychiatrischer Betreuung) und Empfängern einer staatlichen Unterstützung, zu verheirateten oder zum Unterhalt verpflichteten Angehörigen der NVA im Grundwehrdienst, zu sozial betreuten Rentnern, zu Personen, die Träger meldepflichtiger Krankheiten sind (vor allem Geschlechtskrankheiten)", bezogen werden.

Informationen über Geschlechtskranke konnte das MfS seiner „Speicher-

---

102 Schreiben von Oberst Häbler, Leiter der Abt. XX/1 der BV Berlin, an den Leiter der Abt. VIII der BV Berlin vom 24.7.1986, Tgb.-Nr. 9723/86; ebenda.
103 Nur in einem der elf ausgewerteten Aktenvorgänge über die IM-Tätigkeit von Beschäftigten der Bezirksnervenklinik Brandenburg fanden sich Berichte über (mehr als zwanzig) forensisch-psychiatrische Patienten. Vgl. BStU, ASt Potsdam, BRB 122, Teil II, Bde. 1 und 2.

nutzungsordnung" zufolge noch aus zwei weiteren Quellen einholen. Erstens hätten die Kreisdienststellen bei „Vorliegen von Hinweisen, daß die zu überprüfende Person Geschlechtsverkehr mit häufig wechselnden Personen ausübt" – wobei es sich bezeichnenderweise „um eine weibliche Person handeln" mußte – im „Informationsspeicher der Abteilung K beim VPKA über HWG-Personen"[104] unter der Kennziffer „B 06" Angaben „zur Person, zu den Gründen der Erfassung [und] zu Geschlechtskrankheiten" einholen können.[105]

Zweitens waren über den Leiter der Abteilung XX der MfS-Bezirksverwaltung Berlin aus dem „Informationsspeicher der Zentralstelle zur Bekämpfung der Geschlechtskrankheiten" unter der Kennziffer „F 06" Angaben „zur ein- und mehrmaligen Behandlung des Patienten (ambulant und stationär mit Orts- und Zeitangaben) [und] zu Kontaktpersonen der erkrankten Person" zu erlangen.[106] Obwohl sich auch unter „F 06" kein „Informationsspeicher" im landläufigen Sinne verbarg, scheint es sich bei diesem ausdrücklich auf Ostberlin begrenzten Informationspool um eine weniger diffizile Angelegenheit als bei „F 02" gehandelt zu haben. Der Hinweis auf die Berliner Bezirksverwaltung des MfS führt zu einer inoffiziellen Quelle des Referates XX/1 im Städtischen Klinikum Berlin-Buch. Aus der IM-Akte des stellvertretenden Chefarztes der dortigen Hautklinik erfährt man, was es mit dem Berliner Informationsspeicher „F 06" des MfS auf sich hatte. Der Facharzt für Haut- und Geschlechtskrankheiten sei 1978 von Führungsoffizieren des Referates XX/1 der MfS-Bezirksverwaltung Berlin für die inoffizielle Zusammenarbeit geworben worden, um bei der „Beschaffung von wertvollem, operativ-nutzbarem kompromittierenden Material und bei der Aufklärung operativ bedeutsamer Kontaktverbindungen" durch zielgerichtete Befragung von geschlechtskranken Patienten zu helfen. Als IMS „Wolfgang Hempel" habe der Arzt seine persönliche inoffizielle Kartei über „Infektionsquellen von Geschlechtskrankheiten aus der BRD/WB [Westberlin] und dem sonstigen NSW [nichtsozialistischen Wirtschaftsgebiet]" zu Verfügung gestellt und sei „maßgeblich daran beteiligt [gewesen], Informationen zum Speicher Geschlechtskrankheiten zu erarbeiten". Im Dezember 1988 erhielt der IM vom MfS 200 Mark als Prämie dafür, „in der Vergangenheit eine Vielzahl von Informationen" geliefert zu haben, „die der ärztlichen Schweigepflicht unterliegen."[107]

Der in der „Speichernutzungsordnung" unter der Kennziffer „F 05" aufgeführte „Informationsspeicher des FDGB-Kreisvorstandes, Sozialversicherung" sollte, wiederum über die Kreisdienststellen, den operativen Diensteinheiten des MfS erlauben, Auskünfte „zu Rentenzahlungen, Anträgen auf

---

104 „Informationsspeicher der Abteilung Kriminalpolizei beim Volkspolizeikreisamt über Personen mit häufig wechselndem Geschlechtspartner".
105 Ordnung Nr. 4/89, Anlage 2, B 06; BStU, ZA, DSt 103620.
106 Ebenda, F 06.
107 BStU, ASt Berlin, AIM 6018/91, Teil I, Bd. 1.

Rente, Invalidisierungsnachweisen, Stellungnahmen der Ärztekommissionen, beantragte/realisierte Kuren [und] zu beantragten Heil- und Hilfsmitteln" zu bekommen.[108]

Als „F 07" war der „Informationsspeicher 'Rentenempfänger'" und als „F 08" der „Informationsspeicher 'Orthopädie'", beide „beim Bundesvorstand des FDGB", bezeichnet. Auskunftsersuchen aus diesen beiden Datensammlungen sollten im MfS an die Hauptabteilung XVIII/2 gerichtet werden. Zu erfahren waren aus dem erstgenannten Speicher „Angaben zur Person, zur Art der Rente (Alters-, Invaliden-, Hinterbliebenen-, Waisen- und Halbwaisenrente, Unfallrente), zum Zeitpunkt des Renteneintritts [und] zur Höhe der Rente." Aus „F 08" sollten „Angaben zur Person, zur Art des orthopädischen Hilfsmittels bzw. Hörgeräts [und] zum Zeitpunkt des Erhaltes der Mittel" eingeholt werden können.

Bei den tatsächlich als solchen vorhandenen „Informationsspeichern" der Polizei und der FDGB-Vorstände besteht wenig Anlaß zu bezweifeln, daß das MfS darauf wirklich ungehinderten Zugriff hatte. Die unter der Kennziffer „F 02" suggerierte Vorstellung eines vom MfS ähnlich verfügbaren Speichers der Daten von Krankenhauspatienten ist hingegen unzutreffend. Daß der Realisierung des Mielke-Traums vom gläsernen DDR-Bürger bis zum Ende der DDR noch einiges entgegenstand, zeigt die nachfolgende Aktenauswertung.

### 3.2.3. Analyse von 170 IM-Akten

Um den Anteil von Verletzungen beruflicher Pflichten durch Mitarbeiter des DDR-Gesundheitswesens, die inoffiziell mit dem MfS kooperierten, und deren Auswirkungen für die betroffenen Patienten festzustellen, wurden MfS-Akten über IM im DDR-Gesundheitswesen sowie MfS-Akten über die darin erwähnten Patienten systematisch ausgewertet. Die nachfolgenden Aussagen stützen sich auf die Auswertung von 170 IM-Akten-Vorgängen, von denen 157 vollständig und 13 unvollständig vorlagen. Es handelt sich um die Personal- und die Arbeitsakten[109] von inoffiziellen Mitarbeitern, die

---

108 Ordnung Nr. 4/89, Anlage 2, F 05.
109 Teil I des IM-Aktenvorgangs beinhaltet eine Art Personalakte über den betreffenden IM, in der z. B. sein Bekanntwerden, die Ermittlungen des MfS einschließlich der Berichte anderer IM zu seiner Person, Protokolle der Gespräche von MfS-Mitarbeitern mit dem IM über dessen persönliche Angelegenheiten, seine Anwerbung, seine Verpflichtung, gegebenenfalls seine schriftliche Verpflichtungserklärung, Personenstandsänderungen, betriebliche Beurteilungen und ähnliches enthalten sind. Teil II des IM-Aktenvorgangs beinhaltet die Protokolle über die Treffen der Führungsoffiere mit dem IM und dessen Berichte: meist Abschriften von Tonbandmitschnitten der mündlichen IM-Berichte, seltener vom IM selbst schriftlich verfaßte Berichte, mitunter vom IM übergebene Materialien, die seine Aufträge zu anderen Personen oder Sachverhalten betreffen, z. B. Fotos, Briefe und anderes. Beide Aktenteile, die Personalakte (I) und die Arbeitsakte (II), können jeweils einen oder mehrere Bände umfassen.

in verschiedenen Berufen im Gesundheitswesen der DDR tätig waren.[110] Diese Akten wurden in den meisten Fällen durch gezielte Namensüberprüfung in den Karteien des MfS und zum Teil im Zuge weiterer Recherchen herausgefunden.

Die bisher getroffenen Feststellungen über die unterschiedliche Häufigkeit von IM in den einzelnen Berufsgruppen und das gehäufte Vorkommen von IM in den Chefetagen spiegeln sich auch in der Zusammensetzung der ausgewerteten IM-Akten-Vorgänge wieder, wobei die besondere Häufung von Psychiatriemitarbeitern ein Resultat der Prioritäten bei dieser Recherche ist.

Von den Personen, deren IM-Akten ausgewertet wurden, waren 66 Psychiater und 61 Ärzte anderer Fachrichtungen, zwölf Krankenpfleger und acht Krankenschwestern, fünf Psychologen und vier Arztsekretärinnen sowie 14 Angehörige verschiedener anderer Berufe im Gesundheitswesen.

Neunundzwanzig der 61 IM-Ärzte (48 Prozent) und 46 der 66 IM-Psychiater (70 Prozent) waren in leitenden Positionen tätig. Von den 46 leitenden Psychiatern waren zur Zeit ihrer IM-Tätigkeit 15 als ärztliche Direktoren psychiatrischer Krankenhäuser, 22 als Chef- und neun als Oberärzte tätig. Bei den IM aus dem Krankenpflegepersonal ist die Cheflastigkeit nicht ganz so deutlich, aber auch zu bemerken. Von den acht Krankenschwestern war eine als Oberin, zwei waren als Oberschwestern tätig. Unter zwölf IM-Krankenpflegern waren zwei Oberpfleger.

Nur 33 der 170 inoffiziellen Mitarbeiter waren Frauen (unter 20 Prozent) gegenüber 137 (über 80 Prozent) Männern, wobei die Verteilung der Geschlechter unter den Berufstätigen im Gesundheitswesen der DDR sonst eher umgekehrt gewesen sein dürfte. Das entsprach der extremen Unterrepräsentanz in dem „männerbündisch" organisierten MfS-Apparat[111], den eine frühere MfS-Mitarbeiterin 1993 einmal als „Patriarchat im Patriarchat" bezeichnet hat[112]. Zum Vergleich lag der Frauenanteil unter den im Jahre 1989 von der Bezirksverwaltung Rostock geworbenen IM bei zehn Prozent[113].

Das MfS teilte seine inoffiziellen Mitarbeiter in verschiedene Kategorien ein. Von den 170 IM im Gesundheitswesen, deren Aktenvorgänge ausgewertet wurden, hatte das MfS 117 als IMS[114] (69 Prozent) kategorisiert, 17

---

110 Sieben Ärzte, die nach vorliegenden Karteikarten langjährig als IM für das MfS tätig waren, wurden nicht mit einbezogen, da bisher keine Unterlagen zu ihrer IM-Tätigkeit aufgefunden wurden.
111 Vgl. Frauen und die Stasi, in: Weibblick (Informationsblatt von Frauen für Frauen), Heft 16/1994; Jens Gieseke: Die hauptamtlichen Mitarbeiter des Ministeriums für Staatssicherheit. (Anatomie der Staatssicherheit, Geschichte, Struktur und Methoden. MfS-Handbuch, Teil IV/1), BStU, Berlin 1995, S. 53–57: Frauen im MfS.
112 Die Stasi – das Patriarchat im Patriarchat. Interview mit einer ehemaligen Hauptamtlichen zur Arbeit von Frauen im MfS, in: die tageszeitung vom 8.3.1993.
113 Vgl. BStU, ASt Rostock, Unabhängiger Untersuchungsausschuß (UUA) 11, Bl. 1–123 bzw. Müller-Enbergs: IM-Statistik, S. 13.
114 Es handelte sich, genauer gesagt, um 115 IMS (Inoffizielle Mitarbeiter Sicherheit) und 2 GI (Geheime Informatoren). GI war die ältere Bezeichnung für IMS bis 1968.

als IMB (zehn Prozent), 21 als GMS (zwölf Prozent), neun als IME (fünf Prozent), drei als IMK/KW[115] (zwei Prozent), einen als IKM[116] und zwei in anderen Spezialkategorien[117]. Manche IM wurden im Laufe der Zeit in andere Kategorie umregistriert. Aus Gründen der Übersichtlichkeit wird für jeden IM nur die Kategorie angegeben, der er oder sie die meiste Zeit zugeordnet war.

„IM zur politisch-operativen Durchdringung und Sicherung des Verantwortungsbereiches (IMS)"[118] war die am häufigsten vergebene IM-Kategorie. Sie bezeichnete den gewöhnlichen inoffiziellen Mitarbeiter der „Abwehr".

Die Kategorie „IMB" hingegen, definiert als „IM der Abwehr mit Feindverbindungen bzw. zur unmittelbaren Bearbeitung im Verdacht der Feindtätigkeit stehender Personen",[119] stellte eine höhere Qualifizierungsstufe dar und wurde vom MfS erst vergeben, wenn die Betreffenden sich in der konspirativen Arbeit bewährt hatten. „IMB" ist eine IM-Kategorie, die häufig darauf hindeutet, daß der IM sich im Auftrag des MfS in das Vertrauen eines ihm nahestehenden Menschen eingeschlichen hatte oder ein bestehendes Vertrauensverhältnis zu einem guten Freund, Bekannten oder Verwandten im Auftrag des MfS ausnutzte.[120]

Sowohl bei den GMS als auch bei den IME handelte es sich zumeist um leitende Ärzte. Das entspricht dem bereits beschriebenen Bestreben des MfS, IM in „Schlüsselpositionen" zu gewinnen.

Da sich die Definitionsmerkmale der verschiedenen IM-Kategorien teilweise überschnitten, hing ihre Vergabe mitunter eher vom Ermessen der Führungsoffiziere oder von regionalen Gepflogenheiten ab. Ein leitender Arzt, der vom MfS zur inoffiziellen Zusammenarbeit gewonnen wurde, konnte als IMS, GMS oder IME eingestuft werden. So bevorzugten zum Beispiel die MfS-Männer im Bezirk Karl-Marx-Stadt anscheinend die Kategorisierung als IME, denn die von ihnen so bezeichneten Ärzte taten als IM ungefähr das gleiche wie ihre Kollegen, die in anderen Bezirken als IMS oder GMS geführt wurden.[121]

---

115 IMK/KW waren solche IM, die dem MfS für konspirative Treffen mit anderen IM ihre privaten oder dienstlichen Räume zur Verfügung stellten.
116 IKM waren inoffizielle Mitarbeiter des Arbeitsgebietes 1 der Kriminalpolizei (K I), das ähnlich wie das MfS mit konspirativen Mitteln und Methoden arbeitete, jedoch nicht politische, sondern kriminelle Delikte vorbeugend zu verhindern und aufzuklären suchte.
117 Bei manchen IM nahm das MfS im Laufe der Jahre Umkategorisierungen vor. Hier wurde der Übersichtlichkeit wegen immer nur die langjährigste oder bedeutendste Kategorie des IM angegeben.
118 Richtlinie 1/79, in: Müller-Enbergs: Inoffizielle Mitarbeiter, S. 314f.
119 Ebenda, S. 316–318.
120 Am bekanntesten wurden Knut Wollenberger, der als IMB „Donald" seine Ehefrau Vera überwachte, sowie Monika H. alias IMB „Karin Lenz" (vgl. Irena Kukutz und Katja Havemann: Geschützte Quelle, Berlin 1990) und der zeitweilige Vorsitzende der DDR-SPD Manfred (Ibrahim) Böhme alias IMB „Paul Bonkartz" bzw. „Maximilian" (vgl. Birgit Lahann: Genosse Judas, Berlin 1992), die über viele Jahre ihre engsten Freunde verrieten.
121 Vgl. IME „Haber", Karl-Marx-Stadt XIV/395/79 mit GMS „Titel", Potsdam KWH 603 und IME „Horst", Karl-Marx-Stadt XIV 50/80 mit IMS „Ulrich", Leipzig XIII 648/78.

Kennzeichnender als die formale Kategorie eines IM ist das, was er oder sie tatsächlich getan hat. Das war bei IM, auch bei solchen derselben Kategorie, durchaus unterschiedlich. So haben keinesfalls alle im Gesundheitswesen tätigen IM ihre berufliche Schweigepflicht verletzt, indem sie ihren Führungsoffizieren über Patienten berichteten. Die Erwähnung von Patienten ist in 63 der 170 untersuchten IM-Vorgänge, das heißt bei 37 Prozent der IM festzustellen. Die Erwähnung oder das Fehlen von IM-Aktivitäten, die sich auf Patienten bezogen, wurden zum Unterscheidungskriterium zweier Hauptgruppen von IM gemacht. Nachfolgend wird anhand von Beispielen zunächst auf die knapp zwei Drittel der untersuchten IM-Vorgänge eingegangen, in denen keine Patienten erwähnt wurden, und anschließend auf das mehr als ein Drittel der IM-Akten, in denen auf Patienten bezogene MfS-Aktivitäten festgehalten sind. Dabei wird versucht, nach der Art der erfüllten Aufträge, die auch innerhalb der beiden Hauptgruppen unterschiedlich war, verschiedene IM-Typen voneinander abzugrenzen.

Bei allem, was nachfolgend über den Inhalt der 170 ausgewerteten IM-Vorgänge geschrieben wird, sind die ermittelten Zahlen eines IM-Anteils von ein bis zwei Prozent unter den Beschäftigten des Gesundheitswesens insgesamt, sowie von ungefähr drei bis fünf Prozent der Ärzte im Blick zu behalten. Es geht dabei nicht um das typische, sondern um das ethisch verwerfliche Tun einer kleinen Minderheit von medizinisch Tätigen in der DDR.

### 3.2.4. Verletzung der beruflichen Schweigepflicht durch IM im Gesundheitswesen

Die Werbung von inoffiziellen Mitarbeitern unter den Beschäftigten des DDR-Gesundheitswesens wurde so gut wie immer mit der Notwendigkeit einer Überwachung des medizinischen Personals und insbesondere der Ärzte begründet. Die in den IM-Arbeitsakten (Teil II) protokollierten Inhalte der Treffberichte entsprechen zum großen Teil den Zielstellungen bei der IM-Werbung, wobei es in 107 der 170 ausgewerteten Akten (63 Prozent) von IM im Gesundheitswesen ausschließlich und in den übrigen 63 Vorgängen (37 Prozent) überwiegend um folgende Themen geht: Informationen über Mitarbeiter des Gesundheitswesens, die Anträge auf Westreisen in dringenden Familienangelegenheiten oder auf Übersiedlung in den Westen gestellt hatten; mehr oder weniger denunziatorische Petzereien über Kollegen, mehr oder weniger erotisch eingefärbte Klatschgeschichten; allgemeine und politische Stimmungsberichte; Mitteilungen über Mängel, Mißstände und Probleme in den jeweiligen medizinischen Einrichtungen; speziell für das MfS gefertigte Reiseberichte aus Anlaß von Tagungsbesuchen und anderen Dienstreisen ins Ausland sowie über Westkontakte im Rahmen von Wissenschaft und Forschung.

In 63 der 170 IM-Berichtsakten (37 Prozent) sind zusätzlich Informationen über Patienten eingestreut. Diese 63 IM-Akten-Vorgänge, in denen Patienten erwähnt werden, verteilen sich sehr unterschiedlich auf die verschiedenen Berufsgruppen der im DDR-Gesundheitswesen Tätigen:

Von den fünf IM-Psychologen haben alle dem MfS unter Verletzung ihrer Schweigepflicht über Patienten berichtet. Da die Gruppe sehr klein ist, dürfen wohl keine allzu weitreichenden Schlußfolgerungen aus dieser hundertprozentigen Übereinstimmung von IM-Tätigkeit und Schweigepflichtverletzungen gezogen werden.

Die Gruppe der Ärzte ist größer und läßt schon eher Aussagen zu. Von den insgesamt 127 IM-Ärzten, deren Akten ausgewertet wurden, haben 54 (42,5 Prozent) im Rahmen ihrer IM-Tätigkeit die ärztliche Schweigepflicht verletzt. Dabei sind signifikante Unterschiede zwischen Psychiatern und Ärzten anderer Fachrichtungen festzustellen. Es waren in 41 von 66 IM-Akten von Psychiatern (62 Prozent), jedoch nur in 13 von 61 IM-Akten anderer Fachärzte (21 Prozent) Hinweise auf Schweigepflichtverletzungen zu finden.

Bei Angehörigen des Krankenpflegepersonals, insbesondere bei Krankenschwestern, die als IM tätig waren, sind Berichte über Patienten viel seltener. Bei drei von zwölf Pflegern (25 Prozent) und bei nur einer von acht Schwestern (zwölf Prozent) fanden sich Hinweise auf Schweigepflichtverletzungen in den IM-Akten, wobei es sich bei der einen Krankenschwester nur um eine einzige Erwähnung eines Patienten im Verlauf einer achtjährigen IM-Tätigkeit handelte und auch diese Erwähnung eher unbedeutend war.

In den ausgewerteten IM-Akten von vier Chefarztsekretärinnen wurde an keiner Stelle ein Patient erwähnt. Das in diesen Akten dokumentierte Interesse des MfS bezog sich fast ausschließlich auf Ärzte und in einigen wenigen Fällen auf andere Mitarbeiter der jeweiligen Krankenhäuser.

Die 14 IM-Aktenvorgänge von Angehörigen anderer Berufsgruppen im Gesundheitswesen enthielten ebenfalls keine Angaben über Patienten. Die Weitergabe von Informationen beispielsweise durch eine Kaderleiterin über das medizinische, insbesondere das ärztliche Personal einer Poliklinik und ähnliche Vorgänge, wurden hier nicht berücksichtigt, sondern ausschließlich auf Patienten bezogene Schweigepflichtverletzungen durch medizinisch Tätige.

Die in der Berufsgruppe der Ärzte relativ gehäuft festgestellten Berichte über Patienten stammen selten vom Beginn der IM-Tätigkeit eines Arztes. Die typische Dynamik der ärztlichen Schweigepflichtverletzung schien vielmehr so zu verlaufen, daß es im Laufe einer jahre- oder jahrzehntelangen inoffiziellen Zusammenarbeit mit dem MfS bei einem Teil der als IM tätigen Ärzte – und Psychologen – irgendwann auch zu Berichten über Patienten kam. Es scheint so etwas wie einen distanzmindernden Gewöhnungseffekt zwischen den IM und ihren Führungsoffizieren gegeben zu haben. Zu dieser

Feststellung paßt, daß es in IM-Akten selten ausdrückliche Vermerke dazu gibt, wie der betreffende IM es mit der ärztlichen Schweigepflicht hielt. Gelegentlich kommt aber auch das vor, wie folgender Satz in der Einschätzung der IM-Tätigkeit eines gynäkologischen Chefarztes belegt: „Der IM spricht auch bei Notwendigkeit über Dinge, die der ärztlichen Schweigepflicht unterliegen."[122]

Unter den IM, die ihre berufliche Schweigepflicht verletzt haben, sind alle IM-Kategorien, allerdings anteilig verschieden, vertreten. So haben nach Aktenlage 39 von 117 IMS (33 Prozent), sechs von 21 GMS (29 Prozent), acht von neun IME (89 Prozent) und sechs von 17 IMB (33 Prozent) ihre Schweigepflicht verletzt. Der Anteil der schweigepflichtverletzenden IM lag demnach bei den Kategorien IMS, GMS und IMB bei etwa einem Drittel, während der Anteil von Schweigepflichtverletzungen bei den IME mit fast 90 Prozent dreimal so hoch war.

Zu den IMB, bei denen schon an der Kategorie erkennbar ist, daß sie wahrscheinlich enge Vertrauensbeziehungen zu anderen Menschen für Aufträge des MfS mißbraucht haben, sollen einige weiterführende Erläuterungen gegeben werden. In den IM-Akten von zwei Dritteln der 17 im Gesundheitswesen tätigen IMB wurden Patienten mit keiner Silbe erwähnt, die schändlichen IMB-Aktivitäten richteten sich zumeist gegen Ärzte oder Personen außerhalb des Gesundheitswesens. Bleiben beunruhigende fünf IMB, in deren IM-Akten es auch um Patienten geht. Alle fünf IM waren ursprünglich zur Überwachung eines anderen Personenkreises als Patienten geworben worden. Bei zweien von ihnen gehörten die Patienten auch nicht zu jenen Zielpersonen, die für das MfS der Anlaß zur Qualifikation als IMB gewesen waren. Diese beiden IMB haben neben ihren eigentlichen Aufträgen gelegentlich auch über Patienten berichtet, waren aber nicht direkt auf Patienten angesetzt. Bei den drei übrigen IMB jedoch gehörten auch Patienten zu den Opfer ihrer vom MfS erteilten besonders weitgehenden IMB-Aufträge.

Im ersten Fall handelt es sich um einen praktischen Arzt, der „1971 auf der Basis der Wiedergutmachung" in der Untersuchungshaft geworben worden war.[123] Daß er sich, um den ihm zugedachten fünf Jahren Freiheitsentzug zu entgehen, in der Drucksituation der Haft eine schriftliche IM-Verpflichtung hat abpressen lassen, darf wohl niemand verurteilen, der sich selbst niemals in einer solchen Situation befunden hat. Schwer verzeihlich hingegen erscheint der anschließend jahrzehntelang betriebene Verrat dieses Arztes, der unter dem Decknamen „Dr. Munkwitz" dokumentiert ist. Schon als „Einsatzrichtung" des IMB war in einer Konzeption vom 15. März 1978 die „Aufdeckung, Bearbeitung und vorbeugende Zurückdrängung negativer und feindlicher Erscheinungen" nicht nur „unter der medizinischen Intelli-

---

122 BStU, ASt Leipzig, MfS-Registriernummer XIII 196/86, Teil I, Bd. 1, S. 40.
123 BStU, ASt Leipzig, AIM 498/91, Teil I, Bd. 1, Bl. 161.

genz" genannt worden, sondern auch unter „dem Kreis der Patienten aus dem Einzugsgebiet Naunhof, darunter besonders der Gewerbetreibenden, einem Schriftsteller, rechtswidrig Ersuchender auf Übersiedlung und Rückverbindungen"[124] von in den Westen übergesiedelten Personen in die DDR.

„Dr. Munkwitz" hatte 1960, als die SED mit Zugeständnissen versuchte, die Ärzte im Lande zu halten, eine Privatpraxis in seinem kleinen Ort eröffnen können, war dort jahrzehntelang als niedergelassener Arzt tätig, hatte einen großen Patientenstamm und genoß entsprechendes Vertrauen in der Bevölkerung. Die MfS-Offiziere der Kreisdienststelle (KD) Grimma hielten es außerdem für eines seiner operativ besonders interessanten Merkmale, daß der IM ein „vorbestrafter Staatsverbrecher (Spion)"[125] gewesen sei, offenbar in der Erwartung, andere „Staatsfeinde" würden sich ihm dadurch eher anvertrauen. Der Arzt nutzte seine Position unter anderem dazu aus, Patienten und Kollegen auszuhorchen und seinem Führungsoffizier, Major Neidhardt von der KD Grimma, detailliert zu berichten. Major Knöfler schrieb 1978, mehrfache Überprüfungen des IMB hätten „seine Ehrlichkeit, Zuverlässigkeit und den Beweis zur Bereitschaft, im Auftrage des MfS aktiv zu handeln", erbracht. Er sei „ein gut ausgebildeter, qualifizierter IM", an dem das MfS besonders sein „Wissen, Können und Beherrschung der Psychologie als Dr. med." in Verbindung „mit seiner Kontaktfreudigkeit, Anpassungsfähigkeit, Raffinesse in der Anwendung von Legenden und seiner Willigkeit in der Zusammenarbeit" schätzte.[126] Am 16. November 1987 notierte Major Neidhardt, der IMB „Dr. Munkwitz" käme „bis zur Gegenwart sach- und personenbezogen zum Einsatz". Er würde beispielsweise die Pläne, Absichten und Aktivitäten eines seiner Patienten, der in einem Operativen Vorgang bearbeitet wurde, kontrollieren, insbesondere auch die Verbindungen des Mannes zu seinem in die Bundesrepublik ausgereisten Sohn. Neben der „Erarbeitung eines aussagekräftigen Persönlichkeitsbildes" eines „Verdächtigen" hatte „Dr. Munkwitz" den evangelischen Pfarrer des Ortes aufzuklären, „Personeneinschätzungen aus dem Patienteneinzugsbereich" zu erarbeiten und eine Patientin, die einen Ausreiseantrag gestellt hatte, „zu ihren Plänen/Absichten zur Forcierung der Antragstellung" abzuschöpfen.[127]

Man fragt sich, was den gut situierten und viel beschäftigten Arzt dazu bewegen konnte, sich über Jahrzehnte hinweg jeden Monat einmal „pünktlich" in einer konspirativen Wohnung mit einem MfS-Offizier zu treffen und politische, aber auch sehr persönliche Informationen über seine Patienten und Bekannten zu liefern, also Dinge zu tun, die seiner anerkannten Rolle als ärztlicher Vertrauensperson völlig entgegengesetzt waren. Sein Führungsoffizier hatte 1978 eingeschätzt, daß „die Motive zur Zusammenarbeit [...] anfangs nur im Wiedergutmachungswillen" bestanden hätten, sich dann

---

124 Ebenda, Bl. 162.
125 Ebenda, Bl. 294.
126 Ebenda, Bl. 161.
127 Ebenda, Bl. 277.

jedoch „auf teils vorhandene politische Einsicht, materielle Interessiertheit und Erlangung von Vorteilen, wie z. B. der Beschaffung von Interhotelplätzen und Auslandsreisen" erweitert hätten.[128] Es war eher die Ausnahme von der Regel, daß das MfS seine IM in der DDR für ihre inoffiziellen Leistungen bezahlte. „Dr. Munkwitz" gehörte seiner IM-Akte zufolge zu denen, die sich ab und zu „in Anerkennung geleisteter inoffizieller Arbeitsergebnisse finanzielle Zuwendungen" überreichen ließen und dem MfS Beträge von einigen hundert Mark „ohne Vorbehalt" quittierten.[129] Nicht nur Art und Umfang der Verratshandlungen des IMB heben diese als moralisch besonders verwerflich von der Tätigkeit der meisten anderen IM ab, sondern auch die Tatsache, daß er es für Geld tat.

Der zweite IMB, dessen Akten inoffizielle Aktivitäten im Auftrag des MfS belegen, die sich auch auf Patienten richteten, arbeitete als Internistin im Städtischen Klinikum Berlin-Buch. Die Ärztin war als IMV[130] „Frau Lucas" jahrelang auf einige „negative Intellektuelle" und deren Freundeskreis angesetzt. Bei dem Auftrag des MfS, in das Vertrauen der interessierenden Personen „einzudringen", spielte auch die berufliche Rolle des IM als Ärztin eine Rolle. „Frau Lucas" berichtete über Gesprächsinhalte und Liebesverhältnisse in dem das MfS interessierenden Personenkreis, gelegentlich auch über eine Abmagerungskur, eine Unterleibsoperation oder den nervlichen Zustand einzelner Frauen. Dabei versuchten die MfS-Offiziere mindestens zweimal, die IM-Ärztin aktiv in die operative Bearbeitung einer prominenten oppositionellen Künstlerin einzubeziehen, die ihren Niederschlag in einem vielbändigen Operativen Vorgang fand.[131] So erhielt „Frau Lucas" beispielsweise am 11. Juni 1981 den Auftrag, selbst die Verbindung zu der Künstlerin (deren Name aus Datenschutzgründen geändert wurde) herzustellen:

„Mit dem IM wurden die Auftragserteilung und seine Verhaltensweise im Zusammenhang mit der medizinischen Behandlung der Jacobi ausführlich beraten. Zielstellung:
- persönliche Behandlung über einen längeren Zeitraum, eventuell mit Krankenhausaufenthalt, durch den IM,
- Herstellung eines Vertrauensverhältnisses als Arzt mit regelmäßigen Besuchen in der Wohnung der Jacobi,
- während der Untersuchung und Diagnostik im Zusammenhang mit den sich auswirkenden Umweltfaktoren, Konflikten und psychischen Belastungen Angaben der Jacobi über Einschätzung ihrer gegenwärtigen Situation, ihren Plänen und Absichten, einschließlich ihres Intimpartners ermitteln."[132]

---

128 Ebenda, Bl. 161.
129 Ebenda, Bl. 287.
130 IMV: Vorgängerkategorie zu IMB, bezeichnet etwa dieselben IM-Merkmale.
131 BStU, ZA, AOP [Signatur entfällt aus Anonymisierungsgründen], 13 Bde.
132 IM-Akte „Frau Lukas"; BStU, ASt Berlin, AIM 5910/91, Teil II, Bd. 1, Bl. 96.

Anscheinend kam die geplante stationäre Aufnahme nicht zustande, jedenfalls deutet weder in der IM-Akte der Ärztin noch im Operativen Vorgang (OV) der Künstlerin etwas darauf hin. Allein der zitierte Plan zum Einsatz der Ärztin läßt zumindest im Planungsstadium erkennen, in welcher Weise das MfS die IM-Ärztin instrumentalisieren wollte.

Der dritte IMB, dessen Aktivitäten sich laut Aktenlage zum Teil gegen Patienten richteten, war Chirurg im Krankenhaus Gransee. Er wurde 1982 vom IMS zum IMB umregistriert, um im Rahmen des ZOV „Alias" gegen eine sogenannte „kriminelle Menschenhändlerbande" (KMHB) eingesetzt zu werden. Der Arzt hatte schon einige Jahre lang als IMS mit dem MfS zusammengearbeitet, wobei es um die Überwachung ärztlicher Kollegen gegangen war. Als IMB sollte er 1982 auf einen der „Inspiratoren" der Schleuserorganisation, einen Psychiater aus der DDR, angesetzt werden, dessen Mutter mit einem komplizierten Beinbruch im Krankenhaus Gransee stationär behandelt wurde. Das umfassende MfS-Konzept der „Zersetzung" richtete sich gegen die Organisation, die sich auf die Ausschleusung von Ärzten aus der DDR spezialisiert hatte. In diesem Kontext war die Herstellung „vertrauensvoller Beziehungen zur Mutter des derzeitigen Hauptinspirators der KMHB" und das „Hineinwachsen des IM in eine Hausarztrolle gegenüber der Mutter des [...]" nur Mittel zum Zweck des MfS, „um operativ bedeutsame Anhaltspunkte zu dem derzeitigen Hauptinspirator der KMHB zu erarbeiten, den IM schließlich „in das Blickfeld" des Sohnes der Patientin zu bringen und ihn mit Hilfe des IM so zu verunsichern, daß er keine weiteren Versuche unternimmt, Ärzte aus der DDR auszuschleusen.[133] Der IM-Akte zufolge wurden die Pläne des MfS erfolgreich umgesetzt.

Insgesamt bleibt festzuhalten, daß – wie bei den IMS und GMS – etwa ein Drittel der IM-Ärzte der Kategorie IMB gegen das ärztliche Schweigegebot verstoßen haben.

Der mit 89 Prozent auffällig hohe Anteil von Schweigepflichtverletzungen in der IM-Kategorie der IME bedarf gesonderter Betrachtung. Von den acht IME, die die Schweigepflicht verletzten, waren fünf Psychiater, zwei Psychologen und eine Ärztin, deren Schweigepflichtverletzung sich ebenfalls auf psychisch Kranke bzw. ein psychiatrisches Krankenhaus bezog. Das legt die Vermutung nahe, daß das der IME-Kategorisierung zugrundeliegende Expertentum in psychologisch-psychiatrischen Fachkenntnissen bestand.

MfS-Major Jaekel hatte 1978 in seiner Diplomarbeit über „Besonderheiten in der Zusammenarbeit mit inoffiziellen Mitarbeitern aus der medizinischen Intelligenz" betont, daß „die spezifischen Kenntnisse mancher Arzt-IM, die sie aufgrund ihrer speziellen Ausbildung erworben haben, ge-

---

133 Vorschlag vom Leiter der KD Gransee, Oberstleutnant Tamm, an den Stellvertreter Operativ der BV Potsdam vom 3.3.1982 zur Umregistrierung des IMS „Josef Nöcker" zum IMB; BStU, ASt Potsdam, AIM 192/86, Teil I, Bd. 1, Bl. 9–11.

nutzt werden" sollten. Das beträfe beispielsweise „die ausgeprägte Menschenkenntnis und Einschätzungsfähigkeit von Menschen, die Psychiater besitzen", hatte Jaekel hinzugefügt.[134]

Sieht man sich die IME-Akten im einzelnen an, findet man die Nutzung des speziellen Fachwissens von IM aus dem psychiatrischen Bereich bestätigt. Klar geht der Expertenbezug beispielsweise aus einer Beurteilung von Dr. Hans-Joachim Du Chesne,[135] dem leitenden Arzt der Männerpsychiatrie im Fachkrankenhaus Rodewisch hervor, der in den Akten der Abteilung XX/1 der MfS-Bezirksverwaltung Karl-Marx-Stadt als IME „Haber" geführt wurde:

> „Als Bezirkspsychiater, Chefarzt und Reisekader besitzt der IM umfangreiche Möglichkeiten zur Durchsetzung unserer Interessen. Auf der Grundlage seiner beruflichen Ausbildung und Entwicklung wird der IM genutzt zur Erarbeitung von Einschätzungen und Gutachten über den Gesundheitszustand psychisch Erkrankter, sowohl von IM als auch von Verdächtigen. Darüber hinaus wird er im Rahmen seiner vielseitigen beruflichen und gesellschaftlichen Tätigkeit genutzt zur Aufklärung feindlich-negativer Personen, insbesondere innerhalb der medizinischen Intelligenz."[136]

Das ist ein eher seltenes Beispiel für die Profilbeschreibung eines IM, in der nicht nur auf Patienten gerichtete Aufträge genannt werden, sondern diesen sogar Priorität vor den üblichen, auf Kollegen ausgerichteten IM-Aufgaben eingeräumt wird.

Aus diesen Feststellungen sowie daraus, daß 100 Prozent der IM-Psychologen und 62 Prozent der IM-Psychiater, aber nur 22 Prozent der IM-Ärzte anderer Fachrichtungen ihre berufliche Schweigepflicht verletzten, kann geschlußfolgert werden, daß das Interesse des MfS an Informationen über Patienten sich eher auf psychisch als auf somatisch Kranke richtete.

Die meisten patientenbezogenen Informationen aus der Psychiatrie basierten auf von den Führungsoffizieren in knapper Form protokollierten IM-Berichten. Diese betrafen häufig Aufnahme- und Entlassungsdaten bei Krankenhausaufenthalten oder Diagnosen. Manchmal finden sich Schreibmaschinendurchschläge von Epikrisen[137] in den IM-Akten der Ärzte, etwas

---

134 MfS-Diplomarbeit Eberhard Jaekel 1978, S. 53.
135 Hans-Joachim Du Chesne (Jg. 1934), Dr. med., Lehrersohn aus Eythra bei Leipzig, 1952 Abitur, 1952–54 Krankenpflegeausbildung, 1956–62 Medizinstudium in Leipzig, 1962–64 Assistenzarzt in Zwenkau und Leipzig, 1964–68 Facharztausbildung Neurologie und Psychiatrie im Bezirksfachkrankenhaus Rodewisch, seit 1969 dort Chefarzt der psychiatrischen Männerabteilung, Mitglied der LDPD seit 1958. Vgl. IM-Akte „Haber"; BStU, ASt Chemnitz, MfS-Registriernummer XIV 395/79, Teil I.
136 Ebenda, Teil I, Bd. 1, Bl. 8 f.
137 Epikrise: ärztlicher Abschlußbericht, z. B. über eine Krankenhausbehandlung an den weiterbehandelnden ambulanten Arzt. Wenn sich Epikrisen in OPK- oder OV-Akten der Opfer befinden, ist oft unklar, wie das MfS an diese Dokumente herangekommen ist, finden sich solche Epikrisen jedoch in Arbeitsakten von IM, ist das ein starkes Indiz dafür,

seltener sind von Tonbandaufzeichnungen abgeschriebene, längere mündliche IM-Berichte über Patienten mit Erläuterungen von Krankheitsbildern, Krankheits- und Gefährlichkeitsprognosen sowie Einschätzungen der Zurechnungsfähigkeit. Die Häufigkeit, Qualität und Intensität der Berichterstattung von IM-Ärzten über Patienten war auch innerhalb des psychiatrischen Bereiches sehr unterschiedlich.

Die mit Abstand umfangreichsten Berichte über Patienten fanden sich in der IM-Akte des Arztes Heinz-Jürgen R.[138] Dieser war von 1975 bis 1981 als IM „Silbervogel" tätig und berichtete seinen wechselnden Führungsoffizieren über mindestens 35 Patienten der Nervenkliniken Lübben und Teupitz.[139] Bereits in der „Bestimmung der Einsatzrichtung des IMS 'Silbervogel'" hatte Hauptmann Klaue am 5. März 1975 unter anderen Aufgaben die „Absicherung und Erarbeitung von Beurteilungen von Patienten sowie inoffizieller fachärztlicher Gutachten" beschrieben.[140] „Silbervogel" hätte seine Flut von mündlichen und schriftlichen Petzgeschichten für das MfS gern fortgesetzt, aber die MfS-Offiziere der Kreisdienststelle Königs Wusterhausen stellten die Zusammenarbeit mit ihm 1981 ein.

Platz zwei des traurigen Rekords in der Anzahl der Patienten, über die sie unter Verletzung ihrer ärztlichen Schweigepflicht berichteten, teilen sich Dr. med. Karl-Heinz Wieder[141] und Dr. med. Klaus Hoffmann. In den IM-Akten beider Psychiater finden sich Einschätzungen der Persönlichkeits- oder Krankheitsbilder von jeweils 30 Patienten der von ihnen geleiteten psychiatrischen Krankenhäuser.

Dr. Wieder wurde von 1973 bis 1989 als GMS „Lautenbach" der Kreisdienststelle Dresden-Land geführt. Zu Beginn der Zusammenarbeit war keine Rede von Patienten gewesen, es sollte lediglich um die Ärzte und das medizinische Personal gehen. Im Abschlußbericht vom 15. November 1989 schrieb ein Leutnant Stauch jedoch, daß sich die langjährige inoffizielle Zusammenarbeit „äußerst konstruktiv" gestaltet habe. „Über den GMS" seien „in der Vergangenheit spezifische Aufgabenstellungen, wie Patienteneinschätzungen zu Personen, zu denen seitens des MfS ein operatives Interesse besteht, erarbeitet" worden.[142]

Von Dr. Hoffmann, Chefarzt und stellvertretender ärztlicher Direktor des

---

daß der betreffende IM das Dokument dem MfS übergeben hat, zumal dann, wenn das in den anliegenden Treffprotokollen so vermerkt wurde.
138 IM-Akte „Silbervogel"; BStU, ASt Potsdam, AIM 1895/81, Teil I, Bd. 1.
139 IM-Akte „Silbervogel": Teil I, Bde. 1 und 2 mit insgesamt 382 Bl., Teil II, Bde. 1–3 mit insgesamt 1145 Bl. Treffprotokollen und IM-Berichten.
140 Ebenda, Teil II, Bd. 1, Bl. 7.
141 Karl-Heinz Wieder (Jg. 1920), Dr. med., aus Dresden, Notabitur und Wehrmacht im zweiten Weltkrieg, danach zahnärztlicher Helfer, Medizinstudium, verschiedene ärztliche Tätigkeiten, in der zweiten Hälfte der fünfziger Jahre Facharztausbildung Psychiatrie, 1962–87 ärztlicher Direktor des Bezirkskrankenhauses für Psychiatrie und Neurologie Arnsdorf, SED-Mitglied. Vgl. GMS-Akte „Lautenbach"; BStU, ASt Dresden, AGMS 728/90, 1 Bd., 184 Blatt.
142 Ebenda, Bl. 180.

Wilhelm-Griesinger-Krankenhauses in Berlin, war bereits die Rede als von einem IM, der sich „insbesondere bei der Beschaffung von Angaben über Patienten [...] sehr aufgeschlossen" gezeigt und den Notizen seines Führungsoffiziers zufolge 1978 zum Ausdruck gebracht habe, „daß er bei der Unterstützung des MfS in erster Linie als Genosse handelt und nicht wie andere, auch leitende Mitarbeiter des Krankenhauses Bedenken durch die ärztliche Schweigepflicht sehe."[143] Die in seiner IM-Akte gefundenen 30 Berichte des Psychiaters über Patienten scheinen in der Tat bedenkenlos gegeben worden zu sein. Dr. Hoffmann war von 1978 bis 1981 als GMS „Georg" und anschließend bis Ende Oktober 1989 als IMS „Wilhelm" für das MfS tätig. Bei seinem Wechsel von Berlin nach Hildburghausen in Thüringen im Jahre 1984 änderten sich für ihn nur die Führungsoffiziere, seine inoffizielle Zusammenarbeit mit dem MfS setzte er nahtlos fort.

Weniger sicher in seinem politischen Rollenverständnis, aber nach Aktenlage kaum weniger bereit zu Verletzungen seiner beruflichen Schweigepflicht war ein leitender Arzt der Nervenklinik Neuruppin, Dr. Christoph Göhlert,[144] der von 1982 bis 1989 durch Offiziere der Kreisdienststelle Neuruppin als IMS „Cäsar" geführt wurde. In der IM-Akte finden sich Berichte über mindestens 25 Patienten, wobei die Zahlenangabe insofern etwas unsicher ist, als IM „Cäsar" dem MfS Informationen über weit mehr Personen gab, eine sichere Zuordnung als Patienten jedoch nur bei 25 Personen möglich ist.

Die Zahl der Berichte über Patienten in den IM-Akten anderer Psychiater fällt gegenüber den bisher Genannten deutlich ab, deshalb wird darauf verzichtet, sie einzeln zu referieren.

Es ist gewiß kein Zufall, daß es sich bei drei von vier IM, in deren Akten die meisten Schweigepflichtverletzungen festgehalten sind, um leitende Ärzte handelte. Auch außerhalb von psychiatrischen Krankenhäusern, in „Schlüsselpositionen" der Gesundheitsverwaltung, saßen mitunter inoffizielle Mitarbeiter des MfS, die ihrer Geheimdienstverpflichtung höheren Stellenwert einräumten als ihrem ärztlichen Ethos und deren Schweigepflichtverletzungen in den MfS-Akten so summarisch zusammengefaßt wurden, daß sich ihre Zahl und Art im einzelnen gar nicht nachvollziehen läßt. Erinnert sei an dieser Stelle an den Berliner Bezirksarzt Dr. Jacob, der 1986 unter anderem dafür gelobt wurde, die Abteilung XX/1 der MfS-Bezirksverwaltung Berlin „bei der Beschaffung vertraulichster medizinischer Unterlagen zur Einschätzung operativ interessanter Personen" unterstützt zu ha-

---

143 IM-Akte „Wilhelm"; BStU, ASt Suhl, AIM 221/94, Teil I, Bd. 1, Bl. 70.
144 Christoph Göhlert (Jg. 1945), Dr. med., Arztsohn aus Leipzig, 1963 Abitur an der Thomas-Schule in Leipzig, 1963–65 Krankenpflegerlehre, 1965–71 Medizinstudium, 1971–79 Ausbildung und Tätigkeit als Facharzt für Neurologie und Psychiatrie an der Universitätsnervenklinik Leipzig, 1979 ff. Chefarzt und stellvertretender ärztlicher Direktor der Nervenklinik Neuruppin. Vgl. IM-Akte „Cäsar"; BStU, ASt Potsdam, AIM 3455/89, Teil I, Bde. 1 und 2.

ben.¹⁴⁵ Ähnliche Hinweise auf Schweigepflichtverletzungen finden sich in der IM-Akte des Leipziger Kreisarztes Dr. Gemkow. So notierte Unterleutnant Mamitzsch von der Kreisdienststelle Leipzig-Stadt am 28. Januar 1972, der IM habe „im Auftrag unseres Organs beschaffte Krankenunterlagen und Gutachten übergeben".¹⁴⁶ Am 17. April 1973 schrieb Mamitzsch, inzwischen Leutnant, der IM habe „Kaderunterlagen und Krankengeschichten, die von anderen DE [Diensteinheiten des MfS] angefordert wurden", übergeben¹⁴⁷ usw. Die zuletzt zitierte Notiz des Leipziger Führungsoffiziers rückt noch einmal ins Blickfeld, daß sich der Bruch der Verschwiegenheitspflicht von IM in Schlüsselpositionen des Gesundheitswesens nicht nur auf Patienten, sondern auch – sogar häufiger – auf Angestellte bezog. Die Erörterungen konzentrieren sich jedoch auf Verletzungen der Schweigepflicht über Patienten, da der Vertrauensbruch eines Arztes gegenüber hilfebedürftigen Kranken die gravierendere Rechtsverletzung ist.

### 3.2.5. Über Schweigepflichtverletzungen hinausgehende Aktivitäten von IM-Ärzten

Verletzungen ärztlicher Berufspflichten, die über den Bruch der Schweigepflicht hinausgehen, sind in den MfS-Akten selten zu finden, verdienen jedoch besondere Beachtung.

In einigen MfS-Akten wurde über IM-Ärzte vermerkt, der jeweilige IM könne zur Krankschreibung anderer IM genutzt werden. Ein inoffizieller Mitarbeiter, der dieser Aufgabe wiederholt und offenkundig mit besonderem Eifer nachkam, war der bereits erwähnte Leipziger Kreisarzt Dr. Gemkow, der seit 1967 als IMS „Dr. Schumann" für die Linie XX/1 aktiv war. Sein Führungsoffizier, Leutnant Mamitzsch, beschrieb beispielsweise am 5. April 1973 einen solchen Vorgang:

„Der IM wurde beauftragt, eine Person, die außerhalb Leipzigs wohnhaft ist, zu einer Untersuchung über mehrere Tage nach Leipzig zu bestellen. [...] Der IM leitete sofort die entsprechenden Maßnahmen ein und fertigte ein Schreiben an, das die betreffende Person bei ihrer Arbeitsstelle vorlegen kann, um den Aufenthalt in Leipzig legendieren zu können. Der IM nannte bestimmte Krankheitsbilder, um die Person entsprechend der Aufforderung unterrichten zu können. Bei dieser Person handelt es sich um den IM einer anderen DE [Diensteinheit]."

Die Fortsetzung folgte wenige Tage später, am 11. April 1973:

---

145 GMS-Akte „Gerhard"; BStU, ASt Berlin, AGMS 6143/91, Bl. 20.
146 IM-Akte „Dr. Schumann"; BStU, ASt Leipzig, AIM 845/89, Teil II, Bd. 1, Bl. 78.
147 Treffbericht vom 17.4.1973; ebenda, Bl. 104.

„Zur Aufrechterhaltung der Legende des IM der KD Staßfurt nahm der IM entsprechende Eintragungen in den S[ozial]V[ersicherungs]-Ausweis vor und fertigte eine Krankschreibung für den Aufenthalt dieses IM in Leipzig an. Gleichzeitig machte er auf bestimmte Voraussetzungen und Verhaltensweise des anderen IM bei dessen Rückkehr an den Arbeitsplatz aufmerksam. Mit dem IM wurde vereinbart, daß bei Notwendigkeit eine nochmalige Bestellung durch ihn nach Leipzig erfolgen kann."[148]

Eine arbeitsrechtlich anerkannte Bescheinung über Arbeitsunfähigkeit konnte auch in der DDR nur von approbierten Ärzten ausgestellt werden. Deren Ausstellung für andere Zwecke als die einer medizinisch begründeten Heilbehandlung oder Erholungszeit war ein Delikt, das MfS-Offiziere mitunter erpresserisch einsetzten, um beispielsweise dabei ertappte Ärzte zu einer inoffiziellen Zusammenarbeit zu nötigen.[149] Wenn es hingegen den MfS-Männern nützte, wie im oben geschilderten Fall, machten sie gern selbst von dieser illegalen Verfahrensweise Gebrauch. Diese rein instrumentelle Rechtsauffassung ist mitunter verblüffend. So wurde in einem Operativen Vorgang (OV) über eine Kindergärtnerin, deren häufige krankheitsbedingte Arbeitsausfälle von MfS-Mitarbeitern zuvor mehrfach mißbilligend erwähnt wurden, eine „verstärkte Kontrolle der OV-Person durch den IMB 'Richard Mann' während des Aktionszeitraums" angeordnet und hinzugefügt: „Der IMB ist aufgrund seiner Krankschreibung Tag und Nacht einsetzbar."[150]

Die IM-Akte des erwähnten Leipziger Kreisarztes weist noch andere Aktivitäten aus, die über Schweigepflichtverletzungen hinausreichen. Mit großer Regelmäßigkeit erhielt der IM jedes Jahr mindestens zwei Mal, anläßlich der Frühjahrs- und der Herbstmesse in Leipzig, den Auftrag zu veranlassen bzw. zu kontrollieren, „daß alle psychiatrisch [sic!] kranken Personen während dieser Zeit keinen Urlaub aus den Einrichtungen erhalten bzw. nicht entlassen werden."[151] Einen Auftrag zur Einweisung von Personen in ein psychiatrisches Krankenhaus erhielt der IM nicht. Auf diesen Themenkomplex wird im nachfolgenden Kapitel noch näher eingegangen.

Eine andere Zuarbeit, die Ärzte mitunter für illegale MfS-Aktionen leisteten, bestand in der Einbestellung von Patienten oder Angehörigen zur Sprechstunde zu einem vom MfS gewünschten Termin, so daß zur selben Zeit die Wohnung der Betroffenen unbeaufsichtigt war. Derartige Aufträge sind beispielsweise in der GMS-Akte von Dr. Häußer[152] protokolliert. Die

---

148 Ebenda, Bl. 102 f.
149 Vgl. z. B. Anwerbungsbericht des IMS „Doktor", IM-Akte „Doktor"; BStU, ASt Frankfurt/Oder, Cottbus, AIM 511/83, Teil I, Bd. 1, Bl. 47 f.
150 Berichterstattung über den Stand und die Ergebnisse bei der Bearbeitung des Operativen Vorgangs „Schädling" vom 2.4.1981; BStU, ZA, AOP 2327/82, Bd. 1, Bl. 102–121, hier 119.
151 Treffbericht vom 17.8.1973; ebenda, Bl. 114. Vgl. analog dazu auch Bl. 85, 90, 100, 121 und 130.
152 Dieter Häußer (Jg. 1939), Dr. med., Arztsohn aus Hildburghausen, 1957 Abitur, 1958–64

Offiziere der Kreisdienststelle Königs Wusterhausen beschrieben Ende 1984 die „Zusammenarbeit" mit ihrem GMS in der typischen Form eines einseitigen Informationsflusses:

> „Beim GMS handelt es sich um den ärztlichen Direktor der Nervenklinik Teupitz. In der Vergangenheit hat er durch die konkrete Informationserarbeitung zur Realisierung und [zum] erfolgreichen Abschluß von OV und OPK beigetragen. Darüber hinaus informiert der GMS regelmäßig über Leitungs- und Kaderprobleme der Nervenklinik.
> Der GMS ist bereit, dem MfS Auskunft über operativ interessierende Patienten zu geben, mit diesen gezielte Gespräche zu führen und benötigte Unterlagen zur Verfügung zu stellen. Durch seine Arbeit wird ebenso ermöglicht, notwendige spezifische Maßnahmen des MfS realisieren zu können."[153]

In der von 1974 bis 1989 geführten GMS-Akte werden 17 Patienten der Nervenklinik Teupitz erwähnt, über die der GMS seinem Führungsoffizier berichtet habe. An zwei Stellen geben die Notizen des Oberleutnants Aufschluß darüber, in welcher Weise der GMS „Titel" es dem MfS ermöglichte, eine „spezifische Maßnahme" zu realisieren. Der GMS „Titel" hatte Mitte April 1987 den Auftrag erhalten, die Eltern eines Patienten an einem bestimmten Tag zu einer ärztlichen Sprechstunde zu bestellen. Der Hintergrund dieses Auftrages bestand in der Absicht einer anderen MfS-Kreisdienststelle, während dieser Zeit ungestört eine „konspirative Hausdurchsuchung"[154] am Wohnort der zum Arztgespräch einbestellten Familie vornehmen zu können,[155] wobei offen bleibt, ob das in der Wohnung der Eltern des Patienten oder bei einem anderen Mieter des Hauses erfolgen sollte.[156] Analog protokollierte Oberleutnant Krahl bei einem Treffen mit dem GMS „Titel" am 14. August 1986 einen in dessen Arbeitszimmer erteilten Auftrag, ein Ehepaar für den 18. August um neun Uhr zu bestellen, um über einen Rentenantrag zu sprechen. Als Ergebnis hielt der MfS-Ober-

---

Medizinstudium in Berlin, 1964–69 Facharztausbildung Neurologie und Psychiatrie in der Nervenklinik Teupitz, 1969–71 Oberarzt, 1971–73 Stellvertreter und 1973–90 ärztlicher Direktor der Nervenklinik Teupitz, SED-Mitglied seit 1971. Vgl. GMS-Akte „Titel"; BStU, ASt Potsdam, KWH 603, 1 Bd., 263 Blatt.

153 Beurteilung des GMS „Titel" vom 27.12.1984; ebenda, Bl. 12.
154 Konspirative Wohnungsdurchsuchungen (heimlich, weil ohne richterliche Anordnung) waren auch nach DDR-Recht illegal, das heißt kriminelle Übergriffe des Staatssicherheitsdienstes in die Privatsphäre von Bürgern.
155 Vgl. GMS-Akte „Titel", Bl. 190 f.
156 Die MfS-Männer bereiteten, um die Illegalität ihres Tuns wissend, solche „konspirativen Durchsuchungen" umfassend vor, indem sie in Mietshäusern wochenlang alle Mieter „aufklärten" und für den geplanten Durchsuchungszeitraum mit unterschiedlichen Maßnahmen wie „Bindung am Arbeitsplatz", Einbestellung auf Ämter und ähnlichem vom Haus fernhielten. Die Bestellung der Eltern eines Patienten zum Arzt fügt sich somit als ein Baustein in das Netz vielfältiger und nur zum Teil inoffizieller Kooperationsbeziehungen des MfS mit vielen staatlichen und gesellschaftlichen Stellen.

leutnant fest: „Fam[ilie] B. wird bestellt (Einbau 26)",[157] was bedeutet, daß das MfS die gezielt organisierte Abwesenheit der Eheleute nutzen wollte, um eine Wanze bei ihnen oder bei einem Nachbarn einzubauen.[158]

Nach den Regeln der Konspiration darf der GMS nicht gewußt haben, wozu das MfS die durch seine Hilfe gewonnene Zeit und Gelegenheit nutzte. Er erfüllte „nur" seinen Auftrag, ohne dessen Sinn überprüfen zu können. Allerdings gehörte das einseitige Informationsmonopol der Auftraggeber zum Wesen der konspirativen Arbeit, auf die der Arzt sich eingelassen hatte. Deshalb ist er von der Verantwortung für sein Tun und dessen Folgen für die Betroffenen zumindest moralisch nicht freizusprechen.

Eine besonders perfide Aktion, die vom MfS mit Hilfe eines Arztes gegen eine Patientin inszeniert wurde, findet sich in der IM-Akte von Dr. med. Paul Gratias, der über viele Jahre die ambulante medizinische Betreuung der Stadt Halle leitete. Unter der Vielzahl von Spitzel-Berichten, die der Facharzt für Allgemeinmedizin nach seiner Werbung im November 1975 bis Ende der achtziger Jahre vor allem über ärztliche Kollegen und engagierte Kirchenmitglieder gab und die insgesamt zwei Aktenbände füllen,[159] tauchen vereinzelt auch Berichte über Personen auf, die dem IM im Rahmen seiner ärztlichen Tätigkeit bekannt wurden. In einem Fall ging Dr. Gratias noch einen Schritt weiter:

„Der IMV 'K.G.Schulze' wurde im Rahmen des OV 'Famos' offensiv an der Person John[160] (verdächtig der aktiven Beteiligung bei der Hetzzettelverteilung vom 23.12.1976) wirksam. In diesem Rahmen stellte er unter Anwendung einer Legende Kontakt zur Person John her. Es gelang der Quelle, die John dazu zu bewegen, an seiner angeblichen wissenschaftlichen Arbeit [...] als Testperson mitzuwirken. Während des Zeitraumes brachte die Quelle eine Reihe operativ interessanter Ergebnisse zur John. Gleichfalls war das MfS in der Lage, während einer durchgeführten Behandlung der John eine Geruchskonserve von der Genannten zu nehmen. Mit dem IM wurden in diesem Zusammenhang acht Treffs realisiert. Er bewies eine hohe Einsatzbereitschaft und Ideenreichtum bei der Lösung der ihm übertragenen Aufgaben. Die John konnte in der Folgezeit gemäß § 106 StGB[161] inhaftiert werden."[162]

---

157 GMS-Akte „Titel", Bl. 209.
158 Bei den „technischen Mitteln zur Informationsgewinnung" unterschied das MfS eine „26a"- (oder A-) Maßnahme, womit eine Telefonüberwachung gemeint war, von einer „26b" (oder B-) Maßnahme, der akustischen Überwachung. Vgl. Abkürzungsverzeichnis. Häufig verwendete Abkürzungen und ausgewählte spezifische Begriffe des Ministeriums für Staatssicherheit, BStU, Berlin 1993, S. 33.
159 IM-Akte „K. G. Schulze"; BStU, ASt Halle, MfS-Registriernummer VIII/356/76, Teil I, Bd. 1, Teil II, Bde. 1 und 2
160 Der Name der Betroffenen wurde aus datenschutzrechtlichen Gründen geändert.
161 § 106 StGB-DDR: „Staatsfeindliche Hetze (1) Wer die verfassungsmäßigen Grundlagen der sozialistischen Staats- und Gesellschaftsordnung der DDR angreift oder gegen sie aufwiegelt [...] wird mit Freiheitsstrafe von einem bis zu acht Jahren bestraft. (2) Wer zur Durchführung des Verbrechens mit Organisationen, Einrichtungen oder Personen zu-

Der IM-Arzt lieferte dem MfS detaillierte Angaben zu der Patientin, einschließlich einer ausführlichen schriftlichen Dokumentation der von ihm erhobenen Anamnese und ärztlichen Untersuchungsbefunde.

Der Handlungsablauf, den der Arzt aktiv gestaltete, richtete sich gegen eine Patientin, die in besonderer Weise von der Integrität des Arztes abhängig war und deren Vertrauen er absichtsvoll erschlich und mißbrauchte. Dabei agierte er primär im Auftrag des MfS. Seine Identität als Arzt diente nur zur Legendierung der Agententätigkeit, um das Opfer in die Falle locken zu können. Die beschriebene Aktion gegen Frau John, einschließlich der vom MfS genommenen „Geruchskonserve", verletzte über die ärztliche Schweigepflicht hinaus Persönlichkeitsrechte der Betroffenen sowie Grundregeln des menschlichen Anstandes und der ärztlichen Ethik. Die Dokumentation eines solchen Übergriffs von einem Arzt gegenüber einer Patientin ist in den ausgewerteten MfS-Akten singulär. Andere Aufträge von MfS-Offizieren, die über den Bruch der gesetzlichen Schweigepflicht hinausgingen, waren vereinzelt in Akten über ärztliche IM im Bereich Psychiatrie und Psychotherapie festzustellen und werden später noch referiert.

### 3.2.6. Konsequenzen der Schweigepflichtverletzungen für die Betroffenen

Wie und wozu verwendeten die MfS-Mitarbeiter die über Patienten eingezogenen Informationen? Um das zu erkunden, wurden die IM-Akten jener drei Psychiater ausgewertet, in denen die meisten Berichte über Patienten zu finden waren, wobei die Berichte von IM „Silbervogel" mangels genauer Personendaten zu den verratenen Patienten hierfür nicht in Frage kamen. Dann wurde in den MfS-Archiven nach personenbezogenen Unterlagen zu allen Patienten recherchiert, über die in den IM-Akten der drei genannten Psychiater ausreichende Personendaten angegeben waren.[163]

Von den 30 Patienten, über die der GMS „Lautenbach" seinen Führungsoffizieren zwischen 1977 und 1987 in Arnsdorf berichtet hatte, waren zu 29 Personen genügend Daten für eine Recherche angegeben. In der IM-Berichtsakte von GMS „Georg" bzw. IMS „Wilhelm" war das bei 25 Patienten und in der IM-Akte von IMS „Cäsar" bei 23 Neuruppiner Patienten der Fall. So konnten zu insgesamt 77 Patienten Recherchen in den Karteien des MfS veranlaßt werden, um anhand dieser Stichprobe zu prüfen, welche

---

sammenwirkt, deren Tätigkeit gegen die Deutsche Demokratische Republik gerichtet ist oder das Verbrechen planmäßig durchführt, wird mit Freiheitsstrafe von zwei bis zu zehn Jahren bestraft."
162 Aktenvermerk der KD Halle vom 28.2.1977, IM-Akte „K. G. Schulze", Teil II, Bd. 1, Bl. 70 f.
163 Mindestvoraussetzung für eine Recherche in den Karteien des MfS sind die Angaben von Namen, Vornamen und Geburtsdatum.

Konsequenzen ärztliche Schweigepflichtverletzungen für die davon Betroffenen hatten.

Die Ergebnisse der Karteirecherchen erlauben die Unterscheidung von drei Gruppen: 29 der 77 Patienten, das sind rund 38 Prozent, sind in den zentralen Karteien des MfS gar nicht erfaßt.[164] Bei 19 der 77 Patienten, also rund 25 Prozent, fanden sich in den Karteien des MfS Archivsignaturen, die keine operative Bearbeitung der Betreffenden durch das MfS, sondern verschiedene andere Formen der Berührung mit dem MfS anzeigen. Bei 29 weiteren der 77 Patienten schließlich, also wiederum rund 38 Prozent, wiesen die Archivsignaturen auf eine „operative Bearbeitung" durch das MfS hin.[165]

Bei den 29 Patienten, die in den Karteien des MfS nicht erfaßt sind, kann man davon ausgehen, daß es keine oder nur marginale personenbezogenen Unterlagen gibt. Das völlige Fehlen einer Erfassung in den zentralen Karteien des MfS schließt die Möglichkeit einer „operativen Bearbeitung" durch das MfS mit hoher Wahrscheinlichkeit aus, da entsprechende „Operativ-" oder „Maßnahmepläne", „Eröffnungs-", „Zwischen-" und „Abschlußberichte" in den siebziger und achtziger Jahren stets schriftlich fixiert, karteimäßig registriert und in Aktenvorgängen zusammengeführt worden sind. Auch wenn im Spätherbst 1989 noch laufende Vorgänge zum Teil vernichtet worden sind, finden sich in der Regel doch die Karteikarten und andere Spuren in den Unterlagen des MfS, schlimmstenfalls in Form leerer Aktendeckel, die sich jedoch aufgrund der Signaturen den entsprechenden Karteikarten und Personen zuordnen lassen.[166]

Eine Erklärung dafür, daß die MfS-Offiziere Informationen über diese Patienten einzogen, ohne eigens dazu Akten oder wenigstens Karteikarten anzulegen, könnte sein, daß sie sich im Zusammenhang mit der „Bearbeitung" anderer Personen nach den Patienten erkundigten. Dabei könnte es dem MfS beispielsweise um Familienangehörige oder Freunde eines hauptamtlichen MfS-Mitarbeiters, eines IM oder einer „operativ bearbeiteten" Person gegangen sein, in deren Akten die Informationen über einen Patienten am Rande eingeflossen sind.[167]

[164] Von den 29 Patientendaten aus der GMS-Akte „Lautenbach" sind 12 (41 %) vom MfS nicht erfaßt, von den 25 Patientendaten aus der GMS „Georg"/IMS „Wilhelm"-Akte sind 8 (32 %) und von den 23 der IM-Akte „Cäsar" entnommenen Patientendaten sind 9 (39 %) in den Karteien des MfS nicht erfaßt.

[165] Von den 29 überprüften Patienten aus der GMS-Akte „Lautenbach" war das bei 10 Patienten (34,5 %) der Fall, von den 25 Recherchen zu Patienten aus der GMS/IM-Akte „Georg" bzw. „Wilhelm" bei 12 (48 %) und von den 23 recherchierten Patienten aus der IM-Akte „Cäsar" bei 7 (30 %).

[166] Eine Ausnahme stellt die Hauptverwaltung Aufklärung (HV A) dar, deren Mitarbeiter bis Juni 1990 Gelegenheit hatten, ihr Material fast vollständig zu vernichten.

[167] In den MfS-Kaderakten über hauptamtliche Mitarbeiter finden sich relativ ausführliche Dossiers über die Eltern, die erwachsenen Kinder und deren Partner, die Geschwister, Schwager und Schwägerinnen der jeweiligen MfS-Mitarbeiter. Nicht ganz so ausschweifend, aber auch regelmäßig, recherchierte das MfS über die Verwandten von inoffiziellen Mitarbeitern vor deren Anwerbung. Bei der Observierung und „operativen Bearbeitung"

Die zweite Gruppe mit 19 Patienten, zu denen zwar MfS-Archivsignaturen aufgefunden wurden, diese jedoch nicht auf eine „operative Bearbeitung" durch das MfS hinweisen, ist sehr heterogen zusammengesetzt. In sechs Fällen liegen nur sogenannte KK-Erfassungen ohne überlieferte Akte vor. Eine bloße KK-Erfassung ohne weitere Unterlagen spricht dafür, daß das MfS die betreffenden Personen zwar in irgendeiner Weise als Sicherheitsrisiko verdächtigt, die Ansatzpunkte jedoch als zu geringfügig für die Einleitung einer registrierten „operativen Bearbeitung" gehalten hat.[168]

Zu zwei der 19 Patienten der zweiten Gruppe fanden sich in den MfS-Beständen nur Strafregisterauszüge, in denen Verurteilungen – in einem Fall wegen „staatsgefährdender Hetze"[169] und im anderen wegen „Staatsverleumdung"[170] – in den sechziger Jahren vermerkt waren, was jedoch offenkundig nichts mit den Berichten der Psychiater über sie Anfang der achtziger Jahre zu tun hatte. Vielmehr geht aus den Treffberichten der Führungsoffiziere hervor, daß es in einem Fall um die Frage, ob man einer wegen Alkohol- und Medikamentenabhängigkeit invalidisierten Patientin eine Besuchsreise in die Bundesrepublik genehmigen könne,[171] und in dem anderen Fall um die Aufklärung von einem „Kindesmord in Oranienburg"[172] gegangen ist.

Zehn der 19 Patienten der zweiten Gruppe, über deren Krankheitsbilder die IM-Psychiater dem MfS berichteten, standen in irgendeiner „positiven" Verbindung mit dem MfS. Sechs dieser Patienten hatten bis zu ihrer stationären Aufnahme mit dem MfS aktive inoffizielle Kontakte gehabt bzw. langjährig als IM mit Führungsoffizieren zusammengearbeitet. Für diese sechs Patienten hatten die unter Verletzung der ärztlichen Schweigepflicht gegebenen Informationen über ihre Krankheitsbilder ausnahmslos zur Folge, daß die Führungsoffiziere die Zusammenarbeit mit ihnen einstellten und ihre IM-Akten archivierten. Die Beendigung der inoffiziellen Kontakte bzw. der Zusammenarbeit wurde in allen sechs Fällen mit der psychischen Erkrankung der IM begründet.[173] Manchmal wurde auch ausdrücklich vermerkt,

---

von politisch Verdächtigten wurde Wert auf die Einschätzung des Umgangskreises der Betroffenen gelegt. Dabei gab es verschiedene Möglichkeiten für unbeteiligte Personen, ohne Konsequenzen für sie selbst in die Informationserkundungen des MfS einbezogen zu werden. Vor einer konspirativen (heimlichen, illegalen) Wohnungsdurchsuchung bei einer „operativ bearbeiteten" Person beispielsweise überprüfte das MfS alle Hausbewohner darauf, ob sie während des geplanten Wohnungseinbruches überraschend als störende Zeugen auftauchen könnten. Das konnte bei einem großen Mietshaus Erkundigungen nach zahlreichen Personen und deren Lebensgewohnheiten, Arbeitszeiten, Krankenhausaufenthalten usw. auslösen, ohne daß dies Konsequenzen, auch keine MfS-Akte oder -Karteikarte, für die „aufgeklärten" Personen haben mußte.

168 Vgl. Roger Engelmann: Zu Struktur, Charakter und Bedeutung der Unterlagen des Ministeriums für Staatssicherheit, BStU, Berlin 1994, S. 33 f.
169 BStU, ZA, SK 16, Bl. 19409.
170 BStU, ZA, SK 17, Bl. 25860.
171 GMS-Akte „Lautenbach", Bl. 113.
172 IM-Akte „Cäsar", Teil II, Bd. 1, Bl. 105.
173 Vgl. z. B. Begründung vom 6.5.1982 zur Ablage des IMS „Chris Zander", MfS-Regi-

warum dies geschah. In einem Fall hieß es zur Begründung: „Wegen der psychischen Erkrankung des IMB besteht eine permanente Gefahr der Dekonspirierung der Maßnahmen des MfS."[174]

Für die übrigen fünf Patienten der zweiten Gruppe interessierte sich das MfS aus unterschiedlichen Gründen. In einem Fall ist die Akte des Betreffenden aus dem in der MfS-Kartei angegebenen Sicherungsvorgang[175] zwar nicht auffindbar, aus dem Bericht des GMS „Lautenbach" über den Patienten geht jedoch hervor, daß es sich bei diesem um einen ranghohen Genossen und Mitarbeiter des Zentralkomitees der SED handelte.[176] Ein anderer Patient, der bei einem Versuch, die DDR illegal zu verlassen, festgenommen und im Herbst 1984 wegen einer manischen Psychose im Bezirksfachkrankenhaus Arnsdorf aufgenommen worden war, bezeichnete sich selbst als MfS-Mitarbeiter und erzählte von einer Sonderaufgabe, die er als Forstarbeiter im Sperrgebiet angeblich zu lösen gehabt hätte.[177] Aus der MfS-Akte zu seiner Person geht hingegen hervor, daß der Patient lediglich seinen Armeedienst von 1975 bis 1978 im Wachregiment des MfS Berlin geleistet hatte und den Sicherheitskräften im Februar 1984 bereits einmal durch sein Verhalten an der Transitstrecke aufgefallen war.[178] Bei drei Psychiatriepatienten, über die Dr. Hoffmann MfS-Offizieren Auskunft gab,[179] sollte einer von der Hauptabteilung XVIII „als operativ nutzbare Person aufgeklärt" werden,[180] ein anderer war früher Informant des MfS gewesen und hatte sich erneut angeboten,[181] während der dritte früher selbst hauptamtlicher MfS-Mitarbeiter gewesen war.[182]

Mehr als die kurz geschilderten Unterlagen der zweiten Patientengruppe interessieren natürlich die Akten zu den 29 Patienten, die in irgendeiner Form vom MfS „operativ bearbeitet" wurden, da von ihnen am ehesten Aufschluß über eine Verwendung der ärztlichen Informationen zum Schaden der Betroffenen erwartet werden mußte. Das MfS hatte insgesamt 52 Aktenvorgänge über diese 29 Patienten archiviert, bei denen es sich der Vorgangskategorie nach um 17 Untersuchungsvorgänge, 16 Operative Vor-

---

striernummer XII 4435/80; BStU, ASt Dresden, AIM 1268/82 Teil I, Bd. 1, Bl. 289; Abschlußbericht vom 29.7.1987 zum IMS-Vorlauf „Magdalena", MfS-Registriernummer IX 2311/86; BStU, ASt Erfurt, Vorlauf-AIM 1436/87, Bl. 114; Abschlußbericht vom 26.4.1989 zum IMS „Bauer", MfS-Registriernummer IV 1536/74; BStU, ASt Potsdam, 1118/89, Teil I, Bd. 1, Bl. 124–125.

174 Vorschlag vom 4.8.1987 zur Archivierung des IMB „Ludwig", MfS-Registriernummer IV 1920/82; BStU, ASt Potsdam, 1944/87, Teil I, Bd. 1, Bl. 317.
175 Dresden 1325/76 Sivo XX; BStU, ASt Dresden: kein Aktenmaterial im Bestand.
176 Vgl. Bericht über den Patienten vom 9.12.1981, GMS-Akte „Lautenbach", Bl. 98.
177 Vgl. Patienteneinschätzung vom 21.11.1984; ebenda, Bl. 144 f.
178 Vgl. MfS-Kaderakte; BStU, ASt Halle KS III 380/78, Bl. 83, 86 f.
179 IM-Akte „Wilhelm", Teil II, Bl. 19–22, 35, 194 und 197.
180 Vgl. ebenda, Bl. 20.
181 Vgl. BStU, ZA, AP 7576/77, Bl. 2 f. sowie 14.
182 MfS-Signatur 5099/81 Sivo KuSch/AKG; BStU, ZA, KuSch Diszi 6585/92, ZA/38952 und KuSch GU 41099/92.

gänge und acht Operative Personenkontrollen handelte sowie um insgesamt elf verschiedene Akten der Arbeitsrichtung 1 der Kriminalpolizei (K 1).

Allerdings wurden nur 13 dieser 52 Aktenvorgänge in demselben Zeitraum bearbeitet, in dem die IM-Psychiater über die Patienten berichteten. Die übrigen 39 Vorgänge waren entweder im Jahr der ärztlichen Schweigepflichtverletzungen bereits archiviert, oder sie wurden erst in späteren Jahren eröffnet.

Um die Art der Verwendung der ärztlichen Informationen durch das MfS festzustellen, wurden alle zum Zeitpunkt der IM-Berichte der 29 Patienten geführten Vorgänge und, sofern keine zeitgleich bearbeiteten Akten vorhanden, die zeitlich am nächsten liegenden Unterlagen durchgesehen. Lediglich bei zwei von den insgesamt 29 Personen der dritten Gruppe wurde auf eine Einsichtnahme in die drei dazugehörigen Operativen Vorgänge und einen Untersuchungsvorgang verzichtet, da sich die Auskünfte der IM-Psychiater auf die Mitteilung beschränkten, daß die Betreffenden nicht in der jeweiligen Einrichtung in Behandlung gewesen seien.[183]

Zu diesem Ergebnis führte auch die Einsichtnahme in die umfassenden Akten über einen anderen Betroffenen.[184] In der IM-Akte des Psychiaters hieß es nur, auf Ersuchen der Untersuchungsabteilung IX der MfS-Bezirksverwaltung Karl-Marx-Stadt sei dieser eine Information in Form „eines offiziellen Schreibens der Einrichtung zum Ergebnis der Überprüfung des [...] in der Krankenkartei der Einrichtung" gegeben worden.[185] Das „offizielle Schreiben" befindet sich nicht in der IM-Akte, jedoch im Untersuchungsvorgang des Überprüften. Auf einem Kopfbogen des Wilhelm-Griesinger-Krankenhauses, ohne Angabe des Adressaten und unterschrieben von Chefarzt Dr. K. Hoffmann, dem stellvertretenden ärztlichen Direktor, ist dort unter den Personendaten des Betreffenden festgehalten: „Nach eingehender Überprüfung muß festgestellt werden, daß der oben Genannte sich bisher zu keinem Zeitpunkt in Behandlung des Wilhelm-Griesinger-Krankenhauses befunden hat und daß keinerlei Unterlagen über ihn vorliegen."[186] Es ist nicht zu erkennen, warum eine derartig förmliche Bescheinigung ausgestellt wurde.

Bei einem Patienten, dessen Aktensignaturen auf eine operative Bearbeitung durch das MfS hinweist, konnte der Verwendung der IM-Informationen durch das MfS nicht nachgegangen werden, weil die Unterlagen nicht zur Verfügung standen. In diesem Fall hatte IMS „Cäsar" seinem Führungsoffizier am 5. Januar 1983 „unter konspirativen Bedingungen im Dienstzimmer des IM" mitgeteilt, daß der betreffende Patient in Neuruppin in psy-

---

183 Vgl. IM-Akte „Wilhelm", Teil II, Bl. 123 f. und IM-Akte „Cäsar" Teil II, Bl. 178.
184 Allein der eine Operative Vorgang (ZOV „Kontra") umfaßte 25 Bde., vgl. BStU, ZA, AOP 6071/91.
185 Bericht des operativen Mitarbeiters der KD Berlin-Marzahn, Gerald Köhler, über ein Treffen mit dem GMS „Georg" am 28.1.1981, IM-Akte „Wilhelm", Teil II, Bl. 64 f.
186 BStU, ASt Chemnitz, AU 118/82, Bd. III, Bl. 99.

chotherapeutischer Behandlung sei, da er an einer neurotischen Depression leide, für deren Zustandekommen der Ausreiseantrag des Patienten mit ausschlaggebend sein könnte, er würde dieses Problem jedoch in den therapeutischen Gruppengesprächen nicht erwähnen.[187] Die einbändige Akte, die bis 1988 in einer Kreisdienststelle über den Betreffenden geführt wurde, ist noch vom MfS selbst kassiert worden.[188]

Die MfS-Akten der verbleibenden 25 von 29 Patienten der dritten Gruppe förderten Unterschiedliches zutage. Bei den meisten Patienten konnte keinerlei Wirkung der ärztlichen Schweigepflichtverletzungen in den MfS-Akten der Betreffenden festgestellt werden. Entweder wurden die Informationen der IM-Ärzte in den MfS-Akten der betroffenen Patienten gar nicht erwähnt,[189] oder sie hatten keinen erkennbaren Einfluß auf die „operativen" Entscheidungen des MfS.[190]

Zumindest in zwei Fällen wäre eine Berücksichtigung der ärztlichen IM-Informationen durch das MfS für die Betreffenden sicher günstiger gewesen. Es handelt sich beide Male um Männer, die sich in MfS-Untersuchungshaft befanden. Dem MfS war durch schweigepflichtverletzende Auskünfte ihrer Arzt-IM bekannt, daß diese Häftlinge schon früher wegen psychischer Störungen in stationärer psychiatrischer Behandlung waren. In beiden Fällen wurde jedoch keine forensisch-psychiatrische Begutachtung veranlaßt, bei der möglicherweise eine verminderte Zurechnungsfähigkeit als Strafmilderungsgrund festgestellt worden wäre.

Im ersten Fall war die MfS-Untersuchungsabteilung in Dresden über den GMS „Lautenbach" darüber informiert, daß der Untersuchungshäftling als „abnorme Persönlichkeit" eingeschätzt wurde und schon mehrmals im psychiatrischen Krankenhaus in Arnsdorf behandelt worden war.[191] Der Angeklagte wurde jedoch ohne Begutachtung wegen wiederholter Brandstiftung, die er erklärtermaßen als Sabotage zum Schaden der DDR beging, zu 15 Jahren Freiheitsstrafe, Aberkennung der staatsbürgerlichen Rechte für die Dauer von zehn Jahren, Schadenersatz in Höhe von 1.197.837 Mark und weiteren Schadenersatzverpflichtungen verurteilt.[192]

Im zweiten Fall ging es um einen damals 51jährigen ehemaligen Patienten des Wilhelm-Griesinger-Krankenhauses, dessen „Original-Krankheitsunterlagen" der GMS „Georg" am 4. Dezember 1980 seinem Führungsoffizier „auftragsgemäß" übergeben hatte. Die Krankenakte sei „zur operativen

---

187 Vgl. IM-Akte „Cäsar"; BStU, ASt Potsdam, Teil II, Bd. 1, Bl. 27–30.
188 BStU, ASt Neubrandenburg, AKK 488/88.
189 Vgl. z. B. OV „Fuchs"; BStU, ASt Suhl, AOP 610/88. Hinweise auf ärztliche Schweigepflichtverletzung in IM-Akte „Wilhelm", Teil II, Bl. 177–179.
190 Vgl. z. B. OPK „Bob"; BStU, ASt Suhl AOPK 5566/85, Bd. 1, Bl. 110. Hinweis auf ärztliche Schweigepflichtverletzung in IM-Akte „Wilhelm", Teil II, Bl. 169.
191 Bericht des Bezirkspsychiaters Dr. Wieder vom 14.10.1983 über den Patienten, GMS-Akte „Lautenbach", Bl. 134 sowie als Kopie in OV „Flamme"; BStU, ASt Dresden, AOP 599/84, Bd. 1, Bl. 133.
192 Urteil des Bezirksgerichts Dresden vom 23.3.1983; BStU, ASt Dresden, AU 1033/84, Bd. 9, Bl. 33–50, hier 33 f.

Auswertung" an die Hauptabteilung II des MfS übersandt worden.[193] Aus den Unterlagen der Hauptabteilung II geht hervor, daß der Betreffende schwerer Alkoholiker war. Infolge seiner Suchterkrankung war er bereits 1969 nach zwanzig Dienstjahren als Oberstleutnant „wegen moralischer Verfehlungen" aus der NVA entlassen und 1978 nach 27jähriger Mitgliedschaft aus der SED ausgeschlossen worden, hatte wegen Trunkenheit am Steuer die Fahrerlaubnis entzogen bekommen und war beruflich bis zum Hilfsarbeiter abgestiegen. Auch das „Delikt", das die Aufmerksamkeit des MfS auf sich gezogen hatte, war offenkundige Folge seines alkoholbedingten Persönlichkeitsabbaus: Der Mann hatte westlichen Journalisten teils zutreffende und teils erfundene Geschichten über „moralische Verfehlungen" hoher DDR-Funktionäre erzählt, die zu entsprechenden Zeitungsmeldungen in der Bundesrepublik geführt hatten. Die Erklärung für das Verhalten des ermittelten „Täters" lag auf der Hand und wurde auch bereits vor der Befragung eines Arztes im MfS formuliert. „Durch seine starke Alkoholsucht" sei der frühere Genosse zu einem charakterlich labilen, indifferenten Menschen geworden". „Starker Geltungsdrang, keine Selbstkritik und der Gedanke, daß er ein zu Unrecht bestrafter und von der Partei gemaßregelter Mensch" sei, würden „seine Denk- und Verhaltensweise" prägen.[194] Die Untersuchungsabteilung IX des MfS ließ „die Gesundheitsunterlagen" des Betreffenden ausdrücklich deshalb „beschaffen, um unter Einbeziehung des ZMD [Zentralen Medizinischen Dienstes des MfS], Abteilung Haftkrankenhaus, zu prüfen, ob infolge seiner Alkoholabhängigkeit bereits psychische Veränderungen mit Krankheitswert vorliegen".[195] Die daraufhin Anfang Dezember 1980 von Dr. Böttger, Facharzt für Psychiatrie und Neurologie, vorgenommene „nervenärztliche Befundinterpretation" von „vorliegenden Gesundheitsunterlagen" kann sich nur auf die dem MfS von GMS „Georg" konspirativ besorgte Krankenakte aus dem Wilhelm-Griesinger-Krankenhaus bezogen haben. Dr. Böttger referierte, daß bei dem Patienten „seit 1966 ein chronischer Alkoholmißbrauch" vorliege, „der inzwischen als therapieresistent eingeschätzt" würde. Trinkunterbrechungen hätten „bereits zu schweren Entzugserscheinungen" geführt. Außerdem wurde eine für chronische Alkoholiker typische Persönlichkeitsdepravation beschrieben und die Befürchtung geäußert, „daß die Angaben des Betreffenden mehr oder weniger unzuverlässig sind."[196] Trotz dieser in den Akten fixierten Einschätzung

---

193 Vgl. IM-Akte „Wilhelm", Teil II, Bd. 1, Bl. 52 f.
194 Vgl. Auskunft der HA II/3 vom 23.10.1980 zum operativen Material „Denunziant"; BStU, ZA, AU 18049/81, Bd. 1, Bl. 57–63, hier 61.
195 Strafrechtliche Einschätzung der HA IX/2 vom 29.10.1980 zum operativen Material „Denunziant"; BStU, ZA, AU 18049/81, Bd. 1, Bl. 65–69, hier 69.
196 MfS-interne „nervenärztliche Befundinterpretation" durch Dr. Böttger vom 3.12.1980; BStU, ZA, AU 18049/81, Bd. 1, Bl. 70. Obwohl die Übergabe der Krankenunterlagen durch GMS „Georg" laut Treffbericht seines Führungsoffiziers erst am 4.12.1980 erfolgt sein soll, müßte Dr. Böttger eben diese Unterlagen interpretiert haben – ein Protokollant hat sich vermutlich im genauen Datum geirrt.

wurde der Alkoholkranke am 23. April 1981 verhaftet. In der Untersuchungshaft des MfS wurde ein Alkoholentzugssyndrom medikamentös behandelt[197] und der Häftling im Juli 1981 schließlich für haft-, vernehmungs- und prozeßfähig erklärt.[198] Er wurde „wegen mehrfacher landesverräterischer Nachrichtenübermittlung" in nichtöffentlicher Hauptverhandlung am 12. und 13. Oktober 1981 zu einer Freiheitsstrafe von zwei Jahren und acht Monaten verurteilt.[199] Eine psychiatrische Begutachtung, zu der während der mehr als fünfmonatigen Untersuchungshaft sicher Zeit gewesen wäre und die dem Angeklagten mit hoher Wahrscheinlichkeit verminderte Zurechnungsfähigkeit und Strafminderung gebracht hätte, erfolgte nicht.

Bei neun Patienten der dritten Gruppe führten die inoffiziell gegebenen ärztlichen Informationen über Patienten direkt oder indirekt zu einer milderen Behandlung der Betreffenden durch das MfS bzw. die politische Justiz.

Ein typisches Beispiel ist das eines jungen Mannes, der im August 1981 wegen „staatsfeindlicher Hetze" vom MfS in Karl-Marx-Stadt verhaftet wurde. In der Untersuchungshaft erzählte er, er leide seit einer als Kind durchgemachten Hirnhautentzündung unter nervlichen Störungen und sei 1973 in Berlin stationär im psychiatrischen Wilhelm-Griesinger-Krankenhaus behandelt worden. Daraufhin telegrafierte die Untersuchungsabteilung IX der MfS-Bezirksverwaltung Karl-Marx-Stadt dringend nach Berlin: „Zur Prüfung der Einleitung einer forensisch-psychiatrischen Begutachtung benötigen wir die in der genannten Einrichtung vorhandenen Gesundheitsunterlagen über [...] und bitten deshalb um deren umgehende Beschaffung."[200] Der Bitte wurde erst vier Wochen später durch Leutnant Meissner von der für das Wilhelm-Griesinger-Krankenhaus zuständigen MfS-Kreisdienststelle Berlin-Marzahn mit Hilfe des IMS „Wilhelm" entsprochen[201] und die Verzögerung erklärt: „Die Beschaffung der Gesundheitsunterlagen über den [...] für längere Zeit war dem IMS nicht möglich, da nach seinen Angaben eine sehr strenge Kontrolle über diese Unterlagen geführt wird und ein längeres Einbehalten der Unterlagen nicht erlaubt ist. Der IMS gab eine kurze Inhaltsangabe über die betreffende Gesundheitsunterlage. [...] Der Sachverhalt wurde der Abteilung IX der BV Karl-Marx-Stadt telefonisch mitgeteilt."[202] Die inoffiziell in Berlin eingeholten Informationen deckten sich mit den

---

197 Die Behandlung sei mit Distraneurin, das in der DDR nur als Importmedikament zur Verfügung stand, später mit Faustan (Diazepam) und zur Nacht Radedorm (Nitrazepam), das sind auch im Westen gebräuchliche Tranquilizer, erfolgt.
198 Ärztliche Einschätzung der Haft-, Vernehmungs- und Prozeßfähigkeit durch MfS-Oberstleutnant Dr. Vogel, Facharzt für Innere Medizin und Chefarzt der Abt. Haftkrankenhaus des ZMD, vom 9.7.1981; BStU, ZA, AU 18049/81, Bd. 3, Bl. 114.
199 Urteilsschrift des 1 a Strafsenates des Stadtgerichtes Berlin vom 22.10.1981; BStU, ZA, AU 18049/81, Bd. 3, Bl. 78–88, hier 78 f.
200 Dringendes Telegramm der Abt. IX der BV Karl-Marx-Stadt an die Abt. XX der BV Berlin vom 9.9.1981; BStU, ASt Chemnitz, AU 1035/82, Bd. 1, Bl. 100.
201 Bericht über ein Treff mit IMS „Wilhelm" am 9.10.1981, IM-Akte „Wilhelm", Teil II, Bl. 88.
202 Einschätzung des IMS „Wilhelm" über Gesundheitsunterlagen, verfaßt von Leutnant Meissner, KD Berlin-Marzahn, 13.10.1981; ebenda, Bl. 93.

Angaben des Häftlings, er sei „nervlich instabil und impulsiv", womit er „auch seine strafbaren Handlungen in entlastender Hinsicht" begründet habe.[203] Eine daraufhin eingeleitete forensisch-psychiatrische Begutachtung in Berlin bescheinigte dem jungen Mann dann tatsächlich die offenbar von ihm gewünschte verminderte Zurechnungsfähigkeit, die das Gericht strafmildernd zu berücksichtigen hatte, empfahl jedoch keine Zwangseinweisung in die Psychiatrie, sondern lediglich eine ambulante nervenärztliche Betreuung nach Haftentlassung.[204]

Ähnliche Resultate erbrachten die Nachforschungen zu einigen anderen unter Verletzung der ärztlichen Schweigepflicht über Patienten gegebenen Informationen, die zu forensisch-psychiatrischen Begutachtungen der Betreffenden mit strafminderndem Ergebnis führten[205] oder auf entsprechende Feststellungen früherer gerichtspsychiatrischer Gutachten hinwiesen.[206]

In einigen Fällen führte die inoffizielle ärztliche Mitteilung über die psychische Störung zur Einstellung der „operativen Bearbeitung" der Verdächtigten,[207] in anderen Fällen dazu, daß das MfS von der Einleitung eines regelrechten Ermittlungsverfahrens „wegen der zu erwartenden Zurechnungsunfähigkeit",[208] oder weil „auf Grund der fehlenden subjektiven Tatbestandsvoraussetzungen kein strafrechtlich relevantes Handeln" vorgelegen habe,[209] Abstand nahm.

Mitunter mischten sich in die Mitteilungen der IM-Chefärzte über Patienten auch Informationen über ärztliche Mitarbeiter, die diesen Patienten, für die sich das MfS interessierte, in besonderer Weise zu helfen versuchten. So berichtete GMS „Lautenbach" seinem Führungsoffizier 1984 über einen Patienten, der Zahnarzt im Bezirk Cottbus war und 1978 in Arnsdorf stationär behandelt wurde, weil er einen dort tätigen Psychiater aus der Studienzeit kannte. Der Psychiater selbst, der vom MfS „als Feind der DDR einkategorisiert" und von der Kreisdienststelle Arnsdorf in einem Operativen Vorgang bearbeitet worden war, war 1983 nach einem Ausreiseantrag in die Bundesrepublik übergesiedelt. 1978 hatte er durchgesetzt, daß der Zahnarzt

---

203 Bericht der Untersuchungsabteilung der BV Karl-Marx-Stadt zur Person des Beschuldigten vom 30.9.1981; BStU, ASt Chemnitz, AU 1035/82, Bd. 1, Bl. 117f., hier 118.
204 Schlußbericht zum Ermittlungsverfahren vom 8.12.1981; ebenda, Bl. 217–233, hier 229.
205 Vgl. z. B. Treffbericht vom 19.11.1986, IM-Akte „Cäsar", Teil II, Bl. 193 und 195 sowie BStU, ASt Potsdam, AU 1766/86, Strafurteil Bl. 7–10, hier 10.
206 Vgl. GMS-Akte „Lautenbach", Bl. 75 sowie Abt. X, AP 14009/79, Bl. 11f.
207 Vgl. z. B. Abverfügung zur Archivierung eines Materials vom 18.5.1976 mit der Begründung: „Die Verhaltensweisen der B. rühren von einem Nervenleiden her. Weitere op. Bearbeitung ohne Perspektive"; BStU, ZA, AKK 8682/76, Bl. 126. Hinweis auf ärztliche Schweigepflichtverletzung in IM-Akte „Wilhelm", Teil II, Bl. 126.
208 Abschlußbericht vom 22.1.1985; BStU, ASt Potsdam, AP 909/86, Bl. 145–149. Hinweise auf Verletzung der ärztlichen Schweigepflicht in IM-Akte „Cäsar", Teil II, Bl. 167–170.
209 Abschlußbericht zur OPK „Philosoph" vom 11.3.1988; BStU, ASt Suhl, AOPK 317/88, Bl. 204–207, hier 207. Hinweis auf ärztliche Schweigepflichtverletzung in IM-Akte „Wilhelm", Teil II, Bl. 171. Ganz ähnlich IM-Akte „Wilhelm", Teil II, Bl. 230 sowie Abschlußbericht zum OV „Reflexion" vom 27.4.1988; BStU, ASt Suhl, AOP 609/88, Bl. 85–91 und Abschlußverfügung vom 30.5.1988; BStU, ASt Suhl, AU 831/88, Bl. 12.

in einer Krisensituation auf seiner psychiatrischen Station aufgenommen wurde, weil nur er in der Lage sei, ihn zu heilen.[210] Anlaß der Erkundigung des MfS nach dem sechs Jahre zurückliegenden stationären Aufenthalt des Patienten in Arnsdorf war ein Antrag auf Entlassung aus der DDR-Staatsbürgerschaft, den dieser 1984 stellte. Die MfS-Kreisdienststelle Cottbus wollte in einer Operativen Personenkontrolle (OPK) die Möglichkeit einer „Rückgewinnung" des Zahnarztes prüfen, „Demonstrativtaten" vorbeugend verhindern und die Verbindungen des Betreffenden in den Westen aufklären. 1986 stand für die Ermittler des MfS fest, daß der Mann nicht rückgewinnbar sei, Unterstützung in der Bundesrepublik nicht zuletzt durch den zuvor ausgereisten Psychiater habe und nur noch Schwierigkeiten bereiten würde, wenn man ihn weiter in der DDR festhielte. Deshalb wurde seine „Übersiedlung aus politisch-operativen Gründen" beschlossen.[211]

Bei zwei Patienten schließlich, über die der GMS „Lautenbach" seinem MfS-Kontaktmann inoffiziell berichtete, muß angenommen werden, daß dies zum Nachteil der Betreffenden geschah. In beiden Fällen wurde nicht nur die ärztliche Schweigepflicht über Patienten verletzt, sondern die psychiatrische Institution im Auftrag des MfS mißbraucht. Einmal übernahm „Lautenbach" die Behandlung eines damals dreißigjährigen Mannes „im Auftrage des MfS und bestellte ihn für „maximal drei Tage zur Beobachtung" in das Krankenhaus ein. Hintergrund war die „Vorstellung, den [...] über den 13. Februar 1985 im Bezirkskrankenhaus Arnsdorf zu halten".[212] Am 13. Februar 1945 war Dresden durch britische Bomben zerstört worden. Vermutlich ging es dem MfS darum, den junge Mann am 40. Gedenktag der Zerstörung von Dresden vielleicht von der Mitwirkung in einem pazifistischen Kreis fernzuhalten. Näheres ist dazu nicht bekannt, da es aus der Zeit keine MfS-Akten über den Betreffenden gibt und die Angelegenheit in einer später eröffneten Akte nicht erwähnt wird.[213] Während der GMS „Lautenbach" das Vorliegen einer „Nervenerkrankung" bei dem jungen Mann bejahte, verneinte er die aktuelle Notwendigkeit einer stationären Behandlung und stellte ausdrücklich fest, daß eine Zwangseinweisung „nicht gerechtfertigt" sei.[214]

Im zweiten Fall hingegen arrangierte der GMS „Lautenbach" im Auftrag des MfS die Zwangseinweisung eines hochbetagten Antiquitätenhändlers aus Dresden in die Psychiatrie Arnsdorf und stimmte auch sein anschließendes Verhalten mit den MfS-Vertretern ab.[215] Da dies als politischer Miß-

---

210 Personeneinschätzung durch GMS vom 14.11.1984, GMS-Akte „Lautenbach", Bl. 137 f.
211 Vgl. Abschlußbericht vom 9.4.1987 zur OPK „Klempner"; BStU, ASt Frankfurt/Oder, Cottbus, AOPK 779/87, Bl. 130 f.
212 Patienteneinschätzung durch GMS „Lautenbach" vom 25.2.1985, GMS-Akte „Lautenbach", Bl. 146.
213 BStU, ASt Dresden, AU 1565/89.
214 GMS-Akte „Lautenbach", Bl. 146.
215 Ebenda, Bl. 117 und 120–122.

brauch der Psychiatrie zu bewerten ist, wird dieser Fall im nachfolgenden Kapitel ausführlich erörtert.

Zusammenfassend ist festzustellen, daß nur in zwei von mehr als siebzig überprüften Fällen ärztlicher Schweigepflichtsverletzungen eine nachteilige Wirkung für die betroffenen Patienten nachzuweisen ist. In diesen beiden Fällen ging die Verletzung ärztlicher Berufspflichten des Psychiaters allerdings über Verstöße gegen die Pflicht zur Verschwiegenheit hinaus.

### 3.2.7. Zur Frage von IM-Aktivitäten im psychiatrisch-psychotherapeutischen Bereich als Teil politischer Verfolgung

Das hier beschriebene Ergebnis der Aktenstudien war insofern überraschend, als nach der Publikation mehrerer Fälle von politischer Verfolgung durch das MfS, zu denen die „operative Bearbeitung" und versuchte „Zersetzung" von politisch Mißliebigen gehörten, anderes befürchtet wurde. So war zu erwarten, in den gezielt ermittelten Akten von Psychiatriepatienten zumindest auf einige Fälle zu stoßen, bei denen das MfS die von den IM-Psychiatern gegebenen Informationen zur Spezifizierung von „Zersetzungs-" oder anderen Maßnahmen politischer Verfolgung genutzt hätte. Daß dies in keiner einzigen von mehr als siebzig geprüften MfS-Akten von Patienten nachweisbar ist, spricht dafür, daß derart extreme „operative Bearbeitungen", wie sie einzelne Pastoren, Künstler oder andere Opponenten in der DDR erfahren mußten, ziemlich selten waren.

Diese Feststellung relativiert weder die moralische Verwerflichkeit solcher Maßnahmen, noch deren Auswirkungen für den einzelnen davon betroffenen Menschen. Auf die vertrauenzerstörende Wirkung von Verletzungen der ärztlichen Schweigepflicht durch leitende Ärzte des psychiatrischen Krankenhauses Großschweidnitz im Fall des damaligen Pfarrers und späteren sächsischen Innenministers Heinz Eggert wurde bereits hingewiesen. In diesem Fall konnte die zunächst naheliegende Befürchtung ausgeräumt werden, die stationäre Behandlung des Pfarrers im psychiatrischen Krankenhaus Großschweidnitz sei Teil des MfS-Konzeptes der „Zersetzung" gewesen.

Die Suche nach weiteren Schicksalen, bei denen Menschen zur Zielscheibe von geplanten MfS-„Zersetzungsmaßnahmen" wurden und eine aktive Mitwirkung inoffizieller MfS-Mitarbeiter aus dem psychiatrischen oder psychotherapeutischen Bereich zu befürchten war, führte nach Jena. Der frühere Stadtjugendpfarrer in Jena, Ulrich Kasparick, hatte bereits 1990 über das Bürgerkomitee zur Auflösung des Staatssicherheitsdienstes in Gera Zugang zu seiner Stasi-Akte bekommen und in dem „Operativen Vorgang (OV)" erschreckende Entdeckungen machen müssen. In einer Konzeption „zur Realisierung operativer Maßnahmen zur weiteren Verunsicherung [und] Zurückdrängung der OV-Person" waren eine ganze Reihe von hinterhältig geplanten „Maßnahmen" festgehalten, die beweisen, daß es den MfS-Offizieren der Kreisdienststelle Jena darum gegangen war, den ihnen unbequemen Pfarrer psychisch zu zermürben, ihn auf diese Weise in der Kirche und in der Öffentlichkeit zu diskreditieren und durch gezielte Untergrabung seiner beruflichen Wirkungsmöglichkeiten als Opponenten auszuschalten:

> „Operativ gilt es, den bei der OV-Person entstandenen nervlich labilen Zustand [...] dahingehend auszunutzen, um innerkirchlich eine weitere Diensttauglichkeit als Pfarrer in Frage zu stellen. Zur Erfüllung dieser Zielstellung sind in Zusammenarbeit mit der Fachabteilung XX/4 und der KD [Kreisdienststelle] Pößneck folgende Maßnahmen zu realisieren:
> 1. Offizialisierung der Krankheitsproblematik der OV-Person im innerkirchlichen Bereich durch hierfür geeignete Schlüsselpositionen auf der Grundlage abgestimmter Auftragserteilungen im Bereich der Landeskirche bzw. Suptur und Konvent, [...] im Bereich der offenen Arbeit in Jena bzw. der Kirchgemeinde Jena [...]
> 3. Abprüfen der Möglichkeiten hinsichtlich des Abschöpfens einer [...] Quelle zum [...] Verhalten der OV-Person innerhalb der Therapiegruppe bezüglich der Verwendbarkeit dieser Aussagen zur weiteren Diskreditierung der OV-Person im innerkirchlichen Bereich [...]
> 4. [...] Erarbeitung einer abgestimmten Verhaltenslinie für die Quelle der KD Pößneck zur öffentlichkeitswirksamen Verbreitung von Informationen über Krankheitsbild und Verhalten/Auftreten der OV-Person während der Therapie [...]
> 5. Konspirative Beschaffung der Krankenunterlagen der OV-Person zwecks Abprüfen und Einschätzen der Möglichkeit zur Erstellung eines fachlich aussagefähigen Gutachtens zum Gesundheitszustand der OV-Person und dessen weiteren perspektivischen Einsatz im kirchlichen Bereich [...]
> 6. Auf der Grundlage der konspirativ beschafften Patientenunterlagen erfolgt in Abstimmung mit der KD Stadtroda eine inoffizielle Einschätzung des Krankheitszustandes der OV-Person in Richtung einer möglichen Weiterbehandlung der OV-Person im Bezirksfachkrankenhaus für Psychiatrie und Neurologie Stadtroda."[216]

Das war ein schriftlich fixierter Plan zur „Zersetzung", der über die in den MfS-Akten gegen Pastor Eggert beschriebenen Maßnahmen hinausging. Die erklärte Absicht, aus den illegal beschafften Patientenunterlagen Ansatzpunkte herauszufiltern, um den unbequemen Jenaer Pfarrer aus der psychotherapeutischen Behandlung an der Universitätsklinik in Jena zur Weiterbehandlung in das etwas entlegenere psychiatrische Krankenhaus Stadtroda

---

216 „Konzeption zur Realisierung operativer Maßnahmen zur weiteren Verunsicherung/Zurückdrängung der OV-Person innerhalb der Kirchgemeinde Jena bzw. Thüringer Landeskirche" der KD Jena, Referat PUT I [„politische Untergrundtätigkeit"] vom 15.11.1988, OV „Schwarz"; BStU, ASt Gera, MfS-Registriernummer X 216/87, Bd. II, Bl. 54–56.

abzudrängen, zielte eindeutig auf einen Mißbrauch der Psychiatrie zur Ausschaltung eines politischen Gegners. Allerdings konnten die MfS-Offiziere ihren perfiden Plan nur zum Teil umsetzen.

Zwar hatte die MfS-Kreisdienststelle Jena unter den leitenden Ärzten der Universitätsnervenklinik Jena einen inoffiziellen Mitarbeiter, der bereit war, für sie die Psychotherapieunterlagen konspirativ zu beschaffen. Auch wurde der Chefarzt der Männer-Psychiatrie des Bezirksfachkrankenhauses Stadtroda von der dortigen Kreisdienststelle als GMS geführt, den seine Führungsoffiziere unter anderem „als Sachverständigen bei operativ bedeutsamen Sachverhalten im Zusammenhang mit psychisch labilen bzw. kranken Personen"[217] nutzten. Allerdings kam es gar nicht zur Probe aufs Exempel, ob der GMS in Stadtroda auch zu weiterreichenden Pflichtverletzungen als zum Bruch der ärztlichen Schweigepflicht gegenüber MfS-Offizieren[218] bereit gewesen wäre.

Die Möglichkeiten des MfS im medizinischen Bereich der Friedrich-Schiller-Universität Jena waren sehr begrenzt durch die dort herrschenden Regeln, zu denen selbstverständlich die Wahrung des Patientengeheimnisses gehörte, und konkret durch die behandelnde Psychotherapeutin des Studentenpfarrers, die eine erkennbare Einmischung von außen in die Psychotherapie nicht geduldet hätte. Das Gegeneinanderwirken des IM-Arztes und der Psychotherapeutin macht beispielhaft sichtbar, welche Reichweite und welche Grenzen das MfS bei der Umsetzung eines destruktiven Planes gegen einen Psychotherapiepatienten hatte.

Bei dem IM handelt es sich um einen neurologischen Oberarzt der Universitätsnervenklinik Jena, Professor Gerhard M.,[219] der von 1985 bis 1989 als IMS „Jörg Ott" für die MfS-Kreisdienststelle Jena aktiv war. Während dieser Zeit berichtete der überwiegend elektroneurophysiologisch tätige Professor seinem Führungsoffizier Volker Lincke über mindestens zwanzig Patienten, wobei es sich meistens um Psychiatrie- oder Psychotherapie-Patienten handelte, deren Krankenakten „Jörg Ott" im Auftrag seines Führungsoffiziers konspirativ beschaffte und auswertete. In mindestens drei Fällen ist schriftlich belegt, daß die MfS-Männer die unter Verletzung der ärztlichen Schweigepflicht gegebenen Informationen für die „operative Bearbeitung" der betroffenen Patienten nutzen wollten.

---

217 Einschätzung der inoffiziellen Zusammenarbeit mit dem GMS „Peter Fiedler" vom 31.7.1986, GMS-Akte „Peter Fiedler" (1980–89), Bd. 2, Bl. 159–161, hier 159.
218 Daß er dazu bereit war, belegen einige vom MfS-Major Plötner dokumentierte Berichte des GMS „Peter Fiedler" über Patienten; ebenda, z. B. Bl. 284 und 296.
219 Gerhard M. (Jg. 1941), Prof. Dr. sc. med., Arbeitersohn aus Schkeuditz bei Leipzig, nach Abitur und einem Jahr Tätigkeit als Hilfspfleger 1961–67 Medizinistudium in Jena, 1967–69 Offizier im Medizinischen Dienst der NVA, 1969–72 Facharztausbildung in Neurologie und Psychiatrie, 1975 Oberarzt, 1981 erster Oberarzt der Universitäts-Nervenklinik Jena, 1982 Habilitation, 1983 Fakultas docendi, 1987 Professor für Neurologie und Psychiatrie, SED-Mitglied seit 1975. Vgl. IM-Akte „Jörg Ott"; BStU, ASt Gera, MfS-Registriernummer X/728/85, Teil I, Bd. 1.

Gegen den Jenaer Stadtjugendpfarrer hatte das „Referat PUT" („politische Untergrundtätigkeit") der Kreisdienststelle Jena bereits seit 1987 „operative" Maßnahmen inszeniert, die dazu beitrugen, eine gesundheitliche Krise auszulösen. Als der Pfarrer sich deshalb psychotherapeutische Hilfe suchte, beauftragte Oberleutnant Lincke vom Referat PUT seinen IM „Jörg Ott", das „Krankheitsbild" zu „prüfen".[220] Daraufhin habe der IM „mündlich über die Krankheitsbilder" des Pfarrers und einer anderen Person berichtet, die entsprechende Information sei zum einen in die IM-Akte und zum anderen an den Genossen Cramer gegangen.[221] Die von Oberleutnant Lincke festgehaltene „Information" des IM enthält allerdings kein Wort über ein „Krankheitsbild", sondern lediglich den Aufnahmetermin des Patienten auf der Psychotherapiestation der Universitätsnervenklinik. „Da es sich bei dem behandelnden Arzt um Frau Dr. Misselwitz handelt, welche mit K. gut bekannt sein soll," seien „Rückfragen des IMS bei der Genannten nicht realisiert" worden.[222]

Der IM „Jörg Ott" konnte es nicht wagen, die Psychotherapeutin über den Patienten auszufragen, da sie Rückschlüsse auf seine Auftraggeber hätte ziehen können. Nun versuchten die MfS-Offiziere der Kreisdienststelle Jena, Punkt 3 des zitierten MfS-Planes mit Hilfe eines Mitpatienten zu verwirklichen. Sie bewegten eine Frau aus der Gruppe, die im Herbst 1988 zu einer achtwöchigen stationären Psychotherapie zusammenkam, unter Druckanwendung dazu, über den Pfarrer zu berichten.

1991, im Rahmen ambulanter Nachbehandlungssitzungen, wurde die Therapiegruppe damit konfrontiert, daß eine Mitpatientin den Pfarrer im Auftrag des MfS bespitzelt hatte. Die Psychotherapeutin Dr. Irene Misselwitz schrieb einen Artikel über den drei Jahre zuvor vom MfS gegen ihren Patienten eingesetzten „Gruppenspitzel" und den „Versuch der Vergangenheitsbewältigung" in derselben Therapiegruppe.[223] Sie habe schon damals, noch bevor die Bespitzelung in der OV-Akte entdeckt worden war, an ihrem eigenen Unbehagen „atmosphärische Störungen" in der Gruppe gespürt, aber nicht herausfinden können, was unstimmig war. Die 1988 als Spitzel eingesetzte Mitpatientin, die seit 1990 an verstärkten und therapieresistenten psychosomatischen Krankheitssymptomen litt, habe ein Eingeständnis ihres Tuns und eine Erklärung ihrer Gewissensqualen geschafft. Es sei der Gruppe nach dem unter Weinkrämpfen hervorgebrachten katharsischen Ausbruch ohne vorschnelle Trostworte gelungen, über das Geschehene zu sprechen. Die beeindruckende Schilderung des schmerzlichen und zugleich befreien-

---

220 Bericht von Oberleutnant Lincke über sein Treffen mit IMS „Jörg Ott" in dessen Dienstzimmer am 6.10.1988 von 8.30 bis 9.45 Uhr; ebenda, Teil II, Bl. 129.
221 Ebenda, Bl. 129 a (Rückseite).
222 „Information zu Kasparick, Ulrich, Quelle: IMS ‚Jörg Ott', erhalten: Lincke, 6.10.88"; ebenda, Bl. 161.
223 Irene Misselwitz: Der Gruppenspitzel. Versuch der Vergangenheitsbewältigung in einer Therapiegruppe, in: Dr. med. Mabuse (Zeitschrift im Gesundheitswesen) 16 (1991) 75, Dezemberheft, Frankfurt/Main, S. 22–24.

den Aufarbeitungsversuches ist ein Lehrstück über die krankmachende Wirkung der Lüge und die Gesundungskräfte, die wahrhaftige Begegnungen zwischen authentischen Menschen hervorzubringen vermögen.

Mehrere Ärztinnen und Ärzte sowohl der Nervenklinik Jena, als auch des psychiatrischen Krankenhauses Stadtroda, die sich über diese insbesondere in der Psychotherapie essentiellen Wirkungen im klaren sind, haben nach Bekanntwerden der vom MfS gegen den Pfarrer geplanten und zum Teil durchgesetzten Maßnahmen Anzeigen erstattet, um eine Aufklärung der Stasi-Verstrickungen von Klinikmitarbeitern zu erwirken. Denn während die gemischte Täter-Opfer-Rolle der Patientin, die selbst unter Druck gesetzt worden war, unverkennbar ist, gibt es für die freiwillig-aktiven Verletzungen des ärztlichen Ethos und elementarer beruflicher Verhaltensregeln durch den IM-Arzt keine Entschuldigung.

Nach längeren Ermittlungen erhob die Staatsanwaltschaft Erfurt im Februar 1995 Anklage gegen den früheren Oberarzt der Universitätsnervenklinik Jena, der „von 1985 bis 1988 der DDR-Staatssicherheit Auskünfte über den Gesundheitszustand mehrerer Patienten erteilt haben" soll, wie eine Sprecherin der Schwerpunktabteilung SED-Unrecht bei der Staatsanwaltschaft Erfurt auf dpa-Anfrage mitteilte.[224] Der Angeklagte wurde am 11. Oktober 1995 wegen Verletzung des Berufsgeheimnisses in acht Fällen vom Amtsgericht Jena zu einer Gesamtgeldstrafe von 95 Tagessätzen zu je 300 DM, also insgesamt 28.500 DM, verurteilt. Zu seinen Gunsten berücksichtigte das Gericht unter anderem, „daß die von dem Angeklagten kolportierten patientenbezogenen Informationen von teilweise marginaler inhaltlicher Substanz" gewesen seien. Auch habe nicht festgestellt werden können, „daß den Geschädigten infolge der Taten des Angeklagten erhebliche Nachteile entstanden wären."[225]

Diese Feststellung spricht dafür, daß die Pläne und Vorhaben von hauptamtlichen MfS-Offizieren mitunter destruktiver und weitergehend waren als ihre praktische Umsetzung. Denn es fehlt nicht an Hinweisen, daß die Offiziere der MfS-Kreisdienststelle Jena planten, die Informationen ihres Arzt-IM „Jörg Ott" zumindest in einem weiteren Fall zum erheblichen Nachteil des betroffenen Patienten zu verwenden. Unter dem 30. April 1987 hatte Oberleutnant Lincke im Treffbericht den an den IMS „Jörg Ott" ergangenen Auftrag notiert, eine Information über den jungen Mann „im Sinne der Erlangung weiterer Ansatzpunkte zur operativ angestrebten Verunsicherung der Person" zu erarbeiten.[226] Diese Absicht scheint dem IM-Arzt auch mitgeteilt worden zu sein, denn im Bericht des darauffolgenden Treffens Linckes mit „Jörg Ott" wurde als vorzubereitende „Hausaufgabe" noch einmal die „Auswertung der Patientenakte [...] insbesondere unter dem Aspekt

---

224 dpa/Thüringen, Meldung vom 22.4.1995.
225 Amtsgericht Jena – Schöffengericht – Geschäftsnummer 550 Js 10107/93 – 7 Ls.
226 IM-Akte „Jörg Ott", Teil II, Bl. 81a.

der Herausarbeitung von Ansatzpunkten zur weiteren Verunsicherung des H."[227] formuliert.

Im Dezember 1986 hatte „Jörg Ott" seinen Führungsoffizier bereits darüber informiert, daß der betreffende junge Mann im Sommer zwei Monate stationär in der Universitätsnervenklinik gewesen sei und seitdem von dort ambulant psychiatrisch betreut würde, daß er jedoch nicht psychisch krank sei, sondern massive persönliche Probleme habe, sich von der Polizei verfolgt fühle und wiederholt Suizidabsichten geäußert habe.[228] Nach dieser Vorinformation kann eine „operativ angestrebte weitere Verunsicherung" des Patienten eigentlich nur bedeuten, daß die MfS-Vertreter den jungen Mann psychisch fertigmachen wollten und dabei selbst einen Suizid billigend in Kauf genommen hätten. Für diese Annahme spricht auch, daß Oberleutnant Lincke die von IMS „Jörg Ott" am 24. April 1987 mündlich gegebenen Informationen aus der Krankenakte des Patienten unter der Fragestellung zusammenfaßte, welche persönlichen Probleme „begünstigend auf die Entstehung seiner psychischen Krise wirkten".[229]

Der betroffene junge Mann war aktiv in der Jenaer Friedensbewegung und wurde von 1983 bis 1988 vom Referat PUT [„politische Untergrundtätigkeit"] der MfS-Kreisdienststelle Jena in einer „Operativen Personenkontrolle" (OPK) bearbeitet. Erklärtes Ziel der MfS-Offiziere war es, den unbequemen jungen Mann in die politische Passivität oder aus dem Land zu treiben. In einer „Verunsicherungs- und Zurückdrängungskonzeption"[230] wurde ausdrücklich eine „hochgradige Verunsicherung" des Betreffenden, die „Isolierung der OPK-Person in ihrem personellen Umfeld", seine „Zurückdrängung", „Disziplinierung" und die „Beschneidung seines Aktionsraumes" angestrebt. Vorgesehen waren zum Beispiel der Einsatz inoffizieller Mitarbeiter „zur gezielten Diskreditierung der OPK-Person in seinem Freundes- und Bekanntenkreis", die wiederholte „Führung operativer Gespräche" durch MfS-Mitarbeiter und „wiederholte Vorladungen in unterschiedliche Amtsbereiche" der Volkspolizei zur angeblichen Klärung von teilweise zuvor inszenierten Sachverhalten. Die Wohnungsverwaltung, das Arbeitsamt und die Jugendhilfe sollten eingeschaltet werden, um den jungen Mann mit Vorladungen und Überprüfungsbesuchen zu nerven, „bei Möglichkeit baupolizeiliche Sperrungen von Räumen bzw. andere Auflagen zu veranlassen", die regelmäßige Zahlung seiner Alimente und „eventuell weiterführende Schritte" wie eine „Heimeinweisung" seiner Kinder zu prüfen, und an seiner Arbeitsstelle zu „veranlassen, daß auch kleinere Nachlässig-

---

[227] Treffbericht von Oberleutnant Lincke vom 4.5.1987 über sein Treffen mit IMS „Jörg Ott" am 24.4.1987 in dessen Dienstzimmer; ebenda, Bl. 83.
[228] Information von Oberleutnant Lincke vom 5.12.1986 zur Person H., Quelle: IMS „Jörg Ott"; ebenda, Bl. 70.
[229] Information von Oberleutnant Lincke vom 30.4.1987 zur Person H., Quelle: IMS „Jörg Ott"; ebenda, Bl. 84.
[230] Politisch-operative Verunsicherungs- und Zurückdrängungskonzeption zur OPK „Gockel" vom 19.8.1987; BStU, ASt Gera, AOPK 626/88, Bd. 2, Bl. 44–48.

keiten geahndet werden".[231] Einige der geplanten „Verunsicherungsmaßnahmen" wurden in die Tat umgesetzt und in den OPK-Akten protokolliert, so eine strenge Einberufungsüberprüfung beim Wehrkreiskommando,[232] eine polizeiliche Zuführung mit bewußt verzögerter Entlassung[233] und eine „Brandschutzkontrolle" in der Wohnung des Betreffenden durch die Feuerwehr.[234]

Psychiatrische Maßnahmen waren vom MfS nicht geplant und kamen auch nicht zum Einsatz. Es scheint eher so gewesen zu sein, daß die psychiatrische Klinik ein zeitweiliger Zufluchtsort für den verfolgten Mann war und ihn die Krankenhausbehandlung psychisch stabilisiert hat. Das wirkte dem Ziel des MfS entgegen, ihn von seinem Streben nach gesellschaftlicher Veränderung in der DDR abzubringen und zum Verlassen der DDR zu drängen: „Nach Entlassung aus der Klinik dementierte H[...] seine ursprünglich geäußerten Übersiedlungsabsichten."[235] Dem Arzt-IM „Jörg Ott" blieb die wirklich marginale Aufgabe, dies seinen Auftraggebern zu berichten.[236] Seine unter Verletzung der ärztlichen Schweigepflicht gegebene Information bewirkte direkt keine erkennbaren Nachteile für den betroffenen Patienten, lieferte jedoch der MfS-Kreisdienststelle Jena einen zusätzlichen Mosaikstein für ihre Personendatensammlung, die als Grundlage für unter Umständen dann doch sehr nachteilige Maßnahmen der „operativen Bearbeitung" des jungen Mannes dienen sollte.

### 3.2.8. Inoffizielle Mitarbeiter im Bereich Psychotherapie

Im vorigen Kapitel wurden Beispiele beschrieben, bei denen Psychotherapeuten in Jena trotz massiver Einwirkungsversuche der örtlichen MfS-Kreisdienststelle schützend und stärkend wirkten für Menschen, die durch „operative Bearbeitung" des MfS in Bedrängnis geraten waren. In den MfS-Unterlagen finden sich jedoch auch Belege für das Gegenteil. Wegweisend dafür sind in erster Linie Entdeckungen, die Betroffene bei ihrer persönlichen Einsichtnahme in die über sie geführten Stasi-Akten machten.

Zu nennen ist hier der Fall des Diplompsychologen Klaus Gerlach, über den die Gardelegener Lokalpresse unter Berufung auf das ARD-Magazin „Kontraste" im September 1993 berichtete, daß er im inoffiziellen Auftrag des Staatssicherheitsdienstes unter dem Decknamen „Karl Förster" Patienten

---

231 Ebenda, Bl. 45 f.
232 Information vom 9.9.1987; ebenda, Bl. 54.
233 Information vom 5.10.1987; ebenda, Bl. 60.
234 Aktenvermerk vom 15.10.1987; ebenda, Bl. 62.
235 Operativer Sachstandsbericht zur OPK „Gockel" vom 17.12.1986; ebenda, Bd. 1, Bl. 227–229, hier 228.
236 Durchschläge der Berichte des IMS „Jörg Ott" über den jungen Mann (IM-Akte Teil II, Bl. 70 und 84) finden sich in der OPK „Gockel", Bd. 1, Bl. 220.

ausgehorcht habe.[237] Ein früherer Patient Gerlachs, der 1976 Opfer dieser Bespitzelung geworden, Anfang 1977 wegen „staatsfeindlicher Hetze" verhaftet und nach 17 Monaten Haft in Magdeburg und Cottbus in die Bundesrepublik abgeschoben worden war, hatte den Verrat bei der Einsichtnahme in seine Stasi-Akte entdeckt. Der Psychologe war seiner IM-Akte zufolge im August 1978 „nach 21monatiger inoffizieller Zusammenarbeit mit dem MfS" mit der Begründung zum Experten-IM (IME) umregistriert worden, daß er „außer den objektiven nunmehr auch über die subjektiven Voraussetzungen für einen Einsatz als IME" verfüge.[238] Dem fünfseitigen Vorschlag seines Führungsoffiziers, Oberleutnant Gallrein, zur Umregistrierung ist zu entnehmen, daß der IM zur „inoffiziellen Zusammenarbeit mit dem MfS nicht nur politisch-ideologisch motiviert" war, sondern auch „direktes persönliches Interesse" habe, „das beruflich motiviert" sei: „Der IM sieht in der Zusammenarbeit ganz offensichtlich die Möglichkeit der Erweiterung seines Horizontes, z.B. bei der Vertiefung und Erweiterung seiner Erkenntnisse über psychologische Ursachen und Motive in seiner Arbeit."[239] Oberleutnant Gallrein lobte die „Kontaktfreudigkeit und -fähigkeit, verbunden mit qualifiziertem psychologischen Einfühlungsvermögen und Menschenkenntnis" des IM, der auch in der Lage sei, „sein Verhalten zweckentsprechend und ideenreich zu legendieren und zu konspirieren bei der Erfüllung der gestellten Aufträge."[240] Der MfS-Offizier sah also in dem IM vor allem den Experten in psychologisch geschickter Täuschung seiner Mitmenschen. Die personenbezogenen Aufträge des IME waren dementsprechend. In einer „Präzisierung der Einsatz- und Entwicklungskonzeption des IME 'Karl Förster'" vom 5. Januar 1985 bestand eine von fünf Aufgaben in der „Erarbeitung operativ-relevanter Sachverhalte zu Personen, die sich auf Grund psychischer Konflikte zu diesen Sachverhalten in medizinische Behandlung begeben."[241] Diesem Auftrag des MfS kam der Psychologe von 1976 bis 1989 vielfach nach, wobei eine konkretere Analyse der IM-Tätigkeit aufgrund der lückenhaften Aktenlage nicht möglich ist.[242]

Ein weiterer Hinweis in dieselbe Richtung stammt von der Theologin Karin Elmer, die in einem beeindruckenden Aufsatz über ihre ungute Erfahrung als Objekt der Bespitzelung durch eine Psychologin berichtete.[243] Nach-

---

237 Gardelegener Kreisanzeiger vom 21.9.1993, S.10. Zu den Konsequenzen der Angelegenheit vgl. auch Volksstimme Gardelegen vom 25.9.1993 und Altmarkzeitung vom 21.12.1993.
238 IM-Akte „Karl Förster"; BStU, ASt Magdeburg, MfS-Registriernummer VII 1454/76, Teil I, Bd. 1, Bl. 14.
239 Ebenda, Bl. 135.
240 Ebenda, Bl. 136.
241 Ebenda, Bl. 25.
242 Von der IM-Akte „Karl Förster" wurden bisher nur Teil I, Bd. 1, Bl. 1–362 (vom 30.12.1976 bis 25.6.1982) und Teil II, Bd. 2, Bl. 1–72 (vom 20.5.1980 bis 5.7.1982), aufgefunden, wobei die Akten offenkundig unvollständig sind.
243 Vgl. Karin Elmer: Ein Vertrauensverhältnis schaffen, in: Behnke/Fuchs: Zersetzung, S. 296–302.

dem sie 1976 gemeinsam mit ihrem Mann ihre erste Pfarrstelle im Kreis Aschersleben angetreten hatte, bekam die junge Frau infolge der multiplen Streßfaktoren eines unter DDR-Bedingungen ernst genommenen Pfarramtes gesundheitliche Probleme. Sie begab sich neben der ärztlichen Diagnostik auch in die Beratungsstelle zu der Diplompsychologin Bärbel Reichenbächer, die sie aus dem Kirchenchor kannte und zu der sie Vertrauen hatte. In Karin Elmers Erinnerung verliefen die psychologischen Sprechstunden so, daß sie selbst über alles sprach, was sie bewegte: „Privates, Kirchliches und Politisches". Nach einigen Monaten habe sie gemerkt, daß es verlorene Zeit war, weil die Psychologin versucht hätte, sie in eine bestimmte Richtung zu lenken, mit der sie überhaupt nicht einverstanden gewesen sei. Sie hätte sich immer mehr verschlossen und die Gespräche schließlich aufgegeben. Ihre Krankheitssymptome hätten sich allmählich zurückgebildet, da sie selbst gespürt habe, wodurch sie ausgelöst waren.[244] Als 1992 die Einsichtnahme in ihre vom Staatssicherheitsdienst verfaßten Akten möglich wurde, entnahm Karin Elmer der circa 700 Seiten starken OPK „Schwarz", daß es nicht nur fachliche Inkompetenz der Psychologin gewesen war, die Ende der siebziger Jahre eine effektive Psychotherapie verhindert hatte: Die Psychologin hatte als IMV „Schellenberg" im Auftrag eines MfS-Offiziers gezielt versucht, „ein Vertrauensverhältnis zu schaffen, damit die E. sich 'anvertraut'."[245] Regelmäßig hatte sie Monat für Monat ihrem Führungsoffizier über die persönlichen Ansichten und Probleme ihrer Klientin berichtet, die ihr in den psychologischen Beratungsgesprächen anvertraut worden waren.

Karin Elmer ist nach der Lektüre der MfS-Akte zunächst ganz erstaunt gewesen, daß man ihre und ihres Mannes verantwortungsbewußte Jugend- und Gemeindearbeit für staatsgefährdend gehalten, sie mit einer solchen Intensität beobachtet und „operativ bearbeitet" hatte. Zugleich war sie schockiert von der „Selbstverständlichkeit der Weitergabe ganz privater Probleme", von der Einschätzung ihrer Person „durch diese Menschen, in dieser Form und auf diesem Wege, daß jedes Mittel recht war, um als Waffe gegen einen anderen Menschen eingesetzt zu werden", und von der „Unfähigkeit, die diese Psychologin auszeichnete, denn sie hatte kaum etwas von meinen Problemen wirklich begriffen."

Die Pastorin wollte wissen, was sich die Psychologin bei ihrem Verrat gedacht hatte, wollte Gründe und auch Zwänge erfahren, nicht um Rache zu nehmen, sondern um zu verstehen. In dem Gespräch, das schließlich zustande kam, wurde sie ein weiteres Mal enttäuscht. Die Psychologin, die 1992 als Angestellte im öffentlichen Dienst immer noch die psychologische Beratungsstelle in Aschersleben leitete, „ließ kein Schuldgefühl zu oder auch nur ein Nachdenken über ihre Handlungsweise. Sie fand es völlig legitim, daß ein Staat wissen will, was seine Bürger denken, daß der Staat auf diese

---

244 Ebenda, S. 297.
245 Ebenda, S. 300.

Weise seine Macht zu erhalten sucht. Damit hätten auch Verbrechen verhindert werden können, zu denen Menschen vielleicht getrieben worden wären. Sie bedauerte, daß dies in der jetzigen Zeit so nicht mehr möglich sei."[246] Da die Psychologin auch gegenüber ihrem Arbeitgeber keine andere Einsicht zeigte, wurde sie schließlich fristlos entlassen.

Nach Geschichten wie denen von IME „Karl Förster" und IMV „Schellenberg" drängt sich die Frage auf, wie weitgehend psychologische Beratungsstellen und psychotherapeutische Institutionen in der DDR von Zuträgern des Staatssicherheitsdienstes durchsetzt waren. Welches war die Regel und welches die Ausnahme im Verhalten von Psychotherapeuten in der DDR für politisch unter Druck geratene Patienten, ein eher schützendes und stärkendes oder ein durch Manipulationsversuche im geheimdienstlichen Auftrag zusätzlich verunsicherndes und bedrückendes? Da sich in den MfS-Akten Beispiele für beide Verhaltensweisen finden, erscheint eine allein von Einzelfällen abgeleitete Verallgemeinerung nicht zulässig. Andererseits ist es aufgrund der bisher nur in Aktenkilometern zu messenden Materialfülle unmöglich, etwa alle Fälle „operativer Bearbeitung" durch MfS-Dienststellen mit einer zeitgleich laufenden Psychotherapie herauszufinden und die unterschiedlichen Verhaltensweisen der jeweiligen Psychotherapeuten quantitativ gegeneinander abzuwägen. So konnte trotz langwieriger Recherchen sicherlich nur ein kleiner Ausschnitt aus dem Gesamtbestand der in Frage kommenden MfS-Unterlagen ermittelt und ausgewertet werden.

Die Zusammenschau dieser Akten erlaubt jedoch zumindest Tendenzaussagen. Je mehr MfS-Akten zum DDR-Gesundheitswesen, einschließlich solcher über inoffizielle Mitarbeiter und „operativ bearbeitete" Personen in den Bereichen Psychiatrie und Psychotherapie, eingesehen wurden, desto mehr verstärkte sich der Eindruck, daß der Anteil inoffizieller Mitarbeiter des MfS unter leitenden Psychotherapeuten niedriger lag als der für Ärzte in Führungspositionen ermittelte und daß der Staatssicherheitsdienst keine systematischen Informations- oder gar Einflußmöglichkeiten im Bereich der Psychotherapie hatte. Eine solche Einschätzung hilft den im Einzelfall vom Verrat betroffenen Menschen nicht, ist aber für die Beantwortung der Frage wichtig, wie häufig solche Einzelfälle waren. Nachfolgend wird versucht, den gewonnenen Eindruck einer nur geringen Präsenz des MfS in der DDR-Psychotherapie nachvollziehbar zu machen.

Zunächst war es schwierig, überhaupt MfS-Unterlagen zu finden, in denen psychologische Beratung oder Psychotherapie erwähnt werden. Es gibt dazu keinen eigenen Aktenbestand. Psychotherapeutische Institutionen sind in den Karteien des MfS einschließlich der Objektkartei nicht verzeichnet. Auch Sachakten zu psychotherapeutischen Fragen, Abhörprotokolle psychotherapeutischer Sitzungen oder ähnliches wurden weder in den Bestän-

246 Ebenda, S. 301.

den der für die Überwachung des Gesundheitswesens zuständigen „Linie XX/1" des MfS noch an irgendeiner anderen Stelle in den Hinterlassenschaften des Staatssicherheitsdienstes gefunden. Der übliche Suchweg über personenbezogene Recherchen konnte außer zu den Betroffenen, die sich seit 1990 an die Öffentlichkeit oder an Untersuchungsgremien gewandt hatten, zunächst nur noch zu einigen Psychotherapeuten eingeschlagen werden, deren Namen aufgrund ihrer Leitungspositionen oder Veröffentlichungen bekannt waren und deren Geburtsdaten sich beispielsweise anhand ihrer in wissenschaftlichen Publikationen abgedruckten Biographien ermitteln ließen. In einigen über solche Umwege gefundenen MfS-Akten gibt es Querverweise und Daten zu Kollegen und anderen Personen aus dem psychotherapeutischen Arbeitsbereich, die zum Ausgangspunkt für weitere Recherchen genommen werden konnten. Insgesamt führte die im Vergleich zu anderen sozialen Bereichen spärliche Zahl der Akten und meist recht oberflächlicher Inhalt zu dem Eindruck, daß sich das MfS für den Bereich der Psychotherapie nicht sonderlich interessiert hat.

Eine Recherche zu den bekanntesten Vertretern der DDR-Psychotherapie in den Karteien des MfS ergab, daß unter ihnen kein IM war, hingegen mehrere prominente Fachvertreter zeitweise „operativ bearbeitet" wurden.[247] Der inzwischen sicherlich bekannteste Prominente ist Hans-Joachim Maaz, der zunächst zweimal wegen des Verdachts auf „Republikflucht"-Absichten in „Operativen Vorgängen"[248] und schließlich als Chefarzt der Abteilung für Psychotherapie im evangelischen Diakoniewerk Halle in einer „Operativen Personenkontrolle" staatssicherheitsdienstlich „bearbeitet" wurde, weil er „zu den gesellschaftlichen Verhältnissen" in der DDR „eine negative Position" beziehen, dies „bei Vorträgen in der Öffentlichkeit zum Ausdruck" bringen und „sich mit den politischen Anschauungen Havemanns und Bahros" identifizieren würde.[249] Auch von Maaz' psychotherapeutischen Kolleginnen wurden einige durch das MfS „operativ bearbeitet",[250] während die IM in der Abteilung aus den Reihen der Arbeiterschaft kamen und gezielt zur Überwachung der Psychotherapeuten angeworben worden waren.[251] Es überrascht nicht, daß die inoffiziell gewonnenen Informationen der MfS-Kreisdienststelle Halle aus der dortigen Psychotherapieabteilung des evangelischen Diakoniewerkes nichts mit Patienten und der therapeutischen Arbeit an sich zu tun hatten.

---

247 Vgl. z. B. Michael Geyer (Jg. 1943), Prof. Dr. sc. med., Vorsitzender der DDR-Gesellschaft für ärztliche Psychotherapie; BStU, ASt Erfurt, AOPK 1097/76.
248 Vgl. BStU, ASt Halle, AOP 1438/75 und BStU, ASt Frankfurt/Oder, AOP 1982/80.
249 "Gründe für das Einleiten" der OPK „Psychologe", Übersichtsbogen zur operativen Personenkontrolle der KD Halle vom 13.4.1982; BStU, ASt Halle, AOPK 959/87, Bd. 1, Bl. 32.
250 Vgl. BStU, ASt Halle, AOPK 589/87 und BStU, ASt Halle, OV „Viper", MfS-Registriernummer 583/83.
251 IMS „Heinz Röll" war Kraftfahrer und IMS „Maria" Arztsekretärin. Vgl. BStU, ASt Halle, MfS-Registriernummern VIII/1125/83 und VIII/0029/88.

Die Beschreibung einer ausgesprochenen „Fehlstelle" des MfS in einer psychotherapeutischen Institution der DDR fand sich in einer schon einmal zitierten IM-Akte einer Ärztin, die als Internistin in Ostberlin tätig war und als IMB „Frau Lucas" über mehrere Jahre auf einige „negative Intellektuelle" angesetzt war. Die IM-Ärztin wurde von ihrem Führungsoffizier wiederholt über gesundheitliche Probleme insbesondere der Frauen des Freundeskreises befragt. Am 20. März 1978 notierte der Leutnant der Abteilung XX/1 der Bezirksverwaltung Berlin folgende Einschätzung seiner IM über eine besonders im Mittelpunkt der Aufmerksamkeit des MfS stehende Künstlerin, über deren Gesundheitszustand und eine geplante Psychotherapie:

„Nach Einschätzung des IM ist es bei der Walli Bickert [Name geändert] aufgrund ihres ständigen Anlaufens gegen unsere konkreten gesellschaftlichen Verhältnisse zu einer eindeutigen Neurose gekommen. Dies drückt sich in einzelnen charakterlichen Äußerungen und Handlungen, die besonders aggressiv erscheinen und in eindeutigen allgemeingesundheitlichen Störungen wie körperlichem Mißempfinden und Angstträumen aus. Für die Behandlung ist die [...] neurologisch-psychiatrische Klinik in 3501 Uchtspringe, Kreis Stendal, Bezirk Magdeburg ins Auge gefaßt. [...] Nach Einschätzung des IM haben die Walli Bickert und [...] in Uchtspringe Gesprächspartner gleicher bzw. ähnlicher politischer Position gefunden. Daher geht der IM davon aus, daß bei einer Behandlung in Uchtspringe die Walli Bickert in ihrer Haltung bestärkt wird, nicht aber deren Aversionen gegen unsere Gesellschaft abgebaut werden. [...] Notwendig wäre eine Behandlung, die die Bickert in unsere Gesellschaft zurückführt und auf dieser Basis ihre Neurose abbaut."[252]

Selbst wenn man in Rechnung stellt, daß der Text von einem MfS-Leutnant verfaßt ist, der vielleicht nicht alles richtig verstanden und wiedergegeben hat, was der IM ihm sagte, wirft diese Einschätzung doch kein gutes Licht auf die Qualifikation der IM-Ärztin, von ihrem Ethos ganz zu schweigen. Von den Psychotherapeuten in Uchtspringe hingegen gewinnt man den Eindruck, sie seien kritisch denkende Menschen, die mehr an der Stärkung des individuellen Ich ihrer Patienten als an deren äußerer Verhaltensanpassung orientiert waren. Der günstige Eindruck wird verstärkt durch eine Auskunft aus der MfS-Kreisdienststelle (KD) Stendal. Der für die „operative Bearbeitung" von Walli Bickert zuständige Oberleutnant der Berliner MfS-Bezirksverwaltung hatte telefonisch um eine „Prüfung der inoffiziellen Möglichkeiten der KD Stendal zur Absicherung der Behandlung der im OV [...] bearbeiteten [...] Walli Bickert im Kreiskrankenhaus für Psychiatrie Uchtspringe" gebeten. Die Antwort lautete, „daß von seiten der KD Stendal lediglich geringe inoffizielle Möglichkeiten im Verwaltungsbereich des

---

252 IM-Akte „Frau Lucas"; BStU, ASt Berlin, AIM 5910/91, Teil II, Bd. 1, Bl. 46 f.

Krankenhauses vorhanden" seien.[253] Der Oberleutnant bedauerte, daß „die inoffiziellen Möglichkeiten der KD Stendal nicht ausreichend sind, um eine konspirative Kontrolle der Bickert bei einer voraussichtlichen Behandlung in Uchtspringe zu gewährleisten und gleichfalls die Möglichkeit der Verhinderung einer Behandlung in diesem Krankenhaus die Gefahr der Dekonspiration mit sich bringt" und schlug vor, „Frau Lucas" und einen anderen IM zu beauftragen, „den genauen Termin der vorgesehenen Behandlung der Bickert in Uchtspringe zu ermitteln." Sobald er den Termin hätte, würde „über das Referat XX/1 und die KD Stendal die Möglichkeit geprüft, ob eine Legende geschaffen werden kann, die uns Einsicht in die Krankenunterlagen der Bickert ermöglicht."[254] Walli Bickert fuhr 1978 nicht zur Psychotherapie nach Uchtspringe, so daß schon deshalb eine vom MfS ins Auge gefaßte konspirative Kontrolle im Krankenhaus unterblieb. Festzustellen bleibt, daß es in der psychotherapeutischen Abteilung und wohl auch im sonstigen klinischen Bereich des psychiatrischen Krankenhauses Uchtspringe keinen inoffiziellen MfS-Mitarbeiter gab, daß die dortigen Psychotherapeuten politisch zumindest als kritisch eingeschätzt wurden und man von ihrer Arbeit eher eine Stärkung der Kritik- und Widerstandsfähigkeit ihrer Patienten erwartete.

Nach der beispielhaften Erwähnung eines Psychotherapeuten, der vom MfS „operativ bearbeitet" und einer psychotherapeutischen Institution, für welche die fehlende Präsenz der Staatssicherheit von einer MfS-Dienststelle explizit festgestellt wurde, folgt nun die Erörterung einiger IM-Akten über Psychotherapeuten. Darin werden unterschiedliche IM-Typen geschildert, wobei die Palette von der Beschreibung unverbindlicher Gesprächskontakte bis hin zu jahrzehntelangen „vertrauensvollen Beziehungen" reicht.

Im einem Fall entpuppte sich die angebliche „Führung" der Leiterin einer psychologischen Beratungsstelle in Ostberlin durch einen Major der MfS-Kreisdienststelle des Stadtbezirkes als IMS „Dr. Herrmann" bei näherer Betrachtung als irreführend. Die IM-Akte vermittelt insgesamt den Eindruck, daß die Psychologin ihre mit dem MfS-Offizier geführten Gespräche nicht als eine „inoffizielle Zusammenarbeit" interpretiert haben kann. Der Major räumte in seinem im Herbst 1988 formulierten Werbungsvorschlag ein, daß der IM-Kandidatin seine „persönliche familiäre Situation" aufgrund ihrer beruflichen Tätigkeit bekannt und dies die Grundlage ihrer Gesprächsbereitschaft sei.[255] Er habe vom „Zeitpunkt der Kontaktaufnahme" im März 1987 „bis gegenwärtig", also in einem Zeitraum von gut eineinhalb Jahren, neun „Kontaktgespräche" mit der „Kandidatin" geführt, die „in der Regel nach Dienstschluß im Arbeitszimmer der Kandidatin" stattgefunden hätten.[256]

---

253 BStU, ZA, AOP [Signatur entfällt aus Anonymisierungsgründen], Bd. 5, Bl. 4.
254 Ebenda.
255 Vgl. Vorschlag zur Werbung der IM-Kandidatin „Hoffnung" vom 2.10.1988, IM-Akte „Dr. Herrmann"; BStU, ASt Berlin, AIM 796/91, Teil I, 1 Bd., Bl. 19–25, hier 24.
256 Ebenda, Bl. 22.

„Nach einer anfänglich abwartenden Haltung gegenüber dem Mitarbeiter" sei die Psychologin gesprächsbereit gewesen. Anlaß zur Hoffnung des MfS-Majors auf eine mögliche Bereitschaft der „Kandidatin" zur inoffiziellen Zusammenarbeit sei die „Tatsache, daß sie in ihrer Tätigkeit verschiedene Gemeinsamkeiten zur Arbeit des MfS sieht, nämlich daß beide 'das Gute' im Menschen wollen und alle Aktivitäten auf das Wohl der oder des betreffenden Menschen ausgerichtet sind."[257] Aus dem Zusammenhang geht hervor, daß diese Annahme auf dem fürsorglichen und mit Aktivitäten des MfS-Majors konform gehenden Einsatz der Psychologin für einen amnestierten Jugendlichen beruhte, der wegen eines „Republikflucht"-Versuches inhaftiert gewesen war. Die Einschätzung des MfS-Offiziers deutet darauf hin, daß sich der Major selbst seiner „Kandidatin" unsicher und die „IM-Werbung" irreal war:

„Zusammenfassend kann eingeschätzt werden, daß die Kandidatin sehr frei und ungezwungen die Gespräche mit ausgestaltet hat. Einschränkend muß dazu jedoch bemerkt werden, daß sie sehr wohl weiß, was sie sagen will und was sie nicht sagen will. Im Interesse des weiteren Ausbaus des Vertrauensverhältnisses wurde es bisher vermieden, unbedingt auf die Nennung von Namen aus dem unmittelbaren Umgangs- und Freundeskreis und deren Charakteristika zu drängen. [...] Für die perspektivische inoffizielle Zusammenarbeit mit der Kandidatin gilt es unbedingt zu beachten, daß bei ihr nicht der Eindruck entstehen darf, sie sei 'Mittel zum Zweck' bzw. sie ausgenutzt wird und die von ihr übergebenen Informationen 'mißbräuchlich' verwendet werden. Aus diesem Grund erscheint es auch notwendig, die angestrebte Verpflichtung der Kandidatin zum inoffiziellen Mitarbeiter des MfS ihr gegenüber nicht sonderlich hervorzuheben und ihr keine schriftliche Erklärung zur Zusammenarbeit mit dem MfS abzuverlangen. [...]
Nicht unerwähnt bleiben darf in diesem Zusammenhang die Version, daß die Kandidatin mit ihrer Verbindung zum Mitarbeiter Möglichkeiten der 'Erforschung der Psyche' eines Mitarbeiters des MfS sieht, das heißt, Unterzeichner als sogenanntes Studienobjekt betrachtet."[258]

Die Befürchtung des MfS-Offiziers, von der Psychologin durchschaut zu werden und ihr womöglich gar ungewollt als psychologisches Studienobjekt zu dienen, könnte eventuell eine Erklärung für den Befund sein, daß Psychotherapeuten seltener als nicht psychotherapeutisch ausgebildete Ärzte für inoffizielle MfS-Dienste angeworben wurden.

Die „IM-Akte" über die Psychologin unterstreicht außerdem die Notwendigkeit, jede IM-Akte einzeln anzusehen. Man darf nicht etwa summarisch von der Anzahl der in den MfS-Karteien herausgefundenen IM-Signaturen

---

257 Ebenda.
258 Ebenda, Bl. 23 f.

auf die Verbreitung inoffizieller MfS-Aktivitäten in einem Bereich schließen. Im Fall der als IMS „Dr. Herrmann" geführten Psychologin deutet alles darauf hin, daß sie in einigen Gesprächen mit dem MfS-Major „abgeschöpft" wurde, sie jedoch nicht „inoffiziell" mit ihm „zusammengearbeitet" hat. Es gibt, in Übereinstimmung mit der oben zitierten Warnung, keine schriftliche Verpflichtungserklärung. Die dünne Arbeitsakte (Teil II der „IM-Akte") enthält insgesamt acht Treffberichte von zwei MfS-Offizieren, in denen Gesprächsinhalte festgehalten sind. Darin sind einige Indiskretionen enthalten über Kollegen, die einen Antrag auf Ausreise aus der DDR gestellt hatten, jedoch keine Hinweise auf Verletzungen der gesetzlichen Schweigepflicht über Patienten.

Hinsichtlich bewußter konspirativer Zusammenkünfte eindeutig sind hingegen die meisten anderen über Psychotherapeuten gefundenen IM-Akten. Einer der Psychotherapeuten, der an der Charité-Nervenklinik in Ostberlin tätig war, wählte sich den für diesen Zweck allzu schönen Decknamen „Sigmund Freud", als er Ende Dezember 1982 von einem Oberleutnant Edel[259] zu einer inoffiziellen Tätigkeit für die Hauptabteilung XX/7 verpflichtet wurde.[260] „Die Zielstellung der Werbung des IM" war „personen- und sachbezogen" auf die „Bearbeitung eines operativen Materials" ausgerichtet.[261] Die dem IM vom MfS gestellte Aufgabe zielte auf eine Psychologin, mit der „Sigmund Freud" im Rahmen seiner Psychotherapieausbildung an einer Selbsterfahrungsgruppe teilnahm.[262] In solchen Gruppen lernen sich die Teilnehmer mit der Zeit selbst und gegenseitig intensiv kennen. Der IMS hatte seinem Führungsoffizier nicht nur über jene Psychologin zu berichten, sondern wurde beispielsweise auch beauftragt, sie dahingehend zu beeinflussen, sich von ihrem Ehemann zu trennen, einem vom MfS bekämpften Schriftsteller. „Trotz intensiver Schulung" sei es jedoch nicht gelungen, „den IM im Rahmen des operativen Bearbeitungsprozesses, entsprechend des Operativplanes, in die Offensive zu bringen." Die Ursache dafür seien „bestimmte Charaktereigenschaften" des IM gewesen, er scheue mitunter Auseinandersetzungen und ihm fehle die nötige „Resolutheit im Auftreten".[263] Eine „weitere Einsatzrichtung" habe der IM nicht erhalten, sei „lediglich bei gesellschaftspolitischen Höhepunkten" und „bei Bedarf zu aktuellen Meinungen und Stimmungen unter Angehörigen der medizini-

---

259 Zum IM-führenden Offizier Lutz Edel (Jg. 1946) der HA XX/7 vgl. Joachim Walther: Sicherungsbereich Literatur. Schriftsteller und Staatssicherheit in der deutschen Demokratischen Republik, Berlin 1996, unter anderem S. 842.
260 Vgl. Bericht von Oberleutnant Edel der HA XX/7 über die Werbung des IM „Sigmund Freud" am 30.12.1982, IM-Akte „Sigmund Freud"; BStU, ZA, ANS AIM 14588/89, Teil I, 1 Bd., Bl. 12 f., hier 13.
261 Abschlußeinschätzung von Major Schumann der HA XX/8 vom 27.11.1989 über den IMS „Sigmund Freud"; ebenda, Bl. 20.
262 Vgl. Rosemarie Stein: Kampf um die Seele, in: Berliner Ärzte (Zeitschrift der Ärztekammer Berlin) 31 (1994) 2, S. 11–14, hier 12 f.
263 IM-Akte „Sigmund Freud", Teil I, Bl. 21.

schen Intelligenz" befragt worden.[264] Auf ärztliche Schweigepflichtverletzungen bezüglich Patienten gibt es keinen Hinweis.[265] Von 1983 bis Mai 1985 seien „kontinuierlich im Abstand von 14 Tagen Treffs durchgeführt" worden, und im Juni 1987 sei „aufgrund einer persönlichen Bitte des IM" die inoffizielle Zusammenarbeit mit ihm eingestellt worden.[266] Insgesamt lief die auf eine psychotherapeutische Kollegin konzentrierte IM-Tätigkeit von „Sigmund Freud" demnach über viereinhalb Jahre, wobei der IM den Wünschen der MfS-Offiziere deren Einschätzung nach nur zögernd, unvollständig und mit längeren Unterbrechungen nachgekommen ist, bis die Treffen auf Wunsch des IM 1987 ganz beendet wurden.

Eine Oberärztin am Berliner „Haus der Gesundheit", die Leiterin der psychotherapeutischen Klinik in Hirschgarten war, wurde Ende der achtziger Jahre von der MfS-Kreisdienststelle Berlin-Mitte als IMS „Charlotte Lorenz" geführt.[267] Es gibt eine handschriftliche Verpflichtungserklärung, in der auch die eigene Wahl des IM-Decknamens festgehalten ist.[268] Die neunzig Blatt umfassende Arbeitsakte enthält insgesamt 15 Treffberichte des jeweiligen Führungsoffiziers und 35 Protokolle darüber, was „Charlotte Lorenz" bei den Treffs erzählt hat. Der Zeitraum ihrer IM-Aktivität reichte vom ersten Treff am 21. April 1987 bis zum letzten Treff am 18. Oktober 1989, also über zweieinhalb Jahre. Inhaltlich beschäftigen sich Berichte überwiegend mit Arbeitskollegen sowie mit „Stimmungen und Meinungen" unter ihnen. Es werden jedoch auch Patienten namentlich erwähnt. In einem Fall beschränkt sich dies auf die Auskunft, daß der Betreffende noch nicht für eine Gruppentherapie eingetragen sei.[269] Über vier Patienten berichtete „Charlotte Lorenz" ausführlicher. Bei zwei dieser Patienten scheint es sich um MfS-Mitarbeiter oder Verwandte von MfS-Mitarbeitern gehandelt zu haben, da der Führungsoffizier unter der Tonbandabschrift des IM-Berichtes als „Verteiler" notierte, daß eine Ausfertigung an den Zentralen Medizinischen Dienst des MfS zu schicken sei.[270] Die beiden anderen Patienten, über die „Charlotte Lorenz" berichtete, gehörten sicherlich zu den vom MfS Überwachten oder Verfolgten. Der eine junge Mann, dessen Einschätzung durch den IM innerhalb des MfS an ein Referat „Untergrund-Kirche" geschickt werden sollte, habe sich mit Hilfe der stationären Psychotherapie der Einberufung zum Wehrdienst entziehen wollen.[271] Der andere Patient wurde von „Charlotte Lorenz" als „Aussteiger" mit einem abgebrochenen Stu-

---

264 Ebenda, Bl. 20.
265 Alle Angaben stützen sich auf den Abschlußbericht aus Teil I der IM-Akte „Sigmund Freud", da bisher nur Teil I (IM-Personalakte) überliefert ist und Teil II (IM-Berichts- bzw. Arbeitsakte) fehlt.
266 IM-Akte „Sigmund Freud", Teil I, Bl. 21.
267 Vgl. IM-Akte „Charlotte Lorenz"; BStU, ASt Berlin, AIM 238/91.
268 IM-Akte „Charlotte Lorenz", Teil I, 1 Bd., Bl. 60.
269 Ebenda, Teil II, 1 Bd., Bl. 55.
270 Ebenda, Bl. 5 und 10.
271 Ebenda, Bl. 78.

dium und einem Ausreiseantrag geschildert, der eine Neigung zu übermäßigem Alkoholgenuß habe, „sehr unreif, unausgegoren und verbohrt" sei. Der Bericht von IMS „Charlotte Lorenz" über den jungen Mann mit dem Ausreiseantrag enthält zusätzlich ein interessantes Detail:

> „Der IMS berichtete von einer internen Regelung und Anweisung des HdG [Hauses der Gesundheit], daß Personen, von denen bekannt ist, daß sie einen Antrag auf ÜS [Übersiedlung in den Westen] gestellt haben, im Bereich Psychotherapie nicht stationär aufgenommen werden sollen [...] auf Grund der spezifischen Bedingungen, die die Aufnahme eines Antragstellers mit sich bringen würde, z. B. die Beeinflussung der anderen Patienten. Dort in Hirschgarten wäre besonders die Jugendgruppe mit ihren psychischen Problemen durch den Sch. sehr leicht zu beeinflussen."[272]

Die interne Anweisung im Haus der Gesundheit, Psychotherapiepatienten mit einem laufenden Antrag auf ständige Ausreise aus der DDR nicht stationär aufzunehmen, hing offenbar damit zusammen, daß stationäre Psychotherapie in der DDR meist Gruppentherapie war und man politische Turbulenzen in den Therapiegruppen zu vermeiden versuchte. Die Regelung beruhte allem Anschein nach nicht auf der Weisung einer politischen Dienststelle, sondern auf Erwägungen der ärztlichen Leitung des Hauses. „Charlotte Lorenz" erklärte dem MfS-Mitarbeiter, „daß aktuelle Konfliktsituationen der Patienten – wie zum Beispiel auch ein Antrag auf ÜS – die schärfste akute Situation für eine Therapie wäre und daher von vornherein Differenzen auftreten würden und eine erfolgreiche Behandlung in Frage gestellt sei."[273] Eine Verletzung von immanenten Regeln der Psychotherapie oder die Verweigerung einer notwendigen Therapie für einen hilfebedürftigen Patienten ist aus dem IM-Bericht nicht herauszulesen, da sich der betreffende Patient vor und nach seiner vorzeitigen Entlassung aus der Klinik Hirschgarten in ambulanter nervenärztlicher Behandlung befand. IMS „Charlotte Lorenz" schätzte ein, daß der Betreffende „nicht krank" sei, sondern in seiner sozialen Situation als „Aussteiger" und „aufgrund seiner Unreife" Probleme habe, „die gelöst werden müssen", wobei „eine Einzeltherapie von Erfolg sein könnte". Der MfS-Vertreter notierte, daß „Charlotte Lorenz" die „Rückgewinnung" des jungen Mannes für möglich hielte, jedoch darauf aufmerksam gemacht habe, daß der Betreffende dies nicht wolle.[274]

Insgesamt ist festzuhalten, daß sich alle vier IM-Berichte über Patienten auf bereits abgeschlossene Psychotherapien beziehen. Das bedeutet zum einen, daß „Charlotte Lorenz" unter Verletzung ihrer ärztlichen Schweigepflicht Informationen über Diagnosen, Persönlichkeitsstruktur, persönliche

---

272 Ebenda, Bl. 51f.
273 Ebenda, Bl. 51.
274 Ebenda, Bl. 52.

Probleme und Therapieverläufe gab, was strafrechtlich und moralisch zu bewerten ist. Zugleich bedeutet dies jedoch auch, daß trotz der Erwähnung einiger Patienten in der IM-Akte der Psychotherapeutin keine Einmischung des MfS in laufende Psychotherapien und auch keinerlei Interesse des MfS daran zu erkennen ist.

Ähnliche Erkenntnisse vermittelt die IM-Akte über einen weiteren Psychotherapeuten, der sich Ende der achtziger Jahren auf eine inoffizielle Zusammenarbeit mit MfS-Offizieren eingelassen hatte. Beschrieben werden die inoffiziellen Kontakte eines „operativen" Mitarbeiters der MfS-Kreisdienststelle Bernburg mit dem leitenden Psychologen des Bezirksfachkrankenhauses für Psychiatrie und Neurologie Bernburg. Nach Aktenlage wurde er Ende April 1987 „mündlich mit Handschlag zur inoffiziellen Zusammenarbeit verpflichtet" und „mit seinem Decknamen 'Fred Wolke' vertraut gemacht".[275] Zuvor war der Psychologe unter dem Verdacht einer geplanten „Republikflucht" in einer „Operativen Personenkontrolle (OPK)" überwacht worden.[276] Als sich der Verdacht nicht bestätigte, wurde die „OPK" eingestellt und ein „IM-Vorlauf" eröffnet, wobei die MfS-Genossen auf die „politisch-ideologische Überzeugung" ihres „IM-Kandidaten" bauen konnten, da er SED-Mitglied und seit Jahren zuverlässig als ehrenamtlicher Parteisekretär der Nervenklinik Bernburg tätig war.

Auch in der IM-Akte „Fred Wolke" sind vier Patienten namentlich erwähnt. Das erste Mal geschah dies in einem Bericht über ein Ende Januar 1986, also 15 Monate vor der IM-Werbung, mit dem Psychologen geführtes Gespräch. Ein MfS-Leutnant hatte den Auftrag, einem beim Telefonabhören erlauschten Hinweis auf den „Republikflucht"-Versuch eines Patienten nachzugehen. Der Psychologe ließ erkennen, daß es sich bei dem Patienten um einen fünfzehnjährigen Lehrling handelte, der von seinen Eltern in die Klinik gebracht worden war. Der Junge war einige Tage vor dem Gespräch ausgerückt und anscheinend auf dem Weg zur Grenze spät abends von der Transportpolizei aufgegriffen und in die Klinik zurückgebracht worden. Das Gespräch von zwei Offizieren der MfS-Kreisdienststelle Bernburg mit dem Psychologen drehte sich dann noch um andere Punkte, kam aber am Ende noch einmal auf die anfängliche Erörterung der Patientenangelegenheit zurück. Der Leutnant notierte:

„Sehr prekär wurde von ihm [dem Psychologen] angesprochen das Problem der ärztlichen Schweigepflicht. Er führte hier aus, daß die Auskunft, die er uns gab zum erstgenannten Sachverhalt, eigentlich schon einer Verletzung der ärztlichen Schweigepflicht gleichkommt. Von den Unterzeichnenden wurde ihm hierzu geäußert, daß es dann, wenn es darum geht, strafbare Handlungen gegen die DDR aufzudecken, doch möglich ist, die ärztliche Schweigepflicht

---

275 Bericht von Oberleutnant Metzler der KD Bernburg vom 30.4.1987 „über erfolgte Verpflichtung", IM-Akte „Fred Wolke", Teil I, 1 Bd., Bl. 259–261, hier 259.
276 Vgl. Abschlußbericht zur OPK „Medium" vom 9.9.1986; ebenda, Bl. 29–33.

in einem bestimmten Rahmen und speziell in diesem Gesprächskreis doch hier möglich ist, verschiedene Sachen zu offenbaren."[277]

Das klingt wenig überzeugend. Dennoch enthält die Arbeitsakte (Teil II) des späteren IM „Fred Wolke" drei Berichte über Personen, die wahrscheinlich oder sicher Patienten waren. In einem Fall berichtete „Fred Wolke" über ein Trinkgelage von zwei Frauen, die sich am Tag darauf unter einem Vorwand arbeitsunfähig gemeldet hätten.[278] Das nächste Mal ging es um eine Sekretärin der Klinik, die dem Psychologen wegen funktioneller Beschwerden als Patientin vorgestellt worden war. Der IM-Bericht über sie ist zwar in einem wohlwollenden Ton gehalten, enthält jedoch Details über die persönlichen Probleme und gesundheitlichen Störungen der jungen Frau, die zweifellos der beruflichen Schweigepflicht unterlagen.[279] Im dritten Fall ging es um eine tablettenabhängige Frau, die mit einem „Spitzengeheimnisträger" der DDR verheiratet war und ein Verhältnis mit einem Westberliner Polizeibeamten hatte. Offiziere der MfS-Hauptabteilung XVIII überwachten den Ehemann und besprachen vor der geplanten Klinikaufnahme der Frau zur Entziehungskur in Bernburg mit Vertretern der dortigen MfS-Kreisdienststelle, welche „politisch-operativen Kontrollmaßnahmen" einzuleiten seien. Geplant war ein „Einsatz des IMS 'Fred Wolke'" und sogar die „Prüfung der Anwendung der Hypnose durch den IM 'Fred Wolke'", um etwas über die Ursachen der Tablettenabhängigkeit der Patientin, über ihre Beziehung zu dem Westberliner Polizisten, Besuche in der Klinik und einen geplanten Wohnsitzwechsel nach Westberlin in Erfahrung zu bringen.[280] „Fred Wolke" sei am 19. August 1988 „mit dem Informationsbedarf vertraut gemacht" worden und habe seine prinzipielle Hilfsbereitschaft erklärt, allerdings zu bedenken gegeben, daß er zur Zeit selbst im Krankenstand und eine Hypnose nur mit Einverständnis der Patientin möglich sei.[281] Immerhin erkundigte sich der Psychologe am vorgesehenen Tag der stationären Aufnahme der Patientin telefonisch in der Klinik nach ihr und gab das in Erfahrung Gebrachte umgehend an seinen Führungsoffizier weiter: Die Patientin sei zwei Tage vorfristig mit hochgradigen Entzugserscheinungen in der Nervenklinik Bernburg eingeliefert worden und liege im Delirium. Außerdem gab „Fred Wolke" an, auf welcher Station und von welchen Ärzten die Patientin betreut würde. Von der MfS-Kreisdienststelle aus wurden die Infor-

---

277 Bericht von Leutnant Banzhoff und Hauptmann Gärtner, KD Bernburg, über ein am 31.1.1986 geführtes Gespräch; ebenda, Bl. 200–202, hier 201.
278 Tonbandabschrift eines Berichtes von IMS „Fred Wolke" vom 4.11.1987, entgegengenommen von Oberleutnant Metzler; ebenda, Teil II, Bl. 29.
279 Tonbandabschrift eines IM-Berichtes von „Fred Wolke" vom 11.5.1988, entgegengenommen von Hauptmann Metzler; ebenda, Bl. 58 f.
280 Aktenvermerk von Hauptmann Metzler der KD Bernburg vom 19.8.1988; ebenda, Bl. 73 f., hier 74.
281 Aktenvermerk von Hauptmann Metzler zum Treff mit dem IMS „Fred Wolke" am 19.8.1988; ebenda, Bl. 75.

mationen sogleich an die MfS-Hauptabteilung XVIII weitergeleitet.[282] Weitere Erwähnungen dieser oder anderer Patienten finden sich in der IM-Akte „Fred Wolke" nicht.

Insgesamt läßt sich auch für diesen IM feststellen, daß er in drei oder vier Fällen die gesetzliche Schweigepflicht verletzte, aus der IM-Akte jedoch keine Einmischungen von MfS-Vertretern in laufende Psychotherapien erkennbar sind. In einem Fall ist der Wunsch der MfS-Offiziere dokumentiert, der IM „Fred Wolke" möge mit der psychotherapeutischen Methode der Hypnose eine Patientin für sie aushorchen. Ob sich der Psychologe dazu hergegeben hätte, bleibt offen, da er mit der betreffenden Patientin nicht in Kontakt kam.

Ein anderes IM-„Kaliber" war ein Psychotherapeut, dessen Name, früherer Wohn- und Arbeitsort sowie IM-Aktensignatur nicht genannt sein soll, um die schutzwürdigen Interessen der von seiner IM-Tätigkeit Betroffenen nicht zu verletzen. Die wohl gravierendste Abweichung von den Regeln menschlichen Anstandes in der an zweifelhaften „Heldentaten" gewiß nicht armen Laufbahn des hier hilfsweise mit „X" bezeichneten IM war ein von seinem Führungsoffizier als erfolgreich bezeichneter Einsatz „in der Bearbeitung einer Beschuldigten" in einem Operativen Vorgang. „In einer kontinuierlichen und beharrlichen Kleinarbeit" habe „der IM großes Geschick" bewiesen „zur Kontaktaufnahme und Vertrauensfestigung bis zur Erarbeitung des Geständnisses über die durchgeführte Feindtätigkeit."[283] Aus der IM-Arbeitsakte gehen die Details dieser „Personenbearbeitung" hervor. IM „X" hatte den Auftrag, einen möglichst vertraulichen Kontakt zu einer Frau herzustellen, um „sie zu einer Offenbarung hinsichtlich der feindlichen Tätigkeit ihres Ehemannes zu bringen".[284] Die MfS-Männer unterstützten den IM bei dieser Aufgabe, indem sie ihm in Gaststätten und Hotels „verauslagte Spesen" finanziell erstatteten, sein mitunter langes Ausbleiben gegenüber seiner Ehefrau legendierten und ihn immer neu motivierten.

Die Vorstellung eines Psychotherapeuten, der im Auftrag des Staatssicherheitsdienstes ein vorgetäuschtes Liebesverhältnis mit einer verheirateten Frau eingeht, um auf diesem Wege die Kontakte und politischen Aktivitäten des Ehemannes auszuforschen, zum Beispiel bei einem Besuch in der fremden Wohnung klammheimlich die auf dem Schreibtisch des betrogenen Mannes liegenden Notizen für das MfS abzuschreiben,[285] mutet schon sehr befremdlich an. Dabei schätzte und nutzte der MfS-Führungsoffizier gerade die Kontakte und Fähigkeiten des IM „X", die dieser im Rahmen seiner psychotherapeutischen Berufsausbildung qualifizierte:

---

282 Aktenvermerk von Hauptmann Metzler über eine Information des IMS „Fred Wolke" am 22.8.1988; ebenda, Bl. 76.
283 IM-Akte „X"-1, Teil I, Bd. 1, Bl. 89. Die Aktensignatur wird aus datenschutzrechtlichen Gründen nicht genannt, sie ist dem Herausgeber bekannt.
284 IM-Akte „X"-2, Teil II, Bd. 4, Bl. 95.
285 Ebenda, Bl. 192.

„Der IM [...] wird in erster Linie im Bereich Gesundheitswesen sowie zur direkten Personenbearbeitung in Vorgängen, operativen Materialien und Schwerpunkten eingesetzt. Der IM ist besonders geeignet zur direkten Personenbearbeitung. Er verfügt über eine gute Menschenkenntnis und psychologisches Einfühlungsvermögen für diese Aufgaben. [...] Die vom IM erarbeiteten Informationen waren stets sehr wertvoll."[286]

Gewissensbisse oder Konflikte mit seinem Selbstbild als Psychotherapeut scheint der Arzt in all den Jahren seiner IM-Tätigkeit kaum gehabt zu haben. Während er, den Notizen des Führungsoffiziers zufolge, bei dem geschilderten Romeo-Auftrag anfänglich noch ein gewisses Unbehagen gegen diese Aufgabe artikulierte, was ihn allerdings nicht an deren konsequenter Erfüllung hinderte, wurden später weder bei Verletzungen der ärztlichen Schweigepflicht durch Angaben über Patienten noch bei auftragsgemäßen Versuchen, sich in das Vertrauen bestimmter Kollegen einzuschleichen und diese auszuhorchen, irgendwelche moralischen Bedenken des IM protokolliert. Im Gegenteil war man im MfS jahrzehntelang sehr zufrieden mit „X", was durch mehrfache Auszeichnungen des IM mit Geldprämien und „Medaillen für treue Dienste" belegt ist.[287]

Eine aktive Einmischung des MfS in die laufende Psychotherapie einzelner Patienten ist auch aus der IM-Akte „X" nicht erkennbar. Jedoch finden sich wiederholt Aufträge, mit denen das MfS Informationen über Patienten zu gewinnen versuchte, die in psychotherapeutischer Behandlung waren. So wurde der IM einmal mit der „Beschaffung der Krankenunterlagen" einer Patientin und mit der „Erarbeitung einer Einschätzung über die Möglichkeiten der Informationsabschöpfung bei der Gruppentherapie"[288] beauftragt. Die geforderte Einschätzung ist in der IM-Akte „X" nicht überliefert. Daß sich der Arzt über die besondere Schutzwürdigkeit des gesprochenen Wortes in der Psychotherapie bewußt war, geht aus einer „Information zu Problemen der Psychotherapie" hervor, die in seiner IM-Akte abgeheftet ist:

„Psychotherapie ist eine spezielle Behandlungsform seelischer Erkrankungen, funktioneller Störungen u. ä., die ein tiefes Vertrauensverhältnis zwischen Patient und Arzt voraussetzt, das sich im allgemeinen ohne Schwierigkeiten aufgrund des hohen Leidensdruckes, der die Patienten zum Psychotherapeuten führt, erreichbar ist. Dieses läßt sich bei längerem Kontakt zwischen Arzt und Patient ausbauen [...].
In diesem engen Kontakt kommt es zu sehr tiefschürfenden Gesprächen nicht nur über Krankheiten, sondern über allgemein menschliches Verhalten. Dabei werden notgedrungenermaßen auch berufliche und sonstige persönliche Pro-

---

286 Auskunftsbericht des Führungsoffiziers über den IM; ebenda, Teil I, Bd. 1, Bl. 96 f.
287 Ebenda, Bl. 135.
288 Dem IM erteilte Aufträge beim Treff in einer konspirativen Wohnung. Treffbericht des Führungsoffiziers; ebenda, Teil II, Bd. 6, Bl. 151–153, hier 152 f.

bleme bis ins einzelne geklärt. [...] Aufgrund des sehr engen Kontaktes kommt es zu einer Offenbarung des Patienten über alle ihn bewegenden Dinge [...]."289

Die Lektüre dieser ersten Sätze der „Information" legt die Annahme nahe, „X" hätte seinem Führungsoffizier vielleicht doch einmal Bedenken gegen Verletzungen der ärztlichen Schweigepflicht vorgetragen und diese mit der besonderen Vertraulichkeit des psychotherapeutischen Arzt-Patienten-Verhältnisses sowie der daraus resultierenden besonderen Verletzbarkeit der Patienten durch einen Verrat von seiten des Therapeuten begründet. Weit gefehlt. Der IM machte im Gegenteil darauf aufmerksam, daß die politisch oft unzuverlässigen Psychotherapeuten auf die geschilderte Weise von MfS-Mitarbeitern, Partei- und Staatsfunktionären Informationen aus deren Berufsfeld erhalten, die der staatlichen Geheimhaltung unterliegen würden. In einer MfS-internen Meldung wurden die von dem IM vorgetragenen Bedenken in folgendem Satz zusammengefaßt:

„Es muß eingeschätzt werden, daß es risikovoll und vom Sicherheitsstandpunkt aus problematisch ist, daß Patienten aus dem Partei- und Staatsapparat von Psychotherapeuten behandelt werden und diese dabei in den Besitz wertvoller Informationen gelangen, die nicht von vornherein völlige Verschwiegenheit und politische Zuverlässigkeit garantieren."290

Der Psychotherapeut, aus dessen IM-Akte zitiert wird, hatte gewissermaßen die Fronten gewechselt, oder er hatte schon vor Beginn seiner therapeutischen Ausbildung den politischen „Sicherheitsstandpunkt" stärker verinnerlicht als Erwägungen, wie sie der individuellen Psychotherapie immanent sind. Das ist ein qualitativer Unterschied zu den zuvor referierten IM-Aktivitäten der IMS „Charlotte Lorenz", „Sigmund Freud" und „Fred Wolke", die sich im wesentlichen auf die mehr oder weniger bereitwillige Beantwortung gestellter Fragen beschränkt hatten.

Der qualitative Unterschied der IM korreliert auch mit der zeitlichen Dynamik ihrer inoffiziellen Kooperation. Während die inoffiziellen Treffen sowohl mit IMS „Charlotte Lorenz" als auch mit IMS „Fred Wolke" einen Zeitraum von zweieinhalb Jahren nicht überschritten, hatte der hier als IM „X" bezeichnete Psychotherapeut sich lange vor seiner klinischen Ausbildung zur inoffiziellen Mitarbeit für das MfS verpflichtet und wurde mehr als ein Vierteljahrhundert als IM geführt.

Für Psychotherapeuten, bei denen Eindeutigkeit und Echtheit im zwischenmenschlichen Beziehungsangebot zu den Grundsätzen ihrer Kunst gehören, muß die konspirative Doppelung ihrer Handlungsebenen in eine

---

289 Ebenda, Bd. 5, Bl. 49–51, hier 49.
290 Ebenda, Bl. 51.

offensichtliche und eine inoffizielle als ein die therapeutische Kompetenz beeinträchtigender Faktor bezeichnet werden. Diese Frage geht über moralische, berufsethische und strafrechtliche Aspekte von ärztlichen Pflichtverletzungen hinaus. Sie müßte für jeden einzelnen der früheren IM ernsthaft geprüft werden. Nach den der Psychotherapie immanenten Regeln beschädigt jede Täuschung im Auftrag einer außerhalb therapeutischer Erwägungen stehenden Macht, auch wenn sie Kollegen, Freunde oder Bekannte betrifft, die persönliche Integrität dessen, der falsches Spiel mit den anderen Menschen treibt. Das heißt, jede staatssicherheitsdienstliche Tätigkeit, auch wenn sie nicht berufliche Pflichten im engeren Sinne berührt, kann die persönliche Eignung für eine psychotherapeutische Berufsausübung in Frage stellen. Denn die Persönlichkeit und das authentische Verhalten des Therapeuten, seine Grundeinstellung im Sinne einer besonderen Bereitschaft zum einfühlenden Verstehen und zur helfenden Begegnung gehören nachweislich zu den wichtigsten Faktoren, die den Heilerfolg einer Psychotherapie bestimmen.[291]

Solche jahrzehntelangen „treuen Dienste" für das MfS mit einem nachweisbaren Überwiegen politischer gegenüber therapeutischen Akzenten im eigenen Selbstverständnis, wie das im Fall des IM „X" geschildert wurde, waren unter Psychotherapeuten selten, aber nicht singulär. Eine Prioritätenverschiebung zur politischen Seite hin ist beispielsweise auch bei Professor Karl Seidel festzustellen, der von 1967 bis 1978 inoffiziell und anschließend bis 1989 „offiziell" vertraulich mit MfS-Offizieren zusammenarbeitete, wobei er für das MfS allerdings keine solch schändlichen Aufträge wie die oben geschilderten erledigte. Seidel wies seinen Führungsoffizier Eberhard Jaekel jedoch 1976 mit einer dem oben zitierten IM ganz ähnlichen Begründung auf die Notwendigkeit der Einrichtung eines psychiatrischen Sonderkrankenhauses für leitende Partei- und Staatsfunktionäre hin. In seine Sprechstunde kämen immer mehr „solcher spezieller Patienten", die er nicht in seiner Klinik betreuen könnte und die selbst im Regierungskrankenhaus nicht gut aufgehoben seien. Es gäbe „in der DDR keine psychiatrische Einrichtung, in der in besonderen Fällen bei notwendiger Behandlung Sicherheitsaspekte und Vertraulichkeit absolut garantiert" seien.[292]

Seidel wurde, bevor er in die SED-Führung wechselte, als damaliger Or-

---

291 Carl G. Rogers (USA), der das Verfahren der „klientzentrierten Gesprächspsychotherapie" entwickelte, bezeichnete das „Beziehungsangebot" des Psychotherapeuten an seinen Klienten als die zentrale Voraussetzung für den Erfolg der Behandlungstechnik. Zu den entscheidenden Variablen, die der Psychotherapeut in die Beziehung zu seinem Klienten einzubringen hat, gehört Rogers zufolge neben der „Empathie" (dem einfühlenden Verstehen) und der unbedingten Wertschätzung (das heißt einer nicht an Bedingungen geknüpften Akzeptanz) des Klienten vor allem auch die „Selbstkongruenz" (Echtheit) des Therapeuten. Vgl. Carl G. Rogers: Die klientbezogene Psychotherapie, München 1973.
292 Bericht von Major Jaekel, HA XX/1, über sein Treffen mit dem IMS „Fritz Steinert" am 24.8.1976 sowie „Konzeption für einen psychiatrischen diagnostisch-therapeutischen Sonderbereich", IM-Akte „Fritz Steinert"; BStU, ZA, AIM 13788/83, Teil II, Bd. 2, Bl. 90–93, hier 92 sowie Bl. 104–106 und Bl. 107–109.

dinarius für Psychiatrie nicht selten von Professorenkollegen und anderen prominenten Persönlichkeiten wegen psychischer Probleme um Rat gefragt. Er berichtete seinem Führungsoffizier unter Verletzung der ärztlichen Schweigepflicht mehrfach mit Namensnennung und Details über solche Konsultationen und Behandlungen. Allerdings lassen Seidels Berichte über Patienten wiederholte Versuche erkennen, seine Prestige als Fachmann und seinen guten Kontakt mit Jaekel dafür zu nutzen, Patienten vor weiteren mißtrauischen Nachstellungen oder MfS-Werbungsversuchen mit dem Hinweis zu schützen, daß die Betreffenden dies psychisch nicht verkraften würden.[293] Abgesehen von dieser Einschränkung in der negativen Bewertung der inoffiziellen Weitergabe von Informationen über Patienten war Karl Seidel, der wohl ein besonderes Interesse für Psychotherapie hatte,[294] mehr Funktionär des SED-Staates als Therapeut. Das ist nicht zuletzt durch die von 1967 bis 1989 reichenden MfS-Akten über seine Kooperationskontakte und durch seine langjährige hauptberufliche Funktion im Zentralkomitee der SED belegt.

Professor Seidel nimmt aufgrund seiner exponierten Ämter sicherlich eine Sonderstellung ein. Das eigentliche Problem stellen hingegen diejenigen Psychotherapeuten dar, denen Patienten sich anvertrauten, gerade weil sie sie als nichts anderes denn als Therapeuten wahrnehmen konnten, und die wie IME „Karl Förster" und IMV „Schellenberg" ihre Patienten hintergangen haben. Auch wenn es nur wenige der hundert Psychotherapeuten in der DDR waren, die als IM mit „operativen" Mitarbeitern des MfS kooperierten, so wirft dies doch einen Schatten auf die gesamte Berufsgruppe. Ein Generalverdacht scheint unausweichlich, solange aus Sicht der Patienten die schwarzen Schafe in der weißen Herde nicht erkennbar sind.

Dabei gibt es selbst in den zitierten IM-Akten Belege dafür, daß in der Berufsgruppe der Psychotherapeuten am Ende der DDR das politisch kritische Potential überwog. So wurde das Sigmund-Freud-Symposium, das vom 11. bis 13. Juli 1989 in Leipzig stattfand, von MfS-Seite als „eine mögliche Plattformbildung im Sinne der PUT", also der „politischen Untergrundtätigkeit", ausgemacht. Diese Einschätzung der MfS-Kreisdienststelle Bernburg beruhte auf einem sehr aufgeregten Bericht des IMS „Fred Wolke" als Teilnehmer des Symposiums.[295] „Fred Wolke" meinte, daß im Vorstand der Ge-

---

293 Vgl. z. B. Treffberichte von Hauptmann Jaekel mit dem IM „Fritz Steinert" aus den Jahren 1972 und 1973; ebenda, Bl. 33 f., 60, 65 f. und 82.
294 Bei einem Treffen am 17.1.1973 hat der IM „Fritz Steinert" dem Bericht Hauptmann Jaekels zufolge seinem Führungsoffizier nicht nur eine Krankenakte übergeben und ihn über den Gesundheitszustand einer Patientin informiert [bei den Patientinnen könnte es sich eventuell um MfS-Mitarbeiterinnen gehandelt haben], sondern ihm auch mitgeteilt, daß er im April 1973 an der Tagung für ärztliche Psychotherapie in Erfurt, im Juni am Internationalen Kongreß für Psychotherapie in Oslo, im September am Kongreß der internationalen Gesellschaft für Selbstmordverhütung in Amsterdam und im Herbst 1973 an zwei internationalen Symposien zur Psychiatrie teilnehmen würde. Vgl. ebenda, Bl. 62–64.
295 Tonbandabschrift des Berichtes von IMS „Fred Wolke" vom 14.7.1989, KD Bernburg, IM-Akte „Fred Wolke", Teil II, 1 Bd., Bl. 79–85.

sellschaft für Psychotherapie in der DDR eine „politisch brenzlige" Situation eingetreten sei. Er führte das vor allem auf „Chefarzt Dr. Maaz vom Diakonissenhaus in Halle" zurück, der „ganz aktiv im Hintergrund und sehr lebendig" den Vorstand dominieren und dabei von Professor Geyer, dem Vorsitzenden der Gesellschaft, unterstützt würde. Maaz habe in der Vorstandssitzung im Rahmen des Freud-Symposiums erklärt, die DDR-Gesellschaft sei krank, und das ganze System müsse verändert werden. Er habe versucht, „so eine Protestwelle, die gegenwärtig aus der Kirche kommt, in die Psychotherapie hineinzutragen." Und Maaz habe „gegenwärtig sehr großen Einfluß in der DDR." Der IM und die wenigen aufrechten Genossen, die Maaz in der Vorstandssitzung widersprochen hätten, seien nicht gehört, sondern von Maaz und Geyer einfach übergangen worden. Professor Geyer habe in seinem Schlußreferat verkündet, „daß wir es satt" hätten, das Wort „Psychoanalyse" weiterhin ängstlich zu vermeiden, obwohl in Wirklichkeit in der DDR schon seit vielen Jahren analytisch orientiert gearbeitet würde. Die Zeit sei reif, offen Farbe zu bekennen.[296] Dann habe Professor Geyer „die BRD-Leute" aufgerufen, „helft uns bei der Ausbildung des psychoanalytischen Gedankengutes." Die „BRD-Leute" seien „sofort aufgesprungen" und hätten gesagt, „wir sind sofort bereit und laden euch nach Hannover ein, kommt, wir sind offen für euch."[297] Diese Verbrüderung mit den Klassenfeinden und die politische Aufbruchstimmung bei dem psychotherapeutischen Symposium veranlaßten den IM „Fred Wolke", die Vertreter der Staatssicherheit auf ernste Gefahren hinzuweisen:

„Wenn die analytische Ausbildung wirklich kommen würde, wird es einige Leute treffen, die nicht in der Partei sind. Der einzige, der in der Partei ist, wird Prof. Geyer sein (eigentlich weiß ich nicht genau, ob er in der Partei ist). Es werden also alles Leute sein, die sich um Dr. Maaz scharen, die kirchliches Gedankengut vertreten, diese Protestwelle, die wir schon in der IPPNW hatten und jetzt auf anderen Ebenen austragen. [...] Leider ist das so, daß sich in der Psychotherapie gegenwärtig auch viele solcher Leute sammeln, die Protestpotential haben und meinen, die Gesellschaft ist es, die krank macht [...].
So wird also auch hier Potential angehäuft, das gegenwärtig für mich erschreckend ist, das kritisch ist und [ich] deshalb sehr nachdenklich nach Hause gekommen bin nach dieser Tagung, weil ich nicht weiß, was hier laufen wird, wie es weiterlaufen wird und ich der Meinung bin, daß das sicherlich eure Strecke ist, die überprüft werden muß oder bearbeitet werden muß und die im Auge behalten werden muß, weil ich hier viele, viele Gefahrenmomente aufkommen sehe."[298]

---

296 Ebenda, Bl. 80.
297 Ebenda, Bl. 81.
298 Ebenda, Bl. 81f.

Die Tonbandabschrift des Berichtes von „Fred Wolke" wurde von der MfS-Kreisdienststelle Bernburg an die Abteilungen XX der MfS-Bezirksverwaltungen Halle, Leipzig und Berlin mit der Bemerkung verschickt, daß „der zum Einsatz gebrachte IM [...] ehrlich und zuverlässig" sei. In dem IM-Bericht seien drei „operativ bedeutsame Momente" enthalten: Zum einen sei ein „Mißbrauch der Psychoanalyse für eine mögliche Plattformbildung im Sinne der PUT", also der „politischen Untergrundtätigkeit" feststellbar, was mit der These in Verbindung gebracht wurde, „Ursachen für psychische Erkrankungen würden im gesellschaftlichen System der DDR liegen". Zweitens wurde ein „Einfluß von feindlich-negativem Gedankengut, insbesondere der Kirche durch Dr. Maaz und dessen Aktivitäten" hervorgehoben und drittens eine „Differenzierung im Vorstand für Psychotherapie der DDR", bei der das Kräfteverhältnis sehr zuungunsten der Genossen liege.[299]

Das Sigmund-Freud-Symposium Mitte Juni 1989 in Leipzig war eine der ersten von vielen ähnlich bewegten Veranstaltungen, die schließlich – zusammen mit der forcierten Fluchtbewegung und glücklichen Umständen – die gesellschaftspolitische „Wende" in der DDR und die Maueröffnung im Herbst 1989 bewirkten. Viele Psychotherapeuten der DDR nutzten dann die neuen Möglichkeiten, um eine analytische Ausbildung nachzuholen. In Ostberlin wurde ein eigenes psychoanalytisches Ausbildungsinstitut gegründet. Dessen Lehrtherapeuten faßten 1992, nachdem das Stasi-Unterlagen-Gesetz in Kraft getreten war, den Beschluß, sich freiwillig auf eine frühere MfS-Tätigkeit überprüfen zu lassen. Zwei IM unter ihnen, die hier auch genannt wurden, schieden zu diesem Zeitpunkt aus dem Institut aus.[300]

### 3.2.9. Inoffizielle MfS-Aktivitäten im Bereich Psychiatrie

Die zum Bereich der Psychotherapie getroffenen Feststellungen zur MfS-Aktenlage gelten zum Teil auch für die Psychiatrie der DDR, zumal beide Bereiche personell und institutionell eng miteinander verbunden waren. Sofern sie überhaupt voneinander zu trennen sind, wurden psychiatrische Institutionen genausowenig wie psychotherapeutische in den Karteien des MfS einschließlich der Objektkartei gefunden. Der Suchweg über personenbezogene Recherchen war für die Psychiatrie derselbe wie für den Bereich Psychotherapie. Allerdings gab es unter den bekannten Psychiatrieprofessoren der DDR im Gegensatz zu den exponierten Vertretern der Psychotherapie mehrere, für die eine inoffizielle Zusammenarbeit mit dem MfS in den Akten belegt ist. Wer das im einzelnen war und welche Aufträge diese IM für welche MfS-Diensteinheiten erfüllten, wird in drei späteren Kapiteln er-

---

299 Ergänzende Angaben der KD Bernburg vom 7.9.1989 zur Information „Sigmund-Freud-Symposium in Leipzig"; ebenda, Bl. 77 f.
300 Mitteilung des Leitungsgremiums der Arbeitsgemeinschaft für Psychoanalyse und Psychotherapie Berlin (A.P.B.) e.V. vom 28.5.1997.

örtert. Dasselbe geschieht mit dem Aktenbestand zur Psychiatrie, der in den Hinterlassenschaften der MfS-Hauptabteilung XX/1 gefunden wurde. An dieser Stelle sollen am Beispiel der Geschichten einzelner langjähriger IM, in denen es wiederholt Bezugspunkte zur Psychiatrie gab, nur einige Schlaglichter auf das Verhältnis zwischen MfS und Psychiatrie in der DDR geworfen werden.

Als besonders ergiebig zur Psychiatriegeschichte der DDR erwies sich die IM-Akte[301] von Dr. med. Hans Eichhorn,[302] der bereits während seines Medizinstudiums von einem Leutnant der Hauptabteilung II/5 zur konspirativen Zusammenarbeit angeworben worden war. In seiner handschriftlichen Verpflichtungserklärung, die das Datum 22. August 1963 trägt, erklärte er sich „freiwillig bereit, dem Ministerium für Staatssicherheit bei der Erfüllung seiner Aufgaben zu helfen". Dafür habe er sich den Decknamen „Grabowski" gewählt.[303] Die Wahl des Namens eines polnischen Pioniers der Esperanto-Sprache entsprach den inoffiziellen Aufgaben, die in den ersten Jahren vor allem auf die Ausspähung seiner Esperanto-Freunde im In- und Ausland gerichtet war. Nach dem Medizinstudium, als Hans Eichhorn eine psychiatrisch-neurologische Facharztausbildung aufgenommen hatte, kamen weitere Aufträge des MfS hinzu. MfS-Offizier Rudolph,[304] der „Grabowski" vom Herbst 1964 bis zu dessen MfS-interner Weiterleitung an eine andere Diensteinheit im Sommer 1982 führte,[305] lobte seinen IM im Februar 1970 wie folgt:

„Der IMS wurde in seiner Funktion als Mitglied des 'Zentralen Arbeitskreises der Esperantisten der DDR' operativ genutzt. [...] Durch seine berufliche Tätigkeit am 'Wilhelm-Griesinger-Krankenhaus' Berlin-Wuhlgarten übergab der IMS Berichte über das MfS interessierende Personen. Der IMS ist unbedingt zuverlässig und ehrlich. Er zeigte in der Zusammenarbeit Einsatzbereitschaft

---

301 IM-Akte „Grabowski"; BStU, ASt Neubrandenburg, MfS-Registriernummer III/491/88, Teil I, Bde. 1 und 2 sowie Teil II, Bd. 1 und Teilablage der Arbeitsakte (Teil II); BStU, ZA, AIM 1847/71, Bde. 1–7.
302 Hans Eichhorn (Jg. 1942), Dr. med., Arbeitersohn aus Pirna, 1962 Abitur mit Chemiefacharbeiterabschluß, Medizinstudium 1962–64 in Sofia und 1964–67 in Dresden, 1968–72 Facharztausbildung Neurologie/Psychiatrie im Wilhelm-Griesinger-Krankenhaus in Berlin, 1972 Promotion, 1973–74 Stellvertretender Leiter der Charité-Nervenpoliklinik in Berlin, 1974–80 Oberarzt im Städtischen Klinikum Berlin-Buch, 1981–89 ärztlicher Direktor des Bezirksfachkrankenhauses Ueckermünde, SED-Mitglied seit 1963. Vgl. IM-Akte „Grabowski", Teil I.
303 Verpflichtungserklärung zur inoffiziellen Zusammenarbeit mit dem MfS vom 22.8.1963, IM-Akte „Grabowski", Teil I, Bd. 1, Bl. 32.
304 Wolfgang Rudolph (Jg. 1936), Arbeitersohn aus Sachsen, 1954 Abitur in Leipzig, 1954–89 operativer MfS-Mitarbeiter, 1968 Abschluß eines Fachschullehrgangs an der JHS als Diplomkriminalist, seit 1974 in HA XX/2, letzter MfS-Dienstgrad Oberstleutnant, SED-Mitglied seit 1956. Vgl. MfS-Kaderkarteikarte Wolfgang Rudolph; BStU, ZA, ohne Signatur.
305 Vgl. MfS-Vorgangsheft Nr. 802 des operativen Mitarbeiters Wolfgang Rudolph, demzufolge dieser den Vorgang „Grabowski" am 26.10.1964 übernommen und am 23.7.1982 an den Leiter der Abt. XX der BV Neubrandenburg abgegeben hat.

und Eigeninitiative. Die ihm gestellten Aufgaben löste der IMS zur vollsten Zufriedenheit. Über die im [...] bearbeitete Person gab der IMS belastende Berichte."[306]

Die Berichte, die „Grabowski" dann im Rahmen seiner beruflichen Tätigkeit als Arzt in verschiedenen Kliniken „über das MfS interessierende Personen" gab, betrafen überwiegend ärztliche Kollegen und andere Krankenhausmitarbeiter. Vereinzelt gab er jedoch auch – unter Verletzung der ärztlichen Schweigepflicht – Informationen über Patienten.[307]

Ein für die Frage einer politischen Einflußnahme auf das psychiatrische Fachgebiet in der DDR hochinteressanter Bericht des IMS „Grabowski" stammt vom Beginn des Jahres 1971.[308] Es handelt sich zugleich um das einzige bisher aufgefundene MfS-Dokument, das einen massiven Versuch politischer Einmischung durch die SED in fachliche Orientierungen der DDR-Psychiatrie belegt. Die Information über dieses Ereignis wurde im MfS für so wichtig gehalten, daß der IM-Bericht von „Grabowski" darüber in mehrfacher Ausfertigung abgeschrieben und zentral ausgewertet wurde.[309] Die fünf maschinenbeschriebene Seiten umfassende „Tonbandabschrift" des IM-Berichtes sind nicht nur in der IM-Akte „Grabowski", sondern in anonymisierter Form auch in anderen zentralen MfS-Unterlagen zu finden.[310]

Inhaltlich geht es in dem IM-Bericht um eine „Konferenz zu Fragen der ideologischen Situation in den Fachgebieten Psychiatrie/Neurologie und Psychologie", die am 8. und 9. Februar 1971 in der Sonderschule des ZK der SED in Brandenburg stattgefunden hatte. An dieser Konferenz nahmen ungefähr 300 Personen teil, unter ihnen „Vertreter aller Fachkrankenhäuser und Hochschulen sowie Nervenkliniken der DDR und auch Psychologen, Gesellschaftswissenschaftler und andere Wissenschaftler benachbarter Gebiete". Hervorgehoben wurde die Teilnahme aller „Genossen Professoren und Lehrstuhlleiter" dieser Fachgebiete. Die Konferenz sei von der Abteilung Gesundheitspolitik des ZK der SED einberufen worden, „da man auf der Grundlage einer Analyse des Politbüros über die Situation im Gesundheitswesen zu der Einschätzung gekommen war, daß ernste Mängel, insbesondere in der Weiterentwicklung der ideologischen Grundlagen des

---

306 Einschätzung des IMS „Grabowski" durch Hauptmann Rudolph vom 24.2.1970, IM-Akte „Grabowski"; BStU, ASt Neubrandenburg, MfS-Registriernummer III 491/88, Teil I, Bd. 1, Bl. 85 f.
307 Berichte des IMS „Grabowski" über im Laufe der Jahrzehnte mindestens zehn Patienten, IM-Akte „Grabowski", Teil II, Bd. 1, Bl. 69–72 sowie Teilablage der Arbeitsakte, Bd. 3, Bl. 62 f., 110, 124, 162 f., Bd. 4, Bl. 173, Bd. 6, Bl. 95, 150–153.
308 Maschinengeschriebene „Tonbandabschrift" eines Berichtes des IM „Grabowski" der HA XX/2 vom 18.3.1971, IM-Akte „Grabowski", Teilablage der Arbeitsakte, Bd. 4, Bl. 168–172, vgl. auch Bl. 123–125.
309 IM-Akte „Grabowski", Teilablage der Arbeitsakte, Bd. 4, Bl. 145.
310 Vgl. „Tonbandabschrift" der HA XX/2, vom 18.3.1971, ohne IM-Vermerk; BStU, ZA, HA XX 480, Bl. 247–251.

psychiatrischen Fachgebietes in der DDR zu verzeichnen" seien. Als wesentliche Ursachen „für das Zurückbleiben des Fachgebietes Psychiatrie" seien eine „mangelnde marxistisch-leninistische Fundierung der Forschung" und „eine Zersplitterung in verschiedene Lehrmeinungen, die größtenteils auf nichtmarxistischer, vorwiegend idealistischer Basis stehen", genannt worden.[311] Von den Psychiatern in der DDR seien „kritische Lehrmeinungen und Anschauungen, Konzeptionen aus westlichen Ländern, insbesondere aus Westdeutschland übernommen worden."

Bei der Konferenz sei die „Arbeit der wissenschaftlichen Leitung auf dem Fachgebiet Psychiatrie, der Gesellschaft für Neurologie und Psychiatrie und insbesondere wiederum deren Vorstand sowie die Herausgeber [...] der Fachzeitschrift" massiv kritisiert worden. Sie „hätten sich ungenügend mit diesen Fragen auseinandergesetzt, hätten idealistische Konzepte verbreitet sowie eine 'gesamtdeutsche Psychiatrie' ohne [DDR-]Nationalstolz vertreten."[312]

IMS „Grabowski", der 1971 Assistenzarzt in psychiatrischer Facharztausbildung im Wilhelm-Griesinger Krankenhaus in Berlin war, behauptete zu den Reaktionen der Teilnehmer an der Brandenburger Konferenz, die „sehr massive Forderung nach marxistisch-leninistischer Ideologie" sei „zwar bei einem Großteil der Anwesenden durchaus auf Verständnis" gestoßen, referierte dann aber durchgehend ablehnende Äußerungen von seiten der kritisierten Psychiater. Einige Ärzte hätten sich erstaunt darüber gezeigt, „daß man plötzlich in einer derartig scharfen Form die Psychiatrie kritisiere, während man andererseits stets vergessen habe, der Psychiatrie Aufmerksamkeit zu widmen".[313] Schon in Brandenburg hätten verschiedene Diskussionsredner die „mangelnden Investitionen auf dem Fachgebiet Psychiatrie", den völlig überalterten Bauzustand der Fachkrankenhäuser, die ungenügende finanzielle Versorgung der Patienten, die geringen Medikamentenfonds und ähnliches heftig kritisiert.[314]

Am Rande der Konferenz und danach im Wilhelm-Griesinger-Krankenhaus seien die Ärzte noch deutlicher geworden. Der ärztliche Direktor, Professor Müller-Hegemann, der in Brandenburg besonders hart angegriffen worden sei, habe die Kritik als gegenstandslos zurückgewiesen. Auch in der Sowjetunion gäbe es „verschiedene psychotherapeutische Schulen, die alle nicht marxistisch-leninistisch ausgerichtet" seien.[315] Darauf bezogen habe der Oberarzt der psychotherapeutischen Abteilung des Wilhelm-Griesinger-Krankenhauses gesagt, wenn „der Weltstand nicht in der SU ist, da müssen wir uns ja nach westlichen Konzeptionen richten, um zu einer Verbesserung der Arbeit zu kommen. Im übrigen sei es ja bisher so gewesen, daß die Psy-

---

311 IM-Akte „Grabowski", Teilablage der Arbeitsakte, Bd. 4, Bl. 168.
312 Ebenda, Bl. 169.
313 Ebenda, Bl. 172.
314 Ebenda, Bl. 169.
315 Ebenda, Bl. 170.

chotherapie seitens der staatlichen Organe als etwas Schlechtes angesehen worden sei, so daß man sich immer als unbeliebt empfunden habe."[316]

Andere durch den IM-Bericht überlieferte Äußerungen weisen darauf hin, daß der Kongreß im Februar 1971 seit langem der erste Versuch der SED-Führung gewesen sein muß, die psychiatrischen Fachvertreter ideologisch „auf Linie" zu bringen, und daß dies bei den Ärzten keinen Anklang fand. So habe Professor Wendt, der ärztliche Direktor des Fachkrankenhauses Uchtspringe und damalige Vorsitzende der DDR-Fachgesellschaft für Psychotherapie, „auf die Anfrage, ob sich die Psychotherapeutische Gesellschaft der DDR gedenkt mit idealistischen psychotherapeutischen Konzepten aus westlichen Ländern auseinanderzusetzen", in Brandenburg „sinngemäß und fast wörtlich" geantwortet: „Was wirft man uns andauernd diese ganzen politischen Dinge vor. Die Chirurgen beschäftigen sich ja auch nicht mit Politik. Psychotherapie in Ostdeutschland und Westdeutschland ist ja doch das gleiche."[317] Mit ähnlichem Tenor zitierte der IM-Arzt die Diskussionen im Berliner Wilhelm-Griesinger-Krankenhaus, wo ein Chefarzt „meinte, man solle doch nun nicht plötzlich versuchen, eine Ideologie einzuhämmern, die es ja im Fachgebiet Psychiatrie ohnehin nicht geben werde [...]. Psychiatrie sei international und es könne hier doch nicht plötzlich von einer ostdeutschen und einer westdeutschen Psychiatrie gesprochen werden."[318]

Insgesamt enthält der Bericht des IM „Grabowski" über die Brandenburger „Konferenz zu Fragen der ideologischen Situation in den Fachgebieten Psychiatrie/Neurologie und Psychologie" mehrere interessante Informationen. Zum einen war das Mißtrauen der Parteiführung gegenüber der Psychotherapie in der DDR zu Beginn der siebziger Jahre offenkundig für die Psychotherapeuten noch deutlich spürbar. Zum zweiten gab es bis dahin auf den Fachgebieten der Psychiatrie und Psychotherapie noch keine konzeptionelle Abgrenzung zum Westen. Im Gegenteil wurde der parteiideologische Einmischungsversuch von den führenden Fachvertretern 1971 abgelehnt, ein politikunabhängiges Fachverständnis zum Ausdruck gebracht und sogar dezidiert darauf abgehoben, daß die deutsche Teilung für die medizinische und psychologische Wissenschaft keine Gültigkeit habe. Das ist vor allem auch deshalb bemerkenswert, weil es sich bei den Psychiatern, die diese Auffassung vertraten, um SED-Mitglieder handelte. Das MfS hatte mit der ganzen Sache anscheinend nicht mehr zu tun, als im nachhinein Informationen über die Konferenz und die von ihr ausgelösten Meinungsäußerungen zu registrieren.

Es war gewiß kein Zufall, daß der in Brandenburg besonders hart angegriffene Professor Müller-Hegemann drei Monate nach der SED-Ideologiekonferenz von einer Reise nach München nicht in die DDR zurückkehr-

---

316 Ebenda, Bl. 171.
317 Ebenda, Bl. 172.
318 Ebenda, Bl. 171.

te.³¹⁹ In einem Brief, den er am 10. Mai 1971 an seinen ärztlichen Stellvertreter im Wilhelm-Griesinger-Krankenhaus in Berlin schrieb, teilte er mit, er habe diesen Entschluß „schweren Herzens" gefaßt. Als Gründe für seinen Fortgang führte er in erster Linie an, daß er in seiner „wissenschaftlichen, speziell publizistischen Arbeit aufs schwerste behindert worden" sei. So sei ihm in den letzten Jahren in der DDR die Veröffentlichung von zwei eigenen Büchern „vom Ministerium für Gesundheitswesen der DDR untersagt" worden. Besonders scheint ihn die Verhinderung seines Buches über Psychotherapie getroffen zu haben, das er „als Abrundung meines Lebenswerkes auf diesem Gebiet" bezeichnete.³²⁰ Von Philadelphia aus, wo Müller-Hegemann im Juni 1971 eine Gastprofessur an der University of Pennsylvania übernommen hatte, versuchte der DDR-Flüchtling noch, den Thieme-Verlag in Leipzig und seine Mitautoren in der DDR zur Fertigstellung der 2. Auflage des von ihm herausgegebenen Lehrbuches für Psychiatrie und Neurologie zu bewegen.³²¹ Seine Briefe wurden vom MfS konfisziert³²² und das Projekt gestoppt. 1973, als Müller-Hegemann als Leiter einer Psychotherapieabteilung am Knappschaftskrankenhaus in Essen tätig war und sein Buch über „Die Berliner Mauerkrankheit" gerade erschienen war, in dem er die sozialen Ursachen seelischer Erkrankungen beschrieb, ging der Autor in einem Rundfunkinterview auf die Psychiatrie in der DDR ein und nannte zunächst „eine Reihe recht günstiger Eindrücke". Dann wies Müller-Hegemann jedoch darauf hin, „daß Publikationen einer sehr genauen Zensur unterliegen" und nannte die Konferenz des ZK der SED in Brandenburg als Höhepunkt der von ihm noch in der DDR miter-

---

319 Dietfried Müller-Hegemann (1910–1989), Prof. Dr. med. habil., wurde 1931 als Medizinstudent Mitglied der KPD, leitete in den dreißiger Jahren die illegale Widerstandsgruppe an der Berliner Universität, 1936 medizinisches Staatsexamen, 1939–45 Angehöriger der Wehrmacht, Einsatz vorwiegend in nervenärztlichen Lazaretten, 1945–48 Kriegsgefangenschaft in der Sowjetunion, leitete dort ein Antifa-Komitee, 1948–50 Charité Berlin, 1950–64 Universitäts-Nervenklinik Leipzig, 1955–64 Lehrstuhlinhaber, 1964–71 ärztlicher Direktor des Wilhelm-Griesinger-Krankenhauses in Berlin, wurde nach 1945 als KPD-Mitglied in die SED übernommen, war Vorstandsmitglied der Fédération International des Résistants und in der DDR anerkannt als Opfer des Faschismus (OdF), kehrte im Mai 1971 von einer (ihm als OdF-Rentner genehmigten) Reise nach München nicht in die DDR zurück. Vgl. Franz Lemmens: Der Wiederaufbau und die Entwicklung des Leistungsprofils der Medizinischen Fakultät in den Jahren 1945–1961, in: Ingrid Kästner und Achim Thom (Hrsg.): 575 Jahre Medizinische Fakultät Leipzig, Leipzig 1990, S. 203–210 sowie MfS-Dossier über Müller-Hegemann; BStU, ZA, AP 33192/92.
320 Ablichtung eines Briefes von Professor Müller-Hegemann vom 10.5.1971 an den stellvertretenden ärztlichen Direktor des Wilhelm-Griesinger-Krankenhauses; BStU, ZA, ASt 150/85, Bl. 18 f., hier 18.
321 Brief von Professor Müller-Hegemann vom 1.7.1971 aus Philadelphia an die Herren Professoren bzw. Doktoren Quandt, Parnitzke, Wendt, Wieck und Szewczyk; BStU, ZA, AP 33192/92, Bl. 56.
322 Vgl. z. B. Anschreiben der BV Erfurt an die HA XX/1 vom 24.8.1971 mit einer „Kopie des Konfiszierten Briefes" als „Rückverbindung des ehemaligen DDR-Bürgers Prof. Dr. Müller-Hegemann; ebenda, Bl. 54.

lebten Versuche „staatlicher Ideologisierung".[323] In demselben Interview warnte Müller-Hegemann davor, weltanschauliche oder politische Standpunkte in die Psychotherapie einfließen zu lassen und den Patienten damit zu manipulieren. Es sei die Aufgabe des Psychiaters und Psychotherapeuten, dem Patienten „den Spielraum zu geben, den er nach seiner ganzen Eigenart braucht, und sich auf die humanitären Linien seines Berufsethos zu beschränken."[324]

Demnach waren zumindest die psychotherapeutisch maßgeblichen Psychiater der DDR bis 1971 und, wie aus dem IM-Bericht von „Fred Wolke" über das Sigmund-Freud-Symposium im Juni 1989 in Leipzig hervorging, auch am Ende der DDR alles andere als durchdrungen von staatsparteilicher Ideologie. Es wurde bisher kein Dokument in den MfS-Unterlagen aufgefunden, das nach der Tagung vom Februar 1971 über einen weiteren Versuch politischer Einflußnahme der SED auf die Ausrichtung des psychiatrischen Fachgebietes informiert. Das muß nicht bedeuten, daß es keine weiteren Versuche politischer Einmischung in das Fachgebiet gegeben hat. Es spricht jedoch einiges dafür, daß nicht noch einmal eine derartig plumpe Indoktrinationsoffensive gestartet wurde. Wahrscheinlich wirkten deren Resultate, zu denen die ablehnende Reaktion der „Genossen Professoren" und Chefärzte sowie die „Republikflucht" des bekannten Psychiatrieprofessors und Lehrbuchautors Müller-Hegemann gehörten, wenig ermunternd für weitere Anläufe dieser Art.

Statt dessen lief die politische Kontrolle des psychiatrischen Fachgebietes in den siebziger und achtziger Jahren in erster Linie über den (Um-)Weg der Kaderpolitik, ähnlich wie dies bereits für das gesamte Gesundheitswesen der DDR beschrieben wurde. Kaderpolitik war ein entscheidendes Herrschaftsmittel der SED, an dem das MfS als „Schild und Schwert der Partei" vor allem im Rahmen der Sicherheitsüberprüfung seinen Anteil hatte.

In einer einzigen IM-Akte wurde ein eindeutiger Hinweis auf eine von einer MfS-Dienststelle vermittelte berufliche Verbesserung eines Arzt-IM gefunden. Es handelte sich dabei um den Arbeitsstellenwechsel eines Kinder- und Jugendpsychiaters, der von seiner Werbung in MfS-Untersuchungshaft 1962 an bis 1989 als IMS „Bert" von der Kreisdienststelle Jena geführt wurde.[325] „Bert" war im November 1961 wegen „staatsgefährdender Hetze" inhaftiert worden und hatte bereits während der achteinhalbmonatigen Haft „eine große Zahl von Berichten über negative Personen sowie über seinen Bekanntenkreis" angefertigt. Nach seiner vorzeitigen Haftent-

---

323 Vgl. Nachschrift des MfS betreffend zwei durch Hans-Jürgen Heinrichs geführte Interviews im Hessischen Rundfunk (Frankfurt II) vom 5.9.1973 über „Psychiatrie in der DDR"; ebenda, Bl. 83–86, hier 83.
324 Ebenda, Bl. 84.
325 Vgl. IM-Akte „Bert"; BStU, ASt Gera, MfS-Registriernummer X/745/62, Teil I, Bde. 1 und 2, Teil II, Bde. 1–3 und Teil III, Bd. 1.

lassung und der Wiederaufnahme des Studiums war er „zur Bearbeitung einer negativen studentischen Gruppierung" eingesetzt worden.[326] Seine Auftraggeber von der MfS-Kreisdienststelle Jena schätzten die von „Bert" gelieferten „Informationen und Einschätzungen" als so wertvoll ein, daß sie die Verbindung zu ihm auch in den Jahren 1966 bis 1976 nicht ganz abreißen ließen, als er außerhalb des Kreises Jena im Bezirkskrankenhaus für Psychiatrie und Neurologie Stadtroda tätig war und die „Steuerung durch eine andere DE [Diensteinheit des MfS] ablehnte."[327] Seine Führungsoffiziere hoben als „operativ interessante Merkmale des IM" seinen „umfangreichen Bekanntenkreis besonders im Bereich Medizin der Universität Jena sowie unter Kunsthandwerkern und künstlerisch interessierten Personen" hervor sowie sein „gutes Personeneinschätzungsvermögen", über das er „als ausgebildeter Facharzt für Psychiatrie" verfügen würde: Er sei „kontaktfreudig" und zur „Bearbeitung negativer Personen" besonders geeignet.[328] Unter den „operativ bearbeiteten" Personen waren keine Patienten, unabhängig davon gibt es jedoch vier Hinweise auf Verletzungen der ärztlichen Schweigepflicht in der IM-Akte.[329]

1976 wurde die inoffizielle Zusammenarbeit mit dem IM „im Rahmen des OV 'Revisionist' zur Bearbeitung der Hauptperson" wieder intensiviert. „Bert" habe „umfassende Hinweise zur Charakterisierung der bearbeiteten Person", einem ihm persönlich gut bekannten Psychologen, gegeben und dessen „ständige operative Kontrolle gewährleistet". Dabei habe der IM „Einfühlungsvermögen und Tatkraft", „hohes Vertrauen zum MfS" und seine „Fähigkeit zur konspirativen Arbeit unter Beweis gestellt."[330] Dieser Verrat war den MfS-Genossen der Jenaer Kreisdienststelle eine besondere Belohnung wert. Der IMS „Bert" sei 1978 „durch Unterstützung einer Schlüsselposition, entsprechend seines Wunsches, in den Bereich Medizin/Kinderklinik der FSU [Friedrich-Schiller-Universität] Jena eingesetzt" worden und habe „seitdem berufliche Perspektive".[331] Offen bleibt, ob es ein IM oder eine „offizielle" Kontaktperson der Kreisdienststelle Jena war, die ihre „Schlüsselposition" ausnutzte, um dem parteilosen „Bert" den gewünschten beruflichen Wechsel vom Bezirkskrankenhaus für Psychiatrie Stadtroda an die Universitätsklinik zu ermöglichen und damit akademische Karrierechancen zu eröffnen. Dem zitierten Eintrag in Teil I der IM-Akte „Bert" zufolge scheint jedenfalls ein leitender Mitarbeiter der Universität, wahrscheinlich der dortigen Personalabteilung, die Anstellung von „Bert"

---

326 Vgl. ebenda, Teil II, Bd. 1, Bl. 1–262.
327 Beurteilung des IMS „Bert" durch Hauptmann Peupelmann, KD Jena, vom 14.10.1988; ebenda, Teil I, Bd. 1, Bl. 311–313, hier 311.
328 Auskunftsbericht der KD Jena über IMS „Bert" vom 9.5.1974; ebenda, Bl. 238–246, hier 244 f.
329 Erwähnung von Diagnosen und Krankenhausbehandlungen in Berichten des IMS „Bert"; ebenda, Teil II, Bd. 2, Bl. 47 f. und 189 sowie Bd. 3, Bl. 160 und 164.
330 Ebenda, Teil I, Bd. 1, Bl. 311 f. sowie Teil II, Bd. 2, Bl. 87–109, 112–129 und 131–139.
331 IM-Akte „Bert", Teil I, Bd. 1, Bl. 312.

an der Universitätsklinik im Auftrag der MfS-Kreisdienststelle Jena vermittelt zu haben.

„Bert" wurde als IM weiterhin „vorrangig in der Bearbeitung politisch-negativer Personen und Personenkreise der medizinischen Intelligenz und im mittleren medizinischen Bereich sowie unter künstlerisch interessierten Personen" eingesetzt.[332] Im Mai 1987 bat er seine Führungsoffiziere um eine „Beratung über aufgetretene berufliche Probleme", die er in seiner weiteren Arbeit als Stationsarzt mit seinen Vorgesetzten und seiner beruflichen Weiterentwicklung habe. Sein Führungs-IM „Hebel" notierte, es sei „Bert" empfohlen worden, „seine eigenen Vorstellungen von der beruflichen Entwicklung nach Abschluß der B-Promotion zu präzisieren und ein Kadergespräch anzustreben."[333] Der bei dem Gespräch ebenfalls anwesende „Genosse Ehrler", MfS-Hauptmann und Leiter des Referates „Uni" der Kreisdienststelle Jena,[334] würde dann „indirekte Möglichkeiten nutzen, den Klinikdirektor für das Anliegen der Quelle aufgeschlossen zu machen."[335] In dieser Formulierung klingt noch einmal das Vorhaben einer Einflußnahme des MfS-Offiziers zugunsten des beruflichen Karriere des IM „Bert" an. Allerdings handelt es sich dieses Mal eher um ein vages Vertrösten mit dem eindeutigen Hinweis, daß der IM unabhängig von seinen MfS-Beziehungen zuerst selbst die nötige Vorleistung der B-Promotion, also einer Habilitationsarbeit, erbringen müßte und erst dann eine MfS-seitige Unterstützung seiner beruflichen Aufstiegswünsche möglich sei. Dieser Fall macht die objektiven Grenzen der Einflußnahme von MfS-Dienststellen auf personalpolitische Entscheidungen deutlich.

Der Hinweis auf die dem IMS „Bert" 1978 durch die MfS-Kreisdienststelle Jena vermittelte Universitätsstelle stellt eine Ausnahme dar. Wie bereits erwähnt, war die als „Kaderpolitik" bezeichnete und wesentlich von politischen Gesichtspunkten bestimmte Personalpolitik im staatlichen Gesundheitswesen wie in fast allen anderen gesellschaftlichen Bereichen der DDR eine Domäne der SED. Eine zentrale Rolle spielte dabei Professor Karl Seidel, der bereits von 1971 bis 1977 als Direktor der Charité-Nervenklinik und noch umfassender von 1978 bis 1989 in seiner hauptamtlichen Parteifunktion im Zentralkomitee der SED die kaderpolitischen Fäden bei der Besetzung insbesondere von Führungspositionen in psychiatrischen Institutionen der DDR zog. Seidels besondere Förderung von Rudolf Müller an der Charité-Nervenklinik, der wie er selbst über viele Jahre vom Leiter der MfS-Hauptabteilung XX/1, Eberhard Jaekel, als IM geführt und später stellvertretender DDR-Gesundheitsminister wurde, ist bereits erwähnt worden.

---

332 Ebenda; vgl. auch Teil II, Bd. 2, Bl. 138–188 sowie Teil II, Bd. 3, Bl. 1–178.
333 Aktenvermerk des hauptamtlichen Führungs-IM „Matthias Hebel" vom 18.5.1987 über ein Gespräch mit „Bert" am 12.5.1987 zu beruflichen Problemen, IM-Akte „Bert", Teil I, Bd. 1, Bl. 291.
334 Vgl. Bericht vom 23.1.1985 über die erfolgte Übergabe des IMS „Bert" an den HFIM „Hebel"; ebenda, Bl. 257f.
335 Ebenda, Bl. 291.

Professor Seidel protegierte neben den wissenschaftlich ambitionierten SED-Genossen der Charité-Nervenklinik jedoch auch einige Nervenärzte, die er für wissenschaftlich befähigt hielt, obwohl sie keine Mitglieder der SED waren und sie sich aufgrund ihrer Persönlichkeitsakzentuierungen immer wieder in Schwierigkeiten brachten.[336] In einem Fall sorgte Seidel sogar dafür, daß einer seiner früheren Studienkollegen, der politisch „negativ" aufgefallen und vom MfS „operativ bearbeitet" wurde, an seiner Klinik arbeiten konnte und schirmte ihn gegen verschiedene Angriffe ab.[337] Das kaderpolitische Wirken Seidels hatte demnach durchaus auch patriarchalische Züge und war teilweise von gewachsenen persönlichen Beziehungen in der psychiatrischen Berufsfamilie geprägt.

In diesem Rahmen kreuzten sich auch die beruflichen Wege von Professor Karl Seidel und Dr. Hans Eichhorn mehrmals. Das geschah unabhängig von den seit den sechziger Jahren gepflegten MfS-Beziehungen der beiden Nervenärzte, von denen sie untereinander nichts wissen durften und wahrscheinlich auch nichts wußten. Eichhorn konnte 1972 für einen angestrebten Wechsel an die Charité-Nervenklinik einfach deshalb auf die Unterstützung von Seidel rechnen, da er wußte, daß dieser „politisch zuverlässige junge Ärzte für seine Klinik sucht."[338] Kurz darauf wurde Eichhorn stellvertretender ärztlicher Leiter der Nerven-Poliklinik der Charité.

Das MfS mischte sich in die berufliche Entwicklung Eichhorns nicht ein, half dem IM jedoch mitunter, bestimmte Probleme zu lösen. So unterstützte der Staatssicherheitsdienst in den sechziger Jahren den Studenten mehrmals finanziell mit einigen hundert Mark[339] und besorgte ihm 1968 eine Aufenthaltserlaubnis für Berlin, damit er hier seine Facharztausbildung absolvieren – und als IM tätig sein – konnte, was die offizielle staatliche Absolventenlenkung zur proportionalen ärztlichen Versorgung in den Bezirken der DDR unterlief. Direkte Eingriffe in die berufliche Karriere des Arztes nahm das MfS jedoch nicht vor. „Grabowski" informierte seinen Führungsoffizier lediglich über die Stationen seines beruflichen Aufstieges.[340]

Im Dezember 1980 teilte „Grabowski" Major Rudolph mit, daß er Anfang 1981 „im Auftrag des stellvertretenden Leiters der Abteilung Gesundheitswesen im ZK der SED, Genossen Professor Seidel und auf eigenen Wunsch" die Leitung des Bezirkskrankenhauses für Neurologie und Psychiatrie des Bezirkes Neubrandenburg in Ueckermünde übernehmen würde.

---

336 Vgl. z. B. BStU, ZA, HA II/6 Nr. 661, Bl. 40–42.
337 Vgl. OPK „Filter"; BStU, ZA, AOPK 4278/84, Bd. 1, Bl. 301.
338 Auskunftsbericht von Hauptmann Rudolph über den IMV „Grabowski" vom 3.6.1972, IM-Akte „Grabowski", Teil I, Bd. 1, Bl. 90–93, hier 93.
339 "Grabowski" erhielt in den Jahren 1966 und 1967 insgesamt 800 Mark, vgl. Zwischenablage der IM-Arbeitsakte „Grabowski", Teil II, Bd. 1, Bl. 246 und Teil II, Bd. 2, Bl. 128 und 180.
340 Zum Beispiel Zwischenablage der IM-Arbeitsakte „Grabowski", Teil II, Bd. 6, Bl. 177: „Der IM teilte mit, daß er zum Leiter der 'Gesellschaft für ärztliche Psychotherapie der DDR – Regionalgesellschaft Berlin' berufen wird".

„Dieses Krankenhaus mit 1.100 Betten, 700 Angestellten und zur Zeit sechs Ärzten" befände sich „seit längerem in einem chaotischen Zustand" und der IM habe „die Aufgabe" übernommen, „das genannte Bezirkskrankenhaus wieder voll funktionsfähig zu machen." Für eine „umfassende Rekonstruktion des Krankenhauses bis zum Jahre 1985" würden 50 Millionen Mark zur Verfügung stehen.[341]

Ende August 1981, als er wegen einer Beratung im Ministerium für Gesundheitswesen nach Berlin fuhr, traf sich „Grabowski" noch einmal mit seinem langjährigen Führungsoffizier von der Hauptabteilung XX/2. Der Bericht, den Major Rudolph über dieses Treffen verfaßte, beschließt den siebenten und letzten Band der von ihm seit 1963 geführten Arbeitsakte des IM „Grabowski":

„Im Gespräch teilte der IM mit, daß sich das von ihm übernommene Bezirkskrankenhaus für Psychiatrie des Bezirkes Neubrandenburg in Ueckermünde in einem äußerst schlechten Zustand befindet, der alle Bereiche betreffen und nicht den minimalsten Anforderungen zur medizinischen Betreuung psychiatrisch Kranker entsprechen [würde]. So fehlt es beispielsweise an dem erforderlichen medizinischen Personal, verfällt die Bausubstanz der Krankenhauseinrichtung, ist das Krankenhausgelände nicht mit einem Zaun gesichert, so daß jedermann ungehinderten Zugang hat, müssen Erwachsene in Kinderbetten schlafen und steht für 100 Patienten nur eine Toilette zur Verfügung, ist die Beheizung der Krankenzimmer im Winter nicht gesichert (13 Grad Zimmertemperatur), existieren zu verstorbenen Patienten keine Krankenblätter, verprügeln Krankenpfleger Patienten ohne entsprechende Untersuchung dieser Fälle, der Umstände und Bedingungen sowie angemessene Sanktionen, ereignen sich Fensterstürze von Patienten ohne Untersuchung und Konsequenzen, besteht eine unüberblickbare Ökonomie u.a.m.
Aufgrund dieser äußerst schlechten Verhältnisse besteht an diesem Bezirkskrankenhaus seit Jahren ein Besucherstop für die Familienangehörigen der Patienten."[342]

Das ist ungefähr dieselbe Schilderung, die Hans Eichhorn in seinen bereits zitierten Veröffentlichungen über das „Ueckermünder Modell" der Psychiatriereform und die von ihm dort vorgefundene Ausgangslage gegeben hat,[343] nur daß der inoffizielle MfS-Bericht noch einige zusätzliche, weniger gesicherte Informationen enthält. Seit Jahren seien „über die Zustände an diesem Krankenhaus an alle kreis- und bezirklichen Instanzen Eingaben durch die

---

341 Bericht von Major Rudolph, HA XX/2, vom 7.12.1980, über ein Treffen mit dem IMS „Grabowski" am 3.12.1980 in der IMK „Bungalow"; ebenda, Bd. 7, Bl. 28–32, hier 28.
342 Bericht von Major Rudolph vom 29.9.1981 über ein Treffen mit IMS „Grabowski" am 25.8.1981 in der IMK „Bungalow", Bl. 41f., hier 41.
343 Vgl. Hans Eichhorn: Abschied von der Klapper? Überlegungen zum psychiatrischen Krankenhaus, in: Achim Thom und Erich Wulff (Hrsg.): Psychiatrie im Wandel, Bonn 1990, S. 166–179.

Leiter" gemacht worden, jedoch mangele „es nach wie vor an der notwendigen Unterstützung zur schnellen positiven Änderung der Situation". Der Bezirksarzt habe „Berichte und Protokolle über die Arbeits- und Lebensbedingungen von Personal und Patienten" erhalten, ohne darauf zu reagieren. „Grabowski" verwies darauf, „daß diese Zustände ein Politikum sind, das von den verantwortlichen Organen in seinem ganzen Umfang nicht erkannt bzw. negiert" werde. Am 22. Juni 1981 sei ihm vom „1. Sekretär der Bezirksleitung der SED in einem Brief der Bau eines Bettenhauses zugesichert" worden. „Einen Tag darauf" aber sei ihm „in einem Brief des Bezirksbauamtes der Baustop für dieses Bettenhaus, angeblich wegen des Baus der Autobahn Berlin – Hamburg, mitgeteilt" worden. „Erst nach einer Beschwerde bei der Bezirksleitung der SED" sei „diese Verfügung rückgängig gemacht" worden.[344]

IM „Grabowski" betonte, „daß die Situation für ihn sehr kompliziert ist und er sich wie auf einem verlorenen Posten vorkommt, weil er keine Unterstützung erhält und um alles und gegen alle ankämpfen" müsse. Von ursprünglich bewilligten 90 Millionen Mark für die Rekonstruktion des Krankenhauses seien jetzt bis 1985 nur 4,5 Millionen bewilligt worden. Er habe sich auch viel Ärger eingehandelt, indem er insgesamt 150 in Ueckermünde stationär untergebrachte Hilfsschulkinder mit leichten geistigen Behinderungen zu ihren Eltern nach Hause entlassen habe, „da für ihren Krankenhausaufenthalt keine Notwendigkeit" vorgelegen habe „und auch in anderen psychiatrischen Krankenhäusern eine Einweisung derartiger Kinder unüblich" sei. Daraufhin hätten viele Eltern von entlassenen Kindern in Eingaben „bis an das ZK der SED" gegen sein Vorgehen protestiert. Vom Gesundheitsministerium sei seine Entscheidung anerkannt, jedoch „die Art und Weise ihrer Realisierung, insbesondere die fehlende erforderliche Vorbereitung einer solchen Maßnahme, kritisiert" worden. Der IM habe überlegt, von der Leitung des Krankenhauses zurückzutreten, sich jedoch entschlossen, „auch diese komplizierte Aufgabe zu lösen." Major Rudolph habe ihn darin bestärkt. „Bitten um Unterstützung an das MfS" habe der IM nicht erhoben.[345]

1982 wandte sich Dr. Eichhorn dann doch mit der Bitte um Unterstützung an das MfS, wobei seine Ansprechpartner inwischen in der MfS-Kreisdienststelle Ueckermünde bzw. in der MfS-Bezirksverwaltung Neubrandenburg saßen. Der Arzt hatte sich durch die radikale Art seines Vorgehens bei seinen Bemühungen um eine grundlegende Reform der katastrophalen Betreuungsbedingungen für die Patienten in Ueckermünde in zahlreiche Konflikte verwickelt, die er allein nicht mehr zu lösen vermochte. Der „Stellvertreter Operativ" der Bezirksverwaltung Neubrandenburg faßte die

---

[344] Bericht von Major Rudolph vom 29.9.1981 über ein Treffen mit IMS „Grabowski" am 25.8.1981 in der IMK „Bungalow", Zwischenablage der IM-Arbeitsakte „Grabowski", Teil II, Bd. 7, Bl. 41f.
[345] Ebenda, Bl. 42.

Problematik in einem Schreiben an den Leiter der MfS-Hauptabteilung XX wie folgt zusammen:

> „Bei den [...] durchgeführten Treffs wurden durch den IM umfangreiche Informationen über unhaltbare Zustände im obengenannten Krankenhaus übermittelt. Der IM wandte sich an das MfS, da er weder im Kreis noch im Bezirk bisher die notwendige Unterstützung bei der Behebung der Mißstände erhielt. Sein konsequentes, wenn auch teilweise zu forsches Auftreten war bisher Anlaß für leitende Mitarbeiter [...], das ehrliche Anliegen des IM zu diskreditieren und persönliche Differenzen in den Vordergrund zu schieben.
> Als Anlage übersende ich Ihnen eine Eingabe des IM vom 8. 12. 81 an das ZK, Genossen Prof. Karl Seidel, über den 1. Sekretär der BL der SED Neubrandenburg, in der die gesamte komplizierte Situation dargestellt ist. Auf diese Eingabe konnte der IM bisher keine Reaktion feststellen [...].
> Ich bitte zu prüfen, ob die Hauptabteilung XX Einfluß auf das Ministerium für Gesundheitswesen und den in der Eingabe genannten Dr. K. Seidel ausgeübt werden kann, daß eine objektive Behandlung der aufgeworfenen Probleme gewährleistet wird sowie notwendige und mögliche Veränderungen veranlaßt werden."[346]

Mit diesem Ersuchen an die Hauptabteilung XX in Berlin, durch Einflußnahme über die staatliche Leitung im Gesundheitsministerium und die Parteiführung den Reformbemühungen Unterstützung zu geben, wird wieder einmal die merkwürdige Vermittlerfunktion des MfS bei der Bekämpfung von Mißständen im DDR-Gesundheitswesen sichtbar. Zu vermitteln galt es vor allem gegenüber dem Ministerium für Gesundheitswesen, zu dem der Neubrandenburger Bezirksarzt als wichtigster Gegenspieler Eichhorns die besseren Beziehungen hatte, während Eichhorn durch Karl Seidel über den besten Draht in die Parteiführung verfügte.

Am 23. Juni 1982 sprach der Leiter des Referates XX/1 der Neubrandenburger Bezirksverwaltung des MfS mit dem Bezirksarzt. Dieser äußerte sich sehr negativ über Dr. Eichhorn und ließ seinen eigenen Rückhalt beim Gesundheitsminister durchblicken. So habe er als Bezirksarzt den Psychiater Dr. Barleben aus dem Gesundheitsministerium „nach Ueckermünde geschickt", um Eichhorns Behauptung zu prüfen, „er habe bei seiner Amtsübernahme mittelalterliche Zustände" im Bezirkskrankenhaus Ueckermünde vorgefunden. Barleben habe die Darstellung Eichhorns als übertrieben beurteilt. Der Bezirksarzt bezeichnete Eichhorns Anschuldigungen, in Ueckermünde seien „Verbrechen" gegen Patienten begangen worden, als haltlos. Er würde „ultimative Forderungen" stellen und drohen. Unter anderem habe er damit ge-

---

[346] Information des IM „Grabowski" der HA XX/2 zur Situation im Bezirksfachkrankenhaus Ueckermünde – Schreiben des Stellvertreter Operativ der BV Neubrandenburg, Oberstleutnant Regner, an den Leiter der HA XX, Generalmajor Kienberg, vom 29.6.1982, IM-Akte „Grabowski", Teil I, Bl. 103 f.

droht, „daß die Psychiatrie der DDR in westlichen Ländern mal an den Pranger gestellt werden könnte." Ein vom Bezirksarzt vorbereitetes Disziplinarverfahren gegen Eichhorn sei nur deshalb nicht realisiert worden, weil Professor Karl Seidel als Leiter der Abteilung Gesundheitspolitik im ZK der SED ihm „gesagt habe, er solle davon Abstand nehmen". Er als Bezirksarzt wollte Eichhorn jedenfalls nur noch solange „nutzen", bis die Psychiatrie in Ueckermünde in einem besseren Zustand sei und ihn dann nach Abstimmung mit der SED-Bezirksleitung ablösen.[347]

Dazu kam es jedoch nicht, da Professor Seidel seine schützende Hand über Eichhorn hielt. Es ist unwahrscheinlich, daß Seidel dafür eines Anstoßes durch MfS-Vertreter bedurfte, da er selbst Eichhorn nach Ueckermünde geschickt hatte. Dem Gesundheitsminister hingegen hat das MfS wahrscheinlich über die Hauptabteilung XX/1 einige Hinweise gegeben. Der Abteilungsleiter XX/1 der MfS-Bezirksverwaltung Neubrandenburg bezeichnete es im Januar 1983 jedenfalls als „Ergebnis der Einflußnahme unseres Organs", daß „seitens der Bezirksleitung der SED und [des] Ministerium[s] für Gesundheitswesen Aktivitäten zur Klärung der anstehenden Probleme in der Einrichtung spürbar" geworden seien.[348] Es sei eine Konzeption zur Profilierung des Bezirksfachkrankenhauses Ueckermünde erarbeitet worden, und Vertreter des Gesundheitsministeriums hätten im Dezember 1982 „ein klärendes Grundsatzgespräch" in Ueckermünde geführt. Dabei sei „Grabowski" von seiten der Ministeriumsvertreter bestätigt worden, „daß er parteilich und konsequent die gesundheitspolitische Linie unserer Partei in der Einrichtung durchsetzt." Die Fachabteilung für Gesundheitswesen beim Rat des Bezirkes Neubrandenburg und insbesondere der Bezirksarzt, die dem IM „trotz vorliegender Notwendigkeit" bis dahin „keinerlei wirksame Unterstützung" gegeben hätten, seien „darauf verwiesen worden", daß diesem „eine konstruktivere Hilfe und Unterstützung zu gewähren ist."[349]

Tatsächlich wurden in den darauffolgenden Jahren außergewöhnliche Geldsummen in das Krankenhaus Ueckermünde investiert, ein neues Bettenhaus gebaut und die Krankenversorgung verbessert. Wie bereits erwähnt, gelang es unter Eichhorns Regie, die altertümlichen Zwangsmittel wie Käfige und Netze abzuschaffen, die vor seiner Zeit dort noch exzessiv gegen psychisch Kranke eingesetzt worden waren, und moderne, vor allem psychotherapeutische Behandlungsverfahren einzuführen. Neben diesen unbestreitbaren Verdiensten des IM-Arztes gab es jedoch eine Reihe von ernsthaften Fehlern in seiner Arbeit. Zum einen kam die Modernisierung der

---

347 Protokoll von Major Gräber, Leiter der Abt. XX/1 der BV Neubrandenburg, vom 25.6.1982, über eine „Absprache" mit dem Bezirksarzt am 23.6.1982; ebenda, Bl. 105–107, hier 106.
348 Kurzinformation von Major Gräber vom 14.1.1983 zum IM „Grabowski"; ebenda, Bl. 110f., hier 110.
349 Ebenda.

Klinik zwar den psychisch kranken Patienten zugute, ließ aber die geistig Behinderten unberücksichtigt und eingesperrt. Außerdem scheint sich Dr. Eichhorn im persönlichen Umgang mit seinen Mitarbeitern, Kollegen und Gesprächspartnern derartig unfreundlich verhalten zu haben, daß er sich sozial isolierte. Auch fachliche Verbündete hätten ihm die Zusammenarbeit gekündigt, und die daraus folgende hohe Personalfluktuation in Uekermünde habe viele Reformbemühungen behindert oder sogar zunichte gemacht. Aus diesem Grunde stellten sogar die Offiziere der MfS-Kreisdienststelle die inoffizielle Zusammenarbeit mit „Grabowski" von 1986 bis 1988 vorübergehend ein.[350]

1988 und 1989 berichtete „Grabowski" dann überwiegend über einen systemkritischen Psychologen an seiner Klinik,[351] über die allgemeine Situation im Krankenhaus Ueckermünde und über seine Reisen in die Bundesrepublik.[352] Die Mitteilungen von „Grabowski" nach seinen ersten Reisen in den Westen sind hinsichtlich eines Vergleiches der Psychiatrie in beiden deutschen Staaten interessant. So notierte ein Oberleutnant der Kreisdienststelle Ueckermünde am 16. Juni 1988 folgende Einschätzung des IM:

„Auf fachlichem Gebiet hat die BRD in der Praxis der Psychiatrie einen Vorlauf von etwa 10–15 Jahren gegenüber der DDR erreicht. Die [...] Ausrüstung der Krankenhäuser [und] Einrichtungen liegt (durchgehend) über der in der DDR [...], teilweise [gibt es eine] erheblich bessere Ausstattung in der BRD. Die Psychiatrie [...] hat eine Aufwertung erfahren durch den Bundestag 1975, die sich spürbar auswirkt [...]. Aus der Sicht des IM spiegelt sich eine Aufwertung in menschlicher Hinsicht – Verständnis für die Psychiatrie – wider [...], die ihren Ausdruck in einer ethisch-moralischen Unterstützung [und] Befürwortung mit Massenbasis gefunden hat und nicht nach außen hin spürbar an kapitalistischen Profitinteressen leidet. [...]
Durch die vorgefundenen Zustände im Bereich der Medizin der BRD lassen sich schnell Blendwirkungen bei jungen Ärzten aus den sozialistischen Ländern erzielen. [...] Aus der Sicht [...] des IM finden Nervenärzte aus der DDR [...] reale Existenzchancen zum Wirken bei einem Verbleiben bzw. einer Übersiedlung, in anderen Fachdisziplinen wird es eventuell Probleme geben."[353]

Wie in IM-Berichten aus anderen Bereichen am Ende der achtziger Jahre auch, scheint sich hier eine Auflösung früherer ideologischer Positionen an-

---

350 Vgl. Abschlußbericht zum IMS „Grabowski" vom 31.7.1981 von Hauptmann Zinn, Leiter des Referates XX/1 der BV Neubrandenburg sowie Bericht zur erfolgten Wiederaufnahme der inoffiziellen Zusammenarbeit mit Dr. Eichhorn vom 18.5.1988 von Oberleutnant Hacke, KD Ueckermünde; ebenda, Bl. 135–136 und 144–146.
351 Vgl. IM-Akte „Grabowski", Teil II, Bd. 1, Bl. 2–4, 11–14, 17–20, 25–35, 42–53, 55–57, 60–63, 67, 83–89, 92–95, 100–104.
352 Vgl. ebenda, Bl. 5–8, 108–115, 118–130, 135–138, 149–156.
353 Eigenbericht des Oberleutnant Hacke der KD Ueckermünde zu einem Treff mit dem IMS „Grabowski" vom 16.6.1988; ebenda, Bl. 5–8, hier 5–7.

zukündigen. Auch die Stimmung unter den Mitarbeitern des psychiatrischen Krankenhauses Ueckermünde scheint sich schon seit 1988 auf den politischen Aufruhr im Herbst 1989 hin entwickelt zu haben. „Grabowski" wies die MfS-Offiziere wiederholt darauf hin, daß „eine Reihe von wachsenden kritischen Stimmen" unter den Angestellten laut würden.[354] Im Mai 1989 teilte „Grabowski" mit, daß er an der Universität in Jena seine Habilitationsschrift eingereicht habe, auf die Übernahme eines Lehrstuhls hoffe und daß er Ueckermünde verlassen würde, sobald ein Nachfolger für ihn gefunden sei.[355]

Interessant ist der Niederschlag, den die Auseinandersetzungen in Ueckermünde in der IM-Akte eines anderen zu Beginn der achtziger Jahre dort tätigen Psychiaters gefunden hat. Dr. med. Matthias Nitzsche war 1978 während seiner psychiatrischen Facharztausbildung im Bezirkskrankenhaus für Psychiatrie und Neurologie des Bezirkes Halle in Bernburg von der dortigen MfS-Kreisdienststelle als IM geworben worden und blieb, trotz wechselnder Arbeitsstellen in den DDR-Bezirken Halle, Neubrandenburg, Leipzig und Magdeburg, bis 1989 IM.[356] Bis 1987 wurde er als IMB, dann als IMS „Hans Richters" von den jeweiligen regionalen Kreisdienststellen des MfS geführt. Er berichtete seinen Führungsoffizieren über eine Vielzahl „operativ interessierender Personen" einschließlich ärztlicher Schweigepflichtverletzungen in mindestens fünf Fällen[357] und kassierte im Laufe der Jahre etliche hundert Mark für seine Spitzeldienste.[358]

Von 1981 bis 1985 war er Chefarzt im psychiatrischen Bezirkskrankenhaus Ueckermünde und nebenbei inoffiziell als IMB „Hans Richters" für die MfS-Kreisdienststelle Ueckermünde aktiv. In den Kämpfen, die dort um die Erneuerung des psychiatrischen Krankenhauses geführt wurden, scheint Nitzsche zwischen den Fronten laviert zu haben und nicht zuletzt deshalb in Konflikt mit dem ärztlichen Direktor geraten zu sein. Die Auseinandersetzungen schlugen sich in den IM-Akten beider Psychiater nieder. So berichtete der IMB „Hans Richters" seinem Führungsoffizier von der MfS-Kreisdienststelle Ueckermünde am 19. Oktober 1983, daß er von sich aus zum Bezirksarzt gefahren sei, um sich über den Leitungsstil von Eichhorn

---

354 Vgl. z. B. Tonbandabschrift eines Berichtes des IMS „Grabowski" vom 28.2.1989 „zur ideologischen Situation im Bezirksfachkrankenhaus"; ebenda, Bl. 64f., hier 64.
355 Aktenvermerk von Oberleutnant Hacke, KD Ueckermünde, zum Treff mit dem IM „Grabowski" am 5.5.1989; ebenda, Teil I, Bd. 2, Bl. 36f.
356 Vgl. IM-Akte „Hans Richters"; BStU, ASt Magdeburg, MfS-Registriernummer VIII/520/78, Teil I, Bde. 1 und 2, Teil II, Bde. 1–3.
357 Vgl. Berichte des IMB „Hans Richters" über Patienten, IM-Akte „Hans Richters", Teil II, Bd. 1, Bl. 37, 61–66, 68 und 329–330, Teil II, Bd. 3, Bl. 28 und 36f.
358 Vgl. Protokoll der Vernichtung von Quittungen sowie Quittungen über Geldzuwendungen und Präsente an IMB „Hans Richters" vom Oktober 1979 bis Mai 1982 durch die KD Zeitz in Höhe von insgesamt 925 Mark sowie Quittungen über Geldzuwendungen und Präsente anderer Kreisdienststellen an IMB „Hans Richters" vom Dezember 1982 bis Oktober 1989 im Wert von insgesamt 1.479 Mark. IM-Akte „Hans Richters", Teil I, Bd. 1, Bl. 175–179, 195–198, 226, 228–230 und 274 sowie Teil I, Bd. 2, Bl. 92, 95 und 98.

zu beschweren. Der Bezirksarzt habe geäußert, daß Eichhorn sein Verhalten ändern müsse oder sonst abgelöst werde. Den handschriftlichen Randbemerkungen an der Tonbandabschrift zufolge ist der IM-Bericht MfS-intern skeptisch aufgenommen worden.[359]

Bei einem Treffen am 16. Januar 1984, um das der IMB „Hans Richters" seinen Führungsoffizier, MfS-Hauptmann Schulz, gebeten hatte, beklagte sich der IM darüber, daß der ärztliche Direktor ihm einen anderen Chefarzt als stellvertretenden Klinikleiter vorgezogen habe und daß diese wie eine andere kaderpolitische Entscheidung zu seinen Ungunsten „als Retourkutsche auf die Beschwerde des IMB gegenüber dem Bezirksarzt zur Person des ärztlichen Direktors anzusehen" sei.[360] Der IMB habe erkennen lassen, „daß er sich Unterstützung in seinem persönlichen Anliegen vom MfS erhoffte". Sein Führungsoffizier habe ihm erklärt, das MfS würde „ihn gern unterstützen, aber nur da, wo es möglich" sei. „Im konkreten Fall" könne „eine direkte Unterstützung nicht erfolgen, da das eine Dekonspiration bedeuten würde." Das habe der IMB eingesehen.[361] Dekonspirationsgefahr war sicherlich nicht der alleinige Grund für die Ablehnung. Zum einen zählten solcherlei Eingriffe nicht zum üblichen Repertoire von MfS-Kreisdienststellen. Zum anderen standen die MfS-Vertreter in der um die Modernisierung des psychiatrischen Krankenhauses Ueckermünde geführten Auseinandersetzung wohl auf der Seite von Dr. Eichhorn. Als sich IMB „Hans Richters" im April 1984 bei seinem Führungsoffizier wieder einmal über die Leitungstätigkeit des Dr. Eichhorn beschwerte, notierte Schulz, inzwischen zum Major befördert, der IMB stehe „kritisch zu Eichhorn" und neige „zu Übertreibungen, um sich selbst in den Vordergrund zu bringen".[362] Schon früher war dem IMB bescheinigt worden, daß für seine Zusammenarbeit mit dem MfS neben anderen „auch solche Motive eine Rolle spielen, wie Erzielung bestimmter persönlicher und beruflicher Vorteile durch Unterstützung seitens des MfS". Seine Berichte müßten „stets kritisch aufgenommen werden", da der IM „ein ausgeprägtes Geltungsbedürfnis" habe und deshalb mitunter über das Ziel hinausschieße.[363]

Es war ein Prinzip der konspirativen Arbeit des MfS, den Wert inoffiziell gewonnener Informationen durch verschiedene, voneinander unabhängige Quellen zu prüfen. Dazu gehörte, daß in einer Einrichtung tätige IM, die gegenseitig nichts von ihrer IM-Tätigkeit wußten, ihren jeweiligen Führungs-

---

359 Tonbandabschrift eines Berichtes des IMB „Hans Richters" vom 19.10.1983, unterzeichnet von Schulz, KD Ueckermünde, IM-Akte „Grabowski", Teil I, Bd. 1, Bl. 112–115.
360 Aktenvermerk vom 17.1.1984 von Hauptmann Schulz, KD Ueckermünde, über einen Kurztreff mit IMB „Hans Richters" am 16.1.1984, IM-Akte „Hans Richters", Teil I, Bd. 1, Bl. 209 f., hier 209.
361 Ebenda, Bl. 210.
362 Tonbandabschrift eines Berichtes des IMB „Hans Richters" vom 4.4.1984, unterzeichnet von Major Schulz, KD Ueckermünde, IM-Akte „Grabowski", Teil I, Bd. 1, Bl. 117 f.
363 Abschlußbericht des Leiters der KD Zeitz, Oberstleutnant Held, zum IMB „Hans Richters" vom 9.11.1982, IM-Akte „Hans Richters", Teil I, Bd. 1, Bl. 188 f., hier 189.

offizieren übereinander berichteten. So liegen nicht nur Berichte von IMB „Hans Richters" über Dr. Eichhorn, sondern auch solche von IMS „Grabowski" über Dr. Nitzsche vor. Am 7. Juni 1984 beklagte „Grabowski" gegenüber dem Leiter der Abteilung XX/1 der MfS-Bezirksverwaltung Neubrandenburg, daß Dr. Nitzsche „im Interesse seiner Karriere" bereit sei, seine fachlichen Überzeugungen zu verleugnen. Er sei „bereit, selbst grundsätzliche Prinzipien und Normen, die richtig sind, aufzugeben, um sich selbst persönliche Vorteile zu verschaffen." Als Beispiel für solchen Opportunismus nannte „Grabowski" das Verhalten Nitzsches im Fall eines straffälligen Patienten, der im psychiatrischen Krankenhaus Ueckermünde untergebracht worden war. Er sei sich mit Nitzsche darüber einig gewesen, den Patienten in seinen Heimatkreis zurückzuschicken. Entgegen der ablehnenden Haltung des Kreisarztes habe Dr. Nitzsche während der Abwesenheit des IM „mit aller Entschiedenheit bis zum Obersten Gericht, Bezirksstaatsanwalt usw." für die Entlassung des Patienten plädiert. Als dann jedoch der Bezirksarzt in Ueckermünde gewesen sei und dazu tendiert habe, „den Patienten in der Einrichtung zu belassen", sei Nitzsche der erste gewesen, „der lauthals diese Meinung unterstützte, in seinen Forderungen den BA [Bezirksarzt] noch übertraf, indem er forderte, der M. müsse eingesperrt werden für immer", dieser Meinung sei er „schon immer" gewesen. Anschließend habe „Grabowski" Nitzsche vorgeworfen, daß er ihm „trotz besseren Wissens in den Rücken gefallen" sei. Darauf habe dieser sich damit entschuldigt, daß er „sich doch auch absichern" müsse, „er wollte ja auch mal weiter" und wisse nicht, ob der andere „nicht abgelöst würde". „Grabowski" habe sich „schließlich solches intrigenhaftes Verhalten von ihm verbeten und ihn rausgeschmissen".[364] Ein Vierteljahr vorher habe er Nitzsches Frage, ob er ihn als stellvertretenden ärztlichen Direktor nehmen würde, verneint. Darauf habe Nitzsche gesagt, er ärgere sich darüber, Mitglied der CDU zu sein und würde gern der SED beitreten.

Die Beschreibungen des Ueckermünder „Einsatzes" von Dr. Eichhorn in den IM-Akten „Grabowski" und „Hans Richters" sind in mehrfacher Hinsicht informativ. Zum einen übertrifft die Schilderung der katastrophalen Verhältnisse, die in dem psychiatrischen Krankenhaus bis 1981 herrschten, die bisher dazu veröffentlichten Berichte. Zum anderen wird deutlich, daß die Verantwortlichen für die menschenunwürdigen Zustände in Ueckermünde vor allem in den Leitungsgremien des Bezirkes Neubrandenburg saßen und insbesondere der dortige Bezirksarzt Veränderungen blockiert zu haben scheint. Dagegen ging von Professor Karl Seidel, der seit 1978 stellvertretender Leiter der Abteilung Gesundheitspolitik im ZK der SED und seit 1981 oberster SED-Gesundheitspolitiker war, die Initiative und Rückendeckung zur Behebung der Mißstände in der Ueckermünder Psychiatrie

---

364 Tonbandabschrift vom 7.6.1984 einer Information des IMS „Grabowski" vom 30.5.1984, entgegengenommen von Major Gräber, Abt. XX der BV Neubrandenburg; ebenda, Bl. 225.

aus. Das steht im Widerspruch zu der Rolle, die Seidel Ende der achtziger Jahre gegenüber den Beschwerdeführern aus dem Bezirk Karl-Marx-Stadt, die sich über unhaltbare baulich-technische und bürokratische Mißstände im dortigen Gesundheitswesen beklagten, gespielt hatte. Offenkundig war Karl Seidel anfänglich durchaus mit dem Vorsatz in das Parteiamt gegangen, die Hebel der Macht zugunsten einer Verbesserung der psychiatrischen Versorgung in der DDR zu bewegen. In Ueckermünde ist das zu Beginn der achtziger Jahre zumindest noch teilweise gelungen, 1989 war der Elan dann anscheinend verbraucht. Hans Eichhorn hat – ungeachtet seiner IM-Tätigkeit und anderer sozialer Fehlleistungen – in Ueckermünde sicherlich eine schwierige Leistung vollbracht. Das MfS spielte in den Kämpfen um die Umgestaltung der psychiatrischen Institution keine entscheidende Rolle, unterstützte jedoch, beispielsweise durch die Vermittlung einer Intervention des Gesundheitsministers, die Reformbemühungen Seidels und Eichhorns, die im Bezirk Neubrandenburg auf Widerstand stießen.

Die MfS-Akten über die langjährigen IM „Grabowski", „Bert" und „Hans Richters" vermitteln plastische Eindrücke von sehr unterschiedlichen Männern, die zum Teil auch gängige Klischees erschüttern. So setzte der SED-Genosse und seit 1963 aktive IM „Grabowski" viel Kraft sowie seine guten Beziehungen zum obersten SED-Gesundheitspolitiker und zum MfS in den achtziger Jahren für die Durchsetzung der dringend notwendigen Erneuerung eines zuvor kriminell vernachlässigten psychiatrischen Krankenhauses ein. Einer derer, die ihm das Vorhaben nicht gerade leichter machten, war IMB „Hans Richters", der neben zahlreichen vom MfS „operativ bearbeiteten" Mitmenschen auch seine CDU-Mitgliedschaft und seine fachlichen Standpunkte aus opportunistischen Erwägungen zu verraten bereit war. Der parteilose „Bert" schließlich, der zu Beginn der sechziger Jahre als politischer Häftling, also sicherlich unter Druck zur IM-Tätigkeit gekommen war und politisch für seine Umgebung schwer zuzuordnen war, pflegte die langjährigste IM-Beziehung von allen und ließ sich von der MfS-Kreisdienststelle Jena sogar eine Arbeitsstelle an der Universität vermitteln.

Unter Verletzung der ärztlichen Schweigepflicht gegebene Berichte über Patienten sind in den IM-Akten aller drei Psychiater enthalten, wobei diese Pflichtverletzungen in die umfangreichen, jeweils mehrere Bände umfassende Berichtsakten mehr oder weniger vereinzelt eingestreut gefunden wurden. Ein Hinweis auf eine von einem MfS-Führungsoffizier oder einer MfS-Dienststelle versuchte Einflußnahme auf fachliche Fragen der psychiatrischen Diagnostik und Therapie findet sich in keiner der ausgewerteten MfS-Akten über IM, die parallel zu ihrer psychiatrischen Berufstätigkeit inoffiziell mit dem MfS kooperierten.

## 3.3. Zusammenfassung und Bewertung

Die Vorstellungen von einer dominanten Rolle des MfS in allen gesellschaftlichen Bereichen der späten DDR ist nach eingehender Untersuchung verschiedener Krankenhäuser und Regionen für den Bereich des Gesundheitswesens einschließlich der Psychiatrie zu korrigieren. In der Nervenklinik der Humboldt-Universität Berlin war für Anfang 1989 ein IM-Anteil von ungefähr drei Prozent der Klinik-Angestellten feststellbar. Dabei waren sechs von acht zu diesem Zeitpunkt aktiven IM außerhalb der Charité eingesetzt, so daß der Anteil der IM unter den Mitarbeitern, deren Aufträge auf Personen innerhalb der Klinik gerichtet waren, im Jahre 1989 weniger als ein Prozent betrug. Dies stimmt mit dem für die gesamte Charité errechneten Anteil an IM, die innerhalb der Einrichtung wirksam waren, sowie mit dem Anteil aktiver IM überein, der für Mitarbeiter des Gesundheitswesens verschiedener Kreisgebiete der DDR und psychiatrischer Krankenhäuser außerhalb Berlins ermittelt wurde und der Ende der achtziger Jahre übereinstimmend bei rund einem Prozent lag.

Allerdings war der IM-Anteil sehr unterschiedlich auf die verschiedenen Berufsgruppen im medizinischen Sektor verteilt und nahm mit aufsteigender Stellung in der Hierarchie zu. So lag der IM-Anteil bei Ärzten deutlich höher als beim Pflegepersonal und bei leitenden Ärzten noch einmal sehr viel höher als bei Ärzten ohne Leitungsfunktionen.

Die IM-Dichte von rund einem Prozent im Gesundheitswesen insgesamt erscheint entgegen bisherigen Vermutungen überraschend niedrig. Da die medizinischen Einrichtungen vom MfS als ein „Schwerpunktbereich" der Überwachung behandelt wurden, wäre es eine interessante Frage für die weitere Forschung, wieweit dieses Untersuchungsergebnis mit der Situation in anderen gesellschaftlichen Bereichen der späten DDR übereinstimmt oder sich davon unterscheidet.

Bei etwas mehr als einem Drittel der inoffiziellen Mitarbeiter des MfS im DDR-Gesundheitswesen mußten Verletzungen der Schweigepflicht über Patienten festgestellt werden, wobei sich diese Pflichtverletzungen auf die Berufsgruppe der Ärzte konzentrierte und in den untersuchten IM-Akten von IM aus dem pflegerischen Bereich praktisch nicht vorkamen. Während bei den üblichen Aufgaben von IM-Ärzten kein Unterschied zwischen Psychiatern und anderen Fachvertretern festgestellt werden konnte, waren ärztliche Schweigepflichtverletzungen durch IM-Psychiater häufiger als durch IM-Ärzte anderer Fachrichtungen. Die häufigere Anstiftung durch MfS-Offiziere zu Schweigepflichtverletzungen über psychisch Kranke ist wahrscheinlich damit zu erklären, daß psychisch Kranke wegen ihres mitunter unberechenbaren Verhaltens eher als Sicherheitsrisiko angesehen wurden.

Über den Bruch der Verschwiegenheitspflicht hinausgehende ärztliche Pflichtverletzungen im Auftrag des MfS finden sich in den IM-Akten selten.

Wiederholt wurde das Ausstellen von Arbeitsunfähigkeitsbescheinigungen für MfS-Mitarbeiter ohne Vorliegen einer Krankheit beschrieben. In einigen Fällen bestellten Arzt-IM im Auftrag von MfS-Dienststellen Patienten oder deren Angehörige zu bestimmten Zeiten zu sich, und in einem Fall gibt es Hinweise darauf, daß die MfS-Offiziere die Zeit der durch den Arzttermin gesicherten Abwesenheit der Betreffenden von ihrem Wohnhaus für eine „konspirative Wohnungsdurchsuchung" nutzen wollten. In einem besonders gravierenden Fall schlich sich ein IM-Arzt im Auftrag seiner Führungsoffiziere in das Vertrauen einer Patientin ein und nutzte eine medizinische Untersuchungssituation, um eine „Geruchskonserve" von der politisch verfolgten Frau für ihre Verfolger zu gewinnen.

Außerdem wurden schriftlich fixierte Pläne von MfS-Offizieren gefunden, inoffizielle Mitarbeiter aus dem psychotherapeutischen und psychiatrischen Bereich in die verdeckte Verfolgung von Menschen, die als politische Gegner betrachtet wurden, einzubeziehen. Es wurden Fälle nachgewiesen, in denen solche Pläne am korrekten Verhalten von Therapeuten scheiterten und psychiatrisch-psychotherapeutische Behandlungen eher schützend und stärkend für die vom MfS verfolgten Menschen wirkten. Andererseits gibt es in den MfS-Akten auch Belege für das Gegenteil, daß sich Psychotherapeuten als IM für MfS-gesteuerte Versuche der zusätzlichen Verunsicherung und Kontrolle von Patienten hergaben. Beispiele für derartige Vertrauensbrüche wurden nicht bei der systematischen Auswertung der Akten von IM-Ärzten und der von ihren Schweigepflichtverletzungen betroffenen Patienten gefunden, sondern durch veröffentlichte Berichte von Betroffenen, die auf solche Vorgänge bei ihrer persönlichen Einsichtnahme in die über sie geführten Stasi-Akten gestoßen waren.

Die vorliegenden Untersuchungen sprechen dafür, daß solche schlimmen Vorgänge, bei denen Psychotherapeuten als IM gemeinsame Sache mit MfS-Offizieren gegen Patienten gemacht haben, selten waren. Diese Feststellung hilft den Menschen, die derartige Erfahrungen machen mußten, nicht. Sie ist jedoch wichtig für die Einschätzung, welches Verhalten von Psychotherapeuten in der DDR die Regel und welches die Ausnahme war. Insgesamt deuten die MfS-Akten einschließlich der untersuchten IM-Akten von Psychiatern und Psychotherapeuten darauf hin, daß SED und MfS der ganzen Berufsgruppe eher mißtrauten, auch Psychiater und Psychologen als IM vorzugsweise auf die eigenen Kollegen angesetzt wurden und die in aller Regel nur vereinzelt in den IM-Akten dokumentierten Schweigepflichtverletzungen über Patienten nachträgliche Auskünfte, jedoch keine Einmischungen in laufende Therapien darstellten. Unabhängig von dieser Einschränkung wurde erörtert, wie insbesondere bei Psychotherapeuten die Selbstkongruenz und damit die therapeutische Kompetenz durch eine inoffizielle Tätigkeit für den Staatssicherheitsdienst beeinträchtigt worden sein kann.

Ein inhaltliches Interesse an psychiatrischen Fachfragen oder irgendeine versuchte Einflußnahme des MfS auf die psychiatrische Theorienbildung war in den MfS-Unterlagen nicht festzustellen. In einem Fall ist die Vermittlung einer Universitätsstelle an einen IM-Psychiater durch eine MfS-Kreisdienststelle nachweisbar. Sonst wurden gelegentliche Unterstützungen von IM durch Geldzuwendungen oder Vermittlung anderer Vergünstigungen, jedoch keine direkten Einmischungen des MfS in die beruflichen Karrieren der IM erkennbar. Hingegen enthalten die IM-Akten die Beschreibung einer ideologischen Indoktrinationsoffensive der SED gegenüber den Fachgebieten Psychiatrie und Psychotherapie im Jahre 1971 sowie verschiedene Hinweise auf die SED-Politik bei der Besetzung von Führungspositionen in psychiatrischen Institutionen der DDR in den siebziger und achtziger Jahren. Der Einsatz eines neuen ärztlichen Direktors im Bezirksfachkrankenhaus für Psychiatrie des Bezirkes Neubrandenburg in Ueckermünde im Auftrag des Leiters der Abteilung Gesundheitspolitik des ZK der SED ab 1981 zeigt jedoch, daß solche parteilichen Kaderentscheidungen durchaus auch fachlich motiviert sein und zur Verbesserung der psychiatrischen Versorgung führen konnten.

# 4. Strafrechtliche und strafprozessuale Psychiatrieeinweisungen in der DDR

Die Kritik am sowjetischen Psychiatriemißbrauch durch psychopathologische Etikettierung und psychiatrische Zwangsbehandlung von nicht psychisch kranken politischen Gegnern zielte in erster Linie auf die forensisch-psychiatrische Praxis der strafrechtlichen Begutachtung und Zwangspsychiatrisierung von Dissidenten, die, wie am Beispiel von General Grigorenko geschildert, durch gewaltfreien politischen Widerstand angeblich gegen sowjetisches Recht verstoßen hatten. Die 1990 aufgeworfene Frage nach einem politischen Mißbrauch der DDR-Psychiatrie bezog sich nicht ausschließlich, aber auch auf die zwangsweise Unterbringung von Menschen in psychiatrischen Einrichtungen im Rahmen bzw. infolge politischer Strafverfahren. Um die strafrechtliche und die strafprozessuale Form von Psychiatrieeinweisungen wird es nachfolgend gehen.

Dabei werden die analogen Gesetze und die entsprechende Rechtspraxis in der Bundesrepublik als Bewertungsmaßstab herangezogen. Das entspricht der aktuellen juristischen Praxis bei der Untersuchung des Geschehens in der DDR auf etwaige Unrechtstatbestände im Rahmen der Rehabilitierungsverfahren. In § 1 des am 29. Oktober 1992 verabschiedeten Gesetzes „über die Rehabilitierung und Entschädigung von Opfern rechtsstaatswidriger Strafverfolgungsmaßnahmen im Beitrittsgebiet" (Strafrechtliches Rehabilitierungsgesetz, kurz StRehaG),[1] heißt es zur „Aufhebung rechtsstaatswidriger Entscheidungen":

> „(1) Die strafrechtliche Entscheidung eines staatlichen deutschen Gerichts in dem im Artikel 3 des Einigungsvertrages genannten Gebiet (Beitrittsgebiet) aus der Zeit vom 8. Mai 1945 bis zum 2. Oktober 1990 ist auf Antrag für rechtsstaatswidrig zu erklären und aufzuheben (Rehabilitierung), soweit sie mit wesentlichen Grundsätzen einer freiheitlichen rechtsstaatlichen Ordnung unvereinbar ist, insbesondere weil
> 1. die Entscheidung politischer Verfolgung gedient hat [...] oder 2. die angeordneten Rechtsfolgen in grobem Mißverhältnis zu der zugrundeliegenden Tat stehen."[2]

Politische Verfolgung wurde „in der Regel für Verurteilungen" wegen „Boykotthetze" gemäß Artikel 6 Absatz 2 der Verfassung der DDR vom 7. Ok-

---

1 Erstes Gesetz zur Bereinigung von SED-Unrecht, Artikel 1: Gesetz über die Rehabilitierung und Entschädigung von Opfern rechtsstaatswidriger Strafverfolgungsmaßnahmen im Beitrittsgebiet, in: Bundesgesetzblatt Jahrgang 1992, Teil I, S. 1814–1821.
2 Ebenda, S. 1814.

tober 1949 sowie später nach folgenden Vorschriften des DDR-Strafgesetzbuches vom 12. Januar 1968 angenommen: „Landesverräterische Nachrichtenübermittlung" (§ 99), „Staatsfeindlicher Menschenhandel" (§ 105), „Staatsfeindliche Hetze" (§ 106), „Ungesetzliche Verbindungsaufnahme" (§ 219), „Ungesetzlicher Grenzübertritt" (§ 213), „Wehrentziehung und Wehrdienstverweigerung" (§ 256), „Hochverrat" (§ 96), „Spionage" (§ 97), „Landesverräterische Agententätigkeit" (§ 100), „Staatsverbrechen, die gegen einen verbündeten Staat gerichtet sind" (§ 108), „Unterlassung der Anzeige" einer dieser Straftaten (§ 225 Absatz 1 Nr. 2) und „Geheimnisverrat" (§§ 245 oder 246).

Paragraph 2 des Strafrechtlichen Rehabilitierungsgesetzes (StRehaG) bezieht sich auf die „rechtsstaatswidrige Einweisung in eine psychiatrische Anstalt":

„Für die durch ein Gericht oder eine sonstige behördliche Stelle angeordnete Einweisung in eine psychiatrische Anstalt gelten die Vorschriften dieses Gesetzes sinngemäß, wenn die Einweisung zum Zwecke politischer Verfolgung oder zu anderen sachfremden Zwecken erfolgte."[3]

Der damalige Vorsitzende Richter beim Berliner Landgericht, Wolfgang Pfister,[4] schrieb 1993 im Kommentar zum strafrechtlichen Rehabilitierungsgesetz, daß die „Sorge um die Opfer bei gleichzeitig geringem Kenntnisstand über Art und Umfang dessen, was als Mißbrauch der Psychiatrie bezeichnet wurde, [...] der Hintergrund der gesetzlichen Regelung"[5] gewesen sei. Die Erfahrungen der Rehabilitierungsgerichte in den ersten zehn Monaten nach Verabschiedung des Gesetzes hätten folgendes gezeigt:

„Die Anzahl der gegen Einweisungsanordnungen gerichteten Rehabilitierungsanträge war anfangs äußerst gering. Ihr Anteil an den Anträgen insgesamt betrug im März 1991 weniger als 1 Promille (29 von 36.426 Anträgen; [...]). Zumindest im Bereich des LG [Landgerichtes] Berlin ist die Zahl der Anträge in der Zwischenzeit überproportional angestiegen, ohne allerdings den Anteil von 1 Prozent zu erreichen. Der 'massenhafte Mißbrauch von Psychologie und Psychiatrie', der gelegentlich behauptet wird, [...] ist bei den Rehabilitierungsgerichten nicht zu bemerken [...]."[6]

Zwei Jahre nach Verabschiedung des Gesetzes hatte sich an dieser Feststellung nichts wesentliches geändert. Die im Rahmen einer Tagung der Deutschen Richterakademie zu aktuellen Fragen aus dem Rehabilitierungs-

---

3  Ebenda, S. 1815.
4  Heute Richter am Bundesgerichtshof.
5  Wolfgang Pfister und Wolfgang Mütze (Hrsg.): Rehabilitierungsrecht. Kommentar, München 1994, hier: StRehaG 10 B, S. 3.
6  Ebenda, S. 4.

recht Anfang November 1994 zusammengetragenen Erfahrungen der Rehabilitierungsgerichte in den neuen Bundesländern besagten übereinstimmend, daß der Anteil der gemäß § 2 StrRehaG gestellten Anträge äußerst gering sei. Da die Urteile nach Namen und Aktenzeichen, nicht aber nach inhaltlichen Gesichtspunkten geordnet und abgelegt würden und keine Statistik geführt worden sei, könne der Anteil nur ungefähr geschätzt werden. Er liege wahrscheinlich unter einem Prozent, mit Sicherheit aber unter zwei Prozent. Im Juni 1998, kurz vor der endgültigen Fertigstellung des vorliegenden Buches, wurden noch einmal alle Rehabilitierungskammern bei den Landgerichten der östlichen Bundesländer abgefragt, welche Entwicklung die Antragstellung auf Rehabilitierung in den letzten Jahren genommen hat. Die Antworten bestätigen die 1994 getroffene Einschätzung auch für die letzten Jahre.[7]

Als mögliche Ursachen für die geringe Zahl der Rehabilitierungsanträge gemäß § 2 des Strafrechtlichen Rehabilitierungsgesetzes wurden 1994 diskutiert, daß die Zahl der Einweisungsanordnungen in der DDR tatsächlich so niedrig lag, wie es die Statistiken ausweisen, oder daß „eine bei den spezifisch Betroffenen vorhandene Scheu" diese an der Antragstellung hindern könnte.[8]

In keinem der – relativ wenigen – Fälle der Antragstellung gemäß § 2 des Strafrechtlichen Rehabilitierungsgesetzes sei eine Psychiatrieeinweisung „zum Zwecke politischer Verfolgung" festgestellt worden. Hingegen sei die Frage, ob die Psychiatrieeinweisung eines Antragstellers „anderen sachfremden Zwecken" gedient habe, bei einem Teil der Antragsteller zu bejahen gewesen. Diese Bilanz wurde von mehreren Mitarbeitern von Rehabilitierungskammern in den neuen Bundesländern bestätigt, namentlich auch von Professor Gerhard Schmidt aus Heidelberg für das Land Sachsen.[9]

Die referierten Feststellungen der Rehabilitierungsgerichte waren weniger überraschend als ihr Gegenteil es gewesen wäre. Von 1963 bis 1989 hatte die Bundesregierung 33.755 politische Häftlinge aus der DDR freigekauft.[10] Mit ihnen waren in stetig aktualisierter Form umfangreiche Informationen über die Praxis der Untersuchungshaft, die Anwendung des politischen Strafrechts und die Zustände in den Gefängnissen aus der DDR in den Westen gelangt. Wäre die Psychiatrie systematisch als Mittel politischer Verfolgung im strafrechtlichen Bereich eingesetzt worden, wären von den freigekauften Häftlingen aus der DDR eine Fülle von Informationen über selbst erfahrene oder durch Mithäftlinge bezeugte Fälle von politisch motiviertem Mißbrauch gerichtspsychiatrischer Begutachtungen und gerichtlicher Psychia-

---

7 Elf Landgerichte erteilten eine entsprechende Auskunft; zwei Landgerichte konnten keine Angaben machen.
8 Pfister/Mütze: Kommentar zum Rehabilitierungsrecht. StrRehaG 10 B, S. 4.
9 Ergebnis einer von Richter Pfister geleiteten Tagung der Deutschen Richterakademie vom 1.–5.11.1994 in Wustrau.
10 Vgl. Ludwig A. Rehlinger: Freikauf. Die Geschäfte der DDR mit politisch Verfolgten 1963–1989, Frankfurt/Main und Berlin 1993.

trieeinweisungen zu erwarten gewesen. Wie eingangs erwähnt, haben bis 1990 jedoch weder die Zentrale Erfassungsstelle der Landesjustizverwaltungen in Salzgitter, noch Amnesty International, noch die gezielt mit der Frage politischen Psychiatriemißbrauchs befaßten westlichen Vereinigungen psychiatrische Falschbegutachtungen oder gerichtliche Psychiatrieeinweisungen als Mittel politischer Verfolgung in der DDR registriert.

Nimmt man den geringen Anteil der Rehabilitierungsanträge, die sich auf eine „rechtsstaatswidrige Einweisung in eine psychiatrische Anstalt" in der DDR gemäß § 2 StrRehaG beziehen, und den in diesem Zusammenhang noch geringeren Anteil an Rehabilitierungen in den Blick, so scheidet die Annahme einer systematischen Praxis der Psychiatrisierung psychisch nicht kranker politischer Gegner, die an die Zwangspsychiatrisierungen sowjetischer Dissidenten infolge von gerichtspsychiatrischen Gutachten des Moskauer Serbski-Institutes heranreicht, für die DDR von vornherein aus.

Allerdings ist die Frage nach der Rolle der forensischen Psychiatrie im politischen System der DDR damit noch nicht ganz beantwortet. Die Sache wird dadurch kompliziert, daß die eingangs erwähnten politischen Strafrechtsbestimmungen der DDR auch politische Kritiker, Republikflüchtlinge, Wehrdienstverweigerer und andere gewaltlose Opponenten zu quasi-kriminellen Straftätern stempelten.[11] Unter der Voraussetzung politischer Verfolgung gewaltfreier politischer Gegner mit den Mitteln des Strafrechts wurden alle strafprozessualen Folgehandlungen zu einem Teil der rechtsstaatswidrigen Strafverfolgung, auch wenn die Einzelhandlungen im Rahmen des Strafprozesses formal korrekt vorgenommen wurden.

So konnte ein gerichtspsychiatrisches Gutachten korrekt nach den Regeln der Kunst erstellt und dennoch Teil des politischen Unrechts in der DDR sein. Wenn beispielsweise ein psychisch kranker DDR-Bürger vor Gericht stand, weil er in den Westen zu flüchten versuchte, vom Psychiater zutreffend das Vorliegen der psychischen Krankheit festgestellt und daraus vom Gericht fehlende strafrechtliche Verantwortlichkeit sowie die Einweisung in eine psychiatrische Klinik abgeleitet wurde, so wäre die Psychiatrieeinweisung trotz des korrekten psychiatrischen Gutachtens als politisches Unrecht gegenüber dem Betroffenen zu bewerten, wenn dessen psychische Krankheit ohne den begangenen Fluchtversuch nicht zu einer Einweisung geführt hätte. Andererseits ist bei politischen Prozessen auch denkbar, daß hinter einer falschen gerichtspsychiatrischen Aussage, die einem psychisch Gesunden Unzurechnungsfähigkeit bescheinigt, unter Umständen auch eine Helferabsicht des Gutachters verborgen ist, der den Begutachteten auf diese Weise vor der politischen Strafverfolgung schützen und ihn aus dem psychiatrischen Krankenhaus bald wieder entlassen wollte. Strenggenommen müßte man im

---

11 Seit 1968 gab es im Strafvollzug der DDR keine Unterscheidung mehr zwischen politischen und kriminellen Häftlingen, die Kennzeichnung politischer Gefangener durch grüne Streifen an der Anstaltskleidung entfiel, ihre Existenz wurde schlicht geleugnet.

ersten Fall von einem korrekten Gebrauch der Psychiatrie im Rahmen eines politischen Unrechtsprozesses und im zweiten Fall von einem Mißbrauch der Psychiatrie zugunsten eines politisch Verfolgten sprechen. Die beiden Beispiele deuten an, wie kompliziert die Beurteilung von forensisch-psychiatrischen Entscheidungen, die unter den Bedingungen der politischen Diktatur getroffen wurden, sein kann.

Eine zusätzliche Schwierigkeit bei der Beantwortung der Frage, ob die Entscheidungen psychiatrischer Gerichtsgutachter der DDR bei politischen Prozessen von außerfachlichen Erwägungen beeinflußt waren, ergibt sich aus der Organisationsstruktur forensisch-psychiatrischer Einrichtungen in der DDR, die auch die Gutachter in einer im Westen unbekannten Weise einbanden. Alle Einrichtungen des Strafvollzuges der DDR einschließlich der Haftkrankenhäuser und der darin Tätigen waren dem Ministerium des Innern (MdI) untergeordnet, dem gleichzeitig die Polizei unterstand und dessen Hierarchie nach militärischen Diensträngen aufgebaut war. Auch das Ministerium für Staatssicherheit besaß in allen Bezirksstädten der DDR eigene Untersuchungshaftanstalten und in Berlin ein eigenes Haftkrankenhaus. Die forensisch-psychiatrischen Gutachter und die Psychiater in den Haftkrankenhäusern waren in der Regel hauptamtliche Offiziere des MdI oder des MfS, die in die militärischen Hierarchien dieser Apparate eingebunden waren. In den Untersuchungshaftanstalten waren nebenamtliche Vertragsärzte des MdI oder des MfS tätig. Als solche kamen in den siebziger und achtziger Jahren ebenfalls nur politisch besonders zuverlässige Fachvertreter in Frage, die zumindest Mitglieder der SED waren und von denen man mit einiger Wahrscheinlichkeit annehmen mußte, daß sie aufgrund ihrer staats- und parteiloyalen Einstellung auch in gewaltlosen politischen Gefangenen in erster Linie Straftäter und nicht etwa Bürger sahen, die aufgrund einer legitimen Opposition zu Unrecht verfolgt wurden. Somit war eine doppelte Verpflichtung der Gutachter und der Haftkrankenhausärzte – einerseits gegenüber ihrer Partei und den staatlichen Apparaten, in die sie befehlshierarchisch oder arbeitsvertraglich eingebunden waren, und andererseits ihrem ärztlichen Ethos und den fachlichen Regeln der Psychiatrie – strukturell vorgegeben. Es ist damit noch nichts darüber gesagt, welche Verpflichtung der einzelne Arzt bzw. Gutachter als höherrangig ansah. Es muß für jeden in der DDR forensisch tätigen Psychiater einzeln geklärt werden, ob er sich bei der Begutachtung bzw. Behandlung politischer Gefangener primär von fachlichen und berufsethischen oder primär von politischen Grundsätzen leiten ließ.

Die nachfolgend vorgestellten Erkenntnisse zum forensisch-psychiatrischen Bereich konzentrieren sich im wesentlichen auf die MfS-Unterlagen. Ergänzend wurden Gespräche bzw. Korrespondenzen mit einigen Betroffenen und Beteiligten geführt. Die Sortierung der MfS-Unterlagen und die überschaubare Zahl der in der DDR mit politischen Häftlingen befaßten forensisch-psychiatrischen Gutachter und Institutionen ließen eine personen- und institutionsbezogene Herangehensweise an die Untersuchung dieses Bereiches sinnvoll erscheinen. Recherchiert wurde nach personenbezogenen Informationen zu den namentlich bekannten Vertretern der forensischen Psychiatrie und zu einigen namentlich bekannten politischen Häftlingen sowie nach objektbezogenen Dokumenten über forensisch-psychiatrische Einrichtungen in der DDR.

Durch gezielte Personenrecherchen und Recherchen im Bestand des MfS-Haftkrankenhauses in Berlin-Hohenschönhausesen wurden in den MfS-Archiven zahlreiche forensisch-psychiatrische Gutachten über politische Häftlinge gefunden. Neben der formalen Beurteilung über die Einhaltung rechtlicher Bestimmungen wurden die Gutachten nur oberflächlich darauf durchgesehen, ob etwa Krankheiten wie die außerhalb der sowjetischen Psychiatrie unbekannte „schleichende Schizophrenie" diagnostiziert wurden, die an einem „Reformwahn" oder ähnlichen politischen Symptomen zu erkennen wäre, oder ob nach der jeweils aktuellen Fassung der Internationalen Klassifikation der Krankheiten verfahren wurde, die in der ganzen zivilisierten Welt als Grundlage ärztlicher Diagnostik dient.[12] In einigen wenigen genauer recherchierten Fällen wurde außerdem eingeschätzt, ob die gutachterlichen Äußerungen in sich schlüssig sind und welche Folgen sie für die Betroffenen hatten. Darüber hinaus erfolgte keine Auswertung psychiatrischer Gutachten. Das ist zum einen den Schwierigkeiten der Nachprüfung von in der Vergangenheit gestellten Diagnosen geschuldet, da man auf die damaligen Beschreibungen der Symptomatik angewiesen ist, deren Realitätsgehalt es gerade zu prüfen gilt. Nachträglich kann nicht festgestellt werden, ob ein Patient beispielsweise vor zwanzig Jahren wirklich suizidgefährdet war und ob der Grad der Selbstgefährdung die gutachterliche Empfehlung einer Einweisung in ein psychiatrisches Krankenhaus gerechtfertigt hat. Für die allgemeine Beurteilung gerichtspsychiatrischer Gutachten aus der DDR kann immerhin auf die Ergebnisse der sächsischen Psychiatrie-Untersuchungskommission zurückgegriffen werden, die sich als einziges Untersuchungsgremium zur DDR-Psychiatrie eingehender mit dem Bereich der forensischen Psychiatrie befaßt hat. Dazu gehörte eine systematische Durchsicht von forensisch-psychiatrischen Gutachten, einige gutachterliche Nachuntersuchungen von Betroffenen und gründliche Diskussionen in psychiatrisch-juristisch besetzten Expertenkreisen.

Um die politische Dimension der forensischen Psychiatrie in der DDR erschöpfend beurteilen zu können, sind sicherlich weitere Untersuchungen erforderlich. Dazu sollten die systematische Auswertung einer größeren Auswahl von über politische Gefangene erstatteten Gutachten aus verschiedenen Regionen der DDR durch erfahrene forensische Psychiater sowie Nachuntersuchungen der damals Begutachteten gehören, eine umfassende

---

12 Aktuell waren in dem zu untersuchenden Zeitraum die 8. bzw. die 9. Revision der Internationalen Klassifikation der Krankheiten.

Befragung von Zeitzeugen sowie die Sichtung der zum forensisch-psychiatrischen Bereich hinterlassenen Unterlagen der DDR-Ministerien des Innern,[13] der Justiz,[14] für Gesundheitswesen[15] sowie für das Hoch- und Fachschulwesen.[16] Der dafür zu leistende Aufwand hätte den Rahmen des Einzelforschungsprojektes zum Thema Psychiatrie und Staatssicherheit gesprengt. Weiterführende Untersuchungen bleiben anderen, zur Zeit laufenden oder zukünftigen Forschungsarbeiten vorbehalten.[17]

Die nachfolgend dargelegten Erkenntnisse zur Frage des politischen Mißbrauchs der forensischen Psychiatrie in der DDR haben, auch wenn sie vorläufig und unvollständig sind, dennoch Neuigkeitswert. Ihre Darstellung erfolgt – nach einer kurzen Erläuterung der in diesem Zusammenhang wichtigen DDR-Gesetze – nach Institutionen geordnet. Besonders ausführlich wird auf die beiden forensisch-psychiatrischen Einrichtungen in Waldheim eingegangen, gegen eine von denen sich die 1990 in der Presse erhobenen Anschuldigungen richteten, die den Ausgangspunkt der Forschung zum Thema bildeten.

## 4.1. Rechtsgrundlagen strafrechtlicher und strafprozessualer Psychiatrieeinweisungen in der DDR

Gesetzliche Festlegungen zur Unterbringung von psychisch kranken Straftätern sind an sich politisch wertneutrale Maßregeln. Nach dem zweiten Weltkrieg galt in beiden deutschen Staaten der 1934 mit anderen „Maßregeln" in das deutsche Strafgesetzbuch eingeführte § 42 b StGB noch jahrzehntelang fort:

„Hat jemand eine mit Strafe bedrohte Handlung im Zustand der Zurechnungsunfähigkeit [§ 51.1 ...] oder der verminderten Zurechnungsfähigkeit [§ 51.2 ...] begangen, so ordnet das Gericht seine Unterbringung in einer

---

13 Dem Ministerium des Innern waren alle Strafvollzugseinrichtungen der DDR unterstellt einschließlich der Speziellen Strafvollzugsabteilung Waldheim für psychisch abnorme Straftäter und das Haftkrankenhauses Leipzig-Meusdorf mit einer neurologisch-psychiatrischen Abteilung.
14 Zum Bereich des Ministerium der Justiz gehörte die politische Justiz (Ia-Abteilungen) und die staatsanwaltschaftliche „Anleitung und Kontrolle der Untersuchungsorgane" einschließlich der forensisch-psychiatrischen Begutachtung von Untersuchungshäftlingen.
15 Es gab in verschiedenen psychiatrischen Krankenhäusern des staatlichen Gesundheitswesens der DDR forensische Beobachtungs- und Begutachtungsabteilungen, außerdem waren einige in staatlichen Krankenhäusern angestellte Ärzte nebenamtlich als Vertragsärzte in den Untersuchungshaftanstalten des MfS oder in Strafvollzugseinrichtungen des MdI tätig.
16 An der Humboldt-Universität Berlin gab es an der Sektion Kriminalistik angesiedelten Bereich Forensische Psychologie und Psychiatrie sowie die Abteilung für Gerichtliche Psychiatrie und Psychologie an der Charité-Nervenklinik.
17 So arbeitet die Fachärztin für Psychiatrie und Neurologie Ramona Jahn zur Zeit am Institut für Forensische Psychiatrie der Freien Universität Berlin an einer medizinhistorischen Dissertation über die Geschichte der forensischen Psychiatrie in der DDR.

Heil- und Pflegeanstalt an, wenn die öffentliche Sicherheit es erfordert. Dies gilt nicht bei Übertretungen.
Bei vermindert Zurechnungsfähigen tritt die Unterbringung neben die Strafe."[18]

Während die Möglichkeit der Zuerkennung einer „verminderten Zurechnungsfähigkeit" gemäß § 51 Absatz 2 ebenfalls im Jahre 1934 in das deutsche Strafrecht eingeführt worden war, stammte die Formulierung der Voraussetzungen einer Schuld und Strafe ausschließenden Zurechnungsunfähigkeit im § 51 StGB bereits aus dem Strafgesetzbuch des Deutschen Reiches von 1871:

„Eine strafbare Handlung ist nicht vorhanden, wenn der Täter zur Zeit der Begehung der Handlung sich in einem Zustande von Bewußtlosigkeit oder krankhafter Störung der Geistestätigkeit befand, durch welchen seine freie Willensbestimmung ausgeschlossen war."[19]

In der DDR traten mit dem neuen Strafgesetzbuch am 1. Juli 1968 auch neue Bestimmungen über die Verfahrensweise mit strafrechtlich nicht oder vermindert zurechnungsfähigen Rechtsbrechern in Kraft.[20] Seitdem waren die Voraussetzungen für die gerichtliche Zuerkennung einer strafrechtlichen Zurechnungsunfähigkeit bzw. einer verminderten Zurechnungsfähigkeit im Strafrecht der DDR folgendermaßen geregelt:

„§ 15 (1) Strafrechtliche Verantwortlichkeit ist ausgeschlossen, wenn der Täter zur Zeit der Tat wegen zeitweiliger oder dauernder krankhafter Störung der Geistestätigkeit oder wegen Bewußtseinsstörung unfähig ist, sich nach den durch die Tat berührten Regeln des gesellschaftlichen Zusammenlebens zu entscheiden.[21] [...]
§ 16 (1) Strafrechtliche Verantwortlichkeit ist gemindert, wenn der Täter zur Zeit der Tat infolge der im § 15 Absatz 1 genannten Gründe oder wegen einer schwerwiegenden abnormen Entwicklung seiner Persönlichkeit mit Krankheitswert in der Fähigkeit, sich bei der Entscheidung zur Tat von den dadurch berührten Regeln des gesellschaftlichen Zusammenlebens leiten zu lassen, erheblich beeinträchtigt war."[22]

18 Reichsgesetzblatt Teil I von 1933, S. 996.
19 Strafgesetzbuch für das Deutsche Reich, München, 9. Auflage 1907, S. 23.
20 In der Bundesrepublik geschah das mit dem Inkrafttreten der großen Strafrechtsreform im Jahre 1975.
21 Vgl. den analogen § 20 StGB-BRD vom 2.1.1975: „Ohne Schuld handelt, wer bei Begehung der Tat wegen einer krankhaften seelischen Störung, wegen einer tiefgreifenden Bewußtseinsstörung oder wegen Schwachsinns oder einer anderen seelischen Abartigkeit unfähig ist, das Unrecht der Tat einzusehen oder nach dieser Einsicht zu handeln."
22 Vgl. den analogen § 21 StGB-BRD vom 2.1.1975: „Ist die Fähigkeit des Täters, das Unrecht der Tat einzusehen oder nach dieser Einsicht zu handeln, aus einem der in § 20 bezeichneten Gründen bei Begehung der Tat erheblich vermindert, so kann die Strafe [...] gemildert werden."

Die Feststellung einer Unzurechnungsfähigkeit oder einer verminderten Zurechnungsfähigkeit konnte verschiedene Konsequenzen haben. Bei harmlosen Delikten und geringer Wiederholungsgefahr konnte das Gericht auf die Anordnung irgendwelcher Maßnahmen verzichten.

Bei Zuerkennung einer verminderten Zurechnungsfähigkeit konnte das Gericht gemäß § 16 Absatz 2 die Strafe „nach den Grundsätzen über die außergewöhnliche Strafmilderung" herabsetzen. Weiterhin konnte das Gericht den Straftäter – ohne oder nach Freiheitsentzug – zu einer ambulanten nervenärztlichen Heilbehandlung ohne stationäre Einweisung gemäß § 27 Absatz 1 StGB-DDR zu verpflichten: „Ist es zur Verhütung weiterer Rechtsverletzungen notwendig, kann, besonders beim Vorliegen einer verminderten Zurechnungsfähigkeit, der Täter durch das Gericht verpflichtet werden, sich einer fachärztlichen Heilbehandlung zu unterziehen."

In einem Lehrkommentar zum Strafrecht wurde darauf hingewiesen, daß die Verpflichtung zu einer Heilbehandlung das Vorliegen einer strafrechtlichen Verantwortlichkeit voraussetze und grundsätzlich nur als zusätzliche Verpflichtung zu einer Strafe zulässig sei.[23] In der Praxis handle es sich dabei in der Regel um Strafen ohne Freiheitsentzug oder um kürzere Freiheitsstrafen, deren Dauer zum Beispiel für eine Entwöhnung vom Alkohol allein nicht hätte ausreichen können.[24] Die Verminderung der Zurechnungsfähigkeit wurde in erster Linie infolge von psychischen Krankheiten oder Störungen erwartet. Demzufolge sollte die Verpflichtung zu einer psychiatrischen Heilbehandlung dem Straftäter helfen, „sich mit Unterstützung des Arztes von krankhaften Einflüssen frei zu machen bzw. diese soweit zu paralysieren, daß ein gesellschaftsgemäßes Verhalten gesichert ist."[25]

Entzog sich der Straftäter der gerichtlichen Verpflichtung zu einer ambulanten Heilbehandlung, hatte er mit staatlichen Sanktionen wie einem Widerruf der Bewährungszeit bei Verurteilungen oder Strafaussetzungen auf Bewährung zu rechnen. Paragraph 27 Absatz 2 DDR-StGB sah außerdem vor, daß es bei erneuter Straffälligkeit als straferschwerender Umstand berücksichtigt werden konnte, wenn der Täter einer früher gerichtlich angeordneten Heilbehandlung nicht nachgekommen war.

Eine dritte Entscheidungsmöglichkeit des Gerichts bestand darin, die Einweisung des Straftäters in eine psychiatrische Einrichtung anzuordnen. Im Fall festgestellter Unzurechnungsfähigkeit konnte das anstelle einer Strafe (§ 15 Absatz 2 StGB-DDR), bei verminderter Zurechnungsfähigkeit anstelle oder neben einer Strafe (§ 16 Absatz 3 StGB-DDR) erfolgen. Für beide

---

23 Vgl. Strafrecht. Allgemeiner Teil. Lehrbuch für Hochschulen und Universitäten der DDR, Berlin 1976, S. 525–529, hier 526.
24 Vgl. Joachim Schlegel: Zur Verpflichtung, sich einer fachärztlichen Heilbehandlung zu unterziehen (§ 27 StGB), in: Neue Justiz 13 (1969) 1, S. 17.
25 Kollegium für Strafsachen des Obersten Gerichts: Nochmals zur Verpflichtung, sich einer fachärztlichen Heilbehandlung zu unterziehen (§ 27), in: Neue Justiz 13 (1969) 10, S. 304.

Fälle wurde im Strafgesetz betont, daß eine Psychiatrieeinweisung „nach den dafür geltenden gesetzlichen Bestimmungen" zu erfolgen habe.

Damit waren in der DDR nur die Voraussetzungen der Zurechnungsunfähigkeit (§ 15 Absatz 1 StGB-DDR) und der verminderten Zurechnungsfähigkeit (§ 16 Absatz 1 StGB-DDR) strafrechtlich geregelt. Für die Einweisung in psychiatrische Einrichtungen hingegen wurde in den Absätzen 15 (2) und 16 (3) StGB-DDR auf das gleichzeitig in Kraft getretene Gesetz über die Einweisung in stationäre Einrichtungen für psychisch Kranke der DDR vom 14. Juni 1968 (Einweisungsgesetz) verwiesen. In den einschlägigen juristischen und psychiatrischen Publikationen wurde immer wieder auf die Bedeutung dieser Unterscheidung hingewiesen, die darin bestand, daß eine Psychiatrieeinweisung, auch wenn sie im Zusammenhang mit einem Strafprozeß erfolgte, nicht der Strafverfolgung dienen durfte. Als medizinische Maßnahme hätte sie sich den Festlegungen des Einweisungsgesetzes entsprechend ausschließlich nach der Schwere der psychischen Erkrankung und der dadurch hervorgerufenen Gefährdung für das Leben oder die Gesundheit des Kranken oder anderer Menschen zu richten.[26]

Da dies fachärztlich zu beurteilen war, durfte das Gericht die Psychiatrieeinweisung im Strafverfahren nur auf der Grundlage eines fachärztlichen Gutachtens anordnen. Sachverständigengutachten konnten gemäß § 39 der Strafprozeßordnung der DDR (StPO-DDR) nicht nur vom Gericht, sondern auch vom Staatsanwalt oder von „den Untersuchungsorganen" angefordert werden.[27] Zu den staatlichen „Untersuchungsorganen" gehörten in der DDR das Arbeitsgebiet II der Kriminalpolizei, die Untersuchungsabteilungen (Linie IX) des MfS und der Zollfahndungsdienst der Zollverwaltung.[28] Sie alle führten Ermittlungen in Strafsachen, wobei die Aufgabengebiete nicht immer exakt abgegrenzt waren.

Den Untersuchungsabteilungen der Bezirksverwaltungen und der Hauptabteilung Untersuchung des MfS oblag in der Theorie vor allem „die Prüfung von Anzeigen und die Durchführung von Ermittlungsverfahren wegen des Verdachts von Verbrechen gegen die [...] DDR, den Frieden, die Menschlichkeit und die Menschenrechte", wie sie im „Besonderen Teil" des DDR-Strafgesetzbuches, Kapitel 1 und 2, beschrieben waren.[29] In der Praxis ermittelte das Untersuchungsorgan des MfS in allen wichtigen politischen Verfahren, auch wenn Paragraphen anderer Teile des StGB-DDR, insbesondere aus dem 8. Kapitel des „Besonderen Teils" zur Anwendung kamen. Als offizielles Untersuchungsorgan nach § 88 der Strafprozeßordnung der

---

26 Vgl. Heinz Duft und Hubert Müller: Komplexe Maßnahmen zur Rehabilitation psychisch Kranker, in: Neue Justiz 22 (1968) 19, S. 586.
27 Ministerium der Justiz (Hrsg.): Strafprozeßrecht der DDR, Lehrkommentar zur Strafprozeßordnung der DDR vom 12.1.1968, Berlin 1968, S. 71.
28 Vgl. § 88 Strafprozeßordnung der DDR (StPO-DDR).
29 Vgl. Anmerkungen zu § 88 StPO-DDR, in: Kommentar zur Strafprozeßordnung der DDR, Berlin 1987, S. 124 f.

DDR hatte das MfS die Möglichkeit, im Rahmen von Ermittlungsverfahren forensisch-psychiatrische Gutachten anzufordern. Beantragte ein Sachverständiger zur Vorbereitung eines Gutachtens über den Geisteszustand eines Beschuldigten jedoch die stationäre Einweisung zur Beobachtung des Betreffenden, durfte diese bis zu einer Dauer von sechs Wochen nur vom Gericht oder vom Staatsanwalt, nicht aber von einem Untersuchungsorgan angeordnet werden.

## 4.2. Forschungsstand zur forensischen Psychiatrie in der DDR

Die meisten Vorwürfe, die in der Öffentlichkeit gegen die forensische Psychiatrie in der DDR erhoben wurden, richteten sich gegen eine der forensisch-psychiatrischen Einrichtungen in Waldheim und gegen die psychiatrische Praxis im Haftkrankenhaus des MfS in Berlin-Hohenschönhausen.

Zur Erörterung der geschlossenen psychiatrischen Einrichtungen in Waldheim ist es wichtig, zwei am selben Ort angesiedelte Institutionen zu unterscheiden, deren Existenz nicht ohne eine kurze Erläuterung ihrer Vorgeschichte erklärbar ist. In der sächsischen Kleinstadt Waldheim[30] gibt es eine lange Tradition geschlossener Anstalten. Diese begann 1716 mit der Gründung des ersten sächsischen Zucht-, Waisen- und Armenhauses, das zugleich die erste staatliche Unterbringungsstätte für Geisteskranke im Königreich Sachsen darstellte. Es war ein großer Fortschritt, als man im 19. Jahrhundert begann, die Versorgung der Waisen, Armen und Kranken voneinander und vor allem von der Bestrafung der Kriminellen zu trennen. Im Rahmen dieses Differenzierungsprozesses entstand 1876 neben dem großen Zuchthaus[31] die sogenannte „Irrenstation bei der Strafanstalt Waldheim", die der Strafanstaltsarzt Dr. Knecht dort als „erste staatliche Anstalt für geisteskranke Verbrecher in Deutschland" gründete. Die daraus hervorgegangene „Heil- und Pflegeanstalt für kriminelle männliche Geisteskranke" war der historische Vorläufer der späteren forensisch-psychiatrischen Einrichtungen in Waldheim. Zu Beginn des zweiten Weltkrieges gehörten 235 Waldheimer Patienten, die als psychisch kranke Straftäter doppelt stigmatisiert waren, zu den ersten Opfern der NS-Krankenmordaktion. In den Jahren 1940 und 1941 stellte die Waldheimer „Heil- und Pflegeanstalt"

---

30 Waldheim hat rund 12.000 Einwohner. Es liegt in einem Dreieck zwischen den sächsischen Großstädten Leipzig, Dresden und Chemnitz. In der DDR gehörte Waldheim verwaltungsmäßig zum Bezirk Leipzig und zum Kreis Döbeln.
31 Einer der berühmtesten Sträflinge des Zuchthauses Waldheim war wohl Karl May, der dort von Mai 1870 bis Mai 1874 wegen Diebstahls, Betruges und Fälschung im wiederholten Fall als Sträfling Nr. 402 einsaß. Vgl. Hans Wollweber: Karl May. Grundriß eines gebrochenen Lebens, Dresden 1990, S. 39.

eine Zwischenstation für den Transport von ungefähr 1.750 Patienten aus anderen deutschen Psychiatrieeinrichtungen in die Tötungsanstalten Brandenburg und Sonnenstein bei Pirna dar.[32] Von Anfang 1940 bis zum Ende des zweiten Weltkrieges starben außerdem in der Waldheimer Psychiatrie 767 Patienten, die überwiegend dem systematisch organisierten Hunger und in giftiger Dosierung verabreichten Medikamentengaben zum Opfer fielen. Der für die Tötungen verantwortliche Arzt wurde dafür 1950 im Rahmen der Waldheimer Prozesse zum Tode verurteilt und hingerichtet.[33]

In der unmittelbaren Nachkriegszeit diente die vormalige Psychiatrie Waldheim zunächst als allgemeines Krankenhaus zur Behandlung der vielen physisch und psychisch kranken oder erschöpften Menschen, die mit den Flüchtlingsströmen aus zerbombten Großstädten und den vormals deutschen Ostgebieten nach Sachsen gekommen waren. Spätestens seit 1950 hatte das Waldheimer Krankenhaus unter Leitung des Psychiaters Dr. Kuniß dann wieder ein forensisch-psychiatrisches Profil. In den sechziger Jahren entwickelte sich unter Leitung des Psychiaters Dr. Ochernal eine zweite forensisch-psychiatrische Einrichtung in Waldheim.

Bei der 1990 vom „Stern" als „Stasi-Folterklinik" titulierten und daraufhin von verschiedenen Kommissionen untersuchten Einrichtung handelte es sich um das Krankenhaus für Psychiatrie Waldheim, das zum Verwaltungsbereich des Ministeriums für Gesundheitswesen der DDR gehörte und in den siebziger und achtziger Jahren als Abteilung Waldheim der geographisch benachbarten Nervenklinik Hochweitzschen unter Leitung von Dr. Poppe geführt wurde.

Die andere Waldheimer Einrichtung war 1963 zunächst als erste psychiatrische Beobachtungsabteilung im Strafvollzug der DDR gegründet worden, indem ein paar Betten des Haftkrankenhauses für Tuberkulosekranke für psychiatrische Beobachtungsfälle abgetrennt worden waren. 1966 wurde das Profil des Haftkrankenhauses dann insgesamt von Tuberkulosebehandlung auf Psychiatrie umgestellt. Das seit 1966 unter Leitung von Dr. Ochernal als „Zentrales Haftkrankenhaus Waldheim" für alle im Strafvollzug der DDR auftretenden psychiatrischen Begutachtungs- und Behandlungsfälle erfuhr 1974 eine weitere Umwandlung zur sogenannten „Speziellen Strafvollzugsabteilung Waldheim", in der bis zu ihrer Auflösung 1991 „psychisch abnorme Straftäter" untergebracht waren. Diese Ein-

---

32 Zur Geschichte dieser Anstalt vgl. die medizinhistorische Dissertation von Thomas Schilter: Die „Euthanasie"-Tötungsanstalt Pirna-Sonnenstein 1940/41. Ein Beitrag zur Geschichte der Psychiatrie im Nationalsozialismus, Berlin 1997.
33 Die Gründung der „Irrenstation bei der Strafanstalt Waldheim" im Jahre 1876 als erste forensisch-psychiatrische Abteilung des Deutschen Reiches sowie die Entwicklung der Institution vorher und nachher – bis hin zur Funktion der Heil- und Pflegeanstalt Waldheim in der NS-Krankenmordaktion in den Jahren 1940 bis 1945 habe ich in meiner Dissertation ausführlich beschrieben. Vgl. Sonja Schröter: Psychiatrie in Waldheim/Sachsen (1716–1946). Ein Beitrag zur Geschichte der forensischen Psychiatrie in Deutschland, Frankfurt/Main 1994.

richtung unterschied sich durch ihre Zuordung zum Ministerium des Innern, durch eine deutlich bessere äußere Ausstattung und ein patientenfreundlicheres Binnenklima wesentlich vom zuerst erwähnten Krankenhaus für Psychiatrie in Waldheim.[34]

Nachfolgend werden die seit 1990 erhobenen Hauptvorwürfe gegen die forensisch-psychiatrische Praxis in der DDR und die dazu von Untersuchungskommissionen getroffenen Feststellungen erörtert, wobei die Erörterungen nach den jeweiligen Institutionen geordnet sind.

### 4.2.1. Forschungsstand zur Abteilung Waldheim der Nervenklinik Hochweitzschen

Die erste, im Juni 1990 im Auftrag des DDR-Gesundheitsministers arbeitende Kommission war beauftragt, die im „Stern" erhobenen Vorwürfe gegen die forensisch-psychiatrische Einrichtung in Waldheim zu untersuchen. Im Abschlußbericht der Kommission wird der Behauptung widersprochen, es habe sich bei der Waldheimer Psychiatrie um eine „Stasi-Folterklinik" gehandelt. Das psychiatrische Krankenhaus Waldheim sei als „eine Spezialabteilung zur Betreuung kriminell auffällig gewordener psychisch Kranker und anderweitig besonders gefährlicher psychisch Kranker" definiert gewesen. Aus psychiatrischen Krankenhäusern der ganzen DDR seien besonders schwierige, aggressive Patienten nach Waldheim eingewiesen worden. Professor Rasch, der renommierte Forensiker von der Freien Universität Berlin,[35] schrieb dazu in seinem Teil des Kommissionsberichtes:

„Die Einrichtung von Waldheim als Krankenhaus für 'gefährliche Patienten' entspricht der vor circa 100 Jahren in der deutschen Psychiatrie beobachteten Entwicklung, sogenannte feste Häuser für Patienten einzurichten, die als ungeeignet schienen, an den damals aufkommenden liberalen Behandlungsprogrammen beteiligt zu werden. Andererseits bot die Schaffung derartiger Institutionen den anderen Krankenhäusern die Handhabe, sich unbequemer Patienten zu entledigen."[36]

Zur altertümlichen Abschiebepraxis sei die Überfüllung der Einrichtung mit Patienten bei einer gleichzeitig unverantwortlichen Unterbesetzung des Betreuungspersonals hinzugekommen. Dr. Poppe war ärztlicher Direktor des

---

34 Vgl. Bericht der ersten Waldheim-Untersuchungskommission 1990, S. 4
35 Professor Wilfried Rasch wurde besonders bekannt durch seine Monographie: „Tötung des Intimpartners", Stuttgart 1964, durch seine gerichtspsychiatrischen Gutachten über Mitglieder der RAF, sowie durch seine Beiträge zu einer Reform des staatlichen Umgangs mit psychisch kranken Straftätern in der Bundesrepublik. Vgl. Wilfried Rasch (Hrsg.): Forensische Sozialtherapie. Erfahrungen in Düren (Beiträge zur Strafvollzugswissenschaft, Bd. 16), Karlsruhe und Heidelberg 1977.
36 Bericht der ersten Waldheim-Untersuchungskommission 1990, S. 56 f.

einige Kilometer entfernt liegenden psychiatrischen Großkrankenhauses Hochweitzschen und nur nebenbei Chefarzt der Psychiatrieabteilung in Waldheim. Nachdem 1985 der letzte Arzt in der Abteilung Waldheim infolge nicht überbrückbarer Differenzen mit Poppe gekündigt hatte, habe allein Dr. Poppe die zeitweise mehr als 200 Patienten in Waldheim nebenbei mit „versorgt", indem er an einem Tag in der Woche fünf bis sechs Stunden die Einrichtung aufgesucht habe. Sonst seien nur stundenweise oder im Bereitschaftsdienst Assistenzärzte in Facharztausbildung von Hochweitzschen nach Waldheim gekommen. Es habe dort in den achtziger Jahren weder einen Psychologen für Betreuungsaufgaben, noch Fachkräfte mit therapeutischen Spezialfunktionen wie Arbeits-, Musik- oder Bewegungstherapie gegeben. So sei die Betreuung der vielen besonders schwierigen Patienten in der geschlossenen Einrichtung dem Pflegepersonal, das sich erfahrungsgemäß an Werten wie Ordnung, Sauberkeit, Sicherheit und Disziplin orientiere, ohne wirkliche Anleitung und alternative Anregungen allein überlassen geblieben.

Das schlimmste sichtbare Resultat dieser Mischung aus einem Abschieben der schwierigsten Patienten in die stark vernachlässigte, überbelegte Einrichtung ohne Therapiekonzept, einem eklatanten Mangel an therapeutischen Personal und einem vorherrschend kustodial-disziplinierenden Umgangsstil war der „Bunker" und die Art seiner Verwendung. Es handelte sich um eine kahle Zelle, die zur zeitweiligen Isolierung von Patienten verwendet wurde. Wie Professor Rasch schrieb, dürfte es auch im Westen „keine Justizvollzugsanstalt und keine psychiatrische Klinik mit schwierigen Patienten geben, die ohne eine derartige Einrichtung auskommt."[37] Unter Bezeichnungen wie Beruhigungszelle, Kriseninterventionsraum oder Isolierzimmer werden solche Räume zur vorübergehenden Isolierung von Patienten mit akuten aggressiven oder autoaggressiven Erregungszuständen verwendet. In Fachkreisen besteht Einigkeit darüber, daß dies eine nach Möglichkeit zu vermeidende therapeutische Notmaßnahme bleiben muß, die nur auf unmittelbare ärztliche Anordnung, für kurze Zeit bis zum Abklingen des akuten Erregungszustandes und unter ärztlicher Kontrolle geschehen darf. In Waldheim jedoch wurden Patienten nicht selten aus disziplinarischen Gründen „eingebunkert", um sie für unangepaßtes Verhalten zu bestrafen. Zur Begründung wurde dort beispielsweise „Verweigerung der Arbeitstherapie, Ablehnung einer Aussprache mit dem Ärztlichen Direktor, Manipulieren am Elektrokabel, Diebereien auf Station, Tätlichkeiten gegen andere Patienten und aggressives Verhalten gegenüber dem Personal"[38] angegeben. Der zweite Regelverstoß bestand darin, daß meistens der Oberpfleger über die Maßnahme entschied, erst nachträglich und nur telefonisch die Zustimmung des Bereitschaftsarztes eingeholt wurde.

---

37 Ebenda, S. 58 f.
38 Ebenda, S. 5.

Auf ähnliche Weise wurde über Abbruch oder Weiterführung der Maßnahme entschieden. Drittens wurden die „Bunker"-Isolierungen in Waldheim nicht nach einigen Stunden aufgehoben, sondern im Durchschnitt sieben Tage, mitunter sogar einige Wochen lang fortgeführt. Der vierte gravierende Verstoß gegen das therapeutische Grundprinzip, dem Patienten nicht zu schaden, waren die inhumanen, menschenunwürdigen und überdies extrem unhygienischen Bedingungen, unter denen die Patienten im „Bunker" eingesperrt wurden. Sie mußten sich grundsätzlich nackt ausziehen, mit der scheinrationalen Begründung, sie könnten sich sonst mit ihren Kleidungsstücken strangulieren. Brillenträgern wurde auch ihre Brille abgenommen. Dann kamen sie nackt in die dunkle Zelle, in der sich nichts außer einer zerreißfesten Matratze und einer harten, ebenfalls zerreißfesten Decke befand. Das Fenster wurde mit einem schweren Holzladen verdeckt mit der Begründung, die Patienten könnten das Fensterglas zerschlagen und sich mit den Scherben schneiden. In dieser Zelle mußten die Eingesperrten sich dann tage- und nächtelang ununterbrochen aufhalten, ihre Notdurft in einen unverschließbaren Nachttopf verrichten, der morgens und abends ausgeleert wurde, und in demselben Raum ohne Tisch und Stuhl ihre Mahlzeiten einnehmen, die „zur Strafe" manchmal sogar noch gekürzt wurden.

Es ist offenkundig, daß der „Bunker" in Waldheim und die Art seiner Verwendung nichts mit psychiatrischer Therapie zu tun hatte, sondern als Instrument zur Demütigung der darin Gefangenen eingesetzt wurde, die den Grad der Folter erreichte. Dazu paßt, daß die Mißhandlungen von Patienten durch Pfleger sich mehrmals gerade im „Bunker" abspielten. Auch eine zynische Bemerkung des Chefarztes, die im „Stern" zitiert und vor der Untersuchungskommission von mehreren Zeugen bestätigt wurde, bezog sich auf den Bunker. Demnach soll Dr. Poppe die Pfleger mit folgenden Worten angewiesen haben, einen Patienten in ein „Isolierzimmer" zu bringen: „Dort bekommt er solange nichts zu essen und zu trinken, bis er vertrocknet ist. Und dann kehren sie ihn aus dem Zimmer."[39] Der Rechtfertigungsversuch des als besonders autoritär bekannten Chefarztes, er habe die Bedingungen in Waldheim zu bessern versucht und sich nur nicht durchsetzen können gegenüber den Pflegern, wirkte angesichts dieser menschenverachtenden Äußerung noch unglaubwürdiger.

Im Untersuchungszeitraum der Kommission waren im Waldheimer Krankenhaus noch 166 Patienten untergebracht, in früheren Jahren waren es zeitweilig über 200 gewesen. Weshalb waren diese Menschen dort untergebracht und eingesperrt worden? Die 105 Männer und 61 Frauen, die sich im Sommer 1990 noch in der Einrichtung befanden, waren durchschnittlich bereits elf Jahre lang dort. Die längste Verweildauer betrug 37 Jahre und es gab mehrere Patienten, die zwanzig bis dreißig Jahre in der Psychiatrie in Waldheim waren. Als häufigste Diagnosen waren bei den strafrechtlich un-

---

39 Ebenda, S. 7.

tergebrachten Patienten geistige Minderbegabung, endogene Psychose oder abnorme Persönlichkeit angegeben worden, was etwa der Diagnosenverteilung im bundesrepublikanischen Maßregelvollzug entspricht. Bei mehr als einem Drittel dieser Patienten (36 Prozent) war die strafrechtliche Unterbringung wegen Mordes oder Mordversuches erfolgt, an zweiter Stelle der zur Unterbringung führenden Straftaten standen Sexualdelikte (22 Prozent) und Diebstähle (12 Prozent). Professor Rasch wies besonders darauf hin, daß sich im Juni 1990 noch sechs Patienten wegen sogenannten asozialen Verhaltens und zwei wegen Staatsvergehen in Waldheim befanden sowie bei einem Patienten als Zweitdelikt versuchte Republikflucht genannt wurde.

Die Kommission recherchierte die Krankengeschichten der im „Stern" als politische Verfolgungsfälle erwähnten Waldheimer Patienten anhand der Akten nach und stellte fest, daß es sich bei den Schilderungen um ein Gemisch aus der Wiedergabe tatsächlich kritikwürdiger Sachverhalte, aus journalistischen Übertreibungen vorhandener Mißstände und aus Falschbehauptungen gehandelt habe. Sieben der acht im „Stern" erwähnten Waldheimer Patienten seien entweder psychisch krank oder alkoholabhängig gewesen oder hätten soziale Fehlhandlungen[40] aufgrund schwerwiegender Persönlichkeitsstörungen begangen. Der Einweisungsmodus der Patienten in das psychiatrische Krankenhaus sei jedoch nur in drei Fällen rechtlich nachvollziehbar gewesen. Bei allen von der Illustrierten genannten Patienten hätten sich zumindest Fragen bezüglich der Dauer ihres Verbleibs in Waldheim ergeben. Sechs Patientengeschichten werden nachfolgend referiert, die Darstellung von zwei polizeirechtlichen Einweisungen erfolgt im nächsten Kapitel.

Im Falle eines ehemaligen Beamten des Bonner Wirtschaftsministeriums Winfried K., der für polnische und ungarische Dienststellen Spionage betrieben hatte, nach seiner Entlarvung in die DDR geflohen war und hier unter der „Betreuung" des MfS als „politischer Asylant" lebte, monierte die erste Waldheim-Untersuchungskommission einerseits eine in Teilen „absolut unzutreffende" Darstellung des „Stern", bestätigte aber andererseits auch „eindeutig mißbräuchliche Eingriffe der Bezirksdienststelle des vormaligen MfS Erfurt" insofern, als diese „die Verlegung nach Waldheim ohne Berücksichtigung der gutachterlichen Empfehlung" bestimmt habe. Die Wahl der psychiatrischen Einrichtung obliege in solchen Fällen gemäß § 52 der ersten Durchführungsbestimmung zur Strafprozeßordnung der DDR allein dem Kreisarzt. Die MfS-Vertreter hätten sich unrechtmäßig eingemischt, weil es ihnen „nicht auf die Behandlung, sondern auf gesicherte Unterbringung" des für sie untragbar gewordenen K. angekommen sei.

Uta König nannte im selben Teil ihrer „Stern"-Serie zur „Stasi-Folter-

---

40 Dabei ging es in zwei Fällen um politisch relevantes „Querulieren", sonst überwiegend um kleinkriminelle Delikte wie Diebstähle, Einbrüche, Brandstiftungen, in diesem Kontext auch Grenzverletzungen, teilweise auch nur um eine sogenannte „asoziale" Lebensweise mit „Arbeitsbummelei" – worüber später noch ausführlicher zu reden sein wird.

klinik" Waldheim drei weitere Beispiele für angeblich psychisch nicht kranke „unbequeme Bürger", die sich im Frühjahr 1990 noch in Waldheim befanden.[41] In allen drei Fällen widersprach der Bericht der Untersuchungskommission der Darstellung der Illustrierten.[42]

In einem weiteren von Uta König im „Stern" dargelegten Fall lag zwar die eindeutige Fehlplazierung einer Patientin in der Waldheimer Psychiatrie vor, die politische Interpretation dieses Umstands war hingegen irreführend, da es sich um das Abschieben eines sozialen Problemfalls und nicht um die Verfolgung einer politisch unbequemen Person handelte.[43]

In einem einzigen der acht von Uta König geschilderten Fälle lag nach Meinung der Kommission tatsächlich ein Mißbrauch der psychiatrischen Einrichtung Waldheim durch den Staatssicherheitsdienst vor. Der betroffene Patient B. sei weder psychisch krank gewesen, noch habe er eine strafbare Handlung begangen, außerdem habe es weder einen ärztlichen noch einen gerichtlichen Einweisungsbeschluß gegeben. Vielmehr sei er von MfS-Mitarbeitern im Krankenhaus abgegeben und dort drei Wochen lang ohne Rechtsgrundlage unter üblen Zwangsbedingungen festgehalten worden. Der Hintergrund dieser schlimmen Geschichte habe dem „Stern" zufolge darin bestanden, daß das MfS über B. an dessen Bruder habe herankommen wollen, der nach politischer Haft aus der DDR ausgereist sei und inzwischen bei Daimler-Benz in Stuttgart gearbeitet habe.[44]

B. sei am 10. Mai 1989 als angeblicher Gutachtenpatient des Chefarztes in die Waldheimer Psychiatrie gebracht worden. Die Pförtnerin habe sich erinnert, daß zwei Zivilisten sich als Vertreter des Ministeriums für Staatssicherheit ausgewiesen und den Oberpfleger verlangt hätten. Dieser sei gerufen worden, habe den neuen „Gutachtenpatienten" übernommen und den Stasi-Männern die Übernahme quittiert. Ein Arzt sei an diesem Abend nicht verständigt worden.

Dr. Poppe sei erst am nächsten Tag angerufen worden und habe kurz mit B. gesprochen, sei also über dessen Aufnahme ohne Vorliegen eines Gutachtenauftrages informiert gewesen. Bei der Registrierung am 11. Mai 1989 sei auf einer Karteikarte vermerkt worden, es handle sich um eine Begutachtung im Auftrag der „Kreisdienststelle", womit nur die MfS-Kreisdienststelle Döbeln hätte gemeint sein können. Am 13. Mai kam B. in den berüchtigten Bunker. Am folgenden Tag habe Dr. Poppe kurz mit ihm gesprochen und angeordnet, daß er „über Pfingsten" im Isolierraum zu bleiben habe. Erst am 16. Mai habe der Arzt wieder kurz mit dem Patienten gesprochen und dessen Rücknahme in den Beobachtungsraum angeordnet. Am 17. Mai, dem siebenten Tag des Zwangsaufenthaltes einschließlich drei bis vier Tagen im „Bunker", habe Poppe den Mann endlich untersucht. In der Akte

---

41 Vgl.Stern vom 3.5.1990, S. 76.
42 Vgl. Bericht der ersten Waldheim-Untersuchungskommission 1990, S. 15 f. und 43 f.
43 Ebenda, S. 22-26.
44 Stern vom 26.4.1990, S. 30–32.

seien ausschließlich körperliche Untersuchungsbefunde, jedoch kein Wort über die Gesprächsinhalte vermerkt.[45]

Die Untersuchungskommission bestätigte die Darstellung des „Stern" in diesem Fall in allen wesentlichen Punkten. Es habe sich eindeutig um einen Mißbrauch der Psychiatrie durch die MfS-Kreisdienststelle Döbeln gehandelt, um einen psychisch nicht kranken Menschen unter Druck zu setzen. Was das MfS von B. eigentlich gewollt habe, sei unklar geblieben. Dr. Poppe habe erklärt, in diesem Fall von der einweisenden Behörde getäuscht worden zu sein, er habe geglaubt, einen Gutachtenfall vor sich zu haben und habe beim Kreisstaatsanwalt mehrmals den fehlenden Gutachtenauftrag angemahnt. Aus dem Krankenblatt ging jedoch hervor, daß er nicht mit dem Staatsanwalt, sondern mit der MfS-Kreisdienststelle telefoniert hatte. Selbst wenn ein ordentlicher Gutachtenauftrag vorgelegen hätte, wäre der Zwangsaufenthalt in der geschlossenen Abteilung absolut ungerechtfertigt gewesen, da kein Haftbefehl gegen B. vorlag und er angeblich „freiwillig" in Waldheim gewesen sei.[46] Allem Anschein nach hatten sich die Offiziere der MfS-Kreisdienststelle die ihnen bekannten verkommenen Verhältnisse im psychiatrischen Krankenhaus Waldheim zunutze gemacht, um B. einzuschüchtern.

Nach diesen Feststellungen erhebt sich die Frage, wie eine Journalistin auf Anhieb gerade diesen Fall eines eindeutigen Mißbrauchs der psychiatrischen Anstalt durch den Staatssicherheitsdienst und einige andere Fälle mit zumindest politisch mitbedingten Unregelmäßigkeiten herausfinden konnte. Wenn eine Außenstehende sich nur acht Patientenbeispiele hätte herausgreifen brauchen und dabei gleich einen Volltreffer bezüglich politischen Psychiatriemißbrauchs erzielt hätte, müßte eine umfangreichere politische Mißbrauchspraxis in Waldheim unbedingt angenommen werden. In Wirklichkeit lagen die Dinge jedoch etwas anders. Die im „Stern" beschriebenen Fälle waren nicht zufällig, sondern gezielt ausgewählt worden, und zwar von jungen Mitarbeitern des Krankenhauses Waldheim, die gerade bei diesen Patienten in den vergangenen Monaten und Jahren Unregelmäßigkeiten mit wahrscheinlich politischen Zusammenhängen bemerkt hatten. Im Frühjahr 1990 sahen sie erstmalig die Möglichkeit, diese sie empörenden Vorgänge mit Hilfe der Presse aufzudecken. Sie machten die „Stern"-Journalistin auf diese Fälle gezielt aufmerksam, vermittelten Gespräche mit den Patienten und die Genehmigung des Chefarztes, im Krankenhaus selbst zu recherchieren und zu fotografieren. Sie machten der Journalistin sogar ausgewählte Krankenaktenauszüge zugänglich. Als die Krankenhausmitarbeiter dann sahen, was für eine Story die Journalistin aus ihren Informationen gemacht hatte, waren sie erschrocken, konnten die Sache jedoch nicht mehr rückgängig machen. Sie wollten dies schließlich auch nicht mehr, als sie

---

45 Bericht der ersten Waldheim-Untersuchungskommission 1990, S. 36.
46 Vgl. ebenda, S. 52.

bemerkten, daß erst die Übertreibung und Fehlinterpretation wirklicher Mißstände die Öffentlichkeit aufgerüttelt hat und eine Änderung der katastrophalen Zustände im Krankenhaus für Psychiatrie Waldheim zu bewirken begann.[47]

Der Bericht eines früheren „Insassen" der Waldheimer Psychiatrie[48] und Beiträge in der psychiatrischen Fachpresse belegen, daß der Skandal um das psychiatrische Krankenhaus in Waldheim eine erneute Diskussion über die besondere Mißbrauchsgefährdung der Psychiatrie ausgelöst hat, in der die Notwendigkeit ihrer Kontrolle durch eine demokratische Öffentlichkeit und einer reformerischen Umgestaltung der psychiatrischen Versorgungsstrukturen sinnvoll thematisiert und zum Gegenstand kritischer Selbstreflexion wurden.[49]

### 4.2.2. Forschungsstand zu anderen forensisch-psychiatrischen Institutionen

Noch einmal war es Uta König im „Stern", die 1991 schwere Vorwürfe gegen die gerichtspsychiatrische Gutachtenpraxis im Zusammenhang mit politischen Prozessen in der DDR erhob. Ein von ihr 1990 geführtes Interview mit Professor Manfred Ochernal, dem Begründer der psychiatrischen Strafvollzugsabteilung in Waldheim und späteren Leiter der Abteilung für forensische Psychiatrie an der Sektion Kriminalistik der Humboldt-Universität zu Berlin, leitete die Journalistin mit der Frage ein: „Fühlen Sie sich schuldig?" Obwohl als direkte Antwort Ochernals wiedergegeben wird, daß er sich persönlich „nichts vorzuwerfen" und „nie bewußt falsche Gutachten gemacht" habe, erweckt der Gesamtzuschnitt des Interviews unter der Überschrift „Ich empfinde Scham" den Eindruck, als habe Ochernal doch eine schwere Schuld auf sich geladen. Sieht man sich die Äußerungen Ochernals im einzelnen an, scheinen sich seine negativen Gefühle von bitterer Enttäuschung und Beschämung allerdings mehr auf den Desillusionierungsschock infolge des Zusammenbruchs des politischen Systems, an das er geglaubt hatte, zu beziehen, als auf persönliche Fehlhandlungen. Er „habe an den So-

---

47 Persönliche Mitteilung von zwei jungen Krankenhausmitarbeitern, die ungenannt bleiben wollten, da sie nach der falschen Wiedergabe ihrer Informationen im „Stern" Sanktionen befürchteten, im Juni 1990.
48 Vgl. Frank Leupolt: Wie Waldheim wirklich war. Ein authentischer Bericht eines ehemaligen „Insassen", in: Betroffeneninitiative „Durchblick e.V." und Sächsische Gesellschaft für Soziale Psychiatrie (Hrsg.): Symptom Nr. 1, Leipziger Beiträge zu Psychiatrie und Verrücktheit, Leipzig 1992, S. 56–58.
49 Vgl. Karl Beine, Klaus Schmitz, Vera Schumann und Ulrich Trenckmann: Waldheim - Der schwierige Versuch der Aufarbeitung, in: Psychiatrische Praxis 18 (1991), S. 41–47; Michael Seidel: Waldheim - ein erledigtes Thema?, in: Psychiatrische Praxis 19 (1992), S. 43–45; sowie Thomas Müller: Der Fall Waldheim und seine Folgen, in: Betroffeneninitiative „Durchblick e.V." und Sächsische Gesellschaft für Soziale Psychiatrie (Hrsg.): Symptom Nr. 1, Leipzig 1992, S. 59–73.

zialismus geglaubt, an diesen Staat, an seine Rechtsorgane, an seine Gesetze". Die Akten des MfS seien „sehr gut geführt" gewesen und er habe als Gutachter keinen Zweifel gehabt, „daß das, was in den Akten steht, auch stimmt". Der Professor für forensische Psychiatrie habe jährlich 30 bis 40 Gutachten über politische Häftlinge im Haftkrankenhaus des MfS in Berlin-Hohenschönhausen gefertigt, wohin man ihn jeweils als gutachterlichen Konsilarius gerufen habe. Dort habe er einen Schreibtisch und einen Stuhl bekommen und habe in Anwesenheit eines MfS-Offiziers mit den zu begutachtenden Häftlingen gesprochen. Er habe seinen Namen nicht nennen und sich die Namen der Häftlinge nicht aufschreiben dürfen, auch habe er niemals Akten mit nach Hause nehmen dürfen. Es sei „alles sehr geheim" gewesen.

An einer Stelle des Interviews stellt die Journalistin relativ unvermittelt fest: „Mit ihren Gutachten haben Sie politisch unbequeme Bürger, die nicht geisteskrank sind, in die Psychiatrie gebracht." Diesen Satz bestätigte Ochernal zwar nicht, aber die im Interview wiedergegebenen Selbsteinschätzungen seines gutachterlichen Herangehens an die Beurteilung politischer Delikte weist in dieselbe Richtung:

> „Was heute politisch genannt wird, war für uns kriminell. Verstehen Sie, wenn man an den Staat glaubt, findet man es ungeheuerlich, wenn ein anderer ihn schlecht macht. Dann sagt man sich, der kann nicht gesund sein. [...] Vielleicht habe ich manchmal den § 16 unseres Strafgesetzbuches, verminderte Zurechnungsfähigkeit, zu großzügig angewandt. Ich will es so sagen: Wenn früher einer 'Scheiß Honecker' sagte, dann war der für mich nicht voll zurechnungsfähig, heute ist er es."[50]

Auf spätere Nachfragen unter Bezugnahme auf das zitierte Interview erklärte Professor Ochernal, daß seine Äußerungen unzutreffend wiedergegeben worden seien. Er habe ein volles Jahr vor Veröffentlichung des von ihm autorisierten „Interviews" einmal sechs und einmal zwei Stunden mit der Reporterin gesprochen. Im „Stern" seien von ihm geäußerte Sätze aus dem Zusammenhang gerissen, Textstellen falsch zusammengestellt und notwendige Erklärungen weggelassen sowie die von ihm ironisch gemeinte Bemerkung mit dem „Scheiß-Honecker" und der Einweisung in ihr Gegenteil verkehrt worden.

Er habe diese Bemerkung auf „einige meist ältere, stalinistisch geprägte und gebliebene MfS-Angehörige" bezogen, die nicht hätten begreifen können, „daß Menschen die soziale Ordnung und Sicherheit der DDR verlassen" wollten und von daher unterstellt hätten, die Flüchtlinge müßten „doch was am Koppe haben". Also sei der Staatsanwalt veranlaßt worden, Ocher-

---

50 Interview der Reporterin Uta König mit Professor Manfred Ochernal, in: Stern vom 8.5.1991, S. 100.

nal mit einem Gutachten zu beauftragen. Eine Weigerung, das Gutachten zu erstellen, sei nicht möglich gewesen. Ochernal habe auch „Überzeugungstäter aus politischen oder Gründen der Verfolgung, Benachteiligung usw." zu begutachten gehabt und sich um ein differenziertes Urteil und mögliche Hilfen für die Betroffenen bemüht, die damals nur nicht allzu deutlich hätten werden dürfen. Heute sei es für ihn tröstlich, daß ehemalige politische Häftlinge ihn mit Blumen und Sekt besuchen kämen und sich für die zu DDR-Zeiten erfahrene Hilfe bedankten.[51]

Einer der Besucher nach dem Ende der DDR ist der frühere politische Häftling und heutige sächsische Landesbeauftragte für die Stasi-Unterlagen, Siegmar Faust. Die Geschichte seiner politischen Verfolgung in der DDR ist später von ihm selbst und anderen veröffentlicht worden.[52] Schon lange vor seiner ersten Verhaftung im November 1971 war Siegmar Faust bereits zweimal wegen der Veröffentlichung gesellschaftskritischer Gedichte exmatrikuliert worden: einmal 1966, nachdem er zwei Semester Kunsterziehung und Geschichte an der Karl-Marx-Universität Leipzig studiert, und zum zweiten Mal 1968, nachdem er sich ein Jahr lang „in der Produktion bewährt" und acht Monate am Institut für Literatur „J. R. Becher" in Leipzig studiert hatte. Von 1968 an war Siegmar Faust vom MfS in einem Operativen Vorgang (OV) unter dem Decknamen „Literat" bearbeitet worden. Zu dieser „operativen Bearbeitung" gehörte nicht nur eine sehr weitgehende Bespitzelung, sondern auch Ankündigungen wie die folgende aus dem Jahre 1970:

„Hinsichtlich der Liquidierung des OpV [Operativen Vorgangs] wird vorgeschlagen, durch Einsatz gesellschaftlicher Kräfte die Person des Faust zu zerschlagen, ihn von jeder literarischen Tätigkeit auszuschließen und seine Einflußmöglichkeiten durch Bindung an ein festes Arbeitskollektiv einzuengen."[53]

Ende November 1971 wurde Siegmar Faust unter der Anschuldigung der „staatsfeindlichen Hetze" verhaftet, weil er sich und seine damaligen Freunde, darunter auch der Schriftsteller Wolfgang Hilbig, einem westdeutschen Verlag als Underground-Autoren angeboten hatte. Siegmar Faust saß fast ein Jahr lang in der Untersuchungshaftanstalt des MfS in Leipzig und litt ebenfalls unter schikanösen Bedingungen. Er wurde immer wieder, insgesamt fünf Monate lang, in Einzelhaft isoliert. Wenn er mit einem anderen Mann zusammen in eine Zelle gesperrt wurde, mußte er befürchten, daß die-

---

51 Vgl. 29seitiger Brief von Professor Ochernal an Dr. Weinberger vom 10.8.1992, der in Kopie der Autorin zur Verfügung gestellt wurde, S. 2–4.
52 Vgl. Anne-Sophie Nold: Widerstand mit allen Konsequenzen. Ein faustisches Leben in der DDR am Beispiel des Schriftstellers Siegmar Faust. In: Horch und Guck, Historischliterarische Zeitschrift des Bürgerkomitees „15. Januar" e. V. 3 (1994) 13, S. 17–30 sowie Siegmar Faust: Ich will hier raus, Berlin und Fulda 1983.
53 Aus dem OV „Literat" der BV Leipzig, zitiert nach Anne-Sophie Nold: Widerstand, S. 19.

ser ein Spitzel sein könnte. Er wurde zu den unterschiedlichsten Zeiten zu Verhören geholt, die oft sehr belastend waren und viele Stunden dauerten. Er hatte wochenlang keinen Kontakt zur Außenwelt und war äußerst verunsichert darüber, wie lange er in diesem Zustand festgehalten und zu welcher Strafe er irgendwann verurteilt werden würde. Zweimal wurde er sogar körperlich mißhandelt. Er versuchte immer wieder, sich mit Briefen an den Staatsanwalt über die Rechtsbrüche, zum Beispiel seine wiederholte wochenlange Isolation, zu beschweren. Die Ermittler beklagten sich über den unbotmäßigen Häftling:

> „Während der bisherigen Untersuchungshaft zeigte sich der Beschuldigte in erheblichem Maße auffällig. Er negierte nicht schlechthin die Anstaltsordnung, sondern griff das gegen ihn laufende Ermittlungsverfahren als Ganzes an. Das ging so weit, daß er mit körperlicher Gewalt zur Vernehmung durch den Staatsanwalt geführt werden mußte und in einer Vielzahl von Briefen überaus querulatorisch anmutende Forderungen aufstellte."[54]

Ende Juni 1972, das heißt sieben Monate nach seiner Verhaftung, wurde Siegmar Faust für einige Wochen zur psychiatrischen Begutachtung in das Haftkrankenhaus Waldheim geschickt. Seine dort gewonnenen Eindrücke schilderte er später im Westen wie folgt:

> „Das war noch meine schönste Zeit in den ganzen elf Monaten während meiner Haftzeit. Ich lag zwar mit richtigen Kriminellen in einem Acht-Betten-Raum, das waren Diebe, einer war wegen Raubes drin, zwei andere waren Brandstifter. Aber die waren alle ganz friedlich, jeder von ihnen mußte täglich ein ganzes Reagenzglas voll Tabletten schlucken. Mir gab man überhaupt keine Medikamente. Ich muß ganz ehrlich zugeben, ich hatte mich durch mein renitentes Verhalten gegenüber den Vernehmern von der Stasi bewußt dazu gebracht, in diese psychiatrische Anstalt zu kommen. Wir hatten natürlich, meine Freunde und ich, davon gehört, daß politische Häftlinge in der Sowjetunion in psychiatrischen Anstalten kaputt gemacht werden. Es mag sich verrückt oder gar selbstmörderisch anhören, aber ich wollte wissen, wie die das bei uns in der DDR machen. Ich war an einem Punkt angelangt, da war mir alles egal, mir war klar, nach monatelanger Einzelhaft bei der Stasi mit den täglichen stundenlangen Verhören, daß ich nichts mehr zu verlieren hatte."[55]

Die sieben Wochen in Waldheim seien für Siegmar Faust „wie Erholungsurlaub" von der MfS-Untersuchungshaft gewesen, er habe dort seine innere Ruhe zurückgewonnen. Der ärztliche Direktor habe ihn mit Medikamenten

---

54 Aus dem Untersuchungsvorgang der BV Leipzig, zitiert nach Anne-Sophie Nold; ebenda, S. 20.
55 Siegmar Faust zitiert nach Wilfried Ahrens (Hrsg.): Hilferufe von Drüben. Die DDR vertreibt ihre Kinder. Authentische Berichte, Huglfing/Obb. 1978, S. 138 f.

verschont und ihn „nicht einmal mit irgendwelchen psychologischen Tests" belästigt. In Gesprächen habe Dr. Ochernal relativ viel Verständnis für seine schwierige Situation als Häftling gezeigt und für eine faire Behandlung gesorgt. Faust habe sich nicht unbedingt an der Arbeitstherapie beteiligen müssen, habe sich ganz nach eigenem Belieben in sein Bett zurückziehen, lesen, schreiben oder zeichnen können.[56] So sei er „physisch und seelisch gestärkt" in die Untersuchungshaftanstalt des MfS nach Leipzig zurückgekehrt, wo ihn eine, gelinde gesagt, weniger freundliche Behandlung erwartete.[57]

Im Oktober 1972 wurde Siegmar Faust im Rahmen einer Amnestie anläßlich des 23. Jahrestages der DDR aus der Leipziger Untersuchungshaftanstalt des MfS entlassen, ohne überhaupt vor Gericht gestellt worden zu sein. Er erlitt später noch Verleumdungen, Zwangsarbeit, erneute Verhaftung, halbjährige Einzelhaft in der Untersuchungshaftanstalt des MfS in Dresden und andere Maßnahmen politischer Verfolgung, bevor er die DDR verlassen durfte.[58] Seine Begegnung mit Dr. Ochernal und dem psychiatrischen Haftkrankenhaus Waldheim rechnet er, obwohl er ihnen im Kontext seiner MfS-Haft beggegnete, nicht zu den Maßnahmen der Verfolgung, sondern schilderte sie als positive Ausnahmen inmitten der sonst so bedrückenden Hafterfahrungen.

Auch über Professor Ochernals Zeit als gerichtspsychiatrischer Gutachter in Ostberlin gibt es positive Zeugnisse. So schilderte Lorose Keller in einem Buch über ihre Erlebnisse in MfS-Haft eine Begegnung mit einem Professor der Psychiatrie, dem sie nach einem Nervenzusammenbruch zur Begutachtung auf ihren seelisch-geistigen Gesundheitszustand vorgestellt worden war. Er sei ihr als „Kapazität" von der besten DDR-Universität angekündigt worden. Anstelle der zunächst befürchteten Psychopharmaka-Behandlung habe der alte Psychiatrieprofessor ein Gespräch mit ihr geführt, das sie wie ein kostbares Geschenk empfand. Lorose Keller beschrieb den Psychiater als einen weisen „Uhu" und „menschenfreundlichen Kauz", der „einfühlsam", ohne politische Argumente oder „professoralen Standesdünkel" mit ihr gesprochen habe. Die Gefangene hielt es sogar für möglich, daß dieser „erstaunliche Freigeist" selbst „ein schweres Schicksal als Verfolgter hinter sich hatte", und „durch überwundenes Leid frei und unantastbar geworden" war. Er habe „Äußerungen, die er vielleicht nicht offiziell verlautbaren durfte", in Zitate gekleidet, habe sie ermutigt und ihr geholfen, ihr durch die Haft angeschlagenes Selbstvertrauen zurückzugewinnen. Schließlich habe sein nervenärztliches Gutachten über ihre verminderte psychische Belastbarkeit zu ihrer schnellen Freilassung in den Westen geführt.[59]

---

56 Mitteilungen des Betroffenen an die Autorin in einem persönlichen Gespräch am 26.1.1995 in Berlin.
57 Wilfried Ahrens (Hrsg.): Hilferufe von Drüben, S. 139.
58 Vgl. Joachim Walther: Sicherungsbereich Literatur. Schriftsteller und Staatssicherheit in der Deutschen Demokratischen Republik, Berlin 1996, S. 372 f.
59 Vgl. Lorose Keller: Deutsch-deutsches Verhör. Individueller Lehrgang in Grenzfragen, Berlin 1983, S. 180–187.

Im krassen Gegensatz zu solchen ausgesprochen positiven Schilderungen stehen die Erinnerungen früherer politischer Häftlinge an den im MfS-Haftkrankenhaus Berlin tätigen Psychiater Horst Böttger. Waltraud Krüger beschreibt, wie dieser Ende der siebziger Jahre im Zusammenwirken mit den Vernehmern des MfS versucht habe, sie kleinzukriegen und von ihrem Antrag auf Übersiedlung in den Westen abzubringen. Dieser Arzt habe ausgesprochen ideologisch argumentiert. Er sei davon ausgegangen, daß „Ausreiseanträgestellen keine 'normale Sache' sei", habe eine „Fehlsteuerung des Gehirns" als Ursache ihres Wunsches, die DDR zu verlassen, angenommen, und sie gewaltsam mit Psychopharmaka traktiert.[60] Einmal habe sie im MfS-Krankenhaus ein Medikament verabreicht bekommen, das ein körperliches Schwebegefühl verursacht und sie dazu gebracht habe, gegen ihren Willen auf alle Fragen des Arztes zu antworten.[61] Neben Erpressung durch die Ungewißheit und falsche Information über ihren Mann und ihre Tochter, die sich ebenfalls in Haft befanden, aber nicht zuletzt auch durch die kräftelähmende psychopharmakologische Behandlung habe sie sich schließlich bereit erklärt, ihren Hungerstreik zu beenden und ihren Antrag zurückzuziehen.[62] Nach Entlassung aus der Haft und wieder Herr ihrer Entscheidungen, beantragte Waltraut Krüger mit ihrer Familie erneut die Ausreise und konnte schließlich in die Bundesrepublik übersiedeln.[63]

Die Journalistin Renate Oschlies machte zwei weitere Zeitzeugen ausfindig, die in Ostberlin aus politischen Gründen inhaftiert waren und den Psychiater im MfS-Haftkrankenhaus äußerst unangenehm kennengelernt haben:

„Als 'Staatsfeind' saß Gerd Hetsch im Untersuchungsgefängnis der Stasi in Pankow. Der frühere Mitarbeiter des DDR-Rundfunks hatte Kontakt zu westlichen Medien gesucht. Wochenlang wurde er in einer kalten Zelle im Keller immer wieder zusammengeschlagen. Als er sich weigerte, seine Kleider abzugeben – man wollte ihn nackt einsperren – rissen ihm die Wärter die Sachen vom Leib. Hetsch erlitt einen Nervenzusammenbruch. Da brachten sie ihn ins Krankenhaus des Stasi-Untersuchungsgefängnisses in Hohenschönhausen und übergaben ihn einem Arzt. Der Mann im weißen Kittel stellte sich nicht vor. Aber er bot dem völlig Erschöpften Hilfe an: 'Sie sind hier, um zur Ruhe zu kommen. Ich will ihnen helfen.' Hetzsch ahnte nicht, daß er den Haftpsychiater und Stasi-Major Horst Böttger vor sich hatte. Und so erzählte er ihm, was passiert war. Dann bekam er Psychopharmaka. [...] Erst später erfuhr Hetsch, daß Böttger einen Bericht für die Stasi-Hauptabteilung IX geschrie-

---

60 Vgl. Waltraud Krüger: Ausreiseantrag, Magdeburg 1990, S. 157–173, hier 158 f. Es gibt auch einen Erlebnisbericht über das gewaltsame Einflößen von Psychopharmaka während politischer Haft zu Beginn der siebziger Jahre. Vgl. Ellen Thiemann: Stell dich mit den Schergen gut. Erinnerungen an die DDR, Berlin 1984, S. 54–61.
61 Waltraud Krüger: Ausreiseantrag, S. 166.
62 Ebenda, S. 166–172.
63 Ebenda, S. 5.

ben hatte. Neben einer groben psychischen Einschätzung gab der Arzt auch intime Äußerungen seines Patienten weiter. Der Häftling habe ihm offenbart, daß er 'an den Rias geschrieben' und bei den Vernehmungen 'aus Angst gelogen' habe. Außerdem dokumentierte der Arzt die pazifistischen Ansichten seines Patienten, seine Haltung zur Armee und seine Forderung nach Reisefreiheit. Die Geständnisse wurden zum Schlüssel für die weiteren Verhöre. Unter Wirkung der Drogen, die Hetsch während des dreiwöchigen Aufenthaltes im Haftkrankenhaus und später im Gefängnis täglich erhielt, brach seine Verteidigung zusammen. Er war 'müde, schläfrig, wie betäubt', gab am Ende alles zu: Kontakte zum damaligen Ostberliner ARD-Korrespondenten Peter Merseburger, Schreiben an Westsender. Am 6. Februar 1984 wurde der 25jährige wegen landesverräterischer Nachrichtenübermittlung und Agententätigkeit zu einem Jahr und zehn Monaten Haft verurteilt. Als Beweis wurde die Stellungnahme des Psychiaters herangezogen. [...]
Die Berliner Krankenschwester Ina Ortwein wurde 1988 bei einem Fluchtversuch in den Westen verhaftet und kam ins Stasi-Gefängnis Hohenschönhausen. Als sie über Unterleibsschmerzen klagte, wurde sie ins Haftkrankenhaus gebracht und glaubte, einem Gynäkologen vorgestellt zu werden. Doch der Mann im Arztzimmer fragte nach Fluchtplänen, Helfern und Mitwissern, nach ihrem Intimleben und der Kindheit. Erst vor Gericht erfuhr sie, daß es sich bei dem Arzt um einen Psychiater gehandelt hatte, der ein Gutachten über sie erstellte, das als 'Beweis' zu den Akten genommen wurde. Ina Ortwein wurde zu drei Jahren und vier Monaten Haft verurteilt, später vom Westen freigekauft. Den Namen des Arztes erfuhr sie von der Gauck-Behörde: Dr. Dr. Horst Böttger."[64]

Auch im Abschlußbericht der Kommission zur Aufklärung von Mißbrauch in der Ostberliner Psychiatrie wird mit demselben Tenor auf die Tätigkeit Böttgers im MfS-Haftkrankenhaus eingegangen.[65] Die Kommission nahm Anstoß an dem nahtlosen Wechsel des vormaligen MfS-Offiziers in die nervenärztliche Niederlassung und formulierte abschließend:

„Zumindest im Fall des ehemaligen Psychiaters des MfS-Haftkrankenhauses, der mit den Vernehmern des MfS zusammen politische Häftlinge aushorchte und für seine qualifizierte Gesinnungsschnüffelei bei den Gefangenen von der Hochschule des MfS den Titel eines Dr. jur. zuerkannt bekam, den er noch heute auf seinem Praxisschild führt, sieht die Kommission dringenden Handlungsbedarf von seiten des Senators für Gesundheit und der Ethik-Kommission der Ärztekammer Berlin."[66]

---

64 Renate Oschlies: Verräter im weißen Kittel, in: Stern vom 23.3.1995, S. 232–234.
65 Vgl. Bericht der zweiten Berliner Untersuchungskommission 1995, S. 45 f., 48 f. und 51.
66 Ebenda, S. 51.

Nach Auskunft der Staatsanwaltschaft Berlin läuft ein aufgrund der Anzeigen von Betroffenen und des zitierten Kommissionsberichtes eingeleitetes Verfahren gegen Dr. Böttger, das bei Abschluß des Buchmanuskriptes im Juni 1998 noch nicht abgeschlossen war.

Die Untersuchungskommissionen zur DDR-Psychiatrie haben sich mit Ausnahme der sächsischen nur am Rande mit der forensischen Psychiatrie befaßt. So finden sich im Abschlußbericht der Potsdamer Kommission einige kursorische Bemerkungen zur gerichtspsychiatrischen Gutachtenpraxis, die allerdings nicht auf einer systematischen Aktenauswertung, sondern nur auf Eindrücken beruhen, die durch die Lektüre einer nicht genannten Zahl von Gutachten sowie in Gesprächen mit Betroffenen und erfahrenen Forensikern gewonnen wurden. Bei mehreren Gutachten sei ein Sprachduktus aufgefallen, mit dem die zur Neutralität verpflichteten Gutachter eindeutig politisch Partei bezogen und die zu beurteilende Handlung als moralisch verwerfliche politische Abweichung denunziert hätten. Daß einige Gutachter das politische Strafrecht der DDR verinnerlicht hatten, sei auch daran erkennbar gewesen, daß in Fällen minderer „Kriminalität" mit aufgehobener oder verminderter Schuldfähigkeit mitunter unangemessen ausgedehnte Maßregeln vorgeschlagen worden seien. Allerdings hätten sich aus keinem der gesichteten Gutachten Hinweise ergeben, daß psychisch Gesunde aus politischen Gründen psychiatrisiert worden seien. Hingegen hätten in nicht wenigen Fällen systemkritische Gutachter mit Aussagen über eingeschränkte Schuldfähigkeit politische Straftäter vor dem Strafvollzug zu bewahren und in ein dann nicht mehr politisch kontrolliertes, meist ambulantes psychiatrisches Betreuungsverfahren zu lenken versucht.[67]

Zu grundsätzlich ähnlichen Ergebnissen kam die sächsische Untersuchungskommission, deren Aussagen sich jedoch auf eine deutlich breitere empirische Basis stützen. Der Vorsitzende der sächsischen Psychiatrie-Untersuchungskommission hat 243 im zivilen Krankenhaus für Psychiatrie Waldheim erstellte Gutachten und 477 forensisch-psychiatrische Gutachten aus dem Archiv des Haftkrankenhauses Waldheim durchgesehen. Die 243 Gutachten des zivilen Waldheimer Krankenhauses seien aus den Jahren 1958 bis 1966 gewesen und von MfS-Dienststellen angefordert worden. Die Auftraggeber der 477 Gutachten des Haftkrankenhauses hingegen seien Staatsanwaltschaften oder Gerichte aus der ganzen DDR gewesen, wobei 414 Gutachten unter der Sammelbezeichnung Ia, dem Kennzeichen der politischen Abteilungen der Bezirksstaatsanwaltschaften und der entsprechenden Senate der Bezirksgerichte der DDR, jahrgangsweise zusammengefaßt gewesen seien.[68] Diese Ia-Gutachten stammten aus der Zeit von Mitte der sechziger bis Mitte der siebziger Jahre.[69] Diese Feststellungen sprechen

---

67 Vgl. Bericht der Potsdamer Untersuchungskommission, S. 19f.
68 Ebenda, S. 26 und 30.
69 Ebenda, S. 29.

dafür, daß von Ende der fünfziger bis Mitte der sechziger Jahre das zivile Krankenhaus für Psychiatrie in Waldheim unter Leitung von Dr. Kuniß und von Mitte der sechziger bis Mitte der siebziger Jahre das Haftkrankenhaus Waldheim unter Leitung von Dr. Ochernal jeweils der zentrale Ort für die gerichtspsychiatrische Begutachtung von politischen Häftlingen in der DDR waren.

Der Vorsitzende fand 34 der insgesamt 720 von ihm durchgesehenen Waldheimer Gutachten auffällig. Die 34 verdächtigen Gutachten ließ er einzeln durch die Kommission darauf prüfen, ob sie „in Feststellungen und Folgerungen einleuchtend und begründet erscheinen, ob eine Einflußnahme auf die Gutachtenerstattung erfolgt ist und welche Auswirkungen diese Gutachten auf die Entschließung und das eventuelle Urteil der Staatsanwaltschaft gehabt haben."[70]

Die Überprüfungen führten zu widersprüchlichen Ergebnissen. Die Kommission stellte fest, daß die Mehrzahl der Gutachten „in Feststellungen und Vorschlägen plausibel" erschienen seien. Allerdings seien eine Reihe von Betroffenen „ohne politisches Verfahren wahrscheinlich nie in eine psychiatrische Einrichtung gekommen". Von einem „politischen Psychiatriemißbrauch" wurde – leider ohne Quantifizierung der Fälle – dann gesprochen, „wenn bei der Feststellung von Unzurechnungsfähigkeit oder verminderter Zurechnungsfähigkeit vom psychiatrischen Gutachter die Einweisung nur empfohlen worden war, wenn nach seiner Einschätzung die Gefahr bestand, daß der Betroffene seine politische Straftat wiederholen werde."[71] Dies war offenkundig mehrmals der Fall.

In anderen Fällen hätten hingegen „die ärztlichen Hinweise im Rahmen des Gutachtens oder die auf Anregung des ärztlichen Sachverständigen eingeleitete und durchgeführte psychiatrische Behandlung erkennbar dem Wohle des Betroffenen" gedient.[72] Aus einer statistischen Übersicht ist erkennbar, daß die Gutachter mit der Feststellung einer „verminderten Zurechnungsfähigkeit" überwiegend und bei festgestellter „Zurechnungsunfähigkeit" teilweise eine Einweisung in ein psychiatrisches Krankenhaus *nicht* empfohlen haben. Ab 1969 hätten sie sich, „um eben eine solche Einweisung zu vermeiden, vermehrt für eine ambulante Behandlung nach § 27 StGB-DDR" ausgesprochen, „soweit sie nicht von einer psychiatrischen Behandlung ganz abrieten."[73] Das spricht nach Auffassung der Kommission gegen eine systematische Praxis des Psychiatriemißbrauchs in der DDR. Als weiteres Indiz gegen die Annahme eines systematisierten Mißbrauchs wurde die ausdrückliche Unterscheidung gewertet, die in mehreren Gutachten zwischen einer „ideologischen Fehlhaltung" und einer psychischen Störung zur Begründung für volle Verantwortlichkeit getroffen wurde. In den ausdrück-

---

70 Abschlußbericht der sächsischen Untersuchungskommission 1997, S. 26 und 31.
71 Ebenda, S. 31.
72 Ebenda.
73 Ebenda, S. 30.

lichen Feststellungen, daß Abweichungen von der Staatsideologie keinen Schluß auf psychische Störungen und damit keine Feststellung von Unzurechnungsfähigkeit und Psychiatrieeinweisung zulassen, wurde eine bewußte Abgrenzung gegen die sowjetische Praxis des Psychiatriemißbrauchs gesehen.[74] Professor Ochernal, in dessen psychiatrischen Gutachten über politische Häftlinge sich die zitierte Mahnung häufiger findet, bestätigte dies. Er habe darüber hinaus mit Professor Morosow vom Moskauer Serbskij-Institut ausgesprochene Differenzen bis hin zu einer heftigen persönlichen Gegnerschaft gehabt.[75]

Neben fundierten zusammenfassenden Feststellungen enthält der sächsische Untersuchungsbericht viele interessante Fallbeispiele, die hier nicht alle referiert werden können. Obwohl die Prüfung forensisch-psychiatrischer Gutachten aus politischen Strafverfahren in Einzelfällen Mißbrauch ergeben hat, verneinte die sächsische Kommission ebenso wie die anderen Untersuchungskommissionen zur DDR-Psychiatrie einen politischen Psychiatriemißbrauch nach sowjetischem Muster, das heißt, es wurden auch in Sachsen keine Zwangspsychiatrisierungen psychisch gesunder Personen zum Zweck politischer Verfolgung festgestellt.

Im Herbst 1997 wurde in einem Rundbrief der Deutschen Vereinigung gegen politischen Mißbrauch der Psychiatrie e.V. in München das Ergebnis der verschiedenen Untersuchungskommissionen zur DDR-Psychiatrie, es habe keinen Psychiatriemißbrauch sowjetischer Art in der DDR gegeben, in Zweifel gezogen. Als Beleg dafür, daß dem nicht so sei, wurden vier Fälle referiert. Auf zwei dieser Fälle wird im Kapitel 5 und auf einen der Fälle nachfolgend eingegangen. Es handelt sich dabei um einen 1912 geborenen Mann, der sich am 22. April 1997 mit einem Leserbrief gegen das vom sächsischen Sozialminister Dr. Geisler bekanntgegebene Ergebnis der sächsischen Untersuchungskommission wandte, es habe keinen systematischen Mißbrauch der Psychiatrie im sächsischen Gebiet der DDR gegeben.[76] Fritz Gebhardt sei 1949 vom russischen Militärtribunal in Weimar wegen „Spionage" zu 25 Jahren Zwangsarbeit verurteilt worden. 1955 wurde das Urteil durch Amnestie des Präsidenten der DDR auf zehn Jahre herabgesetzt. 1958 sei Fritz Gebhardt wegen gehäufter Disziplinverstöße und des Verfassens von „Hetzschriften" aus der Strafvollzugsanstalt Torgau in die Friedrich Schiller-Universität Jena zur nervenärztlichen Begutachtung gebracht worden. Er hatte im Gefängnis immer wieder Schriften verfaßt, in denen er die Sowjetunion, führende Staatsfunktionäre, die Justiz und den Strafvollzug

---

74 Ebenda.
75 Mitteilung von Professor Ochernal an den Kommissionsvorsitzenden (und gleichlautend an die Autorin) im Herbst 1994. Ochernal habe sich mit Morosow, einem der Exponenten des sowjetischen Psychiatriemißbrauchs, bei dessen Besuch in Ostberlin heftig gestritten, als dieser unter anderem die Sinnhaftigkeit der „verminderten Zurechnungsfähigkeit" im deutschen Strafrecht angegriffen habe. Nach dieser Diskussion seien weitere Begegnungen bei Tagungen ausgesprochen frostig und von seiten des Russen brüskierend verlaufen.
76 Leserbrief in der Welt vom 22.4.1997.

der DDR angriff. Solche Schreiben, die in seinem späteren Urteil als „Hetzschriften" und „unverschämte Verunglimpfung" bezeichnet wurden, hatte der Gefangene einem Polizeioffizier übergeben bzw. sie aus seiner Zelle herausgeschoben, um sich gegen die Art und Weise seiner Behandlung zu beschweren. Offenkundig hatte er damit seine kurz bevorstehende Entlassung aus dem bekanntermaßen repressiven Ulbrichtschen Strafvollzug nach zehn Jahren Haft gefährdet. Professor von Keyserlingk und Dr. Poppela hätten in der psychiatrischen Universitätsklinik Jena unter anderem festgestellt, daß es sich bei dem Untersuchten um einen „ausgesprochenen Kampffanatiker" handeln würde, der seine „aufkommenden Affekte verstandesmäßig nicht zügeln" könne. Sein Verhalten sei so abwegig, daß es auf „eine chronische Manie mit querulatorischem Einschlag zurückgeführt" werden müsse. Auf diese Einschätzung bezog sich das Urteil des Ib-Strafsenats des Bezirksgerichts Leipzig vom 24. Juli 1959, den Angeklagten Fritz Gebhardt gemäß § 42 b StGB unbefristet in einer Heil- und Pflegeanstalt unterzubringen. Daraufhin sei er in das Krankenhaus für Psychiatrie Waldheim gebracht und erst am 19. Oktober 1960 von dort entlassen worden.[77] Nun war dies zwar eine Psychiatrieeinweisung im Rahmen eines politischen Prozesses, jedoch deutet nichts darauf hin, daß die Psychiatrie in diesem Fall als Mittel weiterer politischer Verfolgung eingesetzt wurde. Aller Erfahrung nach hätte der Gefangene aufgrund der von ihm im Gefängnis betriebenen „Hetze" unter den Bedingungen der damaligen politischen Strafjustiz in der DDR einen nicht unbeträchtlichen „Nachschlag" zu seiner schon zehn Jahre andauernden Freitsstrafe bekommen. Die Zubilligung von § 51 Absatz 1, dem zufolge er „strafrechtlich nicht zur Verantwortung gezogen werden" konnte, „weil der Angeklagte zur Zeit der Tat wegen krankhafter Störung der Geistestätigkeit unfähig gewesen ist, das Unerlaubte und Verbrecherische seiner Tat einzusehen bzw. nach dieser Einsicht zu handeln", diente unter den Voraussetzungen des politischen Strafrechts der DDR erkennbar seinem Schutz vor weiterer Gefängnishaft. Auch die Tatsache, daß Fritz Gebhardt nach einem Jahr aus dem Waldheimer Krankenhaus entlassen wurde, spricht eher für die Annahme, daß die Psychiatrie seinem Schutz vor weiterer politischer Verfolgung diente.

In einem weiteren im zitierten Rundbrief der Münchner Vereinigung als Beleg für politischen Psychiatriemißbrauch in der DDR im Zusammenhang referierten Fall kam die Autorin anhand der Aktenlage zu einer ähnlichen Bewertung. Der Fall kann hier nicht dargestellt werden, weil der Betroffene dies nicht wünscht bzw. ausdrücklich untersagt hat.

---

77 Vgl. „Der Fall Gebhardt", in: Rundbrief 1/97 der Deutschen Vereinigung gegen politischen Mißbrauch der Psychiatrie e. V., S. 6–8, nachgedruckt in: neuro date (1998) 3, S. 37 f. und 41.

## 4.3. Erkenntnisse zu den forensisch-psychiatrischen Einrichtungen in Waldheim aus MfS-Unterlagen

In den MfS-Unterlagen gibt es weder über das 1990 als „Stasi-Folterklinik" beschuldigte Krankenhaus für Psychiatrie noch über die psychiatrische Abteilung im Strafvollzug Waldheim einen eigenen Aktenbestand. Gezielte Personenrecherchen zu früheren Beschäftigten und Patienten dieser Einrichtungen förderten unterschiedliche Materialien zutage, aus denen die Art der Beziehungen zwischen MfS und der Psychiatrieeinrichtung bzw. die Sicht des MfS auf die jeweilige Einrichtung ersichtlich sind. Die daraus gewonnenen Erkenntnisse werden nachfolgend in chronologischer Reihenfolge dargestellt.

### 4.3.1. Der Chefarzt des Krankenhauses für Psychiatrie Waldheim in den fünfziger und sechziger Jahren

Das Krankenhaus für Psychiatrie Waldheim wurde in den fünfziger und sechziger Jahren von Dr. med. Johannes Kuniß geleitet.[78] Dieser hatte in den zwanziger Jahren Medizin studiert und war während der gesamten NS-Zeit in der sächsischen Psychiatrie tätig gewesen. Kuniß war bereits 1932 als junger Hilfsarzt im Alter von 28 Jahren der NSDAP und der SA beigetreten. Während seiner psychiatrischen Facharztausbildung in den sächsischen Heil- und Pflegeanstalten Hubertusburg (1933–1935) und Arnsdorf (1935–1938) war er nachweislich an der sogenannten erbbiologischen Bestandaufnahme beteiligt. Unbekannt ist, ob Kuniß direkt – durch Mitwirkung in sogenannten Erbgesundheitsgerichten – für Zwangssterilisationen von psychisch Kranken mitverantwortlich war und in welcher Weise er während des Zweiten Weltkrieges in die NS-Krankenmordaktion involviert war. Immerhin hatte Kuniß seine Stammstelle als Psychiater von 1938 bis 1945 in der sächsischen Landesanstalt Zschadraß, die 1940 und 1941 als eine der Zwischenanstalten auf dem Weg Hunderter psychisch Kranker in die Tötungsanstalt Sonnenstein fungierte. Die massenhafte Verschiebung von Patienten, die gehäuften Todesnachrichten und vor allem das außergewöhnlich häufige Sterben von Kranken in den Zwischenanstalten konnten Kuniß zumindest nicht verborgen geblieben sein. Außerdem gehörte die Landesanstalt Waldheim, in der von 1940 bis zum Ende des zweiten Weltkrieges 767 Patienten

---

78 Johannes Kuniß (1904–1973), Dr. med., Lehrersohn aus Leipzig, Abitur an der Thomas-Schule, 1924–30 Medizinstudium in Leipzig, 1931–45 Ausbildung und Tätigkeit als Psychiater in den sächsischen Landesanstalten Chemnitz, Hubertusburg, Arnsdorf und Zschadraß, Mai 1945 bis Dezember 1949 sowjetische Gefangenschaft, 1950–71 Chefarzt des Krankenhauses für Psychiatrie Waldheim, NSDAP-Mitglied 1932–45, SED-Eintritt in den sechziger Jahren. Vgl. BStU, ASt Leipzig, AOP 183/56, Beiakte Bl. 17.

starben, zu den Arbeitsstellen, in die Kuniß als sächsischer Landesbeamter während des Krieges abgeordnet wurde. Er war dort in den Jahren 1941, 1942 und 1943 insgesamt etwa 18 Monate lang als Stellvertreter des leitenden Arztes Dr. Wischer tätig. Wischer war „Euthanasie"-Gutachter und nachgewiesenermaßen persönlich verantwortlich für den Tod zahlreicher Psychiatriepatienten in Waldheim. Er wurde 1950 dafür zum Tode verurteilt und hingerichtet. In den Zeiten seiner Abwesenheit in Waldheim von 1941 bis 1943, während Dr. Kuniß stellvertretend das Krankenhaus leitete, ging die seit 1940 auffällig hohe Patientensterblichkeit deutlich zurück. Das spricht dafür, daß Kuniß im Gegensatz zu Wischer dem Tod der ausgehungerten Patienten nicht medikamentös nachgeholfen hat. Auch geht aus den während des Zweiten Weltkrieges geführten Waldheimer Krankenakten hervor, daß Kuniß sich wiederholt im Interesse der dortigen Patienten engagierte, wobei einige seiner patientenfreundlichen Entscheidungen später von Wischer wieder rückgängig gemacht worden sind.[79]

Am 8. Mai 1945 wurde Kuniß in Sachsen verhaftet und blieb bis Dezember 1949 in sowjetischer Lagerhaft.[80] Es ist nicht bekannt, unter welcher Anschuldigung dies geschah. Kuniß soll Ende 1949 in einem sehr schlechten Gesundheitszustand aus der „Kriegsgefangenschaft" in der Sowjetunion zurückgekommen sein.[81]

Er wurde wenig später Chefarzt der Heil- und Pflegeanstalt Waldheim und Vertragsarzt der dortigen Strafvollzugsanstalt.[82] Vermutlich führte der akute Mangel an qualifizierten Fachärzten zu dieser raschen Wiedereinstellung des Psychiaters in den sächsischen Krankenhausdienst. Selbst die wohl bereits 1950 erfolgte Einsetzung des früheren NSDAP- und SA-Mitglieds nach einigen Jahren Lagerhaft in eine Chefarztposition war nicht ungewöhnlich für die damalige Zeit. Wie neuere Studien über Ärzte und medizinische Hochschullehrer in der sowjetischen Besatzungszone (SBZ) und in der frühen DDR belegen, hatten die Entnazifizierungsmaßnahmen bei den Medizinern „nur eine geringe Eingriffstiefe". Das Interesse an medizinischem Fachpersonal habe in Anbetracht der gesundheitlichen Probleme der Nachkriegszeit vor politischer Prinzipientreue rangieren müssen.[83]

Angesichts der Tatsache, daß im psychiatrischen Krankenhaus Waldheim auch politische Gefangene zu begutachten und medizinisch zu behandeln

---

79 Vgl. Schröter: Waldheim (1716–1946), S. 155–164.
80 BStU, ASt Leipzig, AOP 183/56, Bd. 1, Bl. 17.
81 Persönliche Mitteilung der Witwe Hildegard Kuniß am 15.4.1992 in Waldheim.
82 In einem Personen-Dossier der SfS-Kreisdienststelle Döbeln vom 10.4.1954 steht einerseits, daß sich Kuniß bis Dezember 1949 im Lager 7110 in Karrasin (Sowjetunion) befunden habe, andererseits sei er bereits seit 1949 an der „Heilanstalt Waldheim" beschäftigt gewesen.
83 Anna-Sabine Ernst: „Die beste Prophylaxe ist der Sozialismus". Ärzte und medizinische Hochschullehrer in der SBZ/DDR 1945–1961, Münster, New York, München und Berlin 1997, Kapitel 4: „Die Entnazifizierung der Mediziner – Kurzfristige Brüche – langfristige Kontinuität", S. 143–206.

waren, erscheint es dennoch erstaunlich, daß Anfang der fünfziger Jahre ein „politisch belasteter" Arzt als verantwortlicher Leiter eingesetzt wurde, zumal Kuniß damals kein Mitglied der SED war. Vielleicht gab es schlicht keine personelle Alternative für die Chefarztstelle, das heißt, es stand kein Psychiater zur Verfügung, der nicht NSDAP-Mitglied gewesen wäre.[84] Welche Faktoren unabhängig von Parteimitgliedschaften bei der Personalentscheidung eine Rolle gespielt haben, ist unbekannt. Möglicherweise war Kuniß' schuldhafte Beteiligung an NS-Verbrechen gegen psychisch Kranke so offensichtlich geringer als die seines 1950 zum Tode verurteilten Kollegen Wischer, daß sie mit viereinhalb Jahren Lagerhaft in der Sowjetunion als gesühnt gelten mochte. Solange die Personalakte von Dr. Kuniß über die Zeit nach 1945 und andere Überlieferungen fehlen,[85] wird sich die Frage nach den Bedingungen seiner Einstellung als Chefarzt in Waldheim nicht klären lassen.

Für die an sich plausible Annahme, Kuniß habe vielleicht inoffiziell für das MfS gearbeitet und sei deshalb in die Chefarztposition eingesetzt worden,[86] fand sich in den MfS-Unterlagen kein Beleg. Im Gegenteil spricht die Aktenlage gegen eine solche Zusammenarbeit. Die wachsamen Genossen verdächtigten Kuniß sogar einer Begünstigung von politischen Gefangenen. Ende März 1955 legte Unterleutnant Büchel von der Kreisdienststelle für Staatssicherheit Döbeln einen Vorgang zur Überprüfung des psychiatrischen Krankenhauses Waldheim und seines Chefarztes unter dem Decknamen „Hoppla"[87] an:

„In der Heil- und Pflegeanstalt Waldheim ist es schon wiederholt vorgekommen, daß Insassen, welche nach Artikel 6 [„Boykotthetze"] der Verfassung bestraft sind und auf Grund geistiger Unzurechnungsfähigkeit (§ 51) in einer Heil- und Pflegeanstalt untergebracht sind, auf Grund von Fahrlässigkeit entweichen konnten. Hierbei soll der Arzt, Dr. Kuniß, nicht schuldlos sein. Die meisten Personen, welche entweichen konnten, begaben sich nach Westberlin oder Westdeutschland."[88]

Die erste schriftlich fixierte Information über den Verdacht, daß Dr. Kuniß durch ärztliche Anordnungen die Flucht von politischen Gefangenen begün

---

84 Der Anteil der NSDAP-Mitglieder lag bei den Ärzten mit ungefähr 45 Prozent im Vergleich zu anderen Berufsgruppen wie den Lehrern außergewöhnlich hoch. Vgl. Michael H. Kater: „Medizin und Mediziner im dritten Reich. Eine Bestandsaufnahme", Historische Zeitschrift 244 (1987) S. 299–352.
85 Mit negativem Ergebnis nachgefragt wurde 1995 im Staatsarchiv Dresden und im Bundesarchiv, Außenstelle Potsdam.
86 Vgl. Karl Wilhelm Fricke: Akten-Einsicht. Rekonstruktion einer politischen Verfolgung, 2. durchges. Auflage, Berlin 1996, S. 135.
87 „Hoppla": Volkstümliche Bezeichnung für ein psychiatrisches Krankenhaus.
88 Beschluß vom 29.3.1955 für das Anlegen eines Überprüfungsvorganges „Hoppla"; BStU, ASt Leipzig, AOP 183/56, Bd. 1, Bl. 11.

stigen würde, stammt vom Herbst 1953. Damals hatte die Kreisdienststelle Döbeln der Bezirksverwaltung für Staatssicherheit Leipzig gemeldet, daß aus der Waldheimer Psychiatrie in letzter Zeit mehrere „Insassen, welche nach Artikel 6 verurteilt waren, entflohen" seien. Die Flucht habe den Gefangenen gelingen können, weil Dr. Kuniß sie ohne jede Sicherungsvorkehrung beurlaubt habe:

„Diese [...] Häftlinge sind von diesem Urlaub nicht zurückgekehrt. Dr. Kuniß hatte vorher diese Angelegenheit betr. des Urlaubes mit dem Leiter der Anstalt abgesprochen und dabei dessen Einwände zerstreut und diesen Urlaub gewährt. Obwohl dieser Fall schon der dritte war, wurde diese Angelegenheit nicht [...] der Kreisleitung der SED gemeldet. Die Partei spielt in dieser Anstalt eine untergeordnete Rolle.
Sie wurde bisher in keinem Falle von irgendwelchen Maßnahmen unterrichtet. Um diesen Entweichungen vorzubeugen, wäre es angebracht, von höherer Stelle zu verfügen, daß derartigen Beurlaubungen von Personen, welche nach Artikel 6 verurteilt sind, nicht mehr stattgegeben wird.
Dr. Kuniß [...] erklärte, daß er sich hier in keinem Falle von anderen Menschen hineinreden ließe. Er betrachte diese Angelegenheit vom ärztlichen Standpunkt und könne dies nur allein beurteilen."[89]

Dieser Schilderung zufolge legte Dr. Kuniß großen Wert darauf, seine ärztlichen Entscheidungen unbeeinflußt von fachfremden Beeinflussungen treffen zu können. An einer anderen Stelle desselben Schreibens vom 3. Oktober 1953 wird die politische Einstellung des Arztes zur Sowjetunion und zur DDR als „zurückhaltend" bezeichnet. Man habe „den Eindruck, daß er nicht gern darüber spricht". Das erscheint verständlich bei einem Mann, der keine drei Jahre zuvor in miserablem Gesundheitszustand aus einer viereinhalb Jahre dauernden sowjetischen Lagerhaft zurückgekommen war. Der Unterleutnant der Staatssicherheit unterstrich durch wiederholte Erwähnung, daß Dr. Kuniß, der „zur Zeit parteilos" sei und „von allen Seiten als tüchtige Fachkraft beurteilt" werde, sich jedenfalls „in ärztlicher und medizinischer Hinsicht von keiner Stelle Vorschriften machen"[90] ließe.

In dem Überprüfungsvorgang „Hoppla", der den Deckblatteinträgen zufolge am 29. März 1955 begonnen und am 8. Juni 1956 beendet wurde, finden sich auch eine Reihe von unterschiedlichen Schreiben aus dem Jahr 1954,[91] in denen politische Verdächtigungen und andere Beschuldigungen gegen Dr. Kuniß festgehalten sind. Man gewinnt den Eindruck, daß in der Kreisdienststelle für Staatssicherheit Döbeln gezielt Material gegen den Arzt gesammelt wurde. Für diese Annahme spricht auch, daß die von der sächsi-

---

89 Schreiben von Unterleutnant Büchel, KD für Staatssicherheit Döbeln, vom 3.10.1953, an die Bezirksverwaltung für Staatssicherheit Leipzig; ebenda, Bl. 22 f., hier 23.
90 Ebenda, Bl. 22.
91 Ebenda, Bl. 24–38.

schen Staatskanzlei bis 1944 über Kuniß geführte Personalakte, aus der seine Mitgliedschaften in SA und NSDAP sowie seine Arbeitsstellen während der NS-Zeit hervorgehen, als „Beiakte" zum Überprüfungsvorgang „Hoppla" in der Bezirksverwaltung für Staatssicherheit Leipzig archiviert wurde.[92]

Eines der Schreiben aus dem Jahre 1954, das „den VP-Vertragsarzt Dr. Kuniß" betraf, war sogar über die Abteilung Sicherheitsfragen des ZK der SED „an den Genossen Generalleutnant Mielke" im Staatssekretariat für Staatssicherheit (SfS)[93] Berlin geschickt worden mit der Bitte, „die Angelegenheit überprüfen zu lassen und die erforderlichen Maßnahmen einzuleiten."[94] In dem Schreiben wurde von der Abteilung „Staatliche Verwaltung" verlangt, „daß Ihr überprüfen müßt, ob Dr. Kuniß für die Volkspolizei noch tragbar ist". Dieses Ansinnen wurde mit einem Gutachten begründet, in dem Kuniß einem der Spionagetätigkeit beschuldigten Volkspolizeiangehörigen Unzurechnungsfähigkeit bescheinigt habe. Der Angeklagte sei daraufhin nicht bestraft, sondern in eine Heilanstalt eingewiesen worden. Eine Zweitbegutachtung durch den Chefarzt der Leipziger Universitätsnervenklinik habe jedoch ergeben, daß der Beschuldigte für seine Tat voll verantwortlich sei. Daraufhin sei das Verfahren wieder aufgenommen und gegen den Angeklagten eine lebenslängliche Zuchthausstrafe beantragt worden.[95]

Mielke übergab die Angelegenheit seinem Stellvertreter Oberst Weikert „zur Erledigung". Von der für die Verbindung zur Volkspolizei zuständigen Berliner Abteilung VII des SfS aus wurde ein leitender Arzt der Polizeiverwaltung über den VP-Vertragsarzt Dr. Kuniß in Waldheim befragt. Dem stellvertretendem Hauptarzt der Polizei waren keine „Vorkommnisse über den Dr. Kuniß bekannt", hingegen beurteilte er dessen ärztliche Leistungen als „gut".[96] Die spärlichen Aktennotizen wurden von der Berliner Abteilung VII der Staatssicherheit „zuständigkeitshalber [...] zwecks weiterer Bearbeitung" an die Abteilung VII der Bezirksverwaltung für Staatssicherheit Dresden übergeben. Dort erfolgte nach Aktenlage nichts weiter als die Feststellung in Form einer Randnotiz, daß Dr. Kuniß „trotzdem noch Vertragsarzt der VP in Waldheim" sei.[97]

---

92 Beiakte zum Überprüfungsvorgang „Hoppla", Bl. 1–191, die unter derselben Signatur (Leipzig AOP 183/56) abgelegt wurde.
93 Von 1953 bis November 1955 war die vorher und nachher als „Ministerium" bezeichnete Zentrale des DDR-Staatssicherheitsdienstes (MfS) nur ein „Staatssekretariat für Staatssicherheit (SfS)". Die vorübergehende Statusminderung war die Quittung der SED dafür, daß das MfS die Vorzeichen des 17.6.1953 nicht erkannt hatte und die SED vom Aufstand überrascht worden war.
94 Anschreiben von Röbelen, Abteilung Sicherheitsfragen des ZK der SED, vom 5.3.1954, an Generalleutnant Mielke, OV „Hoppla", Bd. 1, Bl. 21.
95 Schreiben aus der Abt. „Staatliche Verwaltung" vom 15.1.1954; ebenda, Bl. 24.
96 Aktennotiz vom 23.3.1954 über die Rücksprache der Abt. VII/2 des SfS Berlin mit dem stellvertretenden Hauptarzt der Hauptabteilung Gesundheitswesen der Hauptverwaltung der Deutschen Volkspolizei (HVDVP), Dr. Schulze; ebenda, Bl. 20.
97 Schreiben von Major Terner, stellvertretender Leiter der Abt. VII des SfS Berlin vom 30.3.1954 an die Abt. VII der Bezirksverwaltung für Staatssicherheit Dresden; ebenda, Bl. 19.

Unterleutnant Büchel von der Kreisdienststelle für Staatssicherheit Döbeln gab jedoch noch nicht auf. Wenig später schlug er vor, „von höherer Stelle zu überprüfen, ob Kuniß überhaupt noch als Chefarzt der Heil- und Pflegeanstalt tragbar ist."[98] Zur Begründung beklagte er unter anderem, daß Dr. Kuniß die Einsatzbereitschaft in der Vollzugsanstalt Waldheim schwäche, indem er „trotz mehrfacher Rücksprachen" alle Polizeiangehörigen, die das wünschten, mit ärztlichem Attest vom Nachtdienst freistelle. Der Unterleutnant der Staatssicherheit regte deshalb an, Dr. Kuniß die Tätigkeit in der Vollzugsanstalt zu untersagen. Auch die Beurlaubungen von Patienten aus dem Krankenhaus für Psychiatrie Waldheim, die wegen politischer Delikte angeklagt waren, wollte er durch eine Verfügung „von höherer Stelle" unterbinden lassen.

Die vorgesetzte Dienststelle in Leipzig reagierte allem Anschein nach nicht in der von Unterleutnant Büchel gewünschten Weise. Kuniß blieb Chefarzt der Psychiatrie und Vertragsarzt des Strafvollzuges Waldheim. Büchel aber sammelte weiter belastendes Material. So finden sich im Vorgang „Hoppla" Beschuldigungen gegen Dr. Kuniß durch einzelne Krankenhausmitarbeiter und Patienten, die von politischen Verdächtigungen bis hin zum Vorwurf der Patientenmißhandlung reichen.

Am interessantesten ist eine zweieinhalbseitige politische Denunziation durch einen namentlich genannten Patienten des Krankenhauses für Psychiatrie Waldheim,[99] der sich selbst als Antifaschisten darstellte und behauptete, Dr. Kuniß würde seine Diagnosen von der politischen Einstellung der Beschuldigten abhängig machen und bevorzugt Gegnern der DDR und überzeugten Faschisten durch Unzurechnungsfähigkeitsbescheinigungen helfen. Die Angeklagten würden „trotz ihrer schweren Verbrechen dem gerechten Urteil entrissen" und dürften bald „schon wieder als ‚Patienten' spazieren gehen", könnten mittwochs, sonnabends und sonntags von ihren nächsten Angehörigen besucht werden und dürften in deren Begleitung sogar den ganzen Tag die Anstalt verlassen. Die Flucht von Patienten sei keine Seltenheit. Dr. Kuniß würde immer alles decken, indem er behaupte, „die Leute sind geisteskrank"[100].

Abgesehen von dem verleumderischen Tenor ist das eine informative Schilderung des Krankenhausregimes zu Beginn der fünfziger Jahre, das für eine forensisch-psychiatrische Einrichtung recht liberal gewesen zu sein scheint, zumal im Vergleich zu den miserablen Haftbedingungen im benachbarten Zuchthaus Waldheim während dieser Zeit. Die Beschreibung eines eher patientenschützenden Verhaltens von Dr. Kuniß deckt sich mit dem, was man dem 1973 verstorbenen Arzt in Waldheim bis in die jüngste Zeit

---

98 Schreiben von Unterleutnant Büchel, KD für Staatssicherheit Döbeln, vom 10.4.1954; ebenda, Bl. 17–18a, hier 18a.
99 Erklärung eines Patienten der Krankenanstalt Waldheim gegenüber dem Staatssicherheitsdienst vom November 1954; BStU, ASt Leipzig, AOP 183/56, Bd. 1, Bl. 25–27.
100 Ebenda, Bl. 25.

hinein nachsagt: Er habe sich in der Bevölkerung eines gewissen Respekts erfreut, weil er beispielsweise entlaufene Patienten seines Krankenhauses erst selbst in den einschlägigen Gaststätten oder bei bekannten Prostituierten gesucht und mit seinem Auto in die Anstalt zurückzubringen versucht habe, bevor er eine Fahndung durch die Polizei ausgelöst habe.[101]

Einen ähnlich paternalistischen Stil scheint Kuniß gegenüber Mitarbeitern des Krankenhauses Waldheim gepflegt zu haben. Unterleutnant Büchel beschrieb das aus Sicht der Staatssicherheit ungünstige Kräfteverhältnis beim Personal und vergaß dabei nicht zu erwähnen, daß selbst der Genosse Anstaltsleiter sich Dr. Kuniß völlig unterordnen und dem Chefarzt alle wichtigen Entscheidungen überlassen würde, „obwohl ihm die politische Vergangenheit dieses Menschen bekannt" sei.[102] Bei den Krankenhausmitarbeitern seien drei Gruppen zu unterscheiden: Einige seien dem Chefarzt „völlig ergeben". Die meisten verhielten sich „neutral" und seien nur „um ihre Posten und Stellungen besorgt". Es gäbe zwar eine ganze Reihe von SED-Mitgliedern,[103] aber nur wenige „Genossen, welche ehrlich die Linie der Partei vertreten".[104] Als Parteisekretär hätten sie einen Handwerker gewählt, nur weil er die meiste Zeit für diese Funktion habe. Er spiele „in der Anstalt eine untergeordnete Rolle" und sei, wie alle anderen auch, vom Chefarzt und vom Oberpfleger „vollkommen abhängig". Über die Prämienverteilung würde er beispielsweise nicht mitbestimmen. Er gehöre allerdings zu denen, die regelmäßig mit einer Prämie bedacht würden. Dies geschehe aber „lediglich deswegen, weil er für den Arzt, den BGL [Betriebsgewerkschaftsleiter] und andere außerhalb der Arbeitszeit deren Schuhe repariert, was auch zumeist aus Material der Anstalt hergestellt wird".[105]

Insgesamt erschließt sich aus den Einzelinformationen über den autoritären Leitungsstil des Chefarztes der Psychiatrie das hierarchische Zusammenspiel mit einem Oberpfleger und einer Oberschwester sowie einer weitgehenden Abhängigkeit aller anderen Mitarbeiter von diesem Trio das typische Bild der traditionellen Rollenverteilung, wie sie in psychiatrischen Anstalten bereits im 19. Jahrhundert ausgeprägt war. Diese bestand Anfang der fünfziger Jahre des 20. Jahrhunderts in dem Waldheimer Krankenhaus weiter und war weitgehend unberührt von den politischen Verhältnissen in der frühen DDR.

Um Dr. Kuniß vor dem Hintergrund dieser aus der Sicht der politischen Machthaber äußerst ungünstigen Kräfteverhältnisse dennoch Fluchthilfe für politische Häftlinge aus dem vom ihm geleiteten Krankenhaus nachweisen

---

101 Diese und ähnliche Geschichten erzählten 1992 unabhängig voneinander mehrere Einwohner der Stadt Waldheim.
102 Bericht von Unterleutnant Büchel vom 24.9.1954 über den Anstaltsarzt Dr. Kuniß in Waldheim, OV „Hoppla", Bd. 1, Bl. 32–33, hier 32.
103 Ebenda.
104 Sachstandsbericht von Unterleutnant Büchel vom 14.4.1955; ebenda, Bl. 15.
105 Ebenda, Bl. 32.

zu können, beschloß Unterleutnant Büchel mit dem Einverständnis des kommissarischen Leiters der Kreisdienststelle für Staatssicherheit Döbeln Mitte April 1955, seine verdeckten Ermittlungen zu intensivieren:

„Bisher ist es ihm [Dr. Kuniß] immer gelungen, sich der Verantwortung zu entziehen. Er verstand es, seinen übergeordneten Dienststellen gegenüber, diese Entweichungen mit ärztlichen Maßnahmen zu entschuldigen und zu begründen. Alle Berichte, welche in dieser Angelegenheit von der Dienststelle [für Staatssicherheit in Döbeln] zur Bezirksverwaltung [für Staatssicherheit Leipzig] weitergeleitet wurden, blieben ohne Gegenmaßnahmen.

Da im weiteren Verlauf der Untersuchung immer mehr Momente auftauchen, welche eine feindliche Tätigkeit beinhalten können, wird Dr. Kuniß von uns operativ bearbeitet."[106]

Die „operative Bearbeitung" dauerte bis Juni 1956. Unterleutnant Büchel fand unter den Angestellten des Krankenhauses für Psychiatrie Waldheim mehrere, die als SED-Genossen oder aus persönlichen Gründen unzufrieden mit der Leitung und bereit waren, ihn über Interna der Anstalt, insbesondere über Dr. Kuniß und bestimmte Pfleger zu informieren.

Irritationen gab es, als Büchel bemerkte, daß mindestens noch „eine weitere Dienststelle des SfS in der Anstalt operativ" zu arbeiten schien.[107] Er stellte fest, daß ein vormaliger Häftling des Staatssekretariats für Staatssicherheit (SfS) Berlin, der in Waldheim zur Ausheilung einer Tuberkulose untergebracht war,[108] dort bevorzugt behandelt wurde, regelmäßig Pakete aus Berlin erhielt sowie von einem Major des SfS aus Berlin besucht und mit einem BMW ausgefahren wurde.[109] Möglicherweise handelte es sich bei dem tuberkulosekranken Häftling um einen früheren Kampfgefährten des SfS-Majors aus Berlin. Das scheint Mitte der fünfziger Jahre insofern naheliegend, als der Berliner Major die Jahre 1935 bis 1939 als Kommunist im Prager Exil und die Jahre 1939 bis 1945 im KZ Sachsenhausen verbracht hatte.[110]

Unterleutnant Büchel war besonders irritiert dadurch, daß Dr. Kuniß die Briefe des Patienten nach Berlin weiterleitete und demnach „in irgendeiner Verbindung zu dieser Dienststelle" des SfS zu stehen schien. Er erwog sogar die Möglichkeit, daß Kuniß inoffiziell für die Berliner SfS-Dienststelle verpflichtet sein könnte. Dann wäre es mißlich gewesen, den Arzt gleichzeitig operativ zu bearbeiten.[111]

---

106 Ebenda.
107 Ebenda, Bl. 51.
108 Das Haftkrankenhaus für Tuberkulosekranke in Waldheim war der dortigen Psychiatrie räumlich benachbart. Beide Einrichtungen unterstanden Chefarzt Dr. Kuniß sowie derselben Verwaltung.
109 Vgl. OV „Hoppla", Bd. 1, Bl. 52–55.
110 Vgl. MfS-Kaderkarteikarte Gerhard Kappler (1907–1966); BStU, ZA, ohne Signatur.
111 Vgl. OV „Hoppla", Bd. 1, Bl. 51.

Büchels Vermutung einer eventuellen Verpflichtung von Kuniß war den Akten zufolge unzutreffend. Es gibt nicht nur keinerlei schriftlichen Beleg dafür in den MfS-Unterlagen, sondern im Gegenteil sprechen alle vorhandenen Dokumente stark gegen die nur einmal erwähnte Vermutung.

Unterleutnant Büchel hielt im Juni 1955 in einer Aktennotiz fest, daß Dr. Kuniß ihm gegenüber auffallend unsicher sei und anscheinend „große Angst" habe. Er finde „bei der Unterhaltung kaum die nötigen Worte" und würde in Diskussionen keine eigene Position vertreten, sondern sich stets Büchels Meinung anschließen, „obwohl von ihm bekannt ist, daß er sonst sehr viel spricht und seine Meinung auch durchsetzt."[112] Allein schon ein solch ängstlich-unsicheres Verhalten des Chefarztes gegenüber einem sieben Jahre jüngeren Unterleutnant der Kreisdienststelle für Staatssicherheit Döbeln macht es unwahrscheinlich, daß Dr. Kuniß die geheime Rückendeckung einer anderen Diensteinheit des Staatssicherheitsdienstes hatte, die er als deren konspirativer Mitarbeiter sicherlich gehabt hätte.

Hinzu kommen andere Punkte, die eine inoffizielle Zusammenarbeit von Kuniß mit irgendwelchen SfS-Dienststellen sehr unwahrscheinlich machen. Nach einer Aussprache des Berliner SfS-Majors mit dem Leiter der Kreisdienststelle für Staatssicherheit Döbeln wurde es Unterleutnant Büchel „gestattet, diesen Kranken, welcher in der Anstalt für uns eine gute Perspektive besitzt, für uns als GI zu verwenden."[113] Der Tuberkulosepatient aus Berlin wurde bald darauf zu der am ausgiebigsten sprudelnden Informationsquelle Büchels bei der weiteren operativen Aufklärung der Waldheimer Krankenanstalt. Hinzu kamen mehrere andere „Geheime Informatoren" und „Kontaktpersonen" Büchels, die über die Beziehungen zwischen Dr. Kuniß, den Pflegern und den Gefangenen berichteten. Was auch immer über den Arzt berichtet wurde, spricht gegen von ihm unterhaltene Beziehungen zur Staatssicherheit.

Unter anderem wurde erzählt, daß Dr. Kuniß mit einem wegen Spionage inhaftierten „Agenten des CIC",[114] dem er zuvor gutachterlich Unzurechnungsfähigkeit bescheinigt hatte und der sich als Patient im psychiatrischen Krankenhaus Waldheim befand, private Kontakte pflegen und ihn öfter in seine Wohnung einladen würde. Die Interpretation des GI bestand darin, daß Kuniß „durch seine alte bürgerliche Einstellung" dazu neigen würde, „gleicheingestellte Patienten auch bürgerlicher Herkunft zu bevorzugen".[115] Da der Patient als „sehr faschistisch eingestellt" und als „Gegner der DDR" bezeichnet wurde, war das ein ernster Vorwurf gegen Kuniß, zumal er auch noch eine Verlegung des Mannes in ein nicht geschlossenes psychiatrisches Krankenhaus veranlaßt hatte, aus dem eine schnelle Entlassung möglich war.

Noch ernster waren allerdings die Beschuldigungen gegen eine Reihe von

112 Aktennotiz Büchels vom 25.6.1955; ebenda, Bl. 55.
113 Ebenda, Bl. 54.
114 CIC: Counter Intelligence Corps, militärischer Aufklärungsdienst der USA.
115 Bericht des GI „Schlomm" vom 3.8.1955, OV „Hoppla", Bd. 1, Bl. 58 f., hier 59.

Mitarbeitern der Waldheimer Psychiatrie, die bald unter dem Verdacht der Gefangenenbegünstigung, der Fluchthilfe und der konspirativen Verbindungsaufnahme mit westlichen Stellen in einem anderen Vorgang der Kreisdienststelle für Staatssicherheit Döbeln bearbeitet wurden, auf den noch gesondert eingegangen wird.

Für eine „Feindtätigkeit" des Chefarztes fand Unterleutnant Büchel trotz seiner vielen Verdachtsmomente keine Beweise. Am Ende des Vorgangs „Hoppla" hieß es über Dr. Kuniß, es habe ihm „keine Gefangenenbegünstigung nachgewiesen werden" können. Die meisten darauf hinweisenden Informationen seien von geisteskranken Gefangenen gekommen und deshalb nicht verwendbar. Hingegen sei der Psychiater immer „in der Lage zu beweisen, daß alle Maßnahmen auf dieser Linie vom Standpunkt des Arztes begründet waren".[116]

### 4.3.2. Zum Regime im Krankenhaus für Psychiatrie in den fünfziger Jahren

Auch im Berufsleben der Waldheimer Krankenpfleger hatte es nach dem zweiten Weltkrieg vorübergehende Brüche gegeben. Viele von ihnen waren im Zuge der Entnazifizierung Ende 1945 und Anfang 1946 aufgrund ihrer Mitgliedschaft in der NSDAP entlassen oder mit derselben Begründung bei ihrer Rückkehr aus Kriegsgefangenschaft 1946 und 1947 nicht wieder in den Krankenpflegedienst eingestellt worden. Sie verdienten ihr Brot zunächst mit Fabrik-, Demontage- oder Wiederaufbauarbeit und bewarben sich ungefähr ab Mitte 1947 auf Suchanzeigen nach qualifiziertem Pflegepersonal hin erneut in ihrem gelernten Beruf. Zumeist waren sie inzwischen Mitglieder der SED oder einer der Blockparteien geworden und wurden nun wieder – zum Teil sogar an ihrer früheren Arbeitsstelle in Waldheim – als Krankenpfleger eingestellt.[117]

Besonders schwer hatte es die Ehefrau eines in den Waldheimer Prozessen wegen Tötungsverbrechen verurteilten Mannes, der im Oktober 1945 verhaftet und in einem NKWD-Speziallager interniert worden war. Seine mit mehreren Kindern auf sich allein gestellte Ehefrau, die bis 1949 keine Information über den Verbleib ihres Mannes hatte, bewarb sich Mitte 1947 bei der Leitung der Heilanstalt Waldheim in ihrem erlernten Beruf als Krankenschwester und wurde auch eingestellt.[118] Das entdeckten Sachbearbeiter der Kriminalpolizei „bei Durchsicht der Personalkartei der Heilanstalt Waldheim" im April 1949. Sie teilten ihre Feststellung dem Kommissariat K 5[119]

---

116 Abschlußbericht der KD Döbeln vom 8.6.1956, ebenda, Bl. 123 f., hier 124.
117 Vgl. Schröter: Waldheim (1716–1946), S. 176 f.
118 Vgl. OV „Funkturm"; BStU, ASt Leipzig, AOP 219/56, 1 Bd., Bl. 35–45.
119 Die „K 5" war als politische Abteilung der Kriminalpolizei die wichtigste Vorläuferinstitution des 1950 gegründeten MfS.

des Kreiskriminalpolizeiamtes Döbeln mit und plädierten für die sofortige Entlassung der „Frau eines solchen Verbrechers".[120] Der Leiter des Kommissariates K 5 schrieb einige Tage darauf an die Heilanstalt Waldheim, es sei „hier unverständlich, wie so eine Frau, deren Ehemann dermaßen belastet ist, bei einer Behörde eingestellt werden konnte", und fügte hinzu: „Wir erwarten von Ihnen schnellste Abänderung der Sachlage und bitten, das von Ihnen veranlaßte bekanntgeben zu wollen."[121]

Die gleichzeitig informierte übergeordnete Dienststelle beim Landeskriminalamt Sachsen in Dresden schloß sich dem ungesetzlichen Sippenhaftungsverfahren zunächst an und ersuchte die K 5 in Döbeln, „die Angelegenheit gründlichst zu untersuchen" und festzustellen, „wer die [...] eingestellt hat". Es seien „unbedingt Maßnahmen zu ergreifen, die eine sofortige Entlassung der [...] herbeiführen".[122]

Die Ermittlungen ergaben, daß die Krankenschwester nach einer ordentlichen Bewerbung seit dem 3. August 1947 in der Heilanstalt Waldheim im Bereich für Tuberkulosekranke arbeite, der NSDAP nicht angehört habe, jetzt Mitglied der Liberaldemokratischen Partei (LDP) und des Demokratischen Frauenbundes Deutschlands (DFD) sowie Schriftführerin der Betriebsgewerkschaftsleitung (BGL) sei. Der Kreisvorstand Döbeln der Einheitsgewerkschaft äußerte sich zur „Angelegenheit der Pflegeschwester [...]", die ohne eigenes Zutun und Wissen zur Zielscheibe politischer Eiferer geworden war, wie folgt:

„Die Kollegin [...] ist an dem Verbrechen gegen die Menschlichkeit, welches ihrem Mann zur Last gelegt wird, nicht als beteiligt zu betrachten. Wenn die [...] entlassen würde, würde sie der öffentlichen Fürsorge zur Last fallen. Aus diesem Grunde sind wir der Ansicht, daß sie in ihrer Stellung belassen wird. Jedoch sollte vermieden werden, durch eine Höherstufung der [...] Aufstiegsmöglichkeiten zu geben.
Mit gewerkschaftlichem Gruß!"[123]

Das war zwar nicht gerade das, was man von der Leitung einer Gewerkschaft an Einsatz für eines ihrer Mitglieder, das sich noch dazu als Schriftführerin einer ihrer Betriebsorganisationen engagierte, erwarten würde, aber immerhin enthielt es eine rationale Begründung zur Weiterbeschäftigung. Auch das Dezernat K 5 des sächsischen Landeskriminalamtes fand schließlich solche Gründe:

---

120 Schreiben der Kriminalpolizei Döbeln vom 13.4.1949, mit dem Beschluß des Revierleiters zur Weiterleitung, OV „Funkturm"; BStU, ASt Leipzig, AOP 219/56, 1 Bd., Bl. 35.
121 Schreiben des Leiters des Kommissariates K 5 des Kreiskriminalpolizeiamtes Döbeln, Lindenhahn, vom 20.4.1949 an die Heilanstalt Waldheim; ebenda, Bl. 36.
122 Schreiben des Dezernates K 5 des Landeskriminalamtes Sachsen vom 27.4.1949 an das Kommissariat K 5 des Kreiskriminalpolizeiamtes Döbeln; ebenda, Bl. 37.
123 Schreiben des FDGB-Kreisvorstandes Döbeln vom 8.6.1949 an die BGL der Landesanstalt Waldheim; ebenda, Bl. 42.

„Da z. Zt. ein beträchtlicher Mangel an Pflegepersonal besteht und die [...] angeblich nur in der Seuchenstation, also an einer gefährdeten und untergeordneten Stelle beschäftigt wird, ist gegen eine Weiterbeschäftigung nichts einzuwenden.
Es wird deshalb geraten, solange keine gegenteiligen Momente bekannt werden, die Angelegenheit nicht weiter zu bearbeiten und den Vorgang abzulegen."[124]

Der Leiter des Kommissariates K 5 in Döbeln gab der Heilanstalt mit fast denselben Worten Bescheid, daß nun „von hier aus gegen eine Weiterbeschäftigung nichts einzuwenden" sei.[125] Die Krankenschwester und Alleinernährerin von mehreren Kindern, die von der vorübergehenden Bedrohung ihres Broterwerbes nichts ahnte, durfte weiter ihrer schweren, schlecht bezahlten Arbeit in der Pflege von Tuberkulosekranken nachgehen.

Im Jahr darauf gab es eine zufällige Begegnung zwischen den Eheleuten, die illegale politische Aktivitäten der Frau zur Folge hatte. Dieses Mal war es die politische Polizei, die nichts ahnte. Der Ehemann kam im Februar 1950 mit mehr als 3.400 Gefangenen, die nach Gründung der DDR aus den aufgelösten sowjetischen Haftlagern Bautzen, Buchenwald und Sachsenhausen den DDR-Behörden zur Aburteilung übergeben wurden, in das für maximal 1.800 Gefangene gebaute Zuchthaus Waldheim,[126] in dem durch die Überbelegung, eine fortgesetzte Unterversorgung und das schikanöse Verhalten der Bewacher extrem schlechte Haftbedingungen herrschten. Der Zufall, daß Waldheim als Ort der bald darauf nach SED-Vorgaben ablaufenden Schnellprozesse ausgesucht worden war,[127] brachte den Inhaftierten in die Nähe seiner Familie.

Die Frau, die ihren Mann seit dessen Verhaftung nicht mehr gesehen hatte und nicht wußte, wo er sich befand und ob er überhaupt noch lebte, erkannte ihn im Frühjahr 1950 plötzlich an einem Fenster der Strafanstalt Waldheim. Von diesem Tag an habe sie für eine illegale Organisation gearbeitet, die Nachrichten zwischen den Gefangenen im Zuchthaus Waldheim und Westberlin hin und her transportierte. Bei der Organisation in Westberlin handelte es sich um den „Untersuchungsausschuß Freiheitlicher Juristen der Sowjetzone (UFJ)", der Informationen über politisches Unrecht in der DDR sammelte, um es öffentlich zu machen und die Verantwortlichen politisch und moralisch unter Druck zu setzen.[128] Die Aktivitäten der Kranken-

---

124 Schreiben des Dezernates K 5 beim Landeskriminalamt Sachsen in Dresden vom 10.6.1949 an das Kommissariat K 5 des Kreiskriminalpolizeiamtes Döbeln; ebenda, Bl. 43.
125 Schreiben des Kommissariatsleiters K 5 des Kreiskriminalpolizeiamtes Döbeln vom 16.6.1949 an die Heilanstalt Waldheim; ebenda, Bl. 44.
126 Vgl. Schröter: Waldheim (1716–1946), 1994, S. 218f.
127 Vgl. Wolfgang Eisert: Die Waldheimer Prozesse. Der stalinistische Terror 1950, München 1993.
128 Zur Tätigkeit des UFJ und dessen Bekämpfung durch den DDR-Staatssicherheitsdienst vgl. Karl Wilhelm Fricke und Roger Engelmann: „Konzentrierte Schläge". Staatssicherheitsaktionen und politische Prozesse in der DDR 1953–1956, Berlin 1998, S. 89–97.

schwester in Waldheim bestanden darin, Kassiber aus der – der Heil- und Pflegeanstalt unmittelbar benachbarten – Strafanstalt aus- und einzuschleusen und einer Frau zu übermitteln, die die Briefe nach Westberlin transportierte und von dort wieder Nachrichten mitbrachte. Die Frau beteiligte sich ungefähr ein Jahr lang an der gefährlichen Kassiber- und Nachrichtenübermittlung. Nachdem sie die Nachricht vom Tod ihres Mannes erhalten hatte, verließ sie im März 1951 mit ihren Kindern die DDR und zog in ihre westdeutsche Heimat. Mehr als fünf Jahre später, als der Staatssicherheitsdienst im Sommer 1956 schließlich hinter den Nachrichtenschmuggel zwischen dem immer noch mit politischen Häftlingen überfüllten Zuchthaus und dem UFJ in Westberlin gekommen war, wurde – natürlich vergeblich – nach der Krankenschwester gefahndet, um sie festzunehmen.[129] Nach einem halben Jahr wurde die Ausschreibung zur Fahndung wieder gelöscht.[130]

Die anderen Beteiligten an der Verbindung zum Westberliner UFJ hingegen, die in Waldheim geblieben waren, traf dessen Zugriff im Jahre 1956 mit unterschiedlicher Härte. In einem „Funkturm" genannten Vorgang der MfS-Kreisdienststelle Döbeln war seit Januar 1956 zunächst nur die Frau bearbeitet worden, die über viele Jahre hinweg die Nachrichten zwischen den Gefangenen in Waldheim und dem UFJ in Westberlin transportiert hatte.[131] Bald darauf war festgestellt worden, daß diese Frau mit einer Krankenpflegerin und einem Pfleger der Psychiatrie Waldheim sowie mit einem Gefangenen der dortigen Strafanstalt und einer weiteren Person zusammenarbeitete. Daraufhin wurde der Operativvorgang „Funkturm" vom Einzel- zu einem Gruppenvorgang umgewidmet. Mit Hilfe eines Geheimen Informators,[132] der sich in das Vertrauen einer der Beteiligten einschlich, gelang es Unterleutnant Fesel,[133] Beweise der „Feindtätigkeit" dieser Frau sowie der Pflegerin im psychiatrischen Krankenhaus Waldheim zu erarbeiten. Beide Frauen und ein Mann wurden im März 1956 von MfS-Offizieren verhaftet. Die eine Frau wurde als „Agentin des UFJ" wegen „Boykotthetze" gemäß Artikel 6 der Verfassung zu sechs Jahren Zuchthaus,[134] die Krankenpflege-

---

129 Fahndungsersuchen der Bezirksverwaltung für Staatssicherheit Leipzig vom 3.8.1956 zur Festnahme der Frau; BStU, ASt Leipzig, AOP 219/56, 1 Bd., Bl. 46 f.
130 Antrag auf Löschung der Fahndung vom 29.1.1957; ebenda, Bl. 48.
131 Vgl. ebenda, Bl. 7, 54, 59–63 sowie 82–85.
132 Fritz Döring alias GI „Dicker". Vgl. BStU, ASt Leipzig, AIM 1006/81, 5 Bände.
133 Werner Fesel (Jg. 1928), Arbeitersohn aus dem Kreis Meißen, 1942–45 Lehre als Maschinenschlosser, 1947–54 Kommissar der Volkspolizei, 1954–56 operativer Mitarbeiter der Staatssicherheit, 1956–60 stellvertretender Leiter der KD Döbeln, 1960–65 Studium an der MfS-Hochschule in Potsdam mit Abschluß als Diplom-Jurist, 1960–65 Leiter der KD Leipzig, 1965–68 Leiter der Abt. II der BV Leipzig, 1968–84 Stellvertreter Operativ der BV Leipzig, letzter Dienstgrad Oberst, am 31.1.1984 aus disziplinarischen Gründen zum Soldaten degradiert und aus dem MfS entlassen, SED-Mitglied seit 1946. Vgl. MfS-Kaderkarteikarte; BStU, ZA, ohne Signatur.
134 Die Verurteilung erfolgte am 6.7.1956 durch das Bezirksgericht Leipzig. Im Oktober 1960 wurde die Sechzigjährige „auf Grund des Gnadenerweises des Staatsrates der DDR" aus dem Frauengefängnis Hoheneck entlassen. Vgl. BStU, ASt Leipzig, AU 57/57, Bd. 2, Bl. 258 f.

rin[135] und der Mann wegen der Weitergabe von Nachrichten nach demselben Artikel 6 zu jeweils zwei Jahren Zuchthaus verurteilt.[136]

Die Aussagen der Waldheimer Pflegerin bei den Vernehmungen in der MfS-Untersuchungshaft in Leipzig geben einen Einblick in das Geschehen zu Beginn der fünfziger Jahre. Die Pflegerin hatte 1947 in der Heil- und Pflegeanstalt Waldheim zu arbeiten angefangen. Sie war als befreundete Kollegin in die Aktivitäten der später in den Westen geflohenen Krankenpflegerin eingeweiht. Nach ihrer Flucht aus der DDR habe sie selbst die „Kassiberschieberei" übernommen. Als ihr das nach einer Verschärfung der Kontrollen zu gefährlich wurde, habe sie nur noch mündlich über die Krankenanstalt Waldheim berichtet. Die Kontaktperson nach Westberlin habe sich besonders dafür interessiert, „wann wieder Einlieferungen stattfanden, um welche Personen es sich handelt, weshalb diese Personen inhaftiert sind, die Zeitdauer der Strafen" und habe „auch einige Namen von weiblichen Strafgefangenen" genannt.[137] Weiter sagte die Pflegerin aus:

„Später, etwa 1954, befragte sie mich in gewissen Zeitabständen, ob auch Personen, die durch das Ministerium für Staatssicherheit inhaftiert wurden, ebenfalls in die Krankenanstalt untergebracht werden, [...] welche äußeren Kennzeichen diese Personen tragen und wie die Unterbringungszellen gekennzeichnet sind. [...] Besonders lag ihr daran, die Namen der Strafgefangenen zu erfahren, die vom Ministerium für Staatssicherheit inhaftiert und in der Krankenanstalt untergebracht wurden. Darüber konnte ich keine Angaben machen, weil es sich meist um männliche Personen handelte und dazu extra männliche Pfleger zur Verfügung standen."[138]

Mehr dazu ist aus dem von Unterleutnant Büchel geführten Vorgang „Hoppla" der Kreisdienststelle für Staatssicherheit Döbeln zu erfahren, dessen Ermittlungen gezielt auf das männliche Personal des psychiatrischen Krankenhauses Waldheim gerichtet waren. Aus den Schilderungen geht hervor, daß der Waldheimer Krankenhauskomplex neben einem Haftkrankenhaus für Tuberkulosekranke und verschiedenen psychiatrischen Stationen auch über einen „Sonderbereich" für die Beobachtung und gerichts-

---

135 Die damals siebenunddreißigjährige Waldheimer Pflegerin war bei ihrer Verhaftung schwanger. Sie mußte ihr Kind im Haftkrankenhaus Leipzig-Meusdorf zur Welt bringen und stillen. Vgl. BStU, ASt Leipzig AU 57/56, Bd. 3 und Beiakte des Staatsanwalts, sowie BStU, ASt Leipzig, ZMA Abt. XIV 12/23, Bl. 3, 26 und 42.
136 BStU, ZA, Abt. IX, KK Beschuldigte, 1 Bl., sowie Urteile in BStU, ASt Leipzig, AU 57/56, Gefangenenakte Bl. 10–15 und Bd. 3, Bl. 333–336.
137 Neben zwei anderen Namen wurde auch die Mutter des prominenten Journalisten und Zeithistorikers Karl Wilhelm Fricke genannt, der den Leidensweg seiner Mutter als seine angebliche „Mittäterin" in Staatssicherheitshaft anhand der MfS-Akten rekonstruiert und dabei auch ihren 80 Tage dauernden Aufenthalt in der Waldheimer Psychiatrie im Herbst 1955 geschildert hat. Vgl. Fricke: Akten-Einsicht, S. 118–143, insbesondere 129–135.
138 Vgl. Vernehmungsprotokoll der beschuldigten Krankenpflegerin vom 12.3.1956 (22.30 bis 9.30 Uhr); BStU, ASt Leipzig, AU 57/56, Bd. 3, Bl. 30–36, hier 33.

psychiatrische Begutachtung von Untersuchungshäftlingen des Staatssicherheitsdienstes verfügte, für die besonders strenge Bestimmungen galten. Erstaunlicherweise waren in diesem „Sonderbereich" der Psychiatrie Waldheim mehrere Pfleger tätig, deren politische Gesinnung als „negativ" beschrieben wurde. Trotz dieser staatssicherheitsdienstlichen Einschätzung, die auf vielen inoffiziellen Hinweisen aus unterschiedlichen Quellen beruhte, wurde die Personalbesetzung in diesem Bereich offenbar jahrelang unverändert beibehalten. Nach Aktenlage resultierte das weniger aus einer besonderen Toleranz der Geheimpolizei gegenüber der Gesinnung und dem Verhalten der Pfleger in diesem politisch sensiblen Bereich, als vielmehr an den mangelnden Eingriffsmöglichkeiten der Kreisdienststelle für Staatssicherheit in die Personalverteilung des Krankenhauses.

Im Vorgang „Hoppla" wurden neben dem Chefarzt vier Pfleger der Begünstigung politischer Gefangener verdächtigt.[139] Einer dieser Pfleger hatte es – ohne einzugreifen – geduldet, daß Patienten der Psychiatrie Waldheim in der Friseurstube Flugblätter des Ostbüros der SPD lasen, die sie bei landwirtschaftlichen Außenarbeiten gefunden hatten. Unterleutnant Büchel registrierte, daß Dr. Kuniß nach den Flugblättern habe suchen lassen und einem Patienten ein solches abgenommen, aber ebenfalls keine weiteren Maßnahmen ergriffen habe.[140]

Des weiteren berichteten die Geheimen Informatoren (GI) und Kontaktpersonen (KP) der Kreisdienststelle für Staatssicherheit Döbeln aus der Heil- und Pflegeanstalt Waldheim, daß einige Pfleger die im Sonderbereich untergebrachten Gefangenen des Staatssicherheitsdienstes, von denen jeweils nur eine Nummer bekannt sei und bekannt sein dürfe (!), nach ihren Namen und Angehörigen sowie nach den Gründen und Umständen ihrer Inhaftierung fragten. Es wurde von mehreren Informanten Büchels die Vermutung geäußert, daß einige dieser Pfleger insgeheim Nachrichten für die Gefangenen transportierten.

Dieser Verdacht wurde in besonderer Weise durch die Angaben eines Untersuchungsgefangenen der Bezirksverwaltung für Staatssicherheit Karl-Marx-Stadt genährt, der zeitweilig in Waldheim zur Beobachtung seines Geisteszustandes gewesen war und bei dessen Rückverlegung in die Untersuchungshaftanstalt des Staatssicherheitsdienstes in Karl-Marx-Stadt am 9. Februar 1955 eine Liste mit ungefähr zwanzig Adressen von anderen Untersuchungsgefangenen gefunden worden war. Wie in einem Vernehmungsprotokoll der Bezirksverwaltung für Staatssicherheit Karl-Marx-Stadt vom 12. Februar 1955 festgehalten ist, belastete dieser Mann einige Waldheimer Pfleger und Mitgefangene schwer.

Mehrere Pfleger hätten von Anfang an vorschriftswidrig mit ihm gesprochen, ihn ausgefragt, vor SED-Mitgliedern gewarnt und über eigene Ab-

---

139 Bericht vom 10.1.1956, OV „Hoppla"; BStU, ASt Leipzig, AOP 183/56, Bd. 1, Bl. 109.
140 Ebenda, Bl. 81, 87, 97 und 123.

sichten, in den Westen zu flüchten, gesprochen. Von anderen Staatssicherheitsgefangenen habe er dann erfahren, daß unter den Pflegern, „Kalfaktoren" und Häftlingen der Krankenanstalt Waldheim eine „Organisation" bestehe, die mit westlichen Dienststellen Kontakt habe und jeden in Waldheim eingelieferten Gefangenen des Staatssicherheitsdienstes dorthin melde. Der vorübergehend in Waldheim beobachtete Untersuchungshäftling der Bezirksverwaltung für Staatssicherheit Karl-Marx-Stadt nannte den Namen eines Gefangenen, der in Waldheim von seinen Eltern aus Westdeutschland besucht worden sei, nachdem diese „durch den CIC verständigt"[141] worden seien. Die westliche Dienststelle würde von der „Organisation" im Krankenhaus Waldheim laufend über alles, was dort vor sich geht, informiert. Häftlinge der „Organisation" hätten ihm gesagt, daß ihre eigenen Meldungen sogar „schon über den Westberliner Sender 'Rias' gebracht worden" seien.[142]

Unterleutnant Büchel versuchte dem nachzugehen, förderte jedoch zunächst nur vage Vermutungen zutage, wie folgende Aktennotiz zeigt:

„Ermittlungen ergaben, daß das Herausbringen von Briefen aus der Anstalt kein Problem ist. Die Kranken erhalten laufend Besuch und erhalten dann Stadturlaub. Sie werden vorher nicht untersucht. Es ist daher sehr leicht, Briefe nach außen zu geben. Hier muß aber besonders beachtet werden, wie Briefe von Kranken, welche durch das SfS da untergebracht sind, nach Westdeutschland gelangen, wie es schon einige Male der Fall war. Hier kann nur ein Pfleger die Hand im Spiel haben."[143]

An einer anderen Stelle zitierte Büchel den tuberkulosekranken Häftling des SfS aus Berlin, den er als Geheimen Informator „Schlomm" führte, mit der „Meinung, daß alle Fluchten von [Beschuldigten nach] Artikel 6 [der DDR-Verfassung von 1949] bewußt von innen und außen der Anstalt vorbereitet"[144] würden, wobei offenkundig „draußen Stellen" über Interna der Waldheimer Psychiatrie genau informiert seien.

„Schlomm" erzählte Büchel, „daß U[ntersuchungs]-Häftlinge, die von der Staatssicherheit zur Beobachtung hier eingeliefert sind, die Gelegenheit haben, durch das Fenster ihre Namen, Wohnort und Straftaten austauschen zu können." Außerdem bestätigte der GI die Information, daß die SfS-Untersuchungsgefangenen „von den Pflegern ausgefragt"[145] würden, wobei sich ein Pfleger besonders „für die Namen und die Straftaten der U[ntersuchungs]-Gefangenen" interessieren würde.[146]

---

141 Vernehmungsprotokoll der Bezirksverwaltung für Staatssicherheit Karl-Marx-Stadt vom 12.2.1955; ebenda, Bl. 41–45, hier 45.
142 Ebenda.
143 Aktennotiz von Unterleutnant Büchel vom 8.7.1955; ebenda, Bl. 56.
144 Treffbericht Büchels mit dem GI „Schlomm" vom 20.8.1955; ebenda, Bl. 65 f., hier 65.
145 Abschrift eines Berichtes des GI „Schlomm" vom 25.10.1955; ebenda, Bl. 99.
146 Abschrift eines Berichtes des GI „Schlomm" vom 19.11.1955; ebenda, Bl. 103.

Ein Mitarbeiter der Waldheimer Psychiatrie, den Unterleutnant Büchel als SED-Genossen befragte, bestätigte tendenziell die Angaben der Häftlinge über bestimmte Pfleger:

„Er finde es unverantwortlich, daß man Pflegern wie [es folgen drei Namen], von welchen bekannt sei, daß sie völlig negativ gegen unsere Entwicklung stehen, Häftlinge vom MfS anvertraut. Es sei eine Anordnung vorhanden, daß von diesen Häftlingen nur die Nummer bekannt sein dürfe. Er wisse aber mit Bestimmtheit, daß diesen Pflegern alles, was sie wissen wollen über diese, bekannt sei."[147]

Der Genosse Krankenhausmitarbeiter beklagte damit zwar ebenfalls die politische Unzuverlässigkeit mehrerer Waldheimer Pfleger, ordnete diese jedoch nicht einer Geheimorganisation in Verbindung mit westlichen Dienststellen zu. Er legte Büchel in mehreren Aussprachen seine Sicht der Probleme in der Psychiatrie Waldheim dar und hob dabei besonders die negative Rolle des Oberpflegers hervor.[148]

In den Vorwürfen gegen den Oberpfleger, die in der einen oder anderen Form in fast allen anderen Berichten über das Waldheimer Krankenhaus auftauchen, mischen sich Feststellungen politischer Art mit solchen über ein ausgeprägtes Autoritätsverhalten und eine besondere Brutalität dieses Mannes. Er sei zwar SED-Mitglied, habe jedoch „nichts von einem Parteigenossen in sich". Aufträge der Partei würde er erst dem Chefarzt, der kein Parteimitglied sei, auf den Tisch legen und von dessen Meinung abhängig machen, ob er den jeweiligen Parteiauftrag erfülle.[149] Der Oberpfleger trage auch „die Hauptschuld an der nicht sehr humanen Behandlung der Patienten".[150] Er unterstütze zusammen mit zwei anderen Pflegern ein Regime, bei dem einzelne Patienten als sogenannte „Bluthunde" zur Mißhandlung anderer Patienten genutzt würden.

Mehrere Informanten Büchels schilderten das enge Verhältnis zwischen Dr. Kuniß und dem Oberpfleger als wesentliches Hindernis gegen die Beseitigung von Mißständen in der Einrichtung.[151] Einmal wurde ein Zusammenhang damit gesehen, daß Kuniß sich „wegen seiner Vergangenheit bei vielen Angestellten der Anstalt nicht richtig durchsetzen könnte".[152] Andererseits sei der Oberpfleger, obwohl er auch schon selbst Patienten geschla-

---

147 Bericht über eine Aussprache mit einem Genossen in der Heil- und Pflegeanstalt Waldheim von Unterleutnant Büchel vom 10.1.1956; ebenda, Bl. 109f., hier 109.
148 Vgl. Berichte Büchels über seine Aussprachen mit diesem Parteigenossen im September 1955 und Januar 1956; ebenda, Bl. 80f. und Bl. 109f.
149 Ebenda, Bl. 109.
150 Ebenda, Bl. 80.
151 Vgl. z. B. Bericht Büchels über Gespräche mit einer Kontaktperson in der Heil- und Pflegeanstalt Waldheim vom 29.4. und 4.5.1955, OV „Hoppla"; BStU, ASt Leipzig, AOP 183/56, Bd. 1, Bl. 49 und 49a.
152 Treffbericht Büchels mit dem GI „Schlomm" vom 20.8.1955; ebenda, Bl. 65f., hier 65.

gen habe, durch seine enge Verbindung zum Chefarzt kaum angreifbar. An einer anderen Stelle des Vorgangs „Hoppla" wird es für die Gruppendynamik unter den Angestellten der Waldheimer Psychiatrie für wichtig gehalten, „daß 80 Prozent der Belegschaft früher der NSDAP angehört" hätten.[153]

Insgesamt blieben alle von Unterleutnant Büchel ermittelten Informationen über das männliche Personal der Waldheimer Psychiatrie im Hinblick auf die Ermittlungsziele sehr vage. Handfeste Beweise zur Überführung der Verdächtigen konnte Unterleutnant Büchel im Gegensatz zu seinem Kollegen Fesel in keinem Fall erarbeiten. Im Abschlußbericht zum Vorgang „Hoppla" mußte Büchel auf den OV „Funkturm" als einen seit Anfang Februar 1956 geführten „Vorgang der Abteilung V, welcher ebenfalls in die Anstalt hineinspielte" verweisen,[154] und der durch die Verhaftung einer in der Waldheimer Psychiatrie tätigen Person für den Staatssicherheitsdienst erfolgreicher verlaufen war.

Büchel habe einem der Gefangenenbegünstigung verdächtigen Pfleger nichts anhaben können, da die ihn belastenden „Angaben alle von Gefangenen kamen, welche zeitweise geisteskrank" gewesen seien.[155] Bei einem anderen Pfleger stehe zwar fest, daß er an der Gefangenenbegünstigung und Nachrichtenübermittlung beteiligt war, „es langte bei ihm aber zu keiner Verhaftung."[156] Statt ihn festzunehmen, würde dieser Pfleger „nun besonders beachtet" und als Geheimer Informator (GI) „aufgeklärt".[157] Das ist eine interessante Wendung, die nähere Betrachtung verdient, weil sie Auskunft über die Art der inoffiziellen Beziehungen des Staatssicherheitsdienstes in die Psychiatrie Waldheim hinein zu geben verspricht.

Überstimmend hatten die beiden Unterleutnants der Kreisdienststelle für Staatssicherheit Döbeln, Büchel im Vorgang „Hoppla" und Fesel im Vorgang „Funkturm" festgestellt, daß dieser Krankenpfleger „negativ in Erscheinung" trete, indem er den Strafgefangenen politische Witze erzähle. Zum anderen hätte er ein auffallend gutes Verhältnis zu dem gefangenen „Agenten des CIC", zu dem auch Dr. Kuniß persönliche Beziehungen pflegte. Die aus Westdeutschland anreisenden Verwandten des Gefangenen hätten immer bei diesem Pfleger übernachtet, wenn sie ihren Angehörigen im Waldheimer Krankenhaus besuchten. Außerdem sei aus den Äußerungen dieses Pflegers „zu erkennen, daß er sich bei uns die westlichen Verhältnisse wünscht."[158]

Auf der Grundlage dieser über ihn gesammelten Informationen glaubte Unterleutnant Büchel den Pfleger zur konspirativen Zusammenarbeit nöti-

---

153 Bericht Büchels über die Heil- und Pflegeanstalt Waldheim vom 24.9.1954; ebenda, Bl. 32.
154 Abschlußbericht vom 8.6.1956; ebenda, Bl. 123 f., hier 123.
155 Ebenda.
156 Ebenda.
157 Ebenda.
158 Sachstandsbericht von Unterleutnant Fesel vom 8.3.1956, OV „Funkturm"; BStU, ASt Leipzig, AOP 219/56, 1 Bd., Bl. 136.

gen zu können. Die Absicht einer Erpressung ist aus den Formulierungen, mit denen Büchel sein Ziel wenig verbrämt beschrieb, ohne weiteres ablesbar:

„Der Kandidat ist seit 1949 wieder in der Heil- und Pflegeanstalt Waldheim tätig. [...] Von ihm ist bekannt, daß er des öfteren Gefangene besonders bevorzugte. Er wurde in einem Vorgang, welcher in der Dienststelle abgeschlossen wurde, mit als belastet genannt. Das vorhandene Material über ihn reichte nicht zu einer Festnahme. W. ist der typische Beamte, welcher sehr auf seine Ehre bedacht ist. Wenn es möglich ist, ihm einige Dinge zu beweisen, wird es nicht schwer fallen, ihn für unsere Arbeit zu gewinnen. [...] Mit dem Kandidat[en] wird über Dinge der Anstalt gesprochen. Er wird nach verschiedenen Häftlingen befragt. [...] Dann wird weiter auf unser Ziel losgegangen, sollte er eine ablehnende Haltung einnehmen, so werden ihm einige Dinge vorgehalten, wozu er Stellung nehmen muß und dadurch in Widersprüche kommt. Die Anwerbung wird vorerst auf der Linie Überzeugung geführt, wenn kein Erfolg zu verzeichnen ist, werden die vorhandenen Druckmittel angewendet."[159]

Der Bericht, in dem Büchel die „Verpflichtung" des Pflegers festgehalten hat, ist ähnlich entlarvend für den Unterleutnant. Er habe den „Kandidaten" von einem Tag auf den nächsten in ein Zimmer des Rathauses in Waldheim „zu einer Aussprache gebeten". Dort habe „der Kandidat" gegenüber den anwesenden MfS-Mitarbeitern eine „große Erregung" gezeigt und „sich mit allen Mitteln [...] zu entziehen" versucht:

„Bei der Aussprache kam nun zum Ausdruck, daß sich der Kandidat mit allen Mitteln sträubte, auf verschiedene Dinge, die wir ihm auf Grund der Unwahrheit und Ablehnung des Kandidaten vorhalten mußten, die Wahrheit zu sagen. Er versuchte alle Fehler, welche er begangen hatte, als nichtig hinzustellen. Erst nach einer gründlichen Aussprache sah er ein, daß er entscheidende Fehler in seinem Dienst gemacht hatte, welche für eine Entlassung aus dem Dienst genügen. Mit ihm wurde dann die Verpflichtung Wort für Wort durchgesprochen. Er machte verschiedene Einwendungen, welche aber nach Absprache geklärt wurden."[160]

Die dem eingeschüchterten Mann offenkundig wörtlich diktierte Verpflichtungserklärung liegt in einer sehr zittrigen Handschrift unter dem 27. Juli 1956 vor.[161] Im August 1959 notierte der mittlerweile zum Leutnant beförderte Büchel, er habe den GI „Richard" damit beauftragt, „über Pfleger der An-

---

159 Vorschlag von Unterleutnant Büchel, KD Döbeln, für die Werbung eines GI vom 24.7.1956, GI-Akte „Richard"; BStU, ASt Leipzig, AIM 106/60, Bl. 11–15, hier 11 und 14 f.
160 Verpflichtungsbericht von Unterleutnant Büchel und dem Leiter der KD für Staatssicherheit Döbeln, Leutnant Erler, vom 1.8.1956, GI-Akte „Richard", Teil I (Personalakte), Bl. 16.
161 Verpflichtung vom 27.7.1956; ebenda, Bl. 17.

stalt einen Bericht zu schreiben". Außer in der abgepreßten Verpflichtungserklärung kommt jedoch die Handschrift des Pflegers in der GI-Akte nicht noch einmal vor. Teil II der GI-Akte enthält 18 Aktennotizen und 20 Treffberichte von Unterleutnant Büchel, die aus dem Zeitraum von Oktober 1956 bis Oktober 1959 stammen und merkwürdig substanzlos wirken. Mal sei der GI „Richard" nicht zum Treff erschienen, ein anderes Mal habe der GI „wiederum" bedauert, daß „ihm diese Arbeit nicht liege". Büchel stellte im August 1959 fest, so ginge „es laufend bei den Treffs". Der GI könne „niemals eine konkrete Angabe machen".[162] Beim Lesen dieser „Treffberichte" fragt man sich unwillkürlich, was den Führungsoffizier so hartnäckig auf einer derart unergiebigen Quelle bestehen ließ. Des Rätsels Lösung findet sich im Abschlußbericht zum GI-Vorgang:

„Am 1.3.1960 wurde mit dem GI 'Richard' [...] in der Heil- und Pflegeanstalt Waldheim die Verbindung aufgenommen. [... Es] stellte sich heraus, daß seit ca. zwei Jahren mit dem GI keine Zusammenarbeit mehr vorhanden war [...und] lediglich nach der Verpflichtung gelegentlich mit ihm gesprochen wurde.
In der Absprache zeigte der GI eine völlige Ablehnung und [...] brachte [...] empört hervor, mit welchen Mitteln und Methoden man ihm damals eine strafbare Handlung unterschieben wollte. Er sei darüber so erschüttert gewesen, daß er unmittelbar nach seiner Verpflichtung längere Zeit krank war. Es konnte festgestellt werden, daß der GI eine vollkommen ungeeignete Person ist und in keiner Weise gewillt ist, uns irgendwie zu helfen. [...]
Da seit zwei Jahren keine Verbindung besteht und trotzdem Treffberichte vorhanden sind, sind selbige vom ehem. Mitarbeiter Büchel frei erfunden. Aus all diesen Gründen ist eine weitere Zusammenarbeit unzweckmäßig und die Verbindung wird abgebrochen."[163]

Insgesamt ist der Vorgang ein Beispiel dafür, daß sich MfS-Offiziere vereinzelt dazu hinreißen ließen, fiktive Treffberichte zu verfassen, die allerdings bei quellenkritischem Herangehen als solche erkennbar sind und in der Regel schon im Zuge dienstlicher Kontrollen im MfS erkannt wurden. Den „Treffberichten" Büchels war auch ohne den klarstellenden Abschlußbericht anzumerken, daß da eine „Leistung" falsch abgerechnet wurde. Unterleutnant Büchel wurde im Dezember 1959 zur Strafe aus der SED ausgeschlossen sowie „unter Aberkennung seines militärischen Dienstgrades, der ihm verliehenen Medaillen" und Ehrenabzeichen aus dem MfS entlassen. Die Begründung dieser Maßnahme zeigt, welcher Wert innerhalb des MfS auf eine „wahrheitsgemäße" Aktenführung gelegt wurde:

---

162 Treffbericht von Unterleutnant Büchel vom 20.8.1959, GI-Akte „Richard", Teil II (Arbeitsakte), Bl. 56.
163 Abschlußbericht von Unterleutnant Weinert, KD Döbeln, vom 1.3.1960; ebenda, Bl. 58.

„B. hat seit ca. zwei Jahren fortgesetzt und in großer Anzahl operative Unterlagen bewußt gefälscht. So hat er unter anderem auch Personen in der Abteilung XII als inoffizielle Mitarbeiter registrieren lassen, mit denen er kaum Kontakt unterhielt. Er schrieb eigenhändig Schweigeverpflichtungen sowie Informationsberichte und unterzeichnete mit einem Decknamen. Er hat das von der Partei der Arbeiterklasse und deren Regierung in ihn gesetzte Vertrauen schändlich mißbraucht und ist nicht mehr würdig, Mitarbeiter des MfS zu sein."[164]

Aus dem „GI"-Vorgang „Richard" geht noch eine besonders bemerkenswerte Tatsache hervor. Der angeblich „als GI aufgeklärte" Krankenpfleger blieb, obwohl er politisch für höchst unsicher gehalten wurde und als GI in keiner Weise funktionierte, während der gesamten Zeit der Aktenführung, das heißt während der zweiten Hälfte der fünfziger Jahre „auf den Stationen 3 der Heil- und Pflegeanstalt eingesetzt, auf der sich die Sonderfälle, eingelieferte Häftlinge des MfS, die nur unter einer Nummer laufen und ohne Namen, befinden."[165]

Auch Ende der fünfziger Jahre kam es zu nennenswerten Entweichungen von Häftlingen aus dem Krankenhaus für Psychiatrie in Waldheim. So enthält ein Monatsbericht, den die Leitung der Bezirksverwaltung für Staatssicherheit „zur politischen Lage und zur Feindtätigkeit im Bezirk Leipzig" im Dezember 1959 gab, folgende Meldung:

„In der Nervenheilanstalt Waldheim konnten durch fahrlässige Handlungsweise der Ärzte sowie des Pflegepersonals 22 Geisteskranke entweichen. Fünf kranken Personen, die wegen politischer Motive einsaßen, gelang die Flucht nach Westdeutschland."[166]

Zusammenfassend sind zur Frage des staatssicherheitsdienstlichen Einflusses auf die Waldheimer Psychiatrie einige wichtige Feststellungen zu treffen. In den fünfziger Jahren dominierten im Krankenhaus für Psychiatrie Waldheim weder die SED noch das MfS, sondern vielmehr traditionelle Autoritätsverhältnisse, wie sie für psychiatrische Anstalten im 19. Jahrhundert kennzeichnend waren. Der damit verbundene kustodial-autoritäre Umgangsstil war aber gepaart mit einer erstaunlich liberalen Besuchs- und Ausgangspraxis. Außerdem herrschte in politischer Hinsicht eine gewisse Unabhängigkeit, die auf noch unterentwickelte Eingriffsmöglichkeiten von SED und MfS in die dienstlichen Strukturen der Anstalt zurückzuführen war.

Es gab in den fünfziger Jahren im Krankenhaus für Psychiatrie Waldheim einen „Sonderbereich", in den der Staatssicherheitsdienst Untersuchungs-

---

164 MfS-Kaderkarteikarte Rudolf Büchel; BStU, ZA, ohne Signatur.
165 OV „Funkturm", Bl. 136.
166 Einschätzung der Leitung der Bezirksverwaltung für Staatssicherheit Leipzig zur politischen Lage und zur Feindtätigkeit im Bezirk Leipzig (Monat Dezember 1959) vom 14.1.1959; BStU, ASt Leipzig, Leitung 00076, S. 9.

gefangene zur vorübergehenden Beobachtung und gerichtspsychiatrischen Begutachtung schickte. Diese Regelung entsprach zwar den Gesetzen der DDR, denen zufolge Untersuchungsorgane im Rahmen von Ermittlungsverfahren in politischen Strafsachen gerichtspsychiatrische Begutachtungen anordnen konnten,[167] wurde aber geheimgehalten. Daß die Wahl für eine Begutachtungsstelle des Staatssicherheitsdienstes gerade auf Waldheim fiel, dürfte in erster Linie auf die baulichen Bedingungen der dortigen Einrichtung, die historisch als forensisch-psychiatrisches Krankenhaus aus einem alten Zuchthaus hervorgegangen war, zurückzuführen sein. Das ganz überwiegend als politisch unzuverlässig eingestufte Personal der Anstalt hingegen mußte allem Anschein nach mangels gleichqualifizierter Alternativen toleriert werden. Nach Aktenlage war der Einfluß des Staatssicherheitsdienstes auf die inneren Abläufe und das Personal der Waldheimer Einrichtung in den fünfziger Jahren überraschend gering.

### 4.3.3. Forensische Psychiatrie in Waldheim in den sechziger Jahren

In den sechziger Jahren entstand in Waldheim die zweite forensisch-psychiatrische Einrichtung, die im Gegensatz zu dem von Dr. Kuniß geleiteten Krankenhaus für Psychiatrie, das Teil des staatlichen Gesundheitswesens der DDR war, zum Strafvollzug gehörte. Die Wiederentstehung einer psychiatrischen Abteilung innerhalb des Waldheimer Strafvollzuges, nachdem sich die 1876 gegründete „Irrenstation bei der Strafanstalt Waldheim" zu einer seit 1918 eigenständigen Heil- und Pflegeanstalt unter ärztlicher Leitung entwickelt hatte, ist nur zu verstehen, wenn man die persönliche Rolle des Polizeioffiziers im Strafvollzug Dr. med. Manfred Ochernal[168] in den Blick nimmt.

---

167 Vgl. §§ 39 und 88 StPO-DDR.
168 Manfred Ochernal (Jg. 1920), Prof. Dr. sc. med., Ingenieurssohn aus Loßnitz-Freiberg in Sachsen, 1939 Abitur am Realgymnasium in Zwickau, Arbeitsdienst, 1940–45 Wehrmacht, nach mehreren schweren Verwundungen im April 1945 als 75 Prozent kriegsversehrt und wehruntauglich aus der Wehrmacht entlassen, Juni 1945–51 Volkspolizei-Dienst mit dem Berufsziel Gerichtsarzt, leitete bis 1948 eine Mordaufklärungskommission, 1948–49 Dezernatsleiter für Mord- und Brandaufklärung am Landeskriminalamt Sachsen, parallel Lehrgang für Kriminalisten an der Landespolizei-Fachschule mit Auszeichnung absolviert, 1948–51 erst Lehrabteilungsleiter, dann Fakultätsleiter für Kriminalistik an der Landespolizeischule Sachsen, 1951–1957 Medizinstudium in Jena, 1957–61 Tätigkeit als Arzt und Oberstleutnant der Volkspolizei am Kriminaltechnischen Institut und am Krankenhaus der Volkspolizei Berlin, 1959 Medizinische Dissertation über „Die kriminalistische Bedeutung der gerichtlichen Leichenöffnung bei Todesfällen infolge Verbrennung", 1961–74 Tätigkeit als Arzt im Strafvollzug Waldheim, 1961–64 Facharztausbildung in Psychiatrie, 1974–87 Professor für forensische Psychiatrie an der Humboldt-Universität Berlin, Sektion Kriminalistik, SED-Mitglied. Vgl. biographische Angaben in der medizinischen Dissertation Ochernals über „Die kriminalistische Bedeutung der gerichtlichen Leichenöffnung bei Todesfällen infolge Verbrennung", Rostock 1959 sowie in brieflichen Mitteilungen an die Autorin im April 1995.

Ochernal hatte 1961 als einundvierzigjähriger Arzt und Oberstleutnant der Kriminalpolizei eine Tätigkeit im Haftkrankenhaus für Tuberkulosekranke in Waldheim aufgenommen. Den Wechsel von Ostberlin nach Waldheim schildert Ochernal selbst als ein Ausweichen vor politisch-disziplinierenden Maßnahmen:

„In diese Zeit [seiner Tätigkeit im Kriminaltechnischen Institut und Polizei-Krankenhaus in Ostberlin] fiel im August 1961 eine Urlaubsreise von mir in das Erholungsheim Rehefeld. Dort war ich auch am 13. August 1961, als in Berlin die Mauer gebaut wurde. Ich weiß nicht, wieviel Tage danach es war, als ich ein Telegramm vom MdI [Ministerium des Innern] erhielt, daß ich mich auf der Stelle in meiner Dienststelle in Berlin einzufinden habe. In Berlin angekommen, wurde ich sehr böse empfangen, und bei einer großen Versammlung im Kinosaal des MdI in der Mauerstraße, zu der der Minister des Innern sprach, wurden noch einige andere, die sich ebenfalls nicht sofort am 13. August freiwillig zurückgemeldet hatten, übel beschimpft und mit 'Folgerungen' bedroht.
Ein mir freundschaftlich verbundener hoher Offizier im MdI riet mir in etwa, mich 'zu verdünnisieren und möglichst in der Provinz unterzutauchen', und er schlug mir vor, [...] als Arzt an die Strafvollzugsanstalt Waldheim zu gehen."[169]

In Waldheim habe Dr. Ochernal in Absprache mit dem Chefarzt des Haftkrankenhauses für Tuberkulosekranke eine Facharztausbildung in Psychiatrie im benachbarten Krankenhaus bei Dr. Kuniß aufnehmen und 1964 im psychiatrischen Großkrankenhaus Rodewisch beenden können, wobei er während dieser Zeit als Gegenleistung abends, an Wochenenden, Sonn- und Feiertagen die Ambulanz für Strafgefangene in Waldheim ärztlich geführt habe. 1963, noch während seiner psychiatrischen Facharztausbildung, habe er begonnen, um die Einrichtung einer psychiatrischen Beobachtungsabteilung im Haftkrankenhaus zu kämpfen. Seiner eigenen Darstellung zufolge ging es Ochernal bei seinen Bemühungen, erst einen Teil und später das gesamte Haftkrankenhaus für Tuberkulosekranke psychiatrisch umzuprofilieren, weniger um die Pflege eines persönlichen Steckenpferdes, als vielmehr um die Behebung eines Notstandes durch die bis dahin im Strafvollzug der DDR fehlende medizinische Versorgung psychisch kranker Häftlinge. Er habe sich mit Dr. Knecht identifiziert, der neunzig Jahre zuvor ebenfalls als an der Waldheimer Strafanstalt angestellter Arzt der einseitig punitiv ausgerichteten Zuchthausleitung eine „Irrenstation" für die Heilbehandlung von psychisch erkrankten Gefangenen abgerungen hatte.[170]

---

169 Schreiben von Professor Ochernal an die Autorin vom April 1995, 52 Seiten, hier S. 3.
170 Zur ärztlichen Tätigkeit von Dr. Knecht (1846–1915) im Zuchthaus Waldheim (1872–1881) vgl. Schröter: Waldheim (1716–1946), S. 31–39.

Dr. Ochernal meinte, daß ärztliche Bemühungen um eine angemessene Behandlung psychisch kranker Häftlinge „im militärisch-disziplinierenden 'Erziehungs-Regime' der Zuchthäuser immer als 'liberal'"[171] verdächtigt worden seien. Mit seinen Versuchen, Anfang der sechziger Jahre die Leitung der Strafvollzugsanstalt (StVA) Waldheim von der Notwendigkeit einer psychiatrischen Gefangenenbetreuung zu überzeugen, sei er vor allem deshalb auf Schwierigkeiten gestoßen:

„Diese [...] der Leitung der StVA Waldheim vorgetragenen Gedanken stießen zuerst auf Ablehnung, wobei die Hauptbegründung war: 'Es gibt doch Dr. Kuniß!', aber der Liberalisierungsverdacht im Vordergrund stand. Dr. Kuniß versorgte tatsächlich 'nebenbei' manchen allzu störenden Fall in der Haft, aber er konnte die psychisch Kranken oder Abnormen bei bestehendem Haftbefehl weder in seinem zivilen Krankenhaus aufnehmen noch aus ihrer Zelle herausnehmen und in eine therapienotwendige Umgebung verlegen. So war nicht nur der Strafvollzug Waldheim, sondern der Strafvollzug der DDR ohne jede effektive, stationär organisierte psychiatrische Hilfe für psychiatrische Fälle und die akuten wurden auch nicht immer bekannt, wenn das Wachpersonal das verschwieg oder die Diagnose 'Simulant' stellte."[172]

Trotzdem habe Ochernal es „nach ständigem aufreibenden Drängen und zähem Ringen schließlich durchsetzen" können, 1963 einige Betten und 1966 das gesamte Haftkrankenhaus psychiatrisch umzuprofilieren. Er schildert die Problematik dieses jahrelangen Prozesses im Rückblick wie folgt:

„Nun hatte ich natürlich eigene Ideen von der Unterbringung dieser [psychisch kranken] Menschen, der Verpflegung, dem 'Vollzugsregime', z. B. der Anrede 'Herr' (und nicht 'Strafgefangener'), der Bekleidung, auch des Arztes und der Pfleger, nämlich keine Uniform wie vorgeschrieben zu tragen, sondern Zivil und weißen Kittel. Diese Forderungen kamen einem Erdrutsch gleich, denn das war im Ulbrichtschen Strafvollzug noch nicht dagewesen und undenkbar, und so kam die Entwicklung meiner Idee von einem Haftkrankenhaus für Psychiatrie trotz allem mühsam, quälend und aufreibend vorwärts."[173]

Die anfängliche Ablehnung habe erst nachgelassen, als die Psychiatrie im Haftkrankenhaus Waldheim die ersten Heilerfolge oder zumindest Besserungen von bis dahin „hoffnungslosen Haftpsychosen und -reaktionen" unter den Bedingungen der „freizügigen humanen Unterbringung und Behand-

---

171 Manfred Ochernal: „Die psychiatrischen Einrichtungen in Waldheim", Manuskript vom 9.3.1992, 10 Seiten, hier S. 2.
172 Ebenda, S. 4.
173 Ebenda, S. 5.

lung" psychisch kranker Gefangener habe vorweisen können. Durch Vorträge über die Problematik von psychischen Erkrankungen im Strafvollzug und Möglichkeiten ihrer Behandlung anhand konkreter Beispiele aufgeklärt, hätten die Leiter der Strafvollzugsanstalten der DDR begonnen, „ihre für sie störenden, unbequemen, untragbaren, gefährlichen Fälle in die psychiatrische Beobachtungsabteilung" in Waldheim einzuweisen.[174]

Das MfS habe mit dem von Ochernal innerhalb des Strafvollzugs angestrebten Projekt eines Haftkrankenhauses für die psychiatrische Beobachtung und Behandlung psychisch kranker Gefangener zunächst nichts zu tun gehabt. Als die Sache angelaufen war, habe er jedoch überraschend Unterstützung vom MfS bekommen und diese auch gern angenommen, da sie seinem Projekt zugute gekommen sei:

„Auffallenderweise erhielt ich später Unterstützung bei den die StVA kontrollierenden und sicher auch weisungsmäßig über die Verwaltung Strafvollzug beim MdI [Ministerium des Innern] Berlin operierenden Organe des Ministeriums für Staatssicherheit.
Vor Ort war hier die Kreisdienststelle Döbeln aufsichtsführend, aber es geschah nichts ohne Zustimmung oder Weisung und Kontrollen durch das MfS Berlin, das sichtbar und unsichtbar das Vorhaben beobachtete und steuerte. Anscheinend hatte ich freie Hand und fand die völlig unerwartete Unterstützung recht positiv."[175]

An anderer Stelle unterschied Ochernal genauer zwischen der von Berlin ausgehenden Sicherheitsaufsicht durch die MfS-Hauptabteilungen IX und XIV sowie den Zentralen Medizinischen Dienst des MfS, an dessen Haftkrankenhaus auch Durchschläge aller in Waldheim gefertigten Gutachten zu gehen hatten, von der Kontrolle vor Ort durch die Kreisdienststelle für Staatssicherheit Döbeln:

„Jedenfalls war die Kontrolle durch Döbeln das Unangenehmste, weil hier junge, fanatische Burschen der KD als sogenannte Verbindungsoffiziere die Kontrolle so weit trieben, daß sie rotzfrech zu jeder Tages- und Nachtzeit unangemeldet erschienen und mit den Patienten (Straf- und Untersuchungsgefangenen) zu sprechen versuchten oder auch sprachen und natürlich alten Paranoikern und psychisch Abartigen manches glaubten und ihre Berichte entsprechend abgefaßt haben werden. Wir kannten diese natürlich nicht, aber aus Fragen an uns konnte man Rückschlüsse auf den Grad der Interiosisation des von manchen Patienten Gehörten oder Gelesenen ableiten. Die Patienten konnten auch Mitarbeiter des MfS zu sich bitten, genau wie das in anderen Strafvollzugseinrichtungen der DDR der Fall war, und es war nicht gestattet

---

174 Ebenda.
175 Ebenda, S. 4f.

da einzugreifen, man konnte lediglich bei dem und jenem Patienten auf den Grad der Glaubwürdigkeit hinweisen. [...]
[Die Kontrollen der MfS-Kreisdienststelle] waren ein ständiger Anlaß zu Reibereien und heimlichen und z. T. offenen gegenseitigen Beschimpfungen. Man kann nicht sagen, daß diese Kontrollorgane in Behandlungsmethoden oder gar Gutachtenerstattungen eingegriffen hätten, ihre Tätigkeit galt im Rahmen der damaligen Weisungen über Ordnung, Sicherheit und Disziplin unter den Bedingungen des Regimes als 'normal', aber es war eine ständige Gratwanderung zwischen Einsicht in bestimmte Sicherheitsmaßnahmen haben zu müssen und der Erkenntnis, daß unter solchen Umständen keine psychiatrische Klinik ungestört arbeiten konnte, zumindest empfanden wir Ärzte das so."[176]

Ungeachtet dieser durch eine konträre Interessenlage bedingten Konflikte vor Ort empfand Ochernal die MfS-Positionen auf Ministeriumsebene als hilfreich für den Aufbau seines Projektes, obwohl er den Hintergrund der ihm zentral gewährten Rückendeckung nicht kannte. Er vermutete, daß ein Zufall ihm zu Hilfe gekommen sei, da „seinerzeit ein mit Pistole bewaffneter Angehöriger des ZK der SED unerlaubt durch den Westsektor von Berlin gefahren war und irgendetwas" angestellt habe. Es habe Zweifel an der geistigen Gesundheit des Mannes gegeben. Weil man den hochrangigen Delinquenten jedoch aus Sicherheitsgründen nicht „in einem zivilen psychiatrischen Krankenhaus unterbringen wollte bzw. konnte",[177] sei er Ochernals erster Patient zur psychiatrischen Beobachtung im Haftkrankenhaus Waldheim geworden.

Dieser prominente Einzelfall war jedoch nicht der eigentliche Grund der ministeriellen Unterstützung für die Schaffung einer strafvollzugseigenen Psychiatrie in Waldheim. Was Ochernal nicht wissen konnte, geht aus einigen Schreiben hervor, die in Ostberlin auf Ministerebene gewechselt wurden und sich in den MfS-Unterlagen befinden. Im September 1964 schilderte der Generalstaatsanwalt der DDR in einem Brief an den Gesundheitsminister folgende Problematik:

„Die Unterbringung straftatverdächtiger Personen zur psychiatrischen Untersuchung bereitet gegenwärtig erhebliche Schwierigkeiten. In zahlreichen Fällen war es in der jüngsten Vergangenheit nicht möglich, für eine unverzügliche Begutachtung der zu untersuchenden Personen Sorge zu tragen. Diese Situation verursacht sowohl Verschleppung in den gesetzlich festgelegten Ermittlungsfristen als auch Nachteile für die Qualität der Ermittlungen. Insbesondere bei der notwendigen Begutachtung der Personen, die der Begehung von Staatsverbrechen verdächtig sind, zeigt sich, daß die psychiatrische

---

176 Brief von Professor Ochernal an die Autorin vom April 1995, S. 10–12.
177 Ebenda, S. 5.

Klinik in Waldheim nicht in der Lage ist, die Gutachten in der strafprozessual gebotenen möglichst kurzen Frist zu erstatten."[178]

Dieses Schreiben enthält mehrere interessante Informationen. Zum einen fungierte das dem DDR-Gesundheitsministerium unterstellte Krankenhaus für Psychiatrie Waldheim im Herbst 1964 immer noch als die zentrale Stelle der DDR für gerichtspsychiatrische Begutachtungen von Untersuchungsgefangenen einschließlich politischer Häftlinge des MfS. Zweitens gab es dort häufig Verzögerungen bei der Erstellung gerichtspsychiatrischer Gutachten, und zwar insbesondere bei der Begutachtung von Gefangenen, „die der Begehung von Staatsverbrechen verdächtig" waren. Das schien jedoch keinen neuerlichen politischen Verdacht gegenüber Dr. Kuniß, etwa dem einer gezielten Verschleppung, auszulösen. Jedenfalls wurde ein solcher Verdacht in dem Schreiben des Generalstaatsanwalts nicht geäußert. Statt dessen war vielmehr die Rede von einer „Überbelastung der Gutachter".[179]

Zur Änderung dieses „unbefriedigenden Zustandes" schlug der Generalstaatsanwalt vor, „die psychiatrische Begutachtung strafverdächtiger Personen in einem möglichst zentral gelegenen Objekt (evtl. Wuhlgarten) zu konzentrieren". Die zentrale Lage bezog sich offenkundig auf Berlin, denn „Wuhlgarten" ist die alte Bezeichnung für das 1968 nach Wilhelm Griesinger benannte psychiatrische Großkrankenhaus in Berlin-Biesdorf.[180]

Der Generalstaatsanwalt schickte das zitierte Schreiben mit der Bitte zur Entsendung von „Bevollmächtigten" zur Beratung des Problems nicht nur an den Gesundheitsminister, sondern auch an die Minister des Innern und für Staatssicherheit.[181] Beraten haben wollte er vor allem die „Auswahl des [...] Objekts", die „Auswahl der die Gutachten erstattenden Ärzte" und die „Anstellungsverhältnisse der Ärzte (direkte Eingliederung in das Ministerium des Innern oder vertragliche Bindung)".[182]

In dieser Situation muß den Ministern die Anregung des Waldheimer Strafvollzugsarztes Dr. Ochernal, ein zentrales Haftkrankenhaus der DDR für Psychiatrie in Waldheim einzurichten, sehr gelegen gekommen sein, zumal sich das Vorhaben in Berlin bald als schwierig erwiesen hatte. Wie DDR-Innenminister Dickel dem „werten Genossen Mielke" im November 1965 mitteilte, ließ sich „der Vorschlag, ein zentrales Objekt für Psychiatrie

---

178 Schreiben des Generalstaatsanwalts der DDR, Streit, an den Minister für Gesundheitswesen der DDR, Sefrin, vom September 1964 o. D.; BStU, ZA, SdM 1219, Bl. 356f., hier 356.
179 Ebenda.
180 Das Krankenhaus war 1893 als „Anstalt für Epileptische Wuhlgarten bei Biesdorf" gegründet worden. 1968, anläßlich der 75-Jahrfeier der Einrichtung und zum 100. Todestag des großen deutschen Psychiaters Wilhelm Griesinger, erhielt das Städtische Krankenhaus für Psychiatrie und Neurologie Wuhlgarten bei Berlin den Namen „Wilhelm-Griesinger-Krankenhaus Berlin". Vgl. Festschrift 100 Jahre Wuhlgarten 1893–1993, S. 1.
181 Anschreiben des Generalstaatsanwalts der DDR, Streit, an den Minister für Staatssicherheit, Mielke, vom September 1964; BStU, ZA, SdM 1219, Bl. 355.
182 Anschreiben des Generalstaatsanwalts der DDR, Streit, an den Minister für Gesundheitswesen, Sefrin, vom September 1964; ebenda, Bl. 356–357, hier 357.

in Berlin, unter Ausnutzung von Buch oder Wuhlgarten, einzurichten, [...] auf Grund der jetzigen Auslastung dieser Objekte nicht verwirklichen."[183]

Anstelle eines in oder bei Berlin gelegenen „Objektes" favorisierte Dickel, den zwischenzeitlich offenkundig der Vorschlag Ochernals erreicht hatte, Waldheim. Der Innenminister teilte seinem Kollegen von der Staatssicherheit mit, daß in einem zentralen Haftkrankenhaus für Psychiatrie in der Strafvollzugsanstalt Waldheim sowohl psychiatrische Untersuchungen von männlichen und weiblichen Untersuchungshäftlingen und Strafgefangenen als auch eine medizinisch-therapeutische Behandlung psychisch erkrankter Strafgefangener beider Ministerien möglich wäre.[184]

Mielke ließ den Vorschlag im MfS prüfen. Aus der für Untersuchungen in Strafsachen zuständigen Hauptabteilung IX bekam er folgende Auskunft:

„Nach eingehender Überprüfung der vorhandenen Möglichkeiten teile ich Ihnen im Einverständnis des Leiters der Hauptabteilung IX, Gen. Oberst Heinitz, mit, daß wir die Errichtung eines psychiatrischen Haftkrankenhauses in Waldheim zur Gewährleistung von psychiatrischen Begutachtungen sowie zur Aufnahme erforderlicher therapeutischer Fälle unterstützen.
Der Generalstaatsanwalt der DDR hat dem Minister des Innern bereits seine Zustimmung erteilt, da der vom Minister des Innern vorgesehene Weg die einzige Möglichkeit ist, um eine sofortige Veränderung herbeizuführen."[185]

Daraufhin erklärte sich Mielke „mit der angestrebten Lösung einverstanden".[186]

Die von Ochernal angeregte und nach Zustimmung des Generalstaatsanwalts der DDR sowie der Minister des Innern, für Staatssicherheit und für Gesundheitswesen verwirklichte Lösung beinhaltete einen Objekttausch in Waldheim, bei dem das auf dem Gelände der Strafvollzugsanstalt gelegene, jedoch zum staatlichen Gesundheitswesen gehörende Krankenhaus für Psychiatrie in die Räumlichkeiten des außerhalb des Strafvollzugsanstalt gelegenen Haftkrankenhauses umzog und umgekehrt. Da beide Krankenhäuser eine ähnliche Kapazität von ungefähr 200 bis 250 Betten hatten, wurde der Wechsel im Jahre 1966 ohne Umbauten vollzogen.

Dr. Kuniß blieb Chefarzt des Krankenhauses für Psychiatrie und Dr. Ochernal wurde Chefarzt der neuen Psychiatrie im Strafvollzug. Rückblickend schildert er die schrittweise Umstrukturierung des Haftkrankenhauses:

---

183 Schreiben des Ministers des Innern und Chefs der Deutschen Volkspolizei, Generaloberst Dickel, an den Minister für Staatssicherheit, Generaloberst Mielke, vom 8.11.1965; BStU, ZA, SdM 1166, Bl. 161f., hier 162.
184 Ebenda, Bl. 161.
185 Schreiben von Major Lohmann, HA IX, an Major Filin, Rechtsstelle des MfS, vom 18.1.1966; ebenda, Bl. 163.
186 Schreiben von Mielke an Innenminister Dickel vom 31.1.1966; ebenda, Bl. 160.

„Nach der vollzogenen Basisentwicklung der Psychiatrie im Strafvollzug Waldheim, (es waren nun auch weibliche Untersuchungs- und Strafgefangene hinzugekommen, mehrere junge Psychiater wurden eingestellt, Pfleger und Pflegerinnen wurden für die psychiatrischen Aufgaben in zivilen Einrichtungen ausgebildet, ein modernes EEG-Gerät wurde installiert usw.), konnte sich die Psychiatrie im Strafvollzug 1966, nachdem die Tuberkulosefälle nach Leipzig verlegt waren, endlich als 'Haftkrankenhaus für Psychiatrie' [...] bezeichnen.

Die nahezu ertrotzten Besonderheiten in der besseren Unterbringung, Verpflegung, Freizeitbeschäftigung, Radio und Fernsehen, Bekleidung und Behandlung der Patienten waren oft nach wie vor Zankapfel zwischen den Vertretern eines militärisch disziplinierten 'Erziehungsstrafvollzuges' und den Ärzten [...]."[187]

Daß dieses Haftkrankenhaus für Psychiatrie auf ärztliche Initiative hin eingerichtet wurde, ist unter anderem daran erkennbar, daß die entsprechende „Instruktion" der übergeordneten Behörde erst im Oktober 1967 nachgeschoben wurde, als die Einrichtung längst im Betrieb war. Der Leiter der Verwaltung Strafvollzug konstatierte in seiner „Instruktion Nr. 10/67" die bereits erfolgte Eröffnung und traf Regelungen „zur Gewährleistung eines einheitlichen Verfahrensweges über die Aufnahme in das Haftkrankenhaus für Psychiatrie".[188]

Aufgenommen werden sollten erstens „psychisch abnorme Strafgefangene zur Feststellung der weiteren Haftfähigkeit", zweitens „Untersuchungshäftlinge zur psychiatrischen Begutachtung, die aus Sicherheitsgründen nicht in ein Krankenhaus für Psychiatrie des staatlichen Gesundheitswesens eingeliefert werden können", drittens „psychisch abnorme Strafgefangene zur längeren Unterbringung, denen eine Unterbrechung des Vollzuges der Freiheitsstrafe nicht gewährt werden kann" und viertens „Arbeitspflichtige[189] zur psychiatrischen Begutachtung".[190]

In der Instruktion wurde darauf hingewiesen, daß Anträge zur Aufnahme von Strafgefangenen oder Arbeitspflichtigen vom Leiter der jeweiligen

---

187 Ochernal: Die psychiatrischen Einrichtungen in Waldheim, Manuskript vom 9.3.1992, 10 Seiten, hier S. 6 f.
188 Instruktion 10/67 des Leiters der Verwaltung Strafvollzug im MdI vom 2.10.1967 „über die psychiatrische Beobachtung und Begutachtung von männlichen und weiblichen Strafgefangenen, Arbeitspflichtigen und Untersuchungshäftlingen", 3 Seiten; BStU, ZA, DSt 201695.
189 Als „Arbeitspflichtige" wurden solche Gefangenen bezeichnet, die auf Grund der „Verordnung über Aufenthaltsbeschränkung vom 24.8.1961" gerichtlich verpflichtet worden waren, „eine bestimmte Arbeit aufzunehmen." Gemäß § 3 dieser Verordnung war das möglich, „ohne daß die Verletzung eines bestimmten Strafgesetzes vorliegt" (!), wenn durch das Verhalten der betreffenden Personen „der Allgemeinheit oder dem einzelnen Gefahren entstehen oder die öffentliche Sicherheit und Ordnung bedroht ist". (GBl der DDR II, Nr. 55, S. 343).
190 Ebenda, S. 1 f.

Vollzugseinrichtung mit einer Begründung direkt an den Chefarzt des Haftkrankenhauses zu richten seien. Ferner wurde betont, daß „die Antragstellung zur nervenärztlichen Begutachtung von Untersuchungshäftlingen, die in das Haftkrankenhaus für Psychiatrie eingewiesen werden" sollten, gemäß Strafprozeßordnung nur vom Staatsanwalt bzw. dem Gericht, also nicht vom Untersuchungsorgan, vorgenommen werden durfte.

Wie Innenminister Dickel bereits 1965 in seinem Brief an Mielke vorausgesagt hatte, führte „der schrittweise Aufbau und die damit verbundene erhebliche Erweiterung der Kapazität" des psychiatrischen Haftkrankenhauses in Waldheim dazu, „daß psychiatrische Untersuchungen in öffentlichen Einrichtungen des staatlichen Gesundheitswesens nicht mehr bzw. nur noch in geringem Umfang erfolgen."[191]

Das betraf vor allem das von Dr. Kuniß geleitete Krankenhaus für Psychiatrie Waldheim, das – als Einrichtung des staatlichen Gesundheitswesens – bis 1966 für psychiatrische Untersuchungen von Gefangenen der Ministerien des Innern und der Staatssicherheit genutzt worden war. Aus den Unterlagen dieses Krankenhauses ist ein deutlicher Rückgang der MfS-Einweisungen ab Mitte der sechziger Jahre zu erkennen, während umgekehrt proportional dazu die Zahl der für das MfS erstellten Gutachten in dem von Dr. Ochernal geleiteten psychiatrischen Haftkrankenhaus zunahm:

*Einweisungen von MfS-Häftlingen in den beiden Waldheimer Einrichtungen*

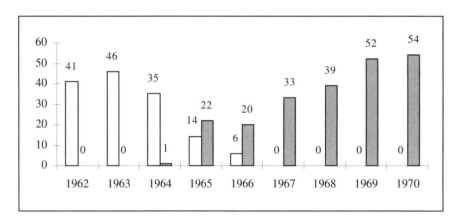

Weiße Säulen: Krankenhaus für Psychiatrie (Dr. Kuniß); graue Säulen: Haftkrankenhaus für Psychiatrie (Dr. Ochernal)

---

191 Schreiben von Dickel an Mielke vom 8.11.1965; BStU, ZA, SdM 1166, Bl. 161f., hier 162.

Nachdem 1968 in der DDR mit dem neuen Strafrecht auch das Gesetz über die Einweisung in stationäre Einrichtungen für psychisch Kranke (Einweisungsgesetz) verabschiedet war, gaben der Generalstaatsanwalt, der Innen- und der Gesundheitsminister der DDR im September 1969 eine gemeinsame Anweisung heraus, daß innerhalb des Haftkrankenhauses für Psychiatrie Waldheim eine Einrichtung extra für politisch besonders bedeutende psychisch Kranke im Zusammenhang mit Strafverfahren zu schaffen sei:

„1. Personen, die im Zusammenhang mit einem Strafverfahren (Ermittlungsverfahren, Gerichtsverfahren) in eine stationäre Einrichtung für psychisch Kranke eingewiesen werden müssen, bedürfen bei besonderen Geheimnisträgern oder aus anderen Gründen der Gewährleitung der Sicherheit des Staates besonderer Maßnahmen hinsichtlich einer qualifizierten medizinischen Betreuung und der gesicherten Unterbringung in einer stationären Einrichtung für psychisch Kranke.
2. Eine solche gesicherte stationäre Einrichtung des Gesundheitswesens für psychisch Kranke im Sinne des § 2 des Gesetzes über die Einweisung in stationäre Einrichtungen für psychisch Kranke ist aus der vorhandenen Kapazität des Haftkrankenhauses für Psychiatrie Waldheim [...] neu einzurichten."[192]

Es erscheint widersinnig, daß im psychiatrischen Haftkrankenhaus, das wie der gesamte Strafvollzug dem Ministerium des Innern unterstand, eine Einrichtung des Gesundheitswesens im Sinne von § 2 des Einweisungsgesetzes etabliert werden sollte, zumal nebenan ein Krankenhaus für Psychiatrie des staatlichen Gesundheitswesens existierte. Vermutlich wollte man bewußt die strengeren Sicherheitsvorkehrungen des Haftkrankenhauses nutzen, aus dem kein Patient auf ärztliche Entscheidung hin beurlaubt werden und entweichen konnte, wie das in dem von Dr. Kuniß geleiteten Krankenhaus hin und wieder vorkam. Da aber das DDR-Einweisungsgesetz eine Einrichtung des Gesundheitswesens für die Aufnahme zwangseingewiesener psychisch Kranker vorschrieb, erklärten die Minister in ihrer gemeinsamen Anweisung die neu zu schaffende Station für prominente psychisch Kranke kurzerhand zu einer Einrichtung des Gesundheitswesens, obwohl sie sich innerhalb des Haftkrankenhauses und damit des Strafvollzuges befinden sollte.

Vor dem Hintergrund dieses Widerspruches sind auch die weiteren Festlegungen der „gemeinsamen Anweisung" zu verstehen. Die Minister bestimmten, daß diese Einrichtung verwaltungsmäßig und räumlich von den anderen Abteilungen des Haftkrankenhauses getrennt werden sollte, daß ent-

---

192 Gemeinsame Anweisung des Generalstaatsanwaltes der DDR, Dr. Streit, des Ministers des Innern und Chefs der Deutschen Volkspolizei, Dickel, und des Staatssekretärs im Ministerium für Gesundheitswesen, Prof. Dr. med. habil. Mecklinger, vom 24.9.1969, bezüglich einer „Einrichtung für psychisch Kranke", 3 Seiten, hier S. 1; BStU, ZA, DSt 201409.

sprechende Räumlichkeiten bereitgestellt werden sollten, die sich zu einem einheitlichen Bereich zusammenfassen ließen, daß die Betreuung und Verpflegung der dortigen Patienten „nach den Normen des Gesundheitswesens" erfolgen sollte und daß eine „fachärztliche Betreuung", aber „gesondertes Pflegepersonal" und eine „erhöhte Ordnung und Sicherheit" zu gewährleisten seien. Außerdem wurde angewiesen, „gegenseitige Erfahrungsaustausche" und „gegenseitige Unterstützung" mit dem von Dr. Kuniß geleiteten Krankenhaus für Psychiatrie „zu entwickeln und durchzuführen".[193] Der entscheidende Punkt war jedoch der, daß „die medizinisch-fachliche Dienstaufsicht über diesen neu zu schaffenden Bereich im Haftkrankenhaus für Psychiatrie" Waldheim „unmittelbar durch den zuständigen Stellvertreter des Ministers für Gesundheitswesen oder dessen Beauftragte wahrgenommen"[194] werden sollte.

An den Dienststellungen der Personen, denen die gesetzlich vorgeschriebenen Entscheidungen vorbehalten wurden, ist nicht zuletzt auch zu erkennen, wie hoch angebunden die neue Einrichtung sein sollte. Anordnungen zur befristeten Einweisungen von psychisch Kranken gemäß § 6 des Einweisungsgesetzes bis zu einer Dauer von sechs Wochen, die im Notfall jeder approbierte Arzt in der DDR vornehmen konnte, hätten der Anweisung zufolge „ausschließlich der zuständige Stellvertreter des Ministers für Gesundheitswesen bzw. dessen Beauftragte" treffen dürfen. Analog dazu sollten unbefristete Einweisungen psychisch Kranker in die neue Einrichtung gemäß § 11 des DDR-Einweisungsgesetzes „ausschließlich auf Antrag des zuständigen Stellvertreters des Generalstaatsanwalts bzw. des von ihm beauftragten Staatsanwalts oder auf Antrag des zuständigen Stellvertreters des Ministers für Gesundheitswesen, seiner Beauftragten bzw. des Leiters dieser Einrichtung" erfolgen.[195]

Innerhalb des MfS wurde die gemeinsame Anweisung des Generalstaatsanwaltes, des Innen- und des Gesundheitsministers vom 24. September 1969 als „vertraulich zu behandelnde" Sache durch die Hauptabteilung IX an die Leiter der Abteilungen IX der Bezirksverwaltungen versandt.[196] Im Anschreiben der Hauptabteilung IX vom 11. November 1969 ist formuliert, daß durch die gemeinsame Anweisung „die rechtliche Grundlage geschaffen" sei für die psychiatrische Unterbringung bestimmter Personen „in einem besonders gesicherten Objekt". Voraussetzung für eine Einweisung sei, daß es sich um Personen wie zum Beispiel besondere Geheimnisträger handle, bei denen die Gewährleistung der Sicherheit im Vordergrund stehe. Es wurde betont, daß das Ziel der Einweisung eine stationäre Unterbringung

---

193 Ebenda, S. 2.
194 Ebenda, S. 3.
195 Ebenda, S. 2.
196 Schreiben der HA IX des MfS vom 11.11.1969 an die Leiter der Abteilungen IX der MfS-Bezirksverwaltungen; BStU, ZA, HA IX 5540, Bl. 234.

und nicht eine vorübergehende Beobachtung zum Zweck der Begutachtung darstelle und daß Einweisungen in diese Einrichtung nur im Zusammenhang mit Strafverfahren erfolgen dürften.[197]

Mitte Januar 1970 nahm Major Paroch, der damalige Abteilungsleiter der Hauptabteilung XX/1, in einem Bericht über psychiatrische Einrichtungen in der DDR Bezug auf die „gemeinsame Anweisung" des Generalstaatsanwalts, Innen- und Gesundheitsministers vom 24. September 1969 und schrieb, daß eine „gesicherte stationäre Einrichtung [...] aus der vorhandenen Kapazität des Haftkrankenhauses für Psychiatrie Waldheim neu einzurichten" sei, als habe man noch nicht einmal mit den Vorbereitungen dafür begonnen. Paroch machte Bedenken geltend, daß in die für Waldheim vorgesehene Einrichtung nur psychisch Kranke im Zusammenhang mit einem Ermittlungs- oder Gerichtsverfahren eingewiesen werden könnten. „Entsprechend den politisch-operativen Erfordernissen" halte er es vielmehr für „notwendig, über das Ministerium für Gesundheitswesen eine Einrichtung für psychisch Kranke aus vorhandenen Kapazitäten zu schaffen, in die die Einweisung besonderer Personenkategorien erfolgen" könne.[198]

Mitte September 1970 war noch keine Entscheidung über den Standort der geplanten Einrichtung gefallen. Der Rechtsbeauftragte in der Hauptabteilung IX, Oberstleutnant Konrad Lohmann, erklärte sich zu der zitierten Anregung Parochs für unzuständig. Er stellte fest, daß „die Einrichtungen für psychiatrisch Kranke" in der DDR „ausschließlich dem Ministerium für Gesundheitswesen" unterstehen und nicht in den Zuständigkeitsbereich der Justiz gehören. Die Hauptabteilung IX verfüge nicht „über entsprechende Verbindungen zum Ministerium für Gesundheitswesen", so daß die weitere Klärung von praktischen Fragen zur Einrichtung der angestrebten Einrichtung für besondere psychisch Kranke von der Hauptabteilung XX herbeigeführt werden müsse.[199]

In den MfS-Unterlagen wurden keine weiteren Dokumente zu der geplanten Einrichtung für psychisch Kranke aufgefunden. Das spricht dafür, daß die „gemeinsame Anweisung" des Generalstaatsanwalts, des Innen- und des Gesundheitsministers der DDR vom 24. September 1969 weder in Waldheim noch an einem anderen Ort umgesetzt worden ist.[200]

---

197 Ebenda.
198 Bericht des Abteilungsleiters Major Paroch der HA XX/1 des MfS vom 15.1.1970 über psychiatrische Einrichtungen in der DDR, 13 Seiten; BStU, ZA, HA XX 479, Bl. 333–345, hier insbesondere Bl. 342–345.
199 Stellungnahme von Oberstleutnant Lohmann, HA IX des MfS, vom 16.9.1970, zu den Vorschlägen der HA XX/1 vom 15.9.1970 betreffs psychiatrischer Einrichtungen in der DDR, 1 Seite; BStU, ZA, HA XX 479, Bl. 332.
200 Das entspricht auch der übereinstimmenden Auskunft von Professor Ochernal, Berlin, und Dr. Hillmann, Waldheim, daß es jedenfalls in Waldheim einen solchen Sonderbereich nicht gegeben habe.

## 4.3.4. Zum psychiatrischen Haftkrankenhaus Waldheim

1973 erhielt Dr. Ochernal einen Ruf als Professor an die Humboldt-Universität Berlin. Ochernal selbst sagt, er sei von Waldheim „weggelobt" worden. Nach seinem Weggang habe die Strafvollzugsverwaltung die Aufgaben des von ihm aufgebauten psychiatrischen Haftkrankenhauses Waldheim wie die Begutachtung von Untersuchungsgefangenen, obwohl er sich entschieden dagegen ausgesprochen hätte, dem baulich und personell dafür weniger geeigneten Haftkrankenhaus Meusdorf bei Leipzig übertragen, während im „zentralen Haftkrankenhaus Waldheim" hinfort nur noch psychisch gestörte Straftäter im Maßregelvollzug betreut werden durften.[201]

Unfreiwillig ist Ochernal sicherlich nicht von Waldheim nach Berlin gegangen, denn er hatte sich zuvor habilitiert[202] und demnach eine Universitätskarriere durchaus angestrebt. Zutreffend ist aber wohl die Feststellung, daß nach seinem Weggang in Waldheim vieles von dem, was er durch sein Engagement für eine humane und qualifizierte Häftlingsbetreuung erreicht hatte, abgebaut und das Profil der Einrichtung geändert wurde. Paradoxerweise hatte Ochernal mit seiner Habilitationsschrift die Grundlage für die Veränderungen geliefert, indem er darin auf die Probleme von psychisch gestörten Gefangenen im normalen Strafvollzug und die Notwendigkeit einer gesonderten Betreuung aufmerksam machte. Die Verwaltung Strafvollzug nutzte die Gelegenheit, einige der mühsam erkämpften liberaleren Haftbedingungen in Waldheim, die ihr schon lange ein Dorn im Auge waren, zurückzustutzen. Äußerlich war das beispielsweise daran erkennbar, daß das medizinische Personal nun Uniformen tragen mußte. Gegen die jüngeren Ärzte, die mit Ochernal zusammen die psychiatrische Strafvollzugsabteilung Waldheim aufgebaut und bis dahin den Standpunkt vertreten und durchgehalten hatten, „Psychiatrie in Uniform" sei nicht machbar, setzten sich nun andere, weniger qualifizierte Kräfte durch, die das Gegenteil behaupteten.[203] Nicht zufällig wurde ein typischer Vertreter der „Psychiatrie in Uniform" Chefarzt der neueröffneten psychiatrischen Abteilung im Leipziger Haftkrankenhaus, worauf an späterer Stelle noch eingegangen wird. In einer 1990 veröffentlichten Broschüre über „Gesundheitsfürsorge im Strafvollzug" der DDR ist die etwas verkürzte Zusammenfassung dieser Entwicklung zu lesen, daß die „damalige Verwaltung Strafvollzug" das wachsende Problem der den Regelstrafvollzug durch ihre Verhaltensweisen erheblich störenden psychisch abnormen Straftäter „ohne Konsultation von Fachexperten" „gelöst" habe, „indem sie anwies, daß im Haftkrankenhaus Waldheim

---

201 Vgl. Briefliche Mitteilung von Dr. Ochernal an die Autorin vom April 1995.
202 Manfred Ochernal: Die Aufgaben der Psychiatrie im Strafvollzug der DDR, Dissertation B zur Erlangung des akademischen Grades Dr. sc. med., Berlin 1970.
203 Mitteilung von Dr. Hillmann, der seit 1966 in Waldheim unter Leitung von Dr. Ochernal psychiatrisch tätig war und noch heute als Arzt in der Justizvollzugsanstalt Waldheim arbeitet, an die Autorin im Frühjahr 1997.

ausschließlich psychisch abnorme Straftäter unterzubringen sind, und daß die bis dahin stationär betreuten psychiatrischen und neurologischen Patienten auf der 1974 im Haftkrankenhaus Leipzig zu eröffnenden psychiatrisch-neurologischen Abteilung behandelt werden."[204]

Das bisherige „Zentrale Haftkrankenhaus Waldheim" sei zur „Speziellen Strafvollzugsabteilung Waldheim" umgewidmet worden und habe „ohne jegliche konzeptionelle Grundlage [...] völlig neue Aufgaben" erhalten. Die „damalige Verwaltung Strafvollzug" habe die Auffassung vertreten, „„daß die dort untergebrachten (abnormen) Inhaftierten keinem Krankenhausmilieu unterliegen sollten, obwohl bis zu dieser Zeit sieben Psychiater, ein Psychologe und 66 medizinische Fachkräfte tätig" gewesen seien.[205]

Über die – wie der gesamte Strafvollzug dem Ministerium des Innern der DDR unterstehende – psychiatrische Abteilung in Waldheim gibt es in den MfS-Unterlagen keinen eigenen Aktenbestand. Die ermittelten personenbezogen Akten sprechen dafür, daß die Überwachung dieser Einrichtung durch die MfS-Kreisdienststelle Döbeln ähnlich organisiert war wie die anderer Krankenhäuser und Betriebe in der DDR. So gab es unter den Bediensteten des Strafvollzuges wie auch unter den Gefangenen etliche inoffizielle Mitarbeiter des MfS. In der psychiatrischen Abteilung scheinen es eher weniger als in der übrigen Haftanstalt gewesen zu sein.[206] Der aus den MfS-Akten erkennbare Inhalt ihrer inoffiziellen Tätigkeit unterscheidet sich kaum von den Aufträgen, die inoffiziellen Mitarbeitern in zivilen Krankenhäusern von ihren Führungsoffizieren gestellt wurden. Das heißt, es ging überwiegend um die Überwachung der eigenen Kollegen, wie die nachfolgend referierten und aufeinander bezogenen Akten eines von der MfS-Kreisdienststelle Döbeln als IM geführten und eines „operativ bearbeiteten" Psychiaters der „speziellen Strafvollzugsabteilung Waldheim" zeigen.

Bei dem IM handelt es sich um den Psychiater Dr. Kurt Scheppan, der von 1977 bis 1988 in der psychiatrischen Abteilung des Strafvollzuges Waldheim arbeitete und von 1982 bis 1989 von der regionalen MfS-Kreisdienststelle als IMS „Georg" geführt wurde. In der „Abschlußbeurteilung", die MfS-Hauptmann Leibscher am 1. Februar 1989 über den IMS „Georg" anläßlich der Übergabe des IM an eine andere Kreisdienststelle schrieb, heißt es, „die Hauptaufgabe des IM" habe „in der Absicherung des medizinischen Personals unter S[traf]V[ollzugs]-Angehörigen in der speziellen Abteilung der StVE [Strafvollzugseinrichtung] Waldheim" bestanden. „Insbesondere" sei er „zur Absicherung und Kontrolle des in der OPK 'Ganove'

---

204 Arbeitsgruppe Sachsen im Auftrage der Vereinigung der Leiter der Einrichtungen des Strafvollzuges der DDR e. V. (Hrsg.): Gesundheitsfürsorge im Strafvollzug, Radebeul 1990, S. 39.
205 Ebenda.
206 Diese Einschätzung beruht vor allem auf den bis zum Herbst 1989 geführten Akten der KD Döbeln, die alle im September 1990, sofern sie Waldheim betrafen, in der vormaligen MfS-Untersuchungshaftanstalt in Leipzig durchgesehen wurden.

bearbeiteten Dr. Hillmann" verwendet worden. Ferner habe man ihn auch „zur Klärung der Frage 'Wer ist Wer' unter Strafgefangenen eingesetzt."[207] Teil II der IM-Akte enthält eine Vielzahl von Berichten der Führungsoffiziere Ulrich Tauscher und Axel Leibscher über Treffen mit dem IMS „Georg", die anfänglich „in einem speziellen Zimmer des Rathauses Waldheim"[208] und später meist in der KW „Zahnarzt"[209] stattfanden, und in denen es inhaltlich meist um Kollegen und manchmal um Strafgefangene ging. Besonders häufig hatte „Georg" über Dr. Hillmann zu berichten, wobei ihm die Erfüllung des MfS-Auftrages offenkundig Mühe bereitete, „zur OPK-Person einen vertraulichen Kontakt herzustellen".[210]

Die Operative Personenkontrolle (OPK) gegen Dr. Hillmann war aufgrund der Beobachtung eingeleitet worden, daß der Arzt und seine Familie ihren Sommerurlaub 1980 in Ungarn zusammen mit einer befreundeten westdeutschen Familie verbracht hatte. Die MfS-Wächter wollten prüfen, was es mit dieser Verbindung in den Westen auf sich hat und ob auf diesem Wege „geheimzuhaltende Informationen übermittelt werden". Ziel der operativen Aufklärung des Psychiaters sollte seine eventuelle „Herauslösung" aus dem Bereich des Ministeriums des Innern (MdI) sein.[211] Im „Einleitungsbericht" zur OPK „Ganove" heißt es über den Arzt, er sei Oberstleutnant des MdI im Strafvollzug und schon seit 1966 im psychiatrischen Haftkrankenhaus tätig. Die MfS-Offiziere schätzten ein, „daß er wie die anderen Ärzte dieses Bereiches seine Aufgaben nicht umfassend erfüllt". Dies wurde darauf bezogen, daß die ärztliche Betreuung der Strafgefangenen nicht aktiv auf die Wiederherstellung der Haftfähigkeit gerichtet sei. Wie sein Chef, Dr. Stöber, würde auch Dr. Hillmann sich im Haftkrankenhaus nicht wie ein Angehöriger des Strafvollzuges bewegen, sondern „seine Verantwortung nur im Rahmen seiner medizinischen Aufgabenstellung" sehen. Wegen dieser Dienstauffassung der Psychiater würden „insgesamt zeitweilige Gefährdungen der Sicherheit in der speziellen Strafvollzugsabteilung auftreten". Seit Jahren kursiere das Gerücht in der Strafvollzugsanstalt, daß von Dr. Hillmann und den anderen Ärzten „der Dienst mit der Waffe abgelehnt worden sei".

---

207 Abschlußbeurteilung des IMS „Georg" durch Hauptmann Liebscher, KD Döbeln, vom 1.2.1989; BStU, ASt Leipzig, MfS-Registriernummer XIII 90/82, Teil I, Bd. 1, Bl. 243.
208 Vgl. Berichte über die Treffen mit dem IMS „Georg" am 2. und 16.4., am 18.6.und 12.7.1982, IM-Akte „Georg", Teil II, Bd. 1, Bl. 4–13.
209 KW „Zahnarzt": „Konspirative Wohnung" neben dem Zahnbehandlungszimmer innerhalb der Strafvollzugseinrichtung Waldheim. Der inoffizielle Mitarbeiter, der den MfS-Offizieren die konspirative Nutzung dieses Raumes ermöglichte (IMK/KW), war der Krankenpfleger Christian S., dessen offizielle Aufgabe u. a. darin bestand, Strafgefangene zu den verschiedenen Ärzten zu bestellen und zu begleiten. Das nutzte er inoffiziell aus, um den MfS-Offizieren die IM unter den Strafgefangenen zuzuführen. Vgl. BStU, ASt Leipzig, IMK/KW-Akte „Zahnarzt", MfS-Registriernummer XIII 597/79.
210 Überarbeitete Einsatzkonzeption der KD Döbeln vom 4.2.1985 für den IMS „Georg" zur Bearbeitung der OPK „Ganove", IM-Akte „Georg", Teil I, Bd. 1, Bl. 236 f. hier 236.
211 OPK „Ganove"; BStU, ASt Leipzig, MfS-Registriernummer XIII 986/85, 2 Bde, AOPK 1864/92.

Dies sei zwar nie konkret nachgewiesen worden, „entspräche jedoch der ideologischen Position des Dr. H.", mutmaßte Oberleutnant Tauscher in dem von Major Schade gegengezeichneten Einleitungsbericht zur OPK „Ganove".[212] Gegen Dr. Hillmann hatte das MfS bereits Ende der siebziger Jahre operative Ermittlungen eingeleitet, nachdem festgestellt worden war, daß er Telefonate von einem ehemaligen Strafgefangenen aus dem Westen entgegengenommen hatte, „ohne dazu unmittelbar Meldung zu erstatten". Bei dem früheren Häftling habe es sich um einen westlichen Spion gehandelt, der wegen Verhaltensauffälligkeiten aus dem Strafvollzug in Bautzen nach Waldheim in das psychiatrische Haftkrankenhaus verlegt worden war. Dr. Hillmann habe sich mit dem Häftling gut verstanden und habe ihn Fachliteratur übersetzen lassen.[213] Der Leiter der Strafvollzugsanstalt Bautzen II, Hauptmann Pokorny, hatte 1966 in einem zweiseitigen Schreiben auf die besonders intensive Feindtätigkeit, die Unbelehrbarkeit und Gefährlichkeit dieses Häftlings und außerdem darauf hingewiesen, „daß der Strafgefangene V[...] nach erfolgter Behandlung wieder in die StVA Bautzen II zurückzuverlegen ist."[214] Dies vermieden die Psychiater. In dem von Dr. Ochernal und Hillmann unterzeichneten ärztlichen Abschlußbericht wurde betont, daß „eine Haftfähigkeit nur im Rahmen unserer Einrichtung zu bestätigen" gewesen sei, „deswegen wurde V. bis zu seiner am 10. Juli 1969 erfolgten Verlegung nach Westdeutschland hierbehalten und vorwiegend arbeitstherapeutisch zu beeinflussen versucht."[215] Dieser ehemalige Häftling hatte Weihnachten 1978 Dr. Hillmann zu Hause angerufen, das Gespräch war abgehört und der Psychiater disziplinarisch zur Verantwortung gezogen worden. In seiner „disziplinaren Befragung" versuchte sich der Arzt auf seine fachliche Zuständigkeit herauszureden. Er sei in „Kenntnis der Persönlichkeit des V[...] und seines psychiatrischen Zustandes [...] als Facharzt für Neurologie und Psychiatrie auf das Gespräch des V[...] eingegangen", letztendlich nur, um weitere Anrufe zu verhindern. Er habe in dem Anrufer in erster Linie den ehemaligen Patienten gesehen und erst später sei ihm bewußt geworden, „daß es sich bei V[...] um einen BRD-Bürger handelt."[216]

---

212 Einleitungsbericht vom 21.3.1981, OPK „Ganove", Bd. 1, Bl. 5–7 hier 5.
213 Ebenda, Bl. 5–6. Dies wurde 1993 in einem Gespräch von dem ehemaligen Häftling bestätigt. Er sei im psychiatrischen Haftkrankenhaus Waldheim gut behandelt und während seines dreijährigen Aufenthaltes dort überwiegend damit beschäftigt worden, psychiatrische Fachliteratur, beispielsweise mehrere Bände „Psychiatrie der Gegenwart", aus dem Englischen ins Deutsche zu übersetzen.
214 Schreiben des Leiters der Strafvollzugsanstalt Bautzen II, Hauptmann Pokorny, an die Psychiatrie in der Strafvollzugsanstalt Waldheim vom 22.7.1966. Dieses Schreiben übergab der Betroffene am 27.2.1992 „Herrn Prof. Ochernal mit besten Grüßen und herzlichem Dank. Sie waren es mit ihrem Ärzteteam, die mich vor dem Weg zurück in Ulbrichts Privatzuchthaus bewahrten". 1993 übergab der Betroffene der Autorin ebenfalls eine Kopie des Schreibens.
215 Ärztlicher Abschlußbericht vom 8.8.1969, OPK „Ganove", o. Pag.
216 „Disziplinare Befragung des Genossen Oberstleutnant des Strafvollzuges im Ministerium des Innern Dr. Hillmann" vom 10.1.1979, OPK „Ganove", S. 2.

Das Verhalten des Psychiaters auch in dieser für ihn prekären Situation war nicht dazu angetan, das gegen ihn geweckte Mißtrauen der für die Sicherheit des Strafvollzuges und des Staates zuständigen Genossen zu beschwichtigen. Seine „operative" Überwachung, in die seine Familie mit einbezogen wurde, war im Herbst 1989 noch nicht abgeschlossen.[217] Die in der „Operativen Personenkontrolle (OPK)" enthaltenen Einschätzungen des Psychiaters und seiner Kollegen in der speziellen Vollzugsabteilung im Waldheimer Gefängnis durch die MfS-Kreisdienststelle Döbeln weisen darauf hin, daß auch nach Ochernals Weggang aus Waldheim ein eher patientenfreundliches Binnenklima das psychiatrische Haftkrankenhaus prägte, das im Widerspruch zu den disziplinierenden Sicherheitsaspekten des Strafvollzuges stand.

### 4.3.5. Zur Abteilung Waldheim der Nervenklinik Hochweitzschen in den siebziger Jahren

Das Krankenhaus für Psychiatrie in Waldheim wurde in den siebziger und achtziger Jahren von Dr. med. Wilhelm Poppe[218] geleitet. Poppe war 1965 im Alter von 33 Jahren ärztlicher Direktor der Nervenklinik Hochweitzschen-Westewitz geworden und galt jahrelang als jüngster Direktor eines psychiatrischen Großkrankenhauses in der DDR. Ende der sechziger Jahre, als der ärztliche Leiter des Krankenhauses für Psychiatrie Waldheim, der alte Dr. Kuniß, krankheitsbedingt aus dem Berufsleben ausschied, wurde Dr. Poppe zusätzlich die Verantwortung für die Waldheimer Einrichtung übertragen. Sie wurde als Abteilung in die von Poppe geleitete Nervenklinik Hochweitzschen eingegliedert[219] und blieb es bis 1990.

In den ersten Jahren seiner ärztlichen Leitungstätigkeit scheint Dr. Poppe einige positive Veränderungen in der psychiatrischen Versorgung bewirkt zu haben. Ein Antrag auf Genehmigung eines Einzelvertrages, der ihm finanzielle und andere Privilegien zusicherte, wurde am 18. Juni 1971 wie folgt begründet:

---

217 Die OPK „Ganove" gehörte zu den im Herbst 1989 noch „laufenden" Vorgängen der KD Döbeln, die 1990 in der vormaligen MfS-Untersuchungshaftanstalt Leipzig gefunden wurden.
218 Wilhelm Poppe (Jg. 1932), Dr. sc. med., Landarbeitersohn aus Langensalza in Thüringen, 1951 Abitur, 1951–56 Medizinstudium in Jena, 1957–61 Facharztausbildung Neurologie und Psychiatrie, 1960–62 Oberarzt und 1962–63 Chefarzt im Bezirksfachkrankenhaus für Psychiatrie und Neurologie des Bezirkes Erfurt in Mühlhausen, 1963–65 Chefarzt im Bezirksfachkrankenhaus für Psychiatrie und Neurologie des Bezirkes Dresden in Arnsdorf, 1965–90 ärztlicher Direktor der Nervenklinik Hochweitzschen-Westewitz und Chefarzt der forensisch-psychiatrischen Abteilung Waldheim im Bezirk Leipzig, SED-Mitglied seit 1986. Vgl. IM-Akte „Seidel"; BStU, ASt Leipzig, MfS-Registriernummer XIII/551/76, AIM 1598/92, Teil I und II, je 1 Bd., hier Teil I, Bd. 1, Bl. 14–21 und Bl. 186–191.
219 Vgl. IM-Akte „Seidel", Teil I, Bl. 84 und 102.

„MR [Medizinalrat] Dr. med. Wilhelm Poppe ist seit dem 1.7.1965 als Ärztlicher Direktor der Nervenklinik Hochweitzschen [...] sehr erfolgreich tätig. In kürzester Zeit hat er in der mit der Abteilung Waldheim rund 1.500 Betten und entsprechende Fachambulanzen umfassenden Einrichtungen grundsätzliche Veränderungen herbeigeführt, die zu einer wesentlichen Verbesserung der medizinischen Arbeit führten. Er hat die Einrichtung, welche bei der Übernahme durch ihn überwiegend Anstaltscharakter trug, in den sechs Jahren seiner bisherigen Tätigkeit zu einer Fachklinik mit modernen Behandlungsmethoden entwickelt, in der die Ergebnisse der medizinischen Wissenschaft und Forschung in kürzester Frist in die Praxis überführt werden. Unter seiner Leitung wurde für die Einrichtung ein umfassender Rekonstruktionsplan [...] erarbeitet. Durch Umorganisation und Umprofilierung gelang es ihm, die Voraussetzungen für eine Intensivierung der Therapie zu schaffen [...], was unter anderem seinen [...] Ausdruck in einer wesentlichen Verkürzung der Verweildauer der psychiatrischen Patienten von 607 auf 145 Tage pro Fall [...] fand."[220]

Des weiteren wurde der Ausbau der ambulanten nervenärztlichen Versorgung außerhalb der Klinik, die Gewinnung und Ausbildung befähigter junger Fachärzte zur weiteren Qualifizierung der Patientenversorgung, ein „großes Geschick in der Menschenführung", eine Vielzahl vorwärtsweisender wissenschaftlicher Publikationen und „die überdurchschnittlichen fachlichen und Leitungsfähigkeiten" des Dr. Poppe hervorgehoben. Er sei deshalb vom Kreisarzt zum Kreispsychiater ernannt und in die Problemkommission für Psychiatrie und Neurologie des Rates für Planung und Koordinierung der medizinischen Wissenschaften beim Ministerium für Gesundheitswesen der DDR berufen worden.[221] Die dynamischen Leistungen des jungen Poppe folgten offenbar den psychiatrischen Reformvorstellungen, die 1963 in den Rodewischer Thesen zusammengefaßt worden waren. Ehrig Lange,[222] einer der wichtigsten Initiatoren des Reformprogramms von Rodewisch, war in Mühlhausen der klinische Chef und Lehrer von Poppe gewesen. Langes er-

---

220 Ausführliche Begründung des Antrages auf Genehmigung eines Einzelvertrages für Medizinalrat Dr. med. Wilhelm Poppe, 18.6.1971, IM-Akte „Seidel", Teil I, Bl. 86–89, hier 87.
221 Ebenda, IM-Akte „Seidel", Teil I, Bl. 88.
222 Ehrig Lange (Jg. 1921), Prof. Dr. sc. med., Kaufmannssohn aus dem Erzgebirge, 1939 Abitur, 1939–45 Wehrmacht, 1945–51 Medizinstudium in Jena, 1951–58 Pflichtassistenz und Facharztausbildung Neurologie und Psychiatrie an der Universitäts-Nervenklinik Jena, 1958–63 Ärztlicher Direktor des Bezirkskrankenhauses für Psychiatrie und Neurologie des Bezirkes Erfurt in Mühlhausen, ab 1963 Direktor der Nervenklinik und Ordinarius für Psychiatrie an der Medizinischen Akademie Dresden, CDU-Mitglied seit 1945. Vgl. biographische Angaben in der medizinischen Dissertation Langes über die syphilitischen Erkrankungen des zentralen Nervensystems, ihre Behandlung und deren Ergebnisse 1946–1951, Jena 1952; in seiner Habilitationsschrift über die psychischen Besonderheiten sinnesdefekter und körperlich verbildeter Menschen, Jena 1958 sowie Personalia-Mitteilung der DDR-Fachzeitschrift Psychiatrie Neurologie medizinische Psychologie 33 (1981), S. 557.

folgreiche Bemühungen um Öffnung und Humanisierung der Patientenbehandlung in Mühlhausen fiel in die Zeit der Facharztausbildung Poppes und scheint dessen Berufstätigkeit zumindest einige Jahre lang positiv geprägt zu haben. Die kollegiale Verbundenheit zwischen Dr. Poppe und dem 1963 an die Medizinische Akademie Dresden berufenen Professor Lange blieb bis Anfang der achtziger Jahre erhalten. Der wissenschaftlich ehrgeizige Poppe habilitierte sich 1976 mit einer Arbeit zur Morphologie hirnatrophischer Erkrankungen[223] und wurde 1979 als Honorardozent an die Medizinische Akademie Dresden berufen.

Zwischen dieser sicherlich maßgeblich von Professor Lange mitbestimmten Berufung Poppes und den im Juni 1990 getroffenen Feststellungen der „Sachverständigenkommission zur Prüfung der von der Illustrierten 'Stern' erhobenen Vorwürfe und Anschuldigungen gegen die Nervenklinik Waldheim bzw. gegen Dr. Poppe", die vom DDR-Gesundheitsminister eingesetzt worden war und von Professor Ehrig Lange geleitet wurde, müssen grundlegende Veränderungen im Verhalten Poppes und im Verhältnis zu Professor Lange eingetreten sein. Zum „Leitungsstil Dr. W. Poppe" heißt es im Bericht der Kommission, dieser sei „ausgesprochen autoritär" gewesen. Echte Leitungsberatungen habe es nicht gegeben, Widerspruch sei abgewehrt worden. Das sei durch übereinstimmende Aussagen aller befragten Klinikmitarbeiter eindeutig belegt. Mehrere leitende Krankenhausmitarbeiter hätten deshalb in den achtziger Jahren gekündigt, so 1983 der Waldheimer Chefarzt Richter.[224] Besonderheiten habe es auch im Zusammenhang mit dem privaten Hausbau Poppes gegeben, für den im Verhältnis offenbar mehr Mittel aufgewendet wurden als für notwendige Renovierungsmaßnahmen im Krankenhaus. Es habe eine schriftliche Vereinbarung zwischen der Nervenklinik Hochweitzschen und der Familie Dr. Poppe vom 19. August 1985 gegeben, in der sich das Krankenhaus verpflichtete, für den Bau dieser Privatwohnung „Transportleistungen durch den Fuhrpark zu gewährleisten, arbeitsmäßig Patienten 'entsprechend des Bedarfs und der Möglichkeiten' einzusetzen, die Maurerarbeiten bis zur Rohbaufertigstellung durch Betriebshandwerker zu gewährleisten, den Einsatz von Betriebshandwerkern (Elektriker, Tischler, Zimmermann) für die Durchführung der Elektroarbeiten, für Teilarbeiten an Fenstern und Türen sowie für Dacharbeiten zu gewährleisten, Material bereitzustellen 'bei einzelnen und ausgewählten Positionen', Verpflegungs- und Versorgungsleistungen für die beim Eigenheimbau in Feierabendeinsätzen tätigen Handwerker zu übernehmen." Durch einen Zusatz der Betriebsgewerkschaftsleitung sei noch die „Bereitstellung

---

223 Vgl. Adelbert Tennstedt und Wilhelm Poppe: Morphologische Trennung präseniler und seniler hirnatrophischer Erkrankungen (M. Alzheimer, M. Pieck und senile Demenz) nach mathematisch-statistischer Bearbeitung numerischer Zellrelationen mit Hilfe der multivarianten Varianz- und Diskriminanzanalyse, Dissertation B, 264 Seiten, Akademie für Ärztliche Fortbildung, Berlin 1976.
224 Vgl. Bericht der ersten Waldheim-Untersuchungskommission 1990, S. 37.

von vier Patienten täglich für acht Stunden" angefügt worden mit dem Zusatz, „im Bedarfsfall werden darüber hinaus mehrere Patienten abgestellt."[225] Ton und Inhalt der Vereinbarung lassen nichts von den 1963 in Rodewisch formulierten „Grundsätzen moderner psychiatrischer Arbeitstherapie" erkennen, hier scheint es einzig und allein um die Ausbeutung der Patienten als billige Arbeitskräfte gegangen zu sein.

Der Sonderausschuß der DDR-Volkskammer hatte zusätzlich festgestellt, daß Dr. Wilhelm Poppe inoffizieller Mitarbeiter des Staatssicherheitsdienstes gewesen ist.[226] Aus der IM-Akte, die von der MfS-Kreisdienststelle Döbeln über den Psychiater geführt wurde, geht hervor, daß er von derselben Dienststelle zunächst „operativ bearbeitet" worden war. Anlaß dafür war eine Denunziation im Januar 1975. Ein IM hatte erzählt, daß Dr. Poppe ein Jahr zuvor während eines internationalen Kongresses angesprochen worden sei, ob er nicht eine Klinik im Westen übernehmen wolle.[227] Um herauszufinden, ob Poppe nun etwa „Vorbereitungen trifft, die DDR ungesetzlich" zu verlassen, und um die vermutete Wirkung „gegnerischer Kontakte" zu verhindern, leitete die MfS-Kreisdienststelle am 30. Januar 1975 eine „Operative Personenkontrolle (OPK)" gegen den Psychiater ein.[228] Mitte Juni 1976 wurde die OPK eingestellt, weil sich der Verdacht auf Fluchtpläne des Arztes nicht bestätigt hatte.[229]

Die Berichte verschiedener inoffizieller Mitarbeiter der MfS-Kreisdienststelle Döbeln, die im Rahmen der „operativen" Beobachtung Poppes zur Situation in der Waldheimer Psychiatrie befragt wurden, sind aufschlußreich hinsichtlich der dortigen Verhältnisse in den siebziger Jahren. So schilderte eine junge Frau, die von 1973 bis 1978 als Arztsekretärin in der Nervenklinik Hochweitzschen beschäftigt und von 1975 bis 1979 als IMS bzw. IMV „Sybille" aktiv war,[230] einen bedenklichen Zustand der Waldheimer Psychiatrie. MfS-Major Schmidt notierte Anfang August 1975:

„Der IM berichtete auftragsgemäß über die Situation im Krankenhaus für Psychiatrie Waldheim und der Nervenklinik Westewitz-Hochweitzschen. Von ihr wurde eingeschätzt, daß in der Psychiatrie Waldheim unter Beachtung der dort vorhandenen spezifischen Bedingungen die Sicherheit nicht gewährlei-

---

225 Ebenda, S. 10.
226 Vgl. Protokoll der 37. Tagung der Volkskammer der DDR am 28.9.1990, Bericht des parlamentarischen Sonderausschusses, S. 1849–1853, hier 1850.
227 Vgl. IM-Akte „Seidel", Teil I, Bl. 27 und 32.
228 Vgl. Übersichtsbogen zur OPK; ebenda, Bl. 27.
229 Vgl. Abschlußeinschätzung der OPK vom 14.6.1976; ebenda, Bl. 70.
230 IM „Sybille" war zunächst auf „negative Jugendliche" angesetzt. Dann wurde festgestellt, daß sie in der Lage sei, „Personen der medizinischen Intelligenz aufzuklären, wobei das attraktive Äußere als Frau von Vorteil" sei. Die Eltern der Arztsekretärin waren beide in der forensisch-psychiatrischen Abteilung Waldheim tätig und mit den dort herrschenden Verhältnissen nicht einverstanden. „Sybille" siedelte 1979 im Auftrag des MfS nach Westberlin über. Vgl. IM-Akte „Sybille"; BStU, ASt Leipzig, AIM 169/80, Teil I, 1 Bd., Bl. 23, 49, 128 f. und 137.

stet ist. Auch unter leitenden Mitarbeitern der Nervenklinik Westewitz-Hochweitzschen wird davon gesprochen, daß es dort über kurz oder lang einmal 'plautzen' könnte und nach den Untersuchungen würde man wohl alle Verantwortlichen einsperren.
In beiden Bereichen befinden sich Untersuchungsgefangene, die sich genauso bewegen, wie die in diesen Bereichen eingewiesenen psychiatrisch Kranken. Eingeschätzt [begutachtet] werden unter anderen Personen wegen versuchtem ungesetzlichen Verlassen der DDR, Brandstifter und Mörder. [...]
Durch die ehemalige Struktur, als die Psychiatrie in Waldheim noch Zuchthaus war, gibt es [zwar] zahlreiche Sicherungsmaßnahmen. Das Schlüsselbrett kann [aber beispielsweise] von fast allen Kranken erreicht werden, es befindet sich im Pförtnerzimmer, in dem auf Grund der komplizierten Arbeitskräftesituation zum Teil Kranke tätig sind."[231]

Der IM-Bericht über die Zustände in der Waldheimer Psychiatrie erinnert an die Informationen, die bereits zwanzig Jahre zuvor von der MfS-Kreisdienststelle Döbeln über die damals von Dr. Kuniß geleitete Einrichtung gesammelt worden waren. Im Okober 1975 traf man in der Kreisdienststelle die zusammenfassende Einschätzung, „daß die leitungsmäßige Einflußnahme zu Fragen der Sicherheit und Ordnung nicht den Anforderungen entspricht". Die „Entweichung eines Patienten" aus der Abteilung Waldheim sei zum Anlaß genommen worden, eine Sicherheitskontrolle im Krankenhaus durchzuführen. Dabei sei festgestellt worden, „daß die Sicherheitsbestimmungen bei der Unterbringung der Untersuchungshäftlinge nicht in vollem Umfang eingehalten wurden und die allgemeine Ordnung und Sicherheit nicht gewährleistet war."[232]
Auch von der politisch-ideologischen Situation bei den Mitarbeitern der Nervenklinik Hochweitzschen hatten die MfS-Vertreter keinen guten Eindruck:

„In Auswertung von offiziellen Untersuchungen und Gesprächen sowie der inoffiziellen Arbeit kann eingeschätzt werden, daß der parteiliche Einfluß in diesem Bereich relativ gering ist. Es konnte festgestellt werden, daß sich die Kontaktaufnahmen besonders des medizinischen Fachpersonals zu Bürgern der BRD einerseits und die persönliche Beschaffung von Fachliteratur aus dem NSW [nichtsozialistischen Wirtschaftsgebiet] andererseits verstärkt haben. Auch lassen die Untersuchungen die Schlußfolgerung zu, daß der kirch-

---

231 Auswertung eines Treffs mit IMS „Sybille" am 4.8.1975 durch Major Schmidt, Stellvertretender Leiter der KD Döbeln, IM-Akte „Seidel"; BStU, ASt Leipzig, MfS-Registriernummer XIII/551/76, AIM 1598/92, Teil I, Bl. 54–55, hier 54.
232 Einschätzung von Oberfeldwebel Stecher über die Situation in der Nervenklinik Hochweitzschen und den Leitungsstil des ärztlichen Direktors Dr. Poppe vom 21.10.1975; ebenda, Bl. 65–67, hier 65 f.

liche Einfluß auf die Mitarbeiter der Nervenklinik nicht gering ist. So ist z. B. von vier leitenden Ärzten bekannt, daß sie aktiv der Kirche angehören."[233]

Obwohl sich diese politische Einschätzung auf das Personal der Nervenklinik Hochweitzschen und nicht speziell auf das der Abteilung Waldheim bezieht, wird die Annahme, es könnte sich bei der Waldheimer Psychiatrie vielleicht doch um eine „Stasi-Folterklinik" gehandelt haben, damit sehr unwahrscheinlich. Denn es gab viele Verbindungen zwischen Hochweitzschen und Waldheim. So hatte der ärztliche Bereitschaftsdienst der Nervenklinik Hochweitzschen nachts und an Feiertagen die Patienten der Waldheimer Abteilung mitzuversorgen und die Assistenzärzte, die ihre psychiatrische Facharztausbildung in Hochweitzschen absolvierten, mußten für eine Zeit von drei Monaten in Waldheim arbeiten. Wären dort untergebrachte Gefangene unter Mitwirkung des Staatssicherheitsdienstes gefoltert worden, wäre dies gewiß durch das Personal nach außen gedrungen und durch die vielfältigen persönlichen und kirchlichen Beziehungen im Westen bekannt geworden.

Auch die Beschreibung des ärztlichen Leiters durch MfS-Mitarbeiter zeigt, daß es zumindestens Mitte der siebziger Jahre noch eine kritische Distanz zwischen Poppe und dem MfS gab. Die IM-Berichte zum Leitungsstil Poppes lassen nichts mehr von den positiven Ansätzen zur Verbesserung der Patientenversorgung erkennen, die der junge Chefarzt in den ersten Jahren seines Amtes als ärztlicher Direktor in Hochweitzschen gezeigt hatte. Ein Assistenzarzt, der Mitte der siebziger Jahre seine psychiatrische Facharztausbildung in Hochweitzschen absolvierte und im Januar 1975 von Offizieren der MfS-Kreisdienststelle Döbeln als IM angeworben worden war,[234] charakterisierte Poppe als einen Despoten. Er würde nur Ärzte fördern, die ihm hörig seien, weniger opportunistische Mitarbeiter hingegen solange schikanieren, bis sie von sich aus die Klinik verlassen. Durch seinen repressiven Leitungsstil habe es der ärztliche Direktor geschafft, „den alten Ärztestamm in Westewitz systematisch zu sprengen"[235] und mit den verbliebenen Chefärzten ein System gegenseitiger Abhängigkeiten aufzubauen, aus dem keiner ohne eigenen Schaden aussteigen könnte. Die hohe Fluktuation von Ärzten aus der von Poppe geleiteten Klinik sei die Folge der diktatorischen Haltung des Chefs. Die von dem IM-Arzt geschilderten Beispiele für die Demütigung einzelner Ärzte durch Poppe[236] lassen nichts Gutes ahnen hinsichtlich der Patientenbehandlung durch diesen Mann. Allerdings berichtete

---

233 Ebenda, Bl. 65.
234 Vgl. Bericht von Unterleutnant Hupke und Oberleutnant Schmidt über die Anwerbung eines IMS am 14.1.1975, IM-Akte „Berger"; BStU, ASt Leipzig, AIM 2999/80, Teil I, 1 Bd., Bl. 78–85.
235 Ebenda, Bl. 79.
236 Ebenda, Bl. 79–81. Vgl. auch Berichte des IMS „Berger" vom 3.2. und 30.4.1975 in IM-Akte „Seidel", Teil I, Bl. 35 und 38 f.

ein anderer IM, daß Poppe seine geschickt aufgebaute Machtstellung bevorzugt dazu nutzen würde, um in Ruhe theoretisch zu arbeiten, während seine praktischen ärztlichen Qualitäten nur schwach ausgebildet seien. Poppe strebe die Habilitation an und betrachte seine Direktorenstelle in Hochweitzschen nur als Sprungbrett für eine akademische Karriere. Er wolle unbedingt eine Professur erreichen. Zur politischen Haltung stellte der IM fest, daß Dr. Poppe parteilos sei, „das sozialistische Prinzip der kollektiven Beratung" grundsätzlich negiere und nur solche Assistenzärzte fördere und befördere, „die bedenkenlos seinen Willen durchsetzen und keinerlei Parteilichkeit zeigen".[237] Ein anderer IM meinte 1976 sogar, „daß Dr. Poppe [...] im Zeitraum der letzten beiden Jahre nur solche Ärzte in der Klinik eingestellt hat, die entweder kirchlich gebunden oder aus bürgerlichen Kreisen stammen bzw. keine progressive Einstellung zur DDR haben."[238]

Es erscheint sehr unwahrscheinlich, daß Poppe seine ärztlichen Mitarbeiter nach politischen Kriterien auswählte. Als typischer Karrierist verhielt sich Poppe den Vertretern der Staatsmacht gegenüber eher anbiedernd als provozierend. Im Juli 1975 bat er beispielsweise von sich aus um eine „Aussprache mit dem zuständigen Verantwortlichen der Kreisdienststelle Döbeln des MfS", um die „Zustimmung übergeordneter Dienststellen für die Sicherheits- und Schutzorgane" einzuholen für eine von ihm geplante Kommission zur Entscheidung über Hafterleichterungen für gesundheitlich gebesserte psychisch Kranke, die nach gefährlichen Gewaltverbrechen in Waldheim untergebracht wurden. Oberleutnant Schmidt faßte das Resultat der „Aussprache" wie folgt zusammen:

„Aufgrund schon längerer Überlegungen und der stattgefundenen Aussprache mit dem Leiter der VPKA [Volkspolizeikreisamt], wobei es um die Einhaltung von Ordnung und Sicherheit ging, welche durch den zeitweiligen Arbeitseinsatz von Patienten der psychiatrischen Abteilung Waldheim der Nervenklinik Westewitz-Hochweitzschen, die schwere Verbrechen begangen haben, teilweise gefährdet wird, will P. darauf hinarbeiten, eine Kommission zu bilden.
P. führte in diesem Zusammenhang an, als staatlicher Leiter nur Weisungen durch den Vorsitzenden des Rates des Kreises erhalten zu können bzw. durch den Kreisarzt, [während] andere Bereiche, wie z. B. die DVP [Deutsche Volkspolizei], ihm nur Empfehlungen geben können. Er sei aber genauso daran interessiert, keine gespannte Situation zu Fragen der Sicherheit und Ordnung im Kreis Döbeln aufkommen zu lassen. Andererseits gebe es gesetzliche Regeln, [...] die [...] auf solche Personen zutreffen, bei denen eine gesundheitliche Verbesserung während des Aufenthaltes in einer psychiatrischen

---

237 Vgl. Information des IMS „Manfred" über Dr. Poppe vom 15.6.1975; ebenda, Bl. 42–44, hier 42.
238 Aktennotiz von Oberfeldwebel Stecher vom 20.6.1976 zu einer Mitteilung des IMS „Karla"; ebenda, Bl. 69.

Klinik eingetreten ist. Über solche Personen müßten gesonderte Entscheidungen getroffen werden, welche den Rehabilitationsprozeß günstig beeinflussen. Aus diesem Grunde habe er mit Dr. Barleben, Verantwortlicher für den Bereich Psychiatrie im Ministerium für Gesundheitswesen gesprochen, der seine Vorstellungen als Lösung eines zentralen Problems in der DDR befürwortet, weil es außer für Waldheim auch, wenngleich in geringerem Maße, für Stralsund, Berlin-Buch und Brandenburg zutrifft. [...] Die Kommissionen sollen sich mehr nach territorialem Prinzip zusammensetzen, weil eine zentrale Kommission der DDR durch zu langes terminliches Anstimmen ungünstig wäre."[239]

Fast zwei Jahre später, im Frühjahr 1977, wird die Kommission noch einmal in einem Bericht über eine „Aussprache mit dem Kandidaten Poppe" von Major Schmidt erwähnt. Poppe hätte sich für die Haltung des MfS zu dieser von ihm angestrebten Kommission interessiert. Er habe sich „an den Bezirksarzt gewandt, daß dieser die Bestätigung zur Bildung" der Kommission gibt. Die Kommission solle über Patienten und vor allem darüber entscheiden, „zu welchem Zeitpunkt ehemalige Gewaltverbrecher wieder in die Öffentlichkeit eingegliedert werden können." Major Schmidt habe sich für die Bildung dieser Kommission ausgesprochen. „Die Beteiligung der Staatssicherheit könnte jedoch nur in Einzelfällen eine Beratende sein."[240] Offenkundig fühlte sich die MfS-Kreisdienststelle für andere Sicherheitsaspekte als für Gefährlichkeitsprognosen von psychisch kranken Gewalttätern zuständig. Die von Poppe angestrebte Kommission wird in seiner IM-Akte nicht noch einmal erwähnt.

Während das geschilderte Anliegen aus der besonderen Verantwortung Poppes für die schwierigen forensisch-psychiatrischen Patienten in Waldheim verständlich erscheint, bleibt der Sinn einer weiteren 1975 von Poppe gewünschten Aussprache mit dem Beauftragten der MfS-Kreisdienststelle Döbeln verborgen. Poppe schilderte dem Oberleutnant einen Konflikt mit einer Klinikmitarbeiterin um eine Wohnung. Der Offizier protokollierte, er habe sich die Sache angehört und gesagt, „daß dies keine Angelegenheit für das MfS" sei.[241]

Mitte 1976 wurde die „Operative Personenkontrolle (OPK)" Poppes beendet, da es keinen Anhaltspunkt dafür gab, daß er aus der DDR flüchten wollte. Abschließend heißt es:

---

239 Information von Oberleutnant Schmidt, KD Döbeln, vom 17.7.1975, 4 Seiten; ebenda, Bl. 49–52, hier 49 f.
240 Bericht von Major Schmidt, KD Döbeln, über eine Aussprache mit dem Kandidaten Poppe, vom 25.3.1977; ebenda, Bl. 58 f., hier 58.
241 Bericht von Oberleutnant Schmidt, KD Döbeln, über eine Aussprache mit Dr. Poppe am 23.9.1975, IM-Akte „Seidel"; BStU, ASt Leipzig, MfS-Registriernummer XIII/551/76, AIM 1598/92, Teil I, Bl. 56.

„Seit der Anlage der OPK wurden im Verantwortungsbereich des P. in der Nervenklinik Hochweitzschen eine Reihe operativer Maßnahmen durchgeführt, die unter anderem eine Kontrolle der Leitungstätigkeit des Poppe beinhalteten. Dazu muß die Einschätzung getroffen werden, daß P. einen autoritären Leitungsstil hat. In Bearbeitung einer [anderen] OPK bzw. eines operativen Materials wurde mit Poppe ein Kontakt aufgebaut, der zur Realisierung operativer Maßnahmen notwendig war. Dabei hat sich gezeigt, daß P. diese Aufgaben entsprechend den Absprachen unterstützte und die Geheimhaltung einhielt. Die Einstellung des Poppe zum MfS kann als positiv betrachtet werden. [...]
Eine weitere Bearbeitung des Poppe, Wilhelm in einer OPK ist nicht mehr gerechtfertigt, die OPK wird abgeschlossen und es werden Maßnahmen der Gewinnung des Poppe als IM durchgeführt."[242]

Bei welcher „operativen Maßnahme" Poppe vor Abschluß der OPK geholfen hatte, wurde nicht ausgeführt. In den darauffolgenden zweieinhalb Jahren, in denen Poppe als IM-Kandidat geführt wurde, unterstützte er wiederum mehrmals „operative" MfS-Maßnahmen, wobei diese sich meist gegen Ärzte der von ihm geleiteten Klinik richteten. So ermöglichte er MfS-Männern beispielsweise im März 1977 die Durchsuchung eines Arztzimmers in der Nervenklinik Hochweitzschen, indem er den Inhaber des Dienstzimmers während der Durchsuchungszeit zu einem Gespräch zu sich bestellte.[243]
In einem Fall verletzte Poppe bereits während der IM-Vorlaufzeit seine ärztliche Schweigepflicht, indem er mit dem MfS-Vertreter über einen Waldheimer Patienten sprach, der Ende 1976 zu Verwandten beurlaubt war und auf der Rückfahrt zur Klinik die Verwandten mit einer Pistole bedroht hatte. MfS-Major Schmidt interessierte sich für diesen Patienten, weil er bei ihm „Täterwissen zu einem Mordversuch im Jahr 1968" vermutete.[244] Poppe meldete sich fünf Tage später und berichtete, er habe sich den Patienten inzwischen angesehen und sich mit dessen Akten befaßt. Der Mann sei „total 'ausgebrannt'" und verfüge nur noch über ein sehr eingeschränktes Gedächtnis. Ereignisse aus dem Jahr 1968 würden „vollkommen im dunkeln" liegen. Eventuell könnte man durch eine Medikamentenumstellung noch einmal einen vorübergehenden Lichtblick erreichen. Major Schmidt war offenbar dafür, dies zu versuchen, zumal es dem Patienten nicht schaden konnte, wie Dr. Poppe versicherte. Poppe wollte den damaligen Waldheimer Chefarzt Richter damit beauftragen und „diesem mitteilen, daß ihm dieses Anliegen von der Kriminalpolizei angetragen wurde, zu der er [Poppe] auch

---

242 Abschlußeinschätzung der OPK Poppe, Wilhelm, KD Döbeln, 14.6.1976; ebenda, Bl. 70.
243 Aktennotiz vom 15.7.1977 über die konspirative Durchsuchung eines Arztzimmers am 12.3.1977, IM-Akte „Seidel", Teil I, Bl. 74.
244 Bericht von Major Schmidt über eine Aussprache mit dem IM-Kandidaten Poppe am 25.3.1977; ebenda, Bl. 78 f., hier 78.

in der Folgezeit selbst die Verbindung aufrecht erhalten will."[245] Daß Major Schmidt die Angelegenheit mit Poppe und nicht mit dem behandelnden Arzt des Patienten besprach und daß Poppe seine Absprache mit dem MfS-Major gegenüber Richter legendierte, spricht sehr dafür, daß der damalige Waldheimer Chefarzt Richter nicht mit den MfS-Vertretern zusammenarbeitete.[246] Auch die Nichtbeurlaubung eines früheren MfS-Mitarbeiters, der als Patient in Waldheim untergebracht war und über Ostern seine Verwandten besuchen wollte, besprach Major Schmidt Ende März 1977 mit Poppe.[247]

Die Offiziere der MfS-Kreisdienststelle Döbeln planten, Poppe als IM vor allem „unter Nutzung seiner Schlüsselposition zur Kontrolle und Bearbeitung von Angehörigen der medizinischen Intelligenz [...] einzusetzen mit dem Ziel, vorbeugend Abwerbungsversuche und Ausschleusungen von Ärzten zu verhindern". Perspektivisch sollten auch „Möglichkeiten seines überörtlichen Experteneinsatzes im Interesse unseres Organs sowie seines Einsatzes nach dem Operationsgebiet", als Westreisekader zur Aufklärung von „Rückverbindungen" aus der DDR geflüchteter Ärzte, geschaffen werden.[248] Später sollte die „Entwicklung zum IME", das heißt zum Experten-IM, geprüft werden. Das bezog sich auf eventuelle „Möglichkeiten der ärztlichen Kontrolle und Untersuchung von operativ interessierenden Personen" und „ferner" auf „die Tätigkeit des Kandidaten als Mitglied in psychiatrischen Gutachterausschüssen, unter anderem auch bei Gerichtsverfahren."[249] Offenkundig gab es in der MfS-Kreisdienststelle Döbeln ein Interesse an der ärztlichen und insbesondere an der gerichtspsychiatrischen Tätigkeit Poppes, auch wenn dieses anderen geplanten IM-Aufgaben nachgeordnet war.

Nach Aktenlage wurde Poppe am Abend des 4. Dezember 1978 in seinem Dienstzimmer „mit Handschlag zur inoffiziellen Zusammenarbeit mit dem MfS verpflichtet", der IM-Deckname „Seidel" festgelegt und vereinbart, „die Treffs generell außerhalb der Dienstzeit des IM in dessen Dienstzimmer durchzuführen".[250] Die Arbeitsakte beginnt mit einem IM-Treffbericht vom 4. Mai 1978 und endet mit einem Treffbericht vom 1. Februar 1985.[251] Auch Teil I der IM-Akte bricht Mitte der achtziger Jahre ab. Auf den letzten

---

245 Aktennotiz von Major Schmidt zu einer Aussprache mit dem IM-Kandidaten Poppe am 30.3.1977; ebenda, Bl. 76 f., hier 76.
246 Richter hatte seine psychiatrische Ausbildung noch bei dem alten Kuniß absolviert, hatte große Differenzen mit Poppe und versuchte, sich gegen dessen diktatorische Tendenzen abzugrenzen. Wie Poppe am 25.3.1977 MfS-Major Schmidt mitteilte, sei Richter „weiterhin bestrebt, [...] die Außenstelle Waldheim von der Nervenklinik Hochweitzschen zu trennen". Vgl. ebenda, Bl. 78.
247 Aktennotiz von Major Schmidt zu einer Aussprache mit dem IM-Kandidaten Poppe am 30.3.1977; ebenda, Bl. 76 f.
248 Vorschlag vom 27.11.1978 zur Werbung eines IMS im politisch-operativen Schwerpunkt des Gesundheitswesens; ebenda, Bl. 128–137, hier 136.
249 Ebenda, Bl. 134.
250 Bericht über das Werbungsgespräch mit dem IM-Kandidaten „Seidel" am 4.12.1978; ebenda, Bl. 138 f., hier 139.
251 Ebenda, Teil II, 1 Bd., Bl. 1–85.

Blättern geht es um die Bestätigung Poppes als Reisekader für Westreisen. Dazu gibt es einen Auskunftsbericht der Kreisdienststelle Döbeln über Poppe vom 21. Oktober 1985 und einen darauf bezogenen Schriftwechsel mit der Bezirksverwaltung für Staatssicherheit in Leipzig, der im Dezember 1986 endet.[252] Da es keinen Hinweis auf Beendigung der IM-Tätigkeit gibt und die Akte nicht archiviert wurde, sondern sich noch Ende 1989 in der Kreisdienststelle Döbeln befand, ist es denkbar, daß der inoffizielle Kontakt mit Dr. Poppe trotz fehlender Belege bis zum Herbst 1989 weitergeführt wurde. Wahrscheinlich ist, daß der IM-Vorgang „eingeschlafen" war, ohne ordnungsgemäß abgeschlossen worden zu sein.

In der Berichtsakte finden sich Hinweise auf Verletzung der ärztlichen Schweigepflicht durch den IMS „Seidel" in sechs Fällen. Im ersten Fall wurde „Seidel" im Juli 1978 beauftragt, das Gedächnis einer ihm seit Jahren als Pflegefall bekannten Patienten zu prüfen, inwieweit sie sich an „Zusammenhänge vor 1945 und unmittelbar danach" erinnert.[253] Es ist nicht dokumentiert, wozu das geschehen sollte und was aus dem IM-Auftrag wurde.

Im zweiten Fall berichtete „Seidel" Anfang April 1979 über eine Frau, die „wie vereinbart" auf der neurologischen Station der Nervenklinik Hochweitzschen in einem Zweibettzimmer untergebracht worden sei. Er habe in den letzten Wochen mehrmals persönliche Gespräche mit der Patientin geführt, in denen sie ihm „ihre ganze Vergangenheit" erzählt habe. Der Tonbandabschrift des IM-Berichtes ist zu entnehmen, daß sich die Frau nervlich in einem schlechten Zustand befand, nachdem sie eine viereinhalbjährige Haftstrafe verbüßt und sich gezwungen gesehen hatte, ihr Kind zur Adoption freizugeben. Die Frau habe dem IM gesagt, sie könnte diesen Verlust niemals verwinden, sehe aber keine Möglichkeit, ihr Kind wiederzufinden. Sie setze großes Vertrauen in Dr. Vogel und rechne damit, in zwei Jahren in den Westen übersiedeln zu können. Der IM glaube „aufgrund ihres ganzen nervlichen Zustandes und ihrer Charaktereigenschaften" nicht, daß die Patientin nach einer Übersiedlung „mit den Arbeitsbedingungen in der BRD" zurechtkommen würde. Sie fühle sich „als eine Art Märtyrer" und glaube, „die Staatsorgane der DDR" hätten an ihr „ein Exempel statuiert" für „alle Antragsteller in der DDR". Der IM „glaube, daß sie mit dieser Haltung und Einstellung noch jahrelang leben wird." Auf Station würde sich die Patientin stark zurückziehen und von ihren Mitpatienten isolieren. Sie habe ihr Verhalten damit erklärt, „daß sie während ihrer Haft jahrelang gezwungen war, in einer ihr oft unangenehmen Gemeinschaft zu leben und es deshalb jetzt vorzieht, ständig allein zu sein".[254] Diese Möglichkeit wurde der Patientin in der Nervenklinik Hochweitzschen offenkundig gegeben.

---

252 IM-Akte „Seidel", Teil I, Bl. 182–191.
253 Bericht über ein Treffen mit dem IMS „Seidel" am 13.7.1978, IM-Akte „Seidel", Teil II, Bl. 11f.
254 Tonbandabschrift eines Berichtes des IMS „Seidel" vom 2.4.1979, IM-Akte „Seidel"; ebenda, Bl. 15f.

Auch die Zuweisung eines Zweibettzimmers in der Neurologie spricht dafür, daß man ihr dort patientenfreundliche Bedingungen einräumte. Warum dies geschah und worauf sich die eingangs gemachte Bemerkung „wie vereinbart" bezog, ist allerdings nicht eindeutig. Vielleicht hatte Poppe mit den MfS-Vertretern vereinbart, der durch die Haft gesundheitlich angeschlagenen Frau einen Klinikaufenthalt zu ermöglichen. Es ist nicht auszuschließen, daß dies vor allem deshalb geschah, um die Patientin über ihre weiteren Pläne hinsichtlich ihrer Übersiedlung in den Westen und ihres Kindes auszuhorchen. Sicher belegt ist nur, daß „Seidel" seine leitende ärztliche Stellung ausnutzte, um das, was die Patientin ihm vertraulich erzählt hatte, an die Vertreter des MfS weiterzutragen.

Im dritten Fall einer ärztlichen Schweigepflichtverletzung ging es im Oktober 1979 um die Zwangseinweisung einer Frau, bei der es sich dem Tenor des Berichtes nach um eine MfS-Mitarbeiterin oder die Angehörige eines MfS-Mitarbeiters gehandelt haben könnte. Der IM bestätigte, daß eine schwere psychische Krankheit vorliege, „Gefährdungen der öffentlichen Sicherheit" anzunehmen und die Einweisung von daher erforderlich gewesen seien.[255] Zwei weitere Patienten erwähnte der IM „Seidel" nur kurz in einem mündlichen Bericht Ende Januar 1984. In einem Fall gab „Seidel" die Entlassung eines Patienten nach Hause bekannt. Die Patientenakte sei „noch nicht abgeschlossen", werde MfS-Major Wagner aber „Mitte nächster Woche [...] zur Verfügung gestellt".[256] In einem anderen Fall gab „Seidel" die Information weiter, daß ein ehemaliger Patient der Psychiatrie Waldheim „sich wieder in Untersuchungshaft befinde, da er in der Öffentlichkeit den Vorsitzenden des Staatsrates betreffend verleumderische Äußerungen" getan habe."[257] Im sechsten und letzten Fall ärztlicher Schweigepflichtverletzung, der in der IM-Berichtsakte „Seidel" belegt ist, bestätigte der IM die Wehrdienstuntauglichkeit des Sohnes eines ärztlichen Kollegen „vom medizinischen Standpunkt".[258]

Insgesamt enhält die IM-Akte von Dr. Poppe keine Hinweise, die auf über die Verletzung der ärztlichen Schweigepflicht hinausgehende Maßnahmen zum Nachteil von Patienten hindeuten. Trotz der eingeschränkten Beurteilungsmöglichkeit, da die Akte schlecht geführt worden und lückenhaft ist, spricht ihr Inhalt gegen die Annahme, die inoffizielle Beziehung Poppes zur MfS-Kreisdienststelle Döbeln könnte etwas mit „Stasi-Folter" gegen Patienten zu tun gehabt haben. Außer den genannten Schweigepflichtverletzungen werden keine Patienten und keine Fragen der psychiatrischen Behandlung in der IM-Akte erwähnt. Die Mehrzahl der IM-Berichte und das

---

255 Bericht über ein Treffen mit dem IMS „Seidel" am 16.10.1979; ebenda, Bl. 36 f.
256 Mündlicher Bericht des IM Seidel" vom 27.1.1984, unterzeichnet von Major Wagner, KD Döbeln; ebenda, Bl. 65 f, hier 65.
257 Ebenda.
258 Mündlicher Bericht des IM Seidel" vom 15.5.1984, unterzeichnet von Major Wagner, KD Döbeln; ebenda, Bl. 73.

Hauptinteresse der Führungsoffiziere galten offenbar dem gleichen Personenkreis und Sachverhalt wie bei anderen IM im Gesundheitswesen, nämlich den Ärzten und deren eventuell möglicher Flucht in den Westen. Andere IM-Akten von Waldheimer Psychiatriemitarbeitern als die zitierten bzw. referierten oder MfS-Akten über Sachverhalte, welche die psychiatrische Abteilung Waldheim in den siebziger Jahren betreffen, wurden trotz wiederholter Recherchen nicht ermittelt.

### 4.3.6. Zur Abteilung Waldheim der Nervenklinik Hochweitzschen in den achtziger Jahren

Aus der unvollständigen IM-Akte von Dr. Poppe ist über die Situation der Waldheimer Psychiatrie in der achtziger Jahre wenig zu erfahren. Nach anderen MfS-Unterlagen zu dieser Einrichtung wurde sowohl in den Außenstellen Leipzig und Chemnitz als auch im Zentralarchiv der Behörde wiederholt gesucht. Das Ergebnis war mager. Es fanden sich auch für die achtziger Jahre nur einzelne Akten und kein eigener Bestand zur Waldheimer Psychiatrie.

Eine systematische Personenrecherche zum männlichen Pflegepersonal, das während der achtziger Jahre in der psychiatrischen Abteilung in Waldheim beschäftigt war, wies ebenfalls auf eine geringe Präsenz des MfS in der Einrichtung hin. Von 38 Pflegern bzw. Oberpflegern oder Hilfspflegern waren 33, das sind rund 87 Prozent, in den Karteien des MfS gar nicht erfaßt. Drei Erfassungen bezogen sich auf die Zeit vor der Tätigkeit der Betreffenden in Waldheim[259] bzw. zielten auf Aktivitäten außerhalb der Psychiatrie.[260] Zu zweien der 38 Krankenpfleger fanden sich IM-Akten aus den achtziger Jahren, in denen es um einen inoffiziellen Einsatz in der Waldheimer Psychiatrie ging. Auf den Inhalt der beiden IM-Akten und einzelner anderer Unterlagen der MfS-Kreisdienststelle Döbeln wird nachfolgend ausführlich eingegangen.

Der eine der beiden Krankenpfleger war bereits 1974 in einem anderen Bezirk der DDR als IM-K bzw. IKM, das heißt als inoffizieller Mitarbeiter des Arbeitsbereiches I der Kriminalpolizei eines Volkspolizeikreisamtes angeworben worden, um Informationen über Jugendliche und Jungerwachsene in Verbindung mit Grenzdelikten und allgemeiner Kriminalität zu liefern.[261] 1976 zog der damals 26jährige Mann nach Waldheim um und begann dort als Krankenpfleger in der Psychiatrie zu arbeiten. Sein IKM-Vorgang mit

---

259 Vgl. BStU, ZA, AIM 22345/62 und BStU, ASt Schwerin, AOP 407/68.
260 Vgl. BStU, ASt Leipzig, AOG 1151/79.
261 Vorschlag und Plan der Werbung vom 6.12.1973, Protokoll über durchgeführte Werbung und Verpflichtungserklärung vom 5.4.1974, IKM-Akte „Werner"; BStU, ASt Leipzig, AKAG 816/88, 2 Bde., hier Bd.1, Bl. 25–28 und Bl. 30–32.

dem Decknamen „Werner" wurde an das Kommissariat I der Kriminalpolizei in Döbeln übergeben, von wo aus man mit ihm weiter inoffiziell zusammenarbeitete, bis „Werner" 1984 von der psychiatrischen Abteilung Waldheim wegversetzt wurde. Fast das ganze Jahr 1985 befand er sich dann selbst in stationärer psychiatrischer Behandlung, „da er Mißbrauch mit Arzneimitteln und Alkohol trieb." Da er kaum noch Möglichkeiten zur inoffiziellen Informationsgewinnung gehabt habe und „zu einem Unsicherheitsfaktor durch seinen Arzneimittelmißbrauch" geworden sei, erfolgte nach 1984 keine „operative Zusammenarbeit" der K 1 mehr mit ihm. Die IKM-Akte der Kriminalpolizei (K 1) wurde 1988 in der MfS-Kreisdienststelle Döbeln archiviert. Rückblickend schätzte ein Oberleutnant der Kriminalpolizei 1988 ein, daß die Berichterstattung des IKM „Werner" aus „dem Bereich seiner Arbeitsstelle, der Psychiatrie Waldheim, wo er als Krankenpfleger beschäftigt war", gut, wahrheitsentsprechend und umfassend gewesen sei.[262] Diese Einschätzung scheint sich vor allem auf die Berichterstattung in den Jahren 1979 bis 1981 bezogen zu haben.[263]

Beim ersten Treffen nach dem Armeedienst des IM wurde Ende Januar 1979 festgelegt, daß der IM „besonders in seinem Arbeitsbereich unter den dort beschäftigten Mitgliedern der Religionsgemeinschaft 'Siebenten-Tags-Adventisten' inoffiziell" eingesetzt werden könnte und sollte.[264] „Werner" berichtete gleich, daß unter den Waldheimer Krankenpflegern ein Prediger und zwei „Mitglieder der Sekte" seien und führte dazu aus:

„Diese drei versuchen in der Einrichtung nicht, andere Mitarbeiter für ihre Sekte zu gewinnen. Aus ihren Reden und Gesprächen ist aber zu entnehmen, daß sie mit der Politik in unserem Staat nicht einverstanden sind. Dabei gibt es keine Erscheinungen, daß sie auf den Staat schimpfen bzw. den Staat verleumden, ihre Diskussionen zeigen jedoch, daß sie die Verhältnisse in der BRD verherrlichen. Alle drei haben auch erreicht, daß sie am Sonnabend nicht arbeiten brauchen, weil ihnen dies ihr Glaube verbietet."[265]

Der Chefarzt würde das decken, während es unter den anderen Pflegern Diskussionen gäbe, weil sie dadurch mehr Wochenenddienste machen müßten. In späteren Berichten des IKM "Werner" werden die Angaben über die „Sektenmitglieder" nur geringfügig variiert. Sie würden sich ruhig verhalten, sich gegenseitig und einzelne Patienten zu Veranstaltungen der „Sekte" einladen. Ein Oberpfleger, der Mitglied einer Blockpartei und Ab-

---

262 Vgl. Abschlußbericht zum IKMO-Vorgang „Werner" vom 29.2.1988; ebenda, Bl. 36 f., hier 37.
263 Die meisten und umfassendsten Berichte des IKM „Werner" über die Waldheimer Psychiatrie stammen aus den Jahren 1979 bis 1981. Vgl. ebenda, Bd. 2, Bl. 16–47.
264 Bericht von Schulz, Leutnant der K, vom 26.1.1979 über ein Treffen mit IKM „Werner"; ebenda, Bl. 16–18, hier 16.
265 Ebenda, Bl. 17.

geordneter der Stadt Waldheim sei, würde auch die Veranstaltungen besuchen. Die „Sekte" habe viele Verbindungen in den Westen, würde von dort Bücher und das Papier für ihre Zeitung bekommen. Der eine Pfleger bekäme häufiger „Besuch aus der BRD und auch aus Kanada". Da er innerhalb des psychiatrischen Krankenhauses wohne, würden die Besucher dann auch die Einrichtung betreten. Von der Wohnung dieses Pflegers aus könnte man außerdem die Strafvollzugsanstalt einsehen,[266] die unmittelbar an die Psychiatrie in Waldheim angrenzte. Etwa ergriffene Konsequenzen aus dieser Feststellung sind aus der IKM- oder anderen Akten nicht erkennbar.

Hingegen löste eine andere Meldung des IKM „Werner" weiterführende kriminalpolizeiliche Untersuchungen aus. Im Juni 1979 erzählte „Werner" seinem Führungsoffizier, daß es in der Psychiatrie Waldheim einen Pfleger gebe, der homosexuelle Beziehungen zu Patienten aufgenommen habe. Von seinem Vorgesetzten wurde Leutnant Schulz daraufhin beauftragt, mit Hilfe des IKM „Werner" alle Patienten festzustellen, die in den letzten Jahren in der Waldheimer Psychiatrie untergebracht und als homosexuell bekannt waren. Außerdem sollte „Werner" „die Technologie der Einweisung der Patienten in die Psychiatrie" feststellen.[267] Es ist interessant, daß sich die Kriminalpolizei über den Einweisungsmodus bei dem IM-Pfleger erkundigen mußte. Anscheinend hatte sie außer IKM „Werner" keinen Einblick und keine Verbindung in die Psychiatrie. Leutnant Schulz brachte folgendes in Erfahrung:

„Im Gespräch über die Technologie der Einweisung in das Krankenhaus für Psychiatrie erklärte der IKM, daß alle Patienten der Einrichtung durch Gerichtsbeschluß in die Einrichtung eingewiesen worden sind. Es sind in jedem Fall Personen, die eine strafbare Handlung begangen haben, aber durch ärztliche Begutachtung nicht zurechnungsfähig sind[sic!].[268] Sie werden dann auf eine begrenzte oder unbegrenzte Zeit in die Einrichtung eingewiesen, und erst der Arzt entscheidet, ob auf Grund ihres Verhaltens oder ihres Zustandes eine Entlassung [...] möglich ist.
Eine Ausnahme bildet die Beobachtungsstation. Dort befinden sich Personen, die eine strafbare Handlung begangen haben und bei denen geprüft wird, ob sie für diese Handlung zurechnungsfähig sind oder nicht. Das Gutachten des Arztes entscheidet dann darüber, ob sie durch Gerichtsbeschluß in die Ein-

---

266 Berichte des IKM „Werner" über die in der Waldheimer Psychiatrie als Krankenpfleger tätigen Mitglieder der „Sekte 'Sieben Tage Adventisten'"; ebenda, Bl. 16–18, 27 f., 48 und 51.
267 Vgl. Aktenvermerk von Schmidt, Oberleutnant der K, vom 20.2.1980, KA „Patient"; BStU, ASt Leipzig, AOG 291/82, Bl. 24.
268 Wahrscheinlich beruhte diese nachweislich unzutreffende Feststellung des Krankenpflegers auf dessen Unkenntnis, denn auch 1980 gab es in Waldheim sogenannte Pflegefälle bzw. besonders schwierige und aggressive Patienten, die aus anderen psychiatrischen Krankenhäusern dorthin verlegt worden waren, ohne unbedingt eine Straftat begangen zu haben.

richtung eingewiesen werden oder ob sie ihre Strafe in der StVA [Strafvollzugsanstalt] verbüßen müssen."²⁶⁹

Der IKM „Werner" berichtete außerdem über Mißstände in der psychiatrischen Abteilung Waldheim, beispielsweise über die Veruntreuung von Patientengeldern, die Umlenkung von Baumaterialien des Krankenhauses in den privaten Hausbau der Wirtschaftsleiterin, die mangelnde Vergütung von Patientenarbeit und andere betrügerische Manöver auf Kosten der Patienten. Hinzu kamen solche lächerlichen Meldungen wie die über das Herumreichen pornographischer Zeitschriften unter den Pflegern, die ein Pfleger, der früher zur See gefahren war, aus dem Westen bezog.²⁷⁰ Eine Mitteilung fiel allerdings deutlich aus dem Rahmen der sonstigen Berichte über Betrügereien und Veruntreuungen. Leutnant Schulz notierte, er sei am 9. März 1980 von dem IKM in seiner Wohnung angerufen worden. „Werner" habe erklärt, „daß es ein Vorkommnis in der Einrichtung (Krankenhaus für Psychiatrie) gibt, über das er mich schnellstens unterrichten muß." Bei dem zwei Tage danach vereinbarten Treffen habe der IKM folgendes mitgeteilt:

„In der Nacht vom 3. zum 4.3.1980 haben die Pfleger der Einrichtung K[...] und S[...] in stark angetrunkenem Zustand den Patienten F[...] zusammengeschlagen, so daß er mehrere Hämatome [Blutergüsse] am Körper hatte. Da der Pfleger S[...] vor circa eineinhalb Jahren schon einmal den Patienten H[...] zusammengeschlagen hatte und [...] durch die Leitung nichts unternommen worden [ist] außer einem Verweis an S[...], hat der IKM die Befürchtung, daß auch dieses Vorkommnis in der Einrichtung vertuscht werden soll.
Dazu kommt, daß dieses Vorkommnis in ganz Waldheim bekannt geworden ist, und es gibt schon solche Diskussionen, wenn es im Westen solche Vorkommnisse gibt, dann schreiben wir es groß in die Zeitung, bei uns wird es aber vertuscht. Die Pfleger des Krankenhauses Waldheim werden als Schlägertruppe bezeichnet. Der IKM brachte zum Ausdruck, daß es unbedingt notwendig ist, dieses Vorkommnis richtig auszuwerten und gegen S[...] und K[...] gerichtliche Verfahren einzuleiten."²⁷¹

Leutnant Schulz stellte wenig später fest, daß die nächtliche Patientenmißhandlung vom psychiatrischen Krankenhaus bei der Kriminalpolizei angezeigt wurde.²⁷² Das teilte er dem IKM „Werner" bei ihrem darauffolgenden Treffen am 24. März 1980 mit, da dieser „über das Vorkommnis" nichts

---

269 Auswertung des Treffs mit dem IKM „Werner" durch Schulz, Leutnant der K, vom 25.2.1980, KA „Patient", Bl. 25–27, hier 26.
270 Vgl. Berichte von Schulz, Leutnant der K, über Treffen mit IKM „Werner" vom 24.7. und 17.12.1979 sowie vom 22.2.1980, IKM-Akte „Werner"; BStU, ASt Leipzig, AKAG 816/88, Bd. 2, Bl. 23–33.
271 Bericht von Schulz, Leutnant der K, über Treffen mit IKM „Werner" vom 12.3.1980; ebenda, Bl. 34–37, hier 34 f.
272 Ebenda, Bl. 35.

mehr gehört hatte und befürchtete, daß „wieder, wie schon so oft, alles vertuscht werden" sollte. Der IKM sei dann noch zu Sachverhalten befragt worden, „die die Einrichtung betreffen, wo er arbeitet, und die dem Leiter der KD MfS Döbeln zugearbeitet" worden seien.[273] Es wurde nicht ausgeführt, worum es dabei ging. Interessant erscheint, daß die Kreisdienststelle für Staatssicherheit Döbeln 1980 allem Anschein nach außer Dr. Poppe keinen weiteren IM unter den Mitarbeitern der Waldheimer Psychiatrie hatte, sonst wäre sie nicht auf die Zuarbeit durch die Kriminalpolizei und deren Informanten angewiesen gewesen.

Im Juli 1981 verständigten sich der inzwischen zum Hauptmann der Kriminalpolizei avancierte Schmidt und der gleichnamige Oberstleutnant Schmidt von der Kreisdienststelle Döbeln darüber, daß sich mittlerweile eine Reihe von Hinweisen angesammelt hätte, die „den Verdacht von Manipulationen und Straftaten in der Krankenanstalt für Psychiatrie Westewitz BT [Betriebsteil] Waldheim" nahelegen und „eine schnelle Klärung fordern" würden. MfS-Oberstleutnant Schmidt forderte in einer Aussprache mit dem Vorsitzenden des Rates des Kreises eine „Innenrevision" der Einrichtung, mit deren Ausführung sogleich der stellvertretende Ratsvorsitzende für Finanzen beauftragt wurde. Schwerpunktmäßig sollte es um „Fragen der Verwendung finanzieller Mittel der Patienten", um die „Arbeitskräftevermittlung" von Patienten und um die „Arbeit der Wirtschaftsleiterin" der Waldheimer Psychiatrie gehen. „Der Beginn der Überprüfung aller Fakten" wurde für Montag, den 13. Juli 1981 festgelegt.[274] Zwei Offiziere der Kriminalpolizei nahmen am Freitagnachmittag zuvor Kontakt zu einer in der Verwaltung der psychiatrischen Abteilung Waldheim beschäftigten Sachbearbeiterin auf, die sich bereit erklärte, die Prüfer „hinsichtlich der stattfindenden Kontrolle durch den Rat des Kreises Döbeln/Finanzen zu unterstützen". Die Sachbearbeiterin sollte nicht nur bei der Finanzrevision helfen, sondern auch über die Diskussionen unter den Krankenhausmitarbeitern informieren und eventuellen Vertuschungsversuchen entgegenwirken.[275]

Die Auflistung der „Fakten" zu insgesamt sechs zu prüfenden „Komplexen" ist unter anderem insofern interessant, als dabei so gut wie nichts enthalten ist, das nicht zuvor von IKM „Werner" berichtet worden wäre, die ganze Revision demnach im wesentlichen auf seinen Informationen beruhte.[276] Drei „Komplexe" befaßten sich mit dem Verdacht auf finanzielle Unregelmäßigkeiten auf Kosten der Patienten und drei weitere „Komplexe" mit den Pflegern der Einrichtung.

---

273 Bericht von Schulz, Leutnant der K, über Treffen mit IKM „Werner" vom 24.3.1980; ebenda, Bd. 2, Bl. 38f., hier 38.
274 Aktenvermerk von Schmidt, Hauptmann der K, über eine Absprache mit MfS-Oberstleutnant Schmidt vom 10.7.1981, KA „Patient"; BStU, ASt Leipzig, AOG 291/82, Bl. 41.
275 Aktenvermerk von Hankeln, Leutnant der K, über ein Kontaktgespräch mit einer Sachbearbeiterin der Psychiatrie Waldheim am 10.7.1981; ebenda, Bl. 49.
276 Auflistung von Fakten zu sechs Untersuchungskomplexen für eine Überprüfung der psychiatrischen Abteilung Waldheim im Juli 1981; ebenda, Bl. 42–48.

Bei den drei gegen Pfleger gerichteten Untersuchungskomplexen wurde in einem Fall noch einmal der Verdacht gegen den einen Krankenpfleger beschrieben, „homosexuelle Beziehungen zu einzelnen Patienten" zu unterhalten.[277] Im weiteren ging es um die „Siebenten-Tags-Adventisten". Die Zahl der „Sektenmitglieder" unter den Pflegern habe von drei auf sechs zugenommen, und ein Oberpfleger habe sich ihnen als eine Art Gasthörer angeschlossen. Der eine Adventist habe gute Verbindungen in die Bundesrepublik und würde von dort Besucher empfangen, der andere pflege einen engen Kontakt mit dem „Prediger einer freikirchlichen Gemeinschaft", der im Zusammenhang mit einem kriminellen Delikt in der Waldheimer Einrichtung zur psychiatrischen Begutachtung gewesen sei. Insgesamt würden sich die Adventisten „nach außen hin ruhig verhalten", in Diskussionen sei jedoch zu erkennen, „daß sie nicht für unsere Gesellschaft argumentieren".[278] Zuletzt wurden verschiedene Vergehen von Pflegern aufgelistet, von denen der Austausch pornographischer Hefte das geringste war. An erster Stelle stand, „daß von seiten der Pfleger gegenüber Patienten unbegründete Tätlichkeiten begangen werden". Die bereits geschilderte „vorsätzliche Körperverletzung" habe zur Einleitung eines Ermittlungsverfahrens geführt, die beiden Pfleger seien „verurteilt und entlassen" worden. Dennoch gebe es immer noch „Pflegerwillkür" in Waldheim.[279]

Die Ende August 1981 beendete Finanzrevision stellte „eine Reihe vermeidbarer Mängel" in der Psychiatrie Waldheim fest.[280] Dazu zählten unter anderem überholte Finanzierungsmodalitäten bei der Entschädigung für geleistete Arbeit von Patienten und „ernsthafte Mängel bei der Erfassung des Patienteneigentums (Sachwerte)".[281] Die Revisoren erteilten verschiedene Auflagen, wie das Eigentum der Patienten künftig besser gesichert werden sollte.[282] Die Kriminalpolizei ging anschließend noch dem Verdacht der Erpressung eines begüterten Patienten durch einen Oberpfleger, ihm vierzehntausend Mark zu leihen, nach.[283] Das war dem Oberpfleger zwar nicht nachzuweisen, aber die Polizei informierte den Kreisarzt schriftlich darüber, daß der Oberpfleger versucht habe, sich „eines ihm anvertrauten Patienten" zu bedienen, um Geld zu bekommen. Der Kreisarzt wurde gebeten „zu prüfen, inwieweit seitens des Oberpflegers [...] eine Verletzung arbeitsrechtlicher Pflichten oder anderer gesetzlicher Vorschriften erfolgte", und innerhalb von drei Wochen „über die eingeleiteten Maßnahmen" zu infor-

---

277 Auflistung von „Fakten zum Komplex Homosexualität"; ebenda, Bl. 44.
278 Auflistung von „Fakten zum Komplex der Sieben-Tages-Adventisten"; ebenda, Bl. 46.
279 Auflistung „zum Komplex Pfleger"; ebenda, Bl. 47 f.
280 Revisionsprotokoll der Staatlichen Finanzrevision, Inspektion Leipzig, Prüfungsobjekt Nervenklinik Hochweitzschen, vom 27.8.1981, 22 Seiten und 1 Anlage; ebenda, Bl. 52–68.
281 Ebenda, Bl. 64.
282 Ebenda, Bl. 65 f.
283 Dokumente zur kriminalpolizeilichen Ermittlung gegen einen Pfleger wegen des Verdachts der Erpressung eines Patienten; ebenda, Bl. 70–79.

mieren.[284] Eine Rückmeldung des Kreisarztes war noch nicht erfolgt, als die Kriminalakte „Patient" am 12. November 1981 abgeschlossen wurde.[285] Zusammenfassend ist dem Vorgang zu entnehmen, daß ein wesentlicher Teil der Mißstände, die 1990 von verschiedenen Untersuchungsgremien zur psychiatrischen Abteilung Waldheim festgestellt wurden, dort bereits Anfang der achtziger Jahre herrschten und von einem Polizeispitzel unter den Pflegern der Kriminalpolizei berichtet wurden.

Zwei Jahre nach den gegen Mitarbeiter der Waldheimer Psychiatrie geführten Untersuchungen berichtete „Werner" noch einmal über die Mißhandlung eines Patienten. Mitte Juli 1983 seien bei der Durchsuchung im Anschluß an eine verbale Auseinandersetzung im Bett eines Patienten Streichhölzer entdeckt worden. Der Patient habe das Personal beschimpft und bedroht. Daraufhin sei er in ein Einzelzimmer gelegt worden, wo er versucht habe, die vergitterte Lampe zu zerschlagen. Da der Patient sich weigerte, Beruhigungstabletten zu schlucken, habe der Arzt angeordnet, ihm die Medikamente zu spritzen. Beim Versuch der Injektion habe der Patient die Pfleger angegriffen. Weiter hieß es in dem Polizeibericht:

„Nur unter großer Mühe konnte die Injektion gegeben werden. Danach wurde der Patient von zwei Pflegern mißhandelt, er mußte 'pumpen'. Darunter ist zu verstehen, daß der Patient mit Gewalt von zwei Pflegern auf den Bauch gelegt wurde und Arme sowie Beine zum Mittelpunkt des Rückens und zurück gepreßt wurden, was eine Sehnenzerrung zur Folge hatte, da dieser Vorgang circa zehn Minuten durchgeführt wurde. Den ersten Tag nach der Mißhandlung war der Patient nicht in der Lage, zu seinem im Zimmer befindlichen Essen zu kriechen."[286]

Aus den vorliegenden Akten ist nicht erkennbar, ob die Mißhandlung des Patienten erneut zu polizeilichen Ermittlungen und gerichtlichen oder disziplinarischen Konsequenzen führte. Der Fall lag hier insofern anders als der vom März 1981 berichtete, als die Pfleger nicht betrunken und grundlos einen wehrlosen Patienten angegriffen haben, sondern sich zunächst der Patient aggressiv gegen Sachen und Personen verhalten hat. Trotzdem lag hier ein Gewaltexzeß von seiten der Pfleger vor, da sie den Patienten *nach* der Injektion brutal mißhandelten, was eine schwere Verletzung ihrer beruflichen Verhaltensgrundsätze darstellte. „Werner" vertrat seinem Führungsoffizier gegenüber die „Meinung, daß solche Methoden schon in den Folter-

---

284 Information des Leiters des Volkspolizeikreisamtes Döbeln, Major Günther, an den Kreisarzt des Kreises Döbeln, Dr. Maschke, vom 10.11.1981; ebenda, Bl. 78 f.
285 Beschluß zum Abschluß der KA „Patient" und Abverfügung zur Archivierung vom 12.11.1981; ebenda; Bl. 80–84.
286 Information von Kommissariat I des Volkspolizeikreisamtes Döbeln vom 29.7.1983 an das Dezernat I der Kripo Leipzig sowie an die KD Döbeln, IKM-Akte „Werner", Bd. 2, Bl. 54.

kammern der Nazis angewendet wurden und nicht in unsere heutige Zeit passen."[287] Die Empörung des jungen Mannes über die Gewalttat seiner Kollegen und die Tatsache, daß die zuvor von ihm berichtete Mißhandlung eines Patienten zwei Jahre und viereinhalb Monate zurücklag, sprechen dafür, daß derartig brutale Übergriffe von Pflegern gegen Patienten selbst in dem aggressionsgeladenen Milieu der psychiatrischen Abteilung Waldheim nicht alltäglich waren.

Vom Herbst 1983 bis zum Frühjahr 1984 fanden fünf Treffen des Kriminalleutnants Gans mit dem IKM „Werner" statt, die der „Schaffung von Informationen aus dem Bereich der Psychiatrie Waldheim zu Fragen der Ordnung der Sicherheit, Mißhandlung von Patienten [sowie] anderen Informationen zu Patienten und zum Pflegepersonal" dienen sollten. „Werner" hatte jedoch keine neuen „Vorfälle" zu berichten. Er meinte, daß sich das „Verhältnis der Pfleger untereinander und gegenüber den Patienten [...] verbessert" habe[288] und hinsichtlich der immer wieder erfragten Mißhandlung von Patienten „etwas Ruhe eingetreten sei".[289] Im Sommer und Herbst 1984 war „Werner" in der Nervenklinik Hochweitzschen tätig und sah weder eine Notwendigkeit noch die Möglichkeit, die inoffizielle Zusammenarbeit aufrechtzuerhalten.[290] Damit endet der Vorgang praktisch.[291]

Von der MfS-Kreisdienststelle Döbeln wurde Mitte 1983 ein Versuch unternommen, einen eigenen IM unter den Pflegern der Waldheimer Psychiatrie zu gewinnen. Was den Anstoß dazu gegeben hat, ist nicht zu erkennen, da im Juni 1983 noch „Werner" die Kripo mit Informationen versorgte und diese an die MfS-Genossen weitergeleitet wurden. Am 17. Juni 1983 begründete Oberleutnant Böber die „Notwendigkeit der Werbung eines IMS" wie folgt:

„Im Zusammenhang mit der Durchdringung des Bereiches der Nervenklinik Westewitz-Hochweitzschen nimmt die geschlossene Abteilung in Waldheim eine besondere Stellung ein. Die dort untergebrachten Patienten besitzen einen besonders hohen Gefährlichkeitsgrad. Weiterhin ist zu diesem Bereich bekannt, daß durch das pflegerische Personal teilweise Handlungen vorgenommen werden, die sich gegen Patienten richten und auf persönliche Vorteilserlangung ausgerichtet sind. Als einen weiteren wesentlichen Fakt muß man in diesem Bereich anführen, daß in der Vergangenheit wiederholt Ent-

---

287 Ebenda.
288 Bericht von Gans, Leutnant der K, über ein Treffen mit IKM „Werner" am 7.2.1984; ebenda, Bd. 2, Bl. 61f., hier 61.
289 Bericht von Gans, Leutnant der K, über ein Treffen mit IKM „Werner" am 12.4.1984; ebenda, Bl. 63f, hier 63.
290 Aktennotiz von Gans, Leutnant der K, über die vorläufige Beendigung der Zusammenarbeit mit „Werner" vom 2.10.1984; ebenda, Bl. 67.
291 Es gibt nur noch einen Treffbericht vom 7.8.1986, aus dem hervorgeht, daß „Werner" inzwischen in einem Industriebetrieb tätig war. Vgl. ebenda, Bl. 70f.

weichungen von Patienten stattgefunden haben, die auf Pflichtverletzungen von Personal zurückzuführen sind."²⁹²

Oberleutnant Böber hatte auch bereits einen Kandidaten ins Auge gefaßt und den Pfleger an einem freien Tag zu Hause zu einem ersten Kontaktgespräch aufgesucht. Der Pfleger habe Böber als „einen Teilnehmer der letzten Sicherheitskontrolle" in der psychiatrischen Abteilung Waldheim erkannt und ruhig mit ihm gesprochen. Böber habe ihm erläutert. „daß die bei der Kontrolle festgestellten Mängel im Widerspruch zu den Sicherheitsanforderungen stehen". Hinzu käme, „daß nicht alle Pfleger ihre Aufgaben ernst nehmen und einige auch darauf bedacht sind, durch gewisse Unterdrückungen von Patienten persönliche Vorteile zu erzielen". Die psychiatrische Einrichtung stehe „im Blickpunkt gegnerischer Stellen", die bemüht seien, „uns Ungesetzlichkeiten gerade auf diesem Gebiet nachzuweisen". Der Kandidat stimmte ohne Bedenkzeit zu, das MfS zu unterstützen. „Er erklärte dazu, daß ihm auch daran gelegen sei, seine Arbeit ordentlich und qualitätsgerecht zu realisieren."²⁹³

Am 20. Juni 1983 unterbreitete Böber seinen Vorgesetzten den „Vorschlag zur Sofortwerbung eines IMS aus dem Bereich der Nervenklinik Westewitz-Hochweitzschen, Abteilung Psychiatrie Waldheim". In der Begründung, warum er es so eilig hatte, dort endlich einen IM zu installieren, heißt es:

„Im Zusammenhang mit der Realisierung sicherheitspolitischer Maßnahmen im Zusammenhang mit dem VII. Sportfest 83 in Leipzig ist die vorrangige Kontrolle der oben genannten Abteilung zu organisieren. In dieser Abteilung sind Patienten wie zum Beispiel P[...] und Z[...] untergebracht, die durch ihre [Gewalt-]Straftaten eine erhebliche Gefährdung darstellen. Eine Entweichung bzw. andere Vorkommnisse mit diesen und anderen Patienten zu diesem Zeitraum hätte unabsehbare Folgen für die Sicherheit des gesamten Territoriums. Weiterhin ist mit dem Einsatz des neuen Chefarztes Petermann ein weiterer Unsicherheitsfaktor hinzugekommen. [...] Mit diesem IMS soll auch eine Kontrolle des P. in seiner Funktion als staatlicher Leiter beachtet werden."²⁹⁴

Die Blitzwerbung des IM unter den Waldheimer Pflegern war kein Erfolg für die Staatssicherheit. Der Informant berichtete zwar einige Male „zu Problemen seines Arbeitsbereiches". Im März 1984, acht Monate nach seiner

---

292 Begründung der Notwendigkeit zur Werbung eines IMS von Oberleutnant Böber, KD Döbeln, vom 17.6.1983, IM-Akte „Heinz Walbert"; BStU, ASt Leipzig, AIM 1669/84, Teil I, 1 Bd., Bl. 29.
293 Bericht von Oberleutnant Böber, KD Döbeln, vom 17.6.1983 über das erste Kontaktgespräch mit dem IM-Kandidaten am 3.6.1983, IM-Akte „Heinz Walbert", Bl. 32 f.
294 Vorschlag von Oberleutnant Böber vom 20.6.1983; ebenda, Bl. 34.

IM-Verpflichtung stellte „Heinz Walbert" jedoch für sich und seine Familie einen Antrag auf Übersiedlung in die Bundesrepublik. Da ein solcher Schritt keine völlig spontane Entscheidung gewesen sein kann, klingt die Einschätzung der MfS-Kreisdienststelle Döbeln, der IM sei seit der Antragstellung plötzlich unehrlich und unzuverlässig, nicht sehr überzeugend. Wahrscheinlich war es schon vorher nicht weit her mit seiner Berichterstattung. Nun aber sei für die MfS-Vertreter „sichtbar, daß er voll den Einflüssen westlicher Massenmedien unterliegt und ein ausgesprochenes Konsumdenken vorhanden ist. Durch seine Uneinsichtigkeit bezogen auf die Rücknahme seines Ersuchens wurde er aus der SED ausgeschlossen." In der Kreisdienststelle für Staatssicherheit schloß man den IM-Vorgang ab und eröffnete statt dessen eine „Operative Personenkontrolle" gegen den abtrünnigen Genossen.[295] Ein Jahr später, am 1. Juli 1985, schickte der Leiter der MfS-Kreisdienststelle Döbeln einen „Vorschlag zur Übersiedlung nach der BRD aus politisch-operativen Gründen" an die MfS-Bezirksverwaltung Leipzig. Darin heißt es:

„Die Familie N. stellte am 28.3.1984 für sich sowie ihre Kinder ein Ersuchen auf Wohnsitzänderung nach der BRD. Als Begründung für diesen Schritt führten sie eine generelle Unzufriedenheit mit den Verhältnissen in der DDR an. Das Warenangebot sei mangelhaft und die Reisefreiheit erheblich eingeschränkt. Sie beriefen sich auf die UNO-Charta, nach der jeder Mensch seinen Wohnsitz frei wählen könnte. [...]
Alle bisherigen Rückgewinnungsmaßnahmen blieben wirkungslos. Die durchgeführten differenzierten Maßnahmen der staatlichen Organe, des MfS und der VP [Volkspolizei] führten nicht zum Erfolg, verhinderten jedoch bisher die Durchführung von Demonstrativhandlungen. [...]
Die Verhärtung des Standpunktes der Familie N., dabei festgestellte spontane Handlungen, eine absolute Orientierung an westlichen Massenmedien und die Bezugnahme auf Botschaftsbesetzungen und ähnliches machen deutlich, daß bei der Familie N. mit der Begehung von Demonstrativhandlungen zu rechnen ist. Durch spontane Reaktionen des N. stellt er eine ständige Gefährdung der öffentlichen Sicherheit und Ordnung dar."[296]

Diese Einschätzung überbietet die vorher über andere Pfleger getroffene negative Beurteilung noch um einiges. Bemerkenswert ist auch, daß der Pfleger trotz seines Ausreiseantrages weiter in der psychiatrischen Abteilung Waldheim tätig blieb.[297] Daß der – außer Dr. Poppe – wahrscheinlich einzi-

---

295 Vgl. Abschlußbeurteilung des IMS „Heinz Walbert" vom 26.7.1984; ebenda, Bl. 81.
296 Vorschlag vom 1.7.1985 zur Übersiedlung nach der BRD aus politisch-operativen Gründen von Oberstleutnant Schmidt, Leiter der KD Döbeln, an die BV Leipzig; ebenda, Bl. 27–30.
297 Vgl. Denunziation durch einen anderen Pfleger, der übrigens mit dem IKM „Werner" identisch ist und unter seinem Klarnamen in der entsprechenden Information der KD Dö-

ge IM der MfS-Kreisdienststelle Döbeln unter den Mitarbeitern der Psychiatrie Waldheim zu Beginn der achtziger Jahre sich acht Monate nach seiner Werbung als politischer Gegner entpuppte und ungefähr zwei Jahre nach seiner Anwerbung die DDR verließ, spricht nachdrücklich dagegen, daß die Waldheimer Einrichtung eine „Stasi-Klinik" war.

Auch die Recherchen zu den acht im „Stern" erwähnten Psychiatriepatienten, die in den achtziger Jahren in der Waldheimer Einrichtung untergebracht waren, ergaben in keinem Fall einen Hinweis auf eine aktive Beteiligung des MfS an deren Einweisung oder Behandlung, die über die bereits von der ersten Waldheim-Untersuchungskommission getroffenen Feststellungen hinausgehen würde. Drei der acht Patienten sind in den Karteien des MfS gar nicht erfaßt. Einer dieser Patienten wird an einer Stelle der IKM-Akte „Werner" erwähnt.[298] Die Nichterfassung des Patienten in den Karteien des MfS und die Art der beiläufigen Erwähnung in einem Bericht des Polizeiinformanten „Werner" sprechen gegen die Darstellung im „Stern".

Zu zwei weiteren Patienten fanden sich zwar Aktensignaturen, dazu jedoch nur einzelne Blätter, die Sicherheitsüberprüfungen von Verwandten betrafen und in denen nur die Namen der Patienten erwähnt werden.[299] Bei einem dieser Patienten handelt es sich um jenen Fall, für den eindeutig nachgewiesen werden konnte, daß im Mai 1989 durch Mitarbeiter der MfS-Kreisdienststelle Döbeln eine unrechtmäßige Einweisung in die psychiatrische Abteilung Waldheim erfolgte. Zu seiner Person wurde am 5. Mai 1989 – das war fünf Tage vor der Einlieferung – eine Karteikarte in der MfS-Bezirksverwaltung Leipzig angelegt mit den Vermerken „Erfassungsart VaE", Döbeln Mitarbeiter Gasch, sowie „telefonisch eingeleitet". Die Karteikarte ist diagonal überkreuzt durchgestrichen und weist keine Aktensignaturen nach. Das könnte ein Hinweis darauf sein, daß das Vorgehen der MfS-Mitarbeiter in Döbeln auch MfS-intern als irregulär angesehen wurde und deshalb nicht dokumentiert worden ist. Zu einem weiteren Patienten gibt es im MfS-Aktenbestand ebenfalls nur wenige Blatt Papier, die Abschlußberichte des Strafvollzuges sowie die Beschlüsse einer Abteilung Inneres zur „Wiedereingliederung" umfassen.[300]

Die einzige etwas umfangreichere MfS-Akte wurde zu dem aus der Bundesrepublik geflohenen Spion Winfried K. gefunden, der Ende 1979 um politisches Asyl in der DDR ersucht hatte. Es handelt sich um eine allgemeine Personenablage, in der die „Ermittlungen und Überprüfungen zur Person"

---

beln vom 7.5.1984 genannt wird, er habe sich dort gemeldet und angezeigt, daß „Westromane" unter seinen Kollegen herumgereicht würden. IM-Akte „Heinz Walbert", Bl. 75 f.
298 Bericht über ein Treffen mit IKM „Werner" am 11.5.1981, IKM-Akte „Werner"; BStU, ASt Leipzig, AKAG 816/88, Bd. 2, Bl. 42 f, hier 43.
299 Diese Blätter der KD Döbeln wurden als „Zentrale Materialablagen" zusammengefaßt. Vgl. BStU, ASt Leipzig, KD Döbeln, ZMA 1245 und 1269.
300 Vgl. BStU, ASt Leipzig, KD Leipzig-Stadt, ZMA 18910, 11 Seiten.

dokumentiert sind. In der Akte ist auch eine Aussprache protokolliert, die MfS-Offiziere im Februar 1981 mit K. führten, um „erzieherischen Einfluß" auf ihn auszuüben."[301] Die Obristen hätten K. „mit aller Deutlichkeit" erklärt, daß sie sein Fehlverhalten „in keiner Weise mehr abdecken und sich für ihn einsetzen" würden, was offenbar vorher geschehen war. Von dem Wunsch, in die Bundesrepublik zurückzukehren, ist in der Akte keine Rede. Vielmehr habe K. in der Aussprache betont, „er sei sich hundertprozentig darüber im klaren, daß er sich sein Leben in der DDR aufbauen und gestalten muß, da er in der BRD weiterhin strafrechtlich verfolgt wird und eine Ausweisung aus der DDR für ihn nicht in Frage kommt".[302] Der Akteninhalt bestätigt die Annahme, daß die Einmischung des MfS mit der besonderen Kontroll- und „Fürsorgepflicht" gegenüber ehemaligen „Kundschaftern" zusammenhing. Hinweise auf Psychiatriemißbrauch im Sinne politischer Verfolgung ergeben sich auch in diesem Fall nicht.

Für die Sicht der MfS-Kreisdienststelle Döbeln auf die psychiatrische Abteilung Waldheim der Nervenklinik Hochweitzschen in der zweiten Hälfte der achtziger Jahre ist eine Sachakte mit dem Titel „Arbeitsbereich Gesundheitswesen und SPB [Schwerpunktbereich] medizinische Intelligenz Nervenklinik Hochweitzschen" aufschlußreich, in der zusammenfassende Informationen über diesen Bereich gesammelt sind.[303] In einer „Einzelinformation Nr. 88/85" der MfS-Kreisdienststelle an den Rat des Kreises Döbeln vom 25. November 1985 wurden beispielsweise Erscheinungen im staatlichen Gesundheitswesen beklagt, die eine „Fehlentwicklung" begünstigen würden. Der Kreisarzt würde versuchen, „das Zusammenwirken mit den Sicherheitsorganen zu unterlaufen", indem er „kaderpolitisch ungeeignete" Ärzte für die Besetzung sicherheitspolitisch heikler Positionen vorschlage, nur „um die Auflagen des Gesundheitswesens [...] zu erfüllen".[304] So habe er gemeinsam mit Dr. Poppe für die Wiederbesetzung der vakanten Chefarztstelle in der psychiatrischen Abteilung Waldheim eine politisch unzuverlässige Ärztin gewonnen:

„Bezüglich des Einsatzes in der Psychiatrie Waldheim wurde durch den Kreisarzt die Frage aufgeworfen, ob denn diese Planstelle bestätigungspflichtig sei. Die Frage beweist, daß durch den Genossen Maschke nicht mit dem erforderlichen Verantwortungsbewußtsein an diese Aufgabe herangegangen wird. Bei diesem speziellen Bereich handelt es sich um eine geschlossene psychiatrische Einrichtung, in der neben rein psychiatrischen Fällen auch

---

301 Vermerk über eine Aussprache von Oberstleutnant Ficker, HA IX/3, und Oberstleutnant Franke, stellvertretender Leiter der KD Erfurt, mit K. am 12.2.1981; BStU, ZA, AP 46445/92, Bl. 83–87, hier 83.
302 Ebenda, Bl. 86.
303 Vgl. BStU, ASt Leipzig, KD Döbeln, ZMA 2274, 83 Seiten.
304 Einzelinformation Nr. 88/85 des Leiters der KD Döbeln, Oberstleutnant Schmidt, an den Vorsitzenden des Rates des Kreises Döbeln vom 25.11.1985, ebenda, Bl. 6–8, hier 6.

Straftäter zur psychiatrischen Begutachtung untergebracht sind. Des weiteren gehören zum Patientenkreis eine Reihe von Gewaltverbrechern, die für nicht zurechnungsfähig erklärt wurden [...]. Unter diesen Patienten befinden sich auch eine Anzahl Übersiedlungsersuchender, die aufgrund ihrer Absicht unter anderem auch mit Verwandten im Ausland korrespondieren. Damit ist eindeutig nachgewiesen, welche hohe sicherheitspolitische Bedeutung diese Einrichtung besitzt und Vorkommnisse in oder aus diesem Bereich die staatliche Sicherheit im Territorium beeinträchtigen können. Hinweise unserer Diensteinheit werden in unzureichendem Maße berücksichtigt. Da bereits in der Vergangenheit erhebliche Probleme mit der Einrichtung in Waldheim bestanden, so zum Beispiel durch wiederholte Entweichungen von Patienten aufgrund fehlender Sicherheitsvorkehrungen, muß an dieser Stelle mit Nachdruck auf die Position der verantwortlichen staatlichen Leiter dazu hingewiesen werden."[305]

Der Konflikt zwischen den primär auf ihre medizinischen Versorgungsaufgaben orientierten Ärzten und den Interessen der Staatssicherheit blieb ein Dauerbrenner der späten achtziger Jahre. Am 18. September 1986 trafen die Offiziere der MfS-Kreisdienststelle Döbeln folgende Einschätzung:

„Die Lage im Gesundheitswesen des Kreises Döbeln ist dadurch gekennzeichnet, daß infolge mangelhafter politisch-ideologischer Arbeit der Einfluß feindlich-negativer Kräfte auf die Angehörigen dieses Bereiches, insbesondere auf die Angehörigen der medizinischen Intelligenz, eine zunehmende Tendenz aufweist. Es wird sichtbar, daß die Mehrzahl der Ärzte sowie der anderen Hochschulkader dieses Bereiches bemüht sind, sich einer positiven Beeinflussung im Sinne der Partei- und Regierungspolitik zu entziehen. Insbesondere durch negative klerikale Kreise wird die Situation genutzt, um ihren Einfluß auf diese Zielgruppe zu erweitern. [...] Bei Absolventen von Hochschulen und Universitäten [...] werden keine politisch-ideologischen Positionen verlangt bzw. ist bei der Mehrzahl von Neuzugängen keine politisch positive Grundhaltung vorhanden. Im Verantwortungsbereich des Gesundheitswesens sind zwölf Personen als Übersiedlungsersuchende erfaßt, darunter sechs Ärzte. [...]
Als weiterer Schwerpunkt [...] ist die Nervenklinik Hochweitzschen anzusehen. Insbesondere hervorgerufen durch eine unzureichende Leitungstätigkeit des ärztlichen Direktors, Dr. Poppe, ist eine hohe Fluktuation von Ärzten zu verzeichnen. So ist zum Beispiel die Position des Chefarztes der geschlossenen Einrichtung Waldheim, an welche durch die DE [Diensteinheit, hier MfS-Kreisdienststelle Döbeln] sicherheitspolitische Anforderungen gestellt werden, seit über einem Jahr nicht besetzt. Im Jahre 1986 verlassen diese

---

305 Ebenda, Bl. 7.

Einrichtung nach bisherigen Erkenntnissen noch drei Ärzte, darunter ein Chefarzt und ein stellvertretender Chefarzt."[306]

Der Kreisarzt würde versuchen, bei „Kaderfragen" die MfS-Kreisdienststelle „auszuschalten" bzw. bei Nichtbesetzung bestimmter Arztstellen „die Verantwortung [...] an die KD MfS abzudelegieren",[307] was angesichts der sicherheitspolitischen Auflagen der Staatssicherheit nachvollziehbar erscheint.

Ein Jahr später, im Herbst 1987, wird in einem weiteren MfS-Bericht erneut die Führungstätigkeit des Kreisarztes in Döbeln kritisiert. Obwohl „ausreichend bekannt" sei, „welche Auswirkungen der Leitungsstil des Ärztlichen Direktors der Nervenklinik Hochweitzschen auf das Betriebsklima hat," gebe es von seiten des Kreisarztes „keine Einflußnahme auf diesen Leitungskader".[308] Die Auslassungen der MfS-Kreisdienststelle Döbeln über Dr. Poppe klingen nicht so, als habe es in dieser Zeit mit ihm noch ein inoffizielles Zusammenwirken gegeben. In der Sammelakte zum „Arbeitsbereich Gesundheitswesen" sind keine IM-Berichte von Dr. Poppe bzw. IMS „Seidel" enthalten, hingegen etliche Berichte anderer IM über Probleme mit Poppe. So hatte beispielsweise ein IMS „Ernst" im September 1987 darüber berichtet, „daß es gegenwärtig in der Nervenklinik Hochweitzschen große Diskussionen zum Eigenheim des Poppe sowie zu den damit im Zusammenhang stehenden Erscheinungen gibt."[309] Auch aus Sicht der MfS-Dienststelle stellte Poppes Hausbau und der Einsatz von Patienten der geschlossenen Abteilung Waldheim dabei ein fortgesetztes Ärgernis dar. Ende 1988 meldete der Leiter der MfS-Kreisdienststelle Döbeln nach Leipzig, daß Dr. Poppe zur Realisierung von Straßenbauarbeiten im Zusammenhang mit seinem Hausbau „kurzfristig alle verfügbaren Patienten der psychiatrischen Einrichtung Waldheim eingesetzt" habe, „ohne Beachtung bestehender Sicherheitsvorschriften". Unter anderen sei ein erst am 4. November 1988 zwangseingewiesener Patient zu den Bauarbeiten mit eingeteilt worden, der nun seit dem 18. November „abgängig" sei. Die Polizei habe die Fahndung und Schutzmaßnahmen für Frau und Kind des entlaufenen Patienten eingeleitet, da dieser eine ernste Gefahr für das Leben und die Gesundheit der beiden darstelle. Außer über diesen Vorfall werde in der Bevölkerung darüber geredet, „daß Dr. Poppe seit Beginn seines Eigenheimbaus durch den

---

306 Einschätzung von Hauptmann Böber und Oberstleutnant Schmidt, KD Döbeln, „zur Lage im Gesundheitswesen des Kreises Döbeln und der ideologischen Situation unter den Beschäftigten des Bereiches" vom 18.9.1986; ebenda, Bl. 13–20, hier 13 und 15 f.
307 Ebenda, Bl. 16.
308 Zuarbeit von Oberstleutnant Schmidt, Leiter der KD Döbeln, zur „Einschätzung der Ergebnisse der Durchsetzung der zentralen Maßnahmen zur weiteren Verwirklichung der Parteipolitik auf dem Gebiet des staatlichen Gesundheitswesens" 5.10.1987; ebenda, Bl. 39–44, hier 42.
309 Zusammenfassung vom 8.9.1987 von Hauptmann Böber, KD Döbeln, eines mündlichen Berichtes des IMS „Ernst"; ebenda, Bl. 36 f., hier 36.

ständigen Einsatz von Patienten erhebliche materielle Vorteile erlangt habe", da Patienten „wesentlich geringer entlohnt würden" als normale Handwerker. „Hartnäckig sind in der Stadt Waldheim unter der Bevölkerung Gerüchte im Umlauf, daß Dr. Poppe geltende gesetzliche Bestimmungen [...] für die Verwirklichung privater Interessen mißbraucht habe."[310]

## 4.4. Zur forensischen Psychiatrie in der DDR außerhalb von Waldheim

Die drei führenden forensischen Psychiater der DDR, die Professoren Hans Szewczyk[311] (Jahrgang 1923), Ehrig Lange (Jahrgang 1921) und Manfred Ochernal (Jahrgang 1920) gehörten einer Generation an. Lange und Ochernal hatten gleich nach dem Abitur im zweiten Weltkrieg als Soldaten der deutschen Wehrmacht dienen müssen, danach Medizin studiert und in der DDR Karriere gemacht.

Szewczyk, der Medizin und Psychologie studiert hatte, leitete von 1961 bis zu seiner Emeritierung die Abteilung für forensische Psychiatrie der Charité-Nervenklinik. Er war wissenschaftlich außerordentlich produktiv und profilierte sich als der „Forensik-Papst" für die gesamte DDR. In den Archiven des MfS fand sich über ihn eine Akte, aus der eine mißtrauische Distanz des MfS zu dem parteilosen Fachmann zu erkennen ist.[312] Immerhin hatte Szewczyk offizielle Arbeitskontakte zum „Untersuchungsorgan" des MfS, der Hauptabteilung IX. Im November 1983 wurde ihm vom MfS anläßlich seines sechzigsten Geburtstages „in Anerkennung und Würdigung seiner Verdienste während der 20jährigen Zusammenarbeit mit den Organen des Ministeriums für Staatssicherheit" der „Kampforden 'Für Verdienste um Volk und Vaterland' in Gold" verliehen.[313] Der Vorschlag zu dieser Auszeichnung war im MfS von Generalmajor Fister, dem Leiter der Hauptabteilung IX, unterbreitet und wie folgt begründet worden:

---

310 Information von Oberstleutnant Schmidt, Leiter der KD Döbeln, von Ende 1988, wahrscheinlich an die BV Leipzig (erste Seite fehlt); ebenda, Bl. 70 f.
311 Hans Szewczyk (1923–1994), Prof. Dr. med. habil. Dr. rer. nat., Sohn eines Redakteurs aus Magdeburg, Medizinstudium mit kriegsbedingten Unterbrechungen, 1942–45 Hilfsarzt bei der Luftwaffe, 1949 Approbation als Arzt, 1950 Promotion zum Dr. med., 1949–52 Psychologiestudium, 1953 Promotion zum Dr. rer. nat., 1953–57 wissenschaftlicher Assistent an einem Institut für Psychologie der Humboldt-Universität, seit 1957 Carité-Nervenklinik, 1959 Facharztanerkennung für Neurologie und Psychiatrie, seit 1961 Oberarzt der gerichtspsychiatrischen Abteilung der Charité-Nervenklinik, 1964 Habilitation zum Dr. med. habil. und Ernennung zum Dozenten, seit 1974 ordentlicher Professor und Inhaber des Lehrstuhls für forensische Psychiatrie an der Humboldt-Universität Berlin. Vgl. Akte; BStU, ASt Berlin, AP 299–10 sowie Personalien, in: Berliner Ärzte 32 (1995) 3, S. 27.
312 Akte der BV Berlin; BStU, ASt Berlin, AP 299–10, Bl. 1–250.
313 Vgl. Befehl K 5261/83 von Mielke vom 12.11.1983; BStU, ZA, HA IX 2191, Bl. 15.

„Der Name von Prof. Hans Szewczyk ist eng mit der Entwicklung der forensischen Psychiatrie und Psychologie in der DDR und dessen internationaler Anerkennung verbunden. Er ist seit knapp zwei Jahrzehnten Vorsitzender der Sektion bzw. Arbeitsgemeinschaft forensische Psychiatrie der Gesellschaft für Psychiatrie und Neurologie, war als Vertreter seines Fachgebietes Mitglied der vom Staatsrat berufenen Kommission zur Ausarbeitung des neuen sozialistischen Strafrechts und Mitglied der Konsultivräte [...] des Obersten Gerichts der DDR.
Inhalt und Kriterien der neuen Schuldkonzeption im sozialistischen Strafrecht wurden von ihm mitgestaltet. Er führte das Fachgebiet von einer eng begrenzten Begutachtungspsychiatrie und -psychologie zu einem wissenschaftlich exakten [...] Wissenschaftszweig. Hiervon zeugen seine als Autor und Mitautor verfaßten über 200 wissenschaftlichen Arbeiten, seine über 300 [Bei]träge in juristischen, medizinischen, psychiatrischen und psychologischen Zeitschriften sowie seine Herausgeberschaft der Schriftenreihe 'Medizinisch-juristische Grenzfragen'.
Wesentlich ist aber auch sein stetiges Bemühen und sein Engagement um eine Vereinheitlichung der Begutachtungspraxis durch Ausarbeitung wissenschaftlicher Begutachtungsrichtlinien und -kriterien mit dem Ziel, auch hier der Objektivität der Wissenschaftlichkeit den Weg weiter zu ebnen."[314]

Letztere Feststellung bezog sich auf die Einführung eines geregelten Curriculums der Weiterbildung in forensischer Psychiatrie, das im Bericht der zweiten Berliner Psychiatrie-Untersuchungskommission hervorgehoben wurde. Dieses Curriculum sei zentral von der Abteilung für gerichtliche Psychiatrie und Psychologie der Humboldt-Universität geleitet worden, von der auch die Verteilung aller wesentlichen forensisch-psychiatrischen Gutachten in der DDR erfolgt sei. Im Kommissionsbericht wurde der positive Aspekt einer solchen Zentralisierung für die Qualitätssicherung den Gefahren bezüglich des Verlustes an wissenschaftlicher Meinungsvielfalt und als mögliche Quelle von Mißbrauch gegenübergestellt. Es habe jedoch einen regen wissenschaftlichen Austausch zwischen dem Inhaber des damals einzigen forensisch-psychiatrischen Lehrstuhls der Bundesrepublik, Professor Wilfried Rasch in Westberlin, und Professor Szewczyk in Ostberlin gegeben. Die Unterschiede der beiderseitigen Auffassungen bezüglich der Qualitätsanforderungen an Gutachten in Strafverfahren seien gering gewesen.[315]
Erstaunlicherweise wurde in dem Vorschlag von MfS-Generalmajor Fister zur Auszeichnung von Professor Szewczyk 1983 auch als positiv hervorgehoben, daß der forensische Psychiater langjährig bestätigter Westreisekader sei, „die DDR bei allen entsprechenden Gelegenheiten als ausgezeichneter

---

314 Vorschlag von Generalmajor Fister, Leiter der HA IX, vom 12.8.1983, Professor Szewczyk auszuzeichnen; BStU, ASt Berlin, AP 299–10, Bl. 168 f., hier 168.
315 Vgl. Abschlußbericht der zweiten Berliner Psychiatrie-Untersuchungskommission von 1995, S. 26.

Fachmann würdig vertreten" habe und daß er „umfangreiche fachliche aber auch persönliche Kontakte" in den Westen besitze. Offenkundig wurde das nicht als bedenklich für die Sicherheit, sondern primär als gewinnbringend für das internationale Renommé der DDR angesehen. Die Verdienste Szewczyks für die Staatssicherheit bezog Fister vor allem auf die Lehrtätigkeit des Professors an der Sektion Kriminalistik der Humboldt-Universität und auf gutachterliche Konsultationen:

> „Bleibende Verdienste hat sich Prof. Szewczyk in der Aus- und Weiterbildung von Tschekisten, Juristen und Kriminalisten [erworben], er lehrt sein Fachgebiet mit großem Erfolg.
> Mit der Hauptabteilung IX ist Prof. Szewczyk seit 20 Jahren nicht nur als Konsulent bei schwierigen Einzelfragestellungen im Zusammenhang mit der Untersuchung und Aufklärung politisch-operativ bedeutsamer Verbrechen verbunden, sondern seine Gutachtertätigkeit führte zur international anerkannten Beweisführung und Persönlichkeitsaufklärung, so daß z. B. die in der Doppelmordsache W[...] von ihm gefertigten Dokumente maßgeblich zur richterlichen Überzeugung des schuldhaften Verhaltens beitrugen."[316]

Für etwa versuchte Einflußnahmen von MfS-Seite auf fachliche Entscheidungen oder gar Falschbegutachtungen gibt es in den MfS-Unterlagen keinen Hinweis, im Gegenteil wurde Szewczyk von der Untersuchungsabteilung als Fachexperte respektiert. Von der für die Überwachung der Humboldt-Universität zuständigen Abteilung XX der MfS-Bezirksverwaltung Berlin wurde er sogar eher mit einem gewissen Mißtrauen betrachtet.[317]

Auch über die bekannteren wissenschaftlichen Mitarbeiter Szewczyks wurden keine MfS-Unterlagen gefunden, die auf eine inoffizielle Kooperation bzw. eine Einflußnahme durch das MfS hinweisen. Vielmehr stand der erste Oberarzt der Forensik bei der Abteilung XX der MfS-Bezirksverwaltung Berlin „im Verdacht, aktive Verbindungen zu konterrevolutionären Organisationen in der ČSSR und in der VR Polen zu haben"[318] und fiel 1976 zusammen mit einem ebenfalls in der gerichtspsychiatrischen Abteilung tätigen Diplompsychologen „negativ an", weil sie sich nach der Ausbürgerung von Wolf Biermann in Diskussionen gegen das Vorgehen der SED-Führung ausgeprochen hätten.[319] Die beiden Akademiker wurden als Reisekader konsequent abgelehnt und der Oberarzt darüber hinaus „operativ bearbeitet", seitdem er im Dezember 1983 einen Antrag auf Übersiedlung in

---

316 Auszeichnungsvorschlag vom 12.8.1983; BStU, ASt Berlin, AP 299–10, Bl. 169.
317 Vgl. IM-Berichte und über Professor Szewczyk geführte Ermittlungen; ebenda, Bl. 21–23, 44 f., 54–63, 72–96, 128–135, 171–181, 189–199, 211–234 und 250.
318 Vgl. Information über Oberstleutnant Häbler, Leiter der Abt. XX der BV Berlin, vom 4.3.1981; BStU, ZA, AOPK 12977/81, S. 34.
319 Information vom 25.11.1976 über Diskussionen in der Nervenklinik der Charité Berlin zur Aberkennung der Staatsbürgerschaft der DDR des Biermann; ebenda, S. 37.

den Westen gestellt hatte. In dem über ihn geführten „Operativen Vorgang" wird auf Feststellungen von 1976 Bezug genommen, daß der Arzt „mit seinem bürgerlichen Standpunkt Vorbehalte zum realen Sozialismus" geäußert habe und „durch politisch negative Verhaltensweisen in Erscheinung" trete. Außerdem unterhalte er Verbindung zu Gleichgesinnten und „solchen Personen, die später die DDR ungesetzlich oder über Übersiedlungsersuchen verlassen" hätten.[320] Der Psychiater war bis zur Beantragung seiner eigenen Übersiedlung in die Bundesrepublik erster Oberarzt der gerichtspsychiatrischen Abteilung der Charité-Nervenklinik, was nachhaltig gegen eine Beherrschung der fachlichen Tätigkeit dieser Klinik durch die Staatssicherheit spricht.

Auch zu Professor Ehrig Lange, dem langjährigen Direktor der Nervenklinik der Medizinischen Akademie Dresden und zweiten Vorsitzenden der „Arbeitsgemeinschaft forensische Psychiatrie", der als der führende Forensiker in Sachsen galt, fand sich in den MfS-Unterlagen kein Hinweis auf versuchte bzw. tatsächliche Einflußnahmen von MfS-Dienststellen auf die gutachterliche Arbeit. Der Inhalt einer zu Professor Lange im Bezirk Dresden existierenden MfS-Akte bezieht sich auf andere Dinge, die an späterer Stelle besprochen werden.[321]

Professor Manfred Ochernal war derjenige unter den Repräsentanten der forensischen Psychiatrie in der DDR, der am häufigsten und regulär vom MfS als Gutachter beauftragt wurde. Wie geschildert, hatte er diese Aufgabe nach seiner psychiatrischen Facharztausbildung in den sechziger Jahren in Waldheim von Dr. Kuniß übernommen.[322]

### 4.4.1. Sektion Kriminalistik und MfS-Haftkrankenhaus in Ostberlin

Während das MfS psychiatrische Begutachtungen von Untersuchungshäftlingen aus allen Bezirken der DDR bis 1973 überwiegend in Waldheim vornehmen ließ, wanderte diese Aufgabe dann mit Dr. Ochernal von Waldheim nach Ostberlin. Ochernal erhielt 1973 einen Ruf als Professor für forensische Psychiatrie an die Humboldt-Universität Berlin, wo er an der „Sektion Kriminalistik" bis 1986 eine „Arbeitsgruppe Forensische Psychiatrie" leitete.

Von den Mitarbeitern der Sektion Kriminalistik waren ungefähr ein Drittel wie Ochernal Angehörige des Ministeriums des Innern (MdI), ein zweites Drittel „Offiziere im besonderen Einsatz (OibE)" des MfS und ein weiteres Drittel Angehörige der Zollverwaltung der DDR. Neben der wis-

---

320 Vgl. Schlußbericht zum OV vom 19.11.1985; BStU, ZA, AOP 17676/85, Bl. 448–453, hier 449.
321 Vgl. Kapitel 6.
322 Zu Ochernal als Oberst der Kriminalpolizei gibt es in den MfS-Unterlagen nur marginale Notizen. Vgl. Karteikartenvermerk über „Kaderüberprüfung für HA IX" vom 25.7.1968 sowie BStU, ZA, HA VII/AKG, ZMA 1115, Bl. 5–21, insbesondere Bl. 14 und 18.

senschaftlichen Ausbildung von Delegierten der genannten drei Bedarfsträger (MdI, MfS und Zoll) wurde in der Fachrichtung Kriminalistik auch geforscht.[323]

Die inhaltliche Arbeit der Sektion ist bis heute nicht restlos geklärt.[324] Eine Arbeitsgruppe „Forensische Psychologie" unter Leitung von Professor Reiner Werner[325] beschäftigte sich unter anderem mit dem Thema der „kriminellen Gefährdung". Das schlug sich in zum Teil merkwürdigen Titeln wie dem einer von Werner betreuten Diplomarbeit aus dem Jahre 1984 nieder: „Hirnschaden als mögliche Komponente spezieller Arten der sozialen und kriminellen Gefährdung".[326] Die forensischen Psychologen der Sektion Kriminalistik befaßten sich jahrelang mit solchen Themen, was wegen der Geheimhaltung dieser Art von Forschung auch innerhalb der DDR kaum bekannt war.[327] So verteidigte beispielsweise Gottfried Rudolph[328] 1979 eine Dissertation „Zur Diagnostik asozialitätsrelevanter Einstellungen"[329], Lutz Belitz[330] schloß 1981 eine Dissertation „Zu subjektiven Bedingungen der Gewährleistung von Ordnung und Sicherheit – soziologisch-psychologische Aspekte" ab und der Diplompsychologe Detlef Besch legte 1985 eine Arbeit „Zur psychologischen Analyse der Individualstruktur hochgradig sozial und kriminell Gefährdeter – ein Versuch der differentiellen Erfassung komplexer sozialer Reaktionsmuster" vor.[331]

Professor Ochernal teilte auf Anfrage schriftlich mit, er sei als dienstältester Kriminalist, der seine Laufnahn bereits am 1. Juni 1945 noch unter

---

323 Vgl. Roland Wiedmann (Bearb.): Die Organisationsstruktur des Ministeriums für Staatssicherheit 1989, (Anatomie der Staatssicherheit. Geschichte, Struktur und Methoden. MfS-Handbuch, Teil V/1), BStU, Berlin 1995, S. 84 f.
324 Vgl Lothar Mertens: Eine stolze Bilanz oder vielleicht doch „Leichen im Keller"? Ein kritischer Beitrag zur Sektion Kriminalistik der Humboldt-Universität, in: Kriminalistik 2 (1994), S. 120–122.
325 Reiner Werner (Jg. 1932), Prof. Dr. sc. nat., in den sechziger Jahren Leiter eines Jugendwerkhofes und „Direktor des Kombinats der Sonderheime für Psychodiagnostik und pädagogisch-psychologische Therapie Berlin", 1971–90 mit Unterbrechungen Leiter des Bereiches Forensische Psychologie an der Sektion Kriminalistik der Humboldt-Universität Berlin, SED-Mitglied.
326 Die Diplomarbeit von Ralf-Peter Neumann aus dem Jahre 1984 befand sich im Bestand der MfS-Hochschule; BStU, ZA, JHS 21662, 79 Seiten.
327 Die Forschungsergebnisse kamen meist als „Vertrauliche Dienstsache" (VD) unter Verschluß. Vgl. Wilhelm Bleek und Lothar Mertens (Hrsg.): Bibliographie der geheimen DDR-Dissertationen, München, New Providence, London und Paris 1994, 2 Bde.
328 Gottfried Rudolf (Jg. 1940), Doz. Dr. sc. phil., forensischer Psychologe, habilitierte sich 1984 an der Sektion Kriminalistik der Humboldt-Universität Berlin mit einer Arbeit unter dem Titel „Der Psychologe als Sachverständiger im Strafverfahren", die ebenfalls zur Vertraulichen Dienstsache (VD) erklärt wurde. Vgl. Geheime Dissertation (B) Nr. 2322, in: ebenda.
329 Vgl. Geheime Dissertation (A) Nr. 3410, in: ebenda..
330 Lutz Belitz (Jg. 1947), Doz. Dr. sc. jur., forensischer Psychologe, habilitierte sich 1989 an der Sektion Kriminalistik der Humboldt-Universität Berlin mit einer Arbeit über „Psychologische Aspekte der Persönlichkeitsaufklärung und der Gestaltung mit spezifischen Rechtskonflikten", die zur Vertraulichen Verschlußsache (VVS) erklärt wurde. Vgl. Geheime Dissertation (B) Nr. 2180, in: ebenda.
331 Vgl. Geheime Dissertation (A) Nr. 2473, in: ebenda.

amerikanischer Besatzung begonnen hatte, an der Sektion Kriminalistik „mit offenen Armen aufgenommen" worden, als er 1973 aus Waldheim an die Humboldt-Universität Berlin kam. Man habe ihm dort zunächst die Leitung einer Arbeitsgruppe „forensische Psychiatrie/Psychologie" mit zwei Sekretärinnen und zehn Psychologen übertragen. Irgendwann sei die „Versammlung von soviel psychologischer Intelligenz" einigen Vertretern der Sicherheit und wahrscheinlich auch der Partei zuviel geworden, „denn unter fadenscheinigen Vorwänden wurde die Arbeitsgruppe aufgelöst, meine Sekretärinnen verschwanden in der Leitung und die Psychologen in Industrie und Wirtschaft oder in irgendwelchen wissenschaftlichen Instituten, jedenfalls schön auf die DDR verteilt," und er sei „plötzlich völlig allein" gewesen, habe den Spitznamen „Einzelkämpfer" bekommen und nicht einmal mehr ein eigenes Dienstzimmer in der Universität gehabt. Schließlich habe er viel zu Hause gearbeitet, neben Vorlesungsmaterial und wissenschaflichen Beiträgen eine „Einführung in die forensische Psychiatrie für Kriminalisten" geschrieben, die als „internes Material" nicht im Buchhandel erscheinen durfte. „Wegen der angeblichen Überlastung mit Gutachtenaufträgen sollte Prof. Szewczyk entlastet werden" und Ochernal sei mit der Zeit vermehrt von Staatsanwaltschaften und Gerichten um Erstattung von Gutachten gebeten worden. Für die Explorationen und Untersuchungen habe man ihm jeweils Räume zur Verfügung gestellt. Wenn die Gutachten nicht für das MfS gewesen seien, habe er „ohne Beisein von Angehörigen der Sicherheitsorgane" mit den Beschuldigten sprechen können.[332]

MfS-Fälle hätten in Ostberlin nur in den Untersuchungshaftanstalten Hohenschönhausen oder Magdalenenstraße und immer nur in Beisein eines MfS-Offiziers begutachtet werden dürfen, wobei die Untersuchungen in den Räumen des medizinischen Dienstes des MfS stattgefunden hätten. Zweimal sei Ochernal zu Konsultationen nach „außerhalb Berlins in geheime Objekte gebracht" worden. Er wisse bis heute nicht, wo er damals gewesen sei, da die Sicherheitsoffiziere einigen Aufwand getrieben hätten, ihn während der Hin- und Rückfahrt im Auto selbst über die Himmelsrichtung zu täuschen. Es habe sich um idyllisch am See gelegene und nobel ausgestattete Objekte gehandelt, die offenbar der HV A unterstanden hätten. Die „Patienten" seien dort „ebenso fürstlich versorgt" worden wie er selbst. Er habe nach einem längeren Explorationsgespräch seine Verdachtsdiagnose abgeben und sagen müssen, „ob eine ausführliche Begutachtung notwendig sei", dann sei er „mit demselben Affentheater" wie auf der Hinfahrt nach Berlin zurückgebracht worden.[333]

Seine psychiatrischen Gutachten für Staatsanwalten oder Gerichte habe Ochernal auf Band gesprochen. Sie seien bei MfS-Fällen im Haftkrankenhaus des MfS geschrieben und nach Fertigstellung von ihm unterschrieben

---

332 Brief von Professor Ochernal an die Autorin vom April 1995, 52 Seiten, hier S. 33–35.
333 Ebenda, S. 36 f.

worden. Die Rücksendung der fertiggestellten Gutachten sei durch die Geschäftsstelle des Haftkrankenhauses erfolgt und die Durchschläge der maschinengeschriebenen Gutachten seien dort archiviert worden. Er habe sich keine persönlichen Notizen von Namen, Straftaten usw. der Begutachteten machen dürfen und oft Mühe mit der Zuordnung gehabt, wenn die Bezahlung nach langer Zeit auf seinem Konto eingetroffen sei. Ochernal sei weiter vom Ministerium des Innern bezahlt worden, er sei seit 1973 „eine Art ins Zivilleben delegierter Offizier" gewesen.

Die gutachterliche Tätigkeit im Haftkrankenhaus des MfS in Berlin-Hohenschönhausen sei Ochernal durch die dortige moderne Ausstattung mit medizinischer Labortechnik, qualifizierter EKG- und EEG-Befundung und dem kooperativen Entgegenkommen der medizinischen Mitarbeiter erleichtert worden. Man habe dort auf seine Bitten um medizinische Klärung oder Ergänzung stets zuvorkommend reagiert.[334]

Im Februar 1978 sei Ochernal in seiner „damaligen Eigenschaft als Leiter der 'Arbeitsgruppe Forensische Psychiatrie' an der Sektion Kriminalistik und als stellvertretender Vorsitzender der 'Arbeitsgemeinschaft Forensische Psychiatrie' in der DDR" vom Direktor der Sektion Kriminalistik, Professor Stelzer, beauftragt worden, die „fachliche Betreuung und Weiterspezialisierung" von Horst Böttger zu übernehmen. Er habe Böttger „in allen fachlichen und Verfahrensfragen der forensischen Psychiatrie fast wöchentlich unterwiesen und mit den verantwortungsvollen Aufgaben eines Sachverständigen im Strafrecht und Strafprozeßrecht vertraut gemacht". Ochernal habe Böttger „wiederholt auf die hohe Verantwortung in diesem Fachgebiet hingewiesen", in dem es nicht Gemälde oder andere Gegenstände, sondern Menschen zu begutachten gilt, wobei „an jeder Aussage ein Stück Schicksal" hängt. Böttger habe dann die stationäre psychiatrische Behandlung von Häftlingen in Hohenschönhausen übertragen bekommen. Ochernal habe in diese Arbeit „wegen hier deutlich werdender MfS-spezifischer Geheimniskrämerei" keinen Einblick bekommen und habe „extrem selten mal einen Fall zur Differentialdiagnostik" vorgelegt bekommen. Ähnlich sei es mit Böttgers wenig später einsetzender MfS-Gutachtertätigkeit gewesen, die oft in den Bezirken stattgefunden und in die Ochernal keinen Einblick gehabt habe.[335]

Im Unterschied zu Ochernal war Böttger Offizier des MfS. Aus seiner MfS-Kaderakte geht hevor, daß der Hauptmann Horst Böttger[336] Anfang 1978

---

334 Ebenda, S. 38 f.
335 Ebenda, S. 45–48.
336 Horst Böttger (Jg. 1939) aus Leipzig, im Elternhaus „politisch bewußt erzogen", 1953–55 Forstfacharbeiterlehre in Torgau, 1956–61 Bereitschaftspolizeidienst in Erfurt, 1958–59 Krankenpflegerausbildung, 1961–63 Krankenpflegertätigkeit mit Arzthelferqualifizierung, 1963–65 Tätigkeit als Arzthelfer, 1965 Abitur an der Volkshochschule, 1965–71 Medizinstudium in Erfurt und Leipzig, 1971 Eintritt als Arzt im Rang eines Leutnants in das MfS, 1971–76 Facharztausbildung Neurologie/Psychiatrie in Leipzig und Berlin, 1978–88 Tätigkeit als forensischer Psychiater im Haftkrankenhaus des MfS, Januar–De-

von der Arbeitsgruppe Neurologie/Psychiatrie/Psychologie des Zentralen Medizinischen Dienstes zum Haftkrankenhaus versetzt worden sei. In einer vier Jahre später verfaßten Beurteilung wird beschrieben, was er dort zu tun hatte:

„Genosse Böttger wurde am 1.1.1978 von der AG Neurologie/Psychiatrie/Psychologie zur Abteilung Haftkrankenhaus versetzt. Seit diesem Zeitpunkt ist er als Facharzt für Neurologie und Psychiatrie im Haftkrankenhaus tätig. Zu seinem Verantwortungsbereich gehört vordergründig die Begutachtung von Straftätern hinsichtlich der strafrechtlichen Verantwortlichkeit im Sinne der §§ 15 und 16 StGB wie auch die ambulante und stationäre medizinische Versorgung psychisch auffälliger bzw. kranker Inhaftierter. Im Rahmen des Bereitschaftsdienstes hat er auch allgemeinärztliche Aufgaben zu erfüllen.
Sowohl die Arbeitsbedingungen im Haftkrankenhaus wie auch die forensisch-psychiatrische Tätigkeit waren für den Genossen Böttger völliges Neuland. [...] Er war stets bemüht, von dem großen, in langjähriger Arbeit erworbenen Erfahrungsschatz des Genossen OMR Prof. Dr. sc. med. Ochernal, der seit Jahren in der Abteilung gutachterlich tätig ist, zu profitieren. [...] Daß ihm diese fachliche Profilierung recht gut gelang, kam nicht zuletzt auch darin zum Ausdruck, daß er eigenverantwortlich seit nunmehr drei Jahren den größten Teil der in der Abteilung anfallenden forensisch-psychiatrischen Begutachtungen bearbeitet [...] und qualifizierte Gutachten erstellt".[337]

Böttger war elf Jahre lang, von 1978 bis 1988, als forensischer Psychiater am Haftkrankenhaus tätig. Wie eingangs geschildert, erinnern sich verschiedene ehemalige Häftlinge, die dort mit ihm zu tun hatten, in ausgesprochen negativer Weise an ihn. Aus den MfS-Unterlagen der Betroffenen ergibt sich kein Beleg für strafbare Handlungen Böttgers, aber die Schilderungen mehrerer früherer Häftlinge belasten den Psychiater dahingehend, daß sein Verhalten als Arzt nicht vertrauenswürdig gewesen sei.

In der MfS-Kaderakte Böttgers finden sich einige Formulierungen, die zumindest andeuten, daß er nicht als Anwalt seiner Patienten, sondern vielmehr als Spezialist in einem koordinierten Zusammenspiel der politischen Verfolger funktionierte:

„Genosse OSL Böttger erfüllt mit viel Fleiß und Gewissenhaftigkeit seine Aufgaben als Facharzt für Neurologie und Psychiatrie in der Abt. Haftkran-

---

zember 1989 Offizier im besonderen Einsatz (OibE des MfS) an der Sektion Kriminalistik der Humboldt-Universität Berlin, 31.12.1989 aus dem AfNS ausgeschieden, letzter Dienstgrad Oberstleutnant, SED-Mitglied seit 1959. Vgl. MfS-Kaderakte; BStU, ZA, KS 23581/90.
337 Beurteilung von Hauptmann Böttger durch Oberstleutnant Landes, Leiter der Abteilung Haftkrankenhaus des MfS, vom 22.9.1982; ebenda, Bl. 93–96, hier 93 f.

kenhaus zur ambulanten und stationären medizinischen Betreuung Inhaftierter und berücksichtigt dabei als Tschekist auch operative Belange. [...] Umfangreiche Erfahrungen auf dem Gebiet der forensischen Psychiatrie befähigen Genossen Böttger als einen der wenigen profilierten forensisch-psychiatrischen Gutachter der DDR, qualifizierte Beurteilungen zu allen Straftatbeständen und besonders auch im Bereich der Staatsverbrechen zu erarbeiten. [...] Dabei ist sich Genosse Böttger stets der großen politischen Bedeutung seiner Arbeit bewußt. Das zeigt sich auch in seiner Mitarbeit zur Lösung operativer Fragestellungen im Zusammenwirken mit der Linie IX[338] und anderen Diensteinheiten."[339]

Das MfS hob damit lobend hervor, daß Böttger in seiner Doppelfunktion als Psychiater und als Offizier parteilich im Sinne des MfS arbeitete. Ein Zusammenwirken mit den Vernehmern und anderen Vertretern des Staatssicherheitsdienstes konnte gegenüber deren Gefangenen nur bedeuten, daß der Arzt *gegen* die Interessen seiner Patienten arbeitete.

Von 1986 an war Oberstleutnant Böttger zunächst zeitweilig, nach dem Ausscheiden von Professor Ochernal Ende 1987[340] dann ab 1988 ganz an der Sektion Kriminalistik der Humboldt-Universität eingesetzt. In der ersten Dienstvereinbarung zwischen dem Leiter des Zentralen Medizinischen Dienstes des MfS, Professor Klein, und dem Leiter der Sektion Kriminalistik der Humboldt-Universität, Professor Stelzer[341], war eine zeitweilige Freistellung Böttgers vom Dienst im MfS-Haftkrankenhaus festgelegt worden:

„Die Freistellung vom Dienst im MfS erfolgt zur Wahrnehmung der Ausbildung vornehmlich von Fernstudenten und externen Absolventen, darüber hinaus auch von Direktstudenten der Sektion Kriminalistik im Fach Forensische Psychiatrie durch maximal 70 Stunden pro Ausbildungsjahr (Lehre, Seminare, Konsultationen, Prüfungen)."[342]

Später wechselte Böttger im Auftrag des MfS ganz vom Haftkrankenhaus zur Universität. Er wurde ab 1. Oktober 1988 an der Sektion Kriminalistik als

---

338 Die HA IX des MfS bzw. die Abteilungen IX der Bezirksverwaltungen hatten die Aufgaben und Befugnisse eines staatlichen Untersuchungsorgans in der DDR, sie waren zuständig für Vernehmungen und andere Aufklärungsmaßnahmen politischer Straftaten im Rahmen von Ermittlungsverfahren des MfS.
339 Beurteilung vom 5.4.1988, MfS-Kaderakte Horst Böttger, Bl. 104.
340 Professor Ochernal wurde 1985 Altersrentner und beendete Ende 1987 sein Dienstverhältnis mit der Humboldt-Universität Berlin. Vgl. Brief Ochernals an die Autorin vom April 1995, S. 46.
341 Prof. Dr. Hans-Ehrenfried Stelzer (Jg. 1932), Jurist, 1962–1990 Offizier im besonderen Einsatz (OibE) des MfS und Direktor des Instituts (bzw. der Sektion) Kriminalistik der Humboldt-Universität Berlin. Vgl. MfS-Kaderakte Ehrenfried Stelzer; BStU, ZA, KS 19716/90, 2 Bde.
342 Vereinbarung vom 12.9.1986, MfS-Kaderakte Horst Böttger; BStU, ZA KS 23581/90, Bl. 120–122.

OibE[343] eingesetzt, blieb also ungeachtet des Arbeitsstellenwechsels Oberstleutnant des MfS und wurde weiterhin mit der Erarbeitung psychiatrischer Gutachten über Häftlinge des MfS-Haftkrankenhauses beauftragt.[344]
Nachfolger Böttgers am Haftkrankenhaus des MfS wurde Karl-Heinz Handschack, ein 1988 aus der MfS-Bezirksverwaltung Karl-Marx-Stadt nach Berlin versetzter Psychiater. Am 25. September 1989 schlug der Leiter des Haftkrankenhauses vor, Handschack mit Wirkung vom 1. Oktober zum „Referatsleiter des Referates Begutachtung in der Abteilung Haftkrankenhaus" zu ernennen. Zur Begründung führte er an:

„Seit dem 1.7.1988 ist Genosse Major Handschack Mitarbeiter der Abteilung Haftkrankenhaus und gewährleistet in guter Qualität einen wesentlichen Teil der beantragten forensisch-psychiatrischen Gutachten. Darüber hinaus beantwortet er Fragestellungen der Linie IX und weiterer Diensteinheiten. Er erfüllt alle ärztlichen Aufgaben und nimmt am ärztlichen Bereitschaftsdienst teil."[345]

In der Kaderakte Böttgers fanden sich einige weitere aufschlußreiche Angaben nicht nur über den Einsatz von Handschack, sondern auch über die ärztliche Präsenz im Haftkrankenhaus des MfS:

„Genosse Major Handschack sollte analog zu einer früheren Vereinbarung des Leiters des ZMD mit dem Direktor der Sektion Kriminalistik der Humboldt-Universität als wissenschaftlicher Mitarbeiter der Sektion Kriminalistik legendiert werden, einen Hausausweis erhalten und an der Sektion Kriminalistik durch entsprechende Maßnahmen als Mitarbeiter dieser Sektion bekannt werden. [...]
Gegenüber Beschuldigten tritt Genosse Handschack als Facharzt für Neurologie und Psychiatrie auf, der analog einem Vertragsarzt im medizinischen Betreuungsprozeß im Untersuchungshaftvollzug mitwirkt. (In der Abt. Haftkrankenhaus sind zahlreiche nicht zur Abteilung gehörende Ärzte des ZMD regelmäßig, stundenweise bzw. auf Anforderung tätig, so daß auch der Einsatz des Facharztes für Neurologie und Psychiatrie entsprechend gestaltet werden kann.)"[346]

Die Zeit der Tätigkeit von Major Handschack im MfS-Haftkrankenhaus war zu kurz, um sie einschätzen zu können. Jedenfalls liegen über ihn keine so negativen Zeugnisse von früheren politischen Häftlingen vor wie über

---

343 OibE: „Offizier im besonderen Einsatz". Dabei ging es um den verdeckten Einsatz eines MfS-Offiziers im zivilen Bereich, z. B. als Ökonom in der Wirtschaft, als Dozent an einer Universität, Redakteur einer Zeitung, oder anderes.
344 Vgl. Vereinbarung zwischen Prof. Stelzer, Sektion Kriminalistik der Humboldt-Universität Berlin, und Prof. Klein, Leiter des Zentralen Medizinischen Dienstes des MfS, vom 24.11.1988, MfS-Kaderakte Horst Böttger, Bl. 124 f.
345 MfS-Kaderakte Karl-Heinz Handschack; BStU, ZA, KS 26625/90, Bl. 22.
346 MfS-Kaderakte Horst Böttger; BStU, ZA, KS 23581/90, Bl. 136.

Dr. Böttger. Als psychiatrische Gutachter zog das MfS bis in den Herbst 1989 hinein vor allem Böttger und Ochernal heran. Von den insgesamt 840 forensisch-psychiatrischen Gutachten, die in den achtziger Jahren angefertigt wurden und von denen sich zumindest die aus dem Jahre 1989 im Bestand der Abteilung XIV des MfS fanden,[347] wurden 394 Gutachten und zehn Kurzgutachten von Dr. Böttger, 348 Gutachten und 22 Kurzgutachten von Professor Ochernal, 59 Gutachten von Handschack und sieben Gutachten von anderen Gutachtern erstellt. Eine systematische inhaltliche Auswertung dieser Gutachten konnte aus den eingangs dargelegten Gründen nicht vorgenommen werden, wäre aber nach Anonymisierung der Betroffenen im Rahmen eines anderen wissenschaftlichen Forschungsprojektes denkbar.

### 4.4.2. Dr. med. Dr. jur. Horst Böttger

Anstelle der Gutachten wurden die wissenschaftlichen Arbeiten des MfS-Offiziers Horst Böttger zur forensischen Psychiatrie durchgesehen, um herauszufinden, was es mit den von mehreren politischen Häftlingen beklagten Verquickungen zwischen ärztlichem Auftreten, MfS-Interessen und politischen Argumentationen bei diesem Psychiater auf sich hatte. Seinen ersten medizinischen Doktortitel hatte sich Böttger 1980 an der Humboldt-Universität Berlin mit einer Dissertation folgenden Titels erworben: „Die Bedeutung forensisch-psychiatrischer Gutachten über psychisch abnorme und kranke Täterpersönlichkeiten für die Arbeit des Untersuchungsorgans, die Rechtsprechung und die Prophylaxe von Rechtsverletzungen. Ein Beitrag zur Abgrenzung des Begriffes 'abnorme Entwicklung der Persönlichkeit' auf der Basis ausgewählter Straftatbestände der Jahre 1972–1978".[348]

Im Dissertationsverzeichnis der Humboldt-Universität, das eigentlich alle deutschsprachigen Doktorarbeiten der letzten hundert Jahre enthalten soll, sucht man diesen Titel vergeblich. Die der Arbeit angemerkte Lüge Böttgers, er sei 1971 „als Mitarbeiter des MdI eingestellt"[349] worden, weist darauf hin, daß der MfS-Offizier mit verdeckten Karten spielte. In seiner Danksagung benannte er dagegen offen seine Einbindung: „Meinem obersten militärischen und fachlichen Vorgesetzten, Genossen Generalmajor OMR Prof. Dr. sc. Dr. G. Kempe, sei herzlichst gedankt für die Klärung all jener Probleme, die sich durch die breite Berührungsfläche des Themas zu anderen Diensteinheiten ergeben haben."[350] Kempe war Chef des Zentralen

---

347 Vgl. BStU, ZA, Abt. XIV Nr. 16689 (Gutachten 1989 A-F), Nr. 16690 (Gutachten 1989 G-L), Nr. 16691 (Gutachten 1989 M-P) und Nr. 16692 (Gutachten 1989 Q-Z).
348 Medizinische Dissertation von Dipl.-Med. Horst Böttger, der Medizinischen Fakultät des Wissenschaftlichen Rates der Humboldt-Universität Berlin vorgelegt am 1.12.1979, 385 Seiten; BStU, ZA, Bündel 1530 (unerschlossenes Material).
349 Lebenslauf; ebenda, S. 355.
350 Danksagung; ebenda, S. 2.

Medizinischen Dienstes des MfS, und die Diensteinheiten, zu denen das Thema „breite Berührungsfläche" hatte, konnten nur Diensteinheiten des MfS sein. Eine Durchsicht der Dissertation ergab keine Auffälligkeiten hinsichtlich der gesuchten politischen Zusammenhänge. Über politische Straftäter schrieb Böttger an einer Stelle seiner Arbeit folgendes:

> „Die Straftaten gegen die staatliche Ordnung sind überwiegend durch Vergehen bzw. Verbrechen gemäß § 213 StGB gekennzeichnet. Darauf entfallen 137 (45,7%) aller Gutachten. Dabei ist zu berücksichtigen, daß die Verletzungen der sozialistischen Gesetzlichkeit gemäß Paragraphen 100, 105 und 214 StGB in motivationspsychologischen Sinn eng mit den Straftaten gemäß § 213 StGB zusammenhängen. Deshalb sind weitere 44 Gutachten, d. h. insgesamt 60,4% der Begutachtungen, unter diesem einheitlichen Aspekt zu sehen. [...]
> Für die Täter aus der DDR lassen sich zwei prinzipielle Unterscheidungen treffen. Bei *einer Gruppe* läßt sich eine zunehmende Entwicklung der Einstellung, der Orientierung und schließlich auch der Handlung, Vorbereitung und Durchführung in bezug auf das strafbare Tun erkennen, die für sachbezogene Überlegung, Entschlußfassung und Tatdurchführung sprechen. Hier handelt es sich überwiegend um psychisch gesunde Täter mit erheblichen ideologischen Fehlhaltungen. Forensisch-psychiatrische Aspekte ergaben sich nur im Sinne abnormer bzw. akzentuierter Persönlichkeitseigenschaften und durch die Unkorrigierbarkeit der Haltungen bzw. Überzeugungen. Die volle strafrechtliche Verantwortlichkeit war meist gegeben, zumal es sich auch noch überwiegend um 'reife' Menschen in bezug auf Alter und berufliche Qualifikation handelte."[351]

Damit folgte Böttger der von Ochernal ausdrücklich getroffenen Unterscheidung zwischen ideologischen Abweichungen und psychischer Krankheit. Professor Ochernal äußerte sich in seinen brieflichen Mitteilungen lobend über die „ausgezeichneten Ergebnisse" der Arbeit.[352]

Die zweite, an der MfS-Hochschule in Potsdam-Eiche gefertigte Doktorarbeit Böttgers kannte Ochernal hingegen nach eigenem Bekunden nicht; er habe sich wegen des Themas und der Geheimniskrämerei auch „weder menschlich noch fachlich" dafür interessiert.[353] Böttger bekam seinen zweiten Doktortitel, bei dem es sich um den für einen Mediziner außergewöhnlichen „Dr. jur." handelt, für seine Beteiligung an einer 1985 verteidigten Forschungsarbeit der MfS-Hochschule verliehen, die er zusammen mit vier anderen MfS-Offizieren[354] erstellt hatte und die den bemerkenswerten Titel trägt:

---

351 Dissertation; ebenda, S. 141–143.
352 Vgl. Brief von Professor Ochernal an die Autorin vom April 1995, S. 48.
353 Ebenda, S. 48 f.
354 Peter Jasulski (Oberassistent für Wissenschaftlichen Kommunismus an der MfS-Hochschule), Christian Rudolph (HA IX), Wolfgang Grüneberg und Albert Mautsch –

„Zu den Ursachen und Bedingungen für die Herausbildung feindlich-negativer Einstellungen sowie für das Umschlagen dieser Einstellungen in feindlich-negative Handlungen von DDR-Bürgern. Konsequenzen für die weitere Erhöhung der Effektivität der Vorbeugung und Bekämpfung feindlich-negativer Handlungen durch das MfS"[355]

Diese Studie basiert auf zahlreichen Untersuchungen über politische Gefangene. Dafür sei „ein standardisierter Erfassungsbogen mit 257 Merkmalsgruppen, die jeweils bis zu zehn Untermerkmale enthalten, ausgearbeitet" worden. Mit Hilfe dieses Erfassungsbogens wurden 80 Ermittlungsverfahren „einschließlich der zugrundeliegenden operativen Materialien insbesondere aus den Jahren 1979 bis 1982 analysiert und jeweils dazu ergänzende Befragungen der Untersuchungsführer und teilweise der Untersuchungshäftlinge durchgeführt". Unter den 80 Ermittlungsverfahren seien 43 aus den Jahren 1981 und 1982 gewesen, „bei denen die Straftaten im Zusammenhang mit Bestrebungen zur Übersiedlung in das nichtsozialistische Ausland standen".

Außer den 80 Ermittlungsverfahren seien „analytische Materialien der Hauptabteilung IX zu 500 Ermittlungsverfahren aus den Jahren 1973 bis 1984 ausgewertet und für die Forschungsarbeit aufbereitet" worden. Dabei habe „es sich um Staatsverbrechen und Straftaten gegen die staatliche und öffentliche Ordnung, die im Zusammenhang mit Bestrebungen zum Verlassen der DDR begangen wurden", gehandelt. Die analytischen Materialien hätten „ausgewählte Probleme zu den politischen Einstellungen, Motiven und Zielvorstellungen der Täter" enthalten.[356]

Böttger erarbeitete mit Hilfe seiner psychiatrischen Fachkenntnisse spezielle Täteranalysen, wobei er die Erfassung psychischer und sozialer Entwicklungsmomente ausdrücklich mit politisch-ideologischen Fragestellungen verband. Die von ihm verfaßten Kapitel bestehen aus einer Mischung von sozialpsychologischen Erörterungen, psychopathologischen Beschreibungen, moralischen Diffamierungen und negativen politischen Bewertungen der untersuchten Häftlinge.[357] Eine Auswahl ausführlicherer Zitate soll dem Leser die Möglichkeit geben, sich selbst ein Urteil über die „wissenschaftliche" Arbeit des MfS-Psychiaters zu bilden. Gleich bei den einleitenden Sätzen zu den von Böttger verfaßten Kapiteln der Arbeit finden sich moralisierende Verknüpfungen zwischen einer negativen Einstellung zur DDR und negativen Charaktereigenschaften:

---

beide Oberassistenten für Strafrecht/Sozialistische Kriminologie an der MfS-Hochschule).
355 MfS VVS JHS 244/85, 455 S.; BStU, ZA, JHS 21975.
356 Böttger und andere: MfS-Forschungsarbeit, VVS JHS 0001–244/85, JHS 21975, S. 11.
357 Böttger war Autor der Abschnitte 3 und 4 des 2. Kapitels der Forschungsarbeit (S. 257–346) über „Die Rolle der Persönlichkeit beim Zustandekommen feindlich-negativer Einstellungen und Handlungen" und „Psychologische Aspekte des Umschlagprozesses feindlich-negativer Einstellungen in feindlich-negative Handlungen". Vgl. Akte zum 130. Promotionsverfahren an der Hochschule des MfS am 18.9.1985; BStU, ZA, JHS 215, Bl. 7f.

„Im Rahmen der politisch-operativen Arbeit des MfS finden sich innerhalb feindlich-negativer Einstellungsgefüge oftmals Persönlichkeitszüge wie Überheblichkeit, Selbstüberschätzung, Geltungsbedürfnis, übersteigerter Ehrgeiz, Karrierismus, Raffsucht, Habgier sowie Voreingenommenheit und Besserwisserei, deren Ursachen und Bedingungen unter Einbeziehung sozialpsychologischer Probleme nachgegangen werden soll. Auch politisch-operativ bedeutsame ideologische Fragestellungen, wie pseudopazifistische und 'staatlich unabhängige Friedensaktivitäten', die Wirkungszusammenhänge der Hetzkampagnen gegen die staatliche Ordnung, Versuche des Mißbrauchs von Umweltschutzproblemen, Forderungen nach 'alternativen Lebensformen' als Einzelaktivitäten und im Rahmen sozialer Randgruppenbildung interessieren neben ihrer gegnerischen Herkunft als psychologisches Problem von Menschen, die überhaupt oder überwiegend im Sozialismus aufgewachsen sind."[358]

Böttger teilte die politischen Straftäter in verschiedene Kategorien ein. Nachfolgend wird aus drei ausgewählten Gruppenbeschreibungen ausführlicher zitiert. Zur ersten von Böttger beschriebenen Gruppe gehörig kann man sich unter anderem Mediziner vorstellen, die infolge einer versuchten „Republikflucht" in MfS-Untersuchungshaft gerieten:

„Von erheblicher gesellschaftlicher Bedeutung sind feindlich-negative Handlungen bei Hochschulkadern, deren langwieriger Ausbildungsprozeß sich schließlich der Gesellschaft dienlich niederschlagen soll. Geschieht dies nicht, wird der Widerspruch zwischen fachbezogener Erkenntnisfähigkeit und egoistischer Individualisierung deutlich. Meist handelt es sich um beruflich engagierte Menschen mit beträchtlichem Leistungsvermögen. In den Motivationen wird dann unter anderem von fehlenden eigenschöpferischen Möglichkeiten wissenschaftlich praktischer Tätigkeit gesprochen, von politischer Engherzigkeit in Kaderfragen, fehlenden materiellen Möglichkeiten, [...]. Angeführt wird auch ein zunehmendes Gefühl wachsenden politischen Mißtrauens ihrer Person gegenüber mit der Folge einer Verlagerung ihrer bisherigen wissenschaftlichen Tätigkeit auf Randgebiete, die einem Abschieben gleichkäme. Die Entscheidung zur Tat resultiert letztlich aus der Überzeugung, die eigene Persönlichkeit außerhalb der DDR besser realisieren zu können oder *gegen* die Gesellschaft individuelle Interessen durchsetzen zu wollen. Sich selbst realisieren zu wollen, führt meist zu feindlich-negativen Handlungen strafrechtlicher Relevanz."[359]

In diesem Tenor diffamierte Böttger legitime individuelle Interessen als Ausdruck mangelnder Moral, wobei er durchgehend als Ideologe eines Staates mit totalitärem Erziehungsanspruch und nicht als Psychiater argumentierte.

---

[358] Böttger und andere: MfS-Forschungsarbeit; ebenda, S. 258.
[359] Ebenda, S. 322.

Mit seiner anprangernden Darstellung des Individualismus der politisch straffällig gewordenen „Hochschulkader" kolportierte Böttger zugleich intellektuellenfeindliche Klischees, die anscheinend aus den staatlichen Mißerfolgen in der Erziehung der DDR-Intelligenz zu einer „der Arbeiterklasse treu ergebenen Schicht" resultierten:

> „Die ständig wachsenden Ansprüche entziehen sich zunehmend korrigierenden Einflüssen der sozialistischen Gesellschaft. [...] So wird die klassenmäßige Standortbildung nicht von der Sache her, sondern vom (egoistischen) Zweckdenken bestimmt. Im übrigen ist Intelligenz und Gesamtentwicklung der Persönlichkeit nicht automatisch miteinander verbunden [...]. Der Wert politisch-ideologischer und fachlicher Erziehung wird deswegen mehr an einer gleichsinnigen Entfaltung intellektueller und charakterlicher Ausreifung zu messen sein. Wie die Ergebnisse der Untersuchungen zeigen, liegen die Probleme vor allem in der Entwicklung der emotionalen Verankerung in der sozialistischen Gesellschaft und der damit verbundenen Fähigkeit des Einzelnen, mit den 'Gefahren' des Charakters intellektuell korrigierend umgehen zu können. Intelligenz und Persönlichkeitsentwicklung scheinen sich im Einzelfall sogar im Wege zu sein, wenn man die bis zur Lebensuntüchtigkeit oder Lebensfremdheit gehende Kehrseite intellektuell veranlagter Menschen beobachtet."[360]

Merkwürdigerweise schien jedoch umgekehrt ein Mangel an der soeben als zuviel beklagten Intellektualität nicht selten zu ganz ähnlichen „feindlich-negativen" Handlungen zu führen, jedenfalls legt Böttgers Beschreibung einer anderen Gruppe dies nahe:

> „Neben dem bisher besprochenen Personenkreis mit hoher Reflexionsfähigkeit der Gedanken und Empfindungen und daraus resultierenden höheren Anforderungen an die ideologische Arbeit mit den Menschen gilt es noch den Personenkreis anzuführen, dessen Bereitwilligkeit und Fähigkeit zum Erfassen der wesentlichen Aspekte der Klassenauseinandersetzung und des innenpolitischen Lebens mehr oder weniger unzureichend ist. Dazu zählen auch die erhebliche Zahl psychisch Geschädigter, deren Erlebnisverarbeitung schon aus diesem Grunde beeinträchtigt ist. In einer ersten Analyse von 300 Straftätern fiel auf, daß zwei Drittel davon wenig weltanschauliche Interessen angaben (84% waren Mitglieder der verschiedensten gesellschaftlichen Organisationen). Über 50% gaben nur eine geringe ideologische Motivation zur Straftat an.[361] [...] Unter dieser ausgewählten Stichprobe und forensisch-

---

360 Ebenda, S. 323 f.
361 An dieser Stelle gab Böttger als Fußnote den Titel seiner medizinischen Dissertation an mit dem Vermerk: „Humboldt-Universität Berlin, 1979, unveröffentlicht." Das ist ein deutlicher Hinweis darauf, daß er sich auch schon in seiner medizinischen Dissertation mit politischen Häftlingen beschäftigt und diese Arbeit in die juristische Dissertation an

psychiatrischen Begutachtungen, bei denen nur 10% gesund im umfassenden Sinn gewesen sind, waren 63% mehr oder weniger psychisch fehlentwickelt. Nach einer Stichprobe unter unausgelesenen Straftätern ergab sich ein Drittel in sozialer, pädagogischer und medizinischer Hinsicht betreuungsbedürftiger Personen."[362]

Auch bei dieser Gruppe konstatierte Böttger als Ursache ihrer „feindlich-negativen" Taten in erster Linie Erziehungsmängel, hier jedoch weniger von seiten des Staates als vielmehr von seiten der Eltern:

„Die Problematik von Erziehungsmängeln wird teilweise noch durch vorhandene hirnorganische Vorschäden oder Intelligenzschwächen verstärkt. Daraus erwächst ein Personenkreis, der in psychischer Hinsicht auffällig und in sozialer Hinsicht unbeständig – unzuverlässig wird. Dieser Sachverhalt wird unter dem Begriff psychosoziale Fehlentwicklungen zusammengefaßt. Politisch-operativ fallen diese Personen durch zunehmende Arbeitsunwilligkeit – nicht selten verbunden mit einer Ideologie der Nichtarbeit als Ausdruck persönlicher Freiheit – durch Suche nach alternativen Lebensformen, durch zunehmende Auseinandersetzungen mit Betrieben, gesellschaftlichen Organisationen und letztlich auch durch Konfrontation mit staatlichen Organen auf. [...] Das psychische Bild ist durch erhöhte Impulsivität, Triebhaftigkeit, Beherrschenlassen vom Lustempfinden, [...] Mangel an Bindungsfähigkeit [...] gekennzeichnet. Innerpsychische Spannungen und geringes Selbstwertgefühl erhöhen die Neigung zum Alkoholmißbrauch, wodurch die Steuerungsschwäche verschärft wird und aggressive Handlungen gehäuft auftreten. Aus diesen Personengruppen entwickeln sich zunehmende Bedingungsgefüge für negative, später feindliche Handlungen. Hier zeigt sich psychologisch und sozial im Extrem die Isolierung aus gesellschaftlichen und zwischenmenschlichen Bindungen. In ausgeprägten Fällen sind die Schädigungen der Persönlichkeit höher zu bewerten als die psychischen Störungen manches Geisteskranken. Das zeigt sich daran, daß Rechtspflegeorgane, Betriebe, Behandlungs-, Betreuungsbemühungen keine Ergebnisse mehr bringen und die Vorgeschichte dieser Personen durch Wechsel zwischen Strafvollzug und Psychiatrie gekennzeichnet ist."[363]

Hier beschrieb Böttger soziale und subkulturelle Randgruppen, die es auch in westlichen Ländern gibt und deren Lebensformen dort weder ein besonders politisches noch strafrechtliches Problem sind. In dem eng gesteckten Normenrahmen und den Grenzen der DDR jedoch stellten sich die Normverletzungen auch dieser Gruppen schnell als politische Delikte dar.

---

  der MfS-Hochschule übernommen hat, in der er dann nur noch den politisch-operativen „Klartext" dazu schrieb.
362 Böttger und andere: MfS-Forschungsarbeit, S. 299 f.
363 Ebenda, S. 305 f.

Ganz anders lag das Problem bei einer dritten von Böttger beschriebenen Gruppe politischer Straftäter, die sich angeblich durch besonders „ausgeprägte feindlich-negative Einstellungen und Handlungen" auszeichneten:

„Es handelt sich um einen Personenkreis, dessen Persönlichkeitsvoraussetzungen geeignet sind, unter ungünstigen Umständen, die durch die Klassenauseinandersetzung und Probleme der Entwicklung der sozialistischen Gesellschaft gegeben sind, außergewöhnliche bis extreme ideologische Einstellungen und Überzeugungen zu entwickeln. Das Außergewöhnliche des Inhalts dieser Positionen läßt sich unter Begriffen wie Sozialismusverbesserer, Sektierer, Friedensapostel, lebensfremde Idealisten, Querulanten bis zu Terroristen umreißen."

Hier sind offenbar Vertreter der politischen Opposition gemeint. In einer Anmerkung wurde von Böttger eine interessante Erläuterung angefügt. Es ist die einzige Stelle in der ganzen Forschungsarbeit, in der Bezug genommen wird auf die international kritisierte gerichtspsychiatrische Praxis in der Sowjetunion, psychische Krankheit wie etwa die „schleichende Schizophrenie" als Ursache von Reformvorstellungen zu behaupten:

„Es ist ein Personenkreis, der sich aus psychiatrischer Betrachtungsweise diagnostisch meist als 'neurotische Fehlentwicklungen' und 'abnorme Persönlichkeitsentwicklungen' darstellt. Richtige Sachkenntnis ist angesichts der besonderen Heftigkeit der Klassenauseinandersetzung zwischen den beiden deutschen Staaten außerordentlich wichtig. Die Probleme um diesen Personenkreis wurden zur feindlichen Polemik gegen die Sowjetunion international bedeutsam, weil das teilweise Irrationale der Einstellungen auch den Verdacht krankheitswertiger Persönlichkeitszustände aufkommen ließ."[364]

Das war eine weitaus vorsichtigere Distanzierung als die klare Unterscheidung von „ideologischer Fehlhandlung" und psychischer Krankheit, die Ochernal in einigen seiner Gutachten formuliert hat. Immerhin beweist der in einer Anmerkung versteckte Hinweis ein Problembewußtsein für die Sache. Dabei wagte Böttger die sowjetischen Kollegen nicht offen zu kritisieren, vielleicht wollte er es auch nicht. Er sprach von „Verdacht", wo sie behaupteten, von gesicherten Diagnosen auszugehen. Böttger scheint gleichsam um Entschuldigung dafür gebeten zu haben, daß die spezifisch deutsch-deutsche Situation es nicht erlauben würde, den sowjetischen Freunden zu folgen.

Während Böttger Wert legte auf eine sachkundige Unterscheidung zwischen „außerordentlichen bis extremen ideologischen Einstellungen und Überzeugungen" einerseits und dem „Verdacht krankheitswertiger Persönlichkeitszustände" andererseits, um dem „Klassenfeind" keine Handhabe zu

---

[364] Ebenda, S. 328

liefern, unterstellte er den politischen Häftlingen die Projektion eigener Unzulänglichkeiten auf die politischen Verhältnisse in der DDR:

„Festgestellt werden konnte die Flucht aus belastenden Verpflichtungen, welche in kurzschlüssige Reaktionen mündete, die Konversion von Konfliktlagen in ein ideologisches Etikett, körperliche und psychische Versagenszustände auf der Basis unbewältigter Problemsituationen bis zur Flucht nach vorn, das Verbrämen von Versagenssituationen verschiedenster Art in paranoid-querulatorisches Aufbegehren."[365]

Diese Darstellung verlagerte die Verantwortung für die politischen Mißstände vom Staat auf den einzelnen. Nicht die Verhältnisse in der DDR hätten einen berechtigten Widerspruch bei einigen Menschen erzeugt, die dann aus unterschiedlichen Gründen den Mut zur Artikulation ihres Unwillens fanden, sondern die Betreffenden würden nur ihr persönliches Versagen hinter einem vorgeblich politischen Aufbegehren verbergen. Die in der Psychiatrie generell nicht selten beobachtete „Neigung, sozial abweichendes Verhalten als individuelle Fehlentwicklung zu erklären und auf den Einzelorganismus zurückzuführen" zeigt in Böttgers Auslassungen über politische Häftlinge schon eine gewisse Annäherung an den sowjetischen „Normativismus, der die bestehenden gesellschaftlichen Verhältnisse unkritisch als 'gesund' unterstellt und in der Normverletzung ein Krankheitssymptom erblickt".[366] Er argumentiert dabei allerdings nicht somatisch, sondern sozialpsychologisch. In seiner Zusammenfassung bekräftigte Böttger seine diffamierende Beurteilung der untersuchten Häftlinge noch einmal:

„Psychische Eigenschaften des Charakters, des Gefühlslebens, Temperamente, der Gewohnheiten und Fähigkeiten bestimmen nun die inhaltliche Orientierung des feindlich-negativen Handelns mit. Nicht die Eigenschaften an sich, sondern ihre Lösung aus der gesellschaftlichen Zielstellung des Sozialismus bzw. deren nachfolgend negativ-feindlichen Veränderungen sind entscheidend. [...] Es handelte sich um einen Personenkreis, der in unterschiedlichem Maße besondere Schwierigkeiten in der sozialen Anpassung (Sozialverhalten) hatte, aus innerpsychischen Widersprüchen in Konflikt- und Grenzsituationen geriet und sozialnegativen Bedingungen in starkem Maße unterlag. In der Konfliktbewältigung spielte die generalisierende negative Ideologisierung eigener Unzulänglichkeit in objektive Entwicklungsmängel sowie subjektiver Mängel und Mißstände einstellungsbildend und handlungsbestimmend eine Rolle."[367]

---

365 Ebenda, S. 330.
366 Vgl. Bodo von Greiff: Sowjetische Psychiatrie und normativer Naturalismus, in: Zeitschrift für Soziologie 8 (1979) 4, S. 344–361, hier 344.
367 Böttger und andere: MfS-Forschungsarbeit, S. 345.

Böttger beschränkte sich nicht auf theoretische Erörterungen, sondern befürwortete explizit staatliche Unterdrückungsmaßnahmen gegen politisch Andersdenkende: „Je mehr zu befürchten ist, daß die geäußerten feindlich-negativen Einstellungsinhalte in der Umwelt Anklang finden, also für (Rand-)-Gruppenbildungen oder für gegnerische Einflußnahme geeignet sind, um so stärker werden die Gegenreaktionen in Form von Sanktionen sein müssen."[368]

Man muß sich bei alledem vor Augen halten, daß es nicht um die Verfolgung begangener Straftaten der allgemeinen Kriminalität ging, sondern um die geheimdienstlich „vorbeugende Verhinderung" politischer Opposition:

„Aus dem von Partei, Staat und Gesellschaft gestellten Schutz- und Sicherungsanspruch an das MfS ergibt sich zwingend die Forderung, in den Mittelpunkt der Arbeit des MfS die Vorbeugung zu stellen, d. h. geplante feindliche Angriffe, andere Störungen, Schäden und Gefahren vorbeugend abzuwenden und zu verhüten oder zu verhindern, das Entstehen feindlich-negativer Denk- und Verhaltensweisen rechtzeitig zu verhüten und nicht abzuwarten, bis es zu konkreten feindlich-negativen Aktivitäten gekommen ist."[369]

Diese hypertrophe Sicherheitsdoktrin machte der MfS-Haft-Psychiater Dr. med. Dr. jur. Horst Böttger zur Grundlage seiner Beurteilungen. Seine Forschungstätigkeit an politischen Gefangenen in der DDR war damit noch nicht beendet. Mit dem Ziel „des Promotionsverfahrens B zur Erlangung des wissenschaftlichen Grades Dr. sc. med."[370] arbeitete Böttger Ende der achtziger Jahre an dem Thema: „Zur Differentialdiagnose abnormer psychischer Zustände in der Untersuchungshaft".[371] Diese Arbeit ist nicht mehr zum Abschluß gekommen, jedenfalls fanden sich außer dem Hinweis auf das Vorhaben in der Kaderakte Böttgers keine Belege dafür in den MfS-Unterlagen.

### 4.4.3. Sonstige forensisch-psychiatrische Einrichtungen

Über andere forensisch-psychiatrische Einrichtungen der DDR außer den bisher genannten fanden sich in den MfS-Unterlagen keine wesentlich neuen Informationen, die über die bisher beschriebenen Erkenntnisse hinausgehen würden. Immerhin gab es unter den weniger exponierten forensischen Psychiatern mehrere inoffizielle MfS-Mitarbeiter. Deren Akten sowie einzelne Sachakten werden nachfolgend in zusammenfassender Form referiert,

---

368 Ebenda, S. 338.
369 Ebenda, S. 369.
370 DDR-Promotionsverfahren B entspricht ungefähr der Habilitation.
371 MfS-Kaderakte Horst Böttger; BStU, ZA KS 23581, Bl. 105.

da sie interessante Einblicke in die jeweiligen forensisch-psychiatrischen Abteilungen und deren Verhältnis zu MfS-Dienststellen geben.

Im Haftkrankenhaus Leipzig-Meusdorf wurde 1974 eine psychiatrische Abteilung eingerichtet, welche die etwas hochtrabende Bezeichnung „Psychiatrisch-Neurologische Klinik" bekam und die Aufgaben des psychiatrischen Haftkrankenhauses Waldheim übernehmen sollte. Dr. Ochernal und die unter seiner Leitung in Waldheim tätigen Psychiater hatten sich gegen die Standortverlagerung nach Meusdorf ausgesprochen, da sie weder die baulichen Voraussetzungen noch das düstere Ambiente in Meusdorf für einen geeigneten Rahmen zur Betreuung psychisch Kranker hielten.[372] Außerdem habe es in Meusdorf kein erfahrenes Fachpersonal wie in Waldheim gegeben, und die Verwaltung Strafvollzug habe die Gelegenheit der Umverlagerung genutzt, einige der im Haftkrankenhaus Waldheim ärztlicherseits durchgesetzten Verbesserungen einer liberaleren Häftlingsbehandlung rückgängig zu machen und in Meusdorf von Anfang an „Psychiatrie in Uniform" zu treiben.[373]

In den MfS-Unterlagen fanden sich über das dem Ministerium des Innern unterstellte Haftkrankenhaus Meusdorf nur wenige Akten. In seiner Abschlußarbeit eines Fernstudienlehrgangs an der Fachschule des MfS beschrieb ein Oberleutnant der für die Verbindung zur Polizei zuständigen Abteilung VII der MfS-Bezirksverwaltung Leipzig „die politisch-operative Bedeutung des Haftkrankenhauses Leipzig" folgendermaßen:

„Das Haftkrankenhaus Leipzig ist die zentrale medizinische Einrichtung des Organs Strafvollzug der DDR und hat auf Grund dessen Einmaligkeitscharakter. Es bildet den Einzugsbereich für kranke Straftäter aus den Bezirken Leipzig, Halle und Karl-Marx-Stadt.
Darüber hinaus kommen in das Haftkrankenhaus Leipzig sämtliche schweren Erkrankungen von Verhafteten, Strafgefangenen und jugendlichen Straftätern aus den Einrichtungen des Strafvollzuges der gesamten Republik. Weiterhin werden in dieser Einrichtung hartnäckige Nahrungsverweigerer sowie Fremdkörperschlucker medizinisch behandelt. Dazu kommen Verhaftete, Strafgefangene und jugendliche Straftäter mit staatsfeindlichen Tätowierungen, welche im Haftkrankenhaus detätowiert werden. Auch erkrankte Verhaftete des Ministeriums für Staatssicherheit werden in dieser Einrichtung medizinisch versorgt."[374]

---

372 In Waldheim habe es einen großen Garten gegeben und man habe vom Haftkrankenhaus aus auf den Wald geblickt, in Meusdorf hingegen auf hohe Mauern mit Stacheldraht.
373 Schriftliche und fernmündliche Mitteilungen von Professor Ochernal und Dr. Hillmann 1995.
374 MfS-Fachschulabschlußarbeit von Achim Berg (Oberleutnant Abt. VII BVfS Leipzig): „Die politisch-operative Sicherung des Haftkrankenhauses Leipzig als zentrale medizinische Einrichtung des Strafvollzuges der Deutschen Demokratischen Republik", Abschluß März 1982, 46 Seiten, hier S. 6; BStU, ZA, MfS JHS MF VVS 778/81.

Der Schwerpunkt der „politisch-operativen" Arbeit der MfS-Abteilung VII seien die Innere und die Chirurgische Klinik des Haftkrankenhauses, weil dort die „Nahrungsverweigerer, Fremdkörperschlucker und Straftäter mit Tätowierungen relevanten Inhalts konzentriert" seien und bei einer durchschnittlichen Verweildauer von 37 Tagen ein relativ schneller und kaum kontrollierbarer Patientendurchlauf gegeben sei.[375] Ziel der MfS-Tätigkeit sei „die Absicherung des Bestandes" der Gefangenen, sowie die „Verhinderung von Geißelnahmen, Entweichungen, Ausbrüchen, Verbarrikadierungen [und] Angriffen auf Leben und Gesundheit" von Mitarbeitern des Strafvollzuges.[376] Dazu sollten inoffizielle Mitarbeiter sowohl im medizinischen Personal als auch unter den Gefangenen „genutzt" werden. Von den Krankenhausmitarbeitern rechnete die Abteilung VII der MfS-Bezirksverwaltung den ärztlichen Direktor, dessen Stellvertreter und den Stellvertreter des Leiters des Krankenhauses „für Operativ und Verwaltung" zu den „wichtigsten Partnern des politisch-operativen Zusammenwirkens".[377] Für die inoffizielle Zusammenarbeit wurden besonders die Oberärzte, die Stationspfleger und die „Erzieher" ins Auge gefaßt.[378] Außerdem wurde geplant, verstärkt Haushandwerker als IM zu werben, „um operative 'Überraschungen' aus dem Bestand" der Gefangenen „auszuschließen".[379] Neuwerbungen unter den Gefangenen wurden wegen des Gesundheitszustandes und der kurzen Verweildauer der Patienten im Haftkrankenhaus ausgeschlossen.[380] Da die Sicherheit aber ohne IM unter den Strafgefangenen nicht gewährleistet werden könne, plädierte der Autor für eine MfS-interne Dienstanweisung, „daß alle Diensteinheiten der Linie VII bei Verlegung von inoffiziellen Kräften nach dem Haftkrankenhaus Leipzig zur medizinischen Versorgung verpflichtet sind, die Abteilung VII der Bezirksverwaltung Leipzig zu informieren und diese inoffiziellen Kräfte zur Nutzung anzubieten".[381] Auch die inoffiziellen Mitarbeiter des Dezernates I der Kriminalpolizei unter den Gefangenen wollte der MfS-Oberleutnant in ähnlicher Weise einbeziehen.[382]

Die psychiatrische Abteilung des Haftkrankenhauses Leipzig wird in der MfS-Fachschularbeit nur einmal erwähnt:

„[...] eine weitere wichtige Aufgabe des Haftkrankenhauses Leipzig [ist] die medizinische Begutachtung von Verhafteten, Strafgefangenen und jugendlichen Straftätern. Dabei handelt es sich um Begutachtungen, die hauptsächlich durch die psychiatrische Klinik wahrgenommen werden. [...] Die Begutachtungen in der psychiatrischen Klinik nehmen einen breiten Raum ein, da die

---

375 Ebenda, S. 11 und 16.
376 Ebenda, S. 19 f.
377 Ebenda, S. 9 und 39–41.
378 Ebenda, S. 15–19 und 41 f.
379 Ebenda, S. 19–23, hier 22.
380 Ebenda, S. 23 f.
381 Ebenda, S. 24.
382 Ebenda, S. 25–28.

Verweildauer der Strafgefangenen in dieser Klinik sehr hoch ist. Sie liegt im Durchschnitt bei 80 Tagen, wobei zu unterscheiden ist zwischen psychiatrischen Begutachtungen und echt psychiatrisch Kranken. Bei der Begutachtung von psychiatrischen Fällen obliegt dem Haftkrankenhaus Leipzig eine hohe Verantwortung, da es dabei letztendlich um die Entscheidung geht, ob dieser Straftäter für die begangene Straftat gemäß §§ 15 und 16 verantwortlich ist oder nicht. Die Begutachtung von Verhafteten, Strafgefangenen und jugendlichen Straftätern ist eine Aufgabe von hoher politischer Bedeutung, die konsequent parteilich erfüllt werden muß."[383]

Der letzte Satz drückt eine zweifelhafte Erwartungshaltung des MfS-Offiziers an die psychiatrischen Gutachter aus. Da aber die psychiatrische Klinik und die Begutachtungen nicht zu den „politisch-operativen" Aufgaben des MfS gerechnet und in der dezidiert mit diesem Thema befaßten Arbeit nicht noch einmal erwähnt werden, ist anzunehmen, daß der Oberleutnant mit „konsequent parteilicher" Erfüllung der Begutachtungsaufträge gemeint hat, daß die Psychiater nicht nur zum Schutz der Häftlinge vor politischer Strafverfolgung aufgehobene oder verminderte Zurechnungsfähigkeit bescheinigen.

Die IM-Akte des Chefarztes der psychiatrischen Klinik des Haftkrankenhauses Leipzig, Dr. Jürgen Rogge, deutet ebenfalls in diese Richtung. Rogge wurde von 1976 bis 1989 von der Abteilung VII der MfS-Bezirksverwaltung Leipzig als IME „Georg Husfeldt" geführt. Soweit aus der lückenhaften IM-Akte erkennbar, berichtete er seinen Führungsoffizieren regelmäßig über Interna aus dem Haftkrankenhaus, wobei die bei seiner Werbung anvisierte „Einsatzrichtung: operative Sicherung medizinischen Personals im HKH [Haftkrankenhaus]" mit zahlreichen Berichten über ärztliche Kollegen, Krankenschwestern und andere Angestellte des Haftkrankenhauses im Vordergrund stand.[384] „Georg Husfeld" berichtete jedoch vereinzelt auch über Patienten. Dabei ging es um unterschiedliche Dinge. In einem Fall hatte beispielsweise ein Strafgefangener seine IM-Tätigkeit offenbart,[385] in einem anderen Fall ging es gegen einen Mitarbeiter des Haftkrankenhauses, der Post von Strafgefangenen unter Umgehung der Kontrolle draußen in den Briefkasten geworfen hatte.[386] Psychiatrische Begutachtungen werden im vorhandenen Teil der IM-Akte zweimal erwähnt: Einmal wurde an den Psychiater der Hinweis der MfS-Bezirksverwaltung Frankfurt/Oder inoffiziell weitergegeben, daß ein Strafgefangener „abnormes geistiges Verhalten vortäuscht, um den § 16 StGB zu bekommen und

---

383 Ebenda, S. 7f.
384 Vgl. IM-Akte „Georg Husfeldt"; BStU, ASt Leipzig, MfS-Registriernummer XIII/152/76, Teil I, Bde. 1 und 2, Teil II, Bde. 1–3, wobei von Bd. I/2 sowie Bd. II/1 und II/2 nur leere Aktendeckel gefunden wurden.
385 IM-Akte „Georg Husfeldt", Teil II, Bd. 3, Bl. 16 f., 22 f., 25 und 29 f.
386 Ebenda, Bl. 36–38.

bei begangenen Straftaten nicht zur Verantwortung gezogen zu werden".[387] Im zweiten Fall erkundigte sich der Führungsoffizier bei IME „Georg Husfeldt" lediglich über das Ergebnis der Begutachtung eines Angehörigen der Volkspolizei.[388] Versuchte oder gelungene Einflußnahmen auf psychiatrische Gutachten oder Behandlungen sind aus der IM-Akte nicht erkennbar.

Diese Feststellung trifft auch auf andere MfS-Akten über die offizielle oder inoffizielle Zusammenarbeit verschiedener MfS-Dienststellen mit forensischen Psychiatern der DDR zu. So wurde beispielsweise dem langjährigen Chefarzt der psychiatrischen Klinik des Bezirkskrankenhauses Frankfurt/Oder, Dr. Hans Lehmann,[389] zwar bescheinigt, daß er ein zuverlässiger Parteigenosse und seit 1962 offiziell als psychiatrischer Gutachter für die Abteilung IX der MfS-Bezirksverwaltung Frankfurt/Oder tätig sei.[390] Auch sind zahlreiche Geschenke, Prämien und sogar Orden von seiten des MfS an ihn belegt.[391] Auf irgendein Hineindirigieren von MfS-Vertretern in die fachlichen Entscheidungen des Psychiaters findet sich jedoch in den Akten kein Hinweis.

In dieser Beziehung ähnlich ist die Aktenlage bei zwei Chefärzten forensisch-psychiatrischer Abteilungen in Thüringen. Der Chefarzt im Suhler Bezirksfachkrankenhaus für Psychiatrie und Neurologie in Hildburghausen, Dr. Ernst Siegel, arbeitete von 1975 bis 1989 als IMS „Ernst Winzer" für die Abteilung XX/1 der MfS-Bezirksverwaltung Suhl.[392] Sein ebenfalls bevorzugt forensisch tätiger Kollege im Erfurter Bezirksfachkrankenhaus für Psychiatrie und Neurologie in Mühlhausen, Dr. Klaus Seelisch, hatte in den achtziger Jahren als GMS „Horst" inoffizielle Kooperationsbeziehungen zur MfS-Kreisdienststelle Mühlhausen.[393] Es war sicher kein Zufall, daß gerade die forensisch tätigen Chefärzte der beiden Bezirksfachkrankenhäuser mit Vertretern der Staatssicherheit kooperierten, da ihre Arbeitsbereiche besonders sicherheitsrelevant waren. Allerdings wurde in einer Beurteilung über „Ernst Winzer" festgestellt, daß seine unter den Ärzten allgemein bekannte gerichtliche Gutachtertätigkeit für die Abteilung IX der MfS-Bezirksverwaltung Suhl seine Einsatzmöglichkeiten als IM in Kreisen der medizinischen Intelligenz behindere, da er „in Verdacht bei den übrigen Ärzten steht,

---

387 Vgl. Treffbericht vom 3.9.1986; ebenda, Bl. 7.
388 Vgl. Treffbericht vom 15.12.1988; ebenda, Bl. 94 f.
389 Hans Lehmann (Jg. 1923), Dr. med., Kaufmannssohn aus Elbing (Westpreußen), 1942 Abitur, 1942–45 Wehrmacht, 1945–49 sowjetische Kriegsgefangenschaft, 1949–54 Medizinstudium in Rostock, 1954–62 nervenärztliche Ausbildung und Tätigkeit in Wismar, 1962–88 Chefarzt der psychiatrischen Klinik des Bezirkskrankenhauses Frankfurt/Oder, SED-Mitglied seit 1949. Vgl. BStU, ASt Frankfurt/Oder, AGMS 1951/80.
390 Zeitweise war Dr. Lehmann als GMS registriert, weil er Arbeitsbefreiungen „für operative Einsätze" von IM ausstellen sollte. Die Akte enthält jedoch keine Hinweise auf eine solche inoffizielle Tätigkeit Lehmanns und wurde 1980 archiviert, weil der Arzt den Anforderungen der IM-Richtlinie 1/79 nicht gerecht werden würde. Vgl. ebenda, Bl. 165.
391 Vgl. ebenda, Bl. 24–26, 32 und 42–47 sowie BStU, ASt Frankfurt, Sachaktenbestand der Abt. IX, Ordner „Schlußberichte EV 1964".
392 Vgl. IM-Akte „Ernst Winzer"; BStU, ASt Suhl, AIM 1001/89, Teil I und II, je 1 Bd.
393 Vgl. GMS-Akte „Horst"; BStU, ASt Erfurt, MfS-Registriernummer IX/684/80, 1 Bd.

auch andere Informationen aus der Einrichtung an das MfS weiterzuleiten", so daß in den achtziger Jahren praktisch keine inoffizielle Zusammenarbeit mehr stattgefunden habe.[394] Das hinderte „Ernst Winzer" allerdings nicht, unter Verletzung seiner ärztlichen Schweigepflicht über Patienten zu berichten.[395] Auch der GMS „Horst" gab mehrmals Informationen über Patienten.[396] Allerdings sind auch hier aus den Akten keine Einflußnahmen auf medizinische Behandlungen oder Gutachten zu erkennen, vielmehr interessierte sich das MfS für äußere Aspekte der sicheren Unterbringung insbesondere forensischer Patienten, sowie für die Ausreiseantragsteller unter den Ärzten und Pflegekräften.

Auch für andere forensich-psychiatrische Einrichtungen der DDR, namentlich für Haus 213 im Städtischen Klinikum Berlin-Buch, haben sich aus den MfS-Akten keine Aspekte ergeben, die dem bisher Beschriebenen widersprechen oder wesentlich neue Erkenntnisse hinzufügen würden.

## 4.5. Zusammenfassung und Bewertung

Von den Tausenden politischen Häftlingen, die es in vier Jahrzehnten DDR gegeben hat, sind sicherlich mehrere tausend gerichtspsychiatrisch begutachtet und mehrere hundert wegen dabei festgestellter psychischer Störungen in psychiatrische Einrichtungen eingewiesen worden. Der Versuch, all diese Schicksale nachzurecherchieren und alle psychiatrischen Gutachten zu überprüfen, erschien von vornherein aussichtslos. Selbst die Analyse einer repräsentativen Stichprobe von Gerichtsgutachten hätte den Rahmen des Projektes gesprengt. Da es vor allem die Frage eines Psychiatriemißbrauchs im Sinne des Einsatzes psychiatrischer Mittel und Methoden zum Zweck der politischen Verfolgung und eine eventuelle Steuerung solcher Praktiken durch den Staatssicherheitsdienst ging, wurde ein anderer Forschungszugang über die Unterlagen des MfS gewählt.

Es gab in der DDR nur relativ wenige Psychiater, die als Gerichtsgutachter in politischen Prozessen zugelassen waren. Die wichtigsten dieser Fachvertreter prägten bestimmte forensisch-psychiatrische Institutionen, deren Entstehung und Binnenklima eng mit den jeweiligen Leiterpersönlichkeiten verknüpft waren. In den fünfziger bis Mitte der sechziger Jahre schickten die MfS-Bezirksverwaltungen ihre Häftlinge in das von Dr. Kuniß geleitete Krankenhaus für Psychiatrie Waldheim, wenn das Vorliegen einer psychischen Krankheit vermutet wurde bzw. ausgeschlossen werden sollte.

---

394 Vgl. Beurteilung des IMS „Ernst Winzer" vom 10.3.1989, IM-Akte „Ernst Winzer", Teil I, ohne Blattzahl.
395 Vgl. IM-Akte „Ernst Winzer", Teil II, Bl. 76, 162 f., 204 f., 210–214, 273 f. und 316.
396 Hinweise auf Verletzung der ärztlichen Schweigepflicht, GMS-Akte „Horst", Bl. 91 f., 94–99, 101, 107–110, 128 und 199.

Ab 1966 ging die zentrale Gutachterfunktion in politischen Verfahren allmählich an das von Dr. Ochernal geleitete psychiatrische Haftkrankenhaus Waldheim und ab 1974, nachdem Ochernal einen Ruf als Professor für forensische Psychiatrie an die Sektion Kriminalistik der Humboldt-Universität bekommen hatte, nach Ostberlin über. Von 1974 bis 1989 wurden die meisten gerichtspsychiatrischen Gutachten für das MfS von Professor Ochernal und seit 1978 zusätzlich von Dr. Böttger im MfS-Haftkrankenhaus in Berlin-Hohenschönhausen erstellt. In welchen und wievielen Fällen darüber hinaus Professor Szewczyk, der Leiter der gerichtspsychiatrischen Abteilung der Charité-Nervenklinik, Professor Lange, der ärztliche Direktor der Akademie-Nervenklinik in Dresden, und Dr. Rogge, der Leiter der psychiatrischen Abteilung im MdI-Haftkrankenhaus Leipzig-Meusdorf, mit Gutachten über politische Häftlinge beauftragt wurden, ist nicht bekannt. In der von Dr. Poppe geleiteten Abteilung Waldheim der Nervenklinik Hochweitzschen und in kleineren forensischen Abteilungen innerhalb psychiatrischer Großkrankenhäuser wurden ebenfalls eine unbekannte Zahl von Gutachten in weniger brisanten Fällen auch mit politischen Bezügen erstellt.

Zu den bekannten forensischen Psychiatern und Einrichtungen wurde in den Karteien des MfS recherchiert. Aus den aufgefundenen MfS-Unterlagen konnte die Sichtweise des MfS auf die Leiter und Mitarbeiter der forensisch-psychiatrischen Krankenhäuser bzw. Abteilungen rekonstruiert werden, wobei sich ein differenziertes Bild ergab. Der Psychiater im MfS-Haftkrankenhaus Berlin, Dr. Dr. Horst Böttger, der sich als hauptamtlicher MfS-Offizier und verbohrter Ideologe quasi als verlängerter Arm der Vernehmer der MfS-Untersuchungsabteilung verstand, stellte die negative Ausnahme dar. Dann gab es eine Reihe von psychiatrischen Leitern forensischer Abteilungen, zu denen Dr. Poppe in Waldheim bzw. Hochwetzschen, Dr. Rogge in Leipzig-Meusdorf, Dr. Lehmann in Frankfurt/Oder, Dr. Siegel in Hildburghausen und Dr. Seelisch in Mühlhausen gehören, die IM oder GMS der regionalen Kreisdienststellen oder Bezirksverwaltungen des MfS waren und in unterschiedlichem Maße inoffiziell mit MfS-Offizieren kooperiert haben. Sie waren jedoch selbst keine MfS-Offiziere, sondern primär als Ärzte in ihrem klinischen Kontext identifiziert. Aus den IM- bzw. GMS-Akten sind vereinzelte Verletzungen der ärztlichen Schweigepflicht, aber keine Einflußnahmen von MfS-Offizieren auf Inhalt und Ergebnisse von Gutachten und psychiatrischen Behandlungen erkennbar.

Überraschenderweise beobachtete die Staatssicherheit einige forensische Psychiater und deren Mitarbeiter, die regelmäßig oder zumindest hin und wieder mit der Begutachtung und psychiatrischen Betreuung politischer Häftlinge beauftragt wurden, mißtrauisch und hatte sie in Verdacht, selbst politisch unzuverlässig zu sein und vielleicht sogar mit politischen Häftlingen zu fraternisieren. Das ist für Dr. Kuniß und einen Teil der im Krankenhaus für Psychiatrie Waldheim beschäftigten Pflegerinnen und Pfleger in der zweiten Hälfte der fünfziger Jahre anhand von Akten der MfS-Kreisdienststelle Döbeln nachweisbar. Eine kritische Distanz bzw. ein gewisses Mißtrauen von MfS-Vertretern ist anhand der Akten der MfS-Bezirksverwaltung Berlin auch gegenüber Professor Szewczyk, dem „Forensik-Papst" der DDR erkennbar. Sein erster Oberarzt und ein wichtiger Psychologe seiner Abteilung wurden sogar zeitweise wegen des Verdachts politischer Opposition bzw. in den achtziger Jahren wegen einer beantragten Ausreise aus der DDR „operativ bearbeitet". Praktisch keine MfS-Akten fanden sich über Professor Ochernal, der als Oberst der Kriminalpolizei offenkundig einen gewissen Sonderstatus hatte. Den positiven Zeugnissen ehemaliger politischer Häftlinge über ihn und seinen ausführlichen Selbstauskünften zufolge war er ein Psychiater, der gutachterlich unabhängig von den politischen Außenbedingungen urteilte und sich nicht ohne Erfolg für eine humane Gefangenenbehandlung engagierte. Einer seiner ärztlichen Mitarbeiter in Waldheim, Dr. Hillmann, wurde in den achtziger Jahren „operativ bearbeitet", nachdem er Telefonanrufe eines früher in Waldheim untergebrachten politischen Häftlings aus Westdeutschland nicht gemeldet hatte und der Vorbereitung einer „Republikflucht" verdächtigt wurde.

Insgesamt macht die zusammenfassend referierte Aktenlage die Möglichkeit eines politischen Psychiatriemißbrauchs sowjetischer Machart sehr unwahrscheinlich. Am ehesten denkbar wären dem Moskauer Serbski-Institut analoge Praktiken noch im MfS-Haftkrankenhaus Berlin. Die Erinnerungen ehemaliger politischer Häftlinge an Dr. Böttger und dessen Anteil an einer Forschungsarbeit der MfS-Hochschule, womit er sich den zweiten Doktortitel eines Dr. jur. erwarb, deuten zumindest ansatzweise in diese Richtung. Ob ein laufendes Ermittlungsverfahren den Nachweis von Rechtsverstößen erbringen wird, ist zum Zeitpunkt der Fertigstellung des Buchmanuskriptes noch offen.

Ein anderer Weg der Annäherung an die Frage des politischen Psychiatriemißbrauchs im forensischen Bereich der DDR besteht darin, Beschwerden und Verdachtshinweisen von Betroffenen bzw. in der Öffentlichkeit erhobenen Vorwürfen nachzugehen. Dabei wurden weniger eigene Recherchen, als vielmehr die Ergebnisse verschiedener Untersuchungskommissionen verwendet, und nur in Einzelfällen in den MfS-Unterlagen nachrecherchiert.

Die brandenburgische Kommission hatte ohne und die sächsische Kommission mit systematischer Auswertung einer Reihe von Gerichtsgutachten, die im Rahmen politischer Prozesse erstellt wurden, sich zur forensischen Psychiatrie geäußert. Beide Kommissionen verneinten einen politischen Psychiatriemißbrauch sowjetischer Art in der DDR. Die Potsdamer meinten, keines der gesichteten Gutachten habe Hinweise ergeben, daß psychisch Gesunde aus politischen Gründen psychiatrisiert worden seien, beschrieben aber andere Probleme. Die Dresdner wählten die Formulierung, es habe keinen systematischen Mißbrauch der Psychiatrie gegeben, beschrieben aber Rechtsverstöße und Mißbrauch in mehreren Einzelfällen.

Da es aufgrund unterschiedlicher Definitionen verschiedene Interpretationsmöglichkeiten derselben oder zumindest ähnlicher Vorgänge gibt, sollen die wichtigsten festgestellten Unregelmäßigkeiten noch einmal kurz genannt werden. So war der Potsdamer Kommission bei mehreren Gutachten ein Sprachduktus aufgefallen, mit dem die zur Neutralität verpflichteten Gutachter eindeutig politisch Partei bezogen und die zu beurteilende Handlung als moralisch verwerfliche politische Abweichung denunziert hätten. Daß einige Gutachter das politische Strafrecht der DDR verinnerlicht hatten, sei auch daran erkennbar gewesen, daß in Fällen minderer „Kriminalität" mit aufgehobener oder verminderter Schuldfähigkeit mitunter unangemessen ausgedehnte Maßregeln vorgeschlagen worden seien.

Das trifft sich mit der Feststellung auf Basis der MfS-Aktenauswertung, daß sich bei forensischen Psychiatern, die offiziell oder inoffiziell mit dem MfS kooperierten, wiederholt der Hinweis auf zuverlässige Parteilichkeit, aber keine Einflußnahme von MfS-Seite auf psychiatrische Gutachten findet. Nicht das Einwirken des Staatssicherheitsdienstes von außen, sondern das verinnerlichte Menschenbild und dessen parteiideologische Prägung haben bei einigen Gutachtern zu dem kritisierten Sprachduktus und überzogenen Maßregelvorschlägen geführt.

Außerdem setzten das politische Regime und speziell das politische Strafrecht der DDR äußere Rahmenbedingungen, die Konsequenzen der Unfreiheit für Gutachter und Begutachtete hatten. Die sächsische Kommission stellte fest, daß eine Reihe von Betroffenen „ohne politisches Verfahren wahrscheinlich nie in eine psychiatrische Einrichtung gekommen" wären. Sie sprach sogar in einigen Fällen von einem „politischen Psychiatriemißbrauch", in denen bei festgestellter Unzurechnungsfähigkeit oder verminderter Zurechnungsfähigkeit vom psychiatrischen Gutachter die Einweisung nur deshalb empfohlen worden ist, weil nach seiner Einschätzung die Gefahr bestand, daß der Betroffene seine politische Straftat wiederholen werde. Das ist zwar etwas anderes als die falsche Diagnostizierung psychisch Gesunder als krank, wie das dem Moskauer Serbski-Institut vorgeworfen wird, aber es handelt sich unabhängig vom wahrscheinlichen Vorliegen psychischer Krankheit um eine Zwangseinweisung in die Psychiatrie, die unter demokratischen Gesellschaftverhältnissen nicht erfolgt wäre und somit um Unrecht gegenüber den Betroffenen. Auf der anderen Seite stellten sowohl die Potsdamer als auch die Dresdener Kommission Fälle fest, bei denen systemkritische oder zumindest wohlwollende Gutachter mit Aussagen über eingeschränkte Schuldfähigkeit politische Straftäter vor dem Strafvollzug zu bewahren und in ein dann nicht mehr politisch kontrolliertes, meist ambulantes psychiatrisches Betreuungsverfahren zu lenken versucht haben. In diesen Fällen ist die Psychiatrie praktisch zu dem sachfremden Zweck des Schutzes der Angeklagten vor weiterer politischer Verfolgung instrumentalisiert worden.

Insgesamt hat sich – ungeachtet der Verneinung eines politischen Psychiatriemißbrauchs sowjetischen Typs in der DDR – ein differenziertes Bild der forensischen Psychiater und ihrer gutachterlichen Urteile ergeben.

# 5. Polizeirechtliche Psychiatrieeinweisungen in der DDR

Der sowjetische Psychiatriemißbrauch war nicht auf die gerichtspsychiatrische Begutachtung und nachfolgende Zwangsbehandlung von psychisch nicht kranken politischen Gegnern im Rahmen politischer Strafverfolgung beschränkt. Die innersowjetische und internationale Kritik bezog sich auch auf polizeirechtliche Zwangseinweisungen in stationäre psychiatrische Einrichtungen außerhalb von staatsanwaltschaftlichen Ermittlungs- oder gerichtlichen Strafverfahren. Besonders bekannt wurde der Fall des nicht psychisch kranken, gesellschaftskritischen Biologen Schores Medwedjew, der 1970 gegen seinen Willen in das psychiatrische Bezirkskrankenhaus Kaluga eingewiesen und dort 19 Tage lang festgehalten worden war, bis massive internationale Proteste seine Entlassung bewirkten.

Bei den seit 1990 geführten Diskussionen zur Frage eines politischen Mißbrauchs der Psychiatrie in der DDR ging es ebenfalls von Anfang an neben strafrechtlichen und strafprozessualen auch um polizeirechtliche Zwangseinweisungen von Menschen in psychiatrische Einrichtungen. Paragraph 2 des Strafrechtlichen Rehabilitierungsgesetzes vom 29. Oktober 1992 gilt auch für die polizeirechtliche Form einer „rechtsstaatswidrigen Einweisung in eine psychiatrische Anstalt", wenn diese „zum Zwecke politischer Verfolgung oder zu anderen sachfremden Zwecken erfolgte".[1] In den erwähnten Zahlen der gemäß § 2 StRehaG gestellten Anträge auf Rehabilitierung sind solche wegen polizeirechtlicher Psychiatrieeinweisungen eingeschlossen. Auch für sie gilt die bereits referierte Angabe der Rehabilitierungsrichter, daß keine Psychiatrisierung „zum Zwecke politischer Verfolgung" in der DDR, jedoch verschiedene Einweisungen „zu anderen sachfremden Zwecken" festgestellt worden seien. Um polizeirechtliche Psychiatrieeinweisungen „zu sachfremden Zwecken" wird es nachfolgend gehen, wobei zunächst wieder die Rechtsgrundlagen referiert werden und anschließend die Rechtspraxis dargestellt wird, wie sie aus den MfS-Unterlagen und einigen anderen Quellen erkennbar ist.

---

1 Vgl. Strafrechtliches Rehabilitierungsgesetz (StRehaG) vom 29.10.1992, Bundesgesetzblatt (BGBl.) Jahrgang 1992, Teil I, S. 1815 sowie Wolfgang Pfister und Wolfgang Mütze (Hrsg.): Kommentar zum Rehabilitierungsrecht, München 1994, insbesondere Kommentar von Wolfgang Pfister zum § 2 StRehaG 10 B, S. 1–25.

## 5.1. Rechtsgrundlagen polizeirechtlicher Psychiatrieeinweisungen in der DDR

Aufgrund mancher Besonderheiten psychischer Krankheit wie eingeschränkter Impulskontrolle oder mangelnder Steuerungsfähigkeit des eigenen Verhaltens ist es zur Abwehr von Gefahren für die Öffentlichkeit sowie zum Schutz von Leib und Leben der Betroffenen selbst mitunter unausweichlich, Zwangsmaßnahmen gegenüber psychisch erkrankten Menschen zu ergreifen, auch wenn diese keine Straftaten begangen haben. Es gilt als Fortschritt in der Geschichte des Rechts, solche Zwangsmaßnahmen nicht dem Zufall und der Willkür der Polizei vor Ort zu überlassen, sondern sie gesetzlich zu regeln. Lange Zeit war es bei Regelungen dieser Art in erster Linie darum gegangen, das „Publikum vor den Irren zu schützen", wie Johann Peter Frank im Jahre 1788 über die Aufgaben der „medicinischen Polizey" schrieb.[2] In der zweiten Hälfte unseres Jahrhunderts traten in den meisten Ländern Europas an die Stelle der alten Polizeiverordnungen Gesetze, in denen neben dem Schutz der Gesellschaft vor Fehlhandlungen von psychisch Kranken die Interessen dieser Kranken stärker berücksichtigt wurden. Dies geschah beispielsweise durch die Begrenzung des ausgeübten Zwangs auf ein nachprüfbares zeitliches Maß und definierte Voraussetzungen.
In der Sowjetunion galten Bloch und Reddaway zufolge die „Richtlinien für die sofortige Hospitalisierung gemeingefährlicher Geisteskranker" von 1961, die aus einer Reihe von Verordnungen des Innenministeriums bestanden, als rechtliche Grundlage einer Zwangseinweisung akut psychisch Kranker. Bloch und Reddaway wiesen neben anderen Mängeln der Richtlinien und vor allem ihrer Handhabung auf den kritikwürdigen Umstand hin, daß „dieses wichtige Gesetzesdokument praktisch weder Sowjetbürgern noch Ausländern zugänglich"[3] war. Ein psychiatrischer Oberarzt der Universitätsnervenklinik Rostock, der Ende der achtziger Jahre mehrere Monate am Serbski-Institut in Moskau hospitiert und 1988 seine Einsichten in Rechtsgrundlagen und Praxis der sowjetischen Psychiatrie in der nervenärztlichen Zeitschrift der DDR veröffentlicht hat, zitierte offenkundig aus diesen Richtlinien, ohne sie jedoch als Quelle zu benennen. Da heißt es, eine „dringliche Hospitalisierung" in einem psychiatrischen Krankenhaus könne zivilrechtlich gegen den Willen eines nicht delinquenten Patienten durchgesetzt werden, wenn dieser „für sich selbst und für die Umgebung eine Gefährdung darstellt".[4] Quellenangaben fehlen in diesem Aufsatz

---

2 Zitiert nach Wolf Crefeld und Bernd Schulte (Hrsg.): Das Recht der Hilfen und Zwangsmaßnahmen für psychisch Kranke. Gesetzestexte, Bonn 1987, S. 8.
3 Sidney Bloch und Peter Reddaway: Dissident oder geisteskrank? Mißbrauch der Psychiatrie in der Sowjetunion, München 1978, S. 127 ff.
4 Klaus Friemert: Die gerichtspsychiatrische Begutachtung in der UdSSR, in: Psychiatrie, Neurologie und medizinische Psychologie, 40 (1988) 11, S. 671–677, hier 675.

gänzlich oder beschränken sich auf so allgemeine Hinweise wie die auf einzelne Artikel „der Grundlagen der Gesetzgebung der UdSSR und der Unionsrepubliken". Das läßt vermuten, daß die rechtlichen Regelungen der zwangsweisen Unterbringung psychisch Kranker in der Sowjetunion noch Ende der achtziger Jahre der Geheimhaltung unterlagen. Nach rechtsstaatlicher Auffassung tritt eine Rechtsnorm aber erst in Kraft, wenn sie veröffentlicht ist.

In der DDR war die Möglichkeit der Einweisung von nicht straffälligen psychisch Kranken gegen ihren Willen durch das „Gesetz über die Einweisung in stationäre Einrichtungen für psychisch Kranke" vom 11. Juni 1968 (im folgenden Einweisungsgesetz) geregelt.[5] Dieses Gesetz trat zusammen mit einem neuen Strafgesetzbuch (StGB) und einer neuen Strafprozeßordnung (StPO) der DDR am 1. Juli 1968 in Kraft. Das Gesetzblatt vom 14. Juni 1968, in dem das Einweisungsgesetz veröffentlicht wurde, war in öffentlichen Bibliotheken zugänglich. Außerdem wurde das Einweisungsgesetz und seine Anwendung, besonders in den Jahren um 1968, in den juristischen und medizinischen Fachzeitschriften der DDR diskutiert und war seit seinem Inkrafttreten in den allgemein gebräuchlichen Lehrbüchern der Psychiatrie abgedruckt.[6]

Bis 1968 lagen in der DDR, ähnlich wie in den westdeutschen Ländern bis zur Verabschiedung eigener Unterbringungsgesetze,[7] Zwangseinweisungen von akut gefährlichen bzw. gefährdeten psychisch Kranken die Vorschriften des Preußischen Polizeiverwaltungsgesetzes (PVG) vom 1. Juni 1931 zugrunde, die den amtlichen Akt der Freiheitsentziehung nur vage umrissen:

„§ 14 (1) Die Polizeibehörden haben im Rahmen der geltenden Gesetze die nach pflichtmäßigem Ermessen notwendigen Maßnahmen zu treffen, um von der Allgemeinheit oder dem Einzelnen Gefahren abzuwehren, durch die die öffentliche Sicherheit und Ordnung bedroht wird.
§ 15 (1) Personen in polizeiliche Verwahrung zu nehmen sind die Polizeibehörden nur dann befugt, wenn diese Maßnahme erforderlich ist a) zum eigenen Schutz dieser Personen; b) zur Beseitigung einer bereits eingetretenen Störung der Ordnung oder zur Abwehr einer unmittelbar bevorstehenden polizeilichen Gefahr, falls die Beseitigung der Störung oder Abwehr der Gefahr auf andere Weise nicht möglich ist.
§ 15 (2) Die in polizeiliche Verwahrung genommenen Personen müssen, so-

---

5  Vgl. GBl. DDR I, Nr. 13 vom 14.6.1968, S. 273–276.
6  Vgl. Rudolf Lemke und Helmut Rennert: Neurologie und Psychiatrie, 8. Auflage, Leipzig 1987, S. 487 f.
7  Landesgesetze über die Unterbringung von Geistes- bzw. Suchtkranken wurden verabschiedet: 1951 in Niedersachsen, 1952 in Bayern und in Hessen, 1955 in Baden-Württemberg, 1956 in Nordrhein-Westfalen, 1958 in Berlin und in Schleswig-Holstein, 1959 in Rheinland-Pfalz, 1962 in Bremen, 1966 in Hamburg und 1969 im Saarland. Vgl. Georg Bruns: Ordnungsmacht Psychiatrie? Psychiatrische Zwangseinweisung als soziale Kontrolle, Opladen 1993, S. 26 f.

weit es sich nicht um gemeingefährliche Geisteskranke handelt, spätestens im Laufe des folgenden Tages aus der polizeilichen Verwahrung entlassen werden. § 15 (6) Öffentliche Ordnung bedeutet den Inbegriff der Normen, deren Befolgung nach den jeweils herrschenden sozialen und ethischen Anschauungen als unentbehrliche Voraussetzung für ein gedeihliches Miteinanderleben der Menschen angesehen wird."[8]

Wie aus einem „Hinweis auf die Unterbringung psychisch Kranker und psychisch Abwegiger in Krankenanstalten und Pflegeeinrichtungen" vom 5. Januar 1959 hervorgeht, vertraten der Gesundheitsminister und der Generalstaatsanwalt der DDR die Auffassung, „daß notwendige Zwangseinweisungen Aufgabe der Organe der Gesundheitsverwaltung sind", jedoch bis zum Erlaß eines eigenen Gesetzes das alte Preußische Polizeiverwaltungsgesetz behelfsmäßig herangezogen werden müßte:

„Örtlich zuständig ist der Kreisarzt. Soweit im Bezirk Meinungsverschiedenheiten in der Zusammenarbeit mit der Staatsanwaltschaft und der Volkspolizei auftreten, werden die Bezirks- und Kreisärzte ersucht, in Absprachen mit den zuständigen Organen der Volkspolizei und der Staatsanwaltschaft die Angelegenheiten der Zwangsunterbringung örtlich zu regeln. Mangels spezieller gesetzlicher Bestimmungen über die Zwangsunterbringung müssen notwendige Zwangseinweisungen auf die Vorschriften der §§ 14, 15 PVG gestützt werden."[9]

Die Vorschriften des Preußischen Polizeiverwaltungsgesetzes waren fast ausschließlich an der ordnungsrechtlichen Beseitigung von Gefahren und Störungen orientiert und ließen dafür weite Auslegungsspielräume offen. Über die Aufenthalts- und Entlassungsbedingungen von „in Verwahrung" genommenen „gemeingefährlichen Geisteskranken" unter fürsorgerischen und therapeutischen Gesichtspunkten war keine gesetzliche Vorsorge getroffen. Das Gesundheitsministerium der DDR betonte deshalb den Übergangscharakter des alten Polizeiverwaltungsgesetzes bis zum Erlaß eines eigenen Gesetzes für die Unterbringung psychisch Kranker.[10]
Psychiatrische Fachvertreter drängten darauf, daß diese neue gesetzliche Regelung von Zwangseinweisungen zugleich die Interessen der psychisch Kranken schützen müsse. In den bereits erwähnten programmatischen Empfehlungen über „Die Rehabilitation psychisch akut und chronisch Kranker", die 1963 in Rodewisch verabschiedet worden waren, hatten engagierte

---

8 Erich Klausener, Christian Kerstiens und Robert Kempner: Das Polizeiverwaltungsgesetz vom 1.6.1931, Berlin 1932.
9 Verfügungen und Mitteilungen des Ministeriums für Gesundheitswesen vom 31.1.1959, Nr. 1, S. 2.
10 Vgl. Siegfried Schirmer: Handhabung des Einweisungsrechts, in: Deutsches Gesundheitswesen 27 (1972), S. 855–858, hier 856.

Psychiater für den Einsatz von Zwangsmaßnahmen gegen psychisch Kranke folgende Forderung aufgestellt:

„Amtliche oder gesetzliche Zwangsmaßnahmen psychisch Kranken gegenüber sind auf das nur unbedingt erforderliche Minimum zu beschränken. Die humane Grundhaltung des sozialistischen Lebensstils muß darin zum Ausdruck kommen, daß alles vermieden wird, was geeignet ist, psychisch Kranke in der Öffentlichkeit zu diffamieren und sie außerhalb der Gesellschaft zu stellen. In besonderer Weise sind bestehende Gesetze und Verordnungen daraufhin zu korrigieren, in Arbeit befindliche Gesetze und Verordnungen haben dies gebührend zu berücksichtigen."[11]

Als im 19. Lebensjahr der DDR das Einweisungsgesetz dann endlich vom Ministerrat verabschiedet wurde, war bereits aus der Präambel die Handschrift der Rodewischer Thesen zu erkennen. Es sei ein humanistisches Anliegen des sozialistischen Staates, Bürgern mit psychischen Erkrankungen eine fürsorgliche Betreuung in Krankenhäusern und Pflegeeinrichtungen zu gewährleisten. Als „Ziel aller Maßnahmen" wurde formuliert, „eine weitgehende Rehabilitation dieser Bürger und ihr Leben in der Gemeinschaft zu erreichen."

Das Gesetz sollte Anwendung finden auf „psychisch Kranke, Kranke mit begründetem Verdacht auf eine psychische Erkrankung und Personen mit schwerer Fehlentwicklung der Persönlichkeit von Krankheitswert" (§ 1). Die Aufnahme in eine stationäre psychiatrische Einrichtung konnte nur „auf der Grundlage einer ärztlichen Einweisungsdiagnose, in der die Notwendigkeit der Einweisung" begründet sein mußte, erfolgen (§ 3.1). Das Kollegium für Zivil- und andere Sachen des Obersten Gerichts[12] der DDR trug 1970 noch eine Konkretisierung zum „Anwendungsbereich" des Einweisungsgesetzes nach:

„Zu den Kranken i. S. des § 1 EinwG, speziell zu den Personen mit schwerer Fehlentwicklung der Persönlichkeit von Krankheitswert, gehören auch Süchtige, insbesondere Alkoholkranke, auch wenn sie nicht entmündigt oder im Sinne des BGB [Bürgerlichen Gesetzbuches] geisteskrank sind. [...] Die Erfüllung eines in der sog. Internationalen Klassifikation der Krankheiten enthaltenen Tatbestands reicht jedoch nicht aus. Es muß ein klinisch erfaßbares Maß psychischer Erkrankung gegeben sein; mindestens muß ein durch erwiesene Tatsachen, insbesondere durch ein im psychiatrischen Sinne auffälliges

---

11 Rodewischer These 8, in: Zeitschrift für die gesamte Hygiene 11 (1965), S. 61–65, hier 62.
12 Oberrichter Dr. Werner Strasberger, Mitglied des Präsidiums des Obersten Gerichts und Vorsitzender des Kollegiums für Zivil-, Familien- und Arbeitssachen formulierte den Standpunkt dieses Kollegiums des Obersten Gerichts der DDR als rechtsverbindliche Orientierung für die Anwendung des Einweisungsgesetzes.

Verhalten begründeter Verdacht auf psychische Erkrankung oder schwere Fehlentwicklung der Persönlichkeit von Krankheitswert vorliegen."[13]

Die sowjetische Diagnose einer symptomlos schleichenden Schizophrenie, deren einziges Symptom etwa ein „Reformwahn" war, hätte danach in der DDR den gesetzlichen und höchstrichterlichen Festlegungen der medizinischen Voraussetzungen für eine psychiatrische Zwangsbehandlung widersprochen.

Die normativen Voraussetzungen für die befristete Einweisung psychisch Kranker bis zu einer Dauer von sechs Wochen waren im § 6, Absatz 1 des DDR-Einweisungsgesetzes formuliert:

„Erfordern es der Schutz von Leben oder Gesundheit des Kranken oder die Abwehr einer ernsten Gefahr für andere Personen oder für das Zusammenleben der Bürger, kann der Kreisarzt, in dessen Bereich sich der Kranke befindet, die Einweisung in ein Krankenhaus oder in eine Pflegeeinrichtung bis zu sechs Wochen anordnen, wenn der Kranke oder der gesetzliche Vertreter der Einweisung nicht zustimmte. [...]
(2) Dulden der Schutz von Leben oder Gesundheit des Kranken oder die Abwehr einer ernsthaften Gefahr für andere Personen oder für das Zusammenleben der Bürger keinen Aufschub, kann jeder Arzt auf Grund seiner Feststellung eine vorläufige befristete Einweisung anordnen. Diese Anordnung ist dem örtlich zuständigen Kreisarzt sofort schriftlich zur Kenntnis zu geben. Sie ist von diesem innerhalb einer Frist von drei Tagen durch Anordnung zu bestätigen oder aufzuheben."[14]

In verschiedenen Aufsätzen in DDR-Zeitschriften wurde auf die im Einweisungsgesetz festgelegten strengen normativen Voraussetzungen für psychiatrische Zwangseinweisungen hingewiesen:

„Der Gesetzgeber hat bei der Formulierung der Gefährdung anderer Personen oder des Zusammenlebens der Bürger das Adverb 'ernsthaft' zugefügt und damit eine strenge einschränkende Auslegung gefordert. Wenn hier auch keine starre Auslegung möglich ist, [...] so soll man doch die 'Gemeinlästigkeit' und 'Behördenlästigkeit' eindeutig ausklammern. Eine Belästigung ist eben noch keine Gefährdung und schon gar nicht eine ernsthafte Gefährdung."[15]

Ein Jahr später wies ein Richter am Bezirksgericht Potsdam darauf hin, daß die Auslegung des Begriffes einer „ernsten Gefahr für andere Personen oder das Zusammenleben der Bürger" in der Rechtspraxis „nicht unproblema-

---

13 Werner Strasberger: Die Anwendung des Gesetzes über die Einweisung in stationäre Einrichtungen für psychisch Kranke, in: Neue Justiz 24 (1970) 9, S. 290–293, hier 290f.
14 GBl. DDR I, Nr. 13 vom 14.6.1968, S. 274.
15 Schirmer: Handhabung des Einweisungsrechts, S. 857.

tisch" sei, wobei seiner Auffassung nach „die Frage, ob eine echte Gefährdung vorlag oder nur eine Störung", mitunter schwer zu entscheiden sei und gelegentlich falsch entschieden werde. Auch in späteren Veröffentlichungen von ärztlicher Seite wurde wiederholt auf dieses Problem hingewiesen,[16] was dafür spricht, daß es weiterbestanden hat.

Im akuten Notfall konnte gemäß § 6.2 Einweisungsgesetz jeder approbierte Arzt der DDR die befristete Zwangseinweisung eines psychisch Kranken in die Psychiatrie vorläufig anordnen. In der aufnehmenden Einrichtung jedoch mußte in jedem Fall sofort die Einweisungsdiagnose und die Notwendigkeit der Betreuung des Patienten fachärztlich überprüft (§ 7) und innerhalb von drei Tagen vom örtlich zuständigen Kreisarzt (§ 6.2) bestätigt werden. Der Kreisarzt mußte seine Anordnung umgehend den nächsten Angehörigen des Patienten, dem zuständigen Staatsanwalt, dem Leiter der Einrichtung, in die der Patient eingewiesen wurde, sowie dem Rat des Heimatortes des Patienten schriftlich mitteilen (§ 6.6). Der Kranke selbst oder sein gesetzlicher Vertreter konnten innerhalb einer Woche gegen die ärztliche Einweisungsanordnung beim Kreisarzt Beschwerde einlegen, über die im Fall der Ablehnung durch den Kreisarzt der Bezirksarzt nach Anhörung des leitenden Arztes für Psychiatrie der Einrichtung innerhalb von zwei Wochen zu entscheiden hatte (§ 10). Nach sechs Wochen erlosch die Einweisungsanordnung automatisch und der Patient war spätestens dann zu entlassen.

Wenn die im § 6 formulierten Voraussetzungen zur Krankenhausunterbringung nach Ablauf von sechs Wochen immer noch bestanden, mußte eine gerichtliche Entscheidung über den weiteren Verbleib des Patienten in der psychiatrischen Einrichtung getroffen werden (§ 11.1). Das konnte der Staatsanwalt, der Kreisarzt oder der leitende Arzt des psychiatrischen Krankenhauses beantragen (§ 11.2). In dem Antrag mußte die Notwendigkeit des längeren Verbleibs in der Einrichtung begründet und das Gutachten eines psychiatrischen Sachverständigen beigefügt werden (§ 11.3). Das Präsidium des Obersten Gerichts der DDR betonte, daß der gegebenenfalls den Einweisungsantrag stellende Krankenhausdirektor nicht zugleich Sachverständiger vor Gericht sein durfte.[17] Die Zivilkammer des Kreisgerichts hatte in mündlicher, nicht öffentlicher Verhandlung über den weiteren Verbleib des Patienten in der Psychiatrie zu entscheiden (§ 12.1). Das Verfahren war ordentlich geregelt, sah beispielsweise vor, daß der Kranke oder sein gesetzlicher Vertreter die Hilfe eines Rechtsanwaltes in Anspruch nehmen konnte (§ 12.5). Da die richterliche Einweisungsanordnung nicht befristet war, mußte der Leiter des Krankenhauses mindestens alle sechs Monate überprüfen, ob die Notwendigkeit der Unterbringung noch bestand (§ 13.1). Der

---

16 Vgl. z. B. Helmut F. Späte und Harald Rogoll: Normative und verfahrensrechtliche Voraussetzungen bei der Einweisung psychisch Kranker gemäß § 6 des Einweisungsgesetzes der DDR, in: Psychiatrie, Neurologie und medizinische Psychologie, 36 (1984) 8, S. 489–495.
17 Vgl. Strasberger: Die Anwendung des Gesetzes über die Einweisung, S. 291.

leitende Arzt hatte das Recht, die zivilgerichtlich untergebrachten Patienten zu beurlauben, wobei er das Gericht hierüber nur zu informieren brauchte (§ 13.2). Der Leiter der psychiatrischen Einrichtung und der Kreisarzt waren verpflichtet, die Aufhebung der gerichtlichen Anordnung zu beantragen, sobald die Voraussetzungen für diese weggefallen waren (§ 14.1). Gegen den Gerichtsbeschluß auf unbefristete Einweisung konnte der Staatsanwalt Protest und der Patient Beschwerde einlegen, worüber das Bezirksgericht zu entscheiden hatte (§ 15). Zivilgerichtliche Entscheidungen, die nach dem dargestellten Modus des DDR-Einweisungsgesetzes vom 11. Juni 1968 getroffen worden sind, waren nach dem Strafrechtlichen Rehabilitierungsgesetz vom 29. Oktober 1992 nicht zu prüfen.[18] Sie wurden in einem anderen Verfahren in Regie der Justizministerien der Länder überprüft.[19]

Bei der Erörterung der Frage eines politischen Psychiatriemißbrauchs wird es überwiegend um die psychiatrischen Zwangseinweisungen gemäß § 6 des DDR-Einweisungsgesetzes gehen, die – im Gegensatz zu den straf- und zivilgerichtlichen – als polizeirechtliche Einweisungen bezeichnet werden. Die Bezeichnung ist rechtsgeschichtlich bedingt und für die DDR-Regelung eigentlich nicht ganz zutreffend. Das Preußische Polizeiverwaltungsgesetz vom 1. Juni 1931 hatte die Ergreifung und erste Verwahrung gefährlicher Kranker allein durch die Polizei vorgesehen. Nach § 6 des Einweisungsgesetzes vom 11. Juni 1968 mußte jedoch ein Arzt den fraglich Kranken sehen und entscheiden, ob eine zwangsweise Psychiatrieeinweisung notwendig und gerechtfertigt war. Die Polizei wurde lediglich in den Fällen hinzugezogen, in denen ihre Unterstützung nötig war, um die ärztlich angeordnete Einweisung durchzusetzen. Die Möglichkeit polizeilicher Hilfe war in § 18 des Einweisungsgesetzes geregelt:

„(1) Soweit die getroffenen Anordnungen nicht befolgt werden, können diese mit den erforderlichen Maßnahmen unter Berücksichtigung des Krankheitszustandes durchgesetzt werden.
(2) Die Organe der Deutschen Volkspolizei leisten bei der Durchführung dieser Maßnahmen Hilfe und Unterstützung, wenn den Umständen nach zu erkennen ist, daß die mit der Durchführung der Maßnahmen Beauftragten mit Gewalt bedroht oder tätlich angegriffen werden können oder die Maßnahmen in anderer Weise vereitelt werden."[20]

Mit dieser Regelung polizeilicher Amtshilfe ging das DDR-Einweisungsgesetz nicht über analoge Regelungen in den Ländern der Bundesrepublik hinaus. Im Gegenteil sieht beispielsweise das bayerische Unterbringungs-

---

18 Vgl. Wolfgang Pfister: Kommentar B 10 StrRehaG § 2, S. 7f.
19 Vgl. Artikel 234 §14 VI in Verbindung mit § 11 IV Einführungsgesetz zum BGB, eingefügt durch Einigungsvertrag Kapitel 3 Sachgebiet B Abschnitt II Nr. 1.
20 GBl DDR, Teil I, Nr. 13 vom 14.6.1968, S. 276.

gesetz vom 20. April 1982 gemäß § 18 „in unaufschiebbaren Fällen" keine ärztliche Entscheidung, sondern allein polizeiliche Maßnahmen vor:

„Artikel 1 (1) Wer psychisch krank oder infolge Geistesschwäche oder Sucht psychisch gestört ist und dadurch in erheblichem Maße die öffentliche Sicherheit oder Ordnung gefährdet, kann gegen oder ohne seinen Willen in einem psychiatrischen Krankenhaus oder sonst in geeigneter Weise untergebracht werden. Unter den Voraussetzungen des Satzes 1 ist die Unterbringung insbesondere auch dann zulässig, wenn jemand sein Leben oder in erheblichem Maße seine Gesundheit gefährdet.
Artikel 18 (1) Sind dringende Gründe für die Annahme vorhanden, daß die Voraussetzungen für eine Unterbringung nach Art. 1 Abs. 1 vorliegen und kann auch eine gerichtliche Entscheidung nach Art. 17 nicht mehr rechtzeitig ergehen, um einen für die öffentliche Sicherheit oder Ordnung drohenden Schaden abzuwenden, so kann die Kreisverwaltungsbehörde die sofortige vorläufige Unterbringung anordnen [...]. [...]
(2) In unaufschiebbaren Fällen des Absatzes 1 kann die Polizei den Betroffenen ohne Anordnung der Kreisverwaltungsbehörde in eine Einrichtung im Sinne des Art. 1 Abs. 1 einliefern. Die Polizei hat das Gericht und die Kreisverwaltungsbehörde, in deren Bezirk die Einrichtung liegt, unverzüglich, spätestens bis 12 Uhr des auf das Ergreifen folgenden Tages, von der Einlieferung zu verständigen."[21]

Obwohl es sich bereits um die zweite Generation des bayerischen Unterbringungsgesetzes handelte, das 14 Jahre nach dem DDR-Einweisungsgesetz verabschiedet wurde, eröffnet es deutlich weitergehende Möglichkeiten für rein polizeiliche Ordnungsmaßnahmen gegen psychisch Kranke, als die DDR-Regelung dies tat. Das Beispiel zeigt, daß das DDR-Gesetz nicht zu Unrecht als eine vergleichsweise fortschrittliche und patientenfreundliche Regelung galt.

Der entscheidende Unterschied des DDR-Einweisungsgesetzes zu den analogen Unterbringungsgesetzen der westdeutschen Länder bestand darin, daß die Entscheidung über die Einweisung eines psychisch Kranken in die Psychiatrie und sein Verbleib dort bis zu einer Dauer von sechs Wochen in der DDR allein von Ärzten getroffen wurde. In der Bundesrepublik Deutschland hingegen schreibt Artikel 104 des Grundgesetzes eine richterliche Entscheidung über die Fortdauer einer Freiheitsentziehung vor:

„(2) Über die Zulässigkeit und Fortdauer einer Freiheitsentziehung hat nur der Richter zu entscheiden. Bei jeder nicht auf richterlicher Anordnung beru-

---

21 Gesetz über die Unterbringung psychisch Kranker und deren Betreuung (Unterbringungsgesetz) – Bayern – vom 20.4.1982, geändert durch § 2 Gesetz vom 30.12.1983, zitiert nach Crefeld/Schulte: Das Recht der Hilfen, S. 25 und 32.

henden Freiheitsentziehung ist unverzüglich eine richterliche Entscheidung herbeizuführen. Die Polizei darf aus eigener Machtvollkommenheit niemanden länger als bis zum Ende des Tages nach dem Ergreifen in eigenem Gewahrsam halten."[22]

Artikel 104 des Grundgesetzes wurde den Psychisch-Kranken-Gesetzen der Bundesländer zugrunde gelegt, wobei das Festhalten eines zwangseingewiesenen Patienten im psychiatrischen Krankenhaus einem polizeilichen Gewahrsam – im Gegensatz zum richterlich angeordneten – gleichgesetzt wird. Mit Ausnahme des in der DDR fehlenden Vorbehaltes richterlicher Entscheidung über die Freiheitsentziehung entsprach das Gesetz über die Einweisung in stationäre Einrichtungen für psychisch Kranke vom 11. Juni 1968 Maßstäben, die auch in Rechtsstaaten gelten.[23] Gemäß Artikel 9 Absatz 1 des deutsch-deutschen Einigungsvertrages galten die materiellen Voraussetzungen der DDR-Regelung zur öffentlich-rechtlichen Unterbringung psychisch Kranker in geschlossene Einrichtungen nach dem 3. Oktober 1990 in den neuen Bundesländern bis zur Verabschiedung eigener Psychisch-Kranken-Gesetze (PsychKG) noch jahrelang fort,[24] wobei das DDR-Gesetz um den Richtervorbehalt ergänzt wurde.

Angesichts des Fehlens einer unabhängigen Justiz in der DDR wurde der beschriebenen Abweichung von rechtsstaatlichen Gepflogenheiten allerdings eher die gegenteilige Bedeutung beigemessen, als die, die sie in Staaten mit funktionierender Gewaltenteilung hat. In dem für eine Frist von sechs Wochen festgelegten ärztlichen Alleinentscheidungsrecht wurde vor allem die Möglichkeit gesehen, allein nach medizinisch-psychiatrischen Kriterien und unabhängig von den Juristen als Repräsentanten der Staatsmacht zu entscheiden. Wenn die Ärzte diese gesetzliche Möglichkeit ausschöpften, konnte das eine entscheidende Hürde gegen sachfremd motivierte Psychiatrieeinweisungen bilden.

Tatsächlich ist in psychiatrischen Veröffentlichungen in der DDR immer wieder darauf orientiert worden, die amtlich anzuordnenden Einweisungen durch strikte Beachtung der medizinischen, normativen und verfahrensrechtlichen Voraussetzungen des Einweisungsgesetzes auf das unvermeidliche Minimum zu reduzieren. Im Rahmen der ärztlichen Fortbildung[25] wur-

---

22 Grundgesetz für die Bundesrepublik Deutschland, Ausgabe Bonn 1985, S. 76.
23 Vgl. hierzu auch den Kommentar von Michael Lemke zur Strafrechtlichen Rehabilitierung/Unterbringung in der Psychiatrie der DDR, in: Neue Justiz 52 (1998), S. 213 f.
24 In Berlin konnte ab 3.10.1990 der Geltungsbereich des Westberliner PsychKG vom 8.3.1985 einfach auf ganz Berlin ausgedehnt werden; hingegen wurden die PsychKG für Mecklenburg-Vorpommern am 1.6.1993, für Thüringen am 19.1.1994, für Sachsen am 16.6.1994 und für das Land Brandenburg sogar erst am 8.2.1996 von den jeweiligen Landtagen verabschiedet.
25 Auch medizinische Dissertationen befaßten sich mit der empirischen Untersuchung und kritischen Reflexion der Zwangseinweisungspraxis in der DDR. Vgl. z. B.: Harald Rogoll: Erfahrungen des Bezirkskrankenhauses für Psychiatrie und Neurologie Bernburg mit der Einweisung von Patienten nach § 6 des Gesetzes über die Einweisung in statio-

den typische Fehler bei der Anwendung des Einweisungsgesetzes an Fallbeispielen erläutert und deren Vermeidung gefordert.[26] Wiederholt wurde in Artikeln zum Einweisungsrecht in der einzigen nervenärztlichen Fachzeitschrift der DDR explizit dazu aufgerufen, Versuche staatlicher Stellen zurückzuweisen, sozial abweichendes Verhalten durch Zwangspsychiatrisierung sanktionieren zu wollen. In dem nachfolgend zitierten Artikel aus dem Jahre 1984 wird auf frühere gleichlautende Stellungnahmen von nervenärztlicher Seite hingewiesen, in denen es ebenfalls um die korrekte Anwendung von § 6 Einweisungsgesetz gegangen war:

„Besonders sorgfältig ist die dritte Alternative, das Merkmal der *ernsten* Gefahr für das Zusammenleben der Bürger zu prüfen, bevor es als normative Begründung der Einweisung eines Kranken auf Anordnung herangezogen wird. Schon Schirmer (1978) betonte, daß Gemeinlästigkeit und Behördenlästigkeit die Anforderungen dieses Merkmals nicht erfüllen. Gleichzeitig warnte er vor Tendenzen, asoziale und kriminelle Bürger mit Hilfe des Einweisungsgesetzes in psychiatrischen Kliniken anzusiedeln. Dies widerspreche nicht nur dem Aufgabenbereich und dem Selbstverständnis der medizinischen Disziplin Psychiatrie, sondern sei auch mit der Achtung der Würde des psychisch Kranken unvereinbar.
In jedem Einzelfall ist zu berücksichtigen, daß die große Spielbreite der im gesellschaftlich zu tolerierenden Normbereich liegenden menschlichen Verhaltensweisen auch Reaktionen hervorbringen kann, die lästig wirken, jedoch nicht der Bequemlichkeit halber als Gefahr für das Zusammenleben der Bürger angesehen werden dürfen. So gehört es z. B. zu den gesetzlich gesicherten Rechten eines Bürgers, sich mit Eingaben an staatliche Organe zu wenden. Wird dieses Recht von Bürgern in der Weise mißbraucht, daß Eingaben zur Durchsetzung persönlicher Wünsche, Forderungen oder Vorstellungen als immer wiederkehrende und einzige Variante der Auseinandersetzung mit der Umwelt genutzt werden, sollte in jedem Fall eine sorgfältige Prüfung erfolgen, bevor eine querulatorische Entwicklung angenommen wird, die das Zusammenleben der Bürger stört. Gelegentlich ist die Ursache derartiger Ver-

---

näre Einrichtungen für psychisch Kranke vom 11.6.1968. Medizinische Dissertation, Akademie für Ärztliche Fortbildung, Berlin 1980 und Gertraude Weisheit: Erfahrungen der Bezirksnervenklinik Brandenburg mit der Einweisung von Patienten nach § 6 des Gesetzes über die Einweisung in stationäre Einrichtungen für psychisch Kranke vom 11.6.1968 – Eine kritische Analyse der befristeten ärztlichen Einweisungen auf Anordnung über einen Fünfjahreszeitraum. Medizinische Dissertation, Akademie für Ärztliche Fortbildung, Berlin 1986.

26 Ein in Potsdam ambulant tätiger Psychiater faßte 1989 rückblickend die Erfahrungen mit der Handhabung von Zwangseinweisungen in der psychiatrischen Praxis und die Erkenntnisse dazu aus der Literatur der DDR einschließlich der typischen, mit Beispielen belegten Fehler bei der Anwendung von § 6 des Einweisungsgesetzes zusammen. Vgl. Klaus Rüdiger Otto: Das Recht als Instrument zur Förderung der sozialen Integration, in: Achim Thom und Erich Wulff (Hrsg.): Psychiatrie im Wandel, Erfahrungen und Perspektiven in Ost und West, Bonn 1990, S. 150–165.

haltensweisen einfach ein ungeschickter und ungeübter Umgang mit schwierigen Menschen und deshalb noch keine Begründung für eine psychiatrische Intervention."[27]

Bruns sprach nach einer zusammenfassenden Betrachtung der Veröffentlichungen „der DDR-Fachpresse" von einer „eintönigen, fast albern wirkenden Wiederholung von Thesen und Vorgaben des sozialistischen Staates", deren richtige Interpretation für ihn als Westdeutschen schwierig sei. Er meinte jedoch, es könne „kein Zufall sein, daß im Jahre 1984 zwei Veröffentlichungen erschienen sind, die anhand empirischer Untersuchungen zu belegen suchen, daß nur eine geringe Zahl von Zwangseinweisungen notwendig ist, und die zu strengster Anwendung und Überprüfung der Formalien aufrufen, die Krankenhausdirektoren gegebenenfalls gar zur Zurückweisung Zwangseingewiesener auffordern." Nach Auswertung der Publikationen zum Thema Zwangseinweisung in der DDR hielt Bruns es für denkbar, daß „unter der Hand auch ein Widerstand der Psychiatrie gegen einen erneuten Mißbrauch zum Zweck der Disziplinierung in Zeiten wachsender Opposition im Staate DDR mobilisiert werden sollte."[28]

Wieweit diese Vermutung zutraf, wird noch zu untersuchen sein. Jedenfalls ist statistisch belegt, daß die Ermutigung der Psychiater, unbequem zu sein und unzureichend begründete Zwangseinweisungen nicht zu akzeptieren, zu einem erkennbaren Rückgang des Anteils der Zwangseinweisungen an den Gesamtaufnahmen psychiatrischer Krankenhäuser führte. So wurde beispielsweise im Bezirkskrankenhaus für Psychiatrie und Neurologie Arnsdorf bei Dresden der Anteil der Zwangseinweisungen auf diese Weise von 22,9 Prozent aller stationären Aufnahmen im Jahre 1971 auf 7,8 Prozent aller stationären Aufnahmen im Jahre 1982 gesenkt. Bei bis zu zehn Prozent der jährlichen Einweisungen gemäß § 6 sei im Krankenhaus die Aufhebung der Einweisungsanordnung beantragt worden, weil sie als nicht hinreichend begründet erachtet worden seien.[29] Von allen Einweisungen, die von 1969 bis 1977 zu Aufnahmen in das Bezirkskrankenhaus für Psychiatrie und Neurologie Bernburg führten, waren sogar nur 3,1 bis 6,5 Prozent zwangsweise gemäß § 6 des Einweisungsgesetzes erfolgt.[30]

Letztendlich lag der Anteil von Zwangseinweisungen an den Aufnahmen

---

27 Späte/Rogoll: Normative und verfahrensrechtliche Voraussetzungen bei der Einweisung psychisch Kranker, S. 489–495.
28 Georg Bruns: Ordnungsmacht Psychiatrie? Psychiatrische Zwangseinweisung als soziale Kontrolle, Opladen 1993, S. 181.
29 Vgl. Ehrig Lange und H.-P. Wunderlich: Die befristeten ärztlichen Einweisungen durch Anordnung gemäß § 6 des Gesetzes über die Einweisung in stationäre Einrichtungen für psychisch Kranke vom 11.6.1968, in: Deutsches Gesundheitswesen 39 (1984), S. 1974–1978.
30 Harald Rogoll und Helmut F. Späte: Soziale und medizinische Charakteristika kreisärztlich eingewiesener psychisch Kranker, in: Psychiatrie, Neurologie und medizinische Psychologie, 36 (1984), S. 146–151.

in psychiatrischen Krankenhäusern in der DDR niedriger als in den meisten bundesdeutschen Ländern. Dem Bericht der Psychiatrie-Enquete-Kommission der Bundesregierung zufolge soll im Jahre 1974 der Anteil Zwangsuntergebrachter an der Gesamtzahl der Patienten psychiatrischer Krankenhäuser in der Bundesrepublik – mit großen Differenzen zwischen den einzelnen Regionen und Krankenhäusern – zwischen sechs und 50 Prozent gelegen haben. In neueren Untersuchungen wurde sogar eine steigende Tendenz des Anteils der Zwangseinweisungen in die Psychiatrie einiger westdeutscher Städte und Regionen festgestellt.[31]

Insgesamt ergibt sich aus den getroffenen Feststellungen, daß die Frage nach einem politischen Mißbrauch der Psychiatrie in der DDR nicht nur im Hinblick auf eventuelle Absichten und Versuche von Sicherheitskräften zu prüfen ist, politisch Unliebsame in die Psychiatrie einzuweisen, sondern vor allem auch darauf, ob oder wieweit solche Pläne tatsächlich umgesetzt wurden oder etwa daran scheiterten, daß Ärzte sich unter Berufung auf das Einweisungsgesetz dem widersetzten.

Das Einweisungsgesetz kann erst für den Zeitraum seit seinem Inkrafttreten am 1. Juni 1968 als Kriterium zur Prüfung dienen, ob bei polizeirechtlichen Einweisungen in die Psychiatrie dagegen verstoßen wurde. Ausgehend von der Mißbrauchspraxis in der Sowjetunion, die sich nicht in der Zeit des stalinistischen Terrors, sondern erst in der innenpolitischen Tauwetterperiode unter Chruschtschow als eine der verborgeneren Formen politischer Repression entwickelte, waren analoge Entgleisungen in der DDR allerdings auch am ehesten in den siebziger und achtziger Jahren zu erwarten.

## 5.2. Forschungsstand zur Praxis polizeirechtlicher Psychiatrieeinweisungen

### 5.2.1. Berichte der Psychiatrie-Untersuchungskommissionen

Bereits die von Mai bis Juni 1990 „zur Prüfung der von der Illustrierten 'Stern' erhobenen Vorwürfe gegen die Nervenklinik Waldheim" vom letzten DDR-Gesundheitsminister eingesetzte Sachverständigenkommission hatte zwei Fälle polizeirechtlicher Einweisungen von Personen beschrieben,

---

31 Diese Angaben wurden dem aktuellen Standardwerk zur Frage psychiatrischer Zwangseinweisungen in der alten Bundesrepublik entnommen: Georg Bruns: Ordnungsmacht Psychiatrie? Psychiatrische Zwangseinweisung als soziale Kontrolle, Opladen 1993. Das Buch gibt einen Überblick über die bisherigen empirischen Erhebungen zur Zwangseinweisungspraxis, beschreibt die Ergebnisse einer 1986 durchgeführten Umfrage an 54 stationären psychiatrischen Versorgungseinrichtungen Westdeutschlands und Westberlins und nimmt Reflexionen aus psychiatrischer, soziologischer und sozialpsychologischer Perspektive vor.

die zwar vorübergehend psychisch erkrankt waren, jedoch weder ihr eigenes Leben noch das anderer Menschen gefährdeten.[32]

In einem Fall ging es um einen Sportfunktionär, der im Sommer 1983 aus einem Trainingslager, das der Vorbereitung eines großen Turn- und Sportfestes in Leipzig diente vom Kreissportarzt in das nächstgelegene psychiatrische Krankenhaus eingewiesen worden war. Der damals 44jährige sei vom Abend des 21. Juli bis zum 31. August 1983 in der Psychiatrie festgehalten und psychopharmakologisch behandelt worden. Die Schilderungen im Krankenblatt des Patienten hätten zwar keinen Zweifel an der Richtigkeit der psychiatrischen Diagnose aufkommen lassen. Das dem begeisterten Sportfunktionär angetane Unrecht habe jedoch darin bestanden, daß seine durch nachträgliche kreisärztliche Anordnung verfügte und durch Verlegung aus dem Aufnahmekrankenhaus Hochweitzschen in die geschlossene Abteilung Waldheim vom 25. Juli bis 2. August 1983 vollzogene Internierung in der Psychiatrie nur dazu gedient habe, ihn vom Turn- und Sportfest in Leipzig fernzuhalten. Das sei unter anderem durch folgenden Krankenblatteintrag vom 29. Juli 1983 deutlich geworden: „Vor Abschluß des Sportfestes erschien eine Verlegung in die zuständige regionale Einrichtung nicht zweckmäßig. Es müßte überprüft werden, ob danach eine Verlegung im Sinne des Patienten ist." Ganz bestimmt nicht „im Sinne des Patienten" sei die ärztliche Bescheinigung gewesen, er sei „arbeitsfähig ab 1.9.1983", als er am 31. August „nach Ablauf der 6-Wochen-Frist" – der vorgeschriebenen Zeitbegrenzung für eine Einweisung auf Anordnung – aus der „stationären Behandlung in ambulante neurologisch-psychiatrische Dispensaire entlassen" worden sei.[33] Wenn der Patient ab 1. September arbeitsfähig gewesen sei, habe er nicht bis 31. August so krank und eine solche Gefahr für sich oder andere gewesen sein können, daß er gegen seinen Willen in einem psychiatrischen Krankenhaus festgehalten werden mußte.[34]

Der andere von der ersten Waldheim-Kommission untersuchte Fall lag insofern ähnlich, als wiederum ein zwar vorübergehend akut erkrankter, aber ungefährlicher Mann gegen seinen Willen in die Psychiatrie eingewiesen wurde. Der Betreffende hatte mit außerordentlicher Energie eine persönliche Abrüstungsinitiative verfolgt, die sich an den amerikanischen Präsidenten Reagan richtete. Er habe in diesem Zusammenhang zahlreiche Telefonate mit dem Bürgermeister, dem Kreisvorstand der NDPD, der Kreis- und der Bezirksleitung der SED, wahrscheinlich auch mit dem ZK der SED, ferner mit dem DDR-Fernsehen, mit der Regierungsauskunft und schließlich mit dem Ministerium für Auswärtige Angelegenheiten geführt. Am darauffolgenden Montag habe er seine Aktivitäten fortgesetzt und sich durch Zureden nicht davon abbringen lassen. Daraufhin sei er vom Bürger-

---

32 Vgl. Bericht der ersten Waldheim-Untersuchungskommission 1990, S. 17–21 und S. 46f.
33 Ebenda, S. 17–21.
34 Bericht der ersten Waldheim-Untersuchungskommission 1990, S. 46f.

meister ins Rathaus bestellt worden und nach einem weiteren vergeblichen Versuch, ihn von seinem Vorhaben abzubringen, mit einem Psychiater, der „zum Zwecke einer notwendigen Klinikeinweisung ins Rathaus bestellt worden sei", allein gelassen worden. Der Psychiater habe ein Gespräch mit dem Mann geführt und ihn dann vor die Alternative gestellt, sich entweder freiwillig in der Nervenklinik behandeln zu lassen oder zwangseingewiesen zu werden. Als der Mann protestierte, sei von dem Psychiater eine Einweisung gemäß § 6 Einweisungsgesetz ausgesprochen worden, es seien zwei Pfleger erschienen, und der Mann sei unter Androhung einer Zwangsjacke schließlich ohne Gegenwehr in den vor dem Rathaus wartenden Krankenwagen mit Blaulicht gestiegen. Bei der Aufnahme in die Nervenklinik Hochweitzschen habe der Mann noch einmal gegen seine zwangsweise Zuführung protestiert. Er sei in der Nervenklinik medikamentös behandelt worden. Nach einer Woche habe er eine ihm vorgelegte Bestätigung zum weiteren freiwilligen Aufenthalt in der Klinik unterzeichnet, wenig später sei er einmal drei und einmal sechs Tage nach Hause beurlaubt worden. Nachdem er jeweils ordnungsgemäß in die Klinik zurückgekehrt sei, habe man ihn 24 Tage nach der Aufnahme entlassen und noch einige Tage krank geschrieben.[35] Das Unrecht habe auch in diesem Fall vor allem darin bestanden, daß die § 6-Einweisung als eine keinen Aufschub duldende Notmaßnahme ohne Vorliegen einer ernsthaften Gefährdung von Leben und Gesundheit des Patienten oder anderer Menschen oder für das Zusammenleben der Bürger erfolgt sei. Der einweisende Psychiater habe der psychologischen Drucksituation im Rathaus willfährig nachgegeben. Seine Entscheidung sei nicht von medizinischen Überlegungen, sondern von einem gesellschaftspolitischen Arrangement bestimmt gewesen.[36]

Ähnlich wie die Waldheim-Untersuchungskommission kamen auch alle anderen Kommissionen zur Untersuchung von Mißbrauch in der DDR-Psychiatrie in ihren von 1990 bis 1997 vorgelegten Abschlußberichten zu dem Ergebnis, daß die typische Form einer „sachfremden" Verwendung der Psychiatrie, die also nicht dem „Schutz von Leben oder Gesundheit eines Kranken oder der Abwehr einer ernsten Gefahr für andere Personen oder für das Zusammenleben der Bürger" diente, in der DDR darin bestanden habe, daß psychisch auffällige, gestörte oder kranke Menschen im Zusammenhang mit politischen Großveranstaltungen über das medizinisch gebotene Maß hinaus in psychiatrischen Krankenhäusern festgehalten oder in manchen Fällen sogar aus der Freiheit vorübergehend in die Psychiatrie eingewiesen wurden.

Das erstgenannte Verfahren betreffend wird von Psychiatern aus der DDR übereinstimmend erinnert, daß anläßlich solcher Ereignisse auf dem Dienstweg, das hieß von den Bezirks- bzw. Kreisärzten an die ärztlichen

---

35 Bericht der ersten Waldheim-Untersuchungskommission 1990, S. 27 f.
36 Ebenda, S. 48 f.

Leiter stationärer psychiatrischer Einrichtungen die Weisung ergangen sei, psychisch kranke Patienten während der Zeit der Großveranstaltungen nicht zu beurlauben und nicht zu entlassen sowie „unsicheren" Patienten keinen Ausgang zu gestatten. Meist seien solche Weisungen von den ärztlichen Leitern an die Stations- und Oberärzte weitergegeben worden, die sich dann unterschiedlich verhalten hätten. Einige Ärzte hätten regelmäßig gegen die mündlich ausgesprochene Weisung zur Freiheitsbeschränkung ihrer Patienten ohne gesetzliche Grundlage protestiert, andere hätten sie als eines der sich unvermeidlich wiederholenden Rituale kommentarlos hingenommen. Bei wie vielen sich hinter dem Schweigen ein fehlendes Problembewußtsein verbarg und die Weisung kritiklos befolgt wurde, sei schwer abschätzbar. Vermutlich habe es die Mehrzahl der Psychiater für ratsam gehalten, diejenigen ihrer Patienten, die zu auffälligen Verhaltensweisen in der Öffentlichkeit neigten, für die Dauer der „politischen Höhepunkte" auf Station zu behalten, um sich selbst und den Patienten Unannehmlichkeiten zu ersparen. Im freundlichen Fall seien die Patienten überredet worden, „wegen des allgemeinen Rummels" doch lieber auf Ausgang zu verzichten, oder sie seien mit angenehmen Beschäftigungen von der Teilnahme an der jeweiligen politischen Veranstaltung abgelenkt worden. Im unfreundlichen Fall sei die sonst offene Station für ein oder mehrere Tage abgeschlossen worden.[37]

Im Anhang zum Abschlußbericht der sächsischen Psychiatrie-Untersuchungskommission ist zur Illustration des typischen Konfliktes ein Briefwechsel dokumentiert, den Psychiater der Universitätsnervenklinik Leipzig in den achtziger Jahren mit dem Leipziger Kreisarzt zu dieser Angelegenheit führten. Am 9. Februar 1983 hatte der Direktor für medizinische Betreuung dem Direktor der psychiatrischen Klinik der Leipziger Universität in Vorbereitung der Frühjahrsmesse vom 13. bis 19. März 1983 geschrieben:

„Sehr geehrter Herr Kollege!
Der Kreisarzt teilt mit, daß auch in diesem Jahr strenge Vorkehrungen zu treffen sind, daß psychiatrische Patienten während der Messezeit die Einrichtung nicht verlassen können. Es sollte gleichzeitig darauf geachtet werden, daß weder Beurlaubungen noch Entlassungen vorgenommen werden. Es wird höflich um Beachtung gebeten."[38]

Einem Schreiben des Direktors der psychiatrischen Klinik vom 12. Mai 1983 ist zu entnehmen, daß dem Psychiater in jenem Frühjahr das Maß solcher Zumutungen übervoll zu sein schien:

---

37 Zusammenfassende Wiedergabe der Antworten auf Befragungen von Psychiatern der DDR im Rahmen der Untersuchungen, vgl. Abschlußberichte der Kommissionen.
38 Briefwechsel zur Frage der Gesetzlichkeit von Anweisungen an Krankenhäuser anläßlich politischer oder gesellschaftlicher Ereignisse, in: Abschlußbericht der Kommission zur Untersuchung von Mißbrauch der Psychiatrie im sächsischen Gebiet der ehemaligen DDR, Dresden 1997, Anlage 10, S. 154–158, hier 154.

„Im Zusammenhang mit Ihrem Hinweis vom 25.3.83 in Vorbereitung auf das VII. Turn- und Sportfest, daß ab Vorbereitungsphase 7.7.83 psychiatrische Patienten nicht zu entlassen seien, möchte ich mich nochmals an Sie wenden. Jedesmal zur Messe – und nun 1983 noch weitere vier Wochen – wird diese Anforderung an uns gestellt, die im Grunde nicht erfüllbar und nicht begründbar ist. Ihre Durchsetzung würde bedeuten, daß wir 1983 etwa acht Wochen keine Patienten aufnehmen können. Abgesehen davon, daß es keinerlei gesetzliche Grundlage für eine solche Maßnahme gibt, erheben sich folgende Fragen:
– Sollen wir entlassungsfähige Patienten zwangsweise zurückhalten?
– Wir sind für die Betreuung von 110.000 Einwohnern zuständig, haben pro Woche mit zehn Zugängen (oft akut Erkrankten) zu rechnen. Wo sollen diese Patienten aufgenommen werden, wenn mangels Entlassungen keine Betten frei sind?
Ich bitte Sie um eine differenzierte Klärung der Frage mit den zuständigen Organen, ggf. Festlegungen, wer die Betreuungsaufgaben von uns übernehmen soll und Klärung, wie Ihre Weisung juristisch abgedeckt ist."[39]

Die aufgeworfenen Fragen waren rein rhetorisch, denn natürlich hätte der Kreisarzt keine nachweislich gesetzeswidrige Weisung zur zwangsweisen Zurückhaltung entlassungsfähiger Patienten und zu einer unter dem Gesichtspunkt der Patientenversorgung widersinnigen Verfahrensweise schriftlich herausgeben. Der angeschriebene Direktor für medizinische Betreuung leitete die Einwände des Psychiatriechefs Ende Mai 1983 mit der Bemerkung an den Kreisarzt weiter, daß er „für beide aufgeworfene Fragen [...] einerseits durchaus Verständnis" habe, sich „jedoch außerstande" fühle, „übergeordnete Festlegungen von mir aus zu unterlaufen."[40] Eine schriftliche Antwort des Kreisarztes ist nicht überliefert. Allerdings scheinen die kreisärztlichen „Mitteilungen" auch in den folgenden Jahren anläßlich der Leipziger Messen an die psychiatrischen Krankenhäuser ergangen zu sein, denn im Frühjahr 1989 verlangte ein Arzt der psychiatrischen Universitätsklinik in ähnlicher Weise wie sein Chef 1983 „Aufklärung" darüber. Er regte an, „die inhaltliche und formale Seite der Weisung auf ihre Rechtlichkeit hin zu überprüfen". Der stellvertretende Kreisarzt bezeichnete die Weisung in seinem Antwortschreiben als bloße „Empfehlungen an die ärztlichen Direktoren der Krankenhäuser" und betonte, daß es „immer in der Verantwortung des jeweiligen Chefarztes der Einrichtung" liege, „inwieweit auch psychiatrische Patienten entsprechend ihres Gesundheitszustandes entlassen oder beurlaubt werden dürfen." Abschließend behauptete er in Erwiderung der Bedenken des Psychiaters: „Es gibt keine Weisung, die dem geltenden Recht widerspricht und Patienten in irgendeiner Weise diskriminiert."[41]

---

39 Ebenda.
40 Ebenda, S. 155.
41 Ebenda.

Ähnliche Einwände hatten Psychiater gegen behördlich aus Anlaß politischer Großveranstaltungen geäußerte Ansinnen, psychisch auffällige, gestörte oder kranke Menschen zwangsweise in psychiatrische Krankenhäuser einzuweisen. Die Untersuchungskommissionen stellten übereinstimmend fest, daß solche etwa von der Polizei geäußerten Wünsche in der Regel – wie zu zeigen sein wird nicht immer – von ärztlicher Seite unter Hinweis auf das Einweisungsgesetz zurückgewiesen worden seien.

Im Abschlußbericht der ersten Berliner Untersuchungskommission von 1990 wird beispielsweise von einer psychisch kranken Frau berichtet, „die in der Aufmarschstraße der jährlich im Januar stattfindenden Demonstration zum Gedenken an Karl Liebknecht und Rosa Luxemburg wohnte und durch 'störendes Rufen' aus dem Fenster aufgefallen" sei und deshalb „auf Weisung eines Stadtbezirksarztes [...] für den Tag der Demonstration eingewiesen werden" sollte. Die ambulante psychiatrische Behandlungsstelle habe „den Gewissenskonflikt zwischen dem politisch motivierten Auftrag und der ärztlichen Verantwortung durch einen zeitlich ausgedehnten Hausbesuch während der Demonstration" gelöst.[42]

Es wurden jedoch auch in Ostberlin Fälle nachgewiesen, in denen es aus ähnlichen Anlässen zu normativ nicht hinreichend begründeten Zwangseinweisungen von psychisch kranken Menschen in psychiatrische Krankenhäuser kam. So ist im Abschlußbericht der 1990 dort tätigen Kommission folgender Fall einer Verletzung des DDR-Einweisungsgesetzes anläßlich der X. Weltfestspiele beschrieben:

„Der Kommission wurde ein Fall bekannt, in dem eine Frau ausdrücklich prophylaktisch über die Tage der Weltjugendfestspiele 1973 in Berlin unter sachlich unbegründeter Herbeiziehung des § 6 des Einweisungsgesetzes vorgeblich 'zum Schutz ihrer Gesundheit' stationär aufgenommen und nach elf Tagen wieder entlassen wurde. Der einweisende Facharzt begründete: 'Da sie in letzter Zeit durch lautes und aggressives Verhalten in der Öffentlichkeit auffällig geworden sei, sind wir gehalten, die Patientin zur Sicherung von Ruhe und Ordnung amtsärztlich einzuweisen.' Der stellvertretende Amtsarzt unterschrieb die Einweisung auf Anordnung. Der stationär aufnehmende Arzt bestätigte die 'prophylaktische' Aufnahme. Hier liegt ein charakteristisches Beispiel eindeutigen Mißbrauchs der Psychiatrie vor, der durch willfähriges Verhalten der beteiligten Ärzte ermöglicht wurde."[43]

Die zweite Berliner Untersuchungskommission referierte 1995 in ihrem Abschlußbericht die Patientengeschichte einer Berlinerin, die von ähnlichen Einweisungen gegen ihren Willen anläßlich „politischer Höhepunkte" in den Jahren 1972, 1975, 1976 und 1980 betroffen war. Alle vier Zwangsein-

---

42 Abschlußbericht der ersten Berliner Kommission 1990, S. 16.
43 Ebenda, S. 17.

weisungen für die Dauer von einigen Tagen bis zu sechs Wochen seien nur deshalb amtsärztlich angeordnet worden, weil die Frau Briefe an politische Funktionäre und Behörden in der DDR zu schicken oder persönlich zu übergeben pflegte, in denen sie ihre wahnhaften Vorstellungen darlegt habe. Diese mitunter etwas lästige Gewohnheit der zweifellos psychisch kranken Frau habe jedoch keine Zwangsmaßnahme gemäß § 6 des Einweisungsgesetzes gerechtfertigt, die nur zum „Schutz des Lebens oder der Gesundheit eines Kranken oder der Abwehr einer ernsten Gefahr für andere Personen oder für das Zusammenleben der Bürger" hätte angewandt werden dürfen, hier jedoch offenkundig „zu sachfremden Zwecken" erfolgt sei. Die 50. Strafkammer des Landgerichtes Berlin habe daher die Betroffene auf ihren Antrag vom 31. Oktober 1990 hin rehabilitiert und alle gegen sie ergangenen Einweisungsbeschlüsse aufgehoben.[44]

Abgesehen von solchen eindeutigen Verstößen gegen die Festlegungen des Einweisungsgesetzes der DDR hat es eine schwer auslotbare Grauzone von nicht eindeutig als richtig oder falsch benennbaren Zwangsmaßnahmen gegenüber psychisch Kranken gegeben. Die Untersuchungskommissionen wiesen darauf hin, daß das ärztliche Entscheidungsmonopol über Krankenhauseinweisungen bis zu sechs Wochen gegen den Willen des Patienten bei Vorliegen ernster Gefahr durchaus problematische Aspekte hatte. So waren die Ärzte durch den fehlenden Richtervorbehalt des DDR-Einweisungsgesetzes nicht gezwungen, ihre Überlegungen einer kritischen Überprüfung durch die konkurrierenden Kriterien einer anderen, der juristischen Berufsgruppe zu unterwerfen. Daß sie gleichzeitig therapeutische und rechtliche Entscheidungen zu treffen hatten, habe eher paternalistische Erwägungen für das (vermeintliche) Wohl des Kranken befördert, als dessen Autonomie und staatsbürgerliche Rechte in den Blick zu nehmen. Die 1990 in Ostberlin tätige Psychiatrie-Untersuchungskommission formulierte dazu folgende Einschätzung:

„Die mit der Zeit zu beobachtende zahlenmäßige Abnahme von Zwangseinweisungen wurde vereinfachend ausschließlich als positiver Effekt qualifizierter, sachverständiger Anwendung [des Einweisungsgesetzes] interpretiert. Es muß aber festgestellt werden, daß die gesetzlichen Regeln nicht immer eingehalten oder gar umgangen wurden. Freiwilligkeitserklärungen wurden durch Hinweis auf sonst notwendige Zwangseinweisung erwirkt, Entscheidungen bei Entlassungswunsch aufgeschoben, Fristen überschritten und bei Beschwerden nicht vorschriftsmäßig verfahren. Dies geschah in der Regel nicht im Sinne sozial oder politisch motivierter 'Verwahrung' von Störern, sondern entsprang einer unkritisch erweiterten Helferhaltung, ja war wohl manchmal

---

44 Vgl. Beschluß des Landgerichts Berlin, Geschäftsnummer (550 Rh) 3 Js 951/91 (1131/90) sowie Abschlußbericht der zweiten Berliner Kommission 1995, S. 12–14, veröffentlicht auch in: Dr. med. Mabuse 18 (1993) 85, S. 32 f.

sogar dem Bemühen zuzuschreiben, den Patienten 'im guten Sinne' vor juristischen Konsequenzen zu schützen. Die Kommission ist der Auffassung, daß hier unbewußte Einflüsse durch das politisch-ideologische Menschenbild der Gesellschaft (der politische oder fachliche Experte weiß am besten, was für den Bürger gut ist; der Bürger/psychisch Kranke wird später einsehen, daß Erstentscheidungen nur zu seinem Nutzen getroffen wurden) auf die ärztlich-psychiatrische Grundhaltung wirksam wurden."[45]

Insgesamt kamen alle Untersuchungskommissionen zu dem Ergebnis, daß es einen politischen Mißbrauch der Psychiatrie im Sinne der Verfolgung politisch Andersdenkender nach dem sowjetischen Modell durch polizeirechtliche Zwangseinweisungen nicht gegeben habe. In allen Abschlußberichten wurde geschildert, daß es anläßlich staatlicher Feiertage und sogenannter politischer Höhepunkte regelmäßig Weisungen von leitenden Vertretern des staatlichen Gesundheitswesens (Kreis- und Bezirksärzte) gab, die befristete Urlaubs- und Entlassungssperren für Psychiatriepatienten forderten. Die Durchsetzung solcher Weisungen sei von den Psychiatern in den Krankenhäusern in unterschiedlichem Maße be- oder mißachtet, teilweise sogar unter Hinweis auf die Unrechtmäßigkeit solcher Maßnahmen ausdrücklich abgelehnt worden. Andererseits wurden Beispiele quasi-polizeirechtlicher Psychiatrieeinweisungen im Zusammenhang mit politischen Anlässen beschrieben, bei denen die Betroffenen zwar psychisch krank, jedoch nicht selbst- oder fremdgefährdend im Sinne der in § 6 des DDR-Einweisungsgesetzes geforderten Voraussetzungen waren und die nach 1992 folgerichtig gemäß § 2 StrRehaG vom 29. Oktober 1992 rehabilitiert wurden, weil es sich um rechtsstaatswidrige Einweisungen zu sachfremden Zwecken gehandelt habe. In diesem Zusammenhang wiesen die Kommissionen darauf hin, daß es fließende Übergänge zwischen paternalistischen Entscheidungen gegenüber psychisch Kranken und einer mißbräuchlichen Anwendung psychiatrischer Kompetenz im Sinne unzulässiger Einschränkungen der Patientenautonomie gegeben habe.

### 5.2.2. Andere Publikationen über fragwürdige polizeirechtliche Einweisungen

Am 5. Dezember 1989 berichtete das frühere Mitglied des SED-Politbüros, Herbert Häber, in der Jugendsendung „Elf 99" des DDR-Fernsehens über seinen jähen Sturz im Herbst 1985.[46] Häber erklärte, er habe im Sommer

---
45 Abschlußbericht der ersten Berliner Kommission, S. 18f.
46 Herbert Häber (Jg. 1930), geboren in Zwickau/Sachsen, SED-Mitglied seit 1946, 1950–65 Mitarbeiter des ZK der SED, zuletzt als Leiter der Abteilung West, 1965–71 stellvertretender Staatssekretär für gesamtdeutsche bzw. westdeutsche Fragen, 1971–73 Direktor des Instituts für internationale Politik und Wirtschaft, 1971 Professor, 1973–85 Leiter

1985 einen Nervenzusammenbruch erlitten, den er auf Meinungsverschiedenheiten mit Erich Honecker zurückführte. Nach seiner Genesung sei ihm im September 1985 von Honecker gesagt worden, er müsse aus dem Politbüro ausscheiden und solle ein Entlassungsgesuch schreiben. Das habe er dann auch getan. Am 5. Januar 1986 habe er noch einmal mit Honecker telefonieren und über seine berufliche Zukunft sprechen wollen. Ihm sei zur Antwort gegeben worden, er solle sich noch einmal ins Ostberliner Regierungskrankenhaus begeben. Häber sagte in der Fernsehsendung weiter, er sei ahnungslos in das Krankenhaus gefahren, ihm sei Kaffee angeboten worden, und schließlich habe man ihn gebeten, über Nacht zu bleiben. Häber deutete an, daß er dort Psychopharmaka bekommen habe. Jedenfalls habe er erst von seiner Frau erfahren, daß inzwischen ein ganzes Wochenende vergangen gewesen sei. Man habe ihn dann im Regierungskrankenhaus gebeten, auf eine Trage zu steigen. Auf seine Frage, wohin es denn gehen solle, habe er die Antwort bekommen, das dürfe man ihm nicht sagen. Er sei schließlich auf die Trage gestiegen und habe sich nach einer langen Autofahrt in der Nervenklinik Bernburg, knapp 200 Kilometer südlich von Berlin im Bezirk Halle, wiedergefunden. Vom dort tätigen Chefarzt habe er erfahren, daß er als „hoffnungsloser Fall" eingeliefert worden sei. Die Ärzte in Bernburg hätten jedoch nach einigen Untersuchungen schnell festgestellt, daß dies nicht zutreffe, und hätten ihn nach kurzer Zeit wieder nach Hause entlassen. Häber stellte die Frage in den Raum, was aus ihm geworden wäre, wenn die Ärzte in Bernburg nicht so verantwortungsvoll gehandelt hätten.[47]

In den Unterlagen des früheren zentralen SED-Archivs ist eine weitere Darstellung Häbers nachzulesen. Im Spätherbst 1989, als Erich Honecker bereits entmachtet war, auch andere bis vor kurzem Mächtige in der SED abgesetzt und früher Gemaßregelte rehabilitiert wurden, hatte das Politbüro der SED Herbert Häber Gelegenheit gegeben,[48] seine „Angelegenheit" darzulegen. Er hatte dazu geschrieben:

„Im Sommer 1985 erkrankte ich [...]. Der Hintergrund war eine Reihe von Kritiken des damaligen Generalsekretärs mir gegenüber in verschiedenen Angelegenheiten. Im September suchte der mich im Krankenhaus auf, um mir mitzuteilen, daß ich aus dem Politbüro und der Funktion des Sekretärs [des ZK der SED] auszuscheiden habe. Ich hätte einen Disziplinbruch begangen.

---

der Abteilung West des ZK der SED, Mai 1984 – November 1985 Mitglied des Politbüro und Sekretär des ZK der SED, 1985–89 wissenschaftlicher Mitarbeiter des Instituts für Imperialismusforschung der Akademie für Gesellschaftswissenschaften der SED.

47 Vgl. Politpsychiatrie. Vom DDR-Politbüro in die Zwangsjacke, in: Frankfurter Rundschau vom 7.12.1989 sowie: Nach Differenzen mit Honecker in Nervenklinik eingeliefert. Früheres Politbüromitglied Herbert Häber berichtete über Vorgänge von 1986, in: Der Tagesspiegel vom 7.12.1986.
48 Herbert Häber beantragt seine Rehabilitierung, Kurzmeldung in der Berliner Zeitung vom 25.11.1989.

Die Entscheidung über mein Ausscheiden war also getroffen, bevor ich wußte, daß mir ein Vorwurf gemacht wurde."[49]

Der Disziplinbruch soll darin bestanden haben, daß er gegenüber einer Ärztin „unzulässige Äußerungen getan" hätte. Honecker habe jede nähere Erklärung abgelehnt und gesagt, „es sei entschieden". Häber sollte um seine „Abberufung aus gesundheitlichen Gründen ersuchen", er sei „ohnehin für längere Zeit krank". Häber meinte weiter, er habe keine Gelegenheit bekommen, „vor irgendeinem Parteigremium eine Stellungnahme dazu abzugeben". Zur ZK-Tagung im November 1985 habe er nicht mehr erscheinen dürfen. Er sei im Herbst 1985 im Regierungskrankenhaus „mit großen Mengen Psychopharmaka" behandelt worden, was „zu keiner Besserung, sondern [...] zur Verschlechterung" seiner Lage geführt habe. Im Dezember 1985 sei er „in konfusem Zustand" als „vorerst nicht heilbar" nach Hause entlassen worden. Später hätten ihm Ärzte gesagt, daß er „wahrscheinlich eine Art Medikamentenvergiftung" von der Psychopharmakabehandlung gehabt habe. Eine Ärztin des Regierungskrankenhauses habe ihm nachher mitgeteilt, „sie sei mit der ganzen Behandlung nicht einverstanden gewesen, habe sich aber nicht durchsetzen können." Nach Bernburg sei Häber folgendermaßen geraten:

„Statt einer von mir erbetenen und versprochenen Unterredung mit E. H. [Erich Honecker] wurde ich Anfang 1986 unter einem Vorwand ins RKH [Regierungskrankenhaus] geschickt, durfte nicht wieder weg und wurde gegen meinen Willen in das Fachkrankenhaus für Neurologie und Psychiatrie in Bernburg/Saale transportiert. Dort wurde ich in eine geschlossene Abteilung gebracht, unter Geisteskranke. Die Umstände waren schlecht, ich durfte nicht heraus und nicht telefonieren. Noch immer war ich Mitglied des ZK der SED. Vom Chefarzt dieses Krankenhauses, Dr. Reßler, der nicht der SED angehört, erfuhr ich dann, daß ich von Berlin aus als hoffnungsloser Fall angekündigt worden war. Das hätte langen oder ständigen Aufenthalt in der Nervenklinik für mich bedeutet. Durch das Verantwortungsbewußtsein dieses Arztes wurde ich aus schwierigster Situation gerettet. In wenigen Wochen stellte er mich soweit wieder her, daß ich Anfang März 1986 problemlos nach Berlin zurückkehren konnte."[50]

Aus dem ZK der SED sei Herbert Häber „von Hermann Axen in einem Gespräch von wenigen Minuten" entfernt worden. Er sei „ohne Beschluß, ohne Arbeitsvertrag, ohne Aufgabenstellung zur Akademie für Gesellschaftswissenschaften geschickt" worden. Alle seine „Bemühungen um Gespräche über

---

49 Herbert Häber: Information zu meiner Angelegenheit. 3 Seiten, Anhang zu Anlage Nr. 4 zum Protokoll Nr. 56 der Sitzung des Politbüro des ZK der SED vom 28.11.1989; SAPMO-BA, J IV 2/2/2365.
50 Ebenda.

meine Situation, um mehr Möglichkeiten der nützlichen Arbeit" mit den Verantwortlichen in der SED-Spitze seien erfolglos gewesen.

Im Westen war bereits im Herbst 1985 gerätselt worden, wie der angebliche Rücktritt von zwei Politbüromitgliedern in Ostberlin zustande gekommen war und welche politische Bedeutung der Vorgang hatte. Am Tag nach der 11. Tagung des Zentralkomitees (ZK) der SED, die am 22. November 1985 stattgefunden hatte, war bekanntgegeben worden, daß das ZK „der Bitte der Genossen Herbert Häber und Konrad Naumann" entsprochen habe, „sie aus gesundheitlichen Gründen von den Funktionen eines Mitgliedes des Politbüros und Sekretärs des Zentralkomitees zu entbinden". Man vermutete, daß diese bemerkenswerten „kaderpolitischen Beschlüsse des 11. ZK-Plenums" eine Folge parteiinterner Machtkämpfe um die Ausrichtung der Deutschland- und Westpolitik der DDR waren.[51] Es wurde angenommen, Konrad Naumann und Herbert Häber seien gestürzt worden, weil sie eine zu kritische Haltung zu Honeckers Politik des innerdeutschen Dialogs eingenommen hätten.[52] Herbert Häber war erst beim 8. ZK-Plenum im Mai 1984 zum Mitglied des Politbüros und gleichzeitig zum Sekretär des ZK der SED aufgestiegen, nachdem die Deutschlandpolitik bereits jahrzehntelang sein Arbeitsgebiet im ZK gewesen war. Seine Funktionsentbindung im November 1985 allein „aus gesundheitlichen Gründen" jedenfalls sei allgemein nicht geglaubt worden, obwohl „außer Zweifel" gestanden habe, „daß er tatsächlich erkrankt ist – wenn auch die einen von einer schweren Herzinsuffizienz, die anderen von Krebs" hätten wissen wollen.[53]

Im aktuellen biographischen Handbuch zur DDR-Geschichte steht nur, Herbert Häber sei 1985 „aus gesundheitlichen Gründen aus allen Funktionen ausgeschieden" und „im Regierungskrankenhaus Bernburg" behandelt worden.[54] Bei der Bernburger Einrichtung, in die Häber gebracht wurde, handelte es sich nach Auskunft des heutigen Leiters des Fachkrankenhauses Bernburg um eine kleine psychiatrische Außenstelle des Regierungskrankenhauses, die Ende der sechziger, Anfang der siebziger Jahre im dortigen Fachkrankenhaus für Psychiatrie und Neurologie eingerichtet worden war. Dort seien nicht Regierungsmitglieder, sondern eher deren Angehörige sowie nachrangige Funktionäre, Künstler und andere DDR-Prominente behandelt bzw. gepflegt worden. Man hatte diese psychiatrische Station wohl deshalb außerhalb Berlins eingerichtet, um psychisch erkrankte Prominente bzw. deren Angehörige aus der hauptstädtischen Öffentlichkeit in eine länd-

---

51 Kommuniqué der 11. Tagung des ZK der SED, in: Neues Deutschland vom 23.11.1985. Zitiert nach: Karl Wilhelm Fricke: Naumanns Sturz – ein Sieg für Krenz. Die kaderpolitischen Beschlüsse des 11. ZK-Plenums, in: Deutschland Archiv 12 (1985), S. 1251–1253, hier 1251.
52 Vgl. auch Johannes Kuppe: Marschroute zum XI. Parteitag festgelegt. Politische Aspekte des 11. ZK-Plenums, in: Deutschland Archiv 1 (1986), S. 1–6.
53 Fricke: Naumanns Sturz, S. 1252.
54 Wer war wer in der DDR? Ein biographisches Handbuch, hrsg. von Bernd-Rainer Barth, Christoph Links, Helmut Müller-Enbergs und Jan Wielgohs, Frankfurt/Main 1995, S. 264.

lich ruhige Umgebung bringen zu können. Die offen geführte Station, die über zwölf Betten in kleinen 2-Bett-Zimmern verfügte, sei im regulären Krankenhausbetrieb unter Regie des ärztlichen Direktors sowie nachts und an Feiertagen vom allgemeinen ärztlichen Bereitschaftsdienst des Krankenhauses mitversorgt worden, also kein besonders abgeschirmter Bereich gewesen.[55] In dieser auch als „Veteranenstation" bezeichneten kleinen Abteilung also verbrachte Herbert Häber Anfang des Jahres 1986 einige Wochen, fühlte sich anfangs dorthin zwangsverfrachtet und abgeschnitten von der Außenwelt, dann jedoch gut behandelt, so daß er Anfang März 1986 in einem wiederhergestellten Gesundheitszustand nach Ostberlin zurückkehren konnte.

Am 1. Februar 1990 gab der Generalstaatsanwalt der DDR bekannt, daß die medizinische Behandlung Häbers 1986 in Bernburg rechtmäßig gewesen sei:

„Zur Klärung der Umstände, die zur stationären psychiatrischen Betreuung des früheren Politbüromitglieds des damaligen ZK der SED Herbert Häber führten, hat der Generalstaatsanwalt am Donnerstag [1. Februar 1990] mitgeteilt: Die jetzt vorliegende Stellungnahme der Zentralstelle für ärztliches Begutachtungswesen zu den Krankenunterlagen des Patienten Häber bestätigen eindeutig die Ordnungsmäßigkeit der ärztlichen Maßnahmen in bezug auf die Verlegung nach Bernburg, wofür eine medizinisch begründete Notwendigkeit bestand. Nach Lage der Dinge stehe fest, daß Unterbringung und Behandlung in Bernburg nicht gegen seinen Willen erfolgten. Es liege weder ein Straftatverdacht noch eine sonstige Rechtsverletzung vor. Dem entgegenstehende Äußerungen beziehungsweise Andeutungen entbehren jeder Grundlage."[56]

Die subjektiven Erinnerungen des Betroffenen wichen zumindest 1989 in dem Punkt von der Aktenlage ab, wie es zur Verlegung nach Bernburg gekommen war. In einem Mitte 1997 veröffentlichten Interview erklärte Häber aus der Distanz noch einmal die politischen Hintergründe seiner Ablösung im Jahre 1985. Er habe zunächst mit Honecker zusammen das Konzept einer schrittweisen Annäherung der DDR an die Bundesrepublik vertreten, in Honeckers Auftrag diplomatische Verhandlungen mit westlichen Politikern geführt und 1983 in einem Brief an Bundeskanzler Helmut Kohl zum ersten Mal den Begriff „Koalition der Vernunft" eingebracht, den dieser dann aufgegriffen habe. Dann sei Honecker nach Moskau gereist, um sich dort die neue Deutschlandpolitik und eine geplante Reise in die Bundesrepublik absegnen zu lassen. Honecker habe in Moskau eine schwere Niederlage erlitten, das Konzept der schrittweisen Annäherung der beiden deutschen Staaten sei von den Russen abgelehnt und die geplante Westreise untersagt

---

55 Mitteilung von Dr. med. Alwin Fürle, dem heutigen ärztlichen Leiter des Fachkrankenhauses Bernburg.
56 Medizinische Behandlung Häbers rechtmäßig, ADN-Meldung in: Neues Deutschland vom 2.2.1990.

worden. Das habe Häbers Position in Frage gestellt, bis er schließlich als eine Art Bauernopfer aus der SED-Führung entfernt worden sei. Auf die Frage des Interviewers, ob er damals wirklich krank oder dies nur ein „vorgeschobener Grund" für seinen „angeblichen Rücktritt" gewesen sei, antwortete Häber kurz und bündig: „Beides stimmt. Ich war krank, und es war ein vorgeschobener Grund."[57]

Zusammenfassend kann festgestellt werden, daß Erich Honecker 1985 den angegriffenen Gesundheitszustand Herbert Häbers ausnutzte, um ihn als politisch unbequem gewordenen Genossen aus der SED-Machtzentrale zu entfernen. Inwiefern Honecker Einfluß auf die medizinische Behandlung Häbers und insbesondere auf die Verlegung des Patienten von Ostberlin nach Bernburg nahm, bleibt unklar. Es ist nicht auszuschließen, daß Honecker verlangte, Häber in eine Außenstelle des Regierungskrankenhauses außerhalb Berlins zu bringen. Die Verlegung Häbers nach Bernburg könnte jedoch auch aus therapeutischen Erwägungen erfolgt sein, den nach seiner politischen Degradierung nervlich angegriffenen Patienten aus dem Schußfeld zu bringen. Allerdings spricht nach Darstellung des Betroffenen einiges dafür, daß der verantwortliche Psychiater des Regierungskrankenhauses in Ostberlin zumindest nicht frei von politischem Druck entschieden und sich auch nicht ganz korrekt verhalten hat. So wurde der Patient seinen Angaben zufolge nicht darüber aufgeklärt, wohin man ihn bringen würde, und wurde in Bernburg als „hoffnungsloser Fall" angekündigt, was beides antitherapeutisch gewirkt haben muß. Sollte Erich Honecker die Absicht gehabt haben, die Psychiatrie in Bernburg zu mißbrauchen, um Häber langfristig loszuwerden, so wurde dies allerdings durch die sachgerechte ärztliche Behandlung im psychiatrischen Fachkrankenhaus Bernburg vereitelt. Seiner eigenen Darstellung nach wurde Herbert Häber dort nicht zu seinem Nachteil zwangsbehandelt, sondern im Gegenteil gesundheitlich wiederhergestellt und nach seiner Genesung nach Hause entlassen. Es kam zu keinem politischen Mißbrauch der Psychiatrie.

Als eines der Gegenbeispiele zur Aussage der Untersuchungskommissionen, es habe keinen systematischen Psychiatriemißbrauch in der DDR gegeben, wurde in dem bereits zitierten Rundbrief 1/97 der Deutschen Vereinigung gegen politischen Mißbrauch der Psychiatrie e.V. in München der „Fall Noll" genannt:

„'Chaim Noll, geboren 1954 in Berlin, entstammt einer deutsch-jüdischen Familie und ist aufgewachsen im Milieu der DDR-Nomenklatura. 1980 Wehrdienstverweigerung, daraufhin Einweisung in psychiatrische Kliniken. 1984 Ausreise nach Westberlin. Seither freier Schriftsteller. Lebt in Jerusalem, Rom und Berlin. Zahlreiche Veröffentlichungen im In- und Ausland...'

---

57 Vgl. „Man muß sich nicht schämen". Herbert Häber im Gespräch mit Peter Pragal, in: Berliner Zeitung vom 14./15.6.1997.

So der redaktionelle Vorspann zu einem Beitrag Nolls in der Zeitschrift 'Mut' vom Dezember 1995. Wie viele Opfer politischen Psychiatriemißbrauchs gibt es wohl, von denen wir nie oder allenfalls zufällig erfahren werden?"[58]

In einem 1992 erschienenen Essay unter dem Titel „Nachtgedanken über Deutschland" schildert Chaim Noll neben allgemeinen Betrachtungen auch eigene Erlebnisse. Zu seiner Wehrdienstverweigerung meinte der Autor, er habe sich außerstande gefühlt zum „Dienst mit der Waffe" in der ostdeutschen Armee. Schon weil ihn die Uniform zu sehr an die der Wehrmacht erinnerte, habe er es abgelehnt, sie anzuziehen:

„Die Genossen, die das ganz selbstverständlich von mir erwarteten, verstanden meine Ablehnung nicht. Als ich dabei blieb, unter fadenscheinigen Gründen, aber unerbittlich, als ich aufhörte zu essen und in einen Hungerstreik trat, um meine Untauglichkeit durch Krankheit herbeizuführen, wurde aus dem Unverständnis Verärgerung, unverhohlen und drohend. Mein Nicht-Mitmachen-Wollen war Widerstand gegen ihren Staat, den ich zu lieben hatte mehr als alles auf der Welt. Um einen offenen Skandal zu vermeiden, einigte man sich schließlich darauf, daß ich geistesgestört sein müsse. Dieses Urteil ersparte mir eine Gefängnishaft. [...] Außerdem besaßen psychiatrische Kliniken, in die ich eingewiesen wurde, gegenüber Gefängnissen den Vorteil, daß die Insassen lesen durften."[59]

Das darauffolgende Kapitel leitet Noll mit der Feststellung ein, er habe den Mißbrauch der Psychiatrie kennengelernt. Seine weiteren Ausführungen dazu enthalten in allgemeiner Form schwere Anschuldigungen gegen die DDR-Psychiatrie:

„Wieder gibt es eine deutsche Tradition: das Experimentieren mit Wehrlosen, die Euthanasie-Konzepte der Nazi-Zeit, das Ausschalten, Isolieren, schließlich das Töten Kranker unter dem Vorwand ihrer 'Minderwertigkeit'. [...] In den siebziger Jahren berichteten Bukowski und andere vom Mißbrauch der Psychiatrie in der Sowjetunion. Jedes Andersfühlen, Anderssein, jedes Abweichen von der verordneten 'Normalität' war Vorwand für die Übergriffe von Medizinern. Daß auch in der ehemaligen DDR mit seelisch Kranken experimentiert und herumlaboriert wurde – wen sollte es überraschen?"[60]

Das Kaliber der Vorwürfe Nolls entspricht den von Ernst Klee formulierten Anschuldigungen gegen die deutschen Psychiater in „Irrsinn Ost Irrsinn West", auf die bereits ausführlich eingegangen wurde. Nolls Darstellung sei-

---

58 „Kein systematischer Mißbrauch? Der Fall Noll", in: Rundbrief 1/97 der DVpMP, S. 10.
59 Chaim Noll: Nachtgedanken über Deutschland, Reinbek 1992, S. 33 f.
60 Ebenda, S. 35 f. und 38 f.

ner konkreten Psychiatrieerfahrungen in der DDR steht dazu in einem auffälligen Gegensatz:

„Verschiedene Anstalten, in denen ich mich aufhalten mußte, verschiedene Patienten, verschiedene Ärzte. Gemeinsam war uns allen, daß wir unter einem unhaltbaren Zustand litten, unter dem Nicht-hinaus-Können, der Enge, der Aussichtslosigkeit. [...] Wir spürten alle, [...] daß unser Aufenthalt in den geschlossenen Häusern eine soziale Ursache hatte. Die Frage war nur, ob wir sie akzeptierten oder nicht. Das schied uns, nicht in Ärzte und Patienten, sondern in Gegner und Anhänger dieses Staates. [...]
Als ich meinen Weg durch jene Kliniken antrat, war ich ein ahnungsloses Kind der Nomenklatura, mit angeschlagenem Vertrauen zwar in die militärischen Einrichtungen, [...] auch grundsätzlich abgeneigt, mich einer Armee, deren Charakter ich für unmenschlich hielt, zur Verfügung zu stellen, aber noch lange nicht im Bild über den Zustand des Hinterlandes. Ich ahnte nicht, daß Millionen in diesem Staat litten bis zur Krankheit. Ich lernte den Menschenschrott eines Regimes kennen, das ich bislang als solches nicht in Frage gestellt hatte."[61]

Noll spricht von seinen Mitpatienten nicht nur als von „Menschenschrott", einzelne schildert er freundlicher, die meisten seien „einfach Opfer" gewesen. Er berichtet beispielsweise über einen Oberst der Staatssicherheit, der wegen eines Schreibkrampfes in einer Leipziger Klinik war und den er dort kennengelernt habe, oder über einen durch Wohnraumnot alkoholabhängig gewordenen Mann, der seine aggressiven Ausbrüche gegen die wehrlose Familie gerichtet habe. Die Ärzte hätten „den Schrott wieder zusammenflikken" und die Konflikte durch zudeckende Therapie annehmbar machen sollen, was meistens nicht viel geholfen hätte. Andererseits sei ihm „eine Reihe flotter junger Mediziner mit modischem Haarschnitt" begegnet, die ihm in den Therapiegesprächen wie in einem Verhör zugesetzt hätten. Es habe manche Ärzte und Krankenschwestern gegeben, denen gegenüber Vorsicht geboten gewesen sei.[62] Ob dieses Mißtrauen konkret gerechtfertigt war, bleibt offen. Der Ort „Nervenklinik" sei ihm als symbolisches „Außerhalb aller Möglichkeiten" erschienen, „außerhalb von links und rechts, fortschrittlich, reaktionär und so weiter, einfach als ein menschlicher oder unmenschlicher Ort".[63] Er habe „zu den Glücklichen" gehört, „die nicht unter Psychopharmaka gesetzt wurden", vielleicht „aus Respekt vor meiner Funktionärsverwandtschaft".[64]

Nolls Schilderung seiner Erfahrungen innerhalb psychiatrischer Kliniken der DDR enthält keinen Beleg für politische Verfolgungsmaßnahmen. In

---

61 Ebenda, S. 36 und 38.
62 Ebenda, S. 37 f.
63 Ebenda, S. 56 f.
64 Ebenda, S. 57 f.

seiner Darstellung bleibt offen, ob er nach Wehrdienstverweigerung und Hungerstreik in die Psychiatrie zwangseingewiesen wurde oder ob er, als er sich vor die Alternative Wehrdienst oder Gefängnis gestellt sah, die Nervenklinik als Zufluchtsort betrachtet hat, mit dem „Vorteil, daß die Insassen lesen durften"[65]. Auf die Frage, ob und was sich dazu in den MfS-Unterlagen finden läßt, soll später eingegangen werden.

Ein anderer der vier in dem Rundbrief des Münchner Vereins als politischer Psychiatriemißbrauch bezeichneten Fälle bezieht sich auf zwei polizeirechtliche Psychiatrieeinweisungen in der DDR. Der von den Einweisungen Betroffene ist Facharzt für innere Medizin und heute als niedergelassener Arzt in Auerbach im Vogtland tätig. Er berichtete, daß er 1986 und 1989 „gewaltsam in psychiatrische Einrichtungen eingewiesen" worden ist und 1994 deshalb rehabilitiert wurde. Der Staatssicherheitsdienst habe ihn in einer „Operativen Personenkontrolle" bearbeitet. Die SED und die Stasi hätten Maßnahmen gegen ihn ergriffen, weil er in der zweiten Hälfte der achtziger Jahre – damals selbst noch Mitglied der SED – die SED-Kreisleitung in seinem Wohnkreis deutlich kritisiert habe. So habe er unter anderem gesagt, daß er den damaligen 1. Sekretär der SED-Kreisleitung nicht für fähig halte, diesen Kreis zu leiten. Die damaligen Machthaber haben insbesondere seine Hartnäckigkeit und seine Anerkennung als wissenschaftlicher Leiter der Arbeitsgruppe „Mikrofilmtechnik in der Medizin" gestört. Beide psychiatrische Einweisungen seien in unmittelbarem zeitlichen Zusammenhang mit zwei Auslandsreisen zum Erfahrungsaustausch dieser Arbeitsgruppe 1986 in die damalige Volksrepublik Ungarn und 1989 als Ehrengast zu einem Symposium nach Prag erfolgt.[66]

Im Rehabilitierungsbeschluß des Landgerichts Chemnitz vom 29. Dezember 1994, den der Rehabilitierte der Autorin zur Verfügung stellte, wurde „festgestellt, daß die beiden durch den Kreisarzt von Auerbach getroffenen Einweisungen" in eine psychiatrische Einrichtung vom 13. November 1986 und vom 1. März 1989 gemäß § 6 des DDR-Einweisungsgesetzes „zu sachfremden Zwecken erfolgt" seien und daß sich Dr. Eckstein „zu Unrecht in der Zeit vom 13. November 1986 bis 10. Dezember 1986 und vom 1. März 1989 bis 6. März 1989 in einer psychiatrischen Anstalt befunden" habe.[67]

Der Kreisarzt von Auerbach hatte am 13. November 1986 die befristete Einweisung des ärztlichen Kollegen gemäß § 6 Einweisungsgesetz in das Bezirksfachkrankenhaus Rodewisch mit der Begründung angeordnet, dieser leide an einer psychischen Erkrankung im Sinne von § 1 des Einweisungsgesetzes. „Seit Beginn seiner Tätigkeit habe es zwischen den Leitungen des staatlichen Gesundheitswesens und ihm dienstliche Auseinandersetzungen gegeben, die sich im Jahre 1986 so zugespitzt hätten, daß weiterführende

---

65 Ebenda, S. 34.
66 Vgl. „Der Fall Dr. Eckstein", in: Rundbrief 1/97 der DVpMP, S. 9 f.
67 Beschluß und Begründung der 1. Rehabilitierungskammer beim Landgericht Chemnitz vom 29.12 1994, Az BSRH 2 223/90, StA 810 AR-R 2503/91, 15 Seiten.

Disziplinarmaßnahmen unumgänglich gewesen seien. Diese hätten jedoch nicht zum Erfolg geführt, weshalb die Suspendierung" des Arztes „aus dem Dienst habe erfolgen müssen." Der Bezirksarzt habe angewiesen, daß sich Dr. Eckstein bis zum 18. November 1986 freiwillig zur Begutachtung beim ärztlichen Direktor des Bezirksfachkrankenhauses in Rodewisch vorstellen müsse, andernfalls ihm die Aberkennung der Approbation drohe. Am 13. November 1986 habe der ärztliche Vorgesetzte Dr. Eckstein aufgesucht und versucht, ihn von einer sofortigen stationären Behandlung in Rodewisch zu überzeugen. Der Arzt sei jedoch nicht freiwillig mitgegangen und habe „keinerlei Krankheitseinsicht" gezeigt, vielmehr „massive Gegenwehr geleistet", als die kreisärztliche Einweisungsanordnung schließlich gewaltsam vollzogen worden sei. Der Kreisarzt stellte die Verdachtsdiagnose einer akuten Psychose, die eine „sofortige Einweisung aus ärztlicher Sicht zwingend notwendig" machen würde.

Aus dem Bezirksfachkrankenhaus für Psychiatrie und Neurologie Rodewisch sei Dr. Eckstein am 2. Dezember 1986, also zwei Wochen nach seiner Einweisung, nach Ostberlin in das Wilhelm-Griesinger-Krankenhaus verlegt worden. Dort sei er vom 10. Dezember an freiwillig geblieben und am 11. Dezember 1986 nach Hause entlassen worden.[68] Die Verlegung war nach brieflicher Mitteilung des Betroffenen auf Anweisung der Abteilung Gesundheitspolitik des Zentralkomitees der SED zustande gekommen. Dr. Eckstein hatte sich mit einer Eingabe an den Leiter der ZK-Abteilung, Professor Karl Seidel, gewandt, weil er wußte, daß dieser ein angesehener Psychiater war. Da sich Dr. Eckstein in Auerbach ungerecht behandelt, von seinen Konfliktgegnern in die Enge getrieben und zu Unrecht gewaltsam in die Psychiatrie verfrachtet fühlte, erklärte er seine Bereitschaft, sich von Professor Seidel psychiatrisch untersuchen zu lassen. Dabei ging er davon aus, daß Professor Seidel ihn unvoreingenommen begutachten und ihm zu seinem Recht verhelfen würde. Genau das geschah. Professor Seidel begutachtete Dr. Eckstein zwar nicht selbst, ordnete aber eine Begutachtung im Wilhelm-Griesinger-Krankenhaus Berlin an.[69]

Der dortige Gutachter, ein Chefarzt des Krankenhauses, stellte mit Schreiben vom 8. Dezember 1986 fest, daß es sich bei dem Patienten „um eine erheblich akzentuierte Persönlichkeit im Sinne des Übernachhaltigen (Leonhard) handelt und demonstrative und hyperthyme Züge das Bild komplettieren" würden. „Eine (paranoide) Entwicklung von Psychosewert" habe jedoch „nicht stattgefunden" und „für eine endogene Psychose ergibt sich kein Anhalt. Wir schätzen ein, daß der Patient auch für die aus der wesensbedingten Art der Auseinandersetzungen mit den Vorgesetzten und anderen in der Lage ist, sich voll zu verantworten."[70] Diese Feststellung widersprach

---

68 Begründung zum Rehabilitierungsbeschluß vom 29.12.1994, ebenda.
69 Fernmündliche und schriftliche Mitteilungen von Dr. Eckstein an die Autorin 1998.
70 Begründung zum Rehabilitierungsbeschluß vom 29.12.1994, S. 5.

nicht nur der Einweisungsdiagnose des Auerbacher Kreisarztes nach Rodewisch, sondern auch der Notwendigkeit und Berechtigung einer psychiatrischen Zwangseinweisung überhaupt.

Das Rehabilitierungsgericht ging davon aus, daß die unzutreffende Verdachtsdiagnose einer akuten Psychose vom Kreisarzt „bewußt aufgrund unrichtiger Einschätzung des Sachverhalts gestellt" worden sei. Zwar sei davon auszugehen, „daß der Antragsteller sich mit seinen Dienstvorgesetzten, wohl wegen einer Auslandreise nach Ungarn, im Streit befunden und sich deshalb an alle möglichen Stellen gewandt hatte. Möglicherweise" habe „diese Auseinandersetzung auch Züge des Rechthaberischen und leicht Querulatorischen erhalten". Dr. Eckstein habe selbst angegeben, „die Auseinandersetzung bewußt eskaliert zu haben". Die im Eifer des Gefechts von Dr. Eckstein ausgesprochenen Drohungen hatten nach Einschätzung der Rehabilitierungsrichter jedoch keinen so ernstzunehmenden Charakter, daß sie eine psychiatrische Zwangseinweisung gerechtfertigt hätten. Vielmehr sei aus ihnen hervorgegangen, daß Dr. Eckstein weiterhin bei allen möglichen Instanzen bis hinauf zum Zentralkomitee der SED versuchen wollte, sein Recht zu bekommen. Die Drohungen, keine Ruhe zu geben und möglichst viel Aufsehen zu erregen seien nicht konkret genug gewesen, um eine akute Selbst- oder Fremdgefährdung zu begründen, wie sie gesetzlich als Voraussetzung für die Anwendung von § 6 des DDR-Einweisungsgesetzes gefordert wurde. Die Kammer gelangte zu „der Überzeugung, daß bereits die erste Einweisung des Antragstellers aus sachfremden Überlegungen heraus erfolgt ist, um einen unbequemen Untergebenen auszuschalten und zur Ruhe zu bringen, zumal der Antragsteller bereit war, sich – aus verständlichen Gründen – außerhalb des heimischen Bezirks freiwillig untersuchen zu lassen."[71]

Das gleiche gelte erst recht für die zweite Zwangseinweisung 1989. Der Chemnitzer Bezirksarzt hatte Dr. Eckstein mit Schreiben vom 23. Februar 1989 empfohlen, sich in psychiatrische Behandlung in das Wilhelm-Griesinger-Krankenhaus in Berlin zu begeben, andernfalls werde er den Kreisarzt anweisen, eine Einweisung gemäß § 6 Einweisungsgesetz zu veranlassen. Das Schreiben sei der Ehefrau Eckstein am Mittag des 27. Februar ausgehändigt und eine 24-Stunden-Frist gesetzt worden. Am 1. März 1989 wurde Dr. Eckstein vom Kreisarzt in das Bezirksfachkrankenhaus für Psychiatrie und Neurologie eingewiesen. Bereits aus dem Aufnahmebericht der Bezirksnervenklinik Rodewisch gehe hervor, daß keine psychische Erkrankung vorliege. Am Tag darauf wurde Dr. Eckstein von dort nach Berlin in das Wilhelm Griesinger-Krankenhaus verlegt. Spätestens am 6. März habe sich der Patient bereit erklärt, bis zum Abschluß der Untersuchungen freiwillig im Wilhelm-Griesinger-Krankenhaus zu verbleiben. In einem Gutachten der Berliner Klinik vom 27. März 1989 wurde festgestellt, daß eine psychische

---

71 Ebenda, S. 8–10.

Erkrankung bei Dr. Eckstein nicht vorliege, im übrigen sei die diagnostische Einschätzung aus dem Jahre 1986 bestätigt worden.[72] Die Gutachter hielten es für wesentlich, daß Dr. Eckstein „aufgrund seiner intellektuellen Ausstattung, seines Kritik- und Urteilsvermögens, seiner Persönlichkeit – bezogen auf sonstige psychische Funktionen – in der Lage ist, sich zu steuern und entsprechend der auch bei ihm gut verinnerlichten Normen gesellschaftlichen Zusammenlebens zu verhalten. Daher" seien „unangemessene Verhaltensweisen im Umgang mit Mitarbeitern wie ihm anvertrauten Patienten einzig und allein, wenn sie auftreten, disziplinarisch zu ahnden."[73] Der sachfremde Zweck auch der zweiten Zwangseinweisung Dr. Ecksteins habe eben darin bestanden, so faßte die Rehabilitierungskammer zusammen, „daß der Bezirks- und Kreisarzt anstelle mit den Mitteln des Dienstrechts bzw. des Disziplinarrechts, sofern die Voraussetzungen hierfür überhaupt vorlagen, den Weg der Einweisung in die psychiatrische Anstalt gewählt hatten, um den Antragsteller zu disziplinieren."[74]

Politische Verfolgung durch die SED oder den Staatssicherheitsdienst werden in dem Rehabilitierungsurteil nicht erwähnt. Die Richter folgten dem Antrag auf Rehabilitierung, weil beide Zwangseinweisungen Dr. Ecksteins gegen das Gesetz über die Einweisung in stationäre Einrichtungen für psychisch Kranke vom 11. Juni 1968 der DDR verstießen. Beide Male war es nicht um den „Schutz von Leben oder Gesundheit" eines psychisch Kranken und auch nicht um „die Abwehr einer ernsten Gefahr für andere Personen oder für das Zusammenleben der Bürger" gegangen, sondern um den sachfremden Zweck der Disziplinierung eines unbequemen Mitarbeiters. Insofern handelte es sich um einen eindeutigen Gesetzesverstoß, um einen Amtsmißbrauch der kreisärztlichen Befugnis zur Zwangseinweisung und zumindest 1986 wohl auch um einen Mißbrauch des psychiatrischen Krankenhauses Rodewisch.

Über die Frage, ob es sich bei den beiden unrechtmäßigen Psychiatrieeinweisungen um Belege für einen systematischen politischen Psychiatriemißbrauch in der DDR handelte, gibt es unterschiedliche Auffassungen, die eng verknüpft sind mit der jeweiligen Begriffsdefinition. Der Betroffene teilte der Autorin mit, daß aus seiner Sicht beide Einweisungen eindeutig politisch determiniert gewesen seien. Sie seien zwar nicht vom Staatssicherheitsdienst, aber von der SED-Kreisleitung Auerbach verursacht gewesen. Die zeitliche Abfolge sei so gewesen, daß er zuerst die Kreisleitung seiner Partei politisch angegriffen habe und danach arbeitsrechtliche Konflikte, die es in Wirklichkeit gar nicht gegeben habe, als vorgeschobener Grund für die kreisärztlich verfügte Zwangseinweisung herangezogen bzw. erfunden worden wären. So habe Dr. Eckstein noch im Dezember 1988 zum Tag des Ge-

---

72 Ebenda, S. 6.
73 Ebenda, S. 10.
74 Ebenda, S. 11.

sundheitswesens eine kleine Belobigung wegen guter Zusammenarbeit mit den von ihm medizinisch betreuten Altenheimen erhalten, was dafür spricht, daß er seine ärztlichen Arbeitsaufgaben zur Zufriedenheit erfüllte. Nachdem er im Januar 1989 seine massive Kritik an der SED-Kreisleitung beim ZK der SED in Ostberlin abgegeben habe, sei zehn Tage später die Parteikontrollkommission in Auerbach aktiv geworden. Deren Vorsitzender habe Gespräche mit dem unmittelbaren Dienstvorgesetzten von Dr. Eckstein, mit dem Kreisarzt, mit Vertretern der Gewerkschaft und anderen Personen aus dem Arbeitsbereich geführt. Mitte Februar 1989 seien Dr. Eckstein der geplante Ausschluß aus der SED und arbeitsrechtliche Strafen angedroht worden. Ende Februar habe er den von ihm gewünschten Gesprächstermin im ZK der SED erhalten, das Gespräch sei jedoch erfolglos verlaufen. Der Kreisarzt von Auerbach habe Dr. Eckstein ein Schreiben mit der Unterschrift des Chemnitzer Bezirksarztes übermittelt, in dem ihm die Suspendierung vom Dienst mitgeteilt und die psychiatrische Zwangseinweisung angedroht wurde. Daraufhin hätten Frau Eckstein und zwei Freunde der Familie noch einmal im ZK der SED und im Ostberliner Gesundheitsministerium vorgesprochen und eine Rücknahme der Anordnungen des Bezirksarztes erreicht. Bei der Rückkehr in den Kreis Auerbach am 1. März 1989 sei Dr. Eckstein jedoch mit Polizeigewalt einschließlich eines ernsthaft angedrohten Schußwaffengebrauches in die Bezirksnervenklinik Rodewisch gebracht und am nächsten Morgen in das Wilhelm-Griesinger-Krankenhaus Berlin verlegt worden. Später habe er erfahren, daß der polizeiliche Einsatzbefehl gegen ihn im Kreis Auerbach auf die „Verhinderung von möglichem gefährlichem Grenzdurchbruch in Richtung BRD" gelautet habe. Unmittelbar nach seiner Rückkehr von der Begutachtung in Berlin nach Auerbach sei er fristlos entlassen worden. Die für die Dienstentlassung angeführten Gründe seien unzutreffend gewesen, „von leichter Verdrehung der Tatsachen bis hin zur freien Erfindung von Beschuldigungen". Im Dezember 1990 habe er den von ihm angestrengten Arbeitsrechtsprozeß gewonnen und sei wiedereingestellt worden. Dr. Eckstein bewertet das gesamte Vorgehen gegen ihn im Kreis Auerbach als Ausdruck des Machtmißbrauches der regionalen politischen Führung. Der erste Sekretär der SED-Kreisleitung sei eine autoritäre Leitungspersönlichkeit gewesen, der sich nach eigener Aussage auch über Entscheidungen ihm übergeordneter Parteigremien hinweggesetzt habe. Er und andere Amtsträger hätten im Kreis Auerbach wie absolutistische Fürsten geherrscht. Daher seien ihnen Beschwerden bei übergeordneten Dienststellen ein Dorn im Auge gewesen und sie seien mit ihrer ganzen Machtfülle gegen Kritiker vorgegangen.[75]

Nach den Mitteilungen des Betroffenen kommt die Autorin zu dem über die Feststellungen der Rehabilitierungsrichter hinausgehenden Schluß, daß die gegen Dr. Eckstein verfügten Zwangseinweisungen in die Bezirksner-

---

75 Schriftliche und fernmündliche Mitteilungen von Dr. Eckstein an die Autorin 1998.

venklinik Rodewisch auf einem Amtsmißbrauch der politischen Machthaber im Kreis Auerbach beruhten, die eine Disziplinierung des Betroffenen zum Ziel hatten. Da die Einweisungsverfügungen mit den Mitteln der örtlichen Staatsgewalt durchgesetzt wurden und 1986 zu einem fast vierwöchigen sowie 1989 zu einem fast einwöchigen Zwangsaufenthalt in der Psychiatrie führten, handelt es sich in diesem Fall um zwei zumindest teilweise gelungene Versuche politischen Psychiatriemißbrauchs durch Provinzpotentaten im Bezirk Chemnitz. Allerdings spricht der weitere Verlauf nach den Zwangseinweisungen gegen die Hypothese eines systematischen Mißbrauchs der Psychiatrie in der DDR. Es ist festzustellen, daß korrigierende Mechanismen innerhalb der DDR-Psychiatrie griffen und Dr. Eckstein zu seinem Recht verhalfen. Das geschehene Unrecht ist nicht etwa in der Partei oder in der Hierarchie des staatlichen Gesundheitswesens von oben nach unten „durchgestellt" worden. Vielmehr wurde von höchster Parteistelle, an die sich der Betroffene selbst als SED-Mitglied und im Vertrauen auf Hilfe gewandt hatte, tatsächlich zu seinen Gunsten eingegriffen. Es wurden hinsichtlich der Machtkämpfe im Kreis Auerbach neutrale Fachvertreter in der wissenschaftlich führenden psychiatrischen Zentralklinik der DDR beauftragt, die das Vorliegen einer psychischen Krankheit verneinten und auf deren Gutachten sich die 1994 erfolgte Rehabilitierung stützt.

## 5.3. Polizeirechtliche Psychiatrieeinweisungen nach den MfS-Unterlagen

### 5.3.1. Suchweg über Opferakten

Im Gegensatz zu den Klagen prominenter Bürgerrechtler über Fälle politisch mißbräuchlicher Psychiatrieeinweisungen psychisch gesunder Dissidenten in der Sowjetunion ist solch ein Vorwurf von bekannten Vertretern der 1989er Bürgerbewegung der DDR nicht erhoben worden. Bis jetzt, neun Jahre nach dem gesellschaftspolitischen Umbruch in der DDR und mehr als sechs Jahre nach Öffnung der MfS-Akten für die persönliche Einsichtnahme der Betroffenen, hat kein Mitglied einer Bürgerrechtsgruppe beklagt, daß er oder sie in der DDR Opfer einer Zwangspsychiatrisierung zum Zweck politischer Verfolgung geworden sei.

In zwei Fällen hatten frühere Studentenpfarrer bei ihrer Einsichtnahme in die von MfS-Kreisdienststellen über sie geführten Operativen Vorgänge (OV) neben den sie betreffenden ärztlichen Schweigepflichtverletzungen immerhin feststellen müssen, daß ihre Verfolger sich in besonderer Weise für ihre psychotherapeutische bzw. psychiatrische Behandlung interessiert hatten. Wie bereits erwähnt, fand der frühere Studentenpfarrer in Jena, Ulrich Kasparick, im OV „Schwarz" der MfS-Kreisdienststelle Jena ein Dokument, das beweist, daß die MfS-Offiziere seine psychische Schädigung und daraus abgeleitet seine Einweisung in das psychiatrische Krankenhaus Stadtroda beabsichtigten. Der MfS-Plan wurde jedoch nicht in die Tat umgesetzt, sondern scheiterte nicht zuletzt an der schützenden Haltung, welche die behandelnde Psychotherapeutin an der Universitätsnervenklinik Jena einnahm.

Auf die Geschichte der politischen Verfolgung des früheren Pfarrers und zeitweiligen sächsischen Innenministers Heinz Eggert durch das MfS wurde ebenfalls bereits eingegangen. Erörtert wurde die bemerkenswerte Medienkarriere der unmittelbar nach seiner ersten Einsichtnahme in die MfS-Akten geäußerten Befürchtung Eggerts, seine psychiatrische Behandlung im Frühjahr 1984 hätte Teil der umfangreichen gegen ihn gerichteten „Zersetzungsmaßnahmen" des MfS sein können. Obwohl Eggert in der berühmt gewordenen ARD-„Brennpunkt"-Sendung am 8. Januar 1992 dergleichen nicht explizit behauptet hatte, wurde und wird er zum Teil bis heute als Kronzeuge für eine quasi-polizeiliche Zwangspsychiatrisierung aus politischen Gründen angesehen. Hingegen hatte Eggert von Anfang an erklärt, er habe sich selbst in psychiatrische Behandlung begeben, weil er sich krank gefühlt habe. Sein sehr ernster Vorwurf richtete sich allerdings gegen den Staatssicherheitsdienst, der mit seinen Verfolgungsmaßnahmen dazu beigetragen hatte, ihn an den Rand seiner psychischen Kompensationsmöglichkeiten zu treiben. Noch 1992 hatte sich, zum Teil durch Eggerts eigene weiterführende Gespräche und Recherchen, zum Teil parallel bzw. leicht zeitverschoben dazu durch staatsanwaltschaftliche Ermittlungen, herausgestellt, daß die Aufnahme im psychiatrischen Krankenhaus Großschweidnitz und die psychopharmakologische Behandlung Eggerts nicht zu den ansonsten in fast allen Punkten bestätigten MfS-Maßnahmen zur „Zersetzung", das hieß Diffamierung, berufliche Schädigung, Verunsicherung und Isolierung des Pfarrers gehörten.

Anhand der MfS-Unterlagen können die Erkenntnisse aus dem Jahre 1992 nur bestätigt werden. Dazu wurden die IM-Akten der beiden beschuldigten Psychiater und der über Pfarrer Eggert geführte Operative Vorgang herangezogen. Aus Datenschutzgründen ist es nicht möglich, medizinische Angaben aus diesen Akten zu zitieren oder zu referieren. Es muß genügen festzustellen, daß die Darstellung dieses Aspekts durch Pfarrer Eggert im Jahr 1992 in allen wesentlichen Punkten durch die MfS-Unterlagen bestätigt wird.

Dr. med. Reinhard Wolf war seit 1969 als Arzt und seit 1979 als Chefarzt der Männerabteilung im Fachkrankenhaus Großschweidnitz tätig und arbeitete von 1971 bis 1989 inoffiziell mit Offizieren der MfS-Kreisdienststelle Löbau zusammen.[76] Als IMS „Manfred" war er „vorrangig unter der medizinischen Intelligenz und leitenden Kadern des Fachkrankenhauses einge-

---

76 Vgl. IM-Akte „Manfred"; BStU, ASt Dresden, AIM 1175/91, Teil I und II je 1 Bd.

setzt".[77] Mitunter berichtete „Manfred" auf Fragen seines Führungsoffiziers jedoch auch – unter Verletzung der ärztlichen Schweigepflicht – über Patienten.[78]

Dr. med. Manfred Oertel war im Fachkrankenhaus Großschweidnitz seit 1971 als Psychiater und seit 1980 als ärztlicher Direktor tätig. Zur Zeit von Pfarrer Eggerts Krankenhausaufnahme im Frühjahr 1984 war Oertel noch kein IM.[79] Er wurde erst seit dem 24. Juni 1984 von der MfS-Kreisdienststelle Löbau als GMS geführt,[80] am 29. Januar 1985 als IMS verpflichtet[81] und am 25. März 1985 zum IME umregistriert.[82] Allerdings pflegte die Kreisdienststelle Löbau bereits seit 1983 „offizielle" Beziehungen zu Dr. Oertel.[83]

Pfarrer Heinz Eggert wurde in der ersten Hälfte der achtziger Jahre von der MfS-Kreisdienststelle Zittau in einem Operativen Vorgang (OV) „Fürst" bearbeitet.[84] Am 17. April 1984 schrieb der Leiter der MfS-Kreisdienststelle Zittau, Oberstleutnant Jungnickel, an die benachbarte Kreisdienststelle Löbau und bat um Informationen über Pfarrer Eggert, „der sich zur Zeit im Fachkrankenhaus Großschweidnitz in stationärer Behandlung befindet". Der „Informationsbedarf" der MfS-Kreisdienststelle Zittau umfaßte sieben Fragen. Unter anderem bat Jungnickel um die „Feststellung des konkreten Krankheitsbildes" und fragte, welche Folgen sich daraus ergeben könnten, welches die Ursachen der Symptome seien, wer den Patienten im Krankenhaus besuche, welche Behandlungsmethoden nach der Entlassung aus dem Krankenhaus angewandt würden und ob der Ausbau der Verbindungen des IMS „Manfred" auf „eine private vertrauliche Ebene möglich" sei.[85]

Unter demselben Datum notierte der in der MfS-Kreisdienststelle Zittau mit der Angelegenheit beauftragte Oberleutnant May, er habe am 12. April 1984 mit den Genossen Lehmann und Vietze der Kreisdienststelle Löbau über einen „möglichen Einsatz des IMS 'Manfred' im Rahmen der Behandlung des Pfarrer Eggert – OV 'Fürst' im Fachkrankenhaus Großschweidnitz" gesprochen. Genosse Vietze habe mitgeteilt, „daß der IM der behandelnde Arzt" sei. Der Krankenhausaufenthalt könne ungefähr vier Wochen dauern. Wenn der Patient „eher die Behandlung abbrechen will, hat der IM keine Möglichkeit, ihn direkt zu binden".[86] Soweit hatte offenbar der Leiter des Fachkrankenhauses, Dr. Oertel, dem Offizier der MfS-Kreisdienststelle Löbau Auskunft gegeben. Dabei verletzte er seine gesetzli-

---

77 IM-Akte „Manfred", Teil I, Bl. 23.
78 IM-Akte „Manfred", Teil II, Bl. 134, 138, 147, 155 f., 159 f., 166, 182, 188, 190, 192 f., 237, 253 f., 269, 272–283, 292–297, 335 f., 347–349, 364 und 402.
79 IM-Akte „Bernd Richter"; BStU, ASt Dresden, AIM 402/92, Teil I und II je 1 Bd..
80 IM-Akte „Bernd Richter", Teil I, Bl. 36 f.
81 Ebenda, Bl. 11.
82 Ebenda, Bl. 45, 56–58 und 64.
83 Ebenda, Bl. 7.
84 OV „Fürst"; BStU, ASt Dresden, AOP 3606/84, 5 Bde.
85 „Informationsbedarf" des Leiters der KD Zittau vom 17.4.1984 an die KD Löbau; ebenda, Bd. 2, Bl. 358.
86 Aktennotiz von Oberleutnant May, KD Zittau, vom 17.4.1984; ebenda, Bl. 363.

che Schweigepflicht, wies allerdings zugleich auf die Rechtslage hin, daß der Patient freiwillig im Krankenhaus sei und nicht gegen seinen Willen dort festgehalten werden könne.

Oberleutnant May notierte weiter, er habe „dem Genossen Vietze" in der Kreisdienststelle Löbau Hinweise auf bestimmte Probleme Eggerts gegeben, „die in den Gesprächen zwischen dem IM und E. im Rahmen der Behandlung Beachtung finden sollten". Am geplanten Treffen mit dem IM „Manfred" am 18. April würde neben Vietze auch der Genosse Lehmann von der Kreisdienststelle Löbau teilnehmen. Es ginge in erster Linie darum, „die konkreten Möglichkeiten des IM zur Deckung des Informationsbedarfes" vom 16. April 1984 festzustellen und den IM entsprechend zu instruieren. Der Genosse Lehmann habe einen sofortigen Informationsrücklauf zugesichert.[87]

Im Bericht über das Treffen mit IMS „Manfred" am 18. April 1984 hat Leutnant Vietze festgehalten, daß Hauptmann Lehmann mit anwesend war und über die „Problematik Pfarrer Eggert" gesprochen worden sei. Der IM habe „zunächst Vorbehalte" dazu gehabt, die jedoch durch den Genossen Lehmann „abgebaut" worden seien. Dem IM sei „die Notwendigkeit der Aufklärung des E. erläutert" und zugesichert worden, „daß die Konspiration voll gewahrt" werde.[88] In einem gesonderten Bericht, bei dem es sich wahrscheinlich um eine Tonbandabschrift handelt und von dem eine „Durchschrift zum OV 'Fürst' der KD Zittau" geschickt wurde, gibt Leutnant Vietze wieder, was der IMS „Manfred" am 18. April 1984 über Pfarrer Eggert erzählte. Das war vor allem die Vorgeschichte des Krankenhausaufenthaltes, die sich mit den Angaben Eggerts in der „Brennpunkt"-Sendung am 8. Januar 1992 deckt. Weiter berichtete „Manfred", daß die Behandlung im Fachkrankenhaus durch Dr. Lansch erfolge und noch ungefähr zwei bis drei Wochen dauern würde. Über Ostern würde der Patient nach Hause fahren. Für das 1. Mai-Wochenende habe er verlängerten Urlaub beantragt und würde Besuch erwarten.[89]

Die „Problematik Pfarrer Eggert" bildete auch noch bei den beiden nächsten Treffen des Leutnant Vietze mit dem IMS „Manfred" am 26. April und am 10. Mai 1984 den wesentlichen „Schwerpunkt". Über das Treffen am 26. April notierte Leutnant Vietze, der IM habe „auftragsgemäß" ein „Gespräch mit E." geführt.[90] Der IM-Bericht über dieses Gespräch, der wiederum an die MfS-Kreisdienststelle Zittau zum OV „Fürst" geschickt wurde, schildert den Patienten durchaus freundlich. Beeinflussungsversuche klingen nur hinsichtlich des weiteren Verfahrens nach dem Krankenhausaufenthalt an. Der

---

87 Ebenda, Bl. 363 f.
88 Bericht von Leutnant Vietze vom 19.4.1984 über ein Treffen mit dem IMS „Manfred" am 18.4.1984, 17.30 bis 18.15 Uhr, IM-Akte „Manfred", Teil II, Bl. 273 f.
89 Wiedergabe des mündlichen Berichtes des IMS „Manfred" über Pfarrer Eggert vom 18.4.1984, unterzeichnet von Leutnant Vietze, KD Löbau; ebenda, Bl. 275.
90 Berichte von Leutnant Vietze vom 27.4. und 11.5.1984 über Treffen mit IMS „Manfred" am 26.4. und am 10.5.1984; ebenda, Bl. 276 f. und Bl. 280 f.

Patient werde voraussichtlich am 3. Mai entlassen. „Manfred" wolle ihn dahingehend beeinflussen, sich im Fachkrankenhaus Großschweidnitz nachbehandeln zu lassen. Es sei nicht vorherzusagen, wie sich Eggert nach der Entlassung verhalten würde. Allerdings glaube „Manfred" und habe dies dem Patienten auch gesagt, er müsse „unbedingt eine Einschränkung" seines Arbeitspensums vornehmen.

Am 10. Mai 1984 berichtete „Manfred" weiter, Pfarrer Eggert sei nach Hause beurlaubt gewesen und habe dann um seine Entlassung gebeten. Beim Abschlußgespräch am 8. Mai sei der kirchliche Vorgesetzte Eggerts dabeigewesen und habe der ärztlichen Empfehlung zur Arbeitsentlastung zugestimmt. Leutnant Vietze vermerkte unter der Wiedergabe des mündlichen IM-Berichtes, daß wiederum eine Durchschrift davon an die Kreisdienststelle Zittau zum OV „Fürst" ginge und daß die Patientenakte des Fachkrankenhauses, sobald sie abgeschlossen sei, ebenfalls der Kreisdienststelle Zittau „zur Einsichtnahme überstellt" werde.[91]

Im Operativen Vorgang „Fürst" der MfS-Kreisdienststelle Zittau ist nach dem eingangs zitierten „Informationsbedarf" vom 17. April 1984 eine Durchschrift des ärztlichen Abschlußberichtes über die stationäre Behandlung Eggerts vom 10. April bis 8. Mai 1984 abgeheftet.[92] Dem folgt eine Aktennotiz von Oberleutnant May, Kreisdienststelle Zittau, über ein Gespräch mit „dem Leiter des Fachkrankenhauses Großschweidnitz, Genossen Dr. Oertel", am 31. Mai 1984. Der Aktennotiz zufolge hat nicht der IMS „Manfred", sondern Dr. Oertel die Epikrise an den MfS-Offizier herausgegeben und erläutert. Zum Zeitpunkt des Gespräches war Pfarrer Eggert drei Wochen aus dem Krankenhaus entlassen, und Oertel stand drei Wochen vor seiner Verpflichtung als GMS. Der Krankenhausleiter erklärte dem MfS-Oberleutnant unter anderem, daß die Ursachen für die Symptome „durchaus in den von E. geschilderten Konfliktsituationen liegen" könnten und daß Eggert „für seine Handlungen voll verantwortlich" sei.[93]

Offenbar hätten es die MfS-Offiziere gern gesehen, wenn der politisch unbequeme Pfarrer längere Zeit im psychiatrischen Krankenhaus geblieben wäre. Die dortigen leitenden Ärzte, Oertel und Wolf, verletzten eklatant ihre ärztliche Schweigepflicht, jedoch nicht das Einweisungsgesetz. Sie klärten im Gegenteil die Offiziere der MfS-Kreisdienststellen Löbau und Zittau über die bei einem freiwilligen Psychiatrieaufenthalt bestehende Rechtslage auf. Insgesamt entspricht die MfS-Aktenlage den 1992 getroffenen Feststellungen, daß das MfS keinen Einfluß auf die Aufnahme Pfarrer Eggerts in das psychiatrische Fachkrankenhaus Großschweidnitz und seine

---

91 Wiedergabe des mündlichen Berichtes des IMS „Manfred" vom 10.5.1984 über den Abschluß der Krankenhausbehandlung von Pfarrer Eggert am 8.5.1984, unterzeichnet von Leutnant Vietze, KD Löbau; ebenda, Bl. 282 f.
92 OV „Fürst", Bd. 2, Bl. 359–361.
93 Aktennotiz von Oberleutnant May, KD Zittau, vom 1.6.1984 über ein Gespräch mit Dr. Oertel am 31.5.1984; ebenda, Bl. 362 a und b.

dortige, vorherige oder anschließende medikamentöse Behandlung genommen hat. Ungeachtet dessen hätte die psychiatrische Patientenakte mit den darin dokumentierten, die Intimsphäre tangierenden Personendaten in den Händen von feindseligen Geheimpolizisten eine für den Betroffenen gefährliche Waffe werden können.

Der prominente SED-Politiker Herbert Häber, nach dessen ersten Äußerungen im Spätherbst 1989 ein politischer Psychiatriemißbrauch angenommen werden mußte, hat einen solchen Vorwurf nicht wiederholt. Die MfS-Akten zu Herbert Häber enthalten keinen Hinweis auf seine psychiatrische Behandlung, also auch keinen Hinweis auf eine etwaige Mitwirkung des MfS daran.[94] Allerdings stellte sich heraus, daß der von Häber positiv hervorgehobene ärztliche Direktor des Bezirkskrankenhauses für Psychiatrie und Neurologie in Bernburg, Dr. Reßler, von 1977 bis 1989 von der MfS-Kreisdienststelle Bernburg als inoffizieller Mitarbeiter geführt wurde.[95] Obwohl jedoch in der Arbeitsakte des IME „Schubert" zahlreiche unter Verletzung der ärztlichen Schweigepflicht gegebene Berichte über Patienten festgehalten sind,[96] findet sich kein Hinweis auf Herbert Häber. Das spricht dagegen, daß MfS-Vertreter in irgendeiner Weise in die Krankenhauseinweisung und Behandlung Häbers in Bernburg involviert waren. Höchstwahrscheinlich waren sie noch nicht einmal darüber informiert, sonst hätten sich die Führungsoffiziere von der MfS-Kreisdienststelle Bernburg zumindest einmal bei ihrem Arzt im Fachkrankenhaus nach dem Patienten erkundigt.

Zur Psychiatrieeinweisung von Chaim Noll nach einer Wehrdienstverweigerung im Jahre 1980 findet sich in den MfS-Unterlagen nichts. Die einzige zu seiner Person von einer MfS-Dienststelle angelegte Akte wurde 1979 wegen fehlenden „operativen" Interesses archiviert.[97] Die schmale Akte enthält Unterlagen, die seine Selbstcharakterisierung als „ahnungsloses Kind der Nomenklatura"[98] bestätigen.[99] Selbst aus der SED ist er – den MfS-Unterlagen zufolge – erst nach dem Klinikaufenthalt, im Zusammenhang mit seinem Ausreiseantrag, ausgeschlossen worden.[100] Das spricht da-

---

94 MfS-Sonderkartei (F 16) „Rote Nelke"; Erwähnung Herbert Häber in BStU, ZA, AOP 742/56 sowie in BStU, ZA, HA II/6/1110, HA II/6/1112 und HA II/6/1923. Diese Akten datieren aus dem Zeitraum Oktober 1984 bis April 1986. Es ist nicht ersichtlich, ob die vom MfS nach Häbers Aufnahme ins Politbüro getroffenen Feststellungen zu seiner Absetzung beigetragen haben.
95 Vgl. IM-Akte „Schubert"; BStU, ASt Halle, MfS-Registriernummer VIII/843/77, Teil I und II je 1 Bd..
96 Vgl. ebenda, Teil II, Bl. 56–59, 60–67, 119 f., 145, 154, 161, 189 f., 207, 274 f., 297 f., 333–338, 360–362 und 368.
97 Vgl. HA II/9: „Abverfügung zur Archivierung" vom 18.9.1979; BStU, ZA, AKK 14035/79, Bl. 43.
98 Noll: Nachtgedanken, S. 38.
99 Vgl. Hans-Dieter [i. e. Chaim] Noll: „Lebenslauf", 29.9.1974; ebenda, S. 27 f.
100 Vgl. einen Bericht der HA XX/7 vom 18.10.1988 in der IM-Akte seines Vaters, Dieter Noll; BStU, ZA, AIM 8602/91, Bl. 210–219, hier 215. Zu Dieter Noll vgl. Joachim Walther: Sicherungsbereich Literatur. Schriftsteller und Staatssicherheit in der Deutschen Demokratischen Republik, Berlin 1996.

gegen, daß er zu dem Zeitpunkt, als über die Klinikeinweisung entschieden wurde, vom Regime als besonders hartnäckiger Gegner betrachtet wurde. Dieser Fall ist nach Aktenlage kein Beleg für einen von der Staatssicherheit veranlaßten Mißbrauch der Psychiatrie. Die Darstellung des Betroffenen selbst in dem Essay „Nachtgedanken über Deutschland" spricht danach noch mehr für die Annahme, daß der junge Mann die Nervenklinik als einen Zufluchtsort nutzte, um einer Gefängnishaft wegen Wehrdienstverweigerung zu entgehen.

Im Fall des sächsischen Arztes Dr. Eckstein ist die MfS-Aktenlage etwas ergiebiger. Obwohl jedoch nachweisbar ist, daß Dr. Eckstein von der MfS-Kreisdienststelle Auerbach in einer „Operativen Personenkontrolle" bearbeitet worden ist und auf der anderen Seite sowohl der Kreisarzt von Auerbach, als auch zwei leitende Psychiater der Bezirksnervenklinik Rodewisch inoffizielle Mitarbeiter des Staatssicherheitsdienstes waren, ergibt sich aus den MfS-Akten kein Hinweis auf eine Beteiligung des Staatssicherheitsdienstes an den Psychiatrieeinweisungen Dr. Ecksteins.

Der Kreisarzt von Auerbach, Dr. Hans-Joachim Weiler, arbeitete von 1975 bis 1989 inoffiziell mit Offizieren der Kreisdienststelle für Staatssicherheit Auerbach zusammen. Er war im Oktober 1975 „zur Bearbeitung negativer Kreise unter Ärzten und medizinischem Personal" zunächst als IMV „Heinz" angeworben und ungefähr zeitgleich mit seiner Ernennung zum Kreisarzt 1980 als IME „Knut" umregistriert worden.[101] In einer Ende 1986 verfaßten Beurteilung seines Führungsoffiziers wird die Kooperativität des IM in der bis dahin „mehr als elfjährigen Zusammenarbeit" gelobt, die offenkundig rollenkonform zu seinen kreisärztlichen Aufgaben war. Er leiste „durch sein vorbildliches persönliches Engagement als Kreisarzt [...] einen entscheidenden Beitrag zur politischen Stabilität in den Kreisen der medizinischen Intelligenz und Personale". So habe er „sowohl ungesetzliche Grenzübertritte als auch Übersiedlungsersuchen von Ärzten vorbeugend verhindert" und „inzwischen Hunderte von Einschätzungen zur Klärung der Frage Wer ist wer?" im Gesundheitswesen erarbeitet.[102] Unter den vielen hundert IM-Berichten über Ärzte und Krankenschwestern des Kreises Auerbach, in denen es nicht selten auch um disziplinarische Probleme aus der Sicht des Kreisarztes geht, befinden sich 27 Berichte über Dr. Eckstein aus den Jahren 1985 bis 1989.[103] Da in diesen Informationen neben den Streitigkeiten im Rahmen dienstlicher Konflikte auch über die beiden Psychiatrieeinweisun-

---

101 Vgl. Vorschlag zur Werbung vom 8.10. 1975 und Verpflichtungsbericht vom 10.10.1975 von Oberleutnant Klein, KD Auerbach, IM-Akte „Knut"; BStU, ASt Chemnitz, MfS-Registriernummer XIV/801/75, Teil I, Bd. 1, Bl. 36–39 sowie Veränderungs- und Ergänzungsauftrag vom 30.1.1980 von Major Kreher, KD Auerbach; ebenda, Bd. 2, Bl. 2.
102 Beurteilung des IM „Knut" durch Oberstleutnant Kreher, KD Auerbach, vom 12.12.1986; ebenda, Teil I, Bd. 1, Auskunftsbericht ohne Seitenzahl.
103 Berichte des IME „Knut" über Dr. Eckstein; ebenda, Teil II, Bd. 4, Bl. 229–235, 305, 311, 325 f., 332 f., 351, 369, 404–407, 412 und 419 sowie Teil II, Bd. 5, Bl. 2 f., 8, 14 f., 26, 29–31, 55 f., 60, 100, 178, 188–190, 194 f., 200 f. und 266.

gen 1986 und 1989 berichtet wird, handelt es sich um Verletzungen der ärztlichen Schweigepflicht durch den IM „Knut", auch wenn er, wie üblich, über einen ärztlichen Kollegen berichtete.

Die vom Kreisarzt über Beschäftigte des Gesundheitswesens gegebenen Auskünfte wurden in der MfS-Kreisdienststelle Auerbach gesammelt, in einigen Fällen auch an andere Diensteinheiten des MfS übermittelt bzw. in eigene „operative" oder IM-Vorgänge eingefügt. Die Informationen des IME „Knut" über Dr. Eckstein wurden bis Mai 1989 neben zahllosen anderen IM-Berichten in der sogenannten „Zentralen Materialablage (ZMA)" abgelegt, ohne daß irgendeine Bearbeitung erfolgt wäre.[104] Mitte Juni 1989 wurde eine „Operative Personenkontrolle (OPK)" unter der diffamierenden Bezeichnung „Unkraut" gegen Dr. Eckstein eingeleitet. Als Ziel der „operativen Bearbeitung" wurde formuliert, „solche offiziell auswertbaren Hinweise und Materialien zu erarbeiten, die eine nachhaltige Disziplinierung auch unter Nutzung der Möglichkeiten des StGB ermöglichen". Das geschah, *nachdem* Dr. Eckstein im Frühjahr 1989 in Berlin zum zweiten Mal volle Zurechnungsfähigkeit bescheinigt, er gleich nach der Rückkehr nach Auerbach aus seiner ärztlichen Stellung fristlos entlassen worden war und „ein im Ergebnis des Gutachtens wiederaufgenommenes Parteiverfahren" zum Ausschluß aus der SED geführt hatte.[105] Aufgrund der bekannten Ereignisse im Jahre 1989 kam die Kreisdienststelle für Staatssicherheit Auerbach zu keinen aus der Akte erkennbaren „operativen" Aktivitäten mehr. Neben den aus der Zentralen Materialablage übernommenen Berichten des IME „Knut" und diversen, offenbar aus den Beständen des Kreisarztes stammenden, Dokumenten aus der Zeit vor Einleitung der OPK[106] sind darin im wesentlich nur noch den Arbeitsprozeß betreffende Abschriften enthalten, aus denen keine aktive Beteiligung des MfS an diesen Vorgängen erkennbar ist.[107]

Auch aus den IM-Akten der beiden leitenden Psychiater im Chemnitzer Bezirksfachkrankenhaus für Psychiatrie und Neurologie Rodewisch geht nichts hervor, was auf die aktive Beteiligung einer MfS-Dienststelle an den Psychiatrieeinweisungen hindeutet. In der IM-Akte von Dr. Du Chesne, dem Chefarzt der Männerpsychiatrie in Rodewisch, der zugleich Bezirkspsychiater des Bezirkes Karl-Marx-Stadt und inoffiziell von 1983 bis 1989 als IME „Haber" für die Abteilung XX/1 der MfS-Bezirksverwaltung Karl-

---

104 Vgl. Ablagevermerk „ZMA" auf den Berichten bzw. in den Treffberichten des Führungsoffiziers; ebenda, Teil II, Bde. 4 und 5.
105 Einleitungsbericht zur OPK „Unkraut" von Oberstleutnant Kreher, KD Auerbach, vom 16.6.1989, OPK „Unkraut"; BStU, ASt Chemnitz, MfS-Registriernummer XIV 1137/89, 1 Bd., 276 Blatt, hier Bl. 4f.
106 Ebenda, Bl. 47–245.
107 Kreisärztliche Stellungnahme vom 28.5.1989 zum Arbeitsrechtsstreit, Schreiben des Rechtsanwaltes vom 30.5.1989, Schreiben des Kreisgerichtes vom 8.6.1989, Berichte von „Knut" vom 23.9., 9.10. und 2.11.1989, Abschriften von gerichtlichen Dokumenten zum Arbeitsrechtsstreit vom September 1989, Kopie des Urteils vom 2.10.1989. Vgl. ebenda, Bl. 246–268 und 271–276

Marx-Stadt tätig war,[108] sind zwar mehrere Hinweise auf Verletzung der ärztlichen Schweigepflicht und auf die Erörterung von insgesamt vier Zwangseinweisungen festgehalten.[109] Dr. Eckstein wird jedoch weder in der IM-Akte „Haber" erwähnt, noch in der Akte des erst im März 1989 als IME „Horst" geworbenen Ärztlichen Direktors des Bezirkskrankenhauses, Dr. Degenhardt.[110] Das völlige Fehlen einer Dokumentation oder von Hinweisen in den IM-Akten und das Einleiten der OPK gegen Dr. Eckstein erst im Juni 1989 schließt die Beteiligung des MfS an den Zwangseinweisungen Ende 1986 und im März 1989 aus.

Neben den Recherchen zu den namentlich genannten Personen wurde auf der Suche nach einer möglichen Beteiligung von MfS-Dienststellen an polizeirechtlichen Psychiatrieeinweisungen einer Reihe von Beschwerden sonst unbekannter früherer Psychiatriepatienten nachgegangen, die beklagten, „die Stasi" habe sie in der DDR verrückt gemacht oder für verrückt erklärt, habe ihre Einweisung in die Psychiatrie veranlaßt oder sie in der Psychiatrie gequält.[111] Die Recherchen in den Karteien des MfS ergaben in den meisten Fällen, daß im MfS über die Betreffenden keine Akten geführt worden sind. Von manchen Betroffenen wurde das Fehlen von MfS-Unterlagen zu ihrer Person, das in einigen Fällen von mehreren Stellen in der Behörde des Bundesbeauftragten nachgeprüft wurde, so interpretiert, daß die Verschwörung des MfS bis heute weiterginge, da die Beweismittel für ihre Verfolgung vernichtet worden seien oder bis heute versteckt würden. Nun hat das MfS in der Endphase seiner Existenz zwar tatsächlich Akten vernichtet, teilvernichtet oder so durcheinandergebracht, daß bis heute keine vollständige Erschließung möglich war. Allerdings wurden, wie in einigen Fällen von nach 1990 prominent gewordenen Politikern, deren MfS-Akten zum Teil vernichtet wurden oder jedenfalls nicht auffindbar sind, immer noch genügend Kartei- oder Querverweise bzw. Aktenreste gefunden, um sich zumindest ein ungefähres Bild vom Ausmaß der Verfolgung oder Kooperation zu machen. Wahrscheinlicher als eine rest- und spurlose Kartei- und Aktenvernichtung ausgerechnet bei einigen – politisch unbedeutenden – Psychiatriepatienten ist deshalb die Annahme, daß es sich bei den aufgrund der die Aktenlage nicht verifizierbaren Beschuldigungen des MfS durch Psychiatriebetroffene um eine Projektion ihrer belastenden Krankheits- und Psychiatrie-Institutionserfahrungen auf den Staatssicherheitsdienst handelt.

Zu einigen dieser Psychiatriebetroffenen wurden MfS-Unterlagen aufge-

---

108 Vgl. IM-Akte „Haber"; BStU, ASt Chemnitz, MfS-Registriernummer XIV/395/79, Teil I und II je 1 Bd.
109 Vgl. spätere Besprechung in diesem Kapitel.
110 IM-Akte „Horst"; BStU, ASt Chemnitz, MfS-Registriernummer XIV/50/89, Teil I und II je 1 Band.
111 Einige der Betroffenen wandten sich an die Autorin selbst oder wurden ihr innerhalb der Behörde vermittelt; die Mehrzahl der Betroffenen hatte sich an eine der Psychiatrie-Untersuchungskommissionen gewandt, in der die Autorin mitgearbeitet hat bzw. deren Ergebnisse ihr in anonymisierter Form zur Verfügung gestellt worden sind.

funden, die aber meist nur von marginaler Bedeutung waren und in denen die Psychiatrie mit wenigen Ausnahmen nicht erwähnt wurde. Die wenigen Erwähnungen einer psychiatrischen Krankenhausbehandlung weisen nicht auf eine Beteiligung des MfS an Einweisungsvorgängen hin. Im Gegenteil wurde eine Notiz gefunden, die einen Vorgang beschreibt, bei dem Mitarbeiter einer MfS-Kreisdienststelle im Jahre 1975 den ärztlichen Leiter eines psychiatrischen Krankenhauses zwar zur Verletzung seiner ärztlichen Schweigepflicht durch Auskünfte über einen Patienten bewegten, jedoch zugleich seine Entschlossenheit zur Einhaltung der Bestimmungen des DDR-Einweisungsgesetzes akzeptierten. Die MfS-Kreisdienststelle Dresden Land übernahm die von dem Psychiater abgegebene Erklärung der Diagnose, der Krankengeschichte und der Feststellung, daß man den Betreffenden trotz seiner Behördenlästigkeit nicht unter Umgehung des Einweisungsgesetzes zwangsweise unterbringen könne, in eine Information an eine andere MfS-Diensteinheit:

„Der Vorgenannte wurde 1963 erstmalig in das Bezirkskrankenhaus für Neurologie und Psychiatrie mit der Anfangsdiagnose Schizophrenie zur stationären Behandlung eingewiesen. Er wurde wiederholt stationär behandelt und war letztmalig bis Mai 1972 im BKH [Bezirkskrankenhaus]. Der Patient leidet nach wie vor an Schizophrenie. Eine strafrechtliche Verantwortlichkeit ist nach Auskunft des ärztlichen Direktors keinesfalls gegeben.
Der K. ist als 'Briefeschreiber' bekannt. Er fiel in der Vergangenheit laufend durch Schreiben und Eingaben an Behörden und andere Institutionen an. In diesen Schreiben setzte er sich mit den verschiedensten Dingen und vermeintlichen Ungerechtigkeiten auseinander. Staatsverleumderische Äußerungen sind möglich und wurden bereits festgestellt.
Es bestehen keine Möglichkeiten, den K. unter Umgehung der allgemein üblichen Verfahrensweisen, z. B. bei politischen Höhepunkten usw., zur operativen Sicherung und Kontrolle in das Bezirkskrankenhaus einweisen zu lassen."[112]

Obwohl die MfS-Mitarbeiter vermutlich bedauerten, daß der psychisch kranke Mann „staatsverleumderische Äußerungen" tun, jedoch wegen seiner Krankheit nicht dafür bestraft und aufgrund des Einweisungsgesetzes auch anläßlich „politischer Höhepunkte" nicht stationär eingewiesen werden konnte, akzeptierten sie die von dem leitenden Psychiater des Krankenhauses erläuterte rechtliche Situation.

In einigen Fällen stellte sich heraus, daß die Betroffenen selbst inoffizielle Mitarbeiter oder Kontaktpersonen des MfS oder der „K 1", dem mit verdeckten Methoden arbeitenden Bereich der Kriminalpolizei gewesen sind. Wenn in diesen Fällen in den MfS-Unterlagen die Psychiatrie erwähnt

---

112 Schreiben der KD Dresden-Land vom 11.4.1975 an die bearbeitende KD; BStU, ASt Dresden, KD-FTL RZ 107, Bl. 17.

wurde, dann immer in dem Sinne, daß die Vertreter des MfS oder der K 1 die Gesprächs- oder Arbeitskontakte zu den Betreffenden sofort abbrachen, wenn sich herausstellte, daß bei den IM oder Kontaktpersonen eine psychische Erkrankung festgestellt oder sie gar in ein psychiatrisches Krankenhaus aufgenommen worden waren.[113] In anderen Fällen ergaben die Recherchen, daß die Betroffenen hauptamtliche Mitarbeiter des MfS gewesen waren, wobei in diesen Fällen die Psychiatrie entweder ebenfalls in den MfS-Akten unerwähnt blieb oder es um die MfS-interne Psychiatrie ging, auf die an anderer Stelle zurückzukommen sein wird.

Zusammenfassend hat der Suchweg über MfS-Opferakten substantiell folgendes ergeben: Im OV „Schwarz" der MfS-Kreisdienststelle Jena fand der als Studentenpfarrer „operativ bearbeitete" Ulrich Kasparick ein Dokument, das belegt, daß die MfS-Offiziere seine psychische Schädigung und daraus abgeleitet seine Einweisung in ein psychiatrisches Krankenhaus zumindest planten. Der Plan wurde jedoch nicht in die Tat umgesetzt. Die Befürchtung einer mißbräuchlichen Beteiligung von MfS-Offizieren an der psychiatrischen Behandlung des früheren sächsischen Innenministers Heinz Eggert war schon 1992 widerlegt worden. Die MfS-Akten einschließlich des umfangreichen Operativen Vorgangs „Fürst", in dem die politische Verfolgung des Pfarrers Eggert beschrieben ist, bestätigen die Ergebnisse der Gespräche und staatsanwaltschaftlichen Ermittlungen von 1992. Zu einer Reihe früherer Patienten, die ihre Psychiatrieerfahrungen in der DDR als Maßnahmen der Verfolgung durch den Staatssicherheitsdienst empfanden und um Aufklärung baten, wurden keine MfS-Unterlagen gefunden, die eine Beteiligung von MfS-Dienststellen an Einweisungen in die Psychiatrie bestätigen würden. Im Gegenteil wies eine gefundene Aktennotiz darauf hin, daß sich die MfS-Vertreter von einem leitenden Psychiater darüber belehren ließen, daß die aus Sicht der Sicherheitskräfte sicherlich wünschenswerte Zwangseinweisung eines zwar schizophrenen, aber ungefährlichen Briefeschreibers aufgrund des Einweisungsgesetzes nicht möglich sei. Insgesamt hat der Suchweg über „operative" Akten des MfS also keinen Hinweis auf politischen Psychiatriemißbrauch im Sinne von Psychiatrieeinweisungen zum Zwecke politischer Verfolgung ergeben.

### 5.3.2. Suchweg über systematische Sachrecherchen

Zusätzlich zu den genannten personenbezogenen Recherchen wurden systematische Sachrecherchen in den Aktenbeständen verschiedener MfS-Diensteinheiten zur Frage einer Beteiligung von MfS-Dienststellen an rechtsstaatswidrigen Psychiatrieeinweisungen veranlaßt. Systematisch wurde vor

---

113 Vgl. Auskunft der Abt. XII der BVfS Halle vom 30.7.1984; BStU, ASt Halle, AOG 1952/81 sowie IM-Akte „Diesel"; BStU, ASt Potsdam, AIM 452/83.

allem in den Unterlagen der mit dem DDR-Gesundheitswesen beschäftigten MfS-Diensteinheiten der Linie XX recherchiert und zwar sowohl auf der zentralen Ebene der Hauptabteilung als auch in den Unterlagen der Bezirksverwaltungen und der Kreisdienststellen für Staatssicherheit. Darüber hinaus wurde die Fragestellung innerhalb der Behörde des Bundesbeauftragten bekanntgegeben, so daß Behördenmitarbeiterinnen, die bei ihren Recherchen in anderen Aktenbeständen auf Unterlagen zum Psychiatriethema stießen, diese zur Verfügung stellten. Die Ergebnisse werden nachfolgend in chronologischer Reihenfolge oder nach Inhalten zusammengefaßt dargestellt, wobei die aufgefundenen Belege für Regelverstöße kasuistisch referiert werden.

Der älteste Hinweis auf eine den Vorschriften des DDR-Einweisungsgesetzes zuwiderlaufende Aktivität von MfS-Vertretern fand sich in einem Bericht der Hauptabteilung IX an Minister Mielke vom 11. Dezember 1969. Darin schilderte ein Hauptmann Wunderlich die Geschichte einer 1910 geborenen Frau:

„Am 25.9.1969 gegen 9.00 Uhr versuchte die Müller, Marie[114] [...] dem Ersten Sekretär des ZK der SED und Vorsitzenden des Staatsrates der DDR [...] einen Brief zu übergeben, was durch Mitarbeiter der Hauptabteilung PS [Personenschutz] verhindert wurde. Die daraufhin von der Hauptabteilung IX im Zusammenwirken mit der Hauptabteilung PS geführten Ermittlungen ergaben: [...]
Im Jahre 1958 verließ sie illegal die DDR [...]. Nach übereinstimmenden Aussagen ihrer [...] Töchter traten bei der Müller bereits während ihres Aufenthaltes in Westdeutschland Anzeichen einer Geisteserkrankung auf, was sich darin äußerte, daß sie unter Wahnvorstellungen litt und glaubte, verfolgt zu werden. Wie die Müller in der durchgeführten Befragung aussagte, setzte sich bei ihr die Vorstellung fest, daß sie nur durch eine persönliche Aussprache mit dem Ersten Sekretär des ZK der SED und Vorsitzenden des Staatsrates der DDR von ihren Zwangsvorstellungen befreit werden könnte. Sie kehrte deshalb am 9.2.1963 in die DDR zurück."[115]

Nach ihrer Rückkehr habe die Frau „in größerem Umfange an den Staatsrat gerichtete Briefe verfaßt und zum Teil persönlich im Staatsratsgebäude abgegeben, in denen sie völlig zusammenhangslose und verwirrte Darstellungen ihrer Wahnvorstellungen" gemacht habe. „Gleichartige Briefe" hätte sie an den Generalstaatsanwalt der DDR und „an die örtlichen Organe der Staatsmacht" ihres brandenburgischen Heimatkreises gerichtet. „Auf Grund dessen" sei die Frau Ende 1964 in das regional zuständige Bezirkskrankenhaus für Psychiatrie eingewiesen worden, „wo sie mit ihrer Einwilligung mit

---
114 Der Name wurde aus datenschutzrechtlichen Gründen geändert.
115 Bericht vom 11.12.1969 an Mielke; BStU, ZA, SdM 1443, Bl. 123–125, hier 123.

einjähriger Unterbrechung" bis zum 3. September 1969 stationär behandelt worden sei. Eine „Aussprache" mit dem Chefarzt der Nervenklinik habe ergeben, „daß die Müller unheilbar an phonemischer Paraphrenie, einer spezifischen, seltenen Form der Schizophrenie, erkrankt" sei. Man habe die Patientin aus der Nervenklinik entlassen, da ihr Verhalten „ärztlicherseits nicht als gesellschaftsgefährdend eingeschätzt" worden sei. Nach ihrer Entlassung aus der Psychiatrie habe Marie Müller weiterhin wirre Briefe geschrieben und „versucht, diese in fünf Fällen im Objekt Wandlitz sowie in zehn weiteren Fällen im Gebäude des Staatsrates abzugeben." Bei ihrer Befragung durch das MfS habe die Frau erklärt, sogenannte „Imitationsrufe erhalten zu haben, durch die sie gezwungen wurde, die Briefe zu schreiben und die genannten Objekte aufzusuchen." Der Inhalt der „insgesamt beim Staatsrat der DDR und anderen Dienststellen vorliegenden 200 Briefe" von Marie Müller hätten bestätigt, „daß sie sogenannten Imitationsrufen" gefolgt sei. Der Psychiater habe „erklärt, daß es sich bei diesen Imitationsrufen um spezifische Krankheitserscheinungen handelt."

Statt nun aber der Kranken ihre harmlosen Belästigungen nachzusehen, leiteten die MfS-Genossen „Maßnahmen" ein:

„Um zu verhindern, daß die Müller weiterhin führende Funktionäre und Staatsorgane belästigt, erfolgte nach Rücksprache mit dem Kreisarzt des Kreises Wittstock, Dr. Bock, und dem Chefarzt Dr. Ullrich am 28.11.1969 gemäß § 6 des Gesetzes über die Einweisung psychisch Kranker die zunächst gesetzlich auf 6 Wochen befristete Einweisung der Müller in das Bezirkskrankenhaus für Neurologie [und Psychiatrie] Neuruppin. Darüber hinaus wurde in Übereinstimmung mit dem Staatsanwalt des Kreises Wittstock, Genossin Oehler, veranlaßt, daß innerhalb dieser 6-Wochen-Frist ein Gerichtsbeschluß über die ständige Einweisung der Müller in eine stationäre Einrichtung gemäß § 11 des genannten Gesetzes erwirkt wird. Durch die Hauptabteilungen IX und PS wird die Durchführung dieser Maßnahme kontrolliert."[116]

Das geplante Vorgehen der Personenschützer des MfS muß im Zusammenhang mit bestimmten „Hinweisen" gesehen werden, die leitenden MfS-Offizieren für die Sicherung der Großveranstaltungen zum 20. Jahrestag der DDR am 7. Oktober 1969 in die Hand gegeben wurden. Um „geplante Feindhandlungen und Störmaßnahmen" gegen Großveranstaltungen zu verhindern, sei schon im Vorfeld „auch den geringsten Hinweisen auf derartige Absichten oder Handlungen Aufmerksamkeit zu schenken, besonders auch solchen, die aus Kreisen von Verrückten und Irren stammen".[117]

Im Befehl 30/69, den Erich Mielke „zur Sicherung der Vorbereitung und

---

116 Ebenda, Bl. 125.
117 Hinweise für die Besprechung mit den Leitern der MfS-Bezirksverwaltungen bzw. Stellvertretern Operativ (am 1.10.1969) über einige wichtige Probleme und Aufgaben zur Absicherung der Begehung des 20. Jahrestages der DDR; BStU, ZA, ZAIG 4733, Bl. 29.

Durchführung des 20. Jahrestages der Deutschen Demokratischen Republik" bereits Mitte August 1969 erlassen hatte,[118] waren die „Verrückten und Irren" nicht extra erwähnt worden. Es war nur allgemein befohlen worden, „alle bekannten negativen, verdächtigen und feindlichen Personen und Gruppen [...] unter operativer Kontrolle zu halten."[119] In anderen Befehlen dieser Art nannte Mielke jedoch unter den „negativen Personen" explizit psychisch Kranke. So ist im Befehl 15/71 „zur Gewährleistung eines optimalen Schutzes führender Repräsentanten der Deutschen Demokratischen Republik und ihrer ausländischen Gäste" zu lesen:

„Personen, die während eingeleiteter Sicherungsmaßnahmen durch ihr Verhalten oder ihre negativen Merkmale operativ anfallen, auch geistig anormale, sind unmittelbar unter operative Kontrolle zu nehmen bzw. es sind andere geeignete politisch-operative Maßnahmen durchzuführen."[120]

An späterer Stelle desselben, 56 Seiten umfassenden Befehles ging der Minister für Staatssicherheit noch einmal dezidiert auf die Gefährlichkeit „unzurechnungsfähiger Personen" ein, die wie Marie Müller aus dem Westen in die DDR gekommen sind:

„Die Tatsache des ständigen Wachstums der politisch-moralischen Einheit unserer Bevölkerung [...] zwingen den Gegner, vor allem von außen und mit gekauften Elementen aus tiefster Konspiration tätig zu werden. Er versucht dabei, sein Vorgehen so raffiniert zu tarnen, daß ein rechtzeitiges Erkennen erschwert wird. [...] Der Gegner scheut auch nicht davor zurück, unzurechnungsfähige Personen als Werkzeug zu mißbrauchen. (Daß auch unzurechnungsfähige Personen Attentate durchzuführen imstande sind, beweist der Anschlag auf die sowjetischen Kosmonauten in Moskau.)"[121]

Wenn die MfS-Personenschützer in der psychisch kranken Frau, die aus dem Westen in die DDR zurückgekommen war, eine potentielle Attentäterin sahen, wundert ihr Interesse an einer prophylaktischen Unterbringung unter psychiatrische Aufsicht nicht. Allerdings wäre von den Psychiatern, die sie schon einmal aus der Nervenklinik entlassen hatten, weil sie das Verhalten der Patientin „ärztlicherseits nicht als gesellschaftsgefährdend" einschätzten, zu erwarten, daß sie bei dem Versuch einer dauerhaften Unterbringung nicht

---

118 Befehl 30/69 vom 18.8.1969 zur Aktion „Jubiläum" zwischen 22.9. und 13.10.1969, er betraf die Veranstaltungen anläßlich des 20. Jahrestages der DDR, 8 Seiten; BStU, ZA, DSt 001368.
119 Ebenda, S. 4.
120 Befehl 15/71 zur Gewährleistung eines optimalen Schutzes führender Repräsentanten der Deutschen Demokratischen Republik und ihrer ausländischen Gäste vom 10.6.1971, 56 Seiten, hier S. 14 f.; BStU, ZA, DSt 100666. Auch wenn der Befehl erst 1971 ausgegeben wurde, gibt sein Inhalt über eine Denkweise Auskunft gibt, die auch schon vordem geherrscht haben dürfte.
121 Ebenda, S. 51.

einfach mitspielten. Da keine weiteren Dokumente zu diesem Vorgang aufgefunden wurden, es auch keine weitere Erwähnung der Marie Müller in den MfS-Unterlagen gibt,[122] muß offen bleiben, ob die Ärzte und die Kreisstaatsanwältin Bedenken geltend machten, daß die im § 6 des Einweisungsgesetzes formulierten Voraussetzungen einer „ernsten Gefahr für andere Personen oder für das Zusammenleben der Bürger" durch bloße Belästigung nicht gegeben waren, und ob die Ausführung der von den MfS-Offizieren geplanten Maßnahme verhindert wurde.

Die Häufigkeit derartiger Versuche des Psychiatriemißbrauchs durch das MfS ist schwer abzuschätzen. Der referierte Bericht ist der einzige in den MfS-Unterlagen aufgefundene Beleg für einen Versuch von MfS-Vertretern, nicht nur eine quasi polizeirechtliche, befristete Psychiatrieeinweisung gemäß § 6, sondern eine zivilrechtliche unbefristete Zwangseinweisung einer zwar psychisch kranken, jedoch nicht gefährlichen Frau in die Psychiatrie gemäß § 11 des Einweisungsgesetzes durchzusetzen.

Das Fehlen weiterer solcher Vorgänge könnte damit zusammenhängen, daß sich auch innerhalb des MfS im Laufe der Jahre nach der Verabschiedung des DDR-Einweisungsgesetzes 1968 langsam eine bessere Rechtskenntnis durchsetzte. Bereits am 24. Juni 1968, also zwei Wochen, nachdem die Volkskammer das Gesetz verabschiedet hatte, befahl Erich Mielke, daß die MfS-Hochschule in Potsdam zum „Gesetz über die Einweisung in stationäre Einrichtungen für psychisch Kranke vom 11. Juni 1968" Lehrmaterialien erarbeiten sollte.[123] Es liegt auch entsprechendes „Studienmaterial" über „gesetzliche Bestimmungen zur weiteren Ausgestaltung der sozialistischen Rechtsordnung" der DDR in mehreren Ausführungen vor, in denen das Einweisungsgesetz und drei andere in derselben Volkskammersitzung verabschiedete Gesetze ausführlich erläutert werden.[124] In den Erklärungen des Einweisungsgesetzes wird zwar Bezug genommen auf die politisch-operative Arbeit des MfS, jedoch nicht etwa in Form einer Anleitung, wie das Gesetz unauffällig unterlaufen werden könnte, sondern in einer dem Sinn des Gesetzes entsprechenden Weise.

Außerdem wurden sowohl die DDR-Fachzeitschrift für Psychiatrie, Neurologie und medizinische Psychologie als auch die Neue Justiz, die beide monatlich erschienen und in denen das Einweisungsgesetz, seine Schutzfunktion für psychisch Kranke und Fehler in seiner Anwendung diskutiert wurden, in den siebziger und achtziger Jahren von der Hochschule des MfS abonniert und, wie manche Anstreichungen zeigen, dort auch gelesen. Man

---

122 In der Zentralkartei des MfS ist Marie Müller gar nicht erfaßt, was dafür spricht, daß das MfS keinerlei personenbezogenes Interesse an ihr hatte, sondern sich lediglich mit ihr als (potentiell weiteren) „Störfaktor" beschäftigte.
123 Erste Ergänzung zum Befehl 3/68 des Ministers für Staatssicherheit vom 24.6.1968, 4 Seiten, hier S. 1; BStU, ZA, DSt 100537.
124 MfS JHS 206/68; BStU, ZA, HA XIV 788, Bl. 181–239 und MfS JHS 23/69; BStU, ZA, JHS 24453, 57 Seiten.

kann also davon ausgehen, daß in den siebziger Jahren Kenntnisse über die gesetzlichen Einweisungsbestimmungen und die Rechte psychisch kranker Bürger im MfS eine gewisse Verbreitung erfuhren. Als Beispiel aus späteren Jahren wird nachfolgend eine Meldung der MfS-Bezirksverwaltung Magdeburg genannt, die eine Behördenmitarbeiterin bei einer eigentlich zu einem anderen Zweck systematisch vorgenommenen Aktendurchsicht hinsichtlich des Psychiatriethemas aufmerken ließ. Die Meldung stand zwischen Informationen völlig anderen Inhalts und lautete:

„Am 27.8.1988 erfolgte die Festnahme der Person Stracke, Heinz [...]. Stracke [Name geändert] befindet sich seit März 1988 in stationärer psychiatrischer Behandlung in der Bezirksnervenklinik Halle. Er stellte am 19.8.1988 ein Ersuchen auf Übersiedlung in die BRD. Da er keine Antwort erhielt und sich eingesperrt fühlte, wollte er ohne staatliche Genehmigung in die BRD gelangen. Stracke wurde in die Bezirksnervenklinik Magdeburg/Uchtspringe überführt."[125]

Zur Klärung einer eventuell rechtsstaatswidrig erfolgten Psychiatrieeinweisung wurde recherchiert, ob eine MfS-Dienststelle über den 1963 geborenen, also damals 25jährigen Mann „operative" oder andere Unterlagen geführt hat. Das war nicht der Fall, es gibt keine schriftlichen Belege für eine politische Verfolgung des Genannten oder andere MfS-Akten über ihn. Der Name des Betroffenen fand sich lediglich noch einmal in einem Lagefilm der Bezirksverwaltung für Staatssicherheit Magdeburg:

„Am 27.8.1988 gegen 12.40 Uhr wurde der DDR-Bürger Stracke, Heinz [...] im D 446 (Leipzig-Köln) offen im Abteil sitzend durch Kontrollkräfte der PKE [Paßkontrolleinheit] Oebisfelde festgestellt. Er war nicht im Besitz von Ausweispapieren und brachte zum Ausdruck, daß er die Absicht habe, nach Köln zu reisen. In der Gesprächsführung wurde erarbeitet, daß er sich seit März 1988 in stationärer psychiatrischer Behandlung in der BNK [Bezirksnervenklinik] Halle befindet und am 19.8.1988 ein EÜ [Ersuchen auf Übersiedlung] in die BRD stellte.
Motiv: Da er keine Antwort auf sein gestelltes EÜ erhielt, fühlte er sich in der DDR eingesperrt und wollte ohne staatliche Genehmigung in die BRD gelangen.
Maßnahmen: Untersuchung durch Bereitschaftsarzt Dr. Schuster.
Ergebnis: St. ist nicht in vollem Maße zurechnungsfähig.
Übergabe an VPKA [Volkspolizeikreisamt] Klötze. Nach Absprache mit der behandelnden Ärztin aus der BNK Halle erfolgte die Überführung des St. in die BNK Uchtspringe."[126]

---

125 BStU, ASt Magdeburg, 89 AKG, Bl. 77.
126 Meldung eines versuchten ungesetzlichen Grenzübertritts DDR-BRD am 27.8.1988, Lagefilm mit Meldungen des operativen Diensthabenden der BV Magdeburg vom 1.7.–28.9.1988; BStU, ASt Magdeburg, 344 AKG, Bl. 190.

Demnach war der junge Mann psychisch krank und Patient eines psychiatrischen Krankenhauses in Halle, hatte von da aus einen Ausreiseantrag gestellt und, als nach einer Woche noch keine behördliche Antwort gekommen war, die Klinik verlassen und sich ohne Papiere in einen Interzonenzug gen Westen gesetzt. Am Grenzübergang hatten ihn die DDR-Grenzbeamten entdeckt und ihrem Bereitschaftsarzt vorgestellt, der eine verminderte Zurechnungsfähigkeit annahm. Man setzte sich telefonisch mit der behandelnden Ärztin in Halle in Verbindung und vereinbarte, den entlaufenen Patienten zunächst in das nächstgelegene psychiatrische Krankenhaus zu bringen, wahrscheinlich um ihn von dort aus in die Klinik nach Halle zurückzuverlegen. Die örtliche Polizei des Grenzkreises Klötze wurde offenbar nur eingeschaltet, um den jungen Mann vom Grenzübergang in das Krankenhaus Uchtspringe zu transportieren, und nicht, um ihn in Polizeigewahrsam zu nehmen. Ein Hinweis auf politischen Psychiatriemißbrauch ist der Schilderung nicht zu entnehmen. Wie aber kam sie in die MfS-Unterlagen?

Die Schilderung der Paßkontrolleinheit des deutsch-deutschen Grenzübergangs Oebisfelde wurde ebenso in den Lagefilm der MfS-Bezirksverwaltung Magdeburg aufgenommen, wie eine Vielzahl anderer Erstmeldungen über Vorkommnisse, die vermeintlich oder tatsächlich relevant für Ordnung und Sicherheit im Bezirk Magdeburg waren. Der Lagefilm für das 2. Halbjahr 1988 soll etwas ausführlich referiert werden, um den Kontext solcher Aktivitäten plastischer zu machen.[127] Die Erstmeldungen kamen von unterschiedlichen Institutionen außerhalb des MfS und gingen tagtäglich, offenbar einer Meldeordnung folgend, beim operativ Diensthabenden der MfS-Bezirksverwaltung ein. Von dort wurden die Kurzmeldungen nach unterschiedlichen Verteilern an verschiedene MfS- und Polizeidienststellen weitergeleitet. Der Lagefilm der Bezirksverwaltung Magdeburg für das zweite Halbjahr 1988 enthält beispielsweise 29 Meldungen über Brände, meist in staatlichen Betrieben oder Gebäuden mit Verdacht auf Brandstiftung und 21 Meldungen über die Auslösung irgendwelcher „Grenzvarianten". Insgesamt 14mal wurde der Verdacht auf „öffentliche Herabwürdigung" aus verschiedenen Orten des Bezirkes Magdeburg gemeldet, wobei es vor dem Hintergrund der aktuellen politischen Problematik in Sachsen-Anhalt interessant erscheint, daß es sich mehrmals um neonazistische bzw. rechtsradikale Aktionen handelte, wie das Zeigen des Hitlergrußes auf dem sowjetischen Ehrenfriedhof, das Aufmalen der Parole „Ausländer und Juden raus" sowie das Aufsprühen eines Hakenkreuzes und von SS-Runen. Zwölfmal wurden anonyme Drohanrufe registriert, acht Meldungen bezogen sich auf unbefugten Waffenbesitz, sieben Meldungen auf Tierverluste in der Landwirtschaft, jeweils zwei Meldungen auf Luftraumverletzungen und Fahnenflucht und vieles andere mehr. Mit großem Abstand am häufigsten,

---

127 Vgl. Lagefilm der BV Magdeburg, 2 Aktenordner mit 441 bzw. 428 Blatt (1.7.–28.9.1988 sowie 28.9.–31.12.1988); BStU, ASt Magdeburg, 344 AKG.

nämlich insgesamt 368mal, wurden versuchte oder vollzogene „ungesetzliche Grenzübertritte" gemeldet. Sechzehn direkte Fluchtversuche aus der DDR wurden als gelungen und in 125 Fällen die Nichtrückkehr von einer Westreise gemeldet. Es gab vier „ungesetzliche Grenzübertritte" vom Westen in die DDR, wobei die Betreffenden nach kurzer Prüfung ihres Anliegens jeweils schnell wieder in die Bundesrepublik zurückgeschickt wurden. In 15 Fällen war der Meldung des Grenzübertrittversuches nichts über den Ausgang zu entnehmen. Zweihundertsieben Grenzübertrittsversuche meist junger Männer endeten vorläufig mit Festnahmen, wobei in 116 Fällen die Einlieferung der Festgenommenen in eine Untersuchungshaftanstalt und in 85 Fällen nur die polizeiliche Festnahme im MfS-Lagefilm vermerkt ist. In sechs Fällen werden im Zusammenhang mit der Festnahme Zweifel an der Zurechnungsfähigkeit, Suizidversuche, psychische Krankheiten, Nervenklinikbehandlungen oder eine Einweisung in ein psychiatrisches Krankenhaus erwähnt. Die eine Meldung, in der es um einen verhinderten Grenzübertrittsversuch mit Psychiatrieeinweisung geht, wurde bereits referiert, die übrigen fünf werden nachfolgend dargestellt.

Am 26. August 1988 hatte ein 25jähriger Mann, vom Westen her kommend, die Staatsgrenze der DDR überschritten und war wenig später festgenommen worden. In der polizeilichen Meldung an die MfS-Bezirksverwaltung Magdeburg heißt es:

„Bei der Festnahme bat der H. um politisches Asyl. Es wurde herausgearbeitet, daß es sich bei dem H. um einen Nervenkranken handelt. H. ist ehemaliger DDR-Bürger, welcher am 20.8.1983 nach Antragstellung in die BRD übergesiedelt wurde. In der DDR befand sich H. ebenfalls unter ständiger ärztlicher Kontrolle. Von März 1988 bis Juli 1988 befand er sich in Braunschweig in einer Nervenklinik. H. ist noch krank geschrieben wegen [eines] depressiven Syndrom[s].
Zuletzt war er bei seiner Mutter [... – Bundesrepublik] wohnhaft. Vom 23.8. bis 26.8. hat er zwei Selbstmordversuche unternommen durch übermäßigen Tablettengenuß. Daraufhin hat die Mutter ihren Sohn aus der Wohnung verwiesen und seinen Ausweis einbehalten. Wie er angab, wollte er zur Oma und Vater, welche in Leipzig wohnhaft sind.
Da er keine Ausweisdokumente hatte, befürchtete er, an der GÜST [Grenzübergangsstelle] sofort zurückgewiesen zu werden, deshalb entschloß er sich für einen ungesetzlichen Grenzübertritt BRD-DDR. Beim Grenzübertritt BRD-DDR hat er alle Grenzanlagen überstiegen und gelangte dann bis zum Festnahmeort.
Maßnahmen: Genosse Hauptmann Pohl hat den Bereitschaftsarzt [...] angefordert. Es erfolgte eine Untersuchung des H. und die Ausstellung einer Einweisung in die Nervenklinik Haldensleben."[128]

---

128 Lagefilm der BV Magdeburg, Zeitraum 1.7.–28.9.1988, Bl. 184 f.

Nach der Schilderung scheint die ärztliche Einweisung des psychisch kranken Mannes in das psychiatrische Krankenhaus gerechtfertigt gewesen zu sein und jedenfalls nicht seine politische Verfolgung bezweckt zu haben.

In einer Meldung vom 12. September 1988 wurde ebenfalls ein Suizidversuch und eine Nervenklinikeinweisung erwähnt. Sie betraf einen 16jährigen Polen, der zunächst am 10. September 1988 in einem Magdeburger Heim versucht hatte, sich das Leben zu nehmen, und daraufhin in die Nervenklinik der Medizinischen Akademie Magdeburg gebracht worden war. Von dort aus war er am Abend des 11. September Richtung Westgrenze geflüchtet. Am Morgen des 12. September wurde er im Grenzgebiet aufgegriffen. Als „Motiv" wurde festgestellt, daß der Jugendliche seine Lehre abbrechen sollte, um seinen Eltern in der Landwirtschaft zu helfen, und deshalb zu einem Freund in die BRD flüchten wollte. Nach einer Abstimmung zwischen Polizei und MfS wurde der Junge nach Frankfurt/Oder gebracht und am Mittag des 12. September 1988 „an die polnischen Sicherheitsorgane" übergeben.[129] Aus der Schilderung ergibt sich kein Anhalt für politischen Psychiatriemißbrauch.

Am 16. Oktober 1988 wurde die Festnahme und Rückführung eines „Heiminsassen" der Bezirksnervenklinik Haldensleben gemeldet, der dort eine Woche zuvor aus einem Ausgang nicht zurückgekommen war. Aus der Meldung ist zu erfahren, daß der damals 29jährige Dekorationsmaler „mehrfach vorbestraft" und vom Gericht als „nicht schuldfähig" in der Psychiatrie untergebracht worden war. Er habe angegeben, nach der Trennung von seiner Freundin mit dem Leben nicht mehr zurechtzukommen. Deshalb habe er versuchen wollen, die Grenzsicherungsanlagen zu überwinden, um in der BRD ein neues Leben zu beginnen. Nach einer Befragung und der in der Nervenklinik telefonisch eingeholten Auskunft, daß der Betreffende „nicht schuldfähig" sei, wurde er dorthin zurückgebracht.[130]

Eine Meldung vom 24. November 1988 hingegen endet damit, daß die Prüfung der Zurechnungsfähigkeit erst noch vorgenommen werden sollte. Gemeldet wurde die vorläufige Festnahme eines 21jährigen Mannes, der „Invalidenrentner" und „ohne Schulbildung" sei, was die Annahme einer geistigen Behinderung nahelegt und die Prüfung der Zurechnungsfähigkeit sinnvoll erscheinen läßt. Der junge Mann habe „zu seinem Vater in die BRD" gewollt. Er sei von der Grenzpolizei zu weiterer Klärung an die Kriminalpolizei in Magdeburg übergeben worden.[131]

Die letzte Meldung im zweiten Halbjahr 1988, in der von einer Psychiatrieeinweisung nach Fluchtversuch die Rede war, ging am 2. Dezember 1988 in der Bezirksverwaltung für Staatssicherheit Magdeburg ein:

---

129 Ebenda, Bl. 98.
130 Lagefilm der BV Magdeburg, Zeitraum 28.9.–31.12.1988, Bl. 349.
131 Lagefilm der BV Magdeburg, Ordner (1) Zeitraum 28.9.–31.12.1988, Bl. 144.

„Am 2.12.1988 um 13.03 Uhr wurde durch Kräfte der PKE [Paßkontrolleinheit] im Zug D 446 in einem Reisezugwagen in einer verschlossenen Toilette eine weibliche Person festgestellt, welche keine Grenzübertrittsdokumente bzw. keinen PA [Personalausweis] vorweisen konnte. Die Person wurde aus dem Reisestrom gelöst und zur Klärung aus dem Zug ausgesetzt.
Die Person gibt [...] an, daß es sich bei ihr um [...] geboren [...] 1960 in Hamburg, wohnhaft [in] Jena, ledig, Schulbildung: 8. Klasse handelt. Überprüfungen zur Person durch die KD [MfS-Kreisdienststelle] Jena ergaben, daß unter diesen Angaben die Person nicht existent ist.
Die P. gibt zu ihrer Handlungsweise an, daß sie vor ca. drei Jahren aus der BRD in die DDR übergesiedelt ist. Seit mehreren Wochen hält sie sich auf Bahnhöfen auf und ernährt sich von Bettelei und Zufallsarbeiten wie Toilettensäuberung usw. [...] Heute stellte sie während ihres Aufenthaltes auf einem Bahnsteig visuell anhand von Leitschildern des D 446 fest, daß dieser Zug nach Köln fährt. Sie faßte daraufhin spontan den Entschluß, zu ihrem Vater in der BRD nach Köln zu reisen. Die P. führte keinerlei Gepäck bei sich."[132]

Die „Person" sei von den Grenzkontrolleuren „zur weiteren Bearbeitung" an die Kriminalpolizei des nächstgelegenen Volkspolizeikreisamtes „übergeben" worden, wo ein „Personenfeststellungsverfahren" eingeleitet worden sei. Die „Person" sei „nach Arztvorstellung" in das regionale Fachkrankenhaus für Psychiatrie in Uchtspringe geschickt worden. Angesichts des martialischen DDR-Grenzregimes und des außergewöhnlichen Verhaltens der jungen Frau erscheint eine ärztliche Vorstellung und eine Einweisung zur psychiatrischen Beobachtung nachvollziehbar. Weitere Recherchen in den MfS-Unterlagen waren aufgrund der fiktiven Personenangaben nicht möglich. Die Annahme eines politischen Psychiatriemißbrauchs erscheint allerdings auch hier fernliegend. Es könnte sich bei dem von vornherein aussichtslosen Fluchtversuch der jungen Frau um eine Art halbbewußte Provokation sozialer Unterstützung gehandelt haben.
Ein ähnlich gelagerter Fall verbarg sich hinter der Meldung über eine „provokatorisch-demonstrative Handlung" eines Mannes, der ebenfalls eine soziale Randexistenz führte und nicht mehr weiterwußte. Unter dem 4. Oktober 1988 wurde der MfS-Bezirksverwaltung Magdeburg gemeldet, daß ein 39jähriger Viehpfleger in einem Dorf versucht habe, sich das Leben zu nehmen. Der Mann sei seit zwanzig Jahren Alkoholiker, geschieden, und von 1967 bis 1987 „mehrmals wegen Eigentumsdelikten, asozialen Verhaltens und in zwei Fällen versuchten ungesetzlichen Grenzübertrittes inhaftiert gewesen". Der Viehpfleger sei in letzter Zeit wiederholt der Arbeit ferngeblieben. Am 4. Oktober 1988 habe er „unter starker Alkoholeinwirkung" den Abschnittsbevollmächtigten aufgesucht und ihm erklärt, daß er unbedingt in das psychiatrische Krankenhaus „nach Haldensleben zur Entzie-

---

132 Ebenda, Bl. 97.

hungskur müsse, weil er mit dem Leben nicht mehr zurecht" käme. Wenn ihm keiner helfen könne, „bliebe ihm nur die Selbsttötung und er würde sich und seinen Hausrat anstecken". Dann habe der betrunkene Mann seine Windjacke mit Öl getränkt und angezündet. Der Polizist habe das Feuer der am Boden brennenden Jacke schließlich ausgetreten. Der Viehpfleger sei von Mitarbeitern des MfS und der Kriminalpolizei befragt worden und habe erklärt, „daß er keine provokatorischen Absichten verfolgte, die gegen die Ordnung und Sicherheit der DDR gerichtet" seien. Sein Ziel sei es, „unbedingt zur Entziehungskur eingewiesen zu werden". Die Sicherheitskräfte stellten die Jacke und den „Rest der brennbaren Flüssigkeit" sicher, veranlaßten eine Blutentnahme und eine Hausdurchsuchung bei dem Viehpfleger und stellten schließlich fest, daß „keine Straftat" vorliege. Am 5. Oktober 1988 werde der Alkoholkranke „durch den Kreisarzt in die BNK [Bezirksnervenklinik] Haldensleben eingewiesen",[133] was der ausgesprochene Wunsch des Betroffenen war.

Die referierten Meldungen aus dem MfS-Lagefilm der zweiten Jahreshälfte 1988 über besondere Vorkommnisse hinsichtlich Ordnung und Sicherheit im Bezirk Magdeburg zeigen, daß es eine Reihe von Berührungspunkten zwischen Polizei- und MfS-Dienststellen und Fragen der Zurechnungsfähigkeit sowie quasi-polizeirechtlicher Psychiatrieeinweisungen gab, die einen Niederschlag in den MfS-Unterlagen gefunden haben. In keiner der referierten Erstmeldungen gibt es Belege oder auch nur Verdachtsmomente für einen politischen Mißbrauch der Psychiatrie. Die systematische Durchsicht anderer Aktenbestände hingegen ergab einen Beleg, der wegen seiner Brisanz nachfolgend gesondert erörtert wird.

### 5.3.3. Ein besonderer Fall

In den siebziger Jahren, als die Partei- und Staatsführung bereits um ein positives Image der DDR im Ausland bemüht war, muß die nachfolgend zitierte Nachricht aus dem Westen sehr beunruhigend auf die Genossen gewirkt haben:

„Durch die HVA/X [MfS-Spionage] wurde am 4.10.1977 bekannt, daß dem Bonner Ministerium für innerdeutsche Beziehungen Angaben vorliegen, wonach in der psychiatrischen Klinik in Neuruppin bei der Behandlung politisch mißliebiger Personen unmenschliche Methoden angewendet werden. Diese Angaben sollen zum geeigneten Zeitpunkt in einer Kampagne gegen die DDR verwandt werden.
Nach einer DPA-Mitteilung vom 30.8.1977 wird erklärt, daß der englische Psychiater Bloch über Informationen verfügt, daß auch in der DDR, ebenso wie in der SU und anderen Ländern, die Psychiatrie als Druckmittel gegen

---

133 Ebenda, Bl. 399 f.

Systemkritiker verwendet wird. Es ist deshalb nicht auszuschließen, daß auch die DDR in diese Verleumdungskampagne einbezogen wird."[134]

Um zu prüfen, welche Angriffsflächen der „Klassenfeind" in dem angeschuldigten Krankenhaus tatsächlich haben könnte, leitete das MfS eine Untersuchung der Nervenklinik Neuruppin ein. Ein Dokument der Auswertungs- und Kontrollgruppe (AKG) der Bezirksverwaltung für Staatssicherheit Potsdam gibt darüber Auskunft:

> „Ausgehend von der Information der HV A vom 10.8.77, das 'Bundesministerium für innerdeutsche Beziehungen' besitze Informationen über einen Mißbrauch der Psychiatrie in der Bezirksnervenklinik (BNK) Neuruppin, sowie auf der Grundlage erhaltener Anregungen und eigener Überlegungen sind durch die Kreisdienststelle Neuruppin mit Unterstützung der Abteilung XX [der MfS-Bezirksverwaltung Potsdam] Maßnahmen eingeleitet worden, um zu aussagekräftigen analytischen Werten zu gelangen.
> Zu diesem Zweck werden rückwirkend bis 1974 die in der BNK Neuruppin behandelten Personen, in erster Linie die auf Gerichtsbeschluß und staatliche Anordnung eingewiesenen, festgestellt. Durch Sichtung der Archivmaterialien der BNK und ihre Sondierung nach bestimmten Kriterien werden *die* Behandlungsfälle aufbereitet, die vom Feind für Verleumdungen der DDR und Diskriminierung des Gesundheitswesens ausgenutzt werden könnten.
> Diese Selektion erfolgt gleichzeitig unter dem Gesichtspunkt der Gewinnung von Anhaltspunkten und Hinweisen, welche ehemaligen Neuruppiner Ärzte, Krankenpfleger usw. oder andere Personen mit früherem oder noch gegenwärtigem engen Bezug zur BNK [...] als Informationsquelle für den Gegner in Betracht kommen. [...]
> Diese unter Einbeziehung zuständiger staatlicher Stellen durchzuführenden Maßnahmen sind sehr umfangreich und nicht kurzfristig zu erledigen."[135]

Als „Informationsquelle für den Gegner" zog man im MfS mehrere Personen in Betracht. Im April 1970 hatte der stellvertretende ärztliche Leiter der Nervenklinik Neuruppin auf illegalem Wege die DDR verlassen.[136] Anfang 1972 hatte ein psychiatrischer Oberarzt der Klinik ebenfalls die Flucht versucht, war verhaftet und nach mehrmonatiger Untersuchungshaft infolge eines Amnestieerlasses in die Bundesrepublik entlassen worden.[137] Der erwähnte Chefarzt hatte 1975 als Rentner seinen Wohnsitz nach Westen

---

134 Aus dem Maßnahmeplan der HA XX/1 vom 11.5.1978 zur politisch-operativen Aufklärung der „Deutschen Vereinigung gegen den politischen Mißbrauch der Psychiatrie e. V.", 8 Seiten; BStU, HA XX 1385, Bl. 70–77, hier 74.
135 BStU, ASt Potsdam, AKG 1071, Bl. 9.
136 BStU, ASt Potsdam, AOP 132/73, 2 Bde.
137 In der Untersuchungshaft versuchte das MfS, den Arzt als IM anzuwerben. Der Versuch wurde infolge der Amnestie und Entlassung in die BRD abgebrochen.Vgl. BStU, ASt Potsdam, AIM-Vorlauf 630/73.

verlagert. Mindestens drei vormalige Patienten der Nervenklinik Neuruppin waren in den Jahren 1973 bis 1976 ebenfalls nach Westdeutschland übergesiedelt.[138]

Die Untersuchungen des MfS dauerten jahrelang, was für die Gründlichkeit des Vorgehens spricht. Leider liegen keine detaillierten Protokolle, sondern nur ein zusammenfassender Bericht vom Mai 1980 vor. Die „Sichtung der Archivmaterialien" der Nervenklinik unter der Fragestellung eines politischen Mißbrauchs der Psychiatrie kann als ein zwar ungewollter, aber brauchbarer Beitrag des MfS zur vorliegenden Darstellung bewertet werden. Denn erstens wäre heute schon aus Gründen des Personendatenschutzes kaum noch ein Zugang für Forschungszwecke zu Krankenblattarchiven aus den siebziger Jahren möglich. Zweitens dürfte damals ein beträchtlicher Arbeitsaufwand von mehreren Personen über einen längeren Zeitraum investiert worden sein. Und drittens ergibt sich der Wert der von MfS-Männern erarbeiteten Krankenblattarchivstudie aus der Tatsache, daß die „Sichtung der Archivmaterialien" erklärtermaßen aus dem Blickwinkel des „Feindes" vorgenommen worden ist, also auf Bewertungskriterien Bezug genommen wurde, die in etwa denen dieses Buches entsprechen dürften. Demnach muß die folgende Feststellung von Oberstleutnant Baumert, dem Leiter der AKG in der Bezirksverwaltung für Staatssicherheit Potsdam, im Ergebnisbericht vom 20. Mai 1980 zumindest ernst genommen werden:

„Überprüfungen haben ergeben, daß keine Personen mit dem Ziel, sie als 'Oppositionelle' oder anderweitig 'politisch Unliebsame' dem öffentlichen Leben unter dem Vorwand einer gestörten Geistestätigkeit fernzuhalten, in die BNK [Bezirksnervenklinik] eingewiesen worden sind."[139]

Eine handschriftliche Randbemerkung relativiert diese Aussage allerdings als „zu absolut, § 6 doch!". Diese Einschränkung in Verbindung mit einem Hinweis auf § 6 des DDR-Einweisungsgesetzes wird auf der anschließenden Seite des AKG-Berichtes erklärt, indem folgender Fall einer politisch motivierten Zwangseinweisung referiert wird:

„Am 2. August 1973 war in die Bezirksnervenklinik Neuruppin Roller, Max[140] [...] vom zuständigen Kreisarzt eingewiesen worden.[141]
R. war hartnäckiger Antragsteller [auf Übersiedlung in den Westen]. Seine rechtswidrigen Ersuchen wurden abgelehnt. Kurz vor Beginn der Weltfest-

---

138 Aufstellung der KD Neuruppin vom 10.7.1980; BStU, ASt Potsdam, AKG 1071, Bl. 11f.
139 Ebenda, Bl. 5.
140 Der Name des Betroffenen wurde aus datenschutzrechtlichen Gründen geändert.
141 Da die Archivuntersuchung der Zwangseinweisungen in der Nervenklinik Neuruppin nur bis 1974 zurückgehen sollte, spricht der aus dem Jahre 1973 stammende Fall dafür, daß entweder der Untersuchungszeitraum noch erweitert wurde oder sich die beteiligten MfS-Offiziere an diesen – weil einmaligen – Fall erinnerten.

spiele 1973 in Berlin drohte R. anläßlich des Erhaltes eines ablehnenden Bescheids bei der Abt. Inneres beim Rat des Kreises [...] an, demonstrativ einen Suizid mittels öffentlicher Verbrennung in Berlin zu begehen, falls die staatlichen Organe der DDR bei ihrer ablehnenden Haltung zu seinem Ersuchen bleiben würden. Um eine mögliche politisch-negative öffentlichkeitswirksame Handlung des R. während der Weltfestspiele zu verhindern, wurde seine vorübergehende Einweisung in die o. g. Einrichtung angestrebt und auf der Grundlage des § 6 des Gesetzes über die Einweisung in stationäre Einrichtungen für psychisch Kranke vom 11.6.1968 verwirklicht. [...]
Weitere analoge Fälle sind nicht festgestellt worden."[142]

Die Feststellung dieses einzigen Falles einer durch MfS-Vertreter veranlaßten polizeirechtlichen Zwangseinweisung eines psychisch Gesunden in die Nervenklinik Neuruppin verweist allerdings darauf, daß solche Übergriffe in den siebziger Jahren keine regelmäßige Praxis des Staatssicherheitsdienstes war. Dafür sprechen auch der weitere Verlauf des Falles und seine Darstellung in den MfS-Unterlagen, die nachfolgend referiert wird. Besonders aufschlußreich ist die „Operative Personenkontrolle" (OPK) „Fackel", die von der MfS-Kreisdienststelle Kyritz über den am 1. August 1973 in die Nervenklinik Neuruppin zwangseingewiesenen Mann geführt wurde.

Es handelte sich um einen Baumaschinisten, der 1972 im Alter von 21 Jahren bei einem Fluchtversuch in den Westen verhaftet worden war. Nach mehrmonatiger Untersuchungshaft war er aufgrund einer Amnestie entlassen worden und hatte sofort einen Antrag auf legale Ausreise aus der DDR gestellt. Dieser wurde von der Abteilung Innere Angelegenheiten beim Rat des Kreises seines Wohnortes abgelehnt. Die Frustration des jungen Mannes über die Einschränkung seiner Bewegungsfreiheit wurde dadurch noch verstärkt, daß seine Eltern wenige Jahre zuvor bei einem Autounfall tödlich verunglückt waren und er zu Verwandten in die Bundesrepublik wollte. Die in der MfS-Akte festgehaltenen schriftlichen und mündlichen Äußerungen des jungen Arbeiters sind von herzerfrischender Offenheit und einer Prägnanz, die keinen Zweifel an seiner Intelligenz, seiner emotionalen Begabung und seiner Willensstärke aufkommen lassen. Im Protokoll über eine „Aussprache" bei der Abteilung Inneres wird seine Haltung deutlich:

„Roller begründete seinen Antrag damit, daß es in der DDR keine Freiheit gäbe. [...] In der BRD würde er sofort ein Zimmer erhalten und wäre bei seinen Großeltern, Tanten und Verwandten. [...] Er will so leben, daß er durch seine Arbeit ein Auto fahren kann, [um] reisen zu können. Sein Wunsch wäre es, einmal in die Tropen zu reisen, was von der DDR unmöglich ist. [...] Entweder man kommt in den Knast und lebt dann im Käfig oder man lebt im Frei-

---

142 Aufstellung der KD Neuruppin vom 10.7.1980; BStU, ASt Potsdam, AKG 1071, Bl. 6.

gehege, wenn man dieses verläßt, wird man kaltblütig abgeknallt. Er ist fest entschlossen, nach drüben zu gehen. Wenn er es nicht schafft, so würde er als Märtyrer auftreten wie [...] der Bürger [...] in der ČSSR, der sich öffentlich verbrannt hat."[143]

Da Max Roller seine Drohung im Sommer 1973 wiederholte, geriet er in das Programm weitreichender Sicherheitsvorkehrungen anläßlich der X. Weltfestspiele der Jugend und Studenten in Ostberlin. Das MfS versuchte mit allen Mitteln, ihn während der Festspielzeit von Berlin fernzuhalten und „abzuschirmen":

„Zu diesem Zweck wurde R. aus dem Zentrum der Bezirkshauptstadt Potsdam [...] auf eine Baustelle im Kreis Wittstock abgestellt. Als diese Maßnahme durchgeführt wurde, reichte R. für die Zeit der X. Weltfestspiele Urlaub ein mit dem Ziel, sich in die Hauptstadt nach Berlin zu begeben. In Koordinierung mit der HA XVIII der BV [Bezirksverwaltung] wurde dieser Urlaub aus betrieblichen Gründen nicht genehmigt. [...] Da er zum Wochenende die Absicht äußerte, zu den Weltfestspielen zu fahren, wurde der Kreisstaatsanwalt, Genosse Seidel, gebeten, am 28.7.73 mit ihm eine Aussprache zu führen. Ziel war dabei, Zeit zu gewinnen und den R. von allen Aktivitäten zurückzuhalten und ihn in dem Glauben zu lassen, sein Antrag würde noch einmal gründlich geprüft werden."[144]

Der Kreisstaatsanwalt riet ihm, am 31. Juli 1973 noch einmal einen Ausreiseantrag bei der Abteilung Innere Angelegenheiten zu stellen, von dieser Stelle würde noch einmal alles „gewissenhaft geprüft" und er würde in etwa zwei Wochen Bescheid erhalten. Bis dahin aber sollte er sich „diszipliniert und ruhig verhalten". Ihm wurde auch gesagt, „daß die Staatsorgane wünschen, daß er nicht nach Berlin fährt und [das] Nichtbeachten dieses Wunsches für ihn Unannehmlichkeiten [zur Folge] haben würde."

Als Max Roller am 31. Juli 1973 tatsächlich zur Abteilung Innere Angelegenheiten ging, durchschaute er die Situation und versuchte sich gegen die Hinhaltetaktik zu wehren. Sein Aufbegehren veranlaßte die MfS-Offiziere, die wegen der Weltfestspiele in erhöhter Alarmbereitschaft waren und den Auftrag hatten, Max Roller auf jeden Fall irgendwie von Berlin fernzuhalten, ihn jedoch nicht einfach verhaften konnten, den unbequemen Mann in die Nervenklinik zu bringen. In seinem später dazu verfaßten Bericht hatte der verantwortliche MfS-Kreisdienststellenleiter sichtlich Mühe, die Psychiatrieeinweisung zu rechtfertigen:

---

143 Protokoll einer Aussprache mit dem Bürger Roller vom 13.3.1973, OPK „Fackel", 1 Bd.; BStU, ASt Potsdam, AOP 1434/74, Bl. 65.
144 Ebenda, Bl. 97 f.

„Am 31.7.1973 erschien er dann auch in der Abteilung Innere Angelegenheiten, [...]. Dort trat er jedoch äußerst provokatorisch und anmaßend auf, indem er sagte, daß er sich alles noch einmal überlegt habe und zu der Meinung gekommen sei, auf Grund seiner angedrohten Selbstverbrennung habe man jetzt Angst vor ihm und würde ihn deshalb nicht nach Berlin lassen. Höchstwahrscheinlich will man ihn auch hinhalten mit einer erneuten Antragstellung. Deshalb [...] stellte er die strikte Forderung, bis Freitag, den 3.8.1973 Bescheid über einen sofortigen legalen Verzug zu erhalten oder widrigenfalls nach Berlin zu fahren, wobei die Staatsorgane der DDR dann den kürzeren ziehen würden.
Auf Grund dieser massiven Drohung des R. und auf Grund der Tatsache, daß zur Zeit keine strafrechtlichen Sanktionen gegen ihn möglich waren, und auch auf Grund dessen, daß er vermutlich durch den plötzlichen Tod seiner Eltern einen Schock erlitten hat, der sich unter Umständen so äußern könnte, daß ein Zusammenhang zu der beabsichtigten Selbstverbrennung besteht, und auch seine Äußerungen, daß ihn der Sozialismus schon verwirrt hat, war angebracht, psychiatrische Maßnahmen gegen ihn einzuleiten."[145]

Die Verwirrtheitsäußerung wurde an einer anderen Stelle desselben Berichtes etwas anders und wahrscheinlich richtiger wiedergegeben: Da hieß es, Max Roller habe zur Begründung seines Ausreisebegehrens unter anderem geäußert, daß er sich „durch den Sozialismus nicht weiter seinen Verstand verwirren lassen will."[146]

Zweifellos war der junge Mann bei völlig klarem Verstand, als er am Abend des 1. August 1973 vor Beginn seiner Nachtschicht von der Baustelle abgeholt wurde. Zwei freundliche Herren von der Staatssicherheit baten ihn mitzukommen, angeblich, weil der Staatsanwalt wegen der Ausreise noch einmal mit ihm reden wollte. Max Roller hoffte auf eine sofortige Abschiebung in die Bundesrepublik und ging mit. Statt des erwarteten Abschiebebescheids legten ihm die MfS-Männer jedoch wenig später Handschellen an und brachten ihn in die Nervenklinik Neuruppin.[147] Einem Bericht von Leutnant Friese „über die Überführung des Jugendlichen"[148] Max R. ist zu entnehmen, daß die MfS-Männer auf ihre Schilderung einer Selbstmordgefahr hin die telefonische Zustimmung eines Psychiaters und einen Krankentransport für ihre Aktion bekommen hatten, mit dem sie um 21.45 Uhr in der Nervenklinik Neuruppin eintrafen.[149]

---

145 Abschlußbericht zur OPK „Fackel" vom 7.8.1973; ebenda, Bl. 95–100, hier 99.
146 Ebenda, Bl. 96.
147 Informationen aus einem Brief von Max Roller an seine Schwägerin vom 2.8.1973, der also in der Nervenklinik geschrieben worden sein muß und den Vermerk trägt: „Brief wurde nicht befördert"; ebenda, Bl. 92 f.
148 Die wiederholte Bezeichnung des 22jährigen als „Jugendlicher" in der MfS-Akte könnte ein Hinweis darauf sein, daß die Hemmschwelle des MfS zu Zwangsmaßnahmen ihm gegenüber herabgesetzt war, weil er Vollwaise und ohne verwandtschaftliche Unterstützung war.
149 Bericht von Unterleutnant Friese, KD Kyritz, vom 2.8.1973, OPK „Fackel", Bl. 76–78.

Dort konnten weder die diensthabende Ärztin, die den ärztlich eingewiesenen Patient aufnahm, noch der nachuntersuchende Oberarzt am nächsten Tag irgendein Anzeichen einer psychischen Krankheit feststellen. Dem Patienten wurden keine Psychopharmaka verabreicht, aber er wurde fast eine Woche lang in der Nervenklinik festgehalten. Den ärztlichen Notizen zufolge geschah das, weil man die bei der Einweisung angekündigte Suizidgefahr nicht sicher ausschließen konnte. Am Montag, dem 6. August 1973, verneinte der Patient bei einer Chefvisite noch einmal ausdrücklich jegliche aktuelle Suizidabsichten. Daraufhin wurde Max Roller am folgenden Tag entlassen. Seine schriftliche Beschwerde gegen seine Psychiatrisierung wurde mit der Krankenakte archiviert. In einem Brief an den Kreisarzt kritisierten der psychiatrische Oberarzt und der stellvertretende ärztliche Direktor der Nervenklinik die ungesetzliche Verfahrensweise der Einweisung:

„Die stationäre Einweisung war wegen der ernstzunehmenden Suiziddrohungen notwendig. Auch bei uns bestätigte der Patient, daß er geäußert habe, sich öffentlich zu verbrennen. [...]
Nach Angaben des Patienten und nach heutiger telefonischer Erkundigung hatte den Patienten vor der stationären Einweisung kein Arzt gesehen. Die Notwendigkeit der Einweisung können wir bestätigen, jedoch nicht den Modus der von Herrn Dr. med. Donalies,[150] Wittstock, ausgesprochenen und bestätigten Einweisung gemäß § 6 des Gesetzes über die Einweisung in stationäre Einrichtungen für psychisch Kranke vom 11.6.1968, da diese befristete ärztliche Einweisung – weil den Patienten vor der stationären Aufnahme kein Arzt zum Einverständnis oder Nichteinverständnis der Einweisung befragt hatte – somit rechtlich nicht zustande gekommen ist."[151]

Dann fragt man sich natürlich, und der Betroffene wollte das auch gern wissen, auf welcher Rechtsgrundlage er sechs Tage lang gegen seinen erklärten Willen in der Klinik festgehalten worden ist. Der zuständige Kreisstaatsanwalt, der am Entlassungstag noch eine „Aussprache" mit Max Roller führte, konnte die berechtigten Zweifel des jungen Mannes an der Gesetzmäßigkeit der Psychiatrieeinweisung auch nicht zerstreuen. Der Jurist nannte ihm die Gesetzesblätter, in denen er das Einweisungsgesetz finden könnte, und wies ihn mehrmals auf sein Beschwerderecht hin.[152] Die Aktennotiz über diese „Aussprache" in der MfS-Akte erweckt den Eindruck, daß die Vertreter der Staatsmacht ein schlechtes Gewissen wegen der ungesetzlichen Zwangsmaßnahme hatten. Dieser Eindruck verstärkt sich noch bei

---

150 Dr. med. Christian Donalies (Jg. 1933), der der Psychiatrieeinweisung zugestimmt hatte, ohne den Patienten zu sehen und zu sprechen, war weder offiziell noch inoffiziell Mitarbeiter des MfS.
151 OPK „Fackel", Bl. 120.
152 Aktennotiz von Hauptmann Bohnsack, KD Kyritz, über die Aussprache des Kreisstaatsanwaltes mit Max Roller am 7.8.1973; ebenda, Bl. 102f.

der Lektüre der verkürzten Darstellungsversion dieser „Aussprache" durch den verantwortlichen MfS-Kreisdienststellenleiter, Hauptmann Lange, und vor allem durch dessen hastig noch am Entlassungstag von Max Roller aus der Nervenklinik formulierten Vorschlag, die ganze Angelegenheit so schnell wie möglich zu beenden:

> „Am 6.8.1973 erhielten wir die Mitteilung, daß die Untersuchung ergeben hat, daß R. keine Anzeichen von Geisteskrankheit aufweist. Aus diesem Grunde wird er am 7.8.1973 aus dem Krankenhaus entlassen und anschließend eine Aussprache von seiten des Kreisstaatsanwaltes mit ihm geführt, wo ihm noch einmal klar zu verstehen gegeben und anhand der entsprechenden Gesetze bewiesen wird, daß auf Grund seiner Äußerungen und seiner Verhaltensweise der Verdacht sehr nahe lag, daß psychische Störungen die Ursache sein könnten. Deshalb waren diese Maßnahmen zum Schutze seiner eigenen Person durchaus erforderlich. Da aber nun festgestellt wurde, daß er nicht psychisch krank ist, wird sein gestellter Antrag erneut zum Gegenstand einer eingehenden und gewissenhaften Prüfung gemacht, und er erhält in nächster Zeit Bescheid.
> Auf Grund des geschilderten Sachverhalts möchte ich den Vorschlag machen, die Person Roller, Max [...] unverzüglich aus der DDR auszuweisen und die Staatsbürgerschaft abzuerkennen."[153]

Es dauerte noch fast ein Jahr, bis Max Roller die DDR verlassen durfte. Die MfS-Bezirksverwaltung Potsdam verschärfte im August 1973 zunächst noch die operative Bearbeitung,[154] da „der Bearbeitete potentiell einen ernstzunehmenden Gegner der DDR darstellt."[155] Die Einschätzung war an sich nicht falsch, denn Max Roller zeigte eine resolute Reaktion auf das ihm angetane Unrecht. Er kündigte wenig später schriftlich an, daß er es „nicht widerstandslos hinnehmen" werde, wenn sein Ausreiseantrag erneut abgelehnt würde.[156] Jetzt, nachdem er „in die Klapsmühle gebracht" worden sei, würde er von seinem Ausreisevorhaben erst recht „nie mehr" abgehen.[157] Zu seinem Glück setzte sich bei MfS-internen Auseinandersetzungen[158] die Einsicht durch, daß es vernünftiger wäre, den jungen Mann ziehen zu lassen.
Im Abschlußbericht zum OV „Fackel" vom 9. Juli 1974 wurde die von

---

153 Abschlußbericht zur OPK „Fackel" von Hauptmann Lange, Leiter der KD Kyritz, vom 7.8.1973; ebenda, Bl. 95–100, hier 99 f.
154 Am 14.8.1973 wurde ein OV „Fackel" eingeleitet. Zu einer Bearbeitung kam es jedoch nicht mehr.
155 Einschätzung durch Major Unrath (!), Leiter der Abt. XX der BV Potsdam, vom 17.8.1973, OV „Fackel", Bl. 21.
156 Ebenda, Bl. 106.
157 Ebenda, Bl. 107.
158 Der Leiter der Abt. XX der BV Potsdam tendierte anscheinend eher zur verschärften operativen Bearbeitung mit dem Ziel einer Verhaftung, während Offiziere der Abt. IX der BV Potsdam den Vorschlag auf Ausweisung Max Rollers aus der DDR unterstützten.

der MfS-Kreisdienststelle Kyritz veranlaßte Zwangseinweisung in die Psychiatrie unverblümt eingeräumt: „Während der Aktion 'Banner' wurde R. aus operativen Gründen in das Bezirkskrankenhaus für Neurologie und Psychiatrie Neuruppin eingewiesen."[159]

Als „Aktion 'Banner'" wurden im Ministerium für Staatssicherheit laut Mielke-Befehl 13/73 vom Frühjahr 1973 „alle politisch-operativen Maßnahmen" zusammengefaßt, die „zur wirksamen Aufklärung aller gegen die X. Weltfestspiele der Jugend und Studenten gerichteten feindlichen Pläne, Absichten und Maßnahmen, zur Abwehr aller feindlichen Handlungen, zur Gewährleistung von Sicherheit und Ordnung auf dem Territorium der DDR, insbesondere der Hauptstadt, und zur Gewährleistung der störungsfreien Vorbereitung und Durchführung der X. Weltfestspiele" gehörten.[160] Die Psychiatrie wurde in diesem Befehl nicht erwähnt.

Allerdings gibt es einen Hinweis auf besondere Maßnahmen zur Kontrolle von psychisch kranken Straftätern, die früher einmal aufgrund ihrer Krankheit exkulpiert worden waren. Mielke subsumierte die „operative Kontrolle der zu Gewalttaten neigenden Personen, einschließlich unzurechnungsfähiger Personen sowie Amnestierter, die wegen Staatsverbrechen und die Ordnung und Sicherheit gefährdender Delikte inhaftiert waren", im Befehl 13/73 unter die „Aufgaben auf dem Gebiet der Abwehr".[161]

Das Gesundheitswesen wurde nur im Zusammenhang mit der „abwehrmäßigen Sicherung" seiner „zentralen Einrichtungen" und einer „Einflußnahme auf deren Tätigkeit" erwähnt, die „zur Gewährleistung der Durchführung aller erforderlichen Maßnahmen zur medizinischen Betreuung, insbesondere zur Vorbeugung gegen Seuchen [und] Epidemien" dienen sollte.[162] Das war die in der DDR übliche, doppelte und dreifache Absicherung bei der Organisation von Großveranstaltungen, bei der sich das MfS, wie bei anderen Gelegenheiten auch, um Dinge kümmerte, die teilweise nur noch entfernt sicherheitspolizeilichen Charakter hatten. Bei der zweiten Erwähnung des Gesundheitswesens im Befehl 13/73 scheint es weniger sicher, daß es nur um die medizinische Betreuung der Festivalteilnehmer und um Seuchenbekämpfung ging: Die MfS-Hauptabteilung XX sollte „mit dem Ziel der Wahrnehmung der politisch-operativen Interessen des MfS bei der Festlegung von Maßnahmen" und deren Verwirklichung eine „ständige Verbindung" zur staatlichen Kommission Gesundheitswesen gewährleisten.[163] Das konnte mancherlei bedeuten. Festzuhalten bleibt dennoch, daß

---

159 Abschlußbericht zum OV „Fackel", Bl. 131f., hier 132.
160 Befehl 13/73 vom 18.4.1973 „zur Sicherung der Vorbereitung und Durchführung der X. Weltfestspiele der Jugend und Studenten in der Hauptstadt der DDR", 50 Seiten, hier S. 3; BStU, ZA, DSt 100738.
161 Ebenda, S. 13.
162 Ebenda, S. 19.
163 Ebenda, S. 17.

Zwangseinweisungen in die Psychiatrie im Mielke-Befehl 13/73 für die Aktion „Banner" nicht genannt werden.

Insgesamt ist die Einlieferung von Max Roller in die Nervenklinik Neuruppin wohl als eine singuläre Aktion der MfS-Offiziere der Kreisdienststelle Kyritz zu sehen, die sich im Rahmen der vom Befehl 13/73 geforderten „Verhinderung der Teilnahme von in operativer Bearbeitung stehenden und anderen negativ angefallenen Personen"[164] vollzog.

### 5.3.4. Die „Sicherung" der X. Weltfestspiele 1973

Um zu klären, ob es systematische rechtswidrige Psychiatrieeinweisungen anläßlich der X. Weltfestspiele im Sommer 1973 in Ostberlin gab, wurde zur polizeilichen „Absicherung" dieser Großveranstaltung weiter recherchiert. Immerhin gibt es neben der geschilderten Geschichte von Max Roller Hinweise in den Abschlußberichten beider Berliner und der Potsdamer Psychiatrie-Untersuchungskommissionen über rechtsstaatswidrige polizeirechtliche Psychiatrieeinweisungen aus diesem Anlaß. Aus einer Studie[165] über die generalstabsmäßige Vorbereitung der X. Weltfestspiele der Jugend und Studenten geht hervor, daß im Zuge der Vorbereitung des internationalen Jugendfestivals insgesamt 604 Personen in psychiatrische Krankenhäuser der DDR eingewiesen worden sind. Die Studie dokumentiert eine eindrucksvolle Bilanz des Ministeriums des Innern und der Deutschen Volkspolizei über Maßnahmen zur „Absicherung" der Großveranstaltung, die mit Hilfe des Nationalen Verteidigungsrates der DDR koordiniert worden sind.

So sollen in der gesamten DDR Gespräche mit insgesamt 23.532 Personen geführt worden sein, um sie an der Einreise nach Berlin während des Festivals zu hindern. Am 28. Juli 1973, dem Tag der Eröffnung der Festspiele, hätten insgesamt 29.962 Personen unter der Kontrolle der Volkspolizei gestanden. Neben den 604 in psychiatrischen Einrichtungen untergebrachten Personen seien 978 Personen in Jugendwerkhöfen und 1.473 Personen in Spezialkinderheimen untergebracht worden. Darüber hinaus verbuchte die Kriminalpolizei 6.472 „sonstige Aktivitäten" zur „Sicherung der Weltfestspiele", zu denen der Entzug von Zeltplatzgenehmigungen, der zeitweilige Entzug von Personalausweisen, Einweisungen in Jugenddurchgangsheime und geschlossene Krankenanstalten für „Personen mit häufig wechselndem Geschlechtsverkehr" sowie die Nichterteilung von Arbeitsurlaub während der Weltfestspiele gehört habe. Einer statistischen Sammelmeldung zufolge sollen außerdem in der Woche der Weltfestspiele in der DDR eine Person wegen

---

164 Ebenda, S. 18.
165 Minderheitenvotum des Abgeordneten Michael Arnold und der Fraktion Bündnis 90/Grüne vom 20.6.1994 zum Schlußbericht des Sonderausschusses zur Untersuchung von Amts- und Machtmißbrauch infolge der SED-Herrschaft. Drucksache 1/4773 des Sächsischen Landtages.

„staatsfeindlicher Hetze", zwei Personen wegen der „Beeinträchtigung staatlicher und gesellschaftlicher Tätigkeit", 34 Personen wegen „Widerstandes gegen staatliche Maßnahmen", 49 Personen wegen „Mißachtung staatlicher und gesellschaftlicher Symbole", 93 Personen wegen „Staatsverleumdung" und 135 Personen wegen des Versuches der „Republikflucht" festgenommen sowie gegen 3.671 Personen „Ermittlungsverfahren wegen asozialen Verhaltens gemäß § 249 StGB[166] in der Periode der unmittelbaren Vorbereitung und Durchführung der X. Weltfestspiele" eingeleitet worden sein.[167]

Die selbstgefällige Bilanz des massiven Polizeieinsatzes führt deutlich vor Augen, welche Register zu ziehen der Staat gewillt und in der Lage war. Vermutlich handelte es sich um die umfassendste Polizeiaktion der siebziger Jahre in der DDR.

Wer aber hatte die insgesamt 604 Psychiatrieeinweisungen zu verantworten, die es der Polizeibilanz zufolge gegeben haben soll? Abgesehen davon, daß es zwischen den staatssicherheitsdienstlichen und den polizeilichen „Sicherheitskräften" auf allen Ebenen eine enge Kooperation gab, – die Berliner Bezirksverwaltung des MfS wurde im Mielke-Befehl 13/73 ausdrücklich zur Gewährleistung einer ständigen Verbindung mit dem Einsatzstab des Präsidiums der Deutschen Volkspolizei verpflichtet[168] – existieren in den MfS-Unterlagen keine Hinweise auf eine aktive Beteiligung des MfS an diesen Einweisungen.

Allerdings gibt es Belege für eine später erfolgte Information des MfS über die Psychiatrieeinweisungen. In der IM-Akte des damaligen stellvertretenden Generalstaatsanwaltes in Ostberlin, der von 1961 bis 1980 unter dem Decknamen „Werner Linde" inoffiziell mit dem MfS zusammenarbeitete, wurden Schreiben mit den Namen von 64 Personen gefunden, die während der X. Weltfestspiele 1973 in psychiatrischen Einrichtungen Ostberlins untergebracht worden seien.[169] Bei diesen Personenaufstellungen handelt es sich um Meldungen, die von den Staatsanwälten der sieben Ostberliner Stadtbezirke Weißensee, Treptow, Prenzlauer Berg, Mitte, Friedrichshain, Pankow und Lichtenberg an den „Generalstaatsanwalt von Groß-Berlin" geschickt worden waren und dann von dessen Stellvertreter dem MfS „zeitweilig zur Verfügung gestellt" wurden.[170] Das MfS hat sich also erst, nachdem die betroffenen Personen von anderen Institutionen in ihren Wohnbezirken erfaßt und

---

166 Detaillierte Erläuterungen folgen im anschließenden Unterkapitel.
167 Vgl. Anlagen 2–8 des Abschlußberichtes des Ministeriums des Innern und der Deutschen Volkspolizei über die Vorbereitung und Durchführung der X. Weltfestspiele 1973, Anlage O des Minderheitenvotums des Abgeordneten Michael Arnold zu DS 1/4773 des Sächsischen Landtages, S. 2–8.
168 Befehl 13/73, S. 25.
169 IM-Akte „Werner Linde"; BStU, ZA, AIM 15527/81, Teil II, Bd. 1, Bl. 80–89.
170 Zusammenfassender Bericht über 5 Treffen mit dem IMS „Werner Linde" im August und September 1973 von Oberleutnant Brüchert, Abt. XX der BV Berlin, vom 4.9.1973; ebenda, Bl. 90.

ihre Einweisung in psychiatrische Einrichtungen verfügt worden war, informieren lassen, und hatte so allerdings zugleich Zugriff auf alle Personendaten der Betroffenen.

Die Feststellung, daß nicht das MfS, sondern andere staatliche Organe die Zwangseinweisungen in psychiatrische Einrichtungen aus der „sachfremden" Erwägung heraus veranlaßt haben könnten, potentielle Störer eines reibungslosen Ablaufes der X. Weltfestspiele aus der Öffentlichkeit zu entfernen, ändert nichts an dem Unrecht, das den Betroffenen zugefügt wurde. Für die Fragestellung eines politischen Psychiatriemißbrauches im Sinne einer verdeckten politischen Instrumentalisierung der Psychiatrie nach sowjetischem Modell jedoch ist die Unterscheidung zwischen polizeilichen und staatssicherheitsdienstlichen Akteuren nicht unwesentlich.

Die Meldungen aus der IM-Akte des stellvertretenden Generalstaatsanwaltes im einzelnen:

Der Staatsanwalt des Stadtbezirkes Berlin-Weißensee meldete dem Generalstaatsanwalt am 30. August 1973 vier „Bürger, die im Zuge der Vorbereitung und Durchführung der Weltfestspiele in psychiatrische Einrichtungen eingewiesen sind."[171]

Mit Kopfbogen der Abteilung Gesundheits- und Sozialwesen beim Rat des Stadtbezirkes Berlin-Treptow zeigte der dort stellvertretende Amtsarzt[172] am 27. August 1973 der Staatsanwaltschaft Treptow drei „kurzfristig vor dem 28.7.73 eingewiesene Bürger – Entlassung am 6.8.73 –"[173] an. Das Schreiben wurde von der Staatsanwaltschaft an den Generalstaatsanwalt weitergeleitet.

Der Staatsanwalt des Stadtbezirkes Prenzlauer Berg unterzeichnete eine undatierte Liste mit der Überschrift: „Folgende Personen wurden in Vorbereitung der X. Weltfestspiele in eine psychiatrische Anstalt eingewiesen", welche die Daten von acht Personen enthält.[174]

Des weiteren kam eine ebenfalls undatierte „Liste der in psychiatrische Einrichtungen eingewiesenen bzw. psychiatrisch betreuten Personen in Vorbereitung der X. Weltfestspiele" vom Staatsanwalt aus Berlin-Mitte. Darin wurden zehn Familiennamen mit verschiedenen Vermerken aufgeführt: Drei Personen seien „nach Buch", eine Person in das St. Joseph-Krankenhaus und eine Person „in ein Pflegeheim eingewiesen" worden; zwei Personen seien „vom Arzt medikamentös betreut" worden, so daß „keine Einweisung erforderlich" gewesen sei; bei einer Person würde die Betreuung durch die „Nervenfürsorge" erfolgen; eine Person befände „sich im Altersheim – be-

---

171 Ebenda, Bl. 80.
172 Die Bezeichnung „Amtsarzt" wird hier synonym zu Kreisarzt bzw. Stadtbezirksarzt gebraucht. Die Stadtbezirksärzte in Ostberlin hatten denselben amtsärztlichen Status wie Kreisärzte in der DDR.
173 IM-Akte „Werner Linde", Teil II, Bd. 1, Bl. 81.
174 Ebenda, Bl. 82 f.

treut durch Arzt in Zusammenarbeit mit Pfleger" und eine Person sei wegen eines Oberschenkelhalsbruchs in ein Krankenhaus eingewiesen worden.[175]
Der Staatsanwalt aus Friedrichshain hatte am 29. August 1973 eine „Liste der in psychiatrische Einrichtungen eingewiesenen Personen" unterschrieben, welche die Daten von sieben Personen enthält.[176]
Vom Staatsanwalt aus Pankow kam eine „Aufstellung psychisch kranker Personen, die über den Zeitraum der X. Weltfestspiele in Haus 213 eingeliefert wurden" vom 29. August 1973. Diese Aufstellung enthält 19 Personen, die „auf amtsärztliche", und vier Personen, die „auf staatsanwaltschaftliche Anordnung" eingewiesen worden seien.[177]
Am 30. August unterschrieb der Lichtenberger Staatsanwalt eine „Aufstellung über die Personen, die anläßlich der X. Weltfestspiele 1973 durch den Amtsarzt in psychiatrische Einrichtungen eingewiesen wurden", in der die Daten von 14 Personen stehen.[178]
Bei den durch Staatsanwälte eingewiesenen Personen könnte es sich um frühere Straftäter gehandelt haben, die aufgrund einer psychischen Krankheit exkulpiert worden waren. Die meisten der 64 Ende Juli 1973 für die Dauer der Weltfestspiele psychiatrisierten Menschen sind jedoch amtsärztlich eingewiesen worden und hatten vermutlich keine Straftaten begangen. Aus welchen Gründen wurden sie in die Psychiatrie eingewiesen, und wer war verantwortlich für diese staatlichen Übergriffe?
Auch zu diesen Fragen fanden sich in den MfS-Unterlagen Hinweise, dieses Mal in der IM-Akte eines Amtsarztes. Der damalige Stadtbezirksarzt von Berlin-Weißensee wurde als „Schlüsselposition" des Gesundheitswesens im Juli 1973 gerade für eine inoffizielle Zusammenarbeit mit der MfS-Kreisdienststelle Weißensee aufgeklärt. Die Akte über seine wenig später als IMS „Librium" begonnene inoffizielle Tätigkeit enthält einen aufschlußreichen Vermerk über eine Zusammenkunft am 6. Juli 1973, also drei Wochen vor Beginn der X. Weltfestspiele:

„Folgende Probleme wurden bei der Zusammenkunft, an der auch der Leiter der Abteilung S [Sicherheit] der VPI [Volkspolizeiinspektion] Weißensee, Genosse Major Waßmuth, teilnahm, geklärt: [...]
2. Nach Rücksprache des Amtsarztes mit dem Leiter des St. Joseph-Krankenhauses, Dr. Spinner, wird für bestimmte Personengruppen eine Ausgangsbeschränkung ab 23.7. über die Zeit der Weltfestspiele ausgesprochen.
3. Entsprechend der bisher geführten Absprachen zur Isolierung nervenkranker Personen während der X. Weltfestspiele gibt es zur Zeit keine dringenden Fälle, die eine sofortige Isolierung notwendig machen. Diese Angaben wurden von der Leiterin der Nervenfürsorge [...] bestätigt. Obwohl Frau Dr. [...]

175 Ebenda, Bl. 84.
176 Ebenda, Bl. 85.
177 Ebenda, Bl. 86 f.
178 Ebenda, Bl. 88.

während der Zeit der X. Weltfestspiele ständig zur Beratung zur Verfügung steht, wird durch den Amtsarzt der VPI [Volkspolizeiinspektion] Weißensee durch Übergabe von Blankovollmachten die Möglichkeit gegeben, Soforteinweisungen vorzunehmen. Die entsprechenden Einweisungsunterlagen werden für die drei Hauptgruppen der erfahrungsgemäß anfallenden Personen: 'Säufer', zeitweilig verwirrte Personen bzw. wie Personen, die ständig betreut werden und an einem Anfallsleiden erkrankt sind, ausgestellt."[179]

Dieser Aktenvermerk enthält mehrere interessante Informationen. Zum ersten wird bestätigt, daß die Leiter psychiatrischer Krankenhäuser auf dem Weg über die Kreisärzte verpflichtet wurden, während einer politischen Großveranstaltung „Ausgangsbeschränkungen" für potentiell störende Patienten zu verhängen, und daß anläßlich der X. Weltfestspiele 1973 in Ostberlin selbst der Chefpsychiater des katholischen St. Joseph-Krankenhauses versprechen mußte, sich an diese Weisung zu halten.

Zum anderen werden die an der Planung der Psychiatrieeinweisungen vor den X. Weltfestspielen beteiligten Personen bzw. Institutionen erkennbar, wobei die Abteilung Sicherheit der Volkspolizei als Hauptakteur in Erscheinung tritt. Welche Rolle das MfS in dieser Runde spielte, wird nicht ganz klar. Jedenfalls übergab der Amtsarzt die „Blankovollmachten" für „Soforteinweisungen" nicht dem MfS-Mann, sondern dem Vertreter der Volkspolizei. Möglicherweise handelte es sich bei den vier Personen, die der Staatsanwalt aus Weißensee am 30. August 1973 als „Bürger, die im Zuge der Vorbereitung und Durchführung der Weltfestspiele in psychiatrische Einrichtungen eingewiesen wurden" gemeldet hat, der Papierform nach um kreisärztlich gemäß § 6 Einweisungsgesetz untergebrachte Patienten, deren Einweisung in Wirklichkeit allein von der Volkspolizei mit Hilfe der „Blankovollmachten" des Stadtbezirksarztes vorgenommen wurde. Es erscheint unwahrscheinlich, daß es sich bei diesem Vorgehen um eine persönliche Initiative der Akteure in Weißensee gehandelt hat. Wahrscheinlich ist 1973 in den anderen Berliner Stadtbezirken analog verfahren worden. Das würde auch erklären, warum die Ärzte in den psychiatrischen Krankenhäusern „mitgespielt" haben, als ihnen Patienten von der Polizei gebracht wurden: Für sie galt die kreisärztlich angeordnete Einweisung. Hinzu kommt, daß es sich bei den eingewiesenen Personen überwiegend um Patienten gehandelt haben dürfte, die von früheren stationären Aufenthalten her bekannt waren. Als die „drei Hauptgruppen der erfahrungsgemäß anfallenden Personen" wurden bei der zitierten Zusammenkunft in Weißensee alkoholabhängige, zeitweilig verwirrte und anfallskranke Menschen genannt.

Um dem Geschehen weiter auf den Grund zu gehen, wurde nach MfS-Unterlagen zu den staatsanwaltschaftlich gemeldeten Personen, deren Psychiatrieunterbringung während der Weltfestspiele 1973 angeordnet worden

---

179 IM-Akte „Librium"; BStU, ASt Berlin, AIM 543/91, Teil I, Bd. 1, Bl. 58.

war, recherchiert. Bei 58 (34 Männer und 24 Frauen) der 64 Betroffenen waren in den Meldungen Vor- und Zunamen sowie Geburtsdaten angegeben, so daß zu diesen 58 Personen Recherchen in den Karteien des MfS möglich waren. Die Untersuchung ergab, daß nur 14 (24 Prozent) von ihnen in den Karteien des MfS erfaßt sind, während bei über 44 (76 Prozent) der 58 Personen zu keiner Zeit ihres Lebens von einer MfS-Dienststelle Akten geführt wurden. Die Erfassung durch das MfS war in allen Fällen entweder im Jahr 1973 mit bereits archivierten Vorgängen abgeschlossen oder zwar noch nicht formell archiviert, aber nach Aktenlage de facto nicht mehr in aktiver Bearbeitung, oder die Erfassung erfolgte erst nach diesem Zeitpunkt. Anders ausgedrückt gibt es keinen Hinweis darauf, daß eine der 58 überprüften Personen, deren Psychiatrieunterbringung laut Liste angeordnet war, in den Wochen vor, während oder nach den Weltfestspielen im Sommer 1973 gleichzeitig vom MfS „bearbeitet" worden wäre. Diese Feststellung spricht noch einmal nachdrücklich gegen eine Beteiligung des MfS an den Psychiatrieeinweisungen.

Bei den 14 in den MfS-Akten erfaßten Personen findet sich in den Unterlagen zu insgesamt elf Betroffenen kein Hinweis auf irgendwelche „politischen Delikte". Die Erfassungsgründe, die in diesen durchgängig schmalen Akten oder auch nur Kerblochkarteikarten genannt werden, reichen von der Überprüfung eines potentiellen „Reisekaders" bis zu (manchmal gescheiterten) Anwerbeversuchen als IM oder als Kontaktperson der Kriminalpolizei oder auch um Fälle von Kleinkriminalität, verbunden mit einer Neigung zu Gewalttätigkeit in alkoholisiertem Zustand.[180] Bei drei Betroffenen finden sich im weitesten Sinne „politische Gründe", die deshalb kurz referiert werden.

Für eine Frau aus Berlin-Treptow lag die Registrierung durch das MfS im Jahre 1973 schon zwölf Jahre zurück. Der Anlaß war im Juni 1961 die Festnahme der Frau durch einen Volkspolizisten gewesen, weil sie Flugblätter kirchlichen Inhaltes in Treptow verteilt hatte. Diese seien „in der DDR nicht lizensiert" gewesen und deshalb „eingezogen" worden. Die Frau sei von der Volkspolizei „verwarnt" worden. Das MfS bedauerte damals, daß eine „Kontaktaufnahme zur Person nicht möglich" war, da „die Person fanatisch religiös" sei.[181]

Die Akte zu einem Anfang des Jahrhunderts geborenen Mann aus Berlin-Pankow war noch nicht formell geschlossen, bezog sich aber ausschließlich auf einen vier Jahre zurückliegenden Vorgang. Sie wurde erst 1980 mit der Begründung archiviert, die Akte sei „im Zusammenhang mit einer Eingabe

---

180 Alle Akten bzw. Kerblochkarteikarten (KKK) befinden sich im BStU, ZA: AKK 13271 (1 KKK); SK 5/D 16033; AP 9026/81; SK 5/B 72144; SK 17–18184; SK 17 – Bl. 30167; SK 16 Bl. 19050; SK 5/L 47534; C SKS 88642, Bl. 26–30; D SKS 83741, Bl. 37–41; Abt. X AP 7189/72; AOG 14618/72; SK/B 25157; AP 9835/79; Vorl.-AIM 12612/65; außerdem BStU, ASt Berlin, KK Prenzlauer Berg 5840; ebenda, AOG 2042/87.
181 BStU, ZA, AP 4105/61, 18 Bl.

angelegt" worden. „Da die Bearbeitung der Eingabe abgeschlossen" sei, „gelangt das Material zur Archivierung."[182] Die Eingabe des Mannes aus Pankow bestand aus einem Brief, den er am 20. Februar 1969 mit den Vermerken „Streng vertraulich!" und „Eilt sehr!" an „den zuständigen Herrn Beauftragten vom Ministerium für Staatssicherheit" geschrieben hatte, um sich als Zuträger anzudienen.[183]

Im MfS stellte man fest, daß der seine Dienste anbietende Herr bereits bekannt, die „Verbindung" zu ihm jedoch seitens des MfS „wegen Unehrlichkeit" abgebrochen worden war. Auf seine Offerte erhielt er keine Antwort. Schon im Jahre 1961 hatte sich das MfS mit ihm beschäftigt, als er sich nach Verbüßen einer Haftstrafe wegen Betruges im wiederholten Fall aus dem Westberliner Gefängnis Moabit nach Ostberlin begeben hatte. Dort war er zufällig in eine Kontrolle geraten, bei der er auf einen MfS-Oberleutnant „einen aufgeschlossenen Eindruck" gemacht hatte und als „operativ geeignet" angesehen wurde. Das MfS hatte ihm daraufhin kurzfristig eine Aufenthaltsgenehmigung und Arbeit in der DDR besorgt.[184]

Ein Schreiben ganz anderer Art eines Anfang der dreißiger Jahre geborenen Berliners führte „im Zusammenhang mit der Bearbeitung einer Eingabe" ebenfalls zum Anlegen einer Akte beim MfS, die erst 14 Jahre später mit einem Umfang von insgesamt 14 Blatt archiviert wurde. Der Mann hatte am 7. Juni 1963 in kindlich runder Schrift folgenden Brief verfaßt:

„Sehr geehrter Herr Walter Ulbricht!
Sie sind hiermit zwecks einer Aussprache zur Erreichung der Anerkennung der DDR herzlich eingeladen. Auf Grund von besonderen weltpolitischen Ereignissen bitte ich Sie darum, Ihren Besuch bei mir bis zum 25.6.63 stattfinden zu lassen. Es geht um Glück, Frieden und Zufriedenheit aller Menschen.
Hochachtungsvoll
    [... Name] – Jesus Christus
    [... Adresse]

Anmerkung: Bitte schicken Sie mir keine anderen Personen. Bevor Sie nicht bei mir waren, bin ich für keinen anderen zu sprechen. Ich bitte um Ihre Anmeldung."[185]

Außer „Wohngebietsermittlungen" unternahm das MfS der dünnen Akte zufolge nichts gegen den Mann. Leutnant Dick von der Kreisdienststelle Pankow hatte herausgefunden, daß der Briefschreiber „im Haus als ein Eigen-

---

182 BStU, ZA, AP 5933/80 (auf Mikrofilm).
183 Ebenda, S. 1.
184 BStU, ZA, AP 5825/72, 25 Bl.
185 BStU, ZA, AP 6175/77, 14 Bl., hier 2.

brötler bekannt" sei, der regelmäßig zur Arbeit gehe und „im allgemeinen nur für seine Familie" leben würde.

In keinem der referierten Fälle sprechen die Akten dafür, daß die geschilderten, mehr oder weniger läppischen Vorkommnisse der direkte Anlaß dafür waren, daß diese Personen zeitweilig ihrer Freiheit beraubt werden sollten. Eine Mitwirkung der Staatssicherheit an den Rechtsverstößen im konkreten Fall, der Zwangseinweisung dieser angeblich potentiellen „Störer" anläßlich der X. Weltfestspiele, ist nicht nachweisbar.

Zusätzlich zu den aufgefunden MfS-Unterlagen zu 14 der 1973 psychiatrisierten Personen konnten von sieben Patienten eines der psychiatrischen Großkrankenhäuser Berlins Krankenaktenauszüge hinzugezogen werden. Es handelt sich dabei um Patienten, die im Zeitraum von Juli bis August 1973 in die Psychiatrie eingewiesen worden waren oder in deren Krankenakten zufällig Notizen gefunden wurden, in denen rückblickend eine Unterbringungsanordnung für die Zeit der X. Weltfestspiele erwähnt wurde.[186] Dabei stellte sich heraus, daß sieben dieser Patienten in den Meldelisten aus den Berliner Stadtbezirken an den Generalstaatsanwalt enthalten sind.

Die Krankenakten enthalten eine Reihe zusätzlicher Informationen. So ist möglicherweise ein Teil der von den Staatsanwälten an den Generalstaatsanwalt gemeldeten Personen, deren Unterbringung in psychiatrische Einrichtungen während der Weltfestspiele 1973 angeordnet wurde, dort im Sommer 1973 nicht tatsächlich aufgenommen worden. Für diese Vermutung spricht eine Feststellung, die 1974 in einem Arztbrief über einen damals 34jährigen Mann getroffen wurde, der wegen „symptomatischer Epilepsie unter Alkoholmißbrauch und Oligophrenie"[187] wiederholt in das psychiatrische Krankenhaus eingewiesen worden war. Der Arzt berichtete, „daß bereits am 20.7.73 eine amtsärztliche Einweisungsverfügung anläßlich der bevorstehenden Weltfestspiele ausgesprochen wurde. Diese konnte nicht realisiert werden, weil der Patient nicht auffindbar war."[188]

Hieraus ist zu ersehen, daß nicht bei allen der 64 Personen aus den Ostberliner Stadtbezirken, deren Psychiatrieeinweisung in der Zeit der X. Weltfestspiele dem Generalstaatsanwalt gemeldet wurde, diese auch wirklich umgesetzt worden sein muß. Offenkundig haben die Staatsanwälte nur die Unterbringungsanordnungen gemeldet, nicht den Vollzug derselben. Unbe-

---

186 Die datenschutzrechtliche Anonymisierung der in Kopie zur Verfügung gestellten Aktenauszüge war durch Schwärzung aller Angaben, die Rückschlüsse auf die Identität der betreffenden Personen erlaubt hätten, vorgenommen worden. Dabei wurden die Vornamen, die Initialen der Zunamen, die Geburtsjahre sowie die Hausnummern nicht geschwärzt, so daß diese Angaben mit denen der staatsanwaltschaftlichen Meldungen verglichen werden konnten.
187 Durch übermäßigen Alkoholgenuß ausgelöstes Anfallsleiden und geistige Minderbegabung.
188 Brief des Leiters der Beratungsstelle für Alkohol- und Drogenkranke des Wilhelm-Griesinger-Krankenhauses an den Amtsarzt von Berlin-Lichtenberg, vom 27.3.1974, aus der Krankenakte (1) des Patienten [...] des Fachkrankenhauses Berlin-Lichtenberg.

kannt bleibt, wie viele der 64 Einweisungsbeschlüsse im Juli 1973 tatsächlich realisiert worden sind.

Eine weitere Information aus den Krankenakten besteht darin, daß zumindest nicht alle „aus Sicherheitsgründen während der Weltfestspiele" verfügten Psychiatrieeinweisungen aus rein polizeilichen Erwägungen heraus erfolgt sind. Gewalttätigkeit in Verbindung mit Alkoholmißbrauch war eine häufig wiederholte Begründung für Einweisungen anläßlich der X. Weltfestspiele, wobei sich mitunter auch politische Delikte unter die Vorwürfe mischten. Ein drastisches Beispiel dafür fand sich in einem Arztbrief aus der psychiatrischen Beratungsstelle Prenzlauer Berg vom März 1974 über einen älteren Mann:

„Es handelt sich um einen Begleitalkoholismus bei Demenz infolge Lues cerebri[189]. [...] Der Patient fällt seit rund einem Jahr auf, daß er ständig betrunken ist und die Bürger dann tätlich belästigt. Aufgrund dieser Verhaltensweisen mußte er aus Sicherheitsgründen während der Weltfestspiele in das W.-Griesinger-Krankenhaus eingewiesen werden. [...]
Heute wurden wir nun erneut vom VPR [Volkspolizeirevier] 64 informiert, daß sie den Patienten auf der Wache festsetzen mußten, da der Patient in betrunkenem Zustand auf der Schönhauser Allee [...] Bürger und vor allem Kinder mit einem Knüppel schlage. Auch auf dem Revier schlage er die Einrichtung zusammen und randaliere weiter. Sie lehnen jede weitere Verantwortung ab. Da der Patient als krank anzusehen ist, können sie auch keine weiteren Maßnahmen ergreifen."[190]

Zu demselben Mann gab es in der Justizaktenkartei des MfS drei Registrierungen: 1961 war er wegen Diebstahls sowie 1963 und 1968 wegen Staatsverleumdung in Trunkenheit verurteilt worden, wobei zuletzt die Freiheitsstrafe mit der Einweisung in eine Trinkerheilanstalt kombiniert worden war. Obwohl „Staatsverleumdung" als zweifellos politisches Delikt zweimal in seinem Strafregister vorkommt, ist nach der zitierten Begründung der neuerlichen Psychiatrieeinweisung im Jahre 1974 nicht anzunehmen, daß es sich 1973 um eine rein politisch begründete Einweisung gehandelt hat.

Welch unterschiedliche Folgen die Psychiatrieeinweisungen anläßlich der Weltfestspiele im Juli 1973 für die betroffenen Patienten haben konnten, wird nachfolgend anhand von drei Beispielen dargestellt. Alle drei Patienten litten an Psychosen des schizophrenen Formenkreises, die neben aggressi-

---

189 Demenz infolge Lues cerebri: Hirnabbauprozeß im späten Stadium einer früheren Syphilisinfektion.
190 Schreiben des einweisenden Facharztes der Psychiatrischen Beratungsstelle beim Rat des Stadtbezirkes Prenzlauer Berg an das psychiatrische Fachkrankenhaus Berlin-Lichtenberg, vom 29.3.1974, aus der Krankenakte des Patienten [...] des Fachkrankenhauses Berlin Lichtenberg.

ven Verhaltensstörungen bei Alkoholismus zu den im Zusammenhang mit Zwangseinweisungen häufigsten Diagnosen gehören.

Im ersten Fall handelte es sich um eine Anfang 30jährige Frau, die schon vor 1973 mehrmals wegen schizophrener Krankheitsschübe stationär aufgenommen worden war. Am 27. Juli 1973 war sie amtsärztlich in die Psychiatrie eingewiesen worden, weil sie seit dem 18. Juni 1973 nicht mehr arbeiten gegangen war, „häufig Erregungszustände" gezeigt und die Eltern bedroht habe. Ende November 1973 war sie immer noch im psychiatrischen Krankenhaus, in einer Klinik für Rehabilitation. Von dort schrieb der Stationsarzt einen Brief an die Sozialversicherung, in dem er sich folgendermaßen für seine Patientin einsetzte:

> „Vom 18.6.1973 bis jetzt ist die Patientin ohne versicherungsrechtlichen Schutz und ohne finanzielle Einkünfte.
> Aus dem gesamten Krankheitsverlauf und den zur Einweisung bestehenden Symptomen [...] ist mit Sicherheit zu erkennen, daß die zur Aufhebung des Arbeitsvertrages führenden Fehltage durch das erneute Auftreten der Erkrankung begründet waren. Die Patientin war folglich bereits zum Zeitpunkt der Erstellung des Aufhebungsvertrages psychisch erkrankt, eine Krankschreibung oder Vorstellung in der Beratungsstelle wurde seitens des Betriebes (Betriebsarzt) versäumt. Dies widerspricht jedoch den Normen in unserem sozialistischen Staat, da das Auftreten einer Erkrankung nicht zur Kündigung, sondern zur ärztlichen Behandlung führen sollte.
> Wir bitten Sie deshalb zu überprüfen, ob Sie die rückwirkende Arbeitsunfähigkeitserklärung ab 18.6.1973 mit Zahlung der Krankengelder bis 30.11.1973 realisieren können. Ab 1.12.1973 ist die Patientin bei uns als Rehabilitandin eingestellt."[191]

Der sozialistische Fürsorgeanspruch und selbst eine amtsärztlich verfügte Zwangseinweisung in die Psychiatrie konnte für tatsächlich psychisch Kranke durchaus auch eine beschützende Seite haben. Im Entlassungsbericht eines anderen Patienten, der am 18. Juli 1973 auf amtsärztliche Anordnung eingewiesen und am 24. September 1973 entlassen worden war, klingt Ähnliches an:

> „Der Patient kam als ärztliche Einweisung zu uns, nachdem er mehrere Wochen nicht auf seiner Arbeitsstelle erschien. Herr M. gab an, in den letzten Wochen sehr unruhig gewesen zu sein. Er habe nicht schlafen und sitzen können und habe es auch auf der Arbeit nicht ausgehalten. Deshalb sei er zu Hause geblieben und nur ab und zu spazierengegangen. [...]

---

191 Schreiben des Stationsarztes der Klinik für Rehabilitation des psychiatrischen Fachkrankenhauses Berlin-Lichtenberg an den FDGB-Kreisvorstand Prenzlauer Berg, Verwaltung der Sozialversicherung, vom 22.11.1973, aus der Krankenakte (6) der Patientin [...] des psychiatrischen Fachkrankenhauses Berlin-Lichtenberg.

Wir behandelten den Patienten medikamentös [...] und gliederten ihn in die Arbeitstherapie [...] ein. Nach kurzer Behandlungszeit erklärte sich Herr M. freiwillig bereit, bis zum Ende der stationären Behandlung [...] zu bleiben. Mitte August begann Herr M. zuerst vier Stunden täglich im arbeitstherapeutischen Einsatz in seinem Betrieb zu arbeiten, Ende August konnten wir ihn für sechs Stunden für arbeitsfähig erklären. [...] Wir sind der Meinung, daß er ab Anfang Oktober täglich wieder acht Stunden arbeiten kann. [...] Außerdem empfahlen wir dem Patienten, unseren Patientenclub an jedem 3. Dienstag im Monat zu besuchen."[192]

Die beiden zuletzt zitierten Krankengeschichten geben Anlaß zu der Vermutung, daß in den 64 von den Staatsanwälten aufgeführten amtsärztlichen Anordnungen alle im Juli bis Anfang August angeordneten Zwangseinweisungen in die Psychiatrie in Ostberlin enthalten sind, also auch diejenigen, die ohne Bezug zu den Weltfestspielen zufällig in diesem Zeitraum erfolgten.

Allerdings war die Toleranz für normabweichendes Verhalten, die in der DDR bekanntlich immer sehr klein gewesen war, anläßlich der Weltfestspiele noch zusätzlich extrem eingeengt. Was sonst vielleicht noch hingenommen worden wäre, veranlaßte in dieser Situation staatliche Stellen zum Eingreifen. Und das konnte auch fatale Folgen haben, wie das dritte Beispiel zeigt. Die Frau, Anfang der vierziger Jahre, war am 27. Juli 1973 in das psychiatrische Fachkrankenhaus Berlin-Lichtenberg eingewiesen worden. Auch hier werden die unmittelbar bevorstehenden Weltfestspiele in der Krankenakte nicht erwähnt. Im Gegensatz zu den beiden Beispielen zuvor weist jedoch in diesem Fall die Krankengeschichte auf einen Zusammenhang hin. Die einweisende Ärztin von der psychiatrischen Beratungsstelle des Stadtbezirkes machte nämlich am Vortag der Einweisung „ohne Anlaß" einen „Hausbesuch" bei der Patientin. In der „Begründung zur stationären amtsärztlichen Einweisung" schrieb sie:

„O. g. Patientin ist seit 1963 der Beratungsstelle bekannt. Es handelt sich um eine bekannte Schizophrenie. Es erfolgten wiederholt stationäre Behandlungen, zuletzt [...] 1968. Bei einem Hausbesuch am 24.7.73 fanden wir die Patientin hochgradig gereizt, gespannt, psychomotorisch unruhig. Sie war sehr mißtrauisch, gab akustische Halluzinationen an, fühlte sich bespitzelt, beobachtet und verfolgt. Es bestand keinerlei Krankheitseinsicht, die Patientin verhielt sich sehr ablehnend. Es erfolgt aus genannten Gründen die Einweisung auf amtsärztliche Anordnung."[193]

192 Ärztlicher Entlassungsbrief aus dem Fachkrankenhaus Berlin-Lichtenberg an die ambulant behandelnde Nervenärztin, Krankenakte (7) des Patienten [...] des Fachkrankenhauses Berlin-Lichtenberg.
193 Begründung zur stationären amtsärztlichen Einweisung vom 27.7.1973, aus der Krankenakte (2) der Patientin [...] des Fachkrankenhauses Berlin-Lichtenberg.

Die im § 6 des DDR-Einweisungsgesetzes vorgeschriebenen Gründe einer Selbst- oder Fremdgefährdung wurden in der Einweisungsbegründung nicht angegeben. Aus den bei der ärztlichen Aufnahme im Krankenhaus notierten Stichpunkten geht hervor, daß die Patientin selbst sich nicht krank fühlte und sofort wieder nach Hause wollte. Sie habe die Einweisung als Schikane „von Leuten, die sie bestohlen haben und jetzt noch verfolgen" bezeichnet. Die Patientin habe sich sehr abweisend, gereizt bis aggressiv, psychomotorisch unruhig, ängstlich und getrieben verhalten. Sie habe gemeint, der aufnehmende Arzt sei mit dem Minister für Staatssicherheit verwandt. Es wurden eine Reihe wirrer Äußerungen, aber außer dem „Hinweis auf die amtsärztliche Einweisung" auch in den Notizen des aufnehmenden Arztes keine gefährlichen Symptome genannt, die eine Zwangseinweisung hinreichend begründet hätten. Als vorläufige Diagnose wurde eine „paranoide Schizophrenie (politischer Wahn)" diagnostiziert. Sollte diese Diagnose zutreffend gewesen sein, wofür die in der Krankenakte beschriebenen Äußerungen der Patientin durchaus sprechen, so war die Zwangseinweisung anläßlich der politischen Großveranstaltung trotzdem nicht nur – wegen der fehlenden Gefährdung – ungesetzlich, sondern darüber hinaus als eine antitherapeutische Maßnahme kontraindiziert. Diese Frau ist in den Karteien des MfS nicht erfaßt, vom Staatssicherheitsdienst ging demnach keine Verfolgung gegen sie aus. Da sie sich aber unabhängig von dieser objektiven Feststellung subjektiv „bespitzelt, beobachtet und verfolgt" fühlte, kann die auf den Besuch der Ärztin folgende Zwangseinweisung dieses Gefühl nur verstärkt haben, das zunächst wahrscheinlich ihrer Wahnkrankheit entsprang, nun aber durch reale Vorgänge genährt wurde.

Die Patientin blieb viereinhalb Wochen lang im psychiatrischen Krankenhaus. Als sie am 26. August beurlaubt wurde, nahm sie sich am selben Tag in ihrer Wohnung das Leben. Ob dieses tragische Ende eine direkte Folge der vier Wochen zuvor erfolgten Psychiatrieeinweisung gegen ihren Willen war, ist genausowenig beweisbar wie der Zusammenhang zwischen den X. Weltfestspielen und der amtsärztlichen Einweisung. Für beides besteht allerdings ein so enger zeitlicher Zusammenhang, daß die begründete Annahme einer kausalen Verknüpfung der Ereignisse besteht. Allein die Möglichkeit, daß Frau B. infolge der gegen ihren Willen verfügten Psychiatrieeinweisung in den Suizid getrieben worden sein könnte, weist auf die Dimension menschlichen Leides hin, die sich aus der bloßen Erörterung von Einweisungsformalitäten und eher theoretischen Fragen nicht erschließt, jedoch für die subjektive Lebenswirklichkeit von Menschen bestimmend ist. Der Suizid der Psychiatriepatientin während ihrer ersten Beurlaubung viereinhalb Wochen nach der Zwangseinweisung illustriert in tragischer Weise den lebensfeindlichen Charakter solcher Ordnungs- und Sicherheitsmaßnahmen, wie sie im Zusammenhang mit den Weltfestspielen ergriffen wurden.

## 5.3.5. Zur polizeilichen Erfassung psychisch Kranker

Nach den Erkenntnissen über die polizeiliche Sicherung der X. Weltfestspiele 1973 wurden verschiedene zentrale MfS-Dokumente, in denen es um die Sicherung politischer Großveranstaltungen geht, systematisch daraufhin durchgesehen, ob Angaben zum Umgang der Sicherheitskräfte mit psychisch Kranken darin enthalten sind. In den meisten Mielke-Befehlen „zur politisch-operativen Sicherung der Vorbereitung und Durchführung" politischer Großveranstaltungen aus den Jahren 1974 bis 1989 werden die Psychiatrie oder psychisch Kranke nicht erwähnt.[194]

Vereinzelt gibt es jedoch in solchen Befehlen des Ministers für Staatssicherheit Formulierungen, die eine verstärkte Überwachung von Personenkreisen, zu denen auch psychisch Kranke gezählt wurden, durch das MfS verlangten. So befahl Mielke beispielsweise „zur politisch-operativen Sicherung der Vorbereitung und Begehung des 25. Jahrestages der Gründung der DDR" 1974 eine

„verstärkte Kontrolle von Personen, insbesondere von Haftentlassenen bzw. Vorbestraften, die in der Vergangenheit zu gesellschaftlichen Höhepunkten mit feindlichen und negativen Handlungen in Erscheinung traten, und solchen

---

[194] Geprüft wurden:
Befehl 10/74 vom 18.4.1974 zur Aktion „Symbol 74" zwischen 25.4. und 20.5.1974, er betraf die Kommunalwahlen und Veranstaltungen anläßlich des 1. und 8.5.1974 sowie der 27. Internationalen Friedensfahrt, 16 Seiten; BStU, ZA, DSt 100773;
Befehl 7/75 vom 21.3.1975 zur Aktion „Fundament" vom 29.4.–10.5.1975, er betraf den 30. Jahrestag der Befreiung vom Hitlerfaschismus, 37 Seiten; BStU, ZA, DSt 100816;
Befehl 9/76 vom 9.4.1976 zur Aktion „Meilenstein 76", er betraf den IX. Parteitag der SED und das X. Parlament der FDJ, 25 Seiten; BStU, ZA, DSt 102153;
Befehl 9/77 vom 26.3.1977 zur Aktion „Lebensfreude 77" vom 23.7.–1.8.1977, er betraf das VI. Turn- und Sportfest und die VI. Kinder- und Jugendspartakiade der DDR, 15 Seiten; BStU, ZA, DSt 102336;
Befehl 13/77 vom 29.4.1977 zur Aktion „Konzeption 77" vom 14.–20.5.1977, er betraf den 9. FDGB-Kongreß der DDR, 18 Seiten; BStU, ZA, DSt 102347;
Befehl 13/79 vom 4.9.1979 zur Aktion „Jubiläum 30" vom 4.–8.10.1979, er betraf den 30. Jahrestag der Gründung der DDR, 23 Seiten; BStU, ZA, DSt 102595 sowie
Befehl 15/80 vom 13.8.1980 zur Aktion „Waffenbrüderschaft 80" vom 4.–12.9.1980, er betraf das Manöver der Staaten des Warschauer Vertrages in der DDR, 24 Seiten; BStU, ZA, DSt 102690.
Befehl 15/83 vom 8.9.1983 zur Aktion „Integration 83" vom 17.–21.10.1983, er betraf die XXXVII. Tagung des Rates für gegenseitige Wirtschaftshilfe (RGW) in Ostberlin, 6 Seiten; BStU, ZA, DSt 102969;
Befehl 6/84 vom 23.2.1984 zur Aktion „Kampfreserve 84" vom 7.–12.6.1984, er betraf das Nationale Jugendfestival der DDR, 13 Seiten; BStU, ZA, DSt 103028,
Befehl 5/85 vom 22.4.1985 zur Aktion „Fundament 85" vom 30.4.–10.5.1985, er betraf den 40. Jahrestag des Sieges über den Hitlerfaschismus, 7 Seiten; BStU, ZA, DSt 103161;
Befehl 13/86 vom 27.6.1986 zur Aktion „Fortschritt 86" vom 15.–23.9.1986, er betraf den XI. Weltgewerkschaftskongreß in Ostberlin, 8 Seiten; BStU, ZA, DSt 103297 sowie
Befehl 6/89 vom 6.3.1989 zu den Aktionen „Nelke 89" und „Symbol 89", er betraf die Veranstaltungen zum 1. und 8. Mai sowie die Kommunalwahlen, 9 Seiten; BStU, ZA, DSt 103568.

Personen, die wegen ständiger Eingaben, wiederholten öffentlichen Ansprechens von Persönlichkeiten des gesellschaftlichen Lebens oder infolge geistesgestörten Verhaltens in der Öffentlichkeit bei vorangegangenen Aktionen und Einsätzen bereits angefallen sind."[195]

Aus dem Befehl geht nicht hervor, wie die angeordnete „verstärkte Kontrolle" des bezeichneten Personenkreises konkret in die Tat umgesetzt werden sollte. Unklar bleibt insbesondere, wie die betreffenden Personen von den Sicherheitskräften ausfindig gemacht werden sollten, um sie weisungsgemäß „verstärkt kontrollieren" zu können. Verfügten die MfS-Dienststellen möglicherweise über Listen, auf denen psychisch Kranke erfaßt waren, die sich bei früheren „politischen Höhepunkten" auffällig oder störend verhalten hatten?

Im April 1973, also noch vor den X. Weltfestspielen, hatte die MfS-Hauptabteilung XX solche Erfassungen verneint.[196] Auf die Frage, welche Übersichten von welchen Institutionen über psychisch Kranke geführt werden, wurde wie folgt geantwortet:

„Zentrale Übersichten über psychisch Kranke werden generell im Gesundheits- und Sozialwesen nicht geführt. Durch die örtlichen Organe des Gesundheitswesens werden nur psychisch und physisch geschädigte Kinder und Jugendliche bis zur Vollendung des 18. Lebensjahres erfaßt. Bei den Abteilungen Gesundheitswesen der Räte der Kreise und Bezirke existieren darüber jedoch nur zahlenmäßige Übersichten. Über psychisch Kranke, die älter als 18 Jahre sind, existieren auch bei den örtlichen Organen keinerlei Übersichten, da keine Meldepflicht besteht.
Ausnahmen bilden psychisch Kranke, die entsprechend dem Gesetz über die Einweisung in stationäre Einrichtungen für psychisch Kranke vom 11.6.1968 durch gerichtlichen Bescheid eingewiesen werden. Übersichten über solche Personen, die in der Regel wegen Gefährdung der öffentlichen Sicherheit anfällig wurden, bestehen bei den zuständigen Kreisgerichten bzw. Kreisstaatsanwaltschaften."[197]

Die Hauptabteilung XX/1 hatte weiter in Erfahrung gebracht, daß „spezielle Einschätzungen" zu psychisch kranken „Personen, die zu Gewalttätigkeiten neigen", von den behandelnden Ärzten zwar vorgenommen, aber nur im Krankenblatt vermerkt würden. Informiert würden nur die nachbehandelnden Ärzte bei stationären Verlegungen oder ambulanten Weiterbetreuungen.

---

195 Befehl 22/74 vom 14.8.1974 zur Aktion „Jubiläum 25" zwischen 1. und 10.10.1974, 37 Seiten, hier S. 8; BStU, ZA, DSt 100803.
196 Einschätzung der HA XX/1 vom 6.4.1973 „zu Problemen der Erfassung, Unterbringung, Betreuung und Kontrolle psychisch Kranker", 5 Seiten; BStU, ZA, HA XX 479, Bl. 346–350.
197 Ebenda, Bl. 346.

Die Rechtspflegeorgane hingegen würden „nur auf Anforderung" informiert. Anders sei das wiederum bei gerichtlich eingewiesenen Patienten, über die wesentliche Veränderungen und Entlassungen dem einweisenden Gericht mitgeteilt würden. Auch gebe es „Informationen an die Abteilung Inneres der Räte der Kreise", wenn bei der Entlassung von Psychiatriepatienten „Schwierigkeiten bei der Wiedereingliederung zu erwarten" seien.[198]

Auch durch die Hauptabteilung XX des MfS erfolge „keine Erfassung psychisch Kranker, die zu Gewalttätigkeiten neigen". „Feststellungen im Ministerium für Gesundheitswesen" hätten darüber hinaus ergeben, daß „durch die VP [Volkspolizei] ebenfalls keine Erfassung solcher Personen" erfolge. Nach diesen Feststellungen zeigte man sich in der Hauptabteilung XX/1 sehr beunruhigt darüber, daß außerhalb der psychiatrischen Krankenhäuser und der geschützten Werkstätten in Industrie- und Landwirtschaftsbetrieben „keine Kontrolle dieses Personenkreises" erfolge.[199] Es wurden folgende „Schlußfolgerungen und Vorschläge zur Schaffung einer exakten Übersicht über zu Gewalttätigkeiten neigende psychisch Kranke sowie deren Kontrolle" vorgelegt:

„Da die vollständige Erfassung solcher Personen [...] Grundlage für die Durchführung einer wirksamen Kontrolle dieses Personenkreises ist, ergibt sich vorrangig die Notwendigkeit, daß im Gesundheits- und Sozialwesen die Meldepflicht über psychisch kranke Personen über 18 Jahre eingeführt wird und bei den Abteilungen Gesundheitswesen der Räte der Kreise eine personelle Übersicht über diese Personen sowie Personen unter 18 Jahren geführt wird (bisher nur zahlenmäßig); [...]
auf der Grundlage einer derartigen vollständigen Erfassung ein enges Zusammenwirken zur Kontrolle dieser Personen durch die entsprechenden gesellschaftlichen Organe (einschließlich VP und MfS) zu gewährleisten ist. Die Organe des Gesundheitswesens sind zur Informationspflicht an die VP und das MfS, insbesondere über psychisch Kranke, die zu Gewalttätigkeiten neigen, zu verpflichten. [...]
Einrichtungen des Gesundheitswesens und andere gesellschaftliche Einrichtungen, in denen psychisch Kranke untergebracht sind, sind zur Sofortinformation an die VP und das MfS zu verpflichten, wenn insbesondere psychisch Kranke, die zu Gewalttätigkeiten neigen, aus derartigen Einrichtungen entwichen sind."[200]

Die von einem oder mehreren nicht genannten Mitarbeitern der MfS-Hauptabteilung XX/1 formulierten Wünsche, Ärzte zur Meldung von psychisch Kranken an die Sicherheitsorgane zu verpflichten, sind in der DDR

---

198 Ebenda, Bl. 347.
199 Ebenda, Bl. 348.
200 Ebenda, Bl. 349 f.

nie Wirklichkeit geworden. Es ist nicht bekannt, an welcher Stelle das Ansinnen gescheitert ist und ob es überhaupt aus der Hauptabteilung XX/1 hinausgegangen ist.

Ein in den MfS-Unterlagen gefundenes Dokument der Kriminalpolizei belegt allerdings, daß sich die staatlichen Sicherheitskräfte 1979 doch noch ein Instrument zur Kontrolle einer Reihe von Personengruppen schufen, zu denen auch psychisch Kranke zählten. Im Rahmen der Sicherheitsvorbereitungen zum „Nationalen Jugendfestival", das Anfang Juni 1979 in Ostberlin stattfand, führte die Kriminalpolizei eine neue Form der vorbeugenden Erfassung ein. In der sogenannten „Dokumentation R" wurden verschiedene Personenkategorien mit Hilfe von 13 Kennbuchstaben unterschieden.

Zum einen sollten Personen, die „als besonders gefährliche Rechtsbrecher" (A), „mit Aufenthaltsverbot für die Hauptstadt der DDR, Berlin" (B) oder „wegen geplanter oder unternommener Angriffe auf die Staatsgrenze" (C) registriert waren, erfaßt werden.[201] Diese erste Gruppe der ohnedies polizeilich registrierten Personen war sehr heterogen zusammengesetzt.

In der zweiten Erfassungsgruppe wurden kriminelle Gewalttaten mit gewaltfreien politischen Protesthandlungen zusammengefaßt, was der in der DDR gängigen Kriminalisierung politischen Protests entsprach. Es wurden Personen „aufgrund bereits begangener Straftaten" aufgeführt, die durch „Widerstand gegen staatliche Maßnahmen, Beeinträchtigung staatlicher oder gesellschaftlicher Tätigkeit, Rowdytum, Zusammenrottung, Androhung von Gewaltakten, öffentliche Herabwürdigung" und andere „Störungen der öffentlichen Ordnung und Sicherheit" aufgefallen waren und bei denen „die Begehung erneuter derartiger Handlungen, besonders zu bedeutsamen Anlässen und Veranstaltungen, nicht ausgeschlossen werden kann."[202] Unter den Kennbuchstaben D bis K wurden sechs Arten von Straftaten unterschieden, zu denen die Provokation von „Vorkommnissen" bzw. eine aktive Beteiligung an „Störhandlungen" in der DDR (D), in der ČSSR (F), in der VR Polen (G) oder anderen sozialistischen Ländern (H) genauso gehörten wie das Randalieren anläßlich von Fußballspielen (E) und Gewalthandlungen gegenüber Ausländern in der DDR (K).

Am bemerkenswertesten ist die dritte Erfassungsgruppe. In ihr wurden solche Personen registriert, „die noch nicht [!] mit Straftaten in Erscheinung traten, bei denen jedoch überörtlich Störungen der öffentlichen Ordnung und Sicherheit, insbesondere anläßlich bedeutender Anlässe und Veranstaltungen, nicht ausgeschlossen werden können". Besonders hervorgehoben wurden Ausreiseantragsteller mit angedrohten „Demonstrativhandlungen" (M), Jugendliche und junge Erwachsene, die „als Mitglieder negativer jugendlicher Gruppierungen mit gesellschaftswidrigen Verhaltensweisen in

---

[201] Vgl. Anlage 1 zur Festlegung des Leiters der Hauptabteilung Kriminalpolizei des MdI, Generalmajor Nedwig, vom 22.3.1982 zur „Dokumentation – R –", 4 Seiten und 3 Anlagen; BStU, ZA, DSt 201850.
[202] Anlage 1 zur „Dokumentation – R –" 1982.

Erscheinung traten" (N) sowie Menschen, „die als psychisch Kranke, Alkoholiker u. a. bekannt sind" (P).[203]

Um den Umfang und die Zusammensetzung der Registrierung zu ermitteln, wurden zwei Ausgaben der „Dokumentation R" analysiert. Die im Frühjahr 1979 erstmalig erstellte Datensammlung wurde zwei- bis dreimal jährlich aktualisiert und Ende August 1989 zum 27. und letzten Mal erstellt. Einige Namen blieben von Anfang bis Ende der achtziger Jahre auf der Liste, andere erschienen nur einmal. Personen mit dem zusätzlichen Kennbuchstaben Z sollten „entsprechend dem Charakter der zu sichernden bedeutsamen Anlässe und Veranstaltungen, z. B. Schwarzbierfest Prag, Pioniertreffen Dresden, Deutsches Turn- und Sportfest Leipzig, Motorradrennen Brno, für die Dauer einer Ausgabe (etwa ein halbes Jahr mit automatischer Löschung) in die Dokumentation – R – aufgenommen werden".[204]

In der 10. Ausgabe der „Dokumentation R" vom Mai 1982 sind insgesamt 5.743 DDR-Bürger, davon 518 (9 Prozent) Frauen registriert worden. Von diesen 5.743 Personen sind 183 (3,2 Prozent) durch den Kennbuchstaben „P" als psychisch krank oder alkoholabhängig bezeichnet, wobei 53 von ihnen nur mit „P" gekennzeichnet sind. Hingegen haben 130 von ihnen außer dem „P" noch einen oder mehrere andere Kennbuchstaben, waren also nicht ausschließlich als psychisch krank oder alkoholabhängig, sondern außerdem wegen anderer Auffälligkeiten oder früherer Straftaten registriert. Von den 183 Personen, die im Frühjahr 1982 mit einem „P" in die „Dokumentation R" eingetragen wurden, waren 15 (8 Prozent) Frauen.

Sieben Jahre später lag die Zahl der insgesamt registrierten Personen niedriger. Die 27. Ausgabe der „Dokumentation R" vom 31. August 1989 enthält Datensätze von insgesamt 4.186 DDR-Bürgern, darunter 118 Personen mit dem Kennbuchstaben „D", „die als psychisch Kranke, Alkoholiker u. a. bekannt sind und bei denen Störungen der öffentlichen Ordnung und Sicherheit, insbesondere anläßlich bedeutsamer Anlässe und Veranstaltungen, nicht ausgeschlossen werden können."[205] Das waren wiederum um 3 Prozent (2,8) der insgesamt registrierten Personen, wobei 63 Personen (1,5 Prozent) nur mit „D" und 65 darüber hinaus auch mit anderen Kennbuchstaben erfaßt waren.

Unklar bleibt, wie die Datenerfassung dieser Menschen zustande kam. Die 183 bzw. 118 Personen, die der Kriminalpolizei „als psychisch Kranke, Alkoholiker u. a. bekannt" waren und von denen „Störungen der öffentlichen Sicherheit und Ordnung" erwartet wurden, stellen weit weniger als ein Promill aller psychisch kranken oder alkoholabhängigen Bürger der DDR dar. Dieser verschwindend geringe Anteil an der Gesamtpopulation psy-

---
203 Ebenda.
204 Hinweise für die Handhabung der Dokumentation – R – von 1982 (Erklärung der Kennbuchstaben A–Z), 1 Seite; BStU, ZA, DSt 201660.
205 Hinweise für die Handhabung der Dokumentation – R – von 1988 (Erklärung der veränderten Kennbuchstaben), 1 Seite; BStU, ZA, DSt 202133.

chisch oder suchtkranker Menschen spricht dagegen, daß eine systematische Meldung von Patienten aus psychiatrischen Betreuungseinrichtungen an die Kriminalpolizei erfolgte. Viel wahrscheinlicher ist, daß die Daten der als psychisch bzw. suchtkrank bezeichneten Personen in die „Dokumentation R" aufgenommen worden sind, nachdem die Betreffenden „polizeilich angefallen" waren, wozu es wohl nicht unbedingt einer Straftat bedurfte.

Was geschah nun mit den Menschen, deren Daten von der Kriminalpolizei erfaßt wurden? Einer Festlegung des Leiters der Hauptabteilung Kriminalpolizei des MdI zufolge sollte „die Dokumentation – R – für eine wirksame operativ-vorbeugende und erzieherische Arbeit"[206] genutzt werden. Die Personendatenliste wurde anläßlich von Großveranstaltungen in mehreren Exemplaren verteilt und war „vorrangig dort zu stationieren, wohin Personen zugeführt werden."[207] „Für die Sicherung von bedeutsamen Anlässen und Veranstaltungen" wurde verlangt, daß „zusätzliche Exemplare der Dokumentation – R – entsprechend den örtlichen operativen Besonderheiten zur Gewährleistung der ständigen Auskunftsbereitschaft, besonders als Hilfsmittel für entscheidungsbefugte Leiter u.a. in Zuführungs- und Auffangpunkten zu stationieren"[208] seien.

Wurden dann „in der Dokumentation – R – erfaßte Personen im Zusammenhang mit Vorkommnissen kontrolliert oder zugeführt", erfolgte – „wenn strafrechtliches Verhalten nicht nachgewiesen werden" konnte–, eine Mitteilung an das Volkspolizeikreisamt der Hauptwohnung „zur Auswertung und Ergänzung der Registrierunterlagen". Diese Mitteilung sollte „nach Auswertung in die Nachweisunterlagen" aufgenommen werden. Die „Nachweisunterlagen" wiederum sollte die Kriminalpolizei „in Vorbereitung von Ordnungseinsätzen [...] für gezielte Maßnahmen zur Vorbeugung von Störungen, z.B. zur Verhinderung der Anreise erfaßter Personen zu Veranstaltungsorten",[209] auswerten.

Mit anderen Worten handelte es sich um eine Art Screening, in dem die Daten bestimmter Personen registriert wurden, um diese unter Umständen sofort wiederzuerkennen, sie disziplinieren und gleich noch einmal registrieren zu können. Hierbei handelte es sich um ein zusätzliches Instrument zur sozialen Kontrolle marginalisierter Personengruppen in der DDR. Hingegen hat sich die Befürchtung, die in der „Dokumentation R" erfaßten Personen seien anläßlich politischer Großveranstaltungen aktiv überwacht oder gar prophylaktisch interniert worden, nicht bestätigt.

Die Frage, wieweit das MfS an den geschilderten Aktivitäten der Kriminalpolizei beteiligt war, läßt sich relativ genau beantworten. Vom Frühjahr 1982 an hatte auch das MfS die Möglichkeit, Personen in die Listen der Kriminal-

---

206 Festlegung des Leiters der Hauptabteilung Kriminalpolizei des MdI, Generalmajor Nedwig, vom 22.3.1982; BStU, ZA, Neiber 936, Bl. 4–13, hier 5.
207 Ebenda.
208 Ebenda, Bl. 6.
209 Ebenda.

polizei zu setzen. Das geht aus einem Schreiben von Generalmajor Neiber, einem der Stellvertreter des Ministers für Staatssicherheit, hervor:

„Die Arbeit mit der Dokumentation – R – des MdI zur Erfassung aller Personen, die wiederholt überörtlich durch Straftaten, Verfehlungen und Ordnungswidrigkeiten rowdyhaft und durch andere Erscheinungen negativdekadent aufgetreten sind oder konkrete Absichten dazu erkennen ließen, hat sich bewährt. Die Dokumentation ist auch für die Diensteinheiten des MfS zu einem zweckmäßigen operativen Hilfsmittel geworden. [...]
Zur Gewährleistung einer lückenlosen Erfassung der betreffenden Personenkreise und deren ständige Aktualisierung kommt es darauf an, daß die Leiter der operativen Abteilungen der Bezirksverwaltungen – über die Abteilungen VII – und die Leiter der Kreisdienststellen von der Möglichkeit Gebrauch machen, über den weiteren Verbleib bzw. die Neuaufnahme von Personen in die Dokumentation – R – zu entscheiden. Vorschläge zur Aufnahme von Personen, die sich aus operativen Erkenntnissen des MfS ergeben, sind unter Beachtung der Konspiration dem zuständigen Leiter der Kriminalpolizei [...] zu übermitteln. Erstmalig ist das bis 20. April 1982 möglich."[210]

Um festzustellen, in welchem Umfang das MfS von dieser Möglichkeit Gebrauch machte, wurden die Daten der 118 DDR-Bürger, die in der Ausgabe der „Dokumentation R" vom August 1989 durch den Kennbuchstaben D als „psychisch Kranke, Alkoholiker u. a." erfaßt waren, in den zentralen Karteien des MfS gesucht. Es stellte sich heraus, daß 71 Personen (60 Prozent) in den MfS-Karteien erfaßt und 47 Personen (40 Prozent) darin nicht erfaßt waren. Die meisten Karteieinträge der 71 vom MfS registrierten Personen weisen jedoch darauf hin, daß die Registrierung oder Bearbeitung der Betreffenden durch das Arbeitsgebiet 1 der Kriminalpolizei (K 1) und nicht durch das MfS erfolgt waren,[211] und daß ein großer Teil der Akten der K 1 oder des MfS 1989 längst archiviert war, so daß aus der quantitativen Verteilung der Erfassungen in den MfS-Karteien keine Rückschlüsse auf den Anteil des MfS an der „Dokumentation R" 1989 gezogen werden können.

Allerdings gab es schon vor 1982 im Rahmen des sogenannten „politischoperativen Zusammenwirkens" mehr oder weniger enge Abstimmungen zwischen Dienststellen des MdI und des MfS. 1979, als die „Dokumentation R" erstmalig erstellt wurde, hatte Mielke bereits sechs Wochen vor dem Festival eine besonders enge Zusammenarbeit des MfS mit der Polizei angeordnet. Die Hauptabteilung VII des MfS sollte insbesondere die Maßnahmen der Volkspolizei „zur vorbeugenden Bekämpfung von Demonstrativhand-

---

210 Schreiben von Generalmajor Neiber an den Leiter der BV Berlin vom 8.4.1982, 2 Seiten; BStU, ZA, DSt 201850.
211 Das geht aus den Archivsignaturen hervor. 45 der in der MfS-Kartei aufgefundenen Registrierungen weisen eindeutig auf die K 1 hin (27 AOG und 18 AKAG). Bemerkenswert ist auch die große Zahl von 48 KK-Erfassungen.

lungen und zur Kontrolle solcher Personen, von denen Gefahren oder Störsituationen ausgelöst werden können", unterstützen. Zwischen Gefahren und „Störsituationen" machte Mielke keinen Unterschied. Als in Frage kommende Urheber benannte er „Gewalttäter, Personen, die rechtswidrig Ersuchen auf Übersiedlung stellen, Verdacht des unbefugten Waffen- und Sprengmittelbesitzes, Verdachtshinweise auf ungesetzliches Verlassen der DDR, Gruppierungen negativ-dekadenter und kriminell gefährdeter Personen, illegale Quartiere, Haftentlassene sowie negative Konzentrationen und Einzelpersonen".[212]

Dieses Sammelsurium spiegelt das typische Denkmuster Erich Mielkes und der Genossen seiner Generation wider, in dem sich Prägungen der politischen Auseinandersetzungen der zwanziger und dreißiger Jahre mit autoritär-ordnungsstaatlichen und spießbürgerlichen Zielvorstellungen mischen. Indem Terroristen in einem Atemzug mit Menschen genannt werden, die bei den Behörden einen Antrag auf Ausreise aus der DDR gestellt hatten und solchen, deren Mode- und Musikgeschmack bzw. Lebensformen den Hütern „sozialistischer" Verhaltensnormen als „negativ-dekadent" erschienen, wurden diese höchst unterschiedlichen Personengruppen auf das gemeinsame Merkmal des abweichenden und unerwünschten Verhaltens reduziert.

Die Registrierung der Namen und Geburtsdaten von jährlich zwischen 100 und 200 sucht- bzw. psychisch kranken DDR-Bürgern spiegelt allerdings zunächst nur die ordnungs- und sicherheitspolizeiliche Denk- und Arbeitsweise wider. Sie sagt zunächst noch nichts über das Verhalten der im Gesundheitswesen Tätigen.

### 5.3.6. Zentrale Weisungen – periphere Auswirkungen

Bei den Funktionären des staatlichen Gesundheitswesens scheinen die Vertreter des einseitigen staatlichen Ordnungs- und Sicherheitsdenkens kaum auf die nötige Abwehr gestoßen zu sein, wenn sie anläßlich politischer Höhepunkte die Durchsetzung von Einschränkungen der Bewegungsfreiheit von psychisch Kranken forderten. Jedenfalls wurde in den MfS-Unterlagen kein Beispiel eines Kreis- oder Bezirksarztes gefunden, der sich ausdrücklich gegen solche Forderungen verwahrt hätte. Hingegen fanden sich wiederholt Hinweise auf einvernehmliche „Absprachen". So gibt es beispielsweise in einer umfangreichen Akte über die „Vorbereitung und Durchführung des V. Festivals der Freundschaft in Karl-Marx-Stadt 1980" folgende „Aktennotiz" von Oberstleutnant Engelhardt, dem Leiter der Abteilung XX der Bezirksverwaltung für Staatssicherheit Karl-Marx-Stadt, vom 20. Mai 1980:

---

212 Befehl 6/79 vom 19.4.1979 zur Aktion „Kampfreserve" vom 31.5.–5.6.1979, 24 Seiten, hier S. 15; BStU, ZA, DSt 102532.

„Am 16.5.1980 fand eine Absprache mit dem Bezirksarzt, Genossen MR Dr. Winkler, statt.
Genosse Dr. Winkler sicherte zu, daß während der Zeit des V. Festivals Insassen der stationären psychiatrischen Einrichtungen im Bezirk (Karl-Marx-Stadt, Zwickau, Rodewisch) weder Ausgang erhalten noch beurlaubt werden. Genosse Dr. Winkler wurde durch mich darauf hingewiesen, diese Festlegung auch entsprechend zu kontrollieren."[213]

Der Chemnitzer Bezirksarzt Dr. Winkler war kein IM. Die „Absprache" mit dem Offizier der Bezirksverwaltung fand im Rahmen der zwischen staatlichen Leitern und MfS-Vertretern üblichen „offiziellen" Kontakte statt. Die Zusicherung des Bezirksarztes, daß die stationär untergebrachten Psychiatriepatienten seines Bezirkes während des erwähnten Festivals 1980 „weder Ausgang erhalten noch beurlaubt werden", beruhte anscheinend nicht auf einer Weisung seiner übergeordneten staatlichen Stelle, dem Gesundheitsministerium, sondern war in diesem Fall eine Übereinkunft mit den Sicherheitsverantwortlichen auf Bezirksebene. Den Krankenhäusern gegenüber trat sicherlich nur der Bezirksarzt mit einer Weisung in Erscheinung, nicht das MfS.

Im Jahre 1981 gab es in der DDR zwei politische Ereignisse, die die Staatsmacht zum Anlaß für umfangreiche ordnungspolitische Maßnahmen nahm: der X. Parteitag der SED im April 1981 in Ostberlin und der Besuch von Bundeskanzler Helmut Schmidt im Dezember 1981 in Güstrow. Die „politisch-operativen Maßnahmen" des MfS zur „Sicherung der Vorbereitung und Durchführung" liefen für den X. Parteitag als sogenannte „Aktion Kampfkurs X" und für den Kanzlerbesuch unter dem Decknamen „Dialog". Das Ausmaß beider „Aktionen" reichte an die anläßlich der X. Weltfestspiele 1973 inszenierte Sicherheitsaktion heran.

In beiden Fällen konnten Absprachen zwischen Funktionären des Gesundheitswesens und Offizieren der Linie XX des MfS über Freiheitsbeschränkungen von psychisch kranken oder auffälligen Personen nachgewiesen werden. Außerdem gelang es, den Weg zu rekonstruieren, auf dem im militärischen Apparat des MfS und in der Hierarchie des staatlichen Gesundheitswesens die entsprechenden Weisungen von oben nach unten „durchgestellt" wurden. Drittens wurden Beschreibungen unterschiedlicher Reaktionen von Psychiatriemitarbeitern auf diese Weisungen aus verschiedenen MfS-Akten zusammengetragen und viertens nach Akten über möglicherweise betroffene Patienten recherchiert.

Der Minister für Staatssicherheit, Armeegeneral Erich Mielke, formulierte in seinem Befehl 10/81 vom 9. März 1981, der die vom 10. bis 17. April 1981 „durch die Diensteinheiten des MfS durchzuführenden politisch-operativen" Schutz- und Sicherungsmaßnahmen zum X. SED-Parteitag beinhaltet, eine

---

213 BStU, ASt Chemnitz, AKG 500, Bl. 336.

bestimmte Aufgabenstellung der MfS-Hauptabteilung XX mit seltener Deutlichkeit:[214]

„[Die] politisch-operative Einflußnahme auf das Ministerium für Gesundheitswesen zur Gewährleistung [...] einer hohen Sicherheit und Ordnung in den Fachkrankenhäusern für Psychiatrie und Neurologie, die sich an den Fahrstrecken bzw. in den Handlungsräumen oder ihrer unmittelbaren Umgebung befinden sowie zur Unterbindung des Aufenthaltes von Patienten dieser Einrichtungen an den Fahrstrecken bzw. in und an den Handlungsräumen;
Es ist darauf Einfluß zu nehmen, daß an Fahrstrecken bzw. in und an den Handlungsräumen und ihrer näheren Umgebung wohnhafte psychisch Kranke, die sich in ambulanter Behandlung befinden und von denen eine Gefährdung der Sicherheit und Ordnung ausgehen kann, zeitweilig in diese Fachkrankenhäuser eingewiesen werden."[215]

Der Leiter der Hauptabteilung XX/1, MfS-Oberstleutnant Eberhard Jaekel, der bekanntlich gute „offizielle" Kontakte zum DDR-Gesundheitsminister Mecklinger pflegte, zeichnete im „Maßnahmeplan" seiner Abteilung „zur politisch-operativen Sicherung der Aktion 'Kampfkurs X'" für die Umsetzung dieses Teils des Mielke-Befehls persönlich verantwortlich:

„Mit dem Minister für Gesundheitswesen ist eine Absprache zur [...] Einleitung von Maßnahmen zur Durchsetzung folgender Aufgaben zu führen:
– Gewährleistung einer hohen Ordnung und Sicherheit in den Fachkrankenhäusern für Psychiatrie in Handlungsräumen und an Fahrstrecken;
– Einweisung psychisch Kranker in stationäre Einrichtungen, von denen eine Gefährdung öffentlicher Ordnung und Sicherheit ausgehen kann."[216]

Der unabsichtlich verdrehte Satzbau im zweiten Teil der Aufgabe scheint im Sinne einer Freudschen Fehlleistung anzudeuten, daß die „Gefährdung der öffentlichen Sicherheit" weniger von den psychisch Kranken, als vielmehr von den stationären Einrichtungen ausgehen könnte, wenn der Sicherheitsaspekt über die Festlegungen des Einweisungsgesetzes hinaus wirksam würde.

Wie sich die auf Mielkes Befehl hin getroffene Absprache Jaekels mit dem Gesundheitsminister in der Nervenklinik Neuruppin auswirkte, ist in den Unterlagen der MfS-Bezirksverwaltung Potsdam belegt. Der ärztliche

---

214 In den analogen Mielke-Befehlen 9/76 und 3/86 zur „Sicherung der Vorbereitung und Durchführung" des IX. und des XI. Parteitages der SED 1976 und 1986 (Aktionen „Kampfkurs" IX und XI) fehlen mit der zitierten vergleichbare Aufgabenstellungen. Vgl. BStU, ZA, DSt 102153 und 103254.
215 Befehl 10/81 vom 9.3.1981 zur Aktion „Kampfkurs X", 23 Seiten, hier S. 18; BStU, ZA, DSt 102720.
216 Maßnahmeplan der HA XX/1 von Oberstleutnant Jaekel vom 25.3.1981, 10 Seiten, hier S. 9; BStU, ZA, HA XX/1, Bündel 989 (unerschlossenes Material).

Direktor dieser psychiatrischen Einrichtung wurde von der MfS-Kreisdienststelle Neuruppin in einem Operativen Vorgang bearbeitet,[217] weil man ihn der staatsfeindlichen Tätigkeit verdächtigte. In der OV-Akte des Arztes ist ein Vermerk von Leutnant Abicht, einem für die Nervenklinik zuständigen Offizier der Kreisdienststelle Neuruppin, zur Aktion „Kampfkurs X" vom 9. April 1981 überliefert:

> „In Durchsetzung des Befehls 10/81 des Genossen Minister erfolgte mit dem ÄD [ärztlichen Direktor] der BNK [Bezirksnervenklinik], Dr. Burian, ein telefonisches Gespräch. [...] Unterzeichner wies nochmals darauf hin, daß die Anweisungen des Ministers für Gesundheitswesen und die des Kreisarztes konsequent durchgesetzt und gewährleistet werden. Es ging [...] darum, die in der Psychiatrie untergebrachten Personen unter Kontrolle zu halten, [...] daß diese nicht unkontrolliert die Einrichtung verlassen können sowie Urlaub und Ausgang auf das unbedingt notwendige Maß reduziert werden.
> Im weiteren ging es auch darum, daß psychisch Kranke, die sich in ambulanter Behandlung befinden und von denen eine Gefährdung der Öffentlichkeit ausgehen kann, während des X. Parteitages in psychiatrische Einrichtungen eingewiesen werden. Dem ÄD war bereits bekannt, daß er eine Liste derer anfertigen soll, wo diese Personen aufgeführt werden und welche Handlungen von diesen ausgehen können."[218]

Der ärztliche Leiter der Nervenklinik Neuruppin muß gegen dieses Ansinnen protestiert haben. Es finden sich in seiner OV-Akte zwar keine Ausführungen dazu, ob, wann und in welcher Form er dies tat. Jedoch klingt in einem Schreiben, das die Kreisdienststelle Neuruppin am 10. April 1981, also einen Tag nach dem Abgabetermin der von dem Psychiater geforderten Liste, an den Operativen Einsatzstab der MfS-Bezirksverwaltung Potsdam schickte, ein Kompromiß zwischen den Sicherheitskräften und dem leitenden Arzt der Nervenklinik an, der auf eine zuvor stattgefundene Auseinandersetzung hindeutet:

> „Gemäß Weisung wurde im ZW [Zusammenwirken] zwischen VPKA-Abteilung K [Volkspolizeikreisamt – Abteilung Kriminalpolizei] und KD [Kreidienststelle] MfS in Konsultation mit dem ärztlichen Direktor der Bezirksnervenklinik, MR Dr. Burian, festgelegt, daß keine Person, die sich in ambulanter Behandlung befindet, in die BNK eingewiesen wird.
> Drei Personen wurden namentlich benannt, die entsprechend der Weisung nach Anfall in der Öffentlichkeit gemäß den rechtlichen Bestimmungen eingewiesen werden.
> In Absprache mit dem ärztlichen Direktor wurden alle vorbeugenden Maß-

---

217 OV „Hohenzollern" 1979–82; BStU, ASt Potsdam, AOP 19/82, Bde. 1–4.
218 Ebenda, Bd. 3, Bl. 340.

nahmen eingeleitet, die ein unkontrolliertes Verlassen der Einrichtung ausschließen. Urlaub und Ausgang wird auf ein unbedingt notwendiges Maß reduziert."[219]

Der Psychiater hatte offenkundig im Interesse seiner Patienten mit dem MfS verhandelt und dabei das Ansinnen von rein prophylaktischen Klinikeinweisungen ambulanter Psychiatriepatienten unter Hinweis auf die gesetzlichen Bestimmungen erfolgreich abgewehrt.

Acht Monate später plante Mielke in Vorbereitung auf den Besuch von Bundeskanzler Helmut Schmidt in der DDR den nächsten Anschlag auf die Bewegungsfreiheit der Menschen im näheren und ferneren Umkreis von Güstrow. Sein Befehl 17/81 vom 28. November 1981 umfaßt 41 Seiten und bezog außer Berlin und Schwerin auch die Bezirke Potsdam, Frankfurt/Oder, Neubrandenburg und Rostock ein. Die darin vorgesehenen „politisch-operativen Maßnahmen [...] im Rahmen der Schutz- und Sicherungsaktion unter der Bezeichnung 'Dialog'" stellten alles bis dahin dagewesene in den Schatten.[220] Unter Punkt 13 wurden in bunter Mischung acht im Zusammenwirken mit der Volkspolizei durchzuführende „Maßnahmen" genannt, von denen zwei nachfolgend zitiert werden:

„– Verstärkte Sicherung von Betrieben, Einrichtungen, Baustellen, Versorgungs-, Tank-, Waffen- und Sprengmittellagern, Energie-, Gas-, Wasser- und anderen bedeutsamen Versorgungsleitungen, Fachkrankenhäusern für Psychiatrie und Neurologie, Jugendwerkhöfen, Urlaubereinrichtungen, Gaststätten, Haltestellen von Verkehrsmitteln und dergleichen in Handlungsräumen und an Fahrstrecken sowie in deren unmittelbarer Nähe, [...]
– Verhinderung der unkontrollierten Annäherung von Personen, vor allem solcher, von denen feindlich-negative oder andere die Sicherheit und Ordnung beeinträchtigende Handlungen ausgehen können (Geistesgestörte, Betrunkene) an die Handlungsräume und Fahrstrecken; [...]".[221]

Psychiatrische Krankenhäuser in einer Reihe mit Waffenlagern – das wirkt schon sehr befremdlich. An späterer Stelle seines Befehls verteilte der Minister klarere Weisungen an die einzelnen Diensteinheiten des MfS. Als eine Aufgabe für die Hauptabteilung XX hatte er etwas vorgesehen, das die zitierte Passage aus dem analogen Befehl vor dem X. Parteitag der SED fast wörtlich wiederholte:

---

219 Schreiben von Hauptmann Schröter, KD Neuruppin, vom 10.4.1981, an den Operativen Einsatzstab der BV Potsdam; ebenda, 342.
220 Vgl. den ausgezeichneten Dokumentarfilm von Michael Krull über die polizeiliche Sicherungsaktion anläßlich des Kanzlerbesuches in Güstrow im Dezember 1981.
221 Befehl 17/81 vom 28.11.1981 zur Aktion „Dialog" vom 10.–14.12.1981, 41 Seiten, hier S. 20 f.; BStU, ZA, DSt 102803.

„Einflußnahme auf das Ministerium für Gesundheitswesen zur Durchsetzung einer hohen Ordnung und Sicherheit in den an den Fahrstrecken bzw. in den Handlungsräumen oder ihrer unmittelbaren Umgebung befindlichen Fachkrankenhäusern für Psychiatrie und Neurologie sowie zur Unterbindung des Aufenthaltes von Patienten dieser Einrichtungen an den Fahrstrecken bzw. in und an den Handlungsräumen;
Einflußnahme darauf, daß an Fahrstrecken bzw. in und an den Handlungsräumen und ihrer näheren Umgebung wohnhafte psychisch Kranke, die sich in ambulanter Behandlung befinden und von denen eine Gefährdung der Sicherheit und Ordnung ausgehen kann, zeitweilig in diese Krankenhäuser eingewiesen werden."[222]

Oberstleutnant Jaekel setzte den Befehl seines Ministers wieder getreulich um. Sein Gespräch mit dem DDR-Gesundheitsminister „zur Vorbereitung der Aktion 'Dialog'" fand einer Aktennotiz Jaekels zufolge am 5. Dezember 1981 statt:

„Mit Genossen Minister Mecklinger wurde die Durchführung folgender weiterer Maßnahmen vereinbart:
Die Bezirksärzte der Bezirke Berlin, Potsdam, Frankfurt/O., Schwerin [und] Rostock werden angewiesen,
– in ihrem Territorium eine hohe Ordnung und Sicherheit in den Krankenhäusern für Psychiatrie zu gewährleisten;
– in der Zeit vom 10.12.–14.12.1981 keine Beurlaubungen von eingewiesenen Patienten zu gestatten;
– in Zusammenarbeit mit den örtlichen Organen zu gewährleisten, daß in ambulanter Behandlung befindliche psychisch Kranke, von denen eine Gefährdung der öffentlichen Ordnung und Sicherheit ausgehen kann, im Aktionszeitraum in örtliche Krankenhäuser oder psychiatrische Fachkrankenhäuser eingewiesen werden.
Genosse Minister Mecklinger wird die festgelegten Bezirksärzte am 7.12.1981 persönlich im MfGe einweisen lassen und bis 10.12.1981 eine Vollzugsmeldung abfordern."[223]

Die Potsdamer Bezirksärztin scheint die Weisungen des Gesundheitsministers noch am selben Tag, an dem sie sie erhalten hatte, an die Leiter der psychiatrischen Krankenhäuser „in ihrem Territorium" weitergegeben zu haben. Jedenfalls ist das für die Nervenklinik Neuruppin in der IM-Akte des stellvertretenden ärztlichen Direktors belegt, wo Oberleutnant Abicht von der MfS-Kreisdienststelle Neuruppin seinen Beitrag zur Aktion „Dialog"

---

222 Ebenda, S. 36f.
223 Vermerk des Leiters der HA XX/1, Oberstleutnant Jaekel, vom 5.12.1981; BStU, ZA, HA XX 527, Bl. 137f.

schriftlich festgehalten hat. Er habe am 8. Dezember 1981 „zur Vorbereitung und Durchführung der Aktion 'Dialog'" mit dem ärztlichen Direktor der Nervenklinik Neuruppin, dessen Stellvertreter, der Oberin und dem Oberpfleger eine „Absprache" getroffen. Als deren Ziel erklärte er die „Einleitung von Maßnahmen, daß psychisch Kranke nicht in der Öffentlichkeit und Handlungsräumen wirksam werden." Den näheren Ausführungen des Oberleutnants ist zu entnehmen, daß er seine Aufgabe als MfS-Offizier darin sah, die innerhalb der Hierarchie des Gesundheitswesens gegebenen Weisungen zu kontrollieren:

„In Vorbereitung dieser Aussprache wurde der ÄD [ärztliche Direktor] Burian bereits durch die Bezirksärztin am Montag, dem 7.12.1981, eingewiesen. Hierzu erfolgten Empfehlungen des Ministers für Gesundheitswesen Mecklinger. Daraus ableitend wurden folgende Maßnahmen getroffen:
Einweisung und Aufnahme von Bürgern aus dem Einzugsbereich der BNK [Bezirksnervenklinik] durch die VP [Volkspolizei] bzw. nach § 16 StGB über den Zeitraum vom 8.–14.12.1981 [...]."[224]

Was es mit der „Einweisung und Aufnahme von Bürgern" durch die Volkspolizei „bzw. nach § 16 StGB" auf sich hat, ist nicht ganz klar. Die Erwähnung der Polizei im Zusammenhang mit § 16 des DDR-Strafgesetzbuches legt die Annahme nahe, daß eine vorübergehende stationäre Aufnahme für die Zeit des Staatsbesuches zur Begutachtung von Straftätern auf ihre Zurechnungsfähigkeit ins Auge gefaßt war.

Die übrigen „Maßnahmen", die nach den Notizen von Oberleutnant Abicht auf „Empfehlung" des Gesundheitsministers und Weisung der Bezirksärztin hin flankierend zum Besuch Helmut Schmidts eingeleitet wurden, bezogen sich alle auf die „innere Sicherheit" der Nervenklinik Neuruppin:

„– Jeder unerlaubte Abgang bzw. Vorkommnis ist neben der Meldeordnung sofort der DE [Diensteinheit – hier MfS-Kreisdienststelle Neuruppin] zu melden. [...]
– Beobachtung und Kontrolle der physischen [gemeint waren offenkundig die psychischen bzw. richtiger die psychiatrischen] Fälle, besonders im stationären Bereich;
– Über den Aktionszeitraum gibt es für die Patienten keinen Urlaub, Ausgang, Entlassungen werden ebenfalls nicht vorgenommen (Alkoholiker, Schreiber von Eingaben und andere Straftäter);
– Innere Sicherheit der Einrichtungen wie z.B. Aufbewahrung von dienstlichem Schriftgut, Arzneimitteln und Giften;

---

224 Protokoll von Oberleutnant Abicht, KD Neuruppin, vom 9.12.1981, IM-Akte „Cäsar"; BStU, ASt Potsdam, AIM 3455/89, Teil I, Bd. 1, Bl. 187.

– Prüfen, ob sich in den Außenstellen der Reha.-Klinik wie Buskow und Stöffin sich Sicherungsmaßnahmen notwendig machen;
– Verstärkte Objektbegehungen durch die Oberin, Stellv. ÄD und Oberpfleger. Die Kontrollen erfolgen gegen 18.00 und 22.30 Uhr. In ausgewählten Häusern, wie C, D, R, M, L, T erfolgen ebenfalls Kontrollen. [...] Über diese Maßnahmen ist nur ein geringer Personenkreis der BNK unterrichtet."

Einer Auswertung von Oberleutnant Abicht zur „Aktion 'Dialog'" vom 13. Dezember 1981 ist zu entnehmen, daß „die bereits angewiesenen Maßnahmen" in der Bezirksnervenklinik Neuruppin auch „durchgesetzt" worden seien und es „keine Vorkommnisse" gegeben habe. Der „Informationsfluß" zwischen der Nervenklinik und der MfS-Kreisdienststelle sei „gut" gewesen, es seien „beiderseitig Absprachen" erfolgt. Zwei Personen seien „durch den Kreisarzt zur Begutachtung in die BNK eingewiesen" worden.[225]

Da es sich bei kreisärztlich angeordneten Psychiatrieeinweisungen um zwangsweise durchgesetzte Aktionen gehandelt haben muß, scheint dies des Rätsels Lösung für die diskutierte „Einweisung und Aufnahme von Bürgern aus dem Einzugsbereich der BNK durch die VP bzw. nach § 16 StGB über den Zeitraum vom 8. bis 14.12.1981". Es könnte sich um Straftäter gehandelt haben, deren Begutachtung auf ihre Zurechnungsfähigkeit sowieso anstand und die, um die Betreffenden gleichzeitig als Risikofaktoren für die öffentliche Ordnung auszuschalten, nun im Zeitraum des Staatsbesuches durchgeführt wurde. Der eine der beiden zur Begutachtung Eingewiesenen, ein damals 51jähriger Mann, ist außer in dem Protokoll von Oberleutnant Abicht über die Aktion „Dialog" an keiner anderen Stelle in den MfS-Unterlagen erwähnt. Über den anderen Mann, der zum damaligen Zeitpunkt 19 Jahre alt war, existiert in den Unterlagen des MfS ein „Kontrollmaterial" der Kriminalpolizei von 1986, aus dem unter anderem hervorgeht, daß der Betreffende 1981 wegen Diebstahls bestraft und bis 1984 „wegen eines epileptischen Leidens vom Wehrdienst zurückgestellt" worden war.[226] Das bestätigt die Annahme, daß es sich bei seiner kreisärztlichen Einweisung zur Begutachtung im Dezember 1981 um die Frage der Zurechnungsfähigkeit nach einer Straftat gehandelt haben könnte.

Es gibt auch aus den Jahren nach 1981 Hinweise darauf, daß politische Veranstaltungen in der Nervenklinik Neuruppin zum Anlaß genommen wurden, „Sicherungsmaßnahmen" gegen Psychiatriepatienten einzufordern und zu kontrollieren. Eine so lückenlose Rekonstruktion der Weisungswege von der Minister- bis auf Kreisebene, wie das für die „Aktionen" „Kampfkurs X" und „Dialog" 1981 möglich war, gelang allerdings für kein anderes Ereignis.

---

225 Protokoll von Oberleutnant Abicht vom 13.12.1981 über ein Gespräch mit Dr. Göhlert am selben Tag; ebenda, Bl. 191 f., hier 191.
226 BStU, ASt Potsdam, AOG 1865/86, Bl. 20 f.

In der IM-Akte des stellvertretenden Leiters der Nervenklinik Neuruppin gibt es jedoch fortgesetzt Hinweise auf gelegentliche Forderungen und Kontrollen besonderer „Sicherungsmaßnahmen" gegenüber Psychiatriepatienten durch MfS-Vertreter.

So wurden die Psychiatrie und ihre Patienten beispielsweise im Mielke-Befehl 3/83 über die „Sicherung der Vorbereitung und Durchführung der internationalen wissenschaftlichen Konferenz des ZK der SED aus Anlaß des 100. Todestages und 165. Geburtstages von Karl Marx", die als Aktion „Manifest" vom 8. bis 18. April 1983 laufen sollte,[227] mit keinem Wort erwähnt. In der IM-Akte des stellvertretenden ärztlichen Leiters der Nervenklinik Neuruppin jedoch notierte Oberleutnant Abicht über die „Zielstellung" seines Treffens mit dem IMS „Cäsar" am 8. April 1983:

„Instruierung in Vorbereitung und Durchführung der internationalen wissenschaftlichen Konferenz des ZK der SED aus Anlaß des 100. Todestages und 165. Geburtstages von Karl Marx ('Manifest'). Aktionszeitraum vom 11.–17.4.83.
- Durch die BNK [Bezirksnervenklinik] muß gewährleistet sein, daß im Aktionszeitraum psychisch Kranke sicher verwahrt werden und unter ständiger Kontrolle stehen, um zu verhindern, daß sie in der Öffentlichkeit wirksam werden.
Hierunter fallen auch die Alkoholiker.
- Alle Hinweise sind sofort der KD [Kreisdienststelle des MfS] telefonisch zu übermitteln (Abgänge und besondere Vorkommnisse)."[228]

Anscheinend war den Sicherheitskräften „im Aktionszeitraum" kein Patient der Nervenklinik aufgefallen, jedenfalls wurde die Sache in der IM-Akte nicht noch einmal erwähnt. Beim darauffolgenden Treff am 19. April 1983 wurde der IM-Arzt von Oberleutnant Abicht bereits in die nächste Sicherungs-„Aktion" eingewiesen:

„Instruierung in Vorbereitung und Durchführung des 1. [und] 8. Mai sowie das Treffen der Jugend in Potsdam (Friedenstreffen). [...]
- Vorbeugende Sicherung der Nervenklinik im Aktionszeitraum (verhindern, daß psychisch Kranke in der Öffentlichkeit wirksam werden).
- Vorbeugende Verhinderung des ungesetzlichen Verlassens der DDR durch Angehörige des Gesundheitswesens – BNK/BKH [Bezirksnervenklinik/Bezirkskrankenhaus].
- Achten auf die Ordnung und Sicherheit im Verantwortungsbereich des

---

227 Befehl 3/83, 15 Seiten; BStU, ZA, DSt 102923.
228 Bericht von Oberleutnant Abicht vom 8.4.1983 über ein Treffen mit IMS „Cäsar" am selben Tag, IM-Akte „Cäsar", Teil II, Bd. 1, Bl. 42 f., hier 42.

IM und darüber hinaus, um Demonstrativhandlungen und andere verbrechensbegünstigende Umstände [zu verhindern]."[229]

Dieses Mal gab es ein „Vorkommnis". Am 22. Mai arrangierte Oberleutnant Abicht „kurzfristig, aufgrund operativer Notwendigkeit", für seinen Vorgesetzten eine Zusammenkunft mit dem leitenden Psychiater der Nervenklinik. Hauptmann Arndt notierte die Erklärungen des Arztes wie folgt:

„Zum Vorkommnis in der BNK schätzte der IM ein, daß durch die verantwortlichen MA [Mitarbeiter] sehr oberflächlich die Weisung des Kreisarztes, während des Friedenstreffens in Potsdam keinen Urlaub und Ausgang zu gewähren, ausgelegt wurde und drei Patienten ohne Kenntnis des stellvertretenden ÄD [ärztlichen Direktors] beurlaubt wurden. Diese Patienten standen auch nicht auf der Liste der bestätigten Urlauber/Ausgänger. Der IM schätzte weiterhin ein, daß der ÄD, Dr. Göhlert, seiner Kontrollpflicht nicht im vollen Umfang gerecht geworden ist und es dadurch zu diesem Vorkommnis kommen konnte.
Der Patient M[...], der im Grenzgebiet angefallen war, ist seit dem 20.5. wieder in der BNK. Der Patient S[...] [...] wurde, ohne großes Aufsehen zu erregen, mit einem Privat-PKW in die Klinik zurückgeholt. Zum Zeitpunkt des Treffs befanden sich noch 72 Patienten im Urlaub, die aber alle listenmäßig erfaßt waren und eine genaue Übersicht bei Rückkehr gewährleistet werden kann."[230]

Man beachte die kunstvolle Einhaltung der konspirativen Regeln: Wer es nicht weiß, würde nicht darauf kommen, daß Dr. Göhlert, der stellvertretende ärztliche Leiter der Nervenklinik Neuruppin, identisch war mit dem berichtenden IM. Aber auch inhaltlich enthält der Text interessante Informationen. So wird die von Krankenhauspsychiatern aus der DDR vielfach geäußerte Behauptung gestützt, sie hätten kreis- oder bezirksärztliche Weisungen zur Freiheitsbeschränkung ihrer Patienten anläßlich politischer Großveranstaltungen in unterschiedlichem Maße und zum Teil gar nicht befolgt. Für Neuruppin wird deutlich, daß in der Nervenklinik zwar gewisse Vorsichtsmaßregeln ergriffen, beispielsweise eine Übersicht aller Patienten mit genehmigtem Urlaub angelegt wurde. Aber entgegen der kreisärztlichen Weisung wurden immerhin mehr als 70 Patienten mit Genehmigung des ärztlichen Direktors und mindestens drei Patienten ohne dessen Zustimmung von anderen Krankenhausmitarbeitern beurlaubt.
Was geschah nun den Mitarbeitern der Nervenklinik, nachdem offenkundig mehrere der von ihnen weisungswidrig beurlaubten Patienten „operativ

---

229 Bericht von Oberleutnant Abicht vom 20.4.1983 über ein Treffen mit IMS „Cäsar" am 19.4.1983; ebenda, Bl. 56 f.
230 Bericht von Hauptmann Arndt vom 23.5.1983 über ein Treffen mit IMS „Cäsar" am 22.5.1983; ebenda, Bl. 60.

angefallen" waren? Auch das ist aus der IM-Akte „Cäsar" zu erfahren. Zunächst forderte Hauptmann Arndt den Arzt auf, die „Einhaltung O/S", sollte heißen, von Ordnung und Sicherheit, in der von ihm geleiteten Nervenklinik im verbleibenden „Aktionszeitraum" zu kontrollieren. Danach, am 30. Mai 1983, traf sich Oberleutnant Abicht wieder mit seinem IM, um den „Stand der Maßnahmen (Disziplinar) zum Vorkommnis des Jugendpfingsttreffens in Potsdam" zu erfahren, den er anschließend folgendermaßen beschrieb:

„Vorkommnis zu Pfingsten – Jugendtreffen in Potsdam/Abgang von Patienten. Von seiten des KA [Kreisarztes] erfolgte eine Aussprache mit allen Beteiligten der BNK [Bezirksnervenklinik]. Der CA [Chefarzt] und amtierende Direktor Dr. Göhlert erhält einen Eintrag in die Kaderakte. Des weiteren hat er Disziplinarmaßnahmen gegen die I. B[...], Herrn B[...] und Frau W[...] auszusprechen (Verweis). Die Frau B[...] stellt sich gegen die an ihr geübte Kritik und zeigt sich nicht einsichtig. [...]
Der IM hat einen weiteren Vertrauensbeweis zu unserem Organ erfahren, da wir nicht auch noch einen großen 'Bahnhof' machten. Er sieht sein Verschulden ein und bedauert, daß er nicht alles, was ihm von seiten der Frau B[...] vorgelegt wurde, kontrolliert hat. Frau B[...] ist seit langem in ihrer Tätigkeit und müßte sich auskennen. Des weiteren bekniete sie den IM, doch die vorgeschlagenen Patienten zu beurlauben. Während der Aussprache mit dem KA stellte sie die Dinge anders dar und behauptet weiterhin, das dies eine Freiheitsberaubung der Patienten sei usw."[231]'

Man beachte die an dieser Stelle nicht ganz so kunstvolle Einhaltung der Regeln der Konspiration: Auch wer es nicht weiß, kann auf den Gedanken kommen, daß Dr. Göhlert und der IM ein und derselbe waren. Er scheint sich den Notizen Abichts zufolge ausgesprochen opportunistisch verhalten zu haben. Frau B. hingegen, eine leitende Psychologin der Nervenklinik, beharrte trotz des Disziplinierungsversuches auf ihrer Meinung, daß Beschränkungen der Bewegungsfreiheit von Psychiatriepatienten anläßlich einer politischen Großveranstaltung Unrecht seien. Infolgedessen wurde der IMS „Cäsar" von Oberleutnant Abicht noch während desselben Treffens beauftragt, „auf Verhaltensweisen der Frau B[...]" während einer Dienstreise zu achten, die mehrere Mitarbeiter der Nervenklinik kurz darauf unternahmen.
Nachdem der leitende Psychiater der Nervenklinik Neuruppin am 16. Juni 1983 von seiner Reise zurückgekehrt war, fragte Oberleutnant Abicht kurzfristig den „Stand der Maßnahmen in Anbetracht des 17. Juni 83" bei ihm ab. Der Stellvertreter des ärztlichen Leiters hatte die „Maßnahmen", deren Art inzwischen leicht zu erraten ist, bereits „durchgesetzt", wovon der

---

[231] Bericht von Oberleutnant Abicht vom 30.5.1983 über ein Treffen mit IMS „Cäsar" am selben Tag; ebenda, Bl. 61 f.

IM, anscheinend aus Schaden klug geworden, „sich bereits überzeugt"[232] hatte. Den Protokollen der Treffen von Oberleutnant Abicht mit dem IMS „Cäsar" nach zu urteilen, gab es in den nächsten Jahren keine „Vorkommnisse" der beschriebenen Art mehr in der Nervenklinik Neuruppin.

### 5.3.7. Suchweg über IM-Akten von Psychiatern

Neben den Suchwegen über MfS-Opferakten und systematische Sachrecherchen in bestimmten MfS-Aktenbeständen wurde in den MfS-Akten über Psychiater, die als inoffizielle Mitarbeiter geführt wurden, noch einmal gezielt nach Hinweisen auf rechtswidrige Psychiatrieeinweisungen oder MfS-gesteuerte Freiheitsberaubungen gesucht. Dabei wurden insbesondere die IM-Akten über leitende Ärzte psychiatrischer Krankenhäuser berücksichtigt, in denen Verletzungen der ärztlichen Schweigepflicht festgestellt worden waren. Die Suche in den Akten der IM-Psychiater ergab Unterschiedliches, das nachfolgend referiert wird.

In den umfangreichen Arbeitsakten des IM „Grabowski", der von 1963 bis 1989 inoffiziell für das MfS aktiv war, fand sich kein Hinweis auf eine vom MfS veranlaßte Psychiatrieeinweisung. Vielmehr erklärte „Grabowski" seinem Führungsoffizier Rudolph von der MfS-Hauptabteilung XX/2 Ende November 1973, was aus psychiatrischer Sicht selbst gegen die Urlaubs- und Entlassungssperren während politischer Großveranstaltungen einzuwenden sei. Der IM-Bericht wurde fast wörtlich als numerierte Information der Hauptabteilung XX an die MfS-Spitze über „Reaktionen in Ärztekreisen zur Unterbringung von geistesschwachen und geistesgestörten Bürgern anläßlich politischer Höhepunkte" wiedergefunden.[233] Darin heißt es:

„Anläßlich von politischen Großveranstaltungen, Staatsbesuchen u. a. würden an psychiatrische Krankenhäuser Anweisungen ergehen, den Patienten keinen Ausgang zu gewähren bzw. den Urlaub abzubrechen. Das stehe dem Bestreben dieser Kliniken, ihren 'Gefängnischarakter' zu verlieren, entgegen. Grundprinzip der Tätigkeit dieser Krankenhäuser sei das 'Prinzip der offenen Türen', d. h. daß bis auf wenige Ausnahmen alle Stationen offen sind, beliebig verlassen und betreten werden können. [...]
Eine Schließung der Stationen anläßlich politischer Veranstaltungen bedeute somit einen 'erheblichen Rückschritt' und finde kein Verständnis bei den dort

---

232 Bericht von Oberleutnant Abicht vom 17.6.1983 über ein Treffen mit IMS „Cäsar" am selben Tag; ebenda, Bl. 64 f.
233 Die in der IM-Akte handschriftlich vorliegende Einschätzung des IM „Grabowski" über die „Unterbringung von geistesschwachen und geisteskranken Bürgern" vom 28.11.1973, Zwischenablage der IM-Arbeitsakte „Grabowski"; BStU, ZA, AIM 1847/71, Teil II, Bd. 5, Bl. 159–161 ist – bis auf die Konjunktive – fast deckungsgleich mit dem Text der MfS-Information 2105/73 der HA XX vom 6.12.1973; BStU, ZA, HA XX 479, Bl. 393 f.

tätigen Ärzten. So äußerte der OA [Oberarzt] S[...], Nervenklinik der Charité, anläßlich des Besuches der vietnamesischen Regierungsdelegation: 'Wir sollen wieder einmal unsere Patienten einsperren, es kommt irgendeine vietnamesische Delegation. Wir sind doch keine Polizei!'"[234]

Es ist gewiß kein Zufall, daß die ärztliche Unmutsäußerung Ende des Jahres 1973 kam, nachdem es im Sommer anläßlich der X. Weltfestspiele eine Häufung staatlich verfügter Zwangsmaßnahmen gegen psychisch kranke Menschen gegeben hatte, die mehr der Ordnung als einer notwendigen Gefahrenabwehr dienten. „Grabowski" arbeitete in dieser Zeit als Psychiater an der Charité-Nervenklinik in Ostberlin. Seinem IM-Bericht und der daraus gefertigten MfS-Information zufolge legten die Psychiater Wert auf eine genauere Abgrenzung polizeilicher und ärztlicher Aufgabenbereiche, da das Ordnungsinteresse der Polizei und das therapeutische Interesse der Psychiatrie zwei einander widerstrebende Zielstellungen seien:

„Problematisch erscheine die Zuführung geistesschwacher und geisteskranker Bürger, die nicht stationär behandelt werden, in den Kliniken anläßlich politischer Veranstaltungen. Patienten würden möglichst rasch nach Hause entlassen, um sekundäre Schäden durch zu lange Klinikaufenthalte zu vermeiden. Dadurch seien die Patienten häufig noch nicht frei von Krankheitssymptomen. Andere Patienten hätten schwere, bleibende Krankheiten, könnten aber zu Hause betreut werden. Auch bei diesen Patienten ist es günstiger, sie nicht stationär zu behandeln. Bringt man nun diese Patienten, ohne daß es zu einer Verschlechterung im Befinden dieser Patienten gekommen sei, in die Klinik, werde der gesamte Rehabilitationsprozeß gestört. Darüber hinaus bekomme das Krankenhaus dadurch den Charakter eines Gefängnisses und verliere das Vertrauen in der Bevölkerung und vor allem bei den Patienten.
Damit solche Patienten nicht störend in der Öffentlichkeit bei Höhepunkten in Erscheinung treten, seien Maßnahmen der Polizei erforderlich. Diese Maßnahmen könne man nicht dem Gesundheitswesen 'überlassen'."[235]

„Grabowski" begründete den psychiatrischen Standpunkt nicht nur mit therapeutischen und rehabilitativen Argumenten, sondern auch historisch und politisch:

„Die historisch schwer belasteten Nervenkrankenhäuser (Euthanasie im Faschismus) müßten noch heute um Anerkennung ringen. Jede 'Zweideutigkeit' bringe diese Kliniken in Mißkredit. Man müsse auch beachten, daß aus der BRD laufend Gerüchte in Umlauf gesetzt werden, wonach in der Sowjetunion 'politische Gegner' in psychiatrische Kliniken eingewiesen würden. Eine sau-

---

[234] Ebenda, 393.
[235] Ebenda, Bl. 394.

bere, moderne Arbeit ist deshalb zur Verhütung von Zweideutigkeit auch bei uns notwendig."[236]

Es ist schwer abzuschätzen, wieweit die via Führungsoffizier aus der Hauptabteilung XX/2 übermittelte Kritik am Umgang mit psychisch Kranken anläßlich politischer Höhepunkte in der DDR in den Führungsetagen des MfS berücksichtigt wurde, jedenfalls war es von seiten des IM-Psychiaters ein eindeutiges Plädoyer für eine genauere Berücksichtigung psychiatrischer und ihre Trennung von polizeilichen Gesichtspunkten.

Der Lerneffekt auf der Seite der Sicherheitskräfte scheint allerdings gering gewesen zu sein. In den MfS-Akten anderer IM-Psychiater finden sich auch aus späteren Jahren immer wieder Hinweise darauf, daß MfS-Kreisdienststellenmitarbeiter die Einhaltung angewiesener Sicherheitsvorkehrungen in psychiatrischen Krankenhäusern anläßlich „politischer Höhepunkte" zumindest abfragten und es dabei zu Diskussionen kam. So ist beispielsweise in der IM-Akte des stellvertretenden ärztlichen Direktors des psychiatrischen Fachkrankenhauses Berlin-Lichtenberg unter dem 14. Januar 1977 festgehalten, daß IM „Karl-Heinz" bestätigt habe, „daß die Anweisung des Amtsarztes hinsichtlich der Urlaubssperre für die Patienten des Fachkrankenhauses befolgt" werde.[237] Allerdings habe der IM „in Übereinstimmung mit allen Ärzten des Fachkrankenhauses [...] auch selbst weiterhin Bedenken hinsichtlich der ständigen Durchsetzung einer solchen Weisung bei ähnlichen Anlässen" geäußert und wie folgt begründet:

„Diese prinzipielle Anweisung widerspricht den neuesten Erkenntnissen der Psychiatrie. Diese sehen eine möglichst optimale Eingliederung der Patienten in das gesellschaftliche Leben vor. Diese Weisung geht aber davon aus, daß Störenfriede im Kreis der Erkrankten zu suchen sind. Immer mehr Patienten gehen wochentags stundenweise zur Arbeit und befinden sich am Wochenende im Kreis ihrer Familie. So gibt es eine Vielzahl von Fällen, in denen Patienten die Klinik am Freitag früh verlassen und am Montag abend wieder erscheinen.
Nur noch wenige Stationen sind geschlossen. Alle anderen Patienten haben die Möglichkeit, sich im Gelände frei zu bewegen. Zur Zeit ist nicht sicherzustellen, daß die Patienten nicht das Krankenhausgelände verlassen (Straßenbahnhaltestelle/nach allen Seiten kann das Gelände verlassen und betreten werden).
Kurzfristige Sperrmaßnahmen führen bei unruhigen Patienten zu zusätzlichen Belastungen.

---

236 Ebenda.
237 Bericht des hauptamtlichen Führungs-IM „Steinert" über ein Treffen mit dem IM „Karl-Heinz" am 14.1.1977, IM-Akte „Karl-Heinz"; BStU, ZA, AIM 374/81, Bl. 107–109, hier 107.

Die Entscheidung über Urlaubsanträge sollte daher den Klinikchefs überlassen werden. Es handelt sich hier um eine Grundsatzfrage. Sie müßte einer Klärung zugeführt werden, damit bei weiteren ähnlichen Anlässen nicht kurzfristig immer wieder Verärgerungen bei allen Beteiligten eintreten."[238]

Das Statement scheint zumindest etwas gefruchtet zu haben. Immerhin folgen auf die zitierte Meinungsäußerung des IM Treffberichte des hauptamtlichen Führungs-IM (hFIM) aus den nächsten mehr als zwei Jahren, in denen „Karl-Heinz" zwar wiederholt unter Verletzung der ärztlichen Schweigepflicht über Patienten berichtete, jedoch keine neuerlichen Forderungen nach Urlaubs- und Ausgangssperren für Psychiatriepatienten erhoben wurden. Dann aber, im Frühjahr 1979, wurde der IM „Karl-Heinz" neben der „Marschblocksicherung" am 1. Mai mit der besonderen Betreuung eventuell durch die Stadtbezirksärzte eingewiesener Patienten beauftragt.[239] Anscheinend wurden jedoch keine Patienten eingewiesen, jedenfalls ist anschließend keine Rede mehr davon. Dafür stand beim nächsten inoffiziellen Treffen am 15. Mai 1979 eine „Abstimmung der Aufgaben zum Nationalen Jugendfestival" auf der Tagesordnung. „Karl-Heinz" berichtete „über den Stand der Vorbereitung zum Festival". Führungs-IM „Steinert" notierte als neue „Aufgabenstellung", es müsse „sichergestellt werden, daß zum Festival ein lückenloser Überblick über das Geschehen im Bereich des Fachkrankenhauses vorhanden ist."[240] Allerdings scheint damit mehr eine Beobachtung der für politisch unzuverlässig gehaltenen Ärzte gemeint gewesen zu sein, da zwei „operativ bearbeitete" Ärzte im zeitlichen Zusammenhang erwähnt wurden, hingegen keine Maßnahmen gegenüber Patienten.

In der Berichtsakte des besonders redseligen IMB „Hans Richters" fand sich die Tonbandabschrift eines mündlichen IM-Berichtes vom April 1986, der interessante Aufschlüsse darüber gibt, wie kreisärztliche Weisungen und unter Umständen auch Einweisungen im psychiatrischen Krankenhaus Hochweitzschen in Sachsen, wo der IM zu der Zeit Chefarzt war, ankamen und wie unterschiedlich damit umgegangen wurde:

„Bezüglich der verstärkten Kontrollmaßnahmen über den Zeitraum des Parteitages gibt es drei Informationen. Die erste Information über das leitende Oberpflegerpersonal heißt Ausgangssperre [für Patienten]. Die zweite Information, die von [..., einem anderen Chefarzt] kommt, ist auf einen Satz zusammengefaßt, so daß man darüber diskutieren muß. Die dritte Information von Poppe [dem ärztlichen Direktor und selbst IM] muß man unterteilen. Einmal erklärte P. zu verschiedenen Kollegen, immer unter vier Augen, daß

---

238 Ebenda, Bl. 108 f.
239 Bericht des hauptamtlichen Führungs-IM „Steinert" über ein Treffen mit dem IM „Karl-Heinz" am 23.4.1979; ebenda, Bl. 250 f., hier 251.
240 Bericht des hauptamtlichen Führungs-IM „Steinert" über ein Treffen mit dem IM „Karl-Heinz" am 15.5.1979; ebenda, Bl. 261 f.

man diese Festlegung differenziert handhaben muß. 16.00 Uhr müssen alle im Hause sein. Wenn geeignete Leute [Patienten] vorhanden sind, kann man die auch beurlauben. Diese Aussage wurde in der gestrigen Konferenz [tägliche Versammlung der Ärzte] nochmals erhärtet."[241]

Weiter habe der ärztliche Direktor erklärt, „daß der Kreisarzt bei ihm angerufen habe und ihm mitgeteilt habe, daß die Sicherheitsorgane gestern abend eine Kontrolle" im psychiatrischen Krankenhaus durchgeführt und festgestellt hätten, „daß die Sicherheitsbestimmungen nicht eingehalten worden" seien. So sei das dem Kreisarzt „seitens der Sicherheitsorgane mitgeteilt worden" und der Kreisarzt verlange „nunmehr strengste Regulierung". Dr. Poppe sei nicht gefragt oder informiert worden über die Sicherheitskontrolle. Er habe den versammelten Ärzten wörtlich erklärt: „Aber, sehen Sie, liebe Kollegen, hätte man mich gefragt, ich hätte gesagt, es läuft alles!" Die Ärzte hätten das so interpretiert, daß man der Staatssicherheit nicht alles mitteilen sollte, dann bekäme man auch keine Probleme. Im Ergebnis würden nun „früh und abends die Patienten gemeldet und nur ganz wenige Ausgang erhalten". Der IM meinte, die Sicherheitsbestimmungen würden „unterlaufen", weil zwei Chefärzte in ihren Bereichen „sehr großzügig" über Ausgänge und Beurlaubungen von Patienten entscheiden würden. Ein dritter Chefarzt zeige sogar eine „sehr unkritische Haltung". Dieser Chefarzt habe gerade „eine offizielle Beschwerde an den Kreisstaatsanwalt" geschrieben, in der er sich verwahrt hätte gegen „eine Zwangseinweisung nach § 6, die sicherlich nicht ganz korrekt gelaufen ist und auch inhaltliche Probleme hat". Der ärztliche Direktor habe die Beschwerde gegen den Kreisstaatsanwalt und den Kreisarzt unterstützt.[242] Der Vorgesetzte des Führungsoffiziers in der MfS-Kreisdienststelle hatte unter die maschinengeschriebene Tonbandabschrift des zitierten IM-Berichtes mit Hand vermerkt: „Ich will wissen, wer zwangseingewiesen wurde". Aus der IM-Akte geht nicht hervor, ob er das erfahren hat. „Hans Richters" wechselte wenig später seine Arbeitsstelle nach Haldensleben im Bezirk Magdeburg.[243]

In der IM-Akte des stellvertretenden Leiters des Wilhelm-Griesinger-Krankenhauses in Berlin, Dr. Hoffmann, der verkündet hatte, „daß er bei der Unterstützung des MfS in erster Linie als Genosse handelt und nicht wie andere, auch leitende Mitarbeiter des Krankenhauses, Bedenken durch die ärztliche Schweigepflicht sehen" würde,[244] gibt es nur zwei Hinweise auf eine Thematisierung von Psychiatrieeinweisungen zwischen MfS-Vertretern und dem Arzt. Der erste Hinweis stammt noch aus der Berliner Zeit des

---

241 Tonbandabschrift eines mündlichen Berichtes von IMB „Hans Richters" vom 19.4.1986, unterzeichnet von Hauptmann Böber, KD Döbeln, IM-Akte „Hans Richters"; BStU, ASt Magdeburg, MfS-Registriernummer VIII/520/78, Teil II, Bd. 2, Bl. 131.
242 Ebenda.
243 Vgl. ebenda, Bd. 3, Bl. 1.
244 IM-Akte „Wilhelm", Teil I, Bd. 1, Bl. 70.

Arztes als stellvertretender Leiter des Wilhelm-Griesinger-Krankenhauses (WGK). In einem Protokoll von Leutnant Meissner über ein Treff mit dem IMS „Wilhelm" am 21. Oktober 1982 sticht folgender Auftrag ins Auge: „Der IMS wurde beauftragt, eine Einweisung in das WGK zu realisieren."[245] Das legt den Verdacht nahe, Dr. Hoffmann habe im Auftrag des MfS und unter Umgehung des Einweisungsgesetzes einen Patienten im Wilhelm-Griesinger-Krankenhaus aufgenommen. Es könnte allerdings auch bedeuten, daß ein psychisch kranker inoffizieller MfS-Mitarbeiter in stationäre psychiatrische Behandlung eingewiesen werden sollte und Dr. Hoffmann dabei um Hilfe gebeten wurde. Die näheren Umstände dieser Einweisung gehen aus der IM-Akte nicht hervor und waren mangels Personendaten auch nicht durch weitere Recherchen zu klären.

Ein anderer, ausführlicher beschriebener Vorgang einige Jahre später in Hildburghausen spricht eher dagegen, daß Dr. Hoffmann zu Verletzungen des Einweisungsgesetzes im selben Maße wie zu Schweigepflichtverletzungen bereit war. Der Psychiater war nach seinem Wechsel von Berlin ungefähr ein Jahr in seiner neuen Position als ärztlicher Direktor des thüringischen Fachkrankenhauses tätig, da meldete er sich bei der MfS-Kreisdienststelle Hildburghausen, um über einen „Sachverhalt" zu informieren:

„Der Übersiedlungsersuchende M[...] wurde am 15.6.1985 als Patient in das BFKH [Bezirksfachkrankenhaus für Psychiatrie] Hildburghausen eingewiesen. Diese Einweisung erfolgte durch das Bezirkskrankenhaus Suhl, in das M[...] am 14.6.1985 nach einer durchgeführten Vernehmung/Befragung in der UHA [Untersuchungshaftanstalt des MfS] Suhl durch die Abteilung IX [des MfS] eingewiesen wurde. Die Überstellung des Patienten vom BKH Suhl in das BFKH Hildburghausen erfolgte mit der Begründung: 'Entsprechend telefonischer Anordnung überweisen wir Ihnen den Patienten nach Hildburghausen.'
Die Aufnahme des Patienten M[...] soll in Absprache eines Majors von der UHA Suhl mit dem Chefarzt Dr. Siegel[246] ohne Kenntnis des ärztlichen Direktors erfolgt sein."[247]

Die Tätigkeit von Dr. Siegel als forensisch-psychiatrischer Gutachter für die Untersuchungsabteilung IX der MfS-Bezirksverwaltung Suhl ist im Kapitel über strafrechtliche Psychiatrieeinweisungen nachzulesen. Dr. Hoffmann schien aus Berlin einen vorsichtigeren Umgang mit Einweisungen gewohnt gewe-

---

245 Ebenda, Teil II, Bd. 1, Bl. 124.
246 Dr. med. Ernst Siegel (Jg. 1933), Chefarzt der psychiatrischen Männerabteilung des Bezirksfachkrankenhauses Hildburghausen, Vertragsarzt des MfS als forensischer Gutachter für die Untersuchungsabteilung (IX) der BV Suhl und IMS „Ernst Winzer" der Abt. XX/1 der BV Suhl.
247 Information des stellvertretenden Leiters der KD Hildburghausen an den Leiter der BV Suhl, IM-Akte „Wilhelm", Teil II, Bd. 1, Bl. 165–167, hier 166.

sen zu sein, als bis zu seinem Eingreifen in Hildburghausen praktiziert wurde. Alarmierend scheint auf Hoffmann gewirkt zu haben, daß am 20. Juni 1985, also fünf Tage nach der Psychiatrieeinweisung des Patienten, der Leiter der zuständigen Abteilung Innere Angelegenheiten des Rates des Kreises bei ihm erschienen war, um den Patienten abzuholen, „da dieser innerhalb von 24 Stunden in die BRD übergesiedelt werden soll." Es war für den leitenden Arzt sicher peinlich, bis dahin „keine Kenntnis von der Existenz dieses Patienten" in seinem Krankenhaus gehabt zu haben. Jedenfalls „verweigerte er vorerst eine Entlassung und machte sich zum Gesamtproblem sachkundig." Dr. Siegel bestätigte ihm, daß er den Patienten „nur auf Empfehlung eines Majors der UHA [Untersuchungshaftanstalt] Suhl aufnahm, ohne daß es eine medizinische Begründung dafür gab."

„Laut Krankenblatt wurde [...] durch Dr. Siegel festgestellt, daß M[...] psychisch normal ist, so daß auch keine medizinische Behandlung erfolgte. M[...] berichtete im Aufnahmegespräch, daß er [...] Übersiedlungsersuchender in die BRD sei und hätte in diesem Zusammenhang einen Brief an BRD-Bundeskanzler Kohl [...] gesandt. Auch ein Rechtsanwalt sei mit einbezogen. Daraufhin wäre er von der Staatssicherheit in Suhl über eine lange Zeit vernommen worden (acht Stunden) und sei fix und fertig gewesen. Auf Grund der Erschöpfungszustände habe man ihn in das BKH Suhl eingewiesen."[248]

Nachdem Dr. Hoffmann das in Erfahrung gebracht hatte, veranlaßte er die Entlassung des Patienten am darauffolgenden Tag, dem 21. Juni 1985. Interessant ist die Bewertung, die der IM-Arzt dem MfS-Mann zu diesem Fall gab:

„Der ärztliche Direktor Dr. Hoffmann schätzt ein, daß dieses praktizierte Vorgehen der Einweisung eines psychisch normalen Menschen in eine psychiatrische Einrichtung ein Politikum darstellt, weil M[...] nach seiner Übersiedlung in die BRD diesen Sachverhalt öffentlichkeitswirksam auswerten kann. Auch die gegenwärtig in Wien tagende Menschenrechtskommission beschäftige sich mit dem Mißbrauch der Psychiatrie in den sozialistischen Ländern, so daß derartigen feindlichen Absichten dieser Kommissionen mit solchen Handlungen noch Vorschub geleistet wird.
Dr. Hoffmann bittet darum, bei komplizierten Einweisungsfällen in das BFKH unbedingt eine Konsultation mit ihm zu suchen.
Quelle: IMS 'Wilhelm'"[249]

Es sind keine Konsultationen des MfS zu „komplizierten Einweisungsfällen" in der bis Ende Oktober 1989 ordentlich geführten IM-Akte des leiten-

---

248 Ebenda, Bl. 166f.
249 Ebenda, Bl. 167.

den Psychiaters vermerkt. Die an das zitierte Papier zusätzlich geschriebene Randbemerkung, daß der „Sachverhalt" mit dem amtierenden Leiter der Abteilung IX der MfS-Bezirksverwaltung am 26. Juni 1985 „ausgewertet" worden sei, spricht dafür, daß die MfS-Offiziere die Belehrung des Arztes als die eines politisch loyal handelnden Fachexperten akzeptiert haben. In dem beschriebenen Fall lag möglicherweise kein Verstoß gegen das Psychiatrieeinweisungsgesetz vor, da der vom Verhör gestreßte Patient sich anscheinend nicht gegen seinen Willen im psychiatrischen Krankenhaus befand. Wie dem auch war, es reichte allein die Befürchtung eines westlichen Vorwurfes politisch motivierter Rechtsverletzung aus, um kritische Reflexionen über die Angelegenheit auszulösen. Auch wenn diese Haltung der Verantwortlichen in Hildburghausen mehr durch exogene Kontrollmechanismen – die Furcht, Menschenrechtsverstöße könnten entdeckt und im Westen angeprangert werden – bestimmt und weniger durch den eigenen Wertekodex hervorgebracht wurde, so ist im Ergebnis doch eine hohe Sensibilisierung hinsichtlich dieser Problematik festzustellen.

Ähnlich wie in der aus Dr. Hoffmanns IM-Akte zitierte Vorgang gibt es auch in der IM-Akte Dr. Siegels eine Notiz, die deutlich macht, wie bewußt die Gefahr eines politischen Mißbrauchs zumindest einem Teil der in der DDR-Psychiatrie Tätigen war. Der IM berichtete über die Äußerungen eines anderen Chefarztes der Nervenklinik Hildburghausen, die MfS-Hauptmann Weisheit in einer Aktennotiz wie folgt wiedergab:

„Der B[...] äußerte sich etwa am 10.3.1983 im Beisein von mehreren Personen [...] zur Zwangseinweisung von zwei Frauen aus [...] in abfälliger Art und Weise. Er bezeichnete diese Einweisung, die in keiner Weise gegen die bestehende Einweisungsverordnung verstößt, als 'systemimmanente Mißbrauchspsychiatrie' und verstieg sich in andere diskriminierende Feststellungen. Dabei war ihm der Sachverhalt bekannt, so daß eine reale Beurteilung dieses Problems möglich war.
Die genannten beiden Frauen [...] (Mutter und Tochter) hatten aufgrund der Inhaftierung des Ehemannes/Vaters – Sohnes/Bruders gemäß § 213 StGB angedroht, sich im Falle der durchzusetzenden Aussiedlung aus dem Grenzgebiet [...] selbst zu töten und vorher ihr Wohnhaus zu verbrennen. Die diese Familie betreffenden Entscheidungen waren also voll aufgrund entsprechender gesetzlicher Bestimmungen getroffen worden."[250]

Das Psychiatrieeinweisungsgesetz der DDR entsprach, wie eingangs gezeigt, weitgehend rechtsstaatlichen Maßstäben. Deshalb bot die strenge Beachtung der darin festgelegten medizinischen und verfahrensrechtlichen Voraussetzungen eine gewisse Garantie gegen den Mißbrauch psychiatrischer Zwangs-

---

250 Information der Abt. XX der BV Suhl vom 21.3.1983, IM-Akte „Ernst Winzer", Teil II, Bd. 1, Bl. 316.

einweisungen für politische oder andere sachfremde Interessen. Das beste Einweisungsgesetz konnte jedoch nichts an den gesellschaftlichen Rahmenbedingungen und den politischen Strafgesetzen der DDR ändern. Wenn also die Männer der erwähnten Familie bei einem versuchten „ungesetzlichen Grenzübertritt" inhaftiert wurden und die Frauen angesichts dieser Tatsache sowie einer angedrohten Zwangsumsiedlung an einen grenzferneren Wohnort in der DDR[251] Selbstmordabsichten äußerten, bedeutete eine Zwangseinweisung der verzweifelten Frauen in die Psychiatrie eine weitere Disziplinierung, selbst wenn die formalen Voraussetzungen einer ernsthaften Selbstgefährdung gegeben waren. Zudem erscheint in diesem Fall die medizinische Diagnose als gesetzliche Einweisungsvoraussetzung als äußerst zweifelhaft, denn die von den Frauen angekündigte Selbsttötung und Hausverbrennung resultierte nicht aus einer psychischen Krankheit, sondern war eine Reaktion auf bereits vollzogene und demnächst zu befürchtende staatliche Repressionsmaßnahmen, selbst wenn diese zu einem Ausnahmezustand von zeitweiligem Krankheitswert geführt haben sollten. Insofern ist unter Berücksichtigung dieser Kausalitätskette die Feststellung eines „systemimmanenten Psychiatriemißbrauchs" nicht von der Hand zu weisen. Die Psychiater hatten in solchen Fällen allerdings wenig Entscheidungsspielraum und waren angesichts der schwer zu kalkulierenden Suizidgefahr gezwungen, in Ausübung ihrer Schutzfunktion gleichzeitig als letztes Glied eines Repressionszusammenhangs zu fungieren.

In den meisten MfS-Akten über die Zusammenarbeit mit IM-Psychiatern werden Psychiatrieeinweisungen von Patienten gar nicht oder nur ausnahmsweise erwähnt. Die häufigste Erwähnung von Zwangseinweisungen fand sich mit insgesamt vier solcher Vorgänge in der IM-Akte von Dr. Du Chesne, Chefarzt der Männerpsychiatrie im Bezirksfachkrankenhaus für Psychiatrie und Neurologie Rodewisch, der zugleich Bezirkspsychiater des Bezirkes Karl-Marx-Stadt und inoffiziell von 1983 bis 1989 als IME „Haber" für die Abteilung XX/1 der MfS-Bezirksverwaltung Karl-Marx-Stadt tätig war.[252] In der IM-Akte des Arztes ist festgehalten, es habe seit 1979 „ein guter Kontakt" zu ihm bestanden. Dr. Du Chesne sei bereits als IM-Kandidat „genutzt" worden, „wenn es Probleme mit männlichen Patienten gab bzw. wenn Einweisungen in das BFKH [Bezirksfachkrankenhaus] erforderlich waren bzw. Gutachten zu Patienten gefertigt werden mußten."[253] Das klingt verdächtig im Hinblick auf eventuelle Zwangseinweisungen oder Behandlungen politisch Unliebsamer mit Hilfe des IM-Psychiaters. Dagegen spricht allerdings, daß IME „Haber" in den Fällen, in denen er Einweisungen von

---

[251] Vgl. Inge Bennewitz und Rainer Potratz: Zwangsaussiedlungen an der innerdeutschen Grenze. Analysen und Dokumente. Bd. 4 der Reihe DDR-Forschungen, Berlin 1994.
[252] Vgl. IM-Akte „Haber"; BStU, ASt Chemnitz, MfS-Registriernummer XIV/395/79, Teil I und II je 1 Bd..
[253] Ebenda, Teil I, Bl. 44.

Männern nach Rodewisch mit seinem Führungsoffizier besprach, stets auf die gesetzlich vorgeschriebenen Verfahrensweisen hinwies.[254]

Eine Nachprüfung der Personendaten der betroffenen Patienten in den Unterlagen des MfS ergab Widersprüchliches. Bei einem der Eingewiesenen[255] handelte es sich um einen Mann, der in der Bundesrepublik polizeilich gesucht wurde und deshalb in die DDR geflüchtet war und der aufgrund seiner Alkoholkrankheit wiederholt Fehlhandlungen, zum Teil mit erheblichen Sachbeschädigungen, begangen hatte.[256] Ein anderer Mann war unheilbar an Krebs erkrankt und aus einem allgemeinen Krankenhaus in die Bezirksnervenklinik Rodewisch eingewiesen worden, nachdem er seiner Ehefrau angedroht hatte, sie zu ermorden und sich selbst und die gemeinsame Wohnung zu verbrennen.[257] Der Patient war von 1956 bis 1979 selbst als IM aktiv gewesen.[258] Beide Einweisungen geschahen sicherlich nicht zum Zweck politischer Verfolgung.

In einem dritten Fall konnte nicht geklärt werden,[259] warum die Untersuchungsabteilung IX der MfS-Bezirksverwaltung Karl-Marx-Stadt am 20. März 1984 die Einweisung eines damals 52jährigen Mannes „mit IM über den stellvertretenden Bezirksarzt, Dr. Wohlfahrt, in das BFKH Rodewisch [...] veranlaßt" hatte. Sie sei angeblich „mit Einverständnis des Patienten" erfolgt.[260] Sollte das zugetroffen haben, wundert es allerdings, warum der IM eine „zeitweilige Unterbringung des N. in geschlossener Einrichtung" und darüber hinaus „garantieren" sollte, daß der Patient „nicht ausflippt". Auch paßt die Notiz in der IM-Akte des Psychiaters, daß ein „Durchschlag der schriftlichen Einweisung (Genosse Wohlfahrt)" der MfS-Dienststelle „nachgereicht" würde, nicht recht zur Freiwilligkeit des Psychiatrieaufenthaltes. Während es zunächst hieß, der Mann sei „wegen organischer psychiatrischer Zustände, Alkoholismus, depressiver Zustände und Tablettenabusus" in ambulanter ärztlicher Behandlung, wurde im Krankenhaus eine Schizophrenie diagnostiziert und nach drei Wochen Behandlung darüber informiert, daß der „klinische Zustand" des Patienten „demnächst Ausgang erlauben" würde. Eine Rückfrage von Hauptmann Dangrieß, dem Führungsoffizier des IME „Haber" von der Abteilung XX/1 der MfS-Bezirksverwaltung Karl-Marx-Stadt bei der dortigen Abteilung IX ergab, daß von der Untersuchungsabteilung „keine Einwände gegen bevorstehen-

---

254 Ebenda, Teil II, Bl. 47 und 2–10.
255 Vgl. Information von Major Wetzig, Abt. XX der BV Karl-Marx-Stadt, vom 10.3.1982; ebenda, Teil I, Bl. 47.
256 BStU, ZA, AP 46445/92.
257 Bericht von Hauptmann Dangrieß, Abt. XX der BV Karl-Marx-Stadt, vom 8.7.1983 über ein Treffen mit dem IME „Haber" am 7.7.1983, IM-Akte „Haber", Teil II, Bl. 4–7.
258 BStU, ASt Chemnitz, AIM 2761/82, 4 Bde. Der Betreffende war von 1956 bis 1979 inoffiziell für die KD Annaberg tätig gewesen und hatte 1980 die Zusammenarbeit beendet.
259 Der in der Zentralkartei des MfS über den Betroffenen nachgewiesene Sicherungsvorgang „Arbeitsgruppe des Leiters" ist in der Außenstelle Chemnitz nicht aufzufinden.
260 Bericht von Major Wetzig, Abt. XX/1 der BV Karl-Marx-Stadt, vom 22.3.1984 über ein Treffen mit IME „Haber" am 20.3.1984, IM-Akte „Haber", Teil II, Bl. 29 f.

den Ausgang bzw. gegen spätere Entlassung" und überhaupt „kein operatives Interesse mehr" an dem Patienten bestünden.[261] Die einzige rechtlich nachvollziehbare Begründung dafür, daß erst eine MfS-Untersuchungsabteilung gefragt werden mußte, bevor man einen Patienten beurlaubte oder entließ, wäre ein laufendes Ermittlungsverfahren gewesen, das von der Abteilung IX als zuständiges Untersuchungsorgan bearbeitet worden wäre. Wenn es das gegeben hätte, müßten jedoch Untersuchungsakten vorhanden oder zumindest karteimäßig verzeichnet sein, was nicht der Fall ist.

Zum vierten Fall, in dem IME „Haber" mit seinem Führungsoffizier, nun Major Dangrieß, über eine Psychiatrieeinweisung sprach,[262] hat es laut Kartei nie MfS-Unterlagen gegeben. Es scheint sich um einen jener Fälle gehandelt zu haben, in denen eine polizeiliche Instanz einen psychisch auffälligen Menschen mit Hilfe des Kreis- bzw. Bezirksarztes vor einem „politischen Höhepunkt" in die Psychiatrie einwies. Es betraf einen „intelligenzgeminderten, leicht sprachbehinderten Menschen", der im April 1987 aus Ärger über seine Musterung und vermeintlich bevorstehende Einberufung zur Armee „anonyme Schreiben verfaßt und versandt" hatte. Der ambulant behandelnde Psychiater war genauso verwundert wie der Patient und wie Dr. Du Chesne über die Ende April 1987 erfolgte Zwangseinweisung, da der Patient im Gegensatz zu seinem früheren Alkoholabusus „seit geraumer Zeit völlig trocken" und auch „nicht aggressiv in Erscheinung" getreten sei, jedoch Aggressivität als Begründung der Einweisung durch den Kreisarzt „entsprechend der Empfehlung des Bezirksarztes" angegeben worden sei. Naheliegend ist, die Feierlichkeiten zum 1. Mai als den eigentlichen Anlaß für die Einweisung am 28. April anzunehmen. Der Patient wurde nach Abschluß der neurologisch-psychiatrischen Untersuchungen am 7. Mai aus dem Krankenhaus entlassen, da keine Diagnose erhoben worden sei, „die eine Zwangsunterbringung weiter rechtfertigen würde." Der IM-Psychiater schätzte gegenüber Major Dangrieß in bezug auf die anonymen Schreiben des minderbegabten Verfassers ein, „daß es sich in diesem Fall um keine politisch durchdachte Aktion" gehandelt habe.[263] Zwar stellte der psychiatrische Experten-IM damit klar, daß hier keine verfolgenswerte staatsfeindliche Aktion vorlag, aber immerhin war der junge Mann über den 1. Mai hinweg fast zehn Tage lang stationär im psychiatrischen Krankenhaus festgehalten worden.

Auch in der GMS-Akte der MfS-Kreisdienststelle Dresden-Land über die inoffizielle Zusammenarbeit mit dem langjährigen ärztlichen Direktor des

---

261 Bericht von Hauptmann Dangrieß, Abt. XX/1 der BV Karl-Marx-Stadt, vom 13.4.1984 über ein Treffen mit IME „Haber" am 6.4.1984; ebenda, Bl. 31.
262 Bericht von Major Dangrieß, Abt. XX/1 der BV Karl-Marx-Stadt, vom 11.5.1987 über ein Treffen mit IME „Haber" am 6.5.1987; ebenda, Bl. 107 f.
263 Informationen von Major Dangrieß, Abt. XX/1 der BV Karl-Marx-Stadt, vom 11.5. und 4.6.1987 über Treffen mit IME „Haber" am 6. und 26.5.1987; ebenda, Bl. 109 f. und 118.

Bezirkskrankenhauses für Psychiatrie und Neurologie Arnsdorf und Bezirkspsychiater des Bezirkes Dresden sind neben zahlreichen Schweigepflichtverletzungen ebenfalls Gespräche über mögliche Psychiatrieeinweisungen politisch unbequemer Personen beschrieben.

So wurde der GMS „Lautenbach" in den Jahren 1979 und 1980 wiederholt von MfS-Männern zu einem Patienten befragt, gegen den wegen „öffentlicher Herabwürdigung" gemäß § 220 StGB-DDR etwas unternommen werden sollte. Der Arzt erklärte, daß der Mann psychisch krank und eine Bestrafung wegen Unzurechnungsfähigkeit ausgeschlossen sei. Der Patient schrieb und versandte auch während seiner stationären Aufenthalte im psychiatrischen Krankenhaus politisch anstößige Briefe. Unterleutnant Grülling von der MfS-Kreisdienststelle Dresden-Land notierte die Erläuterungen von GMS „Lautenbach", warum das nicht zu unterbinden sei:

> „Der Patient U[...] ist seit dem 15.1.1980 erneut zur stationären Behandlung im Bezirkskrankenhaus für Neurologie und Psychiatrie Arnsdorf [...], da der U. nach wie vor an einer akuten Erkrankung des schizophrenen Formenkreises leidet. [...] Der Postverkehr des U. kann nur in geringem Maße eingeschränkt werden, soweit das Stationspersonal dem U. die Post entziehen kann. Der U. hat aber die Möglichkeit, andere Patienten damit zu beauftragen, seine Post weiterzuleiten. Die Isolierung des U. von den Patienten der offenen Station ist nicht möglich. Aufgrund der geltenden gesetzlichen Bestimmungen in der DDR ist es nicht möglich, den U. unbegrenzt auf einer geschlossenen Station des Bezirkskrankenhauses Arnsdorf unterzubringen."[264]

Das war eine korrekte Erklärung der Rechtslage des Patienten, die von den MfS-Männern akzeptiert werden mußte. Außerdem wurde in der Akte des GMS „Lautenbach" jedoch die Schilderung einer Psychiatrieeinweisung gemäß § 6 des Einweisungsgesetzes gefunden, die MfS-Offiziere in Absprache mit dem Arnsdorfer Psychiatriechef veranlaßt hatten. Der Fall ist gravierend und wird nachfolgend gesondert erörtert.

### 5.3.8. Der Fall des Antiquitätenhändlers M.

In der GMS-Akte des ärztlichen Direktors des psychiatrischen Fachkrankenhauses Arnsdorf fand sich eine unmißverständliche Beschreibung der von MfS-Offizieren betriebenen Zwangseinweisung eines psychisch nicht kranken Mannes, bei der der leitende Psychiater als GMS „Lautenbach" aktiv mitwirkte. Sein Führungsoffizier, Leutnant Grülling von der MfS-Kreisdienststelle Dresden-Land, schrieb in einem „Bericht über durchgeführte

---

[264] Bericht von Unterleutnant Grülling, KD Dresden-Land, vom 13.3.1980 über eine „Patienteneinschätzung" durch Dr. Wieder, GMS-Akte „Lautenbach", Bl. 88.

Maßnahmen zur OPK 'Gegner' der Abteilung VII" der MfS-Bezirksverwaltung Dresden folgendes:

„In der genannten OPK [Operativen Personenkontrolle] wird der Dresdner Antiquitätenhändler M[...], bearbeitet. Am 3.4.1982 erfolgte eine Beratung zur OPK beim Stellvertreter Operativ, Oberst Anders, wo die operative Aufgabenstellung für die KD [Kreisdienststelle für Staatssicherheit] Dresden-Land festgelegt wurde. Im Zusammenhang mit dem OPK-Abschluß wurde durch Oberst Anders gefordert, daß die KD Dresden-Land Vorbereitungen zu treffen hat, daß eine problemlose stationäre Behandlung des M[...] im Bezirkskrankenhaus für Neurologie und Psychiatrie Arnsdorf erfolgen kann.
Über den GMS 'Lautenbach' der KD Dresden-Land wurde die Aufnahme und Unterbringung des M[...] im BKH [Bezirkskrankenhaus] Arnsdorf vorbereitet und durchgeführt. Trotz einiger Komplikationen wurde die Aufnahme des M[...] am 3.4.1982 im BKH Arnsdorf, auf der Station [...] realisiert. Entsprechend der Vorstellungen des MfS wird der M[...] im BKH Arnsdorf als stationärer Patient verbleiben."[265]

Kurz nach der Zwangseinweisung von der Kreisdienststelle Dresden-Land in Arnsdorf durchgeführte „konspirative Überprüfungen" ergaben, „daß die Zwangseinweisung des M[...] verhältnismäßig ruhig verlaufen" sei und es „unter der Ärzteschaft und dem mittleren medizinischen Personal [...] bisher keine größeren Diskussionen" gegeben habe. Allerdings sei „auf der Station [...] bekannt, daß M[...] Konflikte mit den Sicherheitsorganen der DDR hat."[266] Jedoch ahnte keiner der Krankenhausmitarbeiter, wie die Einweisung des bejahrten Antiquitätenhändlers zustande gekommen war.
Der einzige Verbündete des MfS im Krankenhaus Arnsdorf bei der gesetzwidrigen Verfahrensweise der Aufnahme war der ärztliche Direktor Dr. Wieder, der seine Mitwisser- und Mittäterschaft auch in einem Bericht bestätigte, indem er als GMS „Lautenbach" seinem MfS-Führungsoffizier am 7. April 1982 folgendes auf Tonband sprach:

„Der M[...] befindet sich seit dem 3.4.1982 zur stationären Behandlung im Bezirkskrankenhaus für Neurologie und Psychiatrie Arnsdorf. Entsprechend der getroffenen Festlegungen wurde er problemlos auf der Männerstation [...] aufgenommen. [...]
Am 6.4.1982 besuchte ich den M. auf der Station [...], ließ mich durch Chefarzt Dr. Moschke vorstellen und führte dann allein mit dem Patienten ein vertrauliches Gespräch. Zu Beginn des Gespräches war der M. etwas unruhig, da ihn die Frage bewegt hat, wie es mit seiner Einweisung in das BKH Arns-

---

265 Bericht von Leutnant Grülling, KD Dresden-Land, vom 6.4.1982, „über durchgeführte Maßnahmen zur OPK 'Gegner' der Abt. VIII"; ebenda, Bl. 117.
266 Ebenda.

dorf zusammenhängt. Ich erklärte dem alten Mann, daß sein Aufenthalt in unserer Einrichtung gegenwärtig das Beste für ihn sei. Er wurde auch darüber informiert, daß die Einweisung über den zuständigen Kreisarzt von Dresden, Dr. med. Schneider, erfolgt ist."[267]

Das konnte nur bedeuten, daß der Mann gemäß § 6 des Einweisungsgesetzes auf kreisärztliche Anordnung eingewiesen worden war, ohne daß ein Arzt zuvor mit ihm gesprochen, eine medizinische Diagnose gestellt und die Notwendigkeit der Einweisung mit einer ernsten Selbst- oder Fremdgefährdung begründet hat, denn der alte Herr war offenkundig ahnungslos, wer seine Einweisung in das psychiatrische Krankenhaus veranlaßt hatte. Die Aufklärung des Krankenhausleiters in Arnsdorf war nicht nur insofern unzureichend, als der GMS „Lautenbach" natürlich nicht das MfS als eigentlichen Verursacher der Einweisung offenbarte, sondern auch, weil er dem Patienten die schriftliche Einweisungsanordnung des Kreisarztes nicht aushändigte und den Betroffenen nicht auf sein Beschwerderecht hinwies. Statt dessen versuchte „Lautenbach", die berechtigte Sorge des Patienten zu beschwichtigen und sein Verhalten dahingehend zu beeinflussen, daß er sich in die Gegebenheiten fügte und nicht auf sein Recht pochte:

„Um ihn aber weiter zu besänftigen, sagte ich ihm, daß er mit dem Aufenthalt auf der Station [...] noch großes Glück gehabt hat, da die ganze Angelegenheit noch wesentlich schlechter ausgehen könnte. Ich bezog mich dann auf sein Alter und auf die Lebenserfahrung, was den Patienten beeindruckte. Anschließend machte ich ihm einige Zugeständnisse, um das Verhältnis zu ihm etwas zu lockern. So erhielt er von mir die Erlaubnis, daß er gelegentlich Spaziergänge ohne Aufsicht durchführen darf. Er darf auch von seiner Ehefrau besucht werden. Ich habe ihm aber untersagt, daß er die Einrichtung ohne unsere Einwilligung verläßt. Der M. war einverstanden und wird nun keinen Wochenendurlaub o. ä. erhalten."[268]

Seiner eigenen Darstellung zufolge hat Dr. Wieder also unter Ausnutzung seiner ärztlichen Autorität den alten Herrn für den vom MfS arrangierten Krankenhausaufenthalt fügsam gemacht. Aus den weiteren Ausführungen im Bericht des GMS „Lautenbach" ist außerdem zu ersehen, daß er den Patienten auch noch ausgehorcht hat.[269]

So schändlich die Rolle Wieders in dem perfiden Spiel des MfS war, in einem entscheidenden Punkt widersprach der Arzt den Erwartungen der Offiziere: Der GMS „Lautenbach" hielt den „Vorstellungen des MfS", daß „der M[...] im BKH Arnsdorf als stationärer Patient verbleiben" würde, in

---

[267] Tonbandabschrift des mündlichen Berichtes des GMS „Lautenbach" vom 7.4.1982; ebenda, Bl. 120–122, hier 120.
[268] Ebenda, Bl. 120 f.
[269] Ebenda, Bl. 121.

demselben Bericht, in dem er seinem Führungsoffizier das mit dem Patienten „vertraulich" geführte Gespräch nacherzählte, seine ärztliche Meinung zur Befristung der Aufenthaltsdauer im Krankenhaus entgegen:

> „Aufgrund der Erstdiagnose und des Persönlichkeitsbildes des Patienten M. ist ein längerer Aufenthalt im BKH Arnsdorf nicht möglich. Ein Daueraufenthalt ist völlig unmöglich. Verhältnismäßig problemlos kann ich solch einen Patienten zwei Wochen stationär behandeln. Ich muß den M. aber bis 20.4.1982 aus unserer Einrichtung entlassen. Der Krankheitswert ist zu gering, wenn man überhaupt davon sprechen kann. [...] Ich bitte meine Hinweise zu beachten."[270]

Der GMS „Lautenbach" hatte als ärztlicher Direktor zwar eine unrechtmäßige Einweisung arrangieren und vor den Mitarbeitern des Krankenhauses verbergen können, mußte im weiteren Verlauf jedoch Rücksicht nehmen auf den Sachverstand und die Integrität der Ärzte, die den Patienten betreuten und vor denen ein längeres Festhalten des Patienten gegen seinen Willen nicht zu rechtfertigen gewesen wäre.

Im MfS betrachtete man den Hinweis des IM-Psychiaters offenbar als unumstößlich. In einem Schreiben vom 12. April 1982 behandelte der Leiter der Abteilung VII der Bezirksverwaltung für Staatssicherheit Dresden, Oberstleutnant Kloß, den 20. April als feststehenden Entlassungstermin und stellte die Frage, „welche Maßnahmen [...] nach seiner Entlassung aus dem BKH Arnsdorf eingeleitet werden" müßten, „um zu verhindern, daß von ihm negative Handlungen bzw. störende Einflüsse auf die Untersuchungsführung ausgehen".[271]

Die Darstellung des Einweisungsvorganges in der MfS-Akte wird ergänzt durch die Aktennotiz eines Arztes der Abteilung Medizinische Dienste der Bezirksbehörde Dresden der Deutschen Volkspolizei (BDVP), der den Verdacht zu haben schien, daß sein medizinischer Dienst für eine nicht gerechtfertigte Zwangseinweisung mißbraucht worden sein könnte:

„Am 3. April 1982 gegen 10 Uhr wurde über den Chefdienst der BDVP Dresden angewiesen, [...] das Staatliche Gesundheitswesen bei der durch den Kreisarzt der Stadt Dresden festgelegten Zwangseinweisung eines Patienten [...] zu unterstützen bzw. den Transport mit einem Sankra der VP-Poliklinik, in Verbindung mit operativen Kräften, sicherzustellen.
Im Zusammenhang mit der Verlegung des Patienten in eine staatliche Einrichtung ergab sich ein Gespräch zwischen dem die Einweisung vornehmenden Arzt des staatlichen Gesundheitswesens [...] und dem Patienten über die

---

[270] Tonbandabschrift des mündlichen Berichtes des GMS „Lautenbach vom 7.4.1982; ebenda, Bl. 122.
[271] OV „Goldfische"; BStU, ASt Dresden, AOP 3069/82, 2 Bde., hier Bd. 1, Bl. 141.

Notwendigkeit der Maßnahme, in dem der Patient, der einen geordneten, aber leicht erregten Eindruck machte, sich dagegen verwahrte, für sich oder seine Umgebung eine Gefahr zu sein. Er habe lediglich am Vortage sinngemäß die Bemerkung gemacht, 'ob er sich denn als lebende Fackel vor das Rathaus stellen solle?'"[272]

Doch was verbarg sich hinter diesem beunruhigenden Vorgang? Der Fall M. ist aus einer anderen Perspektive in der Literatur schon ausführlich gewürdigt worden.[273] M. war Antiquitätenhändler und -sammler und hatte im Laufe von Jahrzehnten eine kunsthistorisch beachtliche Sammlung zusammengetragen, die 1982 angesichts des besonderen Interesses der DDR am Verkauf von Antiquitäten als Devisenquelle die Begehrlichkeiten staatlicher Stellen und in der Folge auch der „Kunst & Antiquitäten GmbH" weckte. Dabei handelte es sich um eine Außenhandelsfirma, die zum Bereich „Kommerzielle Koordinierung" des DDR-Devisenbeschaffers und MfS-Offiziers im besonderen Einsatz, Alexander Schalck-Golodkowski, gehörte.

Die Aneignung im Privatbesitz befindlicher Kunstschätze durch den Staat hatte steuerrechtliche Grundlagen. Bei wertvolleren Sammlungen häuften die Eigentümer im Laufe der Jahre zwangsläufig Vermögenssteuerschulden in einer Höhe an, die mit den in der DDR üblichen Einkommen gar nicht mehr bedient werden konnten, zumal die bei Steuerfahndungsverfahren regelmäßig beauftragten Gutachter der „Kunst & Antiquitäten GmbH" bei ihren „Zeitwertfeststellungen" internationale Marktpreise zugrunde legten, die im DDR-internen Handel nicht zu realisieren waren. Ungeachtet der Frage einer formalen Recht- oder Unrechtmäßigkeit der einzelnen Steuerverfahren gab die beschriebene Situation den DDR-Behörden die Möglichkeit, Kunst- und Antiquitätensammler faktisch zu enteignen, was im Zusammenhang mit dem erhöhten Devisenbedarf seit Anfang der achtziger Jahre auch systematisch geschah.[274]

Als das MfS im Zuge von Ermittlungen in einer anderen Sache auf die Antiquitätensammlung gestoßen war, eröffnete es gegen M. einen Operativen Vorgang mit dem bezeichnenden Codenamen „Goldfische" und veranlaßte unverzüglich eine zentrale Steuerfahndung durch das Finanzministerium der DDR. Bei einer staatsanwaltschaftlich angeordneten Wohnungsdurchsuchung am 31. März 1982 fanden die Fahnder wertvolle Porzellane, Möbel, Gemälde, beschußfähige historische Waffen, Schmuck, Asiatika und umfangreiche Münzsammlungen im Wert von mehreren Millionen Mark. Während umfangreiche Inventarisierungs- und Schätzungsarbeiten im Gange waren, ist laut MfS-Bericht am 2. April eine „Ver-

---

272 Aktennotiz eines Facharztes für innere Krankheiten, Abteilung Medizinische Dienste der Bezirksbehörde Dresden der Deutschen Volkspolizei, vom 6.4.1982; ebenda, Bl. 134.
273 Günter Blutke: Obskure Geschäfte mit Kunst und Antiquitäten. Ein Kriminalreport, Berlin 1990, S. 94–110.
274 Zur einschlägigen Rechtslage vgl. ebenda, S. 34–54.

nehmungs- und Haftunfähigkeit" des 79jährigen festgestellt; am gleichen Tage habe der alte Mann die Steuerfahnder als „Verbrecher" beschimpft und „die Vernichtung der in seiner Wohnung lagernden Antiquitäten" angedroht. „Daraufhin" sei veranlaßt worden, daß er am 3. April 1982 gemäß § 6 des Einweisungsgesetzes in das Bezirkskrankenhaus Arnsdorf gebracht wurde.[275]

Bis einen Tag vor dem vom leitenden Arzt angekündigten Entlassungstermin gingen alle Beteiligten davon aus, daß der Antiquitätensammler am 20. April 1982 entlassen würde. Das schloß bei den Sicherheitskräften angestrengte Überlegungen ein, wie sie „unberechenbare Zerstörungshandlungen" des alten Mannes verhindern könnten. Sie erwirkten über den Rat des Bezirkes Dresden die Anordnung einer „dinglichen Arrestverfügung in Höhe von sechs Millionen Mark", lagerten unter Aufsicht der Steuerfahndung die wertvollsten Gegenstände aus der Wohnung aus, versiegelten weitere mit Kunstschätzen gefüllte Lager des Händlers, die inzwischen entdeckt worden waren, und prüften, „ob die Steuerfahndung am 20.4.82 in Arnsdorf dem M. vor seiner Entlassung unter ärztlicher Aufsicht mitteilen kann, daß aus seiner Wohnung Gegenstände arrestiert wurden."[276] Als sich die Ermittler zum letztgenannten Schritt entschlossen, gab es eine Überraschung:

„Am 19.4.82 wurde der M. im Beisein des Arztes durch die Steuerfahndung vernommen. Die Vernehmung mußte abgebrochen werden, da sich der M. nicht mehr an Einzelheiten seiner Handlungen erinnern kann bzw. will. Am Abend wurden dem M. durch den Chefarzt Dr. Moschke die durchgeführten Maßnahmen erläutert. Ihm wurde mitgeteilt, daß eine Arrestverfügung in Höhe von sechs Millionen Mark erlassen wurde und aus seiner Wohnung Gegenstände in Höhe von zwei Millionen Mark ausgelagert wurden. Er wurde ebenfalls davon informiert, daß seine Datsche versiegelt wurde. Daraufhin erklärte der M. dem Chefarzt, daß er am Ende sei, und er bat ihn, seinen Aufenthalt in Arnsdorf zu verlängern, da er keine Garantie für Kurzschlußhandlungen übernehmen kann. Dieser Bitte des M. wurde nachgekommen."[277]

Indem der Betroffene selbst um Verlängerung seines Krankenhausaufenthaltes gebeten hatte, enthob er die Ermittlungsbehörden nur kurzfristig der Sorge, daß er sie bei den Ermittlungen vor Ort stören könnte. Im Protokoll einer „gemeinsamen Beratung der beteiligten U[ntersuchungs]-Organe zum Vorgang M[...]" am 28. April 1982 sind im Telegrammstil Überlegungen notiert, wie man den Mann im Krankenhaus hätte festhalten können, wenn er selbst es sich plötzlich anders überlegt und auf seiner Entlassung bestanden hätte:

---

275 OV „Goldfische", Bd. 1, Bl. 187.
276 Information von Oberstleutnant Kloß, Leiter der Abt. VII der BV Dresden, vom 16.4.1982 „über Maßnahmen zur OPK-Person" M.; ebenda, Bl. 164.
277 Information von Oberstleutnant Kloß, Leiter der Abt. VII der BV Dresden, vom 20.4.1982 „über Maßnahmen zur OPK-Person" M.; ebenda, Bl. 176f., hier 176.

„Eine gegenwärtige Entlassung des M. würde Untersuchungsführung wesentlich erschweren. Prüfung folgender Möglichkeiten, damit M. in stationärer Unterbringung verbleibt:
- Möglichkeiten seitens Bezirksarzt, den M. aufgrund seines gesamten Gesundheitszustandes in stationärer Behandlung oder Beobachtung zu lassen, auch in anderer – zum Beispiel kleinerer – medizinischer Einrichtung.
- Veranlassung über StA [Staatsanwalt] zur Erstellung eines Gutachtens über Gesundheitszustand des M. und damit weitere stationäre Unterbringung (laut Angaben Dezernat II ist Gutachten sowieso erforderlich, um strafrechtliche Verantwortlichkeit des M. zu begründen).

Falls Entlassung des M. aus medizinischen Gründen unumgänglich ist, müßte bei DVP [Deutschen Volkspolizei] (Schutzpolizei und K[riminalpolizei]) verstärkte Sicherung/Bestreifung Wohngrundstück durchgestellt werden und bei Feststellungen, daß M. negative Handlungen begeht, eine Zuführung erfolgen, in deren Ergebnis über erneute Einweisung in med. Einrichtung entschieden werden muß (eventuell Vorbereitung dieser Einweisung über Kreisarzt Dresden-Stadt)."[278]

Keine der erwogenen „Möglichkeiten" kam zur Anwendung. Sie erübrigte sich dadurch, daß der Patient von sich aus im Krankenhaus Arnsdorf blieb. Im August meinte der zuständige Chefarzt, daß Herr M. „auf seiner Station Wurzeln geschlagen" und „sich ein positives Arzt-Patienten-Verhältnis entwickelt" habe. Eine „Entlassung" stände „gegenwärtig nicht zur Diskussion". Wenn der Patient selbst nicht nach Hause entlassen werden wolle, könnte er weiter in Arnsdorf bleiben. Die anfängliche Neugier um ihn bei den Ärzten und Schwestern habe sich mittlerweile auch gelegt, er werde „wie ein normaler Patient behandelt."[279] Offenbar bot das Krankenhaus nunmehr auch einen gewissen Schutz gegenüber den Vernehmern. Verschiedene Versuche der Steuerfahnder, ihn in Arnsdorf – stets in Beisein eines Arztes – zu vernehmen, mußten „auf ärztliches Anraten" abgebrochen werden.[280]

Im Abschlußbericht zum Operativen Vorgang „Goldfische" vom 19. November 1982 wurden das Verfahren und die Ergebnisse zusammenfassend beschrieben:

„Die Bearbeitung des EV [Ermittlungsverfahrens] wurde infolge Haft- und Vernehmungsuntauglichkeit erheblich erschwert. Die Verhaltensweisen des M. trugen in keiner Weise zur Klärung seiner Straftaten bei. Durch das Mini-

---

278 Protokoll von Hauptmann Schüffler, Abt. VII der BV Dresden, über eine „gemeinsame Beratung der beteiligten U[ntersuchungs-]Organe zum Vorgang" M. am 28.4.1982; ebenda, Bl. 179 f., hier 180.
279 Bericht von Leutnant Grülling, KD Dresden-Land, vom 19.8.1982; ebenda, Bl. 287.
280 Protokolle der Steuerfahnder vom Rat des Bezirkes Dresden über die Vernehmungen des Beschuldigten M. am 26.8.1982; ebenda, Bl. 282 f.

sterium der Finanzen wurde nach fünfmaliger Terminverlängerung entschieden, das laufende EV am 30.10.1982 abzuschließen. Der Generalstaatsanwalt traf aufgrund der fehlenden Voraussetzungen für ein ordentliches Strafverfahren (Vernehmungs- und Verhandlungsunfähigkeit) eine analoge Entscheidung.

Im Ergebnis des EV gemäß § 176 Absatz 1 Ziffer 2 und Absatz 2 StGB wurde herausgearbeitet und nachgewiesen, daß der M[...] durch Steuerhinterziehung und Betrugshandlungen zum Zwecke der persönlichen Bereicherung den Staatshaushalt der DDR erhebliche finanzielle Mittel vorenthielt.

Im Ergebnis der operativen Bearbeitung konnten dem Staatshaushalt der DDR finanzielle Mittel/Werte in Höhe von ca. 6,5 Millionen Mark zugeführt werden."[281]

Der Erfolg der „Zuführung umfangreicher finanzieller Mittel an den Staatshaushalt" wurde als Ergebnis eines engen Zusammenwirkens von MfS, Steuerfahndung und Polizei beschrieben, wobei sich das MfS zuschrieb, durch eine „zielgerichtete Einflußnahme [...] Maßnahmen der Sicherung der Vermögenswerte, des Abtransports und die Koordinierung der Untersuchungshandlungen aller beteiligten Organe unterstützt" zu haben. Es ist anzunehmen, daß es Schalck-Golodkowskis „Kunst & Antiquitäten GmbH" gelang, den größten Teil der umfangreichen Antiquitätensammlung im Westen zu verkaufen.[282] Vielleicht ist es kein Zufall, daß einer der wenigen Fälle eines nachweisbaren eindeutigen Psychiatriemißbrauchs in den achtziger Jahren der Aufbesserung des Devisenhaushalts der DDR diente.

### 5.3.9. Polizeirechtliche Psychiatrieeinweisungen am Ende der achtziger Jahre

Die allgemeine Tendenz zu einem zunehmend rechtsförmigen Verhalten der Staatsorgane, die sich in den achtziger Jahren in der DDR bemerkbar machte, führte in bestimmten Situationen auch zu einem korrekteren Umgang der Sicherheitskräfte mit psychisch auffälligen oder gefährdeten Menschen, als das noch zu Beginn der siebziger Jahre beispielsweise bei den X. Weltfestspielen der Fall gewesen ist. Ein von der Zentralklinik für Psychiatrie und Neurologie „Wilhelm Griesinger" am 29. März 1988 herausgegebenes Schreiben, von dem sich eine Abschrift in den Unterlagen der MfS-Bezirksverwaltung Berlin fand, faßte für die Polizei zusammen, was bei der „Zuführung von Bürgern, die in der Öffentlichkeit (namentlich Berlin, Hauptstadt der DDR) auffallen", zu beachten sei:

---

281 Abschlußbericht zum Operativ-Vorgang „Goldfische" der Abt. VII der BV Dresden vom 19.11.1982; ebenda, Bl. 363–365, hier 364.
282 Vgl. Blutke: Obskure Geschäfte, S. 96.

„1. Verhalten sich Bürger in der Öffentlichkeit psychisch so auffällig, daß Genossen der Deutschen Volkspolizei zur Wahrung bzw. Wiederherstellung öffentlicher Ordnung und Sicherheit oder aber Hilfeleistung für diese (oder andere durch dieselben [...] bedrohte) Bürger zum Eingreifen veranlaßt sind, sind die sich auffällig Verhaltenden zunächst generell zur weiteren Entscheidungsfindung in den Rettungsstellen der Allgemeinkrankenhäuser einem Arzt vorzustellen.
2. Die häufigsten Notfallsituationen, in denen psychische Auffälligkeiten dominieren, sind
– Alkohol- und Medikamentenintoxikationen (auch bei für den Laien erkennbarem einfachen Vollrausch ist zum Ausschluß verdeckter Traumen wie Frakturen, Blutungen, innere Verletzungen usw. die Vorstellung beim Arzt erforderlich)
– Alkoholismusbedingte Entzugssymptome bis hin zum Delirium tremens
– andere Psychosen und unklare (reaktive) Ausnahmezustände
– Suiziddrohungen und -handlungen [...].“[283]

Dem folgten Erklärungen, welche Krankenhäuser in Ostberlin für welche Erkrankungen zuständig sind und Hinweise, daß Gewahrsams- und Haftfähigkeit ärztlich bestätigt werden müßten und im Fall ihrer Verneinung die Kranken in Einrichtungen des Gesundheitswesens verbleiben müßten, wo sie medizinisch behandelt werden. In dem Dokument sind ärztliche Gesichtspunkte für den Umgang mit psychisch auffälligen oder gefährdeten Menschen der Polizei gegenüber klar artikuliert worden.

Der nachfolgend referierte Fall aus dem Jahre 1989 spricht dafür, daß die ärztliche Sichtweise und das Einweisungsgesetz für psychisch Kranke vom 11. Juni 1968 zumindest im MfS in Ostberlin in dieser Zeit auch in heiklen Fällen Beachtung fanden. Dabei wurde einer Geschichte nachgegangen, die „Der Spiegel" am 10. Mai 1993 aus dem Privatleben des früheren DDR-Spionage-Chefs Markus Wolf erzählt hatte. Dieser habe sich im Frühjahr 1986 seiner jetzigen Ehefrau Andrea zugewandt und sich von seiner damaligen Ehefrau Christa getrennt. Frau Christa habe wenig später während eines Urlaubs an der bulgarischen Schwarzmeerküste einen westdeutschen Geschäftsmann namens Hans-Volker kennengelernt, der am Ende des Urlaubs um ihre Hand angehalten habe. Um seiner Angebeteten die Ausreise aus der DDR zu ermöglichen, habe sich Hans-Volker an den Bundesnachrichtendienst (BND) gewandt. Der BND habe einiges daran gesetzt, um die Ehefrau des noch amtierenden Spionagechefs der DDR auszuschleusen. Noch mehr habe das MfS getan, um dies zu verhindern. Dazu habe das Anlegen eines Aktenvorgangs mit „einfühlsam" ausgewählten Decknamen für die

---

[283] Schreiben der Zentralklinik für Psychiatrie und Neurologie „Wilhelm Griesinger" vom 29.3.1988 betreffend die „Zuführung von Bürgern, die in der Öffentlichkeit (namentlich Berlin, Hauptstadt der DDR) auffallen und durch die Deutsche Volkspolizei in Einrichtungen des Gesundheitswesens vorgestellt werden", 3 Seiten; BStU, ASt Berlin, A 95–96.

beteiligten Personen gehört. In dem Vorgang sei Markus Wolf als „Fuchs", seine Frau Christa als „Hase", und Hans-Volker als „Igel" geführt worden. MfS-Offiziere hätten „Hase" jeden Kontakt zu dem „BND-Agenten" Hans-Volker verboten, hätten dessen Liebesbriefe abgefangen und „Hase" umfassend überwacht. Das MfS hätte ihr zwar auch zu helfen versucht, psychologische Betreuung und eine neue Wohnung beschafft, jedoch habe sich „Hase" in einer zunehmend kritischen Gemütsverfassung befunden. Die Situation habe sich zugespitzt, nachdem Markus Wolf das ihm bei der Scheidung zugesprochene Sorgerecht für den gemeinsamen Sohn beansprucht und der Mutter damit „den letzten Halt" genommen habe.[284]

Bis dahin entspricht der „Spiegel"-Bericht ungefähr den MfS-Akteninhalten. Mit folgender Passage jedoch, die an eine unfreiwillige Krankenhauseinweisung von Christa Wolf denken läßt, wurde ein falscher Eindruck suggeriert:

„Vorsorglich plant die Stasi, 'eventuellen negativen oder unkontrollierbaren Reaktionen' der schwer getroffenen Mutter 'vorzubeugen'. Als Wolf seinen Sohn zu sich nimmt, ist für die Mutter 'eine stationäre Aufnahme im Krankenhaus des MfS in Buch' vorbereitet. Die schmuddelige Affäre bleibt geheim."[285]

Aus den MfS-Akten geht unmißverständlich hervor, daß im MfS zwar die Möglichkeit einer Zwangseinweisung erwogen, jedoch bewußt darauf verzichtet wurde. Die MfS-Hauptabteilung IX erstellte am 31. Januar 1989 eine fünfseitige Expertise über die gesetzlichen „Voraussetzungen und Bedingungen für eine Einweisung von psychisch Kranken in stationäre Einrichtungen", in der es unter anderem hieß:

„Der bisherige Aufenthalt von 'Hase' im Krankenhaus Buch beruhte darauf, daß er mit ihrem Einverständnis erfolgte, da ihr angegriffener psychischer Gesamtzustand eine ärztliche Betreuung und Beobachtung notwendig machte, obwohl es sich bei 'Hase' nicht um eine psychisch Kranke im Sinne des Gesetzes handelt. Sie muß aus dem Krankenhaus entlassen werden, sobald sie es verlangt."[286]

Die Juristen der Hauptabteilung IX referierten die Paragraphen des DDR-Einweisungsgesetzes und meinten, daß „Hase" weder psychisch krank sei, noch daß von ihr „eine 'Gemeingefährlichkeit' ausgeht im Sinne der im § 6 genannten Gründe."[287] Außerdem müßten „durch die gesetzlich vorgeschrie-

---

284 Vgl. „Liebesgrüße aus Pullach", in: Der Spiegel vom 10.5.1993, S. 65 ff.
285 Ebenda.
286 Aus dem Untersuchungsvorgang des MfS gegen „Igel"; BStU, ZA, AU 158/90, Erörterung der Anwendungs(un)möglichkeit des DDR- Einweisungsgesetzes Bl. 178–182, hier 179.
287 MfS-Untersuchungsvorgang gegen „Igel", Bl. 180.

benen Verfahrensregeln bei Anordnung einer Einweisung außenstehende Personen einbezogen und in Kenntnis gesetzt werden." Aufgezählt wurden für eine befristete Einweisung „der zuständige Kreisarzt, der Staatsanwalt, der Leiter und ärztliches Personal der für die Einweisung vorgesehenen Einrichtung, der Rat des Stadtbezirkes Berlin-Mitte, die Eltern, gegebenenfalls der Bezirksarzt sowie weitere Ärzte außerhalb des MfS." Für eine unbefristete Einweisung sei darüber hinaus „ein gerichtliches Verfahren erforderlich" beim „zuständigen Kreisgericht".[288] Die Aufzählung der „außenstehenden Personen" ist nicht nur deshalb interessant, weil sie exakt dem gesetzlich vorgeschriebenen Personenkreis entsprach, der im Fall einer Zwangseinweisung in die Psychiatrie in der DDR zu beteiligen bzw. zu benachrichtigen war, sondern weil es offenkundig gerade die Vielzahl der außerhalb des MfS potentiell Involvierten war, die einem unter anderen Umständen „politisch-operativ" nützlichen Gesetzesbruch im Wege stand. Am Ende der Expertise wurde „zusammenfassend" festgestellt:

„Da es sich bei 'Hase' nicht um eine psychisch Kranke oder um eine Person mit [einer] schweren Fehlentwicklung der Persönlichkeit von Krankheitswert handelt, scheidet die Anwendung des Einweisungsgesetzes von vornherein aus. Das betrifft insbesondere die ärztliche Anordnung einer befristeten Einweisung und erst recht die unbefristete Einweisung durch Gerichtsbeschluß.
Es wären stets psychiatrische Gutachten über den Gesundheitszustand von 'Hase' und die Notwendigkeit einer Einweisung erforderlich, die von verschiedenen Ärzten, auch aus dem zivilen Bereich, zu erstatten wären sowie die Einbeziehung einer Reihe von Personen außerhalb des MfS, denen bekannt würde, daß bei 'Hase' zur Zeit keine medizinischen und damit gesetzlichen Voraussetzungen für eine gegen ihren Willen erfolgte Einweisung vorliegen."[289]

Die geheimdienstliche Brisanz des Falles hätte eigentlich befürchten lassen, daß dem MfS jedes Mittel recht gewesen wäre, die zum Geheimhaltungsrisiko gewordene Frau von der Bildfläche verschwinden zu lassen. Offenkundig war aber das Bemühen des MfS um den Anschein von Rechtsförmigkeit Ende der achtziger Jahre so stark ausgeprägt, daß es andere Impulse überwog und gerade im Fall der prominenten geschiedenen Frau von Markus Wolf zur exakten Befolgung der gesetzlichen Vorschriften führte.

Die nächste Geschichte ist ein Beispiel dafür, daß es nicht um Rechtsförmigkeit, sondern nur um deren Anschein ging. Es handelt sich um die polizeirechtliche Psychiatrieeinweisung eines in den vierziger Jahren geborenen Mannes, der Ende der achtziger Jahre in einem Ort im Kreis Altenburg wohnte. Die Initiative zur Einweisung ging von der MfS-Kreisdienst-

---

288 Ebenda, Bl. 181.
289 Ebenda, Bl. 182.

stelle Altenburg aus.[290] Am 14. September 1989 berichtete der dortige Kreisdienststellenleiter an die MfS-Bezirksverwaltung Leipzig über den „Stand der vorbeugenden politisch-operativen Sicherung des 40. Jahrestages der Gründung der DDR" (im Folgenden wurde der Name des Betroffenen aus datenschutzrechtlichen Gründen geänder):

„Bis zum gegenwärtigen Zeitpunkt liegt eine Einzelinformation zu beabsichtigten Störungen während der Veranstaltungen [...] des 40. Jahrestages der Gründung der DDR [...] vor, wonach der Dr. Wunsch [...] eine Gegendemonstration organisieren will mit dem Ziel, 'Durchsetzung der Menschenrechte und des Umweltschutzes' zu fordern. W. verkehrt im Kreisgebiet mit asozialen Personen, die er für die Durchführung seiner Ziele nutzen will.
Zur zweifelsfreien Klärung der Ernsthaftigkeit und der Motive der beabsichtigten Handlungen [des] Dr. Wunsch, zur vorbeugenden Verhinderung der Gegendemonstration und zur Zerschlagung der Vorbereitungen bereits im Vorfeld wurde zu dem Dr. Wunsch durch die KD Altenburg die OPK 'Jubiläum' eingeleitet. [...]
In Absprache mit dem Kreisarzt wurde am 7.9.89 festgelegt, daß W. vom 29.9.89 bis zur Beendigung der Veranstaltungen zum 40. Jahrestag in eine Nervenklinik auf 'ärztliche Anweisung' eingewiesen wird."[291]

Der Kreisdienststellenleiter setzte die „ärztliche Anweisung" zur Einweisung selbst in Anführungszeichen. Ganz offenkundig wollten die Sicherheitskräfte verhindern, daß der Mann anläßlich des DDR-Jubiläums am 7. Oktober 1989 öffentlich mit Menschenrechts- und Umweltschutzforderungen auftreten konnte. Die MfS-Offiziere trafen eine „Absprache" mit dem Kreisarzt, um den Formalien des Einweisungsgesetzes Genüge zu tun und nach außen den Anschein von Rechtsförmigkeit zu wahren. War das am Ende doch noch ein Fall eines „klassischen" politischen Mißbrauchs der Psychiatrie in der DDR, indem hier ein psychisch gesunder Dissident aus politischen Gründen und auf Betreiben des Staatssicherheitsdienstes in die Psychiatrie verfrachtet wurde?

"Klassisch" war dieser Fall insofern nicht, als Dr. Wunsch schwerer Alkoholiker war. Schon im Einleitungsbericht zur OPK „Jubiläum" vom 8. August 1989 wird sein drastischer sozialer Abstieg infolge der Suchterkrankung beschrieben. Dr. Wunsch habe zunächst „eine positive gesellschaftliche und politische Entwicklung" genommen, nach einer fünfjährigen Armeezeit bei den Grenztruppen der NVA zunächst ein Philosophiestudium erfolgreich absolviert, „im Bereich der marxistisch-leninistischen Ästhetik und Kulturtheorie" promoviert und in leitenden Funktionen in der Volksbildung ge-

---

290 Altenburg ist eine Kreisstadt, die heute zum Freistaat Thüringen, in der DDR jedoch zum sächsischen Bezirk Leipzig gehörte.
291 BStU, ASt Leipzig, AKG Leipzig (unerschlossenes Material).

arbeitet. Ende der siebziger Jahre habe dann eine negative Entwicklung eingesetzt, die zum Austritt aus der SED, zur Ehescheidung und zum beruflichen Abstieg geführt habe. „Für das Scheitern seiner Existenz" würde er nun „die gesellschaftlichen Verhältnisse in der DDR verantwortlich" machen und aus diesem Motiv heraus sich nicht nur „gegen staatliche Maßnahmen auflehnen", sondern auch seine „asozialen 'Kumpel' als willfährige Menschen dazu bringen" wollen, „daß sie mit ihm auf die Straße gehen". Als Ziel der „operativen Personenkontrolle" formulierte MfS-Hauptmann Falk auch die „Aufklärung der Verbindungen des Dr. Wunsch im Kreisgebiet", „insbesondere der Herausarbeitung möglicher Hintermänner, die den Kreis der Alkoholiker für feindliche und kriminelle Zwecke ausnutzen wollen."[292]

In den darauffolgenden Wochen von Anfang August bis Anfang Oktober 1989 tat das MfS das, was es im Rahmen einer operativen Personenkontrolle zu tun pflegte. Es setzte inoffizielle Mitarbeiter auf die Kontrollperson an, die herausfinden sollten, was Dr. Wunsch denkt, mit wem er spricht, was er sagt, was er plant usw. Der „Ermittlungsbericht" schilderte die Wohnung als verwahrlost: „Wunsch bezahlt keine Miete mehr, hat keinen Strom und kein Gas mehr, da er nichts bezahlt, und kann auch im Winter nicht heizen, da er keine Briketts besitzt und die Öfen [...] kaputt sind."[293] Beruflich sei Wunsch als Hilfsarbeiter tätig, komme jedoch „nur hin und wieder auf Arbeit, da er ein asozialer Mensch ist".[294] Die Befragung der Volkspolizei durch das MfS ergab:

„Festzustellen ist, daß der W. sich in den Lokalitäten stets mit Gleichgesinnten trifft. Diese kennen sich alle untereinander. Man trifft sich beim 'Saufen'. Ein organisiertes Treffen konnte noch nicht festgestellt werden. Der W. wird trotz seines Lebenswandels und seiner Alkoholabhängigkeit als intelligent eingeschätzt. Negativ ist er jedoch im politischen Sinne nicht in Erscheinung getreten."[295]

Obwohl das von einem gewissen Intelligenzgrad an offenbar erwartet wurde, war Dr. Wunsch dem Polizeibericht zufolge als politischer Kritiker noch niemals aufgefallen. Die Befragung der Zechkumpane ergab unterschiedliche Aussagen. Die einen meinten, Dr. Wunsch sei einfach verärgert darüber, daß er an einer Ortschronik nicht hätte mitschreiben dürfen und wolle deshalb etwas organisieren. Es sei auch mal „von einer Gegendemonstration oder ähnlichen Veranstaltung die Rede" gewesen, aber man habe „diese Äußerungen nicht ernst genommen, weil sie vom Doktor gekommen sind."[296]

---

292 Einleitungsbericht zur OPK „Jubiläum" der KD Altenburg; BStU, ASt Leipzig, AOPK 5093/92, Bl. 9–12.
293 Ermittlungsbericht von Feldwebel Graulich vom 30.8.1989; ebenda, Bl. 66 f., hier 66.
294 Information aus einem Volkseigenen Betrieb vom 22.8.1989; ebenda, Bl. 57.
295 Aktennotiz vom 4.8.1989 über Ermittlungen bei der VP; ebenda, Bl. 63 f., hier 63.
296 Aktenvermerk von Feldwebel Graulich vom 5.10.1989; ebenda, Bl. 76.

Ein anderer habe auf die Frage, „ob irgendeine Maßnahme zur Zeit läuft oder vorbereitet wird, die sich gegen die staatliche Sicherheit richtet", nur gesagt, daß in der Stammkneipe „mal die Bemerkung gefallen sei, 'da lassen wir die Sau raus'". Das habe aber soviel heißen sollen „wie, da machen wir ordentlich einen drauf".[297]

Vielleicht war diese Darstellung untertrieben. Oder aber es war schon der IM-Bericht übertrieben gewesen, der die ganze Kontrollaktion des MfS ausgelöst hatte. Da hatte ein IMS „Blücher" Anfang August 1989 über eine Begegnung mit Dr. Wunsch in der Gaststätte berichtet: Der hätte ihn zur Beteiligung an einer „Gegendemonstration" aufgefordert und davon gesprochen, daß er auch westliche Fernseh- oder Rundfunksender dafür gewinnen wolle.[298] Wahrscheinlich waren die Westsender das Alarmsignal für die MfS-Männer, das sie zu weiteren „Maßnahmen" veranlaßte, obwohl am Ort der angeblich geplanten „Gegendemonstration" gar keine Demonstration vorgesehen war, obwohl in der Wohnung des Verdächtigten keine „Materialien wie Plakate" gesehen worden waren und obwohl die Genossen von der Volkspolizei „ein organisiertes Treffen" des beobachteten Personenkreises der ständigen Gaststättenbesucher „noch nicht" hatten feststellen können.

Vielleicht lag es daran, daß die MfS-Männer in jenem Ort im Kreis Altenburg im September 1989 sonst nicht viel zu tun hatten, jedenfalls taten sie so, als handle es sich bei dem armen kranken Mann um einen gefährlichen Systemgegner. Am 16. September schätzte Feldwebel Graulich die bis dahin gewonnenen Informationen zusammenfassend ein:

„Die OPK beinhaltet keine operativ bedeutsamen Hinweise, die auf ein ungesetzliches Verlassen der DDR über die Volksrepublik Ungarn durch die OPK-Person hinweisen. Nach den vorliegenden inoffiziellen Einschätzungen ist sich die in der OPK bearbeitete Person voll bewußt, daß sie mit ihrem zum Teil asozialen Leben, welches sie in der DDR führt, gegenüber in der BRD keine Existenz hätte und daß sie dort zugrunde gehen würde. Zum anderen äußerte sie eindeutig gegenüber dem IM, daß es ihr Wille ist, in der DDR etwas zu verändern und deshalb ein Leben in der BRD nicht in Frage käme."[299]

Im Zusammenhang mit der Psychiatrie ist interessant, daß Major Übelacker von der MfS-Kreisdienststelle Altenburg am 31. August 1989 mit der behandelnden Nervenärztin gesprochen und diese, obwohl kein IM, auch erschöpfende Auskünfte über den Patienten gegeben hatte. Dr. Wunsch habe „durch ständigen Alkoholgenuß" eine „organisch bedingte Hirnleistungsschwäche", sei auch schon mal in einem Zustand „völliger Desorientierung" in eine Nervenklinik eingeliefert und nach neun Tagen wieder entlassen

---

297 Bericht von Feldwebel Graulich vom 30.8.1989; ebenda, Bl. 40–42, hier 40.
298 Operative Ausgangsinformation des IMS „Blücher" vom 2.8.1989; ebenda, Bl. 24–26, hier 24 f.
299 Einschätzung der OPK „Jubiläum" durch Feldwebel Graulich am 16.9.1989; ebenda, Bl. 71.

worden, da er im nüchternen Zustand „bewußtseinsklar" sei, eine gewisse „Restintelligenz" zeige und „keiner klinischen Behandlung" bedürfe. Als er einige Jahre zuvor bei den Behörden als „kriminell gefährdeter Bürger" erfaßt worden sei, habe sich Dr. Wunsch so „stark verunsichert" und „gedemütigt" gefühlt, daß er suizidgefährdet gewesen sei. Deshalb habe die Ärztin veranlaßt, daß er sich nicht ständig melden mußte, da die Meldepflicht „zusätzlich seinen Gemütszustand beeinträchtigte." Die von Major Übelakker protokollierten Angaben der Psychiaterin sprechen dafür, daß sie zwar ihre ärztliche Schweigepflicht verletzte, dies jedoch zugunsten des Patienten tat und die Notwendigkeit einer Psychiatrieeinweisung eindeutig verneinte.

Die „einzuleitenden Maßnahmen", die der MfS-Major im Anschluß an das Gespräch mit der behandelnden Nervenärztin notierte, versuchte er dann auch ohne sie einzufädeln. Er erwähnte in einer Aktennotiz vom 1. September 1989 nur den Kreisarzt als potentiellen Kooperationspartner:

„Mit dem Kreisarzt ist abzustimmen und durch seine Befugnisse zu erwirken, daß Dr. Wunsch vom 25.9. bis 15.10.89 stationär in eine Nervenheilanstalt eingewiesen wird. Somit wird im Umfeld des W. rechtzeitig dessen Abwesenheit bekannt und der Kopf der 'Alkoholikergruppe' liquidiert."[300]

Die martialische Wortwahl zeigt, wie absurd und zugleich aggressiv der Offizier dachte. Er stilisierte einen Kranken zum „Kopf" einer organisierten Gruppe, der angeblich so gefährlich war, daß man ihn durch Einweisung in ein psychiatrisches Krankenhaus „liquidieren" müsse. Major Übelacker blieb nicht im Planungsstadium stehen. Eine Woche nach der zitierten Aktennotiz vermerkte er in der OPK „Jubiläum":

„Am 7.9.89 erfolgte mit dem amtierenden Kreisarzt Dr. Becker eine Absprache zur Person Dr. Wunsch [...].
Dabei wurde Dr. Becker in Kenntnis gesetzt, daß o. g. Person in neurologischer Behandlung bei Dr. [...] ist und im Zeitraum vom 4.10.– 8.10.89 gemeinsam mit Alkoholikern und Asozialen das Heimatfest [...] zu stören beabsichtigt.
Im Ergebnis der Absprache wurde festgelegt:
Auf der Grundlage des Gesundheitsrechts § 6 erfolgt durch den Kreisarzt eine 'befristete ärztliche Einweisung durch Anordnung' des Dr. Wunsch in eine Nervenklinik im Zeitraum 29.9.– 15.10.89."[301]

Erst war vom 25., dann vom 29. September als Tag der Einweisung in eine Nervenklinik die Rede gewesen. Am 5. Oktober notierte Feldwebel Graulich schließlich, es sei mitgeteilt worden, „daß die Person Dr. Wunsch am

---

300 Aktennotiz von Major Übelacker vom 1.9.1989; ebenda, Bl. 44 f., hier 45.
301 Aktenvermerk von Major Übelacker vom 7.9.1989; ebenda, Bl. 70.

4.10.89 durch Kräfte der VP [Volkspolizei] dem Gesundheitswesen zugeführt und nach Hubertusburg gebracht" worden sei. Damit sei „die geplante Maßnahme zur Einweisung des Dr. Wunsch [...] realisiert und [...] der Kopf der negativen Gruppierung in sicheren Verwahrsam gebracht" worden.[302]

Dem ist zu entnehmen, daß Dr. Wunsch am 4. Oktober 1989 ohne sein Einverständnis durch Volkspolizisten in das im Bezirk Leipzig gelegene psychiatrische Großkrankenhaus Hubertusburg gebracht wurde, daß dies den Absichten der MfS-Offiziere der Kreisdienststelle entsprach und aller Wahrscheinlichkeit nach durch diese veranlaßt worden ist. Aus der OPK-Akte geht nicht hervor, warum sich der vom MfS geplante Termin der Einweisung um neun Tage verschob, ob der Kreisarzt vielleicht doch Bedenken aufgrund des Einweisungsgesetzes geäußert und die „Maßnahme" verzögert und wer überhaupt die Einweisung letztendlich angeordnet hat. Unbekannt ist weiterhin die Begründung der eventuell kreisärztlich angeordneten Einweisung, ob etwa der Grad der Verwahrlosung des alkoholkranken Mannes als nunmehr gefährlich bezeichnet wurde oder anderes. Offen bleibt auch, ob der Betroffene, der sich zum Einweisungszeitpunkt möglicherweise in einem alkoholisierten Zustand befand, in der Nervenklinik Hubertusburg tatsächlich ärztlich aufgenommen wurde, ob er eventuell nur bis zur Ausnüchterung dort behalten oder wann er nach Hause entlassen wurde.

Wie auch immer die Geschichte weiterging, zeigt ihr Verlauf bis zum 4. Oktober eines: Noch 1989 bis in den Herbst hinein konnte es geschehen, daß MfS-Vertreter aus „sachfremden Erwägungen" die Psychiatrieeinweisung eines Menschen zu veranlassen versuchten, der zwar im Sinne des DDR-Einweisungsgesetzes psychisch krank war, von dem jedoch schlimmstenfalls eine Störung, kaum jedoch eine Gefahr ausgehen konnte, die laut Gesetz als normative Voraussetzung für eine Zwangseinweisung hätte vorliegen müssen. Wahrscheinlich ist es kein Zufall, daß dies in einer Kleinstadt weit entfernt von Berlin geschah.

Im staatlich erklärten Ausnahmezustand, in den die DDR im Herbst 1989 von ihrem Nationalen Verteidigungsrat zum Glück nicht versetzt wurde, wäre in Fällen wie dem geschilderten sehr viel drastischer vorgegangen worden. Zu den Menschen, die „unter den Bedingungen von Spannungsperioden, der Mobilmachung oder des Verteidigungszustandes" festzunehmen und „zu isolieren" waren, weil man befürchtete, sie könnten „die Erfüllung verteidigungswichtiger und lebensnotwendiger Aufgaben" gefährden oder beeinträchtigen,[303] sollten auch Personen gehören, „bei denen durch die Deutsche Volkspolizei, Abteilung K, Arbeitsrichtung I, der begründete Verdacht erarbeitete wurde, daß sie im Verteidigungszustand die Durchsetzung einer hohen öffentlichen Ordnung und Sicherheit beeinträchtigen" könn-

---

302 Aktenvermerk von Feldwebel Graulich vom 5.10.1989; ebenda, Bl. 76.
303 Komplettierung des Vorbeugekomplexes für die Erfassung von Personen durch das MfS, vgl. Thomas Auerbach: Vorbereitung auf den Tag X. Die geplanten Isolierungslager des MfS; BStU, Berlin 1995, S. 18–23, hier 18 f.

ten.[304] Es ist anzunehmen, daß dazu viele der „psychisch auffälligen, kriminell gefährdeten" Bürger gehört hätten, von denen als Gruppe oder in Fallbeispielen in diesem Kapitel wiederholt die Rede war. An ihre Erwähnung unmittelbar anschließend wurde in dem zitierten MfS-Dokument als besonders beachtenswert hervorgehoben: „Personen, bei denen aufgrund schwerwiegender psychiatrischer Fehlentwicklung krasse Verhaltensstörungen auftreten und von denen in bestimmten Spannungssituationen ernste Beeinträchtigungen der öffentlichen Ordnung und Sicherheit ausgehen können, sind in geschlossene Einrichtungen einzuweisen (kein Isolierungsbeschluß erforderlich)."[305]

Demnach wäre das Gesetz über die Einweisung in stationäre Einrichtungen für psychisch Kranke vom 11. Juni 1968 in Kriegs- oder anderen Spannungssituationen außer Kraft gesetzt worden.

## 5.4. Zusammenfassung und Bewertung

Die systematische Auswertung verschiedener MfS-Aktenbestände und der personenbezogene Suchweg in Betroffenen- und IM-Akten des MfS hat die Ergebnisse der Psychiatrie-Untersuchungskommissionen der letzten Jahre bestätigt. Es gab in der DDR ordnungspolitische Zwangsmaßnahmen gegenüber psychisch kranken Menschen, zu denen insbesondere Freiheitsbeschränkungen anläßlich sogenannter politischer Höhepunkte gehörten, die ohne gesetzliche Grundlage oder unter Verletzung des Einweisungsgesetzes vorkamen. Die Psychiatrie konnte jedoch im Regelfall nicht als staatssicherheitsdienstliches Instrument zur Verfolgung politisch Andersdenkender mißbraucht werden.

Selbst in den IM-Akten von Psychiatern, die die ärztliche Schweigepflicht mehr oder weniger gravierend verletzten, fanden sich nur ganz vereinzelt Hinweise auf rechtlich problematische Psychiatrieeinweisungen. Mit einer Ausnahme sprechen alle untersuchten IM-Akten leitender Ärzte psychiatrischer Krankenhäuser dafür, daß eindeutig rechtswidrige Einweisungen den IM von ihren Führungsoffizieren auch nicht abverlangt worden sind. Außerdem finden sich in verschiedenen IM-Akten leitender Psychiater „Belehrungen" der Führungsoffiziere durch die ärztlichen IM über die Bestimmungen des Einweisungsgesetzes. Das Kommunikationsmuster, bei dem ein IM-Arzt von MfS-Vertretern in punkto Einweisungsrecht als Experte respektiert wurde, wiederholt sich in IM-Akten von Psychiatern aus verschiedenen Bezirken der DDR so oft, daß es als das typische zu bezeichnen ist.

---

304 Ebenda, S. 21.
305 Ebenda.

Durch systematische Recherchen in den MfS-Unterlagen der Linien XX und IX sowie der Auswertung der IM-Akten von Psychiatern wurden zwei Fälle entdeckt, bei denen MfS-Vertreter die Psychiatrieeinweisung jeweils eines psychisch nicht kranken Mannes managten. In beiden Fällen hatten die Betroffenen vor der Einweisung zwar einmal im Affekt einen Suizid durch Selbstverbrennung angedroht. Beide Betroffene waren jedoch nicht von einem Arzt gesehen worden, der mit ihnen hätte sprechen und die Notwendigkeit einer Einweisung gemäß § 6 Einweisungsgesetz aufgrund einer psychischen Erkrankung und akuten Selbstgefährdung feststellen müssen. Vielmehr ging die Idee und die Initiative zur Einweisung in beiden Fällen eindeutig von MfS-Vertretern aus. Bei der anläßlich der X. Weltfestspiele 1973 erfolgten Einweisung des 22jährigen Max Roller in die Nervenklinik Neuruppin machten sich die Offiziere der MfS-Kreisdienststelle Kyritz die Nachlässigkeit eines Nervenarztes zunutze, der sich auf die telefonische Schilderung einer akuten Suizidgefährdung durch die Sicherheitskräfte verließ und die vorläufige Einweisung fernmündlich anordnete. In der Nervenklinik hatten die MfS-Offiziere in diesem Fall keinen Kooperationspartner. Der junge Mann wurde dort nur beobachtet und nach sechs Tagen entlassen, wobei sich sowohl die Ärzte als auch der Patient über das unkorrekte Verfahren der Einweisung beschwerten. Bei der Zwangseinweisung des 79jährigen M. hingegen kooperierten die MfS-Dienststellen verdeckt mit dem ärztlichen Direktor der Bezirksnervenklinik Arnsdorf, der bereit war, das abgekartete Spiel gegen den Patienten zu spielen, seinen eigenen Kollegen darüber zu täuschen und den alten Herrn im Interesse des MfS zwei Wochen lang im Krankenhaus festzuhalten. Auch hier kam es zur Beschwerde eines Arztes, der als Leiter des medizinischen Dienstes der Volkspolizei aufgrund des Krankentransportes erfahren hatte, daß mit dieser Einweisung etwas nicht stimmen konnte. Nach einigen Tagen bat der Patient von sich aus darum, im psychiatrischen Krankenhaus bleiben zu dürfen. Dort entwickelten sich die Dinge schließlich so, daß die betreuenden Ärzte ein gutes therapeutisches Verhältnis zu dem Patienten aufbauten und ihn im weiteren Verlauf seines Ermittlungsverfahrens vor Verhören schützten.

Für beide geschilderte Fälle ist festzustellen, daß eindeutig rechtswidrige Psychiatrieeinweisungen nicht psychisch kranker Personen durch den Staatssicherheitsdienst vorliegen. Es handelte sich um gravierende Versuche, die Psychiatrie nach sowjetischem Muster politisch zu mißbrauchen. Die Nachlässigkeit eines Psychiaters in Wittstock und die inoffizielle Zuarbeit des leitenden Arztes in Arnsdorf für die Staatssicherheit führten zu Vorgängen, die als ernste Ansätze von Psychiatriemißbrauch angesehen werden müssen. Letztlich zeigen aber auch diese beiden Fälle, daß eine längerfristige politische Verfolgung mit Mitteln der Psychiatrie aufgrund der Strukturen in den Nervenkliniken und des professionellen Verhaltens der Ärzte auf nicht zu überwindende Grenzen stieß.

Es wurde kein Fall gefunden, in dem eine psychisch nicht kranke Person auf Betreiben von Sicherheitskräften in eine psychiatrische Einrichtung der DDR gebracht und dort längere Zeit zwangsweise festgehalten sowie mit Psychopharmaka oder anderen Mitteln behandelt worden wäre. Die Begleitumstände der beiden geschilderten Einweisungen und der trotz umfassender Recherchen fehlende Nachweis weiterer ähnlicher Fälle erlauben die Feststellung, daß es sich dabei nicht um eine systematisierte Praxis des Staatssicherheitsdienstes gehandelt haben kann. Ein systematischer politischer Mißbrauch der Psychiatrie in der DDR ist für den Bereich der polizeirechtlichen Einweisungen mit hinreichender Sicherheit zu verneinen.

# 6. Politische Hintergründe des Verhaltens von Fachvertretern der Ostblockländer im Weltverband für Psychiatrie 1971–1989

Das Thema des politischen Mißbrauchs der Psychiatrie vor allem in der Sowjetunion spielte in den siebziger und achtziger Jahren im Weltverband für Psychiatrie eine wichtige Rolle. Die allmähliche Entwicklung von Problembewußtsein in der internationalen Fachwelt bis hin zur Durchsetzung praktischer Konsequenzen ist an der unterschiedlichen Behandlung des Themas anläßlich der alle sechs Jahre veranstalteten Kongresse des Weltverbandes für Psychiatrie ablesbar. Während der Versuch einiger Aktivisten, die Psychiatrisierung nichtgeisteskranker Dissidenten in der Sowjetunion zu thematisieren, 1971 in Mexico-City noch scheiterte, gelang es beim darauffolgenden Weltkongreß 1977 in Honolulu (Hawaii), das Thema auf die Tagesordnung zu setzen und eine gemeinsame Resolution gegen den Mißbrauch der Psychiatrie zu politischen Zwecken zu verabschieden (vgl. „Erklärung von Hawaii" – Kapitel 1). Als auch in der Folgezeit die Klagen von Bürgerrechtlern aus der Sowjetunion über die fortgesetzte Praxis eines politischen Psychiatriemißbrauchs nicht verstummten, sondern aufgrund der größeren Informationsdurchlässigkeit nach den KSZE-Vereinbarungen von Helsinki 1975 und der mittlerweile erhöhten Aufmerksamkeit in der westlichen Welt eine stärkere öffentliche Wahrnehmung erfuhren, bildeten sich organisierte Initiativen zur Unterstützung der Opfer und gegen die Verursacher solcher Menschenrechtsverletzungen. Um ihrem geplanten Ausschluß zuvorzukommen, erklärte die Sowjetunion vor dem psychiatrischen Weltkongreß 1983 in Wien ihren Austritt aus dem Weltverband für Psychiatrie. Die anderen Ostblockvertreter verhielten sich ungewohnt uneinheitlich. Nur die psychiatrischen Gesellschaften Bulgariens, der ČSSR und Kubas folgten dem Beispiel der sowjetischen Allunionsgesellschaft. Insbesondere das vom sowjetischen abweichende Verhalten der DDR-Fachgesellschaft, die nicht nur Mitglied im Weltverband blieb, sondern wenig später sogar den Vizepräsidenten dieser Organisation stellte, gab bisher Rätsel auf.

Die Unterlagen des MfS erlauben nun eine Rekonstruktion des Geschehens hinter den Kulissen. Eine Vielzahl von Dokumenten der Hauptabteilung XX/1 gibt Aufschluß über sowjetische Versuche der Einflußnahme auf die Vertreter der anderen Ostblockstaaten. Die Beeinflussung erfolgte sowohl auf Partei- und Regierungsebene als auch auf den Leitungsebenen der psychiatrischen Fachgesellschaften sowie durch die Geheimdienste.

Der Abteilungsleiter der Hauptabteilung XX/1, Eberhard Jaekel, war eine Schlüsselfigur bei den Versuchen einer verdeckten Beeinflussung der internationalen Vorgänge, die der sowjetische Psychiatriemißbrauch ausgelöst hatte. Eine umfangreiche Sammlung von Artikeln westlicher Zeitungen zum Thema des politischen Psychiatriemißbrauchs, von Reiseberichten verschiedener DDR-Vertreter zu internationalen psychiatrischen Veranstaltungen und von Protokollen über Beratungen mit dem KGB sowie anderen östlichen Geheimdiensten weisen darauf hin, daß die Hauptabteilung XX/1 und insbesondere Jaekel als ihr Leiter alles, was irgendwie mit dem Thema des sowjetischen Psychiatriemißbrauchs und dessen internationalen Verhandlung zu tun hatte, im MfS zentral koordinierte.

Jaekel führte persönlich einige hochrangige Mediziner, die die DDR auch auf internationaler Ebene repräsentierten, als inoffizielle Mitarbeiter. Sein wichtigster IM für das psychiatrische Fachgebiet war Professor Karl Seidel, dessen Führung Jaekel 1971 übernommen hatte, nachdem Seidel aus Dresden in das Amt des Direktors der Charité-Nervenklinik berufen worden war.

## 6.1. Der V. Weltkongreß für Psychiatrie 1971 in Mexiko

Das erste Problem, das Hauptmann Jaekel bei einem inoffiziellen Treffen mit Professor Seidel am 9. November 1971 besprach, war die Vorbereitung der Reise zum V. Weltkongreß für Psychiatrie, die vom 28. November bis 4. Dezember 1971 in Mexico-City stattfinden sollte. Dem „Treffvermerk" in der IM-Akte zufolge ging es zunächst um einen allgemeinen Auftrag, der dem damaligen Ringen der DDR um internationale Anerkennung entsprach und den in dieser Zeit wahrscheinlich alle offiziellen Vertreter der DDR im Ausland in ähnlicher Form erhalten haben:

> „Die Delegationsmitglieder müssen für ein politisch wirksames Auftreten der DDR-Delegation Sorge tragen, die volle Gleichberechtigung im Sinne des Status der [beiden deutschen] Delegationen sichern und im Falle von Diskriminierungen [der DDR-Vertreter] in geeigneter Weise reagieren."[1]

Zur Vorbereitung auf die Reise zum Weltkongreß sollten sich Professor Karl Seidel als Leiter und Professor Heinz A. F. Schulze als Sekretär der Delegation am 25. November 1971 zu einer „Delegationsbesprechung" beim „Genossen Rohland, Leiter des Generalsekretariats" einfinden. Professor Schulze war zu der Zeit Inhaber des Lehrstuhls für Neurologie, kommissarischer Direktor der Charité-Nervenklinik sowie Vorstandsmitglied und Sekretär der Gesellschaft für Neurologie und Psychiatrie der DDR.[2]

---

1 Vermerk vom 15.11.1971 über ein Treffen mit dem IMS „Fritz Steiner" am 9.11.1971, IM-Akte „Fritz Steiner"; BStU, ZA, AIM 13788/83, Teil II, Bd. 2, Bl. 4.
2 Heinz Friedrich Albert Schulze (Jg. 1922), Prof. Dr. sc. med., Sohn eines Fleischermeisters aus Perleberg, nach dem Abitur Einberufung zum Arbeits- und Wehrdienst, 1947 Rückkehr aus Kriegsgefangenschaft, 1947–49 Krankenhausarbeit, 1949–54 Medizinstudium

Die politische Schlüsselstellung des „Generalsekretariats der medizinisch-wissenschaftlichen Gesellschaften" im Ministerium für Gesundheitswesen ist bereits im Zusammenhang mit der Einflußnahme auf Personalentscheidungen in medizinisch-wissenschaftlichen Gesellschaften der DDR und bei Kongressen beschrieben worden. An dieser Stelle sei noch einmal auf die 1966 von der MfS-Hauptabteilung XX/1 anvisierten Aufgaben des Leiters des „Generalsekretariats" hinsichtlich medizinischer Kongresse im „kapitalistischen Ausland" hingewiesen:

„a) Schaffung eines Stammes von Reisekadern, die zu besonderen Aufträgen herangezogen werden können.
b) Einflußnahme auf die Zusammenstellung der Kongreßdelegationen und [...] entsprechende Instruierung sowie nach Erfordernissen Erteilung besonderer Aufträge. Ausarbeitung von Konzeptionen.
c) Treffen von Maßnahmen der Absicherung und Aufklärung der Delegationen bzw. einzelner Mitglieder, besonders der Verbindungen.
d) Auswertung der Kongreßberichte."³

Im „Generalsekretariat der medizinisch-wissenschaftlichen Gesellschaften" des Gesundheitsministeriums und insbesondere bei seinem Leiter liefen die Fäden der Macht von Partei, MfS und Regierung zusammen. An dieser Stelle setzte Dr. Rohland, der viele Jahre lang zugleich Parteisekretär des Gesundheitsministeriums war, den politischen Willen der SED und die „politisch-operativen" Interessen des MfS durch. Deren Aufgabenstellungen waren oft deckungsgleich, wie die doppelte Instruktion von Professor Karl Seidel vor seiner Abreise nach Mexiko Herbst 1971 zeigt. Die Offiziere der Hauptabteilung XX/1 hatten ihm folgendes mit auf den Weg gegeben:

„Mit dem IM wurden grundsätzliche Probleme des Auslandseinsatzes im kA [kapitalistischen Ausland] besprochen und dabei besonders auf die Möglichkeiten des Auftretens des republikflüchtigen Prof. Dr. Müller-Hegemann hingewiesen, zumal er ursprünglich als Delegationsleiter für die DDR-Delegation vorgesehen war und bereits auf seinen Namen die Kongreßgebühren bezahlt wurden.
Dem IM ist Prof. Dr. M.-H. seit 1957 persönlich bekannt. Er war eine Zeitlang als Oberarzt bei ihm in der Klinik tätig. [...] Insgesamt sind beide in gu-

---

und 1954–57 Assistenzarztzeit in Berlin, 1957–61 Facharztausbildung Neurologie und Psychiatrie an der Charité-Nervenklinik mit einer Delegierung 1958/59 an das Institut für Hirnforschung von Prof. Oskar Vogt in Neustadt/Schwarzwald, 1961 Oberarzt der Abteilung für klinische Hirnpathologie, 1963 Habilitation mit einer Arbeit zur Hirnpathologie, 1970 Berufung zum ordentlichen Professor und kommissarischen Direktor der Charité-Nervenklinik, 1987 Emeritierung, SED-Mitglied seit 1964. Vgl. IM-Akte „Schumann"; BStU, ZA, AIM 8249/87, Teil I.
3 Auskunftsbericht der HA XX/1 über Dr. Lothar Rohland vom 21.9.1966, 5 Seiten, hier S. 5; MfS-Personenakte Rohland; BStU, ZA, AP 40728/92, Bl. 6.

ter Erinnerung auseinandergegangen bzw. hatten sich eigentlich nie aus den Augen verloren. [...] war das persönliche Verhältnis nicht so stark ausgeprägt, daß irgendwelche [...] Verpflichtungen daraus entstehen könnten [...]. Deshalb wurden nach gründlicher Klärung der ehemaligen Beziehungen gemeinsam vier mögliche Varianten der Verhaltenslinie durchgesprochen, wenn Prof. Dr. M.-H. auf dem Kongreß in Erscheinung tritt. Dabei wurde kein starres Schema festgelegt, sondern entsprechend der zentralen Weisung [...] muß er aus der Situation heraus entscheiden, darf sich jedoch nicht 'festnageln' lassen und muß sich [...] entschieden von der Handlung des M.-H. abgrenzen."[4]

Die Wiederholung dieser politischen Reiseinstruktion durch das Generalsekretariat war das erste, worüber Professor Seidel seinem MfS-Führungsoffizier nach der Rückkehr vom Weltkongreß für Psychiatrie berichtete:

„Für die Kongreßreise wurde die DDR-Delegation am 25.11.1971 im Generalsekretariat der medizinisch-wissenschaftlichen Gesellschaften durch Genossen Dr. Rohland politisch und fachlich angeleitet. Die Anleitung [...] deckte sich im wesentlichen mit unserer Aufgabenstellung. Besonderen Wert legte Genosse Dr. Rohland auf die Verhaltensweise bei einer möglichen Konfrontation mit dem Verräter Prof. Müller-Hegemann. Sie zielte eindeutig darauf hin, jeden Kontakt mit dem M.-H. zu meiden und demonstrativ die Verachtung ihm gegenüber zum Ausdruck zu bringen."[5]

Diese geradezu parodistisch überzogen wirkende Verhaltensanleitung gegenüber dem fortan nur noch als „Verräter" titulierten Psychiatrieprofessor wird etwas verständlicher, wenn man sich in Erinnerung ruft, daß Müller-Hegemann nicht nur seit 1948 SED-Mitglied und einer der wenigen kommunistischen NS-Verfolgten unter den sonst wegen ihrer NS-Vergangenheit vielfach mißtrauisch beobachteten älteren Medizinprofessoren in der DDR war, sondern auch „Verdienter Arzt des Volkes" und „Träger des Vaterländischen Verdienstordens" der DDR. Die ohnehin nicht sehr selbstsichere SED-Führung hatte mithin einen der vermeintlich ihren an den „Klassengegner" verloren. Das wurde nicht nur als politische Demütigung, sondern auch als herber Verlust für die DDR-Psychiatrie empfunden, denn Professor Müller-Hegemann war Ordinarius für Psychiatrie in Leipzig gewesen, hatte ein in der DDR verbreitetes Lehrbuch für Neurologie und Psychiatrie herausgegeben und auch als Ärztlicher Direktor des psychiatrischen Großkrankenhauses „Wilhelm Griesinger" in Berlin-Biesdorf als eine Kapazität des

---

4 Vermerk vom 15.11.1971 zum Treffen mit dem IMS „Fritz Steiner" am 9.11.1971, IM-Akte „Fritz Steiner", Teil II, Bd. 2, Bl. 4f.
5 Vermerk vom 17.12.1971 zum Treffen mit dem IMS „Fritz Steiner" am 9.12.1971; ebenda, Bl. 11–21, hier 11.

Fachgebietes gegolten.[6] Vor diesem Hintergrund wird die an sich lächerlich wirkende Beschreibung einer Begegnung der DDR-Delegation beim Weltkongreß für Psychiatrie, zu der es gar nicht richtig gekommen war, etwas verständlicher:

> „Auf dem Kongreß waren ca. 6.000 Teilnehmer anwesend. [...] Der Verräter Prof. Müller-Hegemann war ebenfalls [...] anwesend. Er ist unserer Delegation stets ausgewichen, und der IM ist ihm lediglich einmal offensichtlich auf ca. 100 m begegnet [...].
> In seinem Vortrag sprach er mehrmals von Ostdeutschland, und es war ein abgeschmackter Versuch, das Gesundheitswesen der DDR zu verunglimpfen. Dabei sprach er unter anderem von seinen ehemaligen Patienten, die er im Schatten der Mauer zurücklassen mußte und [die] ein einsames Dasein führen. Er versuchte, auf eine reaktive Psychose auszugehen[7] und Stimmung zu machen. Er hat jedoch keine Resonanz gefunden, zumal sein Vortrag fachlich nichts taugte.[8]
> Für die DDR-Delegation war es in diesem großen Rahmen unerheblich, ob sie den Saal verlassen oder nicht, deshalb sind sie auch während des Vortrages im Konferenzsaal verblieben. Ein demonstratives Verlassen wäre überhaupt nicht aufgefallen, weil fast ein ständiges Kommen und Gehen war (Massenkongreß)."[9]

Neben dieser Rechtfertigung für seine mangels Gelegenheit nicht auffällig demonstrierte „Verachtung" für den „Verräter" berichtete Professor Seidel über diverse Gespräche, die er am Rande mit westdeutschen Psychiatern geführt habe und bei denen es vor allem um deren Bewertung der „Republikflucht" von Ärzten aus der DDR und um die gleichberechtigte Aufnahme der DDR in die WHO (Weltgesundheitsorganisation) gegangen sei.

Auf die Frage des sowjetischen Psychiatriemißbrauchs wurde in dem IM-Bericht vom 9. September 1971 nicht eingegangen. An einer Stelle wurde allerdings darauf hingewiesen, daß den DDR-Delegierten manche Erkenntnisse erst „nach kurzer Beratung mit den sowjetischen Freunden" kamen:

> „Es wurde zum Schluß des Kongresses der Vorschlag gemacht, Prof. Dr. Lange aus Dresden als Mitglied der DDR in das Komitee zu wählen, obwohl sich

---

6 Vgl. Bericht der KD Lichtenberg über Professor Müller-Hegemann vom 17.5.1971; BStU, ZA, AP 33192/92, Bl. 17–19.
7 Zwei Jahre später legte der Autor seine Erkenntnisse in Form eines Buches vor. Vgl. Dietfried Müller-Hegemann: Die Berliner Mauer-Krankheit. Zur Soziogenese psychischer Krankheit, Herford 1973.
8 Dem Buch Müller-Hegemanns zum selben Thema wird diese abschätzige Bemerkung Seidels wohl nicht gerecht. Vgl. die positive Besprechung von Ulfried Geuter, Hans und Rose Schlirf: Die Berliner Mauerkrankheit. Überlegungen zu einem Buch von Dietfried Müller-Hegemann, in: Psychologie und Gesellschaftskritik 2 (1978) 6/7, S. 288–296.
9 Vermerk zum IM-Treff am 9.12.1971, IM-Akte „Fritz Steiner", Teil II, Bd. 2, Bl. 16 f.

unsere Delegation darüber im klaren war, daß er nicht der geeignete Mann ist, wurde nicht gegen den Vorschlag aufgetreten, weil nach kurzer Beratung mit den sowjetischen Freunden die Erkenntnis gewonnen wurde, daß mit einer Polemik gegen Lange für die DDR und das sozialistische Lager nichts gewonnen würde und eine solche Polemik auf Unverständnis stoßen würde. Da befürchtet werden mußte, daß dadurch eventuell kein Vertreter der DDR in das Komitee gewählt werden würde, wurde vom Genossen Schulze ohne Gegenargumente im Interesse der Tatsache, daß damit eine Aufwertung der DDR verbunden ist und das sozialistische Lager einen Vertreter mehr im Komitee erhält, dem Vorschlag zugestimmt."[10]

Daß die SED-Genossen Professor Ehrig Lange aus Dresden nicht für den „geeigneten Mann" hielten, die DDR im Komitee des Weltverbandes für Psychiatrie zu vertreten, hatte verschiedene Gründe. Einer davon war sicher seine CDU-Mitgliedschaft. Damit gehörte er zwar einer Partei des sogenannten „demokratischen Blocks" der DDR, jedoch nicht der „herrschenden Partei" an, war nicht der SED-Parteidisziplin unterworfen und galt somit als nicht hundertprozentig politisch zuverlässig. Seine relative Außenseiterrolle wurde durch die regionale Zuordnung unterstrichen: Dresden wurde in der zentralistischen Optik der Machthaber in Ostberlin lediglich als eine Provinzhauptstadt am Rande wahrgenommen. Der Karrieresprung, den Karl Seidel mit seiner Berufung als Professor an die Charité-Nervenklinik der Humboldt-Univcrsität machte, hatte nicht zufällig aus Dresden nach „Berlin, Hauptstadt der DDR" geführt. Zuvor war er Oberarzt bei Professor Lange in Dresden gewesen und hatte als Mitglied der SED-Parteileitung der Medizinischen Akademie Dresden seinen fachlichen Chef in der Nervenklinik politisch überwacht und dem MfS ständig inoffiziell über ihn berichtet.[11]
Daß 1971 nicht Professor Lange, sondern an ihm vorbei sein Oberarzt auf den Berliner Lehrstuhl berufen wurde, lag wohl vor allem kaderpolitisch darin begründet, daß dieser Oberarzt ein bewährter SED-Genosse war. Immerhin war aber Professor Lange in der internationalen Fachwelt bekannt und geschätzt genug, daß man ihn beim Weltkongreß 1971, obwohl er gar nicht anwesend war, als DDR-Vertreter im Weltverband für Psychiatrie vorschlug und wählte.
Der IM-Bericht von Professor Seidel über den psychiatrischen Weltkongreß in Mexiko endete damit, daß er seinen doppelten und dreifachen Pflichten zur Berichterstattung an MfS, Partei und Regierung nachzukommen versprach:

„Der IM wird über seine Teilnahme und den Verlauf am V. Weltkongreß für Psychiatrie gemeinsam mit Prof. Schulze (Sekretär der Gesellschaft für Psych-

---

10 Vermerk zum IM-Treff am 9.12.1971, IM-Akte „Fritz Steiner", Teil II, Bd. 2, Bl. 13.
11 Vgl. ebenda, Teil II, Bd. 1.

iatrie) einen offiziellen Bericht fertigen und organisieren, daß wir eine Durchschrift (Ergänzung zum inoffiziellen Bericht) erhalten."[12]

Der in die IM-Akte eingefügte elfseitige offizielle Bericht der DDR-Delegation, die aus Professor Seidel als „Delegationsleiter" und Professor Schulze als „Delegationssekretär" bestand, enthält nun auch Hinweise auf erste Versuche einer Thematisierung des politischen Mißbrauchs der sowjetischen Psychiatrie im Weltverband. Professor Schulze, der als Delegierter der Gesellschaft für Psychiatrie und Neurologie der DDR an den Generalversammlungen der Mitgliedsgesellschaften des Weltverbandes teilzunehmen hatte, erfüllte diese Pflicht mit preußischer Disziplin und ohne sich von Vergnügungsangeboten ablenken zu lassen:

„Hinsichtlich der zweiten Sitzung der Generalversammlung fiel auf, daß beiden Delegierten der DDR Eintrittskarten für eine Ballettveranstaltung, die fast zur gleichen Zeit stattfand, ausgehändigt worden waren. Die Teilnahme [an] der Sitzung wurde jedoch durch Prof. Schulze pünktlich wahrgenommen."[13]

Schon allein dafür hätte Schulze einen Sowjetorden verdient, denn außer ihm, dem Vertreter der ČSSR und dem Kubas waren „die übrigen Delegierten der sozialistischen Länder nicht anwesend". Immerhin waren 15 Delegierte aus der UdSSR, zwei aus Rumänien und einer aus Polen zum Weltkongreß angereist. Wahrscheinlich amüsierten sie sich bei der erwähnten Ballettveranstaltung, während sich die Vertreter der DDR, der ČSSR und Kubas mit folgender Situation konfrontiert sahen:

„Der Verlauf der Sitzung nahm einen hochpolitischen Charakter an, da gleich zu Beginn [...] vom Generalsekretär berichtet wurde, daß beim Weltverband Anschuldigungen (gegen die) Allunionsgesellschaft für Psychiatrie der UdSSR vorlägen, die darauf hinausliefen, daß der sowjetischen Gesellschaft die Duldung eines Mißbrauchs der Psychiatrie vorgeworfen werde. Der Generalsekretär teilte mit, daß eine Konsultation von Prof. Sneschnewski, Moskau, zu einer befriedigenden Klärung und Antwort geführt hätte[14]. Komitee und Exekutivkomitee verträten jedoch die Meinung, daß die Angelegenheit in der Generalversammlung diskutiert werden solle, obwohl nur Zuschriften von Einzelpersonen vorlägen, nicht aber von einer nationalen Gesellschaft offiziell Klage geführt werde. Nur letzteres würde statutengemäß eine Stellungnahme der Vollversammlung erfordern. Da jedoch mit solchen Schritten

---

12 Vermerk zum IM-Treff am 9.12.1971; ebenda, Teil II, Bd. 2, Bl. 18.
13 Offizieller Bericht vom Weltkongreß; ebenda, Bl. 27 f.
14 Daß ausgerechnet der Erfinder der symptomlos „schleichenden Schizophrenie" konsultiert wurde und seine Antwort als befriedigend galt, spricht für die Ahnungslosigkeit, mit der die westliche Fachwelt dem Phänomen des politischen Psychiatrie-Mißbrauchs in der Sowjetunion zunächst gegenüberstand.

gerechnet werden müsse, würde die Bildung eines 'Ethischen Komitees' vorgeschlagen, das sich in Zukunft mit solchen Angelegenheiten beschäftigen solle."

Die treuen Vasallen warfen sich sofort mit vereinten Kräften für ihre abwesenden russischen Brüder in die Bresche:

„Mit dieser Problematik konfrontiert, erfolgte sofort eine Beratung zwischen Prof. Wencowski, Pilsen, als Delegiertem der ČSSR und Prof. Schulze, Berlin, als Delegiertem der DDR mit dem Beschluß, eine gemeinsame Erklärung abzugeben, die von Prof. Wencowski im Namen beider Delegierten für ihre nationalen Gesellschaften abgegeben wurde. In dieser Erklärung werden die angedeuteten Beschuldigungen zurückgewiesen und die Bildung eines solchen Komitees abgelehnt mit der Begründung, daß dazu keine Veranlassung bestehe und in Abwesenheit des Delegierten der Sowjetunion eine weitere Diskussion als Diffamierung angesehen werden müsse. Es wurde davor gewarnt, die Diskussion fortzusetzen, da die Delegierten der sozialistischen Länder nicht gezwungen werden könnten, daraus Schlußfolgerungen zu ziehen, die unter Umständen auch die Frage der weiteren Mitgliedschaft im Weltverband einbeziehen könnten."[15]

Trotz Vermittlungsversuchen des bundesdeutschen und des mexikanischen Vertreters seien der Ostberliner und der Tscheche solange bei ihrer kategorischen Ablehnung der Bildung eines „Ethischen Komitees" zur Prüfung von Vorwürfen des Psychiatriemißbrauchs geblieben, bis sich die Vertreter zuerst Kubas, dann auch Indiens, Brasiliens, Argentiniens und Nikaraguas diesem Standpunkt angeschlossen und das Präsidium daraufhin beschlossen habe, zum nächsten Punkt der Tagesordnung überzugehen.

Damit hatten die Delegierten der ČSSR und der DDR eine ernsthafte Beschäftigung des Weltverbandes für Psychiatrie mit der Frage des politischen Mißbrauchs des Fachgebietes und insbesondere mit der sowjetischen Praxis zunächst einmal erfolgreich verhindert. Das war unvorbereitet, ohne vorherige Absprache geschehen, wie eine spätere Information des MfS belegt: Die DDR-Vertreter hätten sich in Mexico-City zwar spontan mit der ČSSR und Kuba, jedoch noch nicht „mit den sowjetischen Freunden" abgestimmt.[16]

Das älteste Dokument, das in den Beständen der Hauptabteilung XX/1 zum Thema des sowjetischen Psychiatriemißbrauchs aufgefunden wurde, stammt von Anfang Juni 1972. Es besteht aus einer sechsseitigen „Auskunft", die der Leiter der Hauptabteilung XX, Oberst Kienberg,[17] bei der

---

15 IM-Akte „Fritz Steiner", Teil II, Bd. 2, Bl. 28 f.
16 MfS-Information vom 12.1.1977, 5 Seiten; BStU, ZA, HA XX 498, Bl. 543–547, hier 543.
17 Paul Kienberg (Jg. 1926), Arbeitersohn aus Mühlberg/Elbe, 1933–41 Volksschule, 1941–44 Schlosserlehre, Facharbeiterabschluß wegen jüdischer Herkunft des Vaters verweigert, 1944–45 Arbeitslager, 1945–49 Arbeit als Techniker, 1.12.1949 Eintritt in das SfS, seit

Abteilung X des MfS aus dem Russischen hatte übersetzen lassen.[18] Nach einigen anderen das Gesundheitswesen betreffenden Informationen wird das MfS darin vom KGB rückblickend über einige Besonderheiten im Zusammenhang mit dem psychiatrischen Weltkongreß 1971 informiert:

> „In der letzten Zeit wurde im Westen eine antisowjetische Kampagne 'über die Ausnutzung der Psychiatrie in der Sowjetunion als Instrument politischer Repressalien' organisiert, in der breit Materialien und Dokumente propagiert wurden, die von W. Bukowski, den Brüdern R. und Sh. Medwedjew, Sacharow u. a. an das Ausland übergeben worden waren. Diese Kampagne wurde zeitlich auf den V. Weltkongreß für Psychiatrie in Mexiko abgestimmt. Im Prozeß der Vorbereitung und Durchführung dieser Kampagne gelang es den Spezialdiensten des Gegners, eine Reihe ausländischer Wissenschaftler auf dem Gebiet der Psychiatrie auszunutzen, die die Forderung erhoben, die Frage der Ausnutzung der Psychiatrie für politische Zwecke in die offizielle Tagesordnung des Kongresses aufzunehmen sowie eine Reihe von Dokumenten zu verabschieden, die die Sowjetunion verurteilen, wo angeblich eine solche Praxis herrsche."[19]

Da die Unterlagen westlicher „Spezialdienste" nicht zur Verfügung stehen, läßt sich deren Präsenz im Weltverband für Psychiatrie nicht ausschließen. Allerdings dürfte es sich bei der sowjetischen Interpretation der Kritik im psychiatrischen Weltverband als einer geheimdienstlich gesteuerten „antisowjetischen Kampagne" höchstwahrscheinlich um eine Projektion der eigenen Praxis auf den Gegner gehandelt haben.

Ungeachtet der sicherlich ideologisch verzerrten Darstellung des KGB war es jedenfalls früher und besser informiert als das MfS. In der 1972 dem MfS gegebenen „Auskunft" teilte das KGB unter anderem mit, daß die sowjetische Delegation 1971 im Gegensatz zu der der DDR auf den politischen Konflikt beim Weltkongreß für Psychiatrie vorbereitet worden war und sich anfänglich auch entsprechend verhalten hatte:

> „Unter Berücksichtigung der erlangten Materialien wurde die Aufmerksamkeit auf die Formierung und Vorbereitung der sowjetischen Delegation gerichtet. Die Mitglieder der sowjetischen Delegation wurden über die zu erwartenden feindlichen Aktionen der Spezialdienste des Gegners auf dem Kongreß

---

1953 leitende Funktionen in HA V, 1964–90 Leiter der HA XX, KPD/SED-Mitglied seit 1945. Vgl. MfS-Kaderkarteikarte, ohne Signatur.
18 Schreiben des Leiters der HA XX, Oberst Kienberg, vom 5.6.1972 an den Leiter der Abt. X, Oberst Damm, und dessen Antwort vom 9.6.1972 mit Anlage der angeforderten Übersetzung; BStU, ZA, HA XX 2941, Bl. 1–8.
19 Übersetzung der Auskunft des KGB an das MfS, Nr. 568/72, o. D., offenbar erstes Halbjahr 1972, 6 Seiten; BStU, ZA, HA XX 2941, Bl. 3–8, hier 6 f.

informiert und hinsichtlich der Durchführung der notwendigen Maßnahmen zur Vereitelung dieser antisowjetischen Kampagne instruiert. Am Tag der Eröffnung des Kongresses protestierte die sowjetische Delegation beim Generalsekretär der Weltvereinigung der Psychiater entschieden gegen das geplante sogenannte 'Protestmeeting' gegen die 'Ausnutzung der Psychiatrie in der Sowjetunion zu politischen Zwecken'. Die sowjetische Delegation erklärte auch, daß die Delegation im Falle der Durchführung dieser politischen Provokation sofort den Kongreß verlassen und aus der Weltvereinigung der Psychiater austreten wird. Nach dieser Demarche gab die Leitung der Vereinigung eine Garantie darüber ab, daß jegliche antisowjetische Maßnahmen in den Räumen des Kongresses untersagt werden."[20]

Auf diese Zusicherung hin also hatten sich die sowjetischen Delegierten in Mexico-City so unangreifbar gefühlt, daß sie sich die beschriebene Generalversammlung der psychiatrischen Mitgliedsgesellschaften des Weltverbandes erspart hatten. Vielleicht waren sie noch im nachhinein erschrocken, daß der politische Psychiatriemißbrauch beim Weltkongreß dann doch noch angesprochen worden war und schlußfolgerten aus der Erfahrung der spontanen Hilfe durch die Vertreter der ČSSR und der DDR, daß es nützlich sein könnte, sich künftig besser mit den Verbündeten abzustimmen. Auf der Ebene der Geheimdienste jedenfalls taten sie das von da an regelmäßig.

## 6.2. Im Vorfeld des VI. Weltkongresses für Psychiatrie 1977 in Honolulu

Die erste Beratung des KGB mit dem MfS, bei der die Psychiatrie eine Rolle spielte, fand am 8. April 1975 in Moskau statt. Allerdings standen dabei andere Themen im Vordergrund. Auf die Psychiatrie wurde im zusammenfassenden Protokoll der Hauptabteilung XX über den ersten Beratungstag erst im 19. und letzten Punkt eingegangen. Immerhin enthielt diese kurze Erwähnung gleich konkrete Aufgaben des KGB:

„Die sowjetischen Genossen machten auf Aktivitäten feindlicher Kräfte gegen die UdSSR aufmerksam, die auf internationalen medizinischen Kongressen versuchen, die UdSSR zu verleumden, indem sie behaupten, daß in der SU politische Gegner in psychiatrischen Anstalten untergebracht werden.
Es wurde gebeten, durch Einsatz geeigneter IM auf derartigen Kongressen zu verhindern, daß Dokumente mit derartigem Inhalt erarbeitet und angenommen

---

20 Ebenda, S. 5 f.

werden. Es wurde ferner gebeten, Personen des westlichen Auslandes, die Initiatoren derartiger Aktionen sind, festzustellen und zu kompromittieren."[21]

Wie kam das MfS diesen „Bitten" des KGB nach? Im April 1975 war unter anderem beschlossen worden, die Beratungen von KGB und MfS auf Abteilungsleiterebene fortzuführen.[22] Dazu muß man wissen, daß die Strukturen des MfS nach dem Vorbild des KGB aufgebaut waren. So entsprachen die Aufgaben der Hauptabteilung XX des MfS ungefähr denen der V. Verwaltung des sowjetischen KGB. Die 1. Abteilung der V. Verwaltung des KGB war, wie die Abteilung XX/1 des MfS, unter anderem für die „politischoperative Sicherung" des medizinischen Bereiches zuständig.[23] Im April 1976 erhielt die Hauptabteilung XX/1 anläßlich eines neuerlichen Treffens mit Leitern der V. Verwaltung des KGB den Auftrag, eine Übersicht über alle internationalen psychiatrischen Kongresse mit DDR-Beteiligung zu liefern und die „Möglichkeiten des Einsatzes bzw. der Werbung von IM in der Leitung der psychiatrischen Gesellschaft der DDR sowie zur regelmäßigen Teilnahme an solchen Kongressen" zu prüfen.[24] Ein Vierteljahr später meldete Generalmajor Kienberg seinem KGB-Kollegen:

„Seitens der Hauptabteilung XX ist eine inoffizielle Position im Vorstand der Gesellschaft für Psychiatrie und Neurologie vorhanden. Dieser IM besucht häufig Kongresse im nichtsozialistischen und sozialistischen Ausland und kann in entsprechender Abstimmung für gemeinsame Sicherungsmaßnahmen eingesetzt werden.
Als Anlage 1 ist eine Übersicht internationaler psychiatrischer Kongresse mit DDR-Beteiligung beigefügt. Die Zahl der DDR-Teilnehmer beträgt 1–4 Personen. Es besteht die Möglichkeit, über inoffizielle und offizielle Verbindungen auf die Instruierung und Berichterstattung der DDR-Teilnehmer Einfluß zu nehmen."[25]

Die „inoffizielle Position" der Hauptabteilung XX im Vorstand der psychiatrischen Fachgesellschaft der DDR war niemand anders als Professor Karl Seidel. Nur acht Tage nach der Meldung an das KGB traf er sich mit seinem

---

21 Protokoll der HA XX vom 15.4.1975 über die Beratung am 8.4.1975 im Komitee für Staatssicherheit der UdSSR in Moskau, 26 Seiten, hier S. 26; BStU, ZA, HA XX/AKG 778, Bl. 406.
22 Bericht von Generalmajor Kienberg, Leiter der HA XX, „über die Beratungen mit leitenden Genossen der V. Verwaltungen des Komitees für Staatssicherheit der UdSSR am 8. und 9.4.1975 und der Ukrainischen SSR am 10.4.1975", 12 Seiten, hier S. 11; ebenda, Bl. 417.
23 Struktur der 5. Verwaltung des KfS der UdSSR, Anlage 1 zum o. g. Bericht; ebenda, Bl. 419.
24 Vgl. Vorschlag der HA XX/AIG vom 24.5.1976 an Generalmajor Kienberg, Leiter der HA XX; BStU, ZA, HA XX/AKG 779, Bl. 277 f.
25 Schreiben des Leiters der HA XX vom 16.8.1976 an den Leiter der 5. Verwaltung des KGB über „Ergebnisse von Überprüfungen, die auf der Grundlage der im April 1976 durchgeführten gemeinsamen Beratung [...] erfolgte", 3 Seiten und zahlreiche Anlagen; BStU, ZA, HA XX/AKG 780, Bl. 357.

Führungsoffizier im Restaurant des Hotels Berolina. Major Jaekel notierte anschließend über die „Beratung":

„Auf Grund der zunehmenden Angriffe gegen die SU, daß in psychiatrischen Anstalten der UdSSR politische Gegner festgehalten werden, wurden mit dem IM die Möglichkeiten politischer Konterpropaganda unter Ausnutzung internationaler medizinischer Gesellschaften beraten. De[m] IM [sind] diese Probleme durch das Auftreten von Vertretern der Organisation 'Amnesty International' während des Weltkongresses für Psychotherapie 1974 in Oslo bekannt [...]."[26]

An dieser Stelle wird der politische Nutzen der selektiven „Reisekader"-Bestimmungen für die DDR deutlich. Da immer wieder dieselben handverlesenen Wissenschaftler zu internationalen Kongressen fuhren und alle anderen davon ausgeschlossen waren, entwickelten sich die Reisekader zu den fast einzigen im Ausland bekannten Fachvertretern der DDR. Und obwohl ihr Reiseprivileg oft mehr politisch als fachlich begründet war, hatte das zwangsläufig ihre internationale Anerkennung als fachliche Repräsentanten der DDR zur Folge. Die häufigen Auslands- und Kongreßbesuche qualifizierten sie über den Informationsvorsprung durch ihre Zugehörigkeit zur herrschenden Politkaste der DDR hinaus zu weltläufigen Reisenden mit vielfältigen Möglichkeiten der Einflußnahme auf internationaler Ebene, was wiederum ihren Wert für die DDR-Führung erhöhte. Professor Karl Seidel, von dem es in einer MfS-Information heißt, er sei „unbedingt zuverlässig, energisch und geschickt im Auftreten" und es außerdem „gewohnt, sich auf dem Parkett ausländischer Kongresse in kapitalistischen Ländern sicher zu bewegen"[27], war im Zusammenhang mit der Verhinderung von Kritik am sowjetischen Psychiatriemißbrauch geradezu prototypisch für das beschriebene politische Funktionieren von Reisekadern. Über sein Wirken in Oslo hielt das MfS später fest:

„Auf dem Weltkongreß für Psychotherapie 1974 in Oslo wurde vor der Reise Genosse Karl Seidel zum Staatssekretär Genossen Schersig [i. e. Tschersich] vom Ministerium für Gesundheitswesen gebeten. Dort war der zuständige Botschaftssekretär der Sowjetunion anwesend. Genosse Seidel wurde auf die Problematik hingewiesen und der sowjetische Genosse machte [darauf] aufmerksam, daß zu diesem Kongreß keine sowjetische Delegation reisen wird. Karl Seidel erhielt den Auftrag, gegen die Provokation in Oslo aufzutreten. [...] Genosse Seidel stimmte sich mit dem fortschrittlichen parteilosen ČSSR-Delegaten, Prof. Vencowski, ab. Es wurde eine gemeinsame Linie festgelegt

---

26 Bericht vom 2.9.1976 über ein Treffen mit dem IMS „Fritz Steiner" am 24.8.1976, IM-Akte „Fritz Steiner", Teil II, Bd. 2, Bl. 89–93, hier 89.
27 MfS-Information vom 12.1.1977; BStU, ZA, HA XX 498, Bl. 543–547, hier 547.

und gefordert, daß entweder die provokatorischen sowjetfeindlichen Aktivitäten eingestellt werden [...] oder die Delegierten der sozialistischen Länder den Kongreß verlassen werden. Genosse Karl Seidel hatte auf diesem Kongreß das Eröffnungsreferat zu halten. Hierdurch wurde er populär und seine Meinung erhielt unter den Delegierten Gewicht. [...] Als die Stimmung analysiert wurde, kamen die USA- und BRD-Delegierten überein, nichts zu riskieren, damit die Delegierten aus den sozialistischen Ländern den Kongreß nicht verlassen. Danach gab es in der westlichen Presse einige Notizen, daß die ostdeutsche Delegation hinter den Kulissen gewirkt habe."[28]

Mehr Gewicht als solchen Pressemeldungen maßen die MfS-Genossen der Erfüllung des sowjetischen Auftrages bei. Jeder Vorwurf gegen die Sowjetunion wurde ungeprüft als „Verleumdung" und Kritiker wurden als „Provokateure" bezeichnet, deren Aktivitäten es aufmerksam zu beobachten gelte. In diesem Sinne wurde Professor Seidel von Major Jaekel mit verdeckten Ermittlungen über seine Kollegen beauftragt:

„Die auf der Grundlage von Westpressemeldungen bekanntgewordenen Psychiater, die bereits 1975 in Genf ein Komitee gegründet haben, welches 'russischen Bürgerrechtlern helfen soll, die wegen ihrer politischen Anschauungen in psychiatrische Kliniken gebracht wurden', sind dem IM nicht bekannt. Es handelt sich vornehmlich um englische Ärzte. Dem IM wurden die Namen dieser Personen übergeben. Er wird versuchen, nähere Informationen über diese Personen einzuholen. In diesem Zusammenhang wurde der IM beauftragt, sich auf eine Berichterstattung beim nächsten Treff vorzubereiten über die leitenden Personen aus den Weltverbänden."[29]

Beim nächsten Treffen mit seinem Führungsoffizier Ende November 1976 berichtete Seidel in erster Linie über Hinweise auf Aktivitäten der amerikanischen Gesellschaft für Psychiatrie, im Rahmen des psychiatrischen Weltkongresses Ende August 1977 eine internationale Verurteilung des sowjetischen Psychiatriemißbrauchs durchzusetzen.[30] Er schlug von sich aus vor, „eine Abstimmung mit der SU und den sozialistischen Staaten herbeizuführen".

Das deckte sich mit den Bestrebungen des KGB, dessen „Bitten" an das MfS nun schon konkret auf den Weltkongreß 1977 zugeschnitten formuliert wurden:

„So bitten wir Sie, in die Delegation zum VI. Weltkongreß der Psychiater IM und bevollmächtigte Personen aufzunehmen, die bei Notwendigkeit aktiv den

---
28 Ebenda, Bl. 543 f.
29 Treffbericht vom 24.9.1976, IM-Akte „Fritz Steiner", Teil II, Bd. 2, Bl. 91.
30 Vgl. Bericht vom 25.11.1976 zum Treffen mit dem IMS „Fritz Steiner" am 23.11.1976; ebenda, Bl. 94–97, hier 96.

verleumderischen Charakter der im Westen inspirierten Kampagne entlarven können. Unter Nutzung der vorhandenen operativen Möglichkeiten sollte zur Erarbeitung eines einheitlichen Standpunktes aller Kongreßteilnehmer aus den sozialistischen Staaten für den Fall des Aufwerfens politischer Fragen beigetragen werden. Zu diesem Zweck plant das Ministerium für Gesundheitswesen der UdSSR Treffen mit führenden Vertretern des Gesundheitswesens und maßgeblichen Psychiatern der sozialistischen Staaten. [...] Zur Koordinierung der operativen Maßnahmen, die mit der Vorbereitung und Durchführung des Kongresses verbunden sind, halten wir einen regelmäßigen Informationsaustausch zu den erwähnten Fragen mit Ihnen für zweckmäßig."[31]

In diesem Schreiben hatte das KGB nicht nur eine Koordinierung seiner operativen Maßnahmen gegen die internationale Kritik am sowjetischen Psychiatriemißbrauch mit dem MfS festgelegt, sondern auch auf eine Abstimmung zwischen den Regierungen und den führenden Fachvertreter der Ostblockstaaten orientiert. Die Ebenen von Geheimdienst, Partei und Regierung wurden also immer noch formal voneinander getrennt und werden daher nachfolgend auch einzeln betrachtet. Dabei wird andererseits deutlich werden, wie stark die Strukturen der politischen Machtausübung in den kommunistischen Staaten miteinander verwoben waren.

Professor Seidel, in dessen verschiedenen Rollen diese Vernetzung der Machtstrukturen gewissermaßen personifiziert zutage trat, traf sich im Januar 1977 mit seinem politischen Konterpart in Moskau. Über diese Begegnung berichtete Seidel seinem MfS-Führungsoffizier:

„Der IM teilte zunächst mit, daß er am 13.1.1977 in Berlin ein Gespräch mit dem sowjetischen Wissenschaftler Prof. Dr. Morosow – Präsident der Allunionsgesellschaft für Psychiatrie und Neurologie der UdSSR und Direktor des Serbski-Institutes Moskau – zu Problemen der Teilnahme am Weltkongreß in Honolulu hatte. Prof. Morosow vertrat dabei die Auffassung, daß die Teilnahme an diesem Kongreß und die Auswahl der Teilnehmer unter politischen und weniger unter fachlichen Gesichtspunkten erfolgen muß."[32]

Der imperativen Wortwahl bei der Wiedergabe der „Auffassung" Morosows folgten – auch in indirekter Rede – nicht weniger deutliche Formulierungen der Wünsche des Russen:

„Die SU gehe davon aus, daß eine Teilnahme der SU und der sozialistischen Länder an dem Kongreß unbedingt erfolgen muß, weil eine Nichtteilnahme weitere negativ-feindliche Angriffe direkt herausfordert [...].

---

31 KGB-Informationen Nr. 1553/76 und 2330 vom 15.12.1976, 3 Seiten; BStU, ZA, HA XX 1386, Bl. 47.
32 Bericht von Major Jaekel vom 21.1.1977 über ein Treffen mit dem IMS „Fritz Steiner" am 20.1.1977, IM-Akte „Fritz Steiner", Teil II, Bd. 2, Bl. 98–103, hier 98.

Prof. Morosow teilte mit, daß die SU eine starke Delegation von ca. 15–20 Teilnehmern entsenden wird und davon ausgeht, daß auch die anderen sozialistischen Länder [...] Delegationen entsenden und gemeinsame Aktivitäten auf dem Weltkongreß zustande kommen.
Prof. Morosow betonte mehrfach die gründliche Auswahl der Teilnehmer. [...] Prof. Morosow ersuchte den IM in Vorbereitung des Weltkongresses alle weiteren Aktivitäten von prinzipieller Bedeutung mit ihm abzustimmen bzw. ihm mitzuteilen."[33]

Da Morosow eine „gründliche Auswahl" der Delegierten zum nächsten Weltkongreß für Psychiatrie ausdrücklich „unter politischen und weniger unter fachlichen Gesichtspunkten" verlangt hatte, widmeten sich Professor Seidel und Major Jaekel unverzüglich dieser Frage. Seidel teilte mit, daß das Generalsekretariat der medizinisch wissenschaftlichen Gesellschaften ihm selbst „verbindlich die Teilnahme an dem Kongreß zugesichert" habe. Außerdem nannte er sechs Nervenärzte, „die aus seiner Sicht geeignet wären, in die Delegation der DDR zum VI. Weltkongreß aufgenommen zu werden". Bei vier der Genannten werden im IM-Treffbericht nur die Namen und die berufliche Funktion angegeben, während die beiden Erstgenannten durch ausführlichere Erklärungen hervorgehoben sind.
Seidels Favorit war Professor Heinz A. F. Schulze von der Charité-Nervenklinik, mit dem er schon 1971 beim Weltkongreß in Mexico-City gewesen war und dem er an anderer Stelle bescheinigte, er habe bei dieser Gelegenheit „politischen Instinkt" bewiesen und „das mögliche getan, um politisch richtig wirksam zu werden". Seidel schilderte Schulze zu einem späteren Zeitpunkt gegenüber Major Jaekel als einen sowohl fachlich als auch politisch geeigneten DDR-Vertreter:

„Professor Schulze ist als ein wissenschaftlich produktiver und seriöser Mann anzusehen, der als Wissenschaftler national und international bekannt ist. Er wird häufig zu wissenschaftlichen Veranstaltungen, national und international, eingeladen. Er ist eine Art Repräsentant der DDR-Neurologie und Psychiatrie im internationalen Maßstab im Zusammenhang mit seiner Funktion als Vorsitzender der Gesellschaft für Neurologie der DDR. [...]
Professor Schulze gehört seit ungefähr 10 Jahren der Partei an. [...] Er spielt in der Parteiorganisation der Nervenklinik eine ausgesprochen gute Rolle, wirkt als sachkundiger Berater ausgleichend. Er orientiert sich in wichtigen Fragen ständig auf die Partei und holt sich Rat, spricht sich aus, wenn er Probleme hat im Zusammenhang mit der Ausübung seiner Funktionen."[34]

---

33 Ebenda, Bl. 98 f.
34 Einschätzung von Professor Schulze durch IMS „Fritz Steiner", Tonbandabschrift, HA XX/1 vom 12.9.1978; ebenda, Bl. 185–188, hier 186.

Die weitere Charakterisierung Schulzes als eines fleißigen, ehrlichen, bei zwischenmenschlichen Spannungen ausgleichend wirkenden Mannes, der zu keiner Intrige, aber auch zu keinen weitgreifenden neuen Ideen fähig sei, ist zu entnehmen, daß Seidel in Schulze nicht nur den qualifizierten Wissenschaftler und guten Parteigenossen schätzte, sondern auch den ihm treu ergebenen zweiten Mann. Bei den meisten Lehrstuhlinhabern des Fachgebietes in der DDR war das anders. Wenn Karl Seidel namentlich feststellte, daß man Professor Lange aus Dresden, Professor Kühne aus Magdeburg, Professor Rennert aus Halle und Professor Heidrich aus Erfurt „auf keinen Fall" zum psychiatrischen Weltkongreß reisen lassen dürfte[35], hinderte er damit nicht nur politisch „indifferente Menschen", wie er es ausdrückte, sondern eben jene Vertreter der DDR-Psychiatrie an der Kongreßteilnahme, die ein stärkeres eigenes fachliches Profil aufzuweisen hatten und sich im Zweifelsfall unabhängig von einer ihnen vorgegebenen Linie hätten verhalten können.

Seidels zweiter Kandidat für die DDR-Delegation zum Weltkongreß für Psychiatrie 1977 war der „Genosse Dr. Müller, Rudolf,[36] Oberarzt der poliklinischen Sonderabteilung des Ministerrates":

„Überraschend nannte der IM den Dr. Müller. Er erklärte dazu, daß er zu Dr. Müller absolutes politisches Vertrauen habe, ihn für einen fachlich hervorragenden Kollegen hält und seine internationalen Erfahrungen besonders schätzt. Dr. Müller habe auch verschiedene komplizierte Aufträge bereits durchgeführt, wie Verwundetentransporte aus Angola und Libanon. Dr. Müller ist 2. Vorsitzender der Berliner Gesellschaft für Psychiatrie und Neurologie. Er hat in der SU studiert und spricht perfekt die russische Sprache. (Bei Dr. Müller handelt es sich um den IM 'Ernst Lache'.)"[37]

Die letzte, in Klammern gesetzte Bemerkung stammte sicher nicht von Professor Seidel, der die Tatsache der IM-Tätigkeit seines Kollegen nicht wissen durfte, sondern ist offenkundig von Major Jaekel unter Verletzung der konspirativen Regel, niemals einen IM durch gleichzeitige Nennung von Klar- und Decknamen zu enttarnen, dazugeschrieben worden.

Die Aktenlage zum IMS „Ernst Lache" ist lückenhaft und endet mit Jaekels Treffbericht vom 4. September 1974 im Band 4 der Berichtsakte. Da die folgenden Bände bisher nicht aufgefunden wurden, steht diese für die internationalen Beziehungen der DDR-Psychiatrie vermutlich wichtige Quelle ab Mitte der siebziger Jahre nicht zur Verfügung.

In der Vorbereitungsphase des psychiatrischen Weltkongresses 1977 war

---

35 MfS-Information vom 12.1.1977; BStU, ZA, HA XX 498, Bl. 545 f.
36 Vgl. Kapitel 4.3.1.
37 Bericht zum IM-Treff am 20.1.1977, IM-Akte „Fritz Steiner", Teil II, Bd. 2, Bl. 101 f.

Dr. Rudolf Müller zunächst für die DDR-Delegation nicht vorgesehen gewesen, wie eine Meldung des MfS an das KGB vom 19. Januar zeigt:

„Obwohl ursprünglich nicht vorgesehen war, Wissenschaftler der DDR zum VI. Weltkongreß für Psychiatrie zu delegieren, ist festgelegt, zur konsequenten Zurückweisung aller verleumderischen feindlichen Angriffe gegen die UdSSR unter Nutzung des Weltkongresses die folgenden Wissenschaftler zu delegieren: Genossen Prof. Schulze, Heinz, Präsident der Gesellschaft für Psychiatrie der DDR [und] Genossen Prof. Seidel, Karl, Direktor der Klinik für Neurologie und Psychiatrie der Charité. Diese Personen sind geeignet zur Realisierung politischer und operativer Maßnahmen."[38]

Es war Karl Seidel, der mit Hilfe von Jaekel den Gesundheitsminister davon überzeugte, daß Rudolf Müller nach Honolulu mitfahren müßte. Jaekel notierte über ein Gespräch am 20. Januar 1977:

„Genosse Seidel wies darauf hin, daß man immer wieder mit einem unpolitischen Herangehen an die Beschickung solcher Kongresse im Ministerium für Gesundheitswesen rechnen muß. Der Stellvertreter des Ministers, Genosse Dr. Spies,[39] und sein Vertreter [...] zeigen nicht immer [die] größte politische Weitsicht. Sie entschieden, daß der Kongreß aus der Planung gestrichen wird und dafür 1977 der Weltkongreß für Akupunktur in Japan besucht werden soll. Inzwischen wurde das revidiert; es wurde aber festgelegt, daß aus Devisenersparnisgründen nur ein Mann nach Hawaii reisen soll."[40]

Das widersprach nun eindeutig dem durch Professor Morosow übermittelten sowjetischen Wunsch, daß aus allen Ländern des Ostblocks möglichst zahlreiche Delegationen zum Weltkongreß für Psychiatrie nach Hawaii geschickt werden sollten, um eine internationale Verurteilung des sowjetischen Psychiatriemißbrauchs verhindern zu können. Offenkundig waren im DDR-Gesundheitsministerium nicht alle Entscheidungsträger über den sowjetischen Wunsch informiert worden, oder sie setzten sich darüber hinweg. Der als Stellvertreter des Gesundheitsministers erwähnte Professor Spies war schon früher mißliebig aufgefallen, weil er 1968, obwohl langjähriger SED-Genosse, als damaliger Institutsdirektor an der Charité „keinerlei Gegen-

---

38 Schreiben der HA XX/1 für das KGB vom 19.1.1977, 2 Seiten; BStU, ZA, HA XX 1386, Bl. 67.
39 Konstantin Spies (Jg. 1922), Prof. Dr. sc. med., Sohn des Komponisten Leo Spies aus Dresden, 1941 Abitur, 1941–45 Wehrmacht, 1945 erst amerikanische, dann sowjetische Kriegsgefangenschaft, 1943–50 Medizinstudium überwiegend in Berlin, 1952–68 erst Oberarzt, dann Direktor des Institutes für Virologie der Berliner Charité, 1968–82 Stellvertretender Gesundheitsminister, 1982–89 Rektor der Akademie für Ärztliche Fortbildung der DDR, SED-Mitglied seit 1946.
40 MfS-Information vom 12.1.1977; BStU, ZA, HA XX 498, Bl. 543–547, hier 545.

maßnahmen" gegen die erregten Diskussionen der Wissenschaftler über die blutige Niederschlagung des Prager Frühlings für nötig gehalten hatte.[41]

Major Jaekel nahm sich deshalb vor, mit dem DDR-Gesundheitsminister persönlich zu sprechen,[42] mit dem er seit Mitte der sechziger Jahre, als er selbst noch Oberleutnant und Mecklinger stellvertretender Gesundheitsminister war, eine gute „offizielle" Beziehung pflegte.[43] Das nächste Gespräch der beiden alten Bekannten fand am 28. Januar 1977 statt. Dabei stellte sich heraus, daß Mecklinger bereits im Dezember 1976 vom stellvertretenden Gesundheitsminister der UdSSR auf die sowjetische Linie eingestimmt worden war und in Vorbereitung des Kongresses in Honolulu „eine enge Zusammenarbeit und Koordinierung mit dem sowjetischen Gesundheitsministerium erfolgen" sollte, jedoch bis dahin nicht erfolgt war. Jaekel notierte Mecklingers Begründung:

„Seitens des MfGe der DDR wurde von ihm sein Stellvertreter, Genosse Prof. Spies, mit der ständigen Abstimmung dieser Frage mit der Sowjetunion beauftragt. Genosse Mecklinger erklärte, daß er den Prof. Spies wegen dessen Inaktivität [...] in dieser Frage vor einigen Tagen hart kritisiert habe.
Genosse Minister Mecklinger hatte die Vorstellung, zwei Wissenschaftler zu diesem Kongreß zu delegieren (Prof. Seidel und Prof. Schulze von der Charité). Mit ihm wurde Übereinstimmung erzielt, auf der Grundlage eines Vorschlages von Prof. Seidel zusätzlich den Genossen Müller von der poliklinischen Abteilung des Ministerrates in die Delegation aufzunehmen."[44]

So hatte Karl Seidel seinen Wunschkandidaten Müller durch eine geschickt eingefädelte Vermittlung seines Führungsoffiziers beim Gesundheitsminister durchgesetzt.

Auch auf geheimdienstlicher Ebene begann man sich auf die Veranstaltung in Honolulu intensiv vorzubereiten. Vom 7. bis 10. Februar 1977 fand in Moskau eine Beratung von führenden Offizieren der Staatssicherheitsdienste der Sowjetunion, Bulgariens, der ČSSR, der DDR, Kubas, Polens und Ungarns statt. Die Zusammenkunft diente ausschließlich der Beratung einer koordinierten Abwehr von „geplanten feindlichen Aktionen" gegen die Sowjetunion im Vorfeld des VI. Weltkongresses für Psychiatrie. Das MfS wurde durch Major Jaekel als damals noch stellvertretenden Leiter der Hauptabteilung XX/1 vertreten, die „Bruderorgane" jeweils durch die Leiter der analogen, für die „politisch-operative Sicherung des medizinischen Bereiches"

---

41 Vgl. Information 602/68 der HA II „über den ideologischen Zustand der medizinischen Fakultät der Humboldt-Universität" vom 12.12.1968, 2 Seiten, MfS-Personenakte Professor Spies; BStU, ZA, HA XX, AP 31167/92, Bl. 18 f.
42 Treffbericht vom 20.1.1977, IM-Akte „Fritz Steiner", Teil II, Bd. 2, Bl. 103.
43 Vgl. BStU, ZA, HA XX 527, Bl. 1–774.
44 Information von Major Jaekel vom 1.2.1977 über ein Gespräch mit dem Minister für Gesundheitswesen am 28.1.1977; BStU, ZA, HA XX 527, Bl. 210–214, hier 211f.

zuständigen Abteilungen. Der stellvertretende Leiter der 1. Abteilung der V. Verwaltung des KGB, Oberst Romanow, führte das Wort und offenbarte dabei Vorstellungen, in denen antisemitische Verschwörungstheorien anklangen:

„Nach Auffassung des KGB stehen hinter den führenden Psychiatern, die die antisowjetische Kampagne betreiben, Geheimdienste. Durch sie werden auch die Medien zur Führung der feindlichen Propaganda beeinflußt und gesteuert. [...] Der 'Weltverband für geistige Gesundheit' mit Sitz in Canada wird durch zionistische Kräfte geführt. Von diesem Weltverband wird geplant, den Weltverband für Psychiatrie zu spalten und dazu die geplante Provokation während des VI. Weltkongresses zu nutzen."[45]

Ähnlich befremdlich wirken die Erläuterungen von Generalleutnant Abramow, des stellvertretenden Leiters der gesamten V. Verwaltung des KGB zu der Frage, warum eigentlich alle anderen Länder des Ostblocks für die kritisierte forensisch-psychiatrische Praxis der Sowjetunion mit geradestehen sollten:

„Das Problem des angeblichen Mißbrauchs der Psychiatrie in der SU ist von der Zielsetzung der feindlichen Propaganda gegen das ganze sozialistische Lager gerichtet, weil die Frage der Gesundheit jeden Menschen anspricht. Man muß jedoch sehen, daß die Diagnose und Therapie bei psychiatrischen Krankheiten in den Ländern verschieden ist. Es ist besser und entspricht dem humanistischen Wesen unseres Gesundheitswesens, geistig kranke Menschen in entsprechenden Krankenhäusern zu behandeln."[46]

Das ging an dem Vorwurf, daß in der Sowjetunion geistig gesunde Menschen, die sich politisch unbequem verhielten, als angeblich geistig krank „in entsprechenden Krankenhäusern" behandelt würden, genauso vorbei wie Abramows folgender Hinweis auf die vorbildhafte medizinische Ethik in der Sowjetunion: „In der UdSSR wird die Schweigepflicht des Arztes streng beachtet. Die sowjetischen Ärzte sagen auch krebskranken Menschen nicht die Wahrheit über ihren Zustand."[47]

Bezeichnenderweise brachte der KGB-Generalleutnant das Gebot der ärztlichen Schweigepflicht nicht mit dem für ihn bei IM-Werbungen im medizinischen Bereich naheliegenden Problem des Ärzten verbotenen Verrats von Patientengeheimnissen in Verbindung.

Gegenüber der zitierten antisemitischen Verschwörungstheorie des KGB wirken die ideologischen Konstrukte des MfS, wie etwa die merkwürdige

---

45 Bericht von Major Jaekel vom 11.2.1977 über seine „Dienstreise vom 7. bis 10.2.1977 nach Moskau zur Teilnahme an einer Beratung von Vertretern der Sicherheitsorgane der sozialistischen Länder im Komitee für Staatssicherheit der UdSSR", 16 Seiten, hier 7 f.; BStU, ZA, HA XX 1386, Bl. 78–93.
46 Ebenda, Bl. 91.
47 Ebenda, Bl. 92.

Erfindung einer „politisch-ideologischen Diversion", nachgerade harmlos. Zweifel von MfS-Vertretern an den zitierten Darlegungen der KGB-Offiziere, wenn es solche gegeben haben sollte, wären sicher niemals schriftlich fixiert worden, da dies einem Angriff auf die Autorität der sowjetischen Genossen, also auf ungeschriebenes Gesetz des Systems, gleichgekommen wäre. Major Jaekel gab die Ausführungen der Russen in seinem Bericht über die Moskaureise unkommentiert wieder. Abgesetzt notierte er zehn „Maßnahmenkomplexe, die durch das KGB organisiert und durchgeführt werden" und als Orientierung für „die operative Arbeit der Sicherheitsorgane der sozialistischen Länder" dienen sollten. Neben „Beratungen mit den zuständigen Organen über die Stärke und Zusammensetzung der Delegation der UdSSR" und der „Organisierung einer offensiven Propagierung der Vorzüge und Überlegenheit des sozialistischen Gesundheitswesens" waren dies unter anderen folgende geheimdienstliche Manipulationsvorhaben:

„5. Politisch-operative Bearbeitung führender Psychiater zur Neutralisierung ihrer politischen Wirksamkeit. [...]
6. Festigung der bestehenden Kontakte zum Weltverband für Psychiatrie als Grundlage für die Durchführung unserer politischen und operativen Maßnahmen.
7. Gewährleistung, daß progressive Vertreter aus verschiedenen Ländern in das Exekutivkomitee des Weltverbandes gewählt werden (z. B. Prof. Bustamente – Kuba). [...]
8. Herbeiführung übereinstimmender Auffassungen der sozialistischen Länder über den Vertreter im Exekutivkomitee.
9. Beeinflussung westlicher Psychiater durch Einladungen zum Besuch sozialistischer Länder."[48]

Dem folgten im Laufe der Beratungen nähere Anleitungen. Beispielsweise sollten die Kandidaten für das Exekutivkomitee des Weltverbandes von den Ministerien für Gesundheitswesen benannt werden, während die Geheimdienste „operativ sichern" sollten, „daß geeignete Vorschläge gemacht werden". Die konkrete Umsetzung anderer Aufträge wurde freigestellt, so sollte beispielsweise „das Problem der Einladung und Beeinflussung von Psychiatern [...] in den einzelnen Ländern entsprechend den vorhandenen Bedingungen und Möglichkeiten"[49] gelöst werden. Am Ende der Beratung erklärte KGB-Generalleutnant Abramow kategorisch:

„Alle mit dem Kongreß in Honolulu notwendigen Maßnahmen werden der Parteiführung vorgeschlagen. Ihre Durchführung erfolgt offiziell durch das Ministerium für Gesundheitswesen sowie operativ über inoffizielle Mitarbei-

---
48 Ebenda, Bl. 85.
49 Ebenda, Bl. 92.

ter der Abwehr und durch den Aufklärungsdienst. Die SU wird auf dem Weltkongreß durch eine offizielle Delegation sowie eine touristische Gruppe und zwei Korrespondenten vertreten sein. Sollte es auf dem Weltkongreß zu Provokationen gegen die UdSSR kommen, wird die Delegation den Kongreß verlassen."[50]

Zuvor hatte Generalleutnant Abramow darüber informiert, „daß Genosse Oberst Romanow als politischer Berater der Delegation nach Honolulu mitreist".[51] Mit dem Job als politischer Aufpasser bei psychiatrischen Kongressen scheint der Oberst in dieser Zeit öfter beauftragt worden zu sein, denn es wurde bei der Beratung Anfang Februar 1977 auch erwähnt, daß er „in den nächsten Tagen nach Kuba fliegen und operative Aufgaben durchführen"[52] würde. Diese Mitteilung bezog sich auf den lateinamerikanischen Psychiaterkongreß, der vom 14. bis 21. Februar 1977 in Havanna stattfinden sollte und auf dessen Bedeutung für die „Entscheidung der Frage, was auf dem VI. Weltkongreß geschieht",[53] Oberst Romanow zuvor hingewiesen hatte.

Professor Karl Seidel war zur Zeit der Moskauer Geheimdienstberatung bereits unterwegs nach Kuba zu dem erwähnten Kongreß, wobei seine Dienstreise zunächst, vom 31. Januar bis 6. Februar 1977, in die USA führte. Major Jaekel hatte ihn beauftragt, sich möglichst umfassend über die amerikanischen Pläne hinsichtlich des psychiatrischen Weltkongresses zu informieren. Zu diesem Zweck hatte Jaekel sogar „100 Dollar Bewegungsgeld" vom MfS für ihn beantragt, weil die Reise von der Herstellerfirma eines in Washington in Augenschein zu nehmenden Importgerätes für die Charité-Nervenklinik finanziert wurde und Seidel ohne Devisen keine eigenen Schritte hätte unternehmen können.

Aus Major Jaekels siebenseitigem Protokoll über das nächste inoffizielle Treffen mit Professor Seidel am 3. März 1977 geht hervor, daß dieser in erster Linie ausführlich über seinen Kubaaufenthalt berichtete:

„Aus der Berichterstattung des IM konnte entnommen werden, daß die politischen Zielsetzungen auf dem lateinamerikanischen Psychiatriekongreß – wie sie auf der Beratung beim KGB in Moskau vom 7. bis 10.2.1977 vom Teilnehmer der kubanischen Sicherheitsorgane formuliert wurden – erreicht worden sind:
Einen Antrag oder eine Diskussion zur Verurteilung des Mißbrauchs der Psychiatrie in der SU gab es nicht. [...]
In Vorbereitung des VI. Weltkongresses für Psychiatrie in Honolulu wird [...] Material aufbereitet zur Dokumentation des Mißbrauchs der Psychiatrie in

---

50 Ebenda, Bl. 91.
51 Ebenda, Bl. 84.
52 Ebenda, Bl. 92.
53 Ebenda, Bl. 84.

Chile und anderen Ländern Südamerikas. Dieses Material wird vorgetragen, falls die SU auf dem Kongreß angegriffen werden sollte."⁵⁴

Karl Seidels Bericht verweist auf das typische Verhalten kommunistischer Funktionäre, deren Verhältnis zu Menschenrechtsverletzungen rein instrumenteller Natur war. In Ländern des gegnerischen Systems wurden sie bei Bedarf angeprangert, während sie im eigenen System nicht nur schweigend übergangen, sondern alle Anstrengungen unternommen wurden, möglichst jede Diskussion darüber zu unterbinden.

Daß Karl Seidel in diesem Sinne funktionierte, beweisen auch seine Urteile über Fachkollegen auf dem lateinamerikanischen Psychiatriekongreß, die hauptsächlich politischen Nützlichkeitserwägungen folgten. Seidel berichtete, er habe enge Kontakte mit den Kubanern, den Vertretern der ČSSR und der UdSSR, unter ihnen Professor Wartanjan, gehabt. Die anwesenden US-Amerikaner wurden ausschließlich unter dem Gesichtspunkt abgehandelt, wieweit es ihm gelungen war, sie über die Pläne der amerikanischen Psychiatriegesellschaft für den Weltkongreß auszuhorchen. An allen vier DDR-Delegierten, die außer ihm selbst in Havanna waren, hatte Karl Seidel etwas auszusetzen: Professor Kühne aus Magdeburg sei zwar sehr interessiert an den Veranstaltungen gewesen und habe selbst einen Vortrag in spanischer Sprache gehalten, habe aber dem kubanischen Gesundheitsminister eine Einladung des DRK-Präsidenten der DDR überbracht, die „mit Minister Mecklinger nicht abgestimmt" gewesen sei. Professor Lange aus Dresden habe sich wieder einmal „politisch instinktlos" verhalten und Dr. Müller aus der Nervenklinik Brandenburg habe sich „politisch überfordert, die Verhältnisse in Kuba richtig zu bewerten", gezeigt. Nur Dr. Barleben⁵⁵ vom Ministerium für Gesundheitswesen sei „politisch richtig und gefestigt" aufgetreten, allerdings käme seine „kumpelhafte Art" bei „Wissenschaftlern und Ausländern oft nicht an".⁵⁶

Am 20. Mai 1977 geschah etwas, das die Bedeutung der DDR-Psychiatrievertreter in den internationalen Auseinandersetzungen im Vorfeld des VI. Weltkongresses aufwertete. Der Generalsekretär des Weltverbandes für Psychiatrie, Dr. Denis Leigh aus London, der sich anläßlich einer Fachtagung in Westberlin aufhielt, besuchte nach telefonischer Anmeldung den Vorsitzenden der DDR-Fachgesellschaft, Professor Heinz A. F. Schulze. Selbstverständlich war Karl Seidel an dem Gespräch mit diesem wichtigen Gast aktiv beteiligt. Es gibt drei schriftliche Berichte über diese Zusammenkunft: ein zweiseitiges Schreiben von Professor Schulze an Dr. Rohland, den „Direktor des Generalsekretariates der medizinisch-wissenschaftlichen Gesellschaf-

---

54 Bericht von Major Jaekel vom 22.3.1977 über ein Treffen mit dem IMS „Fritz Steiner" am 3.3.1977, IM-Akte „Fritz Steiner", Teil II, Bd. 2, Bl. 111–118, hier 111f.
55 Vgl. Kapitel 4.3.1.
56 IM-Akte „Fritz Steiner", Teil II, Bd. 2, Bl. 115f.

ten beim Ministerium für Gesundheitswesen der DDR" vom 23. Mai,[57] einen siebenseitigen Bericht Major Jaekels über einen Treff mit dem IM „Fritz Steiner" alias Karl Seidel vom 28. Mai[58] sowie eine vierseitige „Information" Jaekels an das KGB vom 7. Juni 1977.[59] In allen drei Dokumenten sind die Inhalte des Gespräches mit Dr. Leigh, der damit offenbar eine diplomatische Meisterleistung vollbrachte, übereinstimmend wiedergegeben. Der Generalsekretär sei bestrebt, den Weltverband für Psychiatrie „in seiner gegenwärtigen Zusammensetzung zu erhalten", das heißt ein Auseinanderbrechen dieses einmaligen internationalen Diskussionsforums durch Austritt oder Ausschluß der östlichen Fachvertreter zu verhindern. Er befürchte, daß dieses integrative Anliegen im Rahmen des 6. Weltkongresses für Psychiatrie durch organisierte politische Angriffe gegen die Sowjetunion vor allem von seiten der US-amerikanischen Psychiatervereinigung, die eine „open discussion" über den politischen Mißbrauch der Psychiatrie anstrebe, gestört werden könnte. Die Art und Weise der Vorbereitung entsprechender Aktionen auf dem Weltkongreß spreche dafür, daß der CIA daran beteiligt sei. Allerdings biete die Sowjetunion auch breite Angriffsflächen. Dr. Leigh sei der Meinung, „daß einige Dissidenten, die aus der UdSSR ausgereist sind oder ausgewiesen wurden, nicht psychisch krank waren, obwohl sie in der SU in psychiatrischen Anstalten untergebracht waren und die sowjetische Propaganda sie auch als geisteskrank bezeichnete".[60] Die Erklärungen des Briten dazu sollen hier im Wortlaut der „Information" wiedergegeben werden, die Major Jaekel am 7. Juni 1977 an das KGB schickte:

„D. Leigh vertritt die Auffassung, daß zum Beispiel der ehemalige General Grigorenko nur ein Querulant sei und geistig ebenso wenig krank sei wie zum Beispiel Bukowski, den er während seines Aufenthaltes in England kennenlernte.
D. Leigh ist ferner der Auffassung, daß er die sowjetische Schizophrenie-Definition nicht teilen könne, die besonders vom Moskauer Institut für Psychiatrie vertreten wird. Diese Definition sei viel zu weitgehend, so daß nicht eindeutig krankhafte Personen als geistig krank betrachtet und behandelt werden können, obwohl es sich bei ihnen eventuell nur um charakterliche Auffälligkeiten handelt.
D. Leigh argumentiert mit einem Zwischenfall während eines Psychiatrie-Symposiums in Tbilissi. Damals war ein scheinbar geisteskranker Mann in den Tagungssaal eingedrungen und hatte über das Tagungsmikrophon seine geistigen Wahnvorstellungen (religiöse und antisozialistische) dargelegt. Dieser Zwischenfall sei vom sowjetischen Veranstalter als Beweis für die Tatsa-

---

57 BStU, ZA, HA XX 498, Bl. 480 f.
58 IM-Akte „Fritz Steiner", Teil II, Bd. 2, Bl. 119–126.
59 BStU, ZA, HA XX 1386, Bl. 103–106.
60 Ebenda, Bl. 105.

che bewertet worden, daß zahlreiche geisteskranke Personen sich frei bewegen können, selbst, wenn sie antisowjetische und religiöse Auffassungen verbreiten. D. Leigh glaubt, daß dieser Zwischenfall vom sowjetischen 'GP' (KGB) organisiert worden ist."[61]

Dr. Denis Leigh hatte demnach, bei aller Diplomatie, gegenüber den Ostberliner Spitzenvertretern der Psychiatrie Klartext geredet. Karl Seidel gab seinem Führungsoffizier dafür eine interessante Erklärung:

„Der IM schätzte diese relativ offene Darlegung von D. Leigh so ein, daß er als Generalsekretär des Weltverbandes über die Vertreter der DDR und unter Nutzung ihres Einflusses seine Haltung den anderen sozialistischen Ländern kundtun möchte, um sie auf Hawaii vorzubereiten.
Was das Problem der Dissidenten in der SU betrifft, schließt der IM nicht aus, daß sich D. Leigh von der Psychiatrie der DDR einen Einfluß auf die sowjetische Psychiatrie verspricht (die DDR besitzt zum Beispiel vorbildliche gesetzliche Grundlagen für die Einweisung psychisch Kranker)."[62]

Diese Interpretation erscheint plausibel. Interessant ist Seidels Einschätzung auch insofern, als er an dieser Stelle erstmals die Wahrnehmung eines wesentlichen Unterschiedes zwischen der Psychiatrie der DDR und der der Sowjetunion erkennen ließ und diese Unterscheidung implizit zugunsten der DDR ausfiel. In den MfS-Unterlagen fand sich sonst kein Hinweis auf etwaige Bedenken Seidels, sein Fach könnte in der Sowjetunion durch zu weitgefaßte Diagnosestellung vielleicht wirklich gegen politische Opponenten instrumentalisiert werden. Das Problem wurde bisher – der Darstellung des MfS zufolge – immer nur darin gesehen, diese Anschuldigung in der internationalen Öffentlichkeit zu widerlegen, ohne einen möglichen Wahrheitsgehalt der Kritik jemals in Betracht zu ziehen. Die Erwähnung der vorbildlichen Gesetzeslage für psychisch Kranke in der DDR erweckt in diesem Zusammenhang den Eindruck, als hätte Seidel unausgesprochen mit der Auffassung Leighs übereingestimmt, daß es mit der Psychiatrie in der DDR besser bestellt sei als in der Sowjetunion.

Allerdings scheint Dr. Leigh, wenn er von der Möglichkeit einer positiven Einflußnahme der DDR-Psychiatrie auf die sowjetische ausging, die Machtverhältnisse innerhalb des Ostblocks falsch eingeschätzt zu haben. Wenn auch die DDR nicht gezwungen wurde, neben dem politischen System alle repressiven Praktiken einschließlich des Psychiatriemißbrauchs von der Sowjetunion zu übernehmen, so schloß doch die sowjetische Vormachtstellung eine von der DDR ausgehende Beeinflussung wichtiger Vorgänge in der UdSSR aus.

---

61 Ebenda, Bl. 106.
62 IM-Akte „Fritz Steiner", Teil II, Bd. 2, Bl. 125.

## 6.3. Nach dem VI. Weltkongreß für Psychiatrie 1977

Die DDR-Vertreter stießen bei ihren Bemühungen, sich im Abwehrkampf gegen die feindlichen Angriffe auf die sowjetischen Genossen als treue Vasallen zu erweisen, auf unerwartete Schwierigkeiten. Zwar waren die politischen Vorbereitungen im sowjetischen Auftrag durch MfS-Major Jaekel und Dr. Rohland vom „Generalsekretariat" in den Wochen bis zum Weltkongreß weiter gelaufen, war dem sowjetischen Wunsch nach möglichst vielen „politisch zuverlässigen" Delegierten durch die zusätzliche (zu den angekündigten Professoren Seidel und Schulze) Entsendung von Dr. Rudolf Müller entsprochen und waren diese drei DDR-Delegierten unmittelbar vor ihrem Abflug nach Hawaii noch einmal direkt von sowjetischer Seite instruiert worden. Beim Weltkongreß jedoch verhielten sich die sowjetischen Delegierten plötzlich so, als hätte es nie irgendwelche Absprachen gegeben. Professor Seidel berichtete im Rückblick auf die in Honolulu verabschiedete Resolution, mit der jeglicher Mißbrauch der Psychiatrie zu politischen Zwecken auf der Welt, insbesondere aber der in der UdSSR verurteilt worden war, seinem Führungsoffizier von dem irritierenden Verhalten der „Freunde", das alle Verbündeten zu einem absprachewidrigen Sitzenbleiben in der Runde der Kritiker verführt hatte:

„Obwohl durch den Beauftragten der sowjetischen Gesellschaft für Psychiatrie, Prof. Scharikow, vor dem Kongreß in Berlin abgesprochen war, bei Annahme der Resolution die Generalversammlung zu verlassen, blieb der sowjetische Delegierte – Babajan – weiter in der Generalversammlung sitzen und die Vertreter der sozialistischen Länder folgten seinem Beispiel. [...]
Der IM berichtete in diesem Zusammenhang, daß es während der ganzen Zeit des Kongresses keinen organisierten Kontakt zwischen den Delegierten bzw. Delegationen der sozialistischen Länder gab, in dessen Ergebnis eventuelle Abstimmungen und Festlegungen erfolgten. Von der sowjetischen Delegation wurde diese Führungsverantwortung nicht wahrgenommen und auch zu unserer Delegation der Kontakt nicht gesucht. [...] Es bestand der Eindruck, daß unsere Vertreter teilweise gar nicht beachtet wurden. Der IM sagte, daß teilweise ein überhebliches Verhalten sowjetischer Delegationsmitglieder [...] feststellbar war."[63]

Anscheinend waren die Russen infolge ihrer Gewöhnung an die unumschränkte Macht im eigenen Imperium unfähig geworden, sich wenigstens aus taktischen Gründen einmal auf demokratischere Kommunikationsformen einzustellen:

---

63 Bericht von Major Jaekel vom 14.9.1977 über ein Treffen mit dem IMS „Fritz Steiner" am 8.9.1977; ebenda, Bl. 129–134, hier 130.

"Der IM hatte auch den Eindruck, daß die inhaltliche Vorbereitung der sowjetischen Delegation nicht optimal war. Babajan hat sich zum Beispiel nach Auffassung von Prof. Schulze in der Generalversammlung provozieren lassen, versuchte, provokatorische Angriffe zu widerlegen, sprach die meiste Zeit, aber ging nicht prinzipiell an die Abwehr der eindeutigen Provokation heran. Babajan wußte auch nicht, was in Berlin vor dem Kongreß mit Prof. Scharikow abgesprochen worden war. Er war auch über Statutenfragen des Weltverbandes nicht im Bilde."[64]

Da hatte Professor Seidel immerhin eine kritische Sicht auf den „großen Bruder" formuliert. Seine frustrierenden Erfahrungen mit sowjetischen Kollegen setzten sich auch nach dem Weltkongreß fort. Ende Oktober berichtete er Major Jaekel über einen Kongreß der Gesellschaft für Psychiatrie und Neurologie der DDR, der vom 20. bis 22. Oktober 1977 in Karl-Marx-Stadt stattgefunden hatte und in dessen Rahmen er sich besonders um die Moskauer Professoren Morosow und Scharikow bemüht habe:

„Der IM sagte, daß es ihm nicht gelang, mit beiden Wissenschaftlern in eine Diskussion über eine abgestimmte Politik gegenüber dem Weltverband zu kommen, da sie zu konkreten Festlegungen nicht zu bewegen waren. Sie stimmten global einer solchen Notwendigkeit zu. Prof. Morosow regte dagegen an, gemeinsam ein Buch zu schreiben zu psychiatrischen Problemen, was der IM für möglich, aber nicht vordergründig für notwendig hält."[65]

Vielleicht kann man Seidel aufgrund seiner vorsichtigen Ablehnung eines gemeinsamen Psychiatrie-Buchprojektes zugute halten, daß er zu den verschrobenen diagnostischen Auffassungen der sowjetischen Psychiater doch eine kritische Distanz hatte. Allerdings änderte das nichts an seiner politisch begründeten Loyalität gegenüber der Sowjetunion. Seidel enthielt sich nicht nur selbst jeder nennenswerten Kritik an den Russen, sondern schwärzte die kritischen Äußerungen seines bulgarischen Kollegen bei Major Jaekel an, der die Information prompt an die bulgarischen „Sicherheitsorgane" weiterleitete:

„Der IM äußerte sich enttäuscht über das Gespräch mit Dr. Temkow (Bulgarien). Temkow äußerte sich ablehnend zu den sowjetischen Professoren Morosow und Scharikow. Er bezeichnete sie als Funktionäre der Psychiatrie, die von der Psychiatrie selbst wenig Ahnung haben. Der Vortrag, den Prof. Morosow in Karl-Marx-Stadt gehalten habe, sei sehr schlecht gewesen und würde seine Auffassung unterstreichen. [...] Zu der Frage der sog. Dissidenten in der

---

64 Ebenda, Bl. 131.
65 Bericht von Major Jaekel vom 7.11.1977 über ein Treffen mit dem IMS „Fritz Steiner" am 27.10.1977; ebenda, Bl. 136–141, hier 138.

SU vertrat Temkow folgende Auffassung: In der UdSSR gäbe es offensichtlich verschiedene Auffassungen in der Psychiatrie. Die 'Schule' von Prof. Sneschnewskij, Moskau, faßt den Schizophreniebegriff so weit, daß auch verhaltensgestörte Menschen mit der Diagnose – schizophren – in psychiatrische Anstalten eingewiesen werden können. Diese Auffassungen werden von der Leningrader Schule der Psychiatrie nicht geteilt. Temkow sagte, daß diese unterschiedlichen Auffassungen einer an sich zu klärenden wissenschaftlichen Frage an dem 'miserablen wissenschaftlichen Niveau' in 'Rußland' liegen. Außerdem seien die Russen starr und wollen sich nicht helfen lassen."[66]

Diese treffende Beschreibung hatte eine besondere Brisanz, weil Temkow nicht nur Inhaber des Lehrstuhles für Psychiatrie der Universität Sofia war, sondern bis dahin als der Vertreter der Ostblockinteressen im Exekutivkomitee des Weltverbandes für Psychiatrie gegolten hatte:

„Innerhalb des Exekutivkomitees des Weltverbandes ist Prof. Temkow jetzt der Vertreter der sozialistischen Länder. [...] Vertreter der sowjetischen Delegation erklärten in Hawaii, daß sie diese Entscheidung überrasche, weil diese Funktion Prof. Scharikow einnehmen sollte. Die SU hat damit keinen Vertreter im [...] Komitee des Weltverbandes."[67]

Das Unverständnis der Russen für das demokratische Wahlverfahren im Weltverband, aufgrund dessen sie nicht wie gewohnt ihren Mann einfach in die gewünschte Funktion einsetzen konnten, spricht Bände über die sowjetischen Verhältnisse. Warum gerade Professor Temkow als der „Vertreter der sozialistischen Länder" hervorgehoben wurde, ist nicht ganz klar, denn aus dem Ostblock waren neben ihm auch der ungarische Professor Börzemeni und Professor Lange aus Dresden Mitglieder des Exekutivkomitees.

Nachdem Professor Temkow sich so kritisch über die sowjetischen Psychiater geäußert hatte, ließen es die „zunehmenden feindlichen Aktivitäten antisowjetischer" Kräfte im Weltverband für Psychiatrie den Offizieren der Hauptabteilung XX/1 des MfS angezeigt erscheinen, „die vorhandenen politisch-operativen Kräfte und deren Möglichkeiten zielgerichtet zur operativen Aufklärung und Beeinflussung der politischen Lage im Weltverband für Psychiatrie einzusetzen" und zu prüfen, ob die bis dahin ignorierte Mitgliedschaft von Professor Lange im Exekutivkomitee des Weltverbandes dafür nutzbar sein könnte.[68]

Professor Seidel hatte noch vor dem Weltkongreß Dr. Rohland vom „Generalsekretariat" darauf hingewiesen, daß Professor Lange, der beim

---

66 Ebenda, Bl. 139.
67 Ebenda, Bl. 132.
68 Schreiben vom 27.12.1977; BStU, ZA, HA XX 498, Bl. 399.

vorhergehenden Weltkongreß in Mexiko als Mitglied in das Exekutivkomitee gewählt worden war, wahrscheinlich darin verbleiben würde, „da nur etwa 50% ausgewechselt werden". Seidel hatte für den Fall, daß „noch Vorschläge für das Exekutivkomitee eingereicht werden" könnten, sich selbst als ersten und als zweiten Wunschkandidaten Professor Morosow genannt. Professor Lange hingegen hatte er verlangt zu disziplinieren:

„Es wäre zu prüfen, ob durch Dr. Rohland ein Auftrag an Prof. Lange, Dresden, gegeben wird, mit den österreichischen Gästen keine Gespräche über Angelegenheiten des Weltverbandes einschließlich Hawaii zu führen (da wir bereits informiert sind!) und exakt über den Inhalt seiner Begegnungen mit Berner und Kryspin-Exner zu berichten."[69]

Drei Wochen später, am 8. Juni 1977, hatte Dr. Rohland dann das von Seidel angeordnete „Gespräch" mit Professor Lange, das „im Beisein des Vorsitzenden der Gesellschaft für Psychiatrie und Neurologie der DDR, Genossen Professor Schulze in dessen Dienstzimmer" stattfand. Dr. Rohland vermerkte schriftlich, daß Professor Lange nun über seine Gespräche mit Professor Berner (Österreich) und mit Professor Morosow (Moskau) berichtet habe und „gebeten" worden sei, „alle ihm weiterhin zugehenden Informationen an Genossen Professor Schulze bzw. an Genossen Dr. Rohland weiterzuleiten." Er schloß seinen „Vermerk" mit einer Drohung:

„Bemerkenswert ist, daß Prof. Lange mit den Fragen des VI. Weltkongresses bereits seit einem Jahr befaßt ist, ohne sich mit dem Vorsitzenden der DDR-Gesellschaft abzustimmen bzw. das Generalsekretariat zu informieren. Dieser Umstand bedarf der kritischen Auswertung, die von mir zu einem späteren Zeitpunkt nach Abschluß des Kongresses in geeigneter Form vorgenommen wird."[70]

Wie also kamen die MfS-Offiziere auf die nach allem, was bisher über Professor Lange, seine CDU-Mitgliedschaft und politische Außenseiterrolle festgestellt wurde, absurd scheinende Idee, er könnte sich von ihnen als eine „vorhandene politisch-operative" Kraft im Weltverband einsetzen lassen? Die Antwort ist überraschend: Ehrig Lange wurde zu dieser Zeit von der Abteilung XX der Bezirksverwaltung für Staatssicherheit Dresden als IM geführt. Am 27. Dezember 1977 schrieb Major Jaekel und unterschrieb Oberst Stange als stellvertretender Leiter der Hauptabteilung XX des MfS einen Brief an den Leiter der Abteilung XX in Dresden:

---

69 „Information" von Professor Seidel „für Genossen Dr. Rohland" vom 14.6.1977, 2 Seiten; ebenda, Bl. 468 f., hier 469.
70 Vermerk von Dr. Rohland über ein Gespräch mit Professor Lange am 8.7.1977; ebenda, Bl. 460–462, hier 462.

„Der IMS 'Ehrenberg' Ihrer Diensteinheit hat als Mitglied des Komitees des Weltverbandes für Psychiatrie spezifische Möglichkeiten zur Realisierung operativer Interessen in diesem Gremium. Unter Berücksichtigung der Umstände, unter denen der IMS Mitglied des Komitees des WPA [World Psychiatric Association] wurde, sowie der Einschätzung seiner politischen Zuverlässigkeit wurde er bisher durch das Generalsekretariat der med.-wiss. Gesellschaften in Abstimmung mit den Präsidenten der Gesellschaft für Psychiatrie und Neurologie der DDR[71] nicht zielgerichtet und zur Wahrnehmung seiner Aufgaben als Komiteemitglied des WPA eingesetzt.

Die Teilnahme des IMS an den Komiteesitzungen und anderen internationalen Veranstaltungen wäre jedoch aus politisch-operativer Sicht notwendig."[72]

Das heißt im Klartext, daß man es sich im MfS nicht länger leisten zu können glaubte, die Mitgliedschaft eines DDR-Vertreters im Exekutivkomitee des Weltverbandes für Psychiatrie ungenutzt zu lassen, auch wenn dieser Vertreter nach den IM-Berichten von Professor Seidel in der Hauptabteilung XX des MfS als politisch unzuverlässig galt. Wie aber war Professor Lange zu der zweifelhaften Ehre gekommen, in den Akten des Staatssicherheitsdienstes in Dresden als IM unter dem Decknamen „Ehrenberg" geführt zu werden?

Der IM-Akte zufolge war Professor Lange durch Major Pohl[73] und einen weiteren Offizier der Abteilung XX der Bezirksverwaltung für Staatssicherheit Dresden das erste Mal Anfang Februar 1977 in der Medizinischen Akademie aufgesucht worden. Anlaß des „Kontaktgespräches" soll eine Befragung zu zwei Mitarbeitern seiner Klinik gewesen sein, die Anträge auf Ausreise aus der DDR gestellt hatten. Professor Lange habe die gewünschten Auskünfte bereitwillig gegeben[74] und sei pünktlich zu einem weiteren vereinbarten „Kontaktgespräch" in ein Zimmer der Abteilung Gesundheitswesen im Rat des Bezirkes gekommen. Dieses Mal soll es um die bevorstehende Kongreßreise nach Havanna gegangen sein. Professor Lange sei „belehrt und beauftragt" worden, auf „Kontaktbestrebungen" und „Abschöpfungsversuche" von westlicher Seite zu achten sowie auf „Aktivitäten" zur „Verunglimpfung" insbesondere der Sowjetunion, „unter dem Vorwand, daß

---

71 Gemeint waren offenbar die Professoren Karl Seidel und Heinz A. F. Schulze.
72 Schreiben betreffend den „Einsatz des IMS 'Ehrenberg' zur Aufklärung der politischen Lage im Weltverband für Psychiatrie (WPA)", 2 Seiten; BStU, ZA, HA XX 498, Bl. 399 f., hier 399.
73 Hans-Joachim Pohl (1933–1981), Arbeitersohn aus Breslau, 1948–51 Schriftgießerlehre, 1951–59 Tätigkeit als Schriftgießer im VEB Typoart Dresden, 1959–64 erst Wachmann, dann operativer Mitarbeiter der KD Freital, 1964–81 in der Abt. XX der BV Dresden, 1969–81 Referatsleiter XX/1 der BV Dresden, SED-Mitglied seit 1957. Vgl. MfS-Kaderkarteikarte Hans-Joachim Pohl, ohne Signatur.
74 Bericht von Major Pohl vom 18.2.1977 über das erste „Kontaktgespräch" am 4.2.1977, IM-Akte „Ehrenberg"; BStU, ASt Dresden, AIM 4344/81, Teil I, Bd. 1, Bl. 47 f.

in den sozialistischen Staaten politische Gegner als Geistesgestörte behandelt werden". Am 15. Februar sei Professor Lange eine „schriftliche Schweigeverpflichtung abverlangt" worden, die er „nach anfänglichem Zögern bereitwillig" unterschrieben habe. Tatsächlich ist der Akte eine handschriftliche „Schweigeverpflichtung" vom 15. Februar 1977 beigefügt, in der sich Ehrig Lange verpflichtete, „über die Gespräche mit den mir bekannten Mitarbeitern des MfS strengstes Stillschweigen gegenüber jeder dritten Person zu wahren."[75] Auch seien an diesem Tag „zur Aufrechterhaltung der Verbindung" die Telefonnummern getauscht und „zur Wahrung der Konspiration" der Name „Ehrenberg" festgelegt worden.[76] Beim dritten „Kontaktgespräch" am 3. März 1977 wiederum im Rat des Bezirkes habe Professor Lange über die Kongreßreise nach Havanna berichtet und unter anderem darauf hingewiesen, daß die amerikanischen Psychiatergesellschaften „zum Kongreß in Hollelulu [sic!] mit verleumderischen Referaten gegenüber der Sowjetunion auftreten wollen."[77] Dem Bericht sind einige englischsprachige Papiere der American Psychiatric Organization[78] und die „Tonbandabschrift" eines mündlich gegebenen Berichts über die Konferenz lateinamerikanischer Psychiater in Havanna beigefügt.[79] Dann folgen in der Akte neun „Treffberichte" mit dem „IM-Kandidaten 'Ehrenberg'", von denen sich sieben ausschließlich der „Sicherung" eines „Internationalen Seminars zur Verhütung und Behandlung des Alkoholismus", das vom 6. bis 10. Juni 1977 in Dresden stattfand, befassen.[80] Es ist in Anbetracht der gesellschaftlichen Verhältnisse in der DDR durchaus denkbar, daß Professor Lange als Organisator des Seminars, zu dem immerhin 194 Personen aus westlichen Ländern anreisten, seine Ansprechpartner vom Staatssicherheitsdienst regelmäßig über das Seminar informierte, um deren Mißtrauen gegenüber einer internationalen Besprechung dieses als heikel betrachteten Themas zu entschärfen und das Seminar ungestört veranstalten zu können. Die nächsten Treffen mit dem „IM-Kandidaten 'Ehrenberg'" im Juni und August 1977 im Rat des Bezirkes Dresden sollen wiederum der „Kontrolle der Antragsteller" in der Akademie-Nervenklinik gedient haben.[81] Dann folgt ein über fünf Seiten ausgeführter „Vorschlag zur Werbung eines IMS" vom 8. September 1977, in dem Major Pohl „in Einschätzung der bisherigen Vorlaufarbeit" zu dem Schluß kommt, „daß der Kandidat Perspektive für eine inoffizielle Zusammenarbeit hat."[82] Anschließend berichtet Pohl über die „durchgeführte

---

75 Schweigeverpflichtung; ebenda, Bl. 10.
76 Bericht von Major Pohl vom 18.2.1977 über das zweite „Kontaktgespräch" am 15.2.1977; ebenda, Bl. 9f.
77 Bericht von Major Pohl vom 3.3.1977 über das dritte „Kontaktgespräch" am 1.3.1977; ebenda, Bl. 51.
78 Ebenda, Bl. 55–60.
79 Ebenda, Bl. 52f.
80 Ebenda, Bl. 61–96.
81 Ebenda, Bl. 97–100.
82 Ebenda, Bl. 101–105, hier 101.

Werbung eines IMS", die am 15. September 1977 „im konspirativen Zimmer des Rates des Bezirkes" stattgefunden habe.[83] Die getroffenen Vereinbarungen über „die zukünftige Zusammenarbeit" stellte der Major der Abteilung XX/1 der MfS-Bezirksverwaltung Dresden folgendermaßen dar:

> „Der Kandidat erklärte sich vorbehaltlos bereit, unser Organ weiterhin zu unterstützen. Er weigerte sich jedoch, eine Ergänzung zur vorliegenden schriftlichen Schweigeverpflichtung zu geben, und erklärte, daß er nach wie vor zu seinem gegebenen Versprechen steht. Er bat den Mitarbeiter, diesbezüglich nicht weiter in ihn zu dringen, da ihn eine zusätzliche schriftliche Verpflichtung beunruhigen würde. Nachdem der Kandidat nochmals mündlich die Erklärung abgab, unser Organ bei der Erfüllung seiner Aufgaben zu unterstützen, wurde von einer weiteren Verpflichtung Abstand genommen."[84]

Ein nächster Treff sei für den 27. Oktober 1977 vereinbart worden. Das war der Aktenstand zu dem Zeitpunkt, als die Hauptabteilung XX die Abteilung XX der Bezirksverwaltung für Staatssicherheit Dresden nach der Möglichkeit eines Einsatzes des IMS „Ehrenberg" zur „Aufklärung der politischen Lage im Weltverband für Psychiatrie" fragte.[85] Die Genossen in Dresden wurden in diesem Schreiben gebeten, „gründlich einzuschätzen, inwieweit die politischen Voraussetzungen bei dem IM bestehen, ihn als Reisekader einzusetzen und ob er die Gewähr bietet und in der Lage ist, politische Interessen im Komitee des Weltverbandes durchzusetzen bzw. zu vertreten". Außerdem sollte geprüft werden, „wieweit das Vertrauensverhältnis des IM zum MfS entwickelt und er befähigt ist, politisch-operative Aufträge während des Reisekadereinsatzes zu realisieren." Vier Wochen später kam die von Major Pohl verfaßte und von Oberstleutnant Tzscheutschler, dem Leiter der Abteilung XX in Dresden, unterzeichnete Einschätzung der Einsatzmöglichkeiten des IMS „Ehrenberg"[86]:

„Insgesamt ist zu bewerten, daß sich bei aller Widersprüchlichkeit, die sich aus dem Persönlichkeitsbild des IM, dessen Charaktereigenschaften und politisch-ideologischer Haltung ergeben, er bei entsprechender Anleitung in der Lage ist, politische Interessen im Komitee des Weltverbandes durchzusetzen bzw. zu vertreten.
Hinsichtlich des Vertrauensverhältnisses des IM zum MfS ist einzuschätzen, daß dieses sich zum positiven entwickelt hat. Dabei sind bestimmte Vorbehalte

---

83 Ebenda, Bl. 106 f.
84 Ebenda, Bl. 106.
85 BStU, ZA, HA XX 498, Bl. 399 f., entspricht Bl. 112 f. in IM-Akte (Teil I) Professor Lange.
86 Schreiben vom 26.1.1978; ebenda, Bl. 396 f., entspricht Bl. 110 f. in IM-Akte (Teil I) Professor Lange.

seinerseits noch nicht restlos abgebaut [...]. Operative Aufträge während des Reisekadereinsatzes ist er in der Lage zu realisieren. Dabei ist jedoch noch eine intensive Erziehung und Schulung notwendig."[87]

Der Professor scheint für das MfS „schwer erziehbar" gewesen zu sein. Am 20. November 1981 beschlossen die Offiziere der Abteilung XX/1 der Bezirksverwaltung Dresden, den IM-Vorgang „Ehrenberg" zu archivieren. „Im Verlauf der Zusammenarbeit" habe sich herausgestellt, daß „der IM nicht ehrlich und zuverlässig mit unserem Organ zusammenarbeitet", daß er „nicht umfassend berichtet und in dieser Hinsicht große Vorbehalte" habe.[88] Aus dem „Abschlußbericht" zum IM-Vorgang ist zu erfahren, daß sich die Vorbehalte gegenüber dem MfS vor allem auf die Tätigkeit als Klinikchef bezogen hätten. Der IM habe von sich aus nie über „Probleme, die er in seiner Klinik in Erfahrung bringt", berichtet. Auch habe er sich „hinsichtlich der Kaderprobleme in der Klinik [...] nicht an die Hinweise des Mitarbeiters" des MfS gehalten. Obwohl mehrfach Gespräche mit ihm dazu geführt worden seien, hätte sich nichts daran geändert, daß er die SED-Mitglieder unter seinen Mitarbeitern „mit Arbeit überhäufte, während sich christlich eingestellte und parteilose Mitarbeiter bei ihm einer gewissen Schonung erfreuten." Über den Reisekadereinsatz, der „die dominierende Rolle" in der IM-Tätigkeit gespielt habe, finden sich im Abschlußbericht keine Klagen.[89] Bereits in dem Schreiben vom 26. Januar 1978 an die Hauptabteilung XX des MfS hatte Major Pohl betont, daß der IM „bezüglich seiner Verbindungen im Weltverband für Psychiatrie" im Gegensatz zu den Schwierigkeiten, die es sonst mit ihm gäbe, „jederzeit bereit" sei, „Hinweise über antisowjetische Aktivitäten, die bei den verschiedensten Besprechungen sichtbar werden, zu geben. In dieser Hinsicht besteht bei ihm völlige Klarheit."[90]

Teil II der IM-Akte enthält die Belege für diese Einschätzung: Dort gibt es vom Oktober 1977 bis Dezember 1980 insgesamt 22 Treffberichte von Major Pohl mit dem IMS „Ehrenberg", wobei die ersten sechs Treffen im Rat des Bezirkes Dresden und alle weiteren Treffen in der IMK „Petra" stattfanden. Den Treffprotokollen folgen meist Tonbandabschriften von mündlichen Berichten des IMS „Ehrenberg", zu denen Major Pohl oft vermerkte, sie würden als Informationen an die Hauptabteilung XX weitergeleitet. In den Unterlagen der Hauptabteilung XX/1 wurden auch einige dieser Abschriften gefunden, beispielsweise von Berichten des IMS „Ehrenberg" über seine Reise nach Österreich vom April 1978 und Anfang 1979 über die Bildung einer „antisowjetischen" Arbeitsgruppe im Weltver-

---

87 BStU, ZA, HA XX 498, Bl. 397.
88 Beschluß zur Archivierung des IM-Vorganges vom 20.11.1981, IM-Akte „Ehrenberg"; BStU, ASt Dresden, AIM 4344/81, Teil I, Bd. 1, Bl. 146f.
89 Abschlußbericht zum IM-Vorgang „Ehrenberg" vom 20.11.1981; ebenda, Bl. 145.
90 Ebenda, Bl. 110.

band für Psychiatrie.[91] In einer „Jahresbeurteilung" stellte Major Pohl fest, daß der IM im Laufe des Jahres 1979 „wertvolle Hinweise über antisowjetische Aktivitäten im Bereich der Psychiatrie" gegeben habe. Der IM habe seine Berichte auf Tonband gesprochen, „eine schriftliche Berichterstattung" sei „bei ihm nicht möglich." Insgesamt jedoch sei er „um positive Ergebnisse in der Zusammenarbeit bemüht."[92] Major Pohl beschrieb auch mehrmals die Übergabe von Geschenken an den IM, so jeweils im Dezember „zum Tag des Gesundheitswesens".[93] Zwischen Dezember 1977 und November 1980 wurden siebenmal 50-Mark-Beträge als „Auszeichnung" und einmal 50 Mark als „Treffauslage" für den IMS „Ehrenberg" verbucht. Dazu ist eine Tüte mit diversen Quittungen über Blumen, Weinbrand und anderes abgeheftet, die mit dem Vermerk „IM 'Ehrenberg' XX/1 Po." versehen sind. Major Pohls Tod scheint das einvernehmliche Verhältnis des IMS „Ehrenberg" zum MfS beendet zu haben. Nach vier anscheinend weniger gelungenen Treffen mit anderen Offizieren wurde der IM-Vorgang am 20. November 1981 mit der Bemerkung abgeschlossen, „daß es sich bei dem IMS 'Ehrenberg' nicht um einen inoffiziellen Mitarbeiter handelt, der unser Organ bei der Lösung der politisch-operativen Probleme [...] vorbehaltlos unterstützen würde."[94]

Alles in allem wird die überraschende Tatsache, daß sich Professor Lange von 1977 an circa drei Jahre lang auf regelmäßige konspirative Treffen mit einem MfS-Offizier, also auf eine IM-Tätigkeit eingelassen hat, dadurch relativiert, daß der wesentliche Inhalt seiner Berichte aus maßvoll gehaltenen Einschätzungen der Haltung einflußreicher Ärzte im Weltverband für Psychiatrie bestand. Lange scheint diese Berichtstätigkeit als notwendigen und gerade noch vertretbaren Kompromiß mit dem politischen System betrachtet zu haben, ohne den er nicht ins westliche Ausland hätte reisen können. Trotz solcher Kompromisse galt er seinem früheren Oberarzt Karl Seidel, der inzwischen über die Besetzung aller Führungspositionen in der DDR-Psychiatrie entschied, weiterhin als politisch unzuverlässig.

Professor Seidel wurde am 11. September 1978 stellvertretender Leiter der Abteilung Gesundheitspolitik im ZK der SED. Major Jaekel stellte daraufhin die inoffizielle Zusammenarbeit mit dem IMS „Fritz Steiner" ein. Das war jedoch nur der rein formale Abschluß einer „Etappe der Zusammenarbeit mit dem MfS", da es dem MfS strikt untersagt war, inoffiziell mit hauptamtlich im Parteiapparat Tätigen zu arbeiten.[95] Statt dessen setzte Jaekel die gewohnte vertrauensvolle Kooperation mit Seidel nun „offiziell" fort. Auch

---

91 Das geht aus Begleitzetteln der Abschriften hervor. Vgl. BStU, ZA, HA XX 498, Bl. 450–452 und 641f.
92 IM-Akte „Ehrenberg", Teil I, Bd. 1, Bl. 142.
93 Ebenda, Teil II, Bd. 1, Bl. 9, 41 und 59.
94 Ebenda, Teil I, Bd. 1, Bl. 145.
95 Vorschlag von Major Jaekel zur Auszeichnung des IMS „Fritz Steiner" mit der „Verdienstmedaille der NVA in Gold" vom 5.6.1978 als „würdiger Abschluß dieser Etappe der Zusammenarbeit mit dem MfS", IM-Akte „Fritz Steiner", Teil I, Bd. 1, Bl. 182.

diese Etappe der Zusammenarbeit ist in den MfS-Unterlagen gut dokumentiert.[96]

Der letzte Bericht in Teil II der IM-Akte von Professor Seidel stammt von seinem letzten inoffiziellen Treffen mit Major Jaekel am 18. Juli 1978, zu dem Seidel eine „Einschätzung über Prof. Schulze" vorbereiten sollte. Die dem Treffbericht beigefügte dreieinhalbseitige „Tonbandabschrift" von Seidels mündlich gegebener Einschätzung endet mit einigen Sätzen über Schulzes „persönliches Verhältnis zu den Sicherheitsorganen":

> „Er anerkennt rückhaltlos deren Arbeit und ist ganz bestimmt bereit, in dieser Hinsicht wirksam zu werden. Gezielt in dieser Richtung befragt, sagte er, er habe schon verschiedentlich Kontakt mit Genossen von den Sicherheitsorganen gehabt und habe immer den Eindruck gehabt, daß da eine ordentliche Arbeit geleistet wird."[97]

Das war eine optimale Voraussetzung für eine IM-Werbung. Mitte September 1978 fand das erste „Kontaktgespräch" mit Professor Heinz A. F. Schulze statt, zu dem Major Jaekel einen Mitarbeiter des Referates II der von ihm geleiteten Hauptabteilung XX/1, Oberleutnant Hiller[98] mitnahm. Dieser wurde ein Vierteljahr später Schulzes Führungsoffizier. Zuvor wurde der IM-Kandidat Schulze mit Hilfe von alten Bekannten „aufgeklärt":

> „1. Inoffizielle Aufklärung des Kandidaten auf der Arbeitsstelle, insbesondere seiner politischen Zuverlässigkeit, Verschwiegenheit, seiner wissenschaftlichen Stellung, seines internationalen Rufes und seiner Verbindungen. Dazu sind die IMV ‚Ernst Lache' und IMS ‚Fritz Steiner' einzusetzen. [...]
> 2. Beschaffung der Kaderunterlagen über die BV [Bezirksverwaltung] Berlin, Abteilung XX, zur umfassenden Ermittlung des beruflichen und gesellschaftlichen Werdegangs des Kandidaten. [...]
> 3. Aufklärung der Verhaltenseigenschaften des Kandidaten in kritischen Situationen auf der Arbeitsstelle sowie während seines Aufenthaltes im NSW [Nichtsozialistischen Wirtschaftsgebiet] (Nutzen offizieller Verbindungen im Generalsekretariat)."[99]

---

96 Vgl. BStU, ZA, HA XX 41, Bl. 1–354.
97 Einschätzung von Professor Schulze durch IMS „Fritz Steiner", Tonbandabschrift, HA XX/1 vom 12.9.1978, IM-Akte „Fritz Steiner", Teil II, Bd. 2, Bl. 185–188, hier 188.
98 Karl-Heinz Hiller (Jg. 1941), Sohn eines Schmiedes aus Steinach, 1948–56 Grundschule, 1956–58 Landwirtschaftslehre, 1959–64 Fachschulausbildung zum staatlich geprüften Landwirt, 1966–67 Qualifikation zum Ingenieurpädagogen, 1967–70 operativer Mitarbeiter der KD Geithain (BV Leipzig), 1970–89 der HA XX, SED-Mitglied seit 1967. Vgl. MfS-Kaderkarteikarte Karl-Heinz Hiller, ohne Signatur, sowie MfS-Kaderakte; BStU, ZA, KS 4522/90.
99 „Operative Maßnahmen zur umfassenden Aufklärung des IM-Kandidaten" vom 13.6.1978; BStU, ZA, AIM 8249/87, Teil I, Bd. 1, Bl. 10 f.

Die Rolle der MfS-Offiziere der Bezirksverwaltung Berlin an der Charité und die des „Generalsekretariats", insbesondere seines Leiters, Dr. Rohland, wurden bereits erläutert. Dr. Rudolf Müller und Professor Karl Seidel tauchen hier als „Aufklärer" an der Arbeitsstelle des IM-Kandidaten unter ihren IM-Decknamen „Ernst Lache" und „Fritz Steiner" auf. Die Häufigkeit, mit der Karl Seidel in der IM-Akte von Heinz A. F. Schulze vorkommt, unterstreicht einmal mehr das vielseitige Abhängigkeitsverhältnis: Seidel ist (Mit-) Unterzeichner von Schulzes fachlichen, Partei- und gewerkschaftlichen Beurteilungen, Reisebefürwortungen und ähnlichen Schreiben. Außerdem hatte Seidel Schulze inoffiziell gegenüber Major Jaekel umfassend eingeschätzt und empfohlen.

Die Werbung von Professor Heinz A. F. Schulze zielte von Anfang an auf die Informationsgewinnung und Einflußnahme in internationalen Gremien, vor allem im Zusammenhang mit der Kritik am sowjetischen Psychiatriemißbrauch im Weltverband:

> „Mit der Werbung des IM wird das Ziel verfolgt, durch Nutzung vorhandener und zielgerichteten Ausbau seiner internationalen Kontakte Informationen über Pläne und Absichten negativer Kräfte auf dem psychiatrischen Gebiet in Erfahrung zu bringen und andererseits mit der SU abgestimmte Positionen auf internationaler Ebene zu vertreten."[100]

Die IM-Verpflichtung erfolgte Ende 1978 „durch Handschlag". Die inoffizielle Arbeit, die Schulze bis zu seiner Emeritierung im Jahre 1987 unter dem Decknamen „Schumann" leistete, beschrieb sein zwischenzeitlich zum Hauptmann beförderter Führungsoffizier rückblickend als wertvoll:

> „Im Verlaufe der inoffiziellen Zusammenarbeit leistete der IM einen wesentlichen Beitrag bei der Erarbeitung operativ bedeutsamer Informationen über geplante Feindangriffe gegen die UdSSR [...]. Der IM wurde offensiv zur Durchsetzung einer abgestimmten Linie der sozialistischen Länder im Weltverband für Psychiatrie eingesetzt. [...] Es kam zu keiner Dekonspiration bzw. Problemen in der Zusammenarbeit. [...] Dem IM wurde zum Abschied ein Buchgeschenk im Werte von 100 Mark überreicht."[101]

Die MfS-Aktenlage zur Rolle der DDR-Vertreter im Weltverband ist also mit den IM-Akten der Professoren Seidel (bis 1978) und Schulze (1978 bis 1987) sowie zahllosen Dokumenten der Hauptabteilung XX/1 zur Sache so umfangreich, daß trotz fehlender Teile wie die der IM-Akten von Dr. Rudolf Müller eine chronologische Rekonstruktion der wesentlichen Abläufe mög-

---

100 Begründung vom 11.10.1978 zur IM-Werbung; ebenda, Bl. 90.
101 Abschlußbericht von Hauptmann Hiller vom 4.7.1987 über die Zusammenarbeit mit dem IMS „Schumann"; ebenda, Bl. 188.

lich ist. Diese soll jetzt, nachdem die Beschreibung der Situation nach dem Weltkongreß für Psychiatrie 1977 für die Erklärung einiger Randbedingungen unterbrochen worden ist, im Jahre 1978 fortgesetzt werden.

Professor Seidel berichtete Major Jaekel – bis Sommer 1978 noch inoffiziell – über, trotz wiederholter Bemühungen seinerseits, fortdauernde Verständigungsschwierigkeiten mit den sowjetischen Psychiatern:

„Der IM übergab die Kopie eines Briefes des Generalsekretärs des Weltverbandes für Psychiatrie mit einer Erklärung der sowjetischen psychiatrischen Gesellschaft, daß sie die Beschlüsse von Honolulu nicht anerkennen.
Der IM äußerte erneut sein Unverständnis über den erneuten nicht mit den sozialistischen Ländern abgestimmten Alleingang der sowjetischen psychiatrischen Gesellschaft. Der IM nannte auch die Tatsache der Republikflucht des sowjetischen Wissenschaftlers Dr. Nowikow, von der er aus der Westpresse erfuhr und über die die sowjetische Seite weder in Honolulu noch auf dem Kongreß in Karl-Marx-Stadt informierte. Dabei wurde von dem IM der sowjetische Wissenschaftler Prof. Morosow sogar zweimal direkt nach Nowikow gefragt."[102]

Die im Sommer 1977 anläßlich einer Kongreßreise gelungene Flucht von Dr. Jurij Nowikow in den Westen war besonders spektakulär, weil dieser bis dahin als Abteilungsleiter in dem von Professor Morosow geleiteten Serbski-Institut für Gerichtspsychiatrie in Moskau gearbeitet hatte. Während Seidel sich bei Jaekel über das Verschweigen dieser Geschichte durch die sowjetischen Kollegen beklagte, machte Nowikow in einer sechsteiligen Serie der Illustrierten „Stern" als „Kronzeuge gegen den KGB"[103] Furore, indem er über Interna der sowjetischen Gerichtspsychiatrie, deren politischen Mißbrauch und die zentrale Rolle Morosows dabei auspackte.

Das MfS war – zumindest im nachhinein – genau unterrichtet. Major Jaekel erhielt fortlaufend Kopien sämtlicher in der Bundesrepublik erscheinender Zeitungsartikel zum Thema des sowjetischen Psychiatriemißbrauchs[104].

Professor Seidel bemühte sich weiterhin, mit den sowjetischen Kollegen ins Gespräch zu kommen. Mitte April 1978 in Prag, wo er Morosow anläßlich der Feier des 70. Geburtstages eines führenden Psychiaters der ČSSR traf, mißlang ihm das ein weiteres Mal. Morosow blockte ab und sagte lediglich seine Teilnahme anläßlich des 25jährigen Bestehens der gerichtspsych-

---

102 Bericht von Major Jaekel vom 12.4.1978 über ein Treffen mit dem IMS „Fritz Steiner" am 7.4.1978, IM-Akte „Fritz Steiner", Teil II, Bd. 2, Bl. 164f., hier 165.
103 Stern, Heft 13 bis 18, März–April 1978.
104 Vgl. z. B. BStU, ZA, HA XX 525, Bl. 1–474, Kopien der Stern-Serie „Kronzeuge des KGB" Bl. 335–382.

iatrischen Abteilung der Charité-Nervenklinik Berlin zu.[105] Karl Seidel berichtete Major Jaekel über ein bei dieser Gelegenheit am 25. Mai 1978 geführtes Gespräch mit den Moskauer Professoren Morosow und Scharikow:

„Im Gespräch mit den sowjetischen Professoren wurde erneut deutlich, daß sie bemüht sind, die ideologischen Angriffe des Feindes uns gegenüber herunterzuspielen. Erst durch unsere offensiven Fragen gelang es, zu wesentlichen Fragen ins Gespräch zu kommen. [...]
Kennzeichnend für das Gespräch war nach Auffassung des IM, daß es auch erneut zu keinen festen Absprachen bzw. Vereinbarungen gekommen ist über die Gestaltung der künftigen Zusammenarbeit.
Die sowjetischen Genossen baten ausdrücklich, das Gespräch ohne Anwesenheit des Prof. Temkow (VRB [Volksrepublik Bulgarien]) zu führen, was von uns vorgeschlagen worden war."[106]

Seidel berichtete Jaekel auch über ein Gespräch mit Temkow am 26. Mai 1978. Der Bulgare habe sich wieder sehr kritisch über die wissenschaftlichen Qualitäten Morosows und die Handhabung der Psychiatrie in der Sowjetunion geäußert. Erst als Seidel „schärfer argumentiert" habe, daß man die Bildung eines Komitees zur Untersuchung von Psychiatriemißbrauch im Weltverband verhindern müsse, weil „damit ein Präzedenzfall geschaffen würde, wie wissenschaftliche Organisationen für Zwecke des Antikommunismus mißbraucht würden", habe Temkow eingelenkt und sich beklagt, daß er als einziger östlicher Vertreter im Komitee des Weltverbandes für Psychiatrie „keinerlei politische Anleitung erhalte, seine Informationen nach Moskau unbeantwortet bleiben und es keine Abstimmung gebe."[107]
Seidel berichtete Major Jaekel, daß er „im Gespräch mit den beiden sowjetischen Genossen die Frage der Verbesserung der Zusammenarbeit berührt" habe. Er habe „bedauernd darauf hingewiesen", daß er solch wichtige Informationen wie die Resolution des Präsidiums der Allunionsgesellschaft für Psychiatrie gegen die antisowjetischen Ergebnisse von Hawaii sowie über die Flucht von Dr. Nowikow „nicht von unseren Genossen aus Moskau direkt, sondern" von westlicher Seite bekommen habe. Seidel berichtete weiter:

„Es wurde in diesem Zusammenhang von unserer Seite betont, daß die schnelle Information über wichtige Ergebnisse der Arbeit und über prinzi-

---

105 Bericht von Major Jaekel vom 2.6.1978 über ein Treffen mit dem IMS „Fritz Steiner" am 20.4.1978, IM-Akte „Fritz Steiner", Teil II, Bd. 2, Bl. 168 f., hier 169.
106 Bericht von Major Jaekel vom 8.6.1978 über ein Treffen mit dem IMS „Fritz Steiner" am 31.5.1978; ebenda, Bl. 174–182, hier 176 f.
107 Ebenda, Bl. 177.

pielle Meinungsbildungen der nationalen Gesellschaften eine wichtige Sache zur Optimierung des politischen Kampfes ist. [...]
Die Reaktionen der sowjetischen Gäste auf diese beiden Fragen waren indifferent, man bekam den Eindruck, daß sie peinlich betroffen waren. Professor Morosow sicherte in diesem Zusammenhang zu, uns umgehend eine Stellungnahme gegen die Anwürfe des Nowikow zukommen zu lassen."[108]

Die machtgewohnten sowjetischen Psychiater scheinen nicht nur unwillig, sondern mangels Übung auch unfähig zur Einhaltung elementarer Kommunikationsregeln gewesen zu sein. Allerdings ist mit der Beschreibung der unflexiblen sowjetischen „Psychiatrie-Funktionäre" noch nicht alles über die Psychiater in der Sowjetunion gesagt, unter denen es ja auch Opposition gegen Morosow & Co. gab. In den MfS-Unterlagen finden sich darüber keine ausführlichen Beschreibungen, was nicht verwundert, wenn man bedenkt, daß beispielsweise Dr. Semjon Glusman während der hier besprochenen Zeit schon jahrelang inhaftiert war. Dennoch gibt es Hinweise auf Widerspruch gegen Morosow innerhalb der sowjetischen Fachwelt. So fand sich zum Beispiel in dem politischen Bericht eines DDR-Teilnehmers über das Symposium des Weltverbandes für Psychiatrie vom 23. bis 25. Mai 1979 in Moskau folgende Passage über eine „etwas brenzlige Situation", die nach einem Vortrag Morosows entstanden sei:

„Der Vortrag war auch rhetorisch äußerst schlecht vorgetragen, so daß schon eine gereizte Atmosphäre entstand. Anschließend kam es zu einer heftigen und peinlichen Diskussion mit Prof. Morosow aus den Reihen sowjetischer Teilnehmer, die nicht eigentlich Kongreßteilnehmer [...], sondern als Gäste anwesend waren. Sie machten Morosow heftige Vorwürfe, da er bei seinem Vortrag über klinisch-biologische und soziale Ursachen der Kriminalität bei psychisch Kranken psychopathologische Faktoren zu sehr vernachlässige. Besonders unangenehm war, daß diese vermeidbare Situation aus den Reihen der sowjetischen Teilnehmer selbst provoziert wurde. Daraus wäre auch die Konsequenz abzuleiten, daß man, wenn man bei ähnlichen Tagungen im eigenen Land Gäste einlädt, diese lediglich passiv [...] teilnehmen dürften. Auf unserem Alkoholkongreß in Dresden 1977 sind wir ja auch mit solchen Dingen [...] konfrontiert worden."[109]

Wer war der Berichterstatter, der da anregte, zur Vermeidung von kritischen Diskussionen bei wissenschaftlichen Veranstaltungen mit internationaler Beteiligung in der DDR prophylaktisch allen Teilnehmern aus der DDR

---

108 Ebenda, Bl. 180.
109 Politischer Zusatzbericht von Professor Jochen Neumann an den „Genossen Dr. Rohland, Direktor des Generalsekretariats der medizinisch-wissenschaftlichen Gesellschaften der DDR" vom 12.6.1979; BStU, ZA, HA XX 498, Bl. 631–635, hier 631f.

den Mund zu verbieten? Es war Professor Jochen Neumann,[110] der mit dem zitierten Ausschnitt aus seinem politischen „Bericht" trefflich eingeführt ist.

## 6.4. Im Vorfeld des VII. Weltkongresses für Psychiatrie 1983 in Wien

In den Unterlagen des MfS gibt es viele von Professor Jochen Neumann verfaßte Reiseberichte aus der Zeit zwischen den psychiatrischen Weltkongressen 1977 und 1983 und noch mehr aus den späteren achtziger Jahren. Darüber wird noch zu reden sein, denn es war Neumann, der als DDR-Vertreter Vizepräsident des Weltverbandes für Psychiatrie wurde, nachdem die sowjetischen Psychiater diese Organisation verlassen hatten.

Neumanns Verhältnis zu den „Sicherheitsorganen" war so bizarr wie dies seiner gesamten Persönlichkeit nachgesagt wird. Mitte der sechziger Jahre, während seiner Facharztausbildung in Berlin, hatte er auf einen Versuch der Werbung zur inoffizielle Zusammenarbeit mit dem MfS grundsätzlich ablehnend reagiert. Anfang 1978 hingegen nahm er als Universitätsprofessor in Jena von sich aus Verbindung zum MfS auf. Neumann hatte im Zusammenhang mit Dienstreisen in die USA Kontakte zu einem Mitarbeiter der USA-Botschaft in Ostberlin und sich darum bemüht, Verhaltensrichtlinien vom MfS für diese ihm wohl selbst nicht ganz geheuren Begegnungen zu bekommen. Von der Abteilung II/3 der Bezirksverwaltung für Staatssicherheit Gera wurde er daraufhin als „IM-Kandidat 'Hans'" registriert. Den Aktenvermerken zufolge führte ein MfS-Mitarbeiter regelmäßig inoffizielle Gespräche mit „Hans". Während der „IM-Vorlauf"-Phase des Jahres 1978 scheint es zunehmende Irritationen gegeben zu haben. Einerseits häuften sich die inoffiziellen Meldungen über ein äußerst unbeherrschtes Verhalten Neumanns im Arbeitsbereich. Noch mehr mißfiel dem MfS-Kontaktmann das Verhalten seines IM-Kandidaten ihm selbst gegenüber:

„Am 15.9.1978 wurde in Unkenntnis der meisten [...] Faktoren zum Persönlichkeitsbild des N. ein IM-Vorlauf angelegt. Während der Zusammenarbeit hat der Führungsoffizier den Eindruck gewonnen, daß es sich bei dem Genannten um einen Menschen handelt, dessen Zuverlässigkeit und Ehrlichkeit

---

110 Jochen Neumann (Jg. 1936), Prof. Dr. sc. med., Lehrerssohn aus Leisnig in Sachsen, 1954 Abitur, 1954–59 Medizinstudium in Leipzig, an der Militärmedizinischen Sektion der Universität Greifswald und der Humboldt-Universität Berlin, 1961 Promotion, 1962–67 Facharztausbildung Neurologie und Psychiatrie an der Charité-Nervenklinik Berlin, 1967–72 Fach-/Ober-/Abteilungsarzt an der Charité-Nervenklinik, 1972–77 Ärztlicher Direktor des Wilhelm-Griesinger-Krankenhauses Berlin, 1977–82 Ordentlicher Professor für Psychiatrie an der Friedrich-Schiller-Universität Jena, 1983–89 Generaldirektor des Deutschen Hygiene-Museums Dresden, 1989/90 Leiter der Bezirksnervenklinik Ueckermünde (Bezirk Neubrandenburg), SED-Mitglied seit 1954.

nicht gegeben ist. [...] [So] ist N. nicht bereit, dem MfS Auskunft informativer Art über interessierende Personen – speziell DDR-Bürger – zu geben. Die Arbeit des MfS bezeichnete er gegenüber dem Mitarbeiter in anmaßender und frecher Weise als 'Schnüffeltätigkeit'. [...]
Es ist folglich ein Widerspruch zwischen den anfänglichen Bereitschaftserklärungen des Genannten und der jetzt erfolgten Ablehnung der Informationserarbeitung zu erkennen, so daß der Mitarbeiter gegenwärtig nicht in der Lage ist, die Motive des N. für die Trefftätigkeit mit dem MfS einzuschätzen. Er läßt zur Zeit lediglich die Bereitschaft erkennen, über seinen Kontakt zur USA-Botschaft zu berichten und fordert in dieser Hinsicht auch klare Verhaltenslinien."[111]

Der Aktenvorgang wurde daraufhin von einem „IM-Vorlauf Hans" in eine OPK (Operative Personenkontrolle) „Hans" umgewandelt und die inoffizielle Zusammenarbeit mit Neumann nur zum Schein weitergeführt, um zu klären, weshalb dieser den Kontakt zum MfS gesucht hatte und aufrechterhielt. Die nun durchgeführte „operative" Kontrolle Neumanns ließ mit Post- und Telefonkontrolle und anderen verdeckten Maßnahmen kaum etwas aus dem staatssicherheitsdienstlichen Repertoire aus. Die Abteilung II/3 der Bezirksverwaltung für Staatssicherheit Gera koordinierte ihre Aktivitäten in der „Bearbeitung" der OPK „Hans" einerseits mit der Hauptabteilung II/3 der MfS-Zentrale in Berlin, um Neumanns Kontakte zu einem vermeintlichen oder tatsächlichen CIA-Mitarbeiter der USA-Botschaft zu kontrollieren, und andererseits mit der Kreisdienststelle Jena, „Linie XX", zur „Aufklärung von Problemen speziell aus dem Arbeitsbereich" des Professors.
Dabei stand für Neumann einiges auf dem Spiel. Im Ergebnis seiner Überwachung sollte nicht nur „objektiv entschieden werden, ob die weitere Scheinzusammenarbeit gerechtfertigt ist" oder „eine Bearbeitung auf qualitativ höherer Stufe erfolgen muß", sondern die Kontrollen zu seiner Person sollten auch eine Entscheidung darüber vorbereiten, ob ihm die Möglichkeit von Reisen in das westliche Ausland „weiter zu gewähren" sei und „ob er weiter als staatlicher Leiter arbeiten kann, oder ob es im sicherheitspolitischen Interesse erforderlich ist, vorhandene begünstigende Bedingungen konsequent zu entziehen."[112] Nach neun Monaten entschieden sich die MfS-Offiziere in Gera, sowohl die „operative" Kontrolle von Neumann als auch die „Scheinzusammenarbeit" mit ihm zu beenden. Er hatte zwar den Kontakt zur USA-Botschaft weisungsgemäß abgebrochen, aber seine Motive zur inoffiziellen Zusammenarbeit hatten „nicht zweifelsfrei geklärt werden" können, so daß man die Verbindung zu ihm vorsichtshalber einstellte.[113]

---

111 Plan von Hauptmann Willms, Leiter des Referates II/3 der BV Gera, zur Bearbeitung der OPK „Hans" vom 21.2.1979; BStU, ASt Gera, AOPK 780/80, Bd. 1, Bl. 7–22, hier 15.
112 Ebenda, Bl. 17.
113 Abschlußbericht zur OPK Neumann vom 17.6.1980 von Major Willms, Leiter des Referates II/3 der BV Gera; ebenda, Bd. 2, Bl. 213–215.

Neumann behielt sein Westreiseprivileg und wurde auch nicht seiner Leitungsfunktion in der Universitäts-Nervenklinik Jena enthoben. Diese verließ er erst 1982 aus eigenem Antrieb, um „Generaldirektor" des Deutschen Hygiene-Museums in Dresden werden. Sein ehrgeiziger Wunsch, Professor zu werden, war erfüllt und weiter hielt ihn nichts an der psychiatrischen Universitätsklinik, deren Leitung ihm als einen mehr neuroradiologisch spezialisierten Somatiker wohl auch mehr Streß als Erfolgserlebnisse eingebracht hat. Mit dem für einen 46jährigen Arzt zwar etwas merkwürdig anmutenden Posten eines „Generaldirektors" des Deutschen Hygiene-Museums hatte Neumann jedenfalls die seinen Wünschen angemessenere Funktion eines Repräsentanten im In- und Ausland erworben.

Aus demselben Jahr, in dem er sein neues Amt in Dresden antrat, stammt auch die Registriernummer eines neuen IM-Vorganges zu seiner Person[114]. Laut Karteikarte ist Professor Neumann seit 1982 – „IM-Vorlauf"-Zeit eingeschlossen – von einem Major Sattler[115] der Hauptabteilung II/3 als IMS „Erhard" geführt worden. Dieser Offizier der MfS-Zentrale bewies bei der verdeckten Führung seines IM mehr Geschick als sein Vorgänger in der thüringischen Provinz, der sich auf eine akzentuierte Persönlichkeit wie Neumann nicht einzustellen vermocht hatte. Jedenfalls führte Major Sattler den Einträgen seines IM-Vorgangsheftes zufolge den IMS „Erhard" bis 1989 und füllte mit seinen Protokollen über die Zusammenarbeit fünf Aktenbände.[116]

Die Abteilung 3 der HA II war für die „Spionageabwehr auf der amerikanischen Linie" zuständig.[117] Wahrscheinlich wurde von der Hauptabteilung II/3 zunächst auf Neumanns frühere Kontakte zur USA-Botschaft und seine früher unzweifelhaft bekundete Bereitschaft zurückgegriffen, auf internationaler Ebene auch geheimdienstlich für die DDR zu arbeiten. Er hatte ja nur eine „Schnüffeltätigkeit" unter DDR-Bürgern abgelehnt.

Der IM-Vorgang ist vom MfS nicht archiviert worden, demnach muß er zur Zeit der Auflösung des MfS Ende 1989 noch geführt worden sein. Er wurde, wie viele andere im Herbst 1989 noch „aktive Vorgänge", in den bisher erschlossenen Unterlagen des MfS nicht aufgefunden.

---

114 Die BStU-Karteiauskunft über die Registriernummer einer zu Professor Jochen Neumann angelegten Akte lautet: „MfS 6048/82, IMS 'Erhard', HA II/3".
115 Harry Sattler (Jg. 1940), Arbeitersohn, gelernter KfZ-Schlosser, 1958–61 Kraftfahrer beim Wachregiment des MfS, seit 1961 operativer Mitarbeiter des MfS, erst KD Gotha, seit 1963 HA II, seit 1979 Referatsleiter B der HA II/3, SED seit 1960. Vgl. MfS-Kaderkarteikarte Harry Sattler, ohne Signatur.
116 Vorgangsheft Nr. 3758 von Harry Sattler; BStU, ZA, AS 2166/92: Der IMS „Erhard" ist dort unter dem 26.8.1982 eingetragen mit der MfS-Registriernummer 6048/82, unter IM-Akten sind Teil I, Bde. 1 und 2 sowie Teil II, Bde. 1–3 angegeben. Wie bei sieben anderen IM-Vorgängen, fehlt der sonst bei allen anderen IM vorhandene Rückgabevermerk im Vorgangsheft. Das legt die Annahme nahe, daß Major Sattler diese IM-Aktenvorgänge Ende 1989 vernichtet, versteckt oder mitgenommen hat.
117 Vgl. Roland Wiedmann (Bearb.): Die Organisationsstruktur des Ministeriums für Staatssicherheit 1989 (Anatomie der Staatssicherheit. Geschichte, Struktur und Methoden. MfS-Handbuch, Teil V/1); BStU, Berlin 1995, S. 109.

Es gibt jedoch hinreichend andere Dokumente, um eine in den achtziger Jahren gut funktionierende inoffizielle Verbindung Neumanns zum MfS zu belegen. 1987 wurde der Leiter der Hauptabteilung II/3 von der Hauptabteilung XX/10 angefragt, ob von seiner Seite „Einwände hinsichtlich einer Aufnahme von Professor Neumann in die Kaderreserve des ZK der SED, Abteilung Gesundheitspolitik" bestünden, da dieser für seine Diensteinheit „erfaßt" sei. Oberstleutnant Häseler[118] hatte keine Einwände, im Gegenteil lobte er Neumann als „einen der Partei der Arbeiterklasse treu ergebenen Genossen", der in seinen verschiedenen Ämtern im In- und Ausland stets unter Beweis stellen würde, daß er „fest auf dem Boden der DDR" stünde.[119] Eine konkretere Aussage darüber, in welcher Weise Neumann von der Hauptabteilung II/3 des MfS „erfaßt" war, ist den Begleitschreiben zu entnehmen, mit denen die HA II die den Weltverband für Psychiatrie betreffenden und von Neumann unterzeichneten Reiseberichte innerhalb des MfS an die Hauptabteilung XX/1 weiterleitete: Die Informationen werden wiederholt auf „eine zuverlässige und überprüfte Quelle der Hauptabteilung II/3" zurückgeführt.[120]

Mit den Berichten der Professoren Seidel, Schulze, Neumann und mit Einschränkungen auch Lange war das MfS Ende der siebziger Anfang der achtziger Jahre umfassend informiert über den internationalen Diskussionsstand, auch im Rahmen des Weltverbandes für Psychiatrie. Manchmal ergänzen sich die verschiedenen offiziellen und inoffiziellen Reiseberichte untereinander, manchmal zeigen sich interessante Differenzen, besonders in der Selbstdarstellung der jeweiligen Berichterstatter.

Über ein vom Serbski-Institut organisiertes „Symposium der Psychiater sozialistischer Länder" vom 28. bis 30. November 1979 in Moskau berichteten Schulze und Neumann unisono voller Stolz, daß die DDR-Psychiater von den Russen besonders gelobt worden seien. Im Anschluß an das Symposium seien die Professoren Schulze, Szewczyk und Neumann als Auserwählte der DDR-Delegation zu Professor Babajan eingeladen worden, „während an sich für alle ausländischen Gäste eine Ballettveranstaltung stattfand." Ballett schien sich besonders zur Beschäftigung der Teilnehmer von Psychiatriekongressen zu eignen, um währenddessen im kleineren Kreis vertraulicher zu werden. Babajan begründete die Extraeinladung mit dem Bedürfnis der sowjetischen Seite, „für die Haltung und das Auftreten der DDR-Delegation" während der Weltkongresse in Mexiko und Honolulu „in aller Form Dank zu sagen". Schulze sei der einzige gewesen, der Babajan „in

---

118 Bernd Häseler (Jg. 1944), 1964 Abitur, 1965 MfS-Wachmann, seit 1966 operativer Mitarbeiter des MfS, zunächst Abt. II der BV Magdeburg, 1969–73 Jurastudium an der Humboldt-Universität Berlin mit Diplomabschluß, 1974–83 HA II, 1983–86 stellvertretender, seit 1986 Leiter der HA II/3, SED-Mitglied seit 1965. Vgl. MfS-Kaderkarteikarte Bernd Häseler, ohne Signatur.
119 Anfrage vom 14.4.1987, Antwort vom 5.5.1987; BStU, ZA, HA XX AP 78812/92, Bl. 10–12.
120 Vgl. z. B. BStU, ZA, HA XX 499, Bl. 217.

Honolulu wirklich unterstützt und gemeinsam mit ihm gekämpft habe."[121] Neumann offenbarte in seiner Berichtsversion eine opportunistische Freude über das sowjetische Lob des musterhaften Verhaltens der DDR-Vertreter:

> „Besonders erwähnenswert ist die [...] eindeutige Feststellung, daß auf ideologischem Feld die DDR-Psychiater die zuverlässigsten Partner der SU sind. Von der Wertschätzung des Genossen Prof. Schulze profitierte somit sowohl die gesamte Delegation als auch die Psychiatrie der DDR."[122]

Die meisten Psychiater in der DDR wußten nichts von diesem „Profit" und hätten wohl auch gern darauf verzichtet. Die führenden polnischen Psychiater hatten im Rahmen des Moskauer Symposiums im November 1979 mit unbeirrbarer Eigenwilligkeit gezeigt, daß es auch anders ging. Neumann beschrieb das nonkonforme Verhalten der Polen mißbilligend:

> „Bemerkenswert war auf der Abschlußsitzung das Verhalten der polnischen Delegation, die sich in die Gemeinschaft der übrigen sozialistischen Länder nicht voll integrieren konnte und in entscheidenden politischen Situationen einen abwartenden Standpunkt einnahm, der die allgemeine Atmosphäre beeinträchtigte."[123]

Worin das unangepaßte Verhalten der Polen im einzelnen bestand, erzählte Professor Schulze seinem Führungsoffizier Hiller, der daraus eine schriftliche „Information" für die MfS-Generalität zusammenstellte. Es ging darum, daß Professor Dabrowski, Direktor des Psychoneurologischen Instituts in Warschau, bei dem von Babajan verlangten „gemeinsamen Auftreten der sozialistischen Länder gegenüber den antisowjetischen Provokationen einiger Psychiater kapitalistischer Länder" nicht mitspielen wollte. Dabrowski beantragte im Namen der polnischen Delegation, diesen Punkt von der Tagesordnung abzusetzen und ließ sich auch in einer „zweistündigen individuellen Diskussion" von Babajan nicht dazu bewegen, seinen Standpunkt zu ändern. Alle „anderen Vertreter der sozialistischen Länder" hätten sich hingegen „zustimmend zu den Ausführungen des Genossen Babajan" geäußert.[124]

Ein halbes Jahr später mußte der brave Professor Schulze anläßlich einer Tagung von einem polnischen Kollegen erfahren, daß Professor Dabrowski

---

121 Bericht von Professor Schulze vom 3.1.1980 über das Moskauer Symposium; ebenda, Bl. 453–456, hier 456.
122 Bericht von Professor Neumann vom 19.12.1979 über das Moskauer Symposium; ebenda, Bl. 457f., hier 458.
123 Ebenda.
124 MfS-Information über das Moskauer Symposium vom 18.12.1979, IM-Akte „Schumann", Teil II, Bd. 1, Bl. 53–55, hier 54.

für seine Aufmüpfigkeit in Moskau zu Hause keinesfalls gemaßregelt worden sei, sondern im Gegenteil seither besonderes Ansehen genieße. Oberstleutnant Jaekel faßte Schulzes IM-Bericht an Hauptmann Hiller über diese unerhörten Vorgänge zusammen:

„Dr. K[...] erklärte dem IM, daß die Person Dabrowskis durch dieses Auftreten in Moskau unter zahlreichen Medizinern in Polen stark aufgewertet wurde. Auf die Frage des IM, wieso solche Handlungen, die das Verhältnis zwischen den sozialistischen Ländern stören würden, zu Anerkennung und Sympathie führen könnten, äußerte Dr. K[...], daß die Haltung des Dabrowski die Haltung vieler polnischer Psychiater sei, die für einen eigenständigen Standpunkt plädieren und gegen die Unterordnung unter die jeweiligen sowjetischen Auffassungen sind."[125]

Nach diesen Meldungen wurde Professor Schulze vom MfS gezielt auf seinen langjährigen Kollegen Dr. K. angesetzt, um mehr über den politisch-ideologischen Zustand der polnischen Psychiater zu erfahren. Schulze kam bald zu der Einschätzung, „daß es sich bei dem K. um einen prowestlich eingestellten Wissenschaftler handelt." Diese Erkenntnis leitete er aus der Tatsache ab, daß Dr. K. nur englisch sprechen würde, „obwohl er die deutsche Sprache sehr gut beherrscht."[126] Der Gedanke, daß die Sprachpräferenz seines Kollegen etwas mit der jüngeren deutsch-polnischen Geschichte zu tun haben könnte, scheint dem DDR-Professor nicht gekommen zu sein.

In den folgenden Monaten und Jahren gehörte die Berichterstattung über die polnischen Kollegen neben der über die Charité-Nervenklinik und über den Weltverband für Psychiatrie zu den drei Hauptaufträgen des MfS an Professor Schulze in seiner Rolle als IMS „Schumann". Im Dezember 1980 fuhr er sogar im Auftrag des MfS unter der „Legende, daß er einen Patienten in Warschau untersuchen müsse", zu Dr. K., um „Informationen über die Situation im Psychoneurologischen Institut in Warschau" und „Hinweise über die Arbeitsweise und Aktivitäten antisozialistischer Kräfte" zu erarbeiten.[127] Die Nachrichten aus Warschau müssen für die Genossen in der DDR niederschmetternd gewesen sein. Die Mehrzahl der leitenden Ärzte des Psychoneurologischen Institutes in Warschau sympathisierte mehr oder weniger offen mit der freien Gewerkschaft „Solidarnosc", einzelne gehörten sogar zu den führenden Köpfen dieser Organisation.[128] Auch das Verhalten

---

125 Bericht der HA XX/1 „über Diskussionen polnischer Psychiater und Neurologen über Probleme der Zusammenarbeit mit der UdSSR auf dem Gebiet der Psychiatrie"; ebenda, Bl. 83.
126 Information der HA XX/1 aus einem Bericht des IMS „Schumann" vom 5.11.1980; ebenda, Bl. 92 f., hier 92.
127 Vorschlag für den Einsatz des IMS „Schumann" in der VR Polen vom 25.11.1980; ebenda, Bl. 95 f., hier 95.
128 Vgl. z. B. Information der HA XX/1 „über Feststellungen und politisch-ideologische Akti-

des polnischen nervenärztlichen Nachwuchses kündete von Aufruhr. Professor Schulze erzählte seinem Führungsoffizier über die Erlebnisse eines jungen Kollegen der Charité-Nervenklinik, die dieser im März 1981 bei einer psychiatrischen Weiterbildungsveranstaltung in der Nähe von Moskau gehabt hatte. Es war die Rede davon, daß „an einem Gesellschaftsabend die polnischen Nachwuchskader sehr anmaßend und provozierend in Erscheinung" getreten seien. Sie hätten „in Trinksprüchen" zum Ausdruck gebracht, „daß sie auf dem Wege seien, sich aus dem 'Block' zu befreien." Die anwesenden Tschechen hätten sich mit ihnen solidarisiert und geäußert, „daß die Polen es schaffen würden, was ihnen 1968 nicht gelungen sei." Der junge Psychiater aus der DDR sei verwundert gewesen, daß die sowjetischen Teilnehmer keine Reaktion gezeigt hätten.[129]

Trotz oder gerade wegen der polnischen Unabhängigkeitsbestrebungen tagte die „Expertengruppe für die Konzipierung der Entwicklung der Psychiatrie", deren Einsetzung bei dem ersten „Symposium für Psychiatrie der sozialistischen Länder" im November 1979 in Moskau beschlossen worden war, im Mai 1980 in Polen. Einem Protokoll über diese Veranstaltung sind nur Allgemeinplätze wie die Empfehlung einer systematischen gegenseitigen Information, einer erweiterten Zusammenarbeit durch Wissenschaftleraustausch und ähnliches zu entnehmen.[130] Anscheinend hatten die sowjetischen Professoren Babajan, Morosow und Scharikow nach den Erfahrungen in Moskau eine neuerliche Konfrontation mit den Polen, die nun in der Gastgeberrolle waren, gescheut und die konfliktträchtigen Themen gemieden.

Aber auch beim nächsten „Symposium der Psychiater sozialistischer Länder", das auf sowjetischen Wunsch hin in der DDR veranstaltet wurde und im Mai 1982 in Leipzig stattfand, kam es zu keiner Erörterung der für die Sowjets zunehmend kritischen Situation im Weltverband für Psychiatrie. Das beunruhigte Professor Schulze, der zwischenzeitlich zum Teil durch Gespräche mit Morosow und Babajan in Moskau, zum größeren Teil aber durch die ihm regelmäßig zugesandten Rundbriefe des Weltverbandes erfahren hatte, daß der Weltverband Aufklärung über die Psychiatrisierung von konkret benannten politischen Gegnern in der Sowjetunion verlangt, die Allunionsgesellschaft diese jedoch verweigert hatte und seitdem die Kommunikation zwischen dem Weltverband und der sowjetischen Fachgesellschaft abgebrochen war. Im Herbst 1982 hielt Hauptmann Hiller eine besorgte Lageeinschätzung von Professor Schulze fest:

---

vitäten von medizinischen Wissenschaftlern während des Symposiums der polnischen Gesellschaft für Neuropathologie vom 14.–16.5.1981 in Szczecin"; ebenda, Bl. 115–117.
129 Information der HA XX/1 nach einem Bericht des IMS „Schumann" vom 6.5.1981; ebenda, Bl. 106.
130 „Protokoll einer Beratung von Experten der sozialistischen Länder zu Fragen der Koordinierung und Erweiterung der Zusammenarbeit auf dem Gebiet der Psychiatrie 23.–25.5.1980, Moschna (VRP)"; BStU, ZA, HA XX 498, Bl. 260–265.

„Seitens des IM wird eingeschätzt, daß die Situation erfordert, schnellstens eine Abstimmung im Vorgehen der sozialistischen Länder zum Auftreten gegenüber dem Weltverband herbeizuführen. Der IM bedauert nochmals, daß während des [...] Symposiums der Gesellschaft für Psychiatrie und Neurologie in Leipzig (5.5.–7.5.1982) durch Genossen Prof. Morosow keine Initiative hinsichtlich eines koordinierten Vorgehens erfolgte. [...] Nach Meinung des IM besteht eine letzte planmäßige Möglichkeit der Erarbeitung einer einheitlichen Strategie auf der Jubiläumstagung der Psychiater der sozialistischen Länder vom 23.5.–25.5.1983 in Rodewisch."[131]

Für den kontinuierlich und diszipliniert arbeitenden Deutschen muß das Ausbleiben der erwarteten Planung und Anleitung durch die für ihn unberechenbar agierenden Russen ziemlich belastend gewesen sein.

Professor Seidel, inzwischen Leiter der Abteilung Gesundheitspolitik des ZK der SED, wartete nicht länger auf sowjetische Vorgaben, sondern begann als machtgewohnter Pragmatiker die Möglichkeiten der DDR abzuklopfen, den Verbündeten aus eigener Initiative zu helfen. Am 12. Oktober 1982 schrieb Karl Seidel dem Leiter der Abteilung Internationale Beziehungen im ZK der SED folgenden Brief:

„Lieber Genosse Stieber!
Nachdem ich kürzlich anläßlich meines Besuches beim ZK der KPdSU von den Genossen auf besondere Schwierigkeiten bezüglich der Einschätzung des bevorstehenden Weltkongresses für Psychiatrie (10.–16.7.1983 in Wien) hingewiesen worden bin, erbitte ich Deinen Rat bzw. Deine Unterstützung.

Gegenwärtig wird von der amerikanischen Psychiatervereinigung [und] vom englischen Royal College of Psychiatry der Versuch unternommen, unter dem Stichwort 'Mißbrauch der Psychiatrie in der Sowjetunion zu politischen Zwecken', in grober Verunglimpfung der Sowjetunion den Ausschluß der sowjetischen Vereinigung der Psychiater und Neurologen aus dem Weltverband für Psychiatrie vorzubereiten und 1983 durchzusetzen.

Da der Präsident des Weltverbandes für Psychiatrie, Herr Prof. Berner, ein Österreicher ist (er ist Direktor der psychiatrischen Klinik der Universität Wien) und andererseits der Kongreß in Wien stattfinden soll, ist die Frage aufgetaucht, ob wir nicht über unseren neuen ständigen Vertreter bei den internationalen Organisationen in Wien bei passender Gelegenheit eruieren können, ob die Österreicher es zulassen möchten, daß auf ihrem Boden eine antisowjetische Provokation gestartet wird.

---

131 Information der HA XX/1 vom 22.10.1982 „über Aktivitäten westlicher Länder gegen die Sowjetunion auf dem Gebiet der Psychiatrie", IM-Akte „Schumann", Teil II, Bd. 1, Bl. 158–160, hier 159 f.

Wenn Du der Meinung bist, daß dies ein gangbarer Weg wäre, um eventuell Verbündete zu schaffen, wäre ich für Deine Unterstützung in der beschriebenen Weise dankbar.
Mit sozialistischem Gruß K. Seidel"[132]

Noch während Karl Seidel in der SED-Spitze Unterstützung suchte, um den Ausschluß der sowjetischen Fachgesellschaft aus dem Weltverband verhindern zu helfen, wurde er von dessen Rückzugsentscheidung überrascht. Am 18. Januar 1983 übermittelte der Botschaftsgesandte der UdSSR in der DDR, G. N. Gorinowitsch, im Auftrage des ZK der KPdSU eine Information an das ZK der SED, die in folgender Mitteilung gipfelte:

„Die in der Weltvereinigung entstandene anormale Lage stellt faktisch den gesamten Charakter der Tätigkeit dieser Organisation in Frage. Deshalb faßte die Wissenschaftliche Allunionsgesellschaft für Neuropathologie und Psychiatrie der UdSSR den Beschluß, aus der Weltvereinigung für Psychiatrie auszutreten. Über den Zeitpunkt der offiziellen Austrittserklärung werden die Freunde in Kenntnis gesetzt werden. (Die gleiche Information ist auch den anderen eng befreundeten Bruderparteien übermittelt worden.)"[133]

Am 27. Januar 1983 informierte Professor Seidel den Leiter der Abteilung XX/1 des MfS, Oberstleutnant Jaekel, über die neue Sachlage und übergab ihm das oben zitierte Papier, das er über die Abteilung Internationale Beziehungen des ZK der SED erhalten hatte.[134]

Die Information auf Parteiebene war somit mindestens zwei Wochen früher als die auf der Ebene der psychiatrischen Fachvertreter erfolgt, denn die Delegierten der DDR-Gesellschaft für Psychiatrie erfuhren den sowjetischen Austrittsentschluß erst am 11. Februar 1983 im Rahmen eines „Symposiums sozialistischer Länder zu Fragen der Methodologie in der Psychiatrie" am Serbski-Institut in Moskau. Interessant sind die bei dieser Gelegenheit von Morosow mitgeteilten Daten: das Präsidium der psychiatrischen Allunionsgesellschaft habe „am 31. 1. 1983 einhellig beschlossen, dem Weltverband für Psychiatrie ihren Austritt zu erklären". Die Entscheidung sei der Leitung des Weltverbandes mit gleichem Datum, den „angeschlossenen nationalen Gesellschaften" der Allunionsgesellschaft jedoch erst am 4. Februar 1983 mitgeteilt worden.[135] Daß das ZK der KPdSU den angeblich vom Präsidium

---

132 Schreiben des Leiters der Abteilung Gesundheitspolitik des ZK der SED an den Leiter der Abteilung Internationale Verbindungen des ZK der SED vom 12.10.1982; BStU, ZA, HA XX 41, Bl. 37.
133 Information der Abteilung Internationale Beziehungen des ZK der SED vom 18.1.1983; ebenda, Bl. 38 f.
134 Vermerk vom 27.1.1983 von Oberstleutnant Jaekel (HA XX/1) über ein Gespräch mit Professor Seidel am 26.1.1983, 4 Seiten; ebenda, Bl. 74–77.
135 Politischer Bericht vom 16.2.1983 über das Symposium in Moskau vom 10. bis 11.2.1983 vom DDR-Delegationsleiter, Prof. Dr. sc. med. Klaus Ernst, Lehrstuhlinhaber für Psych-

der sowjetischen Psychiatergesellschaft am 31. Januar gefaßten Beschluß bereits am 18. Januar dem ZK der SED bekanntgegeben hatte, spricht sehr dafür, daß in Wirklichkeit die Zentrale der kommunistischen Partei in Moskau die Entscheidung getroffen hat, die ins Kreuzfeuer der internationalen Kritik geratene sowjetische Fachgesellschaft aus dem Weltverband für Psychiatrie zurückzuziehen. Das völlige Fehlen eines auch nur scheinbar demokratisch geführten Entscheidungsprozesses wird zusätzlich durch den Umgang mit den „angeschlossenen" (!) Fachgesellschaften der einzelnen Sowjetrepubliken bezeichnet, die nicht nur nicht gefragt, sondern überhaupt erst informiert wurden, nachdem die Entscheidung bereits dem Weltverband mitgeteilt worden war.

Seidels spontane Reaktion auf die sowjetische Ankündigung ging zunächst dahin, die Psychiater der DDR ihren sowjetischen Kollegen folgen zu lassen und ebenfalls aus dem Weltverband auszutreten. Jaekel notierte:

„Genosse Seidel vertrat die Auffassung, daß es erforderlich ist, eine Abstimmung mit den sozialistischen Ländern herbeizuführen, um gemeinsame Positionen in dieser Frage festzulegen. Er betonte, wenn nach Einschätzung der UdSSR die Voraussetzungen wissenschaftlicher Arbeit im Weltverband nicht mehr gegeben sind, dieses auch für die DDR zutreffe."[136]

Von der sowjetischen Parteiführung wurde jedoch keine schlichte Nachahmung gefordert, sondern ein taktisches Verhalten der DDR-Vertreter nach eigenen Nützlichkeitserwägungen empfohlen, wie Jaekel durch Seidel wenig später erfuhr:

„Am 17.2.1983 fand ein Gespräch mit Genossen Seidel, Leiter der Abteilung Gesundheitspolitik im ZK der SED, auf dessen Ersuchen statt. [...] Er übergab eine Kopie der Austrittserklärung der Allunionsgesellschaft der Psychiater der UdSSR aus dem Weltverband für Psychiatrie. Dazu informierte er, daß auf Parteiebene eine Information aus dem ZK der KPdSU vorliegt, in der sinngemäß mitgeteilt wird, daß die DDR ihre Mitgliedschaft im Weltverband für Psychiatrie in Abhängigkeit davon entscheiden sollte, ob eine weitere Mitgliedschaft von Nutzen ist.
Genosse Seidel wird diese kurze Information Genossen Kurt Hager vorlegen und vorschlagen, daß die medizinische Gesellschaft für Psychiatrie der DDR zunächst dem Weltverband schriftlich mitteilt, daß sie den Austritt der UdSSR billigt und sich selbst weitere Schritte vorbehält."[137]

---

iatrie an der Charité-Nervenklinik der Humboldt-Universität Berlin; BStU, ZA, HA XX 499, Bl. 543–545, hier 545.
136 Gesprächsvermerk von Oberstleutnant Jaekel vom 27.1.1983; BStU, ZA, HA XX 41, Bl. 75.
137 Vermerk vom 21.2.1983 von Oberstleutnant Jaekel über ein Gespräch mit Professor Seidel am 17.2.1983, 2 Seiten; ebenda, Bl. 78 f., hier 78.

Genau das geschah. Der Vorstand der Gesellschaft für Neurologie und Psychiatrie der DDR beschloß in einer außerordentlichen Sitzung am 11. März 1983 in der Charité-Nervenklinik, dem Weltverband eine scharfe Note zu schicken, in der sie den durch die „verleumderische Kampagne" gegen die Sowjetunion notwendig gewordenen Austritt der Fachgesellschaft der UdSSR bedauert und sich selbst weitere Schritte vorbehält.[138]

Professor Seidel beriet mit Oberstleutnant Jaekel die weiteren Schritte. Jaekel empfahl folgende „Maßnahmen":

„– Über bestehende Kontakte zwischen geeigneten leitenden Psychiatern der DDR und einiger sozialistischer Staaten zu prüfen, welche Handlungsvarianten in diesen Ländern erwogen werden.
– Durch das Generalsekretariat der medizinischen Gesellschaften und das Institut für Wissenschaftsinformation in der Medizin ein Material zusammenstellen zu lassen, das als Grundlage für eine offensive Stellungnahme eines DDR-Vertreters auf dem Weltkongreß dienen soll, falls eine DDR-Delegation daran teilnimmt. In dem Material muß der Nachweis der Verletzung der Statuten des Weltverbandes durch bestimmte westliche Psychiaterorganisationen geführt werden."[139]

Seidel schlug für die Vorbereitung einer solchen Positionierung der DDR im Weltverband für Psychiatrie wieder einmal Professor Schulze vor und bat mit der ihm eigenen Effektivität seinen MfS-Gesprächspartner gleich um die nötige Unterstützung für dessen Reiseerlaubnis:

„In diesem Zusammenhang informierte Genosse Seidel, daß der Präsident der Gesellschaft für Psychiatrie der DDR, Prof. Schulze (Charité), im März/April 1983 eine Einladung für einen Studienaufenthalt an die psychiatrische Klinik in Innsbruck erhalten hat. Prof. Seidel schlägt vor, daß Prof. Schulze diese Reise benutzen soll, um in Vorbereitung des Weltkongresses in Wien aktuelle Informationen zu sammeln. [...] Genosse Seidel ersuchte das MfS um sicherheitspolitische Überprüfung und Einflußnahme auf das Ministerium für Hoch- und Fachschulwesen, daß die Ausreise genehmigt wird."[140]

Anfang Mai 1983 gab es noch einmal ein retardierendes Moment in der Entscheidung über das Verhalten der DDR im Weltverband für Psychiatrie, das durch asynchrone sowjetisch-deutsche Abstimmungsprozesse auf den unterschiedlichen Ebenen – Partei und Regierung – bedingt war:

---

138 Information der HA XX „über eine außerordentliche Sitzung des Vorstandes der Gesellschaft für Psychiatrie und Neurologie der DDR" vom 14.3.1983; BStU, ZA, HA XX 498, Bl. 106–109.
139 Ebenda, Bl. 78.
140 Ebenda, Bl. 78 f.

„Genosse Prof. Seidel informierte über ein Fernschreiben des Genossen Prof. Mecklinger aus Genf über das Ergebnis einer Beratung der Gesundheitsminister sozialistischer Länder während der WHO-Tagung zur Abstimmung der gemeinsamen Haltung gegenüber dem Weltverband für Psychiatrie. Danach hat der sowjetische Gesundheitsminister zum Ausdruck gebracht, daß er von der DDR weder eine Teilnahme an dem Kongreß des Weltverbandes für Psychiatrie im Juli 1983 in Wien noch eine weitere Mitgliedschaft in dem Weltverband erwartet. Nach Mitteilung des sowjetischen Gesundheitsministers werde auf Parteiebene noch eine Information des ZK der KPdSU an die Bruderparteien übermittelt."[141]

Die Abstimmung zwischen der Partei und der staatlichen Leitung des Gesundheitswesens scheint in dieser Angelegenheit schon innerhalb der Sowjetunion nicht optimal gewesen zu sein, was bei den Verbündeten zu einer gewissen Verunsicherung führte. Einige der Gesundheitsminister, die bei der Beratung am Rande der WHO-Tagung in Genf von ihrem sowjetischen Kollegen mit Rückzugsforderungen aus dem Weltverband konfrontiert wurden, äußerten sich zunächst vorsichtig: Dem Fernschreiben des DDR-Ministers zufolge gaben nur die Bulgaren sofort an, sie würden „in Kürze" aus dem Weltverband austreten und nicht nach Wien fahren. Die polnischen, ungarischen und tschechoslowakischen Vertreter hingegen erklärten, sie hätten noch keine Entscheidungen getroffen.

Von der sowjetischen Führungsmacht ging auch im weiteren Verlauf keine systematische Koordinierung der Ostblockländer aus. Wie Professor Schulze seinem Führungsoffizier Hiller bei einem Treff am 2. Juni 1983 mitteilte, waren zu dem Psychiatriekongreß vom 25. bis 27. Mai 1983 in Rodewisch, den er als „letzte planmäßige Möglichkeit der Erarbeitung einer einheitlichen Strategie" angesehen hatte, von den eingeladenen Fachgesellschaften der sozialistischen Länder nur die der UdSSR, der ČSSR und der VR Ungarn angereist. Die von den DDR-Veranstaltern geplanten Vereinbarungen „über ein einheitliches Vorgehen der sozialistischen Länder auf dem Kongreß des Weltverbandes für Psychiatrie in Wien" seien aus verschiedenen Gründen nicht zustande gekommen:

„Wie die Quelle einschätzte, hatte die sowjetische Delegation (Delegationsleiter Genosse Professor Kabanow) keine offizielle Information ihres Landes über das Vorgehen der sozialistischen Länder in Wien zur Verfügung. Genosse Professor Kabanow enthielt sich jeglicher Äußerung in dieser Richtung.
In einer Beratung zeigte sich, daß in diesen Fragen bei den verschiedenen Gesellschaften für Psychiatrie der anwesenden sozialistischen Länder unter-

---

141 Vermerk vom 16.5.1983 von Hauptmann Jaekel über ein Gespräch mit Professor Seidel am 4.5.1983, 5 Seiten; BStU, ZA, HA XX 41, Bl. 85–89, hier 86.

schiedliche Meinungen bestehen. Die ČSSR-Vertreter berichteten, daß sie beschlossen haben, ebenfalls aus dem Weltverband für Psychiatrie auszutreten und nicht nach Wien zu reisen. Die Vertreter der VR Ungarn äußerten, daß sie nicht austreten werden und in Wien mit einer Delegation von 30 Personen anreisen werden. Die ungarischen Vertreter erläuterten hierzu, daß der ungarische Gesundheitsminister Schultheisz der Gesellschaft vorgeschlagen hatte, aus dem Weltverband für Psychiatrie auszutreten. Es gäbe jedoch nachträglich eine Entscheidung des ZK der Partei über die Notwendigkeit der Teilnahme am Weltkongreß."[142]

Möglicherweise hatte der ungarische Gesundheitsminister in vorauseilendem Gehorsam gegenüber den Russen den Austritt der Fachgesellschaft seines Landes empfohlen, während die ungarische Parteiführung, der vom ZK der KPdSU ausgegebenen Empfehlung folgend, jedes Land solle sein Vorgehen in dieser Sache taktisch entscheiden, das Gegenteil forderte. Vermutlich erklärt sich das unterschiedliche Verhalten der östlichen Psychiatrie-Gesellschaften 1983 überhaupt dadurch, daß die widersprüchlichen Signale aus Moskau den konkurrierenden Kräften innerhalb der einzelnen Ostblockstaaten Gelegenheit zu Auseinandersetzungen gaben, die dann in Abhängigkeit von der jeweiligen Konstellation zu verschiedenen Entscheidungen führten.

Die Autoritäten des sowjetischen Gesundheitswesens und insbesondere Professor Morosow, der als Chef des Serbski-Institutes im Mittelpunkt der internationalen Kritik am politischen Psychiatriemißbrauch stand, ließen bei einem Treffen mit Vertretern der DDR-Psychiatrie Ende Mai 1983 ihre Unzufriedenheit über die Differenzierung der psychiatrischen Fachgesellschaften im „sozialistischen Lager" erkennen:

„In Gesprächen brachten die sowjetischen Genossen zum Ausdruck, daß sie die Entscheidung der ungarischen psychiatrischen Gesellschaft bedauern. Informationen, wie sich die Gesellschaften der VR Polen, Rumänien [und] Bulgarien verhalten werden, würden nicht vorliegen.
Genosse Professor Morosow fand bedenklich, daß die VR Ungarn mit einer so großen Delegation (30 Psychiater) nach Wien reist. Er sprach sein Bedauern aus, daß keine Übersicht über die Handlungen der sozialistischen Länder in Wien besteht."[143]

---

142 „Information über den Stand der Abstimmungen der nationalen Gesellschaften für Psychiatrie der sozialistischen Länder im Vorgehen auf dem Weltkongreß des Weltverbandes für Psychiatrie vom 11.–16.7.1983 in Wien im Ergebnis des Austritts der UdSSR aus dieser internationalen Vereinigung wegen politischer Diffamierungen" von Hauptmann Hiller, IM-Akte „Schumann", Teil II, Bd. 2, Bl. 189–193, hier 190.
143 Ebenda, Bl. 192 f.

Die DDR hatte bis dahin, das war sechs Wochen vor Beginn des Weltkongresses, weder eine Entscheidung über die Teilnahme in Wien noch über Austritt oder Verbleib im Weltverband gefällt.[144]
Professor Schulze sollte noch einmal die Lage sondieren. Zwei Tage vor seiner Abreise zu seinem „Studienaufenthalt" in Österreich wurde er hierfür von MfS-Offizieren am 16. Juni 1983 in seinem Dienstzimmer in der Charité-Nervenklinik instruiert. Die Teilnahme des Leiters der Hauptabteilung XX/1 an diesem Treffen unterstreicht die Bedeutung, die das MfS der Sache beimaß:

„Am Treff nahm Genosse OSL [Oberstleutnant] Jaekel teil. Ziel des Treffs war, den IM zu beauftragen, mit dem Generalsekretär des Weltverbandes während des Aufenthaltes in Österreich Kontakt aufzunehmen und aus diesem Kontakt Hintergrundinformationen über Aktivitäten des Weltverbandes zu erarbeiten. Der IM wurde mit der entsprechenden Legende und Inhalt der Gesprächsführung vertraut gemacht. Das Anliegen wurde durch den IM positiv aufgenommen, und er ist bereit, am Montag, dem 20.6.1983, während des Aufenthalts in Wien, Prof. Berner anzurufen."[145]

In Hauptmann Hillers Treffbericht wurde die Auftraggebung des MfS dann noch etwas genauer ausgeführt. Sie entspricht ungefähr dem, was Professor Seidel bereits am 12. Oktober 1982 dem Leiter der Abteilung Internationale Beziehungen des ZK der SED schriftlich und dem Oberstleutnant Jaekel am 21. Februar 1983 mündlich vorgeschlagen hatte:

„Auftrag: Kontaktaufnahme mit Prof. Berner in Wien auf der Grundlage der Sorge, daß andere Kräfte diese Veranstaltung nutzen könnten, um Angriffe gegen die SU zu starten, die zunehmend politische und nicht wissenschaftliche Strömung hineinbringen, ist dieses Gespräch aufzubauen. Erarbeitung von Hintergrundinformationen – wird Korjagin als Ehrenmitglied aufgenommen, wie ist der Ablauf geplant, Haltung des Generalsekretariats zu den politischen Provokationen."[146]

Wie Schulzes Informationen in die DDR gelangten und wer letztendlich die Entscheidung über die Teilnahme der DDR-Fachgesellschaft am Weltkongreß für Psychiatrie in Wien traf, ist aus den bisher erschlossenen Unterlagen des MfS nicht ersichtlich.

---

144 Ebenda, Bl. 193.
145 Bericht von Hauptmann Hiller vom 17.6.1983 über ein Treffen mit dem IMS „Schumann" am 16.6.1983; ebenda, Teil II, Bd. 1; Bl. 194 f., hier 195.
146 Ebenda.

## 6.5. Der VII. Weltkongreß für Psychiatrie 1983 in Wien

Über die politischen Aufträge, mit denen die DDR-Delegation entsandt wurde, informiert eine fünfseitige „Direktive für die Teilnahme einer Delegation der DDR am VII. Weltkongreß für Psychiatrie vom 9. bis 16.7.1983 in Wien", die in den Unterlagen der Hauptabteilung XX/1 gefunden wurde.[147] Aus diesem Dokument geht hervor, daß der als „Leiter der Delegation" eingesetzte stellvertretende Gesundheitsminister Dr. Rudolf Müller „der Kongreßdelegation an Ort und Stelle zur Erfüllung ihres politischen Auftrages Anleitung und Unterstützung" geben sollte. Professor Schulze sollte als „Leiter der Kongreßdelegation" in der Generalversammlung der Mitgliedsgesellschaften des Weltverbandes und Professor Lange im Exekutivkomitee des Weltverbandes wirken.

Als „Grundlage für das Auftreten der Mitglieder der Delegation" wurde eine bemerkenswerte Dokumentensammlung in einer ebenso bemerkenswerten Reihenfolge aufgezählt: Zuerst kamen „die Beschlüsse des X. Parteitages der SED und der 6. Tagung des ZK der SED", gefolgt von der „politische[n] Deklaration der Teilnehmerstaaten des Warschauer Vertrages vom 5. Januar 1983 in Prag" und der „Gemeinsame[n] Erklärung des Gipfeltreffens der Teilnehmerstaaten des Warschauer Vertrages vom 28. Juni 1983 in Moskau", und zuletzt das Statut des Weltverbandes für Psychiatrie. So gerüstet, sollten sich die DDR-Delegierten dafür einsetzen, „daß unabhängig von politischen Einflüssen außerhalb des Weltverbandes eine den humanistischen Prinzipien und den Satzungen des Weltverbandes für Psychiatrie entsprechende sachliche Atmosphäre der internationalen wissenschaftlichen Zusammenarbeit hergestellt wird"![148]

In der Direktive war auch bereits festgelegt worden, daß der Delegationsleiter „sofort nach Rückkehr dem Leiter der Abteilung Gesundheitspolitik des ZK der SED und dem Minister für Gesundheitswesen über die Ergebnisse der Teilnahme zu berichten" habe. Das tat Dr. Müller. Wie seinem Bericht zu entnehmen ist, habe er sich gleich am ersten Tag mit „dem sowjetischen amtierenden Leiter der Ständigen Vertretung bei den Internationalen Organisationen in Wien, Genossen Aframow" beraten. Enge Kontakte wurden auch zur DDR-Vertretung in Wien gepflegt, in deren Wohnhäusern die DDR-Delegierten untergebracht waren. Diese vermutlich aus Gründen der Devisenknappheit gewählte Unterbringung isolierte die DDR-Delegierten räumlich von den anderen Kongreßteilnehmern und verbaute von vornherein informelle Kontakte, wie sie sich bei gemeinsamer Hotelunterbringung am Rande solcher Veranstaltungen üblicherweise ergeben.

Professor Schulze glich diese isolierte Position wie schon in Mexiko und Hawaii dadurch aus, daß er sich preußisch stur und kenntnisreich an forma-

---
147 BStU, ZA, HA XX 498, Bl. 117–121.
148 Ebenda, Bl. 119.

len Verfahrensregeln festhielt. Bei der ersten Generalversammlung der Mitgliedsgesellschaften des Weltverbandes konnte er sich bei seinem Bemühen um die Durchsetzung der sowjetischen Interessen noch mit dem kubanischen Delegierten abstimmen:

„Das Bemühen einiger Rechtskräfte in der Leitung der WPA [World Psychiatric Association], die sowjetische Allunionsgesellschaft trotz des bereits vollzogenen Austritts aus der WPA zusätzlich noch per Abstimmung auszuschließen, wurde als provokativ, plump und statutenwidrig bezeichnet und konnte verhindert werden."[149]

Professor Schulze und der kubanische „Genosse Gonzales" konnten jedoch nicht verhindern, daß ein „Komitee zur Untersuchung des politischen Mißbrauchs der Psychiatrie" konstituiert und der sowjetische Dissident Dr. Korjagin als Ehrenmitglied in den psychiatrischen Weltverband aufgenommen wurde.

Am 12. Juli schickte Rudolf Müller ein Blitztelegramm an Karl Seidel und den DDR-Gesundheitsminister, das auch der MfS-Generalität zur Kenntnis gegeben wurde. Darin teilte er unter anderem mit, daß die kubanische Delegation den Kongreß verlassen habe und die Teilnahme an der nächsten Generalversammlung am 14. Juli für sinnlos halte. Auch für den DDR-Vertreter erhebe sich „angesichts der entstandenen politischen Situation in der Leitung der WPA und des Auftretens der zur Wahl anstehenden Kandidaten" die „Frage der Zweckmäßigkeit der Teilnahme" am Wahlvorgang in der Generalversammlung.[150] Von den DDR-Oberen muß jedoch eine Order nach Wien gegangen sein, dennoch an der Generalversammlung teilzunehmen und die Leitungswahl des Weltverbandes nach Möglichkeit zugunsten der Sowjetunion zu beeinflussen, denn Müller geht in seinem achteinhalbseitigen Kongreßbericht darauf ein. Durch eine Intervention des DDR-Vertreters sei die Wiederwahl von Professor Berner in die Leitung des Weltverbandes für Psychiatrie verhindert worden. Offenbar hielt man den Österreicher trotz seiner Integrationsbemühungen im Weltverband für zu kritisch gegenüber dem sowjetischen Psychiatriemißbrauch:

„Abweichend von der Tagesordnung wurde zunächst nicht der Präsident des Verbandes, sondern der Generalsekretär gewählt. [...] Daraufhin hat Prof. Berner (Österreich) seine Kandidatur zur Präsidentschaft zunächst zurückgezogen. Nach einigem Durcheinander in der Versammlungsleitung [...] erklärte Berner jedoch erneut seine Bereitschaft zur Kandidatur. Der energische Ein-

---

149 Bericht vom 22.7.1983 über die Teilnahme einer Delegation der DDR am VII. Weltkongreß für Psychiatrie 9.–16.7.1983 in Wien; ebenda, Bl. 92–100, hier 94.
150 Blitztelegramm von Dr. Müller vom 12.7.1983 aus Wien; ebenda, Bl. 101–103, hier 103.

spruch unseres Delegierten, Genossen Prof. Schulze, daß dies statutenwidrig sei, brachte Berners Kandidatur zu Fall."[151]

Diese Darstellung macht einmal mehr die Jahre später vom MfS rückblickend getroffene Einschätzung verständlich, daß Professor Schulze „offensiv zur Durchsetzung der abgestimmten Linie der sozialistischen Länder im Weltverband für Psychiatrie eingesetzt" worden sei.[152] Am 20. Juli 1983 berichtete Schulze noch vor der „offiziellen Auswertung des Kongreßgeschehens" mit dem „Genossen Dr. Müller" im Gesundheitsministerium seinem Führungsoffizier Hiller „umfassend (circa 2 Stunden) auf Band".[153] Die Tonbandabschrift des IM-Berichtes über den Weltkongreß umfaßt 15 maschinengeschriebene Seiten[154] und enthält interessante Informationen über das Verhalten der Fachvertreter anderer Ostblockstaaten:

„Der Präsident teilte mit, daß nach dem Austritt der Allunionsgesellschaft der sowjetischen Psychiater und Neurologen auch die psychiatrische Gesellschaft der ČSSR und der VR Bulgarien [ihren Austritt] erklärt hätten. [...] Sehr negative Eindrücke erhielten Professor Lange und ich von Äußerungen des ungarischen Komiteemitglieds Professor Dr. Böszermenyi, der alle möglichen Leute, die er traf, ansprach, um zu verkünden, daß die Ungarn in großer Zahl auf eigene Kosten ohne staatliche Unterstützung angereist seien und daß er mit Kollegen aus der ČSSR gesprochen habe, die äußerst traurig und bestürzt seien, daß die psychiatrische Gesellschaft der ČSSR aus dem Weltverband ausgetreten sei, das entspreche durchaus nicht ihrer eigenen Meinung. [...] An dieser Stelle [einer Sitzung der Generalversammlung des Weltkongresses] verlas Professor Pichot ein Telegramm, das vom Sekretär der polnischen psychiatrischen Gesellschaft, Frau Dr. Orwit aus Krakow, eingegangen sei. Dieses Telegramm [...] drückte das Bedauern aus, daß die polnischen Psychiater nicht am Weltkongreß teilnehmen könnten, da sie von staatlicher Seite an der Ausreise gehindert worden seien. Sie versicherten, daß sie im Weltverband verbleiben würden. [...]"[155]

Die Differenzierung innerhalb des Ostblocks war endgültig offenbar geworden. Die bulgarische Psychiatrie-Gesellschaft war ohne nach außen erkennbare Konflikte der sowjetischen gefolgt. Die offiziellen Vertreter der tschechoslowakischen Gesellschaft hatten im Vorfeld des Kongresses den gleichen Schritt erklärt, einzelne Mitglieder hatten jedoch ihren Dissens da-

---

151 Bericht von Dr. Müller vom 22.7.1983, 9 Seiten; ebenda, Bl. 92–100, hier 96.
152 Abschlußbericht von Hauptmann Hiller über die Zusammenarbeit mit dem IMS „Schumann" vom 4.10.1987, IM-Akte „Schumann", Teil I, Bd. 1, Bl. 188.
153 Bericht von Hauptmann Hiller vom 20.7.1983 über ein Treffen mit dem IMS „Schumann" in der Charité-Nervenklinik am 20.7.1983; ebenda, Teil II, Bd. 1, Bl. 211f.
154 Ebenda, Bl. 196–210.
155 Aus dem Bericht über den Weltkongreß für Psychiatrie 10.–16.7.1983; ebenda, Bl. 196–210, hier 199, 198 und 203.

mit signalisiert. Die polnischen und die ungarischen Psychiater demonstrierten selbstbewußt ihre Unabhängigkeit von den Reglements ihrer Regierungen. Die Kubaner entschlossen sich während des Weltkongresses vorzeitig abzureisen und hinterließen ihre Austrittserklärung aus dem Weltverband. Aus Rumänien war nichts zu hören. Die DDR-Delegierten hatten einmal mehr durch ihr Agieren innerhalb der Gremien des Weltverbandes ihre „unverbrüchliche Treue zur Sowjetunion" bewiesen.

Alle in den MfS-Unterlagen aufgefundenen Berichte über den Weltkongreß gehen in die Richtung, daß besonders Professor Schulze in den Generalversammlungen des Weltverbandes hartnäckig, manchmal ganz allein, mitunter mit spontan wechselnden Verbündeten, die Interessen der ausgetretenen sowjetischen Fachgesellschaft vertrat, auch wenn er sich nur punktuell durchsetzen konnte. Schulze hielt sich dabei eng an die „Direktive". In seinem IM-Bericht vom 20. Juli 1983 über den Weltkongreß in Wien rechnete er beispielsweise einen Teilauftrag regelrecht ab:

„In der Diskussion [...] brachte Professor Stefanis/Griechenland vor, daß sich der Weltverband, wenn er sich schon politisch betätigen wolle, statt mit der Diffamierung einzelner Mitgliedsgesellschaften damit befassen sollte, wie ein atomarer Krieg zu verhindern sei. Damit brachte er Gedanken vor, die in ähnlicher Weise vom Delegierten der DDR vorgebracht werden sollten, so daß nur eine Identifizierung mit dieser Aussage nötig war."[156]

## 6.6. Die „operative Bearbeitung" eines „Feindobjektes" in München und sowjetischer Bürgerrechtler 1978–1983

In den Jahren zwischen den Weltkongressen 1977 und 1983 beschäftigte MfS-Major Jaekel sich neben dem Weltverband für Psychiatrie mit zwei anderen Organisationen, die im Zusammenhang mit dem Thema des sowjetischen Psychiatriemißbrauchs nicht unerwähnt bleiben dürfen, auch wenn sie gewissermaßen nur „Nebenkriegsschauplätze" darstellten.

Zum einen ging es gegen die „Deutsche Vereinigung gegen politischen Mißbrauch der Psychiatrie e.V." (DVpMP) in München, welche die Hauptabteilung XX/1 des MfS als „Feindobjekt" ausgemacht hatte. Außerdem half das MfS dem KGB bei der „Liquidierung" der „Arbeitskommission zur Aufdeckung des Mißbrauchs der Psychiatrie" in Moskau. Beide Vorgänge wurden in der MfS-Zentrale von Major Jaekel als Abteilungsleiter XX/1 koordiniert.

Am 11. Mai 1978 legte Jaekel einen achtseitigen „Maßnahmeplan" seiner Abteilung „zur politisch-operativen Aufklärung der 'Deutschen Vereinigung gegen den politischen Mißbrauch der Psychiatrie e. V.'"

---

156 Ebenda, Bl. 204.

vor.[157] Als „bisher vorliegende operative Erkenntnisse" wurden in diesem Plan nicht nur die detaillierte Entstehungsgeschichte der Organisation referiert, die im April 1977 aus einem zwei Jahre zuvor in Genf gegründeten „Initiativausschuß gegen den Mißbrauch der Psychiatrie zu politischen Zwecken" hervorgegangen sei, sondern auch die Ziele der Vereinigung, ihre Verbindungen zu Amnesty International und der „Gesellschaft für Menschenrechte", die Namen und Adressen der wichtigsten Mitglieder bis hin zur Bankverbindung des Vereinskontos und anderen Details.

Der „Maßnahmeplan" vom 11. Mai 1978 legte konkrete Schritte zur „Aufklärung" der „bekannten Personen des Führungsgremiums" des Vereins fest. Unter anderem sollte die Hauptabteilung VIII mit Ermittlungen zu den „festgestellten Personen im Raum München" beauftragt werden, zur „Feststellung ihres politisch-moralischen Verhaltens", um eventuell „kompromittierende Hinweise" gegen sie zu finden, zur „Feststellung des überwiegenden Patientenkreises" und der „Gesinnungsfreunde" sowie zur „Beschaffung" der von der DVpMP verbreiteten Informationsmaterialien.

Geplant wurde außerdem der Einsatz von zwei inoffiziellen Mitarbeitern des MfS: Zum einen sollte der IMV „Jutta" eingesetzt werden, um „Kontakte zu sowjetischen Emigranten in München" aufzunehmen. Zum zweiten sollte die Hauptabteilung XX/2 gefragt werden, ob der IMV „Grabowski" „auftragsgemäß die Verbindung zur DVpMP herstellen kann, um regelmäßig in den Besitz von Veröffentlichungen und Materialien zu gelangen" und um „persönliche Kontakte des IM zu Mitarbeitern der DVpMP zu entwickeln und persönliche Zusammentreffen herbeizuführen". Der IM „Grabowski" alias Dr. med. Hans Eichhorn kam in den folgenden Jahren nicht in der geplanten Weise zum Einsatz, weil er 1981 im Auftrag des ZK der SED zum ärztlichen Direktor des psychiatrischen Großkrankenhauses Ueckermünde berufen wurde, um die bis dahin katastrophal vernachlässigte Einrichtung zu rekonstruieren. Der Führungsoffizier von „Grabowski" notierte im Dezember 1980, daß sich „der Auslandseinsatz des IM" durch die Übernahme dieser Aufgabe „um mindestens 5 Jahre" verschieben würde.[158]

IM „Jutta" hingegen wurde nach dem „Maßnahmeplan" vom Mai 1978 sehr bald und erfolgreich aktiv. In einem 1986 rückblickend geschriebenen „Abschlußbericht zum IMB 'Jutta'" faßte Oberstleutnant Jaekel die schändlichen Taten dieser inoffiziellen Spitzenkraft in den Jahren 1978 bis 1983 wie folgt zusammen:

„Im Auftrag des MfS nahm der IM im Juni 1978 unter Ausnutzung eines Aufenthaltes in München Kontakt zu dem Leiter der Feindorganisation 'Deutsche Vereinigung gegen politischen Mißbrauch der Psychiatrie e.V.' München auf.

---

157 BStU, ZA, HA XX 1385, Bl. 70–77.
158 Bericht von Major Rudolph, HA XX/2, vom 7.12.1980, über ein Treffen mit dem IMS „Grabowski" am 3.12.1980 in der IMK „Bungalow", Zwischenablage der IM-Arbeitsakte „Grabowski"; BStU, ZA, MfS 1847/71, Teil II, Bd. 7, Bl. 28–32, hier 29.

Zur Aufklärung der feindlichen Tätigkeit dieser Organisation führte der IM bei seinen dienstlichen Ausreisen von Juni 1978 bis März 1983 im Auftrag des MfS mit dem Leiter dieser Organisation mehrere Zusammenkünfte durch. Im Auftrag der Feindorganisation nahm der IM in Abstimmung mit dem KfS der UdSSR [KGB] 1978 und 1979 Verbindung zu negativ-feindlichen Elementen in Moskau auf. Die erarbeiteten Informationen wurden entsprechend ihrer operativen Bedeutsamkeit an das KfS der UdSSR übermittelt und leisteten einen Beitrag zur Liquidierung der feindlichen Gruppe in Moskau durch das KfS der UdSSR.
Im Mai 1983 wurde der Kontakt des IM zu der Feindorganisation eingestellt, und der IM erhielt keine Aufträge mehr zur Durchführung operativer Handlungen im Operationsgebiet [BRD]."[159]

Wer war „Jutta"? Und wie war es diesem IM gelungen, das Vertrauen des Vereinsvorsitzenden in München zu erwerben, so daß dieser „Jutta" mit seinen besten Empfehlungen zu sowjetischen Bürgerrechtlern nach Moskau schickte?

Hinter dem Decknamen „Jutta" verbarg sich die im Leben und in der Wissenschaft erfolgreiche Frauenärztin Dr. Gisela Otto,[160] die von 1970 bis 1986 die Betriebspoliklinik im Haus der Ministerien in Ostberlin leitete, sich auf die medizinische Früherkennung, Behandlung und Nachsorge von Brustkrebs spezialisiert hatte und als dafür anerkannte Spezialistin seit Anfang der siebziger Jahre wissenschaftliche Kongresse in Westeuropa bereiste. Hauptmann Jaekel hatte sie im März 1974, nach einer IM-Vorlauf-Zeit von acht Monaten, als vielversprechende IM-Kandidatin eingeschätzt:

„Bei der Kandidatin handelt es sich um eine sehr intelligente, stark kunstinteressierte und sehr ehrgeizige Ärztin [...]. Charakteristisch für sie ist ihre hohe Arbeitsintensität sowohl in ihrer Funktion als ärztlicher Direktor der Poliklinik, als Frauenärztin dieser Einrichtung, als Dozentin an der Akademie für ärztliche Fortbildung und in dem Bestreben zur persönlichen wissenschaftlichen Weiterbildung. [...]
Eine weitere hervorstechende Eigenschaft der Kandidatin besteht in ihrer Fähigkeit, binnen kürzester Zeit ein solches Verhältnis zu anderen Personen zu schaffen, das diese veranlaßt, mit großer Offenheit über alle sie bewegenden Probleme zu sprechen. [...] Die Kandidatin ist äußerst verschwiegen und versucht vor allem ihre private Sphäre gegenüber Außenstehenden abzuschirmen. [...] In dieser Hinsicht ist die Kandidatin sehr legenden- und vari-

---

159 IM-Akte „Jutta"; BStU, ZA, AIM 10707/86, Teil I, Bd. 1, Bl. 255.
160 Gisela Otto (Jg. 1935), Prof. Dr. sc. med., 1954 Abitur in Greifswald, 1954–59 Medizinstudium in Greifswald und Rostock, 1959–65 Facharztausbildung Gynäkologie und Geburtshilfe in der Universitätsfrauenklinik Rostock und im Krankenhaus der Volkspolizei Berlin, 1965–86 Ärztin in der Betriebspoliklinik im Haus der Ministerien Berlin, 11.12.1985 Auszeichnung mit dem Titel „Verdienter Arzt des Volkes" der DDR, 1986 Nichtrückkehr in die DDR von einer Dienstreise nach Frankreich, SED-Mitglied seit 1965. Vgl. IM-Akte „Jutta", Teil I.

antenreich und versteht es, ihre Absichten und Gefühle zu verbergen und ihre Umwelt zu täuschen. Dieser Charakterzug wirkte sich sehr erfolgversprechend in der Zusammenarbeit aus. [...]
Die Kandidatin ist darüber hinaus eine gutaussehende, moderne und sicher auf Männer wirkende Person [...]."[161]

Diese Dame also tauchte im Juni 1978 in München auf, um dort „Aufklärungsangaben zur 'Deutschen Vereinigung gegen politischen Mißbrauch der Psychiatrie' zu sammeln". „Jutta" fädelte den Kontakt zum Vorsitzenden des Vereins, Dr. med. Friedrich Weinberger, von Anfang an trickreich ein. Sie fuhr nach einem wissenschaftlichen Seminar in Straßburg über München zurück in die DDR. Der ursprüngliche Plan und Auftrag des MfS, zunächst bei einem ihr bekannten Fachkollegen aus München Erkundigungen über die DVpMP einzuziehen, scheiterte, weil dieser Kollege erkrankt war. Daraufhin entschloß sich Dr. Gisela Otto eigenmächtig zu einem anderen Vorgehen. Durch Jaekels Instruktion über die DVpMP kannte sie einige Namen von Ärzten, die in der Organisation aktiv waren. Von diesen suchte sie sich aus dem Münchner Telefonbuch die Nummer einer Frau mit russisch klingendem Namen heraus, weil sie „es nicht für ratsam hielt", sich „an Herrn Weinberger direkt zu wenden, da ich ja nicht wissen konnte, daß er eine leitende Persönlichkeit in dieser Gruppe ist". Auf dem Umweg über die russische Ärztin, die sie mit Blumen und heuchlerischen Reden für sich einzunehmen wußte, wurde sie schließlich Dr. Weinberger empfohlen. Nach ihrer Rückkehr nach Ostberlin sprach sie ihrem Führungsoffizier auf Band, was sie in München erlebt hatte:

„Ich stellte mich sehr zögernd vor als Facharzt für Gynäkologie und Geburtshilfe, teilte ihm auch meine Arbeitsstelle mit. Er sah daraufhin völlig ein, daß das ein Gespräch ist, das unter uns bleiben muß, da die Verbindung zu ihm äußerst gefährlich sei. [...] Ich sagte auch Herrn Dr. W., daß ich illegal in München sei, als Gast von Professor V., mit dem ich [...] eng befreundet sei. [...] Ich sprach von meiner wissenschaftlichen Arbeit, von meiner internationalen Anerkennung, aber sehr dezent nur und daß ich aus diesem Grunde die Freiheit habe, im kapitalistischen Ausland mich weiterbilden zu lassen und Kongresse besuchen kann. Er begrüßte das sehr und sagte aber, wir müssen uns sehr vorsehen, da man in unseren Ländern auch [...] vor einem anerkannten Wissenschaftler keinen Halt macht, wenn es um Bestrafung geht. Er würde es persönlich sehr bedauern, wenn seine Organisation sich für meine Befreiung einsetzen müßte."[162]

---

161 Vorschlag zur IM-Anwerbung von Hauptmann Jaekel vom 12.3.1974; ebenda, Teil I, Bd. 1, Bl. 99–108, hier 102f.
162 Tonbandabschrift eines Berichtes von IM „Jutta" vom 13.6.1978; ebenda, Teil II, Bd. 1, Bl. 218–233, hier 228.

Um das Gelingen der Täuschung nachvollziehen zu können, muß die Geschicklichkeit des Vorgehens von Dr. Gisela Otto an wenigstens einem Beispiel erläutert werden. „Jutta" bezog dritte Personen ohne deren Kenntnis in ihre Täuschungsmanöver mit ein. Neben dem erwähnten Professor V. waren das zwei weitere Münchener Ärzte, deren Existenz und Beziehung zu ihr Dr. Weinberger entweder direkt vorgeführt wurden oder durch ihn indirekt nachprüfbar waren:

> „Sein Vertrauen zu meiner Person [...] wurde noch durch das Zusammensein mit Herrn Dr. M[...] verstärkt, der Herrn Dr. W. in einer sehr schwärmerischen Form von meinen wissenschaftlichen Ergebnissen [...] und meiner Habilitationsarbeit berichtete. Herr Dr. M[...] war es auch, der Herrn Dr. W. die Mitteilung machte, daß ich auf internationalen Tagungen eine gefragte Rednerin geworden sei. [...] Das war ein großer Vorteil, da man sich ja persönlich nicht so in ein Licht setzen kann, wie es [...] ein Fremder tun kann.
> Mein Interesse an dem Mißbrauch der Psychiatrie erklärte ich ihm mit den Ausführungen, warum ich Ärztin geworden war. Ich stellte die ethischen Probleme in den Vordergrund. Ich erzählte ihm, daß ich über den Gegenstand, Psychiatrie in der Sowjetunion, erstmalig von einem westdeutschen Kollegen, Dr. H[...], aufmerksam gemacht worden wäre, mit dem ich mich in Moskau getroffen hätte. Seit dieser Zeit hat mich dieses Problem nicht mehr in Ruhe gelassen, und ich hätte auf allen möglichen Umwegen versucht, Material über diese Problematik zu erhalten."[163]

Der Appell an die Gemeinsamkeit ihres ärztlichen Gewissens war sicher geeignet, eventuelle Bedenken Weinbergers zu zerstreuen. „Jutta" zog gegenüber Major Jaekel die Bilanz, „daß Herr Dr. W. mir traut, daß er gewillt ist, alle Materialien, die ihm zur Verfügung stehen, mir zu übermitteln" und „daß er mich als Verbündete ansieht."[164]

Diese Einschätzung war wohl leider zutreffend, was an den außergewöhnlichen schauspielerischen Fähigkeiten dieser Frau gelegen haben muß, die von ihrem Führungsoffizier bereits 1974 als „erfolgversprechend" eingeschätzt worden waren. Abgesehen davon, daß Dr. Weinberger die auf ihn angesetzte Agentin nicht als solche erkannte, war er sich des Risikos der staatssicherheitsdienstlichen Überwachung seines Engagements für verfolgte Bürgerrechtler in der Sowjetunion durchaus bewußt. Er verhielt sich in der nun folgenden Kommunikation mit Dr. Gisela Otto für einen westlich sozialisierten Menschen erstaunlich konspirativ, um seine vermeintliche Kampfgefährtin aus der DDR und andere Menschen nicht zu gefährden. So benutzte er eine Deckadresse und ein Pseudonym für seinen Briefverkehr mit ihr, redete am Telefon stets verschlüsselt und ermahnte sie ständig zur Vorsicht.

---

163 Ebenda, Bl. 233.
164 Ebenda, Bl. 232.

Bei ihrem zweiten Besuch in München im September 1978 bat Dr. Weinberger seine ärztliche Kollegin, bei ihrer nächsten Reise als Wissenschaftlerin nach Moskau Kontakt zu den sowjetischen Bürgerrechtlern Irina Kaplun und Leo Bachmin aufzunehmen, sie von ihm herzlich zu grüßen, von seiner Organisation zu berichten und ihnen Unterstützung anzubieten sowie weitere Kontaktmöglichkeiten zu beraten.[165] „Jutta" berichtete das alles brühwarm ihrem Führungsoffizier. Major Jaekel informierte sofort das KGB und bereitete sich selbst auf eine Dienstreise nach Moskau vor, um dort fortlaufend eine Verbindung zwischen „Jutta" und dem KGB zu vermitteln:

„Durch das KGB der UdSSR wurde in den Informationen 1507/78 und 1630/78 mitgeteilt, daß die genannten Personen seit mehreren Jahren wegen antisowjetischer Tätigkeit aktiv operativ bearbeitet werden.
Entsprechend der [... vom] KGB geäußerten Bitte zum Einsatz des IM der Hauptabteilung XX und seiner Mitwirkung an der operativen Aufklärung und Bearbeitung der genannten Personen ist vorgesehen, den IMV 'Jutta' in der Zeit vom 6.12. bis 10.12.1978 unter einer Legende in Moskau zum Einsatz zu bringen und ihn mit der Herstellung der Verbindung zu Kaplun/Bachmin zu beauftragen. Dabei soll der IM entsprechend der ihr von Weinberger übertragenen Aufgabenstellung und Verhaltenslinie vorgehen. [...]
Es ist vorgesehen, am 7.12.1978 mit dem IM in Moskau einen Treff durchzuführen, um ihm auf der Grundlage einer am gleichen Tage geplanten Beratung in der V. Verwaltung des KGB spezifische Verhaltenshinweise zur Durchführung des Auftrages zu geben."[166]

Dr. Gisela Otto traf sich in Moskau mehrmals mit Irina Kaplun und Leo Bachmin und deren Freunden, wurde sehr herzlich aufgenommen, zum Essen und Trinken eingeladen und bekam viele mündliche und schriftliche Informationen für Dr. Weinberger anvertraut, die sie noch in Moskau an MfS-Major Jaekel weitergab. Dieser schrieb in seinem „Bericht über den Einsatz des IMV 'Jutta' vom 6. 12. bis 10. 12. 1978 in Moskau":

„Die sowjetischen Genossen wurden nach jedem Treff über die erzielten Ergebnisse informiert und gaben Hinweise für das Verhalten des IM. Alle an den IM übergebenen Materialien wurden ihnen zum Studium übergeben. [...]
Bei einer Abschlußbesprechung am 10.12.1978 wurde folgende Bitte der sowjetischen Genossen entgegengenommen: Im Interesse der Festigung des Vertrauensverhältnisses des IM bei Weinberger und den feindlichen Gruppen in Moskau alle dem IM übergebenen Materialien weiterzuleiten, Anfertigung

---

165 Tonbandabschrift der HA XX/1 des Berichtes von IM „Jutta" vom 11.9.1978; ebenda, Teil I, Bd. 1, Bl. 260–280, hier 269.
166 Konzeption von Major Jaekel vom 29.11.1978 zur Durchführung einer Dienstreise nach Moskau in der Zeit vom 7.–9.12.1978, 4 Seiten; BStU, ZA, HA XX 1386, Bl. 119–122, hier 121.

von Fotokopien aller Materialien zur Übergabe an das KGB, Übersendung eines ausführlichen Berichtes über die erzielten Ergebnisse des IM an das KGB, Erarbeitung einer Information über Weinberger für das KGB, Übersendung eines Fotos von Weinberger. [...]
Der IM war während des Einsatzes in Moskau zuverlässig und diszipliniert. Er führte alle Aufträge umsichtig und verantwortungsbewußt durch. Er betrachtete die operative Aufgabenstellung als den Hauptgrund seines Aufenthaltes in Moskau und ordnete der Lösung der operativen Aufgabenstellung alle anderen Fragen unter."[167]

Anfang 1979 bedankte sich die V. Verwaltung des KGB schriftlich bei „der Leitung der HA XX des MfS für die erwiesene Hilfe bei der Bearbeitung der Personen Kaplun und Bachmin" sowie für die „erhaltenen Materialien 'Jutta'" und empfahlen, „zum Zwecke der Geheimhaltung unserer gemeinsam festgelegten Maßnahmen [...] die Operation unter der Bezeichnung 'Kaskade' durchzuführen."[168]

Major Jaekel schrieb im Laufe des Jahres 1979 zahlreiche „Vermerke" zum „Operativ-Material 'Kaskade'", die sich in der IM-Akte von Dr. Gisela Otto sowie in den Unterlagen der Hauptabteilung XX/1 befinden. Daraus ist zu entnehmen, daß „Jutta" im Auftrag Jaekels zum Teil über Mittelspersonen in Westberlin engen Kontakt zu Dr. Weinberger hielt. Im September 1979 legte Jaekel vor einem erneuten Besuch seines IM in München konzeptionell fest, „für die Zusammenkunft mit Weinberger den IM unter Zugrundelegung der Orientierung der V. Verwaltung des KfS der UdSSR [KGB] im Schreiben vom 27.8.79 mit folgender Ziel- und Aufgabenstellung" zu beauftragen:

„Aufgrund des mehrfachen telefonischen Drängens des Weinberger, daß der IMV 'Jutta' eine Reise nach Moskau zur erneuten Verbindungsaufnahme mit den feindlichen Gruppen um Kaplun und Bachmin unbedingt durchführen soll, muß der IM von Weinberger einen konkreten Auftrag sowie eine Verhaltenslinie verlangen, um die feindlichen Ziele und Absichten des Weinberger bzw. seiner Hintermänner gegen die UdSSR und die Einbeziehung der sowjetischen Dissidenten in die Tätigkeit seiner Organisation zu erkennen. [...] Der IM teilt Weinberger mit, daß sich für ihn eine Möglichkeit einer Reise in die UdSSR für Mitte Oktober 1979 ergibt, bei der er bereit ist, erneut in Verbindung mit Kaplun und Bachmin zu treten."[169]

---

167 Bericht von Major Jaekel vom 13.12.1978, IM-Akte „Jutta", Teil II, Bd. 1, Bl. 295–310, hier 309 f.
168 Übersetzung aus dem Russischen 148/79 vom 5.2.1979, 3 Seiten; BStU, ZA, HA XX 1385, Bl. 266–268, hier 268.
169 Konzeption vom 11.9.1979 zum Einsatz von IMV „Jutta" zur erneuten Verbindungsaufnahme mit dem Vorsitzenden der DVpMP in der Zeit vom 20.–26.9.1979, IM-Akte „Jutta", Teil II, Bd. 2, Bl. 39–41, hier 40.

Es geschah alles so, wie Jaekel und das KGB es wünschten. Dr. Gisela Otto fuhr nach München. Dr. Weinberger habe sich über die Möglichkeit einer erneuten direkten Verbindungsaufnahme nach Moskau gefreut und erläutert, „daß das Hauptanliegen darin bestehen muß, neueste Materialien und Informationen über die Tätigkeit der Arbeitskommission in Moskau und die von ihr festgestellten Fälle der Einweisung politischer Gegner in psychiatrische Anstalten bzw. andere Menschenrechtsverletzungen zu erfassen und aus der UdSSR auszuschleusen."[170] Dr. Weinberger gab „Jutta" die von den sowjetischen Dissidenten gewünschten Medikamente, Knorr-Brühwürfel, Schokolade und einige Kleidungsstücke nach Moskau mit, die sie dort – neben Briefen und Informationen – den Adressaten übergab. Wieder begleitete MfS-Major Jaekel seine Agentin nach Moskau und schätzte auch diese zweite Reise als Erfolg ein:

„Entsprechend dem Plan der Zusammenarbeit zwischen der HA XX und der V. Verwaltung des KfS erfolgte in der Zeit vom 21.10.–28.10.79 der Einsatz der IMV 'Jutta' in Moskau zur Durchführung abgestimmter Maßnahmen in der Bearbeitung des Vorganges 'Kaskade'.
Im Auftrag des Vorsitzenden der Feindorganisation 'Deutsche Vereinigung gegen den politischen Mißbrauch der Psychiatrie' München Dr. med. Weinberger, Friedrich nahm der IM in Moskau Verbindung zu den feindlichen Objekten Kaplun, Irina und Bachmin, Wjatscheslaw auf und führte mit ihnen mehrere Zusammenkünfte durch. Entsprechend der vorgesehenen operativen Zielstellung gelang es dem IM, die vertraulichen Beziehungen zu beiden Personen zu festigen und weitere Erkenntnisse zu ihrer feindlichen Einstellung und gegen die UdSSR gerichtete Tätigkeit zu erarbeiten."[171]

Die Berichte von „Jutta" über ihre Begegnungen mit den Bürgerrechtlern in Moskau sind ungewollt Zeugnisse großer Zivilcourage der von ihr Betrogenen, die unter äußersten Schwierigkeiten darum kämpften, ihre Würde zu bewahren, sich solidarisch mit anderen Opfern der staatlichen Repression in der Sowjetunion zu verhalten und Öffentlichkeit gegen Menschenrechtsverletzungen herzustellen. Dem kaltschnäuzigen Verrat dieser Menschen, die ihr so herzlich entgegenkamen, muß schon eine verblüffende Skrupellosigkeit der IM-Ärztin zugrunde gelegen haben. Sie spielte ihr perfides Spiel auch dann unbeirrt weiter, als sie erfuhr, daß Bachmin im Februar 1980 verhaftet worden sei, sie also die Konsequenzen ihres Verrats ermessen konnte.
„Jutta" traf sich weiter im MfS-Auftrag mit Dr. Weinberger. Dieser hielt ihre Verbindung weiterhin für einen großen Gewinn, ohne zu ahnen, daß sie den Dissidenten in Moskau, denen er helfen wollte, zum Verhängnis wurde.

---

170 Bericht von Major Jaekel vom 9.10.1979 über die Mitteilungen von IM „Jutta" nach ihrer Rückkehr aus München; ebenda, Bl. 43–53, hier 47.
171 Bericht von Major Jaekel vom 7.11.1979 über den Einsatz des IMV „Jutta" vom 21.–28.10.1979 in Moskau; ebenda, Bl. 56–64, hier 56.

Ende 1980 hielt Jaekel, inzwischen vom Major zum Oberstleutnant des MfS befördert, in einem Bericht über eine Beratung mit KGB-Offizieren in Moskau eine schreckliche Bilanz fest, die Oberst Schadrin, ein Abteilungsleiter in der V. Verwaltung des KGB, stolz verkündet hatte:

„Der organisierte politische Untergrund in der UdSSR wurde in den Jahren 1979/80 in Vorbereitung der Olympiade durch differenzierte politisch-operative Maßnahmen zerschlagen. Das betrifft insbesondere auch die sogenannte 'Helsinki-Gruppe', die mit ihren Gliederungen in Moskau, in der Ukraine, in Litauen und Georgien vollständig aufgedeckt und liquidiert wurde. Insgesamt wurden 150 Personen verhaftet.

In diesem Zusammenhang wurden im Jahre 1980 auch Maßnahmen zur Liquidierung der sogenannten 'Arbeitskommission zur Aufdeckung des Mißbrauchs der Psychiatrie' durchgeführt. Die Leiter dieser Gruppe Bachmin, Ternowski, Podrabinek [und] Griwina wurden verhaftet. Die mit dieser Gruppe verbundene Irina Kaplun, die sich nach Einschätzung des KfS unter dem Einfluß des IM 'Jutta' zur Ausreise nach Israel bereit erklärt hatte, erlitt vor ihrer Ausreise einen tödlichen Autounfall."[172]

Hinweise auf die näheren Umstände des erwähnten Autounfalls, etwa auf eine Mitwirkung des KGB daran, finden sich in den MfS-Akten nicht. Die martialischen Formulierungen des KGB lassen das Schlimmste befürchten. So fuhr Oberst Schadrin fort, daß sich von der Psychiatriekommission nur noch ein einziger verantwortlicher Mitarbeiter in Freiheit befände, der aber ebenfalls verhaftet werde, sobald er die Tätigkeit der Gruppe zu aktivieren versuchen würde. Auch die Bestrebungen zur Bildung freier Gewerkschaften in der Sowjetunion seien „endgültig liquidiert", „die Anführer verhaftet bzw. nach Israel ausgewiesen" worden. Insgesamt bestehe nun „in der UdSSR kein organisierter politischer Untergrund" mehr, und „alle Organe" des KGB in den Unionsrepubliken seien „orientiert, unter allen Umständen das Entstehen neuer Gruppierungen zu verhindern."

Der Beitrag von Gisela Otto an der „Zerschlagung" der Menschenrechtsgruppe in Moskau wurde von dem KGB-Oberst ausdrücklich hervorgehoben:

„Bezüglich der Zerschlagung der 'Arbeitskommission zur Aufdeckung des Mißbrauchs der Psychiatrie' würdigte Genosse Schadrin den Beitrag, den der IM 'Jutta' geleistet hat. Auf Grund der neuen operativen Lage ist es nicht mehr zweckmäßig, den IM in der UdSSR einzusetzen, weil durch seinen Einsatz nur neue Verbindungen im Interesse des Feindes geknüpft werden. [...]

---

172 Teilbericht von Oberstleutnant Jaekel vom 2.12.1980 über die Ergebnisse seiner Dienstreise nach Moskau 24.–28.11.1980, 6 Seiten; BStU, ZA, HA XX 1386, Bl. 215–220, hier 216.

Wenn durch den IM 'Jutta' die Aktivitäten der feindlichen Kräfte in der BRD gegen die UdSSR weiter aufgeklärt werden können, ist das KfS [KGB] an derartigen Informationen interessiert."[173]

Von MfS-Generaloberst Mielke wurde die Genossin Professor Otto im Februar 1981 „für besondere Leistungen, [...] Initiative und hohe persönliche Einsatzbereitschaft bei der Erfüllung übertragener Aufgaben" mit der „Verdienstmedaille der Nationalen Volksarmee in Silber" ausgezeichnet.[174]

Bis 1983 suchte sie noch mehrmals Dr. Weinberger in München auf. Alle weiteren Versuche seinerseits, sie noch einmal nach Moskau zu den Angehörigen der Inhaftierten zu schicken oder sie anderweitig in die Arbeit seines Vereins einzubeziehen, wurden von Professor Gisela Otto „auftragsgemäß" mit der Begründung zurückgewiesen, das Risiko für ihre eigene Sicherheit sei zu hoch. Die von ihr „erarbeiteten" Informationen über die „Deutsche Vereinigung gegen politischen Mißbrauch der Psychiatrie e.V." wurden vom MfS stets wunschgemäß dem KGB übermittelt.

Im März 1983 wurde „Jutta" von Oberstleutnant Jaekel zum letzten Mal nach München zu Dr. Weinberger geschickt, um nach dem erklärten Austritt der sowjetischen Allunionsgesellschaft aus dem Weltverband für Psychiatrie die Pläne seines Vereins für den Weltkongreß im Juli 1983 in Wien in Erfahrung zu bringen.[175]

Die staatssicherheitsdienstliche Bearbeitung der DVpMP ging auch weiter, nachdem „Jutta" nicht mehr im MfS-Auftrag nach München fuhr.[176] Am 30. Juni 1982 legte Oberstleutnant Jaekel eine „Feindobjektakte" über den Verein an.[177] Diese Akte ist zwar noch heute im „Index über Objekte" des MfS registriert,[178] einer Notiz an dieser Stelle und übereinstimmend mit einem Eintrag im Vorgangsheft Jaekels[179] ist jedoch zu entnehmen, daß am 19. Dezember 1989 der ganze „Vorgang gelöscht" worden ist. Kurz vor Weihnachten 1989, als die MfS-Dienststellen in den Bezirken der DDR längst von demonstrierenden Bürgern besetzt waren, hatten die Mitarbeiter

---

173 Ebenda, Bl. 217.
174 Auszug aus dem Befehl K 17/81 von Generaloberst Mielke vom 8.2.1981, IM-Akte „Jutta", Teil I, Bd. 1, Bl. 181.
175 Konzeption von Oberstleutnant Jaekel vom 18.3.1983 zum Einsatz des IMB „Jutta" in der BRD; ebenda, Teil II, Bd. 2, Bl. 156–158.
176 IMB „Jutta" wurde anschließend bis 1985 vom MfS nur noch für „Sicherungsaufgaben" in ihrer Poliklinik und „zur Informationsbeschaffung über die Lage der medizinischen Intelligenz" in der DDR eingesetzt. Anfang 1986 blieb Frau Professor Otto anläßlich einer Dienstreise im Westen. Im MfS, mit dem sie bis dahin zuverlässig zusammengearbeitet hatte, scheint man den Eindruck gehabt zu haben, der IMB sei ihnen unaufhaltsam entglitten, denn die HA XX/1 eröffnete einen OV „Qualle" über die als „Verdienter Arzt des Volkes" anerkannte Genossin. Versuche ihrer „Rückgewinnung" erwiesen sich als vergeblich. Vgl. BStU, ZA, AOP 17388/91, 3 Bde.
177 MfS-Registriernummer „Feindobjekt"-Akte: XV 5495/82.
178 BStU, ZA, AFO 21979/91, Bl. 56.
179 MfS-Nr. 1695; BStU, ZA, AS 1674/92.

der MfS-Zentrale in Ostberlin noch wochenlang Zeit, die Akten ihrer bis dahin aktiv geführten Vorgänge zu vernichten. Daher wird sich wahrscheinlich nicht mehr klären lassen, was das MfS in den Jahren 1983 bis 1989 gegen das „Feindobjekt" in München unternommen hat.

## 6.7. Zwei Vizepräsidenten aus dem Ostblock im Weltverband für Psychiatrie

Im Rahmen des Weltkongresses für Psychiatrie in Wien 1983 war Professor Juhász, Direktor der Budapester Universitäts-Nervenklinik, zum Vizepräsidenten des psychiatrischen Weltverbandes gewählt worden. Eine in den Unterlagen der MfS-Hauptabteilung XX/1 gefundene „Aktennotiz" gibt Auskunft über die politische Lesart dieser Wahl und die unerfreulichen Folgen, die das Ehrenamt dem Ungarn zu Hause einbrachte:

„Der ungarische Delegierte auf dem Weltkongreß für Psychiatrie im Juli 1983 in Wien hat sich nicht an die zwischen den sozialistischen Ländern getroffenen Abstimmungen gehalten und hat gegen die ihm gegebene Direktive verstoßen. Unter anderem ist er nicht gegen die antisowjetischen Ausfälle aufgetreten und hat sich zum Vizepräsidenten der Weltgesellschaft wählen lassen.
Der ungarische Delegierte ist nach seiner Rückkehr von den zuständigen staatlichen Institutionen zur Verantwortung gezogen worden. Es wurde gegen ihn durch den Minister für Gesundheitswesen ein Disziplinarverfahren eröffnet. Ebenso wurde ein Parteiverfahren eingeleitet. Er wurde von seiner Funktion als Vorsitzender der ungarischen Gesellschaft für Psychiatrie entbunden. Entsprechend sich bietenden Möglichkeiten soll er seine Funktion als Vizepräsident der Weltgesellschaft niederlegen (entweder als Antwort auf eine Provokation oder mit der Begründung, daß er nicht mehr Vorsitzender der ungarischen Gesellschaft sei)."[180]

In diesem Moment schaltete sich Professor Morosow aus Moskau wieder in das Geschehen ein. Er veranlaßte einen taktischen Wechsel in der staatlichen und parteilichen Bewertung der zunächst inkriminierten Vizepräsidentschaft im Weltverband für Psychiatrie in Ungarn, indem er die nun einmal übernommene Funktion für die sowjetische Seite nutzbar zu machen versuchte. Professor Juhász erzählte seinem Amtskollegen Schulze in Berlin,

---

180 Aktennotiz von Dr. Rimkeit über eine Information des Genossen Varga (Mitarbeiter der Botschaft der Ungarischen Volksrepublik in der DDR) vom 11.10.1983; BStU, ZA, HA XX 498, Bl. 83.

Morosow habe ihm durch ein Gespräch in Ungarn „moralischen Rückenhalt" gegeben. Was Schulze seinem Führungsoffizier in Ostberlin davon weitererzählte, notierte Jaekel wie folgt:

„Genosse Professor Morosow habe ihm zu verstehen gegeben, daß seine Funktion als Vizepräsident des Weltverbandes positiv zu bewerten sei. Durch seine Funktion besteht die Möglichkeit der Einflußnahme auf das neue Exekutivkomitee. Die geplante Zusammenkunft des Exekutivkomitees im November sollte Professor J. nutzen, um Informationen zu erhalten, welche Positionen gegenüber den sozialistischen Ländern eingenommen werden. Des weiteren soll er durch eine Kritik an der Art und Weise der Durchführung des Weltkongresses vom 10.–16.7.83 in Wien sowie der durchgeführten Abstimmung eine Generaldebatte fordern. Hierbei soll er versuchen, auf den neuen Präsidenten des Weltverbandes, Professor Stefanis/Griechenland, einzuwirken, daß dieser nach Moskau fährt und ein Gespräch mit führenden sowjetischen Psychiatern führt."[181]

Ob der ungarische Gesundheitsminister auf Morosows Linie einschwenkte oder unabhängig von dem Russen versuchte, durch eine Disziplinierung des Psychiatrieprofessors politischen Profit aus dessen nun einmal erfolgter Wahl zu schlagen, geht aus den MfS-Akten nicht hervor. Jaekels Notiz dazu lautet lakonisch:

„Seitens des ungarischen Gesundheitsministers ist Prof. J. im Rahmen des Disziplinarverfahrens mitgeteilt worden, daß er seinen Einfluß im Weltverband nutzen soll, um einen Kurswechsel durchzuführen. Sollte es nicht gelingen, wird er seine Funktion als Vizepräsident des Weltverbandes für Psychiatrie niederlegen."[182]

Selbst in der doppelten Brechung durch die Wiedergabe des von Professor Juhász Erzählten in dem von Jaekel notierten IM-Bericht Professor Schulzes, klingt die Resignation des politisch Gemaßregelten durch. Es ist im einzelnen nicht bekannt, wie der politische Druck auf Professor Juhász gewirkt und wie er sich in dieser schwierigen Situation verhalten hat. Der Ungar verstarb am 27. Februar 1984, keine sieben Monate nach seiner Wahl zum Vizepräsidenten des Weltverbandes.

Professor Morosow, einer der Haupturheber der ganzen Misere, zeigte sich wenig beeindruckt von den Ereignissen, wie der viel besorger wirkende Professor Schulze seinem Führungsoffizier berichtete:

---

181 Information vom 29.11.1983 an HA XX/AKG, IM-Akte „Schumann"; BStU, ZA, AIM 8249/87, Teil II, Bd. 1, Bl. 217.
182 Ebenda, Bl. 217f.

„Im weiteren berichtet der IM über die Gespräche mit Genossen Professor Morosow in Magdeburg. Gen. Prof. M. gab zu erkennen, daß die SU Zeit habe um abzuwarten, wie sich die Situation im Weltverband weiterentwickelt. Wenn eines Tages gesagt werde, daß die antisowjetischen Angriffe bedauert werden bzw. ein gesundes Klima im Weltverband herrscht, könne man über einen Wiedereintritt der SU reden."[183]

Das vermittelt den Eindruck, als habe sich der russische Bär erst einmal zurückgelehnt, nachdem der Versuch einer verdeckten weiteren Informationsgewinnung und Einflußnahme im Weltverband für Psychiatrie mit dem Tod des ungarischen Vizepräsidenten gescheitert war.

Die politischen Vertreter in der DDR waren hingegen nicht bereit, die eingetretene Situation passiv abwartend hinzunehmen. Als bekannt wurde, daß im Oktober 1984 ein Nachfolger für das Amt des verstorbenen Vizepräsidenten im Weltverband für Psychiatrie gewählt werden sollte und bis dahin Kandidatenvorschläge eingereicht werden könnten, löste dies in Ostberlin fieberhafte Aktivitäten aus. Oberstleutnant Jaekel schickte seinem Vorgesetzten im MfS am 27. September 1984 einen „Vorschlag für die Nominierung eines DDR-Vertreters als Vizepräsident des Weltverbandes für Psychiatrie", in dem ausgeklügelte „Arbeitsschritte" vorgeschlagen wurden: Der stellvertretende Gesundheitsminister Dr. Rudolf Müller sollte „den langjährigen Vertreter der sowjetischen Psychiater im Weltverband für Psychiatrie, Prof. Wartanjan/Moskau" über die Absicht informieren, einen DDR-Wissenschaftler für das Amt des Vizepräsidenten vorzuschlagen. Müller sollte Wartanjan bitten, das dem Präsidenten des Weltverbandes, Professor Stefanis, mitzuteilen; Stefanis würde sich dann an die Gesellschaft für Psychiatrie der DDR mit der Bitte um Nominierung eines entsprechenden Kandidaten wenden, und die DDR-Fachgesellschaft würde ihm einen schriftlichen Vorschlag unterbreiten. Im Anhang zu diesem Vorschlag gibt Jaekel zu bedenken, daß der beschriebene Weg zu lange dauere, um noch am 8. Oktober 1984 einen DDR-Kandidaten in Rom zu plazieren. Jaekels nächste Idee, das Verfahren zu beschleunigen, enthält eine interessante Nebeninformation:

„Eine schnellere Realisierung wäre möglich, wenn Prof. Wartanjan auf operativem Wege den Auftrag erhält, den Prof. Stefanis entsprechend zu informieren. (Nach meiner Kenntnis arbeitet das KfS mit Prof. Wartanjan auf der Linie Weltverband für Psychiatrie.)"[184]

---

183 Treffbericht vom 24.11.1983; ebenda, Bl. 214.
184 Schreiben von Oberstleutnant Jaekel, Leiter der HA XX/1, an Oberst Paroch, Stellvertreter des Leiters der HA XX, vom 27.9.1984; BStU, ZA, HA XX 499, Bl. 423 f., hier 423.

In einem weiteren Schreiben vom selben Tag nannte Jaekel zwei DDR-Kandidaten für die Wahl zum Vizepräsidenten des Weltverbandes für Psychiatrie, die „in Abstimmung mit dem Leiter der Abteilung Gesundheitspolitik des ZK der SED" vorzuschlagen seien: Das waren erstens Professor Neumann und zweitens Professor Nickel. Professor Schulze, der bis dahin zuverlässig im sowjetischen Sinne gewirkt hatte, stand nicht mehr zur Verfügung. Bei einem Treffen mit seinem Führungsoffizier am 18. Juli 1984, der unter anderem dazu hatte dienen sollen, „noch vorhandene Möglichkeiten des IM bei der Informationsbeschaffung aus dem Weltverband für Psychiatrie" zu prüfen, hatte Schulze mitgeteilt, „daß er nicht mehr Vorsitzender der Gesellschaft für Neurologie und Psychiatrie der DDR ist und somit nicht mehr in dem bisherigen Umfang reist."[185] Aber Schulze war nicht der einzige Psychiatrieprofessor der DDR, den Karl Seidel für geeignet hielt, die DDR im Weltverband zu repräsentieren. Die Kandidaten Neumann und Nickel wurden von der MfS-Hauptabteilung XX/1 als politisch zuverlässige, „langjährige Reisekader des Gesundheitswesens" eingeschätzt, die beide von Professor Seidel protegiert würden und bereits 1983 nach Wien zum Weltkongreß für Psychiatrie delegiert gewesen seien. Bei Professor Neumann wurde „eine positive politische Entwicklung" besonders „in den letzten Jahren" hervorgehoben, während Professor Nickel sowohl in dem von ihm geleiteten Wilhelm-Griesinger-Krankenhaus als auch im Vorstand der Gesellschaft für Psychiatrie und Neurologie der DDR „stets klare politische Positionen" vertreten habe. Daß trotzdem Neumann auf den ersten Platz kam, lag wohl an der Feststellung, daß er sich bereits „bei internationalen Einsätzen bewährt" hatte:

„Er verfügt über Erfahrungen im Umgang mit westlichen Psychiatern und in der Auseinandersetzung mit der bürgerlichen Ideologie und anderen feindlichen Auffassungen. Prof. Neumann ist ein intellektueller Typ, der international auch kontaktfähig und anpassungsfähig ist."[186]

Professor Nickel hingegen würden „Erfahrungen im Umgang mit den westlichen medizinischen Gesellschaften und deren Exponenten" noch fehlen, die zu sammeln im Herbst 1984 keine Zeit mehr war. Es mußte alles sehr schnell gehen, wenn die DDR den Posten des Vizepräsidenten im Weltverband für Psychiatrie besetzen wollte. In dieser Situation handelten die Ostdeutschen sehr entschlossen und offenbar unabhängig von dem zunächst anvisierten Weg über Dr. Müller bzw. das KGB und Professor Wartanjan. Am 28. September 1984, also nur einen Tag nach dem ersten „Vorschlag", legte die Hauptabteilung XX/1 ein detailliert ausgearbeitetes Vorgehen fest:

---

185 Treffbericht von Hauptmann Hiller, IM-Akte „Schumann", Teil II, Bd. 1, Bl. 222 f.
186 Vermerk der HA XX/1 vom 27.9.1984; BStU, ZA, HA XX 499, Bl. 433 f., hier 434.

„Zur Realisierung der Kandidatur des Genossen Prof. Neumann für die Funktion des Vizepräsidenten des Weltverbandes für Psychiatrie wurden am 28.9.1984 mit dem Direktor des Generalsekretariats der medizinisch-wissenschaftlichen Gesellschaften, Dr. Rohland, folgende Maßnahmen abgesprochen:
1. Durch Genossen Dr. Rohland wird in Abstimmung mit dem Präsidenten der Gesellschaft für Psychiatrie und Neurologie der DDR, Genossen Prof. Rabending,[187] Universität Greifswald, folgendes Telegramm an Prof. Stefanis, Präsident des Weltverbandes, [und] Prof. Schulsinger, Generalsekretär des Weltverbandes, sowie an den Veranstalter der Regionaltagung des Weltverbandes am 7./8.10.1984 in Rom gesandt.
Text: 'Nehme Bezug auf Ihre Mitteilung in Newsletter Nr. ... vom ... und benenne seitens des Vorstandes der Gesellschaft für Psychiatrie und Neurologie der DDR als Kandidat für die Funktion des Vizepräsidenten des Weltverbandes für Psychiatrie Prof. Dr. Neumann, Jochen (Aufzählung einiger Funktionen)'."[188]

Wahrscheinlich hatten Professor Seidel, MfS-Oberstleutnant Jaekel und Dr. Rohland die ganze Sache ausgeheckt, und Neumann hatte sich auf Anfrage zu dem Unternehmen bereit erklärt. Über das Telegramm, das scheinbar im Namen des Vorstandes der DDR-Fachgesellschaft sprach, war lediglich Professor Rabending, der Nachfolger Schulzes im Amt des Vorsitzenden der DDR-Fachgesellschaft, informiert worden. Dieser arbeitete seit 1971 als GMS „Rabe" bzw. „Schäfer" mit dcm MfS zusammen[189] und hatte anscheinend den nötigen Sinn für „operative" Entscheidungen unter Verzicht auf langwierige Abstimmungsprozeduren. Der weitere Maßnahmenkatalog der HA XX/1 erweckt den Eindruck einer stabsmäßig geplanten Blitzaktion:

„Genosse Prof. Neumann ist als Teilnehmer an der Regionaltagung am 7./8.10.1984 in Rom zu entsenden, da während dieser Tagung eine Beratung des Exekutivkomitees des Weltverbandes unter anderem zur Wahl eines Vizepräsidenten durchgeführt wird.
Prof. Neumann ist mit der Übernahme der Funktion einverstanden und für die Reise bereit.

---

187 Günter Rabending (Jg. 1931), Prof. Dr. sc. med., Arbeitersohn aus Dresden, 1949 Abitur, 1949–54 Medizinstudium in Greifswald, 1955 Promotion, 1954–56 Assistenzarzt, 1956–60 Facharztausbildung Neurologie und Psychiatrie in Dresden und Rostock, 1960–74 Oberarzt an der Nervenklinik der Medizinischen Akademie Magdeburg (MAM), 1966 Habilitation, 1970 Berufung zum ordentlichen Professor für Neurologie, 1969–74 Direktor für Forschung und 1972–74 Prorektor für Wissenschaftsentwicklung (MAM), seit 1974 Direktor der Universitäts-Nervenklinik Greifswald, SED-Mitglied seit 1949. Vgl. GMS-Akte „Schäfer"; BStU, ASt Rostock, 3320/91.
188 Vermerk der HA XX/1 vom 28.9.1984; BStU, ZA, HA XX 499, Bl. 421f., hier 421.
189 Vgl. Einschätzung der Zusammenarbeit mit dem GMS „Schäfer" durch die KD Greifswald vom 8.3.1988, GMS-Akte „Schäfer", Bl. 388f.

Da eine reguläre Anmeldung als Teilnehmer der Regionaltagung zeitlich nicht mehr möglich ist, bittet Gen. Dr. Rohland das MfS um Unterstützung bei folgenden Aktivitäten:
- Die Botschaft der DDR in Italien ist zu beauftragen, Prof. Neumann zu der Regionaltagung anzumelden und für ihn ein Quartier bereitzustellen.
- Zur Erlangung eines Einreisevisums nach Italien ist durch das MfAA [Ministerium für Auswärtige Angelegenheiten] auf die italienische Botschaft in Berlin entsprechend einzuwirken.
- Kurzfristige Bereitstellung der Reisespesen durch das Ministerium der Finanzen sowie eines Flugtickets für den 5.10.1984 nach Rom."[190]

Durch den Leiter der Hauptabteilung XX, Generalmajor Kienberg, wurde auch die HV A informiert und „auf Grund der kurzfristigen Realisierung der Maßnahmen" um Unterstützung gebeten. Die Formulierungen dieses Schreibens illustrieren die Entschlossenheit der Genossen, die Gunst der Stunde politisch für sich zu nutzen:

„Auf Grund zentraler Entscheidungen wird von der Gesellschaft für Psychiatrie der DDR der Genosse Prof. Dr. med. Jochen Neumann als Kandidat für die Wahl zum Vizepräsidenten vorgeschlagen. [...] Die Botschaft der DDR wird auf offiziellem Wege zur Unterstützung des Prof. Neumann zur Gewährleistung seiner Wahl zum Vizepräsidenten des Weltverbandes für Psychiatrie informiert [...]."[191]

Professor Neumann scheint seine Rolle in dem Spiel gut gespielt zu haben. Am 9. Oktober 1984 erhielt Dr. Müller im Ministerium für Gesundheitswesen ein Blitztelegramm aus Rom,[192] daß Neumann am Vortag zum Vizepräsidenten des Weltverbandes für Psychiatrie gewählt worden war. Bei seiner Rückkehr in die DDR am 12. Oktober wurde er von Dr. Rudolf Müller und einem Major Koch vom MfS empfangen und gleich „im Sonderraum des Flughafens" Berlin-Schönefeld über seine in Rom bestandenen Abenteuer ausgefragt.[193] Oberstleutnant Jaekel stellte die Informationen am nächsten Tag für Oberst Paroch zusammen:

„Prof. Neumann wurde mit einer Stimme Mehrheit [...] gewählt. [...] Über den Vorschlag zur Wahl gab es zunächst in dem fünf Personen umfassenden Exekutivkomitee eine längere Diskussion, da die Auffassung bestand, daß Prof. Neumann als Generaldirektor des Hygienemuseums Dresden kein ge-

---

190 Vermerk der HA XX/1 vom 28.9.1984; BStU, ZA, HA XX 499, Bl. 421f.
191 Schreiben des Leiters der HA XX an den Leiter der Abt. IX der HV A vom 29.9.1984. Betreff „Unterstützung bei der Durchführung politisch-operativer Maßnahmen"; ebenda, Bl. 430f., hier 430.
192 Telegramm vom 9.10.1984; ebenda, Bl. 420.
193 Mitteilung von Oberstleutnant Jaekel an Oberst Paroch vom 11.10.1984; ebenda, Bl. 419.

eigneter Repräsentant der Psychiatrie sei. Prof. Neumann konnte seine fachliche Kompetenz durch seine wissenschaftliche Arbeit auf dem Fachgebiet Psychiatrie belegen."[194]

Die Liste der Veröffentlichungen Neumanns läßt zwar eher neuroradiologische als psychiatrische Arbeitsschwerpunkte erkennen, beeindruckt jedoch durch ihre Originalität, die beispielsweise in solch außergewöhnlichen Publikationen wie der röntgenologischen Hirngefäßdarstellung eines Bengaltigers zum Ausdruck kommt.[195]

Die Psychiater in der DDR repräsentierte Neumann nicht. Daß diese gar nicht gefragt worden waren, konnte im Weltverband keiner ahnen, denn das Telegramm mit seiner Nominierung als Kandidat für die Vizepräsidentschaft stammte ja angeblich vom Vorstand der DDR-Gesellschaft für Psychiatrie und Neurologie. Dort soll es Proteste gegen die ignorante Verfahrensweise gegeben haben, mit der Neumann vorbei an allen fachlichen Gremien nach Rom katapultiert worden war. Das geht aus einem IM-Bericht von Professor Schulze hervor:

„Innerhalb der Gesellschaft [für Neurologie und Psychiatrie der DDR] gab es heftige Diskussionen über die Art und Weise [...] der Nominierung und Ausreise des Genossen Professor Neumann. Lediglich Professor Rabending hätte Bescheid gewußt. Die Schnelligkeit der Ausreise sei für die Verhältnisse in der DDR auch außergewöhnlich."[196]

So zutreffend diese Einschätzung war, sie änderte nichts an der Tatsache, daß Neumann nun als Repräsentant der DDR-Psychiatrie im Weltverband galt. Allerdings hatte er ganz andere Dinge im Sinn, als etwa seine Fachkollegen über den internationalen Diskussionsstand zu informieren oder sich mit seiner Fachgesellschaft über deren Positionen abzustimmen. Im schriftlichen „Sofortbericht"[197] des frischgebackenen Vizepräsidenten des Weltverbandes vom 15. Oktober 1984, der später noch durch 27 Seiten ergänzt wurde,[198] ist dessen Sichtweise auf die vor ihm liegenden Aufgaben nachzulesen:

„Entsprechend der Direktive hat sich der Delegierte zur Wahl als Vizepräsident dem Komitee und dem Exekutivkomitee des Weltverbandes für Psychiatrie zur Verfügung gestellt, nachdem vorher telegrafisch eine Nominierung durch die Fachgesellschaft erfolgt war. [...]

---

[194] Vermerk von Oberstleutnant Jaekel für Oberst Paroch vom 13.10.1984; ebenda, Bl. 412–414.
[195] Liste über 22 von 1965 bis 1976 von Dr. Jochen Neumann gehaltene wissenschaftliche Vorträge, darunter ein Referat bei einem Radiologen-Kongreß 1969 in Magdeburg über „Vergleichende Aspekte der Karotisangiographie eines Bengaltigers"; ebenda, Bl. 342–344.
[196] Bericht von Hauptmann Hiller vom 22.1.1985 über ein Treffen mit dem IMS „Schumann" am 17.1.1985, IM-Akte „Schumann", Teil II, Bd. 1, Bl. 227f., hier 228.
[197] BStU, ZA, HA XX 499, Bl. 406–411.
[198] BStU, ZA, HA XX 498, Bl. 2–28.

Mit der Wahl des Delegierten zum Vizepräsidenten ist zunächst einmal lediglich gesichert, daß die sozialistischen Länder über alle Vorgänge entweder überhaupt oder frühzeitig informiert sind. [...] Der Delegierte befindet sich in Zukunft als einziger Sozialist unter Leuten, die sich entweder neutral, aber das nicht in berechenbarer Weise, oder eindeutig prowestlich verhalten. [...] Es wird ständiger kämpferischer Auseinandersetzungen bis 1989 bedürfen, wenn man die Verhältnisse einigermaßen sicher und berechenbar in unserem Sinne beeinflussen will, ohne daß derzeit überhaupt eine sichere Prognose möglich wäre."[199]

Auch einige Glückwünsche, die Neumann für seine Wahl als Vizepräsident bekam, unterstreichen die Interpretation dieser Funktion in der DDR als politischen Kampfauftrag. So wurde dem „lieben Genossen Professor Neumann" von Kurt Hager, Mitglied des Politbüros der SED und ZK-Sekretär für Wissenschaft, der vom DDR-Gesundheitsminister über die Wahl Neumanns informiert worden war,[200] „auf das herzlichste" gratuliert:

„Wir betrachten die Wahl eines Vertreters aus der DDR in diese Funktion angesichts der politischen Auseinandersetzungen, die in diesem Verband existieren, als einen großen Erfolg. Du hast mit der Übernahme dieser Funktion eine wichtige Aufgabe übernommen. Wir wünschen Dir im Interesse Deines Fachgebietes und der Durchsetzung der Interessen der Bruderländer viel Erfolg."[201]

Aber auch viele westliche Vertreter im Weltverband verbanden, wie Neumann es in seinem Bericht ausdrückte, „mit der Wahl des DDR-Vertreters die Hoffnung auf eine Vermittlung gegenüber den ausgetretenen Brudergesellschaften". Diese Hoffnung war sicherlich berechtigt, soweit es den Einsatzwillen der DDR-Vertreter für die „Interessen der Bruderländer" betraf. Allerdings waren deren Beziehungen zu den sowjetischen Brüdern komplizierter, als Außenstehende glauben mochten. Zunächst einmal baten die DDR-Genossen mit demselben musterschülerhaften Eifer, mit dem es ihnen aus Eigeninitiative gelungen war, einen der ihren als Vizepräsidenten im Weltverband für Psychiatrie zu plazieren, den „großen Bruder" um Instruktionen für das weitere Vorgehen. In der Hauptabteilung XX/1 des MfS wurde auf der Grundlage von Neumanns Berichten eine dreiseitige „Information zum Weltverband für Psychiatrie" für das KGB angefertigt:

„Wir halten es für erforderlich, daß zum weiteren zielgerichteten Vorgehen des Prof. Neumann im Weltverband für Psychiatrie zur Aufdeckung und Zu-

---

199 „Sofortbericht" Neumanns vom 15.10.1984; BStU, ZA, HA 499, Bl. 407f.
200 Schreiben Mecklingers an Hager vom 10.10.1984; ebenda, Bl. 418.
201 Schreiben Hagers an Neumann vom 25.10.1984; ebenda, Bl. 17.

rückweisung der Aktivitäten antisozialistischer Kräfte eine enge Zusammenarbeit und Koordinierung unserer operativen Interessen und Maßnahmen erfolgt. Wir bitten Sie deshalb um Hinweise, Informationen und Aufgaben, die zum Einsatz und zur Instruktion des Prof. Neumann geeignet sind."[202]

In den Arbeitsplan der Hauptabteilung XX für das Jahr 1985 wurde eine „Abstimmung" mit dem KGB „zur weiteren Ausgestaltung der DDR-Positionen im Weltverband für Psychiatrie" bis zum 12. April 1985 aufgenommen.[203] Im detaillierten Jahresarbeitsplan 1985 der Hauptabteilung XX/1 heißt es dazu konkret:

„Die offensiven Maßnahmen zur Aufklärung des Kräfteverhältnisses im Weltverband für Psychiatrie und zur Durchsetzung der Interessen der sozialistischen Staaten sind durch die abgedeckte operative Führung des Prof. Neumann, Jochen zu realisieren.
Zur Bestimmung der konkreten Schwerpunkte des Einsatzes ist eine kontinuierliche Abstimmung mit dem KfS [Komitee für Staatssicherheit, russ. KGB] der UdSSR herbeizuführen."[204]

Verantwortlich dafür zeichnete Oberstleutnant Jaekel als Leiter der Hauptabteilung XX/1. Wie bereits erwähnt, wurde Neumann jedoch nicht von Jaekel oder einem anderen Offizier der Hauptabteilung XX/1 geführt, sondern arbeitete laut Kartei-Auskunft als IMS „Erhard" für die HA II des MfS.[205] Das muß kein Widerspruch sein, denn in den Unterlagen der Hauptabteilung XX/1 wurden stapelweise schriftliche Berichte von Professor Neumann gefunden, denen zum Teil Anschreiben der Hauptabteilung II/3 mit den Worten: „Eine zuverlässige und überprüfte Quelle der Hauptabteilung II/3 informierte wie folgt:" vorangestellt waren.[206] Auch zahlreiche

---

202 Information der HA XX an das KGB vom 24.10.1984; ebenda, Bl. 403–405.
203 Arbeitsplan der HA XX für das Jahr 1985, MfS GVS 2144/85, 29 Seiten, hier S. 16; BStU, ZA, HA XX/AKG 96.
204 Arbeitsplan der HA XX/1 für das Jahr 1985, MfS GVS 741/84, 40 Seiten, hier S. 28; BStU, ZA, HA XX 421, Bl. 154.
205 Im Kooperationsplan zwischen der HA XX und der V. Verwaltung des KGB für die Jahre 1986 bis 1990 war u. a. der „Informationsaustausch zum Weltverband für Psychiatrie" und der „Einsatz des IM 'Lotos' der HA XX zur Aufklärung und Verhinderung von dieser Organisation ausgehender antisowjetischer Pläne, Absichten und Aktivitäten" vorgesehen. Es hat jedoch laut Karteiauskunft nie einen IM „Lotos" der HA XX gegeben. Andererseits war Professor Neumann der einzige DDR-Vertreter in der Leitung des Weltverbandes. Möglicherweise handelt es sich um eine fiktive Angabe Jaekels gegenüber dem KGB, um nicht die komplizierten Verhältnisse mit einem von einer anderen Diensteinheit geführten IM mit dem für Russen schwer aussprechlichen Decknamen „Erhard" erklären zu müssen.
206 Zum Beispiel Reisebericht von Professor Neumann über seine Teilnahme an Sitzungen des Exekutivkomitees Weltverbandes für Psychiatrie und an einem lateinamerikanischen Regionalsymposium 24.8.–4.9.1987 in Buenos Aires, versehen mit Anschreiben der HA II vom 6.10.1987; BStU ZA, HA XX 499, Bl. 217–223.

Kopien von internen Materialien der Leitung des Weltverbandes, die aller Wahrscheinlichkeit nach von Professor Neumann stammten, fanden sich in der papierenen Hinterlassenschaft der Hauptabteilung XX/1, nicht selten mit Vermerken versehen wie „für Gen. E. Jaekel".[207] Auch wenn Neumann als IM von der HA II/3 geführt wurde, liefen alle mit dem Weltverband für Psychiatrie zusammenhängenden Informationen beim Abteilungsleiter der Hauptabteilung XX/1, Oberstleutnant Eberhard Jaekel, zusammen.

Professor Neumann selbst sah den Sinn seiner Vizepräsidentschaft im Weltverband für Psychiatrie anfänglich zweifellos darin, die sowjetischen Interessen zu vertreten und Informationen für die nicht mehr im Weltverband repräsentierten sowjetischen Psychiater zu erarbeiten. Das kommt am deutlichsten in seinen eigenen – mit Klarnamen unterzeichneten – Berichten aus der Anfangszeit seines Amtes zum Ausdruck. Über einen „Informationsbesuch" im Serbski-Institut in Moskau Anfang Februar 1985 schrieb der „Generaldirektor" des Deutschen Hygiene-Museums Dresden beispielsweise folgendes:

„Einen besonderen Raum nahm die Diskussion über die Situation im Weltverband für Psychiatrie, insbesondere in den Führungsgremien, ein. Die Diskussionen wurden geführt mit Akademie-Mitglied Morosow, Akademie-Mitglied Sneschnewski und korrespondierendem Akademie-Mitglied Wartanjan. [...] Die Gespräche waren sehr detailliert und ausführlich und dienten vor allem der Vorbereitung des E.C.-Meetings des WPA [des Treffens des Exekutivkomitees des Weltverbandes für Psychiatrie] im April 1985.
Es ist hervorzuheben, daß die sowjetische Seite seit Juli 1983 zum ersten Mal wieder ausführlich über alle Vorgänge informiert wurde. Die Wahl des Berichterstatters zum Vizepräsidenten wurde von Akademiker Morosow als Erfolg der sozialistischen Länder gewertet."[208]

Mit den „sozialistischen Ländern" war wohl in erster Linie die Sowjetunion gemeint, denn Neumanns Nachrichten über die Psychiater anderer Ostblockstaaten, insbesondere aus Polen, klangen immer weniger nach brüderlicher Eintracht mit der Sowjetunion und immer mehr nach offener Distanzierung, wie beispielsweise in folgendem Bericht vom August 1986:

„Es steht zu befürchten, daß die Spannungen zwischen der polnischen Psychiaterorganisation und der Allunionsgesellschaft der UdSSR [...] zunehmen. Die polnischen Kollegen haben zum Regionalsymposium im Herbst 1987 als Redner Sidney Bloch eingeladen, der für seine anti-sowjetischen Ausfälle und Publikationen berüchtigt ist. Auf entsprechende Vorhaltungen [...] wurde pol-

---

207 Vgl. z. B. ebenda, Bl. 291.
208 Bericht von Professor Neumann vom 14.2.1985 über einen Informationsbesuch in Moskau 3.–6.2.1985, 3 Seiten; ebenda, Bl. 339–341, hier 341.

nischerseits erwidert, daß man in Bloch einen Fachmann sähe, den man wegen seines fachlichen Vortrags eingeladen habe. Es war zu erfahren, daß die Einladung S. Blochs auf Aktivitäten der Krakauer Kollegen [...] zurückzuführen ist."[209]

Die nicht geheimdienstvermittelten, direkten Kontakte Neumanns mit den sowjetischen Psychiatern scheinen trotz seiner Treuebekenntnisse nicht besonders eng gewesen zu sein. Die nächste Zusammenkunft mit Morosow fand anscheinend erst zwei Jahre nach der 1985 beschriebenen statt. Neumann berichtete, er sei „in Übereinstimmung und nach Vorabsprachen mit dem Ministerium für Gesundheitswesen der DDR" Ende Februar 1987 „zwecks Erfahrungsaustausch über die Situation im Weltverband für Psychiatrie" nach Moskau gereist. Dort habe er „ein mehrstündiges Gespräch mit Professor Morosow" geführt:

„Prof. Morosow wurde ausführlich und intensiv über die Situation im Weltverband für Psychiatrie auf den unterschiedlichen Ebenen [...] informiert. [...]
Prof. Morosow berichtete ausführlich über seine Erfahrungen und Maßnahmen in den letzten eineinhalb Jahren. [...]
Prof. Morosow informierte den DDR-Vertreter, daß er persönlich für eine Wiederannäherung an den WPA [Weltverband für Psychiatrie] plädiere, daß es aber im Präsidium der Allunionsgesellschaft unterschiedliche Auffassungen gäbe. [...] Dem DDR-Vertreter wurde für seine Arbeit im WPA gedankt. Sie habe auch der Allunionsgesellschaft gedient und man sei sich darüber im klaren, [...] daß die [...] Tendenz zu einer Wiederannäherung und zu einem Interessenvergleich WPA-Allunionsgesellschaft ohne die Unterstützung des DDR-Vizepräsidenten im Exekutivkomitee nicht möglich gewesen wäre."[210]

Mehr Dank als diese anerkennenden Worte hat Neumann für seine Vermittlungsbemühungen im Weltverband von sowjetischer Seite nicht bekommen. Das ungewohnte Einräumen von Meinungsverschiedenheiten innerhalb der sowjetischen Psychiatergesellschaft durch Morosow war eine Folge der gesellschaftlichen Veränderungen in Moskau, die in der zweiten Hälfte der achtziger Jahre unter Präsident Gorbatschow in Gang gekommen waren. Der Verantwortliche des Serbski-Institutes für internationale Beziehungen, Dr. Miljuchin, erklärte Neumann die Auswirkungen von Glasnost und Perestroika auch auf das Verhalten der sowjetischen Psychiatrie-Funktionäre:

---

209 Bericht von Professor Neumann vom 8.9.1986 über eine Sitzung des Exekutivkomitees des Weltverbandes für Psychiatrie 16.–25.8.1986 in Kopenhagen; ebenda, Bl. 246–255, hier 248.
210 Bericht von Professor Neumann vom 2.3.1987 über eine Reise nach Moskau 24.–25.2.1987, 3 Seiten; ebenda, Bl. 243–245, hier 243f.

„Dr. Miljuchin informierte über die Entwicklung gegenwärtiger Tendenzen in der Sowjetunion. Er informierte über eine Fülle von Problemen auch im Gesundheitswesen. [...]
Er gab zu verstehen, daß in der Allunionsgesellschaft aus vielerlei Gründen ein Umdenken stattfinden würde, teilweise mit etwas selbstkritischem Einschlag. Man habe den Weltverband und alles, was damit zusammenhing, bereits seit Honolulu nicht ernst genug genommen und sei nicht flexibel genug aufgetreten. Es wurde auch eine leichte Kritik an Prof. Morosow geäußert, der sich nunmehr erst zu Flexibilität und Aktivität entschlösse, die man ihm schon zu Beginn der achtziger Jahre nahegelegt hätte."[211]

Abgesehen von dieser leichten Lockerung der bis dahin kompletten Informationsblockade der Russen wurde das eigentliche Problem offenbar noch immer umgangen. Die Nichterwähnung des politischen Psychiatriemißbrauchs und einer sowjetischen Reflexion dazu spricht bei Neumanns sonst umfassender Berichtsweise dafür, daß diese Frage bei seinem Moskau-Besuch nicht erörtert worden ist. Offenkundig behandelte man das Thema dort weiterhin nur als taktisches Problem unter dem Gesichtspunkt, daß eine flexiblere Reaktion auf die internationale Kritik notwendig sei.

## 6.8. Im Vorfeld des VIII. Weltkongresses für Psychiatrie 1989 – Finale

Mit der Flexibilität der sowjetischen Psychiatrievertreter war es auch Ende der achtziger Jahre nicht weit her. Aus Neumanns Berichten über die Sitzungen des Exekutivkomitees des Weltverbandes im Herbst 1987 geht die Enttäuschung westlicher Psychiater über die anhaltende Unbeweglichkeit der russischen Kollegen hervor:

„Die westliche Auslegung besteht [darin], daß die sowjetische Psychiatrie offensichtlich unverändert eine staatsgelenkte Psychiatrie sei und ihre führenden Vertreter im Grunde genommen überhaupt nicht befähigt und in der Lage seien, als ernstzunehmende Gesprächspartner zu fungieren. Es wird eingeschätzt, daß die führenden Genossen der Allunionsgesellschaft offensichtlich nach wie vor völlig uninformiert über Strukturen, Personen und Hintergründe sind und internationale Angelegenheiten unvorbereitet behandeln."[212]

---

211 Ebenda, Bl. 244.
212 Bericht von Professor Neumann über seine Teilnahme an der Exekutivratssitzung des Weltverbandes 20.–26.11.1987; ebenda, Bl. 205–215.

Um der großen Mehrheit der sowjetischen Psychiater Gerechtigkeit widerfahren zu lassen, muß an dieser Stelle betont werden, daß sich sowohl der Vorwurf des politischen Psychiatriemißbrauchs als auch die zitierte Beurteilung nur auf einen begrenzten Kreis von Psychiatriefunktionären bezog. Bei den Männern, die im westlichen Ausland einen so nachhaltig schlechten Eindruck machten, handelte es sich um dieselben alten Moskauer Psychiatrieprofessoren, die weiterhin die zentralisierten Leitungsfunktionen und Reiseprivilegien des Fachgebietes in der Sowjetunion besetzt hielten und natürlich nicht plötzlich andere Menschen geworden waren. Im Gegenteil, die von ihnen ausgehenden irrationalen Gruppenbildungen und Fehden legten die in der sowjetischen Psychiatrie durchaus auch vorhandenen Reformkräfte lahm und erstickten Demokratisierungsversuche. Neumann schilderte diese Situation, von der er durch Professor Stefanis erfahren hatte, in einem seiner Reiseberichte:

„Prof. Stefanis berichtete von einem persönlichen Gespräch mit dem sowjetischen Gesundheitsminister Tschasow, den er seit langem persönlich kennt. Prof. Tschasow versicherte Prof. Stefanis das Interesse der Sowjetunion an einer erneuten Mitarbeit [im Weltverband für Psychiatrie] und betonte, daß die Angelegenheit schnell geklärt werden soll. Prof. Wartanjan kam dann zu diesem Gespräch hinzu und bedrängte Minister Tschasow, zurückhaltender zu sein und weniger hastig. Prof. Stefanis berichtete daraufhin, daß in Moskau jedes Kind wisse, daß Prof. Wartanjan in seinem unbändigen Haß gegenüber Prof. Morosow im Gegensatz zu bisherigen Tendenzen gegen eine erneute Mitgliedschaft im WPA auftrete, seitdem sich Prof. Morosow öffentlich dafür ausspricht.
Prof. Kabanow, Leningrad, betonte Prof. Stefanis gegenüber seine Resignation. Die Machtkämpfe in Moskau zwischen den verfeindeten Gruppen würden alle Energie aufzehren und zu Lasten anderer gehen, ohne daß diese eine Chance hätten, an der Entscheidungsfindung teilzunehmen."[213].

Natürlich gab es auch im Westen und innerhalb des Weltverbandes konkurrierende Personen, Gruppen und Meinungen, die allerdings dank eingespielter demokratischer Verfahren zivilisierter ausgetragen wurden. Besonders an der Frage einer Wiederannäherung zwischen sowjetischen Psychiatern und der internationalen Gemeinschaft entzündeten sich heftige Auseinandersetzungen. Die einen hielten es für eine Frage der Glaubwürdigkeit der gesamten Psychiatrie, die mit dem Vorwurf des politischen Mißbrauchs des Fachgebietes behafteten Sowjets nachhaltig auszugrenzen. Andere plädierten für eine Wiedereinbindung der sowjetischen Psychiater in den Weltverband, unter anderem mit dem Argument, daß nur so eine Einflußnahme auf die

---

213 Bericht von Professor Neumann vom 15.9.1987 über seine Teilnahme an der Sitzung des Exekutivkomitees 24.8.–4.9.1987 in Buenos Aires; ebenda, Bl. 218–223, hier 220.

psychiatrische Praxis in der Sowjetunion und die Unterstützung von Reformbemühungen möglich seien. Professor Neumann erwähnte in seinen Berichten über das Exekutivkomitee des Weltverbandes die Meinungsverschiedenheiten und wies auf die ungünstigen Auswirkungen sowjetischer Intransigenz und Instinktlosigkeit hin:

„Neben einer Fülle von intensiver Kleinarbeit, insbesondere im Zusammenhang mit der Vorbereitung des nächsten Weltkongresses, war eine beherrschende Frage die der Wiederaufnahme der Allunionsgesellschaft der Psychiatrie der UdSSR. [...] In den Diskussionen mit den Vertretern von APA [American Psychiatric Association] und vom Royal College [Britische Psychiater-Gesellschaft] zeigt sich klar, daß beide Institutionen in zwei Lager gespalten sind, ein Lager, das die Wiederaufnahme befürwortet und das andere Lager der Hardliner. Offensichtlich sind beide Gruppen etwa gleich stark [...].
Nach wie vor ist man sowjetischerseits (Prof. Wartanjan) in der Wahl der Mittel und Methoden nicht sehr klug und psychologisch einfühlsam, so daß [...] Konflikte, die bereits bestehen, geschürt und nicht einer akzeptablen Lösung zugeführt werden. Hierzu gesonderte Auswertung notwendig."[214]

Auf die Notwendigkeit einer „gesonderten Auswertung" wird in Neumanns Berichten öfter hingewiesen, ohne daß schriftliche Belege dafür in den zur Verfügung stehenden MfS-Unterlagen gefunden wurden. Möglicherweise war eine „gesonderte Auswertung" mit Vertretern des KGB gemeint. Professor Wartanjan verhielt sich Neumanns Berichten zufolge nicht nur undiplomatisch, sondern behandelte den Vizepräsidenten aus der DDR mit einer diesen kränkenden Herablassung:

„Prof. Wartanjan war in New York anwesend. [...] Es war aber wie in der Vergangenheit so, daß man vom DDR-Vertreter weder Hinweise noch Zustandsschilderungen benötigt, da man selber offensichtlich meint, die Dinge zu überblicken und durch persönliche Beziehungen und Verbindungen zu einigen zwar hervorragenden und wichtigen Einzelpersönlichkeiten der amerikanischen Psychiatrie in den Griff zu bekommen."[215]

Auch dieses Verhalten Wartanjans ist im Zusammenhang mit seiner persönlichen Rivalität mit Morosow zu sehen. Während Morosow beispielsweise versucht habe, Neumann telefonisch über eine Zusammenkunft führender Vertreter der sowjetischen Psychiatriegesellschaft und des Weltverbandes in Moskau zu informieren und Professor Stefanis vorgeschlagen hatte, seinen

---

214 Bericht von Professor Neumann vom 28.10.1988 über seine Teilnahme an mehreren Sitzungen des Exekutivkomitees des Weltverbandes für Psychiatrie; ebenda, Bl. 71–78, hier 73 f.
215 Ebenda, Bl. 74.

Vize zu den Moskauer Gesprächen hinzuzuziehen, hatte Wartanjan Neumanns Teilnahme als „nicht zweckmäßig" abgelehnt.[216]

Zum zweiten bezog sich Neumanns Feststellung, daß Wartanjans „bevorzugte Hinwendung zu zwar berühmten und bedeutenden Einzelpersönlichkeiten bei teilweise geradezu arroganter Übergehung anderer, insbesondere mittelrangiger Leute sicher kein Optimum an Taktik darstellt",[217] auf eine typische Fehleinschätzung des Russen. Neumann meinte zwar auch, daß „ein kleiner Kreis von einflußreichen und nicht zu unterschätzenden Exponenten" die wesentlichen Entscheidungen in den westlichen Psychiatergesellschaften „beherrscht".[218] Wartanjan jedoch scheint sich diese Meinungsführerschaft ähnlich oligarchisch-diktatorisch wie in der Sowjetunion vorgestellt und deshalb geglaubt zu haben, es reiche aus, sich mit den Spitzenleuten zu verständigen. Im Gegensatz dazu hatte Neumann, der durch seine Vizepräsidentschaft im Weltverband für Psychiatrie die westliche Welt kennengelernt hatte, das Prinzip lobbyistischer Arbeit verstanden.

Insgesamt läßt sich in Neumanns Reiseberichten im Laufe der achtziger Jahre eine hochinteressante Wandlung erkennen. Während sich der frischgebackene Vizepräsident 1984 mit Elan für „die sozialistischen Länder" ins Zeug geworfen und alle anderen Vertreter als „entweder neutral [...] oder eindeutig prowestlich" beurteilt hatte, lernte er ziemlich schnell, die differenzierte Wirklichkeit adäquater einzuschätzen. Neumann, der schon früher in der DDR als außerordentlich intelligent gegolten hatte, verfügte offenbar über eine Wahrnehmungs- und Urteilsfähigkeit, die sich eher an Realitätserfahrungen als an ideologischen Stereotypen orientierte. Das drückte sich in seinem lebendigen und gar nicht funktionärsmäßigen Berichtsstil aus, der mit vielfach bissigen Randbemerkungen eine amüsante Lektüre bietet. Ein Reisebericht vom April 1985 endet beispielsweise mit dem Satz: „Die Behandlung durch unsere Grenzorgane war unerfreulich bis unwürdig, und es bedurfte schon langjähriger Mitgliedschaft in der Partei und ideologischer Festigkeit, um diese Tonart zu ertragen."[219]

1987 war Neumann soweit, die „hohe persönliche Autorität" eines amerikanischen Psychiaters festzustellen, der „ein bemerkenswerter Demokrat mit einem hohen Maß an persönlicher Unabhängigkeit"[220] sei – offenkundig flossen da Bewertungskriterien in Neumanns Berichte ein, die er nur von der anderen Seite übernommen haben konnte. Seine Begegnungen mit der amerikanischen Psychiatrie haben Neumann unverkennbar beeindruckt und ihm – ungeachtet seiner ideologischen Vorprägung – neue Erkenntnisse vermit-

---

216 Ebenda, Bl. 75.
217 Ebenda, Bl. 76 f.
218 Ebenda, Bl. 76.
219 Bericht von Professor Neumann vom 30.4.1985 über seine Teilnahme an der Sitzung des Exekutivkomitees des Weltverbandes für Psychiatrie in Rio de Janeiro 18.–23.4.1985; ebenda, Bl. 304–317, hier 317.
220 Bemerkung aus einem Reisebericht von Professor Neumann von Ende 1987; ebenda, Bl. 213.

telt. Nach einer Exekutivkomiteesitzung des Weltverbandes im Mai 1987 plädierte er sogar expressis verbis gegen das Feindbild, mit dem er ausgeschickt worden war und demzufolge hinter jeder Kritik an einem politischen Psychiatriemißbrauch eine geheimdienstlich gesteuerte antisowjetische Kampagne stehen sollte:

> „Der Berichterstatter hatte zum erstenmal Gelegenheit, sich ausführlicher mit der Psychiatrie-Szene der USA zu befassen [...]. Dabei kam eine Differenziertheit zutage, die von uns aus kaum noch zu überschauen ist, aber bei entsprechenden Einschätzungen berücksichtigt werden muß. [...]
> Die Psychiater [...] sind [...] einem erheblichen innenpolitischen Druck von Patientenvertreter-Organisationen und Menschenrechtsgruppen ausgesetzt. [...] Aus diesem Gesichtswinkel heraus ist die ungeheure Bedeutung von Menschenrechtsfragen für die Psychiatrie innerhalb der Vereinigten Staaten zu verstehen. [...]
> Abschließend sei noch einmal betont, daß nach Meinung führender Vertreter der USA die psychiatrischen Menschenrechtsfragen das Problem Nr. 1 für das Überleben der Psychiatrie in den USA darstellen und daß unbeschadet des Mißbrauchs dieser Auseinandersetzungen für politische Zwecke durch bestimmte Kreise innerhalb der Psychiatrie und vor allem aber außerhalb der Psychiatrie, antisozialistische und antisowjetische Zielstellungen offensichtlich innerhalb der Psychiater keine vordergründige Rolle spielen."[221]

Neumann schien durch seine plastischen Beschreibungen seiner amerikanischen Erfahrungen auch bei seinen Auftraggebern in der DDR für eine Korrektur stereotyper Vorstellungen zu werben:

> „APA [American Psychiatric Association] repräsentiert im Sinne eines 'pluralistischen' Konzepts eine Vielzahl äußerst unterschiedlicher, zum Teil auch widersprechender Strömungen, die in einem für unsere Verhältnisse unwahrscheinlichen Maße inhomogen sind. Es ist deshalb kaum möglich, von einer einheitlichen Politik des APA zu sprechen, so wie man dies etwa von einer nationalen Gesellschaft in einem sozialistischen Land tun könnte. Eine Reihe von unterschiedlichen, zum Teil allerdings recht einflußreichen Gruppen betreiben innerhalb des APA oder in dessen Namen eine eigene, mitunter durchaus abseitige oder extreme Politik. Gelegentlich drückt sich diese bunt schillernde Vielfalt auch äußerlich sichtbar aus, z. B. wurde der Kongreß in Chicago von einigen ...zig unterschiedlichen Psychiater-Gesellschaften mitgetragen, von denen die 'Gay and Lesbian Psychiatrists' noch längst nicht die obskursten waren."[222]

---

[221] Bericht von Professor Neumann vom 26.5.1987 über seinen Aufenthalt in Chicago 6.–15.5.1987; ebenda, Bl. 230–242, hier 235 f.
[222] Ebenda, Bl. 241 f.

Es ist nicht zu übersehen, daß die individualistische Vielfalt Amerikas auf Neumann eine gewisse Faszination ausübte. So schwingt in seiner weiteren Schilderung der amerikanischen Psychiatervereinigung unverhohlene Bewunderung mit:

„APA ist eine hervorragend organisierte und funktionierende Organisation, ohne die in der amerikanischen Psychiatrie nichts geschieht, ganz abgesehen davon, daß APA auch in hervorragender Weise das wissenschaftliche Leben organisiert und ungewöhnlich reich ist [...]. Einen direkt erkennbaren staatlichen Einfluß auf die amerikanische Psychiatrie gibt es nicht. Eher ist es umgekehrt so, daß APA, nach rein kapitalistischen Prinzipien organisiert, bis in die Lobby des Weißen Hauses und in den Kongreß hinein Einfluß ausübt. APA hat mittlerweile sein eigenes Hochhaus und arbeitet mit mehreren Millionen Dollar Gewinn pro Jahr. APA verfolgt aufmerksam das politische Leben in den USA und übt direkten Einfluß aus."[223]

Derartige Lobeshymnen auf den politischen Gegner werfen die Frage auf, ob Neumann zur selben Zeit eigentlich noch die sowjetischen Interessen im Weltverband für Psychiatrie durchzusetzen versuchte. Tatsächlich läßt sich anhand seiner Position in der zentralen Frage der Abstimmungsmodalitäten erkennen, daß er zunehmend Sympathie für die amerikanischen Anschauungen empfand. Im Weltverband hatte jede beitragzahlende Fachgesellschaft eine Stimme, also beispielsweise auch die alle sowjetischen Psychiater repräsentierende Allunionsgesellschaft, solange sie Mitglied im Weltverband war, während die Psychiater der USA so viele Stimmen wie zahlungsfähige Fachgesellschaften hatten. Da das relativ viele waren, dominierten die Nordamerikaner schon aufgrund dieser Regelung. Verständlicherweise wünschten die sowjetischen Vertreter, seitdem sie im Kreuzfeuer der internationalen Kritik standen, eine Statutenänderung, die auf das Prinzip: ein Land – eine Stimme, hinauslief. Bereits 1980 hatte MfS-Major Jaekel im Ergebnis eines Arbeitstreffens mit KGB-Vertretern in Moskau notiert, daß „durch die sozialistischen Länder [...] gemeinsam eine Veränderung des Abstimmungssystems über Resolutionen in der internationalen Gesellschaft [für Psychiatrie] herbeigeführt und auf dem nächsten Weltkongreß durchgesetzt werden" sollte, „um das gegenwärtige undemokratische Abstimmungsverfahren zu beseitigen."[224] Das hatte 1983 in Wien bekanntlich keinen Erfolg gehabt. Neumann wurde 1987 vom Exekutivkomitee des Weltverbandes für Psychiatrie mit der Leitung einer Arbeitsgruppe beauftragt, die Vorschläge für eine Statutenänderung zur Demokratisierung des Verbandes ausarbeiten

---

223 Bericht über die Beratung des Exekutivkomitees des Weltverbandes für Psychiatrie in Warschau 20.–26.11.1987, 9 Seiten; BStU, ZA, HA XX 1386, Bl. 28–36, hier 31.
224 „Teilbericht" von Major Jaekel vom 2.12.1980 „über die Dienstreise nach Moskau vom 24.–28.11.1980", 6 Seiten; ebenda, Bl. 215–220, hier 219.

sollte. Die Argumente, mit denen Neumann seinen Auftraggebern in der DDR 1988 die Unmöglichkeit einer Änderung der Stimmenverteilung im Weltverband in der gewünschten Weise darlegte, sprechen für sich:

> „Eine Analyse der Situation zeigt, daß die entscheidenden intellektuellen und materiellen Impulse in der Psychiatrie zur Zeit im wesentlichen aus den USA kommen. [...]
> Es ist illusionär einen Versuch zu unternehmen, den WPA ohne die Einflußgröße USA [...] leiten zu wollen. Außerhalb der sozialistischen Länder existiert fast einschränkungslos die einheitliche Meinung, daß die Sowjetunion und die anderen sozialistischen Länder zur Zeit keine substantiellen Beiträge leisten können (intellektuell, kulturell, technologisch, Aus- und Weiterbildung, Forschung, Finanzen, gut funktionierende Organisationsstrukturen). [...] deshalb ist kaum anzunehmen, daß Drittländer bereit sind, zugunsten der sozialistischen Länder den WPA ernsthaft in Frage zu stellen."[225]

Neumann hatte kurz zuvor in einem anderen Bericht resigniert darauf hingewiesen, daß seine „Erfolgschancen" im Weltverband als „einziger sozialistischer Vertreter in allen Führungsgremien" sehr begrenzt seien. Er belaste sich zwar bis an seine „physischen Leistungsgrenzen", könne aber allein nichts daran ändern, daß „die sozialistischen Länder [...] im Grunde genommen im Weltverband keine Rolle" spielten. Polnische, ungarische und tschechoslowakische Psychiater hätten ihm „offen erklärt, daß sie versuchen, ihre jungen hoffnungsvollen Kollegen in die USA zur Hospitation zu schicken oder nach England, weil es nur dort möglich ist, etwas zu holen, was sie fachlich voranbringt".[226]

Das kam einer Bankrotterklärung des eigenen Systems gleich. Wie weitgehend die Desillusionierung Neumanns war, geht aus einem Vermerk von Oberst Jaekel über ein Gespräch mit Professor Rudolf Müller im Oktober 1988 hervor, in dem er über Äußerungen Neumanns „zu einigen politischen Fragen" berichtete:

> „Er vertrat die Auffassung, daß er sich mit seiner Generation vom Sozialismus betrogen fühle. Für viele aufrichtige Menschen ist der Sozialismus eine leere Worthülse geworden, [...]. Sie denken anders, verstecken die enttäuschten Hoffnungen und passen sich an. Neumann äußerte, daß er Verständnis habe für die Ärzte, die den Sozialismus verlassen, [...] weil sie im Kapitalismus eine gesellschaftliche und persönliche Perspektive erkennen. Das gesell-

---

225 Bericht von Professor Neumann vom 16.2.1988 über die Sitzung des Exekutivkomitees des Weltverbandes für Psychiatrie 2.–7.2.1988 in Kopenhagen; BStU, ZA, HA XX 499, Bl. 179–183, hier 180.
226 Bericht von Professor Neumann über eine Exekutivratssitzung und ein Regionalsymposium über Alkohol und andere Suchten, Weltverband für Psychiatrie 20.–26.11.1987 in Warschau; ebenda, Bl. 205–215, hier 214.

schaftliche System des Sozialismus sei zutiefst reformbedürftig, um [...] besonders der Jugend wieder eine politische Perspektive und Motivation zu geben. [...]
Prof. Müller wertet die Äußerungen von Neumann als ein vertrauensvolles Aussprechen ihn bewegender Fragen. Prof. Neumann äußerte auch zugleich, daß für ihn ein Verlassen der DDR nicht in Frage käme. Prof. Müller hat jahrelang gute Beziehungen zu Neumann und weiß, daß er konkrete politische Führung benötigt."[227]

Da Neumann trotz seiner Verständnisäußerung für Republikflüchtlinge erklärt hatte, selbst einen solchen Schritt nicht gehen zu wollen, konnte er weiterhin reisen. Es wäre wohl auch zu spät gewesen, ihn als Vizepräsidenten des Weltverbandes für Psychiatrie zurückzuziehen.

Einen nicht unwesentlichen Anteil an Neumanns politischem Einstellungswandel hatte wohl auch das mitunter brüskierende Verhalten sowjetischer Psychiatriefunktionäre ihm gegenüber. Im Herbst 1988 hatte Professor Wartanjan den Präsidenten des Weltverbandes, Professor Stefanis, und drei weitere Repräsentanten der Organisation, darunter einen Briten und einen US-Amerikaner, nach Moskau eingeladen, „um mit ihnen die Lage im Weltverband für Psychiatrie und die Voraussetzungen einer eventuellen künftigen Mitarbeit der Allunionsgesellschaft der Psychiater der UdSSR zu beraten."[228] Neumann als Vizepräsident war bei der Einladung ostentativ übergangen worden.

Auch eine Vermittlungsinitiative von Professor Rudolf Müller im März 1989 in Moskau[229] konnte das Verhältnis nicht mehr kitten. Möglicherweise hing das Scheitern dieses Vermittlungsversuches auch damit zusammen, daß Müllers früher gute Arbeitskontakte in das sowjetische Gesundheitsministerium mittlerweile „durch umfangreichen personellen Wechsel" in Moskau abgebrochen waren. Jaekel hatte bereits am 26. Oktober 1988 über ein Gespräch mit Professor Rudolf Müller vermerkt, daß „die Führung durch die UdSSR auf internationalen Veranstaltungen z. B. der WHO zur Abstimmung der Positionen der sozialistischen Länder" nicht mehr gegeben sei, während sich die westlichen Staaten „weiter sehr konkret abstimmen und durchzusetzen" versuchten, wobei sie immer mehr im Vorteil seien.[230]

Wie stark die Bindung im östlichen Lager sich mittlerweile aufgelöst hatte, zeigt das harsche Urteil über die Repräsentanten der sowjetischen

---

227 Vermerk von Oberst Jaekel vom 26.10.1988; ebenda, Bl. 177 f., hier 177.
228 MfS-Bericht zur Lage im Weltverband für Psychiatrie vom 26.10.1988; ebenda, Bl. 172–175, hier 175.
229 „Vermerk über ein Gespräch des Stellvertreters des Ministers für Gesundheitswesen der DDR, Gen. Prof. Dr. R. Müller, mit dem Vorsitzenden der Allunionsgesellschaft für Psychiatrie der UdSSR, Gen. Prof. Morosow und dem Chefpsychiater des MfGe der UdSSR, Gen. Prof. Tschurkin, Moskau 6. März 1989"; ebenda, Bl. 60 f.
230 Vermerk von Oberst Jaekel vom 26.10.1988; ebenda, Bl. 178.

Psychiatrie, das Neumann in einem seiner letzten offiziellen Reiseberichte im Frühjahr 1989 formulierte:

„Achtung: Die Allunionsgesellschaft ist nicht eine Spur diplomatischer, flexibler und engagierter als in der Vergangenheit. Prof. Scharikow war in Granada anwesend [...] und bestritt eine Diskussionsrunde über die Veränderung in der sowjetischen Psychiatrie, die an der Grenze zum banal-dümmlichen war. Die Besucher der Veranstaltung waren durch Nichteingehen auf konkrete Fragen und langweiliges Abspulen von Allgemeinplätzen total frustriert und verärgert. [...] Die Vernachlässigung der Formen und die Uninformiertheit hat sich sowjetischerseits nicht geändert."[231]

Ende August 1989 berichtete Neumann nach Ostberlin:

„Die Zusammenarbeit mit den sowjetischen Freunden von der Allunionsgesellschaft ist nach wie vor haarsträubend schlecht. [...] [Es] läßt sich nicht übersehen, daß die Rolle des Berichterstatters, der sich ja immer als Vertreter der sozialistischen Länder und nicht nur der DDR gefühlt hat, nun relativ wenig Dank von den anderen sozialistischen Ländern erntet."[232]

Dies besagt – neben der persönlichen Enttäuschung über die mangelnde Anerkennung seiner Bemühungen als Vizepräsident des Weltverbandes – , daß Neumann, selbst wenn er es zu diesem Zeitpunkt noch gewollt hätte, kaum in Abstimmung mit den Sowjets hätte aktiv werden können. Im August 1989, zwei Monate vor dem entscheidenden VIII. Weltkongreß in Athen, war die Stimmung im Weltverband zu dem von der sowjetischen Fachgesellschaft gestellten Wiederaufnahmeantrag noch unentschieden. Im März 1989 hatte eine amerikanische Gruppe psychiatrische Einrichtungen in der Sowjetunion besucht, dort mit Ärzten und Patienten gesprochen und Einsicht in Krankenakten genommen. Professor Neumann schätzte das Ergebnis dieser Reise folgendermaßen ein:

„Der US-amerikanische Bericht enthält eine Menge kritischer Einschätzungen und Fakten, ist aber im Ton sehr sachlich gehalten und nicht aggressiv und provokativ formuliert. Er läßt sich allerdings auf Grund der enthaltenen und entsprechend publizierten Daten jederzeit in anklagender Weise verwenden und zitieren. Er ist äußerst clever und diplomatisch verfaßt und läßt sich mit jeder Art Verhandlungsstrategie und Taktik in Einklang bringen. Die vorläu-

---

231 Bericht von Professor Neumann vom 19.4.1989 über seine Teilnahme an einem Regionalsymposium des Weltverbandes und Sitzungen des Exekutivkomitees in Granada/Spanien 27.3.–5.4.1989; ebenda, Bl. 38–41, hier 40.
232 Bericht von Professor Neumann vom 24.8.1989 über Sitzungen des Exekutivkomitees des Weltverbandes für Psychiatrie 10.–14.8.1989 in Athen; ebenda, Bl. 47–53, hier 52.

fige sowjetische Antwort ist hinsichtlich Formulierung und Inhalt etwa ähnlich. Auch sie ist sachlich und läßt jede weitere sachliche Erörterung zu."[233]

Auf beiden Seiten setzten sich die Kräfte durch, die – sicherlich ohne von Neumann beeinflußt zu sein – eine Rückkehr der sowjetischen Psychiater in die internationale Gemeinschaft wünschten. Im Rahmen des VIII. Weltkongresses für Psychiatrie im Oktober 1989 in Athen wurden die psychiatrischen Gesellschaften der Sowjetunion, der ČSSR, Bulgariens und Kubas wieder in den Weltverband aufgenommen. Neu hinzu kamen eine unabhängige sowjetische Psychiatergesellschaft und eine chinesische Gesellschaft. Neumann berichtete über einige der näheren Umstände dieser Vorgänge, nachdem er einleitend angekündigt hatte, daß sein Reisebericht „in Anbetracht der gegenwärtig allgemein veränderten Interessenlage [...] nur Grundsätzliches" zusammenfassen würde:

„Mit gewissen [...] Bedingungen wurde die [sowjetische] Allunionsgesellschaft wieder als Mitglied des Weltverbandes aufgenommen, nachdem tage- und nächtelang offizielle und inoffizielle Auseinandersetzungen zu diesem Thema unter Teilnahme sowjetischer Kollegen stattgefunden hatten. Die wesentlichste Wiederaufnahmebedingung sieht vor, daß das Review-Komitee des Weltverbandes innerhalb eines Jahres die Sowjetunion besucht und ein abschließendes Urteil darüber gibt, ob noch politischer Mißbrauch mit der Psychiatrie getrieben wird oder nicht. Wenn ja, soll nach einem Jahr auf einer a.o. [außerordentlichen] Generalversammlung über einen eventuellen Ausschluß der Allunionsgesellschaft beraten werden.
Die Allunionsgesellschaft hat diese Bedingungen akzeptiert und darüber hinaus sogar noch erweitert in Form eines Angebotes, daß Psychiater aus allen Ländern jeden x-beliebigen Patienten sehen und untersuchen könnten und ihre Psychiatrie für jedermann im Lande und außerhalb des Landes offen und überschaubar wäre. Für den persönlichen Geschmack des Berichterstatters gingen die Bekenntnisse und Zugeständnisse mitunter bereits etwas zu weit, aber es ist nicht unsere Angelegenheit, darüber zu befinden."[234]

Dieser distanzierte Bericht impliziert, daß Neumann am Ende seiner Vizepräsidentschaft, die er fünf Jahre zuvor mit dem erklärten Ziel der Bekämpfung einer „verleumderischen antisowjetischen Kampagne" wegen eines „angeblichen Mißbrauchs der Psychiatrie für politische Zwecke" übernommen hatte, offenbar keinen Zweifel mehr am Tatsachengehalt des Vorwurfes hegte.
Mit dem VIII. Weltkongreß für Psychiatrie war Neumanns Amtszeit als Vizepräsident abgelaufen. Er wurde nicht mehr in die Leitung des Weltver-

---

233 Ebenda, Bl. 51.
234 Bericht von Professor Neumann vom 26.10.1989 über seine Teilnahme am Weltkongreß für Psychiatrie 7.–22.10.1989 in Athen; ebenda, Bl. 1–6, hier 2 f.

bandes gewählt. Das hatte Neumann vorhergesehen und bereits im August 1989 darauf hingewiesen, daß „die weltpolitischen Ereignisse von China bis Ungarn" dazu geführt hätten, daß „das Vertrauen in eine berechenbare Partnerschaft sozialistischer Länder" gesunken sei, die DDR einer „Diskriminierungskampagne" ausgesetzt sei und die westlichen Länder „mit hoher Wahrscheinlichkeit einen Vertreter Polens oder Ungarns als sozialistisches Aushängeschild einkaufen" würden. Tatsächlich wurden beim Weltkongreß in Athen ein polnischer und ein ungarischer Vertreter in die Leitungsgremien des Weltverbandes für Psychiatrie gewählt.

Der abgewählte Vizepräsident aus der DDR verfaßte seinen letzten Reisebericht im typisch Neumannschen Stil und zog dabei noch einmal alle Register der Selbstdarstellung:

„Der DDR-Delegierte genießt unverändert ein außerordentlich hohes persönliches Ansehen, paßt aber verständlicherweise nicht in das politische Programm [...]. Kollegen aus etwa 30 (!) Ländern entschuldigten sich persönlich beim DDR-Delegierten dafür, daß sie ihn nicht wählen konnten [...]. T[...] (Japan) entschuldigte sich mit Tränen in den Augen. [...]
Nichtsdestotrotz ist das Ergebnis unbefriedigend. Es muß aber auch in diesem Zusammenhang erneut bemerkt werden, daß der DDR-Vertreter seitens der DDR und des Ministeriums für Gesundheitswesen nie eine echte Unterstützung erfahren hat, die ihn zum Mitmischen im Umfeld befähigte. Ein ausgeprägter Lobbyismus gehört zum Geschäft."[235]

Dem folgte eine Erläuterung lobbyistischer Arbeit im allgemeinen, die mit konkreten Details angereichert wurde. Sowohl der ungarische als auch der polnische Vertreter seien „in mehreren einflußreichen Ländern bei entscheidenden Kollegen" gewesen, „um sich zu präsentieren und für sich zu werben". Der ungarische Psychiater habe sogar „im Sommer mehrere einflußreiche Leute nach Ungarn zu einem Sommeraufenthalt eingeladen". Die DDR hingegen habe Neumann solche notwendige Unterstützung versagt und dann auch noch ungeeignete Vertreter nach Athen delegiert. Es habe „einfach keinen Sinn, unprofilierte Leute ohne Englischkenntnisse auf die Kollegenschaft im Ausland loszulassen." Neumann setzt unter seinen Bericht vom 26. Oktober noch eine „Zusatzbemerkung", die außer einer Überdosis Selbstlob eine bittere Abrechnung mit der DDR enthält:

„Der DDR-Delegierte [hat] in fünfjähriger, äußerst mühevoller, z. T. sehr aufwendiger, mit viel Kleinarbeit verbundener Tätigkeit die DDR in einer sicher [...] würdigen Form vertreten. Es läßt sich, glaube ich, zum Abschluß sagen, daß der Auftrag fast mit Bravour erledigt wurde. Deshalb sei es auch am Ende erlaubt, eine tiefe Verbitterung darüber auszudrücken, daß diese konfliktbela-

---

235 Ebenda, Bl. 4.

dene, körperlich und psychisch anstrengende, fachlich aufwendige und politisch verantwortungsvolle Arbeit im Lande praktisch keine Unterstützung oder Berücksichtigung fand. Vom ersten bis zum letzten Tage ist die Tätigkeit in fünf Jahren nicht ein einziges Mal in der Presse oder Fachpresse erwähnt worden. Die Unterstützung von seiten des Ministeriums war beschämend gering. [...] Es ist nicht ganz ohne Tragik, daß der Berichterstatter trotz eines sehr guten persönlichen Ansehens eben deshalb nicht im Rennen bleiben konnte, weil er die Interessen unseres Landes vertrat, aber im Lande selbst [...] praktisch ohne Rückenhalt war."[236]

Die Mehrheit der DDR-Bürger hatte ihrem vierzigjährigen Staat im Herbst 1989 schwerwiegendere Benachteiligungen und dem Gesundheitsministerium schlimmere Vernachlässigungen ihrer Arbeitsbereiche vorzuwerfen.

## 6.9. Zusammenfassung

Wegen des Mißbrauchs der Psychiatrie zu politischen Zwecken war die Sowjetunion seit Anfang der siebziger Jahre zunehmender Kritik im Weltverband für Psychiatrie ausgesetzt. Die DDR-Vertreter in diesem Verband haben solche Kritik von Anfang an, ohne Prüfung auf ihren sachlichen Gehalt, als „antisowjetische Propaganda" abzuwehren versucht. Sie waren dabei aufmerksamer und eifriger als die sowjetischen Vertreter selbst. Eine wesentliche Voraussetzung für solches Verhalten war der Auswahlmechanismus, dem diese Funktionäre ihre Posten verdankten: Die Spitze des Fachverbandes, die zuständige Stelle im Ministerium für Gesundheitswesen, die Abteilung für Gesundheit des ZK der SED und die Hauptabteilung XX/1 des MfS waren regelrecht miteinander verfilzt. Durch die Wahrnehmung mehrerer solcher Funktionen in Personalunion, die Beschwörung der Parteidisziplin, die nicht selten gleichzeitige Zusammenarbeit der Spitzenfunktionäre mit MfS-Vertretern als IM oder „Partner des operativen Zusammenwirkens" wurde eine ungemein hohe Konzentration des Personenkreises erreicht, der die wesentlichen Entscheidungen traf. Darüber, wer die DDR-Psychiatrie im westlichen Ausland vertrat, wurde in einem engen Zirkel nach politischen und geheimdienstlichen Kriterien entschieden, ohne daß die Mehrheit der Nervenärzte im Lande darauf irgendeinen Einfluß nehmen konnte.

Seit Mitte der siebziger Jahre war das sowjetische Komitee für Staatssicherheit (KGB) bemüht, in Kooperation mit den „befreundeten Diensten" der anderen Ostblockstaaten und über sie wiederum der jeweiligen Fachverbände für Psychiatrie Einfluß auf den Weltverband zu nehmen, um jede Thematisierung des sowjetischen Psychiatriemißbrauchs zu verhindern. Da-

---

[236] Ebenda, Bl. 6.

bei wurde bald deutlich, daß der Ostblock so geschlossen nicht war, wie er von außen wirkte. Hinter den Kulissen übten vor allem die polnischen, aber auch die ungarischen Mediziner und zeitweilig auch der bulgarische Vertreter im Weltverband deutliche Kritik an der sowjetischen Politik in dieser Frage und waren nicht bereit, sich in eine Abwehrfront unter Moskauer Hegemonie einzureihen. Selbst unter sowjetischen Psychiatern war die politische Funktionalisierung ihres Faches umstritten. Die DDR-Funktionäre dagegen benahmen sich zumindest auf dem internationalen Parkett in ihrer willfährigen Apologetik wie übereifrige Schüler. Dabei gingen sie so weit, selbst Initiativen zu ergreifen, während die sowjetischen Delegierten im Weltverband politische Weichenstellungen verschlampten.

Ein besonders trauriges Kapitel ist die aktive Beteiligung der Hauptabteilung XX des MfS an der Verfolgung von Bürgerrechtlern in der Sowjetunion, die es riskierten, den Mißbrauch der Psychiatrie in ihrem Lande zu kritisieren. Mit Hilfe eines ihrer Spitzen-IM hatte die DDR-Staatssicherheit – nach Einschätzung des KGB – wesentlichen Anteil an der Zerschlagung einer solchen Bürgerrechtsgruppe, der „Arbeitskommission zur Aufdeckung des Mißbrauchs der Psychiatrie" in Moskau.

Nach dem Austritt der Sowjetunion aus dem Weltverband für Psychiatrie im Jahre 1983 verblieb die DDR mit sowjetischer Billigung im Verband. Es gelang den SED-Vertretern in Kooperation mit ihren MfS-Partnern sogar, den überraschend vakant gewordenen Posten eines Vizepräsidenten mit einem der ihren zu besetzen. Der DDR-Vertreter, Professor Neumann, wurde zwar mit der denkbar knappsten Mehrheit gewählt, aber er wurde gewählt – in der Hoffnung, daß er im Weltverband eine Brücke zu den ausgetretenen Fachverbänden des sowjetischen Machtbereiches schlagen könnte.

Neumann selbst verstand sich ursprünglich als Interessenvertreter dieses Machtbereichs – nicht etwa des Faches Psychiatrie oder gar seiner Kollegen in der DDR. Doch die sowjetische Seite hat diese beflissene Dienstbereitschaft nach seiner eigenen Einschätzung schlecht belohnt. Allem Anschein nach hielten ihn die Spitzenbürokraten des sowjetischen Verbandes für einen Wichtigtuer aus einem Satellitenstaat, dessen Hilfe sie nicht bedurften. Zugleich ist die Unfähigkeit des KGB, außerhalb des unmittelbaren eigenen Machtbereichs abgestimmt und effektiv vorzugehen, geradezu verblüffend. Trotz großen personellen Aufwands klappten weder Kommunikation noch Organisation.

Für den Vizepräsidenten aus der DDR brachten die fünf Jahre an der Spitze des Weltverbandes einschneidende Erfahrungen. Seine ihm von allen Seiten bescheinigte hohe Intelligenz und der Kulturschock infolge seiner Aufenthalte im Westen machten, verbunden mit verletzter Eitelkeit, aus einem linientreuen Genossen und IM einen scharfzüngigen Kritiker der Verhältnisse in seinem Herkunftsland und des Sozialismus sowjetischer Prägung überhaupt. Dieser Lernprozeß, der bis zu Neumanns Abwahl im Oktober 1989 verfolgt werden konnte, hatte durchaus exemplarischen Charakter für ein Umdenken in den achtziger Jahren.

# 7. Psychologie und Psychiatrie innerhalb des MfS

Im Unterschied zu den differenzierenden Aussagen über das Verhältnis von Ärzten, Psychologen, psychotherapeutischen Institutionen und psychiatrischen Krankenhäusern in der DDR zur Staatssicherheit läßt sich eindeutig feststellen, daß psychologisches Fachwissen für MfS-Zwecke systematisch ausgebeutet wurde. Allerdings begann die Beschäftigung mit der Psychologie im MfS relativ spät und erreichte der Aktenlage zufolge nie den Stellenwert der Verwendung psychologischen Know-hows, wie sie zur selben Zeit in anderen Geheimdiensten und militärischen Apparaten längst gang und gäbe war.[1]

Angesichts des Images der perfekten Beherrschung sozialer Manipulationstechniken, das das MfS bei einigen seiner Kritiker genießt, überrascht das dürftige Qualifikationsniveau der meisten Psychologen und „operativen" Mitarbeiter des MfS, das die archivalische Überlieferung ausweist. Immerhin hat im Laufe der Jahrzehnte aber eine Entwicklung des Fachgebietes im MfS stattgefunden. Diese wird hier kursorisch nachgezeichnet, um die Rolle der Psychologie als ein der Psychiatrie verwandtes Fach innerhalb des MfS zu umreißen.

Auch die psychiatrische Behandlung der eigenen Mitarbeiter wies innerhalb des MfS einige Besonderheiten gegenüber der Psychiatrie im DDR-Gesundheitswesen auf, die vor allem mit der Geheimhaltungspflicht und der militärischen Disziplinarordnung des „bewaffneten Organs" im Zusammenhang standen. Die MfS-eigene Psychiatrie wurde als Teil des Zentralen Medizinischen Dienstes parallel zum Ausbau des Apparates etabliert. Letzterer ist an der Zahl der hauptamtlichen MfS-Mitarbeiter ablesbar. Hatte deren Anzahl vom Gründungsjahr des MfS 1950 bis zum Jahr des Mauerbaus 1961

---

1 Vgl. Peter Riedesser und Axel Verderber: Aufrüstung der Seelen. Militärpsychologie und Militärpsychiatrie in Deutschland und Amerika, Freiburg 1985: Geschildert werden – nach einem historischen Exkurs bis zurück zum ersten Weltkrieg – auch zum Teil noch aktuelle Prinzipien, z. B. das Ziel, möglichst viele kampffähige Soldaten zu gewährleisten und im Kriegsfall aus psychischen Gründen ausgefallene Soldaten wieder fronttauglich zu machen („to return to duty"); Dieselben: „Maschinengewehre hinter der Front". Zur Geschichte der deutschen Militärpsychiatrie, Frankfurt/Main 1996; Peter Watson: Psycho-Krieg. Möglichkeiten, Macht und Mißbrauch der Militärpsychologie, Frankfurt/Main 1985; Jane Takeuchi, Fredric Solomon und W. Walter Menninger (Hrsg.): Behavioral Science and the Secret Service: Toward the Prevention of Assassination, National Academy Press, Washington D.C. 1981.

von 2.700 auf 19.130 zugenommen,[2] so folgte der entscheidende Zuwachs bis hin zur Größe von 91.015 hauptamtlichen MfS-Mitarbeitern im Oktober 1989 erst danach,[3] wobei besonders sprunghafte Steigerungen für die Jahre 1964, 1968, 1969, 1972 und 1974 zu verzeichnen sind.[4] Die medizinische Behandlung so vieler „Tschekisten", deren Verschwiegenheit und Disziplin auch durch mögliche psychische Erkrankungen gefährdet war, ließ sich Ende der sechziger Jahre nicht länger nach außen delegieren. Die MfS-eigene Psychiatrie gehört nicht zuletzt deshalb zur Darstellung des Fachgebietes im Spiegel der MfS-Unterlagen, weil sie ein Spezifikum darstellt, bei dem Versuche einer totalen psychosozialen Kontrolle von Menschen am stärksten ausgeprägt waren.

## 7.1. Die „Operative Psychologie" des MfS

Eine systematische Beschäftigung mit psychologischen Fragen begann als Teil eines allgemeinen Professionalisierungsprozesses des MfS in den sechziger Jahren. Diese Entwicklung korrespondierte mit der in diesem Jahrzehnt in der DDR laufenden allgemeinen „Bildungsoffensive". Während in den fünfziger Jahren Akademiker im MfS die Ausnahme waren,[5] begann nun die Qualifizierung der Mitarbeiter Konturen anzunehmen. Vor allem der Ausbau der 1951 gegründeten MfS-eigenen Schule in Potsdam-Eiche zur Hochschule (1955) mit Dreijahreslehrgängen (1961 eröffnet) zur Ausbildung leitender Mitarbeiter führte im Laufe der Zeit zu einer nachhaltigen Steigerung des formalen Ausbildungsniveaus der MfS-Kader. Das Staatssekretariat für Hoch- und Fachschulwesen verlieh der MfS-Hochschule 1965 offiziell den Status einer „Juristischen Hochschule" (JHS) und erkannte ihr 1968 formell das Promotionsrecht zu.[6] Der Aufbau des Fachgebietes mit einem Lehrstuhl für „Operative Psychologie" an der MfS-Hochschule ist ein typisches Beispiel für die Akademisierung der Kaderausbildung des MfS in den sechziger Jahren.

Eine der ältesten Schriften zum Thema Psychologie in der archivalischen Hinterlassenschaft des MfS ist ein von Hauptmann Felber[7] ausgearbeitetes

---

2   Beide Zahlen enthalten nicht militärische Einheiten des MfS.
3   Diese Zahl schließt die Angehörigen des Wachregiments ein.
4   Alle Zahlen übernommen von Jens Gieseke: Die hauptamtlichen Mitarbeiter des Ministeriums für Staatssicherheit (Anatomie der Staatssicherheit. Geschichte, Struktur und Methoden, Teil IV/1); BStU, Berlin 1995, Mitarbeiterstatistik im Anhang, S. 98–101.
5   Noch 1962 verfügten nur knapp zwei Prozent der MfS-Mitarbeiter über eine abgeschlossene Hochschulausbildung. Vgl. Jens Gieseke: Die Hauptamtlichen 1962. Zur Personalstruktur des Ministeriums für Staatssicherheit; BStU, Berlin 1994.
6   Vgl. Jens Gieseke: Doktoren der Tschekistik; BStU, Berlin 1994.
7   Horst Felber (Jg. 1929), Arbeitersohn aus Chemnitz, 1948 Abitur, danach Tätigkeit als Grundschullehrer, seit 1952 MfS-Mitarbeiter, 1955/56 Besuch der KGB-Schule in Moskau (wie einige andere Lehrkräfte der MfS-Hochschule). 1960 war er Leiter der Abteilung

Lektionsprogramm aus dem Jahre 1960,[8] das sich auf ganze drei Quellen – alle sowjetischer Herkunft – beruft.[9] Darin wird die Bedeutung der Psychologie für die Arbeit des MfS in fünf Punkten zusammengefaßt: Die Psychologie habe große Bedeutung erstens in der Zusammenarbeit mit inoffiziellen Mitarbeitern, zweitens in der Vorgangsbearbeitung,[10] drittens in der Untersuchungsarbeit, insbesondere zur Erlangung von Geständnissen bei der Vernehmung von Beschuldigten, viertens für die „Anleitungs- und Erziehungstätigkeit" der leitenden Mitarbeiter des MfS und fünftens für die Selbsterziehung der Mitarbeiter. Die Erörterungen bewegen sich auf einem primitiven Niveau und vermitteln eher ein paar Grundbegriffe allgemeiner Menschenkenntnis, als Inhalte der psychologischen Wissenschaft. Die Argumentation hinsichtlich der als besonders wichtig hervorgehobenen „Berücksichtigung des Psychischen" in der Zusammenarbeit mit inoffiziellen Mitarbeitern gipfelt beispielsweise in der Feststellung, daß die Menschen verschieden und deshalb unbedingt individuell zu behandeln seien!

Der Autor der Vorlesungstexte formuliert in der Einleitung selbst den dürftigen Anspruch dieser Unterrichtung:

„Um einen möglichst großen Nutzen für die operative Arbeit zu erreichen, wurde von breiten, eventuell verwirrenden theoretischen Erörterungen und Auseinandersetzungen mit bürgerlichen Psychologen Abstand genommen. Im Rahmen des Vorlesungszyklus erfolgt nur eine Darlegung der grundlegenden psychologischen Leitsätze, die eine unmittelbare praktische Nutzanwendung ermöglichen. Die psychologischen Probleme finden bereits in den Vorlesungen eine enge Verbindung mit den Fragen der operativen Arbeit.[11] Diese Darlegungen sollen jedoch in keiner Weise die psychologisch-praktischen Überlegungen in einen bestimmten Rahmen pressen, sondern nur den Blick für einige Richtungen der möglichen und notwendigen Nutzanwendung der psychologischen Kenntnisse in der operativen Arbeit öffnen."[12]

---

Fernstudium der MfS-Hochschule. 1970 wurde Felber dort mit einer Arbeit über „Psychologische Grundsätze für die Zusammenarbeit mit IM [...] der äußeren Spionageabwehr [...]" promoviert. Später machte er eine steile Karriere bis zum Generalmajor des MfS, war seit 1979 1. Sekretär der SED-Kreisleitung des MfS und seit 1981 Mitglied des ZK der SED. Entlassung aus dem MfS im Januar 1990. Vgl. MfS-Kaderakte Horst Felber; BStU, ZA, KS 981/90.

8 Lektion: „Der Gegenstand der Psychologie und die Bedeutung der Psychologie für die Arbeit des Ministeriums für Staatssicherheit", MfS, Streng Geheim, JHS 145/60, 67 Seiten; BStU, ZA, JHS K 468.
9 Ebenda, S. 2: „Quellenangaben: 1. Lehrbuch der Psychologie-Rubinstein, 2. Militärpsychologie-Jegorow, 3. Lehrbuch der Psychologie-Teplow".
10 Gemeint ist die „operative", das heißt geheimpolizeilich-verdeckte Bearbeitung von Personen.
11 So werden zahlreiche Beispiele von miß- und gelungenen IM-Werbungen eingeflochten und – in sehr verkürzter Weise – die psychosozialen Zusammenhänge der (Miß-)Erfolge erörtert.
12 MfS-Lektion MfS JHS 145/60; BStU, ZA, JHS K 468, S. 5.

Im Juni 1963 begann eine neugegründete „Arbeitsgruppe Psychologie" ihr Wirken. Der Leiter war Karl-Otto Scharbert,[13] ein 28jähriger Arbeitersohn, der nach dem Abitur ein halbjähriges Praktikum beim Erfurter Staatssicherheitsdienst und anschließend ein vierjähriges Philosophiestudium an der Karl-Marx-Universität Leipzig absolviert hatte. Als frischgebackener Diplomphilosoph war Scharbert 1960 an die Hochschule des MfS gekommen und hatte sich dort bald Anerkennung verschafft, wie folgende Beurteilung aus dem Jahre 1966 zeigt:

„Genosse Scharbert [...] gehörte zu den befähigsten Lehrern des Instituts Philosophie. Dank ausgeprägter intellektueller Fähigkeiten erwarb er sich durch intensives Selbststudium in relativ kurzer Zeit solide Kenntnisse auf dem Gebiete der marxistischen Psychologie und konnte deshalb 1963 als Leiter der Arbeitsgruppe Psychologie eingesetzt werden. In dieser Eigenschaft und später als Institutsdirektor leistete er eine wertvolle Unterrichts- und Erziehungsarbeit. Das theoretische Niveau der Vorlesungen Psychologie entsprach bald Hochschulanforderungen."[14]

Die meisten Beurteilungen Scharberts loben den Autodidakten in den höchsten Tönen und weisen auf die Erschließung neuer Gebiete für das MfS hin, die weit über die „marxistische Psychologie" hinausgingen:

„Gleichzeitig durchforschte er viele Werke der bürgerlichen Psychologie mit der Zielstellung, manches dort enthaltene Wertvolle durch eine entsprechende kritische Verarbeitung für den Psychologie-Unterricht nutzbar zu machen, [...] eine erste Grundkonzeption für den Psychologie-Unterricht zu erarbeiten und [...] weitere Konzeptionen zu entwickeln, [...] sich um die Nutzbarmachung solch relativ junger Wissenschaften wie Soziologie und Kybernetik für Lehre und Forschung in allen Fachrichtungen der Juristischen Hochschule verdient zu machen".[15]

Die Karriereschritte Scharberts waren weitgehend deckungsgleich mit der Einführung und Profilierung des psychologischen Fachgebietes an der MfS-Hochschule: Am 1. Juli 1965 war der Dreißigjährige als Direktor des neuge-

---

13 Karl-Otto Scharbert (1935–87), Arbeitersohn aus Schlesien, 1954 Abitur und kurzzeitige Tätigkeit als hauptamtlicher FDJ-Sekretär an der Humboldt-Oberschule in Nordhausen, Juli-Dezember 1954 operativer Mitarbeiter der BV Erfurt, Januar–August 1955 persönlicher Sekretär des Leiters dieser BV Erfurt, 1955–60 Studium der Philosophie in Leipzig (als Unteroffizier vom MfS delegiert), 1960–85 Lehrtätigkeit an der MfS-Hochschule in Potsdam, 1986–87 Offizier im besonderen Einsatz an der Hochschule für Ökonomie „Bruno Leuschner" in Berlin-Karlshorst, letzter Dienstgrad Oberst, SED-Mitglied seit 1954. Vgl. MfS-Kaderakte Karl-Otto Scharbert; BStU, ZA, KS II 376/88, Bde. 1 und 2.
14 Vorschlag zur Auszeichnung mit der Verdienstmedaille der NVA in Silber vom 5.5.1966; ebenda, Bd. 1, Bl. 58.
15 Beurteilung über Hauptmann Dr. Scharbert vom 8.2.1968; ebenda, Bl. 73–78, hier 74.

schaffenen Instituts für Psychologie an der MfS-Hochschule eingesetzt worden und blieb bis 1975 Leiter des Fachbereiches bzw. des Lehrstuhls für „Operative Psychologie" an der sogenannten „Sektion Spezialdisziplin". Am 14. Juni 1966 wurden er und ein Diplom-Jurist als erste MfS-Mitarbeiter an der Hochschule zum „Dr. jur." promoviert,[16] 1967 erfolgte Scharberts Ernennung zum Dozenten für das Fachgebiet Psychologie[17] und 1978 zum ordentlichen Professor für Psychologie an der MfS-Hochschule[18]. Er übernahm im Laufe der Jahre einige weitere Leitungsfunktionen an dieser Schule[19] und blieb bis zu seinem Tode 1987 ein hochrangiger MfS-Offizier.[20]

Zugleich ist Scharberts Karriere jedoch auch exemplarisch für die Widersprüchlichkeiten und Hemmnisse bei der Entwicklung akademischer Standards im MfS.

„Die Kompliziertheit dieses Entwicklungsprozesses war dadurch gekennzeichnet, daß im Fachbereich (II) einerseits junge Genossen ohne Erfahrung aus der politisch-operativen Arbeit und andererseits Genossen mit langjährigen operativen Erfahrungen, aber noch fehlenden theoretischen Psychologiekenntnissen tätig sind."[21]

Die in dieser Konstellation ausgefochtenen Konflikte werfen interessante Schlaglichter auf das von Anfang an erklärte, immer wieder kontrollierte und mit Einschränkungen auch durchgesetzte Ziel einer möglichst engen Verbindung zwischen der Theorieentwicklung an der Hochschule und der „operativen Praxis" des MfS. Dies soll nachfolgend anhand einiger Beispiele beschrieben werden.

In einer Beurteilung vom 11. Januar 1963 wurde Scharbert bescheinigt, daß „die Kluft zwischen Theorie und Praxis [...] bei ihm noch nicht völlig überwunden" sei. 1961 war er ein halbes Jahr lang in der MfS-Haupt-

---

16 Dem ersten an der MfS-Hochschule durchgeführten Promotionsverfahren lag die Gemeinschaftsdissertation von Oberstleutnant Walter Spalteholz und Major Karl-Otto Scharbert zugrunde: „Die verbrecherischen Grenzüberschreitungen Jugendlicher und Heranwachsender in ihren Erscheinungsformen sowie in ihrer sozialen und psychischen Determiniertheit"; VVS MfS 160 – 11/66, 425 Seiten; BStU, ZA, JHS 21781. – Vgl. Günter Förster: Die Dissertationen an der „Juristischen Hochschule" des MfS. Eine annotierte Bibliographie; BStU, Berlin 1994, S. 55.
17 Ernennungsurkunde vom 1.2.1967, MfS-Kaderakte Karl-Otto Scharbert, Bd. 1, Bl. 70.
18 Duplikat der Berufungsurkunde; ebenda, Bl. 112.
19 Scharbert wurde 1975 stellvertretender Leiter der Sektion „Politisch-operative Spezialdisziplin" und 1982 Direktor eines aus den Lehrstühlen II und III der Spezialdisziplin gebildeten „Instituts für politisch-operative Leitung". Offenbar wurden im Zuge der weitergehenden Professionalisierung auch an der MfS-Hochschule immer differenziertere Strukturen und immer neue Leitungsposten geschaffen.
20 Vom 1.1.1986 bis zu seinem Tod im Mai 1987 war Oberst Prof. Dr. Scharbert als Offizier im besonderen Einsatz (OibE) Direktor des „Institut(es) für Geheimnisschutz" an der Hochschule für Ökonomie „Bruno Leuschner" in Berlin-Karlshorst eingesetzt. Vgl. MfS-Kaderakte Karl-Otto Scharbert, Bd. 2, Bl. 300.
21 Beurteilung über Major Dr. Scharbert vom 25.10.1973; ebenda, Bd. 1, Bl. 96–99, hier 96.

abteilung IX in Berlin tätig. „Das Ziel dieses Einsatzes" habe unter anderem darin bestanden, „daß er den Feind wirklich einmal in der Praxis kennenlernt". Dieser Einsatz habe „sich sehr positiv bei ihm ausgewirkt".[22] 1966 wurde dann lobend vermerkt:

> „Durch Konsultationen mit operativ erfahrenen Genossen erreichte er auch, daß die operativen Aspekte der einzelnen psychologischen Probleme stärker in den Mittelpunkt gerückt wurden und der gesamte Unterricht auf dem Gebiete der marxistischen Psychologie bei Direkt- und Fernstudenten Anerkennung fand."[23]

Zwei Jahre später jedoch wurde der bis dahin Mustergültige ernsthaft kritisiert:

> „Genosse Sch. ist sehr von sich eingenommen und neigt dazu, sein hohes Wissen zum alleinigen Maßstab der Wertschätzung anderer Genossen zu nehmen. Es entsteht oftmals der Eindruck, daß er mit überheblichen Manieren andere Genossen als 'dumm' einschätzt. In seinen Worten liegt nicht selten eine beißende Ironie. [...] Diese Eigenschaften sind mit darauf zurückzuführen, daß er in der Vergangenheit weder beruflich noch in der gesellschaftlichen Arbeit eine solche aktive Arbeit leistete, die ihn mit der arbeitenden Bevölkerung zusammenführte. [...] In seinem gesamten Auftreten und Verhalten wird sichtbar, daß Genosse Sch. nicht nur keine operativen Erfahrungen besitzt, sondern auch persönlich, innerlich und einstellungsmäßig mit der operativen Arbeit wenig verbunden ist. Sein Auftreten ist oft nicht das eines klassenmäßigen Tschekisten, sondern ähnelt mehr dem eines studierten Kleinbürgers. [...] Diese Charakterisierung äußert sich in seinem Gesamtverhalten, in seiner Art zu sprechen, in seinen Umgangsformen, in seiner Kleidung u. a."[24]

Das Befremden des Verfassers dieser Zeilen, offenbar eines Tschekisten von altem Schrot und Korn, über die Selbstdarstellung des aufstrebenden Nachwuchskaders, weist auf einen Generationskonflikt und einen Wechsel in Stil und Umgangsformen hin, der in der Folgezeit im MfS Platz greifen sollte.[25] Allerdings ging der Konflikt über Äußerlichkeiten hinaus:

> „Nicht selten entsteht der Eindruck, als hätte Genosse Sch. in erster Linie Freude am Theoretisieren, als käme bei ihm der operative Nutzeffekt erst an

---

22 Beurteilung über Leutnant Scharbert vom 11.1.1963; ebenda, Bl. 50–52, hier 51.
23 Bestätigter Vorschlag vom 5.5.1965 zur Auszeichnung des Oberleutnants Scharbert mit der Verdienstmedaille der NVA in Silber; ebenda, Bl. 58 f., hier 58.
24 Einschätzung über Hauptmann Dr. Scharbert, Institutsdirektor Psychologie an der Hochschule des MfS, vom 5.9.1968; ebenda, Bl. 86–90, hier 87 f.
25 In den achtziger Jahren hatten die Mitarbeiter des MfS gegenüber denen der Kriminalpolizei in der DDR das bessere Image, galten allgemein als intelligenter, besser ausgebildet sowie weltläufiger und höflicher in den Umgangsformen.

zweiter Stelle. Solche Beispiele gab es im Zusammenhang mit der Diskussion im wissenschaftlichen Rat der Hochschule zu Fragen der verstärkten Nutzanwendung der Psychologie für die politisch-operative Arbeit. Genosse Sch. klammerte sich hier lange Zeit an die These einer Art 'reinen Psychologie'."[26]

Offenbar war den Kritikern das theoretische Reflexionsniveau Scharberts zu hoch und der unmittelbare praktische Nutzeffekt für die Staatssicherheit zu gering. Sie verlangten, „im Interesse der weiteren Entwicklung [...] einer von ihm zu leistenden praxisbezogenen Lehrtätigkeit [...] den Genossen Hauptmann Dr. Scharbert zum gegebenen Zeitpunkt vorübergehend in der unmittelbaren operativen Praxis auf dem Gebiet der inneren Abwehr einzusetzen."[27]

Gegen diese Pläne wandten sich zahlreiche Kollegen, die gerade seine fachliche Qualifikation als unentbehrlich für die weitere Profilierung des psychologischen Fachgebietes an der MfS-Hochschule ansahen. Tatsächlich war es kein anderer als Scharbert, der die ersten psychologischen Lehr- und Studienmaterialien des MfS mit wissenschaftlichem Anspruch erarbeitet hat.[28] Scharbert blieb jahrelang federführend bei der Produktion zahlreicher weiterer solcher Schriften.

Das Problem seines mangelnden Praxisbezugs wurde gelöst, indem er stärker mit erfahrenen Praktikern zusammengespannt wurde. So verfaßte Scharbert gemeinsam mit dem langjährigen Leiter der MfS-Bezirksverwaltung Schwerin, Werner Korth,[29] und dem vormals im Bereich der MfS-Bezirksverwaltung Dresden IM-führenden Offizier, Ferdinand Jonak[30], ein

---

26 Einschätzung über Hauptmann Dr. Scharbert vom 5.9.1968, MfS-Kaderakte Karl-Otto Scharbert; Bd. 1, Bl. 86–90, hier 88.
27 Beurteilung über Hauptmann Dr. Scharbert vom 19.5.1969; ebenda, Bd. 1, Bl. 79–81, hier 81.
28 Zum Beispiel MfS-Studieneinführung zum Thema: Gegenstand und Aufgaben der Psychologie und ihre Bedeutung für die Arbeit in den Organen für Staatssicherheit, MfS JHS 742/63, 41 Seiten; BStU, ZA, SdM 385, Bl. 1640–1682. MfS-Studieneinführung Thema 1: Gegenstand, Aufgaben und Arbeitsgebiete der Psychologie. Die Bedeutung psychologischer Erkenntnisse für die Praxis des MfS, MfS JHS 34/1967, 67 Seiten; BStU, ZA, SdM 385, Bl. 3806–3873, Nachauflage: MfS JHS 106/68 als BStU, ZA, JHS 24470. MfS-Studieneinführung Thema III/1: Die Motivation der menschlichen Handlung, MfS JHS 110/68; BStU, ZA, JHS 24468. MfS-Studieneinführung Thema III/2: Die Regulation des Verhaltens. Die Willenshandlung und ihre Analyse, MfS JHS 38/67, 64 Seiten; BStU, ZA, SdM 385, Nachauflage: MfS JHS 113/68 bzw. BStU, ZA, JHS 24469.
29 Werner Korth (Jg.1929) hatte bereits 1950 als Kommissar seine Laufbahn im MfS begonnen und nacheinander jeweils einige Jahre die Funktionen Leiter der Abteilung Kader und Schulung, Sekretär der Parteileitung und Stellvertreter Operativ der BV Schwerin inne. Von 1968 bis Dezember 1989 war er Leiter der BV Schwerin. Vgl. MfS-Kaderkarteikarte; BStU, ZA, ohne Signatur.
30 Ferdinand Jonak (Jg. 1930), Arbeiter aus Dresden, hatte sich bereits als Volkspolizist – z. B. am 17.6.1953 – bewährt, als er 1954 in die BV Dresden des MfS kam. In den Beurteilungen wurde seine geistige Beweglichkeit und gute operative Arbeit gelobt, die das eine Mal zu sieben Festnahmen, mal zu zwei schwierigen Werbungen unter der Intelligenz geführt hätten. Getadelt wurde hingegen seine mangelnde Durchsetzungsfähigkeit. 1966 kam er als wissenschaftlicher Assistent an das Institut für Psychologie der

Grundlagenwerk zu einem für die operative Arbeit des MfS zentralen Thema: „Die Gewinnung Inoffizieller Mitarbeiter und ihre psychologischen Bedingungen".[31] Auf Grund dieser Arbeit wurden Korth und Jonak 1973 mit dem Prädikat „summa cum laude" promoviert, während Scharbert der einer Habilitation entsprechende akademische Titel „Dr. sc. jur." zuerkannt wurde.

In späteren Jahren verfügten die wissenschaftlichen Assistenten, wenn sie zur Forschung und Lehre an den Fachbereich „Operative Psychologie" der MfS-Hochschule kamen, in der Regel bereits über Hochschulabschlüsse, die sie an DDR-Universitäten erworben hatten.[32] Die staatssicherheitsdienstspezifischen Qualifikationen, zum Beispiel Promotionen, erfolgten dann in der Regel an der MfS-Hochschule. So wurde beispielsweise Steffen Flachs,[33] der 1970 als erster MfS-Mitarbeiter mit einem abgeschlossenen Psychologiestudium an die MfS-Hochschule gekommen war und dort von 1975 bis 1985 den Fachbereich „Operative Psychologie" leitete, 1979 mit einer Gemeinschaftsarbeit promoviert.[34]

---

MfS-Hochschule, wurde dort nach dem ausgezeichneten Abschluß eines Fernstudiums am Institut für Psychologie der Karl-Marx-Universität Leipzig als „Diplom-Pädagoge" zum wissenschaftlichen Oberassistenten im Fachbereich Psychologie ernannt, erhielt im Februar 1973, also noch vor seiner Promotion, die facultas docendi für das Fachgebiet Psychologie an der MfS-Hochschule und wurde mit Wirkung vom 1.2.1976 vom Minister für Hoch- und Fachschulwesen zum Hochschuldozenten für Forensische Psychologie berufen. 1981 erhielt Jonak für seinen Anteil an einer Gemeinschaftsarbeit über „Die politisch-operative Bekämpfung der feindlichen Mißbrauchs gesellschaftswidriger Verhaltensweisen Jugendlicher" den zweiten akademischen Grad „Dr. sc. jur.", wurde 1986 zum ordentlichen Professor für Pädagogische Psychologie an der MfS-Hochschule berufen und leitete dort von 1985 bis Ende 1989 den Lehrstuhl für Operative Psychologie, letzter Dienstgrad Oberst, KPD/SED-Mitglied seit 1946. Vgl. MfS-Kaderakte Ferdinand Jonak; BStU, ZA, KS 13010/90.

31 MfS-Forschungsarbeit von Werner Korth, Ferdinand Jonak und Karl-Otto Scharbert: „Die Gewinnung Inoffizieller Mitarbeiter und ihre psychologischen Bedingungen", MfS VVS JHS 800/73, 760 Seiten; BStU, ZA, JHS 21826, 2 Bde.

32 Die meisten Absolventen ziviler Hochschulen, die am Fachbereich „Operative Psychologie" der MfS-Hochschule Karriere machten, hatten an der Technischen Universität (TU) Dresden, Sektion Arbeitswissenschaften, Fachrichtung Arbeitspsychologie, studiert: Steffen Flachs (Jg. 1944, Studium 1964–69), Wolfgang Büschel (Jg. 1953, Studium 1974–78), Jürgen Schmeißer (Jg. 1956, Studium 1977–82) und Michael Günther (Jg. 1960, Studium 1981–86). Es gab auch Absolventen anderer DDR-Universitäten, wie z. B. Hans-Günter Kirmse (Jg. 1944), der von 1969 bis 1973 Klinische Psychologie an der Humboldt-Universität Berlin und Jochen Girke (Jg. 1949), der von 1971 bis 1975 Klinische Psychologie an der Friedrich-Schiller-Universität Jena studiert hatte.

33 Steffen Flachs (Jg. 1944), Arbeitersohn aus Sachsen, hatte nach dem Abitur (1962) zunächst Matrose gelernt (1962–64) und dann an der TU Dresden Arbeitspsychologie studiert (1964–69). Im September 1969 wurde der frischgebackene Psychologe als wissenschaftlicher Assistent am Lehrstuhl für „Operative Psychologie" in das MfS eingestellt, jedoch erst einmal zu einem halbjährigen Praxiseinsatz als IM-führender Mitarbeiter in der KD Dresden-Land delegiert. Von 1975 bis 1985 leitete F. als Nachfolger von Karl-Otto Scharbert den Fachbereich „Operative Psychologie", wurde 1985 als Leiter der Abteilung Hochschuldirektstudium und 1987 als Leiter der Fachschule des MfS eingesetzt, letzter Dienstgrad Oberst, SED-Mitglied seit 1967. Vgl. MfS-Kaderakte Steffen Flachs; BStU, ZA, KS 28691/90.

34 MfS-Forschungsarbeit von Steffen Flachs (MfS-Hochschule) und Horst Schirmer (HV A): „Die Weiterentwicklung der Methodik zur Feststellung der Eignung von IM der HV A –

Neben der Merkwürdigkeit der Vergabe akademischer Titel für kollektive Leistungen[35] gab es noch manches andere, das den Forschungsbetrieb der MfS-Hochschule deutlich von den üblichen Wissenschaftsregularien unterschied. Grundregeln wissenschaftlicher Arbeit wie die intersubjektive Nachprüfbarkeit von Methoden und Ergebnissen der Forschung waren durch die Geheimhaltungspflicht außer Kraft gesetzt. Selbst die Existenz einer MfS-Hochschule war geheim. Sämtliche dort verfaßten Arbeiten wurden als „Geheime" bzw. zumindest „Vertrauliche Verschlußsache" deklariert.[36] Zeithistoriker wiesen darauf hin, daß es an der MfS-Hochschule nicht „auch nur punktuell so etwas wie wissenschaftliche Autonomie gegeben" hat, sondern es sich dabei „vielmehr um eine geheimdienstliche Offiziersausbildungsstätte unter politischer Anleitung der monopolsozialistischen Einheitspartei" gehandelt hat, „deren 'wissenschaftlicher' Charakter bestenfalls in Länge und theoretischer Intensität der Ausbildung zum Ausdruck gekommen sein mag".[37]

Die Länge und theoretische Intensität der Ausbildung waren in späteren Jahren an der MfS-Hochschule allerdings bemerkenswert. Es gab unterschiedliche Ausbildungsgänge, deren längster vier Jahre eines Hochschuldirekt- oder Fernstudiums umfaßte, während die verschiedenen Fachschulstudiengänge zwischen einem und zwei Jahren dauerten.[38] Die Ausbildungsinhalte waren in drei Hauptgebiete aufgegliedert, zu denen neben „Marxismus-Leninismus" und „Rechtswissenschaft" eine sogenannte „Politisch-operative Spezialdisziplin" als MfS-Spezifikum hinzukam. Parallel zur dritten Hochschulreform 1969/70 in der DDR, bei der eine grundlegende Neuorganisation des Lehr- und Wissenschaftsbetriebes erfolgte, wurden aus den genannten drei Hauptgebieten an der MfS-Hochschule Sektionen mit Lehrstühlen gebildet.

Von dieser Zeit an umfaßte die Sektion „Politisch-operative Spezialdisziplin" der MfS-Hochschule acht bzw. neun Lehrstühle: I. „Grundprozesse der politisch-operativen Arbeit", II. „Operative Psychologie", III. „Politisch-operative Leitungswissenschaft", IV. „Kriminalistik", V. „Spionage", VI. „Poli-

---

untersucht an Übersiedlungs-IM", MfS VVS JHS 207/79, 168 Seiten; BStU, ZA, JHS 21894.
35 Vgl. Förster: MfS-Dissertationen, S. 40 f: Die in der Bibliographie verzeichneten 174 Promotionsarbeiten wurden von insgesamt 485 Autoren erarbeitet. Nur 37 Arbeiten wurden von einem Doktoranden allein verfaßt (21%), während 50 Arbeiten von zwei Autoren (28%), 41 Arbeiten von drei Doktoranden (24%) und die übrigen von vier bis zehn (!) Doktoranden erstellt wurden. Spitzenreiter in dieser Reihe ist eine Forschungsarbeit, an der 14 Kandidaten beteiligt waren, von denen jedoch nur 10 promoviert wurden, während 4 für ihren Anteil an der Leistung einen Orden erhielten. Außerdem wurden an der MfS-Hochschule insgesamt 3.721 Diplomarbeiten von 4.240 Autoren und 235 Abschlußarbeiten im postgradualen Studium von 252 Autoren gefertigt. Vgl. Günter Förster: MfS-Dissertationen und ders. (Hrsg.): Bibliographie der Diplomarbeiten und Abschlußarbeiten an der Hochschule des MfS, Berlin 1998, S. 3.
36 Vgl. Förster: MfS-Dissertationen, S. 38 f.
37 Gieseke: Doktoren der Tschekistik, S. 4 f.
38 Vgl. Förster: MfS-Dissertationen, S. 16.

tisch-ideologische Diversionstätigkeit (PID) und Politische Untergrundtätigkeit (PUT)", VII. „Volkswirtschaft", VIII. „Staatsgrenze" und IX. „Grundfragen der Arbeit im und nach dem Operationsgebiet".[39]

Allein schon die Aufzählung der Lehrstuhlbezeichnungen läßt ahnen, für welche geheimdienstlichen Spezialitäten die Psychologie hier nutzbar gemacht wurde. Der direkte Zeitaufwand für das Fachgebiet „Operative Psychologie" war allerdings relativ gering, wie ein Studienplan für die vierjährige Hochschulausbildung zum MfS-Diplomjuristen aus dem Jahre 1986 zeigt: Insgesamt 935 Stunden (36 Prozent der gesamten Ausbildungszeit) waren für die „politisch-operative" Arbeit und die Arbeit mit IM vorgesehen, 634 Stunden (24 Prozent) für Marxismus-Leninismus sowie Geschichte der Arbeiterbewegung und des MfS, 492 Stunden (19 Prozent) für Recht einschließlich der sozialistischen Rechtstheorie, 280 Stunden (11 Prozent) für die militärische Ausbildung, 144 Stunden (5,5 Prozent) für Russischunterricht und nur 131 Stunden (5 Prozent) für „Operative Psychologie".[40]

Psychologische Überlegungen und Erkenntnisse flossen jedoch in alle anderen Fachbereiche der „Politisch-operativen Spezialdisziplin" ein, wie das der Pionier der „operativen Psychologie" des MfS in den sechziger Jahren begonnen hatte: „Besondere Verdienste erwarb sich Genosse Dr. Scharbert bei der Entwicklung der wissenschaftlichen Gemeinschaftsarbeit, besonders zwischen dem Institut für Psychologie und den Instituten der politisch-operativen Spezialausbildung."[41]

Auf der anderen Seite hatten die „Operativen Psychologen" Mühe, den Anschluß an den allgemeinen Erkenntnisstand ihres Fachgebietes zu halten. 1980 wurde in einer „Wissenschaftskonzeption zur weiteren Profilierung der operativen Psychologie an der Hochschule des MfS" eine bis dahin ungenügende Verwendung von neuen Erkenntnissen der universitären Psychologie der DDR für das MfS beanstandet:

„Durch umfangreiche theoretische und empirische Untersuchungen wurden Forschungsergebnisse erarbeitet [...] Diese Forschungsergebnisse wurden in zahlreichen Publikationen veröffentlicht und fanden auf dem XXII. Internationalen Kongreß für Psychologie, der vom 6.–12. Juli 1980 in Leipzig stattfand, breite internationale Beachtung und Anerkennung. Im MfS und an der

---

39 Als „Operationsgebiet" bezeichnete das MfS die BRD und Westberlin (der BND hingegen die DDR und Ostberlin). Lehrstuhl IX wurde nur in einigen früheren Unterlagen als selbständiger Lehrstuhl ausgewiesen. Für die Fragen der Außenspionage war wohl auch mehr die Schule der HV A in Belzig bzw. ab 1986 in Gosen bei Berlin zuständig, die seit 1983 als „Sektion A" der MfS-Hochschule geführt wurde und an der es unter acht anderen einen eigenen „Lehrstuhl Leitungswissenschaft und operative Psychologie" gab.
40 Vgl. Förster: MfS-Dissertationen, S. 21.
41 Vorschlag vom 19.9.1967 zur Auszeichnung mit einer Geldprämie in Höhe von 300 Mark, MfS-Kaderakte Karl-Otto Scharbert, Bd. 1, Bl. 71f.

Hochschule wird die Vielzahl der im letzten Jahrzehnt in der marxistisch-leninistischen Psychologie gewonnenen neuen Erkenntnisse bisher nur zu einem verhältnismäßig geringen Teil ausgeschöpft."[42]

Die Konzeption ging von vier „bedeutsamen Aufgaben der politisch-operativen Arbeit" des MfS aus, „zu deren Lösung die operative Psychologie beitragen" müßte:
1. „Die allseitige Erziehung operativer Mitarbeiter und mittlerer leitender Kader zu tschekistischen Persönlichkeiten sowie die Entwicklung und Festigung tschekistischer Kampfkollektive",
2. „Die Erhöhung der Wirksamkeit der Gewinnung von und der Zusammenarbeit mit IM",
3. „Die Erhöhung der vorbeugenden Wirksamkeit und der Effektivität der politisch-operativen Arbeit, insbesondere (a) der Vorgangsbearbeitung, (b) der Untersuchungsarbeit, (c) der Sicherheitsüberprüfungen und anderer operativer Prozesse." und
4. „Die Bekämpfung feindlicher Ideologien und der politisch-ideologischen Diversion des Imperialismus."[43]

Im Vergleich zu der eingangs aus dem Jahr 1960 zitierten Aufzählung der psychologischen Aufgaben im MfS fällt auf, daß sich die Reihenfolge der Aufzählung verändert hat. Das dürfte kein Zufall gewesen sein. Den beiden 1980 erstgenannten Aufgaben 1 und 2 entsprechend setzte das MfS in den späten siebziger und in den achtziger Jahren psychologische Erkenntnisse bevorzugt zur Beschäftigung mit sich selbst bzw. mit den eigenen inoffiziellen Mitarbeitern ein. Dieser Annahme entspricht die Vielzahl von Arbeiten zu den Themenkomplexen, die von Lehrmaterialien[44] über Diplom-[45] und andere Abschlußarbeiten[46] bis hin zu Dissertationen[47] reichen.

---

42 Wissenschaftskonzeption zur weiteren Profilierung der operativen Psychologie an der Hochschule des MfS vom 17.11.1980, MfS VVS JHS 1129/80, 38 Seiten; BStU, ZA, JHS 23090, S. 6 f.
43 Ebenda, S. 4 f.
44 Zum Beispiel MfS-Lehrmaterial zu „Aufgaben der Mitarbeiter des MfS bei der Gewinnung neuer tschekistischer Kader", MfS GVS JHS 1/85, 38 Seiten; BStU, ZA, JHS 24430.
45 Zum Beispiel MfS-Diplomarbeit von Oberleutnant Ulf Kretzschmar (HA KuSch) über „Ausgewählte Probleme zu Anforderungen an die Motivierung von Offiziersschülern des MfS vor und während der Hochschulausbildung an zivilen Bildungseinrichtungen", MfS JHS MF VVS 411/89, 121 Seiten; BStU, ZA, JHS 21540.
46 Zum Beispiel MfS-Fachschulabschlußarbeit von Oberleutnant Gerhard Stur (BV Leipzig, Abt. XX/1): „Der Aufbau, Einsatz und die Qualifizierung der inoffiziellen Basis im Schwerpunktbereich Medizin der Karl-Marx-Universität Leipzig als wesentliche Methode der weiteren Effektivierung der politisch-operativen Arbeit", 45 Seiten; BStU, ZA, JHS 125/83.
47 MfS-Dissertation von Hans-Günter Kirmse (Dozent am Fachbereich „Operative Psychologie" der MfS-Hochschule): „Sprachkommunikative Fähigkeiten – eine wesentliche Voraussetzung für die Tätigkeit mittlerer leitender Kader des MfS. Erfordernisse, Möglichkeiten und Bedingungen der Entwicklung dieser Leitereigenschaften durch die Lehrmethode des Trainings als ein Weg zur Verbesserung der Führung von Gesprächen in problemhaften Partnersituationen der politisch-operativen Arbeit", MfS VVS JHS 232/88, 275 Seiten; BStU, ZA, JHS 2029, identisch mit JHS 22006.

Angesichts der Fülle des Materials[48] kann eine inhaltliche Analyse und Bewertung dieser Erzeugnisse im gegebenen Rahmen nicht vorgenommen werden. Auch liegt an anderer Stelle noch keine systematische Auswertung der überlieferten Schriften vor.[49] In den Titeln der insgesamt 174 Promotionsarbeiten, 3.721 Diplomarbeiten und 235 Abschlußarbeiten im postgradualen Studium der MfS-Hochschule kommt das Wort Psychiatrie oder psychiatrisch kein einziges Mal vor, während das Wort Psychologie oder psychologisch in den 174 Promotionstiteln sechs Mal und in den insgesamt 3.956 Diplom- und anderen Abschlußarbeiten immerhin 53 Mal erwähnt wird – davon allerdings einige Male im Zusammenhang mit der sogenannten psychologischen Kriegsführung des „Imperialismus". Um wenigstens einen Eindruck von der konkreten Arbeit am Fachbereich „Operative Psychologie" in den achtziger Jahren zu vermitteln, werden nachfolgend ausgewählte Beispiele aus den genannten Grundrichtungen der operativ-psychologischen Forschung kurz vorgestellt.

Als dritte Grundrichtung waren die Aufgabenfelder der „Vorgangsbearbeitung" (3 a), der „Untersuchungsarbeit" (3 b) und der „Sicherheitsüberprüfungen" (3 c) zusammengefaßt. Bei dem ersten Feld, der „Vorgangsbearbeitung" gibt es viele Überschneidungen mit der IM-Arbeit, wie zum Beispiel folgender Titel zeigt: „Ausgewählte operativ-taktische und psychologische Probleme bei der Einführung von IM in die Bearbeitung Operativer Vorgänge (OV)".[50] Dieser Teilbereich der MfS-Arbeit hat wegen seiner jahrelangen verdeckten Einflußnahme auf das Leben in bestimmten gesellschaftlichen Bereichen der DDR, der seit der Öffnung der MfS-Archive möglich gewordenen Aufdeckung dieser konspirativen Spiele mit und gegen Menschen und nicht zuletzt wegen seines niederträchtigen Charakters die interessierte Öffentlichkeit besonders bewegt.[51] Besonders deutlich ist die destruktive Zielsetzung bei der Einschleusung inoffizieller Mitarbeiter in die „operative Bearbeitung" von Einzelpersonen und Gruppen, wie zum Beispiel unbequeme Pastoren, Friedens- und Ökologiearbeits-

---

48 An der MfS-Hochschule wurden neben 174 Promotionsarbeiten insgesamt 3.721 Diplomarbeiten und 235 Abschlußarbeiten im postgradualen Studium gefertigt. Vgl. Günter Förster: MfS-Dissertationen und MfS-Diplom- und Abschlußarbeiten der Hochschule des MfS, BStU, Berlin 1994 bzw. 1998.
49 Ansatzweise wurde dies im Rahmen einer Tagung über den „Kampf um die Seele. Die 'Operative Psychologie' des MfS und die Folgen" versucht, die vom 10.–12.12.1993 in Berlin stattfand und bei der sich engagierte Laien und Fachleute außerhalb des MfS dem Thema erstmalig im öffentlichen Rahmen kritisch näherten. Ergebnisse dieser Tagung sind nachzulesen in: Klaus Behnke und Jürgen Fuchs (Hrsg.): Zersetzung der Seele, Hamburg 1995.
50 MfS-Diplomarbeit von Major Christian Ambros (BV Karl-Marx-Stadt, Abt. Wismut), MfS VVS JHS MF 381/86, 89 Seiten; BStU, ZA, JHS 20627.
51 Aus der Flut der Publikationen seien nur zwei frühe herausgegriffen, deren besonderer Wert in den Gesprächen von Betroffenen mit ihren vormaligen „Bearbeitern" des MfS besteht: Irena Kukutz und Katja Havemann: Geschützte Quelle. Gespräche mit Monika H. alias Karin Lenz, Berlin 1990 und Michael Beleites: Untergrund. Ein Konflikt mit der Stasi in der Uran-Provinz, Berlin 1991.

gruppen der evangelischen Kirche, die als „feindlich-negativ" eingestuft wurden.[52] „Zersetzungsmaßnahmen" des MfS zielten auf „Zersplitterung, Lähmung, Desorganisierung" der als „feindlich" erklärten Gruppen sowie bezüglich einzelner Personen auf soziale Isolierung, psychologische Verunsicherung und öffentliche Rufbeschädigung.[53] Die Folgen dieser bösartigen Zerstörung von Vertrauen und Solidarität in Gruppen bzw. von Selbstvertrauen, beruflichen und gesellschaftlichen Entwicklungschancen waren für die Betroffenen mitunter katastrophal, gerade weil sie psychologisch ausgeklügelt, im geheimen Zusammenwirken des MfS mit ihren inoffiziellen Mitarbeitern sowie staatlichen und gesellschaftlichen Institutionen umgesetzt wurden und teilweise noch bis heute nachwirken.[54]

Ausgerechnet mit diesem widerwärtigen Themenkomplex beschäftigte sich auch die einzige Frau, die in der zweiten Hälfte der achtziger Jahre als wissenschaftliche Mitarbeiterin am Fachbereich „Operative Psychologie" der MfS-Hochschule tätig war. Brigitte Wagner[55] war 1986 eigentlich nur ihrem Ehemann[56] gefolgt, der als Mitarbeiter von der MfS-Kreisdienststelle Weimar an die Hochschule in Potsdam wechselte. Nach einem Einarbei-

---

52 Vgl. z. B. MfS-Abschlußarbeit im postgradualen Studium von Hauptmann Jürgen Fiedler (BV Rostock, Abt. XX): „Erfahrungen beim Zusammenwirken mit staatlichen und gesellschaftlichen Kräften zur Realisierung wirksamer Zurückdrängungs- und Zersetzungsmaßnahmen gegen feindliche bzw. negative Personenkreise aus dem kirchlichen Bereich am Beispiel sogenannter Friedenskreise", MfS VVS JHS MF 1204/86, 24 Seiten; BStU, ZA, JHS 20903.
53 Vgl. MfS-„Richtlinie 1/76 zur Entwicklung und Bearbeitung operativer Vorgänge" vom Januar 1976, in der sieben haarsträubende „bewährte anzuwendende Formen der Zersetzung" skizziert sind. MfS GVS 100/76; BStU, ZA, BdL-Dokument 003234.
54 Bei diesem Kapitel kann auf bereits vorliegende Publikationen verwiesen werden, z. B.: Jürgen Fuchs: Unter Nutzung der Angst. Die „leise Form" des Terrors – Zersetzungsmaßnahmen des MfS, BStU, Berlin 1994. Beiträge von Jürgen Fuchs und Klaus Behnke in: Dies. (Hrsg.): Zersetzung der Seele. Psychologie und Psychiatrie im Dienste der Stasi, Hamburg 1995. Joachim Walter: Sicherungsbereich Literatur. Schriftsteller und Staatssicherheit in der Deutschen Demokratischen Republik, Berlin 1996. Sonja Süß: „Subtilere Formen der Repression in der späten DDR – Strategien der Zersetzung des MfS gegen 'feindlich-negative' Gruppen und Personen", Expertise für die Enquête-Kommission des Deutschen Bundestages, 78 Seiten, November 1996.
55 Brigitte Wagner (Jg. 1955), Arbeitertochter aus Thüringen, hatte 1972–76 das Institut für Lehrerbildung in Weimar mit dem Abschluß als „Freundschaftspionierleiter mit Lehrbefähigung für die Unterstufe" absolviert und bis 1982 als Unterstufenlehrerin gearbeitet. Durch ein weiterführendes Studium an der Pädogogischen Hochschule Erfurt (1982–84) erwarb sie die Qualifikation einer Diplompädagogin der Fachrichtung Psychologie, war anschließend als Fachschullehrerin für Psychologie am Institut für Lehrerbildung in Weimar tätig, letzter MfS-Dienstgrad Oberleutnant, SED-Mitglied seit 1976. Vgl. MfS-Kaderakte Brigitte Wagner; BStU, ZA, KS 8867/90.
56 Rainer Wagner (Jg. 1955) hatte ursprünglich ebenfalls 1972–76 eine Ausbildung als Freundschaftspionierleiter am Institut für Lehrerbildung in Weimar absolviert, war 1976–78 Postenführer bei den DDR-Grenztruppen und seit 1978 Mitarbeiter der KD Weimar. 1986 schloß er eine Diplomarbeit am Lehrstuhl VI der „Politisch-operativen Spezialdisziplin" der MfS-Hochschule ab zum Thema: „Der erfolgreiche Abschluß von OV durch Maßnahmen der Zersetzung gegen feindlich-negative Gruppen/Gruppierungen, welche im Sinne der politischen Untergrundtätigkeit aktiv wurden – untersucht am OV 'Inspirator' der KD Weimar", MfS VVS JHS MF 285/86, 47 Seiten; BStU, ZA, JHS 20533. Vgl. MfS-Kaderkarteikarte Rainer Wagner; BStU, ZA, ohne Signatur.

tungsplan in die politisch-operative Praxis des MfS, der unter anderem eine mehrmonatige Praxisausbildung in den Abteilungen XX und VIII der MfS-Bezirksverwaltung Potsdam enthielt, wurde sie bereits 1987 als Seminarlehrerin für „Operative Psychologie" eingesetzt, 1988 zum Oberstleutnant befördert und am 23. Mai 1989 zum „Dr. jur." promoviert.[57]

Auch zur „Untersuchungsarbeit" des MfS gibt es eine Vielzahl von MfS-Hochschulschriften, die meist in Kooperation von Mitarbeitern der Hochschule mit Praktikern der Hauptabteilung IX des MfS entstanden sind. Beispiele für solche Gemeinschaftsarbeiten sind eine frühe Dissertation „Zur Herbeiführung der Aussagebereitschaft von Beschuldigten durch Untersuchungsführer des MfS"[58] von 1971 und eine spätere von 1985 über „Die Aufgaben der operativen Psychologie bei der weiteren Qualifizierung der Untersuchungsarbeit des MfS durch Befähigung von Untersuchungsführern der Linie IX".[59] Auch in zahlreichen Studienmaterialien „zur weiteren Vervollkommnung der Vernehmungstaktik in der Untersuchungsarbeit" kommt die Verbindung zwischen den MfS-Hochschulpsychologen und den Untersuchungsführern der Hauptabteilung IX zum Ausdruck.[60] Wie bei der verdeckten „operativen Bearbeitung" erscheint es auch für eine angemessene Beurteilung der Untersuchungstätigkeit des MfS und die Bedeutung psychologischen Fachwissens dabei unerläßlich, die theoretischen Schriften der MfS-Hochschule durch die Auswertung konkreter Vorgänge und vor allem durch die subjektiven Erfahrungsberichte der Betroffenen zu ergänzen. Eine Reihe bereits vorliegender Studien aus der Perspektive der Opfer zeigt in eindrucksvoller Weise, daß ein reales Bild und entscheidende Details des Geschehens bei Vernehmungen und in MfS-Untersuchungshaft aus den MfS-Akten allein nicht zu gewinnen sind.[61]

Im Zusammenhang mit der Ausweitung der „Sicherheitsüberprüfungen" des MfS auf immer größere Personenkreise in der DDR wurde Ende der achtziger Jahre am Fachbereich „Operative Psychologie" der MfS-Hoch-

---

57 MfS-Forschungsarbeit von Dr. Frank Erhardt (MfS-Hochschule), Rolf Kleine (BV Potsdam), Günter Stark (BV Erfurt), Günter Thiemig (HA IX) und Brigitte Wagner (MfS-Hochschule): „Die politisch-operative Bearbeitung von feindlich-negativen Personenzusammenschlüssen, die im Sinne politischer Untergrundtätigkeit wirken, in Operativen Vorgängen", MfS VVS JHS 231/89, 385 Seiten; BStU, ZA, JHS 22020.
58 MfS-Forschungsarbeit von Karl-Heinz Seifert (MfS-Hochschule) und Achim Kopf (HA IX), MfS VVS JHS 178/70, 423 Seiten; BStU, ZA, JHS 21803, 2 Bde.
59 MfS-Forschungsarbeit von Wolfgang Büschel (MfS-Hochschule) und Hans-Jürgen Hoffmann (HA IX), MfS VVS JHS 236/84, 290 Seiten; BStU, ZA, JHS 21962.
60 Vgl. z. B. MfS-Lehrheft 2 zu diesem Studienmaterial: „Die psychische Orientierung und Regulation des Aussageverhaltens Beschuldigter oder Verdächtiger und die sich daraus ergebenden vernehmungstaktischen Einwirkungsmöglichkeiten", MfS VVS JHS 20/88, 174 Seiten; BStU, ZA, JHS 24136.
61 Vgl. z. B. Günter Fritzsch: Gesicht zur Wand. Willkür und Erpressung hinter Mielkes Mauern, Leipzig 1993; Jürgen Fuchs: Vernehmungsprotokolle. November '77 bis September 1978, Reinbek 1978; Ders.: Bearbeiten, dirigieren, zuspitzen. Die „leisen" Methoden des MfS. In: Fuchs/Behnke: Zersetzung, S. 44–83, insbesondere 68–78; und Karl Wilhelm Fricke: Akten-Einsicht. Rekonstruktion einer politischen Verfolgung, Berlin 1996.

schule ein Forschungsprojekt „zur Erfassung der sicherheitspolitischen Eignung von Personen"[62] in Angriff genommen, dessen Ergebnisse in der letzten, noch am 15. Dezember 1989 an der MfS-Hochschule verteidigten Dissertation zusammengefaßt wurden.[63]

Eine letzte Aufgabe des MfS, zu deren Lösung die „Operative Psychologie" beitragen sollte, war schließlich die „Bekämpfung feindlicher Ideologien und der politisch-ideologischen Diversion des Imperialismus". Noch Ende der achtziger Jahre wurde an der MfS-Hochschule zu diesem Thema „wissenschaftlich" gearbeitet.[64]

Methodologisch war 1980 in der „Wissenschaftskonzeption zur weiteren Profilierung der operativen Psychologie an der Hochschule des MfS" angeregt worden, die jeweils neuesten Erkenntnisse der verschiedenen Wissenschaftszweige in Ost und West für den spezifischen Bedarf des MfS „aufzubereiten",[65] wobei besonderer Wert auf Eigenentwicklungen gelegt wurde:

„Die Art psychologischen Erkenntnisgewinns verbietet von vornherein jede direkte und formale Übernahme oder 'Überschreibung' z. B. psychodiagnostischer Tests oder sozialpsychologischer Trainingsverfahren in die politisch-operative Arbeit. Sie zwingt vielmehr – und nicht zuletzt begründet durch den politischen Charakter und die politischen Wirkungen der Arbeit des MfS, durch Bedingungen der Konspiration und Geheimhaltung [...] – zum Einsatz spezialisierter Mitarbeiter in Forschungsaufgaben der MfS-spezifischen Erkenntnis- und Verfahrensanpassung zu den erfolgversprechenden psychologischen Methoden der Einschätzung und Beeinflussung von Menschen."[66]

---

62  Projektbearbeiter: Oberleutnant Jürgen Schmeißer (Jg. 1960), Themenleiter: Oberstleutnant Prof. Dr. sc. jur. Ferdinand Jonak (Jg. 1929), MfS VVS JHS 233/87, 20 Seiten; BStU, ZA, JHS 22286.

63  MfS-Forschungsarbeit von Claus Martin (HA VII) und Jürgen Schmeißer (MfS-Hochschule): „Zur Qualifizierung der Einschätzung der sicherheitspolitischen Eignung von Personen", MfS VVS JHS 250/89/I, 275 Seiten; BStU, ZA, JHS 20093 oder JHS 22025.

64  Vgl. z. B. MfS-Diplomarbeit von Offiziersschüler Heiko Pietzsch (HA XX/1): „Einige Faktoren und begünstigende Bedingungen für das Wirksamwerden der politisch-ideologischen Diversion im Ausbildungsprozeß von Medizinstudenten an Universitäten der DDR und Erfordernisse der vorbeugenden Bekämpfung der Auswirkungen der politisch-ideologischen Diversion in diesem Bereich", Abschluß am 31.5.1988, MfS VVS JHS 269/88, 34 Seiten; BStU, ZA, JHS MF 21148.

65  Besonders hingewiesen wurde dabei auf die notwendige Aufbereitung von Erkenntnissen der Arbeitspsychologie und -medizin, insbesondere der psychologischen Persönlichkeits- und Eignungsdiagnostik, der forensischen Psychologie, der Kriminalistik, der Militärpsychologie und -pädagogik, der Sozialpsychologie, der klinischen Psychologie und Teilen der Psychiatrie (speziell der Psychotherapie und Psychohygiene), der Strafvollzugspsychologie und -pädagogik, der Soziologie und zum Teil auch der Sprachwissenschaften.

66  Wissenschaftskonzeption zur weiteren Profilierung der operativen Psychologie an der Hochschule des MfS vom 17.11.1980, MfS VVS JHS 1129/80, 38 Seiten; BStU, ZA, JHS 23090, S. 21.

Eine Reihe von Schriften der MfS-Hochschule im erschlossenen Bestand belegen, daß der Anregung zur Integration neuer wissenschaftlicher Erkenntnisse an der Sektion „Politisch-operative Spezialdisziplin" gefolgt wurde.[67]
Zu den in den achtziger Jahren auf einem relativ hohen fachlichen Niveau erstellten Arbeiten von qualifizierten Psychologen gehören zweifellos die von Wolfgang Büschel[68] verfaßten, zu denen ein 1985 erarbeitetes Lehrmaterial über „Sozialpsychologische Grundlagen für die Analyse und Entwicklung von sozialen Beziehungen zwischen Menschen in der politisch-operativen Arbeit"[69] zählt sowie Büschels Promotion-B-Schrift über die Öffentlichkeitsarbeit des MfS.[70] Aus dieser am 14. Juli 1989 verteidigten Gemeinschaftsarbeit soll nachfolgend zitiert werden, da sie ein aussagekräftiger Beleg ist für die mit psychologischen Kenntnissen untersetzte, intelligent kalkulierte Beeinflussung von Menschen, wie sie im MfS Ende der achtziger Jahre im Ergebnis des Akademisierungsprozesses entwickelt wurde:

„Die Forderung, die professionelle Qualität aller Maßnahmen der Öffentlichkeitsarbeit zu verstärken, schließt die zielgerichtete Beachtung der psychologischen Besonderheiten des Teilnehmerkreises bei der inhaltlichen Abfassung von Vorträgen, der Vortragsweise sowie bei der Leitung von Foren ein. [...] Da die charakterlichen Eigenarten der [...] teilnehmenden Bürger fast ausschließlich unbekannt sind, wird sich die Einstellung des beauftragten Genossen im wesentlichen zunächst an altersspezifischen, geschlechtstypischen, berufs- und funktionsgebundenen Verhaltens- und Reaktionsweisen orientieren müssen."[71]

---

67 Vgl. z. B. MfS-Forschungsarbeit von Peter Kessel (Lehrstuhl III der „Spezialdisziplin") und Michael Forwergk (Lehrstuhl I der „Spezialdisziplin"): „Fähigkeitsentwicklung durch abgestimmtes Üben in der Sektion Politisch-operative Spezialdisziplin", MfS VVS JHS 233/88, 1. Bd.: 274 Seiten, 2. Bde.: 209 Seiten; BStU, ZA, Bd. 1: JHS 22040 und 22007, Bd. 2: JHS 22041 und 22008 – in dieser Arbeit wurde beispielsweise ein Trainingsprogramm für „Die Ausarbeitung operativer Legenden" entwickelt.
68 Wolfgang Büschel (Jg. 1953), Sohn eines Finanzökonomen aus Sachsen, war, wie die meisten Psychologen der jüngeren Generation an der MfS-Hochschule, nach dem Abitur zunächst als Wachsoldat in das MfS eingestellt und dann, bereits im Unteroffiziersrang, vom MfS unter einer „Legende" zum Psychologie-Studium delegiert worden. 1978 kam B. als Diplompsychologe von der TU Dresden an den Fachbereich „Operative Psychologie" der MfS-Hochschule, wurde dort 1985 zum „Dr. jur." promoviert, arbeitete anschließend an Trainingskursen für Untersuchungsführer der Linie IX des MfS mit und war verantwortlich für den Dozentenbereich „Psychologische Grundlagen der Einflußnahme auf die Persönlichkeit bei der Lösung von vom MfS übertragenen Aufgaben", letzter Dienstgrad Major, SED-Mitglied seit 1974. Vgl. MfS-Kaderakte Wolfgang Büschel; BStU, ZA, KS 12530/90.
69 Lehrmaterial vom Mai 1985, MfS VVS JHS 75/85/V, 28 Seiten; BStU, ZA, JHS 24428.
70 Major Dr. Büschel und (7!) andere: „Gegenstand und Ziel sowie Inhalte, Mittel und Methoden der Öffentlichkeitsarbeit des MfS – Teil I", MfS VVS JHS 234/89/I, 518 Seiten; BStU, ZA, JHS 20086 und 22021.
71 Ebenda, S. 312 f.

Dem folgen detaillierte und gut begründete Ratschläge zum unterschiedlichen Umgang mit „nichtberufstätigen älteren Bürgern", mit „jugendlichen und jungerwachsenen Personenkreisen", mit ausgewählten Berufsgruppen oder mit einem überwiegend weiblichen Publikum. Am Beispiel des empfohlenen Verhaltens gegenüber „akademischen Kreisen, Wissenschaftlern, Hochschullehrern und Kulturschaffenden" soll abschließend eine Leseprobe einen Einblick vermitteln:

„Die Beachtung wissenschaftlicher Erkenntnisse zur zweckmäßigsten Disposition von Vorträgen, ihres sachlogischen Zusammenhangs und ihrer affektfreien Wiedergabe ist vor diesem Personenkreis von besonderer Bedeutung. Sprachliche Sensibilität, rhetorisches Urteilsvermögen, sprachästhetische Faktoren spielen hierbei eine nicht zu unterschätzende Rolle. Ohne in den Fehler zu verfallen, selbst nicht bekannte Termini zu verwenden bzw. sich zu Themen zu äußern, die vom Referenten nicht intellektuell verarbeitet werden [...] konnten, erweist es sich als günstig, passende Bezugspunkte aus literarischen Werken, treffende Zitate und Einschätzungen bekannter Kulturschaffender bzw. Wissenschaftler sinnvoll in die Ausführungen einzuordnen. Als zweckmäßig ist die mit aktuellen Fakten unterlegte Darstellung des Systems der imperialistischen Feindtätigkeit, der praktizierten Mittel und Methoden gegen die [...] Intelligenz und von Vorschlägen zur Erhöhung von Sicherheit und Ordnung im jeweiligen Verantwortungsbereich der Teilnehmer anzusehen."[72]

Diesen Ausführungen bleibt nur anzumerken, daß die in den fünfziger Jahren für eine Annäherung von MfS-Mitarbeitern an Mediziner und andere bürgerlich geprägte Gruppen so hinderlichen Bildungsmängel und Sozialisationsgräben bei den MfS-Offizieren in den achtziger Jahren offenbar gründlich überwunden waren, einer erfolgreichen Annäherung jedenfalls kulturell jetzt sehr viel weniger entgegenstand.

## 7.2. Die Psychiatrie des MfS

### 7.2.1. Der Beginn einer MfS-eigenen Neuropsychiatrie

Anfang der fünfziger Jahre gab es keine eigene medizinische Versorgung des DDR-Staatssicherheitsdienstes, was nicht nur als Mangel, sondern auch als Gefahrenquelle angesehen wurde, wie ein Genosse im Juni 1952 beklagte:

„Wir haben [uns] über ein halbes Jahr schon Einrichtungen und Instrumente für die ärztliche und zahnärztliche Behandlung verschafft. Leider fehlen noch

---

72 Ebenda, S. 323 f.

die Menschen zur Bedienung dazu. Es war bisher nicht möglich, das Personal zu finden, das den Anforderungen unseres Ministeriums entspricht und so müssen unsere Genossen, wenn sie ärztlichen Rat oder Hilfe brauchen, zu irgendeinem Arzt gehen, von dem wir nicht wissen, wes Geistes Kind er ist. Selbst im Polizeikrankenhaus soll das Personal noch recht westlich eingestellt sein. Ich sehe darin eine Gefahr, daß unsere Genossen irgendwelchen Menschen ausgeliefert sind, denn auch hier könnte der Klassenfeind durch falsche Ratschläge Schaden anrichten."[73]

Der damalige Minister für Staatssicherheit Wilhelm Zaisser widersprach dem nicht, wies aber darauf hin, daß es kurzfristig unmöglich sei, qualifizierte Ärzte mit der nötigen politischen Zuverlässigkeit für das MfS zu finden:

„Sicher ist es unser Ziel, wenn ich utopisch werden soll, daß das MfS eine Poliklinik hat, wo mindestens 60–70 Ärzte sitzen, die besten Professoren, die es gibt. Sie lachen darüber, aber [...] in der SU ist es so, daß dort die beste Klinik ist, denn dort werden die Spitzen der Partei behandelt. [...]
Jeder [...] weiß, daß ein Arzt zu seiner Berufsausbildung, bevor man ihn praktizieren läßt, rund 10 Jahre braucht. Ärzte, die also 1950 angefangen haben zu studieren, werden selbständig im Jahre 1960. Dann sind sie noch keine Kapazitäten. [...] ich weiß, es gibt nicht solche Ärzte. Es gibt einige, aber die gibt man uns nicht, denn sie stehen an noch verantwortlicherer Stelle. Es ist leicht und einfach zu fordern, aber es sind Dinge, die im Moment nicht zu verwirklichen sind."[74]

Für das neuropsychiatrische Fachgebiet hatte das MfS bis Ende der sechziger Jahre keinen Facharzt im eigenen Personalbestand. Statt dessen ließ man die fachärztliche Betreuung der MfS-Mitarbeiter zum großen Teil durch nebenamtlich – auf Honararbasis – tätige Mediziner vornehmen. Die Bedingungen einer solchen nebenamtlichen Tätigkeit waren in einer „Vertragsarztordnung" des MfS festgelegt:

„§ 3 a) Der Vertragsabschluß mit den Vertragsärzten ist gemäß dieser Ordnung durch den Chef der Bezirksverwaltung nach vorheriger Stellungnahme der Abteilung Gesundheitswesen des MfS und nach anschließender Bestätigung durch die Hauptabteilung Kader und Schulung vorzunehmen.
b) Die Vertragsärzte sind zur gewissenhaften Erfüllung ihrer Verpflichtungen, insbesondere zur Amtsverschwiegenheit während des Vertragsverhältnisses und auch nach seiner Beendigung verpflichtet."[75]

---

73 Protokoll der SED-Kreisdelegiertenkonferenz im MfS am 14./15.6.1952, S. 18, Ausführungen des Genossen Kuchenbecker; BStU, ZA, KL SED 572, Bl. 492.
74 Ebenda, S. 27, Ausführungen von Wilhelm Zaisser; BStU, Bl. 510.
75 Vertragsarztordnung für nebenamtlich tätige Ärzte bei den Dienststellen des MfS vom

Die besondere Verpflichtung zur „Amtsverschwiegenheit" versteht sich für einen Geheimdienst von selbst, aber auch die ärztliche Schweigepflicht unterlag hier einer Sonderregelung:

„§ 10 a) Der Vertragsarzt hat vierteljährlich mit dem Leiter der Bezirksverwaltung die Gesundheitsverhältnisse aller Angehörigen der Bezirksverwaltung zu besprechen. Hierbei ist ein Protokoll mit den Unterschriften des Arztes, des Leiters der Bezirksverwaltung und seines Stellvertreters anzufertigen. [...]
c) Den unter a) genannten Angehörigen des MfS sowie den Leitern der Abteilung Kader und Schulung gegenüber ist der Vertragsarzt zur Offenbarung ärztlicher Wahrnehmungen verpflichtet. Gegenüber allen anderen Angehörigen des MfS besteht volle ärztliche Schweigepflicht."[76]

Indem diese Regelung die ärztliche Schweigepflicht selbst der nebenamtlich für das MfS tätigen Ärzte gegenüber bestimmten Vorgesetzten ihrer Patienten aufhob, machte sie nicht nur die gesundheitliche Intimsphäre der MfS-Mitarbeiter für deren Dienstherren transparent, sondern sie verpflichtete jeden Vertragsarzt dazu, die Interessen des Geheimdienstapparates über das individuelle Interesse des Patienten zu stellen.

Neben dem Kriterium der fachlichen Qualifikation wählten die MfS-Oberen ihre Vertragsärzte vor allem nach der politischen Zuverlässigkeit aus.[77] Solche Ärzte waren auch Mitte der sechziger Jahre noch eher die Ausnahme als die Regel innerhalb der DDR-Ärzteschaft. Die für die MfS-Mitarbeiter benötigten Mediziner wurden in dieser Zeit noch ohne perspektivische Planung, mitunter aus einem kurzfristigen Bedarf heraus gewonnen, wie zum Beispiel aus folgendem Schreiben des Leiters des Medizinischen Dienstes an die Abteilung Kader des MfS hervorgeht:

„Durch den Todesfall unseres Genossen Dr. V[...] ist bei uns eine äußerst fühlbare Lücke entstanden, die unbedingt schnell überbrückt werden muß. Ich führte heute ein erstes Gespräch mit dem Oberarzt der Nervenpoliklinik der Charité, Genossen Dozent Dr. med. habil. Peter Hagemann, der sich grundsätzlich bereit erklärte, bei uns vertragsärztlich als Neurologe und Psychiater zu arbeiten. [...] bitte ich um dringende Bearbeitung, da Genosse Dr. Hagemann bereit ist, uns auf jeden Fall überbrückend zu helfen, und schon umgehend die vertragsärztliche Tätigkeit bei uns aufnehmen würde. Hinweisend sei bemerkt, daß Genosse Dr. Hagemann als Konsilarius auch im Regierungs-

---

Januar 1956; BStU, ZA, DSt 101360, 19 Seiten, hier S. 3.
76 Ebenda, S. 7.
77 Vgl. MfS-Anordnung 8/60 vom 12.9.1960 zum Abschluß von Verträgen mit nebenamtlich tätigen Ärzten in den Zweigen des MfS (Erste Revision der Vertragsarztordnung vom Januar 1956), Abschnitt 1, Punkt 3; BStU, ZA, DSt 101360, 16 Seiten, hier S. 1.

krankenhaus bekannt ist und daß eventuell schon Kaderermittlungen über ihn angestellt wurden."[78]

Die Ermittlungen hatten ergeben, daß Dr. Hagemann[79] ein zuverlässiger SED-Genosse sowie ein fachlich versierter und engagierter Arzt war, so daß er seine vertragsärztliche Tätigkeit im MfS noch im November 1965 aufnehmen konnte. Bis Dezember 1967 leistete er wöchentlich zunächst drei, später vier fachärztliche Sprechstunden für MfS-Mitarbeiter, die mit jeweils 25 Mark honoriert wurden. Da Dr. Hagemann zwischenzeitlich die Stelle des Ärztlichen Direktors und des Chefarztes der Neurologischen Abteilung des Städtischen Krankenhauses Herzberge übernommen hatte und die zunehmenden Anforderungen der nervenärztlichen Betreuung der Berliner MfS-Mitarbeiter im Nebenamt nicht mehr zu bewältigen waren, empfahl er dem MfS eine junge Nervenärztin, die er als Kollegin fachlich und als Genossin politisch verläßlich an der Charité-Nervenklinik kennen- und schätzengelernt hatte, als Nachfolgerin.

So kam es, daß der erste Nervenarzt, der 1967 im Range eines Hauptmanns in den militärischen Männerapparat des MfS eingestellt wurde, eine Frau war: Dr. med. Helga Weser[80], deren erste „Entwicklungsbeurteilung" eine offenbar auf besonders engagiertem Einsatz beruhende Anerkennung ausdrückte:

„Nach gewissen Anfangsschwierigkeiten, die im wesentlichen durch die Sonderstellung der Psychiatrie in der Medizin bedingt waren, arbeitete sich die Genossin Dr. Weser sehr gut in die Belange der medizinischen Versorgung unseres Organs ein. Sowohl die klinische als auch die poliklinische psychiatrisch-neurologische fachärztliche Versorgung konnte somit erstmalig in unserer Einrichtung gewährleistet werden. Die Zunahme der fachlich-operativen Aufgaben, die einerseits durch die ständig ansteigende Patientenzahl und andererseits durch die vermehrte Mitarbeit in anderen Bereichen des Ministeriums (Lenkung von Mitarbeitern, Hilfe bei der Lösung operativer Probleme)

---

78 Schreiben von Oberst Dr. Kempe, Leiter des Medizinischen Dienstes, an die Abteilung Kader des MfS vom 8.11.1965; BStU, ZA, KS 52/58, Bl. 13.
79 Peter Hagemann (Jg. 1920), Verlegersohn aus Leipzig, nach dem Abitur 1938 Arbeits- und Militärdienst, 1941–49 Medizinstudium mit Unterbrechungen durch Kriegsdienst im Lazarett in Rostock, Göttingen und Berlin, danach ärztliche und fachärztliche Ausbildung an der Humboldt-Universität Berlin (Charité), 1954 Promotion, 1961 Habilitation jeweils mit neurologischen Arbeiten, SED-Mitglied seit 1946. Vgl. MfS-Kaderakte Peter Hagemann; BStU, ZA, KS 52/68.
80 Helga Weser (Jg. 1935), Arbeitertochter aus Forst-Lausitz, 1953 Abitur an der Humboldt-Universität Berlin, 1953–59 Medizinstudium, 1959–60 Pflichtassistenz, 1960–65 Facharztausbildung Psychiatrie/Neurologie und 1969 Promotion mit einem neurologischen Thema an der Humboldt-Universität Berlin (Charité), 1967–89/90 Fachärztin im Zentralen Medizinischen Dienst des MfS, letzter Dienstgrad Oberstleutnant, SED-Mitglied seit 1957. Vgl. MfS-Kaderakte Helga Weser; BStU, ZA, KS 9155/90.

bedingt ist, kann Genossin Dr. Weser zur Zeit nur durch großen Fleiß, hohe Einsatzbereitschaft und durch Aufbietung all ihrer Kräfte erfüllen."[81]

Um Abhilfe aus diesem Überlastungszustand infolge der schnell wachsenden Mitarbeiterzahlen und neuropsychiatrischen Aufgabenfelder zu schaffen, begann die Leitung des medizinischen Dienstes gemeinsam mit der Personalabteilung des MfS sich um nervenärztlichen Nachwuchs zu bemühen. 1971 bekam Helga Weser Verstärkung durch eine zweite Fachärztin für Neurologie und Psychiatrie, die ebenfalls im Rang eines Hauptmanns in das MfS eingestellt wurde: Dr. med. Marianne Seifert[82] war ihrem Ehemann gefolgt, der als Facharzt für Urologie aus dem Stadtambulatorium Karl-Marx-Stadt in den Zentralen Medizinischen Dienst des MfS nach Berlin wechselte und dort bald eine leitende Position einnahm.[83] Ihr Ehemann hat mit ihrem Wissen von 1969 bis 1971 unter dem von ihm gewählten Decknamen „Horst Steinel" inoffiziell für die Abteilung XVIII der MfS-Bezirksverwaltung Karl-Marx-Stadt des MfS gearbeitet, wobei die IM-Tätigkeit überwiegend darin bestanden hatte, vom MfS konfiszierte Briefe und sogenannte „Hetzschriften" ungarischer Gastarbeiter in der DDR zu übersetzen.[84] Insofern hatten die beiden Ärzte eine gewisse Vorstellung von der „operativen Arbeit" des MfS, was die Einarbeitungsphase von Marianne Seifert im MfS erleichterte, die in einer „Entwicklungsbeurteilung" vom 9. Oktober 1972 folgendermaßen eingeschätzt wurde:

„Gen[ossin] Dr. Seifert ist seit 9 Monaten im Ministerium beschäftigt. Es ist besonders hervorzuheben, daß sie sich in sehr kurzer Zeit in die spezifischen Belange unseres Organs eingearbeitet hat. [...] Sie wertet [...] jeden kleinen Hinweis des Kollektivs für ihre Arbeit aus, hat ein offenes Ohr für kritische Bemerkungen und versucht so, täglich mehr von den ministeriumseigenen Belangen zu begreifen."[85]

---

81 Entwicklungsbeurteilung für den Zeitraum 1968–70 über Hauptmann Dr. Weser vom 10.6.1971; ebenda, Bl. 36 f., hier 37.
82 Marianne Seifert (Jg. 1937), Handwerkertochter aus Pappenheim (Thüringen), nach dem Abitur Hilfsschwesterntätigkeit mit Krankenschwesterausbildung und -abschluß 1959 an der Abendfachschule, 1959–65 Medizinstudium in Budapest, 1965–70 Facharztausbildung Psychiatrie/Neurologie in Karl-Marx-Stadt, 1967 Promotion mit einem urologischen Thema, 1971–89/90 Fachärztin im Zentralen Medizinischen Dienst des MfS, letzter Dienstgrad Oberstleutnant, SED-Mitglied seit 1972. Vgl. MfS-Kaderakte Marianne Seifert; BStU, ZA, KS 22457/90.
83 Frank Seifert (Jg. 1940), Bauernsohn aus Seiffen/Erzgebirge, 1959 Abitur an der ABF in Halle, 1959–65 Medizinstudium in Budapest, 1965–70 Facharztausbildung Urologie in Karl-Marx-Stadt, 1967 Promotion mit einem urologischen Thema, Stellvertretender Leiter des Zentralen Medizinischen Dienstes des MfS und Ärztlicher Direktor des Ambulanten Medizinischen Dienstes Betreuung, letzter Dienstgrad Oberst, SED-Mitglied seit 1961. Vgl. MfS-Kaderakte Frank Seifert; BStU, ZA, KS 22417/90.
84 Vgl. IM-Akte „Horst Steinel"; BStU, ASt Chemnitz, Karl-Marx-Stadt AIM 10341/71.
85 Entwicklungsbeurteilung für den Zeitraum 1972 über Hauptmann Dr. Marianne Seifert vom 9.10.1972, MfS-Kaderakte Marianne Seifert, Bl. 36 f., hier 36.

Den kleinen Schönheitsfehler, daß Marianne Seifert erst unmittelbar vor ihrer Einstellung in das MfS Kandidatin der SED geworden war, machte sie durch besonderen Eifer in der Parteiarbeit wett. So habe sie „die hohe Verantwortung einer Funktion in der Leitung unserer Grundorganisation" übernommen:

„Trotz ihrer bislang fehlenden praktischen Erfahrungen in der Parteiarbeit, bedingt durch ihre relativ kurze Zugehörigkeit zu unserer Sozialistischen Einheitspartei, erfüllt sie die gestellten Aufgaben sehr gut und hat sich durch ihre absolute Parteilichkeit, Kompromißlosigkeit und Ehrlichkeit bei den Mitgliedern Achtung und Vertrauen erworben. Bei der Lösung auch der politisch-ideologischen Aufgaben stellt sie den Menschen in den Mittelpunkt, versucht sie stets, auch die kleinsten Hinweise für die reale Beleuchtung der Persönlichkeit zu erfassen, um so besser die Ziele und Aufgaben zur politisch-ideologischen Erziehung der Mitglieder durchzusetzen."[86]

Die Kombination von eilfertiger Parteilichkeit, psychologischem Fachwissen und psychiatrisch-institutionellem Zugriff auf Menschen war sicherlich eine gute Voraussetzung zur Durchsetzung erziehungsdiktatorischer Ansprüche.[87]

Organisatorisch ermöglichte die Einarbeitung der zweiten Fachärztin für Neurologie und Psychiatrie im MfS eine Aufteilung des mittlerweile stark angewachsenen nervenärztlichen Arbeitspensums, indem „Dr. Weser im wesentlichen die ambulante Tätigkeit im Fachgebiet in der Zentralen Poliklinik und in Außenstellen sowie die Einarbeitung des neuen Facharztes" übernahm und Marianne Seifert die stationäre Betreuung psychisch erkrankter MfS-Mitarbeiter übertragen wurde.[88] Bei dieser Arbeitsteilung – Helga Weser als Leiterin der ambulanten und Marianne Seifert als Chefin der stationären Neuropsychiatrie des Zentralen Medizinischen Dienstes des MfS – sollte es in den folgenden Jahren bleiben.

### 7.2.2. Der Ausbau der MfS-eigenen Neuropsychiatrie

„Zur Psychiatrie" hatte der Leiter des Zentralen Medizinischen Dienstes im Rahmen der 1. Dienstkonferenz des ZMD am 27. März 1974 festgestellt:

---

86 Entwicklungsbeurteilung für den Zeitraum 1972–75; ebenda, Bl. 65f., hier 66.
87 Vgl. dazu z. B. auch MfS-Diplomarbeit von Hauptmann Peter Rux (HA KuSch): „Zu einigen ausgewählten Problemen der politisch-ideologischen Erziehungsarbeit mit jungen Mitarbeitern im Zentralen Medizinischen Dienst zur Herausbildung und Entwicklung sozialistischer und tschekistischer Persönlichkeitseigenschaften", Abschluß 2.8.1979, 57 Seiten; BStU, ZA, JHS MF VVS 355/79.
88 Entwicklungsbeurteilung für den Zeitraum 1971–74 über Major Dr. Weser vom 24.5.1974, MfS-Kaderakte Helga Weser, Bl. 42–44, hier 43.

„Wir wissen genau, daß die Medizinischen Dienste mit psychiatrischen Fällen immer mehr konfrontiert werden. Diese psychiatrischen Fälle haben in unserem Organ immer soviel organ- und artspezifische Akzente, daß man sie einer Einrichtung von draußen nicht zuführen kann. Ein Psychiater von draußen wird nie unsere Zusammenhänge einschätzen und sie lösen können, dazu muß man Psychiater in unserem Organ sein. Wir haben zentral zwei tüchtige Psychiater, als Hilfsregiment drei Psychologen und ich meine, es zahlt sich in zunehmendem Maße aus, daß diese Genossen in die Lage versetzt werden, die Dinge unserer Menschen zu entscheiden. Das kann man nicht nach draußen delegieren. Man kann auch eines nicht wollen, Vertragsärzte für Psychiatrie! Die psychiatrischen Fälle können unter den gegebenen Bedingungen nur zentral bei uns angebunden sein und werden."[89]

Die Entscheidung, daß es eine MfS-eigene Psychiatrie nur innerhalb des Zentralen Medizinischen Dienstes in Berlin geben sollte, brachte der 1972 zum Major und zur Oberärztin beförderten Dr. Weser neue Verpflichtungen, die vor allem die spezielle Einarbeitung des Nachwuchses im psychiatrischen Arbeitsbereich betrafen:

„Dazu kam, daß zum Fachgebiet seit Dezember 1973 noch drei Psychologen gehören, die als Hochschulabsolventen ohne klinische bzw. ambulante Erfahrungen zu unserem Organ stießen und von denen nur ein Psychologe über allgemeine Erfahrungen im Organ verfügte. Aufgrund ihrer Dienststellung erhöhte sich nunmehr die fachliche Verantwortung in Hinsicht Einarbeitung, Kontrolle, Kooperation und besonders die Entwicklung der neuen Mitarbeiter im Sinne tschekistisch denkender Angehöriger eines medizinischen Faches [...], wobei betont werden muß, daß die Mitarbeiter des Fachbereiches Psychiatrie/Neurologie – Psychologie disziplinarisch sowohl der Unterabteilung Klinik, Poliklinik als auch teilweise noch zivilen Einrichtungen unterstellt sind."[90]

Zusätzlich zu den drei Psychologen verstärkten bald noch zwei weitere Fachärzte für Neurologie und Psychiatrie den Arbeitsbereich im Zentralen Medizinischen Dienst. Der eine von ihnen, Manfred Gussmann,[91] hatte un-

---

89 Aus den Ausführungen des Leiters des Zentralen Medizinischen Dienstes des MfS, Oberst Prof. Dr. Kempe, Protokoll der 1. Dienstkonferenz des Zentralen Medizinischen Dienstes am 27.3.1974, S. 5; BStU, ZA, ZMD Bündel 984.
90 Entwicklungsbeurteilung für den Zeitraum 1971–74 über Major Dr. Weser vom 24.5.1974, MfS-Kaderakte Helga Weser, Bl. 42–44, hier 43.
91 Manfred Gussmann (Jg. 1943), Funktionärssohn aus Dresden, nach dem Abitur 1961 „freiwillig in bewaffnete Organe" gemeldet, Promotion an der militärmedizinischen Sektion der Universität Greifswald mit einer Gemeinschaftsarbeit (zusammen mit einem Kommilitonen) über „Morbidität sowie Lebens- und Arbeitsbedingungen von Jugendlichen auf dem Lande", 1974–89/90 Facharzt im Zentralen Medizinischen Dienst des MfS, letzter Dienstgrad Oberstleutnant, SED-Mitglied seit 1963. Vgl. MfS-Kaderakte Manfred Gussmann; BStU, ZA, KS 21017/90.

mittelbar nach dem Abitur 1961 im Wachregiment des MfS als Sanitäter Wehrdienst geleistet, war anschließend 1963 in das MfS eingestellt und an die Militärmedizinische Sektion der NVA der Ernst-Moritz-Arndt-Universität Greifswald kommandiert worden, wo er bis 1969 – in Uniform – Medizin studierte:

„Während dieses Studiums zeigte er gleichmäßig gute gesellschaftliche, fachliche und militärische Leistungen, die ihn nicht nur befähigten, im Jahre 1969 sein medizinisches Staatsexamen abzulegen, sondern auch gleichzeitig zum Dr. med. zu promovieren. Nach Aussage der verantwortlichen Genossen ist Dr. Gussmann einer der besten Absolventen unter den durch das MfS zum Studium an die MMS [Militärmedizinische Sektion] delegierten Studenten. Entsprechend dem zur Zeit gültigen Ausbildungsweg und den getroffenen Vereinbarungen nahm er zunächst eine fünfjährige Ausbildung zum Facharzt für Neurologie und Psychiatrie auf, er absolvierte einen ersten einjährigen Ausbildungsabschnitt an der entsprechenden Klinik der Medizinischen Akademie Carl-Gustav-Carus in Dresden und setzt seine Ausbildung zur Zeit im Städtischen Krankenhaus Herzberge fort."[92]

Auch die verbleibenden vier Jahre der klinischen Ausbildung in Psychiatrie und Neurologie absolvierte der Arzt im Rang eines Oberleutnant des MfS im Berliner Krankenhaus Herzberge,[93] nach seinem Facharztabschluß 1974 wurde er zum Hauptmann befördert.

Etwa zeitgleich (1972–1976) dazu lief, ebenfalls überwiegend im Krankenhaus Herzberge, die Facharztausbildung seines MfS-Kollegen Horst Böttger, der bereits im Kapitel über die forensische Psychiatrie als Psychiater des Haftkrankenhauses vorgestellt wurde. Dieser Arzt war am 1. Juli 1971, unmittelbar nach dem medizinischen Staatsexamen, als Leutnant im MfS eingestellt worden. Den Kaderermittlern des MfS war der leistungsstarke Medizinstudent vor allem als politischer Aktivist aufgefallen:

„Es sind alle Vorraussetzungen gegeben, daß Gen[osse] Böttger das Studium 1971 erfolgreich abschließen wird. Sein Leistungsdurchschnitt liegt bei 1,6. [...] Entsprechend seinen Interessen wird er seine Facharztausbildung in der Neurologie [mehr wohl Psychiatrie] absolvieren und ist bestrebt, später als

---

92 Beurteilung über Oberleutnant Dr. Gussmann vom 17.4.1971; ebenda, Bl. 44.
93 Wie die 1990 vom Berliner Magistrat eingesetzte Psychiatrie-Untersuchungskommission durch Befragung leitender Krankenhausmitarbeiter feststellte, nutzte der Zentrale Medizinische Dienst des MfS während der siebziger Jahre vorwiegend das Fachkrankenhaus Berlin-Lichtenberg („Herzberge") und in den achtziger Jahren das Wilhelm-Griesinger-Krankenhaus in Berlin-Biesdorf, um seine neuropsychiatrischen Facharztkandidaten klinisch ausbilden zu lassen. Entsprechende Delegierungsverträge zwischen dem MfS und den zivilen Gesundheitseinrichtungen sind in den bisher erschlossenen MfS-Unterlagen nicht aufgefunden worden.

Neurologe bzw. in der Psychiatrie bzw. Psychotherapie zu arbeiten [...]. Gen[osse] Böttger vertritt den berechtigten Standpunkt, daß ein Neurologe [hier ist noch eindeutiger ein Psychiater gemeint] über umfangreiche philosophische Kenntnisse verfügen muß. Aus diesem Grunde absolviert er gegenwärtig neben dem Studium im letzten Studienjahr noch einen Lehrgang [...] an der Kreisabendschule der SED in Leipzig. [...]
Gen[osse] Böttger ist fähig, in leitender politischer Funktion hauptamtlich zu arbeiten und war deshalb seitens der Hochschulparteileitung der Karl-Marx-Universität, Bereich Medizin, für 1971 zur Wahl in die Hochschulparteileitung und dem Einsatz als hauptamtlicher 2. Sekretär der Hochschulparteileitung vorgesehen. Da jedoch mit diesem vorgesehenen Einsatz nicht die ordnungsgemäße Absolvierung der Facharztausbildung gesichert werden konnte, hat der Kandidat zwar seine grundsätzliche Bereitschaft zu einem solchen Einsatz erklärt, jedoch sein Interesse an einem ordnungsgemäßen Abschluß seiner Ausbildung und einer Tätigkeit in den bewaffneten Organen der DDR betont."[94]

Sowohl Oberleutnant Dr. Gussmann als auch Leutnant Böttger arbeiteten zu Beginn ihrer neuropsychiatrischen Facharztausbildung erst einmal ein halbes Jahr im Zentralen Medizinischen Dienst des MfS. Während der insgesamt fünfjährigen klinischen Facharztausbildung waren sie zu wöchentlichen Sprechstunden im Zentralen Medizinischen Dienst verpflichtet, blieben also auch während ihrer Tätigkeit im zivilen Fachkrankenhaus Herzberge ständig in engem Kontakt mit ihrer MfS-Dienststelle.

Ein nächster Schritt beim Ausbau einer MfS-eigenen Neuropsychiatrie bestand in der Gründung einer „Arbeitsgruppe Neurologie/Psychiatrie – Psychologie", als deren Leiterin Helga Weser mit Wirkung vom 1. Januar 1975 ernannt worden war:

„Mit der Herausbildung dieser Arbeitsgruppe wurde die Verantwortlichkeit der Gen[ossin] Dr. Weser erhöht – insbesondere bei der Erziehung der neu hinzugekommenen Genossen. Dabei stand die Schaffung einer klaren einheitlichen fachlichen Linie im Vordergrund. Es ging um das Übertragen der teilweise in verschiedenen Ausbildungseinrichtungen gewonnenen Erkenntnisse der einzelnen Hochschulabsolventen und Fachärzte auf die spezifischen Bedingungen in unserem Organ [...]".[95]

Die „Erziehung" der über dreißigjährigen Mitarbeiter und ihre fachliche Ausrichtung auf eine „einheitliche klare Linie" verlief nicht immer konfliktfrei,

---

94 Einstellungsvorschlag HA KuSch vom 12.12.1970, MfS-Kaderakte Horst Böttger; BStU, ZA, KS 23581/90, Bl. 38 f.
95 Anhang zum Vorschlag vom 7.7.1975 zur Verleihung des Titels Medizinalrat anläßlich des Tages des Gesundheitswesens 1975 für Major Dr. Weser, MfS-Kaderakte Helga Weser, Bl. 53.

wie etwa folgende „Entwicklungsbeurteilung für den Zeitraum von 1974 bis 1976" zeigt:

„Seit der Anerkennung als Facharzt für Neurologie und Psychiatrie 1974 wurde Genosse Hauptmann Dr. Gussmann im poliklinischen Sektor zur Patientenversorgung eingesetzt. Seine vorherige Tätigkeit als Mitarbeiter sowie der durch wöchentliche Sprechstunden im Zentralen Medizinischen Dienst gegebene Kontakt mit der Arbeitsgruppe im Zeitraum der Facharztausbildung stellten wesentliche Voraussetzungen für eine relativ rasche Einarbeitung in die spezifischen Belange des MfS und deren Berücksichtigung in der fachärztlichen Tätigkeit dar. Dabei mußte er jedoch erkennen, daß sich die im staatlichen Gesundheitswesen praktizierten Methoden nicht unmittelbar in die medizinische Behandlung und Psychotherapie unserer Mitarbeiter übernehmen ließen. [...]
Im Dezember 1975 wurde Genosse Hauptmann Dr. Gussmann in den stationären therapeutischen Sektor einbezogen und damit voll in das Kollektiv der gesamten Arbeitsgruppe integriert. So wurde eine unmittelbare Rückkopplung seiner [...] z. T. ausbildungsbedingten therapeutischen Verhaltensweisen möglich [...]. Heute kann eingeschätzt werden, daß Genosse Hauptmann Dr. Gussmann erfolgreich Korrekturen in seiner therapeutischen und persönlichen Haltung vollzieht."[96]

Im Laufe der siebziger Jahre wurden weitere Ärzte für den hauptamtlichen medizinischen Dienst im MfS geworben, wobei sich die dort bereits vorhandenen Mediziner selbst um den Nachwuchs in ihrer jeweiligen Fachrichtung zu kümmern hatten, wie der Leiter des Zentralen Medizinischen Dienstes 1976 betonte:

„Wir können die Zuführung von Kadern nicht der Spontaneität überlassen, d. h. wir können nicht mehr einstellen, was sich gerade anbietet. Es gibt zum Beispiel unter den ärztlichen Kadern seit Jahren Schwerpunkte, die nur [...] mit Hilfe unserer entsprechenden Fachärzte gelöst werden können. Wie, wenn nicht durch einen Zufall, sollen die Genossen der HA Kader und Schulung zum Beispiel an einen Facharzt für Radiologie [...] oder Anästhesiologie herankommen. Nur im Zusammenwirken mit den jeweiligen vorhandenen Fachärzten des ZMD ist diese Aufgabe zielstrebig lösbar."[97]

---

96 Vgl. Entwicklungsbeurteilung für den Zeitraum 1974–76 über Hauptmann Dr. Gussmann vom 14.9.1976, MfS-Kaderakte Manfred Gussmann, Bl. 48–50, hier 48 f.
97 Ausführungen von Generalmajor OMR Prof. Dr. Kempe, Protokoll über die 4. Dienstkonferenz des Zentralen Medizinischen Dienstes am 30.11.1976, S. 5; BStU, ZA, ZMD, Bündel 984.

So gab beispielsweise Horst Böttger 1976 einen Kommilitonen[98] als „Kadervorschlag" beim MfS an,[99] mit dem er 1965 zusammen das Medizinstudium begonnen hatte und der wie er selbst schon während des Studiums in relativ hohen Partei- und FDJ-Funktionen aktiv gewesen war. Inzwischen hatte dieser ebenfalls eine neuropsychiatrische Facharztausbildung absolviert und war während der Ausbildung unter anderem als Kommandeur im Rahmen eines Zivilverteidigungslagers sowie als marxistisch-leninistischer Seminar- und Zirkelleiter ausgezeichnet worden. Ganz klar geht der Modus der „Kaderermittlung" aus der Personalakte des Betreffenden nicht hervor. Es könnte jedenfalls neben Böttgers Tip noch einen anderen Hinweis gegeben haben, da im „Einstellungsvorschlag" steht:

„Der Kandidat wurde im Zusammenhang mit der Suche nach geeigneten Ärzten für unser Organ als Berufssoldaten durch die Abteilung XX der BV [Bezirksverwaltung für Staatssicherheit] Leipzig bzw. die Abteilung Kader und Schulung der BV Leipzig bekannt. Die kontinuierliche fachliche und aktive gesellschaftspolitische Entwicklung lassen den Schluß für die volle Eignung des Kandidaten zu, als Berufssoldat und Arzt im MfS zu arbeiten."[100]

Interessant ist in diesem Zusammenhang, daß der damalige kommissarisch geschäftsführende Direktor des Fachbereiches Neurologie und Psychiatrie der Karl-Marx-Universität Leipzig, Dozent Dr. Lehmann, der dort gleichzeitig Abteilungsparteisekretär war und dem MfS-Kandidaten Wolfram Eisengräber die fachlichen und politischen Beurteilungen für die Kader- und die Parteileitung der Universität schrieb, selbst von 1965 bis Februar 1990 nebenamtlich Vertragsarzt der MfS-Bezirksverwaltung Leipzig war.[101]

Wie jeder neueingestellte Nervenarzt hatte auch Wolfram Eisengräber im MfS erst eine halbjährige Einarbeitungszeit zu absolvieren:

„Genosse Hauptmann Dipl.-Med. Eisengräber wurde als Facharzt Neurologie und Psychiatrie am 1.1.1978 in das Ministerium für Staatssicherheit eingestellt und als klinisch bereits erfahrener Facharzt ausschließlich in der poliklinischen neuropsychiatrischen Patientenversorgung eingesetzt. In der Einarbeitungszeit bis Mai 78 wurde er systematisch mit den spezifischen Be-

---

98 Wolfram Eisengräber (Jg. 1945), Funktionärssohn aus Leipzig, 1964 Abitur an der ABF in Halle, 1965–71 Medizinstudium, 1971–76 Facharztausbildung Psychiatrie/Neurologie und 1984 Promotion zum Thema „Die therapeutische Gemeinschaft in der sozialistischen Gesellschaft" an der Karl-Marx-Universität Leipzig, 1977–89/90 Facharzt im Zentralen Medizinischen Dienst des MfS, letzter Dienstgrad Major, SED-Mitglied seit 1965. Vgl. MfS-Kaderakte Wolfram Eisengräber; BStU, ZA, KS 26103/90.
99 Vgl. „Einschätzung des Genossen Dipl.-Med. Eisengräber" durch Hauptmann H. Böttger vom 19.9.1977, MfS-Kaderakte Wolfram Eisengräber, Bl. 94.
100 Einstellungsvorschlag der BV Leipzig, Abteilung XV, vom 1.11.1977; ebenda, Bl. 13–27, hier 26.
101 Werner Lehmann (Jg. 1930), Prof. Dr. sc. med.; BStU, ASt Leipzig, MfS-Kaderkarteikarte ohne Signatur und BStU, ASt Leipzig, ZMA Abt. XX 1805, Bl. 2.

dingungen der Arbeit in unserem Ministerium im allgemeinen und der fachärztlichen Tätigkeit als Tschekist im besonderen vertraut gemacht."[102]

Die Einarbeitung nahm wiederum die im Februar 1978 zum Oberstleutnant beförderte Helga Weser vor, deren Leitungsaufgaben durch die Erweiterung der Arbeitsgruppe Neurologie/Psychiatrie – Psychologie infolge der Einstellung mehrerer Nervenärzte, Psychologen und Krankenschwestern im Laufe der siebziger Jahre kontinuierlich angewachsen war. Die Beurteilung über Helga Weser für den Zeitraum von 1977 bis 1980 faßte die wesentlich von ihr bestimmte Entwicklung des neuropsychiatrischen Fachgebietes im MfS bis 1980 zusammen:

„Während des Beurteilungszeitraumes ist die Entwicklung der Arbeitsgruppe Neurologie/Psychiatrie und Psychologie weiter vorangeschritten. Unter Leitung von Genossin MR [Medizinalrat] Dr. Weser konnte sie sich soweit entwickeln, daß inhaltlich und kadermäßig die Voraussetzungen geschaffen wurden, ab Mai 1980 sowohl eine selbständige ambulante als auch stationäre neuropsychiatrische Einrichtung im ZMD wirksam werden zu lassen. Dabei ist es aber ein Verdienst der Genossin MR Dr. Weser, daß diese formale Trennung nach territorial-organisatorischen Prinzipien keine Änderung des gemeinsamen Auftretens als Neuropsychiatrie des Ministeriums für Staatssicherheit nach sich zieht. Gerade die [...] gemeinsamen einheitlichen Verfahrensweisen bei der Beherrschung der spezifischen Neuropsychiatrie des Ministeriums müssen und werden weiter das Wirken des Fachgebietes bestimmen."[103]

In den Jahren 1979[104], 1981[105] und 1984[106] nahm jeweils ein weiterer

---

102 Entwicklungsbeurteilung für den Zeitraum 1977–78 über Hauptmann Eisengräber vom 1.12.1978, MfS-Kaderakte Wolfram Eisengräber, Bl. 95–97, hier 96.
103 Entwicklungsbeurteilung für den Zeitraum 1977–80 über Oberstleutnant Dr. Weser vom 6.6.1980, MfS-Kaderakte Helga Weser, Bl. 63 f., hier 63.
104 Gerda Herzberg (Jg. 1941), Arbeitertochter aus Leipzig, 1959–66 Medizinstudium in Bulgarien, 1967–74 Facharztausbildung Neurologie/Psychiatrie im Wilhelm-Griesinger-Krankenhaus in Berlin, 1974–79 Fachärztin und Abteilungsleiterin Poliklinik Prenzlauer Berg, 1979–89/90 Fachärztin im Zentralen Medizinischen Dienst des MfS, letzter Dienstgrad Major, SED-Mitglied seit 1963. Vgl. MfS-Kaderakte Gerda Herzberg; BStU, ZA, KS 28325/90.
105 Peter Kritzer (Jg. 1942), Arbeitersohn aus Steyer, 1956–59 Werkzeugmacherlehre, 1962 Abitur an der ABF Leipzig, Medizinstudium 1962–65 in Leipzig, 1965–68 in Dresden, 1968–73 Facharztausbildung Neurologie/Psychiatrie an der Medizinischen Akademie Dresden und in der Nervenklinik Teupitz, 1973–77 Oberarzt und stellvertretender ärztlicher Direktor in der Nervenklinik Teupitz, 1977–981 stellvertretender Abteilungsleiter im Zentralvorstand der Gewerkschaft Gesundheitswesen, 1981–89/90 Facharzt im Zentralen Medizinischen Dienst des MfS, letzter Dienstgrad Major, SED-Mitglied seit 1963. Vgl. MfS-Kaderakte Peter Kritzer; BStU, ZA, KS 27862/90.
106 Peter Franz (Jg. 1952), Arbeitersohn aus Dresden, 1970 Abitur mit Berufsausbildung als Maschinist in Hoyerswerda, 1970–72 MfS-Wachregiment, seitdem MfS-Mitarbeiter, 1972–78 Medizinstudium in Halle, 1978–80 Assistenzarzt am Institut für Gerichtsmedizin und Kriminalistik in Halle, 1980–84 Facharztausbildung Neurologie/Psychiatrie im Fachkrankenhaus Berlin-Lichtenberg, 1984–89/90 Facharzt im Zentralen Medizinischen

Facharzt für Neurologie und Psychiatrie eine nervenärztliche Tätigkeit im Zentralen Medizinischen Dienst des MfS auf, so daß Ende der achtziger Jahre neun Psychiater im MfS in Berlin wirkten.

### 7.2.3. Organisation der medizinisch-psychologischen Versorgung

Die stationäre medizinische Betreuung der hauptamtlichen MfS-Mitarbeiter erfolgte bis 1980 im Krankenhaus der Volkspolizei in Ostberlin. Das beruhte auf einer Vereinbarung zwischen den Ministerien des Innern und für Staatssicherheit von 1959.[107] Das MfS überwies dem Ministerium des Innern jährlich eine Pauschalsumme in Höhe von 600.000 Mark für die Inanspruchnahme seiner medizinischen Einrichtungen durch MfS-Mitarbeiter, wobei damit neben 102 stationären Behandlungen im Krankenhaus der Volkspolizei im Jahre 1979 über 1.000 Fachkonsultationen, 88 Notkonsultationen, 471 diagnostische Leistungen für MfS-Mitarbeiter und 200 Kuren in Sanatorien des Innenministeriums vergütet wurden.[108]

Am 5. Mai 1980 nahm ein MfS-eigenes Krankenhaus seinen Betrieb auf.[109] Die Vorbereitungs- und Ausführungsphase des Neubaus war für DDR-Verhältnisse sehr kurz gewesen:

„Zur Verbesserung der medizinischen Betreuung der Angehörigen des MfS wurden [...] seit Mitte 1975 erneut Untersuchungen und Abstimmungen zum Neubau eines Krankenhauses im Planzeitraum 1976–1980 durchgeführt. Im Ergebnis [...] hat der Vorsitzende des Ministerrates 1976 in drei Verfügungen die erforderlichen Grundsatzentscheidungen getroffen. Entsprechend dieser Verfügungen wird ein Krankenhaus mit 260 Bettenplätzen und zwölf ambulanten Arztarbeitsplätzen in Berlin-Buch, unmittelbar südwestlich des neuen Regierungskrankenhauses auf einem 10 ha großen Waldgrundstück [...] errichtet. Das Vorhaben ist in den Bauinvestitionsplan des Ministerrates eingeordnet und wird unter Legende 'Objekt 100 – Krankenhaus des Ministerrates' realisiert."[110]

Zur selben Zeit, als im zivilen Gesundheitswesen der DDR zum Teil schon materiell-technische Notstandsbedingungen herrschten und dringend erforderliche Investitionen ersatzlos gestrichen wurden, sparten die Tschekisten

---

Dienst des MfS, letzter Dienstgrad Major, SED-Mitglied seit 1971. Vgl. MfS-Kaderakte Peter Franz; BStU, ZA, KS 28770/90.
107 Vereinbarung zwischen dem Ministerium des Innern – Verwaltung Medizinische Dienste – und dem Ministerium für Staatssicherheit – Medizinischer Dienst – vom 9.3.1959 und Änderungen dieser Vereinbarung vom 11.5.1964 und 4.12.1979; BStU, ZA, HA VII 12, Bl. 439 f.
108 Ebenda, Bl. 439 f. und 452.
109 Vgl. BStU, ZA, SdM 1567 sowie ZAIG 1569 und ZAIG 4789.
110 BStU, ZA, SdM 1566, Bl. 50.

auch beim Bau ihres Krankenhauses nicht mit finanziellen Mitteln und Baukapazitäten, im Gegenteil: Das MfS hatte Aufträge an 65 verschiedene Projektierungs- und Ausführungsbetriebe im In- und Ausland vergeben und hatte sogar darauf bestanden, sich ein komplett funktionsfähiges Ölheizhaus durch eine Westberliner Firma errichten zu lassen.

„Der finanzielle Mehraufwand gegenüber dem in der Verfügung des Vorsitzenden des Ministerrates enthaltenen Investitionsaufwandslimit resultiert im wesentlichen aus den erhöhten Aufwendungen für die Auslandsprojektierung, den Valutabelastungen aus NSW und SW im Verrechnungsgegenwert und den Preiszuschlägen für die Unterbietung der gesetzlichen Bauzeitnormative."[111]

Die bauliche und medizinische Ausstattung des MfS-Krankenhauses erfolgte nach den Standards des verteufelten Westens, was nicht nur eine Privilegierung der MfS-Mitarbeiter gegenüber der übrigen Bevölkerung darstellte, sondern die Bedeutung einer politischen Bankrotterklärung hatte: Vor dem Hintergrund mangelhafter Krankenhausausstattungen sowie an manchen Stellen spürbarer Mängel in der medizinischen Versorgung der angeblich herrschenden Arbeiterklasse nahmen sich die glanzvollen Krankenhausneubauten für Funktionäre und Sicherheitspolizisten skandalös aus.

Selbst mit den Genossen vom Ministerium des Innern gab es nun Differenzen. Der Leiter des Zentralen Medizinischen Dienstes, Generalmajor Dr. Kempe, beklagte im Juni 1980, „die früher vorhandene Bereitschaft, in Einzelfällen unkompliziert Hilfestellung zu geben", sei im Krankenhaus der Volkspolizei nun „dem Trend gewichen, sich möglichst von unseren Anliegen zu distanzieren". MfS-Mitarbeiter würden dort als Patienten mit dem Hinweis abgewiesen, daß sie doch nun ein eigenes Krankenhaus hätten. Die bisherige „konziliante Abwicklung unserer Anliegen" sei nicht mehr gesichert.[112] Es ist wohl kein zufälliges zeitliches Zusammentreffen, daß das MfS Ende der siebziger Jahre seine verdeckte „politisch-operative" Überwachung der Mitarbeiter des Krankenhauses der Volkspolizei mit inoffiziellen Mitarbeitern intensivierte.[113]

Als Schutz wohl mehr vor dem eigenen Volk als vor dem „Klassenfeind" wurden die militärische Bewachung, der Zugang[114] zum MfS-Krankenhaus

---

111 BStU, ZA, SdM 1566, Bl. 53.
112 Schreiben des Leiters des Zentralen Medizinischen Dienstes des MfS, Generalmajor Dr. Kempe, an den Leiter der MfS-Hauptabteilung VII, Generalmajor Dr. Büchner, vom 6.6.1980; BStU, ZA, HA VII 12, Bl. 448–450, hier 448.
113 Vgl. MfS-Diplomarbeit von Hauptmann Dietrich Nagel (HA VII/7): „Die Anforderungen an die vorbeugende politisch-operative Sicherung des Krankenhauses der Volkspolizei als medizinische Leiteinrichtung des MdI zur zuverlässigen Abwehr der subversiven Angriffe des Gegners", Abschluß am 5.12.1979, 74 Seiten; BStU, ZA, JHS MF VVS 311/79.
114 MfS-Ordnung 5/80 über das Betreten und Befahren des Dienstobjektes Zentraler Medizinischer Dienst, Krankenhaus Berlin-Buch; BStU, ZA, ZAIG 4789, identisch mit AGM 942, 3 Seiten.

und der dort zu behandelnde Patientenkreis peinlich genau festgelegt. Uneingeschränkten Behandlungsanspruch hatten alle Angehörigen des MfS, der Bezirksverwaltung für Staatssicherheit Berlin und alle Berufssoldaten des MfS-Wachregiments. Hinzu kamen, als bemerkenswerte soziale Bevorzugung, die „Ehegatten leitender Angehöriger unseres Ministeriums" sowie die MfS-Mitarbeiter im Ruhestand:

„Dabei bitte ich zu berücksichtigen, daß wir für unsere Rentner in der Vergangenheit bereits Behandlungsmöglichkeiten in verschiedenen Berliner Krankenhäusern und Kliniken erschlossen hatten und uns diese auch erhalten wollen. Wir müssen davon ausgehen, daß die beschränkte Bettenkapazität unseres Krankenhauses vorwiegend der Wiederherstellung der Gesundheit und Einsatzfähigkeit der im aktiven Dienst stehenden Angehörigen dienen muß. Aus diesem Grund schlage ich vor, die Bettenzahl, die der stationären medizinischen Betreuung der Rentner zur Verfügung steht (zunächst) auf 10 % zu begrenzen."[115]

Bezeichnend für die tschekistische Prioritätensetzung ist auch folgende Passage:

„Soldaten auf Zeit werden nicht in dem Krankenhaus betreut, sondern in einem Med[izinischen] Punkt in Wandlitz, der auch stationäre Behandlungen zuläßt. Ausnahmen bilden nur solche Krankheiten und Verletzungen, z. B. Schußverletzungen, die auf Grund der Begleitumstände eine Behandlung in einem anderen Krankenhaus, z. B. auch Krankenhaus der Volkspolizei, als unzweckmäßig erscheinen lassen."[116]

In das gleiche Bild paßt schließlich die Festlegung, „Patienten aus 'operativen Erfordernissen' (auf Anforderung der Diensteinheit nach Bestätigung durch den Leiter des Zentralen Medizinischen Dienstes)"[117] im Krankenhaus des MfS zu behandeln, zumal Mielke anschließend an Kempes Bericht betonte, „daß bei der Behandlung von Patienten aus operativen Erfordernissen ein Höchstmaß an Sicherheit und Geheimhaltung gewährleistet sein muß."[118]

Bereits Anfang der siebziger Jahre war vom Chef des Zentralen Medizinischen Dienstes die Schaffung eines „Operativ-medizinischen Sektors" des MfS angeregt worden:

---

115 Aus dem Bericht zur Übernahme und Nutzung des Krankenhauses des MfS von Generalmajor Kempe, Leiter des Zentralen Medizinischen Dienstes, im Rahmen der MfS-Kollegiumssitzung am 30.4.1980; BStU, ZA, SdM 1567, Bl. 44.
116 Ebenda.
117 Ebenda, Bl. 43.
118 Aus Mielkes Rede im Anschluß an Kempes Bericht im Rahmen der MfS-Kollegiumssitzung am 30.4.1980; ebenda, Bl. 50.

„Operative Anforderungen der HV A gaben Veranlassung, bestimmte Leistungskapazitäten des Medizinischen Dienstes für die Lösung operativer Zusammenhänge bereitzustellen. [...] Es wird vorgeschlagen, innerhalb des Medizinischen Dienstes einen Abteilungsbereich zu schaffen, der zweckmäßigerweise operativ-medizinischer Sektor (OMS) genannt werden sollte."[119]

Für den „operativ-medizinischen Sektor" schlug der Chef des Zentralen Medizinischen Dienstes des MfS unter anderem ein „psychologisches Zentrum" vor, zu dessen Aufgaben die „Testung von Mitarbeitern auf psychische und somatische Belastbarkeit vor dem Einsatz in Feindesland unter besonderer Berücksichtigung der Einzelkämpfersituation" gehören sollte. Seine 1971 angestellten Überlegungen gingen noch weiter:

„In enger Zusammenarbeit mit der HA Kader und Schulung sollten psychologisch-psychiatrische Parameter erforscht und festgelegt werden, um sie bei neueinzustellenden Kadern, insbesondere für die operative Arbeit vorgesehene Menschen zur Anwendung zu bringen. In bezug auf Ausdauer, Arbeitsintensität, Reaktionsvermögen, aber auch in bezug auf psychosomatische Aspekte, d. h. der Aufdeckung eventuell vorhandener Krankheitsdisposition, können Sicherungen gefunden werden, welche [...] etwaiges späteres Versagen in der operativen Spezialarbeit auf ein Mindestmaß reduzieren.
Wesentliche Bedeutung könnten auch psychiatrisch-psychologische Untersuchungen im Rahmen disziplinarischer Vergehen haben [...].
Eine enge Zusammenarbeit mit der Juristischen Hochschule muß endlich zustandekommen, damit im Problemkreis der Forschungsthemen für die operative Arbeit neben dem psychologischen Bereich auch die psychiatrisch-somatischen und psycho-pharmakologischen Zusammenhänge fachlich fundierte Berücksichtigung finden können."[120]

Demnach gab es 1971 noch keine nennenswerte Zusammenarbeit zwischen dem Zentralen Medizinischen Dienst und der Hochschule des MfS zu den genannten Fragen. Die 1971 durch den MfS-Chefmediziner angestellten perspektivischen Überlegungen für den operativ-medizinischen Sektor sahen neben einem Audiologischen Zentrum und einer Impfstelle für Tropenreisende auch ein als Arztpraxis getarntes Ambulatorium in Ostberlin vor:

„Bestandteil des OMS [operativ-medizinischen Sektor] wäre auch eine als Arztpraxis im Stadtgebiet Berlin abgedeckte [d. h. getarnte] Institution, deren Schaffung bereits eingeleitet ist. Über sie sind Einzelpersonen und Personengruppen ärztlich und medizinisch zu lenken und zu behandeln, die aus vor-

---

119 Aus einer „Einschätzung der Situation des Medizinischen Dienstes und Überlegungen zu wesentlichen Aspekten der Perspektive. Vorgelegt vom Chef des Medizinischen Dienstes im November 1971", MfS GVS 116/72, S. 14; BStU, ZMD Bündel 984.
120 Ebenda, S. 16.

nehmlich konspirativen Gründen und notwendiger Geheimhaltung die Poliklinik des MfS nicht aufsuchen können, andererseits oft genug aber auch im öffentlichen Gesundheitswesen nicht ohne weiteres auftauchen können. Diese Überlegungen treffen z. B. auf einen relativ großen Personenkreis der Dienststelle I/U der HA VIII zu [zur Überwachung der eigenen Kader eingesetzte sog. Unbekannte Mitarbeiter] [...]. Es gilt, ein System der Zusammenarbeit und Abschirmung gleichermaßen konkret zu entwickeln, um die Konspiration und Geheimhaltung der Zusammenhänge, welche sich im OMS zwangsläufig konzentrieren müssen, zu sichern."[121]

Eine ähnliche Beschreibung eines besonders geheimen Sektors innerhalb des MfS-internen Gesundheitswesens findet sich in einer 15 Jahre später von Mielke unterzeichneten Dienstanweisung 4/87 „über spezielle medizinische und damit im Zusammenhang stehende Aufgaben",[122] was nahelegt, daß der Anfang der siebziger Jahre perspektivisch ins Auge gefaßte operativ-medizinische Sektor in der per Dienstanweisung 4/87 beschriebenen „Abteilung 10" des Zentralen Medizinischen Dienstes verwirklicht war. Es wurde bisher kein Hinweis darauf gefunden, wie die medizinisch-psychologische Betreuung der doppelt konspirativ abgeschirmten MfS-Mitarbeiter in der Zwischenzeit erfolgte.

Der Dienstanweisung 4/87 zufolge hatte die Abteilung 10 des Zentralen Medizinischen Dienstes die spezielle Aufgabe der medizinischen und psychologischen Betreuung eines „festgelegten Personenkreises" zu erfüllen, dessen Versorgung „besonderen Anforderungen an die Gewährleistung der Konspiration und Geheimhaltung zu entsprechen" hatte. Zu dem von der MfS-Führung „festgelegten Personenkreis" gehörten „U[nbekannte]-Mitarbeiter, Offiziere im besonderen Einsatz (wenn deren medizinische Betreuung und Versorgung im Einsatzobjekt nicht zweckmäßig oder möglich war), hauptamtliche inoffizielle Mitarbeiter bei Erfordernis, Kundschafter des MfS, die zurückgezogen wurden, ehrenamtliche IM sowie Partner des politisch-operativen Zusammenwirkens im Ausnahmefall [und] Angehörige von Schutz- und Sicherheitsorganen befreundeter Staaten".[123] Die Leitung der Abteilung 10 des Zentralen Medizinischen Dienstes übten ein Mediziner[124] und ein Psychologe[125] aus.

---

121 Ebenda, S. 19.
122 Dienstanweisung 4/87 des Ministers für Staatssicherheit „über spezielle medizinische und damit im Zusammenhang stehende Aufgaben" vom 22.6.1987, MfS GVS 6/87; BStU, ZA DSt 103398, identisch mit ZAIG 7507, 23 Seiten.
123 Ebenda, S. 5 f.
124 Helmut Paul (Jg. 1941), Arbeitersohn aus Schkeuditz bei Leipzig, 1956–58 nach 8. Klasse Lehre als Maurer, 1958–61 Abitur an der ABF Leipzig, 1961–67 Medizinstudium in Leipzig, 1967–71 Facharztausbildung, 1971–90 Arzt im MfS, seit 1986 Leiter der Abteilung 10 des Zentralen Medizinischen Dienstes des MfS, letzter Dienstgrad Oberstleutnant, SED-Mitglied seit 1963. Vgl. MfS-Kaderkarteikarte Helmut Paul; BStU, ZA, ohne Signatur.
125 Werner Gerd Lips (Jg. 1947), Arbeitersohn aus Schönau/Kreis Gotha, 1964–67 Ausbil-

Neben regelmäßigen allgemeinmedizinischen und klinisch-psychologischen Sprechstunden waren für den „festgelegten Personenkreis" die „medizinische sowie psychologische Betreuung und Versorgung in Einzelfällen bei besonderen, insbesondere politisch-operativen Erfordernissen in einem Sonderobjekt des ZMD" vorgesehen. Die Aufgabenstellung der Abteilung 10 des Zentralen Medizinischen Dienstes ging jedoch noch wesentlich weiter:

„Die Unterstützung der politisch-operativen und fachlichen Arbeit anderer Diensteinheiten durch medizinische Leistungen des ZMD ist vor allem zu konzentrieren auf die
- Realisierung gezielter medizinischer und psychologischer Maßnahmen zur Vorbereitung ausgewählter operativer Kräfte auf ihren Einsatz sowie zur Stabilisierung während ihres Einsatzes,
- medizinische Sicherstellung sowie psychologische Beratung bei Zuführungen und Festnahmen sowie Befragungen und Vernehmungen operativ bedeutsamer Personen sowie solcher mit labilem Gesundheitszustand,
- medizinische sowie psychologische Betreuung und Versorgung bei besonderen, vor allem politisch-operativen Erfordernissen in geeigneten Objekten der betreffenden Diensteinheiten,
- Unterstützung weiterer politisch-operativ bedeutsamer Maßnahmen und Prozesse, bei denen medizinische Leistungen sowie die Anwendung spezieller Mittel und Methoden der Psychologie erforderlich sind."[126]

Im zweiten zitierten Aufgabenpunkt tauchen zwischen den verschiedenen von der Abteilung 10 des Zentralen Medizinischen Dienstes medizinisch-psychologisch zu betreuenden MfS-Mitarbeitern plötzlich Personen auf, die vom MfS zugeführt oder verhaftet wurden und bei deren Vernehmung eine ärztliche bzw. psychologische Begleitung angezeigt schien.

In allen übrigen Punkten zielt die Dienstanweisung auf eine spezielle Versorgung von verdeckt arbeitenden MfS-Mitarbeitern, zu der neben der kontinuierlichen medizinisch-psychologischen Betreuung auch Kriseninterventionen im Falle psychischer Dekompensationen gehörten.

Dieses besondere „Leistungsangebot" der Abteilung 10 des Zentralen Medizinischen Dienstes spiegelt sich auch in Dokumenten anderer Diensteinheiten des MfS wider. So wurden zum Beispiel 1983 in einer Information der Hauptabteilung VIII über die „Medizinische Betreuung hauptamtlicher IM" unter anderen folgende Möglichkeiten bekanntgegeben:

---

dung als Unterstufenlehrer in Weimar, 1968–69 MfS-Wachdienst, 1969–74 vom MfS zum Psychologiestudium an die Humboldt-Universität Berlin delegiert, 1973–86 Psychologe im Zentralen Medizinischen Dienst des MfS, 1979 an der MfS-Hochschule zum Dr. jur. promoviert, 1982–86 Stellvertretender Leiter der Abt. 10 des Zentralen Medizinischen Dienstes, 1986–90 Mitarbeiter der HV A, letzter Dienstgrad Oberstleutnant, SED-Mitglied seit 1967. Vgl. MfS-Kaderkarteikarte Gerd Lips; BStU, ZA, ohne Signatur.
126 MfS-Dienstanweisung 4/87, S. 11 f.

„4. Spezielle Untersuchungen von hauptamtlichen IM (in Ausnahmefällen von ehrenamtlichen IME) zu psychischen Fragen (Charaktereigenschaften, Angst, Mut, Reaktionsfähigkeiten usw.) sind in begrenzten Fällen möglich. Ihre Durchführung sollte dort geprüft werden, wo es a) um die Einschätzung der Gesamtpersönlichkeit eines IM geht, z. B. auch in Verbindung mit Überprüfungsmaßnahmen b) bei besonderen Vorkommnissen und Ereignissen.

5. Im Zusammenhang mit der Durchführung operativer Maßnahmen, insbesondere Treffs mit IM/OG [IM aus dem Operationsgebiet, also aus dem Westen] auf dem Gebiet der DDR, können sich plötzlich gesundheitliche Komplikationen ergeben, die eine ärztliche Untersuchung oder Hilfeleistung erfordern. In diesem Fall kann bei Verständigung des Leiters der DE [Diensteinheit] oder seines Stellvertreters, der ständige medizinische Dienst für die inoffiziellen Kräfte des MfS genutzt werden."[127]

Vor jeder Inanspruchnahme medizinischer Leistungen mußte der Leiter der jeweiligen Diensteinheit (HA/s. A., BV/U) des MfS einen schriftlichen Antrag an den Leiter der Abteilung 10 des Zentralen Medizinischen Dienstes stellen und das Vorgehen mit diesem abstimmen, es sei denn, eine Notfallsituation erforderte sofortiges Handeln.

Um den „festgelegten Personenkreis" auch innerhalb des Zentralen Medizinischen Dienstes des MfS konspirativ abzuschirmen, schrieb die Dienstanweisung 4/87 der Abteilung 10 besondere Sicherheitsmaßnahmen vor. Dazu gehörten zum Beispiel die

„Schaffung eines geeigneten Bestellsystems in der Sprechstundengestaltung durch zeitliche Staffelung der Termine und andere derartige Regelungen zur Verhinderung von Kontakten zwischen Patienten sowohl während der Wartezeit als auch bei [...] medizinischen Behandlungen; [die] Aufbewahrung und Ablage der Gesundheitsunterlagen, Untersuchungsergebnisse und Behandlungsunterlagen des festgelegten Personenkreises getrennt von anderen Gesundheitsunterlagen des ZMD und unter besonderen Sicherheitsvorkehrungen in Räumlichkeiten der Abteilung 10 des ZMD" und die „Gewährleistung der Konspiration, Geheimhaltung und Sicherheit der medizinischen Stützpunkte, die durch die Abteilung 10 des ZMD genutzt werden".[128]

Mitunter wurden auch Einrichtungen oder ausgewählte Mitarbeiter des staatlichen Gesundheitswesens der DDR für die medizinische Betreuung des konspirativ besonders sicher abgeschirmten „festgelegten Personenkreises" hinzugezogen. Die Abteilung 10 des Zentralen Medizinischen Dienstes hatte dafür die „in medizinischen Einrichtungen der DDR Verwendung findenden

---

127 Schreiben vom 22.4.1983; BStU, ZA, HA VIII 3084, Bl. 152.
128 MfS-Dienstanweisung 4/87, S. 15 f.

Dokumente" auszufertigen, wobei es auf eine „Legendierung", also die Vortäuschung einer falschen beruflichen Identität der als Patienten überwiesenen MfS-Mitarbeiter ankam.

In diesem Zusammenhang hatte die Abteilung 10 des Zentralen Medizinischen Dienstes „mit den für die politisch-operative Sicherung medizinischer Einrichtungen in der DDR verantwortlichen Diensteinheiten" zusammenzuarbeiten, um mit Hilfe der Genossen von der Linie XX/1 eine „Auswahl fachlich geeigneter und politisch zuverlässiger medizinischer Fachkader – bei Erfordernis solcher, die Schlüsselpositionen innehaben bzw. IM oder GMS sind –" treffen zu können. Vor einer „Nutzung der ausgewählten medizinischen Fachkader" sollten in der Abteilung 10 jeweils differenzierte Festlegungen „unter Beachtung der Persönlichkeit, der Grundlagen ihrer Zusammenarbeit mit dem MfS sowie der Art und Weise und des zu erwartenden Umfangs ihrer Nutzung" erarbeitet werden. Auch die „Koordination der erforderlichen Informationsflüsse zwischen den die Verbindungen und Beziehungen zu den medizinischen Einrichtungen der DDR haltenden Angehörigen der Abteilung 10 des ZMD und den für die politisch-operative Sicherung der betreffenden medizinischen Einrichtungen territorial, objektmäßig oder sachlich zuständigen Diensteinheiten" des MfS erfolgte in der Abteilung 10 des Zentralen Medizinischen Dienstes.[129]

Mit der Abteilung XX der MfS-Bezirksverwaltung Berlin hatte die Abteilung 10 des Zentralen Medizinischen Dienstes des MfS eine eigene Arbeitsvereinbarung getroffen, um die medizinische „Betreuung und Versorgung ausgewählter inoffizieller Kräfte" des MfS zu sichern.[130] In der Arbeitsvereinbarung waren „legendierte medizinische Untersuchungen [und] Behandlungen", die „Beschaffung ärztlicher Dokumente und legendierte Einweisungen in medizinische Einrichtungen außerhalb des MfS" vorgesehen. Der Arbeitsvereinbarung zufolge hatte die Bezirksverwaltung Berlin „die operative Sicherung des medizinischen Personals aus dem staatlichen Gesundheitswesen" zu gewährleisten und den Zentralen Medizinischen Dienst „beim Aufbau eines Betreuungssystems für ausgewählte inoffizielle Kräfte des MfS durch inoffizielle Gewinnung, operative Überprüfung und abwehrmäßige Nutzung geeigneter Mitarbeiter des staatlichen Gesundheitswesens" zu unterstützen.[131] Im Gegenzug verpflichtete sich der Zentrale Medizinische Dienst, „seinerseits die Bezirksverwaltung Berlin über operativ relevante Feststellungen, die ihm durch die medizinische Nutzung von Mitarbeitern des staatlichen Gesundheitswesens zugängig wurden", zu

---

[129] Ebenda, S. 12 f.
[130] „Arbeitsvereinbarung über das Zusammenwirken der Abteilung 10 des Zentralen Medizinischen Dienstes des MfS und der Abteilung XX der Bezirksverwaltung für Staatssicherheit zur Sicherung der medizinischen Betreuung und Versorgung ausgewählter inoffizieller Kräfte des Ministeriums für Staatssicherheit" vom 9.4.1985; BStU, ASt Berlin, A 122.
[131] Ebenda, S. 2, Punkte 1 und 2.

informieren.[132] In späteren Dokumenten wurde die Arbeitsvereinbarung noch präzisiert.[133]

Die personenbezogenen Recherchen zu Psychiatern, die im staatlichen Gesundheitswesen der DDR angestellt waren, ergaben zwei Hinweise auf IM in Ostberliner Krankenhäusern, die inoffiziell mit der Abteilung 10 des Zentralen Medizinischen Dienstes des MfS kooperierten. Beide Ärzte hatten die IM-Kategorie „IME", was in diesen Fällen vermutlich mit Experten-IM zu übersetzen ist, und zu beiden Psychiatern wurden die IM-Akten im bisher erschlossenen Bestand der MfS-Unterlagen nicht aufgefunden. Bei dem einen IM handelt es sich um einen 1953 geborenen Psychiater der Charité-Nervenklinik, der laut Kartei im Jahre 1983 als IME „Jochen" für die Abteilung 10 des Zentralen Medizinischen Dienstes des MfS geworben worden und als solcher bis zum Ende des MfS aktiv geblieben ist.[134] Im zweiten Fall wird eine im forensischen Bereich des Wilhelm-Griesinger-Krankenhauses angestellte Psychiaterin seit 1982 in den Karteien des MfS als IME „Bianca" des Zentralen Medizinischen Dienstes ausgewiesen, die von einem hauptamtlichen MfS-Mitarbeiter Gildemeister[135] geführt worden sei.[136] Da keine der beiden IM-Akten vorliegt, kann über die inoffiziellen Arbeitsinhalte dieser IME keine Aussage getroffen werden.[137]

Kehren wir nach diesem Exkurs in einen Sonderbereich des Zentralen Medizinischen Dienstes zurück zum normalen MfS-internen Gesundheitswesen. Psychische Ausnahmezustände und Erkrankungen von Mitarbeitern wurden im MfS, wie wohl in jedem Geheimdienst, als eine besondere Gefahrenquelle betrachtet. Um zu verhindern, daß psychisch aus dem Gleichgewicht geratene Geheimnisträger sich gegenüber zivilen Ärzten, Psychologen oder anderen Helfern dekonspirierten, wurde festgelegt, daß nicht nur Mitarbeiter der Bezirksverwaltung Berlin, sondern auch Angehörige anderer Bezirksverwaltungen für Staatssicherheit „insbesondere bei psychiatrischen

---

132 Ebenda, S. 3, Punkt 9.
133 Vgl. z. B. „Ordnung zur Durchsetzung der Vereinbarung zwischen dem Leiter des Zentralen Medizinischen Dienstes des MfS und dem Leiter der BV für Staatssicherheit Berlin zur Übernahme der medizinischen Betreuung der U-Mitarbeiter und hauptamtlichen inoffiziellen Mitarbeiter der BV Berlin" vom 22.1.1986, VVS Berlin 28/86; BStU, ASt Berlin, C 377/378, 3 Seiten und 2 Anlagen.
134 Vgl. Karteiauskunft über IME „Jochen"; BStU, ZMD/Abt. 10, MfS-Registriernummer XV/4948/83.
135 Heinz Gildemeister (Jg. 1940), Arbeitersohn aus Dresden, nach 8. Klasse 1955–57 Lehre als Stahlbauschlosser, 1957–60 Klempner, 1960–64 NVA, 1964 hauptamtlicher MfS-Mitarbeiter, bis 1978 überwiegend HA IX, 1979–89 im Zentralen Medizinischen Dienst des MfS, seit 1982 Referatsleiter des Bereiches I der Abt. 10 des ZMD, letzter Dienstgrad Major, SED-Mitglied seit 1965. Vgl. MfS-Kaderkarteikarte Heinz Gildemeister; BStU, ZA, ohne Signatur.
136 Vgl. Karteiauskunft über IME „Bianca"; BStU, ZMD/Bereich I/Abt. 10, MfS-Registriernummer XV/8 120/82.
137 Beide IM-Vorgänge waren am Ende des MfS noch offen, wurden also vom MfS nicht archiviert. Gerade die nicht archivierten Vorgänge, bei denen die IM bis Ende 1989 aktiv waren, sind häufig nicht auffindbar – so auch hier.

Krankheitsbildern und bei gutachterlichen Fragestellungen"[138] im Krankenhaus des MfS in Berlin-Buch aufgenommen werden sollten.

Das dürfte der Grund dafür gewesen sein, daß die Zahl der neuropsychiatrischen Betten im MfS-Krankenhaus vergleichsweise hoch war. Während mit 86 Betten ungefähr ein Drittel der insgesamt 261 Krankenhausbetten auf die Innere Medizin entfiel, waren jeweils 44 Betten für das andere große medizinische Fach, die Chirurgie, und für das vergleichsweise kleine Doppelfachgebiet der Psychiatrie und Neurologie vorgesehen. Das restliche Betten-Drittel verteilte sich auf andere medizinische Fachrichtungen. So waren 19 Betten für gynäkologische und elf für dermatologische Patienten, jeweils zehn Betten für Hals-Nasen-Ohren-, orthopädisch und urologisch Erkrankte und fünf Betten für Augenkranke bestimmt.

Auch bei der Auslastung der vorhandenen Betten lag das neurologisch-psychiatrische Fachgebiet vorn. Wie aus einem Bericht hervorgeht, hat der durchschnittliche Grad der Bettenauslastung des MfS-Krankenhauses in den Jahren 1983 und 1984 bei knapp 60 Prozent gelegen, während die Auslastung in der Neuropsychiatrischen Klinik mit über 70 Prozent deutlich höher lag.[139]

Die Einweisung der Patienten zur stationären Behandlung im MfS-Krankenhaus erfolgte über die Ärzte in den Polikliniken des MfS. Abgesehen von einer Reihe von Außenstellen in und um Berlin war die zentrale Poliklinik für die ambulante Betreuung der Mitarbeiter im Dienstkomplex Normannenstraße untergebracht. Diese umfaßte 1980 sieben zahnärztliche und zwölf ärztliche Sprechstundeneinheiten (Allgemeinmedizin, Innere Medizin, Chirurgie, Gynäkologie, Hals-Nase-Ohren- und Augenheilkunde), drei zahntechnische Labors, Blutlaboratorien, eine Röntgen- und eine physiotherapeutische Abteilung.

Die Sonderstellung der organisatorisch zu einer Arbeitsgruppe zusammengefaßten Fachgebiete Psychiatrie, Neurologie und Psychologie fand ihren Ausdruck in einem besonderen Standort der ambulanten Versorgung. Diese befand sich auch nach dem Krankenhausneubau 1980 und den anschließenden Poliklinik-Umbauten in einem Dienstobjekt der Hauptabteilung Kader und Schulung in Hohenschönhausen.[140] Das war kein Zufall. Wie 1977 in einem Kaderdokument über Helga Weser als Leiterin der psychiatrisch-psychologischen Ambulanz lobend hervorgehoben wurde, gab es eine enge Zusammenarbeit zwischen der Kaderabteilung des MfS und der Psychiatrie, „da gerade dieses Fachgebiet öfter durch die Abt[eilungen] Kader und Disziplinar tangiert" würde.[141]

---

138 BStU, ZA, SdM 1567, Bl. 43.
139 Auswertung des Jahresabschlußberichtes 1984 der Dienstbereiche des Zentralen Medizinischen Dienstes, Tagesordnungspunkt 2 aus einer Rede des Leiters des Zentralen Medizinischen Dienstes, S. 41; BStU, ZMD Bündel 984.
140 Vgl. BStU, ZA, SdM 1567, Bl. 37 f.
141 Vorschlag vom 15.8.1977 zur Beförderung von Major Dr. Weser zum Oberstleutnant zum 8.2.1978, MfS-Kaderakte Helga Weser, Bl. 58.

Mit Wirkung vom 1. Mai 1980 wurde Helga Weser „zum Abteilungsarzt der AG Neurologie/Psychiatrie und Psychologie" ernannt. Stellvertretender Arbeitsgruppenleiter wurde Hauptmann Wolfram Eisengräber. Die Chefarztfunktion in der neuropsychiatrischen Klinik des MfS-Krankenhauses wurde Marianne Seifert übertragen,[142] die sich bis dahin als Oberärztin und Leiterin des stationären Bereichs der Arbeitsgruppe Neurologie/Psychiatrie – Psychologie des Zentralen Medizinischen Dienstes Verdienste erworben hatte:

„Genossin Major Dr. M. Seifert hat in Vorbereitung auf die Inbetriebnahme des Objektes 100 ein großes Arbeitspensum durch die Erarbeitung der Arbeitskonzeption der Station und der Schwesternausbildung zu Fachschwestern geleistet. Die gleichzeitig laufende medizinisch-stationäre Versorgung bewältigte sie mit hohem zeitlichen Einsatz, oft weit über die Dienstzeit hinaus."[143]

Oberarzt der Neuropsychiatrischen Klinik und Stellvertreter der Chefärztin wurde Dr. med. Manfred Gussmann, dessen Eignung für diese Aufgabe Anfang 1983 bestätigt wurde:

„Die Aufnahme des Genossen Major Gussmann in die Kaderreserve für die Dienststellung 'Chefarzt der Neuropsychiatrischen Klinik' wurde auf der Grundlage des Beschlusses des Sekretariats des ZK der SED über die Arbeit mit den Kadern vom 7.6.77 und den darauf basierenden Festlegungen im Kaderprogramm der Neuropsychiatrischen Klinik [...] vorbereitet. [...] Seit Eröffnung des Krankenhauses im Mai 1980 fungiert Gen. Major Gussmann als Stellvertreter der Chefärztin und bewies in der konkreten Arbeit, besonders bei Abwesenheit der Chefärztin, seine Fähigkeit zur Leitung der Klinik."[144]

Das Geschlechterverhältnis in der Aufteilung der Leitungsfunktionen im neuropsychiatrischen Fachgebiet, bei dem beide Chefarztposten von Frauen bekleidet wurden, während Männer als deren Stellvertreter eingesetzt waren, dürfte im MfS einmalig gewesen sein.

Wie außergewöhnlich die gleich zweifache weibliche Besetzung der höchsten Stellungen im neuropsychiatrischen Fachgebiet im ansonsten männlich dominierten MfS-Apparat war, ist auch aus der Gehaltsliste der zweitausend bestbezahlten MfS-Mitarbeiter des Jahres 1989[145] ersichtlich: Nur 48 der „oberen Zweitausend" des MfS waren Frauen, das entspricht einem Anteil von 2,4 Prozent, während der Frauenanteil bei der Gesamtheit

---

142 Bestätigter Vorschlag zur Ernennung von Major Dr. Marianne Seifert zum Chefarzt Neuropsychiatrie, MfS-Kaderakte Marianne Seifert, Bl. 82 f.
143 Bestätigter Vorschlag zur Auszeichnung von Major Dr. Seifert mit einer 500-Mark-Prämie; ebenda, Bl. 80 f.
144 Aus einer Stellungnahme der Abteilung Kader ZMD/ 1 vom 7.2.1983, MfS-Kaderakte Manfred Gussmann, Bl. 62.
145 Vgl. „Die oberen Zweitausend auf den Gehaltslisten der Stasi", in: „die andere" Nr. 12/91, Beilage Nr. 3.

der hauptamtlichen Mitarbeiter bei knapp 16 Prozent lag.[146] Der 2,4 prozentige Frauenanteil an den zweitausend höchstdotierten Posten kommt dadurch zustande, daß im relativ zu anderen Diensteinheiten sehr gut bezahlten medizinischen Dienst viele Frauen arbeiteten: Von den 48 meistverdienenden Frauen im MfS waren mehr als die Hälfte, nämlich 26 Frauen, im Zentralen Medizinischen Dienst beschäftigt, wobei 19 Frauen als Ärztinnen, vier als Zahnärztinnen, zwei als Pharmazeutinnen und eine Frau als Ökonomin tätig waren.

Auch die männlichen Ärzte waren in den höchstbezahlten Positionen des MfS überrepräsentiert. Nach Minister Mielke und seinen Stellvertretern kam auf Platz sieben der Gehaltsliste der Chef des Zentralen Medizinischen Dienstes, Generalmajor Klein[147]. Ihm folgten seine Stellvertreter Oberst Börner[148] auf Platz 12, Oberst Schilling[149] auf Platz 22 und Oberst Seifert auf Platz 42. Eine gewisse Ausnahmestellung nahm Generalmajor Uhlig[150] ein, der seit 1975 Offizier im besonderen Einsatz (OibE) des MfS in der Position des ärztlichen Direktors des Berliner Krankenhauses der Volkspolizei war und auf Platz 11 der Gehaltsliste des MfS rangierte.

Die bestbezahlte Frau im MfS war 1989 die praktische Ärztin Dr. Christa

---

146 Vgl. Gieseke: Die Hauptamtlichen 1962, S. 15.
147 Klaus Wolfgang Klein (Jg. 1933), Angestelltensohn aus Königsberg, 1952 Abitur in Leipzig, 1952–57 Medizinstudium erst in Leipzig, dann an der 1955 gegründeten Militärmedizinischen Sektion (MMS) der Universität Greifswald, 1957–59 Pflichtassistent in Greifswald und im Armeelazarett Bad Saarow, 1958/59 Truppenarzt der NVA in Eggesin, 1960–64 Facharztausbildung Innere Medizin in Greifswald, 1965–67 Lehrstuhlleiter für Militärmedizin an der MMS Greifswald und Oberarzt für Innere Medizin an der Universitätsklinik Greifswald, 1967–90 im Zentralen Medizinischen Dienst des MfS tätig, 1970–86 Stellvertreter des Leiters und 1986–90 Leiter des Zentralen Medizinischen Dienstes des MfS, Mitglied der SED seit 1963. Vgl. MfS-Kaderakte Klaus Wolfgang Klein; BStU, ZA, KS 28206/90.
148 Hans-Peter Börner (Jg. 1939), Arbeitersohn aus Breslau, 1953–56 Lehre als Stukkateur, 1961 Abitur an der ABF in Leipzig, 1961–68 Medizinstudium in Leipzig, 1968–70 Regimentsarzt der NVA-Grenztruppen, 1971–73 Facharztausbildung für Allgemeinmedizin in Magdeburg, 1972–77 im Medizinischen Dienst Magdeburg und 1977–90 im Zentralen Medizinischen Dienst des MfS tätig, 1977 staatliche Anerkennung als Sportarzt, nach verschiedenen anderen Leitungsfunktionen 1985–90 1. Stellvertreter des Leiters des Zentralen Medizinischen Dienstes, SED-Mitglied seit 1970. Vgl. MfS-Kaderakte Hans-Peter Börner; BStU, ZA, KS 23270/90.
149 Johann Schilling (Jg. 1932), Bauernsohn aus Galizien (Polen), 1950 Abitur, 1950–56 Medizinstudium in Halle, 1956–60 verschiedene ärztliche Tätigkeiten als Offizier im Zentrallazarett der NVA Bad Saarow sowie in Leipzig und Dresden, 1961–64 Facharztausbildung Innere Medizin, 1964–90 Arzt im Medizinischen Dienst des MfS Berlin, 1973–80 als Ärztlicher Direktor der Poliklinik/Klinik und 1980–90 Ärztlicher Direktor des Krankenhauses des Zentralen Medizinischen Dienstes des MfS, SED-Mitglied seit 1955. Vgl. MfS-Kaderakte Johann Schilling; BStU, ZA, KS 21838/90.
150 Reinhard Uhlig (Jg. 1935), Arbeitersohn aus Lugau im Erzgebirge, 1955 Abitur in Zwickau, 1955–60 Medizinstudium an der Militärmedizinischen Sektion der Universität Greifswald, 1961–64 im Haftkrankenhaus des MfS, 1964–69 Facharztausbildung Innere Medizin, 1969–73 Oberarzt und 1973–75 Chefarzt der Klinik im Medizinischen Dienst des MfS, seit 1975 OibE der MfS-Hauptabteilung VII und Ärztlicher Direktor des Krankenhauses der Volkspolizei Berlin, SED-Mitglied seit 1954. Vgl. MfS-Kaderakte Reinhard Uhlig; BStU, ZA, KS 29084/90.

Seifert, die seit 1965 als Ärztin im MfS tätig war, als Chefärztin zunächst den allgemeinmedizinischen Bereich mit den Außenstellen des Zentralen Medizinischen Dienstes maßgeblich mit aufgebaut und seit 1975 die Arbeitsgruppe Veteranenbetreuung geleitet hatte. Platz zwei und drei der weiblichen Mitarbeiterinnen auf der Gehaltsliste nahmen die Psychiaterinnen Marianne Seifert (163. Position) und Helga Weser (189. Position) ein. Ihre Stellvertreter, Manfred Gussmann und Wolfram Eisengräber, folgten mit einigem Abstand. Die Unterschiede in den Gehältern liegen nicht nur in den verschiedenen Dienststellungen begründet, sondern sind auch Folge der zeitlich versetzten Einstellung der Chefärztinnen und ihrer Stellvertreter in das MfS. Sieht man sich die Entwicklung der Arztgehälter im MfS im chronologischen Längsschnitt an, wird eine rückläufige Tendenz der Höhe von den sechziger Jahren, als noch Ärzteknappheit in der DDR herrschte, zu späteren Jahren erkennbar. Die Erklärung dieses Privilegienabbaus liegt ohne Zweifel in dem seit dem Mauerbau 1961 gesunkenen Marktwert der ärztlichen Arbeitskräfte. Inwischen hatte die DDR die durch den Massenexodus von Ärzten gen Westen entstandenen Lücken durch eine verstärkte Ausbildung von Medizinern aufgefüllt und brauchte die Ärzteschaft nicht mehr mit Sonderkonditionen zu umwerben.

### 7.2.4. Arbeitsfelder der MfS-eigenen Neuropsychiatrie

Der Hinweis darauf, daß es in der Berufsausübung der MfS-Psychiater eine jenseits der sonst in der Heilkunde üblichen Regeln liegende Spezifik zu erlernen gab, fehlt in keiner der elf ausgewerteten Kaderakten von MfS-Psychiatern. Genaueres, worin diese Spezifik der Psychiatrie im MfS eigentlich bestand, ist diesen Unterlagen nicht zu entnehmen. Man kann bei einer geheimpolizeilich-geheimdienstlichen Organisation wie dem MfS davon ausgehen, daß es ein spezielles Interesse und besondere Behandlungskonzepte für alle die Psyche betreffenden gesundheitlichen Störungen gab, die die Berechenbarkeit der Mitarbeiter, deren zuverlässig befehlsgemäßes Verhalten und die Konspiration gefährden konnten. Legt man die epidemiologischen Daten über die Häufigkeit psychischer Erkrankungen in der mitteleuropäischen Bevölkerung zugrunde, wären in diesem Zusammenhang neben den das Gehirn betreffenden organischen Krankheiten und den Psychosen[151] vor allem Neurosen[152] und Suchtkrankheiten zu erwarten.

---

151 Psychosen: Seelen- bzw. Geisteskrankheiten, allgemeine psychiatrische Bezeichnung für verschiedene Formen schwerer psychischer Krankheit, wobei exogene (d. h. körperlich begründbare, z. B. infolge von Vergiftungen oder von Gehirnkrankheiten), endogene (d. h. körperlich nicht begründbare, deren organische Ursachen hypothetisch sind) und experimentelle (durch Drogen künstlich hervorgerufene) Psychosen unterschieden werden.
152 Neurosen: Seit Sigmund Freud versteht man darunter psychisch bedingte Gesundheitsstörungen, d. h. die nicht auf Erkrankungen des Nervensystems beruhen, sondern deren Symptome unmittelbare Folge bzw. symbolischer Ausdruck krankmachender seelischer

In den MfS-Unterlagen deutet vieles darauf hin, daß gesundheitliche Störungen, deren Ursachen zu wesentlichen Teilen im psychosozialen Bereich liegen, bei den Mitarbeitern im Laufe der Jahre deutlich zugenommen haben. Ein Facharzt für Neurologie, Psychiatrie und Psychotherapie[153] begründete 1987 sein Entlassungsgesuch nach Jahrzenten ärztlichen Dienstes im Wachregiment des MfS vor allem mit Überlastung „durch die Zuweisung einer Vielzahl von Patienten mit Verhaltensstörungen, Alkoholmißbrauch, Suizidversuchen, die mit den Realitäten im Wachregiment nicht zurechtkommen"[154]:

„Hinzufügen möchte ich, daß es nicht die neurologisch-psychiatrisch oder psychotherapeutisch behandlungsbedürftigen Patienten sind, die mich in meiner Lebenssituation so belasten, sondern die Patienten, die ihre inneren Ansprüche und Wertnormen nicht mit den harten Realitäten im Wachregiment zur Deckung bringen können, deshalb mit sogenannten Verhaltensstörungen, Alkoholmißbrauch und sekundär mit den verschiedensten echten oder vorgetäuschten Symptomen reagieren, um funktional persönliche Veränderungen zu erreichen. Diese Patienten werden geschickt, besitzen kein echtes Behandlungsanliegen, wollen teildienstbefreit, umgesetzt oder entlassen werden. Teilweise führen sie bei Nichterreichung ihrer Ziele Selbsttötungsversuche durch oder drohen diese zumindest an."[155]

Auch wenn die Situation im Wachregiment mit der in den operativen Bereichen nicht gleichzusetzen ist, weist die Resignation dieses als besonders pflichtbewußt um das Wohl seiner Patienten bemüht geschilderten Arztes auf psychisch schwer belastende Bedingungen innerhalb des MfS hin. Einige der typischen Problemkreise und ihre Behandlung im MfS werden nachfolgend einzeln beleuchtet.

### 7.2.4.1. Tschekistische Neurosen

Neurosen gehörten einer statistischen Untersuchung im MfS zufolge Anfang der siebziger Jahre als einzige psychische Gesundheitsstörung zu den zehn häufigsten bei MfS-Mitarbeitern diagnostizierten Krankheiten: In einer am

---

Konflikte sind, die unbewußt bleiben. Neurotische Symptome können spezifisch (z.B. phobische Ängste, Zwangserscheinungen) oder unspezifisch (z.B. Hemmungen oder andere Kontaktstörungen, depressive Verstimmungen, Selbstunsicherheit, Ambivalenz, Arbeitsstörungen) sein.
153 Peter Kasten (Jg. 1941), Dr. med., Arbeitersohn aus Ilsenburg, 1959 Abitur in Wernigerode, 1959/60 NVA-Soldat, 1960–66 Medizinstudium an der Militärmedizinischen Sektion der Universität Greifswald, 1967–87 Arzt im Zentralen Medizinischen Dienst des MfS, 1969–75 (mit Unterbrechungen) Facharztausbildung Neurologie und Psychiatrie, 1979–82 Zweitfacharztausbildung für Psychotherapie, 1987 Entlassung aus dem MfS auf eigenen Wunsch, danach psychotherapeutische Tätigkeit im Haus der Gesundheit Berlin, SED seit 1963. Vgl. MfS-Kaderakte Peter Kasten; BStU, ASt Berlin, KS II 186/87.
154 Ebenda, Bd. 1, Bl. 216.
155 Ebenda, Bl. 105.

2. März 1981 an der MfS-Hochschule verteidigten Dissertation wurde festgestellt, daß Neurosen mit einem Anteil von 4,8 Prozent den fünften Platz unter den zehn häufigsten zur Dienstunfähigkeit von MfS-Mitarbeitern führenden Krankheiten einnahmen, wobei Erkrankungen der Atemwege (42,8 Prozent) und Unfälle (10,8 Prozent) an der Spitze der Dienstunfähigkeitsursachen lagen.[156]

Die Autoren der Forschungsarbeit hatten die Medizinalstatistiken der Bezirksverwaltungen für Staatssicherheit Potsdam und Erfurt von 1969 bis 1973 ausgewertet. Der von Jahr zu Jahr steigende und im Vergleich zur übrigen DDR-Bevölkerung deutlich erhöhte Anteil von Neurosen an der Dienst- bzw. Arbeitsunfähigkeitsstatistik gehörte zu den überraschenden Ergebnissen dieser Analyse, deren Resultate als repräsentativ für den Gesundheitszustand aller Mitarbeiter in Bezirksverwaltungen für Staatssicherheit angesehen wurde:

„Die Neurosen haben seit 1970 [...] erheblich an Bedeutung zugenommen. [...] Ebenso wie bei den D[ienst]U[nfähigkeits]-Fällen nehmen die Neurosen bezüglich der DU-Tage den 5. Platz ein. [...] Dabei ist im Zeitraum von 1970 bis 1973 ein ständiger Anstieg von 4,6 % auf 8,8 % zu verzeichnen, was ein weiteres Mal die zunehmende Bedeutung dieser Krankheitsgruppe für den Krankenstand [im MfS] ausweist. [...] In der DDR-Statistik sind die Neurosen im Jahre 1973 nur mit 3,1 % an allen A[rbeits]U[nfähigkeits]-Tagen beteiligt."[157]

Besonders interessant ist die Feststellung, daß der Anteil der zur Dienstunfähigkeit führenden Neurosen am Gesamtkrankenstand mit zunehmendem Dienstalter im MfS stetig anstieg und in bestimmten Dienstbereichen besonders ausgeprägt war. Der Neurosenanteil am Dienstunfähigkeitsgeschehen war auch innerhalb der Bereiche des MfS, die zum „politisch-operativen Dienst im engeren Sinn" gerechnet wurden, unterschiedlich:

„Die Dienstbefreiten der Abteilungen II, VII, XVIII, IXX und XX (Gruppe B)[158] stellen [...] ein großes Kontingent. Hier finden wir in geringerem Umfange Neurosen u. ä. (Klasse V der IKK) mit 2,7 %[159] [...]. Die Dienstbefrei-

---

156 MfS-Forschungsarbeit von Dr. Jörg Franze und Meinolf Henning: „Untersuchungen zu dem mit Dienstunfähigkeit einhergehenden Krankheitsgeschehen im Ministerium für Staatssicherheit – Situation, Prognose und Möglichkeiten seiner Beeinflussung", MfS VVS JHS 242/80, 276 Seiten; BStU, ZA, JHS 20062, identisch mit JHS 21904, identisch mit JHS 21896.
157 Ebenda, S. 34.
158 Die Aufgaben der Hauptabteilungen des MfS und Abteilungen der Bezirksverwaltungen (zusammengefaßt als „Linien") XVIII (Wirtschaft) und XX (innere Abwehr) wurden bereits erläutert. Die Linie II diente der Spionageabwehr, die Linie VII der Sicherung des Ministeriums des Innern und seiner nachgeordneten Einrichtungen (Volkspolizei, Zivilschutz, Strafvollzug, Kampfgruppen), die Linie XIX kontrollierte das Verkehrs-, Post- und Nachrichtenwesen in der DDR.
159 Aus statistischen und Gründen der wissenschaftlichen Vergleichbarkeit können Krankheitsdiagnosen nach einer Internationalen Klassifikation der Krankheiten (IKK) ver-

ten der Abteilungen VIII, IX, XV (Gruppe C)[160] zeigen lediglich bei den Neurosen eine Abweichung vom Mittelwert[161], indem sie hier mit 9,6 % höher belastet sind. Auch hier handelt es sich um Genossen im politisch-operativen Dienst im engeren Sinne. Sie dürften jedoch wegen der Spezifik ihrer Arbeit psychisch höher belastet sein als die der Gruppe B. Das eindeutig häufigere Auftreten von Neurosen im Vergleich zur Gruppe B könnte so seine Erklärung finden."[162]

Auf die neurotisierend wirkenden Bedingungen der „politisch-operativen Arbeit im engeren Sinne", wie sie beispielsweise in den Abteilungen VIII und XV der Bezirksverwaltungen für Staatssicherheit herrschten, gingen die Autoren der Forschungsarbeit ausführlich ein:

„Einige charakteristische Merkmale der politisch-operativen Arbeit des MfS [...] ergeben sich zwangsläufig aus der politisch-operativen Arbeit und ihrem tschekistischen Profil. Sie sind in ihrer Kombination und Konzentration typisch und bewirken daher auch typische Reaktionen in Gestalt des Verhaltens und der Persönlichkeitsentwicklung. [...]:
1. Die unbedingte politische Zuverlässigkeit ist die [...] Grundbedingung für das politisch-operative Handeln in allen Bereichen und Phasen. Für die Auswahl eines Kaders gibt sie wegen ihrer dominierenden Rolle im tschekistischen Anforderungsprofil oft den Ausschlag. Nicht immer jedoch sind alle anderen für die politisch-operative Arbeit erforderlichen Persönlichkeitseigenschaften im gleichen Maße proportional linear ausgeprägt. Diese werden unterschiedlich stark mit der politischen Zuverlässigkeit kompensiert. Nun können jedoch [...] bestimmte Arbeitsbedingungen zu Bildungs- und Entwicklungswegen zwingen, die bei fehlender subjektiver Möglichkeit zur Insuffizienz und Dekompensation führen."[163]

Diese Einschätzung widersprach der im Ostblock zeitweise zum ideologischen Dogma erhobenen einseitig sozialdeterministischen Vorstellung, jeder Mensch könne bei gleichen Bildungs- und Aufstiegschancen dieselben Lei-

---

schlüsselt werden. Anfang der siebziger Jahre, also auch für die der hier referierten Forschungsarbeit zugrundeliegenden Daten, wurde die 8. Revision der IKK benutzt. Als Klasse V wurden die Diagnosenummern 300 bis 315 zusammengefaßt, zu denen neben den Neurosen auch andere (nicht psychische) Störungen zählten.
160 Die Linie VIII des MfS war vor allem zuständig für Observationen, Verhaftungen, Festnahmen, Zuführungen und Durchsuchungen, Linie IX als Untersuchungsorgan für politisch relevante Ermittlungsverfahren und Vernehmungen, und die Aufgaben der Abteilungen XV der Bezirksverwaltungen entsprachen denen der HV A.
161 Der ermittelte Mittelwert in der Verteilung der Neurosen und anderer Störungen der Klasse V der Internationalen Klassifikation der Krankheiten lag in der Verteilung der Diagnoseklassen auf die Gesamtheit der Dienstbefreiungsfälle in den Bezirksverwaltungen bei 5,4 %.
162 Franze/Henning: Untersuchungen, S. 71f.
163 Ebenda, S. 121.

stungen erbringen, womit die ererbten und individuell unterschiedlich ausgeprägten Fähigkeiten und Begabungen der Menschen geleugnet wurden. Die nachfolgenden Erläuterungen neurosenfördernder Faktoren in der politisch-operativen Arbeit des MfS berühren neben medizinisch-psychologischen auch ethische Fragen:

„2. Konspiration und Geheimhaltung sind absolut spezifisch und profilierend für das tschekistische Handeln. [...] Konspiratives Verhalten verlangt vom Mitarbeiter erhebliche Anstrengungen, insbesondere bezüglich der Umwandlung des inneren Verhaltensmodells und speziell dessen ethischer Komponenten. [...] Dieser Lernprozeß ist nicht harmlos, er ist eng gebunden an die Herausarbeitung und Wirksamkeit einer konkreten politischen Überzeugung und eines ausgeprägten Feindbildes. In diesem Prozeß können Konflikte entstehen, z. B. a) aus Kollisionen mit traditionellen und anerzogenen Wertvorstellungen, b) aus Konfrontationen mit sozialen Erwartungen von Lebenspartnern und anderen Bezugspersonen, denen man Probleme und Arbeitserfolge nicht mitteilen kann ([...], Trübung des Vertrauensverhältnisses), c) aus dem Versuch des Ausweichens aus der Konspiration, was Belastungen durch die in der Verpflichtung zum MfS und den geltenden Rechtsnormen fixierten Sanktionen mit sich bringt. [...]
3. Um bereits die ersten Anzeichen für eine subversive Tätigkeit des Gegners wahrnehmen und prüfen zu können, bedarf der Mitarbeiter des MfS cincr stark ausgeprägten Wachsamkeit. Diese ist unvermeidlich mit einer verminderten Vertrauensbereitschaft verbunden und führt mitunter zu ausgeprägten Mißtrauenshaltungen. Es besteht die Gefahr, daß diese Haltungen generalisiert werden, also nicht auf operativ relevante Erlebnisse bezogen bleiben und so als Lebensgrundhaltung alle sozialen Beziehungen prägen und belasten.
4. Die subjektiv empfundene Arbeitszufriedenheit setzt eine Identifizierung mit der Arbeitsaufgabe und entsprechende Erfolgserlebnisse voraus. Diese Möglichkeit ist bei einer ganzen Anzahl von Tätigkeitsabschnitten im MfS nicht immer gegeben, da Dimensionen, Zusammenhänge und Einordnungen von sicherheitspolitischen Teilaufgaben dem einzelnen mitunter nicht voll zugängig sind und sein dürfen. Das erschwert diese Identifizierung erheblich. [...]
5. Der Hauptinhalt der Arbeit des MfS ist der Kampf gegen den Feind. Das [...] Klasseninteresse einerseits und der Charakter des Feindes [...] andererseits erfordern von jedem Mitarbeiter des MfS unversöhnliches Vorgehen, Härte, Unnachgiebigkeit und Konsequenz in all den Arbeitsprozessen, bei denen es um das Aufspüren des Feindes, den Nachweis seiner antihumanen Tätigkeit und seine Liquidierung geht. Das Vorgehen des Mitarbeiters des MfS ist nahezu immer an Menschen und Menschenschicksale gebunden, gegen die sich notwendigerweise die operativen Schläge richten bzw. die davon betroffen sind. Das alles kann hin und

wieder zu Situationen führen, die objektiv und subjektiv nur mit Klassenhaß zu bewältigen sind. Hier entstehen unter Umständen Kollisionen mit allgemeinen philanthropischen Vorstellungen und falsch verstandenen humanistischen Prinzipien, die beim Fehlen der alles bestimmenden Klassenposition zu Bedenken, zum Zaudern und Zagen führen können.
6. Ein wesentliches Instrumentarium der politisch-operativen Arbeit ist die Handhabung von Legenden. Diese Legenden als 'glaubhafte Vorwände' verlangen vom Mitarbeiter erhebliche psychische Anpassungsleistungen an vorgegebene Stereotypien und Gegnererwartungen. Die Anforderungen der Legende stehen aber oft im Widerspruch zur eigentlichen Persönlichkeit des Mitarbeiters und seiner Grundhaltung im üblichen Sozialmilieu. Eine besonders hohe Belastung stellt das langzeitige Leben und Handeln unter Legendierung dar. Die ständig subjektiv zu verarbeitenden Widersprüche fordern ständig eine sehr bewußte Verhaltensregulation und belasten das gesamte psychische Inventar maximal. Hier können in Extremfällen Ausfallserscheinungen und unangepaßte Reaktionen auftreten.
7. Die Arbeit im MfS zur Realisierung von Sicherheitserfordernissen ist in wichtigen Bereichen Einzelkämpferarbeit. Dem Mitarbeiter fehlen [...] wichtige soziale Eckpfeiler und Korrekturmechanismen für sein Handeln. Er muß [...] andere Kompensationsmechanismen zur Realisierung sozialer Lebensbedingungen nutzen. Auch das kann bei entsprechender psychischer Veranlagung zu Fehlanpassungen und Fehlentwicklungen führen."[164]

Diese Ausführungen sind übertragbar auf viele Dienstbereiche des MfS, auch wenn sie sich zunächst nur auf die Erkenntnisse aus drei Arbeiten der MfS-Hochschule zur Psychologie der Spionage, dem Tätigkeitsfeld der HV A,[165] beziehen. Es handelt dabei sich um die Dissertationen von Horst Felber (1970)[166] und Klaus Rösler (1972)[167] sowie um eine Forschungsarbeit von 1979, an der Helga Weser beteiligt war.[168]

Der fachspezifische Beitrag der MfS-Psychiaterin zur Lösung der letztgenannten Forschungsaufgabe ist mit einem „Kampforden für Verdienste um

---

164 Ebenda, S. 122–124.
165 HV A: „Hauptverwaltung A" des MfS, zuständig für Spionage, äußere Spionageabwehr und „aktive Maßnahmen" im westlichen Ausland.
166 MfS-Dissertation von Horst Felber: „Psychologische Grundsätze für die Zusammenarbeit mit inoffiziellen Mitarbeitern, die im Auftrage des MfS außerhalb des Territoriums der DDR in direkter Konfrontation mit den feindlichen Geheimdiensten in der äußeren Spionageabwehr tätig sind", MfS GVS JHS 160–13/70, 262 Seiten; BStU, ZA, JHS 21798.
167 MfS-Dissertation von Klaus Rösler: „Psychologische Bedingungen der inoffiziellen Arbeit in das und im Operationsgebiet", MfS VVS JHS 800/72, 2 Bde., 340 Seiten; BStU, ZA, JHS 21819,.
168 MfS-Forschungsarbeit von Rainer Kaden (HV A), unter Mitarbeit von Oberst Dr. Kobbelt (HV A) und Oberstleutnant Dr. Weser (ZMD): „Das Erkennen der objektiven und subjektiven Bedingungen von Fehlhandlungen übersiedelter inoffizieller Mitarbeiter im Operationsgebiet als eine Grundlage für die Realisierung einer erfolgreichen Aufklärungstätigkeit des MfS", MfS VVS JHS 261/78, 2 Bde., 412 Seiten; BStU, ZA, JHS 21883.

Volk und Vaterland in Silber" ausgezeichnet worden.[169] In dieser Arbeit waren Fehlhandlungen von DDR-Spionen in der Bundesrepublik systematisch analysiert, Entstehungsmöglichkeiten psychogener Störungen, zum Beispiel funktioneller Krankheiten, erläutert und Empfehlungen abgeleitet worden, wie streßbedingte gesundheitliche Dekompensationen von IM vermieden werden könnten.

„Bei den Mitteln und Methoden der nachrichtendienstlichen Tätigkeit [...] geht es weniger um Durchbrechung gewohnter als vielmehr um Ausbildung ganz neuer, ungewohnter und komplizierter Verhaltensweisen. [...] Bei stabiler Persönlichkeitsstruktur kann dieser Streß adäquat verarbeitet werden. Sind jedoch durch die Anforderungen der inoffiziellen Arbeit bestimmte instabile Persönlichkeitseigenschaften des IM besonders beansprucht (z. B. Emotionalität, und der IM realisiert viel über seine Gefühlssphäre), so kann es zu nachhaltigen Störungen in der Regulation des vegetativen Nervensystems mit Reduzierung des allgemeinen Befindens kommen. Daraus entwickeln sich spezifisch organbezogene Störungen, wie Herzschmerzen, Magenbeschwerden, Darmstörungen, Schlafrhythmusveränderungen. [...] Dem Führungsoffizier präsentieren sich diese sogenannten funktionellen Erkrankungen zunächst im operativen Gewande, und zwar als mangelnde [...] Berichterstattung, Unpünktlichkeit beim Treff, Abwehren von neuen Aufgaben. Sie können als Nichtwollen, Oberflächlichkeit oder sogar ideologische Schwäche fehlgedeutet werden. Der Führungsoffizier muß deshalb um diese möglichen Auswirkungen von Belastungen wissen, um sie einerseits richtig einzuordnen, andererseits der Überlastung [...] vorzubeugen."[170]

Das Thema scheint Ende der siebziger Jahre für das MfS von hoher Brisanz gewesen zu sein, denn ein halbes Jahr nach der oben zitierten Arbeit wurden am 10. Oktober 1979 gleich zwei weitere Dissertationen zu psychologischen Problemen der Spionagetätigkeit an der MfS-Hochschule verteidigt.[171] Ein an einer dieser Forschungsarbeiten Beteiligter, Hauptmann Lips, war bis zu seinem Wechsel zur HV A einige Jahre lang leitend in der Abteilung 10 des Zentralen Medizinischen Dienstes tätig gewesen, deren spezielle Aufgabe

---

169 Vorschlag des Rektors der MfS-Hochschule, Generalmajor Prof. Pösel, zur Auszeichnung von Oberstleutnant Dr. Weser vom 10.5.1979 und Begleitschreiben an den Leiter der HA KuSch, Generalmajor Otto, vom 16.5.1979, sowie Angabe des „Kampfordens für Volk und Vaterland in Silber" unter September 1979 in der nächsten Auflistung „aller bisher erhaltenen Auszeichnungen", MfS-Kaderakte Helga Weser, Bl. 61–63.
170 MfS-Forschungsarbeit Rainer Kaden, S. 40–42.
171 MfS-Forschungsarbeit von Steffen Flachs (MfS-Hochschule) und Horst Schirmer (HV A): „Die Weiterentwicklung der Methodik zur Feststellung der Eignung von IM der HV A – untersucht an Übersiedlungs-IM", MfS VVS JHS 207/79, 168 Seiten; BStU, ZA, JHS 21894. Werner Roitzsch (HV A) und Werner Gerd Lips (ZMD): „Die wissenschaftliche Bewertung des psychologischen Verfahrens der Stimmanalyse, seine Einsatzmöglichkeiten und Grundsätze in der politisch-operativen Aufklärungsarbeit des MfS", MfS GVS JHS 30/79, 207 Seiten; BStU, ZA, JHS 21889 bzw. JHS 21890, 2 Bde.

der medizinischen und psychologischen Betreuung eines besonderer Geheimhaltung unterliegenden Personenkreises bereits erläutert wurde.

Insgesamt vermitteln die genannten Forschungsarbeiten den Eindruck, als habe das MfS besonders viel psychologisch-medizinische Fachkompetenz und wissenschaftlichen Forschungsaufwand in den Einsatz von IM der HV A im Westen investiert.

Das relativ häufige Auftreten psychischer Gesundheitsstörungen bei MfS-Mitarbeitern wurde in allgemeiner Form auch durch eine andere Forschungsarbeit bestätigt, in deren Rahmen die Gesundheitsakten von 1.803 männlichen Mitarbeitern der Bezirksverwaltungen Halle, Leipzig und Rostock im Erfassungszeitraum von Anfang Januar 1979 bis Ende März 1979 mit den Ergebnissen der Wiederholungsuntersuchungen der Jahre 1976 und 1978 verglichen wurden. Die Studie stellte fest, daß in 11,2 Prozent der untersuchten Gesundheitsakten eine psychische Störung oder Erkrankung des Nervensystems dokumentiert war. Zuverlässige epidemiologische Vergleichsdaten dazu hätten gefehlt. In einer Modellerprobung des Zentralinstitutes für Arbeitsmedizin der DDR vom 11. September 1978 sei jedoch lediglich eine Anteil von 6,5 Prozent solcher Erkrankungen bei Männern ausgewiesen worden. Auffällig war auch das vergleichsweise häufige Auftreten sogenannter funktioneller Beschwerden[172] bei den MfS-Mitarbeitern der Bezirksverwaltungen:

„Beim Vergleich mit den Diagnosehäufigkeiten [...] übersteigt nur die Häufigkeit der psychovegetativen Beschwerden die entsprechende Diagnosehäufigkeit [außerhalb des MfS]. [...] Bei 23,4 % der Untersuchten waren solche Beschwerden nachweisbar. 82 % dieser Symptomträger wiesen gleichzeitig Beschwerden am Herz-Kreislauf-System, am Gastrointestinaltrakt oder am Atmungssystem auf. Dies deutet auf eine Rangfolge der Realisierungsorgane von funktionellen Störungen hin. Bei gezielter Suche nach funktionellen und neurotischen Störungen unter Berufstätigen werden meist größere Häufigkeiten an Symptomträgern gefunden. [...] Wir beabsichtigen mit diesen Angaben, auf das Problem 'psychovegetative Störungen' hinzuweisen, müssen dessen reale Bedeutung für den Gesundheitszustand und die Leistungsfähigkeit der männlichen Angehörigen von Bezirksverwaltungen des Ministeriums für Staatssicherheit offenhalten, da die methodischen Voraussetzungen für eine definitive Klärung des Sachverhaltes fehlen."[173]

---

172 Funktionelle Krankheiten sind reine Funktionsstörungen von Organen bzw. Organsystemen ohne körperlich nachweisbares Substrat. Sie entstehen infolge psychischer Überlastung (Streß, Konfliktsituationen), die durch eine Fehlregulation des vegetativen Nervensystems zu gesundheitlichen Beeinträchtigungen (typisch sind z. B. Kopfschmerzen, Herz- oder Magenbeschwerden, allgemeine Müdigkeit, sexuelle Funktionsstörungen) führen. Das Beschwerdebild ist oft polysymptomatisch und wird auch unter den Begriffen psychovegetatives Syndrom, vegetative Dystonie und vegetative Neurose zusammengefaßt.
173 MfS-Forschungsarbeit von Harald Müller (BV Rostock), Siegfried Peter (BV Leipzig) und Klaus-Dieter Richter (BV Halle): „Auswertung der Ergebnisse der Wiederholungsuntersuchungen von Angehörigen in Bezirksverwaltungen hinsichtlich der Aussagefähig-

Die Realisierung der 1981 noch als fehlend beklagten methodischen Voraussetzungen zum Erkennen neurotischer und funktioneller Störungen bei MfS-Mitarbeitern wurde dann in einer weiteren, möglicherweise nur geplanten Forschungsarbeit anvisiert:

„Thema: Die Erforschung des Standes der Persönlichkeitsentwicklung und von Frühformen einer neurotischen Fehlentwicklung im Rahmen von Einstellungs- und Wiederholungsuntersuchungen in einer Bezirksverwaltung. [...] Vorgelegt von Major Dipl.-Med. Handschack, Karl-Heinz, Facharzt für Neurologie und Psychiatrie, Arzt im Medizinischen Dienst der Bezirksverwaltung Karl-Marx-Stadt."[174]

Erwähnenswert erscheint die Vorgeschichte der Forschungsarbeit, die Handschack dem Chef der MfS-Bezirksverwaltung Karl-Marx-Stadt schriftlich erläuterte, weil sie einen Einblick in den Wissenschaftsbetrieb des MfS gewährt, insbesondere in die zwischen der Arbeitsgruppe Neurologie/Psychiatrie – Psychologie des Zentralen Medizinischen Dienstes und dem Fachbereich „Operative Psychologie" der MfS-Hochschule bestehenden Verbindungen:

„Am 21.6.1981 und am 16.2.1984 Antragstellung beim Leiter des ZMD für den Erwerb des akademischen Doktorgrades. Am 28.8.1985 Mitteilung vom Sekretär des Wissenschaftlichen Rates des ZMD über die Möglichkeit der Realisierung der Promotion-A-Arbeit an der Hochschule des MfS, über das festgelegte Thema und Nennung der beiden Betreuer: Oberstleutnant Weser, ZMD, sowie Major Kirmse, Lehrstuhl für operative Psychologie. Die Lenkung des Forschungsvorhabens, in dessen Rahmen diese Arbeit durchgeführt wird, erfolgt vom Wissenschaftlichen Beirat Sozialhygiene des Wissenschaftlichen Rates des ZMD. Die Konzeption der Arbeit wurde am 8.4.1986 an Genossen Oberstleutnant Jonack, Hochschule des MfS geschickt. Meine Betreuerin, Genossin Oberstleutnant Weser, hat veranlaßt, daß der Leiter des ZMD die erforderlichen Genehmigungen für meine praktische Arbeit, für den Zugang zu VVS-Dokumenten usw. einholt. Am 25.4.1986 teilte mein Betreuer Gen. Kirmse mit, daß der Wissenschaftliche Rat der Hochschule des MfS der Konzeption zugestimmt hat."[175]

---

keit für die Beurteilung des Gesundheitszustandes und der Wirksamkeit für die Erhöhung der Einsatzbereitschaft des Ministeriums für Staatssicherheit", MfS VVS JHS 232/81, 372 Seiten; BStU, ZA, JHS 20065 und 21911, S. 100.
174 Konzeption von Major Handschack, 9 Seiten, MfS-Kaderakte Karl-Heinz Handschack; BStU, ZA, KS 26625/90, Bl. 203–211, hier 203.
175 Erläuterung des Promotionsvorhabens von Major Handschack für den Leiter der BV Karl-Marx-Stadt, Generalmajor Gehlert, vom 24.4.1986; ebenda, Bl. 201.

In seiner Konzeption hatte Handschack die Notwendigkeit zur Bearbeitung des Themas damit begründet, daß es bei Einstellungsuntersuchungen von MfS-Mitarbeitern infolge des fehlenden Einsatzes psychodiagnostischer Methoden häufig zu Fehleinschätzungen und inadäquaten dienstlichen Einsätzen käme:

„In Kenntnis des vorgesehenen dienstlichen Ersteinsatzes muß die Frage beantwortet werden, ob die psychische Leistungsfähigkeit dafür ausreichend ist [...]. Im Falle der Nichtbewältigung der dienstlichen Anforderungen aufgrund einer Fehlentwicklung der Persönlichkeit oder einer anderen nachhaltigen neurotischen Reaktion bzw. Fixierung von Fehlverhalten, d. h. eines Fehleinsatzes, ist mit Konflikten, Versagenshaltungen, abnormem Reagieren, suizidalen Handlungen, Alkohol- und Medikamentenmißbrauch oder anderen die innere Sicherheit des MfS gefährdenden Fehlhandlungen zu rechnen."[176]

Um solchen Fehleinschätzungen vorzubeugen, empfahl der Nervenarzt folgendes Vorgehen bei den Einstellungsuntersuchungen:

„Bei der Beurteilung der psychischen Eignung im Rahmen von Einstellungsuntersuchungen liegen schon Angaben vor, welche während der Kaderermittlungsarbeit gewonnen wurden, z. B. bisherige lebensgeschichtliche Entwicklung, Schul- und Lehrzeugnisse, Beurteilungen u. a. Es ist notwendig, diese dem die Einstellungsuntersuchung vornehmenden Mediziner rechtzeitig zur Kenntnis zu geben. Darüber hinaus müssen zusätzlich von seiten des Medizinischen Dienstes Methoden entwickelt werden, mit welchen man zeit- und aufwandökonomisch eine Orientierung erhält, ob krankheitswertige, leistungsmindernde, die innere Sicherheit des MfS gefährdende psychische Störungen im Sinne einer neurotischen Fehlentwicklung der Persönlichkeit oder deren Frühformen (Risikopersönlichkeiten) vorliegen. Da diese Einstellungsuntersuchungen vorwiegend von Medizinern aus nicht-psychiatrischen oder psychologisch orientierten Fachdisziplinen durchgeführt werden müssen, [...] sind solche Screeningmethoden [...] anzuwenden, die nicht solche Spezialkenntnisse erfordern (z. B. Fragebogensiebtest)[177]. Im Falle von verdächtigen oder auffälligen Ergebnissen können diese Einstellungskandidaten nochmals gezielt von seiten eines Spezialisten mit entsprechenden psychologischen Fachkenntnissen untersucht werden, um zu überprüfen, ob konkret eine eignungsausschließende oder eignungseinschränkende psychische Abweichung

---

176 Konzeption des Forschungsvorhabens von Major Handschack, MfS-Kaderakte Karl-Heinz Handschack, Bl. 204.
177 Als Siebtestfragebogen wurden in der referierten Studie die an einer Durchschnittspopulation von DDR-Bürgern normierten und seit Mitte der siebziger Jahre in der psychologischen Neurosendiagnostik der DDR verwendeten „Beschwerdefragebogen (BFB)" und „Verhaltensfragebogen (VFB)" von Höck und Hess verwendet und empfohlen.

vorliegt. [...] Im Zusammenhang mit den vom Kaderorgan ermittelten psychologisch relevanten Angaben sollte damit eine möglichst lückenlose Erfassung von auffälligen Einstellungskandidaten gelingen."[178]

Auch für wiederholte Untersuchungen langjähriger MfS-Mitarbeiter empfahl Handschack die Anwendung der Psychodiagnostik:

„Die medizinischen Wiederholungsuntersuchungen bei anfänglich als psychisch unauffällig erscheinenden Mitarbeitern bei schon mehrjähriger Zugehörigkeit zum MfS können neben der Feststellung der körperlichen Leistungsfähigkeit [...] auch genutzt werden zur Erfassung der psychischen Leistungsbreite [...] Eingetretene Leistungseinschränkungen durch solche Störungen erfordern individuell angepaßte Maßnahmen, um einerseits den aus einer teilweise vorhandenen psychischen Leistungsinsuffizienz drohenden Versagenshaltungen, abnormen Reaktionen und Entwicklungen, suizidalen Tendenzen, Alkohol- und Medikamentenmißbrauch u. ä. rechtzeitig vorzubeugen und andererseits den in seiner Eignung eingeschränkten Mitarbeiter entsprechend seines geminderten Leistungsvermögens noch optimal unter Wahrung der inneren Sicherheit des MfS einzusetzen. Neben medizinischen Maßnahmen sind gegebenenfalls Veränderungen der dienstlichen Tätigkeitsmerkmale, Umsetzungen, Teilbefreiungen o. a. dienstliche Konsequenzen ratsam und notwendig".[179]

Einerseits zeigen diese Ausführungen einmal mehr, daß die MfS-Mitarbeiter selbst wahrscheinlich der vom MfS am stärksten sozial kontrollierte Personenkreis der DDR waren. Andererseits weist die hier empfohlene Verwendung psychodiagnostischer Tests für Einstellungs- und Wiederholungsuntersuchungen auf eine erst Ende der achtziger Jahre eingeführte und immer noch eher grobmaschige psychologische Untersuchung der Mitarbeiter hin, wobei betont werden muß, daß sich diese Aussagen auf die Praxis in den Bezirksverwaltungen[180] und nicht im Zentralen Medizinischen Dienst des MfS bezogen.

Die Forschungsarbeit von Karl-Heinz Handschack ist im bisher erschlossenen Bestand der MfS-Hochschule oder anderer MfS-Unterlagen nicht auffindbar. Der Artikel einer Boulevardzeitung aus dem Jahre 1991 läßt jedoch vermuten, daß Handschack bei Auflösung des MfS seine vorläufigen Arbeitsergebnisse mitgenommen hat:

„Der Ostberliner Stasi-Psychiater Dr. Matthias H. (53) hat 1987 in Mielkes Auftrag über 3.000 hauptamtliche Mitarbeiter [...] des Ministeriums für Staats-

---

178 Konzeption des Forschungsvorhabens von Major Handschack, MfS-Kaderakte Karl-Heinz Handschack, Bl. 204 f.
179 Konzeption des Forschungsvorhabens von Major Handschack; ebenda, Bl. 206.
180 Untersucht wurden MfS-Mitarbeiter der BV Karl-Marx-Stadt und Frankfurt/Oder.

sicherheit psychisch untersucht. [...] Das Ergebnis ist erschreckend: Jeder neunte [...] hatte eine Neurose. [...] In Chemnitz hat ein 42jähriger Offizier für Planung (18 Dienstjahre) in der Wohnung Kaderakten über seine Frau und seine zwei Söhne angelegt. Abends mußte die Ehefrau (40) wie in einem Stasi-Verhör ihrem Mann minutiös den Tagesablauf schildern. Seine Kinder sprach er nur noch mit den Decknamen 'Sebold' und 'Franzus' an. [...] In Frankfurt an der Oder waren sogar 28,6 Prozent der Stasi-Mitarbeiter 'gestört'. [...] Die Geheimakte für Erich Mielke belegt auch, daß die Stasi ihre Mitarbeiter krank machte, der ständige psychische Druck bei vielen zu Alkohol- und Tablettensucht führte. Die Selbstmordrate [...] war überdurchschnittlich hoch."[181]

Möglicherweise handelte es sich bei der zitierten „Geheimakte" um die Arbeit von Handschack, dessen Nachname abgekürzt und dessen Vorname und Alter geändert wurden. Dafür spricht nicht nur der Hinweis auf den „Stasi-Psychiater", dessen Nachname wie Handschack mit dem Buchstaben H beginnt,[182] sondern vor allem die auffälligen Übereinstimmungen von Handschacks Arbeit und den zitierten Angaben der Zeitung. So bezogen sich sowohl Handschacks Untersuchungen als auch die Angaben in dem Zeitungsartikel auf MfS-Mitarbeiter der Bezirksverwaltungen Karl-Marx-Stadt (Chemnitz) und Frankfurt/Oder. Außerdem hatte Handschack in der Konzeption, die in seiner MfS-Kaderakte gefunden wurde, Alkohol- und Medikamentenmißbrauch sowie „suizidale Tendenzen" als mögliche Auswirkungen psychischer Überforderung bei MfS-Mitarbeitern erwähnt – dieselben Folgen der Stasi-Mitarbeit, die auch die Zeitung nannte. Angesichts der Machart des Blattes sind die sonstigen Angaben des zitierten Artikels kritisch zu bewerten, erscheinen jedoch hinsichtlich der lückenhaften Aktenlage als eine interessante Ergänzung zu dem hier behandelten Thema.

Auf die erwähnten Problemkreise der „suizidalen Tendenzen" sowie des Alkoholmißbrauchs bei hauptamtlichen MfS-Mitarbeitern soll nachfolgend näher eingegangen werden, wobei die Erörterungen auf die Frage beschränkt bleiben müssen, wie man in den Medizinischen Diensten des MfS mit diesen Problemen umging.

---

181 „So krank war die Stasi im Kopf", in: Super! vom 12.9.1991, S. 5. Als Quelle gab die Zeitung an: „Von dem 300 Seiten Geheimgutachten durften nur drei Ausgaben angefertigt werden. Sie sollten danach für immer im Geheimarchiv der Stasihochschule in Potsdam verschwinden. [...] Die Akte wurde vom Psychiater vor dem Reißwolf in der Wendezeit gerettet und Super! zur Verfügung gestellt."
182 Die Nachnamen der anderen Psychiater des Zentralen Medizinischen Dienstes in Ostberlin beginnen mit anderen Buchstaben: Böttger, Eisengräber, Franz, Gussmann, Kaden, Kritzer, Lippmann, Seifert und Weser. Der einzige weitere Nachname mit H ist der von Gerda Herzberg, in deren MfS-Kaderakte es jedoch keinen Hinweis auf ein Forschungsprojekt gibt.

## 7.2.4.2. Zur Suizidproblematik im MfS

Wie im einleitenden Kapitel zu diesem Buch erwähnt wurde, war die Suizidrate der ostdeutschen Bevölkerung in den letzten hundert Jahren sowohl im internationalen als auch im innerdeutschen Vergleich auffallend hoch. Eine Durchsicht der im Bereich Disziplinar der Hauptabteilung Kader und Schulung des MfS von 1964 bis 1987 Jahr für Jahr genau registrierten Suizide von MfS-Mitarbeitern vermittelt den Eindruck, daß auch im MfS Selbsttötungen keine Seltenheit darstellten. Die dort genannten Motive für Suizide lassen keine geheimdienstlichen Spezifika erkennen.[183] Einer Anweisung des Leiters des Zentralen Medizinischen Dienstes von 1986 ist zu entnehmen, daß die Suizidproblematik im MfS als gravierend angesehen wurde:

„Die Erfordernisse der inneren Sicherheit des Ministeriums für Staatssicherheit verlangen bei allen Aufgaben der medizinischen Betreuung im MfS, der Suizidproblematik besondere Aufmerksamkeit zuzuwenden. [...] Zur Gewährleistung der unverzüglichen Abstimmung aller im Zusammenhang mit der Suizidproblematik zu lösenden Aufgaben, insbesondere zur Abwendung bzw. zur Begrenzung möglicher Schäden für das MfS weise ich an:
1. Jede Suizidgefährdung, jeder Suizidversuch und jeder Suizid unterliegt der sofortigen ärztlichen Meldepflicht."[184]

Dieses vom 11. März 1986 datierende Dokument war eine der ersten Anweisungen, die Oberst Klein erließ, nachdem er Generalmajor Kempe[185] als Leiter des Zentralen Medizinischen Dienstes abgelöst hatte, und könnte auf einen mit dem Führungswechsel verbundenen Paradigmenwechsel im Umgang mit dem bis dahin im MfS anscheinend tabuisierten Suizidthema hinweisen. Diese Vermutung wird auch durch die in derselben Anweisung 6/86 formulierte Grundsätzlichkeit nahegelegt:

„2. Für die Behandlung der Suizidproblematik sind aus medizinischer Sicht nachfolgende Grundsätze verbindlich:
2.1. Die Suizidproblematik ist als ein menschliches Phänomen zu betrachten, das sich durch viele innere und äußere Faktoren der jeweiligen Persön-

---

183 BStU, ZA, HA KuSch, Bereich Disziplinar, Aktenordner „Suizide 1964–87", ohne Signatur.
184 Anweisung 6/86 des Leiters des Zentralen Medizinischen Dienstes, Oberst Klein, vom 11.3.1986, MfS VVS 27/86, 3 Seiten, hier S. 1; BStU, ZA, DSt 103271.
185 Günter Kempe (Jg. 1920), Verfolgter des NS-Regimes, 1945–51 Medizinstudium an der Humboldt-Universität Berlin, danach Facharztausbildung für Sozialhygiene, war zunächst von 1951–58 Vertragsarzt der Verwaltung für Staatssicherheit Groß-Berlin, wurde 1959 im Rang eines Oberst mit einem Einzelvertrag als Chefarzt des Medizinischen Dienstes der BV Berlin des MfS eingestellt, 1974 zum Generalmajor und Leiter des Zentralen Medizinischen Dienstes des MfS ernannt, war gleichzeitig seit 1971 Honorarprofessor für Militärmedizin und Sozialhygiene an der Militärmedizinischen Sektion der Universität Greifswald, beendete seinen aktiven Dienst im MfS mit dem 31.12.1985 als Altersrentner. Vgl. MfS-Kaderakte Günter Kempe; BStU, ZA, KS 28423/90.

lichkeit in der Wechselwirkung mit konkreten gesellschaftlichen Bedingungen, Motiven und äußeren Anlässen entwickeln kann. Suizidalität und Suizidversuch sind krankheitswertige Symptome, deren Ursachen ärztlicher Diagnostik und Therapie bedürfen."[186]

Der 1986 im Zentralen Medizinischen Dienst des MfS als „verbindlich" eingeführten modernen medizinischen Betrachtungsweise des Suizidproblems entsprachen die Behandlungsrichtlinien, die zugleich auf eine neue Haltung an der Spitze des Zentralen Medizinischen Dienstes für das neuropsychiatrische Fachgebiet hinweisen:

> 2.2. „Suizidalität und Suizidversuch sind immer als medizinischer Notfall zu behandeln. Daher ist in jedem Fall eine stationäre Einweisung in die Neurologie/Psychiatrie zu veranlassen. [...]
> 2.3. Die Einschätzung der Suizidalität gehört zu den verantwortungsvollsten Aufgaben jeden Arztes. Der ersteinbezogene Arzt trägt die Verantwortung [...] bis zur vollzogenen Übernahme des Patienten durch den Facharzt für Neurologie/Psychiatrie.
> 2.4. Suizidgefährdung bedarf einer besonders vertrauensvollen Zusammenarbeit zwischen Arzt, Leiter der Diensteinheit und Leiter des zuständigen Kaderorgans, auch unter dem Aspekt der der Suizidgefährdung zugrunde liegenden Störung. Die zur Überwindung der Suizidgefährdung einzuleitenden Schritte müssen unter Einbeziehung des Patienten mit der Diensteinheit und dem zuständigen Kaderorgan abgestimmt sein."[187]

Aufgrund der Ausbildung der im Zentralen Medizinischen Dienst tätigen Nervenärzte ist anzunehmen, daß innerhalb des neuropsychiatrischen Fachgebietes im MfS schon vor 1986 nach diesen Prinzipien verfahren worden ist und diese nur deshalb keinen Niederschlag in einer zentralen Weisung gefunden hatten, weil die durch jüngere Kollegen modernisierte medizinische Praxis an Generalmajor Kempe als Vertreter der älteren Generation vorbeigegangen war.

Dennoch dürfte die Anweisung 6/86 nicht nur bereits praktizierte Grundsätze noch einmal formuliert, sondern letztendlich auch Verfahrensweisen verbindlich festgelegt haben, die für ärztliche Eignungs- und Tauglichkeitsbeurteilungen innerhalb des quasi-militärischen MfS-Apparates unverzichtbar waren:

> 2.5. „Die prognostische Einschätzung der Überwindung der Suizidalität hängt im wesentlichen von der ihr zugrundeliegenden krankheitswertigen Störung ab. Diese ist die Grundlage für die Einschätzung der Tauglichkeit

---

186 Anweisung 6/86 des Leiters des Zentralen Medizinischen Dienstes, S. 2.
187 Ebenda.

und Eignung. Damit ist eine formale Anwendung der Tauglichkeits- und Eignungsordnung nicht zulässig. Eine individuelle umfassende Einschätzung ist in jedem Falle notwendig.

2.6. Jede suizidale Handlung (Suizidversuch) muß zumindest als zeitweilige Nichteignung für den Dienst im MfS bzw. für die gegenwärtige Tätigkeit angesehen werden. In Abhängigkeit von der zugrunde liegenden Störung kann bei differenzierter Anwendung der Tauglichkeits- und Eignungsordnung eine zeitliche oder dauernde Dienstuntauglichkeit bestehen."[188]

Unabhängig von der Entscheidung für oder gegen eine Entlassung des betreffenden Mitarbeiters aus dem MfS wurde in Fortsetzung der fürsorglichen Kontrolle des Geheimdienstes eine durchorganisierte psychiatrisch-psychologische Weiterbehandlung angeordnet:

2.7. „Bei der Entscheidung zur Entlassung des betreffenden Angehörigen aus dem MfS sind in Abstimmung mit dem Leiter des zuständigen Kaderorganes folgende Maßnahmen durchzuführen bzw. Voraussetzungen für die Realisierung zu schaffen: die Einstellung des Patienten auf die Entlassung aus dem MfS und auf die Übernahme einer geeigneten zivilberuflichen Tätigkeit, die konkrete Vorbereitung einer geeigneten Arbeitsstelle, die Herstellung der Arbeitsfähigkeit, die Sicherung einer weiteren nervenärztlichen Nachsorge und Vorbereitung der entsprechenden Überweisung mit Arztbrief.

2.8. Erfolgt keine Entlassung, muß der Patient in nervenärztlicher, psychologischer Dispensairebetreuung im ZMD erfaßt und betreut werden."[189]

Im Jahr nach dem Leiterwechsel im Zentralen Medizinischen Dienst wurde auch das andere, dem Suizidproblem in bezug auf seine selbstzerstörerische Wirkrichtung und seine traditionelle Tabuisierung verwandte Gesundheitsproblem im MfS offensiv aufgegriffen, medizinisch sachlich beschrieben und damit Wege zu angemessenen Reaktionen eröffnet: der Alkoholismus.

### 7.2.4.3. Zum Alkoholismus im MfS

Mitte 1987 verschickte der MfS-Kaderchef an alle Diensteinheiten folgendes Schreiben:

„Die Analyse des Disziplinargeschehens sowie Erscheinungen von gestörten zwischenmenschlichen Beziehungen lassen häufig Zusammenhänge mit Alkoholmißbrauch erkennen. Auch im Rahmen der gesundheitlichen Betreuung der Angehörigen werden Feststellungen zur Alkoholabhängigkeit und dem

---

188 Ebenda.
189 Ebenda, S. 3.

Vorliegen von Alkoholkrankheit diagnostiziert. Es muß [...] eingeschätzt werden, daß es noch nicht überall und noch nicht durchgängig gelungen ist, die vom Genossen Minister gestellten Aufgaben der Erziehung der Angehörigen des MfS zur charakterlichen Festigkeit, moralischen Sauberkeit und zu einer gesunden Lebensweise konsequent zu verwirklichen."[190]

Um die Leiter bei der besseren Verwirklichung ihrer Erziehungsaufgabe zu unterstützen, bekamen sie ein fünfzehnseitiges Material „zu sozialen, medizinischen und kaderpolitischen Aspekten des Alkoholmißbrauchs und der Alkoholabhängigkeit" an die Hand, das die Kaderabteilung gemeinsam mit dem Zentralen Medizinischen Dienst erarbeitet hatte:

„Das Material soll helfen, die konkrete Lage in den Kollektiven einzuschätzen und den Alkoholmißbrauch und seine Folgen vorbeugend zu verhindern. Es soll gleichzeitig zur Früherkennung, Frühbehandlung und Rehabilitation der Alkoholkrankheit beitragen. Durch seine differenzierte Nutzung ist die politisch-ideologische und erzieherische Arbeit zur Gewährleistung der inneren Sicherheit, Erhöhung von Disziplin und Ordnung und Vorbeugung gesundheitlicher Schäden sowie Fehlentwicklungen zu unterstützen."[191]

Der Aufwand wird verständlich, wenn man bedenkt, daß das gehäufte Auftreten von Alkoholmißbrauch und -sucht in den Reihen der Tschekisten nicht nur höchst bedenkliche sozialmedizinische Auswirkungen hatte, sondern daß die MfS-Mitarbeiter auch bewaffnet waren. Das nachfolgend geschilderte „schwerwiegende Vorkommnis" illustriert beispielhaft, daß MfS-Mitarbeiter unter Alkoholeinfluß zu einem unmittelbar lebensbedrohlichen Sicherheitsrisiko werden konnten:

„In einer Kreisdienststelle des MfS kam es in der Nacht vom 21. zum 22.12.84 im Zusammenhang mit erheblichem Alkoholgenuß durch die diensthabenden Mitarbeiter zu einem schwerwiegenden Vorkommnis, wobei das Ansehen des MfS in der Öffentlichkeit schwer geschädigt wurde. Der unter erheblichem Alkoholeinfluß stehende Wachhabende der Kreisdienststelle ging gegen eine unter Alkoholeinfluß stehende Gruppe von Arbeitern am Objekteingang mit der Dienstwaffe vor. Er gab auf diese gezielte Schüsse ab, tötete einen Arbeiter und verletzte zwei weitere schwer. Der ebenfalls unter Alkoholeinfluß stehende Operative Diensthabende schlief zu dieser Zeit. Im Auftrag des Ministers weise ich alle Leiter der Diensteinheiten nochmals mit Nachdruck darauf hin, die erteilten Weisungen zur Gewährleistung von Sicherheit, Ordnung und

---

190 Rundschreiben von Generalmajor Möller, Leiter der HA KuSch, vom 1.7.1987 an die Leiter der Diensteinheiten des MfS, 2 Seiten; BStU, ZA, MfS-Rechtsstelle 678, Bl. 436 f., hier 436.
191 Ebenda.

Disziplin an und in den Dienstobjekten konsequent durchzusetzen. Dazu gehört die strenge Durchsetzung des Alkoholverbots während des Dienstes".[192]

Der betrunkene Totschläger ist übrigens zu DDR-Zeiten nicht bestraft, sondern erst nach der Wiedervereinigung zu einer hohen Freiheitsstrafe verurteilt worden. Ein halbes Jahr nach dem „Vorkommnis" erließ Mielke einen Befehl, in dem eigentlich nur Selbstverständlichkeiten angemahnt wurden:

„Die Leiter der Diensteinheiten haben die Durchsetzung des Alkoholverbots während des Dienstes strikt zu gewährleisten und bei erkennbarer Alkoholbeeinträchtigung bei Dienstantritt oder während des Dienstes Maßnahmen einzuleiten. In Abhängigkeit von deren Ergebnis sind gegen die betreffenden Angehörigen des MfS sowie gegen die Vorgesetzten, die ihre Kontroll- und Aufsichtspflicht vernachlässigt haben, strenge disziplinarische Sanktionen festzulegen."[193]

Wahrscheinlich hing die Hilflosigkeit Mielkes gegenüber dem in seinen Diensteinheiten ganz offenbar um sich greifenden Alkoholmißbrauch auch damit zusammen, daß der damals 77jährige und seine Führungsriege einem in diesem Ausmaß früher unbekannten sozialen Phänomen gegenüberstanden. Zur europaweit mit dem Wohlstand wachsenden Verbreitung eines übermäßigen Alkoholkonsums in der zweiten Hälfte unseres Jahrhunderts schrieben die Autoren einer schon einmal zitierten MfS-Forschungsarbeit 1981:

„Der Alkoholkonsum ist ein international bedeutsames Problem. Für die sozialistischen Staaten steht dabei weniger das Sucht- als vielmehr das Mißbrauchproblem im Vordergrund. [...] Als einzige epidemiologische Eckdaten liegen die Konsumtionsangaben des Handels als Spiegelbild des Verbrauchs alkoholischer Getränke als Pro-Kopf-Zahlen vor. Danach ist der jährliche Pro-Kopf-Verbrauch von reinem Alkohol in alkoholhaltigen Getränken von 3,9 Liter im Jahre 1955 auf 8,1 Liter im Jahre 1976 in der DDR angestiegen. [...] Unsere Erhebung [...] ergab, daß 32,1 % aller Probanden[194] täglich Alkohol trinken. Der Gipfel liegt mit 37 % in unserem Untersuchungsgut in den Altersklassen von 30 bis 39 Jahren. Zwischen den Verwendungsgruppen ließen sich statistisch keine Unterschiede nachweisen [...]. Hinweise für vom Bevölkerungsdurchschnitt abweichende Trinkgewohnheiten sind nicht zu finden."[195]

---

192 Schreiben von Generalleutnant Mittig, Stellvertreter des Ministers, an die Leiter der Diensteinheiten des MfS „persönlich – sofort auf den Tisch" vom 22.12.1984, 1 Seite; BStU, ZA, DSt 103120.
193 Befehl 13/85 vom 26.6.1985, 1 Seite; BStU, ZA, DSt 103120.
194 Es handelte sich um 1.803 männliche Mitarbeiter der BV Halle, Leipzig und Rostock.
195 Müller/Peter/Richter: Wiederholungsuntersuchungen, S. 60.

Das Problem aber waren eben die Trinkgewohnheiten des Bevölkerungsdurchschnitts.

Nach Aktenlage hatte sich Ende der achtziger Jahre eine medizinische Sichtweise der Zusammenhänge zwischen erhöhtem Alkoholkonsum, chronischem Mißbrauch und krankheitswertiger Alkoholabhängigkeit im MfS durchgesetzt. Der Kaderchef schwor die Leiter der Diensteinheiten auf eine neue Linie ein, die mit der bis dahin herrschenden Toleranz gegenüber den verbreitet mißbräuchlichen Trinkgewohnheiten der Mitarbeiter aufräumte:

„Die Durchsetzung eines einheitlichen Problemverständnisses schließt ein, allen die Persönlichkeitsentwicklung schädigenden, die Dienstdurchführung beeinträchtigenden und die innere Sicherheit des MfS gefährdenden Erscheinungen des Alkoholkonsums mit Konsequenz entgegenzutreten."[196]

Die konsequentere Haltung der MfS-Kaderleitung kam sicherlich nicht von ungefähr, sondern war die Reaktion auf zahllose „die Persönlichkeitsentwicklung schädigende, die Dienstdurchführung beeinträchtigende und die innere Sicherheit des MfS gefährdende Erscheinungen des Alkoholkonsums". In den achtziger Jahren lief der Kampf gegen „König Alkohol" auch im MfS Hand in Hand mit nervenärztlichen Aufklärungsbemühungen. So wurde der Genossin Oberstleutnant Dr. Seifert in einer Beurteilung ihrer Arbeit von April 1980 bis März 1986 bescheinigt, daß sie zusammen mit Vertretern der Hauptabteilung Kader und Schulung maßgeblich in der Arbeitsgruppe Alkohol mitgewirkt und „in den vergangenen Jahren regelmäßig Lektionen an der Hochschule des MfS" zur „Alkoholproblematik" gehalten habe.[197]

Die 1987 zur Bekämpfung des Alkoholismus im MfS angezogenen Maßnahmen setzten problemadäquater an, als das aus allen bis dahin erlassenen Weisungen sichtbar geworden war. Dies ging mit einer weiteren Verstärkung der sozialen Kontrolle der MfS-Mitarbeiter einher:

„In der Zusammenarbeit von Leitern, Partei- und FDJ-Funktionären, Angehörigen der Kaderorgane und medizinischen Dienste ist der vorbeugenden erzieherischen Arbeit zur Verhinderung von Alkoholmißbrauch besondere Aufmerksamkeit zu schenken.
In der ständigen Einschätzung und periodischen Persönlichkeitsbeurteilung der Angehörigen [des MfS] ist die Rolle des Alkohols, insbesondere im Freizeitbereich, mit zu bewerten.
Jedes unter Alkohol begangene Fehlverhalten ist gründlich hinsichtlich seiner Ursachen, begünstigenden Bedingungen und Auswirkungen auf die Kollektiv- und Persönlichkeitsentwicklung einzuschätzen, und es sind differenzierte

---

196 Rundschreiben von Generalmajor Möller, Leiter der HA KuSch, vom 1.7.1987 an die Leiter der Diensteinheiten des MfS, 2 Seiten; BStU, ZA, MfS-Rechtsstelle 678, Bl. 436 f., hier 436.
197 Beurteilung für den Zeitraum 1980–86 über Oberstleutnant Marianne Seifert vom 1.4.1986, MfS-Kaderakte Marianne Seifert, Bl. 104 f., hier 105.

Maßnahmen und Verantwortlichkeiten zu deren Überwindung und zur Kontrolle der Realisierung sowie die erreichten Ergebnisse einzuschätzen. Verdachtsmomente auf Alkoholkrankheit sind in Zusammenarbeit von Leitern, Ärzten und Angehörigen der Kaderorgane sofort aufzugreifen und zu prüfen. In diesem Zusammenhang ist eine Vorstellung beim Arzt auf Linie[198] bzw. in der Sprechstunde der Neurologie [gemeint ist wohl eher Psychiatrie] zu veranlassen. In Abhängigkeit von der medizinischen Beurteilung und den dementsprechend veranlaßten Maßnahmen sind die kadermäßigen Entscheidungen herbeizuführen."[199]

Daß Alkoholismus in den neuropsychiatrischen Sprechstunden des MfS sehr häufig diagnostiziert und behandelt wurde, ist auch daran ablesbar, daß man Anfang der achtziger Jahren zur gruppenweisen Behandlung von alkoholkranken Mitarbeiter überging. Für „die Einführung der Gruppenbehandlung von Alkoholkranken" als einem „wesentlichen Schritt der Qualifizierung am Arbeitsplatz" wurde insbesondere der „Genosse Major Eisengräber" in einer „Entwicklungsbeurteilung" vom September 1983 gelobt.[200]

Nicht immer hatte sich die gruppentherapeutische Methode im medizinischen Dienst des MfS solcher Wertschätzung erfreut. Im Gegenteil hatte man einige Jahre früher die Vorliebe des in Leipzig ausgebildeten Nervenarztes für Gruppenbehandlungen im Zentralen Medizinischen Dienst des MfS noch für einen Nachteil gehalten.[201]

Ende 1988 hieß es dann über „die vor mehr als fünf Jahren eingeführte Gruppenbehandlung Alkoholkranker", die Major Eisengräber zusammen mit einer Psychologin im Majorsrang[202] regelmäßig abzuhalten pflegte, diese sei „zu einem festen Dispensaire geworden, das Sinn und Nutzen längst unter Beweis gestellt" habe.[203]

Eine Vorstellung vom Kontext der psychotherapeutischen Gruppenbehandlung von MfS-Mitarbeitern mit Alkoholproblemen vermitteln die Hinweise, die

---

198 Das Linienprinzip war ein Grundsatz im Organisationsaufbau des MfS, wonach Diensteinheiten auf zentraler (MfS) und bezirklicher (BV) Ebene mit gleichen oder analogen operativen Aufgaben als auf-einer-Linie-arbeitend und daher als zusammengehörig galten. Bei einem „Arzt auf Linie" handelte es sich in der Regel um einen Facharzt für Allgemeinmedizin des MfS, der zuständig war für die (sozial-) medizinische Betreuung z. B. von Mitarbeitern der HA IX des MfS und der Abt. IX der BV für Staatssicherheit Berlin, der mit den speziellen Arbeitsaufgaben und -belastungen der Linie IX besonders vertraut gemacht wurde und seine Behandlungs- und Betreuungskonzepte darauf einstellen konnte.
199 Schreiben von Generalmajor Möller vom 1.7.1987; BStU, ZA, HA IX 868, S. 2.
200 Entwicklungsbeurteilung für den Zeitraum 1980–83 über Major Wolfram Eisengräber vom 7.9.1983, MfS-Kaderakte Wolfram Eisengräber, Bl. 107–109, hier 108.
201 Entwicklungsbeurteilung für den Zeitraum 1977/78 über Hauptmann Wolfram Eisengräber vom 1.12.1978; ebenda, Bl. 95–97, hier 96.
202 Über die Psychologie und die Psychologen der Hochschule und des Zentralen Medizinischen Dienstes des MfS ist eine Dissertation von Dipl.-Psych. Holger Richter an der TU Dresden in Arbeit.
203 Beurteilung für den Zeitraum 1983–88 über Major Wolfram Eisengräber vom 25.11.1988, MfS-Kaderakte Wolfram Eisengräber, Bl. 120–122, hier 120.

in dem gemeinsamen Papier der Kaderabteilung und des Zentralen Medizinischen Dienstes „für die erzieherische Einflußnahme bei relevanten Erscheinungen, die im Zusammenhang mit Alkohol auftreten", gegeben wurden. „Ausgehend von den individuellen Besonderheiten" sollte „das Erziehungsziel möglichst in mehrere Teilerziehungsziele im Sinne eines Stufenkonzepts der Vorgehensweise" festgelegt und durchgesetzt werden. Eine „konstruktive Änderung des Verhaltens" der Betroffenen sei erst durch ein gemeinsames konsequentes Vorgehen aller am Erziehungsprozeß Beteiligten" möglich.[204]

Das Erziehungsziel bei alkoholkranken MfS-Mitarbeitern war, wie allgemein in der Suchtbehandlung, die Abstinenz vom Suchtmittel, wobei Rückfälligkeit mit Dienstentlassung beantwortet wurde: „Gelingt es aber nicht, die völlige Abstinenz einzuhalten, so wird der süchtige Prozeß wieder in Gang gesetzt und schreitet systematisch fort. Mit dem weiteren Verbleiben im Dienst des MfS ist das prinzipiell nicht zu vereinbaren."[205]

### 7.2.4.4. Psychotherapie und Psychodiagnostik im MfS

Die Behandlung aller bisher besprochenen Krankheitsgruppen und -symptome (Neurosen, funktionelle Erkrankungen, Suizidalität und Alkoholismus) hat nach den Regeln der Kunst in erster Linie oder zumindest begleitend durch Psychotherapie[206] zu erfolgen. Ausgehend von der festgestellten Häufigkeit dieser psychischen Gesundheitsstörungen im MfS müßte es demnach eine breite Anwendung psychotherapeutischer Verfahren innerhalb der Arbeitsgruppe Neurologie/Psychiatrie – Psychologie gegeben haben. Diese Annahme wird gestützt von einigen Hinweisen in den Kaderakten der beiden leitenden MfS-Psychiaterinnen im Zentralen Medizinischen Dienst: 1981 hatte Helga Weser und 1983 Marianne Seifert nach jeweils dreijähriger berufsbegleitender Zusatzausbildung im Bereich des staatlichen Gesundheitswesens die Qualifikation als Zweitfacharzt für Psychotherapie erworben. In welcher Weise die psychotherapeutischen Kenntnisse im MfS zur Anwendung gebracht wurden, läßt sich ahnen, wenn man Einschätzungen wie die folgende liest:

„Maßgeblich ist Genn. OSL [Genossin Oberstleutnant] Seifert an der Entwicklung und Profilierung eines abgestimmten Vorgehens von Arzt, Dienst-

---

[204] Material der HA KuSch und des Zentralen Medizinischen Dienstes des MfS „Zu sozialen, medizinischen, kaderpolitischen Aspekten des Alkoholmißbrauchs und der Alkoholabhängigkeit" vom Juni 1987; BStU, ZA, HA IX 868, Bl. 451.
[205] Ebenda, Bl. 452.
[206] Psychotherapie: Behandlung durch gezielte psychische Einflußnahme. Sammelbezeichnung für verschiedene Richtungen und Methoden psychischer Behandlung, z. B. Einzel- und Gruppengesprächstherapie, Verhaltenstherapie, Psychoanalyse und andere tiefenpsychologische Verfahren, autogenes Training, katathymes Bilderleben, Gestalttherapie und andere.

vorgesetztem und Kaderorgan bei der komplizierten Lenkung der Patienten ihres Fachgebietes beteiligt. Als Spezialistin leistet sie eine hervorragende ärztliche Arbeit, insbesondere auf psychotherapeutischem Gebiet."[207]

Wenn auch offen bleibt, welche psychotherapeutischen Methoden – außer zum Beispiel der Gruppen- und der Einzelgesprächstherapie – konkret zur „Lenkung der Patienten" angewendet wurden, so wird doch die Zielrichtung eines kontrollierenden Zugriffs auf den einzelnen Mitarbeiter im Zusammenspiel der Nervenärztinnen mit der dienstlichen Hierarchie deutlich.

Diese enge Kooperation wurde nicht nur in der Therapie psychisch erkrankter MfS-Mitarbeiter praktiziert, sondern auch bei der Prüfung der subjektiven Eignung und Tauglichkeit von Mitarbeitern für bestimmte politisch-operative Aufgaben, mit der man im MfS in den achtziger Jahren krankheitsvorbeugend zu handeln versuchte:

„Zunehmend wird die Berücksichtigung von professiographischen Ergebnissen bei Einstellungsuntersuchungen, Reihenuntersuchungen und Eignungsuntersuchungen für spezielle Dienstverwendungen, Dienststellungen und Tätigkeiten im MfS als ein wirksames Mittel zum effektiven Einsatz der Kader und Erhöhung der inneren Sicherheit, wegen des positiven Einflusses auf vorzeitige Entlassungen und Fluktuation, wegen Nichtbewährung in einer Dienstverwendung, angesehen. [...] In der Bewertung von Arbeitstätigkeiten standen bisher physische Beanspruchungen im Vordergrund. [...] Die tragenden Dienstverwendungen im MfS stellen aber überwiegend tschekistische Berufe mit psychischen oder geistigen Anforderungen dar. [...] Damit ergeben sich unter sozialistischen Bedingungen hohe Anforderungen an eine kooperative Bestimmung des psychosozialen Bedingungsgefüges von Anforderung, Belastung und Beanspruchung. Arbeitspsychologisch betrifft dies insbesondere die realistische Bestimmung des Belastungserlebens und -verarbeitens. Die Bewertung psychischer Belastungen und Beanspruchungen, wie sie für tragende Dienstverwendungen des MfS typisch sind, durch die Medizinischen Dienste allein ist nicht denkbar."[208]

Mit welchen Methoden die psychische Durchleuchtung der MfS-Mitarbeiter erfolgte, sei es nun aus prophylaktischen, diagnostischen, therapeutischen oder operativen Gründen, geht aus den bisher zugänglichen Unterlagen des Zentralen Medizinischen Dienstes nicht hervor. Selbst in der Forschung

---

207 Beurteilung für den Zeitraum 1980–86 über Oberstleutnant Marianne Seifert vom 1.4.1986, MfS-Kaderakte Marianne Seifert, Bl. 104f., hier 105.
208 MfS-Dissertation von Oberstleutnant Dr. med. Gernot Dressler (Zentraler Medizinischer Dienst): „Die arbeitsmedizinische Professiographie als ein Beitrag der komplexen medizinischen Betreuung der Angehörigen des MfS zur Erhaltung und Förderung von Gesundheit und Leistungsfähigkeit sowie zur dienstverwendungsspezifischen medizinischen Auswahl und zum Einsatz im MfS", MfS VVS JHS 232/87, 283 Seiten; BStU, ZA, JHS 20081, identisch mit JHS 21996, Bl. 99f.

scheinen Konspirationserwägungen das Bemühen um methodische Nachvollziehbarkeit des Vorgehens im Zentralen Medizinischen Dienst des MfS dominiert zu haben. Auch in der Arbeit, an der Helga Weser wesentlich beteiligt war, wurden die verwendeten Methoden nicht erkennbar gemacht, sondern lediglich die Auswertung von Erlebnisberichten („Eigenbeobachtungen") der IM angegeben sowie lapidar festgestellt: „Auch nutzen wir die Methode der Exploration."[209]

Schriftliche Nachweise der im MfS angewendeten Methoden der „Exploration"[210] wurden bisher nicht aufgefunden. Insbesondere gibt es keinen Hinweis auf die Anwendung der in den USA entwickelten und dort lange Zeit auch kriminalistisch angewandten Dämmerschlafbefragung („Narkoexploration" oder „Narkoanalyse"[211]) im MfS. In einem Schulungsmaterial für MfS-Mitarbeiter aus dem Jahre 1967 wurde im Gegenteil davon ausgegangen, „daß die Narkoexploration im krassen Gegensatz zu unserer sozialistischen Gesetzlichkeit steht und ihre Anwendung in der forensisch-psychiatrischen Praxis oder allgemeiner im Rechtsverfahren in jeder Form und ohne Vorbehalt abgelehnt wird."[212] Das wurde unter anderem damit begründet, daß bei der Narkoanalyse die Suggestibilität der Befragten erhöht und ein objektiver Wahrheitsgehalt der Aussagen nicht gegeben sei. Außerdem seien Äußerungen im Zustand ausgeschlossener oder verminderter Willensfreiheit bzw. in einem bewußtseinsveränderten Zustand rechtlich unerheblich.[213] Die Narkoanalyse wurde in diesem MfS-Schulungsmaterial ausschließlich als eine Methode gegnerischer Geheimdienste angesprochen, mit der man allerdings rechnen müsse:

„Das offizielle Verbot der Anwendung sowohl der Narkoanalyse als auch des 'Lügendetektors' in Westdeutschland garantiert jedenfalls nicht, daß diese Methoden außerhalb des Rechtsverfahrens nicht doch benutzt werden, um unsere Kräfte im Operationsgebiet aufzuklären."[214]

Die Anwendung der Narkoanalyse „außerhalb des Rechtsverfahrens" ist ungeachtet der fehlenden Hinweise in den Akten auch für die Praxis im MfS nicht auszuschließen. Mehrere ehemalige hauptamtliche MfS-Mitarbeiter

---

209 MfS-Forschungsarbeit Rainer Kaden; BStU, ZA, JHS 21883, Bl. 14.
210 Exploration: Ausforschung, Erkundigung, Untersuchung, in der Psychiatrie gebraucht zur Bezeichnung des mit dem Patienten geführten Gespräches zur psychopathologischen Befunderhebung, Diagnosestellung und Verlaufskontrolle.
211 Narkoanalyse: Psychiatrische Exploration während eines medikamentös veränderten Bewußtseinszustandes im Halbschlaf mit erhaltener Kommunikationsfähigkeit, wobei der Zugang zum Befragten dadurch erleichtert ist, daß Sprechhemmungen bei ihm ausgeschaltet sind. (J. S. Horsley, 1936)
212 Zu einigen Aspekten der Alkoholwirkungen und Alkoholgegenmittel. Anwendung von Schlaf- und Betäubungsmitteln zur Dämmerschlafbefragung, MfS-Schulungsmaterial, JHS Reg.-Nr. 212/67, 48 Seiten; BStU, ZA, SdM 385, Bl. 1763–1811, hier 1803.
213 Ebenda, Bl. 1800–1803.
214 Ebenda, Bl. 1804.

gaben der von 1992 bis 1995 tätigen Kommission zur Aufklärung von Mißbrauch in der Ostberliner Psychiatrie Erfahrungsberichte, die auf eine Anwendung des Narkoanalyseverfahrens hindeuten: Die Betroffenen berichteten, sie hätten nach ihrer stationären Aufnahme in die Psychiatrie des MfS-Krankenhauses merkwürdig wirkende Medikamente verabreicht bekommen – es war wiederholt von einer Art „Plauderdroge" oder „Schwatzpille" die Rede – und seien dann stundenlang vernommen worden, wobei sie sich nicht genau an alles erinnern könnten, jedoch unter dem Einfluß der Medikamente unheimlich viel geredet und auch Dinge erzählt hätten, die sie normalerweise lieber für sich behalten hätten. Die Betroffenen hatten im nachhinein das Gefühl, mit Hilfe der Medizin gegen ihren Willen ausgehorcht worden zu sein.

Unabhängig davon, ob es sich bei den geschilderten Vorgängen um systematisch angewandte Narkoexplorationen gehandelt hat oder nicht, enthalten die Beschwerden der früheren MfS-Mitarbeiter gegen die Psychiatrie ihres Dienstes einen unabweisbaren Befund. Die Psychiatrie des MfS wurde eingesetzt, um Menschen gläsern zu machen, sie soweit wie möglich zu durchleuchten und sie dann unabhängig von oder sogar gegen ihren Willen beeinflussen, benutzen und lenken zu können.

## 7.3. Zusammenfassung und Bewertung

Es gibt keinen Zweifel, daß psychologisches Fachwissen im MfS für die Zwecke der Staatssicherheit genutzt worden ist. Die Beschäftigung mit dem psychologischen Fachgebiet begann in den sechziger Jahren mit autodidaktischen Studien eines Diplomphilosophen, setzte sich fort über die Einstellung mehrerer Psychologen, die ihre Diplome regulär an Universitäten erworben hatten, und mündete schließlich in die Gründung eines Lehrstuhls für „Operative Psychologie" an der MfS-Hochschule in Potsdam. Auch wenn der Psychologieunterricht für die an dieser Hochschule studierenden „operativen" Mitarbeiter nur etwa fünf Prozent der gesamten Studienzeit umfaßte und eher ein paar Grundbegriffe allgemeiner Menschenkenntnis und Gruppendynamik als wissenschaftliche Psychologie vermittelte, hat er doch zu einem qualifizierteren bzw. raffinierteren Umgang mit Menschen beigetragen. Das betraf sowohl die Auswahl und Führung der eigenen hauptamtlichen und inoffiziellen Mitarbeiter als auch die Täuschung und Manipulierung von Gegnern und Opfern in Verhören und bei verdeckter „operativer" Bearbeitung. Bei der Erarbeitung und Vermittlung psychologischer Kenntnisse wurde Wert auf eine möglichst große Nähe zur „operativen Praxis" des MfS gelegt. Ein höheres Niveau als auf dem Gebiet der „inneren Abwehr" wurde bei der psychologischen Rüstung von Spionen für Auslandseinsätze erreicht. Für dieses Anwendungsgebiet wurde auch die einzige Forschungsarbeit der MfS-Hochschule gefunden, an der nachweislich eine Psychiaterin mitgewirkt hat. Ansonsten wurde die Einbeziehung psychiatrischer Kompetenzen zwar in einer „Wissenschaftskonzeption zur weiteren Profilierung der operativen Psychologie an der Hochschule des MfS" im Jahre 1980 angeregt, scheint jedoch bis zum Ende des MfS nicht mehr zur Ausführung gelangt zu sein – zumindest wurde dazu kein Schriftgut gefunden.

Hingegen waren im Zentralen Medizinischen Dienst des MfS Ende der achtziger Jahre neun Fachärzte für Neurologie und Psychiatrie angestellt, von denen sieben die hauptamtlichen und in bestimmten Fällen auch inoffizielle Mitarbeiter zu betreuen hatten, während zwei Psychiater im MfS-Haftkrankenhaus Berlin-Hohenschönhausen zur Behandlung bzw. zusammen mit einem Oberst der Kriminalpolizei zur forensisch-psychiatrischen Begutachtung politischer Häftlinge eingesetzt waren. Auf den zuletzt genannten Bereich wurde bereits im Kapitel zur forensischen Psychiatrie der DDR eingegangen. Die Rolle des psychiatrischen Fachgebietes für die MfS-Mitarbeiter wurde anhand des Personalaufbaus im Zentralen Medizinischen Dienst seit den sechziger Jahren und anhand MfS-interner Untersuchung zum Krankheitsgeschehen erläutert. Dabei wurden Ähnlichkeiten mit epidemiologischen Entwicklungen der Umgebungsgesellschaft, aber auch MfS-spezifische Belastungen und Gesundheitsstörungen festgestellt. Zur ärztlichen Tätigkeit im MfS war in den untersuchten Kaderakten der Psychiater wiederholt von einer nicht näher erläuterten Spezifik der Psychiatrie im MfS die Rede. Die Besonderheit schien vor allem darin zu bestehen, daß das klassische ärztliche Handlungsprinzip einer primär der individuellen Gesundheit verpflichteten Heilkunde in eine den dienstlichen Erfordernissen untergeordnete Medizin verkehrt wurde. Die MfS-Psychiater bemühten sich nicht zuerst um die Stärkung des autonomen „Ich" ihrer Patienten, sondern wendeten psychotherapeutische Techniken an, um die Mitarbeiter als Rädchen im konspirativ-militärischen Getriebe des MfS funktionsfähig zu erhalten.

# Schlußbemerkungen

Die Ausgangsfrage dieser Untersuchung war, ob es in der DDR – analog zur Sowjetunion nach 1956 – einen Mißbrauch der Psychiatrie gegeben hat, um psychisch gesunde politische Gegner zu diskreditieren und auszuschalten. Die Annahme war naheliegend, da in der DDR als einem Teil des sowjetischen Einflußbereiches das gleiche politische System installiert worden war und es auch gesellschaftlich in verschiedenen Bereichen Angleichungen der ostdeutschen an die sowjetischen Verhältnisse gab. Auch die subtileren Repressionsformen des DDR-Staatssicherheitsdienstes in den siebziger und achtziger Jahren, die vor allem psychische Manipulation als verfeinerte Methode der politischen Verfolgung beinhaltete, hätten eine Instrumentalisierung der Psychiatrie erwarten lassen. Als die in der Richtlinie 1/76 des MfS niedergelegten „bewährten Formen der Zersetzung" und die entsprechenden Beispiele von psychischer Verunsicherung, sozialer Isolierung, perfide geplanter Entmutigung und mehr oder weniger verdeckter Disziplinierung aus den Opferakten Anfang der neunziger Jahre erkenn- und nachweisbar wurden, verstärkte das den Verdacht, die Psychiatrie der DDR sei in solche Machenschaften der Staatssicherheit verstrickt.

Als die DDR-Diktatur noch existierte, waren entsprechende Vermutungen in den einschlägigen Publikationen nicht aufgetaucht. Weder die Zentrale Erfassungsstelle in Salzgitter, noch Amnesty International, noch deutsche oder andere nationale bzw. internationale Vereinigungen gegen politischen Psychiatriemißbrauch hatten bis dahin solche Vorwürfe gegen die DDR erhoben. Erst mit dem Ende der DDR tauchten in verschiedenen Publikationen entsprechende Anschuldigungen in massiver Form auf. In vier der fünf neuen Bundesländer und in Berlin hat das zur Einrichtung von Untersuchungskommissionen geführt, in denen Spezialisten aus der alten Bundesrepublik gemeinsam mit Fachleuten aus der ehemaligen DDR dieser Frage nachgegangen sind. Die Kommissionen untersuchten in – je nach materieller und personeller Ausstattung – unterschiedlicher Intensität konkrete Vorwürfe, die von Betroffenen vorgetragen worden waren, zogen Akten verschiedener Provenienz herbei und sichteten einschlägige Unterlagen des Staatssicherheitsdienstes. Die Verfasserin hat selbst in zwei dieser Kommissionen mitgearbeitet.

Das Hauptergebnis war in allen Fällen das gleiche, zu dem auch die vorliegende Untersuchung kommt: einen systematischen Mißbrauch nach dem „Vorbild" etwa des Moskauer Serbski-Instituts hat es in der DDR nicht gegeben, wohl aber Befugnisüberschreitungen zum Nachteil von psychisch

Kranken, Verletzungen der ärztlichen Schweigepflicht und andere Normverletzungen, auf die zurückzukommen sein wird. Jedoch zuerst zur Hauptfrage: Das Forschungsergebnis basiert auf der Untersuchung der Institutionen, die für ein solches Vorhaben in der DDR in Frage gekommen wären (genannt worden ist vor allem die psychiatrische Abteilung in Waldheim), von Weisungen des Ministeriums für Staatssicherheit, auf der Analyse der MfS-Akten von IM-Psychiatern und von Opfern politischer Repression.

Die Vermutung, es sei ganz anders gewesen als bis Ende der achtziger Jahre stillschweigend angenommen wurde, war – muß man im Rückblick sagen – aus einer Verknüpfung mehrerer Elemente entstanden. Zum einen spielte die Annahme eine Rolle, in der DDR als einem Staat sowjetischen Typs sei jedes Detail der politischen Repression imitiert worden. Zum zweiten war die mediale Berichterstattung teilweise geprägt von Denkmustern der „Antipsychiatrie", die zu Beginn der siebziger Jahre in Westeuropa und Nordamerika Hochkonjunktur gehabt hatten, nun revitalisiert wurden und sich mit einer gewissen Sensationsfixiertheit mancher Medien verbanden. Hinzu kamen Meldungen über tatsächliche Mißstände in der DDR-Psychiatrie, die bei sachlicher Unkenntnis der DDR-Verhältnisse im allgemeinen und der Psychiatrie im besonderen oft verwechselt wurden mit Psychiatriemißbrauch, zumal drittens das gesamtgesellschaftliche Steuerungspotential der Staatssicherheit aufgrund der ersten Eindrücke nach Öffnung der Stasi-Akten zu Beginn der neunziger Jahre überschätzt wurde.

Eine entscheidende Ursache dafür, daß es einen systematischen Psychiatriemißbrauch in der DDR nicht gegeben hat, liegt wahrscheinlich in der spezifischen Lage des zweiten deutschen Staates. Auch in der Sowjetunion war die Psychiatrisierung von politischen Gegnern kein Strukturelement des Systems, sondern pragmatisch gewählte Repressionstechnik. Zu Stalins Zeiten wurden Gegner meist umstandslos ermordet. Auch später noch ließ man sie für lange Jahre in den unendlichen Weiten des Gulag verschwinden. Psychiatrisierung war eine neuere Unterdrückungsmethode, die das KGB unter Andropow, dem späteren technokratischen Reformer, für subtiler und damit dem außenpolitischen Ansehen der UdSSR weniger abträglich gehalten hatte. Das sollte sich schon bald als schwerwiegende Fehleinschätzung erweisen. Selbst die Sowjetunion der sechziger Jahre war nicht mehr so stark von der Außenwelt abgeschirmt, daß politisch motivierte Fehldiagnosen und medizinisch abenteuerliche Konstruktionen wie die „schleichende Schizophrenie" im westlichen Ausland nicht wahrgenommen worden wären und Empörung ausgelöst hätten.

In der DDR hätten sich die Mächtigen gar nicht der Illusion hingeben können, es sei möglich, Opponenten als psychisch krank zu diskreditieren und so unter Verschluß zu halten, daß der Betrug nicht in kürzester Zeit auffliegen und das ersehnte „internationale Ansehen" der DDR nachhaltig beschädigen würde. Die Kommunikationsdichte zwischen beiden deutschen Staaten war viel zu hoch, als daß so etwas denkbar gewesen wäre: durch verwandtschaftliche Beziehungen, Reisen von Rentnern und später vermehrt auch von jüngeren Menschen in „dringenden Familienangelegenheiten", durch Flucht und Ausreise nicht zuletzt von Mitarbeitern des Gesundheitswesens, durch Besuche aus dem Westen und durch die elektronischen Medien. Von einem zynischen Macht- und Repressionskalkül her gesehen bestand auch gar keine Notwendigkeit, ein solches Risiko einzugehen: Hartnäckige Opponenten konnte man einsperren und durch ihren „Freikauf" sogar noch Geld verdienen oder so lange durch „Zersetzungsmaßnahmen" mürbe machen, bis sie von sich aus einen Ausreiseantrag stellten.

Ein weiterer wichtiger Grund dafür, daß die Machthaber die Psychiatrie der DDR nicht als politisches Repressionsinstrument verwenden konnten, ist ein sozialgeschichtlicher. Bei den Medizinern in der DDR erwies sich das bürgerlich-humanistische Milieu als ähnlich resistent wie bei den Pastoren. Das begann mit dem fehlenden Elitenwechsel nach 1945, der bei den Ärzten im Gegensatz etwa zu Juristen oder Lehrern nicht stattfand. Auch später blieben die Beschäftigten des Gesundheitswesens und insbesondere die Ärzte eine soziale Gruppe, die als politisch unzuverlässig galt und nicht zuletzt wegen der überdurchschnittlich häufigen Fluchtversuche und Ausreisen in den Westen von Partei und Staatssicherheit mißtrauisch beobachtet wurde.

Dieses Mißtrauen gegenüber der „medizinischen Intelligenz" war der Hauptgrund, weshalb das MfS seit der zweiten Hälfte der fünfziger und verstärkt seit Anfang bis Mitte der siebziger Jahre inoffizielle Mitarbeiter in diesen Kreisen warb. Im ersten Jahrzehnt der DDR wurde die Ärzteschaft zu Recht als dem Regime feindliches, seinen Anforderungen gegenüber zumindest resistentes Milieu wahrgenommen. Die Hauptsorge war bereits damals, daß durch die Abwanderung von Medizinern und Pflegepersonal in den Westen das „sozialistische Gesundheitswesen" geschwächt würde. Die Hoffnung, durch die Heranbildung einer eigenen „sozialistischen medizinischen Intelligenz" ließe sich das Loyalitätsproblem lösen, erwies sich spätestens in den siebziger Jahren als verfehlt. Sobald die Grenze, ein Jahrzehnt nach dem Mauerbau, etwas durchlässiger wurde, begann auch wieder die Fluchtbewegung von Ärzten und Krankenschwestern. Die Aufgabe von inoffiziellen Mitarbeitern im Gesundheitswesen bestand in erster Linie darin, über die politische Stimmung und Diskussionen in den medizinischen Einrichtungen zu berichten, Fluchtkandidaten zu denunzieren, die Rückkehrwilligkeit von Reisekadern einzuschätzen und Rückverbindungen von bereits ausgereisten oder geflüchteten Medizinern aufzudecken, die als Kanäle weiterer Abwanderung betrachtet wurden. Da das MfS auch gehalten war, „begünstigende Bedingungen" für die Entstehung von Ausreisewünschen aufzudecken, finden sich in seinen Akten sozialgeschichtlich interessante und ziemlich realistische Schilderungen der Zustände im Gesundheitswesen.

Der Anteil der IM unter den Mitarbeitern des Gesundheitswesens lag bei einem Prozent, wobei er auf die verschiedenen Berufsgruppen unterschiedlich verteilt war. Je höher die Stellung in der Hierarchie, desto höher lag auch der IM-Anteil. Insgesamt dürfte er unter den Ärzten einschließlich der Nervenärzte bei drei bis maximal fünf Prozent gelegen haben.

Ungefähr ein Drittel der IM-Psychiater, also insgesamt ein bis zwei Prozent aller Nervenärzte der DDR, verletzten im Rahmen ihrer IM-Tätigkeit ihre ärztliche Schweigepflicht. Das Berufsgeheimnis galt in der DDR genauso wie in westlichen Ländern und war auch strafrechtlich bewehrt. Wenn man die MfS-Akten der Ärzte studiert, die ihre Pflicht zur Verschwiegenheit über Patienten verletzten, so stellt man fest, daß es manchmal mehrere Jahre dauerte, ehe diese innere Grenze überschritten wurde. Das ist keineswegs eine Entschuldigung, sondern zeigt vielmehr, daß selbst bei denen, die die grundsätzliche Entscheidung zu einer konspirativen Verbindung mit der Staatssicherheit getroffen hatten, noch das Bewußtsein existierte, das den allermeisten Ärzten selbstverständlich war: Daß es Unrecht und ein schwerwiegender Verstoß gegen die Pflichten eines Arztes ist, das Vertrauen seiner Patienten zur Informationsgewinnung für einen Geheimdienst zu mißbrauchen.

Einige IM-Psychiater haben ihren Führungsoffizieren mündlich berichtet, andere haben Krankenunterlagen zur Verfügung gestellt, einzelne haben ihre Patienten sogar im geheimpolizeilichen Auftrag ausgehorcht. Es wurde hingegen kein Beispiel dafür gefunden, bei dem die Kollaboration so weit gegangen wäre, daß Führungsoffiziere der Staatssicherheit die psychiatrische Krankenbehandlung hätten beeinflussen wollen oder können, etwa um einem Kranken durch bewußte Fehltherapie zu schaden. Auch in den Fällen unentschuldbarer Grenzüberschreitungen zwischen Gesundheitswesen und Geheimpolizei transformierte sich der MfS-Offizier nicht zu einer Art geheimpolizeilichen Ober-Psychiater, sondern versuchte vielmehr, Informationen für seine Dossiers zu sammeln oder fachmännischen Rat über Opfer seiner Tätigkeit einzuholen, seien es „operativ" bearbeitete Personen oder ihm inoffiziell verpflichtete Mitarbeiter.

Wer über die Verführung von Ärzten und seltener auch anderen Mitarbeitern des Gesundheitswesens zu konspirativer Zusammenarbeit mit dem MfS spricht, darf über die große Mehrheit – mehr als 95 Prozent – nicht schweigen, die sich dazu nicht hergegeben hat. Natürlich sind auch nicht annähernd alle überhaupt in Versuchung geführt worden, aber es finden sich in den Akten auch eindringliche Beispiele von Gewissenskonflikten und Zivilcourage, von Menschen, die schließlich ungeachtet eines schwer kalkulierbaren Risikos „Nein" gesagt haben oder solche Avancen bewußt dekonspirierten.

Ein weiterer Aspekt ist in diesem Zusammenhang von grundsätzlichem Interesse: Staatssicherheitsdienst und Gesundheitswesen waren Institutionen, die unter Anleitung und Kontrolle durch die Partei keineswegs harmonisch zusammengearbeitet haben, sondern jeweils eigene Interessen hatten. Auch da, wo es zu Überschneidungen kam, wurde dieser Unterschied nicht aufgehoben: Mancher staatliche Gesundheitsfunktionär der unteren Ebene versuchte über Verbindungen zur Staatssicherheit etwas für seine Klinik herauszuschlagen, während MfS-Offiziere bemüht waren, Mitarbeiter des Gesundheitswesen für ihr Informationsinteresse zu funktionalisieren. Ein Eingreifen der Staatssicherheit in Institutionen des Gesundheitswesens konnte nicht regellos geschehen. Den MfS-Generälen war es duchaus bewußt, daß sie mit der Verletzung der ärztlichen Schweigepflicht Straftaten einforderten. Ihr Risiko war gering, weil es keine unabhängige Justiz gab, die das hätte ahnden können. Aber gerade das zeigt, daß das Hindernis in dem im ärztlichen Ethos begründeten Rechtsverständnis der Mediziner selbst gesehen wurde.

Ein eigenes Kapitel sind die strafrechtlichen und polizeirechtlichen Psychiatrieeinweisungen. Einrichtungen forensischer Psychiatrie für psychisch kranke Straftäter gab es in der DDR wie in jedem anderen Staat. Die Vermutung, insbesondere die beiden einschlägigen Kliniken in Waldheim seien zu politischen Zwecken mißbraucht worden, sind anhand der MfS-Unterlagen nicht zu bestätigen. Allerdings belegen die Akten, daß sich die Außenabteilung Waldheim der Nervenklinik Hochweitzschen in einem katastrophal vernachlässigten Zustand befand, die Kranken dort unter unwürdigen Bedingungen verwahrt wurden und der Leiter in den siebziger und achtziger Jahren, Dr. Wilhelm Poppe, im Zusammenspiel mit der Pflegerhierarchie ein – von der Staatssicherheit keineswegs wohlwollend betrachtetes – unglaubliches Regiment führte. In der forensischen Psychiatrie in Waldheim, die dem Ministerium des Innern unterstellt war, herrschten nicht solch katastrophale Zustände. Es zeigt sich hier der große Einfluß, den engagierte Psychiater in Leitungspositionen auf die Klinikatmosphäre nehmen konnten und wohl auch die größere Durchsetzungskraft der Sicherheitsapparate bei der Zuteilung knapper staatlicher Mittel. Ehemalige Insassen, die etwa zur Begutachtung dorthin verbracht worden waren, geben – soweit das unter diesen Umständen überhaupt möglich war – ein relativ positives Bild der Bedingungen.

Für die forensische Begutachtung von politischen Straftätern waren in der DDR nur relativ wenige Psychiater zugelassen. Ein Zugang zur Analyse ihrer Tätigkeit bestand in der Auswertung der Unterlagen, die das MfS zu ihnen angelegt hat. Das Verhältnis der Staatssicherheit zu dieser handverlesenen Schar von Psychiatern ist erstaunlich differenziert: Während einige als Vertreter der alten medizinischen Intelligenz mißtrauisch beäugt wurden, galten andere als zuverlässig, manche waren als IM verpflichtet, und am MfS-Haftkrankenhaus in Berlin war sogar ein hauptamtlicher MfS-Offizier als Psychiater tätig. Aus den Akten der dem MfS verpflichteten forensischen Psychiater ergeben sich häufige Verletzungen der ärztlichen Schweigepflicht. Daß ihre gutachterliche Tätigkeit jedoch direkt durch die Staatssicherheit im Sinne einer Stigmatisierung psychisch gesunder Menschen beeinflußt worden wäre, ist nicht nachweisbar. Sehr wohl aber schlägt sich in den Gutachten mitunter das ideologische Welt- und Menschenbild von MfS und SED nieder.

Ein grundsätzliches Problem bei der Interpretation von Gutachten, die zu Einweisungen führten, ist methodischer Natur: Sie können zwar auf logische Widerspruchsfreiheit, fachliche Kompetenz und eventuell sachfremde, politische Argumente des Autors hin untersucht werden, aber ohne eine – unvermeidlich nachträgliche – Begutachtung der Betroffenen ist ein abschließendes Urteil kaum möglich. Die Untersuchungskommissionen in den neuen Bundesländern hatten deshalb Betroffene dazu aufgerufen, ihre Schicksale vorzutragen. Auf die Ergebnisse dieser Kommissionen stützt sich die Darstellung zu diesem Punkt, wobei in Einzelfällen in den MfS-Unterlagen nachrecherchiert wurde. Die am besten ausgestattete Untersuchungskommission in Sachsen hatte dabei auch die Möglichkeit, eine Reihe von Gerichtsgutachten, die im Rahmen politischer Prozesse erstellt worden waren, nachzubegutachten. Auch sie kam zu dem Ergebnis, es habe keinen *systematischen* Mißbrauch der Psychiatrie gegeben, beschrieb aber in mehreren Einzelfällen Rechtsverstöße und Mißbrauch. Am gravierendsten waren jene Fälle, in denen bei festgestellter Unzurechnungsfähigkeit oder verminderter Zurechnungsfähigkeit im Rahmen politischer Strafprozesse vom psychiatrischen Gutachter die Einweisung nur deshalb empfohlen wurde, weil nach seiner Einschätzung Wiederholungsgefahr bestand. Das ist zwar etwas anderes als die Falschdiagnostizierung psychisch Gesunder, aber es handelt sich dennoch um eine Zwangseinweisung in die Psychiatrie, die unter demokratischen Gesellschaftverhältnissen nicht erfolgt wäre, und um Unrecht gegenüber den Betroffenen.

Häufige Rechtsverletzungen, die durchaus systematischen Charakter hatten, sind bei den polizeirechtlichen Psychiatrieeinweisungen zu verzeichnen. Unter Verstoß gegen das Einweisungsgesetz der DDR wurden im Zusammenhang mit „gesellschaftlichen Höhepunkten" wie Sportfesten und Parteitagen psychisch Kranke oder Alkoholabhängige, die als potentielle „Störer" betrachtet wurden, für mehrere Tage in Krankenhäuser verbracht, es wurde die ihnen zustehende Entlassung verzögert, Ausgang oder Wochenendurlaub nicht bewilligt. Die Resistenz der zuständigen Mediziner gegenüber solchen in der Regel über die Kreisärzte an sie herangetragenen, sachfremden Forderungen war unterschiedlich: Manche weigerten sich erfolgreich unter Hinweis auf die Gesetzeslage, andere versuchten, die Anweisungen zu unterlaufen, wieder andere beugten sich solchen Zumutungen.

Darüber hinaus wurden einzelne Fälle versuchten und teilweise auch gelungenen Psychiatriemißbrauchs durch die Stasi beschrieben. Allerdings belegen die Begleitumstände und der weitere Verlauf dieser Fälle, daß die inneren Kontrollmechanismen des Faches letztlich gegriffen haben. Offenkundig bestand ein hoher Rechtfertigungsdruck derer, die gegen das DDR-Einweisungsgesetz verstießen, gegenüber der Majorität des ärztlichen Personals in den Kliniken, so daß man davon ausgehen kann, daß es sich hierbei um keine systematisierte Praxis, sondern um Ausnahmefälle handelte.

Diese Feststellung begrenzt die Unwägbarkeiten hinsichtlich der Verneinung eines politischen Psychiatriemißbrauchs in der DDR als systematisches Phänomen. Trotzdem bleibt ein methodischer Vorbehalt, der hinsichtlich der Validität der Grundaussage unumgänglich ist: Selbstverständlich konnten nicht alle Akten von allen Menschen, die in vierzig Jahren DDR zwangsweise in die Psychiatrie eingewiesen worden sind, durchgesehen und analysiert werden. Es ist nicht auszuschließen, daß ein Fall auftaucht, in dem in einer Region der DDR ein nicht psychisch kranker Mensch, der in Opposition zum Regime stand, aus politischen Gründen zum Opfer eines Zusammenspiels von lokalen Sicherheits- und Machtorganen und eines willfährigen Psychiaters geworden ist. Ausgeschlossen aber ist, daß solch ein – hier nur hypothetisch konstruierter – Fall repräsentativ für das Verhältnis von Staatssicherheitsdienst und DDR-Psychiatrie im Sinne eines systematischen Mißbrauchs wäre.

Wenn die DDR auch die spezifische Repressionstechnik der Psychiatrisierung politischer Gegner nicht angewandt hat, so hatte sie doch mit den Folgen dieser Praktiken ihrer Führungsmacht zu tun. Die Sowjetunion ist im Jahre 1983 ihrem Ausschluß aus dem Weltverband für Psychiatrie durch Austritt zuvorgekommen. Andere Ostblockstaaten folgten diesem Schritt – nicht so die DDR. Über die Gründe konnte man seinerzeit nur Vermutungen anstellen. Die MfS-Unterlagen ermöglichen größere Klarheit: Ursprünglich hatte das MfS in Zusammenarbeit mit dem KGB versucht, über geheimdienstlich verpflichtete Psychiater zu verhindern, daß der politische Psychiatriemißbrauch in der Sowjetunion überhaupt zum Thema des Weltverbandes wurde. Das scheiterte nicht zuletzt an der organisatorischen Unfähigkeit des KGB und der Großmachtarroganz der sowjetischen Vertreter. Nachdem die Sowjetunion aus dem Verband ausgeschieden war und aus Moskau keine eindeutigen Signale kamen, ob dem verbindlich zu folgen sei, bot sich den DDR-Vertretern die Chance, als Interessenvertreter des Ostblocks zu agieren. Es gelang ihnen sogar, einen Vizepräsidentenposten zu ergattern. Da besagter Vizepräsident inoffizieller Mitarbeiter der Staatssicherheit war, enthalten die MfS-Unterlagen zu diesem Thema hochinteressantes Material: nicht etwa bezüglich des Weltverbandes, sondern hinsichtlich der Lernprozesse, die kontinuierliche Besuche und Kontakte zu einem ganz anderen, offenen kulturellen Kontext wie dem in den USA bei einem ursprünglich hundertprozentig loyalen DDR-Bürger auslösten. Das ging so weit, daß er schließlich, über die Verhältnisse zu Hause ebenso frustriert wie desillusioniert, zu einem überzeugten Propagandisten der Überlegenheit westlicher Lebensweise wurde.

In ihrem Zentralen Medizinischen Dienst hat die Staatssicherheit aus konspirativen Gründen eine eigene psychiatrische Versorgung aufgebaut. Damit sollte vermieden werden, daß kranke „Tschekisten" gegenüber zivilen Ärzten Dienstgeheimnisse ausplauderten. „Kundschafter", also Spione, die aus dem „Operationsgebiet" zurückgezogen wurden, sollten von ihren berufsspezifischen Neurosen geheilt werden. Die Unterlagen dieser Abteilung bieten Einblick in das Seelenleben der Angehörigen der Staatssicherheit und damit in die psychisch destruktiven Folgen, die ihre repressive Tätigkeit bei den Verursachern selbst hervorgerufen hat.

# Anhang

## Literatur

*A   Berichte von Kommissionen und Untersuchungsgremien zur DDR-Psychiatrie*

Bericht der Sachverständigenkommission des DDR-Gesundheitsministers zur Prüfung der von der Illustrierten Stern erhobenen Vorwürfe und Anschuldigungen gegen die Nervenklinik Waldheim bzw. Dr. Poppe, Tätigkeitszeitraum vom 22. Mai bis 27. Juni 1990, unveröffentlichtes Manuskript, mit Anlagen 73 S.
Bericht der Sachverständigenkommission des DDR-Gesundheitsministers zur Prüfung und Bewertung der an Waldheimer Patienten vorgenommenen Hirnoperationen und Strahlenkastrationen, Tätigkeitszeitraum 16. August bis 26. September 1990, unveröffentlichtes Manuskript, 18 S.
Bericht des parlamentarischen Sonderausschusses der Volkskammer der DDR zur Untersuchung der Vorgänge um die psychiatrische Klinik in Waldheim sowie ähnlich gelagerter Fälle, Tätigkeitszeitraum vom 6. Juli bis 28. September 1990; dokumentiert in: Protokoll der 37. Tagung der Volkskammer der DDR am 28. September 1990, S. 1849–1853.
Abschlußbericht der Untersuchungskommission Krankenhaus für Psychiatrie Waldheim des Freistaates Sachsen vom 5. November 1995, unveröffentlichtes Manuskript, 30 S., Anlagen mit Ergänzungen und Präzisierungen aus dem Jahre 1993.

Bericht der Gutachterkommission des Ministeriums für Arbeit und Soziales des Landes Sachsen-Anhalt zu Verstößen in der Psychiatrie in den Landeskrankenhäusern des Landes Sachsen-Anhalt (Bernburg, Haldensleben, Uchtspringe), Tätigkeitszeitraum vom 27. September 1991 bis 1. April 1992; dokumentiert in einer Broschüre des Ministeriums für Arbeit und Soziales des Landes Sachsen-Anhalt über die Psychiatrische Versorgung im Land Sachsen-Anhalt, S. 54–63.
Abschlußbericht der Kommission zur Untersuchung von Mißbrauch in der Ostberliner Psychiatrie vom Herbst 1990, Manuskript, 26 S., hrsg. vom Stadtrat für Gesundheit des Magistrats Berlin (Ost) 1990.
Abschlußbericht der Kommission zur Aufklärung von Mißbrauch in der Ostberliner Psychiatrie vom September 1995, Manuskript, 51 S., hrsg. von der Senatsverwaltung für Gesundheit Berlin 1995; dokumentiert (Auszüge) in: Dr. med. Mabuse, 21 (1996) 100, März–April 1996, S. 78–81.
Bericht des „Ausschusses Vergangenheitsbewältigung" bei der Landesärztekammer Thüringen, Tätigkeitszeitraum von Herbst 1991 bis Herbst 1995, Manuskript des mündlichen Vortrages der zusammengefaßten Ergebnisse der Ausschußarbeit vor der Vertreterversammlung der Landesärztekammer Thüringen, 2 S.
Bericht der unabhängigen Kommission zur Aufarbeitung der Vergangenheit der Psychiatrie im Land Brandenburg für die Zeit des Bestehens der DDR vom Okto-

ber 1996, Manuskript, 23 S., hrsg. vom Ministerium für Arbeit, Frauen, Soziales und Gesundheit des Landes Brandenburg, Potsdam 1996.
Abschlußbericht der Kommission zur Untersuchung von Mißbrauch der Psychiatrie im sächsischen Gebiet der ehemaligen DDR vom Dezember 1996, hrsg. vom Sächsischen Staatsministerium für Soziales, Gesundheit und Familie, 161 S., Dresden 1997.

Empfehlungen der Expertenkommission der Bundesregierung zur Reform der Versorgung im psychiatrischen und psychotherapeutisch/psychsomatischen Bereich auf der Grundlage des Modellprogramms „Psychiatrie" der Bundesregierung, Zusammenfassung vom 11. November 1988, Manuskript, 65 S.
Bericht der psychiatrischen Expertengruppe im Auftrag des Bundesministers für Gesundheit „Zur Lage der Psychiatrie in der ehemaligen DDR Bestandsaufnahme und Empfehlungen" vom 30. Mai 1991, 201 S.

Sonderausschuß zur Untersuchung von Amts- und Machtmißbrauch infolge der SED-Herrschaft (Drucksache 1/4773) des Sächsischen Landtages: Minderheitenvotum des Abgeordneten Michael Arnold und der Fraktion Bündnis 90/Die Grünen vom 20.6.1994 zum Schlußbericht.

*B   Urteile und Gerichtsbeschlüsse*

Amtsgericht Chemnitz, Urteil vom 29.8.1996, Az 3 Ds 823 s 32114/95.
Amtsgericht Jena – Schöffengericht – Geschäftsnummer 550 Js 10107/93 – 7 Ls.
Amtsgericht Nordhausen, Urteil vom 22.8.1995, Az 1 Ss 295/95.
Beschluß des Landgerichts Berlin, Geschäftsnummer (550 Rh) 3 Js 951/91 (1131/90).
Beschluß und Begründung der 1. Rehabilitierungskammer beim Landgericht Chemnitz vom 29.12 1994, Az. BSRH 2223/90, StA 810 AR-R 2503/91, 15 S.
Ermittlungsverfahren der Staatsanwaltschaft Potsdam gegen den leitenden Arzt einer Nervenklinik, Az 40/3 AR 62/92, das an die Schwerpunktabteilung für Bezirkskriminalität und DDR-Justizunrecht der Staatsanwaltschaft Neuruppin abgegeben und gemäß § 170 Absatz 2 StPO eingestellt worden ist (Az 64 Js 417/94).

*C   Monographien und Aufsätze*

Abkürzungsverzeichnis. Ministerium für Staatssicherheit: Häufig verwendete Abkürzungen und ausgewählte spezifische Begriffe, BStU, Berlin 1993.
Ahrens, Wilfried (Hrsg.): Hilferufe von Drüben. Die DDR vertreibt ihre Kinder. Authentische Berichte, Huglfing/Obb. 1978.
Akuttherapie in der Schizophrenie. Für Neuroleptika gilt: „weniger ist mehr", in: Deutsches Ärzteblatt 90 (1993) 47, S. A-3172.
Albrecht, M. und G. Seifert: Röntgenkastrationen an psychiatrischen Patienten, in: Ärzteblatt Sachsen 3 (1992), S. 225–228.
Alkohol – das chronische Zuviel und seine Komplikationen, hrsg. von der Wilhelm-Pieck-Universität Rostock, Rostock 1988.
Aly, Götz (Hrsg.): Aktion T 4 1939–1945. Die „Euthanasie"-Zentrale in der Tiergartenstraße 4, Berlin 1987.

Amnesty International, Sektion Bundesrepublik Deutschland e.V., Arbeitskreis Medizin-Psychologie (Hrsg.): Zum politischen Mißbrauch der Psychiatrie in der UdSSR, Bonn 1982.
Amnesty International: Deutsche Demokratische Republik. Rechtsprechung hinter verschlossenen Türen, Bonn 1989.
Amnesty International: Jahresbericht 1988, Frankfurt / M. 1988.
Amnesty International: Jahresbericht 1989, Frankfurt / M. 1989.
Amnesty International: Jahresbericht 1990, Frankfurt / M. 1990.
Amnesty International: Politische Gefangene in der UdSSR, Frankfurt / M. 1980.
Arbeitsgruppe Sachsen im Auftrage der Vereinigung der Leiter der Einrichtungen des Strafvollzuges der DDR e.V. (Hrsg.): Gesundheitsfürsorge im Strafvollzug, Radebeul 1990.
Auerbach, Thomas: Vorbereitung auf den Tag X. Die geplanten Isolierungslager des MfS, BStU, Berlin 1995.
Bach, Otto und Klaus Weise: Zu ethischen Aspekten der Indikationsstellung zu psychochirurgischen Eingriffen aus psychiatrischer Sicht: Stellungnahme zu den Beiträgen von Prof. Dr. Goldhahn zu psychochirurgischen Eingriffen und von Dr. Albrecht und Dr. Seifert zur Strahlenkastration, in: Ärzteblatt Sachsen 3 (1992), S. 228, 231f.
Barsch, Gundula: Ist der Alkoholkonsum in der DDR ein soziales Problem?, in: Informationen zur soziologischen Forschung in der Deutschen Demokratischen Republik 25 (1989), S. 11–25.
Basglia, Franco: Die negierte Institution oder die Gemeinschaft der Ausgeschlossenen, Frankfurt/M. 1971.
Behnke, Klaus und Jürgen Fuchs (Hrsg.): Zersetzung der Seele. Psychologie und Psychiatrie im Dienste der Stasi, Hamburg 1995.
Beine, Karl, Klaus Schmitz, Vera Schumann und Ulrich Trenckmann: Waldheim – Der schwierige Versuch der Aufarbeitung, in: Psychiatrische Praxis 18 (1991), S. 41–47.
Beleites, Michael: Untergrund. Ein Konflikt mit der Stasi in der Uran-Provinz, Berlin 1991.
Bender, Peter: Neue Ostpolitik. Vom Mauerbau bis zum Moskauer Vertrag, München 1986.
Bennewitz, Inge und Rainer Potratz: Zwangsaussiedlungen an der innerdeutschen Grenze, Analysen und Dokumente, Berlin 1994.
Berger, Heike: Die ambulante Versorgung psychisch Kranker und Behinderter durch poliklinische Einrichtungen und psychiatrische Beratungsstellen in der ehemaligen DDR, in: Walter Picard und Fritz Reimer (Hrsg.): Grundlagen und Gestaltungsmöglichkeiten der Versorgung psychisch Kranker und Behinderter in der Bundesrepublik und auf dem Gebiet der ehemaligen DDR, Bericht einer Tagung vom 29.11. bis 1.12.1990 in Berlin, Köln 1992, S. 108–115.
Bernal y del Rio, Victor: Psychiatrische Ethik, in: Alfred M. Freedman, Harold I. Kaplan, J. Benjamin Sadock und Uwe H. Peters (Hrsg.): Psychiatrie in Praxis und Klinik, Band 5: Psychiatrische Probleme der Gegenwart I, Stuttgart und New York 1990, S. 328–343.
Bertram, Wilfried: Zusammenbruch der Suchtkrankenversorgung in den neuen Ländern: Welche Strukturen und Arbeitsformen in der ehemaligen DDR haben sich bewährt?, in: Bernhard Jagoda, Heinrich Kunze und Aktion psychisch Kranke

(Hrsg.): Gemeindepsychiatrische Suchtkrankenversorgung – Regionale Vernetzung medizinischer und psychosozialer Versorgungsstrukturen. Tagungsbericht Bonn 4.–5. Mai 1993, Köln 1994, S. 79–92.
Billerbeck, Liane von und Frank Nordhausen: Der Sektenkonzern. Scientology auf dem Vormarsch, 5. Aufl. Berlin 1994.
Bleek, Wilhelm und Lothar Mertens (Hrsg.): Bibliographie der geheimen DDR-Dissertationen, München, New Providence, London und Paris 1994, 2 Bde.
Bloch, Sidney und Peter Reddaway: Dissident oder geisteskrank? Mißbrauch der Psychiatrie in der Sowjetunion, München 1978.
Bloch, Sidney und Peter Reddaway: Soviet Psychiatric Abuse. The Shadow over World Psychiatry, London 1984.
Bochnik, Hans J., Carlo Nässig und Wolfgang Pittrich: Psychiatrie und Öffentlichkeit. Psychiatrie und öffentliche Medien. Anstöße zur notwendigen Zusammenarbeit, in: Manfred Bergener (Hrsg.): Psychiatrie und Rechtsstaat, Darmstadt 1981, S. 216–241.
Blutke, Günter: Obskure Geschäfte mit Kunst und Antiquitäten. Ein Kriminalreport, Berlin 1990.
Brauckmann, Roland: Amnesty International als Feindobjekt der DDR (Schriftenreihe des Berliner Landesbeauftragten für die Unterlagen des ehemaligen Staatssicherheitsdienstes, Bd. 3), Berlin 1996.
Bronisch, Thomas: Der Suizid. Ursachen – Warnsignale – Prävention, München 1995.
Bronisch, Thomas: Die Vielschichtigkeit der Entstehungsbedingungen suizidalen Handelns, in: Suizidprophylaxe 22 (1995), S. 104–107.
Bruns, Georg: Ordnungsmacht Psychiatrie? Psychiatrische Zwangseinweisung als soziale Kontrolle, Opladen 1993.
Bukowskij, Wladimir: Der unbequeme Zeuge, Stuttgart-Degerloch 1972.
Der Bundesbeauftragte für die Unterlagen des Staatssicherheitsdienstes der ehemaligen DDR: Zweiter Tätigkeitsbericht, BStU, Berlin 1995.
Bundesministerium für innerdeutsche Beziehungen (Hrsg.): DDR-Handbuch, 3. Auflage Köln 1985 .
Burian, Diether Rudolf, Peter Hagemann und Klaus Weise: Situation und Entwicklungstendenzen der psychiatrischen Versorgung in der DDR und deren Erprobung an ausgewählten Modellen, in: Psychiatrie, Neurologie und medizinische Psychologie 32 (1982), S. 1–6.
Casper, Waldtraut, Kristina Fritz und Frank-Dietrich Müller: Selbstmordsterblichkeit in der DDR zwischen 1961 und 1988, in: Suizidprophylaxe 17 (1990), S. 227–236.
Cohn, Kurt: Schweigepflicht und Aufklärungspflicht des Arztes in der Deutschen Demokratischen Republik, in: Helmut Kraatz und Hans Szewczyk (Hrsg.): Ärztliche Aufklärungs- und Schweigepflicht. Bericht über ein Symposium der Klasse für Medizin der Deutschen Akademie der Wissenschaften. (Schriftenreihe Medizinisch-Juristische Grenzfragen, Heft 10), Jena 1967, S. 53–62.
Cooper, David G. und Ronald D. Laing: Vernunft und Gewalt. Drei Kommentare zu Sartres Philosophie 1950–1960, Frankfurt/M. 1973.
Cooper, David: Psychiatrie und Antipsychiatrie, Frankfurt/M. 1971.
Cooper, David: Der Tod der Familie, Reinbek 1972.
Cordes, R.: Die Selbstmorde in der DDR im gesamtdeutschen und internationalen Vergleich, in: Zeitschrift für ärztliche Fortbildung 58 (1964), S. 985–992.
Crefeld, Wolf und Bernd Schulte (Hrsg.): Das Recht der Hilfen und Zwangsmaßnahmen für psychisch Kranke. Gesetzestexte, Bonn 1987.

DDR-Psychiatrie, Manuskript der Sendung Panorama Nr. 472 vom 27.8.1990, NDR, 9 S.

Dehnen, W.: Psychopathologische Erfahrungen bei ein- und beidseitigen psychochirurgischen Eingriffen, Fortschritte der Neurologie Psychiatrie 29 (1961) 7, S. 353–422.

Deklaration von Hawaii, in: Deutsches Ärzteblatt 74 (1977) 48, S. 2872 f.

Deutsche Vereinigung gegen politischen Mißbrauch der Psychiatrie (Hrsg.): „Strafmedizin", München 1978.

Deutsche Vereinigung gegen politischen Mißbrauch der Psychiatrie e. V.: Rundbrief 1/97.

Dokumente der SED, Bd. VII, Berlin 1961.

Dörner, Klaus: Nationalsozialismus und Lebensvernichtung, in: Vierteljahrshefte für Zeitgeschichte 15 (1967), S. 121–151.

Dörner, Klaus: Psychiatrie und Gesellschaftstheorien, in: Karl Peter Kisker, Joachim Ernst Meyer, Christian Müller und Erik Strömgen (Hrsg.): Psychiatrie der Gegenwart, Band 1: Grundlagen und Methoden der Psychiatrie, 2. Aufl. Berlin, Heidelberg und New York 1979, S. 771–809.

Dörner, Klaus, Christiane Haerlin, Veronika Rau, Renate Schernus und Arnd Schwendy: Der Krieg gegen die psychisch Kranken. Nach „Holocaust": Erkennen – Trauern – Begegnen. Gewidmet den im „Dritten Reich" getöteten psychisch, geistig und körperlich behinderten Bürgern und ihren Familien, Frankfurt/M. und Bonn 1989.

Duft, Heinz und Hubert Müller: Komplexe Maßnahmen zur Rehabilitation psychisch Kranker, Neue Justiz 22 (1968) 19, S. 586.

Düring, Brigitte: Der Stasi-Fall Eggert: Ein Arzt allein kann es nicht gewesen sein, in: Ärztezeitung, Hamburg, 13.1.1992.

Durkheim, Émile: Der Selbstmord, Neuwied und Berlin 1973.

Ehrhardt, H.: Euthanasie und Vernichtung „lebensunwerten" Lebens, Stuttgart 1965.

Eichhorn, Hans und Klaus Ernst (Hrsg.): Arbeitsmaterialien des Symposiums „Erfahrungen und Ergebnisse der Psychotherapie in der Psychiatrie", Neubrandenburg/Ueckermünde 28.–30. März 1985.

Eichhorn, Hans: „Braucht die Psychiatrie geschlossene Stationen?" Bemerkungen zu „Ethische Prinzipien und moralische Normen des psychiatrischen Handelns", in: Psychiatrie, Neurologie und medizinische Psychologie 38 (1986), S. 39–42.

Eichhorn, Hans: Abschied von der Klapper? Überlegungen zum psychiatrischen Krankenhaus, in: Achim Thom und Erich Wulff (Hrsg.): Psychiatrie im Wandel, Bonn 1990, S. 166–179.

Eisenfeld, Bernd: Die Zentrale Koordinierungsgruppe. Bekämpfung von Flucht und Übersiedlung (Anatomie der Staatssicherheit. Geschichte, Struktur, Methoden. MfS-Handbuch, Teil III/17), BStU, Berlin 1995.

Eisert, Wolfgang: Die Waldheimer Prozesse. Der stalinistische Terror 1950, München 1993.

Elmer, Karin: Ein Vertrauensverhältnis ist zu schaffen, in: Klaus Behnke und Jürgen Fuchs (Hrsg.): Zersetzung der Seele. Psychologie und Psychiatrie im Dienste der Stasi, Hamburg 1995, S. 296–302.

Elrod, Norman: Identifizierung mit den Unterdrückten. Die Psychoanalyse in Beziehung zur kulturhistorischen Schule und Befreiungstheologie, in: Psychoanalyse im Rahmen der demokratischen Psychiatrie, Band IV, Zürich 1989, S. 764–789.

Engelmann, Roger: Zu Struktur, Charakter und Bedeutung der Unterlagen des Ministeriums für Staatssicherheit, BStU, Berlin 1994.
Engelmann, Roger und Silke Schumann: Der Ausbau des Überwachungsstaates. Der Konflikt Ulbricht–Wollweber und die Neuausrichtung des Staatssicherheitsdienstes der DDR 1957, in: Vierteljahrshefte für Zeitgeschichte, 43 (1995), S. 341–378.
Engelmann, Roger: Diener zweier Herren. Das Verhältnis der Staatssicherheit zur SED und den sowjetischen Beratern 1950–1957, in: Siegfried Suckut und Walter Süß (Hrsg.): Staatspartei und Staatssicherheit. Zum Verhältnis von SED und MfS, Berlin 1997, S. 51–72.
Ernst, Anna-Sabine: „Die beste Prophylaxe ist der Sozialismus". Ärzte und medizinische Hochschullehrer in der SBZ/DDR 1945–1961, Münster, New York, München und Berlin 1997.
Fahrenbach, Sabine: Wissenschaftshistorische Habilitationen und Dissertationen aus dem Karl-Sudhoff-Institut der Universität Leipzig 1945 bis 1995, in: Achim Thom und Ortrun Riha (Hrsg.): 90 Jahre Karl-Sudhoff-Institut an der Universität Leipzig, Leipzig 1996, S. 90–117.
Felber, Werner: Suizid und Öffentlichkeit im Wandel – Psychiatrische Impressionen nach der Wende, in: Otto Bach und Werner Felber (Hrsg.): Psychiatria Dresdensis (Schriftenreihe der Medizinischen Akademie Dresden, Bd. 26), Dresden 1992, S. 98–105.
Felber, Werner und Ehrig Lange: Der restriktive Umgang mit dem Suizidphänomen im totalitären System, in: „Pro et contra tempora praeterita" (Schriftenreihe der Medizinischen Akademie Dresden, Bd. 27), Dresden 1993, S. 140–145.
Ficker, Friedemann und Mathias Barth: Einweisung in eine psychiatrische Tagesklinik – Abgrenzung und Indikation, in: Psychiatrie, Neurologie und medizinische Psychologie 33 (1981), S. 558–564.
Ficker, Friedemann: Psychiatrie im Osten. Schon besser als ihr Ruf? In: TW Neurologie Psychiatrie 10 (1996), S. 169–177.
Förster, Günter: Die Dissertationen an der „Juristischen Hochschule" des MfS. Eine annotierte Bibliographie, BStU, Berlin 1994·
Förster, Günter: Bibliographie der Diplomarbeiten und Abschlußarbeiten an der Hochschule des MfS, BStU, Berlin 1998.
Fricke, Karl Wilhelm: Naumanns Sturz – ein Sieg für Krenz. Die kaderpolitischen Beschlüsse des 11. ZK-Plenums, in: Deutschland Archiv 12 (1985), S. 1251–1253.
Fricke, Karl Wilhelm: Akten-Einsicht. Rekonstruktion einer politischen Verfolgung, Berlin 1996.
Fricke, Karl Wilhelm und Roger Engelmann: „Konzentrierte Schläge". Staatssicherheitsaktionen und politische Prozesse in der DDR 1953–1956, Berlin 1998.
Friemert, Klaus: Die gerichtspsychiatrische Begutachtung in der UdSSR, in: Psychiatrie, Neurologie und medizinische Psychologie, 40 (1988) 11, S. 671–677.
Fritzsch, Günter: Gesicht zur Wand. Willkür und Erpressung hinter Mielkes Mauern, Leipzig 1993.
Fuchs, Jürgen: Vernehmungsprotokolle. November 1977 bis September 1978, Reinbek 1978.
Fuchs, Jürgen: Politisch-operatives Zusammenwirken und aktive Maßnahmen, in: Aus der Veranstaltungsreihe des Bundesbeauftragten: Bearbeiten – Zersetzen – Liquidieren; Die inoffiziellen Mitarbeiter; „Freiheit für meine Akte", BStU, Berlin 1993, S. 13–24.

Fuchs, Jürgen: Unter Nutzung der Angst. Die „leise" Form des Terrors. Zersetzungsmaßnahmen des MfS, BStU, Berlin 1994.
Fuchs, Jürgen: Bearbeiten, dirigieren, zuspitzen. Die „leisen" Methoden des MfS, in: Jürgen Fuchs und Klaus Behnke: Zersetzung der Seele, Hamburg 1995.
Gerlach, Joachim: Grundriß der Neurochirurgie, Darmstadt 1981.
Gesetz über die Einweisung in stationäre Einrichtungen für psychisch Kranke vom 11. 6. 1968, in: GBl DDR 1968, I, Nr. 13 vom 14.6.1968, S. 273–276.
Geuter, Ulfried, Hans und Rose Schlirf: Die Berliner Mauerkrankheit. Überlegungen zu einem Buch von Dietfried Müller-Hegemann, in: Psychologie und Gesellschaftskritik 2 (1978) 6/7, S. 288–296.
Gieseke, Jens: Die Hauptamtlichen 1962. Zur Personalstruktur des Ministeriums für Staatssicherheit, in: Deutschland Archiv 27 (1994) 9, S. 940–953.
Gieseke, Jens: Doktoren der Tschekistik. Die Promovenden der „Juristischen Hochschule" des MfS, BStU, Berlin 1994.
Gieseke, Jens: Die hauptamtlichen Mitarbeiter des Ministeriums für Staatssicherheit (Anatomie der Staatssicherheit. Geschichte, Struktur, Methoden, MfS-Handbuch IV/1), BStU, Berlin 1995.
Glatzel, Johann: Die Antipsychiatrie. Psychiatrie in der Kritik, Stuttgart 1975.
Glatzel, Johann und Hans Jörg Weitbrecht: Psychiatrie im Grundriß, 4. Aufl. Berlin, Heidelberg und New York 1979, S. 296–302.
Glatzel, Johann: Antipsychiatrie, in: Raymond Battegay, Johann Glatzel, Walter Pöldinger und Udo Rauchfleisch (Hrsg.): Handwörterbuch der Psychiatrie, Stuttgart 1992, S. 63–66.
Glusman, Semjon: Offener Brief an die Kollegen im Westen, in: Rundbrief 2/89 der Deutschen Vereinigung gegen politischen Mißbrauch der Psychiatrie e.V., München 1989, S. 4–12.
Gluzman, Semyon: On Soviet Totalitarian Psychiatry, Amsterdam 1989.
Goffman, Erving: Asyle. Über die soziale Situation psychiatrischer Patienten und anderer Insassen, Frankfurt/M. 1973.
Goldhahn, W.-E.: Zum Thema: Stereotaktische Operationen bei psychiatrischen Indikationen, in: Ärzteblatt Sachsen 3 (1992), S. 222 und 225.
Greiff, Bodo von: Sowjetische Psychiatrie und normativer Naturalismus, in: Zeitschrift für Soziologie 8 (1979) 4, S. 344–361.
Grigorenko, Pjotr: Erinnerungen, München 1981.
Groß, Friedrich Rudolf: Jenseits des Limes. 40 Jahre Psychiater in der DDR, Bonn 1996.
Grözinger, Gerd: Deutschland im Winter. 15 Jahre danach als (auch) suizidologisches Problem in: Suizidprophylaxe 19 (1992), S. 193–205.
Grundgesetz für die Bundesrepublik Deutschland, Bonn 1985.
Haas, Steffen: Gibt es Hinweise für einen politischen Mißbrauch der Psychiatrie in der ehemaligen DDR? Vortrag zum 10. Weltkongreß für Psychiatrie, Madrid, Symposium 188 „Psychiatry in Post-Totalitarian Countries", in: Rundbrief der DVpMP, 1/96, S. 15–17.
Haas, Steffen: „Politische Psychiatrie", in: neuro date 5 (1997), S. 19 f. und 23.
Haendcke-Hoppe-Arndt, Maria: Wer wußte was? Der ökonomische Niedergang der DDR, in: Deutschland Archiv 28 (1995), S. 588–602.
Hansen, Gerhard und Hans Vetterlein: Arzt und Recht in der Deutschen Demokratischen Republik, Leipzig 1959 u. 1962.

Harenbergs Personenlexikon 20. Jahrhundert, Dortmund 1992.

Heenen, Susann: Deutsche Linke, linke Juden und der Zionismus, in: Dietrich Wetzel (Hrsg.): Die Verlängerung von Geschichte, Frankfurt/M. 1983.

Helm, Johannes: Gesprächspsychotherapie. Forschung Praxis Ausbildung, Berlin 1978.

Helmchen, Hanfried: Ethische Fragen in der Psychiatrie, in: Karl Peter Kisker, Hans Lauter, Joachim Ernst Meyer, Christian Müller und Erik Strömgen (Hrsg.): Psychiatrie der Gegenwart, Band 2: Krisenintervention-Suizid-Konsiliarpsychiatrie, 3. Aufl., Berlin, Heidelberg und New York 1986.

Henke, Klaus-Dietmar: Zu Nutzung und Auswertung der Unterlagen des Staatssicherheitsdienstes der ehemaligen DDR, in: Vierteljahrshefte für Zeitgeschichte 44 (1993) 4, S. 575–587.

Hertle, Hans-Hermann und Franz-Otto Gilles: Stasi in die Produktion – Die 'Sicherung der Volkswirtschaft' am Beispiel der Struktur und Arbeitsweise von Objektdienststellen des MfS in den Chemiekombinaten, in: Klaus-Dietmar Henke und Roger Engelmann (Hrsg.): Aktenlage, Berlin 1995, S. 118–137.

Hilberg, Raul: Die Vernichtung der europäischen Juden. Die Gesamtgeschichte des Holocaust, Berlin 1982.

Hinderer, Hans: Die Aufgaben des Arztes in ihrer Bedeutung für die Differenzierung der Aufklärungs- und Schweigepflicht, in: Helmut Kraatz und Hans Szewczyk (Hrsg.): Ärztliche Aufklärungs- und Schweigepflicht. Bericht über ein Symposium der Klasse für Medizin der Deutschen Akademie der Wissenschaften (Schriftenreihe Medizinisch-Juristische Grenzfragen, Heft 10), Jena 1967, S. 63–69.

Hinderer, Hans: Über die Pflicht zur ärztlichen Hilfeleistung im Zusammenhang mit einem Suizidversuch, in: Psychiatrie, Neurologie und medizinische Psychologie 25 (1973), S. 529–534.

Hinderer, Hans: Aufklärungs- und Schweigepflicht. Strafrechtliche Gesichtspunkte, Dresden 1975.

Hoffmann, Dierk, Karl-Heinz Schmidt und Peter Skyba (Hrsg.): Die DDR vor dem Mauerbau. Dokumente zur Geschichte des anderen deutschen Staates 1949–1969, München und Zürich 1993.

Hoffmeister, H., G. Wiesner, B. Junge und H. Kant: Selbstmordsterblichkeit in der DDR und in der Bundesrepublik Deutschland, in: Münchner Medizinische Wochenschrift 132 (1990) 39, S. 603–609.

Hohmann, Joachim S.: Der „Euthanasie"-Prozeß in Dresden 1947. Eine zeitgeschichtliche Dokumentation, Frankfurt/M. 1993.

Hohmann, Joachim S. und Günther Wieland: MfS-Operativvorgang „Teufel". „Euthanasie"-Arzt Otto Hebold vor Gericht, Berlin 1996.

Horchem, Hans Josef: Die verlorene Revolution. Terrorismus in Deutschland, Herford 1988.

Jessen, Ralph: Die „Entbürgerlichung" der Hochschullehrer in der DDR – Elitewechsel mit Hindernissen, in: Hochschule Ost 4 (1995) 3, S. 61–72.

Jones, Maxwell: The Therapeutic Comunity, New York 1955.

Jun, Gerda: Das Leben mit geistig Behinderten, in: Achim Thom und Erich Wulff (Hrsg.): Psychiatrie im Wandel. Erfahrungen und Perspektiven in Ost und West, Bonn 1990, S. 255–272.

Kater, Michael H.: „Medizin und Mediziner im dritten Reich. Eine Bestandsaufnahme", Historische Zeitschrift 244 (1987) S. 299–352.

Keller, Lorose: Deutsch-deutsches Verhör. Individueller Lehrgang in Grenzfragen, Berlin 1983.

Kesting, Franz Werner, Karl Teppe und Bernd Walter: Nach Hadamar. Zum Verhältnis von Psychiatrie und Gesellschaft im 20. Jahrhundert. Protokollband einer psychiatriehistorischen Tagung des westfälischen Instituts für Regionalgeschichte, Paderborn 1993.

Keyserlingk, Hugo von, Volker Kielstein und Jürgen Rogge: Diagnostik und Therapie Suchtkranker bzw. Behandlungsstrategien bei Alkoholmißbrauch und Alkoholabhängigkeit. Ergebnisse der ersten und zweiten Tagung der Arbeitsgruppe „Suchtkrankheiten" im Oktober 1987 bzw. 1988 in Wustrow, Berlin 1988 bzw. 1989.

Keyserlingk, Hugo von: Von der Arbeitsgemeinschaft Suchtkrankheiten zur Gesellschaft gegen Alkohol- und Drogengefahren (GAD), in: Sucht 37 (1991), S. 90–92.

Kick, Hermes Andreas: Antipsychiatrie und die Krise im Selbstverständnis der Psychiatrie, in: Fortschritte der Neurologie Psychiatrie 58 (1990), S. 367–374.

Kirsch und Wegener: Suizidalität in Ost und West: Daten vorschnell interpretiert?, in: Münchener Medizinische Wochenschrift 133 (1991) 5, S. 18–20 und Nr. 13, S. 21–24.

Kisker, Karl Peter: Antipsychiatrie (AP), in: Karl Peter Kisker, Hans Lauter, Joachim Ernst Meyer, Christian Müller und Erik Strömgen (Hrsg.): Psychiatrie der Gegenwart, Bd. I, Teil 1: Grundlagen und Methoden der Psychiatrie, Berlin und Heidelberg, 2. Auflage 1979, S. 811–825.

Klausener, Erich, Christian Kerstiens und Robert Kempner: Das Polizeiverwaltungsgesetz vom 1.6.1931, Berlin 1932.

Klee, Ernst: „Euthanasie" im NS-Staat. „Die Vernichtung lebensunwerten Lebens", Frankfurt/M. 1983.

Klee, Ernst (Hrsg.): Dokumente zur „Euthanasie", Frankfurt/M. 1985.

Klee, Ernst: Was sie taten – was sie wurden. Ärzte, Juristen und andere Beteiligte am Kranken- oder Judenmord, Frankfurt/M. 1990.

Klee, Ernst: Irrsinn Ost – Irrsinn West. Psychiatrie in Deutschland. Frankfurt/M. 1993.

Klee, Ernst: Auschwitz, die NS-Medizin und ihre Opfer, Berlin 1997.

Kleßmann, Christoph: Relikte des Bildungsbürgertums in der DDR, in: Hartmut Kaelble, Jürgen Kocka und Hartmut Zwahr (Hrsg.): Sozialgeschichte der DDR, Stuttgart 1994, S. 254–270.

Kollegium für Strafsachen des Obersten Gerichts: Nochmals zur Verpflichtung, sich einer fachärztlichen Heilbehandlung zu unterziehen (§ 27), in: Neue Justiz 13 (1969) 10, S. 304.

Kommentar zur Strafprozeßordnung der DDR, Berlin 1987.

Kommission zum Schutz vor Verstößen der Psychiatrie gegen Menschenrechte (Hrsg.): Gefahren eines Psychiatrischen Holocaust. Phantasie oder schon Realität?, Zürich 1979.

Kommuniqué des Politbüros des ZK über Maßnahmen zur weiteren Entwicklung des Gesundheitswesens und zur Förderung der Arbeit der medizinischen Intelligenz vom 16.12.1960, in: Dokumente der SED, Bd. VIII, Berlin 1962, S. 303–306.

Koppers, André: Biographical Dictionary on the political abuse of psychiatry in the Soviet Union, Amsterdam 1990.

Koraus, Hans-Joachim: Wie macht man aus der Not eine Tugend? – Überlegungen zur Entwicklung der Psychotherapie in der DDR, in: Kommission West-Ost der

Deutschen Psychoanalytischen Vereinigung (Hrsg.): Psychoanalyse und Psychotherapie. Klinische Erfahrungen in Ost und West, Protokollband des vierten Symposiums in der Burgklinik Stadtlengsfeld vom 13. bis 15. September 1996, S. 39–53.

Kraatz, Helmut und Hans Szewczyk (Hrsg.): Ärztliche Aufklärungs- und Schweigepflicht. Bericht über ein Symposium der Klasse für Medizin der Deutschen Akademie der Wissenschaften. (Schriftenreihe Medizinisch-Juristische Grenzfragen, Heft 10), Jena 1967.

Kreyßig, Michael: Theoretische und praktische Aspekte von Stellung und Funktion der Ambulanz im sektorisierten psychiatrischen Versorgungssystem, in: Psychiatrie, Neurologie und medizinische Psychologie 31 (1979), S. 705–715.

Krönig, Waldemar und Klaus-Dieter Müller: Anpassung Widerstand Verfolgung. Hochschule und Studenten in der SBZ und DDR 1945–1961, Köln 1994.

Krüger, Waltraud: Ausreiseantrag, Magdeburg 1990.

Kukutz, Irena und Katja Havemann: Geschützte Quelle. Gespräche mit Monika H. alias Karin Lenz, Berlin 1990.

Kulawik, Helmut: Die Bedeutung der Suizidforschung für die Praxis der Suizidverhütung, in: Zeitschrift für ärztliche Fortbildung 67 (1973), S. 401–403.

Kulawik, Helmut: Der Suizidversuch – zur Psychopathologie und Therapie der Suizidalität, Berlin 1975.

Labrenz-Weiß, Hanna: Die Beziehungen zwischen Staatssicherheit, SED und den akademischen Leitungsgremien an der Humboldt-Universität zu Berlin, in: German Studies Review, Special Issue, Totalitäre Herrschaft – totalitäres Erbe, 1994, S. 131–145.

Laing, Ronald D.: Das geteilte Selbst, Reinbek 1976.

Lange, Ehrig und Helmut Kulawik: Die ambulante Behandlung des Suizidgefährdeten unter besonderer Berücksichtigung der Psychopharmakatherapie, in: Deutsches Gesundheitswesen 25 (1970), S. 121–125.

Lange, Ehrig und H.-P. Wunderlich: Die befristeten ärztlichen Einweisungen durch Anordnung gemäß § 6 des Gesetzes über die Einweisung in stationäre Einrichtungen für psychisch Kranke vom 11.6.1968, in: Deutsches Gesundheitswesen 39 (1984), S. 1974–1978.

Lange, Ehrig: 20 Jahre Betreuungsstelle für Suizidgefährdete Dresden, in: Werner Felber und Christian Reimer (Hrsg.): Klinische Suizidologie. Praxis und Forschung, Berlin und Heidelberg 1991, S. 3 f.

Lemke, Michael: Kommentar zur Strafrechtlichen Rehabilitierung/Unterbringung in der Psychiatrie der DDR, in: Neue Justiz 52 (1998), S. 213 f.

Lemke, Rudolf und Helmut Rennert: Neurologie und Psychiatrie, 8. Aufl., Leipzig 1987.

Lemmens, Franz: Der Wiederaufbau und die Entwicklung des Leistungsprofils der Medizinischen Fakultät in den Jahren 1945–1961, in: Ingrid Kästner und Achim Thom (Hrsg.): 575 Jahre Medizinische Fakultät Leipzig, Leipzig 1990, S. 203–210.

Lengwinat, A.: Vergleichende Untersuchungen über die Selbstmordhäufigkeit in beiden deutschen Staaten, in: Deutsches Gesundheitswesen 16 (1961), S. 873–878.

Leonhardt, Hans-Jürgen: Zum dynamisch-befürsorgten Wohnen – erste Erfahrungen mit neuen Formen der Bildung von Selbsthilfegruppen, in: Sucht 37 (1991), S. 109–113.

Lerch, Wolf-Dieter: Brandenburgische Untersuchungskommission. Kein schwerwiegender Mißbrauch der Psychiatrie, in: Deutsches Ärzteblatt 94 (1997) 22, C-1095 f.

Leupolt, Frank: Wie Waldheim wirklich war. Ein authentischer Bericht eines ehemaligen „Insassen", in: Betroffeneninitiative „Durchblick e.V." und Sächsische Gesellschaft für Soziale Psychiatrie (Hrsg.): Symptom Nr. 1, Leipziger Beiträge zu Psychiatrie und Verrücktheit, Leipzig 1992, S. 56–58.

Loos, Herbert: Der Januskopf der Psychiatrie, in: Klaus Behnke und Jürgen Fuchs (Hrsg.): Zersetzung der Seele. Psychologie und Psychiatrie im Dienste der Stasi, Hamburg 1995, S. 228–241.

Mandel, Joachim und Hans Lange: Ärztliche Rechtspraxis. Ein juristischer Leitfaden für Mediziner, Berlin 1985.

Marie, Jean-Jaques (Hrsg.): Opposition. Eine neue Geisteskrankheit in der Sowjetunion? Eine Dokumentation von Wladimir Bukowskij, München 1973.

Mäthner, Holger, Ulrich Fischer, Michael Gillner und Walburg Weiske: Die sozialpsychiatrische Nachtstation der Universitätsnervenklinik Halle, in: Psychiatrie, Neurologie und medizinische Psychologie 32 (1980), S. 65–69.

Mathon, Tania und Jean-Jacques Marie (Hrsg.): Die Affäre Pljuschtsch. Der Psychoterror in der Sowjetunion, Wien, München und Zürich 1976.

Matthies, Hansjürgen: „Wir setzen alle Kraft ein, um der Arbeiter-und-Bauern-Macht treu ergebene Ärzte heranzubilden", Referat in: „Für den Sieg der sozialistischen Revolution auf dem Gebiet der Ideologie und Kultur", Berlin 1958.

Medwedjew, Roy und Schores: Sie sind ein psychiatrischer Fall, Genosse, München 1972.

Mertens, Lothar: Eine stolze Bilanz oder vielleicht doch „Leichen im Keller"? Ein kritischer Beitrag zur Sektion Kriminalistik der Humboldt-Universität, in: Kriminalistik 2 (1994), S. 120–122.

Mette, Alexander: Sigmund Freud. Mit einem Anhang: Von Freud zu Pawlow, Berlin 1958.

Meyer, Joachim Ernst und Ralf Seidel: Die psychiatrischen Patienten im Nationalsozialismus, in: Brennpunkte der Psychiatrie (Psychiatrie der Gegenwart, Bd. 9), Berlin und Heidelberg 1989, S. 369–396.

Ministerium der Justiz (Hrsg.): Strafprozeßrecht der DDR, Lehrkommentar zur Strafprozeßordnung der DDR vom 12. Januar 1968, Berlin 1968.

Ministerium für Arbeit, Soziales, Gesundheit und Frauen des Landes Brandenburg (Hrsg.): Gesundheitswesen im Umbruch. Gesundheitsreport des Landes Brandenburg, Potsdam 1994.

Ministerium für Gesundheitswesen (Hrsg.): Sozialistisches Gesundheitsrecht. Textausgabe, 2. Aufl., Berlin 1989.

Misselwitz, Irene: Der Gruppenspitzel. Versuch der Vergangenheitsbewältigung in einer Therapiegruppe, in: Dr. med. Mabuse 16 (1991) 75, S. 22–24.

Mitscherlich, Alexander und Fred Mielke: Das Diktat der Menschenverachtung. Der Nürnberger Ärzteprozeß und seine Quellen, Heidelberg 1947.

Mitscherlich, Alexander und Margarete: Die Unfähigkeit zu trauern. Grundlagen kollektiven Verhaltens, München 1967.

Müller, Christian: Wandlungen der psychiatrischen Institutionen, in: Psychiatrie der Gegenwart, Bd. 9: Brennpunkte der Psychiatrie, 3. Aufl. Berlin und Heidelberg 1989.

Müller, Erich und Otto Bach: Suizidfrequenz und Suizidarten in Sachsen in der Zeit von 1830–1990, in: Psychiatrische Praxis 21 (1994), S. 184–186.

Müller, Klaus-Dieter: Zwischen Hippokrates und Lenin, Köln 1994.

Müller, Klaus-Dieter: Konservative Bastionen an den Hochschulen? Die SED und die medizinischen Fakultäten/Medizinischen Akademien in der DDR, in: Hochschule Ost 6 (1997) 2, S. 39–51.
Müller, Thomas: Der Fall Waldheim und seine Folgen, in: Betroffeneninitiative „Durchblick e.V." und Sächsische Gesellschaft für Soziale Psychiatrie (Hrsg.): Symptom Nr. 1, Leipzig 1992, S. 59–73.
Müller-Enbergs, Helmut (Hrsg.): IM-Statistik 1985–1989, BStU, Berlin 1993.
Müller-Enbergs, Helmut (Hrsg.): Inoffizielle Mitarbeiter des Ministeriums für Staatssicherheit. Richtlinien und Durchführungsbestimmungen, Berlin 1996.
Müller-Hegemann, Dietfried: Die Psychotherapie bei schizophrenen Prozessen. Erfahrungen und Probleme. Leipzig 1952.
Müller-Hegemann, Dietfried: Psychotherapie. Ein Leitfaden für Ärzte und Studierende, Berlin 1961.
Müller-Hegemann, Dietfried: Die Berliner Mauer-Krankheit. Zur Soziogenese psychischer Krankheit, Herford 1973.
Neuroleptika: Niedrigere Dosen sind angesagt, in: Münchner medizinische Wochenschrift 133 (1991) 35 vom 30.8.1991, Beilage 123 über „Aktuelle Trends in der Schizophreniebehandlung", S. 2 f.
Nickel, Bernd und Georgij Morosov (Hrsg.): Alkoholbedingte Krankheiten. Grundlagen und Klinik, Berlin 1989.
Nold, Anne-Sophie: Widerstand mit allen Konsequenzen. Ein faustisches Leben in der DDR am Beispiel des Schriftstellers Siegmar Faust, in: Horch und Guck, Historisch-literarische Zeitschrift des Bürgerkomitees „15. Januar" e.V. 3 (1994) 13, S. 17–30.
Noll, Chaim: Nachtgedanken über Deutschland, Reinbek 1992.
Nowikow, Jurij: Politische Psychiatrie in der UdSSR, Gastvortrag und Diskussion am Psychologischen Institut der Freien Universität Berlin 1981, in: Informationen aus Lehre und Forschung 2/1981 der FU Berlin.
Ochernal, Manfred: Die Aufgaben der Psychiatrie im Strafvollzug der DDR, Dissertation B, Berlin 1970.
Ochernal, Manfred: Die psychiatrischen Einrichtungen in Waldheim, Manuskript vom 9. 3. 1992, 10 S.
Offener Brief der Deutschen Gesellschaft für Soziale Psychiatrie an den Bundesgesundheitsminister zur Frage des Mißbrauchs stereotaktischer Hirnoperationen vom November 1976, in: Sozialpsychiatrische Informationen 6 (1976) 35/36, S. 141–146.
Opitz, Bernhard: Zahlreiche Verletzungen der Schweigepflicht, Deutsches Ärzteblatt 94 (1997) 34–35, A-2183–2190.
Orwid, Maria: Die Bedeutung eigener Nazi-Okkupationserfahrungen für das Interesse an psychosozialen Problemen, in: Klaus Dörner (Hrsg.): Im wohlverstandenen eigenen Interesse. Psychiatrisches Handeln gestern und heute – ethisch begründet. 40. Gütersloher Fortbildungswoche 1988 und zugleich erste deutsch-polnische Psychiatrietagung nach dem Kriege, Gütersloh 1989, S. 30–33.
Oschlies, Wolf: Selbstmorde in der DDR und in Osteuropa, in: Deutschland Archiv 9 (1976), S. 38–55.
Otto, Klaus Rüdiger: Das Recht als Instrument zur Förderung der sozialen Integration, in: Achim Thom und Erich Wulff (Hrsg.): Psychiatrie im Wandel, Erfahrungen und Perspektiven in Ost und West, Bonn 1990, S. 150–165.

Personalia-Mitteilung der DDR-Fachzeitschrift Psychiatrie, Neurologie und medizinische Psychologie 33 (1981), S. 557.
Peters, Uwe Henrik: Laings Negativmodell des Irreseins, in: Nervenarzt 48 (1977), S. 478–482.
Peters, Uwe Henrik: Wörterbuch der Psychiatrie und medizinischen Psychologie, München, Wien und Baltimore 1984.
Pfeiffer, Wolfgang M.: Transkulturelle Psychiatrie. Ergebnisse und Probleme, 2. Aufl. Stuttgart und New York 1994.
Pfister, Wolfgang und Wolfgang Mütze (Hrsg.): Rehabilitierungsrecht. Kommentar, München 1994.
Piskorz, J.: Replik zum Thema „politische Psychiatrie" (neuro date 5/97), in: neuro date 3 (1998), S. 63 f. u. 67.
Platen-Hallermund, Alice: Die Tötung Geisteskranker in Deutschland. Aus der deutschen Ärztekommission beim amerikanischen Militärgericht, Frankfurt/M. 1948.
Plog, Ursula: „Euthanasie"-Geschehen damals – psychiatrisches Handeln heute, in: Ralf Seidel und Wolfgang Franz Werner (Hrsg.): Psychiatrie am Abgrund. Spurensuche und Standortbestimmung nach den NS-Psychiatrie-Verbrechen, Köln 1991, S. 139–143.
Plog, Ursula: Vertrauen ist gut. Über den Mißbrauch der Psychiatrie durch den Staatssicherheitsdienst der DDR, in: Klaus Behnke und Jürgen Fuchs (Hrsg.): Zersetzung der Seele. Psychologie und Psychiatrie im Dienste der Stasi, Hamburg 1995, S. 284–295.
Poitrot, Robert: Die Ermordeten waren schuldig. Dokumente der Direction de la Santé Publique der französischen Militärregierung, Baden-Baden 1947.
Poynton, A., P. K. Bridges und J. R. Barlett: Psychochirurgy in Britain now, in: British Journal of Neurosurgery 2 (1988), S. 297–306.
Pross, Christian: „Wir sind unsere eigenen Gespenster". Gesundheitliche Folgen politischer Repression in der DDR, in: Klaus Behnke und Jürgen Fuchs (Hrsg.): Zersetzung der Seele. Psychologie und Psychiatrie im Dienste der Stasi, Hamburg 1995, S. 303–315.
Pschyrembel, Willibald (Hrsg.): Klinisches Wörterbuch, Berlin New York, 255. Aufl. 1986.
Pschyrembel, Willibald (Hrsg.): Klinisches Wörterbuch, Berlin New York, 256. Aufl. 1990.
Rasch, Wilfried (Hrsg.): Forensische Sozialtherapie. Erfahrungen in Düren, Beiträge zur Strafvollzugswissenschaft, Bd. 16, Karlsruhe und Heidelberg 1977.
Rautenberg, Erardo Cristoforo: Zur Frage des Erlöschens des Strafantragsrechts bei in der DDR begangener Verletzung des Berufsgeheimnisses im Sinne des § 136 StGB/DDR, in: Neue Justiz 51 (1997) 2, S. 94–96.
Rechlin, Thomas und Josef Vliegen: Die Psychiatrie in der Kritik. Die antipsychiatrische Szene und ihre Bedeutung für die klinische Psychiatrie heute, Berlin und Heidelberg 1995.
Rechtsprechung OLG Jena 16.1.1997 – 1 Ss 295/95. Kein Ruhen der Verjährung bei Fällen minderer Kriminalität, in: Deutsch-Deutsche Rechts-Zeitschrift 8 (1997) 10, S. 328–331.
Rehabilitierung: Erstes Gesetz zur Bereinigung von SED-Unrecht: Gesetz über die Rehabilitierung und Entschädigung von Opfern rechtsstaatswidriger Strafverfolgungsmaßnahmen im Beitrittsgebiet, in: BGBl 1992, I, S. 1814–1821.

Rehlinger, Ludwig A.: Freikauf. Die Geschäfte der DDR mit politisch Verfolgten 1963-1989, Frankfurt/M. und Berlin 1993.
Ribbschlaeger, Margit: Alkoholismus in Ostdeutschland, in: Berliner Ärzte 11 (1991), S. 11–17.
Richter, Horst Eberhard: Die Gruppe. Hoffnung auf einen neuen Weg, sich selbst und andere zu befreien, 10. Aufl. Reinbek 1978.
Richter-Hoffmann, Ulrike, Helmut Haselbeck und Renate Engfer (Hrsg.): Sozialpsychiatrie vor der Enquête, Bonn 1997.
Riedesser, Peter und Axel Verderber: Aufrüstung der Seelen. Militärpsychologie und Militärpsychiatrie in Deutschland und Amerika, Freiburg 1985.
Riedesser, Peter und Axel Verderber: Maschinengewehre hinter der Front. Zur Geschichte der deutschen Militärpsychiatrie, Frankfurt/M. 1996.
Rodewischer Thesen, in: Zeitschrift für die gesamte Hygiene 11 (1965), S. 61–65.
Rogers, Carl G.: Die klientbezogene Psychotherapie, München 1973.
Rogoll, Harald: Erfahrungen des Bezirkskrankenhauses für Psychiatrie und Neurologie Bernburg mit der Einweisung von Patienten nach § 6 des Gesetzes über die Einweisung in stationäre Einrichtungen für psychisch Kranke vom 11.6.1968, Medizinische Dissertation, Akademie für Ärztliche Fortbildung, Berlin 1980.
Rogoll, Harald und Helmut F. Späte: Soziale und medizinische Charakteristika kreisärztlich eingewiesener psychisch Kranker, in: Psychiatrie, Neurologie und medizinische Psychologie 36 (1984), S. 146–151.
Roth, Karl Heinz: Filmpropaganda für die Vernichtung der Geisteskranken und Behinderten im „Dritten Reich", in: Beiträge zur nationalsozialistischen Gesundheits- und Sozialpolitik, Bd. 2: Reform und Gewissen. „Euthanasie" im Dienst des Fortschritts, Berlin 1985, S. 125–193.
Sauer, H., E. Laschka, H. P. Stillenmunkes und H. Lauter: Elektrokrampftherapie in der Bundesrepublik Deutschland, in: Nervenarzt 58 (1987), S. 519–522.
Sauer, Heiner und Hans-Otto Plumeyer: Der Salzgitter-Report. Die Zentrale Erfassungsstelle berichtet über Verbrechen im SED-Staat, Esslingen und München 1991.
Saunders, George: Samizdat. Voices of the Soviet Opposition, New York 1974.
Schilter, Thomas: Die „Euthanasie"-Tötungsanstalt Pirna-Sonnenstein 1940/41. Ein Beitrag zur Geschichte der Psychiatrie im Nationalsozialismus, Dissertation, Berlin 1997.
Schirmer, Michael: Einführung in die Neurochirurgie, München, Wien und Baltimore 1979.
Schirmer, Siegfried: Handhabung des Einweisungsrechts, in: Deutsches Gesundheitswesen 27 (1972), S. 855–858.
Schirmer, Siegfried, Karl Müller und Helmut F. Späte: Brandenburger Thesen zur Therapeutischen Gemeinschaft, in: Psychiatrie, Neurologie und medizinische Psychologie 28 (1976), S. 21–25.
Schlegel, Joachim: Zur Verpflichtung, sich einer fachärztlichen Heilbehandlung zu unterziehen (§ 27 StGB), in: Neue Justiz 13 (1969) 1, S. 17.
Schmidt, Andreas: Gegenstrategien. Über die Möglichkeiten, sich zu verweigern, in: Klaus Behnke und Jürgen Fuchs (Hrsg.): Zersetzung der Seele, S. 158–177.
Schmidt, Gerhard: Selektion in der Heilanstalt 1939–1945, Frankfurt/M. 1965.
Schmidtke, Armin und Bettina Weinacker: Suizidalität in der Bundesrepublik und in den einzelnen Bundesländern: Situation und Trends, in: Suizidprophylaxe 21 (1994), S. 4–16.

Schmitz, Klaus, Siegfried Döttger und Klaus Ernst: Betreuung Alkoholkranker, Berlin 1986.
Schmitz, Michael: Wendestress. Die psychosozialen Kosten der deutschen Einheit, Berlin 1995.
Schröter, Sonja: „Das Krankhafte eindämmen". Hirnoperationen und Kastrationen in einer psychiatrischen Klinik, in: Dr. med. Mabuse 15 (1990) 69, S. 54 f.
Schröter, Sonja: Psychiatrie in Waldheim/Sachsen (1716–1946). Ein Beitrag zur Geschichte der forensischen Psychiatrie in Deutschland, Frankfurt/M. 1994.
Schwarz, Bernhard, Klaus Weise, Otto Bach und Klaus Bach: Über die strukturelle und funktionelle Konzeption der stationären und ambulanten psychiatrischen Versorgung in Leipzig, in: Psychiatrie, Neurologie und medizinische Psychologie 28 (1976), S. 307–313.
Seidel, Karl: Der Suizid im höheren Lebensalter unter sozialpsychiatrischem Aspekt. Habilitationsschrift, Dresden 1967.
Seidel, Karl und Helmut Kulawik: Über die Notwendigkeit des Aufbaues von psychiatrischen Beratungsstellen für Suizidgefährdete, in: Deutsches Gesundheitswesen, 25 (1970), S. 121–125.
Seidel, Michael: Waldheim – ein erledigtes Thema?, in: Psychiatrische Praxis 19 (1992), S. 43-45.
Simon, Annette: Über die Blindheit im Beruf, in: Klaus Behnke und Jürgen Fuchs (Hrsg.): Zersetzung der Seele. Psychologie und Psychiatrie im Dienste der Stasi, Hamburg 1995, S. 242–254.
Späte, Helmut F., Ulrich Fichte und Werner Poser: Suizidprophylaxe in Brandenburg, in: Psychiatrie, Neurologie und medizinische Psychologie 25 (1973), S. 223–233.
Späte, Helmut F., Siegfried Schirmer und Karl Müller: Auf dem Wege zur therapeutischen Gemeinschaft, in: Psychiatrie, Neurologie und medizinische Psychologie 26 (1974), S. 591–598.
Späte, Helmut F., Achim Thom und Klaus Weise: Theorie, Geschichte und aktuelle Tendenzen in der Psychiatrie, Jena 1982.
Späte, Helmut F. und Achim Thom: Ethische Prinzipien und moralische Normen des psychiatrischen Handelns in der sozialistischen Gesellschaft, in: Psychiatrie, Neurologie und medizinische Psychologie 36 (1984) 7, S. 385–394.
Späte, Helmut F. und Harald Rogoll: Normative und verfahrensrechtliche Voraussetzungen bei der Einweisung psychisch Kranker gemäß § 6 des Einweisungsgesetzes der DDR, in: Psychiatrie, Neurologie und medizinische Psychologie 36 (1984) 8, S. 489–495.
Späte, Helmut F.: Arbeit und Beschäftigung für psychisch Kranke und geistig Behinderte in der DDR, in: Achim Thom und Erich Wulff (Hrsg.): Psychiatrie im Wandel, Bonn 1990.
Spengler, A.: Stereotaktische Hirnoperationen bei psychisch Kranken, in: Sozialpsychiatrische Informationen 6 (1976) 35/36, S. 121–140.
Statistisches Jahrbuch der Deutschen Demokratischen Republik 1976, Berlin 1976.
Statistisches Jahrbuch der Deutschen Demokratischen Republik 1989, Berlin 1989.
Stein, Rosemarie: Eine subversive Disziplin – Zur Lage der Psychotherapie und der Medizinischen Psychologie in der DDR, in: psychomed 2 (1990) 2, S. 74–76.
Stein, Rosemarie: Die Charité 1945–1992. Ein Mythos von innen, Berlin 1992.
Stein, Rosemarie: Kampf um die Seele, in: Berliner Ärzte (Zeitschrift der Ärztekammer Berlin) 31 (1994) 2, S. 11–14.

Stoiber, Ilona: Suchttherapie und Möglichkeiten der Therapeuten in der DDR, in: Sucht 37 (1991), S. 86–89.
Strafgesetzbuch der Deutschen Demokratischen Republik vom 12. 1. 1968 in der Fassung vom 19. 12. 1974, Berlin 1979.
Strafgesetzbuch für das Deutsche Reich, München, 9. Auflage 1907, S. 23.
Strafgesetzbuch und andere Strafgesetze, Textausgabe, Berlin 1960.
Strafgesetzbuch, München, 26. Auflage 1992.
Strafprozeßordnung der Deutschen Demokratischen Republik, Textausgabe, Berlin 1981.
Strafrecht der Deutschen Demokratischen Republik. Kommentar zum Strafgesetzbuch, Berlin 1984.
Strafrecht. Allgemeiner Teil. Lehrbuch für Hochschulen und Universitäten der DDR, Berlin 1976.
Strafrechtliches Rehabilitierungsgesetz vom 29.10.1992, BGBl 1992, I, S. 1815.
Strasberger, Werner: Die Anwendung des Gesetzes über die Einweisung in stationäre Einrichtungen für psychisch Kranke, in: Neue Justiz 24 (1970) 9, S. 290–293.
Süß, Sonja: Psychiater im Dienste des MfS, in: Klaus Behnke und Jürgen Fuchs (Hrsg.): Zersetzung der Seele. Psychologie und Psychiatrie im Dienste der Stasi, Hamburg 1995, S. 255–283.
Süß, Sonja: Subtilere Formen der Repression in der späten DDR – Strategien der Zersetzung des MfS gegen „feindlich-negative" Gruppen und Personen, Expertise für die Enquête-Kommission des Deutschen Bundestages, November 1996, unveröffentlichtes Manuskript, 78 S.
Süß, Walter: DDR-Staatssicherheit gegen Bürgerrechtler. „Rückgewinnung, Umprofilierung und Zersetzung", in: Das Parlament vom 4.1.1991, S. 6.
Süß, Walter: „Schild und Schwert" – Das Ministerium für Staatssicherheit und die SED, in: Klaus-Dietmar Henke und Roger Engelmann (Hrsg.): Aktenlage. Die Bedeutung der Unterlagen des Staatssicherheitsdienstes für die Zeitgeschichtsforschung, Berlin 1995, S. 83–97.
Szasz, Thomas S.: Ideology and Insanity. Essays on the Psychiatric Dehumanization of Man, New York 1970.
Szasz, Thomas S.: Geisteskrankheit – ein moderner Mythos?, Olten und Freiburg i. B. 1972.
Szasz, Thomas S.: Psychiatrie – die verschleierte Macht, Zürich 1975.
Szasz, Thomas S.: Fabrikation des Wahnsinns, Frankfurt/M. 1976.
Szasz, Thomas S.: Recht, Freiheit und Psychiatrie, Wien 1978.
Szasz, Thomas S.: Schizophrenie – das heilige Symbol der Psychiatrie, Wien 1979.
Szasz, Thomas S.: Theologie der Medizin, Wien, München und Zürich 1980.
Szasz, Thomas S.: Grausames Mitleid. Über die Aussonderung unerwünschter Menschen, Frankfurt/M. 1997.
Szewczyk, Hans (Hrsg.): Der Alkoholiker. Alkoholmißbrauch und Alkoholkriminalität, Berlin 1986.
Takeuchi, Jane, Fredric Solomon und W. Walter Menninger (Hrsg.): Behavioral Science and the Secret Service: Toward the Prevention of Assassination, Washington D.C. 1981.
Thiemann, Ellen: Stell dich mit den Schergen gut, Berlin 1984.
Thom, Achim: Ethische Werte und moralische Normen sozialpsychiatrischen Han-

delns, in: Achim Thom und Erich Wulff (Hrsg.): Psychiatrie im Wandel, Bonn 1990, S. 115–132.

Thom, Achim und Erich Wulff (Hrsg.): Psychiatrie im Wandel. Erfahrungen und Perspektiven in Ost und West, Bonn 1990.

Thom, Achim und Ortrun Riha (Hrsg.): 90 Jahre Karl-Sudhoff-Institut an der Universität Leipzig, Leipzig 1996.

Thom, Achim: Auswahlbibliographie wissenschaftlicher Publikationen aus dem Karl-Sudhoff-Institut für die Jahre 1980–1995, in: Achim Thom und Ortrun Riha (Hrsg.): 90 Jahre Karl-Sudhoff-Institut an der Universität Leipzig, Leipzig 1996, S. 118–175.

Voren van, Robert (Hrsg:): Soviet Psychiatric Abuse in the Gorbachev Era, Amsterdam 1989.

Walther, Joachim: Sicherungsbereich Literatur. Schriftsteller und Staatssicherheit in der Deutschen Demokratischen Republik, Berlin 1996.

Watson, Peter: Psycho-Krieg. Möglichkeiten, Macht und Mißbrauch der Militärpsychologie, Frankfurt/M. 1985.

Weinberger, Friedrich: Psychiatriemißbrauch als Phänomen einer „Wissenschaft im Totalitarismus", in: Rundbrief 2/92 der Deutschen Vereinigung gegen politischen Mißbrauch der Psychiatrie, München 1992, S. 25–31.

Weinberger, Friedrich: Deformierungen der Psychiatrie für eine „neue Weltordnung"?, in: Rundbrief 1/97 der Deutschen Vereinigung gegen politischen Mißbrauch der Psychiatrie e. V., München 1997, S. 29–31.

Weise, Hannelore und Klaus: Möglichkeiten der Gesprächspsychotherapie in der Versorgung psychisch Kranker, in: Psychiatrie, Neurologie und medizinische Psychologie 33 (1981), S. 674–680.

Weise, Klaus und Matthias Uhle: Entwicklungsformen und derzeitige Wirkungsbedingungen der Psychiatrie in der Deutschen Demokratischen Republik, in: Achim Thom und Erich Wulff (Hrsg.): Psychiatrie im Wandel, Bonn 1990, S. 440–461.

Weise, Klaus: Die Psychiatrie-Reform in der DDR – am Beispiel der sektorisierten Betreuung eines Leipziger Stadtbezirkes, in: Manfred Bauer, Renate Engfer und Jörg Rappl (Hrsg.): Psychiatrie-Reform in Europa, Bonn 1991.

Weise, Klaus: Perspektiven einer sozialen Psychiatrie – Erfahrungen aus der Sicht der ostdeutschen Psychiatrie-Reform, in: Sozialpsychiatrische Informationen 23 (1993), 4, S. 18–21.

Weise, Roland: Über das Konzept des Regionalen Präventionssystems gegen Alkohol- und Drogengefahren in Leipzig; in: Sucht 37 (1991), S. 102–108.

Weisheit, Gertraude: Erfahrungen der Bezirksnervenklinik Brandenburg mit der Einweisung von Patienten nach § 6 des Gesetzes über die Einweisung in stationäre Einrichtungen für psychisch Kranke vom 11.6.1968 – Eine kritische Analyse der befristeten ärztlichen Einweisungen auf Anordnung über einen Fünfjahreszeitraum. Medizinische Dissertation, Akademie für Ärztliche Fortbildung, Berlin 1986.

Weizsäcker, Viktor von: „Euthanasie" und Menschenversuche, in: Psyche 1 (1947), S. 68–102.

Wer war wer in der DDR, hrsg. von Bernd-Rainer Barth, Christoph Links, Helmut Müller-Enbergs und Jan Wielgohs, Frankfurt/M. 1995.

Wiedmann, Roland (Bearb.): Die Organisationsstruktur des Ministeriums für Staatssicherheit 1989 (Anatomie der Staatssicherheit. Geschichte, Struktur, Methoden. MfS-Handbuch, Teil IV/1), BStU, Berlin 1995.

Wiesner, G. und Waldtraut Casper: Zur Entwicklung der Suizidmortalität in Deutschland, in: Gesundheitswesen 55 (1993), S. 367–371.
Wilkening, Christina: Ich wollte Klarheit. Tagebuch einer Recherche, Berlin 1992.
Windischmann, Hubertus: Ein Gläschen in Ehren ... , Berlin 1989.
Windischmann, Hubertus: Das Therapiemodell der Klinik für Suchtkranke innerhalb der Bezirksnervenklinik Brandenburg, in: Suchtgefahren 36 (1990).
Winter, Erik, Ilona Stoiber und Hasso Engel: Schicksal Abhängigkeit? Alkohol – Probleme – Auswege, Berlin 1987.
Winter, Erik: Alkoholismus im Sozialismus der Deutschen Demokratischen Republik – Versuch eines Rückblicks, in: Sucht 37 (1991), S. 71–85.
Wohlfahrt, A.: Politischer Mißbrauch der Psychiatrie in der ehemaligen DDR? Ein Beitrag zum Abschlußbericht der Kommission zur Aufklärung von Mißbrauch in der Ostberliner Psychiatrie, in: Krankenhauspsychiatrie 7 (1996), S. 68–71.
Wollweber, Hans: Karl May. Grundriß eines gebrochenen Lebens, Dresden 1990.
Wolpert, E. und F. Lolas: Zur klinischen Bewährung und technischen Durchführung der unilateralen Elektroschocktherapie, in: Nervenarzt 48 (1977), S. 293–297.
Wörterbuch der Staatssicherheit, hrsg. von Siegfried Suckut, Berlin 1996.
Wulff, Erich: Psychiatrie und Herrschaft, Berlin 1979.
Zimmermann, Hartmut: Überlegungen zur Geschichte der Kader und der Kaderpolitik in der SBZ/DDR, in: Hartmut Kaelble, Jürgen Kocka und Hartmut Zwahr (Hrsg.): Sozialgeschichte der DDR, Stuttgart 1994, S. 322–356.
Zur Verjährung der Strafverfolgung bei Fällen minderer Kriminalität (hier: bei in der DDR begangener Verletzung des Berufsgeheimnisses im Sinne des § 136 StGB/DDR). OLG Jena, Urteil vom 16.1.1997 – 1 Ss 295/95 (AG Nordhausen), in: Neue Justiz, 51(1997) 9, S. 267–269.

# Abkürzungsverzeichnis

| | | | |
|---|---|---|---|
| ABF | Arbeiter-und-Bauern-Fakultät | ARD | Arbeitsgemeinschaft der öffentlich-rechtlichen Rundfunkanstalten der Bundesrepublik Deutschland |
| A.P.B. | Arbeitsgemeinschaft für Psychoanalyse und Psychotherapie Berlin e. V. | | |
| ÄD | Ärztlicher Direktor | AS | Allgemeine Sachablage |
| ADN | Allgemeiner Deutscher Nachrichtendienst | ASt | Außenstelle des BStU |
| | | AU | Archivierter Untersuchungsvorgang |
| AfNS, ANS | Amt für Nationale Sicherheit | | arbeitsunfähig |
| AGL | Arbeitsgruppe des Leiters | BA | Bundesarchiv |
| | | BF | Abteilung Bildung und Forschung des BStU |
| AGMS | Archivierte GMS-Akte | | |
| AKAG | Archivierte Akte des Arbeitsgebietes I der Kriminalpolizei | BFKH | Bezirksfachkrankenhaus |
| | | BGL | Betriebsgewerkschaftsleitung |
| AKG | Auswertungs- und Kontrollgruppe | BL | Bezirksleitung |
| | | BMSR | Betriebsmeß-, Steuerungs- und Regelungstechnik |
| AKK | Archiviertes Material zu einer ehemals in einer Kerblochkartei erfaßten Person | | |
| | | BNK | Bezirksnervenklinik |
| | | BRD | Bundesrepublik Deutschland |
| AOG | Im MfS archivierte Akte der Operativgruppe bzw. des Arbeitsgebietes I der Kriminalpolizei (siehe auch AKAG) | BStU | Der Bundesbeauftragte für die Unterlagen des Staatssicherheitsdienstes der ehemaligen DDR |
| AOP | Archivierter operativer Vorgang | BSV | Bund Stalinistisch Verfolgter |
| AOPK | Archivierte Akte einer operativen Personenkontrolle | BT | Betriebsteil |
| | | BVfS, BVS | Bezirksverwaltung für Staatssicherheit |
| AOV | Archivierter operativer Vorgang | CA | Chefarzt |
| | | CDU | Christlich Demokratische Union |
| AP | Anti-Psychiatrie | | |
| | Allgemeine Personenablage: allgemeines Material zu Personen | CIC | Counter Intelligence Corps, militärischer Aufklärungsdienst der USA |
| APA | American Psychiatric Association | | |

| | | | |
|---|---|---|---|
| ČSSR | Tschechoslowakische Sozialistische Republik | HKH | Haftkrankenhaus |
| DDR | Deutsche Demokratische Republik | HNO | Hals-Nase-Ohren-(Klinik) |
| DE | Diensteinheit | HOG | Handelsorganisations-Gaststätte |
| DGPPN | Deutsche Gesellschaft für Psychiatrie, Psychotherapie und Nervenheilkunde | HUB | Humboldt-Universität Berlin |
| | | HV A | Hauptverwaltung A (Aufklärung), Stellvertreterbereich im MfS |
| DPA | Deutsche Presseagentur | | |
| DSt | Dokumentenstelle des BStU | HVDVP | Hauptverwaltung der Deutschen Volkspolizei |
| DU | dienstunfähig | HVdVP | Hauptverwaltung der Volkspolizei |
| DVP | Deutsche Volkspolizei | | |
| DVpMP | Deutsche Vereinigung gegen politischen Mißbrauch der Psychiatrie | i.S.d. | im Sinne des |
| | | IAPUP | International Association on the Political Use of Psychiatry |
| EinwG | Einweisungsgesetz für psychisch Kranke | | |
| | | IGfM | Internationale Gesellschaft für Menschenrechte |
| EOS | Erweiterte Oberschule | | |
| ESG | Evangelische Studentengemeinde | | |
| | | IKM | Inoffizieller kriminalpolizeilicher Mitarbeiter |
| EÜ | Ersuchen auf Übersiedlung | | |
| | | IKMO | Inoffizieller kriminalpolizeilicher Mitarbeiter für operative Aufgaben |
| FDGB | Freier Deutscher Gewerkschaftsbund | | |
| FKH | Fachkrankenhaus | IM | Inoffizieller Mitarbeiter |
| FSU | Friedrich-Schiller-Universität Jena | IMB | Inoffizieller Mitarbeiter der Abwehr mit Feindverbindung bzw. zur unmittelbaren Bearbeitung im Verdacht der Feindtätigkeit stehender Personen |
| GAD | Gesellschaft gegen Alkohol- und Drogengefahren | | |
| | | | |
| GBl | Gesetzblatt | | |
| GHI | Geheimer Hauptinformator | | |
| | | IME | Inoffizieller Mitarbeiter im besonderen oder für einen besonderen Einsatz |
| GI | Geheimer Informator | | |
| GMS | Gesellschaftlicher Mitarbeiter für Sicherheit | | |
| | | IMK/KW | Inoffizieller Mitarbeiter zur Sicherung der Konspiration/konspirative Wohnung |
| GÜST | Grenzübergangsstelle | | |
| GVS | Geheime Verschlußsache | | |
| HA | Hauptabteilung (des MfS) | | |
| | | IMS | Inoffizieller Mitarbeiter für Sicherheit |
| HdG | Haus der Gesundheit | | |
| hFIM | Hauptamtlicher Führungs-IM | IMV | Inoffizieller Mitarbeiter, der unmittelbar an der Bearbeitung und Entlarvung der im Verdacht |
| HIM | Hauptamtlicher inoffizieller Mitarbeiter | | |

| | | | |
|---|---|---|---|
| | der Feindtätigkeit stehenden Personen mitarbeitet; Vorläufer des IMB | MfS | Ministerium für Staatssicherheit |
| | | MHB | Menschenhändlerbande |
| | | MHF | Ministerium für Hoch- und Fachschulwesen |
| IPPNW | International Physicians for The Prevention of Nuclear War (Internationale Ärzte für die Verhütung eines Atomkrieges) | MMS | Militärmedizinische Sektion |
| | | MR | Medizinalrat |
| | | NAG | Nichtstrukturelle Arbeitsgruppe |
| JHS | Juristische Hochschule des MfS | ND | Neues Deutschland, Zentralorgan der SED |
| K | Kriminalpolizei | NKWD | Narodny kommissariat wnutrennich del (Volkskommissariat für innere Angelegenheiten) |
| kA | kapitalistisches Ausland | | |
| KA | Kreisarzt Kriminalakte | | |
| KD | Kreisdienststelle (des MfS) | NS | Nationalsozialismus |
| | | NSDAP | Nationalsozialistische Deutsche Arbeiterpartei |
| KfS | Komitee für Sicherheit, russ. KGB | NSW | Nichtsozialistisches Wirtschaftsgebiet |
| KGB | Komitet Gossudarstwennoi Besopasnosti (Komitee für Staatssicherheit) | NVA | Nationale Volksarmee |
| | | OA | Oberarzt |
| | | OdF | Opfer des Faschismus |
| KK | Karteikarte Kerblochkarte | OG | Operationsgebiet |
| | | OibE | MfS-Offizier im besonderen Einsatz |
| KMHB | Kriminelle Menschenhändlerbande | | |
| | | OLG | Oberlandesgericht |
| KP | Kontaktperson | OMR | Obermedizinalrat |
| KPdSU | Kommunistische Partei der Sowjetunion | OMS | Operativ-medizinischer Sektor |
| KS, KuSch | Kader und Schulung, Hauptabteilung des MfS | OPK | Operative Personenkontrolle |
| | | OpV, OV | Operativer Vorgang |
| KSG | Katholische Studentengemeinde | PA | Personalausweis |
| | | PDS | Partei des Demokratischen Sozialismus |
| KSZE | Konferenz über Sicherheit und Zusammenarbeit in Europa | | |
| | | PGH | Produktionsgenossenschaft des Handwerks |
| KW | Konspirative Wohnung | PKE | Paßkontrolleinheit |
| LDPD | Liberaldemokratische Partei Deutschlands | PS | Personenschutz, Hauptabteilung im MfS |
| LG | Landgericht | PsychKG | Psychisch-Kranken-Gesetz |
| MdI | Ministerium des Innern | | |
| MfAA | Ministerium für Auswärtige Angelegenheiten | PUT | Politische Untergrundtätigkeit |
| MfGe | Ministerium für Gesundheitswesen | PVG | Preußisches Polizeiverwaltungsgesetz |

763

| | | | |
|---|---|---|---|
| RF | Republikflucht | | arbeiter des MfS |
| RKH | Regierungskrankenhaus | ÜS | Übersiedlung |
| RWÜ | Rechtswidriges Ersuchen auf Übersiedlung | ÜSE | Übersiedlungsersuchen |
| | | UUA | Unabhängiger Untersuchungsausschuß |
| SAPMO-BA | Stiftung Archiv der Parteien und Massenorganisationen der DDR im Bundesarchiv | VaE | Vorläufige aktive Erfassung |
| | | VD | Vertrauliche Dienstsache |
| SBZ | Sowjetische Besatzungszone | VP | Volkspolizei |
| | | VPI | Volkspolizeiinspektion |
| SdM | Sekretariat des Ministers | VPKA | Volkspolizeikreisamt |
| SED | Sozialistische Einheitspartei Deutschlands | VPR | Volkspolizeirevier |
| | | VR | Volksrepublik |
| SfS | Staatssekretariat für Staatssicherheit | VRB | Volksrepublik Bulgarien |
| | | VVS | Vertrauliche Verschlußsache |
| SPB | Schwerpunktbereich | | |
| SPD | Sozialdemokratische Partei Deutschlands | WB | Westberlin |
| | | WD | Westdeutschland |
| SPK | Sozialistisches Patientenkollektiv | WGK | Wilhelm-Griesinger-Krankenhaus |
| StA | Staatsanwalt | WHO | World Health Organisation (Weltgesundheitsorganisation) |
| StGB | Strafgesetzbuch | | |
| StPO | Strafprozeßordnung | | |
| StRehaG | Strafrechtliches Rehabilitierungsgesetz | WPA | World Psychiatric Association |
| StUG | Stasi-Unterlagen-Gesetz | ZA | Zentralarchiv des BStU |
| SVA, StVA | Strafvollzugsanstalt | | |
| StVE | Strafvollzugseinrichtung | ZAIG | Zentrale Auswertungs- und Informationsgruppe (des MfS) |
| SV | Strafvollzug Sozialversicherung | | |
| SWT | Sektor Wissenschaft und Technik der HV A | ZAM | Zentralinstitut für Arbeitsmedizin |
| TV | Teilvorgang | ZK | Zentralkomitee (der SED) |
| UdSSR | Union der Sozialistischen Sowjetrepubliken | | |
| | | ZKG | Zentrale Koordinierungsgruppe (des MfS) |
| UFJ | Untersuchungsausschuß freiheitlicher Juristen | ZMA | Zentrale Materialablage |
| UGÜ | Ungesetzlicher Grenzübertritt | ZMD | Zentraler Medizinischer Dienst (des MfS) |
| UHA | Untersuchungshaftanstalt | ZOV | Zentraler operativer Vorgang |
| U-MA | Unbekannter Mit- | | |

# Personenregister

Abicht, Bernd 545, 547–553
Abramow 601–603
Aframow 635
Albrecht, M. 57
Andropow, Juri 737
Axen, Hermann 483

Babajan, Eduard 30, 607 f., 624 f., 627
Bach, Klaus 222, 224 f.
Bach, Otto 57
Bachmin, Leo 643–646
Bahro, Rudolf 306
Barleben, Bodo 178, 333, 416, 604
Basaglia, Franco 33, 36 f., 41
Belitz, Lutz 439
Berger, Heike 96 f.
Berner, Peter 610, 628, 634, 636
Bloch, Sidney 463, 514, 657 f.
Blümel, Bert 193 f., 197
Böber, Klaus 428 f.
Bock 506
Böhm, Horst 58, 163
Börner, Hans-Peter 711
Börno, Thomas 193
Böszermenyi 609, 637
Böttger, Horst 292, 366–368, 441–443, 445–453, 459, 460, 695 f., 698
Braumann, Marcel 68
Bruns, Georg 473
Büchel, Rudolf 377–381, 385–391
Bukowskij, Wladimir 28, 591, 605
Burian, Diether Rudolf 545
Büschel, Wolfgang 687
Busching, Klaus-Dieter 184
Bustamente 602

Chruschtschow, Nikita 18, 136, 474
Cooper, David 33 f., 41

Dabrowski 625 f.
Dangrieß, Dieter 562 f.
Degenhardt, Tilo 502
Detengow, Fjodor 20
Dewitz, Werner 199, 210
Dickel, Friedrich 398 f., 401 f.
Dieckmann, Gert 49 f.
Donalies, Christian 520
Drees, Erika 176
Dressler, Gernot 732
Du Chesne, Hans-Joachim 279, 501, 561, 563
Durkheim, Émile 93

Eckstein, Dietmar 489–494, 500–502
Edel, Lutz 310
Eggert, Heinz 58–69, 106, 296 f., 495–498, 504
Eichhorn, Hans 78–82, 322, 330–339, 639
Eisengräber, Wolfram 698, 710, 712, 730
Elmer, Karin 85, 303 f.
Engelhardt, Heinz 542
Engelmann, Günter 199, 212, 214, 216
Engert, Jürgen 59

Faust, Siegmar 363–365
Felber, Horst 673, 717
Felber, Werner 91, 93
Fesel, Werner 384, 389
Fister, Rolf 435–437
Flachs, Steffen 679
Frank, Johann Peter 463
Franz, Peter 699
Franze, Jörg 714
Frömel, Wilfried 61
Gauck, Joachim 12, 103
Gebhardt, Fritz 370 f.

765

Geggel, Thomas 221 f., 231
Gehlert, Siegfried 235, 237
Geisler, Hans 62, 111, 370
Gemkow, Jürgen 229, 282
Gerischer, Hans 185, 187, 189, 194, 197
Gerlach, Klaus 302
Geyer, Michael 320
Gildemeister, Heinz 708
Glusman, Semjon 23 f., 31, 620
Göhlert, Christoph 281, 551 f.
Goldhahn, W.-E. 49 f., 57
Gonzales 636
Gorbanewskaja, Natalja 28
Gorbatschow, Michail 26, 31, 658
Gorinowitsch, G. N. 629
Goworek, Karin 225
Gratias, Paul 285
Grigorenko, Pjotr 19–23, 30, 605
Griwina 646
Grözinger, Gerd 94
Gussmann, Manfred 694–697, 710, 712
Gust, Peter 207 f.

Haas, Steffen 114
Häber, Herbert 481–486, 499
Häbler, Manfred 267
Hagemann, Peter 690 f.
Hager, Kurt 153, 238, 630, 655
Handschack, Karl-Heinz 444 f., 720–723
Hannawald, Jörg 208
Harig, Edgar 136
Häseler, Bernd 624
Häußer, Dieter 283
Havemann, Robert 306
Heidrich, Richard 598
Heinitz, Walter 399
Helmchen, Hanfried 40
Hempel, Wilfried 189
Hering, Werner 153
Herzberg, Gerda 699
Hetsch, Gerd 366 f.
Hiekisch, Sabine 61
Hilbig, Wolfgang 363
Hiller, Karl-Heinz 617, 625–627, 632, 634, 637

Hillmann, Siegfried 407 f., 460
Hitler, Adolf 42, 115
Hoffmann, Klaus 230–232, 280 f., 289 f., 557–559
Honecker, Erich 151, 240 f., 482 f., 485 f.

Ickert, Winfried 221

Jacob, Gerhard 186–188, 281
Jaekel, Eberhard 176–179, 182–184, 237, 239, 264, 278 f., 318 f., 329, 544, 547, 583 f., 594 f., 597–600, 602 f., 605, 607 f., 610, 615–619, 626, 629–631, 634, 638–647, 649–653, 656 f., 664–666
Jonak, Ferdinand 678 f., 720
Jones, Maxwell 75
Juhász, Pal 648 f.

Kabanow, Modest M. 632, 660
Kaden, Rainer 718
Kaplun, Irina 643–646
Kasparick, Ulrich 296, 494, 504
Kasperski, Werner 228
Keller, Lorose 365
Kempe, Günter 445, 701 f., 724 f.
Keyserlingk, Hugo von 371
Kienberg, Paul 590, 593, 653
Kirmse, Hans-Günter 720
Kisker, Karl-Peter 38
Kleditzsch, Jürgen 46
Klee, Ernst 69–74, 77 f., 80, 82–84, 86, 487
Klein, Klaus-Wolfgang 443, 711, 724
Knecht, Adolf 353, 394
Knobloch, Hans-Joachim 197, 199, 207
Kohl, Helmut 485, 559
König, Uta 11, 69, 358 f., 361
Koraus, Hans Joachim 98 f.
Korjagin, Anatolij 25 f., 634, 636
Korth, Werner 678 f.
Kratsch, Günther 239 f.
Kritzer, Peter 699
Krüger, Waltraud 366
Kryspin-Exner 610
Kühne, Gert-Eberhard 598, 604

Kuniß, Johannes 354, 369, 372–381, 386, 388 f., 393–395, 398 f., 401–403, 409, 413, 438, 458 f.

Laing, Ronald 33 f., 38, 41
Lange, Ehrig 46, 91, 410 f., 435, 438, 587 f., 598, 604, 609 f., 612, 615, 635, 637
Lantsch, Hubertus 61–64
Lau 49, 52
Lehmann, Günter 251, 496 f.
Lehmann, Hans 457
Lehmann, Werner 698
Lehnhart, Matthias 56
Leibscher, Axel 406 f.
Leigh, Denis 604–606
Leonhardt, Karl 99
Lerch, Wolf-Dieter 108
Lincke, Volker 298–301
Lips, Werner Gerd 718
Lohmann, Konrad 404
Loos, Herbert 84, 104
Lotze, Jürgen 100
Lucas, Heinz 199, 211
Lunz, Daniil 21
Lütgert, Christoph 56

Maaz, Hans-Joachim 306, 320 f.
Marx, Karl 33
Maschke 432
Matthies, Hansjürgen 136
Mechler, Achim 65
Mecklinger, Ludwig 153, 177–179, 402, 544, 547 f., 600, 604, 632, 635 f.
Medwedjew, Roy 591
Medwedjew, Schores 27, 462, 591
Meinerzhagen 64
Meinhoff, Ulrike 118
Meinolf, Henning 714
Meissner, Uwe 293, 558
Merseburger, Peter 367
Mette, Alexander 99
Mielke, Erich 64, 122, 130 f., 135, 137, 157, 160, 167 f., 197, 213, 239–241, 249, 265–267, 270, 376, 398 f., 401, 505–508, 522–524, 535, 541–544, 546, 550, 647, 702, 704, 711, 722 f., 728

Miljuchin 658 f.
Misselwitz, Irene 299
Möller, Günter 727
Morosow, Georgij 21, 370, 596 f., 599, 608, 610, 618–620, 627–629, 633, 648–650, 657–661
Moschke 565, 569
Müller, Harald 719
Müller, Rudolf 183 f., 329, 598–600, 604, 607, 617, 635–637, 650 f., 653, 665 f.
Müller-Hegemann, Dietfried 99, 324–327, 585–587

Naumann, Konrad 484
Neiber, Gerhard 541
Neumann, Jochen 621–625, 651–669, 671
Nickel, Bernd 230–232, 651
Nickel, Horst 219
Nitzsche, Matthias 336, 338
Noll, Chaim 486–489, 499 f.
Nowikow, Jurij 618–620

Ochernal, Manfred 69, 354, 361–363, 365, 369 f., 393–399, 401, 405, 408, 435, 438–446, 451, 454, 459 f.
Oertel, Manfred 59, 63–65, 496, 498
Opitz, Bernhard 47
Ortwein, Ina 367
Orwid, Maria 637
Oschlies, Renate 366
Otto, Gisela 640–647

Paroch, Benno 404, 653
Päthe, Horst 165
Pawlow, Iwan 99
Peter, Siegfried 719
Petermann 429
Pfister, Wolfgang 344
Pichot, Pierre 637
Plog, Ursula 85, 106
Podrabinek, Alexander 24 f., 646
Podrabinek, Kyrill 25
Pohl, Hans-Joachim 612–615
Poppe, Wilhelm 13, 46, 48–52, 354–357, 359 f., 409–412,

767

414–417, 419–421, 425, 430, 432–435, 459, 556 f.
Poppela 371
Pross, Christian 85

Rabending, Günter 652, 654
Ramser, Herbert 199, 215
Rasch, Wilfried 47, 355 f., 358
Reagan, Ronald 475
Reddaway, Peter 463
Reichenbächer, Bärbel 304
Rennert, Helmut 598
Reßler, Peter 483, 499
Richter 411, 417 f.
Richter, Herbert 222–224
Richter, Holger 730
Richter, Klaus-Dieter 719
Riesbeck 49
Rogge, Jürgen 456, 459
Rohland, Lothar 180–182, 584–586, 604, 607, 609 f., 617, 652 f.
Romanow 601, 603
Rösler, Klaus 717
Rudolph, Gottfried 439
Rudolph, Wolfgang 322, 330–332, 553

Sacharow, Andrej 24, 591
Sartre, Jean-Paul 33
Sattler, Harry 623
Schachtschneider, Günter 189 f., 193 f., 196 f.
Schadrin 646
Schalck-Golodkowski, Alexander 568, 571
Scharbert, Karl-Otto 675 f., 678 f., 681
Scharikow, Nikolai M. 607–609, 619, 627, 667
Scheppan, Kurt 406
Schilling, Johann 711
Schilling, Martin 221
Schirmer, Siegfried 46, 49, 52, 472
Schmidt, Gerhard 345
Schmidt, Helmut 543, 546
Schmitz, Michael 86–91, 95 f., 98 f.
Schönheit, Bodo 178 f.
Schulsinger, Fini 652

Schultheisz 633
Schulz, Gerlinde 102
Schulze, Heinz A. F. 49, 52, 584, 588–590, 597–600, 604, 607 f., 610, 616 f., 624–627, 631 f., 634–638, 649, 651 f., 654
Seelisch, Klaus 457, 459
Seidel, Karl 91 f., 182–184, 236–242, 246 f., 318 f., 329 f., 333 f., 338 f., 490, 584–589, 593–600, 603–611, 615–619, 624, 628–632, 634, 636, 651 f.
Seidel, Michael 46, 49
Seifert, Christa 712
Seifert, Frank 711
Seifert, G. 49–51, 57
Seifert, Marianne 692 f., 710, 712, 729, 731
Siegel, Ernst 457, 459, 558 f.
Simon, Annette 85
Simonis, Uwe 199
Sneschnewskij, Andrej 22, 589, 609, 657
Solschenizyn, Alexander 23
Späte, Helmut F. 81
Spies, Konstantin 599 f.
Stalin, Josef 84, 115
Stefanis, Costas 638, 649 f., 652, 660 f., 666
Stelzer, Hans-Ehrenfried 441, 443
Stieber 628
Stöber, Günter 407
Stoiber, Ilona 88
Streit, Josef 402
Stur, Gerhard 204
Szasz, Thomas 33 f., 38, 41
Szewczyk, Hans 435–437, 440, 459 f., 624

Tauscher, Ulrich 407 f.
Temkow 608 f., 619
Ternowski 646
Thom, Achim 81, 86 f.
Tschasow, Jewgenij I. 660
Tschernig, Martin 196 f.
Tschersich, Hermann 594
Tzscheutschler 613

Übelacker 577 f.

Uhlig, Eberhard 112
Uhlig, Reinhard 711
Ulbricht, Walter 122 f., 131, 529
Ullrich 506
Unger, Rudolf 49

Vencowski, E. 590, 594
Vietze 496–498
Vogel, Wolfgang 419

Wagner, Brigitte 684
Wagner, Rainer 684
Wallner, Rolf 133
Wartanjan, Marat 27, 604, 650 f., 657, 660–662, 666
Weigel, Matthias 196
Weikert, Martin 376
Weiler, Hans-Joachim 500 f.
Weinberger, Friedrich 641–645, 647

Weise, Klaus 48, 57
Wendt, Harro 99, 325
Werner, Reiner 439
Weser, Helga 691–694, 696, 699, 709 f., 712, 717, 720, 731, 733
Wieder, Karl-Heinz 280, 565 f.
Wilkening, Christina 57
Winkler 543
Wischer, Gerhard 373 f.
Wohlfahrt 562
Wolf, Andrea 572
Wolf, Christa 572–574
Wolf, Markus 572–574
Wolf, Reinhard 59, 61–65, 67, 108, 495, 498
Wollweber, Ernst 122 f.
Wulff, Erich 116–118
Wutke, Jana 56

Zaisser, Wilhelm 689
Zöllner, Werner 199

# Ortsregister

Altenburg 574 f., 577
Anklam 164
Apolda 150
Arnsdorf 252, 286, 289, 291, 294 f., 372, 473, 563–567, 569 f., 581
Aschersleben 304
Athen 659, 667–669
Auerbach 250

Bautzen 383, 408
Berlin 14, 16, 47–49, 85, 104, 106–108, 142, 332, 344, 355, 361, 367 f., 416, 458, 480, 482, 525 f., 528, 555
Berlin (Ost) 46, 84 f., 88, 92, 96 f., 99, 103–108, 131, 134–136, 138, 142 f., 164, 167, 173–175, 182, 185, 187–191, 193 f., 196–200, 208–210, 213 f., 217–222, 225 f., 228, 230, 232, 235, 241 f., 246–248, 253, 258, 267, 269, 281, 289, 293 f., 307 f., 310 f., 321 f., 324, 326, 330 f., 333, 340, 347 f., 362, 365 f., 376, 379 f., 387, 394, 396–399, 405, 416, 436–438, 440 f., 444 f., 458–460, 479 f., 483–486, 517–519, 523 f., 527–529, 533, 538, 543, 546 f., 554, 557 f., 571 f., 588, 590, 596, 607 f., 617, 619, 621 f., 640 f., 648–650, 653, 667, 677, 692, 694, 700, 702 f., 707–709, 735
Berlin (West) 106, 108, 122, 125, 131, 137, 142, 146, 154, 156, 158, 191 f., 198, 200, 209, 211, 234, 239, 242, 374, 383–385, 397, 436, 529, 604, 644
Berlin- Hohenschönhausen 459
Berlin-Biesdorf 104, 218
Berlin-Buch 104, 189–191, 193, 196 f., 219, 269, 277, 416, 458
Berlin-Friedrichshain 524, 526
Berlin-Hohenschönhausen 362, 441, 709, 735
Berlin-Kaulsdorf 219 f.
Berlin-Lichtenberg 104, 218–226, 231, 242, 524, 533, 555
Berlin-Marzahn 218, 221, 230–232, 293
Berlin-Mitte 218, 241, 525, 574
Berlin-Pankow 143, 366, 524, 526, 528 f.
Berlin-Prenzlauer Berg 524 f., 531
Berlin-Schönefeld 653
Berlin-Tiergarten 242
Berlin-Treptow 218, 524 f., 528
Berlin-Weißensee 104, 217 f., 228, 524–527
Bernburg 100–102, 313 f., 319, 321, 336, 473, 482–486, 499
Brandenburg 46, 48, 108–110, 163 f., 175, 218, 228, 249, 252–254, 261 f., 268, 323–326, 354, 416, 604
Braunschweig 511
Brno 539
Buchenwald 383
Budapest 648

Chemnitz (siehe auch Karl-Marx-Stadt) 50, 57, 261 f., 421
Chicago 663
Cottbus 109, 294 f., 303

Döbeln 13, 48, 250, 359 f., 374 f., 377, 379–386, 389, 396, 406, 409, 412–416, 418–422, 425, 428, 430–434, 460

Dresden 46, 58, 64 f., 69, 97, 127, 137, 149, 150, 164, 182, 252, 280, 291, 295, 365, 376, 382, 411, 438, 459, 473, 503, 539, 563–567, 569 f., 584, 588, 598, 609 f., 612–614, 620, 623, 653, 678, 695

Eberswalde 109
Erfurt 137, 139–141, 175, 300, 358, 598
Essen 326

Frankfurt/Main 146
Frankfurt/Oder 109, 456 f., 459, 512, 546, 723

Gardelegen 302
Genf 632, 639
Gera 137, 296, 621 f.
Görlitz 58, 149, 175
Görz 37
Göttingen 49 f.
Granada 667
Gransee 164, 248 f., 278
Greifswald 135 f., 179, 256, 652
Grimma 276
Großschweidnitz 59, 61–65, 251, 296, 495 f., 498
Güstrow 543, 546

Halberstadt 164
Haldensleben 100–102, 511–514, 557
Halle 101, 127, 137, 139, 166, 174 f., 258, 285, 306, 320 f., 454, 482, 509 f., 598, 719
Hannover 320
Havanna 603 f., 611 f.
Hechingen 112
Heidelberg 43, 345
Helsinki 156, 243, 583, 646
Hildburghausen 231, 281, 457, 459, 558–560
Hochweitzschen 250, 354–356, 409–415, 417, 419, 421, 428 f., 432–434, 459, 475 f., 556
Honolulu 29, 583, 592, 596, 600, 602 f., 607, 612, 618, 624
Hubertusburg 372, 579

Jena 262, 296–302, 327–329, 336, 339, 370 f., 494 f., 504, 513, 623
Jüterbog 174

Kaliningrad 22
Kaluga 28
Karl-Marx-Stadt (siehe auch Chemnitz) 150, 235–237, 272, 279, 290, 293, 339, 386 f., 444, 454, 542 f., 561 f., 608, 618, 692, 720, 723
Klötze 509 f.
Köln 509, 513
Königs Wusterhausen 164, 253, 280, 284
Krakow (Krakau) 637
Kuba 604
Kyritz 517, 522 f., 581

Leipzig 12, 14, 48–50, 55, 73, 76, 87, 111, 127, 133, 136 f., 149, 164, 203, 229, 241, 282 f., 319, 321, 326 f., 363, 365, 371, 375–377, 379, 385, 392, 400, 405 f., 419, 421, 429–431, 434, 454–456, 459, 475, 477, 509, 511, 539, 575, 586, 627 f., 675, 681, 696, 698, 719, 730
Leningrad 19, 660
Löbau 251, 495–498
London 37 f., 604
Lübben 109, 280

Magdeburg 136 f., 150, 509–514, 557, 598, 650
Marburg 258
Meusdorf 405, 454, 459
Mexico-City 28 f., 583 f., 590, 592, 597, 624
Moabit 529
Moskau 19–22, 24 f., 119, 346, 370, 460 f., 463, 485, 507, 589, 596, 600, 603, 605, 609 f., 618–620, 624–627, 629 f., 635, 638, 640, 642–650, 658–662, 664, 666
Mühlhausen 410 f., 457, 459
München 45, 113 f., 370, 638 f., 641–645, 647 f.

771

Neubrandenburg  83, 256, 332–334, 338 f.
Neuruppin  109, 163, 218, 228, 248, 253, 281, 290, 506, 514–517, 519, 522 f., 544 f., 547–553, 581
New York  661
Nordhausen  262

Oebisfelde  509 f.
Oslo  594
Oybin  58, 62, 64

Perm  25
Philadelphia  326
Pilsen  590
Pößneck  297
Potsdam  133, 148, 162–165, 174, 176, 218, 368, 460 f., 467, 508, 515 f., 518, 521, 544–547, 550–552, 673, 684 f., 714, 734
Potsdam-Eiche  446, 673
Prag  13, 94, 539, 618, 635

Rehefeld  394
Rodewisch  74 f., 250 f., 279, 394, 410, 412, 465, 543, 561 f., 628, 632
Rom  652–654
Rostock  137, 463, 546 f., 719

Sachsenhausen  379, 383
Salzgitter  346
Schwerin  174, 546 f.
Sofia  609
Sonnenstein  354, 372

Stadtroda  297 f., 300, 328, 495
Staßfurt  164, 283
Stendal  175, 307 f.
Stralsund  416
Suhl  175, 457, 558 f.

Taschkent  20–23, 30
Tbilissi  605
Teupitz  109, 165, 252, 280, 284
Torgau  370
Tschernjachowsk  22

Uchtspringe  99 f., 102, 307 f., 325, 509 f., 513
Ueckermünde  72 f., 77–80, 82 f., 330–339, 342, 639

Waldheim  11–14, 44, 46–51, 55, 84, 100 f., 112, 349, 353–361, 364 f., 368–374, 376–416, 418, 420–435, 438, 440, 454, 458–460, 474–476
Wandlitz  506, 702
Warschau  258, 625 f.
Washington  603
Weimar  370
Westewitz  409, 412–415, 425, 428 f.
Wien  31, 621, 628, 632–649, 664
Wiesloch  43
Wittstock  109, 506, 518, 520, 581

Zittau  58, 62, 64, 496–498
Zossen  164
Zschadraß  372
Zwickau  261

# Angaben zur Autorin

SONJA SÜß
Jahrgang 1957, Studium der Medizin; Engagement in der alternativen Friedensbewegung der DDR, zur Zeit der Wende Mitglied des öko-sozialen Flügels des „Demokratischen Aufbruch", ab Januar 1990 Leipziger Sprecherin von „Demokratie jetzt"; Mitarbeit in verschiedenen Gremien zur Untersuchung der Psychiatrie in Waldheim, Promotion zur Geschichte der NS-Krankenmorde in Waldheim (Sonja Schröter: Psychiatrie in Waldheim/ Sachsen 1716–1946. Ein Beitrag zur Geschichte der forensischen Psychiatrie in Deutschland, 1994); 1993–97 wissenschaftliche Mitarbeiterin in der Abteilung Bildung und Forschung der Behörde des Bundesbeauftragten für die Stasi-Unterlagen; seit 1997 Arbeit als Psychiaterin in einer Klinik in Berlin-Charlottenburg.

# Analysen und Dokumente

Die wissenschaftliche Reihe des Bundesbeauftragten für die Unterlagen des Staatssicherheitsdienstes im Ch. Links Verlag, Berlin

Redaktion: Klaus-Dietmar Henke (bis Januar 1997), Siegfried Suckut, Ehrhart Neubert (seit April 1997), Clemens Vollnhals (bis Januar 1998), Walter Süß, Roger Engelmann

---

Band 1: Klaus-Dietmar Henke, Roger Engelmann (Hg.)
**Aktenlage**
Die Bedeutung der Unterlagen des Staatssicherheitsdienstes für die Zeitgeschichtsforschung
256 Seiten; 2. Auflage 1996; 30,00 DM/sFr.; 220 öS; ISBN 3-86153-098-8

Band 2: Karl Wilhelm Fricke
**Akten-Einsicht**
Rekonstruktion einer politischen Verfolgung.
Mit einem Vorwort von Joachim Gauck
264 Seiten; 4., durchges. und aktualisierte Auflage 1996;
34,00 DM/sFr.; 248 öS; ISBN 3-86153-099-6

Band 3: Helmut Müller-Enbergs (Hg.)
**Inoffizielle Mitarbeiter des Ministeriums für Staatssicherheit**
Richtlinien und Durchführungsbestimmungen
544 Seiten; 2., durchges. Auflage 1996; 40,00 DM/sFr.; 292 öS;
ISBN 3-86153-101-1

Band 4: Matthias Braun
**Drama um eine Komödie**
Das Ensemble von SED und Staatssicherheit, FDJ und Ministerium für Kultur gegen Heiner Müllers »Die Umsiedlerin oder Das Leben auf dem Lande« im Oktober 1961
172 Seiten; 2., durchges. Auflage 1996; 24,00 DM/sFr.; 175 öS;
ISBN 3-86153-102-X

Band 5: Siegfried Suckut (Hg.)
**Wörterbuch der Staatssicherheit**
Definitionen zur »politisch-operativen Arbeit«
472 Seiten; 2., durchges. Auflage 1996; 40,00 DM/sFr.; 292 öS;
ISBN 3-86153-111-9

Band 6: Joachim Walther
**Sicherungsbereich Literatur**
Schriftsteller und Staatssicherheit in der Deutschen Demokratischen Republik
888 Seiten; Berlin 1996; 68,00 DM/sFr.; 496 öS; ISBN 3-86153-121-6

Band 7: Clemens Vollnhals (Hg.)
**Die Kirchenpolitik von SED und Staatssicherheit**
Eine Zwischenbilanz
464 Seiten; 2., durchges. Auflage 1997; 48,00 DM/sFr.; 351 öS;
ISBN 3-86153-122-4

Band 8: Siegfried Suckut, Walter Süß (Hg.)
**Staatspartei und Staatssicherheit**
Zum Verhältnis von SED und MfS
352 Seiten; Berlin 1997; 38,00 DM/sFr.; 278 öS; ISBN 3-86153-131-3

Band 9: Silke Schumann
**Parteierziehung in der Geheimpolizei**
Zur Rolle der SED im MfS
224 Seiten; Berlin 1997; 20,00 DM/sFr.; 146 öS; ISBN 3-86153-146-1

Band 10: Helmut Müller-Enbergs
**Inoffizielle Mitarbeiter des Ministeriums für Staatssicherheit**
Teil 2: Anleitungen für Agenten in der Bundesrepublik
ca. 900 Seiten; Berlin 1998; 68,00 DM/sFr.; 496 öS; ISBN 3-86153-145-3

Band 11: Karl Wilhelm Fricke, Roger Engelmann
**»Konzentrierte Schläge«**
Staatssicherheit und politische Prozesse in der DDR 1953–1956
250 Seiten; Berlin 1998; 38,00 DM/sFr.; 278 öS; ISBN 3-86153-147-X

Band 12: Reinhard Buthmann
**Kadersicherung im Kombinat VEB Carl Zeiss Jena**
Die Staatssicherheit und das Scheitern des Mikroelektronikprogramms
Mit einem Vorwort von Walter Süß
256 Seiten; Berlin 1997; 25,00 DM/sFr.; 183 öS; ISBN 3-86153-153-4

Band 13: Clemens Vollnhals
**Der Fall Havemann**
Ein Lehrstück politischer Justiz
312 Seiten; Berlin 1998; 30,00 DM/sFr.; 220 öS;
ISBN 3-86153-148-8

**Ch. Links Verlag, Zehdenicker Straße 1, 10119 Berlin**

# FORSCHUNGEN ZUR DDR-GESELLSCHAFT

Zuletzt erschienen sind:

Dominik Geppert
**Störmanöver**
Das »Manifest der Opposition« und die Schließung
des Ost-Berliner »Spiegel«-Büros im Januar 1978
208 Seiten; 38 DM/sFr.; 278 öS; ISBN 3-86153-119-4

Ilko-Sascha Kowalczuk
**Legitimation eines neuen Staates**
Parteiarbeiter an der historischen Front
Geschichtswissenschaft in der SBZ/DDR 1945 bis 1961
408 Seiten; 48 DM/sFr.; 351 öS; ISBN 3-86153-130-5

Ehrhart Neubert
**Geschichte der Opposition in der DDR 1949-1989**
2. Auflage; 976 Seiten; 48 DM/sFr.; 351 öS; ISBN 3-86153-163-1

Hans-Hermann Hertle, Gerd-Rüdiger Stephan (Hg.)
**Das Ende der SED**
Die letzten Tage des Zentralkomitees
500 Seiten; 58 DM/sFr.; 423 öS; ISBN 3-86153-143-7
Jetzt auch auf CD mit den Originaltondokumenten lieferbar!
24,80 DM/sFr.; 181 öS; ISBN 3-86153-170-4

Matthias Judt (Hg.)
**DDR-Geschichte in Dokumenten**
Beschlüsse, Berichte, interne Materialien und Alltagszeugnisse
640 Seiten; 48 DM/sFr.; 351 öS; ISBN 3-86153-142-9

Uta Falck
**VEB Bordell**
Geschichte der Prostitution in der DDR
208 Seiten; 38 DM/sFr.; 278 öS; ISBN 3-86153-161-5

Torsten Diedrich, Hans Ehlert, Rüdiger Wenzke (Hg.)
**Im Dienste der Partei**
Handbuch der bewaffneten Organe der DDR
736 Seiten; 48 DM/sFr.; 351 öS; ISBN 3-86153-160-7

**Ch. Links Verlag, Zehdenicker Straße 1, 10119 Berlin**